MODERN ADMINISTRATIVE THEORY

행정학

권기헌

博 英 社

저자서문

현대행정학: 미래지향적 국정관리의 창조적 탐색

행정학은 정부에 관한 학문이다. 행정학은 행정이론을 토대로 정부의 인사, 조직, 재무, 정보체계 등 정부 내부 운영원리의 효율성 실현을 위해 연구하는 학문이며, 동시에 시민의 행정통제, 민주주의와 관료제, 전자민주주의, 뉴거버넌스, 사회적 자본 등 정부 운영의 민주성과 투명성, 신뢰성과 성찰성 강화를 위해 연구하는 학문이다.

현대행정학은 정부 운영시스템에 대해 연구하는 정부학이며, 동시에 지식정보사회에서의 국가혁신에 대해 고민하는 국정관리학이다. 현대행정학은 관료제이론, 인사행정론, 조직행정론, 재무행정론 등 기존의 행정이론과 최근에 제시된 국가혁신이론, 미래예측이론, 거버넌스이론, 갈등관리이론, 전자정부이론, 지식정부이론 등을 토대로 정부 운영의 능률성, 합법성뿐만 아니라, 민주성, 투명성, 신뢰성, 성찰성을 지향하는 학문이다.

현대행정학은 동태적 과정으로 이루어진다. 국가목표-정책결정-조직화-동작화-환류 및 학습이라는 동태적 과정이 행정인-행정구조-행정환경이라는 3대 변수의 끊임없는 상호작용을 통해 전개된다. 또한 현대행정학은 궁극적으로 우리 사회 내에 존재하는 국민 개개인의 인간존엄성 실현을 지향한다. 이 과정에서 행정학은 국가경쟁력과 삶의 질을 향상시키려는 수단적 목표를 지니며, 이를 위해 국가의 정책 및 관리역량을 학습하는 학문이다.

이렇게 볼 때, 현대행정학은 다음과 같은 행정학의 근본적 질문에 답할 수 있어야 하며, 이러한 학문적 질문들에 대해 창조적인 탐색을 시도해 보는 것이 이 책의 집필 동기이다.

* 정부 내부 운영의 비능률을 타파하고 정부 운영의 효율성을 극대화시킬 수 있는 조직원리 및 운영방안은 무엇인가?
* 이를 위해 가장 적합한 조직형태(관료제 vs. 전자정부)는 무엇이며, 관리방안(인사, 조직, 재무, 정보체계)은 무엇인가? 그리고 이러한 방안들은 지식정보사회에 부응하기 위해 어떠한 방향으로 진화되어야 하는가?

* 정부관료제를 민주적으로 통제할 수 있는 방안은 무엇인가? 조직 내부적으로 민주성과 투명성을 제고하는 방안은 무엇인가? 그리고 조직 외부적으로 시민들의 정책참여를 강화함으로써 신뢰성 및 성찰성을 제고하는 방안은 무엇인가?
* 정부는 어떤 정책 및 행정서비스를 통해 우리 사회를 보다 신뢰받고 성숙한 공동체(신뢰성과 성찰성)로 만들 수 있을 것인가?

현대사회는 대단히 빠른 속도로 변화하고 있으며, 그 속도는 시간이 갈수록 더욱 가속화되고 있다. 특히, 정보가 중요해지고, 가치가 다원화되며, 세계화와 국지화 경향이 병존하는 흐름 속에서 변화의 바람이 거세게 불고 있다. 어제의 도전을 막으면서 내일의 도전을 대비해야 하는 전방위적인 명민성이 요구되고 있다. 이에 따라 국가혁신이론(National Innovation Theory)과 미래예측이론(Foresight Theory)이라는 용어가 새로운 학문적 화두가 되고 있다.

현대행정이론은 이러한 시대 이념과 변화에 부응할 수 있는 새로운 패러다임을 제공해 줄 수 있어야 한다. 그래서 전통적 행정이론과 현대적 행정요구 사이에 생기는 이론적 간극을 메울 수 있어야 한다. 이 책에서 시도하는 현대행정이론은 국가혁신이론과 미래예측이론, 거버넌스이론과 갈등관리이론, 전자정부이론과 지식정부이론에서 제시하는 공통된 이론적 틀과 개념적 도구를 사용하여 새로운 패러다임을 재조명해 보려는 하나의 이론적 시도이다. 즉, 이 책에서는 현대행정이론을 논의함에 있어서 1) 국가혁신이론(혁신관리, 지식관리, 성과관리), 미래예측이론에 기반을 둔 효율적 국정관리(effective governance), 2) 거버넌스이론, 갈등관리이론, 정책품질관리이론에 기반을 둔 민주적 국정관리(democratic governance), 3) 전자정부이론, 지식정부이론에 기반을 둔 성찰적 국정관리(reflexive governance)를 미래지향적 국정관리의 핵심 축으로 삼고서, 이들간의 연계관계를 창조적으로 탐색하려는 시도로 구성되었다.

국가행정은 가치와 갈등, 권력과 게임의 산물이면서 동시에 이성과 합리성, 과학과 사유의 결과이다. 이때 국가행정의 효율성을 제고하려는 노력은 국가혁신이론 및 미래예측이론의 연장선상에 있으며, 정부의 갈등관리를 통해 민주성(대응성)을 제고하려는 노력은 거버넌스이론과 맥이 닿아 있다.

효율적 문제해결을 위한 행정학의 과학화 및 분석적 노력, 그리고 이를 위해 이론과 기법을 제공하는 국가혁신이론과 미래예측이론은 현대행정의 효율성이라는 축에 기여한다.

또한, 민주적이고 참여적인 기제를 통해 문제를 해결하기 위해 이론과 기법을 제공하는 거버넌스이론, 갈등관리이론, 정책품질관리이론은 현대행정의 민주성이라는 또 다른 축에 기여하게 된다. 더 나아가 효율적인 시스템 구축을 통해 조직 내부의 효율성과 생산성을 제고하고, 정보기술의 도움을 받아 민주성과 참여성을 제고하며, 전자정부의 담론형성 기능을 통해 우리 사회의 신뢰성과 성찰성을 제고시키려는 노력의 산물인 전자정부이론과 지식정부이론은 현대행정의 효율성과 민주성을 연결시키는 현대정책결정 메커니즘의 로커스(locus)로서 기능하며, 더 나아가 우리 사회공동체의 성찰성을 향상시켜주는 정책기제로서 작용한다.

이 책은 총 3부로 구성되어 있다.

제1부에서는 행정학 총론(Overview)에 대해서 논의한다. 행정학이론, 행정의 개념 및 목표, 행정의 동태적 과정, 행정의 주요 변수, 행정이론의 전개, 행정이념 등에 대해서 검토한다.

제2부에서는 동태적 행정과정(Process)에 대해서 논의한다. 국가목표-정책결정-조직화-동작화-환류 및 학습이라는 동태적 과정을 거치면서, 행정인-행정구조-행정환경이라는 3대 행정변수가 상호 역동적으로 교호작용하는 것에 대해서 검토한다. 또한 이 부분에서는 전통적 행정이론에서 다루게 되는 정책, 인사, 조직, 재무, 정보체계, 인간관, 사기, 동기부여, 의사전달, 정책홍보, 리더십, 행정통제 및 행정책임, 행정개혁 및 정부혁신에 대한 주제들을 학습하기로 하되 현대적 의미의 동태성을 고려하여 논의하기로 한다.

첫째, 국가목표에서는 목표의 개념과 기능, 정책의 개념과 기능, 기획의 개념과 기능 등에 대해서 검토한다.

둘째, 정책결정에서는 정책형성, 정책집행, 정책평가, 정책변동 등 정책이론에 대해서 검토한다.

셋째, 조직화 부분에서는 국가목표를 조직화하는 단계로서의 인사, 조직, 재무, 정보체계 등 행정집행 수단적 요소들에 대해서 학습하게 된다.

넷째, 동작화 부분에서는 인간관, 사기, 동기부여, 의사전달, 정책홍보, 리더십 등 행정목표를 조직화한 뒤, 이를 실제로 움직이게 만드는 동작화하는 조직의 핵심요소들에 대해서 학습한다.

다섯째, 환류 및 학습 부분에서는 행정통제, 행정책임, 행정개혁, 정부혁신 등 행정의 동태적

과정에서 마지막으로 환류하고 통제하고 학습하는 부분과 이를 통해 행정이 더 나은 행정조직, 절차, 행태를 갖추기 위한 행정개혁과 정부혁신에 대해서 학습하기로 한다.

마지막으로, 미래의 바람직한 정부상에서는 미래행정의 바람직한 목표구현을 위한 현대적 제도들에 대해 종합적으로 검토한다. 먼저 바람직한 정부상으로서 기업가적 정부, 성과중심 정부, 고객중심 정부, 뉴거버넌스 정부를 살펴보고, 미래의 바람직한 정부상에서 요구하는 정부혁신 제도들에 대해서 학습하기로 한다.

제3부에서는 현대적 행정이론(Theory)에 대해서 논의한다. 이 부에서는 먼저 현대행정학의 이론적 패러다임에 대해서 살펴본 후, 미래지향적 국정관리모형을 효율적 국정관리, 민주적 국정관리, 성찰적 국정관리로 나누어 검토한다. 제3부에서 현대적 행정이론을 집중적으로 조명한다고 해서, 제1부와 제2부에 현대적 행정이론의 요소들이 배제된 것은 아니다. 그 둘을 명확하게 나눈다는 것이 쉽지 않을 뿐더러, 가능하다해도 이분법적으로 접근한다는 것이 꼭 바람직한 일은 아니기 때문이다. 또한, 제1부와 제2부에서 다루는 주제들에 대해서도 현대적 행정이론의 요소들이 함께 포함되어 있어야 학생들이 공부하고 답안을 작성하는 데 편리할 것이다. 따라서 제3부의 현대적 행정이론이라는 주제는 현대행정이론에서 제기되고 있는 중요한 주제들을 한 장소에서 집중적으로 검토한다는 의의를 지님과 동시에, 1) 효율적 국정관리, 2) 민주적 국정관리, 3) 성찰적 국정관리를 핵심 세 축으로 하는 미래지향적 국정관리에 대한 창조적 탐색의 의미로 받아들이면 될 것이다.

마지막으로 요약 및 결론에서는 관점과 시각, 이슈 및 함의에 대해서 정리하면서 이 책을 마무리하고자 한다.

이 책은 행정학이론을 중심으로 행정학이론, 동태적 행정과정, 미래지향적 국정관리를 다루는 행정학의 개론서이다. 이 책은 행정학이론, 국가혁신론, 거버넌스론에 관심을 가진 학부생과 대학원생 그리고 고시 수험생들의 학습에 초점을 두고 집필되었다. 자칫 이론적 논리나 전문적 용어로 채색되어 읽기 어렵고 딱딱해지는 경향을 막기 위해 행정사례들에 대한 최근 동향과 용어 해설들을 사례박스로 처리하는 등 입체적인 소개를 통해 논의의 현실적합성과 실사구시성을 높이고자 하였다. 이 책이 행정학, 정책학 등을 공부하면서 행정이론과 정책이론, 행정이론과 거버넌스, 행정이론과 국가혁신에 관심을 갖게 된 사회과학도와 정부실무자들의 논의에 참고가 되었으면 하는 바람이다.

특히 고시 수험생들에게 전하고 싶은 이 책의 공부방법은 다음과 같다. 이 책의 구체적인 내용을 세부적으로 공부하기에 앞서, 이하에서 제시되는 장들을 먼저 독파하여 현대행정학의 논리 및 흐름을 먼저 파악한 후 개별 장들에 들어가길 바란다.

머리말과 제1부 제1장 행정이론의 개관과 제3장 현대행정이념, 제3부 제14장 현대행정학의 이론적 패러다임을 이 책의 전체적인 개념도로서 먼저 파악하길 바란다. 또한, 부와 장이 시작할 때마다 제시된 학습목표와 장 말미에 제시된 요약 및 결론을 따로 모아서 이해하고 암기하는 방식으로, 전체적인 목차와 개요, 논리 및 흐름을 먼저 파악하는 것이 효과적일 것이다.

또한, 제2부 제12장 미래의 바람직한 정부상에서 제시되는 기업가적 정부, 성과중심 정부, 고객중심 정부, 뉴거버넌스 정부의 개념과 논리를 먼저 파악하고, 제2부 제13장 정부혁신 성공사례에서 제시되는 정부혁신의 성공요인과 학습방안들에 대해 정리한 후, 조직·인사·재무 등 구체적인 각론을 공부하는 것이 순서상 효과적일 것이다.

좀더 구체적으로 이 책의 공부 순서를 제시하면 다음과 같다.

먼저, 머리말과 제1부 제1장 행정이론의 개관을 숙독하여 이 책의 전체 구성요지와 맥락을 이해하길 권한다. 현대행정학의 구성과 현대행정의 동태적 이해가 반영된 논의의 틀을 통해 이 책의 근저를 관통하는 논리의 흐름과 철학의 맥락을 이해하길 바란다. 이후, 제1부 제3장 현대행정이념을 정독하여 현대행정학을 관통하는 이념의 계보에 대해 파악하길 바란다.

둘째, 이 책의 부와 장마다 소개되는 학습목표와 장 말미에 제시된 요약 및 결론을 발췌하여 숙독하길 권한다. 특히 학습목표에서 제시되는 핵심용어(Key Word)와 요약결론에서 제시되는 논리의 정리(Wrapping Up)를 따로 모아 이해하길 권한다.

셋째, 제2부 제12장에서 제시되는 미래의 바람직한 정부상을 숙독하여 거시적인 정부구조와 정책과제들에 대해 파악하길 권한다.

넷째, 제2부 제13장에서 제시되는 정부혁신 성공사례를 정독하여 미시적인 혁신 프로세스에 대해 파악하길 권한다.

다섯째, 이 책의 제3부 제14장에서 소개된 현대행정학의 이론적 패러다임을 정독하고 전통적 행정이론과 현대행정이론을 대비하여 정리하길 권한다.

마지막으로, 맨 뒤에 제시된 요약 및 결론을 통해 이 책이 지향하는 현대행정이론에 대한 종합 정리를 하기 바란다.

이 책을 쓰는데 도움을 주신 많은 분들에게 감사의 뜻을 전하고 싶다. 정신적으로나 학문적으로 많은 가르침과 은혜를 베풀어 주신 성균관대학교 행정학과의 허범 교수님, 김현구 교수님, 김광식 교수님 그리고 유민봉, 김성태, 박재완, 이명석, 공동성, 이숙종, 김근세, 문상호, 박형준, 정문기, 배수호 교수님께 감사의 말씀을 올린다. 또한, 책이 완성되기까지 많은 도움을 아끼지 않은 이홍재 교수와 성균관대학교의 이현철, 이종구, 김태진, 최윤석, 최현정, 이미애, 하민지, 김일태, 주희진, 김선아, 서인석, 황혜성, 조현희, 김재근, 이경호, 류은영, 이은진 학생에게 고마움을 전한다.

성균관대학교 행정고시반의 김풍식, 유창선, 한선미, 조성룡, 이주희, 정진우 학생에게 감사하며, 성균관대학교 국정관리대학원 대학원생들과 학부생들에게도 감사의 마음을 전하고 싶다. 학생들의 뜨거운 열정과 학습 의지는 여러모로 미흡한 저자에게 큰 활력소와 추진력으로 작용하였다. 이들의 열정과 격려가 없었다면 이 책은 결코 만들어질 수 없었을 것이다.

이 책의 출판을 기꺼이 맡아주신 박영사의 안종만 회장님, 출판이 지연되는 와중에서도 세심하게 원고를 숙독하고 좋은 편집을 위해 많은 수고를 아끼지 않았던 박영사 우석진 차장님과 편집진들께도 깊은 감사의 마음을 전한다.

가족 모두에게 깊은 사랑을 전하고 싶다. 늘 뜨거운 지지와 사랑을 보내 주시는 부모님들과 언제나 깊은 애정으로 나를 도와준 아내와 지민, 지은, 지수에게 사랑과 고마움을 전하고 싶다. 가족들의 뜨거운 사랑과 심리적 지원은 언제나 나에게 신선한 활력소가 되었다. 사랑하는 이들과 친가, 처가의 부모님께 이 책을 바친다.

2009년 5월
명륜동 연구실에서
권 기 헌

차　　례

제1부　행정학 총론

제 1 장　행정이론의 개관

제 2 장　행정이론의 전개

제 3 장 현대행정이념

제 2 부 동태적 행정과정

제 4 장 국가목표

제 5 장 정책이론: 정책형성, 정책집행, 정책평가, 정책변동

제 6 장 조직이론

제 7 장 인사이론

제 8 장 재무이론

제 9 장 정보체계

제10장 동기부여

제11장 환류 및 학습

제12장 미래의 바람직한 정부상

제13장 정부혁신 성공사례

제 3 부 현대적 행정이론

제14장 현대행정학의 이론적 패러다임

제15장 효율적 국정관리의 이론 및 제도: 국가혁신이론, 미래예측이론

제16장 민주적 국정관리의 이론 및 제도: 거버넌스이론, 갈등관리이론, 정책품질관리이론

제17장 성찰적 국정관리의 이론 및 제도: 전자정부이론, 지식정부이론

제 1 부

행정학총론 (Theory Overview)

학습 목표

행정학은 정부에 관한 학문이다. 전통적 행정학은 행정이론을 토대로 정부의 인사, 조직, 재무, 정보체계 등 정부 내부 운영원리의 효율성을 연구하는 학문이었지만, 현대행정학은 정부운영시스템에 대해 연구하는 정부학이며, 동시에 지식정보사회에서의 국가혁신에 대해 성찰하는 국정관리학이다. 따라서 현대행정학은 관료제이론, 인사행정론, 조직행정론, 재무행정론 등 기존의 행정이론 및 최근에 제시된 전자정부이론, 국가혁신이론, 거버넌스이론, 제도주의이론, 정책네트워크이론 등을 토대로 정부운영의 효율성, 합법성뿐만 아니라, 민주성, 신뢰성, 투명성, 성찰성을 지향하는 학문이라고 할 수 있다.

현대사회는 대단히 빠른 속도로 변화하고 있으며, 그 속도는 시간이 갈수록 더욱 가속화되고 있다. 특히, 정보가 중요해지고, 가치가 다원화되며, 세계화와 국지화 경향이 병존하고 있다. 이러한 흐름 속에서 미래에 대한 변화의 속도와 불확실성의 정도는 급증하고 있다. 현대 행정이론은 이러한 시대 이념과 변화에 부응할 수 있는 새로운 패러다임을 제공해 줄 수 있어야 한다. 그래서 전통적 행정이론과 현대적 행정요구 사이에 생기는 이론적 갭을 매울 수 있어야 한다. 이 책에서 시도하는 현대행정이론은 국가혁신이론, 미래예측이론, 거버넌스이론, 갈등관리이론, 전자정부이론, 지식정부이론 등에서 제시하는 공통된 이론적 틀과 개념적 도구를 사용하여 새로운 패러다임을 재조명해 보려는 하나의 이론적 시도이다. 즉, 이 책에서는 현대행정이론을 논의함에 있어서 1) 국가혁신이론(혁신관리, 지식관리, 성과관리), 미래예측이론에 기반을 둔 효율적 국정관리(effective governance), 2) 거버넌스이론, 갈등관리이론, 정책품질관리이론에 기반을 둔 민주적 국정관리(democratic governance), 3) 전자정부이론, 지식정부이론에 기반을 둔 성찰적 국정관리(reflexive governance)를 미래지향적 국정관리의 핵심 축으로 삼고자 하였다.

이러한 시각에서 먼저 제1부에서는 행정학총론(Overview)에 대해서 논의한다. 여기에서는 행정학이론, 행정의 개념 및 목표, 행정의 동태적 과정, 행정의 주요 변수, 행정이론의 전개, 현대행정이념 등에 대해서 학습하기로 한다.

제 1 장

행정이론의 개관

제1장에서는 행정학이론에 대하여 개관한다. 행정의 의의 및 개념, 행정과 경영의 관계, 현대행정의 동태적 이해, 논의의 틀에 대해서 검토한다.

먼저, 행정의 의의 및 개념에서는 행정법학적 개념과 행정학적 개념의 차이를 보고, 현대행정개념에 대해서 학습한다. 행정과 경영의 관계에서는 행정과 경영의 관계를 보는 시각, 유사성, 차이점, 행정과 경영의 상호관계에 대해서 학습한다. 현대행정의 동태적 이해에서는 국가목표, 정책결정, 조직화, 동작화, 환류 및 학습에 이르는 동태적 과정에 대해서 검토하고, 이 책에서 접근하는 현대행정학 논의의 시각 및 분석의 틀에 대해서 검토한다.

제1절 행정의 의의

1. 행정의 개념

행정의 개념은 행정의 다양성, 복잡성, 동태성으로 인해 단일의 행정개념을 도출하기는 어렵다. 따라서 행정개념을 정확하게 규명하기 어려우나 행정이란 정치권력을 배경으로 하여 정책을 형성하고 이를 합리적으로 집행하는 협동적 집단행동(*collective action*)이라고 정의할 수 있다. 역사적으로 행정개념은 서구 근대입헌국가의 등장과 더불어 Locke, Montesquieu의 삼권분립이론을 배경으로 입법·사법과 대립되는 개념으로 성립·발전되어 왔으나(유럽), 미국을 중심으로 하는 현대 행정학자들은 행정을 정치와의 관계 등을 중심으로 다양한 행정개념을 제시해왔다. 따라서 행정법학적 입장과 행정학적 입장으로 구분하여 살펴보면 다음과 같다.

1) 행정법학적 개념

행정개념을 정의하기 위한 행정법학적 접근은 실질적 개념설과 형식적 개념설 두 가지로 대별되고 있다. 실질적 개념설은 활동의 내용이나 성질이 공익이나 공공문제와 관련이 되어 있으면 행정으로 보는 입장이고, 형식적 개념설은 기관이나 주체를 중심으로 국가기관이 수행하는 활동을 행정으로 보는 입장이다. 오늘날은 주로 활동의 내용과 성질을 중시하는 실질적 개념설이 지배적인 입장이다.

2) 행정학적 행정개념

행정학적 행정개념은 그 범위를 어떻게 정하느냐에 따라 광의의 개념과 협의의 개념으로 대별될 수 있다. 광의의 개념은 인간의 합리적인 의사결정과정을 중심으로 행정을 정의한 것으로 이를 따를 경우 공행정과 사행정이 모두 여기에 포함된다. 반면에 협의의 행정은 행정부 내의 합리적인 의사결정과정으로 행정의 개념을 정의한 것으로 이에 의하면 행정부에 의한 공행정이 행정의 개념에 해당된다.

행정연구 접근법의 변천을 토대로 볼 때, 행정학적 행정개념은 행정관리론, 정치기능론, 행정행태론, 발전기능론, 국가경영론 등으로 변천되어 왔다.

행정관리론은 행정학 성립기에 활동한 W. Wilson, L. D. White 등 정치행정 이원론자들의 입장으로서 행정이란 이미 수립된 정책을 구체화하는 것으로 본다. 이 입장은 행정과 경영을 동질적인 것으로 본다.

정치기능론은 M. E. Dimock, P. H. Appleby 등 정치행정 일원론자들의 입장으로서 행정이란 이미 수립된 정책의 구체화에 한정하지 않고 적극적으로 정책결정 기능까지 포함하는 것으로 본다.

행정행태론은 H. A. Simon 등 새 이원론의 입장으로 행정이란 합리적인 의사결정을 위한 인간들의 협동적 집단행동이라고 파악하면서 행정의 사실적 측면을 강조한다. 행정과 경영을 동질적인 것으로 파악하는 행정관리설과 유사하지만, 이 둘간의 차이점은 행정행태설은 행정원리의 과학적 규명을 강조한다는 점이다. 행정행태설은 행정의 본질은 의사결정과정으로 보고, 행정의 개념은 행정(의사결정체계)에 내포된 협동적 집단행동(*collective action*)에 초점을 둔다.

발전기능론은 M. Esman, E. Weidner 등 발전행정론자들의 입장으로 1960년대 이후 신생국의 국가발전을 뒷받침하기 위한 이론으로 등장하였다. 이 입장은 행정이란 국가의 발전목표를 형성하고 집행하는 적극적 기능으로 이해하면서 행정의 개념을 행정우위론적 새일원론의 입장에서 파악한다(박동서, 1993: 40).

2. 현대행정개념의 재정립

행정개념의 변천은 정치와 행정의 관계, 행정을 과학에 중점을 두는지 혹은 기술에 중점을 두는지에 따른 과학성과 기술성의 관계에 따라 변천되어 왔다. 그러나 오늘날의 행정은 행정을 단순히 정책집행에만 국한하지 않고 정책형성까지도 중요한 영역으로 보고, 과학성과 기술성의 관계에서도 행정이란 과학성과 기술성을 동시에 지닌 실체로 파악하는 경향이 강하다. 이러한 관점에서 행정의 개념을 정의하면, 행정이란 "행정부가 정치권력을 배경으로 공익을 실현하기 위해 정책을 형성하고 집행하는 협동적 집단행동"이라고 정의할 수 있다.

1990년대 이후 인터넷 기술의 급속한 발전(정보화), 시민사회의 성장(민주화), WTO 체제의 출범과 신자유주의 물결의 확산(세계화) 등의 급진전으로 현대행정의 특성도 변화되고 있다. 전통적 행정학의 조직모형인 관료제에 대한 Post-관료제 모형으로서의 전자정부가 등장하고, 국가(정부)에 의한 일방적 통치가 아닌 국가(정부)-시장(기업)-시민사회(NGO)들간의 신뢰와 협동을 강조하는 거버넌스가 강조되고 있다. 이와 함께 국가혁신을 강조하는 국가경영의 개념도 급속도로 확산되고 있다.

현대행정은 1980년대 신공공관리(NPM)의 등장, 1986년 미국 노동성의 초우량관리(HPM: High Performance Management)의 대두, 1993년 미국 클린턴 행정부의 NPR(National Performance Review)에 의해 주창된 기업가적 정부(Businesslike Government) 및 뉴거버넌스(New Governance)로의 발전 연장선상에서 행정의 개념을 파악한다.

현대행정은 행정을 일방적 통치(Governing)가 아닌 국정관리(Governance)로 파악하며, 정부 관료제의 비능률을 타파하기 위해 민간경영 관리기법(Management)을 도입하고, 가격·경쟁·유인 등을 강조하는 시장메커니즘에 의한 국가경영 개념을 강조한다. 하지만 현대행정이 단순한 신공공관리(NPM)만을 추구하는 것은 아니다. 행정에 민간경영 관리기법을 도입하는 NPM적 요소와 함께 참여 및 민주적 가치를 강조하는 뉴거버넌스적 요소를 함께 강조한다. 이는 현대행정이 국가혁신과 국정관리를 추구하면서 효율성 못지않게 민주성과 성찰성을 고려한다는 점에서 중요한 의미를 지닌다.

제 2 절 행정과 경영(공행정과 사행정)

공행정이란 국가 또는 공공기관이 공익이나 공적목표를 달성하기 위하여 행하는 행정을 의미하고, 사행정은 기업이나 민간기관이 영리추구를 위하여 행하는 경영을 의미한다. 행정의 개념을 광의로 파악한다면 공행정과 사행정을 포괄한다. 행정의 본질은 조직의 목적달성을 위한 인적·물적 자원의 효율적 이용이라고 할 때, 공행정과 사행정은 본질적으로는 동일하다.

1. 행정과 경영의 관계를 보는 시각

1) 공·사 행정 일원론

정치행정 이원론의 입장이다. 행정관리론의 관점에서 공행정을 단순한 기술적 과정으로 파악하여 공행정과 사행정이 차이가 없는 것으로 보았다.

2) 공·사 행정 이원론

정치행정 일원론의 입장이다. 정치기능론의 관점에서 공행정은 정책집행기능과 정책결정기능까지 포함하므로 사행정과 비교되는 정치성과 공공성을 가진다고 보았다.

3) 공·사 행정 새 일원론

정치행정 새 이원론의 입장이다. 행정행태론의 관점에서 공행정과 사행정의 차이는 상대적이고 양적인 차이에 불과하며 질적인 차이는 없다고 보았다.

4) 공·사 행정 새 이원론

정치행정 새 일원론의 입장이다. 발전행정론의 관점에서 행정의 우월성을 강조하는 행정우위론적 입장이다. 행정의 주요한 기능으로 국가발전목표 형성과 집행 기능을 든다.

5) 최근의 경향: 국정관리론의 대두

1980년대 NPM의 대두, 1990년대 뉴거버넌스의 대두로 인하여 행정과 경영의 구분을 어렵게 하여 행정과 경영의 차이는 상대적인 것으로 만들고 있다. 현대행정은 1980년대 신공공관리(NPM)의 등장, 1993년 미국 클린턴 행정부의 NPR(National Performance Review)에 의해 주창된 기업가적 정부(Businesslike Government) 및 뉴거버넌스(New Governance)로의 발전 연장선상에서 행정의 개념을 파악하는바, 행정과 경영의 차이는 상대적인 것으로 본다. 다만, NPM의 경우 행정에의 경영관리기법의 도입을 강조하지만 뉴거버넌스의 경우 NPM적 요소의 도입을 인정하면서도 경영기법의 무조건적 도입을 경계한다는 측면에서 차이가 난다. 특히 뉴거버넌스적 사고는 NPM의 한계로 지적되는 1) 조직 문제해결 역량(Institutional Memory) 저하문제, 2) 고객과 시민의 본질적 차이, 3) 민간위탁, 외부발주, 민영화의 심화로 정부의 문제 해결능력 약화, 4) 행정의 민주성·형평성 등을 어떻게 확보할 것인가? 하는 문제들을 지적하면서, 정부혁신을 위한 근본적인 고민과 성찰을 주문하고 있다. 또한 뉴거버넌스는 NPM적 요소의 시장중심의 거버넌스와 민주적 참여 및 의견 수렴을 강조하는 시민사회중심의 거버넌스의 조화를 통해 기존의 NPM에서 강조하는 효율성 못지않게 민주성과 성찰성을 중요한 공익의 가치로 제기하고 있다.

2. 행정과 경영의 유사점

1) 목표달성을 위한 수단성

행정이나 경영 모두 실현하고자 하는 목표의 성격은 다르지만 이러한 목표를 달성하기 위한 수단이라는 점에서 유사하다.

2) 관료제적 성격

관료제를 대규모의 조직구조로 이해할 경우 행정과 경영 조직은 모두 관료제적 성격을 띠고 있다. 민간조직도 대규모화됨에 따라 관료제적 성격을 갖게 되며, 이에 따라 양 조직은 유사하게 된다.

3) 협동적 집단행동

행정과 경영 모두 부여된 목표의 달성을 위한 협동적 집단행동이다. 따라서 행정과 경영 양 조직 모두 협동적 집단행동에 대한 연구라는 점에서 유사하다.

4) 관리기술

행정과 경영은 모두 목표달성 과정에서 능률성을 강조하므로 적용되는 관리기술은 동일하다. 조직하는 방법, 통제하는 방법, 조정(통합)하는 방법 등 관리기술은 행정과 경영 모두 유사하다.

5) 관리적 성격

행정은 경영에 비하여 권력성 측면이 강하게 나타나기도 하지만 관리적 성격도 중요한 요소이다. 특히 최근 행정학에서 강조되는 성과관리, 지식관리, 혁신관리 등 관리적 요소들은 조직관리적 성격을 강하게 띠고 있는바, 이러한 관리적 성격 측면에서도 행정과 경영은 유사성을 지닌다.

3. 행정과 경영의 차이점

1) 목표(공익성)

행정은 공익을 추구하는 데 반해, 경영은 영리를 목표로 한다. 행정은 공익에서 파생되는 목표의 추상성과 모호성 그리고 다양성으로 인해 정책형성 및 정책집행 과정에서 갈등을 내포한다.

2) 권 력 성

행정은 전 국민을 상대로 하며 또한 권력을 내포하고 있어 남용될 가능성이 높으므로 시민권의 옹호를 중요한 정치이념으로 하고 있는 민주국가에서는 법령의 적용을 엄격히 받게 된다. 또한, 법령의 내용에 있어서도 경영에 비하여 많은 양의 세밀한 규정의 적용을 받는다.

3) 형 평 성

민주국가의 행정은 고도의 합법성을 요청하며 이는 법 앞에 평등을 요청하고 있는데 경영의 경우는 이러한 원칙의 적용을 받지 않는다. 경영의 경우에는 시장에서의 가격원리에 의해 경쟁(*competition*)의 개념이 강조하는 데 반해, 행정의 경우에는 공공서비스의 공평한 배분이라는 관점에서 형평성(*equity*)이 매우 중요한 개념이다.

4. 결어: 행정과 경영의 상호관계

오늘날 행정과 경영의 구별은 절대적·질적 차이가 아니라, 상대적·양적 차이에 불과하다. 또한 국가의 문화적, 역사적 배경과 시대적 변천에 따라 그 정도에 차이가 난다. 구별의 상대화가 초래된 배경에는 NPM의 대두, 뉴거버넌스의 등장, 민간위탁·외부발주·책임운영기관과 같은 성과관리 및 정부혁신론의 대두 등을 들 수 있으며, 이와 함께 일반적 요소로서 사기업의 거대화, 대규모 기업체의 출현, 기업의 사회적 책임성, 제3섹터의 대두 등의 요인들을 들 수 있다.

후진국의 경우 경영의 행정에의 예속현상이 강하게 나타난다. 그러나 선진국의 경우 양자의 수평적, 협력적 관계가 강하게 나타난다. 따라서 양자는 절대적 · 질적 차이라기 보다는 상대적 · 양적 차이로서 상호 예속관계보다는 상호 긴밀한 협조관계로 나아가야 할 것이다. 특히 최근 현대행정에서 국가혁신론 및 뉴거버넌스의 강조로 인해 국가경영의 관점에서 정책네트워크에 입각한 국정관리의 개념이 중시되는바, 이러한 관점에서 행정과 경영의 상호관계도 상대적인 협력관계로 접근하는 것이 바람직할 것이다.

제 3 절 행정과정의 동태적 이해

1. 행정과정의 의의

현대행정은 동태적 과정으로 이루어진다. 즉 행정은 행정의 주요 기능 수행과 관련되는 일련의 과정으로 이루어진다. 행정은 행정인, 행정구조, 행정환경이 상호 동태적 과정을 거치면서 이루어진다(박동서, 1993: 46-52; 65). 행정환경은 법, 제도, 정책뿐만 아니라,

〈그림 1-1〉 행정과정의 동태적 이해

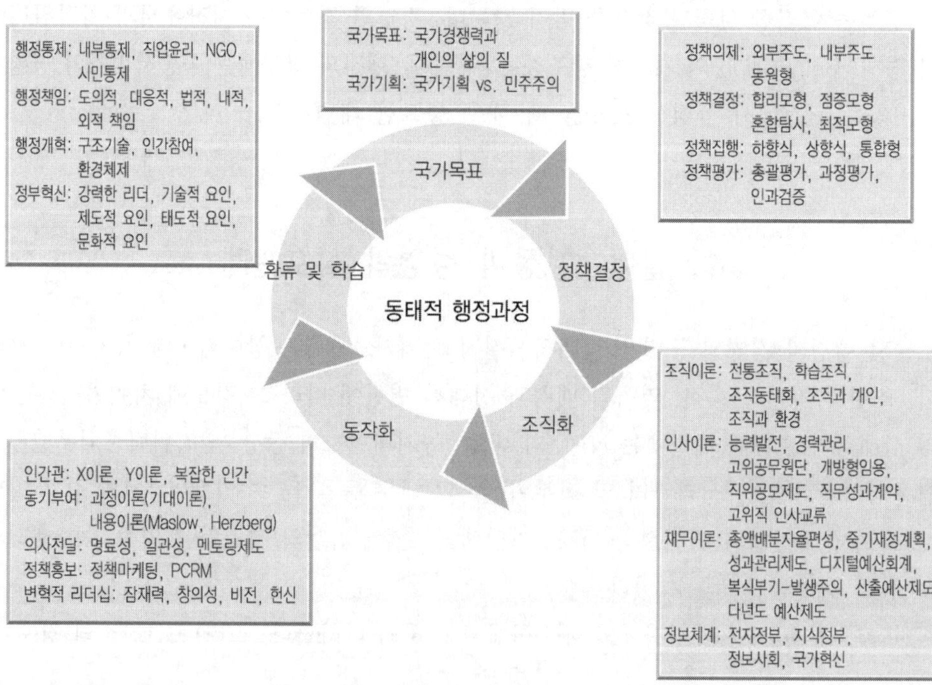

정치, 경제, 문화적 흐름과 이슈를 모두 포괄한다. 행정의 동태성은 환경변화가 행정의 구조와 행태에 영향을 미치고 상호작용하는 것이다. 환경변화는 법과 제도를 매개로 조직・인사・재무 등의 구조변동을 유발하고, 문화에 충격을 가함으로써 행정인의 인식과 태도를 변화시킨다.

행정의 역할과 기능을 어떠한 것으로 보느냐에 따라 학자들은 제각기 여러 가지 과정론을 제시하고 있으나,[1] 현대행정기능의 동태성・개방성・거시성 등을 고려할 때 본서에서는 동태적 행정과정을 1) 국가목표, 2) 정책결정, 3) 조직화, 4) 동작화, 5) 평가(환류 및 학습) 등 5단계로 구분하고자 한다(〈그림 1-1〉 참조).

2. 전통적 행정이론과의 차이

1) 정치행정 이원론과의 구별

정치행정 이원론 시대의 행정과정은 정책결정은 제외되므로 국가발전을 위한 목표, 정책결정, 기획은 배제되었으며, 환류의 기능도 제외되었다. 그리고 나머지 작용도 국가발전 및 국정관리를 위한 기능과는 내용면에서 상당히 다른 것이었다.

2) 정치행정 일원론과의 구별

정치행정 일원론은 행정을 정치와의 연장선상에서 파악하고는 있으나, 행정의 목표설성 및 정책결정의 적극적 기능에 대해서는 간과하고 있으며, 행정의 동태적인 면과 환경적인 면이 경시되었다.

3) 행정행태론과의 구별

행정행태론은 행정을 의사결정체계로 파악하고 논리적 실증주의를 강조하면서 정책의 적실성(*relevance*)과 참여(*action*)의 측면을 경시하였다.

---

1) 예컨대, 한국행정학을 동태적 과정으로 파악하여 한국행정이론의 초석을 다진 것으로 평가되고 있는 박동서(1993: 46-52)에서는 행정과정을 목표의 설정, 정책결정, 기획, 조직화, 동작화, 평가, 시정조치 등 7단계로 구분하고 있다.

4) 발전행정론과의 구별

발전행정론은 행정목표, 정책결정 등 미래 국가발전을 위한 가치적인 측면과 동태적인 측면을 강조하고 있다는 점은 평가할 수 있으나, 행정을 계층제 중심의 Top-Down체계로 파악하고 권위주의와 획일주의 그리고 중앙집권주의를 초래했다는 비판을 받는다.

1990년대 이후 정보기술의 발달과 시민사회의 성숙 그리고 거버넌스의 강조 등 현대행정의 변화된 모습에 따라 이제는 국가혁신과 뉴거버넌스가 강조되고, 이에 따라 시민의 행정참여, 민주적 통제, 수평적이고 유기적인 협력 네트워크 하에서 민주성과 성찰성이 중요한 개념으로 부각되고 있다.

3. 동태적 행정과정의 내용

1) 국가목표

국가목표는 목표의 개념과 기능, 정책의 개념과 기능, 기획의 개념과 기능 등을 포함한다.

2) 정책결정

정책결정은 정책형성, 정책집행, 정책평가, 정책변동 등을 포함한다.

3) 조 직 화

조직화는 조직이론 · 인사행정 · 재무행정 · 정보체계에 대한 일반이론들을 포함한다.

첫째, 조직이론에서는 어떻게 지식정보사회에서의 변화되는 시장의 빠른 속도와 불확실성에 대응하는 조직으로 발전시킬 것인가에 대한 논의로서, 조직화의 원리, 계층제로 대변되는 관료제와 Post-관료제 모형으로 제시되는 새로운 형태의 조직(비전구동형 조직, 팀 조직, 네트워크 조직, 프로세스 조직 등)에 대해서 다루게 된다.

둘째, 인사행정에서는 어떻게 지식정보사회에서의 유능한 인재를 충원하고 교육시키고 능력을 지속적으로 계발할 것인가에 대한 논의로서 엽관제와 실적제, 직위분류제, 직업공무원제도, 성과관리와 BSC, MBO, 책임운영기관, 고위공무원단제도 등에 대해서 다루게 된다.

셋째, 재무행정에서는 지식정보사회에서 변화된 환경에 맞게 예산의 신축성과 탄력성을 부여하면서도 동시에 어떻게 책임성과 통제성을 확보할 수 있을 것인가에 대한 논의로서 품목별 예산과 성과주의 예산, PPBS, ZBB, 현금주의와 발생주의, 단식부기와 복식부기 예산제도 등에 대해서 다루게 된다.

이러한 조직, 인사, 재무행정 이론들을 검토함에 있어 유념해야 할 중요한 질문은 행정의 공익성과 안정성을 유지하면서 동시에 신축성과 탄력성을 부여할 것인가, 신축성과 탄력성을 통해 효율성을 부여하면서도 동시에 어떻게 민주적 통제를 확보할 수 있을 것인가 하는 것이다.

4) 동 작 화

동작화에서는 인간관, 사기, 동기부여, 의사소통, 정책홍보, 변혁적 리더십 등에 대해서 다루게 된다. 여기에서는 조직목표의 효과적 달성을 위해 어떻게 하면 과학적 관리와 인간적 참여를 조화시킬 수 있을까 하는 것이 중요한 질문이다. 이를 위해 제시되는 구체적인 질문들은 다음과 같다.

◈ 인간관은 어떻게 이해해야 하며, 조직구성원의 사기와 동기부여는 어떻게 작동되는 것인가?

◈ 정책홍보는 어떻게 활용되어야 하며, 하의상달과 수평적 의사소통의 활성화를 위한 방안은 무엇인가?

◈ 조직의 하부(일선직원)와 바깥(시민사회)을 유기적으로 엮어서 조직의 창의성을 극대화할 수 있는 변혁적 리더십은 어떤 방향으로 작동되어야 하는가?

5) 평가(환류 및 학습)

평가는 행정집행 결과의 효과성 · 능률성 · 형평성 · 대응성 등에 대해서 모니터링하고 이를 통해 환류 및 학습이 이루어지는 과정이다. 여기에서는 행정책임 · 행정통제 · 행정개혁 · 정부혁신이 매우 중요한 주제로 부각된다. 특히 정책 및 행정의 성공과 실패에 대한 사례의 축적을 통해 DB를 구축하고, 정부의 체계적 지식관리를 통해 조직학습이 이루어짐으로써 문제해결능력과 정책결정능력을 최적화하는 조직관리가 필요하다.

제 4 절 논의의 틀

행정학은 정부에 관한 학문이다. 행정학은 행정이론을 토대로 정부의 인사, 조직, 재무, 정보체계 등 정부 내부 운영원리의 효율성 실현에 대해 연구하는 학문이다. 현대행정학은 정부운영시스템에 대해 연구하는 정부학이며, 동시에 지식정보사회에서의 국가혁신에 대해 성찰하는 국정관리학이다. 현대행정학은 관료제이론, 인사행정론, 조직행정론, 재무행정론 등 기존의 행정이론뿐만 아니라 최근에 제시된 국가혁신이론, 미래예측이론, 거버넌스이론, 갈등관리이론, 전자정부이론, 지식정부이론 등을 토대로 정부운영의 효율성, 합법성뿐만 아니라, 민주성, 신뢰성, 성찰성을 연구하는 학문이다.

현대행정학은 동태적 과정으로 이루어진다. 국가목표-정책결정-조직화-동작화-환류 및 학습이라는 동태적 과정을 거치면서, 동시에 행정인-행정구조-행정환경이라는 3대 변수가 끊임없이 상호작용 과정을 거치면서 전개되지만, 현대행정학은 궁극적으로 우리 사회 내에 존재하는 국민 개개인의 인간 존엄성 실현을 목표로 한다. 따라서 현대행정학은 정부 내부 운영원리의 효과성과 능률성 제고를 통해 정부경쟁력(정부)을 강화하고, 이를 통해 국민(시장 및 시민사회)들에게 최고 만족의 정부서비스를 제공함으로써 국가경쟁력과 삶의 질의 향상을 목표로 하지만, 또한 동시에 국가경쟁력과 삶의 질 제고라는 수단적 가치를 통해 우리 사회에 존재하는 구성원들 개개인의 인간 존엄성(인권, 정의, 형평) 실현을 궁극적 목표로 한다(성찰성).

이렇게 볼 때, 현대행정학이 지향하고자 하는 근본적 질문들은 다음과 같이 명확하게 정리할 수 있다.

* 정부 내부 운영의 비능률을 타파하고 정부 운영의 효율성을 극대화 시킬 수 있는 조직원리 및 운영방안은 무엇인가?
* 이를 위해 가장 적합한 조직형태(관료제 vs. 전자정부)는 무엇이며, 관리방안(인사, 조직, 재무, 정보체계)은 무엇인가? 그리고 이러한 방안들은 지식정보사회에 부응하기 위해 어떠한 방향으로 진화되어야 하는가?
* 정부 관료제를 민주적으로 통제할 수 있는 방안은 무엇인가? 조직 내부적으로 민주성과 투명성을 제고하는 방안은 무엇이며, 조직 외부적으로 시민들의 정책참여를 강화함으로써 민주성 및 투명성을 제고하는 방안은 무엇인가?
* 정부는 어떤 정책 서비스를 통해 우리 사회의 신뢰성과 성찰성을 제고할 수 있는가?

현대사회는 대단히 빠른 속도로 변화하고 있으며, 그 가운데 미래의 단절(*discontinuity*)과 불확실성(*uncertainty*)의 정도는 더욱 더 증대되고 있다. 현대사회의 이러한 시대적인 흐름에 현대정부가 제대로 대응하려면, 현대행정이론은 시대의 새로운 흐름에 부응할 수 있는 새로운 제도와 개념, 이념과 가치, 즉 패러다임을 제공해 줄 수 있어야 하는데, 이 책에서는 이러한 제도의 구성적 요소로서 국가혁신이론, 미래예측이론, 거버넌스이론, 갈등관리이론, 전자정부이론, 지식정부이론 등을 활용하려고 한다.

본서에서 제시하는 현대행정의 이론적 패러다임은 국가혁신이론과 거버넌스이론을 바탕으로 출발한다. 행정은 가치와 갈등, 권력과 게임의 산물이면서 동시에 이성과 합리, 과학과 사유의 결과이다. 이때 행정의 품질을 제고하려는 혁신관리, 지식관리, 성과관리, 미래예측과 같은 조직관리 노력은 현대행정의 효율성 측면을 뒷받침해 주는 역할을 하며, 거버넌스이론과 갈등관리이론은 현대행정의 민주성 측면을 강화시켜주는 역할을 하며, 전자정부이론과 지식정부이론은 현대행정의 효율성과 민주성을 연결시키는 현대정책결정 메커니즘의 로커스(*locus*)로서 기능하며 더 나아가 우리 사회공동체의 성찰성을 향상시켜주는 정책기제로서 작용한다. 따라서 이 책에서는 현대행정이론과 미래지향적 국정관리모형을 논구함에 있어서 1) 국가혁신이론(혁신관리, 지식관리, 성과관리), 미래예측이론에 기반을 둔 효율적 국정관리(*effective governance*), 2) 거버넌스이론, 갈등관리이론, 정책품질관리이론에 기반을 둔 민주적 국정관리(*democratic governance*), 3) 전자정부이론, 지식정부이론에 기반을 둔 성찰적 국정관리(*reflexive governance*)를 미래지향적 국정관리의 핵심 축으로 삼고자 하였다.

본서는 총 3부로 구성되어 있는데, 논의 순서는 다음과 같다.

제1부에서는 행정학이론에 대해서 논의한다. 이 부에서는 행정학이론, 행정의 개념 및 목표, 행정의 동태적 과정, 행정의 주요 변수, 행정이론의 전개, 행정이념 등에 대해서 검토한다.

제2부에서는 동태적 행정과정에 대해서 논의한다. 이 부에서는 국가목표-정책결정-조직화-동작화-환류 및 학습이라는 동태적 과정을 거치면서, 행정인-행정구조-행정환경이라는 3대 행정변수가 상호 역동적으로 교호작용을 하는 과정에 대해서 검토한다. 또한 이 부는 전통적 행정이론에서 다루게 되는 정책, 인사, 조직, 재무, 정보체계, 인간관, 사기, 동기부여, 의사전달, 정책홍보, 변혁적 리더십, 행정통제 및 행정책임, 행정개혁 및 정부혁신에 대한 기본적인 사항들에 대해서 학습하는 장소가 된다.

첫째, 국가목표에서는 목표의 개념과 기능, 정책의 개념과 기능, 기획의 개념과 기능 등에 대해서 검토한다.

둘째, 정책결정에서는 정책형성, 정책집행, 정책평가, 정책변동 등 정책이론에 대해서 검토한다.

셋째, 조직화 부분에서는 국가목표를 조직화하는 단계로서의 인사, 조직, 재무, 정보체계 등 행정집행 수단적 요소들에 대해서 학습한다.

넷째, 동작화 부분에서는 인간관, 사기, 동기부여, 의사전달, 정책홍보, 변혁적 리더십 등 행정목표를 조직화한 뒤, 이를 실제로 움직이게 하고 동작화 하는 조직의 핵심 요소들에 대해서 학습한다.

다섯째, 환류 및 학습 부분에서는 행정통제, 행정책임, 행정개혁, 정부혁신 등 행정의 동태적 과정에서 마지막으로 환류하고 통제하는 부분과, 이를 통해 행정이 더 나은 행정조직, 절차, 행태를 갖추기 위한 행정개혁과 정부혁신에 대해서 학습하기로 한다.

마지막으로, 미래의 바람직한 정부상에서는 미래 행정의 바람직한 목표 구현을 위한 현대적 제도들에 대해 종합적으로 검토한다. 먼저 바람직한 정부상으로서 기업가적 정부, 성과중심 정부, 고객중심 정부, 뉴거버넌스 정부를 살펴보고, 미래의 바람직한 정부상에서 요구하는 정부혁신 제도들에 대해서 학습하기로 한다. 이러한 제도에는 규제총량제도・규제영향분석제도 등 규제개혁, 팀제・책임운영기관・총액인건비제도・경력관리제도・고위공무원단제도 등 인사 및 조직관리, 중기재정계획・총액배분자율편성・성과관리제도・디지털예산회계・복식부기-발생주의・산출예산제도・다년도 예산제도 등 예산 및 재무관리, 시민헌장제도・정보공개제도 등 행정서비스 질 향상, PCRM과 정책홍보제도・정책실명제・정책품질관리제도 등 시민사회와의 협치 강화를 위한 제반 정부혁신 제도들을 포함한다.

제3부에서는 현대적 행정이론에 대해서 논의한다. 이 부에서는 먼저 현대행정학의 이론적 패러다임에 대해서 살펴본 후, 행정학과 국가혁신이론, 행정학과 뉴거버넌스, 행정학과 신제도주의, 행정학과 전자정부이론, 행정학과 지식정부이론, 행정학과 미래예측이론 등에 대해서 집중적으로 검토한다. 제3부에서는 특히 이를 효율적 국정관리, 민주적 국정관리, 성찰적 국정관리의 세 축으로 나누고, 이에 관한 이론 및 제도들을 검토하기로 한다. 마지막으로 요약 및 결론에서는 관점과 시각, 이슈 및 함의에 대해서 정리한다.

제 2 장

행정이론의 전개

제2장에서는 행정이론의 전개에 대해서 검토하며, 구체적으로 정치와 행정의 관계, 과학성과 기술성, 행정변수 등에 대해서 학습한다.

먼저, 정치와 행정의 관계에서는 정치와 행정의 관계에 입각한 행정이론의 전개를 살펴보는데, 정치행정 이원론, 정치행정 일원론, 새 이원론, 새 일원론에 대해서 학습한다. 과학성과 기술성에서는 과학성을 강조한 정치행정 이원론 시대의 이론, 기술성을 강조한 정치행정 일원론 시대의 이론, 과학성에 대한 재집념으로 나타난 새 이원론, 기술성에 대한 재강조로 나타난 새 일원론에 대해서 학습한다. 행정변수에서는 행정변수를 사람, 구조, 환경으로 보고, 과학적 관리법, 인간관계론, 행정행태론, 행정생태론, 비교행정론, 신행정론, 공공선택론, 현대행정에서의 방법론의 다양화 등에 대해서 학습한다.

제 1 절 행정이론의 전개: 정치와 행정의 관계[1)]

1. 정치 · 행정 이원론(과학성 강조)

행정학 성립초기에 정치와 행정을 구분하려는 입장을 정치 · 행정 이원론이라고 한다. 행정학의 탄생으로 간주하는 최초의 논문을 W. Wilson의 1887년 "The Study of Administration"(행정의 연구)로 보았을 때, 이 시기부터 1930년대 후반 정치 · 행정 일원론이 나오기까지의 시기를 행정학이론 발달사에서 정치 · 행정 이원론이라고 한다. W. Wilson은 그때까지 행정의 연구가 독자성을 인정받지 못하고 정치 속에 내포되는 것으로 간주되어 왔던 것을 처음으로 행정의 독자성을 주장하였다.

정치 · 행정이원론은 행정을 정치적 성격이 없는 순수한 관리현상으로 파악하였는데 W. Wilson은 "행정의 연구"에서 '행정의 분야는 관리의 분야이며, 행정은 정치의 고유영역 밖에 존재하고 행정문제는 정치문제가 아니다'라고 주장하였고, L. D White는 행정이란 권력현상이 아니라 관리현상이라는 전제하에 행정에 관한 연구는 관리적 측면에서 이루어져야 한다는 점을 "행정학의 입문"에서 강조하였다. Goodnow는 Wilson의 정치 · 행정이원론을 구체화 시켜 정치를 국가의지 표명으로, 행정을 국가의지의 집행으로 정의하고, 정당은 정치와 행정의 제도적 분리를 보완하는 것이라고 주장하였다.

정치 · 행정이원론이 대두된 배경은 다음과 같다.

첫째, 1880년대 당시에 기승을 부리던 엽관주의(*spoils system*)를 극복하기 위해 반-엽관주의(*anti-spoils*)의 사명을 띠고 미국의 인사법(1883년 Pendleton법 제정)이 통과되었던 때이다. 따라서 그 당시의 큰 관심은 어떻게 하면 엽관(*spoils*)을 방지하고 실적주의(*merit system*)를 확립하느냐 하는데 있었다. 엽관주의의 문제점인 행정의 낭비와 비능률을 타파하고 행정의 전문성과 중립성을 확보하기 위해서는 부패된 정치로부터 행정을 분리시켜 실적주의를 확보할 필요성이 있었기 때문이다.

둘째, 당시의 민간의 경영합리화 운동인 F. W. Taylor의 과학적 관리론은 행정을 정치적으로 중립적인 비권력적 관리현상으로 이해하는데 기여하였다.

셋째, 행정기능의 양적 확대와 질적 전문화에 대응하고, 행정의 능률성을 확보하기 위한 행정

1) 제2장 행정이론(정치와 행정, 과학성과 기술성, 행정변수)을 정리함에 있어 주로 참고한 서적은 다음과 같다. 박동서(1978, 1993), 백완기(1987), 이종수 · 윤영진 외(2002), 유민봉(2006) 등.

의 개혁운동(1906년 뉴욕시 시정연구회, 1910년 Taft위원회)이 광범위하게 전개되었다.

정치・행정 이원론이 행정에 미친 영향은 다음과 같다.

첫째, 독자적인 과학으로서 행정학 성립・발전에 기여하였다.
둘째, 엽관주의를 지양하고 직업공무원제와 실적주의 확보를 위한 이론적 근거를 제공하였다.
셋째, 행정의 관리와 기업경영의 동질성을 강조하는 공・사행정 일원론의 성립에 기여하였다.

2. 정치・행정 일원론(기술성 강조)

New Deal 정책 이후 1930년대 후반부터 Gaus, Dimock, White 등 여러 학자들이 정치・행정 이원론에 회의를 느끼고 이를 비판하기 시작하였고, 이를 주제로 삼아 단행본으로 엮은 것이 P. H. Appleby의 *Policy and Administration*(『정책과 행정』, 1949)이다.

이와 같이 1930년대 후반부터 일원론이 대두된 이유는 다음과 같다

첫째, New Deal 정책결정에 참여한 학자들의 경험 결과 행정부의 정치적 기능을 이원론으로 정당화할 수 없었다. 본래 이원론도 다분히 반-엽관주의(*anti-spoils*)라고 하는 정책적인 의도를 지니고 제기된 것이었는데, 이제 이미 엽관주의(*spoils*)도 극복된 것이므로 더욱 이원론을 고집할 필요도 없게 된 것이다.
둘째, 시장실패 현상을 해결하기 위하여 행정부의 적극적 개입이 불가피하였다.
셋째, 행정의 고도 전문화, 기술화 및 위임입법의 증가로 인하여 행정의 재량권과 준입법권, 준사법권이 증대되었다.

정치와 행정이 분리될 수 없는 근거는 다음과 같이 여러 관점에서 찾을 수 있다.

첫째, 정치와 행정은 모두 정치권력을 내포하고 있다.
둘째, 행성은 넓은 의미의 성지과성속에 내포되어 있다.
셋째, 행정은 재량권, 예산권, 준입법권 등 정책결정 기능과 정치적 기능을 내포하고 있다.

3. 새 이원론(행정행태론): 과학성에의 재집념

1930년대 후반에 일원론이 제기된 후 행정권의 강화가 지속적으로 이루어지고 있어 누구나 일원론의 입장을 부정하지는 못하고 있었으나, 1940년대 후반에 H. A. Simon이 중심이 되어 논리적 실증주의에 입각한 새 이원론을 제기하였다. H. A. Simon의 유명한 저술 *Administrative Behavior*(「행정행태론」, 1945)가 새 이원론의 대표적 저술이다.

여기서 중요한 것은 새 이원론이 행정의 정책결정기능을 부정하는 것은 아니고, 행정의 과학화를 위하여 논리적으로 가치판단적인 것과 사실판단적인 것을 구분하여, 행정연구의 과학화를 위해서는 사실판단적인 명제만 연구대상으로 삼아야 한다는 주장이라는 점이다. 즉, 과거의 이원론이 정치와 행정을 명확하게 이분법적으로 구분한 것이었다면, 새 이원론은 정치와 행정이 그 성격상 구분될 수 있는 것은 아니나, 행정의 본질은 '의사결정체계'라고 보고 행정연구의 과학화를 위해서는 사실명제만을 연구대상으로 삼아야 한다는 점에서 구분하였다는 점이다.

4. 새 일원론(발전행정론): 기술성의 재강조

1960년대 M. J. Esman, E. W. Weidner 등에 의하여 발전행정론이 등장하면서 후진국의 경제・사회발전을 위하여 행정이 정치를 영도해 가야 한다는 새 일원론이 등장하였다. 과거의 일원론이 정치우위에 입각한 정치와 행정의 불가분한 관계를 강조한 것이었다면, 새 일원론은 행정우위에 입각한 행정영도론이라는 점에서 구분된다. 즉, M. J. Esman, E. W. Weidner 등은 행정과 정치와의 관계에서 전통적인 정치우위론을 뒤집어 행정우위론을 주장하였다(행정영도론). 이러한 주장을 하는 이유는 개도국에 있어서 빠른 발전은 필요하고 이러한 발전을 담당할 조직력이 경영인이나 정치인에게서 찾을 수 있는 것은 아니며 기댈 수 있는 것은 행정관료 조직 밖에 없다는 것이다.

F. W. Riggs는 이러한 주장에 대해 행정이 우월한 입장에서 정치를 영도해 가는 경우 권력자에게 가장 중요한 책임성과 정통성의 문제가 발생한다고 주장한다. 후진국의 경우 관료주의는 또 하나의 중요한 가치인 시민의 자유와 권리를 침해하기 쉽다는 우려점이 있다는 것이다. 따라서 신생국의 경우 신중히 정치와 행정의 관계를 검토할 것을 조언하고 있다(박동서, 1993: 73-78).

제 2 절 행정이론의 전개: 과학성과 기술성

1. 의 의

행정학의 성격을 논할 때 행정학이 과학이냐 기술이냐의 논쟁은 오랫동안 계속되어 왔다. 하지만, 행정학은 과학성과 기술성의 양면을 모두 지니고 있다. 행정학에서 기술성이나 전문성을 강조했던 D. Waldo(1965)도 과학성을 부인하지는 않았으며, 동시에 과학성을 강조했던 H. Simon(1968)도 행정학의 기술성을 인정했다.

오늘날 사회과학 연구에서 과학적 연구방법만을 고집하거나 과학적 지식만이 유용하다고 고집하는 사람은 없을 것이며, 동시에 과학적 지식에는 전혀 기반을 두지 않고 기술만을 강조하는 사람도 없을 것이다(이종수, 윤영진 외, 2002: 144-145; 박동서, 1993: 79-84).

따라서 행정학을 연구함에 있어 과학성과 기술성은 모두 고려되어야 하는 중요한 특성이다. 다만, 시대적 배경과 정책적 상황 그리고 구체적인 사례의 맥락성을 고려하여 비중이 다르게 적용된다. 이하에서는 과학성과 기술성의 내용을 간단히 살펴보고 두 이념이 더욱 강조되던 시대별로 이론적 발달사를 나누어 학습하기로 한다.

2. 과학성과 기술성의 내용

1) 과학성의 행정학적 내용

과학의 3대 속성은 1) 경험성, 2) 객관성, 3) 재생가능성이다. 과학성이란 개념은 왜(*why*)를 중심으로 인과성, 경험성, 객관성, 재생가능성을 강조한다. 행정학의 과학성 문제는 행정현상과 관련하여 어느 정도 타당한 이론적 체계를 구축할 수 있는가에 관한 것이다. 또한 이는 행정현상을 어느 정도 정확히 기술(*describe*)하고 설명(*explain*)하고 예측(*predict*)할 수 있느냐에 관한 것이다. 따라서 과학으로서의 행정학 연구는 행정현상의 여러 가지 변수간의 관계를 논리적·실증적으로 구성하는 경험적 이론화의 작업에 역점을 둔다.

행정학의 과학성 문제는 인간 행태에 대한 과학적 연구를 강조하던 행태주의 연구경향에 의해 주요하게 제기된 것인데 주요 주장은 다음과 같다. 행태주의는 제도나 구조보다 인간의 행태에 더 큰 관심을 갖게 되었다. 또한 가치와 사실을 엄격히 구분하고 연구방법에서 과학적 조사연구의 엄격한 기준을 적용했다. 또한 이론이나 모델을 구성할 때, 논리적 치밀성, 개념의 조작적 정의, 가설의 경험적 검증, 자료의 수량적 처리 등을 강조하였다.

2) 기술성의 행정학적 내용

기술성을 D. Waldo는 'art' 또는 'professional'이라는 용어로 지칭한다. 행정학의 기술성은 행정의 활동 자체를 처방하고 치료하는 행위를 지칭한다. H. Simon은 'practice'라는 용어로 지칭하는데, 정해진 행정목표를 어떻게 하면 효율적으로 성취하는가의 방법을 의미한다. 또한, 행정학에서 기술성이란 어떻게(*how*)를 중심으로 실용성·실천성·처방성·명령성을 강조한다(백완기, 1987: 75).

3. 행정이론의 발달: 과학성 vs. 기술성

1) 과학성의 강조: 정치행정 이원론

19세기 말부터 1930년대 초반까지는 행정학에서 정치행정 이원론이 강조되던 시기이다. 정치행정이원론은 행정으로부터 정치적인 것, 정책결정적인 것이 배제되고 난 후 행정을 거의 전적으로 관리로만 생각하던 시대의 산물이다.

대표적 학자는 Luther Gulick, L. Urwick 등이며, POSDCoRB로 지칭되는 행정의 원리는 기획, 조직화, 인사, 명령, 조정, 보고, 예산 등에 있어서 행정의 원리를 구현하려고 노력했다. 이는 또한 조직의 5대 원리인 분업, 조정(통합), 계층제, 통솔의 범위, 명령통일의 원리로 표현되기도 했다.

하지만, 이 당시에 제기된 과학이라고 하는 것은 과학적인 방법에 의한 검증을 거치지 않았기 때문에 후일 행정행태주의를 주장한 H. Simon 등의 학자에 의해 비판을 받게 된다.

2) 기술성의 강조: 정치행정 일원론

과학성이 무너지고 기술성이 강조된 것은 정치행정 일원론이 대두된 1930년대 후반부터

이다. 이의 근본원인은 그때까지 무시되었던, 행정의 정책결정기능 및 이에 내포되는 가치관의 영향, 자유의사로 인한 인간행태의 동태성 및 복합성에 있다(박동서, 1978: 81). 정치와 행정이 불가분의 관계를 맺게 되는 한 정치는 필연적으로 가치판단의 문제를 내포하게 되므로 이를 연구해서 과학화한다는 것은 거의 불가능하기 때문이다.

이러한 입장의 학자로서는 P. H. Appleby, M. E. Dimock 등을 들 수 있다.

3) 과학성에의 재집념: 신 이원론(행정행태론)

초기의 과학성에 대한 신봉이 정치행정 일원론자들에 의하여 무너지자 거의 때를 같이 하여 1940년대 후반부터 제기된 행정행태론은 과학성을 재강조한다. H. Simon는 *Administrative Behavior*(「행정행태론」, 1945)에서 초기의 소위 과학적 원리의 과학성에 대한 비판을 하고, 그것은 원리라기 보다는 검증되지 않은 속설(*proverb*)에 지나지 않는다고 비판한다.[2)]

H. Simon은 행정현상 중에서 의사결정(*decision making*)이 가장 중요한 연구대상이라고 지적한다. 그는 논리실증주의(*logical positivism*)에 따라 가치와 사실을 논리적으로 분리하여, 사실에 대하여 엄격한 과학적 방법에 의하여 검증을 거쳐 과학적 원칙을 도출함으로써 과학화를 시도하려고 하였다. 대표적인 학자로는 H. Simon과 F. W. Riggs 등이 있다.

4) 기술성의 재강조: 신 일원론(발전행정론, 신행정론)

1960년대 발전행정론이 대두되면서 기술성의 재강조가 나타난다. 후기행태주의와 1970년대 신행정이론도 이러한 경향을 보인다. 행정학이 '실험식의 과학'에만 집착하는 것에 대해 비판하면서 행정학에서 가치문제, 문제해결 지향성, 처방성, 실천성 등을 강조하고, 이에 따라 기술성이 재강조된 것이다. 과학성 위주의 행정행태론은 실험실에 안주하면서 현실 문제를 해결할 수 없는 적실성이 결여된 학문이라고 비판한다. 이러한 경향은 정책 지향적 연구를 강조하고 있으며, 정책학의 발선에 기들을 제공하게 되었다. 대표적인 학자로는 M. Esman, E. Weidner, D. Waldo 등이 있다.

---

2) H. Simon은 초기의 행정학자들이 내세웠던 원리들은 과학적이 아니라 과학적 방법을 통한 검증을 거치지 않은 피상적이며, 단순한 속설(proverbs)이라고 비판하였다.

4. 결어: 과학성과 기술성의 관계

과학성의 계속적인 진전에 따라 기술성의 영역이 적어지겠으나, 인간의 사회생활에 있어 기술성이 완전히 배제될 수는 없을 것이며, 따라서 양자는 공존, 상호 보완작용을 하게 된다.

과학성과 기술성 중 어느 것을 더 중시하느냐의 문제는 학문이 처한 사회적 맥락과 관련된다. 결국 학문의 유용성이란 그 사회가 안고 있는 문제를 해결하는 데 어느 정도 유용한 지식을 제공하느냐에 달려 있기 때문이다.

사회현상은 다원적인 인과관계가 있어서 정확하게 그것을 밝혀내기가 어렵다. 특히 행정학이 응용과학이라는 점을 인식한다면, 행정학의 과학성과 기술성에 대한 지나친 논의는 큰 의미가 없다. 따라서 행정학은 과학성과 기술성을 사회적 현실과 정책적 맥락에 맞게 적절히 활용해야 하며, 이는 행정학이 추구하고자 하는 목표를 달성하는 데 유용하게 이용되어야 할 것이다.3)

제 3 절 행정이론의 전개: 행정변수

1. 의 의

행정변수란 행정행위를 유발시키며 행정현상에 영향을 미치는 대내외적인 변수를 말한다. 이는 행정목표의 달성이나 사회문제의 해결에 있어 성패를 좌우하는 요인이라는 의미이다.

행정변수에는 보통 행정인, 행정구조, 행정기능, 가치관과 태도, 문화, 행정환경 등이 다양하게 제시되고 있으나, 이를 집약하면 행정의 3대 변수는 행정인, 행정구조, 행정환경이라고 할 수 있다(박동서, 1978: 65; 95-98).

이하에서는 행정의 3대 변수 중 어떠한 것을 중요시하느냐에 따라 행정이론의 전개를 논의하면서, 행정이론과 행정변수와의 관계에 대해서 학습하고자 한다.

---

3) 이는 실용학문으로서의 정책학이 문제지향성, 맥락지향성, 연합학문성을 지향하는 것과 유사한 문제라고 할 수 있다.

2. 과학적 관리론(구조)

1) 성립배경

과학적 관리론은 19세기 말부터 20세기 초에 걸쳐 미국에서 산업혁명에 의한 대량생산체제로 들어섬에 따라 노동의 생산성과 조직의 능률성 향상을 위해 개발된 이론이다. 행정을 관리기술체제로 파악하는 이른바 정치행정 이원론 시대의 이론이다.

2) 주요 내용

1903년 F. W. Taylor는 '과학적 관리'(*scientific management*) 즉, 시간 및 동작연구(*time and motion study*)를 통해 '단 한 가지 최선의 방법(*a single best method*)'을 발견하여 작업을 수행할 수 있도록 설계하였다. 또한 경제적 성과급을 통해 근로자에게 동기부여를 하면 조직의 생산성이 향상될 수 있으며, 이는 궁극적으로 조직과 노동자 모두에게 좋은 일이라고 보았다.

3) 기여와 한계

과학적 관리론이 행정이론 발달에 기여한 점은 다음과 같다.

첫째, 생산성 증대를 위한 구체적이고 과학적인 방법의 제시를 하였다.
둘째, 직무분석(*job analysis*)을 위한 기초를 제공하였다.
셋째, 금전적 보상의 중요성을 부각시켰다.
넷째, 조직연구에 과학적 방법의 적용 등을 통해 행정학 발전에 기여하였다.

그러나 과학적 관리론은 몇 가지 한계점을 갖고 있는데, 이는 다음과 같다.

첫째, 인간을 경제적인 이익만을 추구하는 존재로 이해하였다(X이론적 인간관).
둘째, 노사 양측으로부터 불만을 자아내게 되었다.
셋째, 조직구성원들의 인간적·정서적 측면을 고려하지 못했다.
넷째, 비공식집단, 커뮤니케이션, 민주적 리더십의 역할 등의 중요성을 간과하는 한계를 드러냈다.

3. 인간관계론(사람)

1) 의의(Hawthorne실험)

F. W. Taylor의 과학적 관리론이 조직의 비인간화를 초래했다는 비판을 받게 되었고, 특히 미국정부가 설치한 Hoxie위원회에서도 과학적 관리론은 이익분배의 불공평성과 경영의 독재성 그리고 인간성의 파괴를 가져온다는 혹독한 지적이 제기되기에 이르렀다.

이에 E. Mayo, F. Roethlisburger, W. Dickson 등 하버드 경영대학원의 교수팀들이 서부전력회사의 호오손 공장에서 공장의 생산성을 결정하는 진정한 요인이 무엇인지를 규명하기 위해 인간관계에 대한 실증적 연구를 전개하였는데, 1924년과 1927-1932년에 실시된 연구로서 이를 Hawthorne실험이라고 한다.

2) 주요 내용

인간관계론를 태동시킨 호오손 실험에서 내린 결론은 다음과 같다.

첫째, 근무의욕은 생리적 · 경제적 요인에 의해서만 자극을 받는 것이 아니고, 사회적 · 심리적 요인도 크게 작용한다.

둘째, 비경제적 보상도 생산성을 향상시키는 데 크게 작용한다.

셋째, 대인관계와 비공식적인 자생집단을 통한 소외감의 배제가 중요하다.

넷째, 개인의 사회적 · 심리적 욕구충족을 통한 만족감을 갖게 하는 것이 생산성 향상에 중요한 영향을 미친다.

다섯째, 경쟁에 의한 생산보다는 협동에 의한 생산이 더 중요하다.

3) 기여와 한계

인간관계론이 행정이론 발달에 기여한 점은 행정의 인간화와 민주화이다(Y이론적 인간관). 특히 조직이론의 발달 측면에서 조직 내 인간의 가치를 발견하고 개인의 참여를 유도하여 조직성과를 높이는데 기여하였다. 고전적 조직이론에서 도외시한 조직 내 개인의 사회적 관계를 인정하고, 이를 조직활동의 중요한 요소로 간주한 점은 인간관계론의 업적이라 할 수 있다.

그러나 인간의 심리적 성격과 조직 내 사회적 관계를 지나치게 중요시한 나머지 여전히 환경과의 관계를 제대로 취급하지 않았고, 인간의 자율성과 창의성에 역점을 두기보다는 고전적 조직과 마찬가지로 조직의 성과 또는 개인의 생산성에 주된 관심을 기울였다는 태생적인 한계를 벗어나지 못했다(이종수 · 윤영진, 2002: 385-386).

4. 행정행태론(사람)

1) 의 의

행정행태주의(*behavioral science approach*)는 기존의 행정학자들이 제도나 법률에 대한 연구에 그치는 것을 지적하고, 행정연구의 주요 본질은 정치행정 제도 내의 행정인의 행위나 활동이어야 한다고 보았다.

2) 주요 내용

행정행태주의는 논리실증주의를 강조하던 H. A. Simon이 *Administrative Behavior*(「행정행태론」, 1945)을 발표한 이후 행정학 분야에서도 크게 발전되었다. 그는 행정현상에 대한 경험적 연구와 방법론적 엄격성을 통해 행정학의 과학화를 기할 수 있다고 보았고, 행정현상을 의사결정 과정으로 파악하고 의사결정에 있어서의 제한된 합리성(*bounded rationality*)과 만족모형(*satisfying model*) 등 행정연구의 과학화에 많은 기여를 하였다.

행정행태론은 사회현상도 자연과학과 마찬가지로 엄밀한 과학적 연구가 가능하며, 사회현상을 관찰가능한 객관적 대상으로 보고 인간의 주관이나 의식을 배세해야 한다고 보며, 인식론적 근거로서 논리실증주의(*logical positivism*)를 주창한다.

또한, 특정 질문에 따른 반응을 통해 파악해 볼 수 있는 태도, 의견, 개성 등도 행태에 포함시키고, 이러한 행태의 규칙성, 상관성 및 인과성을 경험적으로 입증할 수 있다고 보며, 가치와 사실을 명백히 구분하여 가치중립성을 지키고 있다.

또한, 개념의 조작적 정의를 통해 객관적인 측정방법을 사용하며 자료를 계량적인 방법에 의해 분석할 것을 강조한다.

D. Easton은 행태론적 접근방법의 8가지 전제를 제시하고 있다.

① 규칙성(*regularity*): 정치행정행태에는 일정한 규칙이 있으며, 따라서 그것은 이론화가 가능하다.

② 입증(*verification*): 이론화는 사실을 경험적으로 연구함으로써 입증되어야 한다.

③ 계량화(*quantification*): 사실을 경험적으로 연구하기 위해서는 자료의 계량화와 측정이 필요하다.
④ 기술(*technique*): 정확한 분석과 이론의 개발을 위해서는 사회과학 연구방법론적 기술이 필요하다.
⑤ 가치(*value*)와 사실(*fact*)의 구분: 과학적 연구에는 가치판단이 배제되어야 하며 사실의 경험적 연구에 한정되어야 한다.
⑥ 체계화(*systematization*): 검증된 가설은 명제이며, 명제가 축적되면 법칙과 이론이 된다. 지식의 체계화가 이론이며, 따라서 체계화는 연구에서 중요하다.
⑦ 과학적 이론(*scientific theory*): 순수한 과학적 이론을 발전시키는 것이 행태론의 목적이다.
⑧ 연합학문 접근(*interdisciplinary approach*): 순수한 과학적 이론을 발전시키기 위해서는 종합과학적 접근이 필요하다.

3) 기여와 한계

행정행태론은 비과학적인 가치를 배제하고 행정연구의 과학화에 공헌하였지만, 1960년대 후반 이후 비판을 받기 시작했는데, 이는 연구방법의 한계에 대한 비판에서 비롯한다.

① 기술에 지나치게 치중: 행정행태론은 연구방법과 기술에 지나치게 급급한 나머지 행정학의 본질(*substance*)을 오히려 놓쳤다는 비판이다.
② 가치판단배제의 비현실성: 행정학의 궁극적 과제가 인간사회의 개선에 있는 것이라면 행정연구의 대상에서 가치판단을 배제하는 것이 얼마나 적절한 것인가에 대한 비판이다.
③ 연구대상과 범위의 지나친 제약: 행정행태론은 논리적 실증주의의 방법론에 치중한 나머지 경험적 보수주의에 빠지게 되었다는 비판이다.

5. 행정생태론(환경)

1) 의 의

생태란 유기체와 환경과의 상호관계를 말하며, 행정학에서 생태론적 접근방법(*Ecological Approach*)은 1940년대와 50년대에 이르러 미국의 행정학 연구에 있어서 보다 넓은 시야와 과학화가 요구됨에 따라 나타난 행정과 환경의 상호작용을 강조하는 연구방법론이다.

행정현상은 진공 속에서 이루어지지 않는다. 생태론은 행정현상을 사회적 · 문화적 환경과 관련시켜 이해하려고 하는데, 이는 서구 행정제도가 신생국에서 제대로 작동되지 않는다는 사실을 설명하려는 노력의 결과로 나타나게 되었다. 즉, 신생국의 행정환경이 서구 국가들과 상이하기 때문에 같은 제도들이라 하더라고 환경과의 상호작용이 다르게 나타남에 따라 제도가 제대로 작동하지 않는다는 것이다. 따라서 행정현상을 설명하고 이해하기 위해서는 각 사회의 환경적 요인을 고려해야 하며, 구조적, 인간적 변수만으로는 부족하다는 것을 주장한다.

2) 주요 내용

정치학 및 문화인류학 등에서 발전된 생태론을 행정학에 도입한 것은 1947년 J. M. Gaus이다. 그는 행정에 미치는 환경적 요인으로서 인구, 장소, 과학적 기술, 사회적 제도, 욕구와 이념, 재난, 가치관 및 태도 등 일곱 가지를 들고 있다.

F. Riggs(1964)는 농업사회와 산업사회라는 비교행정 연구 모형을 제시하면서 행정의 환경변수로서 정치체제, 경제체제, 사회구조, 의사전달, 이념적 요인 등 다섯 가지를 들었다.

3) 기여 및 한계

행정연구에 있어서 행정생태론의 공헌은 다음과 같다.

첫째, 행정을 문화적 환경적 맥락 속에서 접근함으로써 행정행태의 특징을 보다 더 생생하게 파악할 수 있게 해 주었다.
둘째, 행정의 문화적 환경적 차이에 따라 달라지는 행정의 특수성을 파악하게 해 주는 중요한 지적도구를 제공해 주었다.
셋째, 행정연구에 있어서 연합학문적 접근에 따른 종합과학적 연구의 중요성을 제시해 주었다.

하지만 행정생태론은 아직 행정을 환경적 요소에 의해 영향을 받는 문화결정론적 시각에 빠져 있어 행정의 적극적이고 주체적인 역할을 경시했고, 행정이념 및 엘리트 역할에 따른 미래지향적 사회변동의 기능을 무시했다는 비판을 받고 있다.

6. 비교행정론(환경)

1) 의 의

비교행정론은 생태론에 이어 1950년대 행정의 과학화에 대한 요청으로 등장하게 된 비교론적 연구방법이다. Guess는 '비교행정이란 보다 체계적인 지식을 창출할 목적으로 서로 상이한 문화적 환경적 맥락 하에서 조직, 관리 그리고 정책의 유사점과 차이점을 비교분석하는 학문분야'라고 정의한다.

2) 주요 내용

Heady(1962)는 비교행정의 주요한 이슈를 5가지로 제시하였는데, 1) 정부행정체계의 비교기준, 2) 문화적 · 환경적 제약을 넘어서는 보편타당한 과학적 지식의 도출, 3) 개발도상국가의 행정능력 발전을 위한 주요 전망, 4) 범문화적이고 전세계적으로 공유할 수 있는 적절한 행정구조와 운영방법, 5) 비교행정이 미래의 행정체제를 변화시킴에 있어 줄 수 있는 정책적 함의 및 시사점 등으로 설명하고 있다.

3) 기능 및 한계

비교행정은 행정의 관심범위를 확장하였고 서로 다른 국가의 행정현상을 비교연구함으로써 행정의 과학화에 기여하였다. 그러나 비교행정 역시 생태주의적 접근과 유사하게 인간 및 이념의 독립변수적 중요성을 무시하였고, 선진국 우위의 편견을 가졌다는 비판을 받았다. 또한 적극적 사회변동에 대한 설명이 부족하며, 지나치게 정태적 접근을 취했다는 비판을 받았다.

7. 신행정론(후기행태주의의 대두)

1) 의 의

후기행태주의는 1960년대 미국사회의 월남전 실패, 흑인폭동, 소수민족 문제, 루터 킹 목사와 로버트 케네디 암살 등으로 인한 혼란을 해결하지 못하는 학문의 무력함에 대한 반성으로 나타났다.

행정행태주의는 연구대상의 실증적 연구를 통해 사실의 경험적 분석에는 강하지만 사회가 안고 있는 문제점을 개선하기 위한 규범적 처방 혹은 정책적 지향이 약한 점이 한계였다. 1969년 D. Easton은 미국정치학회에서 '정치학의 새로운 혁명'(New Revolution in Political Science)이라는 기조연설에서 1) 적절성(*relevance*)과 2) 실행(*action*)을 제시하였다. 적절성이란 사회과학자가 연구하는 문제가 사회개혁과 관련된 적절한 것이어야 하고, 실행이란 연구성과가 정책을 통해 실행되어야 한다는 것이다. 이것은 종래의 행태주의에서 소홀히 했던 가치문제, 처방, 사회적 형평성 등을 강조한 것이다.

행정학에서는 1968년 미국 미노브룩(Minnobrook)회의에서 왈도(D. Waldo) 교수의 주도하에 새로운 행정학의 방향 모색과 제시로 태동하게 되었다.

2) 주요 내용

신행정학은 전통적 행정학의 능률지상주의를 탈피하고, 논리실증주의와 행정행태주의를 비판하면서, 참여(*participation*) 및 고객중심의 행정(*customer-oriented administration*), 가치지향적 관리(*action-oriented administrator*), 사회적 형평(*social equity*), 비계서적 조직(*non-hierarchical organization*)을 강조하는 개방체제이론이다.

(1) 참여 및 고객중심의 행정

행정조직의 국민에 대한 봉사와 고객지향적 행정을 강조하면서, 시민에 대한 대응성의 향상을 주장한다. 이를 위해 시민참여의 확대, 행정의 분권화, 고객과 행정의 관계를 동료처럼 인간화하기 위한 태도변화 노력 등을 제시한다.

(2) 가치지향적 관리

참여 및 고객중심의 행정 실현을 위해 관료의 책임성을 강조한다. 사회정의에 민감하고 감수성 있는 가치지향적 관리를 양성하는 교육훈련을 주장한다.

(3) 사회적 형평

행정조직은 사회적 불평등을 제거해야 할 의무가 있으므로 부유층이나 대집단 대신 사회적으로 불리한 소외계층을 위하여 보다 나은 행정서비스를 제공함으로써 사회적 형평을 실현해야 한다는 것을 강조한다.

(4) 비계서적 조직

전통적 조직이론에 반발하여 조직을 통한 인간의 성장 · 발전 욕구의 충족 등을 목표로 제시한다. 이를 위해 조직발전에 있어서 조직구성원들의 참여를 강조한다. 또한, 미래의 환경변화에 대응하는 다양한 형태의 조직을 제시하였는데, TFT(Task Force Team; 임시조직)과 같이 임무가 끝나면 해체되는 조직, Project 조직과 같이 다양한 이해관계와 전문가들이 함께 참여하여 한 조직만으로는 해결이 어려운 문제를 한정된 시간 안에 해결하는 형태의 조직을 제시한다.

(5) 개방체제 이론

개방체제는 불확실성(*uncertainty*)으로 특징지워지는바, 신행정론은 이 개방성이 최대한 확보되어야 한다고 주장하고, 조직의 참여자들에 대한 감수성훈련 등 조직발전(Organization Development)을 강조한다. 대표적인 학자로는 D. Waldo(1971), H. G. Frederickson(1980), V. Ostrom(1971) 등이 있다.

3) 기여 및 한계

신행정론은 우리나라와 같이 정치적 책임한계가 불분명하고 관료제에 대한 민주적 통제가 취약한 국가에서는 관료들의 가치지향적 행동을 지나치게 강조할 경우 정치적 안정성, 행정의 통일성이 희생될 수 있다. 또한 조직에의 충성을 지나치게 경시하고 직업적 충성을 강조하는데, 이는 조직에의 소속감 결여를 초래할 수 있다.

신행정론은 기존의 모든 행정이론을 완전히 부정하는 하나의 확립된 이론체계라기 보다는 기존이론과 상호보완의 관계에 서서 기존이론의 문제점을 지적해 주는 하나의 반대가설(Anti-Thesis) 수준이라 할 수 있다. 신행정론이 제시한 개념, 접근방법, 지향정신은 공공선택이론, 신공공관리론 등 1970년대 이후 후기산업사회의 행정이론의 형성과 발달에 크게 기여하였다.

8. 공공선택론(Public Choice)

1) 의　의

Vincent Ostrom & Elinor Ostrom(1972)은 경제학에서 Buchanan과 Tullock 등에 의하여 확립된 공공선택이론을 행정학에 도입하였고, D. Mueller(1979)는 '비시장적 의사결정에 관한 경제학적 연구'라고 정의하였다.

합리적 선택이론의 경제학적 모형을 기초로 하고 있지만, 전통적인 관료제적 행정관을 비판하면서 정치적 입장과 공공재의 선택을 중요시하는 민주적 행정관을 제시하였다(이종수·윤영진, 2002: 165-168).

2) 기본 가정과 특징

(1) 방법론적 개인주의(methodological individualism)

구조나 집단, 환경 위주의 접근방법보다 개인중심의 방법론을 취한다.

(2) 합리적인 이기주의(rationalistic assumption)

공공부문의 정책결정과정에 참여하는 개인은 자기이익을 극대화하려고 하며, 정치인은 득표의 극대화, 시민은 개인적 효용의 극대화, 관료는 예산의 극대화를 추구한다.

(3) 집합적 결정 중시(collective decision-making)

가급적 많은 사람이 참여하는 집합적 정책결정으로 많은 정보의 제공, 설득과 합의, 정치적 합의 등 민주주의적 방식에 의해 의사결정의 정치적 비용을 최소화시키는 것이 가장 바람직하다고 본다.

(4) 제도적 장치의 마련 강조(institutional arrangement)

전통적인 정부관료제 조직은 공공서비스의 생산과 공급에 바람직한 제도적 장치가 되지 못하며 정부실패를 초래하는 원인으로 본다.

(5) 중첩적인 조직 장치의 강조(multiple arrangement)

정부의 각 수준에 맞는 분권적이고 중첩적인 다양한 규모의 제도적 장치가 마련되어야 한 다고 보며, 이러한 관점에서 신제도론적 접근방법을 중요시한다(김중규, 1999: 205).

대표적 학자로는 Vincent Ostrom & Elinor Ostrom(민주행정 패러다임, 1972), A. Downs (정책결정의 공공선택론, 1960), Niskanen(예산극대화모형, 1971) 등이 있다.

3) 기여 및 한계

공공선택론은 정부관료제에 의한 정부실패 등의 개념을 제시함으로써 신공공관리(NPM)의 이론적 기초를 제공하였으며, 개인(공무원)이 선택하는 상황에서의 개인과 제도적 틀(*institutional arrangement*)과의 상호작용을 강조함으로써 신제도주의 연구에 많은 기여를 하였다. 또한 공공선택론은 시민들의 다양한 요구와 선호에 민감하게 대응할 수 있는 제도적 장치의 마련에 관심을 나타내고 있어 민주행정의 구현이라는 점에서 높이 평가될 수 있다.

그러나 효용극대화를 추구하는 개인에 대한 가정은 비현실적이며, 자유시장의 논리를 공공부문에 도입하려고 하나 시장실패를 가져왔다는 고유한 한계가 있고, 행정과 시장은 엄연히 차이가 있으므로 NPM적 접근을 정부부문에 그대로 적용하기에는 많은 문제점이 있다.

9. 신공공관리론(New Public Management)

1) 의 의

1980년대 이후 신공공관리론(NPM: New Public management)은 민간기업의 시장주의(경쟁원리와 고객중시)와 관리주의를 결합한 이론으로서, 공공선택이론(Public Choice Theory), 신제도주의이론(New Institutional Theory), 주인-대리인이론(Principal-Agent Theory), 비용거래이론(Transaction-Cost Theory) 등을 기초로 특히 효율성에 초점을 둔 '시장적 정부모형'을 강조하는 이론이다.

2) 주요 내용

(1) 신공공관리론의 주요 원리

신공공관리론(NPM: New Public Management)은 '방향잡기'의 관점에서 국가중심 거버넌스의 한 형태이며(Rhodes, 1996), 이는 Osborne과 Gaebler의 '기업가적 정부'(Businesslike

〈표 2-1〉 전통적 행정과 신공공관리의 비교

기 준	전통 행정(관료제 정부)	신공공관리(기업가적 정부)
정부역할	노젓기(rowing)역할	방향잡기(steering) 역할
정부활동	직접 해줌(service)	할 수 있도록 해줌(empowering)
서비스 공급	서비스의 독점적 공급	서비스 제공에 경쟁 도입
관리 방식	규칙 중심 관리	임무 중심 관리
예산제도	투입 중심 예산	성과 연계 예산
행정가치	관료 중심	고객 중심
	지출 지향	수익 창출
	사후치료	예측과 예방
행정주체	집권적 계층제	참여와 팀워크
행정방식	명령과 통제	협의와 네트워크 형성
주요운영기제	행정메커니즘	시장메커니즘

* 자료: Osborne and Gaebler(1992).

Government; Entrepreneurship Government) 모형을 통해 그 주요 내용을 살펴볼 수 있다.

첫째, NPM은 공공부문에 시장원리인 '경쟁'(*competition*)을 도입하고 관료적 형식주의에서 벗어나 사명감(*mission*)을 가지고 고객을 최우선시하는 기업가적 정신을 정부에 도입해야 함을 강조한다.

둘째, NPM은 고객지향적 정부로서 경쟁의 원리에 입각해 최선의 서비스를 고객에게 효율적으로 제공하여 행정의 효과성과 능률성을 극대화 할 수 있는 길을 제시한다.

셋째, NPM은 정부운영에 시장원리가 도입되고 경쟁(*competition*), 권한위임(*empowerment*), 책임(*accountability*) 및 성과(*performance*)확보 등을 강조한다.

(2) 신공공관리론과 뉴거버넌스

신공공관리론과 뉴거버넌스는 여러 가지 면에서 큰 차이를 보이고 있다.

첫째, NPM은 경쟁의 원리를 중시하지만, 뉴거버넌스는 시장주의에 입각한 경쟁보다는 신뢰를 기반으로 조정과 협조가 이루어진다는 점을 들 수 있다.

둘째, NPM은 행정기능의 상당부분이 민영화, 민간위탁 등을 통해서 국가로부터 민간에게 이양되었다. 그러나 뉴거버넌스에서는 국가의 역할을 부정하기 보다는 민간의 힘을 동원하고, 공동체 구성원들의 적극적 참여에 의한 공적문제 해결을 중시한다.

셋째, NPM은 국민을 공리주의에 입각하여 국정의 대상인 '고객'으로 보지만, 뉴거버넌스는 시민주의에 바탕을 두고 덕성을 지닌 '시민'으로 본다.

넷째, NPM은 시장논리에 따라 행정의 생산성이나 효율성을 중시하지만 뉴거버넌스는 구성원간의 참여와 합의를 중시하므로 행정의 민주성 등에 초점을 두게 된다. 또한 NPM은 행정의 경영화에 의한 정치행정 이원론의 성격이 강하지만 뉴거버넌스는 담론이론 등을 바탕으로 한 다양한 구성원의 참여를 중시하므로 행정의 정치성(일원론)을 중시한다고 볼 수 있다. 즉 이러한 차이의 원인은 뉴거버넌스가 절차적 민주성의 확보 및 시민 중심적 거버넌스의 참여·네트워크를 중시하기 때문이라고 할 수 있다(권기헌, 2007a; 2007b).

그러나 신공공관리론과 뉴거버넌스 모두 정부역할 축소, 방향잡기의 강조, 행정과 민간의 구분의 상대성, 민관협력 등을 인정한다는 점에서는 이질적이거나 대조적이지는 않다. 정부의 기능을 방향잡기에 국한시키려는 의도나 민영화 등 시장주의적 개혁이 결과적으로 서비스 연계망을 엄청나게 확대시켰다는 점 등을 볼 때 신공공관리론은 뉴거버넌스의 토대가 되었다고 볼 수 있다.

3) 기여 및 한계

신공공관리론은 기업가적 관리기법 및 시장주의적 개혁을 도입함으로써 새로운 정부혁신의 기풍을 진작시켰다는 점에서 많은 의의를 지니지만, 행정의 경영화를 지나치게 강조한다는 비판도 많이 받고 있다.

첫째, 고객(*customer*)과 시민(*citizen*)의 차이에 대한 비판이다. 경영학의 고객과 행정학의 시민은 민주주의의 주체성 및 철학적 근원이 다른 것임에도 불구하고, 신공공관리론은 행정에서의 고객주의에 지나치게 치중했다는 비판이다.

둘째, 민주적 국정관리(*democratic governance*)에 대한 통찰의 부족이다. 신공공관리는 정부의 축소 및 관료에 대한 비판의 논거를 제시함으로써 민주적 정부의 정체성을 무시하고 행정과 경영을 지나치게 동일시했다는 비판이다.

셋째, 민주행정의 책임성(*accountability*)에 대한 고찰의 결여이다. 신공공관리는 시장과 민간부문의 경영기법을 도입함으로써 민간위탁, 민영화, 책임운영기관 등에 지나치게 의존함으로써 정작 국가행정을 책임질 정부의 문제해결능력과 위기관리능력 등 총체적 조직학습메모리(*institutional learning memory*)를 저하시키고 공동화 정부(*hollow government*)를 초래할 우려를 낳고 있다는 비판이다.

10. 뉴거버넌스(New Governance)

1) 의　의

세계적인 정부혁신 논의와 노력들이 진행되면서, 전통적인 국가(정부), 시장(기업), 시민사회(NGO)라는 3분법의 경계가 점차 희석화되고 있고, 각 부문의 독자적인 기능과 역할이 강조되기 보다는, 상호간의 협력과 경쟁을 강조하면서 새로운 대안들을 모색하는 경향이 등장하고 있다. 이런 대안적인 논의 중의 하나가 뉴거버넌스(*new governance*)이론이라고 할 수 있다(Salamon, 2002: 9-19).

2) 주요 내용

뉴거버넌스의 개념은 논자에 따라 달리 접근될 수 있는 다양한 어의를 총칭하고 있다. 논의를 가장 단순화 시켜보면 국가 중심적 거버넌스는 계층제 중심의 거버넌스이고, 신공공관리론은 계층제 중심의 운영에 관리주의적 기법(민간경영기법과 민간위탁관리)과 시장주의적 요소(가격, 경쟁, 유인)들을 도입한 것이라면, 뉴거버넌스는 계층제 중심의 수직적 모형보다는 네트워크 중심의 수평적 모형을 강조한다. 또한, 뉴거버넌스는 시장 및 시민사회와의 신뢰와 협동에 기초한 보다 많은 참여와 조정, 연결 및 네트워크를 강조하는 개념이다. 이러한 뉴거버넌스 이론모형은, G. Peters와 J. Pierre 그리고 Rhodes의 언어를 빌리자면, 시장과 시민사회와의 보다 많은 협력과 조정("*concert and coordination*")과 연결("*bargaining and networking*")을 강조한다(G. Peters and J. Pierre, 2006: 5; G. Peters, 1995; G. Peters & J. Pierre, 2005; Rhodes, 1990, 1996).

J. Kooiman(2003) 역시 뉴거버넌스의 의미를, 계층제를 강조하는 계층제 거버넌스 및 공사협력(민관협력)을 강조하는 협력 거버넌스와 대비하여(이들을 배제하는 것은 아니지만), 다양한 행위자들간의 신뢰와 협동을 바탕으로 참여와 네트워크에 기초한 문제해결방식을 강조하는 자치 거버넌스 혹은 네트워크 거버넌스의 의미로 접근하고 있다. 이때 뉴거버넌스는 계층제 중심의 명령이나 통제에 기초한 '소수의 관료 지배'에 의한 조정방식도 아니고, 시장 중심의 가격이나 경쟁에 기초한 '보이지 않는 손'에 의한 조정방식도 아닌, 신뢰와 협동에 기초한 참여와 네트워크에 의한 조정과 문제해결 방식을 강조하는 개념이다.

최근에 이러한 뉴거버넌스 개념은 자치 거버넌스(Self-Governace, Kooiman, 2003; J. Newman, 2001), 자기조직적 네트워크(자기생명적, 자기형성적, 자기진화적 네트워크, Rhode, 1996; Ilya Prigogine, 1984), 자기조정 네트워크(G. Peters & J. Pierre, 2005) 등 다양한 형태의

네트워크 거버넌스로 지칭되고 있다.

3) 기여 및 한계

다원화, 복잡화 되어 가는 현대사회에 있어서 정책과정에서 이해집단의 목소리는 점점 커져가고 있으며, 정책집행에 있어서는 과거 전통적 행정학에서 추구하던 효과성, 능률성 뿐만이 아니라, 민주성, 신뢰성, 성찰성까지 고려해야 시대적 배경을 고려할 때 뉴거버넌스가 지니는 의의는 매우 크다고 할 수 있다.

거버넌스 이론의 성립 이전, 정책실패의 원인은 정부 내부의 문제로 인식되었고 상의하향(Top-down) 방식의 정책결정이 주류를 이루었다. 그러나 뉴거버넌스 이론의 등장은 정책과정이 정부의 범위를 넘어서 시장-시민사회 등 사회 전 범위에 광범위하게 퍼질 수 있는 기초를 마련하였으며, 신공공관리(NPM)의 국가중심, 시장중심 거버넌스를 넘어서서 시민사회 거버넌스의 개념을 포함하고 신뢰와 협동에 기초한 네트워크적 문제해결을 강조한다는 점에서 뉴거버넌스 이론은 매우 중요한 이론적 의의를 가지고 있다고 할 것이다.

그러나 뉴거버넌스 개념을 우리나라에 그대로 적용하기에는 아직 한계가 있다. 우리나라의 역사적 맥락을 살펴볼 때, 뉴거버넌스의 이념이 정착하기에는 국가적 인식과 제도 및 분위기가 완전치 못하다고 할 수 있다. 한국의 정부는 신공공관리(NPM)의 대두로 그 외형을 축소하고, 정부부문의 기능을 이양하는 데는 많은 시간과 비용을 투자했지만, 민주성을 확보하고, 국민의 의사를 적극적으로 반영하는 데는 상대적으로 소홀해 온 것이 사실이다. 이러한 점을 보완하기 위해서는 시민사회의 활성화를 위한 비정부조직(NGO)의 강화나 시장기능의 자율적인 작동을 촉진시켜야 한다. 같은 맥락에서 정부와 시민사회 간에 신뢰(*trust*)가 구축되어야 한다. 사회구성원들 사이에 높은 신뢰적 관계가 구축되면 정부의 감시비용을 크게 줄이는 동시에, 자발적 순응을 확보할 수 있는 것이다. 즉, 시민단체와 국회, 정부, 정당, 기업, 언론 등이 서로 등권과 공영의 정신을 토대로, 경쟁과 협력 그리고 창조적 긴장관계를 적절하게 유지함으로써, 국가경영 자산으로서의 신뢰를 강화시켜 나가야 할 것이다.

11. 요약 및 결론: 방법론의 다양화

제2장에서 우리는 행정이론의 발달과정을 과학적관리론, 인간관계론, 행정행태론, 행

정생태론, 비교행정론, 신행정론, 공공선택이론, 신공공관리론, 뉴거버넌스 등으로 나누어 살펴보았다.

행정변수를 중심으로 분류하면, 과학적 관리론(구조), 인간관계론(사람)과 행정행태론(사람), 행정생태론(환경)과 비교행정론(환경) 등 구조-사람-환경으로 나눌 수 있으며, 공공선택이론의 등장과 함께 행정학에 경제학이론이 도입되면서 방법론의 다양성의 시대에 들어선 것으로 이해할 수 있다. 특히 신공공관리론은 민간기업의 시장주의와 관리주의의 도입을 강조함으로써 행정이론의 효율성 측면에 많은 기여를 하였으며, 이와 함께 최근에는 뉴거버넌스 연구, 신제도주의 이론 및 정책네트워크 분석도 행정 및 정책과정에서의 다양한 이해관계자와 행위자들간의 상호 역동적인 동태성을 분석하는 데 중요한 연구방법론으로 제시되고 있다.

따라서 이제는 어느 한 연구방법론을 고집하기 보다는 뉴거버넌스 연구, 신제도주의 이론, 정책네트워크 분석 등 다양한 형태의 연구방법론을 통해 행정과정에서의 정책집행과 행정행태를 분석함으로써 인과적 추론의 과학적 타당성과 행정연구의 정책적 적실성을 제고하는데 노력을 기울이고 있다. 이러한 연구동향을 간략히 언급하면 다음과 같다.

(1) 뉴거버넌스 연구(New Governance Study): 국가통치체제 전반을 연구대상으로 하여, 정책이 진화해 가는 구조와 과정을 고려하고, 그러한 구조와 과정의 설계 및 운영방법, 정책과정 참여자의 다양한 역할 분석에 초점을 둔다.
(2) 신제도주의 이론(Neo-Institutional Theory): 다양한 종류의 제도를 분석대상으로 하여, 집행주체의 분석, 집행주체와 대상집단과의 관계 분석에 초점을 둔다.
(3) 정책네트워크 분석(Policy Network Analysis): 다양한 이해관계자 등 집행체제의 다양성과 복잡성을 이해하기 위한 도구로서, 정책참여자간의 패턴화된 상호작용을 다루는 데 정책네트워크 분석에 초점을 둔다.

이러한 현대행정이론의 분석방법들은 1) 참여자들의 다양성, 2) 역동적이고 동태적 과정, 3) 정책 및 행정문제의 복잡성, 4) 제도와 행태의 상호작용, 5) 정책네트워크의 중요성 등을 강조하는 공통점이 있다.

제 3 장

현대행정이념

제3장에서는 현대행정이념에 대해서 검토하는데, 구체적으로 행정이념의 의의, 행정관의 변천과 행정이념, 본질적 행정이념, 수단적 행정이념, 현대적 행정이념, 현대행정이념의 우선순위-지식정보사회에서 강조되는 현대행정이념에 대해서 학습한다.

먼저 행정이념의 의의에서는 행정이념의 개념 및 중요성을 검토하고, 행정관의 변천과 행정이념에서는 근대 입법국가 시대, 정치행정 이원론과 정치행정 일원론 시대, 발전행정 시대, 신행정 시대, 신공공관리 시대, 뉴거버넌스 시대로 나누어서 행정이념의 변천을 검토한다. 본질적 행정이념에서는 행정이념의 본질적 요소를 구성하고 있는 공익성, 민주성, 형평성 등에 대해서 살펴보고, 수단적 행정이념에서는 행정이념의 수단적 가치를 구성하고 있는 합법성, 능률성, 효과성 등에 대해서 살펴본다. 현대적 행정이념에서는 현대사회에서 요구되는 가외성, 신뢰성, 성찰성 등의 현대행정이념들을 살펴본 후, 현대 지식정보사회에서 강조되는 현대행정이념의 우선순위에 대해 학습하기로 한다.

제 1 절 행정이념의 의의[1)]

1. 의 의

행정이념이란 행정이 지향하고자 하는 기본방향이다. 이는 행정의 최고가치 이념으로서 바람직한 행정의 지침이며, 모든 행정활동의 이상으로 제시되는 규범이다. 또한 바람직한 행정활동의 판단기준이 된다. 하지만, 행정이념은 시대에 따라 고정불변인 것은 아니며, 시대와 국가의 변천, 정책적 맥락에 따라 강조점이 달라진다.

2. 필 요 성

행정활동에서 행정이념이 강조되는 이유는 다음과 같다.

첫째, 행정이념은 행정관료들에게 행정이 추구하는 최고의 가치를 제시한다.
둘째, 행정관료들이 당면한 문제해결의 지도원칙을 제시한다.
셋째, 행정활동의 효과를 분석·평가할 수 있는 기준을 제시한다.
넷째, 당시의 사회와 국가의 지배적 가치를 제시한다.

제 2 절 행정관의 변천과 행정이념

행정이념은 고정불변의 것이 아니고 시대의 변화 및 국가가 처한 맥락에 따라 행정이념 역시 변화한다. 이러한 변천을 살펴보면 다음과 같다(박동서, 1978: 85-93).

1) 제3장 현대행정이념을 정리함에 있어 주로 참고한 서적은 다음과 같다. 박동서(1978, 1993), 백완기(1987), 이종수·윤영진 외(2002), 유민봉(2006) 등.

1. 합법성: 근대 입법국가 시대

1880년대에 행정학이 탄생되기 전 자유민주의의적 근대 입법국가 시대에는 시민권의 신장과 자유권의 옹호를 위해 행정의 안정성과 예측가능성이 중요시 되었고, 행정이념은 합법성이 강조되었다.

2. 능률성: 정치행정 이원론과 정치행정 일원론 시대

19세기 후반에 이르러 행정국가화되고, 이에 따라 행정기능이 양적으로 확대, 질적으로 심화됨에 따라 행정부의 예산은 급속하게 팽창하게 되었다. 이러한 상황의 진전은 결과적으로 행정에 능률성을 새로운 행정이념으로 요청하게 되었다. 더욱이 시기적으로 정치행정 이원론이 지배하고 과학적 관리법이 도입되어 행정의 과학화를 추구하던 시대였으므로, 행정이란 설정된 목표를 어떻게 하면 비용을 적게 들이고 달성하는가 하는 능률성의 이념이 강조되었다.

하지만 투입(*input*) 대 산출(*output*)의 비율로 표현될 수 있는 이러한 능률성의 개념도 기계적 능률성과 사회적 능률성으로 나누어진다. 1887년 Wilson의 *The Study of Administration* 이후 기술적 행정학과 정치행정 이원론의 시대에는 기계적 능률성이 강조되었으나, 1930년대 경제대공황 발생 이후 기능적 행정학과 정치행정 일원론 시대에는 사회적 능률성이 강조되었다. 행정을 정치에서 설정해 준 정책의 구체화에만 초점을 두었던 정치행정 이원론 시대에는 과정의 능률화에 만족하였으나, 목표 및 정책결정 자체까지 담당하게 된 정치행정 일원론 시대에는 과정의 능률화만으로는 부족하고 누구를 위한 행정이냐 하는 것까지 관심을 확장하게 되었다(박동서, 1978: 88-89).

3. 효과성: 발전행정 시대

1960년대에 접어들어 발전과 변화가 관심을 끌면서 발전행정론이 대두되자 행정이념에 있어서도 효과성이 강조되기 시작하였다. 1960년대 발전행정의 주요 관심사인 발전과 변화라고 하는 것은 현재와 다른 바람직한 상태로의 전환을 요청하며, 행정을 통한 미래 변화를 창조하는 것이 요청되므로, 행정이념도 정태성을 띤 이념보다는 동태적인 새 이념이 요구되었다. 이때 효과성은 행정의 목표달성도(*degree of goal achievement*)를 의미하며, 능률성은 목표를 성취하는 과정에서의 경제성(투입 대 산출)을 의미하고, 효과성과 능률성을 통합한 개념이 효율성(생산성)이다.

4. 참여 및 사회적 형평성: 신행정론 시대

1960년대 후반 신행정론이 대두되면서 행정에 있어서의 적절성(*relevance*)과 행동(*action*)이 강조되고, 이러한 후기행태주의는 문제지향성과 맥락지향성을 강조하는 정책학의 발달로 이어졌다. 따라서 이러한 신행정론 시대에는 효율성(생산성)과 함께 참여 및 사회적 형평성이 강조되었다.

5. 효율성(생산성): 신공공관리 시대

1980년대 영국의 대처 수상, 미국의 레이건 대통령 등 신보수주의 정권의 등장과 함께 공공부문의 개혁의 이론적 도구로서 신공공관리론(NPM)이 대두되었다. 신공공관리론은 공공부문의 방만한 운영과 비능률을 타파하기 위해 공공부문의 축소, 민간위탁·민영화·외부발주 등 민간 관리개념을 도입하고 시장주의 기법을 도입하면서, 효율성(생산성)의 개념이 강조되었다.

6. 민주성(신뢰성): 뉴거버넌스 시대

1990년대 이후 월드 와이드 웹(WWW)의 등장과 함께 인터넷시대가 본격적으로 개막되고, WTO 출범과 함께 신자유주의(NL)의 무한경쟁 물결이 전 세계를 휩쓸게 된다. 이러한 정보화와 세계화의 물결로 인해 미국 클린턴/앨고어 행정부에서는 NPR(국가성과위원회)을 중심으로 정부재창조 및 NII(국가정보기반)에 토대를 둔 정부혁신을 강조하게 된다. 시장주의에 기반을 둔 효율성과 대비되는 참여·신뢰·네트워크를 강조하는 뉴거버넌스의 개념이 강조되기 시작하였다. 명령·질서·통제에 기반을 둔 계층제 거버넌스와 고객·경쟁·유인을 강조하는 NPM적 거버넌스와 대비되는 참여·신뢰·네트워크를 강조하는 뉴거버넌스가 등장하게 되었다. 즉 1990년대 이후 뉴거버넌스 시대에는 효율성(생산성)과 함께 민주성, 신뢰성, 성찰성의 개념이 강조되기 시작한 것으로 요약할 수 있다.

제 3 절 본질적 행정이념

행정이념은 본질적 행정이념, 수단적 행정이념, 현대적 행정이념으로 나눌 수 있다. 이 중 본질적 행정이념은 시대의 변화에도 불구하고, 용어와 강조점의 차이는 있지만, 변하기 않는 행정의 본질적인 가치이며, 수단적 행정이념은 행정의 본질적 가치를 보조해 주는 수단적 가치이다. 이와 함께 현대적 행정이념을 살펴보고자 한다. 현대행정이념이라고 해서 달라지는 것은 없으나, 현대의 의미를 성찰하고 행정이념간 우선순위를 재조명해 본다는 점에서 현대행정이념을 고찰하는 의의를 찾을 수 있을 것이다.

본질적 행정이념은 행정을 통해 달성해야 하는 본질적, 궁극적 가치를 의미하고, 이러한 본질적 행정이념에는 공익성, 민주성, 형평성 등을 들 수 있다.

1. 공 익 성

1) 의 의

공익이란 행정이념의 최고 가치이며, 행정인의 활동에 관한 최고의 규범적 기준이다. 개인의 이익보다도 사회 전체의 이익을 우선적으로 고려하는 것을 의미한다.

이러한 공익이 등장하게 된 배경은 다음과 같다.

첫째, 정치행정 일원론의 대두로 인해 바람직한 정책결정을 위한 기준으로서의 공익의 본질에 대한 탐구가 필요하였다.

둘째, 현대 행정국가의 등장으로 행정이 양적·질적으로 확대되면서 행정관료의 재량권이 확대되었고, 재량권이 확대함에 따라 재량권 행사의 기준으로서 공익이 중요시 되었다.

셋째, 신행정론의 등장으로 행정의 규범적 성격과 행정인의 적극적 역할이 강조되었으며, 행정에 의한 사회적 형평 내지 사회정의(공익)의 실현이 중요시 되었다.

2) 공익의 본질

공익이란 사익을 초월한 도덕적 규범적인 것으로서 실체가 뚜렷하게 존재한다는 입장과 공익이란 실체가 존재할 수 없고 사익을 조정하는 과정을 거쳐 점증적으로 형성된다는 입장이 있다.

(1) 실체설(적극설)

㈎ 의 의

공익은 사익을 초월한 도덕적 규범적인 것으로서 실체가 뚜렷하게 존재한다고 본다. 공익과 사익은 구별되고 사익을 초월하며, 그것이 행정활동에 대하여 구체적인 지침이 될 수 있다고 본다. 학자들마다 다양하게 규정하고 있으나, 공통적으로 공익이 사익의 단순한 합계가 아닌 실체적 개념이고 공익의 존재를 선험적으로 인정하고 있다. 자연법, 정의, 선, 공통으로 가지고 있는 가치 등으로 표현된다. 대표적인 학자는 Plato, Rousseau, Rawls 등을 들 수 있다.

㈏ 학 설

주요 학설로는 정책결정의 윤리적 기준으로서, '최대다수의 최대행복'을 전제로 이익을 받는 국민의 범위가 넓을수록 공익을 확보하게 된다는 공리설과, 다수의 이익이 증진되었다 하더라도 소수가 불이익을 받으면 진정한 공익이 아니라는 정의설 등이 있다.

㈐ 비 판

공익은 규범적 가치이므로 개인 간의 차이가 존재하는 것은 불가피하며, 실제 공익을 결정하는데 있어서 누가 결정하느냐에 따라 내용이 달라지며, 소수의 관료가 공익을 결정하므로 비민주적이고 국민의 투입기능을 약화시킬 우려가 있다.

(2) 과정설

㈎ 의 의

공익이란 실체가 존재할 수 없고 사익을 조정하는 과정을 거쳐 점증적으로 형성된다는 입장이다. 공익과 사익을 구별할 수 없으며 공익이란 수많은 사익간의 갈등을 조정·타협하는 과정에서 산출될 수밖에 없다는 견해이다.

과정설은 다원화 된 선진국에서 일어나는 복잡한 이익의 조정·타협과정을 거쳐 점증적으로 정책이 결정되는 과정을 전제로 하는 모형이다. 따라서 공익이란 실체가 존재할 수 없고 소수의 관료가 공익을 일방적으로 결정할 수 없다고 본다. 또한 공익에 대한 역할이 소극적이라고 주장하여 소극설이라고도 한다.

(나) 비 판

과정설은 공익을 선험적인 것으로 보지 않고 다양한 이해관계의 민주적 조정·통합 과정을 거치는 것으로 인정하므로 다원적 민주주의에 도움을 준다. 그러나 다양한 이해관계의 경합이 자동적으로 조정되어 공익이 된다는 기계적 관념을 가지고 있으며 조직화 되지 못하는 소수의 의견은 반영할 수 없게 되고, 변화나 혁신의 추구가 불가능하다는 한계를 지니고 있다.

3) 공익의 기능

공익의 기능은 다음과 같다.

첫째, 공익은 정책이나 프로그램을 평가하는 기준의 역할을 한다. 따라서 공익이 일반인의 이해관계와 대립하는 경우 정책결정 단계나 정책집행 단계에서 실패하는 경우가 최근에 많이 발생한다.

둘째, 실체설의 주장에 따르면 공익이 실체가 있는 것으로 인정하며, 공익은 조직화 되지 않은 이익이나 잠재적 이익을 고려하게 된다.

셋째, 과정설의 주장에 따르면 공익을 다양한 이해관계의 타협과 조정의 산물로 인정하며, 현대사회의 다양하고 복잡한 이해관계들이 상호 조정·타협될 수 있는 공통기반을 마련해 준다.

넷째, 공익은 국가의 권력행위의 정당성을 부여하는 기능을 한다. 즉 행정관료가 공익에 저해되지 않는 범위의 정책을 수행하는 경우 일반 국민은 이에 순응한다.

4) 현대사회에서의 공익과 정의

행정이념인 공익과 정의는 시대상황에 맞게 변화되었듯이, 변화와 속도, 지식과 정보의 시대인 현대지식정보사회에서 역시 이 두 개념은 시대상황과 맞게 변화되어야 할 것이다.

현대사회의 중심은 정보와 속도이다. 정보의 선점이 경제적 부를 축적하게 하고 정보를 선점하는 사람이 다른 사람보다 앞서가는 사람이 된다. 이러한 시대에서 공익은 정보의 공유와 관련지어 생각할 수 있으며, 정의는 정보 접근의 평등성과 이용의 자유성과 많이 연계되어 있다. 정보의 공유(공익)를 위해 보장되어야 하는 것이 정보 접근의 자유성과 평등성(정의)이므로 양자는 서로 구별하여 생각할 수 없고, 정보의 공유는 대다수의 사람들이 정보기술을 이용한 상호작용을 통하여 정보의 확산을 통해 이루어진다. 이러한 정보 접근의 평등성을 보장하기 위해서는 J. Rawls 정의의 제1원리와 제2원리는 새롭게 정의

되어야 할 것이다. 정의의 제1원리는 모든 사람이 다른 사람의 자유와 상충되지 않는 범위 내에서의 정보의 접근을 인정하는 것으로 해석될 수 있으며, 제2원리는 정보의 접근에 있어서 그 기회를 균등하게 인정하는 것으로 해석될 수 있을 것이다.

2. 민 주 성

1) 의 의

민주성이란 대외적으로는 국민주권주의에 기초한 민본행정과 위민행정 그리고 책임행정을 통해 민주화를 확보하는 것이고, 대내적으로는 행정의 분권화와 행정관료의 자아실현을 통한 행정의 인간화를 구현하는 것을 의미한다.

2) 대두배경

1930년대에 이르러 종래의 능률성이라고 하는 것이 지나치게 기계적으로 해석되었으며 목적을 잃은 감이 있다는 점이 지적되었으며, 이의 시정을 위해서는 무엇을 위한 능률이냐 하는 점에서 이의 민주화·사회화·인간화를 주장하기 시작하였다(M. E. Dimock, *The Frontiers of Public Administration*, 1936; 박동서, 1978: 88). 즉 행정을 정치에서 설정해준 정책의 구체화만 하는 데 초점을 두었던 정치행정 이원론 시대에는 과정의 능률화만으로 충분하였으나, 목표설정 자체까지 담당하게 된 정치행정 일원론 시대의 행정으로서는 과정의 능률화만으로 부족한 것이며, 누구를 위한, 그리고 무엇을 위한 것이냐 하는 것에 관심을 가지고 행정을 하지 않으면 안 되게 되었기 때문이다.

하지만, 최근 들어 전자정부 시대의 도래에 따라 다양성·창의성·실용성이 강조되고 있으며, 이에 따라 민주성에 있어서도 참여성(*participation*)·숙의성(*deliberation*)·합의성(*consensus*)이 하위요소로서 강조되고 있다. 시민사회의 발전에 따라 다양한 개인이나 집단들이 정책과정에의 참여 및 이를 제도적으로 보장해 줄 것을 요구하고 있으며, 특히 최근 들어 인터넷과 전자정부의 발전은 참여성(*participation*)을 가능케 해주는 기회를 제공해 주고 있다. 즉, 인터넷 시대에는 행정이념에 있어 효율성과 참여성을 동시에 추구하는 것을 가능케 해 주고 있는 것이다. 또한 각 정책 참여자간에 상대방을 존중하는 토론문화가 성숙되어 민주적인 절차와 자유로운 분위기 속에서 서로의 이해관계를 협의해 나가는 것이 정책과정의 투명성 확보와 정책집행의 순응성 확보에 매우 중요한 절차적 타당성의 요건으로 등장하고 있다. 하버마스[2]의 담론의 장에서 강조되는 것과 같은 협의성, 숙의성(*deliberation*)이 중요하게 대두되고 있는 것이다. 더 나아가, 우리는 민주화 이후의 민주화 시대에 살면서 다양한 이익결집과 이익표출이 과잉분출되는 시대에 살고 있다. 이런 때일수록 행정학의 측면에서는 정책 이해관계자들의 다양한 이해관계가 서로의 협의를 통해 상생의 결과를 얻을 수 있도록 하는 정책적 가치가 중요해진다. 즉, 참여성(*participation*)·숙의성(*deliberation*)·합의성(*consensus*)이 그 어느 때보다도 행정과정의 민주적 절차 확립에 있어서 중요해지고 있으며, 이에 따라 행정이념의 민주성도 강조되고 있는 것이다.

3) 민주화 방안

(1) 대외적 민주화

공무원 개인은 공무원은 국민전체에 대한 봉사자라는 민주적 공직관에 입각한 행정윤리의 확립이 필요하다. 대외적 민주화 방안들은 다음과 같다.

첫째, 행정으로 인하여 피해를 입은 당사자들을 구제하기 위한 행정심판, 행정소송 등 행정구제도의 실질적 확립이 필요하다. 또한 옴부즈만 제도의 확립이 필요하다.

둘째, 현대행정의 목적은 국민의 요구에 즉시 대응하고, 그 책임성을 담보하는 대응성과 책임성의 확보에 있다. 따라서 총체적 정책품질관리 등으로 국민의 정책서비스에 대한 만족도를 높이는 것이 중요하다.

셋째, 지방자치제의 실시에 따라 해당 지역의 결정에 있어 해당 지역의 주민의 참여를 담보함으로써, 행정기관의 주요 기능들을 주민지향적인 것으로 전환해야 할 것이다.

(2) 대내적 민주화

대내적 민주화란 공무원의 인간적 가치를 존중하는 인간중심의 관리방안을 의미한다. 대내적 민주화 방안들은 다음과 같다.

첫째, 동기부여에 있어서 공무원 제안제도, 고충처리제도, 공무원 노조 등 공무원의 의견이 전달, 반영될 수 있도록 하여야 한다. 직무보다는 인간관계나 구성원의 인간적 욕구를 중

2) 위르겐 하버마스(Jürgen Habermas, 1929~)는 독일비판사회학파의 거두로 탈현대, 탈주체화를 강조하며 상호간의 의사소통을 통한 협의적이고 숙의적인 민주주의를 구축할 것을 주장하였다. 주요 저서로 「이데올로기로서의 기술과 과학」(1968), 「사적(史的) 유물론의 재건을 위하여」(1976) 등이 있다.

시할 필요가 있다.

둘째, 인사관리에 있어서도 Y이론적 관리방식, 즉 인간적인 가치나 자아실현 욕구를 중시해야 한다.

셋째, 조직관리에 있어서는 탈관료제적 모형을 이용하고 수평적, 민주적 조직을 확대해야 한다.

넷째, MBO, 직무성과계약제 등을 활용함에 있어 부하직원의 참여를 확대할 필요가 있다. 공무원의 능력발전은 행정 능률의 확대와 함께, 공무원의 자아실현의 충족에 기여해야 한다는 조직인간주의의 원칙을 기억할 필요가 있다.

3. 형 평 성

1) 의 의

사회적 형평에 대한 개념은 정의하기 어려우나, 신행정론자 Frederickson에 의하면 형평이란 공공서비스의 평등성, 정책결정과정에서의 책임성, 시민요구에의 대응성을 의미한다고 정의한다.

사회적 형평은 실체적 성격보다는 윤리적 성격을 가지고 있고, 그것의 내용은 도덕적 영역에 속한다. 또한 사회적 형평은 가치중립적 개념이라기보다는 사회가 나아가야 할 이상적인 방향의 제시와 관련된 가치주의나 인본주의를 기본이념으로 한다는 것이 특징이다.

2) 등장배경

사회적 형평성은 1960년대 후반 신행정론의 등장과 함께 강조되었다. 신행정론은 당시 미국사회가 직면하고 있던 사회문제인 월남전의 실패, 인종문제, King 목사와 R. Kennedy 법무장관의 암살, 소수민족문제, 기성세대와 신세대의 단절 등으로 인해 의미 있는 참여(*participation*), 사회적 형평성(*social equity*), 적극적 행정인(*proactive administrator*) 등을 강조한 후기 행태주의이다.

3) 형평성의 근거와 기준

사회적 형평성의 기준에는 일반적으로 욕구이론, 실적이론, 평등이론이 있는데, 욕구이론은 수평적 공평, 실적이론은 수직적 공평, 평등이론은 양자의 절충적 입장을 취한다.

(1) 욕구이론: 수평적 공평

사회주의자의 지지를 받는 욕구이론의 기본입장은 동일한 것은 동일하게 다루어져야 한다는 수평적 공평에 입각하고 있다. 이러한 욕구이론의 예로는 연금제도, 보험제도, 실업수당제도 등이 있다.

욕구이론은 재화나 가치는 한정되어 있는데 인간의 욕구는 무한하다는 점을 간과하고 있고, 욕구에 대한 개념이 곤란하다는 문제점이 있다. 그럼에도 불구하고 인간의 기본욕구나 최저의 평등은 확보되어야 하므로 인간의 최저생활 확보를 위해서는 유용한 기준을 제공해 준다.

(2) 실적이론: 수직적 공평

자유주의자들이 지지하는 실적이론은, 모든 사람에게 동일한 기회가 주어진 경우 그 다음의 실적의 차이와 능력의 차이로 인한 상이한 배분은 정당한 것이며, 중요한 것은 기회균등이 보장되었느냐 하는 것이 진정한 형평의 기초라는 것이다. 이러한 실적이론의 예는 독점규제, 시장개입정책, 경제규제 정책 등이 있다.

그러나 실적이론은 현실적으로 사회구성원이 자신의 기여만큼 반대급부를 받지 못하고, 능력을 발휘할 수 있는 기회의 균등도 주어지지 못하고 있다는 점을 설명하지 못하는 한계가 있다.

(3) 평등이론: J. Rawls 정의론

평등이론은 욕구이론과 실적이론의 절충적 성격을 가지는 이론으로, J. Rawls의 정의의 개념에 기초한다.

평등에는 절대적 평등과 상대적 평등이 존재한다. 절대적 평등은 인간의 존엄성, 인간으로서의 가치 등에 중점을 두는 반면, 상대적 평등은 각자의 후천적 능력과 실적 및 기여도에 중점을 둔다.

J. Rawls는 정의를 관념에서 출발하는 것으로 보지 않고, 현실 속의 개인들이 이루어낸 최소한의 합의로 보고, 이러한 합의과정을 거쳐 두 가지의 원칙을 도출한다. 이는 "모든 사람은 다른 사람의 유사한 자유와 상충되지 않는 한도 내에서 최대한의 기본적 자유

를 누릴 수 있는 평등한 권리가 인정되어야 한다"는 정의의 제1원리(절대적 평등의 원리 인정)와 "사회적 경제적 불평등은 차등의 원리와 공정한 기회균등의 원리에 의해서만 분배 및 재분배 되어야 한다"는 정의의 제2원리(상대적 평등의 적용 원리)로서 절대적 평등과 상대적 평등을 조화시켜 새로운 평등이론을 제시한 것이다. 이처럼 형평과 정의는 공익성과 불가분의 관계를 맺으면서 본질적 행정이념을 구성하고 있다.

제 4 절 수단적 행정이념

수단적 행정이념이란 행정이 추구하는 본질적 행정이념의 달성을 보조해 주는 수단적 가치이다. 이는 실제 행정과정에서 구체적 지침이 되는데, 이러한 수단적 행정이념으로는 합법성과 효율성을 들 수 있다.

1. 합 법 성

1) 의 의

합법성이란 법에 근거를 두고 법에 의하여 공익을 실현해야 함을 의미한다. 행정의 법치주의로서 이러한 합법성의 원리는 행정인의 자의적인 행정활동을 막아주는 동시에, 보편적 공익실현의 보조적 가치수단이 된다.

2) 배 경

합법성은 행정국가 이전의 시대인 입법국가 시대에서 중요한 행정이념으로 인식되고 있었다. 자유민주주의적 근대 입법국가 시대에서는 국민의 의견을 대표하는 의회가 제정한 법에 의하여 행정권의 자의적인 발동을 억제함으로써, 국민의 권리와 자유를 보장하고 법적 안정성과 장래의 예측가능성을 확보하는 데 중점이 있었다.

3) 합법성의 한계와 새로운 이념으로서의 합법성

사회가 급속하게 변화하고 이러한 변화에 대응하기 위한 행정권의 양적·질적 확대는 의회민주주의의 위기를 가져왔다. 이는 행정의 재량권 확대와 의회의 위임입법의 증대를 통해 알 수 있다.

합법성을 지나치게 강조할 경우 행정의 창의성이 질식되고, 행정 재량권의 지나친 확대는 재량권의 남용으로 국민의 자유나 권리를 침탈할 가능성이 높다. 따라서 획일적으로 합법성을 강조하는 것보다는, 상황에 따라 적정한 행정 재량권을 부여하는 법의 적합성을 강조하는 것이 현대의 새로운 이념으로서의 합법성으로 요구된다 하겠다.

2. 능 률 성

1) 의 의

능률성이란 투입(*input*)에 대한 산출(*output*)의 비율을 의미한다. 행정에서의 능률성은 최소의 투입으로 최대의 산출을 달성할 수 있는 행정관리의 운영원리를 말하며, 이러한 능률성은 효과성과 함께 공익을 실현하는 수단적 행정원리이다.

2) 배 경

현대행정국가의 등장으로 행정기능이 확대·강화됨에 따라, 막대한 예산이 필요하게 되었으며 이는 조세부담의 증가로 이어졌다. 국민은 적은 세금으로 많은 서비스를 원하므로, 이는 행정에 있어서 제한된 자원의 경제적 이용을 요청하게 되었다. 또한 1880년대 당시에는 엽관주의의 폐해(행정의 비능률, 무능, 부패)로 인해 과학적 관리운동이 전개되던 정치행정 이원론의 시기였다. 이러한 당시의 시대적 흐름은 행정을 정치에서 엄격히 분리하여 과학적이고 능률적으로 행정목표를 실현하고자 하는 능률성의 행정이념을 요구하였다.

3) 유 형: 기계적 능률과 사회적 능률

기계적 능률이란 정치와 행정을 분리하고 행정을 경영과 동일하게 여겼던 정치행정 이원론과 과학적 관리론 시대의 산물이다. 이는 기계적·물리적·금전적 측면만을 강조하는 능률을 의미한다. 이러한 기계적 능률관은 행정을 기업현상과 동일하게 가치중립적·기술적인 수단관념으로만 이해하고 목표가치에 비중을 두지 않음으로써, 공행정의 독자성과 특수성을 고려하지 못하였다.

사회적 능률이란 M. E. Dimock이 제안한 것으로 정치행정 일원론과 인간관계론을 배경으로 주장된 개념이다. 사회적 능률이란 가치와 능률을 조화시키려는 것으로, 기계적 능률에 비해 상대적·인간적·민주적 능률을 중시하는 개념이다.

하지만 사회적 능률은 기계적 능률을 토대로 제고될 수 있기 때문에 행정의 사회적 목적(공익) 실현은 기계적 능률성의 제고를 통한 생산성의 향상 없이는 기대하기 어렵고, 또한 사회적 목적(공익) 실현이 없다면 기계적 능률은 존재의의가 저하된다. 따라서 기계적 능률성과 사회적 능률성은 대조를 이루는 것처럼 보이지만, 서로 상치되는 개념이 아니라 서로 보완되는 개념이라고 할 수 있다.

4) 능률성 이념의 한계

행정에서 능률성을 최대한으로 달성하기 어려운 이유는 행정의 공익 실현에는 (영리추구와는 달리) 투입과 산출을 계량적으로 측정할 수 있는 통일된 산출물 단위가 없으며, 능률의 지나친 강조는 공무원의 인간적 가치를 무시하는 기계적 능률만을 강조할 우려가 있기 때문이다.

따라서 공행정 영역에서는 수단적인 능률성보다 상위이념이라고 할 수 있는 민주성, 공익성, 형평성 등이 본질적 행정이념으로 고려되어야 하므로, 어디까지나 본질적 행정이념이 전제되지 않은 능률성의 무차별적 행정 적용에는 한계를 두어야 한다.

3. 효 과 성

1) 의 의

행정의 효과성이란 목표달성도(*degree of goal achievement*)를 의미하며, 행정내부 과정에서의 경제성(투입 대 산출)을 의미하는 능률성과는 달리, 외부와의 관계까지를 포함한 개념이다.

2) 배 경

1960년대 발전행정론에서 특히 강조된 이념이다. 발전행정론은 행정을 통한 발전과 변화에 초점을 둔 행정이론이다. 발전과 변화를 창조하기 위해서는 미래의 바람직한 상태를 창조해야 하는데, 이를 위해서는 미래의 동태적인 가치가 함유된 효과적인 행정목표가 강조되는 것이다.

3) 효과성 평가모형

(1) 목표모형

효과성은 조직의 성공도를 측정할 수 있는 유일한 기준이며, 목표의 측정이 가능하다고 보는 고전적인 입장이다. 이는 외부환경과의 관련성을 고려하지 않는 폐쇄적인 모형으로서, 대표적인 예로는 MBO가 있다.

(2) 체제모형

목표달성만이 조직의 유일한 기능은 아니라는 현대적인 개방체제 입장이다. 이는 조직의 기능은 목표달성뿐만이 아니라, 적응기능, 체제유지 및 통합기능 등이 종합적으로 이루어져야 한다는 개방적인 모형으로서, 체제적 관점에서 환경에 대한 조직의 생존과 적응을 중시하는 조직발전(OD) 등이 대표적인 예에 속한다.

4) 효과성 이념의 한계: 효과성 측정의 어려움

행정의 효과성은 행정목표의 무형성과 유동성 등으로 인하여 측정이 용이하지 않다. 행정목표가 무형성이 높다는 것은 실제 행정운영은 유형목표 혹은 하위목표에 의존할 수 밖에 없고, 이러한 과정에서 목표와 수단의 도치현상(수단의 목표화)이 발생하게 된다.

또한 효과성만을 강조하여 행정목표(유형목표)의 계량화에 치우치게 되면 계량화할 수 없는 질적 행정목표(무형목표)는 망각세계에 들어가게 되고 목표의 왜곡이 발생하게 된다. 예컨대 교육정책에 있어서 졸업생수, 취업자수, 합격자수가 강조되는 반면에, 교육의 진정한 내용이 등한시되는 것과 같다. 또한 공무원 개인들의 성과관리에 있어서도 계량화할 수 있는 목표에 치우치게 되면 계량화로 표현될 수 없는 질적 목표에 대해서는 등한시 될 수밖에 없다. 이것은 성과관리의 근본적 문제점이기도 하다.

제 5 절 현대적 행정이념

행정이념은 본질적 행정이념, 수단적 행정이념, 현대적 행정이념으로 나눌 수 있다. 본질적 행정이념은 시대의 변화에도 불구하고 변하기 않는 행정의 본질적인 가치이며, 수단적 행정이념은 행정의 본질적 가치를 보조해 주는 수단적 가치이다. 여기에서는 현대적 행정이념을 간략히 고찰하고자 한다. 현대행정이념이라고 해서 과거에 없던 본질적 행정이념이 새롭게 등장하는 것은 아니다. 본질적 행정이념과 수단적 행정이념은 과거나 지금이나 내용면에서 같으나, 정책적 맥락의 변화로 인해 용어나 강조점이 다를 수 있으며, 이에 따라 행정이념간 우선순위가 변화될 수 있기에 현대행정이념을 고찰하는 것은 의미를 지닌다. 여기에서는 현대행정이념으로서 가외성, 신뢰성, 성찰성을 살펴본다.

1. 가 외 성

1) 의 의

현대사회에 있어 예측하지 못한 행정수요의 발생하는 경우 정부 내 여러 기관들은 상호의존성을 가지면서 이를 중첩적으로 관리하며(중첩성), 행정부 내의 한 기관의 작동되지 않는 경우 동일한 기능을 할 수 있는 다른 기관이 작동되지 않는 기관의 임무를 수행할 필요가 많아졌다(등전위현상).

가외성은 능률성의 저해 요인으로 파악되었으나, 현대에 들어 장기적·거시적·체제적 관점이 강조되면서 행정의 안정성과 신뢰성 확보가 제기됨으로써 그 중요성이 높아지게 되었다.

가외성은 초과분, 잉여분으로 무용하고 불필요한 것으로 보이지만, 현대사회에서 예측하지 못한 행정수요가 발생한 경우 적응의 실패를 예방함으로써 행정과 조직에 대한 신뢰성을 제고시킨다.

2) 복잡계 조직이론과 가외성

현대조직이론은 전통적 행정조직인 계층제적 패러다임에 대해서 비판한다. 이는 조직에 관한 두 가지 중요한 관찰에서 기인하는데, 첫째, 조직체계는 상호 긴밀히 연계되어 있다는 점이다. 더 복잡한 문제일수록 상호 결합된(*coupled*) 형태의 조직들이 문제해결에 나서야 한다. 둘째로, 조직체계는 현대사회의 이러한 상호 연결된 복잡성에 대응하여 개발되어야 한다는 점이다. 조직체계의 한 하위체계의 실수가 즉시 전후방 및 상하 관련된 체계들에게 파급효과를 가져오게 된다. 체르노빌 사건이나 Three Mile Island 핵발전소 사건에서 보듯이, 한 개의 조그마한 실수가 예기치 못한 다차원적 연쇄반응으로 이어지면서 심각한 결과를 초래하기 때문에, 현대조직은 가외성(*redundancy*)의 형태를 고려한 새로운 형태로 조직되어야 하며, 학습(*learning*)이 일어날 수 있는 시스템을 조직 내부에 장착시키지 않으면 안 된다.

3) 효율성과 가외성의 관계

현대행정은 자원의 절약과 효율의 확보를 중요시 한다. 외면상으로는 효율성과 가외성은 서로 상충되는 것으로 보이지만, 효율만을 강조하는 능률지상주의는 또 다른 비효율을 초래할 수 있고, 비효율이라고 생각되는 가외성이 효율에 도움을 줄 수 있다. 따라서 효율성과 가외성을 서로 대치되는 것으로 보기 보다는 양자를 조화시켜 가는 것이 필요하다 할 것이다.

2. 신 뢰 성

1) 의 의

신뢰성이란 정부의 정책 등 행정활동이 국민에게 믿을 만한 것으로 비쳐 행정의 예측성을 높이고, 정부와 국민간의 일체감을 이루는 것을 의미한다. 현재의 행정은 국민에 대한 신속한 서비스와 복지를 중시하고 있는바, 행정의 신뢰성은 행정의 민주화, 인간화를 이룩하고 진정한 의미의 능률성과 효과성을 가져올 수 있는 중요한 행정이념이라 할 수 있다.

거버넌스 시대에서는 투명하고 윤리적인 국가를 전제조건으로 하므로 신뢰성의 확보가 무엇보다도 중요하다. 지식정보화 사회의 도래와 함께 정보네트워크 사회의 진전으로 상호협력이 증대되었고, 이러한 상호협력의 증대의 전제조건은 신뢰이므로, 신뢰의 확보는 사회과학에 있어서 매우 중요한 개념이다. 지식정보화 사회는 신뢰와 투명성을 전제로 이루어질 수 있는 사회이다. 따라서 행정에 대한 신뢰 및 투명성 확보와, 정부–시장–시민사회 상호간의 신뢰 구축이 지식정보 사회의 기본전제라 할 것이다.

2) 중요성: 국가자산으로서의 신뢰

신뢰는 그동안 이론적으로 문화적인 측면에서 접근되었지만, 지금은 그 자체가 정치경제적 실체로 간주되고 있는 국가자산(*national capital*)이다. 신뢰는 정치행정학 연구의 오랜 주제로 되어 왔으나 최근 다시 중시되고 있다. 참여적인 시민문화(*civic culture*)가 민주주의 제도를 뿌리내리게 하고, 반대로 민주주의 제도가 시민문화를 확산시키게 된다는 것이 주된 연구결과이다(Almond and Verba 1963).

그 뒤 미국의 위기와 관련하여 강대국의 흥망에 대한 Kennedy와 Nye의 논쟁이 제기되면서, 신뢰를 포함한 문화의 실체적 존재가 다시금 부각되게 되었다. P. Kennedy(1987)는 제조업 중심의 경제력과 군사력 등의 경성권력(*hard power*)을 중심으로 볼 때 미국이 세계패권 국가에서 퇴조한다고 분석한 반면, J. Nye(1990)는 경성권력 외에 문화력(신뢰)과 기술력 등의 연성권력(*soft power*)이 21세기에는 더 중요하게 되어, 미국이 계속 세계강대국으로 남게 될 것으로 분석함으로써, 국가자산으로서의 신뢰의 개념을 부각시켰다.

3) 기능: 신뢰의 확립과 뉴거버넌스

Fukuyama(1998)는 신뢰가 이데올로기 종언 이후의 가장 중요한 요소가 됨을 주장하면서, 한국과 일본의 향후 발전이 신뢰의 차이로 인해 다르게 나타날 것으로 예측하였으며, 미국 하버드대학의 Jane Fountain 교수는 각국의 첨단산업단지의 성공모델을 연구하면서 지역의 대학, 기업, 정부간 신뢰 및 네트워크 형성이 가장 중요한 독립변수라는 점을 강조하여 신뢰의 개념을 부각시켰다.

따라서 신뢰의 확립은 뉴거버넌스와 국가혁신의 중요한 주제로 대두된다. 국가혁신을 위해서는 정부, 정책, 기업, 시민단체, NGO, 제3섹터 등에 대한 종합적인 신뢰가 확보되도록 해야 하며, 이를 위해서는 이들에 대한 민주적 통제가 활발하고, 정보공개를 통해 투명성이 확보되며, 부패 척결을 통해 깨끗한 국가와 기업 및 사회가 이루어져야 한다.

3. 성 찰 성

1) 의 의

행정은 궁극적으로는 인간의 존엄성(Human Dignity) 향상을 위한 것이다. 국가경쟁력과 삶의 질의 제고를 통해 궁극적으로 국가 구성원들의 인간 존엄성(Human Dignity-인권, 정의, 존엄) 향상을 위한 것이다. 이를 위해 대외적으로는 주권국가로서 인정을 받아야 하고, 대내적으로는 법과 질서의 유지, 경제생활의 향상, 사회복지의 향상, 환경 및 쾌적한 삶의 실현, 문화국가의 건설 등의 기능을 수행해야 한다. 이는 A. Maslow(1954)가 제시한 인간 욕구의 5단계를 국가 정책에 적용한 것과도 같다. 즉, 1) 생리적 욕구(Physiological Needs; 보건, 위생), 2) 안전적 욕구(Security Needs; 치안, 국방), 3) 사회적 욕구(Social Needs; 사회, 복지), 4) 자기존중(Self-Esteem; 외교, 통일), 5) 자아실현(Self-Actualization; 신뢰, 문화) 등의 기능을 현대행정은 수행하는 것이다.

2) 현대행정이념의 3단계 차원

현대행정이념의 구조를 3단계로 나눈다면 효율성-민주성-성찰성의 3차원으로 이루어져 있다.

첫째, 행정은 효과성과 능률성을 통해 정부 내부 업무의 생산성을 강화한다. 이는 비유하자면 A. Maslow가 제시한 생리·안전적 욕구(Physiological & Security Needs)에 해당한다. 개인의 발전을 위해서도 자신의 경쟁력을 바탕으로 자아실현 욕구를 추구하듯이, 행정도 정부 내부의 비능률이 먼저 타파되지 않고서는 고객지향적 정부, 민주적 정부가 될 수 없을 것이다.

둘째, 정부 생산성을 제고하는 이유는 민주적 정부를 구현하는데 있다. 이는 비유하자면 A. Maslow가 제시한 사회적 욕구(Social Needs)에 해당한다. 정부 생산성을 제고하는 이유는 근본적으로 국민에 대한 질 높은 공공서비스를 민주적으로 제공하기 위함이다. 고객지향형 정부, 민주적 정부, 국민 대응성이 높은 정부, 정책과정의 투명성과 참여가 활성화된 정부는 모두 정부-국민 인터페이스 강화를 통해 민주성이 제고된 정부를 의미한다.

셋째, 정부 생산성을 제고하는 이유는 민주성 강화를 통해 궁극적으로 성찰성을 실현하는데 있다. 이는 비유하자면 A. Maslow가 제시한 자기존중·자아실현(Self-Esteem & Self-Actualization)에 해당한다. 정부 생산성을 제고하는 이유는 본질적으로 우리 사회 공동체를 보다 신뢰받고 성숙한 사회로 만들기 위함이다. 즉, 생산성(효율성)은 민주성 그리고 더 나아가 성찰성을 위해 존재하는 기반 조건이다.

3) 내 용

인간은 인격적으로 존엄성을 가진 존재이고, 행정의 목표는 이러한 인간의 존엄성 실현에 있다. 성찰성은 인간의 존엄성 실현과 신뢰받고 성숙한 공동체 실현과 관련된 개념이다. 즉 성찰성은 1) 행정이 인권, 정의, 형평 등으로 표현되는 인간의 존엄성에 대한 실현 여부에 기여하는 정도에 대한 판단을 의미하며, 2) 우리 사회를 좀더 신뢰받고 성숙한 공동체로 구현하는 데 기여하는 정도에 대한 판단을 의미한다.

모든 행정은 사회 구성원들과 사회전체의 질적 향상을 위해 이루어지는 것이므로 당위성을 지향한다. 하지만 행정의 구체적 내용에 따라 차이가 날 수 있다. 성찰성의 정도는 인간의 존엄성 실현과 바람직한 공동체 실현에 있어서 해당 구체적 행정활동이 직접적 또는 간접적으로 얼마나 영향을 미쳤는가에 따라 결정된다.

4) 측정지표

성찰성은 당위성을 포함하고 있으므로 그 내용이 추상적이다. 따라서 성찰성을 측정하는 것은 어렵다고 할 수 있고, 한두 가지의 측정지표로서는 측정이 불가능하다는 어려움이 있다.

성찰성은 인간의 존엄성 실현과 신뢰받고 성숙한 공동체 실현에 당해 정책이 얼마나 기여했는가에 대한 판단을 토대로 측정된다. 성찰성 판단기준에 참고가 되는 행정이념으로는 적합성, 적정성, 대응성 등을 들 수 있다.

적합성(*appropriateness*)이란 행정의 목표 및 활동이 얼마나 시대적 요구・선호・가치에 부합하는가에 대한 판단 기준이며, 적정성(*adequacy*)은 행정에 있어서 행정의 처방 시점(*timing*)과 처방의 정도(*degree*)가 얼마나 적정했는가를 측정하는 기준이다. 또한 대응성(*responsiveness*)은 행정이 어느 정도 수혜집단의 요구・선호・가치 등을 반영하고 있는가를 판단하는 기준을 말한다.

제 6 절 요약 및 결론: 현대행정이념의 우선순위

19세기 근대 입헌국가 시대에서는 합법성이, 20세기 현대행정국가 시대에서는 능률성이 강조되었지만, 21세기 현대행정에서는 인터넷 등 정보기술의 발달과 신자유주의 물결, 시민사회의 성장과 국민들의 참여욕구의 분출로, 효율성(생산성), 민주성(참여성), 성찰성(신뢰성) 등이 강조되고 있다.

현대사회는 대단히 빠른 속도로 변화하고 있으며, 그 속도는 시간이 갈수록 더욱 가속화되고 있다. 특히, 정보가 중요해지고, 가치가 다원화되며, 세계화와 국지화 경향이 병존하고 있다. 이러한 흐름 속에서 변화의 바람이 거세게 불고 있다. 급변하는 현대사회에 대응하기 위해서는 조직에서의 신축성 확보와 인사 및 예산에서의 신축성 확보는 조직 생존의 기본 조건이 되었다. 조직에서의 팀제 · 학습조직 · 프로세스 조직 · 네트워크 조직, 예산에서의 중기재정계획 · 총액배정자율배분(Top-Down) 예산제도 · 성과관리 · 디지털예산회계제도의 도입, 그리고 인사에서 고위직 개방형 임용 · 고위직 인사교류 · 직위공모 · 직무성과계약제 등 고위공무원단제도의 도입은 신축성 확보를 위한 대표적 제도라고 할 수 있다. 신축성과 가외성은 효율성을 위한 제도이지만, 이와 함께 강조되는 것이 민주적 통제이다. 신축성과 융통성에는 꼭 행정책임이 전제되어야 하기 때문이다. 따라서 현대행정의 핵심과제는 어떻게 하면 한편으로는 신축성과 효율성을 강화하면서, 다른 한편으로는 신뢰성과 민주성을 확보할 것인가 하는 양대 이념축의 조화에 있다.

21세기 행정 화두는 다양성, 창의성, 실용성이다. 다양성과 창의성을 토대로 실용성을 추구해야 한다. 지금 우리는 디지털 돌풍 속에 살고 있다. 디지털 기술은 시간(*time*), 속도(*speed*), 불확실성(*uncertainty*)이라는 속성을 지니고 있다. 시공의 압축 혁명 속에서 생각의 속도로 움직이는 디지털 신경망 조직(최고의 업그레이드된 전자정부)을 만들고, 조직 구성원과 최고 책임자의 문제해결 역량을 향상(*upgrade*)시키지 않으면 살아남지 못하는 시대에 살고 있다. 즉 변화와 속도의 시대이다.

디지털과 속도 그리고 변화의 시대에 절실히 요구되는 것은 문제해결 접근방식이다. 과거 발전행정 시대의 전통적 행정학이 엄격한 계층제의 원리를 토대로 상의하향(Top-Down) 형태의 국가능률지상주의를 추구하였다면, 전자정부 시대의 현대행정학은 신뢰와 네트워크의 정신을 토대로 거버넌스 형태의 참여와 민주성 그리고 성찰성을 지향한다.

현대행정학의 궁극적 목적은 인간 존엄성을 실현하는데 있다. 즉, 인간의 존엄(*human*

dignity)을 실현하고, 인간의 가치(*human value*)를 고양시키는데 있다. 효율성(efficiency)과 민주성(*democracy*)을 토대로 성찰성(*reflexivity*)-인간의 가치(인권, 정의, 형평)를 추구하는 학문이 행정학이다. 이는 행정학의 효율성-민주성-성찰성 차원이라고 부를 수 있다.

현대행정학은 궁극적으로 우리 사회 내에 존재하는 국민 개개인의 인간 존엄성 실현을 목표로 한다. 이 과정에서 행정학은 국가경쟁력과 삶의 질을 향상시키려는 수단적 목표를 지니며, 이를 위해 정책 결정하고 기획하고 집행하며, 평가하고 학습하는 학문이다. 즉, 현대행정학은 정부 내부운영의 효율성(효과성, 능률성)을 토대로 시민의 정책참여와 민주통제를 통해 민주성(참여성, 숙의성, 합의성)을 강화하며, 더 나아가 우리 사회 공동체 구성원들의 신뢰성과 성숙성을 지향하는 성찰성 구현을 목표로 한다. 정부운영의 효율성 극대화, 민주적 가치의 증대, 그리고 이를 통해 보다 신뢰받고 성숙한 국가 공동체의 구현, 이것이 현대행정이념의 목표이자 지향점이다.

제 2 부

동태적 행정과정 (Dynamic Process)

학습 목표

현대행정학은 동태적 과정으로 이루어진다. 국가목표-정책결정-조직화-동작화-환류 및 학습이라는 동태적 과정을 거치면서, 동시에 행정인-행정구조-행정환경이라는 3대 변수가 끊임없이 상호작용 과정을 거치면서 전개된다. 또한 현대행정학은 궁극적으로 우리 사회 내에 존재하는 국민 개개인의 인간 존엄성 실현을 목표로 한다. 이 과정에서 행정학은 국가경쟁력과 삶의 질을 향상시키려는 수단적 목표를 지니며, 이를 위해 정책 결정하고 기획하고 집행하며, 평가하고 학습하는 학문이다.

제2부에서는 동태적 행정과정(Process)에 대해서 학습한다. 여기에서는 전통적 행정이론에서 다루게 되는 정책, 인사, 조직, 재무, 정보체계, 인간관, 동기부여, 의사전달, 정책홍보, 변혁적 리더십, 행정통제 및 행정책임, 행정개혁 및 정부혁신에 대한 기본적인 사항들에 대해서 학습한다.

첫째, 국가목표에서는 목표의 개념과 기능, 정책의 개념과 기능, 기획의 개념과 기능 등에 대해서 검토한다.

둘째, 정책결정에서는 정책형성, 정책집행, 정책평가, 정책변동 등 정책이론에 대해서 검토한다.

셋째, 조직화 부분에서는 국가목표를 조직화하는 단계로서 인사, 조직, 재무, 정보체계 등 행정집행 수단적 요소들에 대해서 학습하게 된다.

넷째, 동작화 부분에서는 인간관, 동기부여, 의사전달, 정책홍보, 변혁적 리더십 등 행정목표를 조직화한 뒤, 이를 실제로 움직이게 만드는 동작화하는 요소들에 대해서 학습한다.

다섯째, 환류 및 학습 부분에서는 행정통제, 행정책임, 행정개혁, 정부혁신 등 행정의 동태적 과정에서 마지막으로 환류하고 통제하는 부분과, 이를 통해 행정이 더 나은 조직, 절차, 행태를 갖추기 위한 행정개혁과 정부혁신에 대해서 학습한다.

마지막으로, 미래의 바람직한 정부상에서는 미래 행정의 바람직한 목표 구현을 위한 현대적 제도들에 대해 종합적으로 학습한다. 먼저 바람직한 정부상으로서 기업가적 정부, 성과중심 정부, 고객중심 정부, 뉴거버넌스 정부를 살펴보고, 미래의 바람직한 정부상이 요구하는 정부혁신 제도들에 대해서 학습한다. 또한 정부혁신 성공사례들에 대해 검토하면서 성공요인과 학습방안에 대해 공부하기로 한다.

제 4 장

국가목표

현대행정은 동태적 행정과정을 거쳐 실현된다. 동태적 행정과정의 첫 출발점은 국가목표 및 정책결정이며, 이를 실현하기 위해 조직·인사·재무 등 조직화와 인간관·동기부여·리더십 등 동작화, 그리고 행정책임·행정통제·행정개혁·정부혁신 등 환류 및 학습이 필요하다. 미래지향적 국가목표를 설정하고 이를 정책기획하고 정책결정하게 되면, 조직화하는 단계에서 인사, 조직, 재무, 정보체계 등을 통해 인력, 조직, 자원, 기술 등을 동원하여 행정집행을 위한 조직화를 하고 실제로 효과적인 행정집행이 이루어지게 하기위한 동작화를 하게 되는데, 이때 국가목표 및 정책결정은 동태적 행정과정의 첫 출발점으로 작용하는 것이다.

제4장에서는 동태적 행정과정의 첫 단추로서 매우 중요한 의의를 갖는 국가목표 및 국가정책의 기초이론에 대해서 학습한다. 먼저, 국가목표에서는 목표의 개념, 기능, 유형, 변동, 조직목표와 행정환경, 한국행정과 목표변동 등에 대해서 학습한다. 또한 국가정책의 이론적 기초에서는 정책의 개념, 특성, 구성, 유형, 정책환경, 정책과정, 정책기획 등에 대해서 학습한다.

제1절 국가목표

1. 의 의

국가목표란 국가가 실현시키고자 하는 바람직한 미래의 상태(*a desired future state*)를 의미한다. 행정은 궁극적으로는 국민의 복지향상을 위한 것이다. 국가경쟁력과 삶의 질의 제고를 통해 궁극적으로 국가 구성원들의 인간 존엄성(*Human Dignity*: 인권, 정의, 존엄) 향상을 위한 것이다. 이를 위해 대외적으로는 주권국가로서 인정을 받아야 하고, 대내적으로는 법과 질서의 유지, 경제생활의 향상, 사회복지의 향상, 환경 및 쾌적한 삶의 실현, 문화국가의 건설 등의 기능을 수행해야 한다. 이는 A. Maslow가 제시한 인간 욕구의 구조를 국가정책 구조에 적용한 것과도 같다. 즉, 1) 생리적 욕구(Physiological Needs; 보건, 위생), 2) 안전적 욕구(Security Needs; 치안, 국방), 3) 사회적 욕구(Social Needs; 사회, 복지), 4) 자기존중(Self-Esteem; 외교, 통일), 5) 자아실현(Self-Actualization; 신뢰, 문화) 등의 기능을 수행하는 것이다.

2. 기능 및 필요성

행정목표의 기능 및 필요성은 다음과 같다.

첫째, 행정에 대한 지침(*guideline, framework*)을 제공한다. 즉 행정의 방향을 설정하고 구성원의 집행활동에 대한 지침을 제공한다.

둘째, 행정의 정당성(*legitimacy*)에 대한 근거를 제공한다. 목표는 조직의 존재와 활동을 정당화시키는 근거를 제공하고, 모든 조직의 존재와 활동은 목표가 있음으로써 합리화되고 정당화 될 수 있다.

셋째, 행정의 성과(*performance*), 효과(*effectiveness*)를 측정하는 기준을 제공한다. 목표는 조직구성원이나 외부인에게 조직의 성패, 즉 효과성과 능률성을 측정하는 기준을 제공한다. 목표의 이와 같은 기능을 더욱 개발한 것이 목표에 의한 관리(MBO) 및 직무성과계약제이다. MBO와 직무성과계약제는 조직원 상호간의 참여를 통한 목표설정과 이에 따른 평가가 상호간의 의사전달, 이해의 증진, 목표에 대한 적극적인 태도, 조직원 능력의 활용 및 관리의 혁신을 위해 제안된 제도이다.

3. 행정목표의 유형

행정목표를 형성하는 방법으로는 부임하는 즉시 결정·공표하는 유형과 반대로 오랫동안 결정을 하지 않고 끄는 유형이 있다. 그러나 너무 즉시 공표하는 것과 너무 늦게 지연하는 것은 바람직하지 못하다. 왜냐하면 첫째로 어떠한 조직의 목표이든 이를 결정하는 변수에는 행정인, 조직 구조, 환경 간의 상호작용으로 되는 것이며, 행정의 경우는 일반 조직과 달리 더욱 조직 구조나 환경의 영향을 받으므로 즉시 공표하는 것은 바람직하지 못하기 때문이다. 둘째로, 행정목표를 즉시 공표하게 되면 조직구성원들 사이에 행정목표를 두고 심한 갈등을 일으켜 목표달성이 어려워지기 때문이다. 따라서 상관의 의도, 부하의 참여, 의사전달, 일선기관의 참여를 거쳐 대상이 되는 지역사회 및 이해관계자 또는 고객과의 접촉을 거친 후, 자신의 생각을 가미하여 결정 형성하도록 하는 것이 바람직한 목표형성 방법이다.

이와 같이 여러 사람의 참여, 의사전달을 통하여 목표를 형성하는 것이 바람직함에도 불구하고 실제 현실에서는 잘 실현되지 않는데, 이는 행정조직의 목표관이 민주주의(참여성)에 입각하지 않고, 고전적 능률주의에 입각하고 있어 조직구성원을 목표달성을 위한 수단으로 보기 때문이다.

행정목표의 유형은 공식성, 기능성, 계층성, 목표의 수를 기준으로 구분할 수 있다.

1) 공 식 성

공식성을 기준으로 행정목표를 분류하면 공식적 목표와 실질적 목표로 구분할 수 있다. 공식적 기준은 행정조직이 법령이나 직제에 의해 공식적으로 추구하는 목표로서 선언적 문장의 형식을 가지며 정부조직법 등에 의하여 표방된다. 실질적 목표는 행정조직의 구성원이 현실적으로 추구하는 목표로서 운영목표·비공식적 목표라고 부르기도 한다. 공식적 목표와 실질적 목표는 일치되는 것이 바람직하지만 많은 경우 차이를 보인다. 그러므로 행정조직의 효과적 관리를 위해서는 공식적 목표와 실질적 목표에 대한 명확한 이해가 필요하다고 할 것이다.

2) 기 능 성

A. Etzioni는 기능성을 기준으로 목표를 질서목표, 경제목표, 문화목표로 구분하였다. 질서목표는 교도소와 같은 강제적 조직이 내세우는 목표로서 조직으로부터 일탈자를 격

리하거나 일탈행위를 통제하려는 목표이다. 경제목표는 기업과 같은 영리적 조직이 추구하는 목표로서 재화와 서비스를 산출하려고 하는 목표이다. 문화목표는 대학과 같은 규범적 조직이 내세우는 목표로서 문화적 가치를 유지 발전시키는 목표를 갖는다.

3) 계 층 성

행정목표는 계층별을 기준으로 상위목표와 하위목표로 구분할 수 있다. 상위목표는 조직 상위층의 목표로서 기본적・일반적・종합적인 성격을 가지고 무형목표에 속하며 주로 가치문제를 다룬다. 하위목표는 조직의 하위층의 목표로서 상위목표의 수단이 되는 것으로, 구체적이고 미시적・운영적인 성격을 가진다. 하위목표는 유형목표에 속하며 단기적 문제이므로 계량화가 가능하며 업적평가의 기준으로 사용된다. 행정목표는 목표・수단의 연쇄관계를 형성한다. 즉, 특정한 목표는 보다 상위의 목표에 대해서 달성수단이 된다.

4) 목표의 수

행정목표의 수를 기준으로 복수목표와 단일목표로 구분할 수 있다. 복수목표는 행정의 합리성과 효과성 확보에 저해가 되므로 가급적 목표의 수를 줄여야 할 것이지만, 국민의 이해관계, 의견대립, 가치판단 등이 개제되므로 목표의 다원성(복수목표)이 불가피하다. 복수목표의 장점은 특정목표의 달성이 다른 목표의 달성에 기여하는 부수효과가 얻어질 수 있고, 인간의 다원적 욕구를 충족시킬 수 있으며 가외성 확보가 가능하다. 그러나 모순되는 목표간에 갈등을 초래하고 구성원들의 능력이 분산되는 단점이 있다. 이에 반해 단수목표는 기업이 이윤을 추구하는 경우와 같이 하나의 목표를 추구하는 것이며, 목표간의 갈등이나 대립현상은 상대적으로 적다. A. Etzioni는 복수목표 조직은 단수목표 조직보다 더 효율적이라고 주장하는데, 따라서 행정조직의 경우 일반적으로 상위목표를 2-3개 조정하고 전체적인 국가목표에 부합되도록 하는 것이 바람직하다고 하겠다.

4. 목표의 변동

1) 목표변동의 의의

행정은 동태적으로 변화하므로 행정이 추구하는 목표 역시 고정되어 있는 것이 아니며,

행정인, 행정구조, 행정환경의 변화 등으로 인하여 목표의 재검토가 필요하게 되는데, 이러한 현상을 목표의 변동이라 한다.

2) 목표변동의 유형

목표의 변동에는 목표의 전환, 승계, 다원화, 확대가 있다.

(1) 목표의 전환

목표의 전환은 종국적 가치가 수단적 가치로 전환되는 것이며 목표를 왜곡하는 현상을 의미한다. 이와 같은 목표전환이 일어나는 이유는 다음과 같다.

첫째, 무형적 목표의 추상적·개괄적 성격으로 행정인은 측정이 가능한 유형적 목표들을 중시하게 되어 상위목표를 등한시하는 목표왜곡 현상이 나타나게 된다.

둘째, 관료제에 있어서 법규의 준수는 목표달성의 수단임에도 이에 대해 지나치게 집착함으로써, 그 자체가 목적이 되고 이에 따라 수단-목표의 도치 현상("수단의 목표화")이 발생하게 된다.

셋째, 조직의 최고 관리자나 소수의 권력자가 권력을 장악한 후에 조직의 본래 목표를 추구하기보다, 목표를 전환시켜 자신의 권력이나 지위를 강화시키는 데 조직을 이용하는 현상이 나타난다. '과두제의 철칙'도 이러한 현상의 결과이다.

(2) 목표의 승계·다원화·확대

목표의 승계는 처음에 설정한 소식의 목표가 달성되었거나 혹은 달성될 수 없을 경우 조직이 새로운 목표를 찾아서 계승하는 것을 말한다. 승계의 예로는 우리나라의 1988년 이후의 올림픽 조직위원회와 2002년 월드컵 조직위원회를 들 수 있다.

목표의 다원화는 조직의 종래의 목표에 질적으로 새로운 목표를 추가하는 것을 말한다. 목표가 추가되는 경우 새로 추가되는 목표가 원래의 목표와 대립되는 현상을 초래하기도 한다.

목표의 확대란 목표 자체를 양적으로 더 크게 늘려 확대시키는 것을 말한다. 목표의 확대는 목표의 다원화와 양적 정도의 차이가 있을 뿐 엄격한 구별은 힘들다.

5. 조직목표와 환경의 관계

목표의 변동이란 행정의 동태성으로 인하여 행정이 추구하는 목표 역시 고정될 수 없으므로, 행정환경에 변화가 있으면 이로 인해 목표를 재검토하는 것이다. 행정환경은 경쟁관계와 협력관계로 나눌 수 있다.

1) 경쟁관계

경쟁관계는 2개 이상의 조직이 제 3 자의 선택에 영향을 미치기 위하여 호소하거나 조건을 제시하는 관계이다. 경쟁은 조직이 일방적 자의적으로 목표를 설정하는 것을 방지하며, 일방적 자의적으로 선정된 목표의 시정을 촉구하게 된다.

2) 협력관계

협력관계는 조직목표와 환경 사이의 흥정(*bargaining*), 적응적 흡수(Co-optation), 연합(*coalition*) 관계를 말한다. 흥정이란 두 개 이상의 조직이 서비스 제공을 위한 합의를 교섭하는 것을 의미한다. 적응적 흡수란 조직이 존립을 위하여 지도층이나 의사결정기구에 외부로부터 새로운 구성원을 흡수하는 것을 말한다. 이러한 적응적 흡수현상은 조직의 목표달성 과정이나 조직의 성격 자체에 결정적 영향을 미친다. 연합이란 공동의 목적을 위하여 조직이 다른 조직과 연합하는 것을 말하며, 장래활동을 위한 공동결정을 말한다.

6. 한국행정과 목표의 변동

1) 목표의 무형성(invisibility)

행정은 국가경쟁력과 삶의 질의 제고를 통해 궁극적으로 국가 구성원들의 인간 존엄성(Human Dignity) 향상을 위한 것이다. 이를 위해 대외적으로는 주권국가로서 인정을 받아야 하고, 대내적으로는 법과 질서의 유지, 경제생활의 향상, 사회복지의 향상, 환경 및 쾌적한 삶의 실현, 문화국가의 건설 등의 기능을 수행해야 한다. 이러한 행정목표들은 매우 높은 무형성을 가지고 있다. 행정목표의 무형성이 높다는 것은 실제에 있어서는 유형목표 또는 하위목표에 의존할 수밖에 없고, 이런 과정에서 목표의 변동현상이 생길 가능성이 높다는 것을 의미한다.

2) 목표의 과다측정(overmeasurement)

행정목표의 무형성과 유형목표에의 의존경향은 과다측정의 경향으로 인해 발생하기도 한다. 오늘날 정부가 대외적인 정책홍보를 강화하고 대내적으로 감사활동을 강화하게 됨에 따라, 행정의 효과성을 계량화로 측정하는 성과관리 현상이 증대되었다. 이처럼 행정의 계량화 경향이 심화되면 계량화 할 수 없는 무형목표는 성과측정이 불가능하게 되고, 그 결과 목표의 왜곡현상이 발생할 우려가 있다. 이는 행정에 있어서 성과관리의 무분별한 도입의 문제점이라고 할 수 있다.

제 2 절 국가정책의 이론적 기초: 정책의 특성, 유형, 과정

1. 정책의 개념

정책의 개념에 대해 학자들은 다양한 정의를 내리고 있다. H. Lasswell은 정책이란 "사회변동의 계기로서 미래탐색을 위한 가치와 행동의 복합체"이며, "목표와 가치 그리고 실제를 포함하고 있는 고안된 계획"이라고 정의하였다. 그런가 하면 D. Easton은 정책을 "사회전체를 위한 가치들의 권위적 배분"이라고 정의하고 있다. Yehezkel Dror은 "정부기관에 의하여 결정된 미래의 활동지침"이라고 정의하고 있다. 많은 학자들의 다양한 정의에도 불구하고 이들 사이의 공통된 요소는 정책이란, 1) 정책목표와 2) 정책수단에 대해 3) 공식적 기본 지침으로써 4) 권위 있는 정부기관이 내린 결정이라는 것이다.

2. 정책의 특성

1) 목표지향성

정책은 어떠한 사회를 어떻게 만들겠다고 하는 것을 결정해 놓은 것이기 때문에, 바람직한 상태를 실현하려고 하는 목표지향성을 내포하고 있다.

2) 수단지향성

정책은 어떠한 사회를 어떻게 만들겠다고 하는 것을 결정해 놓은 것이기 때문에, 정책에는 만들고자 하는 사회를 실현할 구체적인 수단이 내포되어 있다.

3) 미래지향성

정책은 바람직하지 않은 사회문화, 구조, 가치, 규범, 행태 등을 더 바람직한 사회문화, 구조, 가치, 규범, 행태로 바꿈으로써, 미래의 바람직한 사회 상태를 창출하겠다는 미래지향적 성격을 강하게 지니고 있다.

4) 문제지향성

정책은 바람직하지 않은 사회상태를 바람직한 사회상태로 만듦으로써, 사회가 당면하고 있는 문제를 해결하려는 문제지향성을 가지고 있다.

5) 인 과 성

정책은 사회가 직면하고 있는 문제를 해결하기 위한 수단이다. 따라서 정책수단을 원인으로 보면 정책의 실행결과 개선 또는 해결되는 사회상태는 정책결과라고 할 수 있다.

3. 정책의 구성요소

1) 정책목표

(1) 의 의

"정책을 통하여 이룩하고자 하는 바람직한 상태"를 정책목표라고 한다. 정책목표는 미래성과 방향성을 가지고 있다. 즉, 시간적으로 보아서 미래에 도달하고자 하는 상태이며, 그대로 방치할 경우 도달할 수 없는 상태를 정책을 통해서 실현코자 하는 발전지향적 방향성을 가진다. 또한 정책목표는 무엇이 바람직한 상태인가를 판단하는 가치판단에 의존하기 때문에, 주관적이며, 타당성이나 규범성을 지니고 있다.

(2) 기 능

정책목표는 크게 두 가지 기능을 가지고 있다. 첫째는 이것이 달성되어 정책효과를 가져와서 사회의 상태를 바람직한 방향으로 변화시키는 기능이며, 이것은 정책목표가 지니는 본래적 또는 1차적 기능이라고 볼 수 있다.

정책목표가 지니는 두 번째의 기능은 정책에 관련된 전반적 과정이나 활동에서 길잡이 역할을 하게 된다. 이러한 정책목표의 기능으로서 다음 세 가지가 강조된다.

첫째, 정책목표는 정책결정과정에 있어서 대안선택의 기준으로서의 역할을 한다. 목표달성의 정도가 대안선택에 있어서 가장 중요한 선정기준이다.

둘째, 정책목표는 정책집행과정에서의 활동지침으로서의 역할을 한다.

셋째, 정책목표는 정책평가과정에서 중요한 평가기준으로서의 역할을 한다.

정책목표는 정책결정을 비롯하여 정책집행, 정책평가 등 정책과정 전반에 핵심 지침으로 기능한다는 것을 알 수 있다. 따라서 적합하고 적정한 정책목표의 수립이야말로 정책과정에 있어서 가장 중요한 제1차적인 과제라 할 수 있다.

2) 정책수단

정책수단은 정책목표 달성을 위한 수단이다. 정책수단은 정책의 실질적 내용으로서 가장 중요한 정책의 구성요소가 된다.

정책수단은 국민들에게 직접적인 영향을 미치기 때문에, 이를 둘러싼 이해관계자의 갈등은 치열하다. 따라서 정책수단의 선택은 정책결정에서 가장 중요한 측면이 되고, 또 이러한 이유 때문에 정책수단은 효과성, 능률성만이 아니라 공평성, 대응성 등 여러 가지 평가기준도 만족시켜야 하는 것이다.

3) 정책대상

(1) 의 의

정책대상집단이란 정책의 적용을 받는 집단이나 사람들을 의미한다. 정책에 의하여 영향을 받는 사람들 혹은 정책집행의 대상이 되는 집단을 말한다.

(2) 특 징

정책과정에 영향을 미치는 정책대상집단은 다음과 같은 특징을 지닌다.

첫째, 대상집단의 규모에 따라 정책결과가 달라진다. 정책대상집단의 규모가 작으며 격리되어 있는 경우에는 그 정책에 대한 정치적 지지를 얻기가 용이하며, 따라서 그 정책이 이룩하고자 하는 목표의 달성이 용이하다.

둘째, 대상집단의 조직화 정도에 따라 정책결과가 달라진다. 정책대상집단이 조직화 되어 있을수록 정책과정에 영향을 크게 미치게 된다. 우리나라의 공정거래법이 제정되는 데 오랜 시일이 소요되었을 뿐만 아니라, 독과점규제 정책이 실효성이 낮다는 비판을 받는 것은 이 정책의 대상집단인 대기업들이 전국경제인연합회와 같은 조직을 중심으로 조직화가 잘 되어 있는 데에도 그 원인이 있다.

셋째, 대상집단의 과거경험에 따라 정책결과가 달라진다. 정책대상집단이 과거에 정책의 영향을 받은 경험이 있느냐 하는 문제와 어떠한 반응을 보였느냐 하는 문제가 정책의 성패에 영향을 미치게 된다.

넷째, 대상집단의 변화강도에 따라 정책결과가 달라진다. 정책대상집단을 변화시키려는 정도나 강도가 높을수록 정책의 효과적인 집행이 어렵다.

(3) 정책목표-정책수단-정책대상집단에 관한 사례분석

정 · 책 · 사 · 례

8.31 부동산 정책사례

1) 정책목표

8.31 부동산 정책의 목표는 다음과 같다.

① 서민계층의 주거를 안정시키고 주택 마련 실현

② 부동산 부문에 집중된 인적·물적 자원을 생산적 부문에 투입해 자원배분의 왜곡 개선

③ 고용 근로자의 주거안정의 확보를 통한 임금안정과 기업경쟁력 확보 근로자들의 건전한 근로의욕 고취와 기업가 정신확보

④ 부동산 거품제거로 금융기관의 부실화를 방지하고 국가의 건실한 경제기반의 확보

2) 정책수단

(1) 수요 측면에서 '투기 수요 억제를 위한 세제합리화'

구 분	현 행	개 선 안
주 택	• 기준금액 9억원 초과 (인별합산)	• 기준금액 6억원 초과(세대별 합산) • 세대: 1만 6,000세대(전체 970만

	• 인원: 4만명 • 세액: 900억원	세대의 1.6%) • 세액: 2,300억원
비사업용 토지	• 기준금액 6억원 초과 (인별합산) • 인원: 3만명 • 세액: 3,100억원	• 기준금액 3억원 초과(세대별 합산) • 세대: 1만 1,000세대 • 세액: 4,400억원

(2) 공급 측면에서의 '공급확대 및 주택공급의 공공성 강화

① 주택 공급은 앞으로 5년간 연간 300만평씩 1,500만평의 공공 택지 공급

② 강남 지역은 송파·거여 지구를 포함한 200만평의 국·공유지를 택지지구로 개발, 5만호(중대형 2만호)의 주택을 공급

③ 김포 신도시, 양주 옥정지구 등 개발 중인 4~5개 택지지구 주변 1,000만평을 확대 개발, 14만호의 주택을 공급

④ 주택공영개발 방식을 확대하는 한편 분양가 안정을 위해 원가연동제와 채권입찰제 도입

3) 정책대상집단

8.31 부동산 정책이 영향을 미치는 정책대상집단은 다음과 같이 구분된다

① 고가 주택이나 다주택을 보유하는 자: 종합부동산세 과세의 강화

② 무주택자 및 서민: 주택공급의 공급확대 및 공공성 강화

* 자료: 최홍석 외, 2004: 258.

4. 정책효과: 정책산출, 정책성과, 정책영향

1) 정책산출

정책산출(*policy output*)은 정책의 집행으로 나타나는 일차적인 결과이다. 즉 영세민복지 프로그램에 의하여 수혜를 받는 인원이나 범죄예방 프로그램에 의하여 적발된 범법자의 수 등과 같이 단기적이고 구체적인 산물이다. 이는 계량적 측정이 비교적 용이하여 정책을 평가하기에 쉽다.

2) 정책성과

정책성과(*policy outcome*)란 정책대상자들에게 일어난 변화이다. 성과는 산출보다 다

소 계량화하기가 어려운 효과이며, 장기적인 효과이다. 예를 들어 영세민복지프로그램의 집행으로 영세민들의 영양상태가 좋아졌거나, 프로그램 대상자들의 자활의욕이 높이진 것은 영세민복지 프로그램의 성과라 할 수 있고, 범죄예방 프로그램으로 연간 각종 범죄 발생건수가 감소한 것은 범죄예방 프로그램의 성과라 할 수 있다.

3) 정책영향

정책영향(*policy impact*)은 정책의 집행으로 사회에 나타난 변화이다. 예로서 영세민 복지 프로그램으로 사회적 복지수준이 향상되거나 생활만족도가 높아졌다든지, 범죄예방 프로그램으로 질서의식이 회복되고 치안상태가 그 이전보다 좋아져 야간에도 마음 놓고 외출할 수 있게 된 것 등은 정책영향이라고 할 수 있다(노화준, 1995: 10) 정책영향은 성과보다 더 오랜 후에 나타나는 효과이다. 일반적으로 정책의 집행과 정책의 영향간에는 많은 시차가 있을 뿐만 아니라, 양자의 인과관계의 규명에도 많은 어려움이 있으므로 정책영향의 측정에는 많은 어려움이 있다(정정길 외, 2005: 56-69).

5. 정책의 유형

1) T. Lowi의 분류

T. Lowi는 정책의 유형을 다음과 같이 분류하였다.

① 분배정책: 국민에게 재화, 권리나 이익·서비스를 산출하여 제공·분배하는 정책으로, 대부분이 급부정책이다. 예로는 사회간접자본의 건설, 보조금 지급정책이 있다.

② 규제정책: 개인이나 집단에게 일정한 자유나 권리의 행사를 제한하는 정책으로, 강제성을 가진다.

③ 재분배정책: 기존의 권리·의무관계의 변경을 초래하는 정책으로, 형평성 자원에서 이루어지는 누진세 제도, 실업수당 등 사회보장정책이 여기에 해당된다.

④ 구성정책: 정부체제의 구조와 유지·운영에 관련된 정책으로 정부기관의 설립 또는 개편이 그 예이다.

〈그림 4-1〉 정책효과의 유형

정 책	정책목표를 달성하기 위한 정책수단의 집행	기초교육강화정책
⇩	⇩	⇩
정책산출	정책집행으로 나타나는 일차적인 결과 * 계량적인 측정이 용이한 단기적인 효과	교육을 받은 인원수
⇩	⇩	⇩
정책결과	정책대상자들에게 일어난 변화 * 정책산출보다는 측정이 어려운 보다 장기적인 효과	* 아동들의 독해력 * 변화된 공부습관
⇩	⇩	⇩
정책영향	정책의 집행으로 사회에 나타난 변화 * 정책집행과 영향간의 많은 시차로 인해 측정이 난해	* 교양있는 국민 양성 * 신뢰받고 성숙한 사회

2) Ripley와 Franklin의 분류

분배정책과 재분배정책은 앞에서 살펴본 T. Lowi의 분배정책 및 재분배정책에 관한 설명과 같은 내용이다. 그러나 그들의 정책유형분류에서 특이한 점은 규제정책을 좀더 세분하여 경쟁적 규제정책과 보호적 규제정책의 두 가지 유형으로 분류하고 있다는 것이다.

(1) 경쟁적 규제정책

경쟁적 규제정책은 정부가 특정의 철도회사나 항공회사로 하여금 특정의 노선을 운항할 수 있도록 한다든가, 특정의 회사로 하여금 특정의 케이블TV 주파수나 DMB채널을 운용할 수 있게 하는 경우처럼, 특정의 재화나 용역을 제공할 수 있는 권리를 수많은 잠재적 또는 실제적 경쟁자들 중에서 선택, 지정된 소수의 전달자에게만 제한시키는 규제정책을 말한다.

(2) 보호적 규제정책

보호적 규제정책은 최저임금제 및 최대노동시간의 제한, 가격통제 등과 같이 여러 사적 활동에 대해 특정의 규제를 설정하여, 공중을 보호하고자 하는 것을 목적으로 하는 정책들을 의미한다.

3) Almond와 Powell의 분류

G. Almond와 G. Powell은 체제이론에 입각하여 정치체제의 산출활동의 기능적 특성을 중심으로, 추출정책, 분배정책, 규제정책, 상징정책 등의 네 가지로 분류하였다.

(1) 추출정책

조세와 병역 등과 같이 국내 및 국외 환경으로부터 물적·인적 자원을 추출해내는 산출활동으로 이루어지는 정책을 의미한다.

(2) 분배정책

분배정책은 추출정책과는 반대로 사회의 개인과 집단에게 교육, 보건, 위생, 오락 등과 같은 경제적 재화와, 용역과 지위, 신분, 공동체에의 소속감, 안전 등과 같은 여타의 가치들을 분배해 주는 산출활동으로 이루어지는 정책을 말한다.

(3) 규제정책

규제정책은 형벌, 의무, 면허 등과 같이 특정의 인간행동을 규제하는 산출활동으로 이루어지는 정책을 의미한다.

(4) 상징정책

상징정책은 정치체제가 국내외 환경으로 하여금 여타 정책에 보다 효과적으로 순응하도록 하기 위해, 정책체제의 정당성에 대한 심리적 신뢰감을 증진시키는 산출활동으로 이루어지는 정책을 의미한다. 그 예로는 국경일의 제정 및 준수, 정치적 마크나 배지의 착용 등이 있다.

6. 정책과 환경

1) 정책과 환경의 상호관계

정책은 정치체제의 산출물이다. 또한 정치체제는 모든 정책활동의 주체이다. 정치체제는 사회문제가 환경으로부터 투입되면 이 중 일부를 정책문제로 전환시키고, 이 정책문제를 다시 정책으로 전환시키며, 정책을 집행하여 정책결과를 환경에 내보낸다.

〈그림 4-2〉 정책과 환경의 상호관계

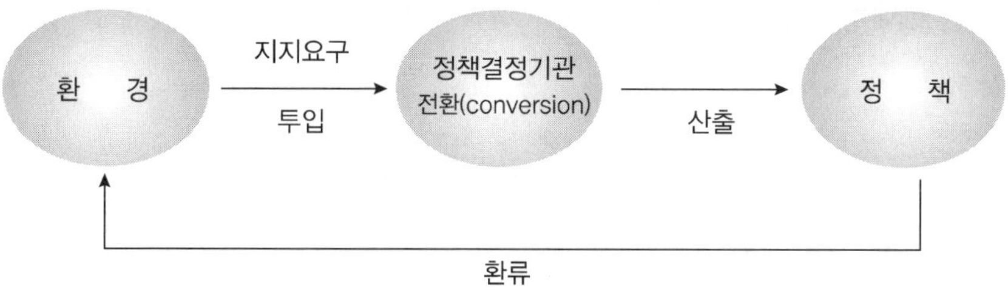

2) 정책체제모형과 구성요소

정책체제(*policy system*)는 개방체제로서 환경(*environment*)과 상호작용하면서, 환경으로부터 요구와 지지, 반대와 저항, 무관심 등의 투입(*input*)을 받아, 체제 내부의 목표와 구조, 문화와 규범 그리고 자원 등을 통하여 정책을 만들고(*policy making process*), 이를 체제 밖의 환경으로 산출(*output*)함으로써, 전체 체제의 목표달성을 위해 기능해 나간다. 그리고 정책, 법률, 규제, 서비스, 보상 등 다양한 형태로 나타나는 산출은 환경과 상호작용함으로써 문제를 해결하거나 변화를 유도해 나간다. 또한, 그 결과는 차기 정책결정에 대한 투입요소로 환류(*feedback*)되어 들어간다(권기헌, 2008).

(1) 정책환경(policy environment)

정책환경이란 정책체제를 둘러싸고 체제와 부단히 상호작용하는 일체의 외부적 요소들을 의미한다. 정책체제의 환경으로는 자연환경과 사회환경, 유형의 환경과 무형의 환경은 물론, 국제적 환경과 국내적 환경 등 다양한 환경들이 직접 혹은 간접적으로 정책체제에 대해 영향을 미치게 된다. 이러한 환경의 성격은 궁극적으로 어떤 사회문제와 관련하여 정책체제에 투입되는 각 요소들의 특성을 좌우하게 된다.

(2) 정책투입(input): 요구와 지지

요구란 정부에 의해 해결되기를 바라는 국민들의 바램이며, 지지란 정부가 추진하는 정책과 각종 행정수행에 국민들이 지지하고 순응한다는 것을 의미한다. 일반적으로 정치체제의 민주화 정도가 높고, 국민의 정치적 수준이나 경제적 발전의 정도가 높은 곳에서 정책체제에 대한 국민적 요구의 정도가 높은 것으로 나타난다. 반면에 정치체제가 권위적이고 국민의 의식수준과 정치경제적 발전정도가 낮은 곳에서는 국민들의 정부나 정책체제에 대한 요구 정도도 낮은 것이 보통이다. 이러한 정책투입은 예컨대 주 5일 근무제도를 도입하라, 핵폐기물 처리장을 다른 지역으로 옮겨라, 정부의 대미정책이나 대북정책을 지지한다 혹은 반대한다는 등 수많은 요구와 지지 혹은 반대의 형태로 정부를 향해 투입되고 있다.

(3) 정책결정기관(policy making system): 전환과정

정책결정기관은 환경으로부터 제기된 요구가 정책결정기관으로 투입되면, 기관 내부에서는 이를 정책으로 결정하여 이를 다시 환경으로 내보내는 기능을 한다. 정책결정기관은 환경으로부터 투입된 요구와 지지를, 정책결정기관의 이념과 문화, 정책담당자, 자원동원 가능성과 가치판단, 해당되는 문제와 관련된 이해관계집단의 태도 등 다양한 요소를 고려하여 최종적으로 결정함으로써, 투입된 요구와 지지에 대한 정부의 공식적 지침을 결정하게 된다. 이렇게 정부의 공식적 지침으로 산출된 것이 정책이다.

(4) 정책산출(output): 정책

정책산출이란 환경으로부터 투입된 요구와 지지가 정책담당기관의 정책결정과정을 거쳐 최종적으로 나타난 결과물로서, 정책, 법률, 서비스, 규제, 보상 등 다양한 내용으로 나타난다. 최종 산출물은 예컨대 조세정책, 의약분업정책 등으로 나타난다.

(5) 환류(feedback)

환류란 정책이 집행되는 과정에서나 집행된 이후 그 결과가 다음 시기의 요구나 지지로 투입되어 들어가는 것을 의미한다. 예컨대, 의약분업정책이 집행되는 과정에서 반대에 부딪혀 정책을 수정하거나 중단하라는 요구가 다시 정부의 해당 정책결정기관으로 되돌아가는 것을 의미한다. 전북 부안군 위도에 핵폐기물처리장을 건설하겠다는 정부의 정책결정이 집행되기도 전에 부안군민들의 반발로 정책수정의 위기에 처했었던 것이나, 새만금 간척지 조성공사가 집행과정에서 야기된 환경단체 등의 반대로 몇 차례 공사 중단을 겪어야 했던 것은 정책이 집행되는 과정에서 야기된 환류 때문이었다.

3) 환경의 내용

(1) 정치·행정적 요인

환경을 구성하는 정치·행정적 요인으로는, 정치행정 이념, 정치행정체제, 정치행정 문화, 정치체제의 권력구조 등이 있다. 예컨대, 정치행정이념은 일반적으로 정치행정체제가 지향하는 최고가치 혹은 지도정신으로서, 국가사회의 지배적인 가치관을 반영하며 정책과정의 모든 단계에서 적용될 가치기준의 역할을 한다.

(2) 사회·경제적 요인

Gaus는 생태적 요소들이 어떻게 정부기능에 영향을 미치는가를 이해하기 위해서는 환경을 면밀히 관찰해야 한다고 주장했다(Gaus, 1947). 요컨대, 사람과 장소, 물리적 기술, 사회적 기술, 욕구와 아이디어 그리고 재난 등이 사회적 요인으로 작용한다는 것이다. 또한 현대사회에서 경제활동을 영위하기 위한 경제적 요소들에 대한 상이한 이해관계는 여러 집단간의 갈등을 유발시키며, 정책에 영향을 미치는데 1960년대에 비로소 이러한 영향관계가 연구되기 시작하였다. 대표적으로 다운스와 로빈슨(Dawson & Robinson, 1963)은 정치적 요인들이 비해 사회·경제적 요인들이 정책에 더 강한 영향을 미친다고 주장하기도 하였다.

정 · 책 · 사 · 례

IMF와 경제정책 변화

1. 사례요약

정부는 1997년 11월 23일 국제통화기금(IMF) 실사단의 방한에 맞춰, 강만수 차관을 단장으로 7개 팀으로 구성된 실무대책반을 구성, 구제금융신청에 따른 대책 마련에 나섰다.

또 내년도 경제성장률을 4-5%대로 하향 조정하고, 재정지출 축소와 함께 국제수지 적자폭을 1백억 달러 이하로 줄이는 등 1998년 경제운용계획을 작성하는 작업에 착수했다.

정부는 이와 함께 IMF 협상에 관한 폭넓은 의견수렴을 위해, 학계, 언론계 인사로 자문위원회를 구성, 이번 주 중 첫 회의를 갖기로 했다.

임창렬 부총리는 이날 "IMF가 통상적으로 자금지원에 부과하는 건전재정 유지 등 거시정책 조건들을, 이미 우리가 상당부분 스스로 추진중이기 때문에, 특별히 과도한 추가부담은 없을 것"이라고 말했다.

그러나 IMF는 한국정부에 구제금융지원의 대가로, 부실 금융기관의 대폭적인 정리 등 강도 높은 자구책을 요구할 것이라고 IMF본부가 위치한 워싱턴 소식통들이 밝혔다.

* 자료: 조선일보 1997. 11. 24.

2. 쟁점 및 시사점

위 정책에 따른 쟁점 및 시사점을 살펴보면 다음과 같다.

첫째, IMF 구제금융 체제하에서 한국은 엄청난 사회적, 경제적 변화를 겪게 되었고, 이는 정책환경으로부터의 요구와 지지를 통하여 정책에 매우 큰 영향을 미치게 된다.

둘째, 이는 경제사회적 요인이 정책에 어떤 영향을 미치는지를 잘 보여주는 사례이다.

셋째, IMF 구제금융으로 인한 경제적 변화, 사회적 변화 그리고 그에 따른 정책의 변화를 간략히 예시하면 다음과 같다.

1) 경제적 변화
① 마이너스 성장 지속
② 기업들의 잇단 부도와 구조조정으로 고용사정 악화
③ 금리 상승: 외환위기 직전 14%였던 시장금리가 IMF 지원금융 이후 20-30%로 상승

2) 사회적 변화
① 소득감소와 생활고 가중
② 실업 증가와 함께 가계소득이 크게 감소: 1998년 3/4분기 도시근로자 가구당 월평균 실질소득이 전년동기 대비 20%가 감소
③ 부익부 빈익빈 현상 심화: 도시근로자가구 상위 20%계층의 소득은 증가하였으나, 하위계층으로 갈수록 소득의 감소폭이 크게 나타남

3) 사회경제적 변화에 따른 정책의 변화
① 외환시장의 안정을 위한 금융정책 실시
② 금융, 기업, 노동, 공공부문의 4대 구조개혁 정책의 실시

(3) 물리적 요인

물리적 요인으로는 지리적 특성과 인구통계학적 요소를 들 수 있다. 지리적 특성은 기후, 지세(地勢) 그리고 천연자원으로 대표되며, 이러한 변수는 국가사회의 각종 국가정책에 대한 여유나 압박과 같은 영향을 미친다. 또한 국가가 수립하는 대부분의 정책들은 인구 통계적인 요소를 기본으로 하여 계획 및 실행되기 때문에 인구규모, 인구구조, 인구분포 등은 정책체제에 영향을 미치는 요인으로 작용한다고 할 수 있다.

7. 정책과정

1) 정책과정의 본질

정책이 산출되고 실행되는 데 거쳐야 할 일정한 단계적 절차를 정책과정이라고 한다. 여기서 정책은 정책 의제설정에서부터 정책결정, 정책집행, 정책평가에 이르기까지 일련의

복잡하고 동태적인 과정을 밟게 되며, 정책과정은 이러한 일련의 연속순환 과정을 거친다.

정책과정은 정책연구를 위해 정책을 중심으로 하여 만들어진 것으로, 정책결정자가 합리적 정책과정을 운영하기 위해 필요한 지식을 얻는 것을 목적으로 한다. 또한 정책과정에서 정책목표의 합리적 달성을 위한 합리적 측면과 참여자들의 이해관계와 관련된 정치적 측면이 모두 포함된다.

정책을 연구하는 많은 학자들에 의하면 정책과정의 구체적 단계에 대해서는 다양한 견해가 존재한다.

2) 정책과정의 단계

(1) 제1단계: 정책의제형성단계(Agenda Setting stage)

정책의제형성단계는 문제정의, 정책요구, 의제설정 등 세 단계로 구체화된다. 정책과정의 첫 단계는 공공이 관심을 가지는 문제가 인식되고 이슈가 형성되는 문제정의 및 이슈형성단계(Problem Definition or Issue Formation)이다. 공공에 의해서 특정한 문제가 인식되는 것은 곧 이슈형성을 의미하기 때문에 문제인식(정의)과 이슈형성은 분리해서 생각할 수가 없다. 그리고 문제에 대한 인식과 이슈의 형성이 이루어지지 않는 경우 정책과정은 진전되지 않는다. 다시 말해서 문제나 이슈가 있는 곳에 이를 해결하기 위한 정책이 있게 마련이다. 문제인식과 이슈형성단계는 다음 단계인 정책요구단계(Policy Demand stage)로 이어진다. 어떤 사회적 문제가 양적으로나 질적으로 극도의 상태에 달해 국가사회가 혼란에 빠질 경우, 사람들은 이를 문제로 인식함과 동시에 이슈로 삼아 정부로 하여금 이 사회적 문제를 해결할 수 있는 정책요구를 하게 된다. 정부에 대한 정책요구는 정부의 대응으로 이어지는데 이는 곧 의제설정단계(Agenda Setting stage)이다. 의제란 정책요구에 대해 정부차원에서 다루기로 결정한 의제나 이슈를 의미한다. 모든 정책요구가 정

〈표 4-1〉 정책과정에 관한 다양한 견해

일반적 구분	Lasswell	Dror	Jones	Anderson
① 정책의제 ② 정책결정 ③ 정책집행 ④ 정책평가	① 정보수집, 처리 ② 동원 ③ 처방 ④ 행동화 ⑤ 적용 ⑥ 종결 ⑦ 평가	① 초정책결정 단계 ② 정책결정단계 ③ 정책결정 이후 단계	① 정책의제설정단계 ② 정부내 행동단계 ③ 정부가 문제를 해결하는 단계 ④ 사업을 재검토하여 필요한 조치를 취하는 단계	① 정책의제설정단계 ② 정책대안작성단계 ③ 정책대안 채택단계 ④ 정책의 집행단계 ⑤ 정책의 평가단계

책의제가 되는 것은 아니다. 어떤 정책요구는 의제가 되기도 전에 사라지는가 하면 어떤 것은 수정된 형태로 겨우 의제가 되기도 한다.

(2) 제2단계: 정책결정단계(Policy Making stage)

정책결정단계는 정책의 채택단계와 정책의 합법화단계로 세분화된다. 먼저 정책채택단계는 정책문제를 해결하기 위해 적절한 정책대안을 선택하는 단계이며, 다음에 선택된 정책대안에 합법성을 부여하는 단계가 바로 정책의 합법화단계이다.

(3) 제3단계: 정책집행단계(Policy Implementation stage)

정책목표를 달성하기 위해서는 결정된 정책이 집행되어져야만 한다. 정책의 집행에는 재정적 자원, 집행을 위한 법, 집행에 필요한 인원 그리고 구체적인 계획이 필요하다. 정책집행은 산출과 영향을 가져온다.

(4) 제4단계: 정책평가단계(Policy Evaluation stage)

정책평가단계는 정책의 성공과 실패를 판단하는 정책의 산출, 성과와 영향에 주로 초점을 맞춘다. 정책이 사회전체의 개선에 어떠한 역할을 하였는가를 알아보기 위해서 여러 가지 질문을 하게 된다.

첫째, 애당초 정책이 의도하였던 목표가 달성되었는가 이다. 이 질문은 정책의 효과성과 관련된 질문이고,

둘째, 정책목표의 달성을 위해 투입되었던 비용은 무엇인가인데, 이는 정책의 능률성에 관한 질문이다.

셋째, 정책의 영향이 모두에게 골고루 돌아갔는가인데, 이는 형평성에 관한 질문이다.

이러한 세 가지 질문들 외에 대응성, 적합성, 적정성 등 평가질문은 다양하게 제시될 수 있다.

(5) 제5단계: 정책환류단계(Policy Feedback stage)

정책환류란 일반적으로 정책영향에 대한 평가결과가 다시 환경이나 정책결정 과정에로 유입되는 것을 말한다. 정책영향에 대한 평가결과로 정책이 효과적이지 못해 실패한 것으로 판단될 경우, 이와 같은 정책은 종결되거나 대폭적으로 수정된다. 그리고 정책종결이나 대폭 수정에 대한 요구가 환경을 거쳐 정책결정 과정에로 유입되는 것을 정책환류라고 한다

3) 정책과정의 참여자

정책과정은 정치체제의 핵심적 활동으로서 정책과정에서 나오는 산출물은 국민에게 영향을 미친다. 정책이해관계인들이 자신의 이해를 반영하기 위해 이 과정에 참여하는 것은 민주정치체제에서 당연한 일이다.

정책의 각 과정에는 정책과정을 주도적으로 이끌거나 또는 정책과정에 개입하여 직·간접적인 영향을 미치는 개인이나 집단이 있다. 이들을 정책과정의 참여자라고 한다. 정책의 과정은 정치적 성격이 매우 강하다. 따라서 정책과정에 참여하여 영향력을 행사하는 참여자들은 국가의 권력구조, 정치문화 또는 정책내용에 따라 그 유형이 매우 다양하다. 그러나 일반적으로 정책과정의 참여자는 헌법적, 법적 권한을 가진 의회, 대통령, 행정부, 사법부 등과 같은 공식적 참여자와, 정당·이익집단·NGO·일반국민·전문가 및 학자·언론기관 같이 법적 권한을 갖고 있지 않는 비공식적 참여자 등 크게 두 가지 유형으로 구분된다.

〈그림 4-3〉 정책과정의 참여자

□ 공식적 참여자	□ 비공식적 참여자
정책과정에서의 참여가 법적, 제도적으로 보장된 자들을 의미	정부조직 밖에 있으면서 정책과정에 직·간접적으로 참여하는 자들을 의미
1. 의회 2. 대통령 3. 행정기관 4. 사법부	1. 정당 2. 이익집단 3. NGO 4. 일반국민 5. 전문가 및 학자 6. 언론기관

4) 정책과정의 권력모형에 대한 분류

(1) 정책결정을 보는 두 시각: 합리적 결정 vs. 정치적 결정

(가) 합리적 결정

정책결정을 보는 두 시각으로서 정책을 합리적 결정으로 보는 시각과 정치적 결정으로 보는 시각이 있다. 먼저 정책을 합리적 결정으로 보는 시각은, 정책결정은 권력적 요소가 배제된 합리적이고 분석적인 노력의 결과로서, 정책목표를 달성하는 최선의 정책대안을 탐색하고 선택하는 데 필요한 전문성에 따라 정책이 결정되는 것으로 보는 것이다. 또한, 이 시각은 정책결정을 설정된 정책목표를 가장 잘 달성할 수 있는 합리적 정책수단을 선택하는 기술적 결정으로 보는 시각이다. 정책학이론에서 다루는 정책결정론, 정책분석론, 정책집행론, 정책평가론의 주요 초점은 이러한 합리적 시각에 기초하여 정책의 과학적 정책결정 역량을 강화하는데 있다.

(나) 정치적 결정

정치적 결정으로 보는 시각은 정책결정을 정책참여자들의 정치적인 게임의 산물로 보는 것으로, 정치적인 자원 또는 권력의 크기에 따라 우월한 정치권력을 가진 참여자의 의도대로 정책이 결정된다고 본다. 정책결정의 대부분은 다양한 이해관계자들의 상호조정에 의해서 이루어진다는 점에서 본질적으로 정치적 결정이라고 보는 것이다. 정책참여자들은 권력의 원천에 따라 정책과정에 영향력을 행사하는 전략이 달라지는데, 공식적인 지위를 가지고 있는 참여자, 경제력을 바탕으로 한 참여자, 전문성을 가진 참여자가 있다. 또한 정치적 상호작용의 양상은 정책참여자들이 가진 권력의 크기에 따라 달라진다. 정치적 게임의 양상은 우월한 참여자의 일방적인 지배에 의한 결정(*domination*)과 대등한 참여자들 간의 타협에 의한 결정(*compromise*) 등으로 나타난다.

(2) 정책과정의 권력모형 분류기준

정책과정의 권력모형에는 엘리트이론, 다원주의론, 하위정부모형, 정책네트워크(이슈네트워크), 조합주의론 등이 포함되는데, 이들의 분류기준을 살펴보면 다음과 같다.

(가) 국가주도형 모형 vs 민간주도형 모형

국가주도형 모형에는 국가론(웨버주의론), 국가조합주의모형이 있고, 민간주도형 모형에는 이익집단론 혹은 다원주의론이 있으며, 국가와 민간의 혼합모형으로는 하위정부모형, 정책네트워크(이슈네트워크), 신다원주의론이 있다.

(나) 소수 vs 다수: 정책과정 참여자의 수

정책과정은 소수에 의해 지배된다고 보는 엘리트이론과, 정책과정에 참여하는 집단은 매우 다양하고 광범위하다고 보는 다원주의론으로 나뉜다.

〈그림 4-4〉 정책과정의 권력모형 분류기준

- **국가주도형 vs 민간주도형**
  국가주도형: 국가론(웨버주의론), 국가조합주의모형
  민간주도형: 이익집단론 혹은 다원주의론
  혼합모형: 하위정부모형, 정책네트워크(이슈네트워크), 신다원주의론

- **소수 vs 다수(정책과정의 참여자 수)**
  소수: 엘리트론
  다수: 다원주의론

5) 정책과정의 권력모형에 대한 유형

(1) 엘리트이론(Elite Theory)

(가) 고전적 엘리트이론

19세기 말부터 고전적 엘리트 이론가들은 전통적인 자유민주주의론에 대해 비판을 제기하였다. 고전적 엘리트이론은 어느 조직체나 어떠한 사회에서도 집단이 구성되면 거기에는 소수의 엘리트에 의한 지배체제, 즉 과두지배체제가 필연적으로 대두될 수밖에 없다는 소위 '과두지배의 철칙론'을 제시하였다.

(나) 1950년대 미국의 엘리트이론

Mills와 Hunter로 대표되는 1950년대의 엘리트이론은 미국사회에 있어서 지배엘리트의 구체적인 존속형태와 정치기능을 실증적으로 분석하는 데 초점이 있다.

〈고전적 엘리트이론〉

Mosca(모스카), Pareto(파레토), Michels(미헬스)의 엘리트이론

① 한 사회는 사회를 지배하는 지배계급인 엘리트 계급과 피지배계급인 대중 계급으로 구분된다.

② 엘리트들은 동질적이고 폐쇄적이다. 엘리트들은 비슷한 사회적 배경, 가치관, 이해관계를 가지고 있으며, 서로를 잘 알고 있어서 엘리트로서의 응집성과 집단의식이 강하다.

③ 이상의 이유들 때문에 엘리트들은 자율적이며, 다른 계층에 대해 책임을 지지 않는다. 중요한 정치적 문제는 대중들의 이익이나 사회전체의 이익과는 상관없이 자신들의 이해관계를 고려하여 해결하게 된다.

(다) 신엘리트론

R. Dahl 등의 다원주의자들에게 엘리트이론이 비판받게 되자, 다원주의에 대한 비판적 관점에서 제기된 것이 무의사결정론을 핵심으로 한 신엘리트론이다.

Bachrach(바흐라흐)와 Baratz(바라츠)는 R. Dahl의 실증적 접근방법이 단순한 명성에 의하여 엘리트의 권력행사를 파악하려 한 Hunter의 방법보다는 우수하지만, 엘리트에 의한 권력행사에 다른 하나의 측면을 고려하고 있지 못하다고 비판한다.

정책결정에 영향을 미치는 정치권력은 두 가지 얼굴(*two faces of power*)을 지니고 있다고 주장하면서, 밝은 측면의 얼굴은 정책문제를 해결하기 위한 정책결정에서 영향력을 행사하고, 어두운 측면의 얼굴은 정책결정 과정에 선행하는 정책문제의 채택과정에서 영향력을 행사한다는 것이다.

이렇게 엘리트들에게 안전한 이슈만을 논의하고 불리한 문제는 거론조차 못하게 봉쇄하는 것을 무의사결정(Non-decisionmaking)이라고 부른다.

Bachrach(바흐라흐)와 Baratz(바라츠)는 무의사결정이론(1962)을 제시하면서 다음 사항들을 강조하였다.

> 첫째, 정책문제 채택과정에서 기존세력에 도전하는 요구는 정책문제화하지 않고 억압을 당한다.
> 둘째, 정책결정과 집행과정에서도 무의사결정이 일어난다. 정책문제 채택과정에서 개혁 요구세력이 주장하는 논리를 기존 세력이 저지하지 못했을 경우에, 정책결정 과정에서 고려되는 정책대안의 범위나 내용을 수정시키려고 노력한다. 여기에서도 실패한 경우에는 정책 집행 과정에서 집행을 저지하기 위해 배정되는 예산이나 인력을 최소화하려고 노력한다.

따라서 무의사결정이란 정책과정(특히 정책의제설정단계)에서 지배적인 엘리트집단의 이

〈표 4-2〉 1950년대 미국의 엘리트이론

Mills (밀즈)	Hunter (헌터)
지위접근법 (미국 전국적 차원의 정책과정 분석)	명성접근법 (애틀란타 시의 정책과정 분석)
미국사회의 권력엘리트는 정부-군-기업복합체(military-industry Complex), 즉 미국사회의 권력엘리트는 거대 기업체의 간부, 군의 장성, 정치집단의 정치가 등 세 영역에서 최고정상에 있는 인사들로 구성되어 있으며, 이들은 사실상 미국최고의 정책결정 수준을 좌우한다고 분석	인구 50만인 조지아주의 애틀란타시를 대상으로 애틀란타에서 가장 영향력 있는 것으로 명성이 나있는 40명을 뽑아서 분석했는데, 이들이 여러 가지 모임을 통해서 애틀란타 시의 정책의 기본방향을 결정하고, 이들보다 하위층에 있는 자(중견공무원, 신문의 컬럼니스트, 각종 사회단체의 책임자)들이 이를 뒷받침하고 집행해나간다고 분석

해관계와 부합하는 문제만 논의할 목적으로, 지배집단의 이익에 명시적, 잠재적으로 도전이 될 수 있는 문제를 거론조차 못하게 억압하고 방해하는 결정을 의미한다. 즉 사회 내에서 기존의 이익 배분상태의 변화에 대한 요구가 표명되기도 전에 억압하거나, 정책결정의 단계에 이르러서도 형식적 대안을 채택하도록 압력을 행사하고, 이것이 실패하는 경우에는 정책집행단계에서 각종 불응전략을 통해 정책의 성공을 좌절시키는 현상을 말한다. 예컨대 과거의 노동 억압적 노사관계정책, 환경규제정책, 부유세 신설문제 등이 이에 해당한다.

(2) 다원주의이론(Pluralism)

㈎ 이익집단론과 다원주의론

초기의 이익집단론과 이를 좀더 정책과정의 권력모형으로 발전시킨 다원주의론으로 나눌 수 있다.

① 이익집단론

Bentley(벤틀리)와 Truman(트루만)의 이익집단론이 다원주의의 초기적 이론의 틀을 갖추고있는바, 민주사회에서는 이익집단들의 요구에 따라 정책을 결정하고 집행하는 것이 가장 민주적이라고 주장하였다. 특히 다양한 이익집단의 주장과 요구에 부응할 수 있는 두 가지 제도적 메카니즘으로 인해 이익집단의 요구와 이를 통한 민주주의의 실현은 균형있게 진행된다고 주장한다.

㉠ 잠재집단

잠재집단은 실질적으로 조직화되어 있지는 않지만 공유된 이해관계를 가지고 있기 때

〈그림 4-5〉 엘리트이론의 전개과정

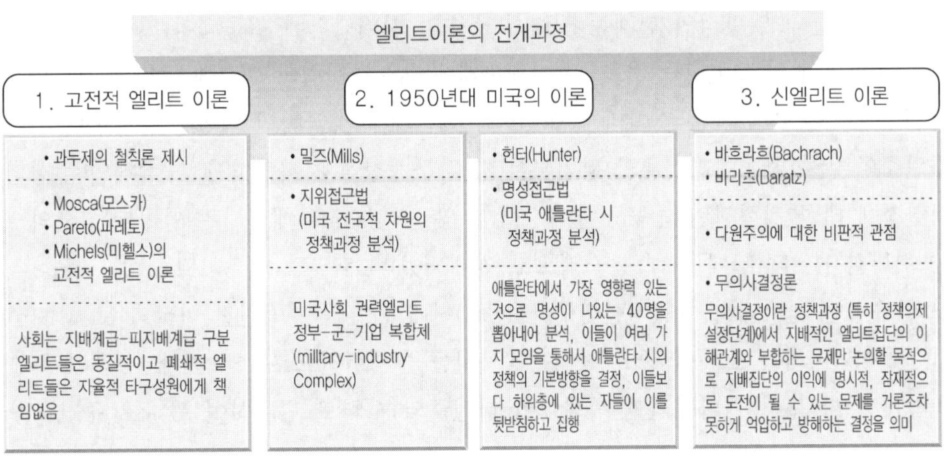

〈그림 4-6〉 다원주의론의 발전과정

다원주의론의 발전과정

1. 이익집단론	2. 다원주의론	3. 신다원주의론
• 벤틀리(Bentley) & 트루만(Truman) • 다원주의의 초기의 이론적 틀 민주주의 사회에서는 이익집단의 요구에 따라 정책을 결정하고 집행하는 것이 가장 바람직함 1. 잠재집단 특수이익을 가진 지배적 집단이 자신의 이익을 침해당할 우려가 있을 때 조직화될 수 있는 집단 2. 중복회원 이익집단의 구성원은 한 집단에 소속되어 있는 것이 아니라 여러 집단에 소속	• 다알(R. Dahl) • 일반적 전제: 권력이 소수의 지배집단에만 집중되어 있는 것이 아니라, 널리 분산되어 있으며 관심을 가진 이해집단들은 영향력행사에 동일한 접근가능성을 가짐 정부는 매우 소극적 역할을 수행	• 고전적 다원주의에 대한 비판 자본주의 국가에서는 기업집단에게 특권을 부여할 수 밖에 없는 점 인정 정부는 중립적 조정자가 아니라 전문화된 체계를 갖추고 능동적인 기능을 수행하는 적극적인 존재 민주사회의 핵심적 동력: 사회에 존재하는 여러 이익집단간의 정치적 이익의 조정과 극복

문에, 만약 특수이익을 가진 지배적인 집단이 자신들의 이익을 침해할 가능성이 있는 경우 조직화될 수 있는 상태의 집단을 말한다. 이러한 잠재집단의 조직화 가능성 때문에 실제로 압력행사를 하지 않더라도, 특수이익집단들은 잠재이익집단들의 이익을 보장하게 된다는 것이다.

㉡ 중복회원

이익집단의 구성원은 하나의 집단에만 소속되는 것이 아니라 여러 집단에 소속되므로 일정 집단의 특수이익을 극대화하기 위하여 다른 집단의 이익을 크게 손상시키지는 못한다는 것이다.

② 다원주의론

다원주의론의 일반적인 전제는 권력이 소수의 지배집단에 집중되어 있는 것이 아니고 널리 분산되어 있으며, 관심을 가진 이해관계세력은 영향력의 행사에 동일한 정도의 접근가능성을 가지고 있다는 것이다. 그리고 정부는 매우 소극적인 역할을 수행한다고 본다. 다원주의론은 미국 엘리트론의 방법론이 지닌 문제점을 지적하면서, 구체적인 현실의 정책결정에 대한 경험적인 연구를 통해, Mills와 Hunter로 대변되는 엘리트 이론의 주장을 반박한 R. Dahl에 의해 본격적으로 전개되었다. R. Dahl은 *Who Governs?*라는 그의 유명한 저서에서, 1780년대부터 1950년대까지 약 170년간 미국의 New Haven(뉴 헤이븐)이라는 도시를 중요 정책결정사항들을 경험적으로 조사하여, 다음의 두 가지 측면에서 이 도시가 과두적인 사회에서 다원주의 사회로 변화하여 왔다고 주장하였다.

첫째, 정책영역별로 영향력을 행사하는 엘리트들이 각기 다르다. 정치적 자원의 배분이 누적적인 것이 아니라 분산되어 있기 때문이다.

둘째, 엘리트 집단 전체가 대중의 요구에 민감하게 움직인다. 초기 이익집단론자인 Truman이 주장하는 잠재이익집단론과 동일하다.

〈다원주의론〉

다원주의론의 주요특성

① 경험적 연구결과에 따르면 서구 민주정치체제에서는 권력이 다양한 세력에 분산되어 있다.

② 이익집단들간의 영향력에 차이가 있음을 인정하지만, 중요한 것은 이들이 정부의 정책과정에 동등한 접근기회를 가지고 있다는 점이다.

③ 이익집단들간에 영향력의 차이는 있지만, 전체적으로 균형을 유지하고 있다고 본다.

④ 이익집단들간에 상호 경쟁적이지만, 기본적으로는 게임의 규칙을 준수해야 한다는 데 합의를 하고 있다.

⑤ 정책과정의 주도자는 경쟁하는 이익집단들이며, 정부의 역할은 갈등적 이익을 조정하는 심판자(umpire)의 역할을 수행한다고 본다.

(나) 신다원주의론(Neopluralism)

고전적 다원주의에 대한 비판을 수용하여 새로운 다원주의 관점으로 제시된 것이 신다원주의이다. 특히 신다원주의는 자본주의 국가에서는 기업집단에 특권을 부여할 수밖에 없는 특성이 있음을 인정한다. 정부가 중립적 조정자가 아닐 수 있음을 인정하였으며, 전문화된 체제를 갖추고 능동적으로 기능하는 적극적인 정부관으로 수정하였다. 하지만, 여전히 신다원주의론의 핵심은 사회에 존재하는 이익집단들간의 정치이익의 균형과 조정이 민주주의의 핵심적 동력으로 작용한다고 보는 것이다.

(3) 엘리트이론과 다원주의론의 상황론적 통합: T. Lowi의 정책유형 분류

T. Lowi가 정책유형 분류를 통해 엘리트이론과 다원주의론을 상황론적 견지에서 통합하려 한 것은 매우 큰 의의를 갖는다. T. Lowi는 엘리트이론과 다원주의론을 상황론적 견지에서 통합하는 제3의 새로운 권력모형을 제시하였다.

① 규제정책(*regulative policy*): 다원주의적인 정책결정행태가 나타나는 정책유형이다.

② 재분배정책(*redistributive policy*): 엘리트주의적인 정책결정행태가 나타나는 정책유형이다.

③ 배분정책(*distributive policy*): 다원주의나 엘리트 모형이 적용되지 않는 형태의 정책유형이다.

(4) 하위정부모형(Subgovernment Model)

(가) 의 의

하위정부모형(Subgovernment Model)은 정부의 전문관료, 의회의 국회의원, 이익집단의 대표로 구성된 삼자연합이 특정 정책영역에서 정책결정을 지배한다고 보는 이론이다. 하위정부모형은 비공식 참여자로 분류되는 이익집단과 공식적인 참여자인 관료조직 그리고 의회의 상임위원회간의 연계적인 활동을 통한 정책의 결정과 집행에 주목하는데, 이 모형은 정책과정 참여자들간의 상호작용과 영향력관계를 동태적으로 묘사하고 있는 점에서 그 의의를 찾을 수 있다.

(나) 특 징

하위정부모형(Subgovernment Model)의 특징은 다음과 같다.

첫째, 정책영역별로 이익집단, 의회의 상임위원회, 해당 관료조직이 하위체제를 형성하여 정책의 주요 내용과 성격에 결정적인 영향을 미친다고 본다.

둘째, 철의 삼각(*iron triangle*)과 하위정부(*subgovernment*)라는 개념과 거의 동일한 의미를 지니고 있으나, 철의 삼각이라는 개념이 부정적인 의미를 담고 있는 반면, 하위정부는 보다 중립적인 의미를 가지고 있다.

셋째, 특정 정책영역에서 지배적인 참여자들은 그들의 이해관계에 따라 특정 정책문제를 보다 능률적으로 처리하기 위해 상호간에 밀접한 접촉을 유지하고 있다는 것이다.

(5) 정책네트워크모형(Policy Network Model)

정책네트워크모형은 공식적인 참여자들만이 아니라, 다양한 집단들간의 상호작용과정이 전개되는 비공식적 장에서의 논의가 정책과정과 산출에 영향을 미치고 있다는 점에 착안한다. 다양한 참여자들간의 관계를 포괄한 정책과정의 동태성을 설명하기 위한 새로운 모형의 필요로 인해 등장한 것이 정책네트워크모형이다. 이는 위에서 살펴본 엘리트주의나 다원주의의 편협한 주장에 대한 대안으로 인식되고 있다.

1960년대에 등장한 하위정부모형, 그리고 이에 대한 비판으로 Heclo에 의해서 1970년대 후반에 제기된 이슈네트워크론이 정책연구에 있어서 네트워크 분석의 기원이 되었다. 먼저, 하위정부모형은 해당 관료조직, 의회의 상임위원회, 특정 이익집단간의 상호작용 유형으로 정의되는데, 폐쇄적이고 안정적인 네트워크의 일종이다. 이슈네트워크는 해당 관료조직, 의원, 기업가, 로비스트, 학자, 언론인 등을 포함하는 특정 영역에 이해관계나 관심을 가지는 사람들간의 의사소통 네트워크를 의미하는데, 개방적이고 유동적인 네

〈표 4-3〉 하위정부모형, 정책공동체, 이슈네트워크 간의 비교

유형	참여지수	주된 참여자	상호의존성	참여배제성	관계지속성
하위정부모형	제한	정부관료, 국회 상임우원회, 관련 이익집단 (철의 삼각 동맹)	높음	높음	높음
정책공동체	광범	정부관료, 국회, 이익집단, 전문가집단	비교적 낮음	비교적 낮음	비교적 낮음
이슈네트워크 모형	매우 광범	정부관료, 국회, 이익집단, 전문가집단, 기업가, 로비스트, 언론인 등 다수관심집단	낮음	낮음 (개방성)	낮음 (유동성)

트워크의 일종이다. Rhodes(로즈)를 중심으로 한 영국의 학자들은 폐쇄적이고 안정적이며 지속적인 네트워크인 정책공동체와, 개방적이고 유동적인 네트워크인 이슈네트워크로 정책네트워크의 유형화를 시도하였다.

8. 기획(Planning)

1) 기획의 의의

기획이란 특정한 목표를 달성하기 위하여 최상의 이용가능한 미래의 방법 및 절차를 의식적으로 개발하는 과정이다. 따라서 기획이란 장래의 변화를 합리적으로 도모하는 행정의 시도라고 하는 점에서는 정책과 동일하나, 정책은 보다 일반성을 지니고 있는 데 비하여 기획은 정책보다 특정성을 띤다.

2) 기획의 특성

기획은 설정된 장래의 목표를 달성하기 위한 방법과 전략을 제시하는 것이므로 목표지향성과 미래지향성을 지니며, 행동을 전제하는 점에서 행동지향적 성격을 가진다. 기획은 목표를 달성하기 위한 수단이므로, 대체가능한 여러 대안 중에서 최적의 수단을 선택하는 정책결정 과정이다. 따라서 기획은 정책결정 과정에서 제시되는 1) 문제의 정의 및 목표의 설정 2) 정책대안의 탐색 개발 3) 정책대안의 미래 예측 4) 정책대안의 비교 평가 5) 정책대안의 선택 등 일반적 단계를 거친다.

3) 기획의 중요성

기획의 중요성은 다음과 같다.

첫째, 기획을 통해 정책목표는 명확해지고 미래를 예측하고 대비할 적절한 전략을 세울 수 있다.

둘째, 정책집행 과정에서 발생하는 시행착오를 줄이고, 한정된 자원을 효율적으로 사용할 수 있게 하므로 비용 및 인력 등을 절약할 수 있다.

셋째, 기획을 통해 전문화 되어 있는 행정기능을 목표달성에 적합하게 조정할 수 있고, 기획을 통해 조직활동이 세부적으로 결정되므로 효과적인 행정통제를 가능하게 한다.

기획은 행정의 목표와 수단을 합리적으로 연결하므로, 행정의 효율성을 높일 수 있다. 또한 기획은 장래를 예견하고 능동적으로 대처하는 행위이므로, 변화와 개혁을 유도하고 촉진시키는 계기를 마련한다.

4) 기획의 유형

기획은 기간, 대상, 이용 빈도, 기간의 고정성을 기준으로 하여 구분할 수 있다.

(1) 기 간

기간을 기준으로 하는 경우 정권교체의 변화와 상관없이 10년-20년 존속되는 장기기획, 5년 내외의 발전목표를 수립하고 이를 연차적으로 집행하는 중기기획, 그리고 1년 내외의 기간을 기준으로 하는 구체적인 계획인 단기기획 등이 있다.

(2) 대 상

대상을 기준으로 하는 경우 행정의 대상 및 기능별로 이루어지는 것으로 각 부처별로 다양하게 존재한다. 경제를 대상으로 하는 경우 경제기획이라 하고, 복지 등을 대상으로 하는 경우 사회기획이라 한다.

(3) 빈 도

이용 빈도를 기준으로는 특정 상황에 적합한 기획을 세운 다음 목표달성 후 사용할 수 없는 비정형적 기획인 단용 기획과, 설정된 기획을 반복적으로 사용하는 정형화된 기획인 상용 기획이 있다. 오늘날의 행정환경은 동일한 환경이 반복되지 않으므로 상용 기획의 사용에는 어느 정도 한계가 있다.

(4) 고정성

기획기간의 고정성을 기준으로 하는 경우 고정기획과 연동기획으로 구분할 수 있다. 고정기획의 경우 기획기간이 고정되어 있어 급변하는 행정환경에 적응하기 어렵다. 연동기획의 경우에는 매년 집행과정을 부분적으로 수정·보완하는 것이므로 변동 대응성 및 현실 적합성을 제고할 수 있다.

5) 기획의 절차

(1) 미래의 예측 및 목표의 설정

미래예측의 방법으로는 첫째, 담당자나 기관장이 직관 및 통찰력 등 초합리적인 것에 의존하여 예측하는 방법과 둘째, 전문가들에 의한 예측으로서 정책델파이 및 브레인스토밍을 사용하는 방법과 셋째, 이론모형에 의한 계량적 방법이 있다.

(2) 정보의 수집 및 분석

기획대상에 관련된 정보와 지식을 수집하고, 해결 대상 문제와의 상호관련성을 분석하는 단계이다. 관련된 사항의 정보를 분석하는 데 있어 제일 중요한 문제는 정확한 데이터를 수집하고 분석하는 것이다.

(3) 대안의 작성 및 평가

기획은 구체적인 활동의 순서를 사전에 설정하는 것이므로, 정책과 달리 가용자원이 실제로 동원 배분되어야 하는 것이다. 또 하나의 문제는 이러한 대안의 평가에 있어 자칫하면 측정이 가능하고 쉬운 양적인 것에 치우쳐 보다 중요한 질적인 것이 경시되기 쉽다는 것이다. 그러므로 질적인 것이 경시되지 않았는지 특별한 유의를 할 필요가 크다(박동서, 1978: 184).

(4) 선　택

기획의 선택단계에서 중요한 것은 누구의 이익을 위한 것인가 하는 것의 고려이며, 공익은 이러한 점에서 행정이념으로써 기획을 지도하는 가치기준이 된다. 기획은 장래에 관한 것이므로 미래예측이 100% 정확하다고 말할 수 없다. 따라서 기획이 처음과 달리 수정이 불가피한 경우도 많다.

6) 국가기획과 민주주의

국가기획은 민주주의의 자유이념이나 자유경쟁을 중심으로 하는 시장경제체제와 공존할 수 있는가 하는 문제를 가지고 Hayek와 Finer가 논쟁을 한 바 있다.

(1) 반대론

Hayek은 「노예에로의 길」(1944)에서 기획을 반대하였다. 자본주의 국가가 기획을 도입하는 경우 도덕적으로는 정부 의존적 사고가 확대되고, 정치적으로는 시민사회의 자율성이 축소되고, 경제적으로는 시장의 성장잠재력 마비를 초래한다고 주장하였다. 이는 기본적으로 정부의 기능은 국민의 행복증진이라는 적극적 기능이 아니라, 정부실패에 국한되어야 한다는 최소국가론적인 시장주의 사고를 전제로 한 것이다.

(2) 찬성론

Finer는 「반동에로의 길」(1945)에서 다수가 공인하는 결함은 건전한 구제책이 강구되어야 하고, 자본주의의 폐단과 결함을 시정하기 위한 민주적 기획론을 주장하였다. Finer는 Hayek의 이론을 이론적 측면에서 반박하고, 자유와 국민의 권리를 보장하는 민주적 기획이 가능하다고 주장하면서, 국가기획의 불가피성과 타당성을 역설하였다.

제 5 장

정책이론: 정책형성, 정책집행, 정책평가, 정책변동

국가행정은 국가목표-정책결정-조직화-동작화-환류 및 학습의 동태적 행정과정을 거치면서 역동적으로 실행된다. 이 장에서는 조직화에서의 조직, 인사, 재무, 정보체계가 나오기 이전까지의 정책이론에 대해서 간략히 검토하고자 한다. 제5장에서 다루는 정책이론은 정책형성, 정책집행, 정책평가, 정책변동을 포함한다.

첫째, 정책형성에서는 정책의제설정(사회문제-정책문제)-정책분석과정(정책문제-정책목표-정책대안의 탐색 개발-정책대안의 결과 예측-정책대안의 비교 평가)-정책결정모형(최적대안의 선택)을 학습한다. 사회문제가 정책문제로 바뀌는 과정에서, 왜 어떤 문제는 의제화되고 어떤 문제는 의제화되지 못하는가에 대한 연구를 정책의제설정이라고 한다. 사회문제가 정책문제가 되면 정책문제의 본질 및 쟁점에 대해서 규명하는 작업이 필요하다. 정책문제의 본질 및 쟁점에 대해서 규명하고, 이 중 중요한 부분을 정책목표로 설정한다. 정책목표에 따른 정책대안들을 개발 탐색하고, 정책대안들에 미래예측, 정책대안들의 비교 평가의 과정을 거쳐, 정책결정이 이루어진다.

둘째, 정책집행에서는 의의, 필요성, 대두배경, 접근방법, 정책집행에 영향을 미치는 요인에 대해서 학습한다.

셋째, 정책평가에서는 의의, 중요성, 유사 개념, 유형, 총괄평가의 목적과 내용, 과정평가의 목적과 내용, 정책평가의 논리, 준실험의 논리와 약점, 진실험의 논리와 강점, 평가결과의 활용방법에 대해서 학습한다.

넷째, 정책변동에서는 의의, 네 가지 유형, 네 가지 유형간의 관계에 학습한다. 이러한 논의를 하는 과정에서 적절한 정책사례를 함께 토론함으로써, 정책 이론과 실제의 접목 및 실사구시적 이해도를 높이고자 한다.

제 1 절 정책형성[1)]

1. 정책의제설정

1) 의 의

정책의제설정(Agenda Setting)이란 정부가 정책적 해결을 위하여 사회문제를 정책문제로 채택하는 과정 또는 행위, 즉 사회문제가 정책문제로 전환되는 과정이나 행위를 의미한다. 정책의제채택은 정책과정의 출발점으로 정책의 형성과 집행에 우선하는 가장 기초적인 것이다. 또한 무수한 사회문제들 중에서 일부분만이 정책의제로 채택되고, 나머지는 방치된다는 점에서 어떠한 사회문제가 어떻게 정책의제로 채택되느냐 하는 것은 매우 중요한 관심의 대상이 아닐 수 없다.

2) 정책의제설정의 중요성

정책의제설정은 다음과 같은 측면에서 매우 중요한 의미를 지닌다.

첫째, 정책의제설정은 정책과정의 첫 번째라는 점이다. 어떠한 사회가 반드시 해결해야 할 아무리 중요한 사회문제라 할지라도, 그 문제가 정책의제로 채택되지 않으면 정책으로 형성되어 집행될 수가 없는 것이다. 반면에 정책의제로 채택이 되면 이 사회문제는 해결 가능성이 매우 높아지게 된다.

둘째, 정책의제설정이 이후에 전개되는 정책과정, 즉 정책결정 · 정책집행 · 정책평가 과정에 영향을 미친다는 점이다. 정책의제로 채택이 된 사회문제는 이미 정책의제설정과정에서 이해당사자 및 정책결정권자들 사이에 해결을 위한 정책대안에 대한 논의가 상당히 진행된 것이므로 이미 이 과정에서 정책대안의 범위가 어느 정도는 결정된 것이다.

따라서 정책과정에서 중요한 역할을 수행하는 정책의제설정은 바람직한 방향으로 이루어져야 하고, 사회문제들 중에서 가장 우선순위가 앞서는 사회문제들을 선정하는 것이 중요하다.

---

1) 이 장에서의 정책이론은 저자의 졸저, 「정책학: 현대정책이론의 창조적 탐색」(박영사, 2008)의 내용을 축약적으로 정리한 것임을 밝혀둔다.

3) 정책의제 설정과정

정책의제설정과정에 대해서는 다양한 의견이 존재하지만, 일반적으로 사회문제가 정책문제로 채택되는 정책의제설정과정은 아래와 같이 몇 개의 단계로 구분해 볼 수 있다. 여기에서는 공중의제가 정부의제로 변화하는 과정이 정부의제설정이론의 핵심부분이다. 왜냐하면 어떤 공중의제는 정부의제화 되고, 어떤 것은 정부의제화 되지 못하는가를 밝히는 것이 정책의제설정이론의 핵심이기 때문이다.

(1) 사회문제

사회문제는 사회의 영향력 있는 집단이 사회의 표준에 어긋난다고 인식하거나, 또는 사회조직의 중요한 어떤 측면이 파괴된 것으로 인식한 어떤 상태를 말한다.

(2) 사회적 이슈

사회적 이슈란 문제의 성격이나 문제의 해결방법에 대해서 집단들 사이에 의견의 일치를 보기 어려운 사회문제로서, 다수의 개인이나 집단들간에 논쟁의 대상이 되어 있는 사회문제를 의미한다.

(3) 공중의제

공중의제는 일반대중의 주목을 받을 가치가 있으며 정부가 문제해결을 하는 것이 정당한 것으로 인정되는 사회문제이다. 사회문제 혹은 사회적 이슈가 공중의제가 되려면, 첫째 많은 사람들이 관심을 갖고 있거나 알고 있고, 둘째 어떤 방식이든 정부의 조치가 필요하다는 사람들이 상당수 있고, 셋째 문제가 정부의 적절한 고려대상이 될 뿐만 아니라 그 문제해결이 정부의 권한에 속한다고 많은 사람들이 믿어야 한다.

(4) 정부의제

정부의제는 정부의 공식적인 의사결정에 의하여 해결을 심각하게 고려하기로 명백히 밝힌 문제들이다. 그러므로 정부의제야말로 정책의제설정활동의 산출물로서 나오는 좁은 의미의 정책문제인 것이다. 그리고 이 정부의제가 등장하게 되는 과정이 정책의제설정과정인 것이다.

4) 정책의제설정모형

Cobb & Elder는 정책의제채택의 주도집단을 기준으로 3가지 유형을 분류하였다.

(1) 외부주도형

외부주도형이란 정부바깥에 있는 집단이 자신들에게 피해를 주고 있는 사회문제를 정부가 해결해 줄 것을 요구하여, 이를 사회쟁점화하고 공중의제로 전환시켜 결국 정부의제로 채택하도록 하는 의제설정유형이다. 외부주도형은 다원화되고 민주화된 선진국 정치체제에서 많이 나타나는 유형이다. 따라서 언론, 정당, NGO의 역할 등이 중요하다.

(2) 동원형

외부주도형과 정반대로 정부지도자에 의하여 주도되는 유형이다. 이것은 주로 정치지도자의 지시에 의하여 사회문제가 바로 정부의제로 채택되고, 일반대중의 지지를 얻기 위해 정부의 PR활동을 통해 공중의제로 확산시키는 정책의제설정유형이다. 동원형은 정부의 힘이 강하고 민간부문이 취약한 후진국에서 많이 나타나는 유형이다. 예를 들면, 우리나라 박정희 대통령에 의한 새마을운동의 주도가 여기에 해당된다.

(3) 내부접근형

내부접근형은 정부기관 내의 관료집단이나 정책결정자에게 쉽게 접근할 수 있는 사람들이 최고 정책결정자에게 은밀히 접근하여 정부의제화 하는 경우를 말한다. 사회문제가 정책담당자들에 의해 정책의제로 채택되나 공중의제화는 억제되는 정책의제설정유형이다. 내부접근형은 선진국의 경우 특수 이익집단이 비밀리에 정부의 혜택을 보려는 외교·국방정책 등에서 나타나며, 후진국의 경우에는 관료들이 주도하는 경제개발계획 등에서 흔히 나타난다.

5) 정책의제설정이론

(1) H. Simon의 의사결정론

H. Simon의 의사결정활동은 주의집중(*intelligence*), 설계(*design*), 선택(*choice*)이라는 세 가지 국면을 지니고 있다고 보았고, 모든 단계에 관하여 관심을 가져야 한다고 강조하고 있다. 인간의 인지하는 능력은 한계가 있고, 조직 또한 인간과 마찬가지로 주의집중력에 한계가 있다고 보아 많은 사회문제 중 일부만이 정책의제로 채택될 수밖에 없다

는 것이 Simon의 주장이다.

(2) 체제이론

D. Easton 등의 체제이론에서는 사회체제도 유기체제와 같이 능력상 한계를 지니고 있다고 생각하며, 비용 또한 여기에 포함된다. 사회문제가 정책문제로 채택된 후에 일련의 과정(정책분석→정책결정)을 거쳐 정책집행단계에 이르면, 정책의 집행을 위해 자원의 동원이 필요하다. 이 모든 것이 정치체제가 부담해야 할 비용이며, 정치체제의 능력을 소모하는 것이다. 그러므로 정치체제 내의 전체 업무량을 줄이기 위해서는 채택할 정책문제의 숫자를 줄여야 한다. 체제이론에서 특정한 문제를 체제 내에 들어오게 할 것인지를 결정하는 것은 문지기(*gate-keeper*)의 역할이다. 즉, 문지기가 선호하는 문제가 정책문제로 채택된다는 것이다. 여기서 문지기는 구체적으로 공식적 정치제도 속에서 중요한 역할을 수행하는 정책행위자(*policy actor*)라고 할 수 있다.

(3) 다원주의론

다원주의론은 정치적 영향력 및 권력은 사회 각 계층에 널리 분산되어 있으며, 정치권력의 실질적 소재가 다원화 되어 있다고 본다. 다원론자들은 일반대중이나 이익집단들이 정책의제설정을 비롯하여 정책과정에서 상당한 영향력을 행사한다고 보며, 그 중요한 제도적 장치로서 선거나 조직의 효과성을 강조한다. 다원주의자들에 의하면 한 나라의 권력을 장악하고 있는 것은 소수일지 모르나, 이들은 내부에서의 경쟁을 통해 일반시민들의 요구에 민감하게 움직일 수밖에 없으므로 실질적으로는 다수에 의한 정치가 이루어진다고 본다 다원주의론에서는 어떤 문제든지 정책문제하 될 수 있으며, 어떤 문제가 정책문제화 되는지는 무작위적(*random*)인 것이라는 점을 시사하고 있다.

(4) 엘리트이론

㈎ 엘리트이론

엘리트이론에 따르면 정치권력도 다른 재화와 마찬가지로 불평등하게 나뉘어 있기 때문에, 국민을 지배계층과 피지배계층으로 구분한다. 정책을 주도하는 세력이 엘리트집단에 편중되어 있으며, 정책은 국민대중의 요구를 반영하는 것이 아니고 엘리트집단의 이해나 가치관을 반영한다고 주장한다. 엘리트이론에서는 일반대중은 일반적으로 수동적이고 무관심하며 정보에 어두운 존재로 본다. 따라서 엘리트와 일반대중간의 관계에 있어서 유권자인 일반대중이 엘리트에 영향을 미치는 것이 아니라, 엘리트가 일반대중에 영향을 미치고 그들을 유도한다는 것이다. 또한 엘리트와 일반대중의 연계를 위하여 선거와 정당

이익집단과 같은 다양한 제도들이 있으나, 엘리트집단을 통제하는 데에는 근본적으로 도움이 되지 않는다고 생각한다. 물론 선거 등의 이유로 엘리트가 교체되면 정책혁신을 가져오기도 하지만, 그것이 엘리트 중심 통치의 근본적인 성격변화를 가져오는 데는 한계가 있다고 본다.

(나) 무의사결정론

Bachrach와 Baratz는 정치권력이 정책문제를 해결하기 위한 정책결정에서 영향력을 행사하는 하나의 얼굴과 정책결정과정에 선행하는 정책문제의 채택과정에서 영향력을 행사하는 두 가지 얼굴을 가지고 있다고 주장한다. 엘리트들에게 유리한 이슈만을 논의하고 불리한 문제는 거론조차 못하게 봉쇄하는 것을 무의사결정이라고 부르는데, 정책문제의 채택과정에서 엘리트가 권력을 비밀리에 행사하는 것을 의미한다. 이들은 무의사결정은 정책과정(정책문제 채택, 정책결정, 정책집행 등)의 곳곳에서 일어난다고 주장하고 있다.

6) 정책의제설정을 좌우하는 요인

(1) Cobb & Elder

Cobb & Elder는 문제성격의 구체성과 주도집단의 사회적 유의성이 정책의제설정을 좌우하는 요인이라고 주장했다. 사회문제가 구체적일수록 그리고 사회적 중요성이 클수록 정부의제로 설정될 가능성이 크다. Cobb과 Elder는 사회문제로 인한 피해자의 수가 많거나 피해의 강도가 크고 피해의 사회적 의미가 중대한 경우를 사회적 유의성(*social significance*)이 큰 문제라고 보았다.

(2) Hogwood & Gunn

Hogwood & Gunn은 1) 문제가 심각성과 특수성을 지니는 경우, 2) 제기된 문제가 감정적 측면을 가지고 있어 대중매체의 관심을 끄는 경우, 3) 많은 다수의 사람들에게 영향을 주는 문제일 경우, 4) 이미 해결책이 강구된 문제나 다른 지방자치단체에서 정책의제로 채택된 문제일 경우 그리고 5) 주도집단의 규모나 정치적 자원이 풍부할 경우에 그 문제는 정책의제로 설정될 가능성이 높다고 하였다.

(3) Walker

Walker는 1) 많은 사람들에게 영향을 주며, 2) 문제의 심각성이 높고, 3) 제기된 문제가 쉽게 이해할 수 있는 해결책을 가지고 있으면 정책의제로 설정될 가능성이 높다고 주장하였다.

(4) Kingdon

J. Kingdon은 1) 주도집단과 참여자, 2) 정치적 요소, 3) 문제의 특성과 사건이 정책의제설정을 좌우하는 요인이라고 주장하였다(정정길 외, 2005: 288-296). J. Kingdon은 정치적 사건(*political event*)과 극적 사건(*dramatic event*)의 발생은 사회문제가 정책의제화 하는데 있어 필요한 두 개의 점화장치라고 보았다.

(가) 주도집단과 참여자

① 대통령 등 공식적 참여자

주도집단이 정부 내의 정책결정자인 경우 정부의제화는 거의 자동적으로 달성된다. Kingdon의 분석에 따르면 다원적인 미국에서도 정책의제설정은 대통령과 행정부의 지도자 그리고 의회의 유력한 지도자들이 가장 중요한 역할을 하는 것으로 밝혀졌다.

② 외부주도집단

외부주도집단의 정치적 힘에 따라서 정책의제설정이 좌우된다. 즉 집단의 규모, 응집력, 재정력, 구성원의 정치적 지위 등의 정치적 자원이 많을수록 정부의제화 하기 쉽다.

(나) 정치적 요소

① 정치체제의 구조

정치체제가 얼마나 중앙집권화가 되어 있느냐에 따라 주도집단의 변화가 생기게 된다. 즉 후진국에서는 중앙집권의 정도가 높으며, 따라서 외부주도형보다는 동원형이나 내부접근형으로 정책의제설정이 이루어진다.

② 정치적 이념

정치적 이념, 가령 경제성장주의인가 자유민주주의인가에 따라 정책의제설정이 좌우된다. 우리나라의 경우 1960년대 이후 1980년대까지 정치이념을 지배하고 있는 경제성장제일주의가 수출문제, 외자도입문제 등을 쉽게 정부의제로 채택되었으나, 환경문제나 노동문제, 복지문제 등은 정부의제로서 공식적으로 검토되지 않았을 뿐 아니라 공중의제로서 언론이 크게 취급하지 못하도록 하였다(정정길 외, 2005).

③ 정치적 사건

정치적 지도자의 변동은 정책의제설정에 커다란 영향을 미치고, 이러한 변동을 일으키는 정치적 사건이 정책의제설정에 큰 영향을 미친다. J. Kingdon에 의하면 하나의 사회문제가 정책의제화 하는데 점화역할(*triggering point*)을 하는 것으로, 정치적 사건(*political event*)과 극적 사건(*dramatic event*)을 들고 있다. 우리나라의 경우 제5공화국 출범으로 인한 과외금지와 같은 극단적인 정책은 정치적 사건으로 인한 정책의제이고, 미국의 9.11 테러로 인한 미국의 비자정책이나 안보정책의 변화는 극적인 사건으로 인한 정책의제의 변화이다.

(다) 문제의 특성

① 문제의 중요성

사회문제의 중요성이 클수록 정부의제로 채택될 가능성이 크다. 사회문제로 인한 피해자의 수가 많거나 피해의 강도가 크거나 피해의 사회적 의미가 중대한 것이면, 그 문제는 중대한 또는 심각한 문제로 볼 수 있다. 이를 Cobb과 Elder는 사회적 유의성(*social significance*)이라고 부르고 있다.

② 문제의 외형적 특성

문제가 단순하여 쉽게 해결될 수 있으면 복잡한 것보다 정부의제가 될 가능성이 커진다. 또한 문제가 구체적일수록 정부의제화가 쉽다.

③ 문제의 내용적 특성

사회문제의 내용 자체가 어떠한가에 따라 정책문제로 채택되는 가능성과 그 채택과정이 달라질 수 있다. Lowi는 정책을 규제, 배분 그리고 재분배정책으로 나누고 정책의 유형에 따라 정책결정의 유형 등이 달라짐을 지적하고 있다.

④ 선례와 유행성

비슷한 선례가 있는 문제는 상례화 된 절차에 따라 쉽게 의제로 채택되고 해결책이 강구된다. 외국이나 타 정부의 것도 이러한 선례가 될 수 있다. 또한 일종의 유행(*trend*)이 되어 있는 문제들은 정부의제화가 쉽게 될 수 있다.

⑤ 극적 사건과 위기

문제를 극적으로 부각시키는 사건, 위기, 재난은 정치적 사건과 더불어 문제를 정부의

제화시키는 양대 점화장치(*two triggering points*)이다.

2. 정책분석

1) 문제의 분석

(1) 문제 중심적 사고의 필요성: 해결 중심적 사고 vs. 문제 중심적 사고

문제정의는 오래 전부터 문제해결의 핵심적인 단계로 인식되어 왔고, 어떤 문제를 해결하거나 정책을 형성한다고 할 때 우리가 가진 주된 관심은 '어떻게' 할 것인가에 집중되어 왔다. 문제에 대한 정의는 물론 매우 중요한 초석이 되는 것이지만, 한 가지 생각해 볼 것은 지금껏 우리는 문제를 해결할 수 있는 '방안'을 찾는 일에만 모든 관심을 쏟았고, 문제의 성격이나 내용에 대한 파악과 이해, 그리고 무엇이 문제인가를 정의하는데 소홀하였다는 점이다. 문제란 무엇인가에 대한 질문이나 문제 분석, 정의에 대한 관심은 찾아보기 힘들고, 따라서 해결해야 할 문제에 대한 치밀한 분석이 전제될 수 없었으며, 질 높은 정책형성이 이루어질 수 없었던 것은 당연한 일일 것이다.

'문제 중심적 사고(*problem mindedness*)'는 문제의 본질에 대한 탐구를 요구한다. 주어진 대안 중에서 하나의 대안을 선택하는 것에 관심을 기울이기 보다는 여러 가지 대안들을 창조적으로 탐색하고 창출해낼 것을 강조한다.

(2) 정책문제 정의의 관점

(가) 객관적(실체론적) 관점

객관적 관점에서 문제란 문제시되는 상황 그 자체로서 경험할 수 있는 객관적 실체라고 보는 입장이다(Tallman & MacGee, 1971: 19-58). 따라서 문제의 실체를 규명하는 것이 문제분석의 핵심이라고 보며 문제시되는 상황을 '있는 그대로' 정확히 묘사하기만 한다면 문제분석은 다 된 것으로 본다.

(나) 주관적(구성론적) 관점

주관적 관점에서 문제란 그 자체가 관찰가능한 객관적인 실체가 아니라, 문제를 인식하는 사람의 마음속에 있는 '분석적 축조물' 이라고 본다(Wildavsky, 1980: 1-3; MacRae Jr. & Wlide, 1979: 7-12; Dunn, 1981: 96-139; Hogwood & Gunn, 1984: 88-127). 따라서 사람에 따라 문제는 다르게 인식되는 것으로 이해한다.

(3) 정책문제의 개념

사회에서 일어나는 모든 사건과 경향이 저절로 문제가 되는 것은 아니며, 문제시되는 상황이 어떤 기준에 입각하여 불만스러운 것으로 판단되었을 때 비로소 '정책문제'가 된다(허범, 1984: 19). 따라서 문제란 객관적으로 실재하는 것이 아니라 어떤 사건이 사회에서 발생하거나, 어떤 문제시되는 상황이 존재할 때 누군가에 의해서 특별한 시기에 특별한 방법으로 '인지된 것'으로 이해되어야 한다. 문제의식 형성에 작용하는 기대의 내용은 도덕적 기대, 정서적 기대, 필요적 기대의 세 가지로 나누어서 접근할 수 있다(허범, 1984: 20).

㈎ 도덕적 기대(규범적)

사람들은 도덕적 기대로부터 문제의식이 형성된다. 이는 규범적 기대라고도 부를 수 있는 것으로서, '옳다-그르다'의 가치판단에서 '옳은 것,' 즉 정의의 실현에 대한 바람으로부터 도덕적 문제의식이 형성된다.

㈏ 정서적 기대(규범적 + 인지적)

사람들은 정서적 기대로부터 문제의식이 형성된다. 이는 규범적 기대에 인지적 기대가 추가된 것으로서, '좋다-나쁘다'의 가치판단에서 '좋은 것', 즉 심리적, 행태적 선호성의 실현에 대한 바람으로부터 정서적 문제의식이 형성된다.

㈐ 필요적 기대(인지적)

사람들은 필요적 기대로부터 문제의식이 형성된다. 이는 인지적 기대라고 부를 수 있는 것으로서, '필요성이 있다-필요성이 없다'에 관한 사실판단에서 '있다', 즉 현실적으로 요구되는 것의 충족에 대한 바람으로부터 필요적 문제의식이 형성된다.

(4) 정책문제분석의 필요성

㈎ 제3종 오류의 방지

문제분석은 해결해야 할 문제를 정확히 파악함으로써 잘못 정의된 문제를 해결하는 어리석음을 피할 수 있다. 제3종 오류란 문제정의 자체가 잘못된 경우를 말하는데, 문제정의를 잘못하게 될 경우 문제의 본질적 해결을 하지 못하게 되고 문제가 계속 방치되는 결과가 생긴다.

㈏ 타당한 정책목표의 설정

정책목표를 무엇으로 정하는 것이 바람직한가? 라는 질문은 정책문제의 어떠한 요소를 먼저 해결하는 것이 바람직한가 하는 질문과 같은 의미를 갖는다. 문제시되는 상황의 어떤 부분을 해결하는 것이 바람직한지는 문제에 대한 치밀한 분석이 이루어진 다음에 제대로 판단할 수 있다(정정길, 1988: 341).

(다) 정책목표와 정책수단들 사이의 우선순위 제시

문제가 분석되면 문제의 중요성이나 심각성, 영향력의 정도, 유발 비용 등 문제와 관련된 여러 가지 측면에 대한 우선순위를 판단할 수 있게 되고, 어느 것이 우선적으로 해결되어야 하고, 어떤 것은 그 다음에 해결되어야 할 것인지를 파악하는 것이 가능하다.

(5) 정책문제분석의 내용

정책문제분석은 예비분석과 본 분석으로 나뉜다. 예비분석을 통한 정책문제 분류와 여과가 개괄적으로 이루어진 이후, 본 분석에서는 정책결정자와 문제관련 집단이 추구하는 가치, 문제의 원인과 결과, 문제관련 집단과 문제의 변화가능성 등을 분석하게 된다.

(가) 문제시되는 상황 배경

우선 문제시되는 상황의 과거, 현재의 상태와 조건들을 분석하는데, 이러한 분석은 문제에 대한 포괄적 이해와 앞으로의 상황에 대한 예측을 가능하게 한다.

(나) 정책문제의 원인분석

문제에 대한 정확한 이해와 진단을 하기 위해 문제의 원인을 분석하는 것은 매우 중요한 일이다. 가장 중요한 정책수단은 문제시되는 상황을 발생시킨 원인을 파악하여 이것을 제거하는 것이기 때문이다(정정길, 1988: 437). 문제의 원인을 밝힌 후에는 그 원인이 통제(조작)가 가능한 것인지를 판단하고 그러한 원인과 결과와의 인과구조를 파악한다.

(다) 정책문제의 결과적 측면

문제의 원인에 대한 분석이 끝난 후에는 결과적 측면에 대한 분석이 이루어진다. 결과적 측면을 파악하면서 동시에 그 결과의 중요성, 심각성도 함께 파악해야 한다. 피해집단 규모가 크고, 정책문제 파급범위가 넓으며, 피해의 심각성이 깊을수록 더욱 중요하고 심각한 정책문제라고 할 수 있다.

(라) 정책문제의 관련집단 파악

정책문제에는 그 문제와 관련된 다양한 이해관계자나 집단들이 있다. 따라서 어떤 정책문제를 채택하고 해결하려고 할 때 정책이해 관련 당사자들을 정확히 파악하고 이들에 대한 분석을 하는 것이 중요하다. 정책집행의 성공을 위해서는 정책대상집단을 우호적, 적대적, 중간적 그룹으로 나누고, 적대적 집단은 고정시키고 중간적 집단을 최대한 우호적 집단으로 전환시키는 정책홍보노력을 강화할 필요가 있다.

(마) 정책문제의 가치분석

정책문제는 현재 또는 미래 상태에 대한 인식과 바람직하다고 여겨지는 상태에 대한 주관적인 가치판단에 입각하여 정의되므로, 이러한 주관성으로 인해 문제해결 요구집단과 정책결정자의 바람직한 상태의 인식기준에 대한 분석이 필요하게 된다.

(바) 정책문제의 미래예측

정책문제는 시간이 지나면서 변화하게 되고 그러므로 현재 중요시 되는 문제가 앞으로 더 심각해질 것인지, 저절로 해결될 것인지를 예측해야 한다(Dunn, 1981: 125). 현재 상황의 변화가 새로운 문제를 발생시킬 가능성도 배제하지 말고 예측할 필요가 있다. 이러한 예측에 사용되는 방법에는 여러 가지가 있는데 질적 예측방법, 양적 예측 방법 등이 있다.

(6) 바람직한 정책문제의 정의

바람직한 정책문제의 정의는 다음 세 가지 관점에서 규범성과 당위성을 지녀야 바람직하다(허범, 1982: 275-291).

(가) 인간의 존엄성 실현

정책학은 정책문제의 해결을 통해 인간의 존엄성을 실현하는 학문이다. 정책문제에는 소극적(치유적) 문제와 적극적(창조적) 문제가 포함되지만, 이를 통해 궁극적으로 실현코자 하는 것은 인간의 가치 고양과 인간의 존엄 실현이다. 정책문제의 쟁점을 규명하고 정책문제를 탐색하는 과정에서부터 정책학이 인간의 존엄성을 실현한다는 가치구조는 명확해야 한다. 이를 위해 정책분석에서는 근본적 문제를 우선적으로 다루며, 정책윤리와 정책토론이 강조된다.

(나) 근본적 문제의 추구

정책문제가 인간의 존엄성 실현에 기여하려면 정책분석은 근본적 문제를 우선적으로 다루어야 한다. 정책문제는 일시적으로 발생하거나 피상적으로 제기되는 내용이 아닌 인간 사회에 내재하는 좀더 근본적인 문제를 찾아내고 그 문제를 올바르게 정의하는 것이어야 한다. 일시적인 갈등과 요구를 해결하기 위해서만 정책정의가 이루어진다면, 그것은 내재하는 근본적 문제해결을 하지 못하므로 또다시 언젠가, 어떠한 이유로 재발할 가능성이 충분하며, 정책이 추구하는 근본적 목표를 달성할 수 없는 미봉책으로만 문제해결이 이루어지게 된다. 따라서 정책문제의 분석과 정의는 좀더 근본적인 문제의식에 입각하는 것이 바람직하다 할 것이다. 우리가 정책분석의 차원을 당위성(성찰성)을 포함시키고, 이러한 관점에서 정책이 지니는 인권·정의·형평이라는 측면에서의 인간의 존엄성 실현과 성찰성을 분석해야 한다는 점은 이러한 맥락을 지적하는 것이다.

㈐ 사회 경제적 약자에 대한 우선 배려

정책문제의 주관성 인공적 특성으로 인해 정책문제의 정의에 있어 누구의 문제의식과 정의를 우선적으로 고려할 것인가는 중요한 물음일 것이다. 원론적으로 말하자면, 문제로 인해 고통받는 사회 경제적 약자를 우선적으로 고려하고 사회전체 입장에서 문제를 정의하는 것이 바람직하다고 할 것이다(Lindblom, 1968). J. Rowls의 정의론(John Rawls, *A Theory of Jutice*, 1971)이 많은 반향을 불러일으킨 명저로 평가받는 이유도, 1) 절차적 기회의 균등, 2) 사회적 약자에 대한 우선 고려라는 관점에서 타당성을 인정받았기 때문이다.

2) 목표의 설정

(1) 의 의

문제분석이 이루어지고 나면 목표설정을 위한 분석이 선개된다. 정책목표는 정책(활동)을 통하여 달성하고자 하는 바람직한 상태(정책이 추구하는 바람직한 미래상)이다. 이것은 정책이 추구하는 미래상이며 희망하는 결과이다.

(2) 특 징

㈎ 미래성: 정책목표는 시간적으로 보아 미래에 실현하고자 하는 바람직한 상태를 설정한다.

㈏ 방향성: 정책목표는 바람직한 방향으로의 변화 또는 행동화를 지향한다.

㈐ 주관성: 정책목표는 가치에 대한 주관적 판단이 포함되어 있다. 주관적인 성격 때문에 누구의 가치관이 정책목표 설정에 반영되어야 하느냐 하는 문제가 대두되게 된다.

㈑ 규범성: 정책목표는 바람직한 상태에 대한 가치판단이다.

(3) 기 능

(가) 바람직한 상태로의 변화

정책목표가 달성된다는 것은 바람직한 상태로의 변화를 뜻한다.

(나) 정책과정의 지침

① 정책결정의 기준

정책목표는 최선의 대안을 선택하는 정책결정의 기준이 된다.

② 정책집행의 지침

정책목표는 정책집행과 관련된 결정과 집행을 구속하는 정책집행의 지침이 된다.

③ 정책평가의 기준

정책목표는 정책집행의 결과와 성과를 평가하는 정책평가의 준거가 된다. 정책의 효과성을 측정하는 척도가 곧 목표달성도이므로, 정책목표는 성공적인 집행여부를 판단하는 기준이 된다.

(4) 정책목표의 명료성과 일관성

정책목표가 정책과정에서 기준이나 지침으로서의 역할을 제대로 수행하기 위해서는 목표의 명료성이 확보되어야 하며, 또한 동시에 추구되는 목표들 사이에 상호 모순과 충돌이 없는 등 일관성이 확보되어야 한다.

(5) 정책목표 우선순위의 결정

정책목표들 사이의 관계가 상호 보완적이거나, 경쟁적 또는 모순·충돌 관계에 있는 경우, 정책목표들 사이의 우선순위를 결정하는 것이 필요하다(김신복, 1991: 269-272; 정정길, 1988: 379-386).

윌리엄 던(W. Dunn, 2005)은 정책목표들 사이의 우선순위의 결정기준으로서 소망성과 실현가능성을 들고 있는데, 소망성은 다시 효과성, 능률성, 형평성, 대응성, 적합성, 적절성의 여섯 가지 기준으로 나누고, 실현가능성은 다시 정치적, 경제적, 사회적, 법적, 행정적, 기술적 실현가능성의 여섯 가지 기준으로 나누어서 분석하였다.

3) 정책대안의 탐색 개발

(1) 의 의

(가) 광범위한 정책대안 식별의 중요성

최선의 정책대안을 선택하기 위해서는 우선 정책대안들을 광범위하게 탐색하고 개발해야 한다. 여러 가지 대안들을 비교, 평가한 후에라야 어떤 대안이 최선인지 알 수 있기 때문이다. 이를 위해서는 우선 중요한 모든 대안들을 찾아내어 비교, 평가의 대상으로 삼아야 하고, 정책분석가들은 성공적인 정책대안을 마련하기 위해서 가능한 한 더 많은 대안들을 찾으려고 창조적으로 탐색하는 노력을 해야 한다(노화준, 2003: 99).

(나) 가치비판적 발전관의 중요성

정책대안의 탐색·개발이란 이미 시행되었거나 현재 시행되고 있어 이미 알려져 있는 기존의 대안들(정책목록: *policy program repertory*) 중에서 문제해결을 위한 대안 또는 아이디어를 발견하는 탐색활동은 물론, 전혀 새롭고 창의적인 대안의 개발과 설계활동까지도 포괄하는 개념이다. 이런 의미에서 정책대안의 탐색과 개발의 핵심은 '탐색'이고 '탐색'은 '창조적 탐색'이 되어야 한다. 그리고 '창조적 탐색'은 가치비판적 발전관을 전제로 한다.

가치비판적 발전관을 갖추기 위해서는 다음과 같은 창조적 사고가 필요하다.

첫째, 이 세상의 모든 것은 그것이 무엇인가에 상관없이 과거, 현재의 것보다 더 바람직한 것이 있을 수 있다는 낙관적 관점,

둘째, 과거, 현재의 것보다 더 바람직한 것은 인간의 이성을 통하여 찾아낼 수 있고, 하나의 이상적인 모형으로 설계할 수 있다는 이성에 대한 믿음,

셋째, 설계된 이상 모형에 입각하여 과거 상황과 현재 상황을 비교·평가함으로써 기존의 것의 모순과 결함을 발견할 수 있다는 비판적 진단 자세,

넷째, 과거, 현재의 것이 이상 모형으로 향상 또는 발전하는 것을 방해하는 장애 요소를 제거하는 실천 방안을 강구하는 창조적 처방능력 등이 전제되어야 한다(허범, 1995).

(2) 정책대안의 탐색·개발의 과정

정책대안의 탐색과 개발은 다음의 세 단계를 통해 이루어진다.

첫째, 정책문제를 정확하게 분석하고 정책목표를 명확화 한다.

둘째, 정의된 문제의 해결, 구체적인 목표의 달성을 위해 여러 가지의 정책대안을 광범위하게 탐색하고 개발한다.

셋째, 세 번째 단계에서는 두 번째 단계에서 탐색·개발된 여러 가지 다양한 아이디어 및 대안들을 가지고 구체적인 정책대안을 만드는 과정이다(강근복, 2002: 101-102).

(3) 정책대안의 탐색·개발 방법

정책대안을 탐색하고 개발하는 방법은 크게 두 가지로 나누어 설명될 수 있다. 하나는 점진주의적 접근에 의한 대안의 탐색이고, 다른 하나는 정책대안의 탐색을 위한 과학적 지식과 주관적 판단을 이용해서 새로운 정책대안들을 창조하고 개발하는 것이다.

(가) 점진주의적 대안탐색

점진주의는 이미 알려진 대안들을 중심으로 선택적 모방에 의해 대안들을 탐색하는 가장 대표적인 대안탐색의 접근방법이다. 대표적인 학자로는 린드블롬(*Charles E. Lindblom*)을 들 수 있다.

① 점진주의적 대안탐색의 근거

㉠ 제한된 합리성(bounded rationality)

과거의 정책을 완전히 무시하고, 새로운 정책을 만들어낸다는 것은 정책결정자의 시간, 능력 그리고 비용상 한계가 있다. 사이먼(Herbert A. Simon)도 종합적 합리성(*comprehensive rationality*)을 비판하였다. 그는 제한된 합리성의 이론을 발전시켰는데, 이에 따르면 의사결정자는 합리적이면서 동시에 종합적인 결정을 하려는 노력을 회피하려고 한다는 것이다.

㉡ 매몰비용(sunk cost)

과거에 일단 집행된 정책은 그것이 비합리적인 것이라 하더라도 국민들은 이미 그것을 기정사실로 받아들이고, 그것을 전제로 사업에도 투자하고 모든 활동을 하게 된다.

㉢ 정치적 실현 가능성(political feasibility)

일반적으로 새로운 혁신적인 정책보다는 점진적 정책이 정치적으로 실현가능성이 높다.

② 점진주의적 대안탐색의 원천

㉠ 정부가 과거에 시행하였던 정책

정부가 과거에 이미 시행하였거나 현재 시행하고 있는 정책은 정책대안 탐색의 가장 중요한 원천이다. 정부는 정책대안들 중 비교적 만족할 만한 결과를 가져온 정책대안들을 기억장치 속에 보관하게 되는데, 이렇게 보관한 것이 정책대안 목록(*policy program reper-*

tory)이다.

㉡ 다른 정부의 정책

정책대안의 두 번째 원천은 다른 정부의 경험이다. 즉, 다른 정부의 정책목록들이다.

③ 점진주의적 대안탐색의 한계

정책 상황은 매우 복잡하고 가변적일 뿐만 아니라 이전에 없었던 전혀 새로운 정책문제들이 등장하고 있으나, 점진주의적 대안탐색 방법은 기존의 틀을 벗어나는 획기적인 정책혁신을 설명할 수 없다는 한계를 지닌다(강근복, 2002:109).

(나) 창조적 정책대안의 개발

① 과학적인 이론·모형

과학적 이론이나 지식은 정책목표와 정책수단간의 인과관계를 파악하거나 적절한 관계구성에 필요한 모형을 창출하는 데 기초를 제공한다.

② 주관적 판단에 의한 대안 개발

㉠ 의 의

정책대안 개발에 있어서 가장 중요한 것은 창의력이다. Y. Dror는 대안개발 과정에서 합리적 기법은 창의력에 대한 보조물에 지나지 않으며, 창의력이야 말로 새롭고 더 좋은 대안을 고안하는 데 있어서 가장 핵심적인 방법이라고 주장했다.

창의력을 개발하는 중요한 방법으로는 브레인스토밍(*brainstorming*)과 정책 델파이(*policy delphi*)가 있다.

㉡ 유 형

ⓐ 브레인스토밍(Brainstorming)

브레인스토밍은 즉흥적이고 자유분방하게 여러 가지 기발한 아이디어를 창안하는 활동이다. 가능한 많은 아이디어를 얻기 위해 활용되는 방법으로 여러 사람들이 머리에 떠오르는 대로 아이디어를 제시하게 하는 것이다. 이때 긍정적인 격려(*encouragement*)는 장려되는 반면 비판(*critique*)은 최소화 하도록 해야 한다. 따라서 모임은 두 단계로 구조화되는 것이 일반적이다. 첫 번째 세션에서는 아무런 제약 없이 아이디어를 산출하고, 아이디어에 대한 비판과 평가는 최소화 한다. 다음 세션에서는 아무런 제약 없이 아이디어를 평가한다. 브레인스토밍의 창시자인 Osborn은 참된 브레인스토밍 세션은 판단유예원칙

(*deferment of judgement principle*)을 따르는 것이라는 점을 강조한다. 모든 아이디어가 제안되고 나면 비슷한 아이디어들을 통합하는 과정을 거쳐 전혀 실현가능성이 없는 대안을 제거하거나, 아이디어에 대한 서열 매김 등을 통해 몇 가지 대안으로 종합하는 것이 바람직하다(강근복, 2002: 112-13; 정정길 외, 2005: 337).

ⓑ 정책델파이(Policy Delphi)

일반 델파이 방법은 단순한 미래예측, 특히 미래의 사건변화에 대한 전문가들간의 합의 도출을 위해 개발된 것인데 비해, 정책 델파이는 정책문제의 잠재적인 해결방안을 둘러싸고 다양하게 제기되는 의견들을 노출시키고 종합함으로써 바람직한 대안의 개발을 위해 델파이 방법을 응용한 것이다. 정책델파이는 정책대안이나 정책대안의 결과를 제시하는 첫 번째 단계에서는 누가 어떤 의견을 제시했는지 모르게 하지만, 전체 의견들이 종합되어 몇 가지 대립되는 정책대안이나 결과가 표면화된 이후에는 공개적인 토론을 하며(선택적 익명성), 서로 다른 의견들을 공개적으로 도출하도록 하고 대립된 견해를 최대한 활용하여 여러 가지 정책대안을 창출하고 정책대안의 결과도 예측하도록 한다(유도된 의견대립).

4) 정책대안의 미래예측

(1) 정책분석에서의 예측

정책대안의 미래예측이란 대안의 탐색개발을 통해 만들어진 여러 정책대안이 집행되었을때 미래에 어떠한 결과가 나타날지에 대해서 예측하는 것을 의미한다.

정책대안의 미래예측에서 그 대상이 되는 미래는 세 가지 형태로 구분할 수 있다. 나타날 수도 있는 잠재적 미래[2](*potential future*), 자연이나 사회의 인과관계에 의해 나타날 것으로 믿어지는 개연적 미래(*plausible future*), 일어나야만 된다고 생각되는 규범적 미래(*normative future*)가 그것이다(Dunn, 1981: 194-195).

(2) 예측의 방법

정책대안의 미래예측은 정책대안의 비교·평가뿐만 아니라, 정책대안의 탐색·개발에도 많은 영향을 미친다. 정책대안의 미래예측을 위한 다양한 예측의 기법들이 존재하는데, 여기서는 가장 기본적인 두 가지 예측기법으로 이론적 예측과 주관적 판단에 대해서 살펴보기로 한다.

---

2) 강근복(2002)에서는 가능한 미래라고 되어 있으며, 노화준(2004)에는 잠재적 미래라고 되어 있다. 대안적 미래라고 말하기도 한다.

(가) 이론적 예측(theoretical assumption)

이론적 예측은 이론적 가정에 기초하며 연역적 논리에 근거한다. 이론적 가정은 분석가로 하여금 이론적 가정과 과거 자료를 바탕으로 미래 상태를 예견할 수 있게 도와주는 방법으로 인과관계에 관한 가정들에 기초하기 때문에, 이론으로부터 도출된 인과모형을 필요로 한다. 이론적 가정에서의 예측방법은 이론모형, 시뮬레이션, 회귀분석 등이 있다.

① 이론모형(theoretical model)

정책분석에서 모형이 지니는 의미는 1) 정책대안의 탐색에 도움을 줄 수 있으며, 2) 이론모형을 통해 정책대안의 결과를 예측하는데 있다. W. Dunn(1981: 125)은 문제의 원인을 가능한(*possible*) 원인과 행동가능한(*actionable*) 원인으로 나누었는데, 정정길(2005: 368)은 이를 정책적으로 통제가능(*controllable*) 원인과 통제불가능(*uncontrollable*) 원인으로 구분하였다. 이러한 원인들을 파악하여 이들간의 인과관계를 도출하고 이를 토대로 미래를 예측하는 방법을 이론모형에 의한 예측이라고 한다.

② 회귀분석(regression analysis)

회귀분석은 변수들간의 선형관계를 추정하는 데 유용한 기법으로 독립변수와 종속변수간의 관계의 형태와 크기를 정확히 추정하는 통계방법이라 할 수 있다.

회귀분석은 독립변수와 종속변수들간의 관계의 형태에 대하여 요약된 측정치를 제공하기 때문에 모형의 설계 및 활용에 유용한다. 분석가는 회귀분석을 통해 변수간의 인과관계를 확인할 수 있으며, 회귀분석은 어떤 독립변수가 종속변수의 원인인가를 정확하게 밝히게 한다는 점, 즉 원인변수와 결과변수를 구체화히게 한디는 점에서 큰 이점을 가지고 있다.

회귀분석은 횡단면 분석과 시계열 분석으로 나눌 수 있으며, 선형 분석과 비선형 분석으로 나눌 수 있다.

㉠ 횡단면 분석(cross-sectional analysis)

분석단위가 시간이 아닌 형태의 분석(*cross-sectional analysis*)이다. 횡단면 분석도 종속변수의 형태가 선형으로 나타나는 형태에 대한 분석(OLS, GLS)과 비선형으로 나타나는 형태에 대한 분석(Poission Model, Logit, Probit, LPM 모형)이 있다.

㉡ 시계열 분석(time series analysis)

시계열 분석은 과거로부터 현재에 이르는 변화를 분석함으로써 미래를 예측하는 방법

〈그림 5-1〉 시계열 분석의 다양한 형태

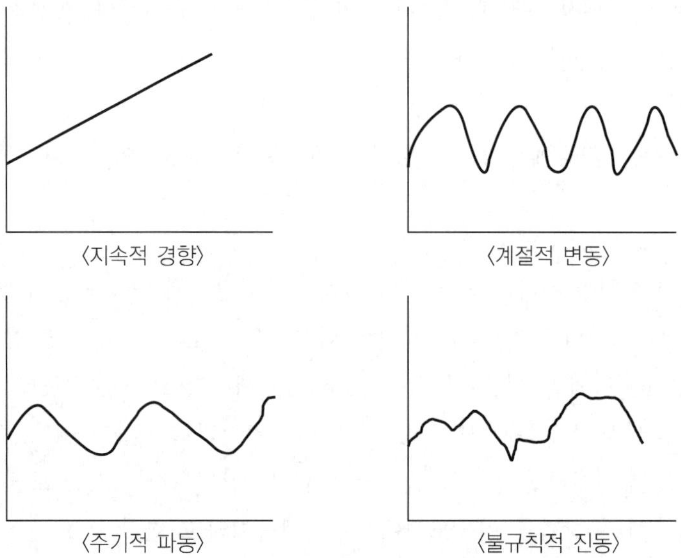

으로 시간을 독립변수로 둔다. 시계열 분석에서는 시계열이 지속적 경향, 계절적 변동, 주기적 파동, 불규칙적 진동 등 네 가지 구성요소를 가지고 있으며(〈그림 5-1〉 참조), 이들 구성요소를 식별하여 미래 상태를 예측하는 데 이용하는 기법이다(김신복, 1991: 364-365).

③ **시뮬레이션**(simulation)

시뮬레이션은 정책대안의 미래예측에서 두 가지 의미를 포함한다.

첫째, 민감도 분석과 같은 의미로서, 미래예측에 포함된 불확실성의 근거가 되는 가정에 대해 조금씩 변수 값을 미세하게 변화시킴으로써 그로 인해 나타나는 결과들을 토대로 분석하는 기법이다.

둘째, 정책대안의 실현으로 인해 어떠한 변화가 일어나는지를 실제로 그 정책대안을 실행하지 않고도 알아내는 방법으로, 실제체제의 성질, 행태, 특성을 연구하고 이해하여 그 체제를 모방한 고안물을 활용하는 방법이다. 우주비행사나 조종사를 훈련할 때 사용하는 시뮬레이션과 같은 개념으로 사용한다.

(나) **주관적 판단**(educative judgement)

주관적 판단은 식견 있는 판단을 이끌어내고 종합하려는 접근방법이다. 이 예측방법은 예측하는 사람의 창조력에 관한 가정들이 미래에 대한 주장을 뒷받침하는 데 사용되기 때문에 통찰력에 의한 논증이 기초가 된다. 주관적 판단에 의한 예측방법은 정책델파이, 교차영향분석 등이 있다.

① **정책델파이**(policy delphi)

전통적인 델파이의 한계점을 극복하기 위해 1960년대 말에 복잡한 정책문제에 적절한 새로운 절차를 만들어내려는 시도로 개발된 기법이다. 정책델파이 기법은 전통적인 델파이 기법과는 반복, 통제된 환류라는 두 가지 원칙 이외에 다음의 새로운 원칙들을 가지고 있다.

㉠ **선택적 익명**

정책델파이 기법의 참가자들은 예측의 초기 단계에서는 익명으로 응답을 하지만, 정책대안들에 대한 주장들이 표면화된 후에는 공개적으로 토론을 벌이게 한다.

㉡ **식견 있는 다수의 참여**

참가자들을 선발하는 과정은 '전문성' 자체보다는 흥미와 식견이라는 기준에 바탕을 둔다.

㉢ **양극화된 통계처리**

개인의 판단을 집약할 때, 불일치와 갈등을 의도적으로 부각시키는 수치를 사용한다.

㉣ **유도된 의견대립**

의견대립은 정책 이슈의 정상적인 모습이라는 가정에 입각하여, 대안과 결과를 창조적으로 탐색하는 데 있어서 의견상의 차이를 이용하는 모든 시도가 이루어진다.

② **교차영향분석**(cross effect analysis)

교차영향분석은 다른 사건이 일어났느냐 일어나지 않았느냐에 기초하여 미래의 어떤 사건이 일어날 확률에 대해서 식견 있는 판단을 이끌어내는 기법이다. 즉 한 가지의 사건이 아닌 여러 가지의 사건을 놓고 한 가지 사건이 일어날 확률을 구하고, 그 사건이 선행되었을 경우 나머지 사건이 일어날 확률을 구하는 방법을 말한다.

교차영향분석은 연결의 방향 · 강도 · 시차 등 연결관계의 세 가지 측면을 고려한다. 영향력의 방향은 하나의 사건이 다른 사건의 발생에 영향을 미치는 방향에 대해서 나타내며, 영향력의 강도는 하나의 사건 발생이 다른 사건의 발생 여부에 미치는 영향력의 정도를 의미한다. 마지막으로 영향력의 시차는 서로 연계되어 있는 사건들 사이의 시간적 간격, 즉 한 사건의 발생이 다른 사건의 발생에 즉각적으로 영향을 미치게 되는지 일정한 시간이 지난 뒤에 미치는지를 말한다.

5) 정책대안의 비교평가

(1) 비교평가 기준의 차원: 비교평가 기준의 계층성

정책분석의 차원은 사회적 적합성의 차원에 따라 당위성 차원의 분석, 실현성 차원의 분석, 능률성 차원의 분석으로 구분된다. 다음의 비교・평가의 세 가지 차원은 계층성을 지닌다(강근복, 2002: 151-152).

첫째, 당위성 차원이다. 모든 정책대안은 가장 기본적으로 당위성의 요건을 충족해야 한다. 모든 정책은 사회문제를 해결하여 보다 나은 상태로의 변화를 추구한다. 당위성 요건은 사회의 모든 정책이 나아가야 할 방향, 당연히 따라야 하는(*ought to be*) 길을 제시한다. 이러한 당위성의 차원은 실체적 당위성과 절차적 당위성으로 나누어진다. 실체적 당위성은 인권・정의・형평과 같이 정책이 가질 수 있는 최상급 차원의 가치들이다. H. Lasswell(1951)이 지칭한 인간의 존엄성, 허범(1995)에서 지칭한 당위성 차원이 여기에 해당된다.

우리는 구성원 개개인의 인권, 사회의 정의 그리고 헌법이 보장하는 "자유 민주주의적 시장질서와 평등권"이라는 최고의 가치 속에서 국민 개인의 주체성과 독립성, 신뢰와 평등, 더 나아가 자아실현의 기회가 균등하게 보장된 사회를 꿈꾼다. A. Maslow의 욕구단계이론(1954)에서 볼 수 있듯이, 인간은 기본적인 생존과 안전의 욕구 단계를 넘어서 축적과 명예의 단계를 지나 자아완성을 추구한다. 이처럼, 정책도 하위목표, 중간목표, 상위목표를 넘어서 인간의 존엄성 실현과 진정으로 서로를 신뢰하고 성숙한 공동체 달성이라는 최상위 목표를 추구하고 있다. 이처럼 정책이 가져야 할 규범적 목표를 제시하는 차원이 정책의 실체적 당위성이라고 할 수 있다.

정책의 절차적 당위성 차원은 그 정책이 사회의 진정한 민주주의 실현에 기여하는지를 평가하는 기준이다. 절차적 당위성에서는 정책 참여자들과 시민들의 참여가 얼마나 활발하게 이루어졌는지, 충분한 대화와 토론의 과정을 거쳤는지 그리고 모두가 동의할 수 있는 합의된 결과가 도출되었는지 등을 살펴볼 수 있다. 특히 우리 사회에서는 대화와 토론이 중시되는 "숙의민주주의"(*deliberative democracy*)가 필요하다. 사회가 민주화 되고 문제가 복잡해지면서 과거의 단절된 방식, 권위적인 하향적(*top-down*) 방식으로는 문제를 해결할 수 없게 되었기 때문이다. 진정한 민주주의의 실현은 하버마스가 말한 대로 우리에게 영원히 남겨진 "미완의 숙제"(*unfinished project*)라고 할 수 있다. 이처럼 당위성 차원을 실체적, 절차적 측면으로 나누어 살펴보았지만, 이 두 가지 차원이 단절되어 있는 것은 아니다. 진정한 민주주의가 실현되는 사회에서만이 구성원의 자유와 인권, 정의, 형평 등이 존중되는 성찰성의 사회가 도래할 수 있을 것이다.

둘째, 실현성 차원이다. 당위성 차원에서 타당성이 있는 대안이라 하더라도 그 대안이 현실 세계에서 실현될 수 있느냐 하는 문제가 제기된다. 즉, 아무리 당위성 차원에서 높은 가치를 지닌 정책이라 하더라도 그것이 현실 세계에서 실현될 수 없는 대안이라면 하나의 이상에 불과할 것이다.

셋째, 효율성 차원이다. 사회의 규범에 부합하고 실행해 옮길 수 있는 정책대안은 효율성의 차원에서 분석되어야 한다. 정책의 당위성과 실현가능성이라는 차원이 보다 상위의 명제임에는 틀림없으나, 당위성과 실현가능성이라는 요건을 충족한 대안들 사이에서는 가장 적은 비용으로 편익이나 효과를 이끌어내는 방안을 선택하는 것이 가장 합리적이다.

(2) 정책분석의 기준: 선행연구의 수정 보완 I

정책분석의 포괄적인 기준을 제시한 W. Dunn(1981)은 정책분석의 기준을 소망성과 실현가능성으로 나누었는데, 소망성은 효과성, 능률성, 공평성, 대응성, 적합성, 적정성이 그 하위요소이고, 실현가능성은 정치적・경제적・사회적・행정적・법적・기술적 실현가능성을 하위요소로 둔다. 여기에서의 소망성은 효과성과 능률성이라는 효율성의 기준과 형평성, 대응성, 적정성, 적합성이라는 실체적 소망성을 주로 강조하는 개념이다.

〈그림 5-2〉 정책분석의 기준 I: 절차적 소망성 보완

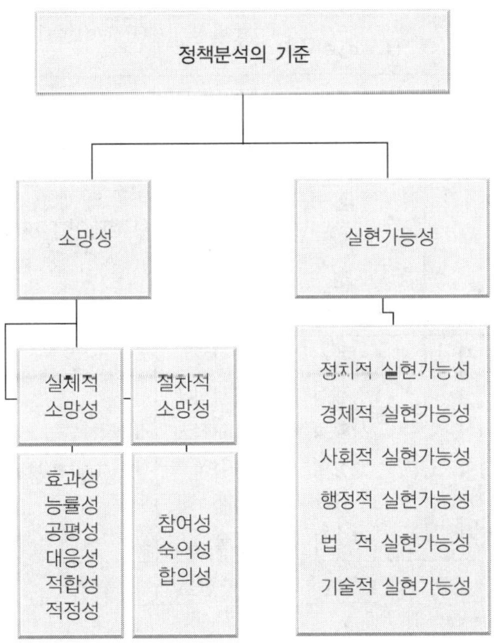

그러나 정보화, 세계화, 분권화라는 말로 대표되는 21세기의 거버넌스적 정책환경은 과거 합리적 가치 중심의 정책학 패러다임을 변화시키고 있다. 효율성 차원과 함께 민주성이 더욱 요구되어지는 시대가 도래했기 때문이다. 따라서 정책형성과정에서의 참여성·숙의성·합의성이라고 하는 절차적 소망성의 요소가 실체적 소망성 못지않게 강조되어질 필요가 있다. 이를 종합하여 정책분석의 기준으로 요약하면 〈그림 5-2〉와 같다.

(3) 정책분석의 종합적 기준: 수정 보완 II

인간의 존엄성을 향상 시키는 것을 목적으로 하는 Lasswell의 민주주의의 정책학을 실현하기 위해서는 효율성, 민주성, 성찰성이라는 세 가지 차원과 대안의 실현가능성이 종합적으로 고려되어야 한다. 이는 정책학의 당위성-실현성-능률성 차원과도 맥을 같이 한다(허범, 1988: 78; 강근복, 2000: 34-36).

〈표 5-1〉 정책분석의 기준 II: 성찰성-민주성-효율성-실현성 차원

학자	기준	세부기준 (W.Dunn)	수정 I	내용	수정 II	내용	비고 (허범교수)
W.Dunn	소망성	적합성 적정성 형평성 대응성 효과성 능률성	실체적 소망성 (Contents)	적합성 적정성 형평성 대응성	성찰성 (Reflexivity)	인권, 정의 신뢰, 성숙	(실체적) 당위성
				효과성 능률성	생산성 (Productivity)	효과성 능률성	능률성
		–	절차적 소망성 (Procedures)	민주성: 참여성 숙의성 합의성	민주성 (Democracy)	민주성 투명성	(절차적) 당위성
	실현 가능성	정치적 경제적 사회적 행정적 법적 기술적	정치적 경제적 사회적 행정적 법적 기술적	정치적 경제적 사회적 행정적 법적 기술적	실현성 (Feasibility)	정치적 경제적 사회적 행정적 법적 기술적	정치적 경제적 사회적 행정적 법적 기술적

정책학이 추구해야 할 차원이 새로워지듯이, 현대행정의 패러다임 역시 변화하고 있다. 국가 내에서는 사회의 다원화, 민주화가 심화되어가고 있으며, 시대의 맥락은 세계화·정보화라는 큰 물줄기를 따라 흘러가고 있다. 이처럼 현대행정의 환경이 변화하면서 거버넌스(*governance*)의 행정과 국민의 참여를 통한 문제해결이 요구되고 있다. 이러한 행정환경 속에서는 민주성이 효율성을 저해시키는 것이 아니라 오히려 합리적 정책결정과 집행을 도와주는 가치가 된다. 이제는 과거의 효율성을 우선시 하는 수직적인 중앙집권적 방식으로는 사회의 문제를 해결할 수 없는 것이다.

이러한 맥락에서 위에서 1차적으로 수정 보완된 정책분석 기준을 본서에서는 다시 당위성, 민주성, 효율성, 실현성으로 나누어 새롭게 제시하고자 한다(〈표 5-1〉 참조). 이 표에서 보듯이 당위성은 다시 실체적 당위성과 절차적 당위성으로 나눌 수 있다. 실체적 당위성이란 인간의 존엄·인권·형평 등에 해당되는 가치 기준(성찰성)이며, 절차적 당위성이란 정책의 참여·숙의·합의 등에 해당되는 가치 기준(민주성)이다. W. Dunn의 소망성 기준 중에서 실체적 당위성에 해당되는 기준들을 추출한다면 적합성·적정성·형평성·대응성 등을 들 수 있다. 민주성은 정책의 절차적 당위성에 해당되는 개념이며, 효율성은 정책의 효과성과 능률성을 의미한다. 마지막으로 실현성은 정치적, 경제적, 사회적, 행정적, 법적, 기술적 실현가능성을 의미한다.

3. 정책결정

1) 정책결정의 본질

사회에는 무수히 많은 문제가 흐르고 있다. 그러나 모든 사회문제가 정부기관이 의지를 갖고 해결하고자 하는 정부의제가 되는 것은 아니다. 사회문제의 흐름 중에서 일정한 점화계기(triggering event: 극적인 계기 혹은 정치적 사건)를 통해 정책이슈로 형성되며 정책의제가 된다. 정책의제설정 단계에서 정부의제로 채택된 정책문제를 바람직한 상태로 해결하기 위해, 정부는 정책목표를 세우고 정책수단을 강구하게 되는데, 이때 정책목표-정책수단의 여러 형태의 조합을 우리는 정책대안이라고 부른다. 정부가 이러한 여러 스팩트럼으로 형성된 정책대안을 개발하고, 비교분석하여 평가를 통해 정책선택을 하게 되는 일련의 활동 또는 행위를 '정책결정'이라고 한다.

2) 정책결정모형

(1) 합리모형

㈎ 합리성의 의미

합리모형의 내용을 살펴보기에 앞서, 합리모형에서 말하는 합리성이란 무엇인지 먼저 살펴보아야 한다. 합리성(*rationality*)이라는 개념자체는 다양한 용례로 쓰이고 있다.

① 기술적 합리성과 경제적 합리성

기술적 합리성(*technical rationality*)은 일정한 수단이 목표를 얼마만큼 잘 달성하는가, 즉 목표와 수단 사이에 존재하는 인과관계의 적절성을 의미한다. 달리 표현하면 수단의 효과성(*effectiveness*) 곧, 수단의 목표달성 정도를 의미한다.

경제적 합리성(*economic rationality*)은 목표달성뿐만 아니라 비용의 절약도 포함하게 되어 능률성(*efficiency*)과 동일한 뜻으로 쓰인다. 따라서 보다 적은 비용으로 보다 많은 결과를 얻을 때 그 값이 커지면 경제적 합리성이 높은 것이다. 기술적 합리성(효과성)과 경제적 합리성(능률성)은 합리적 결정의 단계 중 대안의 비교평가 단계에서 중요한 기준 역할을 하게 된다(정정길, 2004: 480-482).

② 실질적 합리성과 절차적 합리성

실질적 합리성(*substantive rationality*)은 완전분석적 합리성으로서 주어진 목표와 제약 조건 하에서 목표달성을 위한 최적 수단의 선택 정도를 의미하며, 선택의 과정보다는 선택의 결과에 초점을 맞춘다.

절차적 합리성(*procedural rationality*)은 추론이라고 불리는 특별한 사유과정(*peculiar thinking process called reasoning*)으로서, '정책대안을 선택하기 위하여 사용된 절차가 인간의 인지능력과 한계에 비추어 보았을 때 얼마나 합리적이었는지의 정도'를 의미한다.

㈏ 합리모형의 내용

합리모형은 인간의 이성과 합리성에 기초하여 정책을 결정한다는 모형이다. 합리모형은 정책결정자가 합리적 의사결정 단계들을 하나하나 의도적으로 밟으며, 합리적・분석적으로 정책을 결정한다고 주장한다.

㈐ 합리모형의 약점

합리모형의 약점을 크게 세 가지로 하여 살펴보면 다음과 같다.

첫째, 실제에서의 정책결정은 합리모형에서 주장하는 합리적 분석적 결정이 아니라, 직관, 습관 등의 방법에 의하여도 이루어진다는 것이다.

둘째, 합리모형은 바람직하게 정책결정을 할 때 필요한 지식이나 논리를 제공하는지 의문이 든다는 점이다. Lindblom과 Braybrooke과 같은 점증주의자들은 합리모형이 불가능한 일을 정책결정자에게 강요함으로써 바람직한 정책결정에 도움을 주지 못한다고 주장한다.

셋째, 합리모형에는 매몰비용과 관련된 한계가 있다는 약점이 있다. 합리모형에 입각하여 정책결정을 한 기존의 정책이나 사업에 이미 많은 자원이 투입이 된 경우, 더 합리적인 대안이 있어도 과거에 이미 투자된 비용 때문에 합리적인 새로운 대안을 채택하기보다는 기존의 정책을 계속 채택하거나 일부의 내용만을 수정하여 채택하는 것이 일반적인 현실이다(노시평, 2001).

(2) Simon의 만족모형

(가) 만족모형의 내용

H. Simon은 의사결정(정책결정)의 인지과정(*cognitive process*)을 연구 대상으로 하여 의사결정자가 최적(*optimum*)의 대안이 아니라, 만족할 만한(*satisficing*)[3] 대안을 선택하게 되는 것을 설명하고 있다. 그는 합리모형에서 가정하는 의사결정자를 경제인(*economic man*)이라고 부르고, 자신이 제시하는 합리성의 제약을 받는 의사결정자를 행정인(*administrative man*)이라고 부르면서, 다음과 같은 주장을 하였다(정정길, 2004: 487).

첫째, 경제인은 목표달성의 극대화를 도모한다. 다시 말해서 모든 가능한 대안 중에서 최선의 대안을 선택한다. 그러나 행정인은 만족하는 것으로 그친다. 즉, 만족할 만한(*satisfactory*) 또는 그 정도면 괜찮은(*good enough*) 대안을 선택한다. 그러므로 행정인은 모든 대안을 검토하지 않고, 만족할 만한 대안만 찾으면 선택한다.

둘째, 따라서 실제의 의사결정자는 모든 대안을 탐색하지 않고, 몇 개의 대안만을 탐색한다. 이때 대안의 탐색은 무작위적(*random*)이고 순차적인(*sequential*)으로 이루어진다. 대안의 결과 예측은 만족할 만한 결과를 가져오는 대안을 찾을 때까지 계속된다.

셋째, 경제인은 복잡하고 동태적인 상황을 있는 그대로 모두 고려하여 대안의 미래예측을 시도하지만, 행정인은 불확실성이나 불충분한 정보·자료 때문에 대안의 결과를 정확하게 예측할 수 없음을 알고 있다. 따라서 복잡한 상황을 단순화시키고(*simplify*), 또 그가

3) Satisficing=satisfying+sufficing 즉 '그 정도면 충분하다, 충분히 만족스런 수준이다'라는 의미의 합성어이다.

가장 적절하고 중요하다고 생각하는 요소들만을 고려하여 대안의 결과를 예측하려고 한다.

(나) 만족모형의 평가

Simon의 주장은 합리모형에 대한 심각한 도전으로서는 최초이며, 인간의 인지능력이라는 가장 기본적인 요소에서 출발했기 때문에 그 영향이 컸다. 처방적·규범적 모형인 합리모형과 달리, 의사결정이 실제로 이루어질 때 일어난 현상을 정확하게 설명하여 실증적 연구를 제안한 이론적 공헌은 매우 큰 것이었다. Lindblom의 점증주의와 회사모형-조직모형도 Simon의 영향을 크게 받았다.

Simon의 만족모형이 지니는 약점을 살펴보면 다음과 같다.

첫째, 일반적 의사결정에서는 무작위적으로 대안을 고려하고 만족할 만한 대안이 있으면 대안의 탐색이 중단된다는 Simon의 주장이 옳지만, 중대한 의사결정에는 이러한 식의 의사결정보다 분석적 결정이 이루어질 가능성이 크다.

둘째, 만족여부는 기대수준에 달려 있는데, 이 기대수준 자체가 극히 유동적이므로 어느 것이 만족할 만한 대안인지를 객관적으로 판단하기 어려운 때가 많다. 조직 내에 속해 있는 개개인마다 각자의 지식, 경험, 시간적·환경적 제약을 받으므로 대안선택의 만족화기준이 다를 수 있다.

(3) 점증모형

(가) 의 의

점증모형(또는 점증주의)은 현실에서 이루어지는 정책결정의 실상을 가장 정확하게 기술하여 많은 사람들에게 알렸다는 점에서 큰 공헌을 한 정책결정의 한 가지 유형이다. 점증주의를 주장한 학자는 Lindblom과 Wildabsky 등이다.

(나) 내 용

점증주의는 '현존의 정책에서 소폭적인 변화만을 가감한 것을 정책대안으로 하여 정책을 결정하는 방법'을 말한다. Lindblom은 정책결정자의 분석능력 및 시간이 부족하고 정보도 제약되어 있으며, 대안비교의 기준으로 이용할 가치 기준마저 불분명한 상태에서는 현재의 정책에서 소폭적인 변화만을 대안으로 고려하여 정책을 결정한다고 주장한다. 또한 시간이 흐름에 따라 환류되는 정보를 분석하여 잘못된 점이 있으면 수정·보완하는 방식으로 분할적·연속적 정책결정을 하는 것이 바람직한 정책결정방법이라고 주장하였다.

㈐ 점증주의의 장점과 약점

점증주의를 주장한 Lindblom이나 Wildabsky는, Simon의 인간능력의 제한과 Dahl 등의 정치학자들의 사상에서 나온 다원론이라는 서로 다른 두 개의 기본사상을 성공적으로 결합하여, 정교한 논리를 전개하여 합리적, 분석적 정책결정의 논리가 지닌 약점을 빈틈없이 지적한 공헌이 있다(정정길, 2004: 502).

점증주의가 갖는 약점을 살펴보면 다음과 같다.

첫째, 현존정책에서 소폭의 변화만을 고려한다고 하였는데, 얼마만큼의 변화를 소폭의 변화(*increment*)로 볼 것이냐 하는 것이다.

둘째, 정책의 부분 부분을 분산적으로 결정하기 때문에 결정에 필요한 정보가 적어도 되고 지적 작업도 쉽게 진행되는 장점이 있는 반면, 상호 모순되고 충돌하는 정책들이 하나의 상위정책에 포함되어 정책의 일관성을 잃게 될 수 있다.

셋째, 기존의 정책을 존중하고 근본적인 변혁을 하지 않음으로써 정치적 갈등을 줄이고 정책의 안정성을 도모한다는 장점이 있으나, 이와 동시에 반혁신적 보수주의의 강화라는 결함을 갖고 있다. 모든 이해관련자의 정치적 자원이 비슷하게 배분되어 있는 정치적으로 다원적인 사회가 아닌, 정치적 강자에 의한 지배가 이루어지는 사회라면, 점증주의에 입각한 정책결정으로 기존 정책을 계속 옹호할 경우 계속해서 약자의 희생이 있게 될 것이다.

〈표 5-2〉 합리모형 · 만족모형 · 점증모형 비교

	합리모형	만족모형	점증모형
의의	인간의 이성과 합리성에 기초하여 정책을 결정	Simon & March: 합리모형의 현실적 한계를 비판하며 등장	Lindblom & Wildavsky (점진적인 정책결정): 정책실현 의 부분적인 변화 도모
내용	문제에 대한 완전한 이해, 문제와 목표의 정확한 정의 가능, 해결을 위한 모든 대안 파악, 명확한 대안선택기준 적용, 충분한 자원, 합리적 최적 대안 선택	제한된 합리성(bounded rationality), 만족스러운 대안의 선택(최상의 기준이 아닌 만족화 기준)	사회적 합리성강조(좋은 정책은 사회적 기초한 정책), 정책은 현재문제에 대한 개선에 중점을 두는 치유적 목적 가짐.
비판	인간의 문제해결능력 한계, 불완전 정보, 시간적 · 경제적 비용, 가치와 사실의 분리 불가능.	만족화 기준의 적절성, 실증분석으로서는 이론적 기여가 인정되나 규범적 기준으로서는 한계가 있음. 대안 선택 시 지나치게 주관적일 수 있음	안정된 사회에서만 적용, 혁신에 대한 방해(부분적 변화), 안이한 정책결정 조장, 보수주의(기득권자)에게 유리한 유형, 정책결정의 기본 방향 및 기준 결여

(4) 혼합탐사모형(Mixed-Scanning Model)

㈎ 의 의

A. Etzioni는 정책결정 과정에서 근본적 정책결정과 점증적 정책결정 두 가지 다 필요하다고 판단하고, 합리모형과 점증모형의 단점을 극복하고 장점을 취하는 혼합탐사모형을 대안으로 내세웠다(오석홍 외, 2000: 271-272).

㈏ 혼합탐사모형의 내용

A. Etzioni는 정책결정을 크게 두 가지로 나누었는데, 근본적(*fundamental*) 결정과 세부적(*detailed*) 결정이 그것이다.

근본적(*fundamental*) 결정은 합리모형의 포괄성이 지니는 장점을 취하고, 대안의 결과면에서는 중요한 것만 대강 예측함으로 합리모형의 단점을 극복한다. 세부적(*detailed*) 결정은 근본적 결정의 테두리 안에서 소수의 대안만을 집중적으로 정밀하고 깊이 있는 검토를 하기 때문에 합리모형의 장점을 취하고 있다.

㈐ 혼합탐사모형의 평가

혼합탐사모형은 정책결정의 범위와 영향이 다양하다는 것을 인식하고, 합리모형과 점증모형의 약점을 극복하고 장점을 부각시킴으로써, 정책환경에 대하여 신축적으로 반응할 수 있도록 하였다. 그러나 기존 모형을 이용하여 현실적 설명력만 높였을 뿐이며, 혼합탐사모형이 실제로 어떻게 운영될 수 있는지에 대하여서는 제시하지 못하였다. 또한 근본적인 결정에서 세부적인 결정으로 넘어가야 하는 때와 방법에 대하여 확실하게 언급하지 않았다(정정길, 1999: 494-499).

〈표 5-3〉 혼합탐사모형의 내용

	대안 범위	예측 방법
근본적 결정	중요한 대안을 포괄적으로 모두 고려 (포괄적 합리모형)	중요한 결과만 개괄적 예측, 미세한 세목은 무시(합리모형의 지나친 엄밀성을 극복)
세부적 결정	근본적 결정의 테두리 내에서 소수의 대안만 고려 (점증주의)	여러 가지 결과의 세밀한 분석 (포괄적 합리모형)

미국의 재난관리 절차와 정보시스템을 활용한 재난관리

1. 사례개요

1) 주정부 차원의 방재관련 조직

미국의 재난재해관리는 원칙적으로 주정부의 책임하에 이루어진다. 하지만 재난재해의 상황이 연방정부가 개입하여야 할 경우에는 이를 효율적으로 운영하기 위하여, FEMA는 미국 전역을 10개의 광역구역(Section)으로 구분하고, 각 구역에 지역사무소(Regional Office)를 설치하여 운영함으로써 지역의 요구를 수렴하고 지역의 특성에 따라 차별화된 활동을 수행하고 있다

2) 미국에서의 재난대응의 전개과정

(1) 지역단계(Regional-Level)의 재난수습활동

지역단계에서의 재난수습활동은 1단계로 지방정부 수준의 조치를 취하며, 지방정부 수준에서 수습이 어렵다고 판단될 경우에 주지사는 주의 비상사태 또는 재해를 선포하고 필요시 FEMA의 지부에 예비재해평가(PDAS: Preliminary Damage Assessments)를 요청한다. 이에 따라 FEMA지부는 예비재해평가를 실시하여, 이 평가를 근거로 대통령이 해당 주에 대한 연방정부의 지원이 필요하다고 결정하면 사전준비된 연방대응계획(FRP)에 따라 재해재난에 대한 연방정부의 지원이 개시된다.

(2) 국가단계(National-Level)의 재난수습활동

재난의 규모가 국가적인 규모일 때에는 사전에 수립되어진 연방재난관리계획(FRP)에 의해 재난유형별 연방수준의 조치와 함께, 주요 연방부처의 「분야별 비상지원기능」을 가동하게 된다. 또한 FEMA는 재난관리지원팀(EST)을 설치하여 현장 활동을 지원하게 되며, 연방정부에서는 중앙안전대책위원회(CDRG)를 소집하여 연방차원의 재난수습활동을 결정하게 된다.

2. 쟁점 및 시사점

지난 2003. 9. 12-13일 태풍 '매미'(maemi)가 우리나라를 강타하여 많은 인명·재산피해가 발생하였다. 수 조원이 넘는 재산피해는 물론이고, 100여 명이 넘는 사망자를 내었다.

우리나라에 태풍이 상륙한지 1주일 후에 미국에서는 허리케인 이사벨이 동부해안인 노스캐롤라이나와 버지니아 주의 해안에 상륙하였다. '이사벨'은 '매미'에 비교도 안 될 정도로 강한 허리케인이었지만, 인명이나 재산피해는 그다지 크지 않았다. 이것이 가능했던 이유는 미국에서 추진한 재난관리시스템 덕분이었는데, 이는 Etzioni가 제시한 혼합탐사적 접근방법의 유용성을 잘 보여주고 있다. 즉, 조직의 차원에서나 재난대응 관리차원에서 중요한 근본적 결정은 포괄적으로 연방정부차원에서 다루어지고, 세부적 부분은 지역단계에서 다룸으로써 효과적인 관리와 대응이 가능하였다는 평가이다.

(5) 최적모형(Optimal Model)

(가) 의 의

A. Etzioni와 마찬가지로 Y. Dror도 합리모형과 점증모형 양자 모두에 불신을 품고, 일면 양자를 종합하면서 많은 새로운 요소들을 가미하여 규범적 최적모형(*optimal model*)을 제시하였다.

Y. Dror는 최적 모형은 경제적 합리모형과 함께 초 합리모형을 융합한 것이라고 설명하고 있다. 초 합리모형은 인간의 직관(*intuition*)이나 영감(*inspiration*)에 기초한 판단을 뜻한다. 이러한 초 합리성은 합리적 과정의 역할을 보완하는 것으로, 한정된 자원, 불확실한 상황, 지식의 결여 등이 합리성을 제약할 때와 새로운 대안 창안 등을 이유로 초 합리성에 의존할 수밖에 없을 때 사용된다.

(나) 내 용

Y. Dror는 넓은 의미의 정책결정을 크게 세 단계로 나누고, 이들을 다시 세분하여 18개 국면으로 나누었는데, 첫째 단계는 초 정책결정, 둘째 단계는 정책결정, 셋째 단계는 정책결정 이후 단계이다. 그 중에서도 초 정책결정 단계는 Dror 자신이 스스로 지적하다시피 최적모형의 가장 큰 특징이며, 많은 사람들이 무시하고 있는 것을 강조한 Dror모형의 가장 큰 공헌이기도 한다.

초 정책결정은 '정책결정에 대한 정책결정'으로, 정책결정체계를 하나의 전체로서 관리한다. 즉, '정책결정을 어떻게 해야 할 것인가에 대한 결정'이며, 이때의 목표는 보다 바람직한 정책을 결정하기 위한 전략을 결정하는 것이다.

(다) 정책결정의 단계

① 초 정책결정(Meta-policymaking)

> **◎ 초 정책결정:**
> 초 정책결정 가치의 처리→ 현실의 처리→ 문제의 처리→ 자원의 조사·처리 및 개발→ 정책시스템의 설계·평가 및 재설계→ 문제·가치 및 자원의 할당→ 정책결정 전략의 결정

초 정책결정 단계는 정책결정에 대한 정책결정의 단계이다. 이 단계에서는 7가지 하위단계를 거치게 된다.

② 정책결정(Policymaking)

◎ **정책결정:**
정책결정 자원의 재배정 → 조작적 목표의 설정과 우선순위 결정 → 주요 가치들의 설정과 우선순위 결정 → 좋은 대안을 포함한 주요 정책대안의 마련 → 다양한 대안의 중요한 편익과 비용에 대한 예측 → 다양한 대안에 대한 예측된 편익과 비용을 비교분석 → 최선에 대안에 대한 편익과 비용을 평가하고 이 대안이 좋은가 또는 나쁜가에 대한 결정

정책결정 단계는 개별적인 정책을 결정하는 단계이다. 여기서도 초 정책결정 단계와 동일하게 7가지 하위단계를 포함한다.

③ 정책결정 이후 단계(Post-policymaking)

◎ **정책결정 이후 단계:**
정책결정 이후 단계 정책집행에 대한 동기유발→ 정책의 집행→ 정책이 집행되고 난 후 정책의 평가→ 커뮤니케이션과 환류

정책결정 이후 단계는 정책을 집행하는 단계이다. 정책집행의 동기유발이란, 집행을 하기 위해서는 동기유발이 필요한데, 그 수단은 공식적 승인, 집행에 필요한 자원의 배분, 강력한 추진 등을 말하며, 이때 동기부여를 좌우하는 것은 정치권력이다. 정책의 집행은 집행과정 중 현장에서 작업을 하고 많은 하위정책을 결정하게 되는 것이며, 정책결정의 평가는 정책의 집행 때부터 그 집행이 끝날 때까지 이루어지는 것을 말한다. 정책평가 결과를 환류하여, 다른 단계들의 개선에 사용하는 커뮤니케이션과 환류를 마지막으로 거친다.

㈑ 최적모형의 평가

최적모형은 정책결정 단계 속에 초 정책결정과 정책결정 후기 단계를 포함시킨 것은 높이 평가받을 만하다. 정책결정의 여러 국면과 이러한 국면속의 정책결정들간의 관계를 정책결정과정 속에서 체계화하고, 정책결정이론과 정책결정의 지적 측면을 정책과정 속에 포함시켜 하나의 정책학 패러다임을 형성하였다.

종합하여 평가하자면, Y. Dror의 최적모형은 불완전 분석적 합리모형에 가깝다. '최적'의 의미가 불분명하다는 점이 한계로 남지만, 정책결정 단계를 체계화하고 초 정책결정의 창의성 강조 및 정책결정에 대한 정책결정(정책설계)을 강조한 점은 매우 큰 공헌으로 평가된다.

〈표 5-4〉 혼합탐사모형·최적모형

	혼합탐사모형	최적모형
특징 및 내용	· A. Etzioni · 합리모형과 같이 유토피아적, 이상적인 것도 아니며, 점증모형처럼 보수적 모형도 아니다(A. Etzioni). · 근본적이고, 상위적 정책결정에 대한 정책결정체제의 노력과 시간 투입의 정도가 문제 – 이 판단은 국가전체 차원에서 결정 – Etzioni는 이를 범사회적 지도체제라 함 (※ 국가혁신 로드맵에 해당되는 개념)	· Y. Dror · 합리모형과 점증모형의 비판으로 등장 – 초 합리성 강조: 합리성뿐만 아니라, 직관, 판단 등의 초 합리성 강조; 정책결정 역량 향상을 위해 체계적 학습, 독창성, 창의성 고취 및 인력개발의 중요성 강조 – 위험최소화 전략 vs 혁신 전략: 정책결정자는 양자 중 더 바람직한 것을 결정해야 함(전자: 점증모형, 후자: 합리모형)
장 점	· 합리모형과 점증모형의 단점을 상호보완적으로 통합하는 역할 – 합리모형의 이상적 합리성의 현실화 – 점증모형의 보수성 극복	· 초 합리성(직관, 판단, 창의성)의 강조 · 초 정책결정의 강조 – 초 정책결정, 정책결정, 정책결정 이후의 단계 구별 – 국가의 상위정책 (초 정책결정) 강조
비 판	· 기존모형의 혼합에 지나지 않음 · 근본적 결정과 세부적 결정을 구분할 수 있는 기준 제시하지 못함	· 초 합리성에 대한 구체적 기준, 달성방법 불분명 · 초 합리성과 합리성과의 관계 모호성

제 2 절 정책집행

1. 의 의

정책집행이란 일련의 전체 정책과정 가운데 정책결정과 정책평가 단계 사이에서 이루어지는 실천적 단계로서, 정책내용을 구체화하기 위한 실현활동으로 이해할 수 있다. 즉, 정책내용을 구체적으로 실현하는 활동 또는 과정을 정책집행이라 할 수 있다.

2. 중 요 성

정책집행은 정책과정에서 볼 때 정책의제설정과 정책결정 이후에 이루어지는 단계이고, 정책결정과 정책평가를 연결하는 고리의 역할을 하는 단계이기도 하다. 종래에는 정책을 결정하고 나면 바로 정책의 효과 또는 영향이 나오는 것으로 가정하였다. 그러나 정책이 어떻게 집행되느냐에 따라 정책의 효과가 나타나게 된다. 즉 정부가 아무리 중요하고 훌륭한 정책안을 입안하였다 할지라고 정책집행이 이루어지지 않거나, 또는 원래 의도한 방향으로 집행이 이루어지지 않으면 정책이 본래 의도한 효과가 발생하지 않기에 정책집행의 중요성은 매우 큰 것이다.

3. 정책집행연구의 대두배경

고전적 행정모형에서는 일단 정책이 결정되고 나면 이에 관한 집행은 별다른 문제없이 잘 이루어질 수 있다고 가정하였는데, 많은 학자들이 실제의 사례를 대상으로 연구한 결과 그렇지 않다는 것이 입증되었다. 특히 다양한 이유로 정책이 애매모호하고 추상적으로 결정이 되고 나면 이에 관한 집행이 능률적으로 이루어질 수 없을 뿐만 아니라, 정책집행자가 오히려 정책결정자의 역할을 수행하게 된다. 이러한 이유들 때문에 Pressman과 Wildavsky가 *Implementation*(「집행론」)을 발간한 1973년을 기점으로 하여 정책집행에 대한 연구가 급격히 늘어나기 시작하였다.

4. 정책집행연구 방법론의 발전

1970년대 초기의 집행연구(제1세대 집행연구)는 주로 단일사례의 정책집행에 대한 상세한 서술에 중심을 두었으나, 정책이론의 정립 및 지식의 축적에는 도움을 주지 못하였다. 1970년대 중반부터 이러한 단점을 보완하기 위하여 다수의 사례를 비교·연구하여 정책집행에 영향을 미치는 요인을 인과적으로 추론하기 시작하였다(제2세대 집행연구). 현대 정책연구인 제3세대 정책집행연구는 정책집행에 관한 본질적인 세 가지 특징을 파악하면서 출발한다.

첫째, 집행의 인과적 복잡성이다. 정책집행에 영향을 미치는 변수는 상상 밖으로 많고, 또한 그 변수들간의 관계는 복잡하다.

둘째, 집행의 역동성이다. 집행은 시간이 지남에 따라 변한다. 또한 집행과정과 집행결과는 연방정부에서 주정부로, 주정부에서 지방정부로 집행과정이 진행될 때마다 변한다.

셋째, 집행결과의 다양성이다. 하나의 정책이 집행되었을 때, 각 주 혹은 지방에서 나타나는 집행결과는 각각 다르다(채경석, 2005: 272-274).

5. 정책집행에 관한 접근법

1) 고전적 하향적 접근법

고전적 정책집행론은 정책결정과 정책집행은 엄격히 구분된다는 입장으로, 결정된 정책내용이 집행현장에서 그대로 집행되는 것을 성공적·효율적 집행이라 간주한다. 이러한 입장은 안정되고 구조화된 정책상황을 전제로 하기 때문에 정책목표가 명확하여 집행과정에서 수정의 필요성이 적고, 따라서 집행자의 재량권을 인정하지 아니하며 기계적이고 충실한 집행만을 강조한다. 따라서 집행의 충실성과 정책결과 그 자체만이 정책평가의 중요한 기준이 된다.

이러한 고전적·하향적 접근법은 효과적 정책집행을 위한 이상적 조건으로서, 다음과 같은 다섯 가지 사항을 제시하고 있다.

첫째, 정책결정의 내용은 타당한 인과이론에 바탕을 둔 것이어야 한다. 이러한 타당성이 결여되면 아무리 대상 집단의 순응이 확보되어 충실히 정책이 집행된다 하더라도 정책이 지향하는 정책목표가 달성될 수 없다.

둘째, 정책내용으로서 법령은 명확한 정책지침을 갖고 있어야 하며, 정책목표의 우선순위가 명료해야 한다.

셋째, 유능하고 헌신적인 집행관료가 정책집행을 담당하여야 한다.

넷째, 정책에 대해 조직화된 이익집단, 유권자 집단 및 통치권자의 강력한 지지를 받아야 한다.

다섯째, 정책환경은 안정적이어서, 집행과정 동안 법령에 규정된 목표의 우선순위가 변하지 않아야 하며, 상충되는 정책이나 사회경제적 상황의 변화에 의해 기존의 정책이 현저하게 달라지지 않아야 한다.

2) 현대적 상향적 접근법

현대적 정책 집행론은 정책결정과 정책집행은 엄격히 구분되기 어렵고 오히려 집행과정에서 최종적인 정책결정이 이루어진다는 입장이다. 또한 결정된 정책내용이 집행현장에서 수시로 수정될 수 있고 또 바람직하게 수정되어 집행되는 적응적 집행을 성공적인 집행으로 간주한다. 이러한 입장은 유동적이고 동태화된 오늘날의 정책상황을 전제로 하기 때문에 정책목표가 불명확하여 집행과정에서 수정이 불가피하고, 따라서 집행자의 재량권을 인정해야 한다는 것이다. 즉, 기계적이고 충실한 집행보다는 환경에의 적응성이 정책평가의 중요한 기준이 된다.

3) 통합적 접근법

기존의 집행연구는 집행이 무엇이며, 왜, 어떻게 변화하는가에 대해 우리에게 많은 지식을 제공하여 주었지만, 집행결과에 독립변수들이 미친 독특한 영향을 자세하게 규명해 주지는 못하였다. 이에 1980년대 중반 이후 하향적 접근과 상향적 접근이 지닌 각각의 장・단점을 보완하고자 하는 학문적 노력이 등장하게 된다. 이를 주도한 학자들로는 Sabatier (1986), Elmore(1985), Winter(1986), Berman(1980) 등이 있다.

Sabatier(1986)는 정책문제와 관련된 다양한 공・사적 집행관련자들을 분석단위로 한 상향식 접근방법과, 사회경제적 조건 및 법적수단이 집행자들의 행태를 일정한 방향으로 제약하는 데 초점을 맞춘 하향식 접근방법의 종합을 시도하였다.

Elmore(1985)는 전방향적 접근방법(하향적 접근방법)과 후방향적 접근방법(상향적 접근방법)은 상호가역적인 논리로서, 양 접근방법의 적절한 통합이 필요하다고 주장하였다.

Winter(1986)는 두 접근방법에서 취사선택된 변수들의 조합이 정책집행의 성과를 만족스럽게 설명할 수 없다고 지적하면서 새로운 접근을 주장하였다. Winter는 정책집행 성과를 결정하는 주요 변수로서 1) 정책형성과정의 특성, 2) 조직상호간의 집행행태, 3) 일선관료의 행태, 4) 집행대상집단의 행태 등 4가지 변수를 종합적으로 고려하는 통합모형을 제시했나.

Berman(1980)은 정책집행의 문제는 정책과 그것을 둘러싼 제도적 환경의 상호작용에 의하여 발생된다고 이해하며, 집행의 제도적 환경을 크게 거시집행구조와 미시집행구조로 구분하였다. 중앙정부는 실질적인 집행현장의 조직들에 영향을 미쳐 정책이 의도한 결과를 가져올 수 있도록 해야 하고, 집행현장의 조직들은 그들 나름대로의 정책을 설계해서 자신들의 환경에 적합하게 집행해야 한다. 이때, Berman은 전자를 거시적 집행구조라 하고, 후자를 미시적 집행구조라 하였다.

6. 정책집행의 네 단계

정책집행의 단계는 크게 정책기획 단계, 자원확보 단계, 실현활동 단계, 점검평가 단계로 나눌 수 있다.

1) 정책기획 단계

(1) 정책기획의 의미

정책기획(*policy planning*)은 정책목표를 달성하기 위한 방법과 절차를 설계하는 것을 말한다. 고전적 조직이론가였던 L. Gulick은 "정책기획(*policy planning*)은 조직의 목표를 달성하기 위한 업무와 방법을 총괄적으로 설계하는 것이다"라고 정의한 바 있다. 이와 비슷하게 Y. Dror도 "기획이란 최적의 수단으로 목적을 달성하기 위해 미래의 행동방안을 준비하는 과정"이라고 정의하고 있다.

(2) 정책지침 작성

정책지침(*policy guidelines*)은 집행자가 따라야 할 것, 정책의 집행에서 필요한 사항 등에 대하여 규정한 것이다. 정책지침의 작성은 정책의 내용을 현실에서 실현가능한 내용으로 표현하는 활동이며, 이러한 구체적인 활동이 명확하게 이루어질 때 효율적인 정책집행을 유도할 수 있다.

(3) 정책지침의 기능과 SOP

정책지침은 정책의 내용을 구체화시켜서 집행자가 무엇을 해야 하는지 알려줄 뿐만 아니라 무엇을 어떻게 해야 하는지를 지시한다. 따라서 지침작성에서는 SOP(표준운영절차)를 개발·작성해야 한다. SOP(표준운영절차)의 개발은 무엇을 어떻게 해야 하는지에 대한 표준적인 지침을 개발하는 것이다. SOP 중에는 업무내용과 절차만이 아니라 업무수행의 시간적 선후관계를 포함하는 것도 많이 있는데, 이러한 SOP의 작성은 효과성, 능률성, 공평성을 확보하게 하고 집행상의 잘못을 파악하고 개선하는 데 도움을 준다.

2) 자원확보 단계

(1) 인적자원

자원은 물적인 것만이 아니라 전문 집행관료나 집행요원 등 인적 자원을 포함한다.

(2) 물적자원

집행을 위한 자원 중에서 가장 중요한 것은 물적 자원, 특히 예산이다. 물적 자원의 확보는 절대액수도 중요하지만 확보의 시기도 극히 중요하다.

(3) 명확한 목표

명확하게 우선순위가 정해진 법률 목표들도 하나의 자원이 된다. 왜냐하면 이들 목표들은 사업계획의 평가 단계에서 없어서는 안 되는 핵심 요소이며, 정책의 집행자들에게는 명백한 지침이 되기 때문이다.

(4) 우수한 정보

무형자원으로서의 정보도 성공적 정책집행에 없어서는 안 될 중요한 자원이다.

3) 실현활동 단계

실현활동은 정책실현(정책수단의 실현)을 위하여 행하는 물리적 활동을 의미한다. 이 활동은 확보된 자원을 이용하면서 정책지침서에 구체화된 내용을 SOP에 따라서 최하위의 일선집행관료가 실행하는 활동이다. 이것은 정책이나 지침 속에 밝혀진 정책내용을 현장에 적용하는 단계이며, 정책대상자에 서비스를 직접 제공하거나 대 집단의 행동을 직접 규제하는 활동이다. 정책집행이 성공하기 위해서는 이 마무리 단계가 성공적으로 이루어져야 한다.

4) 점검평가 단계

실현활동의 도중이나 끝난 후에 실현활동이 원래의 설계와 지침에 따라 내용을 충실하게 수행했는지를 점검, 평가하여 잘못이 있으면 이를 시정하는 단계이다. 이 단계는 크게 집행점검과 집행평가의 두 가지가 포함된다.

집행점검은 집행책임자에 의해 정책산출을 만들어내는 과정에서 정책지침에서 정한 절

〈그림 5-3〉 정책집행의 네 단계

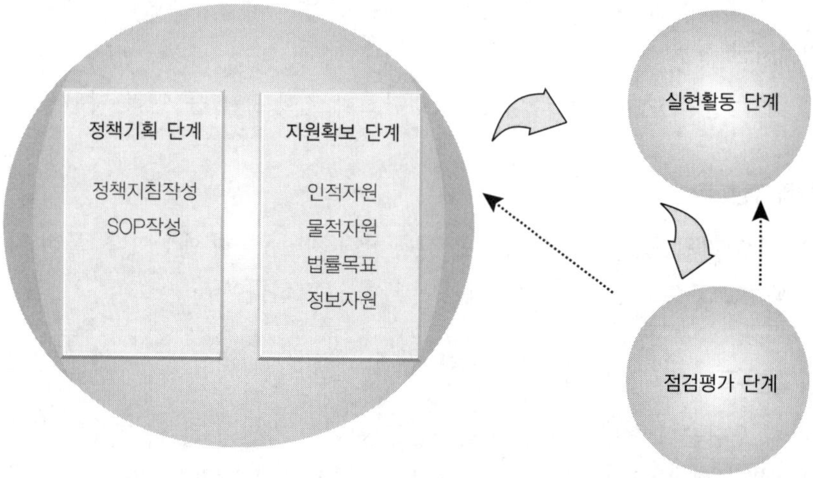

차를 준수했나를 점검하는 것을 의미한다(형성평가). 집행평가는 일반적으로 정책집행이 종료된 이후에 이루어지며(총괄평가), 정책평가 결과는 정책수정이나 그 다음 정책형성 단계에 환류된다.

7. 정책집행자 모형

1) Nakamura & Smallwood의 모형

(1) 고전적 기술관료형

정책결정자는 명확한 목표들을 구체적으로 설정하고 정책집행자들에게 이 목표들을 수행할 수 있게 기술적 권한(기술적 재량권이 아닌 기술상의 문제에 한정)을 위임한다. 이 모형의 특징은 정책결정자가 집행과정을 통제한다는 점에 있다.

(2) 지시적 위임형

정책결정자는 명백한 목표를 설정하고 정책집행자들에게 재량적 행정권을 위임한다. 이 모형에서 정책결정자는 정책형성에 대한 통제권을 가지고 있으나, 목표성취에 대한 수단의 결정권에 대해서는 집행자들의 권한이 더 크다.

(3) 협상자형

공식적 정책결정자는 정책의 목표를 설정하지만 결정자와 집행자의 정책목표에 대한 방향에 대해 반드시 의견이 일치하지는 않는다. 따라서 집행자는 정책목표와 수단에 대해 결정자와 협상을 벌이게 되고, 협상의 결과에 따라 역할이 상호 결정된다.

(4) 재량적 실험형

재량적 실험형은 정책결정자가 불확실성, 정보의 부족 등으로 인하여 정책형성에 정통하고 있지 않아 많은 재량권을 집행자에게 주는 모형이다. 정책결정자는 일반적이고 추상적인 목표의식은 가지고 있지만, 정보・지식의 부족이나 불확실성으로 인해서 목표를 명확하게 표명하지 못한다. 정책결정자는 집행자에게 광범위한 재량권을 주어, 그들로 하여금 목표를 명확하게 성취수단을 재량적으로 개발 활용하게 한다. 이 모형의 특징은 집행자에 대한 권한의 대폭적인 위임이다.

(5) 관료적 기업가형

관료적 기업가형에서 집행자는 자신들의 정책목표를 설정하고, 정책결정자로 하여금 이들의 목표를 채택하도록 설득한다. 이 모형의 특징은 정책결정자에서 정책집행자로의 권력이동이라 할 수 있다.

2) Elmore의 모형

Elmore는 전방향적 접근방법(하향식 접근방법)과 후방향적 접근방법(상향식 접근방법)은 상호 가역적인 논리로서, 양 접근방법의 적절한 통합이 필요하다고 주장하였다. 전방향적 접근방법은 하향식 접근방법과 유사한 개념으로, 정책결정자의 의도를 가능한 한 명확히 진술하는 것에서 출발하여 목표달성을 위해 정책집행자들에게 기대되는 사항을 각 단계별로 구체화하는 방식이다. 반면, 후방향적 접근방법은 상향적 접근과 유사한 개념으로서, 명확한 정책목표의 제시에서 집행연구를 시작하는 것이 아니라, 정책의 필요를 발생시키는 집행과정의 최하위 수준에서 발생하는 상황과 일선관료의 행태의 분석으로부터 접근한다.

3) Lipsky 일선집행관료이론

Lipsky에 의하면 불충분한 조직적・인적 자원, 신체적・심리적 위협, 그리고 상충되거나 모호한 역할 기대라는 집행환경 속에서, 일선관료들은 단순화와 정형화라는 메커니즘을 통해 복잡한 문제와 불확실한 상황에 대처하고자 한다. 즉 수단적 효율성을 증가시키고 개별적인 집행상황에 부합하는 유연한 업무수행을 하기보다는, 습관적이고 정형화된 형태로 업무를 수행한다는 의미이다. 여기서 단순화, 정형화와 같은 적응 메커니즘을 형성하는 데 가장 큰 영향을 미치는 것은 일선관료들이 가지고 있는 고정관념이다.

4) Berman의 적응적 집행

Berman이 주장하는 것은 정책결정자의 결정을 그대로 집행하는 것이 최선의 집행이 아니라, 개별적인 집행환경에 부합하는 적응적 정책집행이 필요하다는 것이다. Berman은 정책집행의 문제는 정책과 그것을 둘러싼 제도적 환경의 상호작용에 의하여 발생된다고 이해하며, 집행의 제도적 환경을 크게 거시집행구조와 미시집행구조로 구분한다. 논의의 핵심은 성공적인 집행은 바로 미시집행 국면에서 발생하는 정책과 집행 조직의 특성 사이의 상호적응이라는 것이다. 중앙정부는 실질적인 집행현장의 조직들에 영향을 미쳐 정책이 의도한 결과를 가져올 수 있도록 해야 하고, 집행현장의 조직들은 그들 나름대로의 정책을 설계해서 자신들의 환경에 적합하게 집행해야 한다. 이때, 전자를 거시적 집행구조라 하고, 후자를 미시적 집행구조라 한다.

8. 정책집행에 영향을 미치는 요인

1) 정책결정자 및 정책관계집단의 지지: 정책환경

(1) 정책결정자의 지지 및 태도

정책결정자가 정책집행의 성공적 추진을 어느 정도 중시하느냐에 따라 집행자의 집행에 대한 의욕이 달라진다. 정책결정자가 정책에 커다란 관심을 가지고 집행과정에 계속적으로 관여하게 되면 집행자들은 집행에 열성을 보이게 된다. 또 정책결정자들의 지지는 집행에 필요한 인적·물적 자원을 획득하거나 여러 제약조건을 극복하는 데 중요한 역할을 하게 된다.

(2) 대중 및 매스컴의 지지

정책결정자들의 정치적 지지 못지않게 중요한 것이 대중 및 대중매체의 지지와 협조이다. 이들의 태도나 의견을 정책결정자가 무시할 수 없기 때문이다.

(3) 정책대상집단의 태도와 정치력

정책대상집단은 정책으로부터 직접 혜택을 받는 수혜집단과 정책으로 인하여 희생을 감수해야 하는 희생집단으로 나누어지는데, 성공적인 정책집행을 위해서는 수혜집단의 강력한 지지가 있어야 하고 희생집단의 저항이 약해야 한다.

2) 집행조직과 담당자: 집행조직

정책집행의 성공을 위해서는 집행자의 의욕과 능력이 가장 중요한 요인 중의 하나이다. 집행담당자는 조직의 구성원이기 때문에 집행조직의 구조나 분위기 등이 이들의 능력과 집행의욕에 영향을 미친다. 뿐만 아니라 집행체제는 여러 조직 또는 집단으로 구성되어 있고 또 이들 상호간에는 집행을 위한 명령체계가 매우 약하거나 그 관계가 느슨하게 연계되어 문제를 일으킨다.

(1) 집행주체의 능력과 의욕(행정인)

㈎ 집행자의 능력

집행자의 능력은 지적 능력, 관리적 능력, 정치적 능력을 갖추어야 한다.

첫째, 지적 능력이다. 정책집행자가 정책의 내용과 정책문제 상황 등에 대하여 정확하게 알고 있으면 그만큼 집행의 성공가능성은 커진다. 문제를 정확히 파악하고 대안을 광범위하게 탐색하며 대안의 결과를 예측할 수 있는 지적능력이 집행자에게 필요한 것이다.

둘째, 관리적 능력이다. 정책은 많은 사업으로 구성되기 때문에 정책을 집행하는 것은 사업을 추진하여 실현시키는 것이 핵심이 된다. 따라서 사업의 추진을 위한 관리능력이 중요하게 된다.

셋째, 정치적 능력이다. 정책의 집행자는 사실상 정치를 해야 하는 경우가 많다. 정책의 내용에 따라 영향을 받는 이해집단들이 자신의 권익을 위해서 집행과정에 끊임없이 개입하여 상호 모순・갈등되는 주장을 하게 되고, 집행자는 타협・조정을 해야 하는 경우가 많다. 이때 정책의 집행이 성공적인 것인가는 집행자가 얼마만큼 정치적 역량을 발휘하는가에 좌우된다.

㈏ **집행자의 의욕과 태도**

정책집행자가 정책의 집행을 위하여 강한 의욕을 지니고 있어야 정책이 성공적으로 집행될 가능성이 커진다. 집행자들을 자극하여 동기를 부여할 수 있는 유인의 존재여부, 집행자들의 신념, 지도자의 지도역량, 정책결정과정에서의 참여여부 등이 집행자의 의욕에 영향을 미친다.

(2) 집행조직의 구조(행정구조)

㈎ **집행조직의 구조**

집행이 성공하기 위해서는 집행조직의 구조가 중요하다. 정책집행 과정상 외부에서 환류되어 들어오는 정보를 빨리 취할 수 있는 학습조직, 내부에서 상·하로 의사전달이 쉽게 될 수 있는 의사전달체계, 조직내부의 하위조직간에 업무협조와 조정이 쉽게 될 수 있는 분업체계 등이 중요한 구조적 변수이다.

㈏ **집행조직의 절차**

집행자의 능력이나 집행의지, 나아가 집행에 영행을 미치는 조직적인 요소 중 가장 중요한 것이 집행절차이다. SOP가 마련되어 있는 경우 집행관료들이 절차에 따라 기계적으로 활동하기만 하면 집행은 성공할 가능성이 크다.

㈐ **집행조직의 특성**

정책집행에서 집행활동을 담당하는 조직이나 기관들은 무수하게 많다. 집행체제가 복잡할수록 집행은 어려움에 부딪히게 되는데 이것은 두 가지 측면에서 검토될 수 있다.

① 부처할거주의와 조정의 어려움

부처할거주의는 권한과 지위 면에서 수평적인 관계에 있는 여러 조직들이 하나의 정책을 분담하여 집행할 때 발생한다. 이에 대한 문제점으로는 협조와 조정이 어려워서 집행

〈그림 5-4〉 정책집행자의 능력과 태도

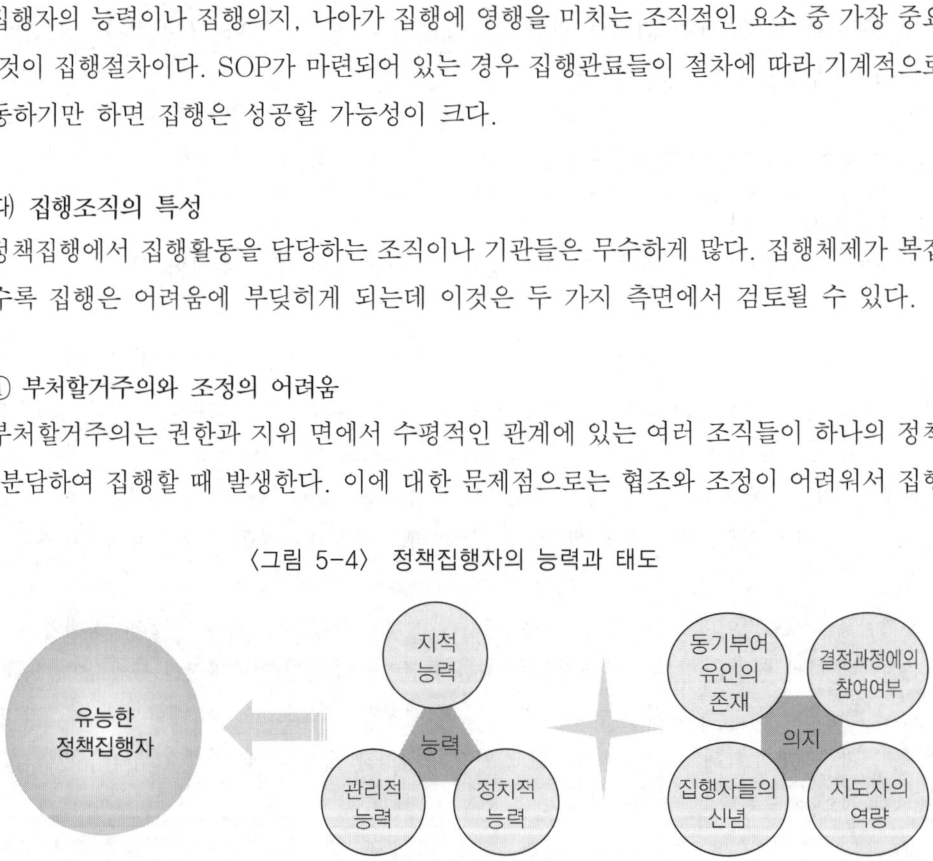

이 중단되거나 지연된다는 점과 부처 간 업무의 중복이나 모순·갈등이 발생한다는 점을 들 수 있다.

② **느슨한 연계와 거부점(veto point)**

명령체계상 상하관계에 있는 중앙·지방·일선집행관료 사이에도 실질적으로는 명령계통이 없기 때문에 여러 가지 문제가 발생한다. 느슨한 연계 구조에서 정책이 집행현장에서 변화되는 이유는 다음과 같다.

첫째, 정책내용이나 정책지침이 정확하게 집행현장까지 전달되기 힘들다.

둘째, 정책이나 정책지침이 통과해야 하는 각 참여자간의 연계점 하나하나가 모두 정책집행을 중단시킬 수 있는 거부점이 된다.

셋째, 비록 모든 거부점을 무사히 통과하여 정책이 집행된다고 하더라도 그 내용이 변질될 가능성이 있다. 각 의사결정점은 정책의 내용을 자기조직에 유리하게 수정·보완하는 경우가 많기 때문이다.

(3) 집행조직의 관료규범과 분위기(행정환경)

집행이 성공하기 위해서는 집행조직 전체가 집행에 대한 의욕과 능력이 있어야 한다. 집행조직의 능력과 의욕은 조직의 분위기와 관료규범 등에 의해서 크게 영향을 받는다.

관료규범이란 특정 조직과 무관하게 모든 조직에 공통적으로 존재하는 구성원 전체의 지배적인 태도로 정책집행에 결정적인 영향을 미친다. 어떠한 조직이든지 조직의 목표나 목표달성을 위한 업무추진방법 등에 대해서 구성원들 사이에 묵시적인 합의가 있을 뿐만 아니라, 조직업무와 직접 관련이 없는 행동에 대해서도 수용할 만한 것인지를 판단하는 일정한 규범이 있는 것이다.

〈그림 5-5〉 집행조직의 구조와 분위기

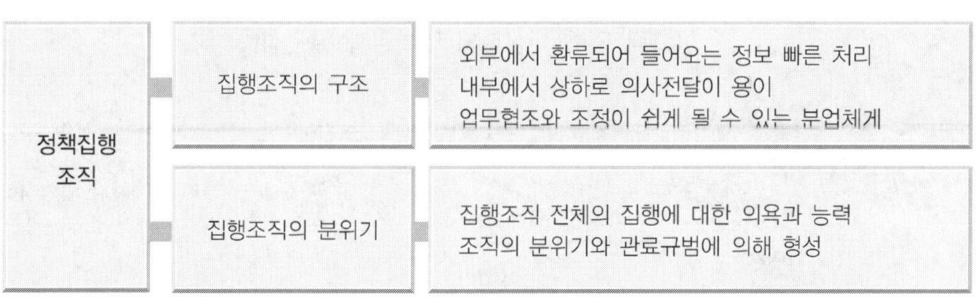

3) 정책의 특성: 정책내용

정책목표와 정책수단이 명확하고 일관되며, 정책의 내용이 소망스러우며, 또 정책집행을 위한 자원이 충분히 확보되면 정책의 집행은 쉽게 성공할 수 있는 조건이 갖추어진다.

(1) 정책내용의 명확성과 일관성

(가) 정책내용의 명확성

정책이나 정책지침 속에 나타난 정책내용 자체가 애매모호하면 정책관련자들이 그 정책내용의 실현에 도움이 되는 행동을 하기 어렵다. 정책내용이 분명하지 않고 애매모호하다는 의미에는 정책내용이 추상적인 경우뿐만 아니라, 상호 모순・대립되는 목표들 또는 수단이 아무런 우선순위 없이 나열되어 있어서, 정책집행 관련자 특히 정책집행자들이 구체적으로 무엇을 해야 하는지 명백하지 않은 경우도 포함된다.

(나) 정책의 일관성

정책의 일관성이 없으면 집행관련자들에게 정확한 내용의 전달이 어렵고 혼란이 일어난다. 이러한 일관성의 결여의 원인에는 다음 두 가지가 있다.

첫째, 동일한 정책이나 정책지침 속에 포함된 정책목표들이나 정책수단들이 상호 모순・대립되고 있으며 이들간의 우선순위가 명백하게 나타나 있지 않은 경우이다.

둘째, 지나치게 급속하거나 잦은 정책의 변경 때문에 정책이 시간적으로 일관성을 잃게 되는 경우이다.

(2) 정책내용의 소망성

정책내용의 소망성이 확보되기 위해서는 크게 두 가지 요소가 영향을 미친다.

〈그림 5-6〉 정책의 명확성과 일관성

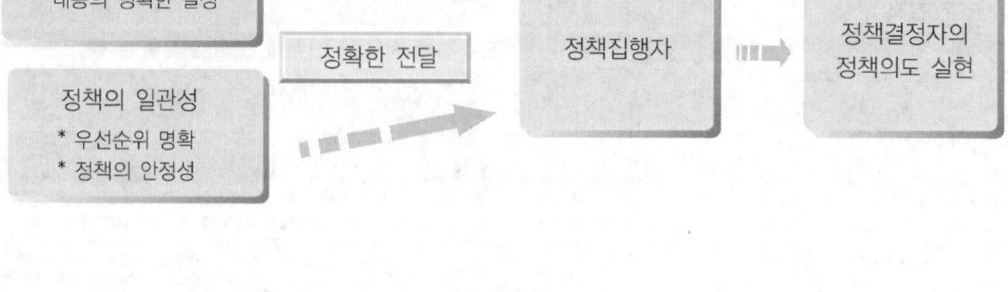

첫째, 정책이 객관적으로 보아 실질적 내용적 측면에서 바람직스러워야 한다. 여러 가지 목표들이 있는 경우에 우선순위가 분명하게 있고, 적합성(정책목표들 중에서 진실로 가장 중요한 목표가 우선되어 있는 경우)과 적절성(정책목표의 달성계획 수준이 적당한 경우)이 있어야 한다. 그리고 정책수단은 효과성(목표를 잘 달성할 수 있는 수단이 선택되어 목표와 수단 사이의 인과관계가 분명한 경우), 능률성(일정한 목표달성을 위해서 최소한의 경비나 희생을 지불하는 경우), 형평성(정책효과나 비용의 배분에서 정의에 합치되는 경우), 대응성(정책대상집단의 가치·선호·요구에 대해 부응하는 경우)이 있어야 한다. 그리고 실현가능성(정책의 정치적·경제적·사회적·행정적·법적·기술적 측면에서 실현가능한 경우)도 포함해야 한다.

둘째, 절차적 측면에서 정책결정과정이 민주적이어야 한다. 정책결정과정이 폐쇄적이어서 관련자의 참여가 제한되면 결정된 정책의 내용이 객관적으로 바람직스러운 것이라도 관련자들의 정책소망성에 대한 인식은 부정적이 된다. 이러한 상태가 되풀이 되면 관련자뿐만 아니라 일반국민들도 결정된 정책의 진정한 목표에 대한 의심과 정책수단의 합리성에 대한 불신이 생기게 된다.

(3) 정책집행수단 및 자원의 확보

정책집행을 위한 자원은 물적 자원과 인적 자원으로 나누어진다. 물적 자원은 예산지원을 의미하고, 인적 자원은 전문기술적인 지식을 갖춘 사람을 의미한다.

(4) 정책의 상황적 특성

(가) 정책의 중요성과 행태변화의 정도

정책이 중요하면 정책결정자 또는 강력한 정치적 지도자의 주목을 끌기가 쉽고, 이들의 강력한 지지를 얻게 되면 집행은 보다 쉽게 추진될 것이다. 정책의 중요성을 좌우하는 요소는 다음과 같다.

첫째, 정책의 중요성은 정책으로부터 영향을 받는 정책대상집단의 수와 규모에 의하여 크게 좌우된다.

둘째, 정책의 중요성은 정책이 사회적 제 측면에 얼마만큼 광범위하게 영향을 미치느냐에 따라서도 달라진다. 정책목표의 달성이나 정책수단의 실현이 정치·경제·사회·문화 등 한 측면에 그치지 않고 광범위하게 영향을 미치는 경우에는 집행이 비교적 힘들어진다.

셋째, 정책의 영향이 어느 정도 강하냐에 따라서도 정책의 중요성이 결정된다. 정책목표달성을 통해서 이룩하려는 변화의 정도가 클수록, 또한 정책이 요구하는 정책대상집단의 행태변화의 정도가 클수록 정책집행의 성공은 어려워진다.

〈그림 5-7〉 정책의 상황적 특성

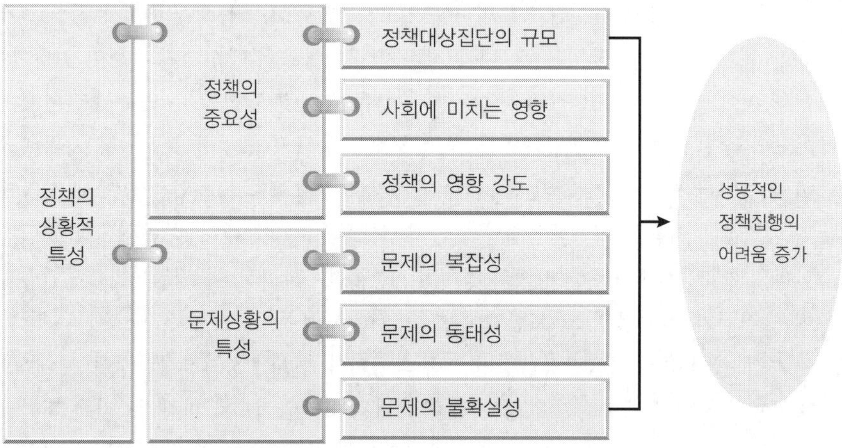

(나) **문제상황의 특성**

정책의 수립은 해결되어야 할 정책문제를 인지하는 데서 출발하는 경우가 대부분이다. 이러한 정책문제와 그를 둘러싼 상황은 정책의 집행활동을 크게 좌우한다. 정책상황의 특성으로 정책집행의 성공가능성을 저해하는 것을 지적하면 다음과 같다.

첫째, 문제상황의 복잡성(정책문제의 발생 원인이 많으며 이들간의 관계가 복잡한 상태)이 심하면, 정책집행의 성공을 어렵게 한다.

둘째, 문제상황의 동태성(특정한 정책수단이 추진되어 나타난 결과가 계속 변화되는 상태)이 심하면, 정책집행의 성공을 어렵게 한다.

셋째, 문제상황의 불확실성(문제발생 원인, 정책추진 결과를 정확하게 알지 못하는 상태)이 심하면, 정책집행의 성공을 어렵게 한다.

9. 정책집행의 순응과 불응

1) 순응과 불응의 개념

성공적인 정책집행을 위해서는 국민들의 해당정책에 대한 구체적인 이해와 적극적인 호응이 필요하다. 국민들의 정책에 대한 호응 정도를 순응이라고 하고 정책에 대한 반대를 불응이라고 한다.

기존에는 정책에 대한 순응이나 불응에 대하여 관심이 없었으나 근래에 와서 쓰레기 매

입장이나 핵 폐기장 건설에 대한 반대운동에서 볼 수 있듯이, 불응이 빈번하게 발생함에 따라 정책집행에 영향을 미치는 요인으로 순응확보의 중요성이 증대되었다.

2) 불응의 원인

(1) 불분명한 의사전달에 기인한 불응

정책의 내용이 정책대상집단에게 명료하게 전달되지 못할 때 불응이 발생한다. 정책결정자로부터 정책대상집단에 대한 의사전달과정에서 차질이 발생할 가능성은 ⓐ 발신자의 왜곡된 전달, ⓑ 수신자의 잘못된 이해, ⓒ 전달체계의 단절 등의 세 가지로 나누어 생각할 수 있다.

(2) 부족한 자원에 기인한 불응

정책대상집단이 정책의 요구사항을 분명하게 전달받은 경우에도, 순응에 필요한 예산, 시간, 능력 등 자원이 부족하여 불응이 발생하는 경우도 있다.

(3) 부적절한 정책에 기인한 불응

정책대상집단이 정책의 적절성에 대해 의혹이 있어 불응하는 경우를 말한다.

(4) 순응에 수반되는 부담에 기인한 불응

정책대상집단이 정책목표 및 정책수단에 대해서는 찬성하지만, 단지 정책이 요구하는 행동이 부담이 되어 불응이 발생하는 경우도 있다.

3) 순응확보 방안

정책집행의 순응확보 방안은 다음과 같다.

첫째, 도덕적 설득이나 경제적 유인의 방법으로도 순응을 확보할 수 없는 경우 강압이나 처벌과 같은 제재에 의하여 대상집단의 순응을 확보해야 한다.

둘째, 정책을 모르는 대상집단에게 필요한 정보를 제공함으로써 불응을 감소시킬 수 있다.

셋째, 정책에 순응하는 경우 금융이나 조세상의 혜택과 같은 지원을 약속하여 순응을 확보하여야 한다.

넷째, 정책목표의 명확화, 의사전달의 활성화 등도 순응확보를 위한 중요한 수단이 된다.

제 3 절 정책평가

1. 정책평가의 의의

1) 정책평가의 개념

정책평가란 정책이나 사업의 집행결과가 처음에 의도한 정책목표를 실현하였는가, 당초 사회문제가 되었던 정책문제의 해결에 기여하였는가, 그리고 집행결과 어떤 파급효과와 부차적 효과를 야기했는가를 체계적으로 조사·분석하고 평가하는 활동을 의미한다. Hatry & Winnie는 "특정한 정부의 사업이 국민에게 미친 모든 장·단기적 효과에 관한 정보를 제공하기 위해, 특정한 정부사업을 체계적으로 검토하는 것"이라고 정의하고, D. Nachmias는 "진행중인 정책이 달성하고자 하는 목표와 관련하여 그것이 대상 집단에 미친 효과를 객관적, 체계적, 실증적으로 검토하는 것"이라고 정의하고 있다.

2) 정책평가의 특징

정책평가는 다른 방법들과는 구분되는 몇 가지 특징들을 가지고 있다.

첫째, 정책평가는 정책 사이클(*cycle*) 가운데 집행, 산출, 산출 성과 및 영향에 초점을 맞춘다.

둘째, 정책평가는 회고적(*retrospective*)인 활동이다.

셋째, 정책평가는 정책의 값어치(*value*)를 따지는 것이기 때문에 단순히 정책이 달성하고자 하는 목적의 성취여부를 측정하는 것만이 아니라, 정책이 초래한 영향을 사정(*assessment*)하고, 나아가서는 정책이 추구하는 가치와 이념의 적합성까지도 평가기준으로 사용된다.

넷째, 정책평가는 정부의 공공간여(*public intervention*)에 대한 주의 깊은 사정(*careful assessment*)이다. 그러므로 정책평가는 체계적인 자료의 수집, 가치에 대한 기준과 성과표준들과 같은 평가기준들의 사려 깊은 적용 등 정책평가의 객관적이고 과학적인 절차와 방법을 따라야 한다(노화준, 2003: 32).

2. 정책평가의 중요성

1) 대두 배경

1960년대 중반 미국 연방정부는 '위대한 사회(*The Great Society*)'의 건설이라는 슬로건을 내걸고, 특히 극빈자나 실업자, 하류층 출신들을 위한 수많은 사회 정책적 사업들을 의욕적으로 추진하였다. 하지만 사회의 진보주의적·인도주의적 분위기가 고조된 가운데 추진된 사업들은 이에 앞선 졸속한 정책결정으로, 그 집행과정에서 많은 시련에 봉착하게 되었으며, 1960년대 말에는 많은 사업들의 실패와 사업평가보고서의 발표(예: 국립무료유아원 사업 등)로 사회 정책적 사업에 대한 비판이 가속화되었는바, 이 과정에서 정책평가의 중요성은 더욱 부각되었다.

2) 정책평가의 필요성

(1) 의도와 다른 집행현실

많은 정책들은 정책결정자들이 의도했던 대로 집행되지 않으며, 정책집행과정에 불응이 생기거나 정책변화가 발생하거나 집행되지 않아 실패로 끝나는 사례가 적지 않다. 따라서 그 각각에 대한 원인규명을 위해서는 정책평가의 필요성이 대두된다. 평가 결과는 문제점을 찾아 정책수정을 통해 집행을 효율화시키거나 다음 정책결정에 참고자료로 활용된다.

(2) 정책과정의 다양화

정책과정의 전 단계에 걸쳐 수많은 개인과 집단들이 참여함에 따라 정책과정의 양상이 매우 복잡해졌다. 이러한 현상은 단순한 과거 경험이나 개인적 통찰력에 의존하여 정책의 효과를 판단하는 것을 불가능하게 했다. 따라서 복잡한 정책과정에 대한 이해를 증진시키고, 정책의 효과를 체계적·과학적으로 분석해내기 위해서 정책평가의 필요성이 제고되었다.

(3) 정부활동의 효과성 강조

한정된 자원으로 효율적으로 정책을 운영하여 최대의 서비스를 제공해야만 하는 정부는 계획과 집행의 미숙성 때문에 엄청난 재정적·시간적 노력과 자원의 낭비·손실을 가져올 수 있다. 따라서 이를 관리하고 효율성을 높이기 위해 정책평가가 요구된다.

(4) 정부활동의 책임성 확보

현대국가의 정책이나 프로그램을 결정하고 집행하는 행정가들의 책임은 단순한 회계책임을 넘어서, 정책자체에 대한 책임, 관리책임 나아가서는 도덕적 윤리적 책임으로까지 확대되고 있다. 따라서 책임소재를 밝히고 책임을 묻기 위해 정책평가가 필요하다.

(5) 정책학습의 활성화

정책은 그 자체로 아직 검증되지 않는 가설적 성격을 가진다. 따라서 정책결정 당시부터 완전하게 합리적이거나 무결점이기는 어려우며, 오히려 정책과정에서 진화되고 수정되어 오차를 최소화시켜 나간다고 볼 수 있다. 이러한 관점에서 정책평가체제는 정부정책의 전제가 되는 인과론적 가정이나 현실적 특성을 재검토함으로써, 정책관련자들로 하여금 정책이 오류를 수정하고 정책의 성과에 영향을 주는 요인들을 규명해 나가는 정책학습 활동에 기여할 수 있다. 따라서 정책과정에 있어서 정책평가는 환류 및 학습의 단계에 속하는 매우 중요한 단계로서, 정책품질관리제도와 연계하여 정책성공과 실패에 대한 명확한 규명과, 정책사례로의 DB 구축을 통한 지식관리 및 정책학습의 활성화가 필요하다.

3. 정책평가와 유사개념

1) 정책평가와 사업평가

정책목표-수단의 계층구조의 관점에서 상층부로 가면 정책에 해당하고, 하층부로 가면 사업에 해당하는 경우가 많다. 하지만, 정책의 영향을 파악하려는 경우, 개별사업의 영향의 합계와는 차원이 다른 전체적 영향이 있을 수 있기 때문에 정책평가와 사업평가는 다르다.

2) 정책평가와 정책분석

정책평가론에서는 주로 정책집행 과정 및 결과만을 평가대상으로 연구가 진행된다. 그래서 정책의제설정, 정책결정활동에 대한 평가는 연구대상에서 제외된다. 이것은 정책분석론에서 취급한다.

3) 정책평가와 환경영향평가

환경영향평가(*environmental impact evaluation*)란 환경에 현저한 영향을 미칠 것으로 우려되는 각종 개발사업을 계획할 때, 그 사업이 환경에 미칠 영향을 미리 예측, 분석하여 환경상의 악영향을 제거하거나 완화시킬 수 있는 방안을 강구하는 것이다.

환경영향평가는 개발사업을 실시하기 전에 그것을 검토하기 때문에, 그것은 좁은 의미의 정책분석의 특수한 경우라고 보아야 한다(채경석, 2005: 355-356).

4) 신공공관리론과 성과평가

(1) 신공공관리론의 의의

신공공관리론(*new public management*: NPM)은 관리주의와 시장주의를 기반으로 서구 자본주의 사회를 대표하는 영국과 미국 등 신보수주의 정권에서 등장했다. 여기서 시장주의는 독점적 정부서비스 제공방식에 경쟁 원리를 도입하려는 것이고, 관리주의는 지나친 내부통제를 감축시켜서 통제위주의 행정을 성과위주의 관리로 전환시키려는 시도이다.

신공공관리는 관료제 중심의 전통적 관리방식에 비해, 특히 경쟁, 성과, 고객을 강조하는 면이 두드러진다. 시장지향적 경쟁원리를 효율성 제고의 중요한 수단으로 삼고, 경쟁이 있어야 효율성이 있다는 믿음을 가진다. 또한 성과를 달성하는 과정에 대하여 재량을 부여하되 결과에 대하여는 분명한 책임을 묻는 성과중심의 관리를 강조하며, 민간부문의 경영방식을 적용하여 고객에 대한 대응성을 높이고자 함으로써 고객을 중요시한다.

〈그림 5-8〉 신공공관리론

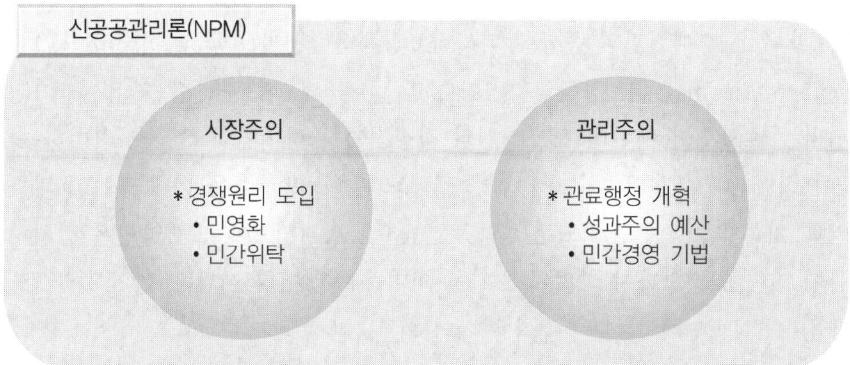

(2) 성과평가와 정책평가

신공공관리론에 있어서의 중심적인 개념은 '성과'인데, 이는 목표를 달성하게 하고 이의 결과인 성과를 점검하여 관료들을 통제하고, 나아가서 국민들에게 정부활동의 성과를 알림으로써 정부활동의 책임성을 확보하고자 한다.

이러한 성과평가는 정책평가와는 다소 성격이 다르다. 성과평가는 조직차원에서 각 행정기관이 설정한 사명과 목표를 어느 정도 달성했는지에 대해서 업적지표나 성과지표를 통해서 행정활동의 성과를 측정하는 것이다. 반면에 정책평가는 개별 정책이나 사업이 애초에 의도한 효과를 어느 정도 달성했는지를 과학적, 체계적 방식으로 파악하고(총괄평가), 정책이나 사업의 집행과정에서 애초에 설계된 대로 집행이 이루어졌는지(집행분석), 정책의 효과가 발휘하기까지의 인과경로는 어떠한지(좁은 의미의 과정평가)를 파악하는 데 초점을 두는 점에서 성과평가와는 차이를 보인다.

4. 정책평가의 유형

1) 평가대상에 따른 분류: 총괄평가와 과정평가

(1) 총괄평가

정책결과를 평가대상으로 한 것이 총괄평가이며, 집행과정을 평가대상으로 한 것이 과정평가이다. 총괄평가는 정책집행이 끝날 때에 내리는 평가이며, 과정평가는 집행의 도중에 이루어지는 평가이다.

(2) 과정평가

정책효과 혹은 정책결과의 종류에 따라 1) 정책산출평가(*policy output*), 2) 정책성과평가(*policy outcome*), 3) 정책영향평가(*policy impact*)로 구분할 수 있다. 가장 단기간에 나타나는 효과로써 예컨대 프로그램의 직접적인 물적·인적 산물을 의미하는 것이 정책산출이며(예컨대, 건설된 저수지 시설), 정책성과는 정책산출을 통해 얻는 효과를 의미한다(예컨대, 저수지를 통해 얻게 되는 쌀의 증산효과). 마지막으로 정책영향은 정책성과가 다른 부문에 미치는 영향까지 고려된 효과를 의미하는 것이다(예컨대, 쌀의 증산으로 인한 쌀값의 하락이나 재배면적의 변동, 부작용 기타 외부효과 등).

〈표 5-5〉 정책평가의 유형: 총괄평가와 과정평가

총괄평가 (summative evaluation)	정책집행 후에 과연 의도했던 정책효과가 발생했는지를 확인·검토하는 것 정책효과와 부수효과나 부작용까지 포함하여 정책이 사회에 끼친 영향이나 충격을 확인하려는 사실 판단적인 활동
과정평가 (process evaluation)	정책집행과정에 나타난 집행계획·집행절차·투입자원·집행활동 등을 확인·검토하는 것

2) 정책평가의 주체에 따른 분류: 내부평가와 외부평가

(1) 내부평가(inside-evaluation)

정책의 결정 · 집행을 담당하고 있는 사람들이나(이 경우에는 자체평가, *self-evaluation*), 이들이 소속한 조직의 다른 구성원이 행하는 평가를 말한다. 평가에 전문성과 경험을 활용할 수 있고, 평가결과의 활용이 용이하지만 평가공정성 유지가 곤란하다.

(2) 외부평가(outside-evaluation)

정책의 결정 · 집행의 담당기관이 아닌 제3자가 수행하는 평가를 말한다.

3) 정책평가의 단계에 따른 분류: 예비평가와 본 평가

예비평가는 정책평가의 소망성과 실현가능성을 개략적으로 검토하는 평가성 검토(*evaluabillty assessment*: 평가성 사정이라고도 함)를 말하며, 본 평가는 예비평가 결과 본격적인 평가가 필요하다고 판단된 사업을 대상으로 총괄평가, 과정평가 등을 수행하는 것을 말한다.

4) 여러 학자들의 분류방법

(1) Suchman의 평가유형

Suchman은 정책평가 기준으로 다섯 가지 평가기준을 제안하였다. 이들은 1) 노력, 2) 성과, 3) 일의 적절성, 4) 능률성, 5) 과정 등이다(노화준, 2003: 60).

〈표 5-6〉 여러 학자들의 정책평가 분류방법 비교

Suchman	Nachmias	Wholey	Rossi & Freeman	미국 정책평가학회 (Evaluation Research Society)
① 노력 ② 성과 ③ 일의 적절성 ④ 능률성 ⑤ 과정	① 과정평가 ② 영향평가	① 실질적인 영향평가 ② 프로그램 전략평가 ③ 과정 또는 관리평가 ④ 프로젝트 평가	① 프로그램의 개념화와 설계를 위한 평가 ② 프로그램 집행의 모니터링 ③ 프로그램의 효용성 평가	① 착수직전분석 ② 평가성 사정 ③ 형성적 평가 ④ 영향평가 ⑤ 프로그램과 문제의 모니터링 ⑥ 메타평가

(2) Nachmias의 평가유형

Nachmias는 과정평가(*process evaluation*)와 영향평가(*impact evaluation*)로 평가유형을 구분하였다. 과정평가란 어느 특정 정책이나 사업이 정해진 지침에 따라 집행된 정도를 검토하는 것이며, 영향평가란 어떤 정책이 의도한 방향으로 어떤 변화를 야기시킨 정도를 검토하는 것이다.

(3) Wholey의 평가유형

Wholey는 정책평가를 적용되고 있는 프로그램이 공식적으로 명시된 목표를 달성하는 데 미친 영향이나 효과성을 평가하고 그들의 능률성을 평가하기 위한 체계적인 분석이라고 보았다. 위의 평가의 목적을 달성하기 위해 1) 실질적인 영향평가, 2) 프로그램 전략평가, 3) 과정 또는 관리의 평가, 4) 프로젝트 평가 등이 시행된다고 보고 있다.

(4) Rossi & Freeman의 평가유형

Rossi & Freeman은 정책평가를 1) 프로그램의 개념화와 설계를 위한 평가, 2) 프로그램 집행의 모니터링, 그리고 3) 프로그램의 효용성에 대한 평가 등 세 가지 유형으로 구분하고 있다.

(5) 미국의 정책평가학회(Evaluation Research Society)에 따른 유형

정책평가학회에 의하여 개발된 표준에는 착수직전분석(*front-end analysis*), 평가성 사정(*evaluation assessment*), 형성적 평가(*formative evaluation*), 영향평가(*impact evaluation*), 프로그램과 문제의 모니터링(monitoring) 및 메타평가(*meta-evaluation*) 등의 여섯 가지 유형의 정책평가가 포함되어 있다(노화준, 2003: 61).

5. 총괄평가의 목적과 내용

1) 총괄평가의 개념

정책평가에서는 앞에서 본 바와 같이 총괄평가와 과정평가가 논의되는데, 정책평가의 핵심은 총괄평가에 있다. 총괄평가(*summative evaluation*)는 정책이 집행되고 난 후에 정책이 사회에 미친 영향(*impact*)을 추정하는 판단활동이다. 정책이 사회에 미친 영향·충격은 정책효과도 있고, 부작용 등의 정책희생도 있다. 정책효과를 추정한다는 것은 정책목표의 달성여부를 판단하는 것을 의미한다(정정길, 2000: 756-757).

총괄평가
총괄평가는 W. Dunn의 평가기준을 빌린다면 소망성(desirability), 실현가능성(feasibility) 중에서 소망성의 여섯 가지 기준을 평가하는 것이다. 소망성 평가기준의 여섯 가지는 효과성(effectiveness), 능률성(efficiency), 공평성(equity), 대응성(responsiveness), 적합성(appropriativeness), 적정성(adequacy)이다.

2) 총괄평가의 종류

(1) 효과성 평가(effectiveness evaluation)

정책의 효과성(*effectiveness*)은 정책목표의 달성정도(*goal attainment*)를 의미하는데 효과성을 판단하는 것이 총괄평가의 가장 핵심적 작업이다.

효과성 평가는 다음과 같은 내용을 포함한다.

첫째, 의도했던 정책효과가 과연 그 정책 때문에 나왔는지의 여부를 알아보는 것이다. 이것은 정책효과의 타당성(*validity*) 판단하는 것이다. 여기에서 타당성은 사전적 의미로는 의도하는바 목적에 온당함을 의미하며, 사회과학 방법론적으로는 실험설계에서 변수들간의 인과성 추론의 적합성을 의미한다.

둘째, 발생한 정책효과의 크기는 정책목표와 대비하여 어느 정도인지를 판단하는 것이다. 이것은 정책목표의 달성정도를 알아보는 것으로 효과성 판단이라고도 볼 수 있다.

(2) 능률성 평가(efficiency evaluation)

효과성이 정책목표의 달성도에 초점을 둔 기준이라고 한다면, 능률성은 그러한 일을 성취하는 데 얼마만한 비용이 투입되었느냐 하는 것을 나타내는 기준으로서, 일반적으로 정책을 집행하는 데 투입되어야 할 비용과 이러한 정책의 집행으로 산출된 산출물의 비율로

〈그림 5-9〉 비용-편익, 비용-효과로 표시한 효율성

$$\text{효율 (비용 – 편익)} = \frac{\text{프로그램 효과의 가치 (원화 혹은 US\$ 표시)}}{\text{비용 (원화 혹은 US\$ 표시)}}$$

$$\text{효율 (비용 – 효과)} = \frac{\text{물리적인 단위로 표시된 프로그램의 효과}}{\text{비용 (원화 혹은 US\$로 표시)}}$$

서 정의된다(노화준, 2003: 143).

◎ **효율성 평가에서의 주요 질문:**
① 정책의 직접적 비용을 얼마 만큼인가?
② 정책의 간접적 비용은 얼마 만큼인가? 즉, 부작용이나 사회적 충격을 포함한 사회적 비용은 얼마 만큼인가?
③ 정책효과는 비용을 상쇄시킬 만큼 큰 것인가?

(3) 공평성 평가(equity evaluation)

공평성(*equity*) 평가는 정책의 집행 후에 정책비용과 정책효과가 정책대상집단간에 공평하게 배분되었는지를 평가하는 것을 말한다.

(4) 대응성 평가(responsiveness evaluation)

대응성(*responsiveness*)이란 정책환경의 요구·선호·가치의 만족화 정도로서, '특정 정책이 어느 정도나 정책수혜집단의 요구·선호·가치 등을 만족시키고 있는가를 판단하는 기준'이다. 이 대응성을 측정하는 것으로는 정책이 실시되기 전의 시민들의 요구 조사결과와 실시 후의 조사결과간의 차이에 대한 비교측정 방법을 들 수 있다.

(5) 적합성 평가(appropriateness evaluation)

적합성(*appropriateness*)이란 정책에 내포된 가치성의 정도로서, '특정 정책이 지니고 있는 가치나 비전이 과연 현실적으로 어느 정도로 바람직한 규범성을 지니고 있는가에 대한 판단 기준'이다.

(6) 적정성 평가(adequacy evaluation)

적정성(*adequacy*)이란 문제의 해결정도로서, '특정 정책의 실시결과 정책목표의 실현

〈그림 5-10〉 총괄평가의 종류

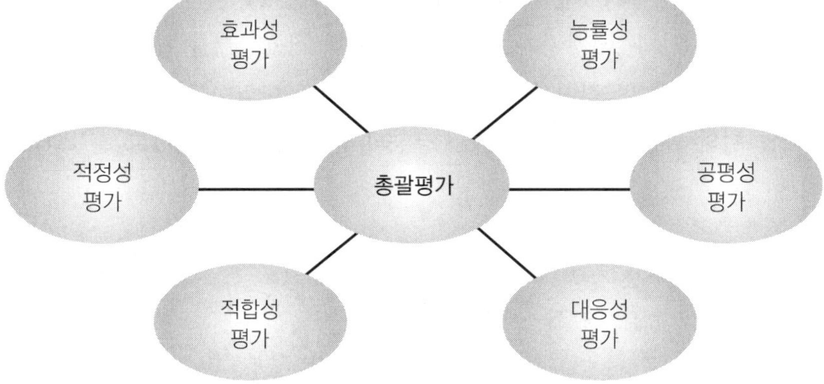

정도가 당초의 정책문제를 어느 정도나 해결하였는가를 판단하는 기준'이다. 이는 정책효과의 크기가 해결하고자 했던 원래의 정책문제의 해결에 충분할 정도인가 알아보는 것이다. 특히 적정성에는 시간의 적정성, 즉 적시성(*timing*)과, 문제 해결에 있어서 수단이 얼마나 잘 부합하는가를 나타내는 정도(*degree*)의 적정성이 있다.

6. 과정평가의 목적과 내용

1) 과정평가의 개념

정책집행 과정에서 정책집행 활동을 분석하는 평가로서, 이를 근거로 보다 효율적인 집행전략을 수립하게 된다. 과정평가는 정책내용을 수정・변경(보다 바람직한 정책수단의 채택과 이에 따라 정책목표에 대한 수정・변경)하며, 정책의 중단・축소・유지・확대 여부의 결정에 도움을 준다.

2) 과정평가의 종류

(1) 좁은 의미의 과정평가: 효과발생의 인과경로 평가

좁은 의미의 과정평가(*process evaluation*)는 정책수단이 구체적으로 어떠한 경로를 거쳐서 정책효과를 발생시켰는지 파악하려는 것이다. 즉, 정책효과를 결과로 하고 정책수단을 원인으로 하여 인과관계를 파악하되, 도중에 개입되는 매개변수(*intervening vari-*

able)도 확인함으로써 인과관계의 경로를 검증·확인하려는 것이다.

어떤 정책의 결과를 결정짓는 과정은 상호작용을 하는 요인들이 서로 복잡하게 얽혀 있는 망(*network*)과 같다. 과정평가는 이러한 인과적 상호관계를 하나의 전체적인 유형으로 구성해 보자는 데 그 목적이 있다. 다른 무엇보다도 이러한 작업에는 프로그램의 시작과 그 결과 사이의 과정이 결과에 미치는 영향의 인과관계를 탐색하고 명료화하는 작업이 포함된다(이경옥, 1995: 285).

◎ 인과경로 평가의 주요 질문
① 정책효과는 어떠한 경로를 거쳐서 발생하게 되었는가?
② 정책효과가 발생하지 않은 경우에 어떤 경로에 잘못이 있었는가?
③ 보다 강한 영향을 미치는 경로는 없는가?

(2) 일반적 의미의 과정평가: 집행분석, 형성평가

집행분석(*implementation analysis*) 또는 집행과정 평가는 정책이 의도했던 대로 집행이 되었는지를 확인·점검(*monitor*)하는 것이다. 정책의 집행이나 사업의 운영(*operation*)이 원래의 집행계획(*plan*)이나 집행설계(*design*)에 따라 이루어졌는지를 확인하여 여기서 벗어난 부분을 파악하는 것이다.

◎ 집행분석(형성평가)의 주요 질문
① 원래 집행계획에서의 활동이 이루어졌는가? (activity)
② 계획된 자원(인적·물적)이 계획된 시간에 투입되었는가? (impact)
③ 원래 의도한 정책대상집단에 실시되었는가? (coverage)
④ 관련된 법률이나 규정에 순응하고 있는가? (compliance)

7. 정책평가의 논리

1) 과학적 정책평가방법의 유형

과학적 정책평가방법은 크게 두 가지로 나누어지는데, 실험적 방법과 비실험적 방법이 그것이다. 실험적 방법은 진실험과 준실험으로 나뉘며, 비실험적 방법은 실험을 사용하지 않은 통계적 방법을 말한다.

2) 정책목표-정책수단의 인과관계

총괄평가의 목적은 본질적으로 정책목표와 수단 사이에 존재하는 인과관계를 검증하려는 것이다. 다시 말해 정책이 집행된 후에 소기의 효과가 발생했는가의 여부를 평가하는 데 있다고 할 수 있다. 정책은 일반적으로 정책목표와 이를 달성하기 위한 정책수단으로 구성되어 있다. 정책을 집행한다는 것은 정책수단을 실현한다는 의미이다. 그러므로 정책집행이 소기의 효과를 가져왔는가를 판단한다는 것은, 정책수단이 실현되었을 때 소기의 효과를 가져왔는가를 판단하는 것과 같은 의미이다.

3) 사회실험(social experiment)

(1) 실험의 기본개념

실험은 반드시 실험집단(*experimental group*)과 이에 비교되는 통제집단(*control group*)을 보유한다. 그래서 실험대상을 의도적으로 두 집단으로 나누고, 실험집단에게는 일정한 처리(*treatment*)를 가하고 통제집단에게는 처리를 가하지 않게 하여 일정한 시간이 지난 후에 양 집단이 나타내는 결과변수상에서의 차이를 처리의 효과라고 판단하는 것이 실험의 기본논리이다(정정길 외, 2005: 804).[4]

최근 사회적으로 문제가 되고 있는 어린아이들의 비만문제 해결을 위해, 실험적으로 한 초등학교의 6학년 아이들의 급식에서 영양사가 특별히 마련한 개선식단을 급식에 사용하기로 했다고 하자. 이때 반드시 실험집단과 비교집단(통제집단)을 확보해야 한다. 그래서 실험 후 두 집단을 비교했을 때 나타나는 결과변수상의 차이를 실험의 효과라고 판단하는

〈그림 5-11〉 정책수단과 정책목표

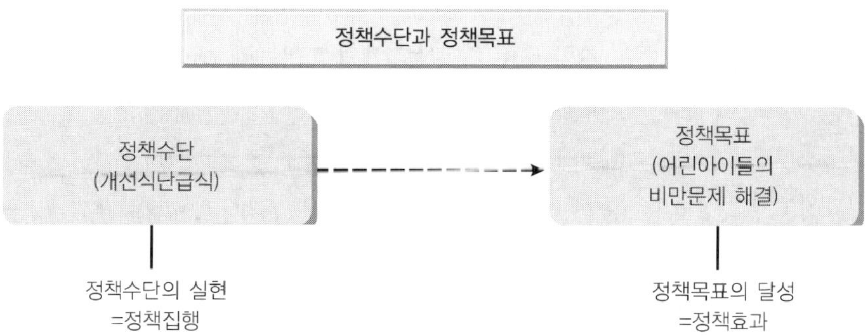

4) 여기에서 실험에 대한 기본적인 설명은 정정길 외(2005: 804-810)의 설명 논리를 유추·활용하였음.

것이 기본적인 실험적 방법의 논리이다. 이때 개선식단을 사용하게 될 A초등학교를 실험집단으로, 그 주위에 있는 B초등학교를 비교집단으로 하여, B초등학교 6학년 학생들에게는 평소와 다름없는 식단대로 급식을 실시하고 1년 후의 몸무게를 측정하였더니, 실험집단은 2kg의 증가로 나타나고, 비교집단은 5kg의 증가로 나타났다면, 개선식단의 효과는 3kg 비만감소로 판단하는 것이 기본 논리이다(〈그림 5-12〉 참조).

① 실험대상(*subjects*): 전국의 초등학교 학생들이 된다. 정책의 경우에는 정책대상집단(*policy target group*)이 여기에 해당된다.

② 처리(*treatment*): 개선식단이 바로 이것이 되는데, 정책의 경우에는 정책수단의 실현(또는 정책의 집행) 또는 정책내용의 실현이 여기에 해당된다.

③ 처리효과(*treatment effect*): 개선식단의 효과로서 결과변수의 변화로 나타낸다. 정책의 경우는 정책결과, 즉 정책목표의 달성이 여기에 해당되고, 이는 결과변수의 변화로서 측정된다.

④ 결과변수(*outcome variable*): 개선식단으로서 체중감소를 가져온다고 생각하고 있으므로 체중이 결과변수이다. 정책의 경우는 정책목표를 나타내는 지표가 된다. 이 결과변수를 흔히 실험 전에 측정하고, 실험 후에도 측정하는데, 전자를 실험 전 측정치(*pre-test score*), 후자를 실험 후 측정치(*post-test score*)라고 부른다(정정길, 2004: 151).

(2) 진실험과 준실험

실험집단과 통제집단의 동질성을 확보하고 행하는 실험을 진실험(*true experiment*)이라고 부르고, 두 집단의 동질성을 확보하지 않고 행하는 실험을 준실험(*quasi-experiment*)이라고 부른다.

〈그림 5-12〉 실험설계의 기본논리

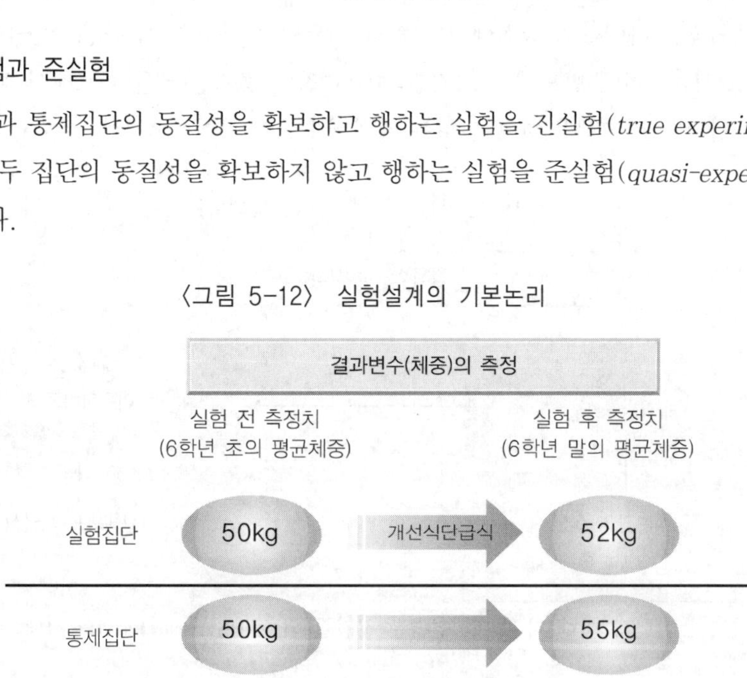

실험집단과 통제집단의 동질성 여부는 양 집단을 구성하는 방법에 의하여 판단한다. 모집단(*population*)으로부터 두 집단에 포함될 구성원을 무작위(*random*)로 결정하면 두 집단은 동질성을 확보하게 되고, 따라서 진실험이 된다.

(3) 사회실험에 대한 저항

사회실험을 통하여 정책효과를 추정하는 것에 대하여 많은 저항이 있다. 평가자는 이러한 저항을 충분히 파악하고 해결책을 강구하여야 한다. 여기서는 몇 가지 자주 대두되는 문제점을 살펴본다.

① 실험대상이 되는 것을 기피함: 사람들은 자기들을 실험 대상으로 하여 무엇을 밝히는 데 대하여 좋은 감정을 갖지 않는다.
② 전문성에 대한 민감한 반응: 사람들은 최상의 서비스를 원한다. 다시 말해서 실험설계에서처럼 어떤 프로그램에서는 어떤 종류의 서비스가 제공되고, 또 어떤 프로그램에서는 다른 서비스가 제공되는 경우를 인정하지 않는다는 뜻이다.
③ 과다한 시간과 노력: 모든 평가연구가 어느 정도 시간과 노력을 필요로 하지만, 특히 사회실험은 다른 연구설계보다 더 많은 시간과 노력이 든다. 간단한 통계적 방법을 비롯하여 사전사후설계나 유사비교집단설계와 같은 비실험적 방법에 비해서 재원과 인력 그리고 시간이 많이 소요된다.

8. 평가결과이 활용

1) 평가결과의 활용방법

정책평가의 결과는 정책의 집행상태를 점검하거나 집행전략을 수정 혹은 보완하기 위하여, 그리고 정책종결에 따른 환류 및 학습을 위해 활용된다. 뿐만 아니라 정책과정상의 책임확보나 정책학의 이론형성에 활용되기도 한다.

2) 평가결과 활용의 영향요인

평가결과의 다양한 활용방법 중에서도 가장 바람직한 것은 원래 평가자가 의도한 대로 활용되고, 나아가 도구적 방법으로 활용되는 것이다. 그러나 현실적으로는 여러 가지 제약

요인들로 인해 바람직한 활용이 어려워지는데, 평가결과의 활용에 영향을 미치는 요인들을 살펴보면 다음과 같다.

(1) 정책결정자의 요구(needs)

정책결정자와 사업담당자의 요구와 평가결과가 얼마나 일치하느냐의 정도와 그러한 요구가 평가과정에서 얼마나 어떻게 반영되느냐와 관련된 변수이다. 정책결정자의 요구와의 일치정도나 반영정도가 클수록 활용을 높여줄 수 있다.

(2) 적시성(timeliness)

평가의 시기와 결과가 산출되어 나오는 시기가 정책이나 프로그램 결정 시기와 얼마나 일치하느냐와 관련된 것으로서, 활용의 측면에서 시간적으로 적실성 있게 산출되어 나올수록 활용이 높아질 수 있다.

(3) 평가이용자와의 의사소통(communication)

평가이용자(평가대상사업의 담당자 혹은 책임자)가 평가과정에서 평가자와 직접적인 의사소통을 하느냐와 관련된 변수로서, 직접적 의사소통의 정도가 높을수록 활용이 촉진될 수 있을 것이다.

(4) 평가결과의 배포(dissemination)

평가결과를 처리하는 방법과 관련된 변수로서 평가결과보고서 전체를 공개하느냐, 혹은 요약본을 제시하느냐에 따라 평가결과활용이 다르게 나타날 수 있을 것이다. 요약본을 제시하는 경우 특히 부정적 평가결과에 대한 왜곡이나 누락이 발생할 수 있고, 이때는 활용이 오용될 수 있는 소지가 있다.

(5) 적절성의 인식(awareness of relevance)

평가결과 특정한 정보를 얻고 싶어 하는 것을 미리 명시하거나 평가의 목적이 분명한 경우 평가활용이 촉진될 수 있다.

(6) 평가결과의 발표형식(presentation)

평가결과의 보고과정에서 혹은 평가결과를 공식문서로 작성하는 과정에서 평가결과를 얼마나 정확하고 알기 쉽게 서술하느냐와 관련된 변수로서, 지나치게 전문적인 용어로 서술한다거나 잘 조직화되어있지 않은 형태로(*jargon*) 서술하는 경우 활용에 방해가 될 수

<표 5-7> 평가결과활용에 영향을 미치는 요인

대 분 류	중 분 류
적절성의 인식 (awareness of relevance)	정책결정자의 요구(needs)
	프로그램 집행자의 요구(needs)
	적시성(timeliness)
의사소통 (communication)	평가이용자와의 의사소통(communication)
	평가결과의 배포(dissemination)
결과처리과정 (information processing)	평가결과의 발표형식(presentation)
	평가이용자의 태도(attitude)
신뢰성 (credibility)	경쟁적 평가결과의 존재(rivalry)
	평가방법의 질(quality)
평가이용자 관여와 옹호 (user advocacy)	평가이용자의 활용 의지(commitment to evaluation)
	평가정책에 대한 옹호 정도(advocacy of program and policies)

있을 것이다.

(7) 평가이용자의 태도(attitude)

행정가와 평가자인 전문가 사이의 방법론에 대한 선호도의 차이나 평가를 통해 얻고자 하는 특정 정보가 다를 때 활용에 영향을 미치게 되는 경우를 설명하는 변수이다.

(8) 경쟁적 평가결과의 존재(rivalry)

해당 평가결과 외에 다른 소스로부터 나온 평가결과가 존재하고, 그 결과와 상충되는 정도에 따라 활용이 영향을 받게 되는 경우를 설명하는 변수이다.

(9) 평가방법의 질(quality)

평가방법론의 질과 관련된 변수로서, 방법론의 엄격성이 돋보이는 경우 활용이 촉진될 수 있을 것이다.

(10) 평가이용자의 활용 의지(commitment to evaluation)

평가대상사업에 평가이용자가 얼마나 관심을 가지고 있고 개입되어 있느냐와 관련된 변수로서, 관심이 높고 개입의 정도가 클수록 활용이 촉진될 것이다.

(11) 평가정책에 대한 옹호 정도(advocacy of program and policies)

평가대상사업에 대해 평가이용자가 옹호하는 정도에 따라 평가결과가 부정적인 경우와 긍정적인 경우 각각 다르게 활용에 영향을 미치게 된다. 부정적 평가결과가 산출되어 나오는 경우 활용은 저해받을 수 있을 것이다.

2) 평가결과 활용의 최적화 방안

많은 시간과 비용을 들여 어렵게 수행한 정책평가의 결과는 가능한 그 목적달성을 위해 최대한 이용되고 다용도로 활용될 수 있어야 한다. 이처럼 평가결과를 최대한 이용하기 위해서는 위에서 제시한 장애요소들을 통제하거나 제거해야 한다.

첫째, 정책평가자의 스스로의 노력으로 평가결과를 이용하는 사람의 욕구에 맞는 대상을 평가하되, 적실성 있고 올바른 방법과 정확한 자료로 평가를 수행하고 그 결과는 가능한 쉽게 이해될 수 있도록 보고해야 된다.

둘째, 정책평가의 출발단계에서부터 평가결과의 이용자를 참여시키도록 하고, 이용자로 하여금 정책평가에 대한 이해를 증진시키도록 노력해야 한다. 또한 이용자의 욕구를 파악하고 이를 반영함으로써 평가결과에 대한 저항을 감소시켜 나가야 한다.

셋째, 엄중하고 공정한 권위 있는 평가담당기관을 설립하고 체계적이고 합리적으로 운영·관리해 나가야 한다. 따라서 평가기관이 독립적으로 운영됨으로써 평가의 비판적 특성을 살리면서도 평가결과가 악용되지 않도록 해야 하는데, 이를 위해서는 우선 자체평가가 아니라 제3자 평가가 되어야 한다. 뿐만 아니라 고도의 전문지식과 평가역량을 갖춤으로써 올바른 평가결과를 산출할 수 있어야 하고, 결과에 저항하는 이용자를 억누를 수 있는 공식적 권한을 가지고 있어야 한다.

제 4 절 정책변동

1. 정책변동의 의의: 정책과정상의 환류

정책과정은 정책의제설정, 정책결정, 정책집행 및 정책평가 등 4단계로 구분하여 볼 수 있다. 이러한 4단계의 정책과정에서 일어나는 정책활동들은 상호간에 영향을 미치기 때문에 정책과정은 순환적이고 동태적이며 복합적인 과정이다. 즉 정책과정의 각 단계에서 일어나는 정책활동들은 다양한 정보를 산출하고, 이러한 정보는 다른 단계의 정책활동에 영향을 미쳐서 끊임없는 환류가 일어나고, 이렇게 환류가 일어나야 바람직한 활동이 이루어질 수 있다(정정길, 2005: 837; 노시평, 1999: 469).

2. 정책변동의 네 가지 유형

Hogwood와 Peters의 분류에 따르면 정책변동은, 정책혁신(*policy innovation*), 정책유지(*policy maintenance*), 정책승계(*policy succession*), 정책종결(*policy termination*)로 크게 4가지로 나눌 수 있다.

1) 정책혁신(policy innovation)

정책혁신은 그동안 정부가 관여하지 않던 분야에 개입하기 위해 새로운 정책을 결정하는 것을 의미한다. 즉 사회문제가 처음으로 정책문제로 전환되어 이를 해결하기 위해 정부가 새로운 정책을 결정하는 것이다. 이러한 정책혁신은 정책문제를 해결하기 위해 정부가 정책을 결정하는 것으로, 현재의 정책이나 활동이 없고 이를 담당하는 조직도 없으며 물론 예산이나 사업활동도 없는 '무'에서 새로운 것을 만드는 것이다(정정길, 2005: 835-836).

2) 정책유지(policy maintenance)

정책유지는 현재의 정책을 그대로 지속시키는 것으로서, 정책의 기본적인 특성을 그대로 유지시키는 것을 의미한다. 정책유지는 기존 정책(법률 등)의 내용, 담당 조직 및 예산의 기본 골격을 유지하면서 약간씩의 수정, 변경을 하는 경우이다.

3) 정책승계(policy succession)

정책승계는 현존하는 정책의 기본적 성격을 바꾸는 것으로서 정책의 근본적인 수정을 하는 경우, 정책을 없애고 완전히 대체(*replacement*)하는 경우 등을 포함한다. 기본 정책목표는 변하지 않기 때문에 정책승계라고 부르게 되고 이 점에서 다음의 정책종결과 차이가 있다. 또 정책목표는 변화되지 않지만, 정책수단인 사업이나 사업을 담당하는 조직, 예산 항목에서도 중대한 변화가 일어난다는 점에서 정책유지와 다르다.

4) 정책종결(policy termination)

정책종결은 특정한 정책을 의도적으로 종결시키거나 중지하는 것을 말한다. 현존하는 정책을 완전히 소멸시키는 것으로서, 정책수단이 되는 사업과 예산이 완전히 소멸되고 이들을 대체할 다른 정책도 결정하지 않는 경우이다.

3. 정책변동 네 유형간의 관계

정책변동의 네 유형간의 관계는 〈그림 5-13〉과 같다. 즉, 처음으로 정책이 만들어지면, 환경에 변화가 있어도 정책내용을 변화에 적응시켜 수정・보완하여 정책유지의 형태로 그 기본 골격을 유지하다가, 변화가 더욱 누적되면 정책승계로 정책의 대폭적 수정・변경을 하거나, 그것으로 부족하면 정책을 새로운 것으로 대체하게 된다. 이렇게 승계된 정책은 다시 변화에 적응하면서 유지되어 나간다. 한편 환경의 변화에 따라 필요 없는 정책으로 판단되면 정책은 폐지되어 종결된다(정정길, 2005: 838).

〈그림 5-13〉 정책변동의 유형간의 관계

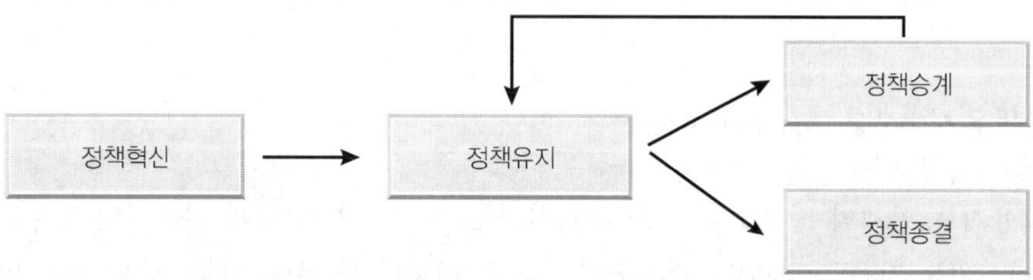

제 5 절 요약 및 결론: 정책이론의 현대적 재조명

우리는 위에서 정책과정을 정책형성-정책집행-정책평가-정책변동으로 나누어서 살펴보았다. 마지막으로 이하에서는 Lasswell 정책학의 현대적 재조명 및 향후 과제를 간략히 고찰하면서 마무리하기로 한다.

1. Lasswell 정책학의 현대적 재조명

정책학은 학문 태동 자체가 윤리적인 학문이다. 우리 사회에 존재하는 근본적인 문제해결을 통해 인간의 존엄성을 실현하는 학문이다. H. Lasswell은 "인간이 사회 속에서 봉착하는 근본적인 문제"를 해결하기 위해서는, 좁은 의미의 실험실 과학을 벗어나 탈실증주의적인 문제해결지향이 필요하다고 강조하였다. 그는 또한 역사적 맥락, 세계적 관점, 사회과정모형의 관점에서 맥락지향적 학문을 제안하였다.

경제정책, 산업정책, 복지정책 등 분과학문 차원에서 정책이라는 단어를 많이 사용하고 있고, 정책의 성공과 실패라는 관점에서 정책학이라는 용어를 무의식적으로 사용하는 경우도 많이 있지만, 우리가 정책학이라고 할 때의 정책학은 본질적으로 H. Lasswell과 D. Lerner, Y. Dror 등이 주도하여 발전시켜온 독특한 학문체계를 의미한다. 즉, 인간 존엄성의 실현을 위하여 정책과정과 정책내용의 연구에 문제 지향적, 맥락 지향적, 그리고 연합학문 지향적 접근을 적용하는 학문을 의미하며, 이 개념에서 벗어난 정책학의 개념은, 그것을 무엇으로 부르는가에 상관없이, 정통적인 정책학으로 볼 수 없다(허범, 2002: 1; Brunner, 1996: 65-66).

이러한 관점에서 현대의 정책학이 과연 얼마나 Lasswell과 그의 동료들이 추구하였던 정책학의 이상에 부합하는 학문체계인가 하는 문제에 대해서는, 우선 비판적 진단이 앞설 수밖에 없다(허범, 2002: 305; Ascher, 1986; Brunner, 1991). 정책학은 우리 사회의 근본적인 문제에 대해서 과연 얼마나 고민하는 학문체계를 제안하고 있는가, 또 정책학은 과연 얼마나 맥락 지향적 방법을 통해 좁은 의미의 인과관계를 넘어서는 탈실증구조의 맥락 지향적 학문체계를 제안하고 있는가 하는 문제는 우리 정책학도의 큰 숙제로 남아있는 것이다.

따라서 이런 관점에서 정책이론을 정립하고자 할 때, 제일 우선적으로 고려해 보아야 할 것은 정책학의 이상과 목적론적 구조를 다시금 분명하게 세워야 한다는 것이다. 이런 맥락에서 허범 교수(2002: 308)는 민주주의 정책학과 탈실증주의의 접목이야말로 분명히 하나의 중대한 학설사적 전환이 될 것으로 내다보았다(DeLeon, 1994: 82; Torgerson, 1985: 241; Throgmorton, 1991: 153, 174-175). 민주주의 정책학과 탈실증주의의 접목, 인간 존엄성의 실현을 지향하는 정책윤리분석에 대한 관심 제고, 근본적으로 중요한 문제의 탐색과 함께 가치비판적 정책설계이론과 방법의 강조가 우선 주목받아야 할 것이다. 도구적 합리성, 기술관료적 지향성, 분석적 오류를 넘어선 민주주의 정책학, 좁은 의미의 인과구조를 넘어선 탈실증주의 정책학, 정책연구와 정책형성에서 '참여와 숙의(*deliberation*)', '토론과 논증(*argumentation*)'이 강조되는 실천적 참여정책분석(*participatory policy analysis*)과 함께 토의민주주의(*deliberative democracy*)가 신장되어야 할 것이다(DeLeon, 1990; Durning, 1993; Forester, 1993, 1999; Fischer, 1998; Hajer, 1993; Roe, 1994).

2. 정책이론의 정향과 과제

이상의 논의를 종합해 보면 정책학이 지향해야 할 이론적 정향과 과제는 다음과 같이 추출할 수 있다. 정책이론의 정향은 규범·인식과 처방·역량이라는 양대 축에서 재조명될 필요가 있으며, 이를 방법론 측면에서 지원해 주어야 한다.

첫째, 정책이론은 먼저 거버넌스의 정책역량(*capacity to govern*)이라는 측면을 중요하게 다루어야 한다. 이는 정책이론의 규범성·인식론을 뒷받침하는 하부구조의 역할을 하게 된다. 이는 국가혁신론과도 불가분의 연관관계를 맺고 있는데, 국가혁신론은 정부혁신론을 핵심개념(*core concept*)으로 해서 국가전체에 혁신을 확산시키는 전략적 접근을 취하며, 이는 정부조직의 일하는 시스템(제도), 기술(IT), 절차(과정), 행태(태도) 등의 혁신을 통해 이루어지는 정부혁신을 중심으로 국가혁신을 국가 전반에 확산시키는 것을 말한다. 이러한 제도적 접근은 제도의 내용에 해당하는 정책혁신과 결부되어야만 비로소 원래 의도한 '인간의 존엄성 실현'이라는 국가혁신의 목적은 완성될 수 있다.

둘째, 정책이론은 Lasswell이 강조한 민주주의 정책학과 탈실증주의의 접목을 기초로 해야 한다. 민주주의 정책학은 체계질서 차원에서 근본적으로 중요한 문제의 탐색과 해결을 중시하고 궁극적으로는 인간의 존엄성의 실현을 지향한다. 탈실증주의는 좁은 의미의 실험실 과학을 넘어서서 해석과 논증, 사례와 실용까지를 고려한 과학의 합리성을 강조한다(허범, 2002: 308). 현대정책이론은 사회과학의 실사구시적 전통을 기반으로 우리 국가사회에 존재하는 실천적 문제해결을 지향하며, 국가혁신·거버넌스·전자정부 등의 이론적 토대를 응용하는 연합학문적 접근을 지향하며, 시민사회의 도래에 따라 강조되는 참여성·숙의성·합의성에 기초한 민주지향성을 지향한다. 정책이론의 이러한 민주성 강조는 뉴거버넌스의 민주성 강조, 전자정부 패러다임의 민주성 강조와 맥이 닿아 있다.

셋째, 정책이론은 참여, 조정, 연결을 중심개념으로 하는 뉴거버넌스 접근방식을 토대로 수립되어야 한다. 즉 정부관료제의 내부 비효율성과 경직성을 타파하기 위해 새로 도입된 신공공관리론(NPM)의 관리주의 요소에다가, 경쟁, 고객, 가격체제, 유인체제 등을 활용하는 시장주의 요소(시장중심 거버넌스 기법)의 도입, 이와 더불어 참여와 연결, 신뢰와 협동, 조정과 네트워크를 강조하는 시민사회 요소(시민사회중심 거버넌스 정신)을 중시하는 뉴거버넌스적 문제해결방식과 밀접한 연관관계를 갖고 있다.

넷째, 정책이론의 정부모형은 전자정부, 지식정부 등 Post-관료제 모형에 기초한다. 즉, Post-관료제의 모형에서 대두되고 있는 전자정부의 일하는 시스템 혁신과 참여 지향적 민주성 개념, 그리고 더 나아가 전자정부의 열린 의사소통 및 담론형성의 정책기제를 통해 우리 사회를 좀더 신뢰받고 성숙한 사회로 업그레이드시키는 성찰성 개념은 정책이론의 정신에서도 그대로 이어진다. 즉, 정책이론은 궁극적으로 개인의 자유와 창의, 신뢰와 등권이 실현되는 사회적 꿈과 비전(Habermas가 그의 "Unfinished Project"에서 강조했던 바로 그 Social Vision and Dream)을 지향하며, 정책이론은 정부혁신이라는 수단적 개념을 통해 개인의 자아실현과 자아완성의 가능성이 열려 있는 사회의 실현을 지향한다.

마지막으로, 정책이론은 정책윤리와 정책토론을 강조한다. 학문으로서의 정책학의 태동은 정책의 윤리성에 대한 특별한 관심에서 출발한다. 정책학은 윤리적 학문이며 이것이 정책학의 정체성을 구성하는 본질이다. Lasswell이 소망하는 정책학의 이상도 "인간의 존엄성을 보다 충실하게 실현하는 것"이었으며, 그가 정책학의 주창을 통하여 진정으로 의도하였던 것은 과학적 방법을 통하여 인도주의적 이상을 구현할 수 있는 당위적 학문을 성립시키는 것이었다. 이를 Forester(1999)는 '숙의적 정책분석'(*deliberative policy analysis*), DeLeon(1994)는 '참여적 정책분석'(*participative policy analysis*), Hajer(1993)는 '정책담론'(*policy discourse*), Fischer와 Forester(1993)는 '정책논증'(*policy argumentation*), Roe(1994)는 '해석학적 정책분석'(*interpretative and narrative policy analysis*)라고 불렀다. 이것은 허범(2002: 307-308)에서 정확하게 강조되듯이, 민주주의 정책학과 탈실증주의의 접목을 위한 중요한 방향 설정이 될 것이다. 정책윤리에 대한 강조는, 참여, 토론 그리고 합의에 기초한 숙의 민주주의(*discursive democracy*)의 신장과 함께, 인간의 존엄성의 실현을 위한 중요한 방향 설정이 될 것이다. 즉, 정책이론은 인간의 인권과 존엄, 그리고 개인의 자아실현을 지향하며, 사회 구성원의 자아실현을 통해 정책이론의 목적구조는 완성될 수 있을 것이다.

제 6 장

조직이론

현대행정은 동태적 행정과정을 거쳐 실현된다. 동태적 행정과정의 첫 시발점은 국가목표 및 정책결정이며, 이를 실현하기 위해 조직·인사·재무 등 조직화와 인간관·동기부여·리더십 등 동작화, 그리고 행정책임·행정통제·행정개혁·정부혁신 등 환류 및 학습이 필요하다. 앞에서 우리는 미래의 바람직한 상태의 실현을 의미하는 국가목표 및 국가정책의 기초이론에 대해서 살펴보았으며, 조직, 인사, 재무 등 조직화가 나오기 이전까지의 정책이론에 대해서 살펴보았으므로, 이 장에서는 조직화의 첫 시발점인 조직이론에 대해서 학습하고자 한다.

제6장에서 다루는 조직이론에서는 시대별로 전개되어온 조직이론의 변천에 대해 먼저 살펴보고, 조직을 보는 관점을 정리한 다음, 급변하는 현대행정환경에 대한 기민한 대응성 확보를 위한 조직의 동태화 방안에 대해서 학습한다. 산업사회의 관료제 모형과 정보사회의 조직 모형을 대비하여 검토한 다음, 마지막으로 조직의 적응성과 생산성을 높이기 위한 방안으로서 전자정부와 조직혁신 방안에 대해 학습하기로 한다. 즉, 조직이론은 구체적으로 조직이론의 전개, 조직을 보는 관점, 조직의 동태화, 산업사회와 관료제 모형, 정보사회와 조직의 변화방안, 전자정부와 조직의 혁신방안 등의 순서로 공부하기로 한다.

조직이론의 전개에서는 조직구조론적 관점, 조직행태론적 관점, 조직체제론적 관점, 지식정보사회 시대의 조직이론 등으로 나누어 검토하고, 조직을 보는 관점에서는 조직의 개념, 변수, 유형, 5대원리, 비공식집단, 조직과 개인, 조직과 환경, 제3부문 조직 등에 대해서 검토한다.

조직의 동태화에서는 조직의 동태화란 무엇이고 어떤 방향으로 전개되어야 하는지에 대해서 학습하고, 정보사회와 조직의 변화방안에서는 지식정보사회에서 행정조직이 어떻게 변화하고 발전해나가야 할지 조직구조, 조직운영의 측면에서 학습하며, 마지막으로, 전자정부와 조직의 혁신방안에서는 조직발전을 위한 도구와 기법을 중심으로 한 조직혁신 방안에 대해 학습하기로 한다.

제 1 절 조직이론의 전개

Katz and Kahn(1966)의 견해처럼 조직은 분명 환경과 상호작용하는 개방체제(Open System)이다. 그러나 1920년대 구조론적 관점, 1940년대 이후 행태론적 관점 그리고 최근의 상호작용을 강조하는 입장에 따라서 조직관의 견해는 변천해왔다. 또한 공공조직인지 민간조직인지에 따라 추구하는 목표가 다름으로 인해 조직을 바라보는 관점도 달라질 수 있다.

하지만 공공부문의 조직이든 민간부문의 조직이든 조직이론의 양대 핵심요인은 효율성과 신축성이다. 구조론적 관점이나 행태론적 관점에서 조직을 바라보던 시대에는 Max Weber가 제시한 관료제를 기본구조로 하여, 외적 환경변수는 주어진 것으로 보고 조직구성원에 대한 동기부여와 통제를 통해 조직 효율성을 높이려는 시도가 있었다. 그러나 주어진 것으로 보았던 환경변수가 정보기술의 발달, 시민의 의식수준의 변화 등 조직생산성에 직결되는 환경변수의 중요성이 대두되면서, 조직이 환경과 상호작용하는 하나의 유기체제로 인식되기 시작하였다. 이는 효율성의 극대화는 물론 변화하는 환경에의 적응성 즉 신축성 확보가 중요해졌음을 의미한다. 여기에서는 조직이론의 전개를 조직구조론적 관점, 조직행태론적 관점, 조직체제론적 관점으로 나누어 정리하고, 1990년대 이후 급변하기 시작한 지식정보사회의 조직이론에 대해서 살펴보기로 한다.

1. 조직구조론적 관점

1) 개 관

조직구조란 어느 정도 짜임새 있게 구체화된 행위양식(*pattern*)을 의미하며, 이러한 행위양식에 의해 공식성, 조정과 통합, 명령과 보고, 상호작용의 관계가 형성된다. 이러한 구조적 특징들은 합법적 권위의 부여, 합리성을 갖춘 기능의 조정과 통합, 전문화와 분업화에 의한 효율 극대화와 같은 관료제의 특성과 일치한다.

따라서 여기에서는 먼저 조직구조론적 관점에서 당시 조직구성원을 바라보는 관점이었던 과학적 관리론과 H. Fayol이 제시한 산업관리론을 살펴보고, Gulick, Urwick의 POSDCoRB를 중심으로 한 행정관리론과 Weber의 관료제 모형에 대해서 살펴본다.

2) 이 론

(1) 과학적 관리: F. W. Taylor

관리분석(Managerial analysis)의 개척자라고 할 수 있는 F. Taylor는 과학조사, 연구실험 등을 통해 조직의 능률성과 생산성을 향상시킬 수 있다고 보았다. 그는 시간연구(*time study*), 동작연구(*motion study*)의 결과를 활용하여, 직공의 선발, 훈련, 업무를 능률적으로 수행하는 최선의 방법 등을 과학적으로 발견할 수 있다고 주장했다. Taylor는 과학적 관리의 4대 원리로서, 1) 진정한 과학의 발전, 2) 직공의 과학적 선발, 훈련, 보상, 3) 관리자와 직공간의 친밀한 협동, 4) 관리의 책임성 확보를 위한 분업화 등을 든다. 또한, 개개의 작업을 가장 단순한 요소동작(*elementary motion*)으로 분석하고, 이를 시간연구, 동작연구에 의해서 표준화하고, 적정 과업량을 부과해야 하며, 조직구성원의 동기부여를 위해서는 성과에 대한 보상과 같은 경제적 유인(*economic incentives*)이 중요하다고 보았다. 이는 합리적·경제적 인간관에 바탕을 둔 것으로 조작과 통제에 의한 조직관리로 볼 수 있다.

(2) 산업관리론: H. Fayol

H. Fayol은 Taylor와 달리 프랑스의 최고경영자로서 최고관리자의 관점에서 관리의 문제를 취급하였다. Fayol은 산업조직의 기본적인 활동을 1) 기술적 활동, 2) 상업적 활동, 3) 재정적 활동, 4) 안전활동, 5) 회계활동, 6) 관리활동으로 구분하며 관리활동을 가장 중요한 것이라고 보았다. 계획, 조직화, 명령, 조정, 통제를 요소로 하는 조직의 관리는 분업, 권한과 책임, 규율, 명령통일, 전체이익에 대한 개인이익의 승복, 직원에 대한 보상, 계층제, 사다리식 연쇄, 집권화, 질서, 직원 임기의 안정성, 솔선수범, 단결심을 원칙으로 하여 실행되어야 한다고 주장하였다.

(3) 행정관리론(POSDCoRB): L. Gulick & L. Urwick

행정원리론자 혹은 행정관리학파로 불리는 많은 학자들 중 Gulick과 Urwick은 능률적인 조직관리에 필요한 여러 가지 원리를 강조하였다. 이들은 관리의 기능을 분업과 조정으로 보아 조정에 필요한 통솔범위, 명령일원화, 동질성 등을 강조하였으며, 최고관리자의 업무를 POSDCoRB(Planning, Organizing, Staffing, Directing, Coordinating, Reporting, Budgeting)로 규정하였는데, 이는 기업은 물론 정부조직에 이르기까지 광범위하게 적용되기 시작하였다.

(4) 관료제 모형: Max Weber

Weber는 조직을 사회관계의 특수한 형태로 간주했다. 그는 권위의 정당성을 기준으로, 조직의 지배유형을 1) 전통적 지배, 2) 카리스마적 지배, 3) 합법적 지배로 나누고, 근대 관료제는 이 중 합법적 지배에 해당한다고 보았다. Weber는 근대관료제가 1) 분업의 원리, 2) 계층제의 원리, 3) 법령에 의한 규제, 4) 공식주의적인 비정의성, 5) 전문성 및 직무에의 전념을 특징으로 하므로, 현대사회의 복잡한 조직에 가장 효과적으로 적용될 수 있는 조직형태라고 주장했다.

2. 조직행태론적 관점

1) 개 관

조직행태론적 관점은 고전적 조직이론을 합리적이고 능률적인 관리에만 초점을 맞추어 조직 내 인간을 도외시 하고, 조직의 비인간화, 인간성의 파괴를 가져온다는 점에서 비판하고, 인간의 행태나 인간관계에 대해 관심을 가지며 등장한 이론이다. 여기에는 E. Mayo를 중심으로 한 초기 인간관계론과, 이를 토대로 더욱 발전시킨 후기 인간관계론(C. Argiris, D. McGregor, R. Likert)에 대해서 살펴본다.

2) 이 론

(1) 인간관계론

(가) 의 의

E. Mayo, F. Roethlisburger 등 하버드대학의 경영학자들이 조직의 생산성을 결정하는 진정한 요인이 무엇인지 규명하기 위해 조직 내 인간의 특성과 인간관계에 초점을 맞추어 Hawthorne실험에서 실증적 연구를 하였는데, 그 결과물이 인간관계론이다.

(나) 내 용

인간관계론의 연구결과는 다음과 같다.

첫째, 조직의 생산성은 단순한 생리적, 경제적 요인에 의해서만 자극을 받는 것이 아니라, 사회적, 심리적 요인에 의해서도 영향을 받는다.

둘째, 조직의 구성원은 많은 경우 비공식 집단의 구성원으로도 행동하며, 집단규범의 설정과 시행에 있어서 비공식 리더가 중요한 역할을 담당한다.

셋째, 따라서 조직의 목표를 효과적으로 달성하기 위해서는 조직구성원의 사회적, 심리적 욕구충족을 통한 만족감과 비공식적인 자생집단을 통한 소외감의 배제가 중요하다. 또한 경쟁에 의한 생산보다는 협동에 의한 생산이 더 중요하다고 보았다.

(2) 후기인간관계론

(가) 의 의

인간관계론이 조직 내 인간의 사회적 관계(*social relationship*)의 중요성을 발견한 이론이라면, 후기인간관계론은 인간관계론의 연구결과를 기초로 하여 조직목표의 효과적인 달성을 위해 조직구성원들을 활용할 여러 가지 방법을 강구하는 데 관심을 기울였다. 그리하여 인간을 합리적 존재가 아닌 사회적 존재로 인식해야 하며, 의사결정 등 조직의 주된 활동에 개인을 참여시켜야 한다는 결론을 내리게 되었다.

(나) 내 용

① C. Argiris: **미성숙-성숙이론**

Argiris는 조직이론에 자아실현적 인간의 개념을 도입하고, 고전적 조직이론은 이러한 성숙한 개인을 수용할 수 없기 때문에 비판을 받아야 한다고 했다. 따라서 조직행태를 분석하기 위해서는 개인, 소규모 비공식집단 및 공식조직에 관한 요인들을 동시에 고려해야 하며, 성숙한 개인을 수용할 수 있는 조직이 되기 위해서는 조직에 대한 개인의 몰입도, 신축성, 개방성, 책임성 등이 강조되어야 한다고 주장했다.

② D. McGregor: X-Y이론

McGregor는 조직이론은 인간의 본질에 관한 기본적 가정을 반영한 것이라고 보았다. 전통적 조직이론은 인간은 일과 책임을 싫어하고 지시받기를 오히려 선호하므로, 조직의 목표달성을 위해서는 엄격한 감독과 통제와 강제가 필요하다고 보았다(X이론). 하지만 인간은 일을 즐기고 업적에 대해 상당한 자기통제를 행사할 수 있으므로, Y이론에서는 조직의 목표달성을 위해서라도 참여와 자율적 통제가 필요하다고 본다(Y이론).

③ R. Likert: **관리체제이론**

Likert는 조직이론에 있어서 참여관리를 강조하였다. 구성원의 참여를 통해 조직의 효과성을 제고할 수 있다고 주장하고, 조직 내 모든 상호 관계에서 각 구성원들이 자신의 개인적 가치를 확립하고 유지할 수 있도록 조직은 참여관리의 지원적 풍토를 확립해야 된다는 점을 강조했다.

3. 조직체제론적 관점

1) 개 관

조직체제론적 관점의 출발점에 대한 의견의 일치가 있는 것은 아니지만 대체로 1960년대 이후로 보고 있다. 이 시기에는 수많은 이론들이 동시다발적으로 나타나서 조직현상을 설명하는 데 많은 도움을 주면서도 혼란을 야기하였다. 조직이론의 발달은 환경과의 관계에서 성격과 내용이 변화해 왔는데, 따라서 이러한 혼란의 근본적인 요인은 환경의 변화에 있다고 할 수 있다.

조직체제론적 관점에서는 폐쇄적인 전통적 조직이론의 관점을 탈피하여 변화하는 환경에 적합한 조직형태로서의 개방체제적 입장을 취한다.

2) 이 론

(1) 구조적 상황적응이론

현대적 조직이론은 조직을 환경의 변화에 적응해 가는 실체로 간주한다. 조직의 환경에 대한 적합성을 강조한 구조적 상황적응이론은 구조적 특성이 환경에 부합해야만 생존 발전할 수 있다는 주장이다.

(가) T. Burns와 G. M. Stalker의 환경과 구조에 관한 연구

Burns와 Stalker는 조직환경을 정태적 환경, 변화하는 환경, 혁신적 환경으로 구분하여, 이러한 환경에 적합한 조직구조를 기계적 조직과 유기적 조직으로 나누었다. Burns와 Stalker는 조직구조는 조직이 활동하는 환경의 동태적 성격에 따라 변화되어야 한다는 점을 강조한다.

(나) P. R. Lawrence와 J. W. Lorsch의 분화와 통합에 관한 연구

Lawrence와 Lorsch는 조직이 효과적이기 위해서는 조직의 내적 기능이 조직의 업무, 기술, 구성원들의 요구, 또는 외부환경과 일치되어야 하며, 환경의 변화에 따라 적절한 조직구조가 선택되고 그에 따라 조직의 효과성 여부가 결정된다고 한다. Lawrence와 Lorsch는 조직이 분화된 업무를 수행하는 하위체제로 구성되어 있으며, 이는 효과적인 업적을 달성하도록 통합되어야 한다는 점을 강조한다.

(다) 조직전략이론과 고객서비스이론

조직과 환경과의 관계를 중요시 하는 조직이론은 이후에 많은 발전을 거듭하여 조직전략이론이나 고객서비스이론으로 발전했다. 조직전략이론은 구조적 상황적응이론과는 달리 환경과의 관계에서 조직의 주체적인 역할을 강조하며, 고객서비스이론은 환경에서 가장 중요한 부분을 차지하고 있는 고객과의 관계를 개선함으로써 조직목표를 달성해야 한다는 점을 강조한다.

(2) 조직경제학이론

(가) 주인-대리인이론(Principal-agent theory): Donaldson, Perrow

주인-대리인이론은 조직을 주인과 대리인 간의 상반되는 이해관계를 토대로 하는 '계약관계'로 상정한다. 예를 들면 조직의 주인인 주주는 이익의 극대화를, 조직의 대리인인 고용된 CEO는 자신의 보수 및 명예의 최적화를 추구한다. 따라서 조직의 주인과 대리인 사이에는 이해관계의 충돌로 인해 '대리비용'이 발생할 수밖에 없으며, 비대칭적 정보(*assymetric information*)로 인해 근본적인 감시(*monitoring*)가 어렵다는 점을 주장한다. 이에 따라 효율적인 계약관계유지를 위해서는 정보의 균형화, 성과중심의 대리인 통제, 인센티브의 제공에 의한 '대리손실의 최소화'가 관건이라고 하였다.

(나) 거래비용이론(transaction cost theory): Williamson

거래비용이론은 거대조직이 출현하는 이유는 조직구조의 효율성 때문인데, '거래비용의 최소화'가 바로 조직구조 효율성의 핵심이라고 보았다. 거래비용에는 통제비용, 거래관계 유지비용, 정보비용 등 경제적 교환과 관련된 모든 비용이 포함된다. 거래비용이론은 '조직 내 거래비용'을 최소화하기 위한 효율적인 조직형태로서 일의 흐름에 따라 편제된 수평적 조직구조를 강조한다.

(3) 신제도주의 조직이론

신제도주의 조직이론의 주요 강조점을 보면 다음과 같다.

(가) 제도적 환경과 배태성(embeddedness)

조직은 항상 사회문화적 개념이나 신념, 가치체계 등 제도적 환경과 부합되도록 조직구조가 적응되어야 하는 압력을 받는다. 이를 신제도주의 조직이론에서는 제도적 환경과 배태성(*embeddedness*)이라고 개념화한다. 여기에서 배태성이란 "어떤 현상이나 사물이 발생하거나 일어날 원인을 속에 가진다"는 의미로서, 침윤(점차 배어들어가 퍼짐) 또는 착상이라고도 불린다. 즉, 개인의 행위가 고립된 상태에서 선택되는 것이 아니라, 조직적 관계에 의하여 영향받으며 조직적 관계 속에서 지속적으로 맥락지어진다는 것을 의미한다.

(나) 제도의 채택과 사회적 정당성(legitimacy)

신제도주의 조직이론은 조직은 생존하기 위하여 합리성과 효율성보다는 사회규범적 환경에 순응함으로써 정당성(*legitimacy*)을 확보하는 것이 더욱 중요하며, 조직에 새로운 제도적 형태나 관행이 채택되는 이유는 그 조직이나 참여자들의 사회적 정통성(*legitimacy*)을 제고시켜주기 때문이라고 주장한다(*logic of social legitimacy*, Campbell).

사회적 과정이나 책임이 사람들의 사고와 행동에 있어서 하나의 규칙과 같은 지위를 획득하게 되는 과정을 제도화라 하는데, Meyer와 Rowan은 공식적인 조직구조가 조정과 통제를 통하여 기술적 합리성을 달성하지 못한 경우에도 조직구조가 계속 유지되는 이유를 '정당성의 확보'에서 찾았다.

(다) 제도적 동형화(institutional isomorphism)

조직들은 시간의 경과로 사회적·문화적·인습적 신념 등의 제도화의 반복에 의해 제도적 동형화(*institutional isomorphism*)를 추구하게 된다고 한다. 조직이 동질화되는 과정을 나타내는 개념이 조직의 동형화인데, 이는 조직의 장(*fields*) 안에 있는 한 조직단위가 동일한 환경조건에 직면한 다른 조직단위들을 닮도록 하는 제약적인 과정을 의미한다. 이때, 조직의 장(*organizational fields*)이란 유사한 재화와 서비스를 생산하는 조직들의 총체로서, 동질적인 제도적 삶이 인지될 수 있는 분석단위를 의미한다.

이처럼 신제도주의 조직이론에서는, 1) 개별조직(관료제) vs 조직의 장(*Fields*), 2) 배태성(*embeddedness*), 3) 제도 채택과 사회적 정당성(*legitimacy*), 4) 제도적 동형화(*institutional isomorphism*), 5) 조직의 장(*fields*)이라는 개념틀을 통해 제도적 맥락과 조직의 변화과정의 동태성을 설명한다.

(4) 카오스이론

카오스 현상이란 MIT대의 Lorentz 교수가 제시한 나비효과(*butterfly effect*)나 비선형적 변화(*nonlinear change*)를 원인으로 하는 질서나 규칙이 없는 혼돈상태를 지칭한다. 예측할 수 없는 무질서 속에서 질서 혹은 패턴을 발견하려는 노력이 카오스(*chaos*) 혹은 혼돈이론(*chaos theory*)으로 발전되었다. 즉, 혼돈 속에서 규칙적인 불규칙성을 찾아내는 것이 이 이론의 중요한 연구대상이다.

조직이론에 접목된 카오스이론은 조직 환경을 "조직생태계"로 인식하고, 조직생태계 전체를 하나의 진화하는 체제로 생각하며, 자기조직화(*self-organizing*), 창발성(*emergency*), 공진화(*coevolution*)의 개념을 도입하여, 조직은 구성요소간의 상호작용에 의해 그 질서와 규칙을 만들어 간다고 설명한다. 특히 현대조직체제는 비선형과 복합성을 특징으로 비평형상태에 있으므로, 조직관리자는 비선형관리에 익숙해져야 한다고 주장한다. 조직관리자는 동태성과 불확실성을 토대로 한 비평형 상태를 본질로 보고, 조직은 늘 이러한 비선형적 환경에 동태적으로 기민하게 대응하여 혁신을 지속적으로 창출해야 한다는 점을 강조한다.

4. 지식정보사회의 조직이론

1) 지식정보사회의 도래

컴퓨터, 광섬유, 인터넷(WWW: World Wide Web) 등 정보통신기술의 발달로 인한 정보화의 진전, 신자유주의 물결과 WTO체제 출범으로 인해 세계화가 전개된 1990년대 이후를 지식정보사회라고 한다. 지식정보사회는 대량생산-대량소비, 획일화-표준화, 집권주의-권위주의를 특징으로 하는 산업사회와는 달리, 다품종 소량생산, 다양성-창의성, 분권주의-평등주의를 특징으로 한다. 또한 지식정보사회에서는 변화의 속도가 빨라 불확실성은 더욱 가중되고 신축성이나 유연성에 대한 요구가 커지고 있으며, 조직이론도 이러한 사회의 변화에 적응하려고 노력하고 있다.

2) 조직이론의 변화

(1) 조직구조의 변화

시간, 속도, 불확실성(*time, speed, uncertainty*)을 특징으로 하는 지식정보사회의 환경에 신속하게 적응하기 위해, 조직은 유연성과 신축성을 극대화시킬 수 있어야 한다. 또한 정보기술의 발달로 인해 조직은 전통적인 계층제를 완화하는 형태의 수평화된 팀 조직 또는 환경의 변화에 유연하고도 신속하게 적응할 수 있는 네트워크화 조직으로 변화되고 있다.

(가) 전자정부(Electronic Government)

전자정부는 업무의 효율성(생산성), 민주성(참여성), 성찰성(신뢰성)을 지향한다. 업무의 효율성 차원에서의 전자정부는 다음의 네 가지 요소를 추구한다. 즉, 정보기술을 활용하여 1) 국민의 편의가 극대화되는 정부(One Stop · Non Stop · Any Stop Government), 2) 문서감축 등 업무처리의 비용절감이 이루어지는 종이 없는 사무실(Paperless · Buildingless Government), 3) 부정부패 방지 및 업무과정의 투명성을 지향하는 깨끗하고 투명한 정부(Clean & Transparent Government), 4) 지식관리가 활성화되고 정책역량이 극대화되는 디지털 신경망 정부(Digital Nervous Government)이다. 또한 전자정부는 이러한 정부 내부의 비능률 타파 및 효율성 극대화를 토대로, 전자정부 내의 정책참여 기능 등을 활용하여 정부 외부(시민 · 고객)와의 인터페이스를 강화하고 민주성(참여성)을 제고하며, 더 나아가 전자정부 내의 담론형성 기능 등을 활용하여 보다 신뢰받고 성숙한 사회공동체 구현을 위한 성찰성(신뢰성)을 제고하는 기능을 하게 된다.

(나) 기업가적 정부(Entrepreneurship Government)

신속한 행동, 창의적인 탐색, 더 많은 신축성, 직원과 고객과의 밀접한 관계 등을 강조하는 조직형태이다. 거대한 규모를 유지하면서도 행동을 제약하는 경직적인 구조와 절차에 얽매이지 않고, 모든 기회를 추구하는 더욱 유연하고 신축적인 조직이 되어야 한다는 것이다. 1993년에 클린턴 · 앨고어 정부의 NPR에 의해서 제시된 기업가적 정부에서 그 전형을 찾을 수 있으며, 조직의 성과와 경쟁, 고객과 유인을 강조한다.

(다) 공동정부(Hollow Government)

정부가 공급하는 행정서비스의 생산 및 공급 업무를 제3자에게 위탁하게 되면 정부의 기능은 현저하게 줄어들게 되며, 결과적으로 정부는 기획, 조정, 통제, 감독 등의 중요한 업무만을 수행하게 되는 형태를 공동정부라고 한다. 이러한 조직은 본부에서는 중요한 조직 기능인 기획, 조정, 통제, 감독 등의 기능만을 수행하고, 생산, 제조 등의 현업활동은 직접적으로 수행하지 않는 공동조직에서 유래되었다. 이러한 원리가 정부조직에 적용되었을 때 이러한 정부형태는 대리정부(*proxy government*), 제3자 정부(*third-party government*), 계약정부(*contract government*) 등으로 일컬어진다.

(2) 조직행태의 변화

조직행태와 조직구조는 상호의존적으로 변화하기 마련이므로, 지식정보사회의 등장은 조직구조뿐만 아니라 조직 내의 개인 및 집단의 행태에도 커다란 영향을 미쳤다. 아직 조직행태에 미친 정보화의 영향을 이론적으로 명확하게 밝혀내지는 못하고 있지만 조직이론가들에 의해 논의되고 있는 내용을 정리하면 다음과 같다(이종수, 윤영진, 2005: 347-348).

① 전통적으로 안정적인 환경에 놓여 있는 조직은 다른 조직과의 상호협력을 미덕으로 간주했는데, 정보화의 영향으로 조직간 또는 조직 내 개인 간 경쟁을 가속화시켰다.
② 조직의 업무를 수행하는 인력의 구성이 전문성을 갖춘 집단과 임시적 또는 계약직 근로자집단으로 이원화 되는 추세이고, 인력의 유동화로 충성심에서의 변화나 동기유발의 기본 패러다임이 바뀌게 되었다.
③ 경직적이고 강한 문화를 지닌 조직문화에서 참여 지향적이며 부드러운 조직문화로 변화해 가고 있다.
④ 계층제적 조직구조가 수평적 네트워크 구조로 바뀌면서, 조직 내 개인의 자율성과 창의성 발휘의 기회가 현저하게 상승되었다.

5. 요약 및 결론

우리는 앞에서 산업시대의 비인간적 인간관과 기계적 조직관을 가진 과학적 관리론과 사회적 인간관과 유기체적 조직관을 가진 인간관계론 및 후기인간관계론, 다양성·창의성·복합성·불확실성의 지식정보사회에 적응하려는 다양한 조직이론을 살펴보았다. 이처럼 조직이론의 시대적 변화는 시대별 조직관의 변화의 결과이자, 조직환경의 변화에 대한 적응의 결과이다.

종래의 조직모형은 관리·능률 중심의 경직된 계층제적인 조직구조와 통제·상의하달식의 대민 행정 등의 모습으로서, 급변하는 지식정보사회의 환경변화에 대응하는 데 한계가 있다. 지금까지 조직의 주된 '논의의 틀'이 윌슨-웨버(Wilson-Weber)식의 기계적 능률주의 패러다임이었다면, 앞으로 지식정보사회가 요구하는 조직 패러다임은 인간적 개방체제 패러다임이 되어야 한다.

현대조직이론은 생산수단으로서의 인간이 아니라, 생산의 주체로서 인간을 발견하여야 하는 민주적·사회적 인간관을 요구하고 있다. 지식정보사회와 거버넌스 시대는 교양과 덕성을 갖춘 성찰하는 시민이 주체가 되어 자유롭게 자아실현을 추구하며, 인권·정의·형평 등 인간의 존엄성(*human dignity*)이 강조되는 보다 인간적인 사회를 지향할 것을 요구하고 있다. 이러한 시대에 조직은 완전성을 향한 인간의 욕구가 인정되는 인성개발의 장으로서 새로운 의미를 지니게 되며, 동등한 가치를 가진 조직구성원의 참여와 합의를 기반으로 하는 주체의 장으로서, 함께 발전하고 함께 나누는 나눔의 장으로서 거듭날 수 있어야 할 것이다.

조직 인간주의를 표방하는 현대행정이론가들은 현대사회에서 대규모 관료제도는 조직구성원의 성장과 학습과정을 억제하고, 복잡한 인간문제를 해결하는 데 비효율적이라고 비판하며, 현대조직의 효과성은 산출물에 대한 평가보다는 개인과 조직간의 통합정도에 의존한다고 주장하고 있다. 이들이 '조직 인간주의'를 위해 제안하고 있는 다음과 같은 몇 가지 가정과 원칙들은 인간주의의 실현과 미래 조직관리를 위해 주목할 필요가 있다.[1)]

(1) 인간은 완전성을 향한 꾸준한 경향이 있다.
(2) 평등한 기초 위에서 인간의 존엄성이 보호되고, 인성이 개발되어야 한다.
(3) 조직구성원들은 정책을 결정하고 통제하는 데 합의의 근원이 되어야 한다.
(4) 조직의 변화는 대안에 대한 충분한 인식과 참여자에 의한 합의의 결과로 이루어져야 한다.
(5) 조직의 이익은 근본적으로 조직구성원들의 이익이므로, 이는 가급적 공평하게 배분되어야 한다.

제 2 절 조직을 보는 관점

1. 조직의 개념

조직은 일정한 환경하에서 특정한 목표를 달성하기 위한 관리체계이다. 조직은 특정목표를 합리적으로 실현하는 수단이 되며, 분업의 원칙에 따라 편성되고 비정의성 및 보편성을 띤다.

---

1) 이러한 이념들은 행정학의 이론발달사에서 큰 줄기를 이루는 '인간중심주의'의 철학과 많은 관련이 있다. 인간주의를 근간으로 하는 조직원리는 멀리는 메이요(E. Mayo) 등의 호손(Hawthorn)실험에 기초한 인간관계이론, 버나드(C.I. Barnard)의 조직의 권위와 수용범위(zone of acceptance) 연구, C. Argiris D. McGregor, R. Likert 등의 후기인간관계이론, 사이먼(H. A. Simon)의 조직사회학, 그리고 '인간' 그 자체를 중시한 신행정이론 등에 기초하고 있다. 또한, 개인과 조직의 통합, 관리자와 피고용인과의 공동협동, 권력의 공유, 동의에 의한 권위, 그리고 민주적 의사결정 등을 강조한 포이엣(Mary P. Follet)의 조직철학과도 많은 관련성이 있다.

2. 조직관과 변수

현대생활은 사회조직을 중심으로 이루어지므로 어떠한 분야에서 사회현상을 연구하든 조직의 문제가 주요 관심과 연구의 대상이 되는데, 이때 기본적인 문제의 하나가 조직을 어떠한 것으로 보느냐 하는 것이다. 조직관은 첫째, 구조 위주로 연구하던 시대의 산물인 고전적 관료제모형과, 둘째, 행태론이 지배하던 시대의 의사결정모형, 셋째, 상황론 이후의 체제모형 등으로 구분할 수 있다.

이러한 조직의 변수는 사람·조직(구조)·환경 등 세 가지를 들 수 있는데, 사람으로는 직원의 가치관·태도·성격·지식·기술 등이, 조직(구조)으로는 직책·법제·규범·역할 등이, 환경으로는 그 조직이 처한 정치·경제·사회문화 등이 고려될 수 있다.

3. 조직의 유형

A. Ezioni는 1) 통제의 수단이 강제이며, 직원은 소외감을 갖고 일하게 되는 교도소 같은 강제적 조직, 2) 통제의 수단이 경제적 유인이며, 직원은 타산적으로 일하게 되는 기업단체와 같은 공리적 조직, 3) 통제의 수단이 규범이며, 직원들은 사명감을 갖고 일하게 되는 종교단체와 같은 규범적 조직으로 나누었다.

Rensis Likert는 1) 조직의 최고책임자가 혼자 모든 결정을 하며 성원의 이익이 고려되지 않는 수탈적 조직, 2) 하위층에게 상부에서 결정한 지침 내에서 결정하는 것이 허용되지만 확정되기 전에 상부의 결재를 받아야 하는 자비적 조직, 3) 주요 정책의 결정은 위에서 하지만 한정된 범위 내에 특정된 사항의 결정은 밑에서 하는 자문적 조직, 그리고 4) 보다 광범한 직원의 참여가 인정되는 참여적 조직 등으로 나누었다.

D. Katz와 R. L. Kahn은 1) 재화를 공급하는 기능을 하는 생산적 조직, 2) 사람의 사회화를 담당하는 사회화 조직, 3) 새로운 연구·지식의 개발 및 이의 적용을 담당하는 적응적 조직, 4) 자원의 배분·통제를 권위적으로 결정하는 정치적 조직 등으로 나누었다.

4. 조직구성의 5대원리

1) 분업의 원리

업무를 나눔에 있어 업무의 내용이 동질적이면 하나로 묶고, 이질적이면 서로 나눈다는 원리를 분업의 원리라고 한다. 이는 F. Taylor의 과학적 관리론의 산물인데, 인간을 동질화·기계화하여 일의 흥미를 잃게 한다는 점에서 인간관계론이나 행정행태론에 의해서 비판받았다.

2) 조정·통합의 원리

공동의 목표를 달성하기 위하여 하위체제간의 노력의 통일을 기하기 위한 과정을 조정이라고 한다. 조정이 없으면 어떤 사회나 행정부나 기업이든 존립 자체가 위협을 받기 때문에, Mooney는 조정의 중요성을 강조하여 이를 조직의 제1원리라고 하였다.

3) 계층제의 원리

권한과 책임의 정도에 따라 직무를 등급화 함으로써, 상하계층간에 직무상 지휘, 감독관계에 서게 하는 것을 계층제의 원리라고 한다. 이는 하의상달과 권한위임의 통로가 확실하며 지휘감독을 통한 질서와 통일이 확보될 뿐만 아니라, 갈등의 상위자에 의한 해결 및 조정이 가능하다는 장점이 있는 반면에, 상하간의 권력 불균형은 근무의욕을 저하시키고 의사전달을 지연·왜곡할 뿐만 아니라 조직의 경직성마저 초래한다는 단점을 지니고 있기도 하다.

4) 통솔의 범위

통솔의 범위란 한 사람의 상관이 몇 사람의 부하를 직접 적절하게 감독할 수 있는가를 의미하는데, 계층제가 수직으로서의 조직의 깊이를 나타내는데 비해, 이는 수평으로서의 조직의 폭에 관한 원리이다. 통솔의 범위는 직무의 성질, 시간적 요인, 공간적 요인, 인적 요인에 따라 달라진다.

5) 명령통일의 원리

명령통일의 원리의 원래 의미는 조직구성원은 누구나 한 사람의 상관하고만 의사전달하는 것을 의미하였으나, 이는 현실적용상의 한계가 있어 여러 사람의 상관과 의사전달을 하되, 그들간에 갈등이 있어 조정이 안 될 때에는 한 사람의 상관의 명령에 따라야 한다는 것으로 의미상 수정이 이루어졌다.

5. 공식적 조직과 비공식 집단

1) 공식적 조직의 의의

공식적 조직이란 정부의 조직관계 · 법령 · 직제에 규정된 것을 의미하며, 따라서 일정한 목표를 달성하기 위하여 인위적으로 만들어진 공식적 분업체제를 의미한다.

2) 비공식 집단의 의의

공식적 조직과 대조되는 개념으로, 공식적 조직의 비정의성, 지연성, 일반성의 한계 때문에 조직 내에서 자연발생적으로 일부 조직인들간에 맺어지는 집단을 의미한다. 이는 조직의 계층에 따라 수평적 단위 내 집단, 수평적 단위간 집단, 수직적 단위 내 집단, 수직적 단위간 집단으로 나눌 수 있고, 귀속성과 실적성에 따라 전부 귀속성을 띤 경우, 전부 실적성을 띤 경우, 귀속성과 실적성을 모두 공유한 경우로 나눌 수 있다.

비공식 집단은 1930년대 인간관계론 대두 이후 그 중요성이 인식되기 시작하였다. E. Mayo 등 인간관계학자들은 Hawthorne실험을 통해 조직생산성은 물질적 보상뿐만 아니라, 조직 내 비공식 집단을 중심으로 한 인간관계에 의해서도 크게 영향을 받는다는 점을 주장했다. 또한 H. Simon 등 행정행태학자들은 비공식 집단과 의사결정, 조직의 권위수용성, 갈등의 순기능적 해결 등을 강조하였다.

3) 공식적 조직과 비공식 집단의 차이점

공식적 조직은 외면적, 인위적, 공식적, 능률적, 전 구성원의 조직이라면, 비공식 집단은 내면적, 자생적, 비공식적, 정의적, 일부 구성원의 조직이라는 면에서 차이가 있다.

4) 비공식 집단의 순기능과 역기능

비공식 집단은 정의성이나 귀속감 등 공식적 조직이 소홀하기 쉬운 점을 보완하여 공식적 조직의 능률을 높여주는 역할을 한다는 순기능이 있는 반면에, 분파의식의 증대로 조직구성원의 갈등을 초래하고 의사결정을 지연시키는 역기능을 초래하기도 한다.

5) 한국 행정 내의 비공식 집단

한국 행정조직 내에서 비공식적 집단은 순기능보다는 역기능을 더 많이 나타낸다. 예를 들면, 비공식 집단이 공식적 조직과의 경쟁상대자 또는 지배자가 된다거나, 파벌형성의 수단으로 사용되기도 한다. 때로는 공식적 조직보다 비공식 집단에 대한 소속감이 더 크게 형성되어 조직목표나 조직능률에 오히려 역기능적인 작용을 하기도 한다.

6) 비공식 집단의 활용

공식적 조직의 책임자는 비공식 집단을 외면하거나 불순한 것으로 보고 억제하는 정책을 쓸 것이 아니라, 공식적 조직의 목표수행에 순기능적으로 작용할 수 있도록 활용할 필요가 있다. 즉, 조직책임자는 조직 내의 비공식 집단의 실태를 파악하고, 이들의 목표가 공식적 조직의 목표와 일치하게끔 의사소통의 노력을 해야 한다. 비공식 집단의 구성 기준·목표·기능 등이 바람직하지 못할 때에는 참여·설득·의사전달의 비강제적인 방법부터 시작하여 그 추이를 지켜보면서, 지도자의 격리·격하·전보 등의 단계적인 조치를 취하는 방법을 선택하는 것이 바람직할 것이다.

7) 결 어

비공식 집단은 대개의 경우 공식적 조직 내에 자연적·필연적으로 발생하여 존속하기 마련이다. 이처럼 비공식적 집단이 필연적인 존재라면 우리는 그것의 장점은 살리고 단점은 보완하여 순기능적으로 활용하는 방안을 모색해보는 것이 합리적인 선택이 될 것이다. 이를 위해서는 공식적 조직의 지도자가 비공식 집단에 대한 긍정적 인식을 형성하고, 조직 내 비공식 집단의 실태를 파악하여 이들과 교류하고 대화하며, 공식적 조직의 의사를 전달하여 공식적 조직의 목표실현에 기여하는 방향으로 활동할 수 있도록 설득하는 온정적 권위주의형 리더십이 필요하다 하겠다.

6. 조직과 개인

1) 조직과 개인의 의의

조직이란 인간이 모여 구성하는 사회적 유기체이므로, 조직현상을 연구하는 사람들은 조직 속에서 활동하는 인간에 주의를 기울이고 인간의 행태를 파악하기 위해 노력하게 된다. 조직 내에 인간이 가지는 속성을 어떻게 이해하느냐에 따라 조직을 구성하는 다른 모든 요인에 대한 판단과 실천적 처방이 좌우되므로, 조직 내의 개인에 관한 연구는 전반적 조직이론의 전제가 된다.

2) 조직과 개인의 관계

조직의 목표와 개인의 욕구가 일치・조화되고, 조직의 합리성과 인간의 행복이 가능한 한 서로 조화될 수 있도록 하는 것이 이상적이다. 하지만 현실적으로 조직과 개인은 갈등・대립・상충관계를 빚는 경우도 많이 있다. A. Etzioni(1961)는 상하간의 복종관계(*compliance*)를 중심으로, 조직의 유형을 1) 강제적 조직(*coercive organization*), 2) 공리적 조직(*utilitarian organization*), 3) 규범적 조직(*normative organization*)으로 나누었는바, 개인과 조직의 관계는 이에 따라 1) 소외적 관계, 2) 타산적 관계, 3) 도덕적 관계로 분류될 수 있다.

3) 요약 및 결론

산업사회에서 대규모 관료제는 양적 성장을 목표로 하는 합법적・표준적・획일적 패러다임이었으므로, 조직의 구성원인 개인은 조직의 주체라기보다는 조직의 목표를 달성하기 위한 수단으로 간주되었다. 이러한 특성을 지닌 조직은 조직목표의 능률적 달성에만 초점이 맞추어져 있으므로, 조직구성원의 성장과 학습을 통한 자아실현이나 개인적 성취에는 소홀했던 것이 사실이다.

그러나 다양성・창의성・평등성에 기초한 거버넌스 시대는 교양과 덕성을 갖춘 성찰하는 시민사회가 중요한 주체 역할을 하는 사회이다. 지식정보사회에서는 개인이 자유롭게 자아실현을 추구하며, 인권・정의・형평 등 인간의 존엄성(*human dignity*)이 강조되는 보다 인간적인 사회를 지향하고 있다. 이러한 시대에 조직은 완전성을 향한 개인의 자아실현을 중요하게 생각하며, 동등한 가치를 가진 개인들의 신뢰와 등권을 중요하게 생각한다.

또한, 조직은 개인들의 인성개발의 장으로서의 의미를 지니게 되며, 조직구성원들의 참여·합의를 기반으로 하는 주체의 장으로서의 의미를 지니게 된다. 요컨대, 지식정보사회에서 조직과 개인의 관계는 함께 학습하고 함께 성장하는 공존과 공영의 관계로서 새로운 의미를 부여하는 것이 바람직하다 할 것이다.

7. 조직과 환경

1) 조직과 환경의 관계

조직의 환경이란 조직을 둘러싸고 조직에 영향을 미치는 모든 외부조건을 총칭하는 것이다.

1940년대 이전까지 종래의 조직이론은 조직을 폐쇄체제로서 인식하여 조직에 대한 환경의 영향을 배제하고 조직의 내부문제만을 연구대상으로 하였다. 그러나 1950년대 생태론·체제론 이후 조직과 환경은 끊임없이 상호작용하면서, 지식·정보·에너지를 교환하는 상호작용관계에 있다는 인식의 전환을 토대로 조직을 개방체제로 파악하게 되었고, 환경과의 동태적 관계 속에서 조직현상을 거시적 개방체제로서 연구하려는 이론이 발달하게 되었다.

2) 환경이 조직에 미치는 영향

(1) 조직환경의 변화: Emery & Trist(1965)

Emery & Trist(1965)는 조직환경의 변화를 정적-동적, 임의적-격동적 수준에 따라 다음과 같은 네 단계로 구분하였다.

㈎ 제1단계 : 정적-임의적 환경

환경의 여러 요소간의 변화가 적고 요소의 구조에 치우침이 없으며, 골고루 안정적으로 분산되어 있다. 따라서 조직은 환경에 대응하기 위한 특별한 전략이 없다.

㈏ 제2단계 : 정적-집약적 환경

환경의 여러 요소는 정태적이고 일정하게 정해진 방식으로 결합을 시작한다. 조직은 주요 전략적 계획을 수립하고 자원을 배분하여 능력발전을 촉진시키는 방향으로 대응하는 것이 바람직하다.

(다) 제3단계 : 교란-반응적 환경

동태적 환경을 말한다. 복수의 체제가 상호작용하면서 경쟁하는 것이 주요한 특징이다. 조직은 다른 환경체제를 흡수(*co-optation*)해 버리거나, 환경체제에 적응(*adaptation*)하는 두 가지 전략이 있을 수 있다.

(라) 제4단계 : 격동의 장(fields of turbulence)

카오스적 환경을 말한다. 매우 복잡하고 동태적이며, 매우 불확실한 특징을 가진다. 환경이 조직의 예측능력을 훨씬 앞질러서 변화해가므로, 경쟁자의 도전에 대응하기 위한 연구・개발의 필요성이 높아진다.

(2) 환경의 변화에 대한 조직의 대응: Selznick(1957)

(가) 적응적 변화(adaptation)

조직이 변화하는 환경에 적응함으로써 그 안정과 발전을 유지하는 것을 말한다.

(나) 적응적 흡수(co-optation)

조직이 위협을 회피하기 위하여 조직의 지도층과 정책결정지위에 외부환경으로부터 새로운 요소를 흡수하는 것을 말한다.

(3) 환경에 대한 조직의 대응전략: Scott(1992)

(가) 완충전략

조직의 능력을 넘어서는 다양하고도 상충적인 요구들이 갑작스레 밀려온다면 조직의 자원은 곧 소진되어버릴 것이다. 따라서 이를 막기 위한 완충장치의 대표적인 것들은 다음과 같다.

① 비축: 환경이 불확실하여 이에 대비하여 자원이나 산출물을 비축하는 것을 말한다.
② 예측: 환경변화의 규칙성을 찾아내고 이를 예측하여 적응하는 것이다.
③ 성장: 가장 일반적으로 사용되는 것으로, 조직이 기술적 핵심을 확장하여 보다 강해지고 외부환경에 대하여 보다 강력한 수단을 가지려는 시도를 의미한다.

(나) 연결전략

완충전략은 조직의 취약성을 근본적으로 해결하지는 못한다는 한계가 있다. 그리하여 조직간 연결을 통하여 환경을 구성하는 외부집단과의 관계를 자신이 원하는 방향으로 재편성하기도 하는데 이를 연결전략이라고 한다.

① 권위: 중앙조직이 권위적 위치에 있어 외부조직을 통제하는 식의 관계를 형성하는 전략이다.
② 경쟁: 조직간 세력이 균형적일 때 경쟁을 통하여 문제해결능력을 향상시키는 것을 의미한다.
③ 계약: 조직간에 자원교환을 협상하여 합의하는 것이다. 정부조직이 사무를 민간단체에 위탁하는 계약을 체결하는 것이 그 예이다.
④ 합병: 여러 조직이 자원을 통합하고 연대하는 것을 말한다. 예를 들면 기업합병이 있다.

3) 조직이 환경에 미치는 영향

조직은 환경의 영향을 받기도 하지만, 조직과 환경은 서로 영향을 주고받는 상호 동태적 의존관계이다. 행정조직은 계획적·의도적으로 사회변동을 유도하기도 하며, 이 경우 조직은 사회변동 담당자로서의 역할을 할 수도 있다. 특히 1950년대 생태론·체제론 이후 조직과 환경은 끊임없이 상호작용하면서, 지식·정보·에너지를 교환하는 동태적 상호작용 관계에 있다는 개방체제적 인식이 확산되고 있다.

8. 제3부문 조직

1) 공공서비스 주체의 범주에 대한 이해

공공서비스 제공과 관련된 사회의 영역을 순수한 공적 업무를 수행하는 정부부문(제1섹터)와 이윤추구를 목표로 하는 민간부문(제2섹터)을 일직선상의 양 끝에 두었을 때, 이 스펙트럼의 중간에 위치하는 부문을 제3섹터나 제3부문 조직이라고 한다.

2) 책임운영기관(Executive Agency)

(1) 의 의

책임운영기관이란 정부가 수행하는 사업 중 공공성을 유지하면서도 경쟁원리를 도입하여 운영하는 것이 바람직한 사업에 대해 책임운영기관장에게 운영 및 예산의 자율성을 부여하고 그 운영성과에 대해 책임을 묻는 제도를 말한다.

책임운영기관은 관료제의 계층제적 조직구조와 경직적 운영방식으로 발생하는 단점을 극복하고, 공공서비스를 탄력적이고 국민중심적으로 제공되도록 변화시켜 효율적 자원관리를 이룩하려는 데 목적이 있다.

(2) 배 경

책임운영기관은 민간기업의 방식을 도입하고 정책결정과 집행기능을 분리하는 조직이원화 전략을 사용하며, 운영 및 예산사용에 대하여는 재량권을 부여하고 책임을 강조하는 신공공관리론(NPM)의 조직원리에 따라 등장하였으며, 이는 성과중심 정부 실현의 한 방안이다.

'책임운영기관의 설치 · 운영에 관한 법률'에 근거하여 1999년부터 시범사업이 실시되었으며, 당초 국립영상간행물제작소, 국립중앙극장, 국립의료기관 등 10개 기관이 지정되었으나, 2009년 현재 46개 기관으로 확대 운영되고 있다.

(3) 특 징

책임운영기관은 공익적인 측면 때문에 민영화하기 어려운 기능을 정부가 직접 수행하기 위하여 조직의 이원화 전략을 취한다. 즉, 정책결정과 집행, 통제와 서비스를 구분한 뒤, 이 중 집행과 서비스 제공기능을 담당하게 된다.

책임운영기관은 기관장만 계약직으로 공개 채용하고 공무원을 그 소속직원으로 하며, 매년 성과계획서와 성과보고서를 작성하여 행정자치부 평가위원회의 평가를 받는다.

(4) 장 점

책임운영기관제도는 공공부문에 경쟁원리를 도입함으로써, 기관운영의 효율성을 증진

〈그림 6-1〉 제3섹터의 범주

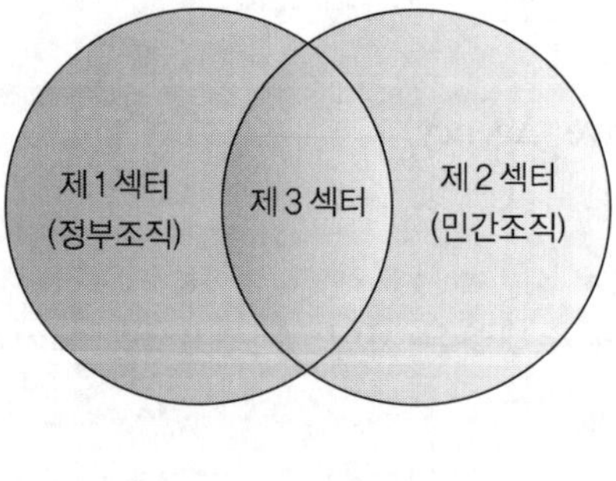

시킬 수 있으며, 재정자립도를 높일 수 있다. 또한 성과관리방식의 채택을 통해 기관운영의 자율성을 확보할 수 있고, 정책집행의 신축성과 효율성을 증진시키며, 고객에 대한 서비스 품질의 향상에도 기여한다.

(5) 단 점

책임운영기관은 결정기능과 집행기능이 이분화 되어 정책집행과정의 경험이 정책결정과정으로 반영되는 환류의 흐름이 방해되고, 거래비용이 확대될 수 있다. 또한 이 제도 성공의 전제요건인 객관적인 성과평가제도가 마련되지 않는다면 책임성 확보에도 문제가 발생할 수 있다. 공적분야에 시장원리를 도입한 것이므로 공공서비스가 지녀야 할 덕목인 형평성과 안정성이 저하될 가능성이 있다.

(6) 개선방안

(가) 기관장 임명의 공정성

우선 기관장을 채용함에 있어 정실을 배제하고 실적에 근거한 공개채용을 원칙으로 해야 한다. 또한 기관장에 대한 책임기준을 명확히 하여, 일정한 성과를 달성하는 경우 강력한 인센티브를 보장해 주어야 한다.

(나) 자율성 확대와 합리적 통제

조직 및 인사관리에 자율성이 확대되어야 하고, 조직에 대한 평가는 각 소속 중앙행정기관에 설치된 운영심의회와 행정자치부에 설치된 평가위원회가 이중으로 평가하는 등 성과평가체제가 이원화되어 있으므로 합리적 개선방안이 필요하다.

예산 및 회계 관리에도 자율성이 확대되어야 한다. 현재는 이용 및 전용 범위를 매 회계연도마다 중앙행정기관의 장과 기획예산처 장관이 협의하여 결정하는 등 책임운영기관의 예산 및 회계 관리의 자율성이 부족하다는 문제가 있는바, 합리적 개선방안이 필요하다.

(다) 고객 대응성 제고

책임운영기관제도는 고객의 수요에 부응하는 공공서비스를 효율적으로 제공하기 위한 제도이다. 따라서 성과의 향상 정도를 지속적으로 체크할 뿐만 아니라, 고객만족 행정구현을 위한 기관 자체의 개편과 구성원의 인식제고 노력이 필요하다 할 것이다.

3) 정부위원회

(1) 개 념

정부위원회는 단독제 조직에 대응하는 조직구조로서, 계층제 조직의 경직성을 완화하고 민주적 결정을 촉진하기 위하여 대등한 지위를 가진 복수위원들간의 합의를 통해 정책을 결정하고 집행하는 합의제 행정기관을 가리킨다.

(2) 등장배경

전통적 행정학 시대에는 물질의 양적 생산의 증대가 시장과 정부의 목표였으므로 능률성이 강조되었다. 이 시대에는 표준화되고 획일적이며 중앙집권적이고 권위적인 관료제가 목표달성에 타당한 조직형태였다.

하지만 최근의 거버넌스 시대에는 정책결정과정에서 정부위원회에 대한 의존도가 높아지고 있다. 아직 학문적으로 합의가 이루어져 있지는 않지만 거버넌스는 다양한 주체간의 대화, 협상, 조정을 통한 타협과 동의에 더 큰 가치를 두고 있다(이명석, 2002). 정부와 시민사회간의 상호작용적 관점에서 '함께 방향잡기'(Co-steering), '함께 규제하기'(Co-regulation), '함께 안내하기'(Co-guidance) 등이 거버넌스, 특히 뉴거버넌스 논리의 핵심(Kooiman, 1993)이라고 할 때, 정부 위원회는 국가와 사회체제 내의 다양한 행위주체들이 자율성을 가지면서 수평적 네트워크를 구축하는 국정운영방식을 구현하는 데 기여할 수 있다(오석홍, 2002).

(3) 유 형

(가) 자문위원회

자문위원회는 특정의 개인 또는 조직전체의 자문에 응하는 합의제 조직인데 헌법·법률·대통령령에 근거하여 설립되고, 결정은 정치적 영향력은 있으나 법적 구속력은 갖지 못한다. 자문위원회의 위원은 대외활동이 많은 인사보다는 연구에 많은 시간을 할애할 수 있는 인사가 적합하며, 자료수집과 분석을 위한 충분한 보조인원이 필수적이다. 그 예로 정부혁신위원회, 정책기획위원회, 국가균형발전위원회, 세계화추진위원회, 21세기위원회 등을 들 수 있다.

(나) 조정위원회

조정위원회는 상이한 여러 의견이나 입장을 조정·통합하여 합의에 도달하려는 목적으로 설치된 합의제 조직인데, 결정은 법적 구속력을 갖는 경우와 갖지 않는 경우가 있다.

우리나라의 중앙노동위원회와 중앙환경분쟁조정위원회의 결정은 법적 구속력을 갖는 경우이고, 중앙수산조정위원회의 결정은 법적 구속력이 없는 경우이다.

㈐ 행정위원회

행정위원회는 행정관청으로서의 성격을 가진 합의제조직이며 법률에 의해 설립되며, 정책결정 및 집행에 대한 권한과 책임을 가지고 결정은 법적 구속력을 가진다. 행정위원회는 상설사무기구가 있고, 상임위원이 배치되어 있으며 독립성을 가진다는 특징이 있다. 그 예로 소청심사위원회, 국세심판소 등을 들 수 있다.

(4) 장 점

㈎ 행정의 전문성 제고

정부위원회는 그 분야의 전문가를 구성원으로 하므로 정부위원의 선정이 공정하게 이루어진다는 전제가 성립한다면, 민간의 전문적인 지식과 경험을 활용할 수 있어 행정의 전문성을 제고할 수 있다.

㈏ 행정의 민주성 도모

정부위원회는 시민과 시민대표 등 정책대상집단의 참여와 통제와 합의에 기초하여 정책을 결정한다. 이는 국민투표나 국민소환처럼 간접민주주의의 한계를 보완할 수 있는 직접민주주의 수단의 하나가 될 수 있다.

㈐ 행정의 합리성 도모

정부위원회의 합리적이고 합목적적인 역할수행을 위해서는 다양한 부처 또는 부서의 대표자가 참여하게 되고, 위원회와 행정부서간 업무의 협조가 필요하므로 부처간 교류증진, 부처간 할거주의 타파에 기여할 수 있다. 또한 조직간 연계와 상호학습의 과정에서 학습조직이론 현실화의 한 방안이 될 수 있다.

(5) 단 점

㈎ 거래비용의 증대

위원회 조직에는 많은 의사주체가 참여하므로 많은 의사결정점(veto point)이 있게 된다. 이는 정책과정이 보다 복잡해짐을 의미하므로 이에 따른 조정비용과 감독비용과 같은 거래비용이 증가하게 된다.

㈏ 책임성 확보 곤란

위원회 조직은 기본적으로 여러 사람이 합의를 거쳐 결론을 도출해야 하므로 회의시간의 연장, 회의개최빈도 증가와 같은 의사결정의 신속성을 저해하는 요인 또한 증가하게 된다. 또한, 정책결정의 적시성이나 능률성이 저해될 수도 있으며, 구성원간의 권한이 동등하고 다원적이어서 책임의 소재가 불분명해질 수 있다.

(6) 우리나라 정부위원회 조직의 개선방안

㈎ 현 황

최근에는 행정에 대한 시민의 참여욕구가 신장되고, 사회가 복잡해지고 변화의 속도가 빨라지며, 이해관계가 다양해짐에 따라 행정의 전문성에 대한 요구가 증대되었다. 정부위원회는 이러한 행정환경의 변화에 적응하기 위한 필요성에서 설립되기 시작한 제3부문 조직 형태 중의 하나이다.

정부위원회는 다수의 시민단체 · 전문가 등으로 구성되며 자문이나 조정역할 등을 수행하면서, 행정에 전문성 · 민주성 · 합리성을 강화시키는 역할을 수행할 수 있어야 한다.

㈏ 문제점

① 행정위원회의 행정기구화

행정위원회는 관청적 성격을 갖고 있어서 일단 생겨나면 사무실과 공무원들이 파견되어 행정기구화 하는 예가 많다. 뿐만 아니라 위원회가 설치되어 있지만 정작 중요한 결정은 사실상 공무원에 의하여 이루어지는 경우가 많다는 문제점이 있다(이종수, 2003).

② 자문위원회의 형식화

자문위원회는 논란이 있는 대규모 정부사업에 대한 정당성 확보와 책임회피 수단으로 활용하는 측면이 강하다. 예를 들면 김대중 정부의 동강 댐이나 새만금 간척사업 등에서 보듯이 논란이 되는 문제를 위원회를 통하여 활용하고자 했다.

③ 한시적 위원회의 항구화

부처의 권력을 증대시키려는 목적과 뚜렷한 종결메커니즘의 결여를 원인으로 하여 위원회의 정비가 제대로 이루어지지 않고 있으며, 일 년에 한 번도 회의를 하지 않는 '식물위원회'가 과다하게 존재하고 있다.

④ 위원회 위원의 복수위원회 겸직

정부위원회는 정부부처의 기관장 독단에 의해 정책이 좌우되는 것을 막고, 정책과정에 시민・시민단체・전문가의 참여를 촉진하여 행정의 전문성과 민주성을 살리려는데 그 취지가 있다. 그러나 각 부처의 세 불리기 경쟁이나 책임회피 수단으로의 활용을 원인으로 하여 정부위원회는 우후죽순으로 늘고 있는데, 전문가의 인력풀은 그 수요만큼 존재하지 않아 한정된 민간 전문가나 교수들이 복수의 위원회에 중복 참여하고 있다는 문제점이 있다.

⑤ 정부부처와 위원회간 기능갈등

정부위원회들이 정치적인 명분론 하에 관련 부처와의 업무조율이나 기능조정을 명확히 하지 않은 상태에서 성급하게 난립되고 있고, 정부부처와 위원회간에 기능분배에 대한 갈등이 있어, 정책과 행정의 전문성과 민주성에 정부위원회가 얼마나 기여하고 있는지에 대해 많은 논란이 있다.

㈐ 개선방안

① 행정위원회의 독립성 확보

행정위원회는 업무 수행상 독립성, 전문성, 합의성이 특히 필요한 경우에 설립되는 것이지만, 현실적으로 정치적, 사회적 관심과 영향이 큰 경우에는 위원장 및 위원의 임명에서부터 자체의 결정에 이르기까지 외부의 영향을 배제하기 곤란하다(이종수, 2003).

행정위원회 독립성의 전제인 인사상 공정성과 중립성을 확보할 수 있도록 위원의 임기보장과 신분보장 강화, 상급관청의 지휘감독권 배제 조치가 필요하다. 또한 행정위원회가 업무상의 독립성을 확보하며 제 기능을 다할 수 있도록 행정부서는 간섭과 통제를 줄이고, 대신에 관련 정보나 기술 등을 제공하는 등의 협조를 제공하는 형태의 역할분담 및 관계정립이 필요하다

② 자문위원회의 형식화 방지

자문위원회의 형식화를 방지하고 책임소재를 분명히 하기 위해서는 임무와 권한의 확립이 우선되어야 한다.

③ 위원회 일몰제의 정상적 시행

1998년 기능을 다한 위원회는 자동폐기토록 한 '위원회 일몰제'가 도입되었음에도 불구하고, 우리나라의 정부위원회는 설립은 쉬우나 관리나 폐지는 어려운 것이 현실이다. 이런 폐단을 시정하고 정부위원회의 취지와 목적을 살리기 위해서는 위원회 일몰제의 정상적 활용으로 불필요한 식물위원회나 서류위원회의 존속을 방지해야 한다.

④ 인적자원의 합리적 충원

정부위원회활동의 정상화를 위해서는 장기적 관점을 가지고 분야별 전문가를 폭넓게 발굴하려는 노력을 기울일 필요가 있다. 우리나라처럼 단기간에 명망가 위주의 위원회를 만들 경우 위원회는 관료조직의 들러리라는 상징적 의미를 가질 수밖에 없다. 따라서 전문가 인력풀이 확대되어야 한정된 분야의 소수 시민사회단체 소속인사만이 여러 위원회에 중복 참여하는 폐단을 없앨 수 있을 것이다.

⑤ 위원회에 대한 시민참여의 확대

정부위원회 구성원에 일정 비율 이상의 시민대표 혹은 정책 이해관계집단의 참여와 합의를 기초로 운영함으로써, 정책과정에 시민의 참여와 책임성을 제고하고 행정의 민주성을 강화할 필요가 있다.

4) 공기업

(1) 개 념

공기업(Public Enterprise)이란 국가 또는 지방자치단체가 공공복리의 증진을 위해 기업적으로 운영하는 조직이다. 공기업은 정부에서 결정 또는 승인한 재화・용역을 생산하기 위해 정부주관으로 운영하는 조직으로서, 정규적인 정부조직들보다는 큰 자율성을 누린다(오석홍, 2002).

(2) 이 념

공공성・민주성・기업성・능률성의 확보가 공기업의 4대 운영이념이다. 즉, 공기업은 이윤의 극대화가 일차적 목적이 아니라 국민들의 필수적 행정수요에 맞는 공익증진이 목표가 되어야 하고(공공성), 공공성 확보를 위하여 민주적 규제와 관리가 필요하며(민주성), 그러나 일정한 수익을 창출해야 하며(기업성), 이를 위해서는 경영과 관리의 합리성(능률성)을 추구해야 한다.

(3) 등장배경

Friedman 교수(1962)는 공기업의 핵심적 등장배경을 제2부문(시장)의 실패라고 보고, 공기업은 이에 대한 보완책으로 등장한 공・사 영역이 혼합된 제3부문 조직 중의 하나라고 설명하고 있다.

공기업의 등장배경을 구체적으로 살펴보면, 수도・전력・통신 등은 사업의 초기비용

(*set up cost*)이 지나치게 많이 들기 때문에, 시장에 맡겨놓으면 수지타산이 맞지 않아 공급에 차질을 빚을 수도 있고, 설령 공급되더라도 높은 요금으로 소수만이 이를 사용하게 될 수도 있으므로 이에 공익성을 보장하기 위하여 국가가 공기업을 통해 이를 공급하는 것이다.

우리나라의 경우는 한국전력공사처럼 해방 후 일본인 소유였던 국가기간산업을 국가가 관리하기 위해서, 경제개발시절 포항제철처럼 경제안정과 경제성장을 전략적으로 주도하기 위하여 공기업이 활용되었다. 뿐만 아니라 담배나 인삼처럼 전매사업을 수행하는 공기업을 통해 재정적 수입을 확보하기도 한다.

(4) 종 류

(가) 정부기업

국가로부터 독립된 법인격이 없으며, 정부 행정기관과 같은 법의 적용을 받고 같은 정부 조직원리에 의해서 운영되는 공기업을 말한다. 직원은 공무원의 지위를 누리게 되어 근무조건이 일반 공무원과 동일하고, 국회로부터 예산의결을 얻어야 하며 필수 감사대상기관이다. 그 예로 정보통신부(체신사업), 조달청(조달사업)이 있다.

(나) 공사형 공기업

공사형 공기업은 국가 또는 공공단체와는 독립된 법인격을 가지며, 자본금 전액을 정부가 투자한다. 임원은 정부에서 임명하고 직원은 공무원은 아니지만 준공무원의 지위를 누린다. 정부투자기관관리기본법에 의하여 예산이 운영되며, 감사원의 감사를 받는다. 대한석탄공사나 대한주택공사를 그 예로 들 수 있다.

(다) 주식회사형 공기업

회사법에 의해서 설치되어 독립된 법인격을 갖고, 정부와 민간의 공동출자 기관이다. 임원은 주주총회에서 선발되고 직원은 준공무원의 지위를 누린다. 정부투자기관관리기본법에 의하여 예산이 운영되며, 감사원의 감사를 받는다. 그 예로 민영화되기 전 한국전력공사, 국정교과서를 들 수 있다.

(5) 공기업의 문제점

(가) 기회주의적 유인 및 정치화

공기업은 지배구조 형성의 토대가 되는 재산권과 소유주체가 명료하게 정의되어 있지 않다. 이 때문에 공기업은 “주인 없는 기업” 또는 “주인 없는 대리인”이라고 불리기도 한다.

소유권이 약화되어 있는 공기업의 소유 구조적 특징으로 인하여 공기업의 관리자들에게는 재산가치를 유지·관리·증식하려는 동기나 유인이 결여되어 있다. 뿐만 아니라, 공기업 종사자들은 자기이익 추구의 수단으로 공기업을 활용하기도 한다.

공기업은 임명권자에게 책임을 지는 임명직 경영인에 의해 운영되므로, 의사결정과정에서 정치적 개입의 가능성이 열려 있다. 따라서 서비스 공급에 관한 제반 결정이 경제적 타당성이 결여된 채, 정치적 동기에 의해 이루어지는 문제가 발생하게 된다.

㈏ 경쟁 및 시장규율의 결여

공기업은 일반적으로 독점적 시장구조를 형성하고 있으며, 정부로부터 재정지원을 받는 경우가 많아서 경쟁 및 시장규율이 결여되어 있다. 그럼에도 불구하고 수익을 내지 못할 경우에도 기업의 존립에 위협을 받지 않으므로 경영효율화에 대한 동기부여가 잘 이루어지지 않는다. 또한 법적 독점에 의해 영업상 지위가 보호되고 안정된 시장이 확보되기 때문에 기술혁신이나 원가절감에 대한 동기 또한 부족하다. 따라서 종업원들의 안일한 근무자세, 방만한 기업문화, 경영진의 능력부족과 같은 X-비효율성[2)]이 발생할 수 있다.

㈐ 가격기능의 부재

공기업의 경우 시장을 통한 가격기능이 실질적으로 거의 작동하지 않으므로, 이로 인해 초래되는 비효율을 막을 수 없다.

(6) 우리나라 공기업의 민영화

㈎ 공기업의 한계와 민영화의 필요성

공기업은 국민의 대리인인 정부가 다시 대리인에 의한 경영을 하기 때문에 주인 없는 경영이 되어 방만해지기 쉽고 그것이 비효율을 가져오는 가장 큰 문제점인 것으로 지적되고 있다. 공기업이 얼마나 비효율적인지를 수치로 측정하기란 쉽지 않다. 공기업의 특성상 독과점체제를 보장받고 정부의 보조를 받아가며 이익을 올리고 있는 공기업이 있는가 하면, 공공성을 강조하는 요금체계 때문에 손실을 입기만 하는 공기업도 있기 때문이다. 결국 정부가 수행하는 공공사업 중 기업성을 지닌 사업을 수행하기 위해 만들어진 제3부

---

2) 미국의 경제학자 Harvey Leibenstein(1978)은 X-효율성 이론에서 전통적으로 경제학에서 강조되어온 자원배분의 효율성보다는 조직운영의 효율성이나 개인의 열성이 경제적 성과의 차이에 더 크게 작용한다고 주장한다. 즉 마지못해 일하거나, 열심히 일할 필요가 없는 조직에서 낮은 성과를 내는 것을 'X-비효율성'이라고 하는데 조직운영에 비능률적인 요소가 있거나, 독점기업처럼 최선을 다할 이유가 없는 조직에서 나타나는 현상이다. 경쟁이 없고, 성과를 객관적으로 측정하기 어려운 공공조직은 X-비효율성이 커질 위험이 다분하다.

문 조직 중의 하나인 공기업이 그 이념을 제대로 수행하지 못하고, 시장의 체질을 약화시키거나 비효율의 온상이 되고 있는 현실을 타개하기 위한 방안으로 민영화가 제기된 것이다.

㈏ 공기업 민영화 정책의 의의

공기업 민영화 정책은 공기업의 공적 소유권이나 정부의 규제활동을 민간부문으로 전환시키기 위해 정부가 취하는 일련의 활동을 말한다. 공기업 민영화 정책은 1) 소유구조의 개선, 2) 경쟁요소의 도입, 3) 정부규제의 완화 등 세 가지 측면에서 합리적으로 진행되어야 한다.

첫째, 민영화는 소유권의 변화를 의미한다. 이때 완전 사적 소유권과 완전 공적 소유권 중에서 하나를 선택하기 보다는, 부분적 민영화 방안을 택하여 기업이윤 극대화와 사회후생 극대화 사이에 조화점을 모색하는 것이 바람직하다.

둘째, 민영화는 경쟁요소의 도입을 의미한다. 민영화의 결과 공기업의 독점과 공공소유를 줄이면 경쟁상황이 되고, 비효율을 제거하고 성과를 높이려는 인센티브도 높아진다.

셋째, 민영화는 종전의 공적 소유를 대신할 수 있는 새로운 규제장치의 등장을 의미한다. 새로운 규제장치의 큰 줄기는 규제완화이다. 완화된 제도 자체가 시장구조를 경쟁체제로 전환시키고, 효율성을 향한 인센티브가 될 수 있어야 하는 것이다.

㈐ 공기업 민영화 정책의 발전방향

공기업 민영화 정책은 경영의 투명성, 성과성, 책임성 등을 보장하는 기조 위에서 경쟁이 촉진하는 방향이 되어야 한다(이두한, 1999: 14-15).

정책의 개선방향은 다음과 같이 생각해 볼 수 있다.

첫째, 선진국의 경험을 보거나 우리 경제의 재벌구조를 감안하면 대규모 공기업의 민영화에 있어 가장 중요한 점은 기업가치 극대화이다. 규제법령, 시행령 등 간섭의 근거를 제거하고, 이사회 기능의 활성화, 상장 등을 통하여 경영진을 견제, 감시하는 투명한 지배구조를 확립하여, 책임 있는 경영체제를 구축하도록 정책을 추진해야 할 것이다(소유구조의 개선).

둘째, 경쟁촉진을 위하여 민영화 이후 가격규제 등 공익적 규제장치를 개발하여 경쟁이 존재하지 않는 부분에 경쟁요소를 도입할 필요가 있다(경쟁요소의 도입).

셋째, 기존의 공·사 이원화된 집행체제를 민간부문 일원적 집행체제로 전환하는 한편, 공기업 부문의 경쟁을 촉진하고 정부규제를 완화할 필요가 있다(정부규제의 완화).

5) NGO

(1) NGO의 개념

비정부조직(NGO: Non-Governmental Organization)은 공익 추구라는 조직목표를 달성하기 위해 시민의 자발적 참여에 의해 결성되는 제3부문 조직이다. 최근에 시민사회의 성장으로 공공부문에 있어서 정부활동에 대한 감시와 통제의 역할에 대한 관심이 높아지면서 NGO의 의의가 커지고 있다.

(2) NGO의 등장배경

㈎ 정부와 시장의 한계

정부와 시장에 의한 공공서비스의 생산 및 공급이 정부실패, 시장실패로 인해 그 한계를 드러내자, 이를 보완하기 위해 제3부문으로서의 NGO가 등장하게 되었다.

㈏ 시민사회의 성숙

산업사회의 물질적 욕구의 충족 및 민주화의 성장에 따라 시민들의 의식수준이 상승하게 되어, 개인의 다양한 요구와 이익이 분출되었다. 또한, 인터넷의 발달에 기인한 정보화 사회의 빠른 진전으로 의사표현의 통로와 방법이 많아지게 되었다. 정부와 시장에 의해 대변되지 못하는 이러한 각계각층의 요구들을 대표하고, 그들의 이익을 표출하고 보호받기 위해 NGO가 등장하게 되었다.

(3) NGO와 정부의 관계

NGO는 정부 또는 행정과 다양한 부분에서 관계를 가지고 상호작용하게 된다. 이러한 NGO와 정부의 관계유형을 간략히 살펴보면 다음과 같다(오석홍, 2002: 777-778).

㈎ NGO의 유형

① 갈등형(비판형)

기존의 제도나 정부정책을 변동시키기 위해 정부의 정책이나 활동을 비판하며 대립적 행동을 하는 유형으로서, 노동단체, 인권단체 등이 있다.

② 협력형(지지형)

공공문제의 해결이나 서비스제공을 위해 정부와 협력적 관계를 유지하는 유형이다. 적십자사와 같이 인도주의적 활동을 하는 단체들이 주로 이러한 유형에 속한다.

㈏ 정부와의 관계 유형

이러한 두 가지 유형의 NGO의 활동에 대해 정부가 어떤 대응을 하는가에 따라 양자의 관계를 다음의 4가지로 유형화할 수 있다.

첫째, 포용적 관계는 갈등형 NGO의 요구를 정부가 적극적으로 수용하는 경우 포용적 관계가 형성된다.

둘째, 갈등적 관계는 갈등형 NGO의 주장을 정부가 수용하지 않을 경우 갈등적 관계가 형성된다.

셋째, 협조적 관계는 협력형 NGO의 요구를 정부가 수용하고 지원하는 경우 협조적 관계가 형성된다.

넷째, 지배적 관계는 협력형 NGO를 정부가 지배적 위치에서 통제하는 경우 형성된다.

(4) NGO의 역할 및 한계

㈎ 역 할

NGO는 행정과정에서의 다양한 시민들의 참여를 촉진하여 행정의 효율성을 높이거나, 정부와의 파트너십을 형성하고 민주성의 향상 및 거버넌스적 행정에 기여하는 등 여러 가지 긍정적 역할을 한다.

첫째, NGO는 국가권력이나 시장에 대한 비판·감시를 하는 통제기능을 수행한다.

둘째, 공공서비스의 생산과 제공을 한다. 사회적 수요는 있으나, 영리단체나 정부에 의하여 생산되지 않고 있는 공공서비스의 생산을 통해 정부나 시장의 부족한 부분을 보완한다.

셋째, 민주적 도론과 학습의 장을 마련한다. 시민단체 활동에 시민이 참여하는 과정에서 공적인 문제와 관련하여 토론하고 학습하는 장을 제공함으로써, 민주적 덕성 및 태도의 함양을 통한 성찰적 시민의 양성에 기여한다.

넷째, 정부정책에 대한 시민의 의견전달 및 반영을 통해 정책과정의 민주성 제고에 기여한다.

다섯째, 시민단체가 가진 전문성을 살려 정책과정에 참여함으로써 정책의 효율성을 제고할 수 있다.

㈏ 한 계

NGO의 한계 및 문제점을 NGO 자체의 문제점과 정부 측면의 문제점으로 나누어서 살펴보면 다음과 같다.

① NGO 자체의 문제점

㉠ 영향력의 불균형

규모가 큰 NGO와 작은 NGO는 정책과정에서의 영향력 관계가 불균형하여, 정책과정에서 일반시민 혹은 규모가 작은 NGO의 의견보다는 규모가 큰 NGO의 의견이 "과다대표" 되는 문제가 있다.

㉡ 대표성의 문제

시민의 자발적인 참여가 미흡하고, 조직의 형성과 운영이 집권적이고 권위적인 경우가 많다. 따라서 조직의 의사가 시민의 의사를 반영하지 못하고, 임직원 및 상위관계자들의 의사만을 반영하는 문제가 있다.

㉢ 독립성의 문제

NGO는 시민들의 참여가 미흡하여 회비의 납부에 의한 재정 충당이 부족한 상황이므로, 재원 측면에서 정부와 기업에 대한 재정적 의존도가 심한 편이다. 이와 같은 정부・기업과 비정부조직간의 경제적 연결고리는 정부와 기업에 대한 진정한 비판과 압력단체로서의 NGO의 기능을 약화시키게 된다.

㉣ 전문성의 부족

NGO는 조직, 인력, 재원, 운영 측면에서 아직 미성숙한 상태이다. 그 결과 전문적인 역량이 부족하게 되어 원래의 역할수행에 미숙함을 보이는 한계를 나타내기도 한다.

② 정부 측면의 문제점

㉠ NGO에 대한 시각과 인식

정부부처에서는 아직도 비정부조직을 정책과정에 있어 함께 나아가야 할 동반자나 협력자로 인식하기 보다는 정책과정의 불평 제기자 정도로 인식하고 있다는 데 문제가 있다.

㉡ 구색 맞추기용 수단으로 인식

특정 정책에 대한 지지 확보를 위해 형식적으로 NGO를 동원하여 정책과정에 참여시키고, 외형적인 구색 맞추기용으로 인식하는 경향이 강하다. 또는 정책에 대한 책임회피의 수단으로 이용하는 경우도 많다.

(5) NGO의 개선방향

NGO의 개선방향을, 위에서 살펴본 문제점에 대응하여, NGO 자체의 과제와 정부 측면의 과제로 나누어서 살펴보면 다음과 같다.

(가) NGO 자체의 과제

① 대표성과 독립성의 확보

NGO가 본래의 역할에 제대로 수행하기 위해서는 시민들의 자발적인 참여가 많아져야 하며, 경제적・정치적 독립성이 전제되어야 한다. 따라서 시민들의 참여를 제고시키기 위한 홍보활동 및 교육활동을 강화하고, 이를 통해 회비에 의한 재정 충당이 가능해지도록 함으로써 정부 또는 기업의 지원 때문에 예속되는 현상이 발생하지 않도록 해야 한다.

② 전문성 제고를 통한 역량 강화

NGO가 정부로부터 진정한 파트너로 인정받기 위해서는 해당영역의 정책에 대한 대안을 제시할 수 있는 전문성을 확보하고 있어야 한다. 그러기 위해서 NGO는 해당분야의 전문직 자원봉사자의 활동을 유인할 수 있어야 하고, 전문성 확보를 위한 내부교육도 진행해야 한다. 뿐만 아니라 관련 NGO간의 연대와 정부와 민간의 정책전문가들끼리의 네트워크 형성을 통한 교류확대 등의 시도가 필요하다.

③ 투명성과 책임성 확보

NGO가 일정의 특혜를 받으며 활동하면서 시민에 대한 대표성, 정책역량에 대한 전문성, 재정에 대한 투명성, 조직의 운영과 의사결정과정에서의 민주성에 대한 의심을 받는다면, 정부와 시민으로부터 외면받게 될 것은 자명한 일이다. 따라서 NGO 스스로도 활동이나 운영상의 정보를 공개하는 등 투명성을 입증할 수 있어야 할 것이다.

(나) 정부 측면의 과제

① 진정한 동반자로 인식

정부는 NGO를 바라볼 때 잔소리가 많은 시어머니 같은 존재로 보는 관점에서 벗어나, 정부실패의 치유와 정책역량 강화를 위한 진정한 파트너로 보는 인식의 전환이 필요하다. 정부와 NGO 등의 정책네트워크는 성공적인 행정을 위해 필수적인 거버넌스 시대의 대세이기 때문이다.

② 지원방식의 변화

NGO가 건전하게 성장하여 제 역할을 잘 해낼 수 있는 방향으로의 지원방식 변화가 필요하다. 본질에 충실한 NGO만이 생존할 수 있도록 최소한의 제도적 장치를 통한 관리가 필요하며, 재정적 지원을 할 때도 일방적 지급방식이 아닌 활동의 성과와 연계하는 등 인센티브식 지원이 바람직하다. 이와 함께, 최대한 활동의 독립성을 보장해야 한다.

(6) 결 어

지식정보사회로 향하고 있는 이 시대에 현대행정은 거버넌스를 표방하고 있다. 복잡성과 다양성과 불확실성을 더해가는 시대상황에서 현대행정은 보다 전문적이고 민주적인 방향으로 나아가야 한다. NGO는 본래의 기능을 제대로 발휘한다면 행정에 민주성과 전문성에 긍정적으로 기여하는 데 많은 역할을 할 수 있다. NGO실패라고 불리는 부작용이 나타나고 있기는 하지만, 이를 포기하거나 방치할 수 없는 이유가 여기에 있다. 따라서 정부와 NGO는 서로의 존재와 역량을 인정하고 상호의존적이고, 발전적인 관계구축을 통해 효과적인 정책네트워크를 만들어 나가야 하며, 각자의 핵심적인 역량을 강화하기 위한 자발적이고 지속적인 노력을 계속해야 할 것이다.

6) 요약 및 결론

인간은 사회적 동물이다. 인간의 사회생활의 장(場)이 조직이라고 할 수 있다. 행정학의 차원에서 다루는 조직은 특정 목표를 합리적으로 실현하는 수단인데, 분업의 원칙에 따라 편성되고 비정의성 및 보편성을 띤다.

조직을 설명하기 위한 변수로는 사람·조직·환경 등 세 가지를 들 수 있는데, 조직관은 구조에 중심을 두던 관료제 모형과 사람에 중심을 두던 행태론 모형, 환경에 중심을 두던 체제론 모형의 순으로 발전되어 왔다.

A. Ezioni는 조직을 강제적 조직, 공리적 조직, 규범적 조직으로 나누었고, R. Likert는 자비적 체제, 자문적 체제, 참여적 체제로, D. Katz와 R. L. Kahn은 생산적 조직과 적응적 조직, 정치적 조직으로 유형화 했다.

조직은 분업의 원리, 조정·통합의 원리, 계층제의 원리, 통솔의 범위, 명령통일의 5대원리에 의하여 구성된다. 이러한 원리에 의해서 구성된 조직은 외면성, 인위성, 공식성, 능률성을 지니는 공식적 조직이고, 공식적 조직 내부에는 내면성, 자생성, 비공식성, 정의성을 지니는 비공식적 집단이 존재한다. 비공식적 집단은 공식적 조직과 갈등관계를 형성할 수도 있고 조화관계를 형성할 수도 있는바, 조직지도자의 관심과 포용을 통해 공식적 조직의 목표달성에 순기능을 발휘할 수 있도록 활용할 필요가 있다.

단순한 산업시대에는 행정수요도 단순했고, 조직의 전통적 5대원리에 근거한 단일적이고 계층적인 관료제 조직으로 이에 부응할 수 있었다. 그러나 새로 도래한 지식정보사회에서는 행정수요가 복잡·다양하고 참여에 대한 욕구와 관심이 증대되어 기존의 조직으로는 이에 대응할 수 없으므로, 이를 보완하기 위해 기존의 정부조직에 자율성을 부여한 책임운영기관, 민주성을 추가한 형태의 정부위원회, 기업성을 추가한 공기업의 새로운 제3부문 조직이 등장하였다. 또한 NGO는 민간부문의 제3부문 조직으로서, 행정에 전문성과 민주성을 더해주며 정부와의 거버넌스 파트너로서의 역할을 하고 있다.

현대조직이론은 유기체적 개방체제 모형을 요구하고 있다. 현대사회는 점점 다변화되고 그 속도도 빨라지고 있다. 지금까지의 경직된 조직구조와 사고로는 이러한 빠른 사회변화에 적절히 대응하기 어렵다. 기존의 과업이나 조직을 중요시하는 행정체제는 일관된 목표수립과 집행은 용이하게 할 수 있었으나, 변화과정의 사회체제에서 다양한 시민의 요구는 충족시키지 못하고, 특정 집단의 특정 요구만을 충족시키는 불균형을 조장할 가능성이 있다.

지식정보사회의 다원화·세계화·지방화의 추세에 조직이 제대로 대처하기 위해서는 변화에 효과적으로 대응할 수 있는 유연한 조직모형에 관한 연구가 필요하다. 또한, 거버넌스의 참여 및 네트워크 추세에 조직이 제대로 대처하기 위해서는 정책네트워크 강화를 통해 다양한 참여의 확대가 이루어질 수 있는 분권적 조직모형에 대한 연구가 필요하다.

이는 조직 동태화의 개념을 지식정보사회라는 시대적 환경의 역동성에 적용시킨 것으로 이해할 수 있는데, 이러한 조직형태에 부응하는 모형으로서는 팀 조직, 프로젝트 조직, 프로세스 조직, 네트워크 조직, 학습조직, 비전구동형 조직, 메트릭스 조직 등이 있다. 다음 절에서는 이러한 개념의 조직의 동태화를 학습하기로 한다.

제 3 절 조직의 동태화

1. 조직동태화의 의의

1) 개 념

조직의 동태화란 경직된 수직적 구조의 조직을 유연한 수평적 구조의 변혁적 조직으로 전환시켜 문제해결중심의 협력체제를 구성함으로써, 변화하는 환경에 신축성 있게 적응하고 계속적으로 새로운 행정수요를 충족시키는 조직으로의 동태적 변화를 의미한다.

A. Toffler(1970)는 이러한 조직형태를 유동성 조직(Adhocracy)이라고 지칭하였는데, 이는 한시적 조직으로서 관료제를 대체하는 임시적 · 역동적 · 유기적 조직의 형태를 의미하였다. 또한 W. Bennis(1966)는 이러한 조직형태를 "다양한 전문적 기술을 가진 집단이며, 해결해야 할 문제를 중심으로 조직된 적응력이 강하고 임시적인 조직체제"라고 정의하였다.

조직이론의 발달과정에 있어서 조직의 동태화 개념이 중요하게 부각된 것은, 조직이론의 상황론과 체제론이 등장하면서 조직과 환경의 동태적 맥락이 중요한 변수로 등장했기 때문이다. 조직구조론이 구조적 측면을 강조하고, 조직행태론이 행태적 측면을 강조했다면, 조직체제론은 환경의 동태성을 강조하고 있다.

2) 필 요 성

C. Argyris(1957)는 조직의 3대 목표를 1) 외부환경에의 적응, 2) 조직목표의 추구, 3) 내부체제의 유지를 들고 있는데, 지식정보사회의 급변하는 환경 속에서 조직이 생존하고, 목표를 달성하기 위해서는, 빠른 속도의 환경변화에 신축성 있게 적응해야 하고, 이를 위해 조직은 동태화 해야만 한다.

2. 조직동태화의 효용과 한계

1) 효 용

조직의 동태화 방안으로 제시되는 유동성이 강한 조직들은 다양하며 변화가 심하고 불확실성이 큰 환경에 신축성 있게 적응하는데 유리하므로, 조직의 초기발전단계나 개혁·혁신 실행에 특히 효과적이다. 뿐만 아니라 전문화되고 이질적인 여러 전문지식이나 기술들을 통합하는 데에도 유리한 조직형태이다.

2) 한 계

조직의 동태화 방안으로 제시된 유동성이 강한 조직은 상위자와 하위자간의 명확한 구분과 계층이 없다는 구조적 특성 때문에, 책임의 소재가 불명확하고 갈등이 불가피하여 조정과 통합 및 의사소통비용이 과다하게 든다는 한계가 있다. 또한 구성원들은 유동적이고 불안정한 업무환경에 적응해야 하므로 심리적 불안감을 갖게 된다.

3. 조직동태화의 방향

1) 구조적 측면: 신축성과 융통성 확보

조직의 동태화의 가장 큰 목표는 신축성과 융통성의 확보라고 할 수 있다. 이를 위해서는 고도의 전문적 지식을 가진 사람들을 구성원으로 한다는 특성상 의사결정이 분권적이어야 하고, 업무에 있어서 고도의 수평적 분화가 이루어져야 한다. 또한 개념상 전문성과 자율성이 존중되어야 하므로, 공식적이지 않은 비정형적 업무처리가 허용되도록 하고 규칙과 규제가 거의 없도록 해야 한다. 조직 의사결정권의 수평적 분화나 규칙과 규제의 완화 등은 모두 조직의 신축성과 융통성의 확보를 목표로 한다.

2) 행태적 측면: 신뢰성과 민주적 운영

조직과 개인의 관계는 서로에게 도움을 주고받으며, 함께 발전하는 관계라는 인식의 변화가 필요하다. 즉, 개인(행정인)은 사회변동에 적응할 수 있는 새로운 지식·기술을 습득하고 발전 지향적·성취 지향적 가치관을 확립하여, 문제해결능력·위기관리능력·정책결정능력을 갖추어야 하는 한편, 조직은 상벌이 아닌 능력발전의 목적에 입각한 근무성적평정제도와 교육훈련을 실시하고 정실이 아닌 실적 중심의 인사행정을 실시해야 한다.

3) 관리적 측면: 창조성과 변혁적 관리

인간관에 있어서 통제중심의 X이론에서 자율통제와 계획중심의 Y이론으로의 변화가 필요하다. 이러한 관점의 변화와 함께 목표관리제도, 제안제도, 조직발전 등의 제도들을 통해 구성원의 참여를 보장하는 가운데, 자유로운 상향식 의사전달을 할 수 있는 조직문화의 변화를 도모해야 한다. 이를 위해서는 강력한 의지를 가지고 변화를 이끌어갈 수 있는 변혁적인 리더십이 필요하다.

위에서 살펴본 것처럼 지식정보사회에서 동태화된 조직은 구조상 수평적이고 분권적이며 다원화되어야 한다. 또한 업무수행의 기준과 절차는 합법적이기 보다는 상황적응적 이어야 한다. 그러나 현재 우리의 정부조직을 보면 아직도 권위주의적, 집권적, 수직적 구조이고 계층의식·파벌의식이 있어 전문가와 임시조직이 효율성을 발휘하기 어려워 조직의 동태화가 저해되고 있는바, 다음에서는 시대적 요청인 조직의 동태화가 어떤 조직의 형태로 실현될 수 있는지에 대하여 살펴보도록 한다.

4. 조직동태화와 다양한 조직형태

지식정보사회의 빠른 환경변화에 신축성 있게 적응하고, 조직이 동태화 하기 위해서 제시된 조직의 대표적 유형들을 간략하게 살펴보면 다음과 같다.

1) 팀 조직

팀 조직이란 상호 보완적 기능을 가진 소수의 사람들이 공동의 목표를 달성하기 위하여 상호 책임을 공유하고, 문제해결을 위해 공동의 접근 목표를 설정하는 조직을 말한다. 환경변화에 따른 신속한 대응을 위한 동태적 조직으로 제시된 유형이 팀(*team*) 조직이다. 팀 조직의 예로는 올림픽조직위원회가 있으며, 2009년 국가정보원 조직개편에도 팀제가 적용된 바 있다.

2) 프로젝트 조직

프로젝트 조직이란 임시적 성격을 가진 프로젝트를 해결하기 위해 프로젝트 관리자를 선정하여 과제를 해결하고, 팀이 해체되면 원 소속에 복귀하는 형식으로 임시차출되는 것이다. WTO 무역협상단을 예로 들 수 있다. 프로젝트 조직은 팀 조직에 비해 규모도 작고 더 한시성을 띠게 된다.

3) 프로세스 조직

프로세스 조직이란 리엔지니어링에 의하여 기존 경영조직을 근본적으로 다시 생각하고 재설계하여 획기적인 경영성과를 도모할 수 있도록 프로세스(*process*)를 기본단위로 설계된 조직을 말한다. 여기서 프로세스란 일정한 투입물(*input*)을 측정가능한 산출물(*output*)로 전환하는 부가가치가 있는 일련의 활동을 말한다. 프로세스 조직의 대표적인 예로는 기업체에서 식료사업 프로세스 조직을 들 수 있다.

4) 네트워크 조직

네트워크 조직이란 환경이 제공하는 복잡한 문제를 해결하기 위하여 수직적, 수평적으로 개인, 조직간의 관계를 네트워크로 형성한 조직을 말한다. 조직과 조직간의 네트워크 형식을 빌려 조직의 비용절감과 조직 효율성을 극대화한다. 미국 DHL은 네트워크 형태로 운영된다.

5) 학습조직

학습을 새로운 형태의 노동으로 생산적인 활동의 핵심으로 보는 학습조직은 지식을 창출・획득・확산하는 데 능숙한 조직, 새로운 지식과 통찰력을 반영하여 행동을 수정하는 데 능숙한 조직, 그리고 잘못된 지식을 폐기하는 데 능숙한 조직을 말한다. 학습조직의 대표적인 예로는 3M을 들 수 있다.

6) 비전구동형 조직

비전구동형 조직이란 상급자의 명령에 의한 조직운영이 아니라, 상・하급자 상호간의 대화와 질문을 통한 업무의 계획 및 조정으로 미래의 비전을 지향하는 것을 목적으로 하는 조직형태이다. 비전구동형 조직이론은 정보혁명으로 인해 기업을 둘러싼 환경변화 속도가 빨라지고, 기술과 시장 수요의 세분화가 진행되고 있는 현대사회에서 피라미드형 조직으로는 그 변화를 감당할 수 없어, 그 대안으로 제시되었다. 미국 디지털 이큅먼트(DEC)사의 컨설턴트 찰스 사베지가 제창하였으며, 일본의 쓰보타 도모미라는 학자가 『멀티미디어 조직혁명』(1994)에서 발전시킨 개념이다.

7) 매트릭스 조직

매트릭스 조직은 행렬조직 또는 복합조직이라 불리며, 인사·예산·회계 등의 전통적·기능적 조직과 과제별 프로젝트팀을 결합시킨 조직이다. 이는 역동성, 신축성은 없으나 안정성을 가진 기능적 조직과, 역동성·신축성·전문성을 가진 프로젝트팀의 장점을 입체적으로 살리는 데 목적이 있다.

매트릭스 조직에서는 일상적인 행정적 사항은 종적으로 기능조직 관리자의 명령에 따르게 되며, 프로젝트에 관해서는 횡적인 프로젝트 관리자의 명령을 따라야 한다. 즉, 조직구성원이 종적·횡적으로 이중의 상사를 가지며, 이중의 명령체계 속에 존재한다.

매트릭스 조직은 한시적 사업에 신속하게 대처할 수 있고, 인적 자원의 경제적 활용을 통해 융통성과 창의성을 발휘할 수 있는 장점이 있는 반면에, 구조의 이중성으로 책임이나 권한관계가 불명확해질 수 있고, 권력투쟁과 갈등발생의 문제가 발생할 수 있다는 단점이 있다.

5. 요약 및 결론

지식정보사회에서 조직의 동태화 방안으로 제시된 유동성이 강한 조직은 구조상 수평적이고 분권적이며 다원화된 조직이다. 또한 업무수행의 기준과 절차는 합법적이기 보다는 상황 적응적인 조직이다. 그러나 현재 우리의 정부조직을 보면 아직도 권위주의적, 집권적, 수직적 구조이고, 계층의식·파벌의식이 있어 전문가와 임시조직이 효율성을 발휘하기 어려워 조직의 동태화가 저해되고 있다.

산업시대의 단순하고 안정적인 행정환경하에서는 관료제가 적합한 조직형태였지만, 지식정보사회처럼 시간·속도·불확실성을 특징으로 하는 동태적이고 유동적인 행정환경에 적응하기 위해서는 조직의 동태화는 조직의 생존과 발전을 위해 필수적인 것이다. 다음 절에서는 먼저 산업시대의 관료제 모형을 살펴보고, 이어서 조직의 동태화라는 일반적인 개념이 지식정보사회라는 시대적 요청에 부응하여 어떤 형태의 조직으로 발전되었는지에 대해 학습하도록 한다.

제 4 절 산업사회와 관료제 모형

1. 관료제의 의의

관료제의 개념은 구조적 측면과 기능적 측면으로 나누어서 정의할 수 있다. 관료제의 개념을 구조적 측면에서 정의하면, 많은 분량의 업무를 법령에 따라 비정의적으로 처리하기 위하여 구성된 대규모의 분업체계로, 기능적 측면에서 정의하면 임무를 합리적으로 수행하는 대규모 조직체로 정의할 수 있다.

2. Weber의 관료제 이론

1) 근대관료제: 합법성

M. Weber는 대중산업사회의 능률적이고 이상적인 조직의 구조를 선험적으로 이론화하였는데, 그래서 Weber의 관료제를 이념형이라고 부르기도 한다. 이념형은 현존하는 관료제의 속성을 일반화해서 정립한 것이 아니라, 관료제의 가장 특징적인 것만 추상화해서 정립한 것을 의미한다. M. Weber는 이러한 이념형의 입장에서 권위의 정당성을 기준으로 세 가지 지배유형, 즉 1) 전통적 지배로서 정당성의 근거가 전통에 있는 것, 2) 카리스마적 지배로서 정당성의 근거가 개인의 비범한 카리스마에 있는 것, 3) 합법적 지배로서 정당성의 근거가 조직의 법령에 있는 것 등 세 가지 유형을 제시하면서, 근대적 관료제는 합법적 지배에 의한 법령에 기초하고 있다고 강조하였다.

2) 보편성과 합리성

Weber는 권한과 책임의 정도에 따라 조직의 직무를 등급화 하고, 상하계층간에 직무상 지휘, 감독관계가 되는 계층제의 형태로 조직의 구조를 만들어야 한다고 했다. 이러한 계층제의 구조하에서 권한 관계 · 업무수행방식 · 관리방법 등은 모두 문서와 법령에 의해 공식적으로 이루어지므로, 구성원간의 관계는 공식적 · 비정의적으로 이루어지는 경향이 있다.

Weber 이론의 2대 특성은 보편성과 합리성이다. 즉, 1) 관료제는 보편적이다. 대량 구성원을 포함하고 질서정연한 운영에 의해 조직력이 발휘되는 대규모 조직이면 관료제 구조가 존재하게 된다. 2) 관료제는 합리성을 추구한다. 관료제는 최고의 능률을 발휘하는 조직이라는 것이다.

3. 근대 관료제의 특징

관료제는 다음과 같은 특징을 지닌다.

첫째, 분업의 원리에 기초한다.
둘째, 계층제의 원리를 근간으로 한다.
셋째, 문서에 따라 처리되며, 법령에 의해 규제된다. 따라서 법적 안정성과 예측성이 높다.
넷째, 공식주의적인 비정의성에 입각하여 업무를 처리한다.
다섯째, 전문성이 요구되며, 직무에의 전념을 요구한다.

4. Weber 이론의 비판 수정

Weber 이론에 대한 비판과 수정을 살펴보면 다음과 같다.

1) 1930년대 수정이론: 보완적 수정

1930년대 조직행태학자들은 Weber 이론은 근대관료제의 합법성을 강조한 결과 다음을 간과하고 있다고 비판한다. 관료제가 기계적인 합리성을 지나치게 강조한 결과, 1) 비공식적인 면과 비합리적인 면을 등한시 하고(Blau), 2) 관료제의 역기능을 간과하고 환경을 고려하지 않은 단점이 있다고 비판했다(Merton).

2) 1960년대 수정이론: 전면적 수정

1960년대 발전행정학자들은 국가의 성장과 발전을 위하여 정부의 적극적 역할이 요구되던 발전행정 시대에는, 합법성을 강조하는 관료제의 특성이 조직의 목표달성에 오히려 장애가 되고 있음을 지적한다. 1930년대의 수정이론이 보완적 수정이라면, 1960년대의 수정이론은 전면적 수정에 해당한다.

발전행정 이론학자들은 다음과 같은 점에서의 수정을 제시했다.

첫째, 조직에 있어서 합법성을 넘어선 합목적성과 민주성의 개념이 도입되어야 한다.
둘째, 법령에 묶인 행정이 아니라 변화와 가치를 추구하는 행정이 필요하다.
셋째, 계층제의 엄격한 적용보다는 넓은 의미의 조정과 통합이 고려된 조직형태가 필요하다.
넷째, 조직에서 소극적 역할에 그치던 관료에게 전문적 능력뿐만 아니라, 넓은 이해력이나 발전 지향적 자세의 적극적 역할이 필요하다는 점을 강조하였다.

이처럼 변화・가치・발전을 강조하는 발전행정이론은 현대행정에 있어서도 많은 교훈을 주고 있으며, 미래・변화・속도를 강조하는 국가혁신이론(혁신관리・성과관리・지식관리・갈등관리)과 정책 네트워크이론에 계승되어 지속적으로 발전되고 있다.

5. 관료제의 병리 및 역기능

1) 관료제 병리에 대한 연구모형

관료제는 법에서 규정된 대로 업무를 분배하며, 법에서 규정된 방식으로 형식적이고 공식적으로 업무를 수행하며 법에 따라 상관이 부하직원을 지시 통제하는 조직모형이다. 이러한 관료제는 업무를 표준화 하여 능률적으로 업무를 처리하는 등 산업화 시대와 같은 비교적 단순한 행정환경하에서는 법적 안정성을 지니며 조직능률성을 제공해 주었다. 하지만 관료제는 본래 의도된 것과 다른 변화가 조직의 기능에 야기되어 조직의 목표 수행에 지장을 초래하는바, 먼저 관료제의 병리에 대해 지적하는 학자들의 연구모형을 살펴보면 다음과 같다.

(1) Merton 모형: 최고관리자의 관료에 대한 지나친 통제가 관료들의 경직성을 초래하여 관료제의 병리현상을 가져오게 된다는 모형을 제시한다.
(2) Selznik 모형: 권한의 위임과 전문화가 조직 하위체계 이해관계의 지나친 분극을 초래하여 관료제의 병리현상을 가져오게 된다는 모형을 제시한다.
(3) Gouldner 모형: 관료들이 규칙의 범위 내에서 최소한 행태만을 추구하여 무사안일주의를 초래하여 관료제의 병리현상을 가져오게 된다는 모형을 제시한다.

2) 관료제 역기능

엄격한 계층제 원리를 근간으로 하는 관료제는 지식정보사회에서 진행되는 시장과 기술의 빠른 변화 속도에 대응하는 데에는 많은 한계를 가지고 있다. 또한 대규모 조직의 분업체제에서 오는 관료제 특유의 역기능을 발생시킨다. 이러한 역기능을 정리하면 다음과 같다(박동서, 1978: 208-210).

(1) 서면주의(red tape)

관료제의 사무 처리는 모두 서면으로 하게 되어 있어 번문욕례를 초래하며, 조직에 있어서 형식주의가 발생한다.

(2) 수단의 목표화

관료가 맡고 있는 직책은 관료제가 추구하는 공익이라는 목표의 수단에 지나지 않는데, 이를 수행하는 과정에서 수단 자체가 목표화하게 된다. 더 나아가 관료의 직급 인상, 기구 확대 등 관료적 이익의 신장을 목표화하는 행태도 나타나게 된다.

(3) 무사안일주의

관료들은 새로운 일을 찾아 적극적으로 미래지향적 가치창출을 위해 모험을 무릅쓰고 노력하는 게 아니라, 현실적으로 상관이 지시한 일에 영합하고 소극적으로 처리하는 행태를 의미한다.

(4) 귀속주의(ascription)

관료들이 출신지역, 출신학교 등과 같은 귀속적인 기준에 의해 인사나 인간관계를 하는 행태를 의미한다.

(5) 할거주의(sectionalism)

관료들이 자기가 소속하고 있는 기관, 국, 과만을 종적으로 생각하고, 타국, 타과에 대한 배려가 없어 결과적으로 조정・협조가 어려워지는 관료의 협소한 행태를 의미한다.

(6) 상관의 권위에 대한 의존

관료들은 상관의 권위에 무조건적으로 의존하는 경향이 있다.

(7) 전문화로 인한 무능(trained incapacity)

관료제는 고도의 전문가를 요청하게 되며 이러한 전문가는 극히 한정된 분야의 전문성을 지니고 있어, 종합적 이해의 신축성이 적어지므로 관리자로서의 무능을 드러내는 현상을 의미한다. 정부조직에 고위공무원단제도가 도입되고 부처간 순환보직을 강조하는 이유도 현대행정에서 필요한 넓은 안목을 키움으로써 부처간 할거주의를 극복하고, 행정의 조정과 통합기능을 강화하려는 것이다.

(8) 변화에 대한 저항(resistance to change)

관료제는 기본적으로 보수성을 갖게 되며 변화와 혁신에 대해 저항하는 행태를 지니게 된다. 현대지식정보사회는 변화와 속도를 기본 속성으로 하는데, 이러한 관점에서 관료제는 현대사회의 변화 속도에 부적절한 조직형태이며, 이에 따라 여러 형태의 조직모형이 제시되고 있다.

6. 관료제와 민주주의

1) 문제의 소재

행정권의 비대화 현상, 행정 재량권의 확대, 그리고 이로 인한 관료제의 비대화는 민주주의의 원리 구현에 상반된다는 것이다. 또한, 현대행정에서는 증대해 가는 행정권에 비해 민주적 통제수단은 미약한바, 이에 따라 행정책임이 강조되고 있다.

2) 이론적 관계

민주주의는 공동의 목적을 위해 국민들이 참여, 숙의, 합의해 가는 민주적 과정을 강조하는 개념이라면, 관료제는 민주사회의 공동목적을 수행하는 조직기제로서의 수단이 된다.

3) 관료제의 민주주의에 대한 효용, 비효용, 대책

(1) 효 용

관료제는 1) 임용절차의 기회균등을 강조하고, 2) 실적주의에 입각한 법 앞에 평등을 강조하며, 3) 사회의 민주적 목표를 수행하는 수단이라는 의미에서 보면, 관료제는 민주주의에 기여하는 측면이 있다.

(2) 비효용

Blau는 "민주제와 관료제가 현 사회 내에 공존한다는 것은 패러독스이다"라고 단적으로 지적한다. 계층제 원리에 입각한 관료제는 1) 권력의 불균형을 초래하고, 2) 과두제의 철칙이 강화되고, 3) 조직의 대규모 관료제화는 조직 내의 민주주의를 봉쇄하는 측면이 강해 관료제는 민주주의에 저해가 될 수 있다.

(3) 바람직한 관계 정립 및 발전 방안

관료제의 목표가 국민의사(공익)의 실현이라고 할 때, 민주주의는 국민의사의 수렴과정을 통해 행정목표를 제시하고, 관료제는 이를 실행하는 역할에 충실하는 것이 바람직하다. 관료제의 민주주의에 대한 역기능을 방지하기 위해서는 조직 외부의 민주적 통제수단을 강화해야 할 뿐만 아니라, 관료조직의 민주화와 조직 내부의 행정윤리 확립을 통해 조직 대내외적인 민주주의를 활성화하려는 노력이 필요하다.

7. 관료제와 전자정부

전자정부는 관료제모형의 대안으로 제시된 현대적 의미의 정책결정 메커니즘이다. 전자정부는 정부 내에 산재해 있는 지능(*intelligence*)을 한 단계 향상(*upgrade*)시킴으로써, 정부 내부의 문제해결능력과 정책결정역량을 제고시킨다. 또한 전자정부는 정보와 지식의 공유와 학습을 강조함으로써 정부 내외의 혁신활동을 지원해 주는 역할을 하므로, 효율성과 생산성을 추구한다. 또한 정부 외부와는 다양한 이해관계자들이 참여할 수 있는 공론의 장을 제공해 줌으로써 참여성, 숙의성, 합의성 등 민주성을 제고하고, 더 나아가

보다 신뢰받고 성숙한 사회공동체를 구성하는 데 필요한 신뢰성과 성찰성을 제고시키는 뉴거버넌스 형태의 정부조직모형이다.

제 5 절 정보사회와 조직의 변화방안 3)

1. 문제의 제기

1) 현행 행정조직의 한계

지식정보사회에서는 새로운 조직형태가 요구된다. 관료제・계층제 형태의 행정조직은 빠른 속도의 지식정보사회에서 부적합하기 때문이다. '급속한 사회변화・국민요구의 다양성・국제사회의 경쟁・정보기술의 발달' 이라는 외부환경에 적응하고, 대국민 서비스 향상을 목표로 하는 미래행정에서 관료제・계층제와 같이 집권적인 스타일의 조직은 비효율적이고 변화에 신속한 대처가 불가능하다. 막스 웨버(Marx Weber) 역시 관료제의 발전은 독특한 사회현상이지 시공을 초월한 개념으로 정당화하지 않았다는 점에서 조직의 변화는 시대의 변화와 관련된다고 할 수 있다.

2) 조직개편의 필요성

지식정보사회에서의 사회변화에 적절히 대응하고, 시대요구에 부응하는 행정을 수행하기 위해서는 정보시대에 적합한 조직구성이 요구된다. 이는 조직의 동태화라는 환경적 역동성을 지식정보사회에 적용했을 때 필요한 조직형태에 대한 논의라고 볼 수 있다.

(1) 외부환경 변화에 의한 필요

행정조직의 개편을 요구하는 외부환경의 변화는 다음과 같다.

(1) 사회의 불안정성
(2) 급속한 사회변화

---

3) 이 절의 내용은 저자의 졸저, 「전자정부론」(박영사, 2007: 519-550)의 내용을 토대로 정리되었다. 상세한 내용은 「전자정부론」(박영사, 2007)을 참조하기 바람.

(3) 국가간 경쟁의 심화
(4) 국민욕구의 다양화
(5) 정보기술의 발달
(6) 서비스중심 행정으로의 전환요구

〈그림 6-2〉 외부환경 변화로 인해 요구되는 조직특성

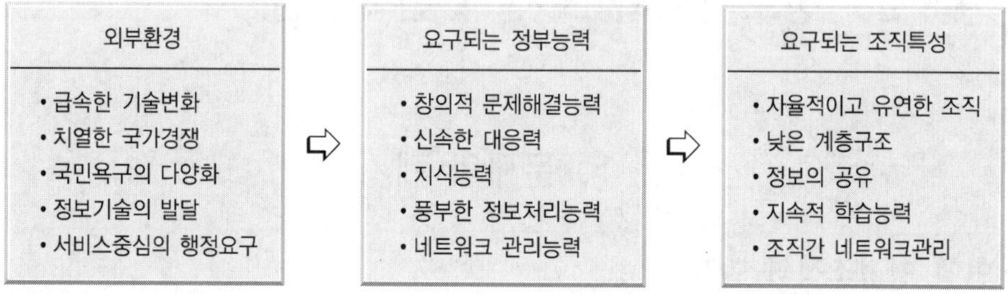

이러한 환경변화로 인해 요구되는 정부의 능력과 조직의 특성은, 1) 자율적이고 유연한 조직, 2) 낮은 계층구조, 3) 정보의 공유, 4) 지속적 학습능력, 5) 조직간 네트워크관리 등이다(〈그림 6-2〉 참조).

(2) 내부환경 변화에 의한 필요

외부환경뿐만 아니라 조직 내부환경의 변화도 조직개편의 중요한 요인이 된다. 수직적 관계를 중시하던 전통적인 가치관은 붕괴되고, 개인의 자율성과 일의 의미를 중시하고 수평적 · 인간적 관계를 추구하는 시대상황에서, 규모확대에 따른 관료화는 국가경쟁력 향상과 국민위주의 행정실현에 최대 장애물이 되는 것이다.

새로운 조직을 필요로 하는 내부환경 요인의 변화는 다음과 같다.

(1) 전통적 유교 가치관의 붕괴
(2) 개성을 중시하는 풍토
(3) 관료주의 메커니즘에 따른 조직병리현상의 심화
(4) 행정의 질 추구
(5) 조직의 팽창과 관리비용의 증대

이런 변화에 효율적으로 대처하기 위해서는, 1) 분권화, 2) 유연한 조직, 3) 다기능화, 4) 자기관리조직, 5) 계층단축, 6) 참모조직의 축소 등의 조직특성이 요구되고 있다(〈그림 6-3〉 참조).

〈그림 6-3〉 내부환경 변화로 인해 요구되는 조직특성

내 부 환 경		요구되는 정부능력		요구되는 조직특성
• 전통적 유고 가치관의 붕괴 • 개성화 시대 • 관료주의 메커니즘에 따른 조직병리현상의 심화 • 행정의 질 추구 • 조직팽창과 관리비용의 증대	⇨	• 민주적 조직관리능력 • 공무원의 창의성 • 변화관리능력 • 공무원 및 국민의 참여의식	⇨	• 분권화 • 유연한 조직 • 다기능화 • 자기관리조직 • 계층단축 • 참모조직의 축소

2. 지식정보사회의 조직변화방향

정보사회에 대응하기 위한 조직변화의 필요성을 위에서는 내부요인과 외부요인으로 나누어서 살펴보았다. 이러한 행정환경의 변화에 대응하기 위해 조직은 어떤 방향으로 변화해 나가야 할 것인가? 여기서는 조직구조적인 측면과 직무구조적인 측면으로 나누어 조직의 변화방향을 검토해 보고자 한다.

1) 조직구조 측면

(1) 높은 관리계층에서 낮은 괸리계층

전통적인 조직에서 계층 수가 많아진 이유는 다음과 같다. 첫째, 분업화 원리에 의하여 수평적으로 세분화된 기능들을 전체로 통합하기 위해서는 조직계층도 수직적으로 세분화하지 않을 수 없었다. 둘째, 직책과 직위가 분리되지 않고, 모든 보상이 승진과 연계된 기존 인사시스템하에서는 종업원의 동기부여 수단으로 승진만이 가장 강력한 도구였으며, 이를 위하여 조직의 계층만을 늘리게 되었다. 높은 관리계층 구조를 통해 최고 경영자로부터 일선 근로자까지 안정적이고 체계적인 관리를 유지할 수 있었던 것이다. 그러나 이와 같은 높은 관리계층은 의사결정을 지연시키고, 계층간 정보의 흐름을 단절하고 왜곡시키는 요인이 된다. 또한, 의사결정자와 외부환경과 고객 사이의 거리를 멀게 하여 현장감 있는 환경변화를 이해할 수 없게 하며, 따라서 환경을 무시한 그릇된 의사결정을 내리게 된다.

(2) 높은 공식화에서 자율적 합의 중시

공식화는 작업자들로 하여금 임의로 작업수행을 하지 못하도록 하고, 일정한 방향으로 사람들의 행동양식을 규정하여 안정된 작업결과와 질서를 유지시킬 수 있었다. 또한 공식화는 업무상 책임에 대한 명백한 증거자료를 제공하고, 책임을 명확히 하여 구두 의사소통에서 발생되는 업무상 혼선과 망각에 따른 손실을 최소화하였다. 그러나 이러한 공식화가 과도해지면서, 형식주의와 문서 만능주의가 만연되고 사고의 경직화가 초래된다.

(3) 수직적 관계에서 수평적 관계

기존의 조직은 수직적 관계를 중시하는 조직이었다. 수직적 관계 조직에서는 상사 주도의 조직운영에 초점이 주어졌다. 또한 자신이 소속한 부문의 이익이 전체 이익보다도 우선시된다. 왜냐하면 어느 한 부서에 소속된 조직구성원은 바로 수직적 계층라인을 통하여 명령과 지시를 받고, 또 직속의 상사가 부하직원의 모든 행동을 규제하고 평가하여 보상을 제공하는 권한을 가지고 있기 때문이다. 그러나 미래 조직에서는 수평적 관계를 중시한다. 상사와 부하의 관계보다 동료간의 관계가 강조되고 의사결정 라인도 대폭적으로 단축된다.

(4) 권한의 집중에서 권한의 위임

미래형 조직에서는 일선 담당자 혹은 팀에게 최고 경영층 혹은 상위 관리자가 수행하였던 상당한 권한을 위임하게 된다. 사실상 오늘날 조직환경은 너무도 복잡하고 급변하여 한두 사람이 모든 문제를 파악하여 합리적인 판단을 내리는 것은 불가능하다. 따라서 그 문제를 가장 잘 알고 있고 직접 다루는 곳에서 올바른 판단을 내릴 수 있어야 한다.

(5) 내부통제에서 네트워크화

모든 기능을 내부통제하에 둔다는 것은 때로는 비효율성을 초래한다. 이제는 조직 내부에서 핵심기능만을 보유하고, 나머지 부가적인 기능을 더 잘하는 외부의 조직이나 유리한 조건으로 생산할 수 있는 조직에 아웃소싱(*outsourcing*)함으로써 경영효율성을 극대화할 수 있다. 이를 위해서는 외부조직과의 긴밀한 네트워크관리가 요구된다.

(6) 기능 단위에서 프로세스 단위로 조직화

부서간의 벽을 허물고 고객요구에 대응하여 보다 신속하게 업무를 처리하기 위해서는 보다 프로세스 지향적이라야 한다. 고객에서부터 시작하여 고객에서 끝나는 프로세스를 얼마나 고객의 요구에 맞도록 설계하고 운영하는가가 향후 경쟁력의 핵심이 될 것이다. 고객이 요구하는 것을 가장 이상적으로 실현시킬 수 있는 프로세스 단위로 조직을 설계하면 조직은 보다 간단하고 유연해진다.

2) 직무구조 측면

(1) 분업화에서 다기능화

전통적 조직에서는 직무 담당자가 분업화의 원리에 입각하여 세분화된 과업을 수행하게 됨으로써, 매우 한정된 범위의 일을 수행하였다. 그러나 미래 조직에서는 소수의 인원으로 구성된 팀이 여러 기능이 혼재된 업무를 담당하게 됨으로써, 그만큼 한 사람이 처리하여야 할 일의 종류가 많아졌다. 이러한 다기능화는 미래 조직의 직무구조가 지니는 중요한 특징 중의 하나로서, 단위조직의 업무처리의 유연성을 증대시키고 개인의 능력을 향상시킴으로써 성취감을 느끼게 해준다.

(2) 직위지향에서 가치지향

전통적 조직에서는 모든 직무구조가 계층체계를 이루고 있으며, 직무의 계층구조는 직위체계와 일치한다. 따라서 조직구성원들이 현재의 직무로부터 한 차원 높은 수준의 직무를 담당하기 위해서는 승진을 통한 직위의 변화가 있어야 가능하다. 미래 조직에서는 직무구조가 권한계층을 따라 수직적으로 설계되는 것이 아니라, 직위체계와는 무관하게 수평적으로 설계된다. 다시 말해서 직무의 가치가 직위체계와는 무관하게 모든 구성원에게 공평하게 부여된다. 따라서 높은 수준의 직무를 수행하기 위해서는 승진을 통해서가 아니라 스스로의 능력을 키움으로써 가능해진다. 각 개인이 수행한 직무가치의 크기에 의하여 보상이 결정되기 때문에, 미래 조직의 구성원들은 자신의 직무수행의 가치를 보다 높이려고 노력할 것이다. 예를 든다면, 프로축구의 공격수는 일년 동안 보다 많은 골을 넣기 위하여 땀을 흘리는데, 이는 코치나 감독이 되기 위해서라기 보다는 골을 많이 넣음으로써 선수로서 명예와 보상을 얻고자 하기 때문이다.

(3) 일상적인 일에서 비일상적 일로의 전환

전통적인 조직은 비교적 예측가능하고 안정적인 상황에서 설계된 조직이었기 때문에, 부서마다 차이는 있지만 대체로 일선 근로자들은 일상적인 일을 수행하였다. 그러나 정보화 기술과 자동화 기술로 단순 반복적인 일들이 기계로 대체되어 가는 과정 속에서, 사람들은 기계가 할 수 없는 창의적이고 도전적인 일을 수행하도록 요구될 것이다.

(4) 재량권이 없는 직무에서 자율적인 직무로 전환

미래 조직에서는 계층구조가 낮아지고 분권화됨에 따라, 위에서 시키는 일만 하는 직무로부터 자기 판단과 자기 책임하에 직무를 수행하는 직무구조의 변화가 발생된다. 권한과 책임은 서로 같은 맥락에서 이해되어야 한다. 권한이 부여될수록 그만큼 작업결과에 대한 책임도 높아진다.

3. 지식정보사회에서의 새로운 행정조직

지식정보사회에서의 조직변화방향에 부합하는 새로운 조직모형들을 살펴보면 다음과 같다.

1) 비전구동형 조직

쓰보타 도모미(坪田知己)는 피라미드(계층제) 조직인 '명령구동형 조직'의 한계를 지적하면서 새로운 미래 조직인 '비전구동형 조직'을 제시하고 있다. 원래 비전구동형 조직이론은 정보혁명으로 인해 기업을 둘러싼 환경변화 속도가 빨라지고, 기술과 시장 수요의 세분화가 진행되고 있는 현대사회에서 피라미드형 조직으로는 그 변화를 감당할 수 없어, 그 대안으로 미국 디지털 이큅먼트(DEC)사의 컨설턴트 찰스 사베지(Charles M. Savage)가 제창하였다.

21세기의 기업조직은 지금까지 해 온 것처럼 상급자의 지시에 따라 하급자가 기계의 부품처럼 움직이는 명령구동형으로는 살아남을 수 없다. 비전구동형 조직의 핵심은 상급자의 명령에 의한 조직운영이 아니라 상·하급자간의 조화와 균형이다. 즉, 상급자의 일률적 명령에 의한 하급자의 획일적 행동보다는 상호간의 대화와 질문을 통한 업무의 계획 및 조정으로 미래의 비전을 지향하는 것을 그 목적으로 하고 있다. 이에 관해서는 '명령구동형 조직'과 '비전구동형 조직'의 차이점을 비교하면 좀더 명확히 이해될 수 있다(〈표 6-1〉 참조).

(1) 비전의 의의

비전구동에서 비전은 보이지 않는 것이다. 이 보이지 않는 것을 볼 수 있는 사람이 조직을 이끌어 가는 능력을 가진 사람이다. 기업에서 일하는 것을 단지 보수를 받는 것으로만 생각한다면 그들에게 비전을 이야기할 필요가 없다. 비전은 마땅히 그렇게 되어야 할 모습

〈표 6-1〉 정책과정에 관한 다양한 견해

구 분	명령구동형	비전구동형
이미지	소수의 사람이 다수의 사람들을 다수의 사람들이 공통의 목표를 갖고	다수의 사람들이 공통의 목표를 갖고 역할분담을 통해 이를 실현하려 한다.
주역	지배자	전원
정보전달목적	컨트롤(제어)	커뮤니케이션(협조)
정보전달형식	1대 다수(브로드캐스팅)	쌍방향, 대화형(인터액션)
인텔리전스	지배자가 점유	전원이 공유
사람	틀에 맞춘다	본래의 특징=개성을 존중

이고, 조직구성원들이 자발적으로 이러한 비전을 가질 때, 비로소 창의와 정열이 생기는 것이다.

(2) 두 조직의 운영수단

명령구동형 조직에서는 'Command & Control'이 중요한 운영수단이고, 비전구동형 조직에서는 'Focus & Coordinate+Question'이 중요한 핵심이다. 비전구동형 조직을 운영할 경우 각각의 구성원이 행동을 하기 전에 의논을 통해 비전에 대한 의견일치가 필요하고, 합의된 의견을 도출하기 위해 질문이 중요하다. 경영자는 직원에게 비전을 거꾸로 듣고, 직원은 경영자에게 비전을 구한다. 경영자의 일방적인 비전을 직원에게 강요하거나, 경영자의 비전과 직원의 비전이 각자 따로 논다면 비전구동형 조직의 힘은 크게 쇠퇴한다.

〈그림 6-4〉는 비전구동형 조직모형을 보여주고 있다. 이 그림에서 보는바와 같이, 직원 α씨는 고객 B의 테스크 팀과 프로젝트 C팀에 들어갈 수도 있다. 이 조직도는 α씨가 어느 자리에 얽매어 있지 않다는 것을 보여준다. α씨는 중앙의 원탁에 있으면서 전자네트워크를 통해 고객 B와 회의하기도 하고 프로젝트 C의 협의에도 참가한다는 것이다.

비전구동형 조직이 실현하려고 한 것은 부문이나 권한의 벽을 허물고, 지식과 사고의 공유를 통해 문제가 발생하면 기민한 대처를 한다는 것이다. 비전구동형 조직에서 중심에 있는 원은 전원이 대등한 관계에 서 있다는 것을 말한다. 주위의 작은 원은 고객이나 프로젝트에 따른 부문의 수평적인 업무추진팀이 형성되는 것을 표시하고 있다.

(3) 비전구동형에 대한 평가와 한계

사베지의 원탁형 아이디어는 조직운영에 많은 시사점을 주고 있다. 그러나 그 밑바탕에 '비전구동'이라는 사고가 없다면, 이러한 원탁형 조직모형도 형태만 그럴듯할 뿐 현실적인 조직운영과는 동떨어질 위험이 있다. 예컨대, 현장의 판단이 경영목표로 확대해석되어 결

〈그림 6-4〉 비전구동형 조직모형

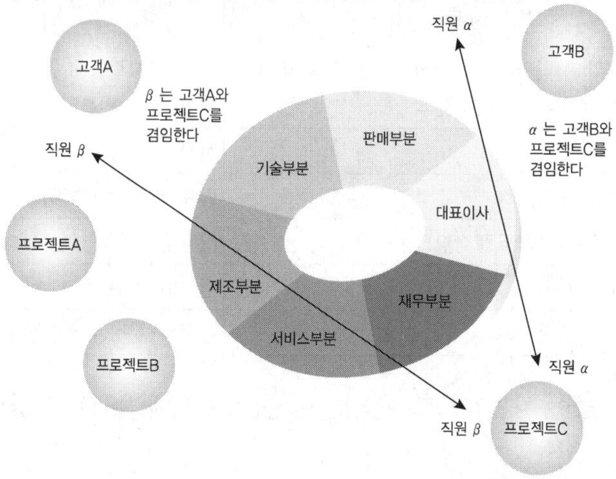

과적으로는 독단이 자행될 염려도 있다. 따라서, 이러한 형태의 조직모형을 제대로 평가하기 위해서는, 다음과 같은 현실적 한계성을 바르게 감안할 필요가 있다.

첫째, 비전을 일치시키기 위한 커뮤니케이션에 너무 시간을 빼앗겨 실행이 늦어질 수 있다.

둘째, 역피라미드이든 비전구동형이든 권한을 현장에서 일하는 사람에게 부여한다는 사고방식이지만, 경험이 적은 직원에게는 곤란할 것이다.

셋째, 관리자가 아무리 개방적으로 의견을 교환하고 싶어도 실제로는 바쁘다는 이유로 별 효과가 없을 수 있다.

넷째, 계층제의 기존 기득권층에서 이러한 형태의 조직구성을 실행할 의지가 있는지도 중요한 변수이다.

상명하복이 일상화되어 있는 보수적인 행정조직모형에서는 특히 이러한 문제점이 부각될 것이다. 다만, 이러한 조직모형은 변화하는 환경에 적절히 대응할 수 있다는 점에서 앞으로 연구·검토할 가치는 크다고 하겠다. 행정자치부나 국방부와 같은 안정과 질서를 중시하는 부서에서는 힘들겠지만, 시장상황에 급변하고 있는 지식경제부나 많은 창의성과 아이디어를 요하는 기획재정부 등 일부 경제기획부서에서는 이러한 아이디어를 조직운영에 부분적으로 수용하는 방안을 고려해 볼 필요가 있을 것이다.

2) 프로세스 조직

프로세스 조직이란 리엔지니어링에 의하여 기존 경영조직을 근본적으로 다시 생각하고 재설계하여 획기적인 경영성과를 도모할 수 있도록 프로세스(*process*)[4]를 기본단위로 설계된 조직을 말한다. 프로세스 조직은 다음과 같은 특징에서 관료제・계층제 조직과 구별된다.

(1) 조직구조적 특징

(가) 수직적 조직에서 수평적 조직으로의 전환

과거 수직적 계층구조와는 달리 프로세스 조직은 모든 업무에 대한 의사결정이 하나의 완결된 프로세스를 담당하는 팀에서 이루어져서, 그만큼 종래의 의사결정을 담당하던 관리자의 규모는 작아지고 조직의 계층구조도 낮아진다.

〈용어해설〉

◈ **프로세스 조직의 핵심요소**

① 일 중심보다는 프로세스 중심으로 조직화: 기능부서에 의한 것이 아니라 3-5개 정도의 핵심프로세스 중심으로 성과목표와 함께 조직을 구축한다. 각각의 개별 프로세스에 책임자를 임명한다.

② 플랫화: 감독자 수를 줄이기 위해 세분화된 직무를 통합하고 고객에게 가치를 주지 못하는 활동이나 직무는 과감하게 정리한다. 전체 프로세스를 완수하기 위한 팀수는 가능한 적게 한다.

③ 경영관리의 핵심은 팀제: 팀제를 조직의 근간으로 한다. 하나의 팀이 자기관리하게 하여 타인에 의한 감독역할을 제한한다. 측정가능한 공통의 목표를 부여한다.

④ 고객이 성과결정 변수: 주가나 수익성이 아닌 고객만족도가 성과의 측정변수이다. 고객이 만족하면 주가와 수익은 자동적으로 오르게 된다.

⑤ 팀 성과에 대한 보상: 성과에 대한 평가와 보상시스템은 개인별 기준이 아니라 팀별로 한다.

⑥ 기업 외부고객과의 접촉 극대화: 조직구성원으로 하여금 기업 외부고객들과 직접적이고 정규적으로 만나게 한다.

⑦ 구성원 교육과 정보공유: 목적에 맞게 사용할 수 있는 교육방법을 통해 스스로 의사결정을 하게 하며 조직 내 모든 정보를 공유하게 한다.

* 자료: 임창희, 「한국형 팀제를 넘어서」, 삼성경제연구소, 1998.

(나) 프로세스팀의 활용

프로세스팀은 하나의 전체 프로세스를 수행하기 위하여 함께 작업하는 사람들의 집합을 말한다. 이러한 단위작업을 수행하기 위한 조직 최소단위의 프로세스팀은, 종래의 기

4) 여기서 프로세스란 일정한 투입물(input)을 측정가능한 산출물(output)로 전환하는 부가가치가 있는 일련의 활동을 말한다.

능별 · 부처별로 독립된 업무를 수행하였던 과거 조직에 비해, 서로 다른 업무를 종합적으로 수행하는 조직원들로 구성된다.

정 • 책 • 사 • 례

밀워키 보험사(Milwauke Mutual Insurance)의 프로세스팀

밀워키 보험사는 75년간 꾸준히 성장해온 보험사였다. 1990년 이전에는 손해율이 업계 평균보다 더 높았으나, 현재는 손해율이 많이 개선되었고, 91년이래 주가는 160% 이상 상승하게 되었다. 또한 인건비가 36%에서 5.2%로 줄어들고, 선발비용과 훈련비용을 크게 감소함으로써 현저한 생산성 향상을 실현할 수 있었다.

밀워키사(社)가 위와 같은 큰 성과를 이룩할 수 있었던 것은, 바로 프로세스 중심의 팀제 개편과 완벽한 패키지로 이루어진 '자율팀'에 있었다고 할 수 있는데, 그 내용은 다음과 같다.

1) 원스탑 서비스(One-stop Service): 고객중심의 운영

밀워키는 기존에 보험의 서비스 절차가 복잡하고 비효율적인 것에 주목하여 고객의 불만을 해소하기 위해, 한 팀이 한 지역의 고객에 대해 보험증권 체결에서부터 처리까지 완벽한 서비스를 맡도록 하였다. 그 팀은 보험계약 체결자(생활설계사), 심사자, 보험금 처리자(지급자)로 구성되었고, 중앙 본사에서 하던 고객서류 파일링은 각 팀에서 하게 하였다. 그 결과, 고객이나 대리점 문의에 시간이 단축되고, 즉각적으로 응답할 수 있게 되었다. 또한, 보험증권은 부서별로 옮겨 다니지 않아도 되며, 부서의 계층도 12개에서 4개로 줄었다.

2) 팀의 자율성 보장

팀은 자율적으로 휴가일정, 근무시간, 대리점과의 관계 유지, 가격결정, 보험상품믹스 등에 대한 결정을 책임질 수 있도록 하였다. 그 결과, 감독 지위에 있던 사원들은 팀 중심의 마케팅 직책으로 재배치되어 관리직이 3분의 2로 줄었다. 또한, 자율성이 증가함에 따라 일에 대한 성취도의 증가로 직무성과 수치가 증가하고, 결과적으로 작업의 능률과 생산성의 향상을 이룰 수 있었다.

* 자료: 인터넷 서강대 홈페이지(인적자원관리, www.sogang.ac.kr).

(다) 확인·통제로부터 지원기능으로 스태프 기능 변화

전통적 조직원리는 실행 · 계획 · 통제 · 점검부문을 분리하여 상호견제 및 통제를 통한 낭비제거와 효율성 증대를 목적으로 삼았다. 그러나 프로세스 조직은 비교적 독립적이고 자기완결적 사업을 담당하므로, 과거 조직처럼 확인 · 통제의 문제가 심각하지 않게 되어 스태프의 기능은 지원기능이 주가 된다.

(2) 조직 운영적 특징

(가) 복잡한 프로세스에서 단순한 프로세스로의 전환

프로세스 조직에서는 한 팀 혹은 한 사람이 종합적 업무를 처리하므로, 과거 조직에서의 복잡한 결재라인과 의사전달과정이 단순해진다.

(나) 단순과업에서 복잡과업으로의 전환

전통조직에서는 단순・반복과업이 주종을 이루었지만, 프로세스 조직은 종합성을 요구하므로 복잡과업으로 전환하게 된다.

(다) 훈련에서 교육으로의 전환

전통적 조직에서의 단순・반복적 업무수행을 위해서는 업무숙달을 위한 훈련(*training*)이 요구되지만, 프로세스 조직에서는 다차원적・종합적 업무수행을 위한 판단력・통찰력・이해력이 요구되므로, 업무수행자에 대한 종합적 의미에서의 교육이 더욱 중요하게 된다.

이러한 특징을 가진 프로세스 조직은, 1) 국민요구에 대한 신속한 대응, 2) 관리 간접인원의 축소, 3) 행정능력의 획기적 향상, 4) 국민에 대한 수준 높은 서비스, 5) 행정의 질 향상이라는 효과를 기대할 수 있다. 이 조직모형은 경영조직이론에서 처음 대두된 것이지만, 행정을 일종의 국가경영이라고 볼 때 행정조직에서의 적용가능성도 진지하게 고려해 볼 필요가 크다고 하겠다.

3) 네트워크 조직

네트워크 조직이란 환경이 제공하는 복잡한 문제를 해결하기 위하여 수직적, 수평적, 공간적으로 개인, 집단, 조직간의 관계 메커니즘을 가진 조직을 말한다. 기존의 대규모 계층구조는 다양화・세분화된 국제사회의 경쟁에서 그 가치를 상실하였고, 비대화된 조직규모는 관리비용의 증가와 조직의 경직화 등 조직실패(*organization failure*) 현상을 초래하였다. 그리고 정보통신기술의 발전과 국제화의 진전으로 인해 네트워크 조직의 필요성이 대두되었다. 이러한 네트워크 조직의 특성은 다음과 같다.

(1) 조직 구조적 특성

(가) 수평적 통합화

기존의 계층제는 수직적 네트워크에 치중하였으나, 네트워크 조직에서는 조직 내부뿐만 아니라 외부조직과도 수평적 연계관계를 구축한다.

(나) 간소한 조직

네트워크 조직은 소규모 조직을 지향한다. 즉, 행정에 있어서 국가의 개입이 꼭 필요한 일부 사업에만 국한하고, 민간부문이나 민·관 공동영역의 확대를 통해 행정조직을 소규모화하고 각 부문간의 수평적 네트워크 체계를 구축함을 그 특징으로 한다.

(다) 네크워크 관리

조직과 조직간의 네트워크를 관리할 수 있는 연계자의 역할이 강조된다.

(라) 다양한 의사소통 경로

조직 내부 또는 각 조직간의 유연한 의사소통시스템이므로, 다양한 의사소통 경로의 구축을 그 특징으로 한다.

(마) 적극적 외주화(outsourcing)

국가행정은 꼭 필요한 부문에 국한하고 적극적 외주를 통해 자치단체, 민간부문, 제3섹터의 영역을 확대시킨다.

(2) 조직 운영적 특성

(가) 분권화된 관리

네트워크의 본질은 단위 관리자가 상급자의 눈치를 살피지 않고, 스스로 의사결정을 하고 그에 대한 책임을 지는데 있다. 그러므로 기존의 관리방식과는 달리 네트워크 운영주체의 권한이 강화된다.

(나) 신뢰관계

네트워크 형성과 유지를 위해서는 네트워크 주체간의 신뢰가 바탕이 되어야 한다.

(다) 장기적 관점

단기적 효과성 추구보다는 네트워크 주체간의 상호이해와 적응을 통한 장기적 관점의 네트워크를 지향한다.

정 · 책 · 사 · 례

DHL의 네트워크조직

미국의 법률가 Dalsey, Hillblom, Lynn 세 사람의 이름 첫 글자를 따서 설립된 DHL은 1969년 세계 최초로 국제간 항공 특급송배달 업무를 시작한 회사이다. DHL은 전세계 227개국을 연결하는 자체 네트워크를 통해 신속. 정확. 안전을 모토로 발송인의 책상에서 수취인의 책상까지(Desk-To-Desk), 서류 및 소화물, 중대형 화물을 특급으로 배달하는 국제항공 특급송배달 서비스를 제공하고 있다. DHL의 경영이념은 우수한 품질과 보다 저렴한 가격으로 최상의 서비스를 고객에게 제공함으로써, 서류, 소화물 및 중대형 화물의 특급 송배달 업계에서 명실상부한 세계최고의 위상을 유지하는 것이다. 전세계 227개국, 90,000여 도시에 걸쳐 가장 광범위한 네트워크를 가진 세계 최대의 국제항공 특급송배달 회사인 DHL은, 종업원 수와 대 고객서비스 수준 그리고 서비스 가능지역에 있어서 세계 최고이다.

서비스 가능국가 : 227 개국 HUBS: 32 개
장비 및 차량 : 12,200 대 종업원 수: 53,000 명
전세계 사무소 : 2,380 개 비행기 수: 292 대
* 자료: 안동대학교 홈페이지(www.andong.ac.kr)

〈그림 6-5〉 DHL의 네트워크 조직

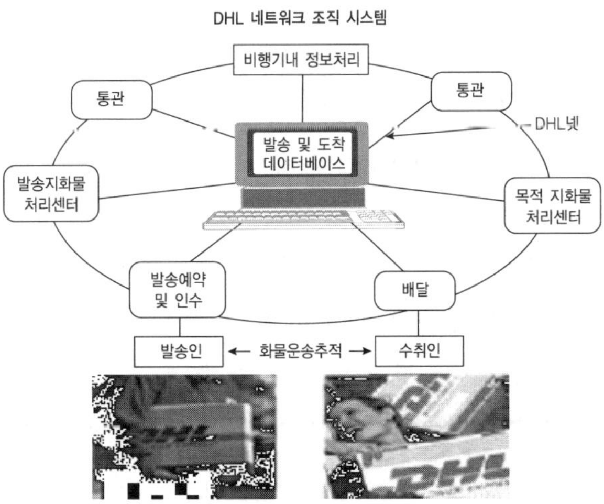

4) 학습조직

학습을 새로운 형태의 노동으로 생산적인 활동의 핵심으로 보는 학습조직은 지식을 창출·획득·확산하는 데 능숙한 조직, 새로운 지식과 통찰력을 반영하여 행동을 수정하는 데 능숙한 조직, 그리고 잘못된 지식을 폐기하는 데 능숙한 조직을 말한다. 이러한 학습조직의 특성은 다음과 같다.

(1) 지속적 변화 중시

전통적 조직에서는 한번 습득한 기술이나 능력은 오랜 기간 조직의 경쟁력을 보장하였으며, 일례로 산업화에 성공한 서구 선진국들은 현재까지도 강대국으로서의 지위를 유지하고 있다. 하지만 정보사회에서의 환경의 급변은 조직의 새로운 기술과 관리능력의 습득을 요구하게 되었다.

(2) 지식의 고가치성 부각

정보가 가장 중요한 자원으로 부각되는 정보사회에서의 조직은 전문화된 지식을 과업과 연계시켜 조직화·통합화시키는 것이 경쟁력을 결정하는 가장 중요한 요소로 부각되고 있다.

(3) 학습의 강조

미래 정보사회에서 조직의 생존과 경쟁력을 유지하기 위해서는 변화의 흐름을 인식하여 지속적 학습을 통한 새로운 지식의 습득이 요구된다.

요컨대, 이러한 학습조직의 등장배경은 현대사회가 정보사회로 변화되고 있음을 근원으로 삼는다. 즉, 미래 조직에서는 조직구성원의 학습능력, 참여와 창의성 발현을 통한 경쟁력의 향상이 조직의 유지와 경쟁력 향상에 중요한 요인으로 작용하게 되므로, 이와 같은 학습조직의 필요성이 대두된 것으로 볼 수 있다.

정 · 책 · 사 · 례

3M의 학습조직

미네소타에 본사를 둔 3M은 매출액의 7-8%를 연구개발비로 투입하고 있으며, 해마다 100여 종 이상의 신제품이 개발된다. 이처럼 3M은 대기업이면서도 언제나 기업가 정신이 넘쳐 흐르는데, 쉴새없이 첨단에 도전하면서 끊임없이 신제품과 새로운 시장을 창조하여 지속적인 성장의 길을 걷고 있다.

이런 3M의 저력은 3M의 학습조직, 즉 조직의 학습때문이라는 것을 발견할 수 있다. 이러한 학습조직을 가능하게 한 요소는 3M의 기업문화 중에 하나인 실패의 자유다. 3M의 리비오 데지모니 회장도 "3M에서는 실패할 자유가 있다. 다른 기업은 몰라도 3M만은 실패가 결코 죽음이 아니라는 분위기를 만드는 게 중요하다"고 말하고 있다.

개인은 회사에서 자신의 아이디어를 연구할 수 있으며(개인학습), 이런 아이디어가 제품개발에 생산성이 있다고 판정되면, 회사에서는 그 개인의 아이디어를 위해 여러 부서에서 각 책임 담당자들을 지원하는 등 인력 및 자원을 공급해 준다. 이러한 협동된 연구성과는 성공이든 실패든 여러 수단을 통해서 기업 각각 부서마다 회람되고 학습되어진다(조직학습).

이처럼 3M은 거대규모의 다국적 기업이면서도, 그 기업을 움직이는 원동력은 창의적인 개인들과, 학습하는 조직을 통하여 오늘날의 모습으로 성장하였다

* 자료: 김주연, 2000.

5) 팀 조직

환경변화에 따른 신속한 대응, 관료주의 병리현상의 타파, 업무수행자의 자질 및 행동변화를 위해 제시되는 또 하나의 조직유형이 팀(*team*) 조직이다. 팀 조직이란 상호 보완적 기능을 가진 소수의 사람들이 공동의 목표를 달성하기 위하여 상호 책임을 공유하고, 문제해결을 위해 공동의 접근목표를 설정하는 조직을 말한다. 이러한 정의에 따른 진정한 팀이 되기 위해서는 다음의 다섯 가지 기본요건이 충족되어야 한다.

(1) 소수의 인원

팀은 과업의 특성에 따라 인원수를 차별적으로 운영할 수 있지만, 대체로 6-12명 정도의 소수의 사람들로 구성되어야 한다. 이는 구성원들간의 긴밀한 상호작용을 가능하게 하고, 팀 조직의 유연성을 보장한다는 점에서 중요한 의미를 갖는다.

(2) 상호 보완적 능력

팀은 보완적인 기능과 능력을 가진 사람들로 구성되어야 한다. 팀의 업무수행 결과가 상승효과(*synergy effect*)를 가지기 위해서는 문제해결에 필요한 다양한 기능을 가진 사람들로 구성되어야 한다. 이는 팀이 결과를 창출할 수 있는 능력을 스스로 보유토록 하는 역할을 한다. 팀의 효과를 제고하기 위해 요구되는 기능으로서는 기능별 전문성, 문제해결 및 의사결정능력, 대인관계기술 등을 들 수 있다.

(3) 공동의 목표

목표는 구성원들을 하나의 방향으로 결집시켜주는 역할을 한다. 팀 조직에서는 상위조직의 전략과 전체 목표를 염두에 두고, 팀 구성원들간의 협의를 통해서 목표가 설정되어야 한다. 이때 팀의 목표는 업무수행에 지침이 될 수 있도록 구체적이어야 하며, 팀원들이 자신의 존재에 대해 자부심을 가질 수 있도록 의미 있는 목표가 되어야 한다.

(4) 공통 접근방법

팀이 효과적으로 기능하기 위해서는 업무의 배분과 작업방법, 일정계획, 문제해결 방법 등과 같은 제반 업무수행 방식에 대한 합의가 필요하다. 이는 팀원들간의 잠재적인 불만을 방지하는 역할을 한다. 팀 내 공통의 접근방법은 주요 과업의 수행이나 문제해결 과정을 통해 개발되며, 이는 팀의 업무수행방식에 대한 규범으로서의 역할을 한다.

(5) 공동 책임감

팀은 구성원들간의 긴밀한 상호작용과 협조를 통한 업무수행을 그 근간으로 하고 있으므로, 이러한 팀의 취지가 업무수행 결과에 대한 평가에 반영되어야 한다. 즉, 팀의 업무결과에 대해서는 팀 전체가 공동으로 책임의식을 가져야 한다. 이러한 공동 책임감은 팀 구성원들간에 상호신뢰의 형성과 협조정신을 배양하는 역할을 한다. 따라서, 전통적 조직에서의 리더십이 지시적·하향적이었다면, 팀 조직에서는 후원적·참여적 성격을 띠며, 정보의 흐름도 개방적·공유적인 형태가 되는 것이다. 이러한 팀 조직과 전통적 조직과의 차이점을 정리하면 〈표 6-2〉와 같다.

〈표 6-2〉 전통적 조직과 팀 조직의 차이

구 분	전통적 조직	팀 조직
조직구조	수직적 계층-부·과	수평적 팀
조직화의 원리	기능단위	업무 프로세스 단위
직무설계	분업화(좁은 범위의 단순과업)	다기능화(다차원적 과업)
관리자의 역할	지시-통제	코치-촉진자
리더십	지시적·하향적	후원적·참여적

4. 결론 : 평가 및 행정조직 개혁방향

1) 평 가

팀 조직 · 네트워크 조직 · 프로세스 조직 · 학습조직 등 네 가지의 미래 조직모형(포괄적 개념의 비전구동형 조직 제외)을 살펴보면, 나름대로의 장 · 단점을 가지고 있다. 이러한 장 · 단점이 파악되어야 미래 조직에 대한 구체적 개념정리가 가능할 것이다.

팀 조직의 장점은 특정 과업의 수행방법을 제시하여 주며, 고성과를 위한 단위조직의 운영방안을 구체적으로 제시하여 준다. 그러나 전체적 조직 측면에서 각각의 팀을 어떻게 조직화하고 통합할 것인가에 대한 구체적 방법을 제시하는 데는 한계점을 갖고 있다.

따라서 팀 조직의 한계를 극복하기 위해서는 네트워크 조직의 기본원리를 보완함으로써, 팀과 팀 사이의 조직화를 효과적으로 달성할 수 있을 것이다. 네트워크 조직의 장점은 집단 혹은 조직간 관계 양식과 외부조직과의 조직화 방법을 제시하여 준다. 그러나 단위조직을 어떻게 운영할 것인가에 대한 구체적인 방안 제시에는 미흡하다. 이러한 단위조직의 운영에 대해서는 팀 조직의 원리를 적용하고, 조직 수준에서의 조직설계 방안에 대해서는 프로세스 조직의 방안을 보완하는 것이 바람직하다.

결론적으로 이들 조직모형은 상호 배타적이 아니라 상호 보완적이며, 기존의 조직이나 상위 조직에 대해서도 보완적인 성격이 강하다는 것을 의미한다. 이러한 내용을 정리하면 〈표 6-3〉과 같다.

〈표 6-3〉 미래 조직모형의 장단점 비교

구 분	장 점	단 점	보 완 사 항
팀 조직	• 특정과업수행 방법 제시 • 고성과를 위한 방법 제시 • 단위조직 운영방안	• 전체 조직 내에서의 통합문제 미흡	• 네트워크 조직의 기본원리 적용
네트워크 조직	• 집단 혹은 조직간의 관계 양식 제시 • 외부자원의 조직화 방법 제시	• 특정 집단 혹은 조직 내 운영방안에 대한 제시 미흡	• 팀 조직 기본원리 적용 • 프로세스 조직의 기본원리 적용
프로세스 조직	• 국민가치의 조직 내부화 • 조직화의 기본원리 제시	• 프로세스 팀간의 통합문제	• 네트워크 조직의 기본원리 적용
학습조직	• 비가시적 내부능력의 체계적 관리방안 제시 • 예측 불가능한 환경에 대한 적응방법 제시	• 구체적 조직설계 기준 제시 미흡 • 구체적 조직유형 제시 미흡	• 조직구조의 형태를 제시한 이론들과의 통합화

2) 행정조직의 개혁방향

팀 조직 · 네트워크 조직 · 프로세스 조직 · 학습조직 등 미래 조직모형은 고유의 특성과 장점을 가지고 있는 반면 한계도 있다. 따라서 미래 정보사회에서 요구되는 조직모형에 대한 탐색은 이러한 장단점을 여하히 유기적으로 보완할 것인가 하는 문제로부터 출발해야 할 것이다.

우선, 지금까지 논의한 네 가지 형태의 미래 조직모형은, 장단점의 차이는 다소 있겠지만, 대부분 미래 조직에서 요구되는 특성(예컨대, 분권화 및 수평적 관계, 간소하고 유연한 조직, 그리고 가치지향적이며, 다기능화 등)을 가지고 있음을 주목할 필요가 있다(〈표 6-4〉 참조). 또한 이러한 조직들은 미래 조직에서 요구되는 개인과 관리자의 특성 변화 －예컨대, 창의성, 자율성, 미래지향성, 그리고 비전 제시자 및 정보공유의 특성－ 에도 비교적 잘 부응하고 있다(〈표 6-5〉 참조).

이러한 미래 정보사회에서의 조직 및 조직구성원의 특성변화 요구에 부응하기 위하여 창안된 위의 네 가지 조직들을 행정조직과 연계시켜 보면, 팀 조직은 개인(조직구성원) 지향의 조직형태가 되며, 네트워크 조직은 공존 지향형의 조직, 프로세스 조직은 고객(국민) 지향적인 조직, 학습조직은 지식 지향적인 조직이 될 것이다. 따라서, 정보사회에서의 행정방향을, 1) 국민위주의 행정, 2) 자기혁신을 위한 행정, 3) 공 · 사 공존을 위한 행정이 되어야 할 것으로 볼 때, 이러한 네 가지 형태의 조직들은 이러한 방향에 부합하는 기능을 갖고 있다고 볼 수 있다.

〈표 6-4〉 미래 조직의 특성

구 분	전통적 조직	미래 조직
조직구조적 특성	• 높은 관리계층 • 수직적 관계 • 권한의 집중 • 내부 통제화 • 과 · 부 단위 • 기능별 조직화 • 계획 · 통제중심의 스태프 기능 • 비대한 관료조직	• 낮은 관리계층 • 수평적 관계 • 분권화 • 네트워크화 • 팀 단위 • 프로세스에 따른 조직화 • 지원중심의 스태프 기능 • 간소하고 유연한 조직
직무구조적 특성	• 단순직무(분업화) • 직위지향적 • 일상적 · 지시적 • 낮은 책임 • 단순한 난이도	• 다차원적 직무(다기능화) • 가치지향적 • 비일상적 · 도전적 · 자율적 • 높은 책임 • 높은 난이도

〈표 6-5〉 미래 조직에서 요구되는 조직구성원의 특성

구 분	전통적 조직	미래 조직
개인 특성	• 성실성 • 명령수용적 • 과거지향적 • 내부지향적 • 자기고집적 • 위험회피적	• 창의성 • 자율적 • 미래지향적 • 국민지향적 • 학습지향적 • 위험선호적
관리자의 역할	• 지시적 • 관리 · 통제 • 정보독점 • 권력추구 • 지시 · 통제자	• 참여적 · 설득적 • 코치 · 후원 • 정보공유 • 권한위임 • 비전 제시자· 후원자

그러나 개개의 장점만이 단일의 행정방향들에 부합될 뿐 국가행정의 전체목표를 수행하기에는 나름대로의 한계성을 지니고 있다는 점에서는 각 조직의 유기적 통합이 필요한데, 이러한 통합의 방향은 다음과 같이 생각해 볼 수 있다.

즉, 기본적으로 미래 조직의 구축방향은 대국민과의 관계에 있어서 프로세스 형태의 기능을 활용하여 고객 지향이 되게 하고, 내부의 조직원리는 네트워크 형태를 통해 수평적 · 협력적 기능분화가 이루어지도록 할 필요가 있다. 또한, 한시적인 업무나 특정한 과업을 위해서는 팀 조직의 형태를 탄력적으로 도입하는 한편, 지식정보사회에 적응하기 위해 지식과 정보를 끊임없이 흡수하는 학습조직이 되어야 할 것이다(〈그림 6-6〉 참조).

〈그림 6-6〉 미래 행정조직의 구축방향

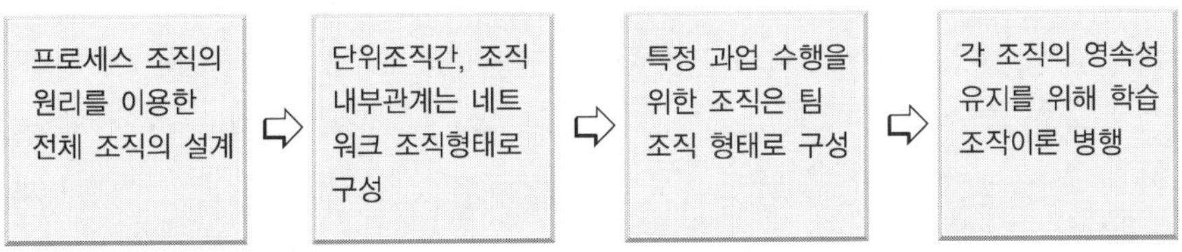

창조적 파괴와 관료제 혁신방안

1. 조직구조 파괴: 행정조직의 리스트럭쳐링 (Restructuring)
   ☞ 조직규모의 다운사이징 (Downsizing)
2. 업무처리과정의 파괴: 행정업무의 리엔지니어링(Reengineering)
   ☞ 행정업무처리과정의 혁신
3. 인사 파괴: 민간기업 인사제도의 벤치마킹(Benchmarking)

☞ 공무원 충원 및 인사제도의 개혁

4. 행태 파괴: 창조적 파괴의 날 등의 제도 도입

☞ 공무원 의식개혁

* 자료: 쓰보타 도모미, 1994.

제 6 절 전자정부와 조직의 혁신방안

1. 전자정부와 정부혁신

생산성 높고 투명한 정부, 민주주의를 실현하는 정부, 국가 사회에 존재하는 의사소통의 활성화를 통해 진정한 신뢰사회를 구현하는 정부로의 혁신을 이루기 위해서는 전자정부의 구축이 필수적이다.

전자정부는 국가경쟁력을 확보하고 고객인 국민과 기업에게 양질의 서비스를 제공하며, 정부의 생산성과 투명성 제고에도 필수적인 역할을 한다. 따라서 전자정부의 구현은 정보기술을 이용한 정부혁신(*government reinvention*)이면서, 고객 지향적인 열린정부(*open government*)의 실현 수단이 된다.

전자정부는 리엔지니어링(BPR: Business Process Reengineering)을 통한 관료제의 간소화, 업무 표준화를 통한 정보의 공유 및 학습, 그리고 정보의 공개적 접근과 같은 고객에 대한 대응성을 높이는 차원에서의 정부혁신이 병행될 때 제대로 진가를 발휘한다.

2. 정부혁신과 조직혁신의 필요성

정부혁신은 정부의 조직, 인사, 예산, 업무 프로세스를 혁신하는 동시에, 법과 제도는 물론 관행과 문화까지 새롭게 바꾸는 것으로, 끊임없이 최적의 대안을 찾아내는 유연한 시스템을 구축하는 것을 포함한다. 정부혁신을 위해서는 효율적 정부구축을 위한 성과주의 행정시스템을 구축하고, 정부기능과 조직을 재설계함으로써 정부 부처간 기능의 중복이나 혼재를 방지하며, 보다 실질적이고 신축성 있도록 일하는 방식을 체계화하는 것이다. 이를 위해서는 조직구성원의 학습능력, 참여와 창의성 발현을 통한 경쟁력의 향상과 더불어, 지속적 학습과 새로운 지식의 습득이 가능한 조직으로의 변화가 필요하다. 또한 조직의 효율성 제고를 위해 팀제나 성과급체계, 개방형 인사제도 등의 조직제도적 혁신이 필요하다.

3. 조직혁신(OI: Organization Innovation)

조직혁신은 조직의 핵심적 임무에 있어서 독창적이고 근본적인 변환을 의미한다(Behn, 1997). 이는 공공부문에 있어서도 마찬가지다. 조직혁신을 위해서는 정부조직의 구조적 개편 및 통합, 팀제 도입 등 조직의 신축성과 동태성을 높이기 위한 유동적인 조직형태의 도입, 정부의 성과향상을 위한 표준운영절차의 개선이나 BPR(Business Process Reengineering) 등 절차적 제도 혁신, 새로운 행정관행을 정립하고 바람직한 조직문화를 형성하며, 조직구성원의 태도변화에 직접적인 영향을 미치는 리더십의 변화 등 행태적 측면의 혁신과 함께 조직구조 및 기술 차원에서의 종합적 혁신이 필요하다.

1) 조직혁신의 과정

Davis(1982)는 혁신의 과정으로 고려(Consideration), 설계와 개발(Design and Development), 실행(Implementation), 지속(Continuation)을 들고 있다. Roberts(1999)는 혁신을 새로운 아이디어의 창출에서 실행에 이르는 과정으로 보아, 성공적인 혁신과정에서 중요한 요소로 아이디어의 시작(*idea initiation*), 아이디어의 설계(*idea design*), 아이디어의 실행(*idea implementation*)을 든 바 있다.

조직혁신을 위한 과정은 크게 조직진단으로부터 시작해서, 문제의 인식, 조직구조 및 설계, 조직변경 실행, 정착의 단계를 거친다. 이 과정에서 조직구성원의 참여를 유발시키기 위해서는 변혁적이고도 강력한 리더십이 필수적이며, 저항에 대한 근본적인 해결과 혁신에의 자발적 참여를 이끌어내는 일이 무엇보다도 중요하다. 이를 통해 혁신적 조직문화가 정착될 수 있으며, 조직문화가 바뀌기 위해서는 미시적으로 조직발전(OD)의 차원에서 접근할 필요성이 있다.

2) 조직혁신기법

(1) Benchmarking

특정 분야에서 뛰어난 예를 찾아 성과에 차이를 가져오는 근본적인 원인을 분석하고, 그들의 프로세스를 도입하거나 조직성격에 맞게 변화시킴으로써 혁신을 추구하는 기법이다.

(2) Restructuring

광범위한 사업을 추진하고 있는 현대정부조직에 있어 그 필요성이 중요해지는 개념이다. 민간부문에서는 불필요한 부문의 매각이나 퇴출, 제거 등을 통해 조직효율성을 높이는 기법을 말한다. 정부부문에서는 비대해진 정부부문이라 할지라도 민간부문에 영향을 미치는 경우가 많고, 상호 관련성 또한 무시할 수 없으므로, 단지 효율성만을 고려하여 구조조정해서는 안 될 것이다. 따라서 정부부문의 민영화라든지 민간위탁 등은 가외성을 고려하고, 정부조직의 학습 메모리 강화라는 측면을 고려하여 이루어져야 한다.

(3) Reengineering and BPR

리엔지니어링은 비용, 품질, 서비스, 속도 등 최종 산출물에 이르기까지 업무 프로세스의 재설계나 근본적인 변화를 통해 조직 효율성과 생산성을 높이는 것이다. 효과적인 리엔지니어링을 위해서는 먼저 철저한 직무분석이 이루어져야 한다. 이를 통해 직무의 재설계와 업무의 조정이 이루어지기 때문이다. 그런데 직무분석은 조직구조의 재설계와 맞물려 수행되는 경우가 많다. 결국 겉모양만 그럴듯한 프로세스 리엔지니어링은 큰 효과를 거두기 어렵다는 것이다.

(4) TQM(Total Quality Management)

품질개선은 기업에 있어서는 생존의 문제다. 기능적 품질뿐만 아니라, 궁극적으로는 고객을 만족시키는 품질이어야 한다. 따라서 여기에서 품질이란 생산공정에서의 품질뿐만 아니라, 디자인에서부터 그 후 모든 공정에 이르기까지의 품질을 의미한다. 품질만족의 대상에 대해서도 과거에는 최종소비자만을 만족 대상으로 삼고, 내부고객이나 협력업체는 희생시키는 경우가 많았다. 그러나 지금은 그래서는 지속적인 품질만족은 이룰 수가 없다. 최종소비자와 내부고객, 협력업체를 동시에 만족시킴으로써, 장기적이고 근본적인 품질만족을 실현해야 되는 것이다.

정부조직에 있어서도 마찬가지다. 정부에게 있어 상품은 바로 정책이다. 정책의 품질이 그 정책의 성공여부를 판단하는 기준이 되는 것이다. 정책의 품질을 높이기 위한 정책 전 과정에서의 품질관리가 필요하고, 고객인 정책대상집단에 대한 만족을 이끌어내기까지 모든 과정을 포함한다. 정책품질의 만족의 대상도 정책대상집단뿐만 아니라, 조직 내부 구성원과 협력부처에 이르기까지 확대되어야 한다.

4. 조직발전(OD: Organization Development)

1) 조직발전의 의의

(1) 개 념

Warner Burke(1982)는 조직발전을 "행동과학의 이론, 연구, 기술을 활용하여 특정 조직의 문화를 변화시키는 계획적인 과정이다"라고 하여, 변화대상으로서 문화를 강조하였으며, Wendell French(1999)는 조직발전을 "외부 혹은 내부 컨설턴트 혹은 혁신 촉진자의 도움을 받아 특정 조직 내부의 문제해결을 위한 역량과 조직의 외부환경상의 변화에 대처할 능력을 개선하려는 장기적인 노력"이라고 하였다.

조직발전의 개념 확립에 선구적 역할을 했던 Richard Beckhard(1969)는 조직발전을 "행동과학 지식을 활용하여 조직의 '과정'에 대해 계획적으로 개입함으로써 조직 효과성과 안정성을 증진시키려는 활동이며, 이는 조직의 상위계층으로부터 전체 조직 차원에서 계획적으로 관리하는 활동"이라고 정의한다. 또한, Michael Beer(1980)는 "조직의 구조, 과정, 전략, 사람, 문화간의 동질성을 높이고, 새롭고 창의적인 해결책을 개발하여 조직의 자기 혁신 능력을 창출을 목적으로, 자료의 수집에서부터, 진단, 실천 계획, 개입 및 평가에 이르기까지 전체적으로 수행되는 과정"이라고 하였다.

따라서 조직발전이란 조직의 전략, 구조, 과정을 계획적으로 개발하고, 개선하며, 강화하기 위하여 행태과학을 전 조직차원에 적용하여, 조직의 업무수행의 효과성과 궁극적으로 생산성의 향상을 도모하는 활동이라고 할 수 있다.

(2) 특 징

㈎ 조직의 문제해결 방법에 적용

조직발전은 조직과 주변 환경간의 관계를 분석하고 개선하는 방법을 모색함으로써, 조직의 전략상의 변화를 지원하기 위해 조직의 커뮤니케이션 방식과 문제해결 방법 등을 모색하는 것을 주된 내용으로 한다. 이는 조직의 인력개발 측면에 초점을 두는 HRD(Human Resource Development)와는 다른 것이다.

㈏ 행태과학의 응용

조직발전은 동기부여, 리더십, 커뮤니케이션, 집단역학, 직무설계와 같은 미시적인 조직행태론 분야의 지식과 기술 같은 행태과학의 응용이라는 특징을 갖는다. 이는 H. Simon의 행정행태론에서 출발하여 1960년대 말 행정행태주의(신행정학)에서 강조된 개념이다. 따라서 조직구성원의 인간적 및 사회적 성격을 중시하는 것이며, 경제적, 기술적, 재무적 측면에 초점을 두는 컨설팅, 기술혁신, 운영관리 등과는 다른 개념이다.

㈐ 계획된 변화(Planned Change)

조직혁신은 대개 의도적이고 계획적이다. 따라서 계획된 변화에 대한 조직차원, 집단차원, 개인차원의 저항이 발생하기 마련이고, 이러한 저항을 극복하고 긍정적 태도를 형성함으로써 성공적 변화를 가져오기 위해서는 조직발전을 통한 행태적 변화가 요구된다. 따라서 조직개편에 의한 통폐합의 경우 문화적응훈련(Cross-cultural Training) 등이 필요하게 된다.

2) 조직발전과 조직문화

R. T. Golembiewski(1969)는 공공부문에 있어 조직발전의 저해요인으로, 1) 다양한 이익집단의 정치적 개입, 2) 강조되는 목표의 차이와 보상구조의 문제, 3) 부처간 혹은 부서 간의 경쟁구도와 동맹, 4) 경력직과 임명직 관료의 권위성 등을 든다. 이로 인해 조직의 상위계층에서부터 혁신에 부정적이게 되며, 권한의 위임이 잘 이루어지지 않고 인센티브 구조가 바뀌는 것을 방해하는 등 지배적인 조직문화가 유지되어, 새로운 조직문화 형성이나 발전이 민간부문보다 더 어려워진다고 보았다.

이는 조직문화의 형성을 위해서는 조직책임자의 강력한 의지와 변혁적 리더십이 얼마나 중요한지를 보여주는 단적인 예라고 할 수 있다. 조직경영진의 리더들이 변화와 혁신에 솔선수범하지 않고서는 조직구성원의 태도변화를 기대할 수 없기 때문이다. 이는 리더십의 문제, 조직구성원들의 태도변화와 더불어, 동기부여의 문제, 조직의 사기문제와도 직결되는 것이다.

또한, 새로운 조직문화의 형성은 조직구성원 개개인의 태도변화가 수반되어야 가능하므로, 조직발전을 위한 교육이나 커뮤니케이션 기법, 권한위임과 참여증진, 갈등관리 및 스트레스 해소, 협상관리 등 조직발전을 위한 도구들이 중요성을 갖는 것이다. 따라서 혁신적인 조직문화를 형성하기 위해서는 조직책임자의 강력한 의지 및 변혁적 리더십, 조직구성원들의 태도변화, 그리고 이를 위한 조직발전을 위한 교육이나 커뮤니케이션 기법, 권한위임과 참여증진, 갈등관리 및 스트레스 해소 등 조직발전을 위한 도구들이 함께 병행되어야 한다.

지식정부의 관점에서 볼 때, 전자정부의 구현은 단지 새로운 정보기술이나 네트워크의 도입으로 끝나지 않는다. 정부조직 전 부문에 걸쳐 조직혁신이 발휘되고, 이를 통해 새로운 지식과 아이디어가 창출-축적-공유-학습되는 것을 요구하는 것이다. 이를 위해서는 조직책임자의 변혁적 리더십과 조직구성원들의 태도변화, 그리고 혁신적인 조직문화의 정착이 필요하며, 이를 위해 조직발전 기법들이 필요한 것이다.

5. 요약 및 결론

민간부문이든 공공부문이든 어떤 조직에 있어서도 혁신의 주체는 사람이다. 이는 혁신의 촉진자 역할을 하는 리더(*leader*)와 리더를 따르는 조직구성원(*follower*), 그리고 이들로 인해 형성되는 조직문화가 조직혁신에 있어 얼마나 중요한지를 말해주는 것이다. 선진 조직운영절차와 기법이 도입되더라도, 이를 실질적으로 다루는 주체인 사람이 변하지 않고서는 그 효과는 발휘되지 않는다.

따라서 지식정보사회에서 정부가 지향하는 정부혁신 모델인 전자정부나 지식정부, 기업가적 정부, 성과중심 정부, 고객중심 정부, 뉴거버넌스 정부로의 혁신이 제대로 이루어지기 위해서는 정부조직 내 조직구성원 개개인으로부터 변화가 일어나야 한다. 이는 현대행정에 있어서 조직행태적 측면의 재조명이라고 할 수 있다. 과거 인간관계론자들이나 행정행태론자들에 의해 발전되어온 조직행태론이 동기부여나 리더십 커뮤니케이션 등 미시적 차원에서의 연구가 주를 이루었던 것이라면, 이제는 조직전체적인 문화적 토대가 조직발전의 핵심적 요소라는 인식이 필요하다. 개인의 업무성과 향상만이 목적이 아니라, 자발적인 혁신의 주체로 거듭나도록 전략적으로 접근할 필요가 있는 것이다.

이를 위해서는 조직책임자는 조직혁신의 촉진자로서의 역할이 요구되며, 조직구성원의 모범이 되는 솔선수범과 혁신의 비전 창출, 창출된 비전의 공유, 자율적 분위기 조성을 통한 조직구성원의 창의성 발현, 이를 지속적으로 관리하며 가속화시킬 수 있는 강력하고도 지속적인 변혁적 리더십이 필요하다. 또한, 조직구성원들 스스로 자발적인 혁신 마인드를 갖고 태도를 변화시키며, 이것이 문화로 정착되도록 하기 위해 다양한 조직발전

(OD)기법들이 활용되어야 한다. 여기에 조직혁신을 위한 조직발전, 조직발전을 위한 태도변화 기법 개발의 중요성이 있다.

제 7 장

인사이론

현대행정은 동태적 행정과정을 거쳐 실현된다. 동태적 행정과정의 첫 시발점은 국가목표 및 정책결정이며, 이를 실현하기 위해 조직 · 인사 · 재무 등 조직화와 인간관 · 동기부여 · 리더십 등 동작화, 그리고 행정책임 · 행정통제 · 행정개혁 · 정부혁신 등 환류 및 학습이 필요하다. 앞에서 우리는 미래의 바람직한 상태의 실현을 의미하는 국가목표 및 국가정책 이론에 대해 살펴보고, 조직화의 첫 단계인 조직이론에 대해 살펴보았으므로, 이 장에서는 조직에서 인력을 효율적으로 배치 운용하는 문제인 인사이론에 대해서 학습하고자 한다. 구체적으로 인사행정의 의의, 제도적 기관, 담당기관, 인사행정의 동태적 과정 등에 대해서 학습한다.

인사행정의 의의에서는 인사행정의 개념과 목표, 과정 및 내용을 살펴본 후, 인사행정의 근간을 이루고 있는 제도적 기반들을 알아보고 한국적 현실과 적용가능성을 검토한다. 또한, 인사행정관련 법령과 담당기관을 살펴본 후, 인사행정의 동태적 과정을 단계별로 검토하도록 한다.

동태적 행정과정의 전체구조에 있어 인사행정은 행정목표를 성공적으로 달성하기 위해서 반드시 필요한 행정집행체제에 관한 부분이다. 행정의 3대 변수는 인간, 조직, 환경인데 이 중 인간에 관하여 다루는 것이 인사행정이다. 행정조직과 환경이 이상적인 행정목표의 달성을 위하여 최적인 상태로 있다고 하더라도, 행정과정에서 주체적 역할을 하는 인간(행정인)이 소극적으로 행동하고 목표달성에 무관심하다면 행정목표의 성공적 달성은 결코 이루어질 수 없을 것이다.

인사행정에 있어서 목차의 구성은 개념이해 → 제도적 기반 이해 → 인사행정 과정별 이해 순으로 구성되어 있다. 기초 개념과 제도적 기반(엽관주의, 실적주의, 직업공무원제, 계급제, 직위분류제 등)을 이해한 후, 인사행정의 동태적 과정(인력계획, 인력구조, 채용선발, 능력발전, 동기부여, 평가환류 등)에 대해서 학습하기로 한다.

제1절 인사행정의 의의

1. 인사행정의 개념

1) 개 념

인사행정이 무엇인가에 대해 다양한 견해가 제시되고 있다. 우선, 여러 학자들의 정의를 간단히 살펴보면, 인사행정이란 "정부활동의 수행에 필요한 인적 자원의 효율적 관리활동"(이종수 · 윤영진, 2002: 471) 또는 "공무원 각자가 맡은 직무를 성공적으로 수행할 수 있도록 지원하는 활동"(유민봉, 2005: 451) 등으로 정의한다.

이와 조금 다르게 정의하는 경우도 있는데, 최근에 이르러 공공부문에 민간기업 경영기법을 도입하려는 경향이 증대되면서, 인사행정을 '공공인사관리'(Public Personnel Management)로 지칭하는 경우가 많아졌고, 더 나아가 인적자원에 대한 좀더 적극적인 시각을 강조하기 위하여 '인적자원관리'(Human Resource Management)로 지칭하기도 한다. 인적자원관리(Human Resource Management)란 "사람에 관련된 관리의 일부분으로서, 인적자원의 획득, 개발, 동기부여 및 지속화 과정 등을 통하여 하나의 조직에 대하여 사람들이 기여하는 것을 극대화하기 위해 고안된 활동들의 연속체"를 의미한다(정용덕, 2006: 647).

이를 종합적으로 볼 때, 인사행정이란 "행정 목표를 달성하기 위해 가장 효율적인 인적자원의 충원 · 배분 · 관리를 연구하는 학문"이라 할 수 있다.

조직은 전문화의 원리에 따라 분화된 직무들이 상호 유기적 연관성을 갖고 하나로 조정통합되어 목표의 달성을 위해 동작하는 체제이다. 이러한 조직체제를 움직이는 주체는 결국 사람으로서, 조직목표의 달성은 개별 행정인의 직무전념 정도에 따라 성공적으로 수행여부가 결정된다. 따라서 인적 자원을 어떻게 효율적으로 충원, 배분, 관리하는가 하는 인사행정은 매우 중요한 영역이다.

2) 인사관리와의 차이

민간 기업도 인적 자원의 효율적 관리를 위해 인사관리를 하고 있으며 인사행정과 유사한 점이 매우 많다. 그러나 근본적으로 정부활동의 공공성으로 인해 다음과 같은 차이가 발생한다.

첫째, 인사행정은 행정의 공공성으로 인해 봉사성을 추구한다.

둘째, 인사행정은 행정의 독점성으로 인해 능률성 추구에 한계가 있다.

셋째, 법령 제약성으로 인해 담당공무원들에 대한 법적 규제가 강하다.

넷째, 정치적 환경 속에서 작동하게 되므로 정치적 압력에 노출되어 있다.

2. 인사행정의 목표

인사행정은 정부가 추구하는 행정의 목표달성에 기여한다. 행정목표는 시대와 상황에 따라 변화하나 우리나라 정부는 인간의 존엄성 향상을 위해 국가경쟁력과 삶의 질의 제고를 추구한다. 또한 이러한 목표를 위해 정치발전(민주화), 경제발전(성장), 사회발전(사회복지 및 삶의 질), 안보발전(통일) 등을 하위 목표로 추구한다. 이러한 목표를 성공적으로 달성하기 위해 인사행정도 인적 자원의 효율적 관리라는 수단을 통해 전체 목표달성에 기여하고자 하는 목표를 지닌다.

3. 인사행정의 과정

인사행정이 이루어지는 과정에 대한 전반적인 흐름을 개괄적으로 살펴보면 다음과 같다. 인사행정의 과정은 순차적 · 획일적으로 이루어지는 것은 아니다. 업무가 이루어지는 과정에서는 여러 기능이 동시에 수행되거나 동태적으로 순환되는 경우도 많기 때문에, 이

〈그림 7-1〉 인사행정의 과정

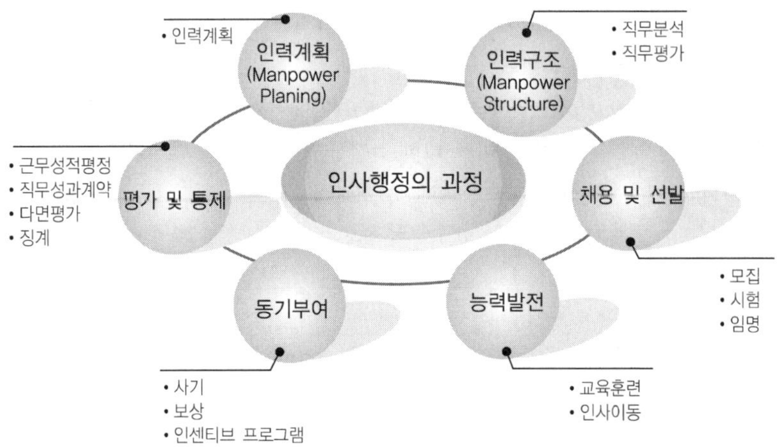

러한 인사행정의 과정들은 동태성 · 순환성의 맥락에서 이해되어야 한다.

첫째, 인력계획(*manpower planning*)의 작성이다. 이 단계는 정부 각 조직 내에 필요로 하는 인력의 수요를 파악하고 적절하게 배치하기 위해 예측하고 기획하는 단계이다. 여기에서는 현재 정부의 수행 업무량 증가 · 감소는 물론이고, 장래의 인력 수요와 공급에 대한 예측도 포함시켜야 한다. 이러한 미래예측기법에는 정책분석론에서 제시하는 기법, 예를 들면 시계열 분석, 횡단면 분석 등 회귀분석기법과 브레인스토밍, 정책델파이 등의 기법 등이 있다.

둘째, 인력구조(*manpower structure*)의 형성이다. 이 단계는 인력계획이 수립되고 난 후 인사기관에서 정부수행 업무의 증감 예측을 바탕으로, 직무분석과 직무평가를 통해 인력구조를 형성하는 단계이다. 여기에서는 공직분류의 체계와 공직분류의 방법 등을 검토한다.

셋째, 채용(*recruit*) 및 선발(*selection*)이다. 이 단계는 우수한 인적 자원을 모집 · 충원하는 단계이다. 특히 지식정보사회에 부응하는 정부혁신을 실현하기 위해 창의적이고 우수한 인재를 등용하여 정부 각 기관에 적재적소로 배치함으로써 정부혁신의 효과를 높이도록 해야 한다. 여기에서는 모집, 시험, 임용 등을 검토한다.

넷째, 능력발전(*capacity development*)이다. 정부업무의 효율적인 수행을 위해서는 우수 인재를 선발한 뒤에도 사회변화의 빠른 변화 속도에 부응하는 지속적인 능력발전과 교육훈련이 필요하다. 공무원의 총체적 능력은 임용 당시의 능력과 능력발전(능력발전=근무경험+교육훈련)의 총합이다(공무원의 능력=임용능력+능력발전). 여기에서는 교육훈련과 근무경험(인사이동: 순환보직 · 전직전보)으로부터 오는 능력발전을 검토한다.

다섯째, 동기부여(*motivation*)이다. 일의 성과는 능력(임용능력+능력발전)×근무의욕이다. 따라서 공무원 개개인이 얼마나 자신이 맡은 업무를 열정적으로 수행하는가 하는 문제인 근무의욕 고취는 매우 중요한 문제이다. 여기에서는 사기, 보상, 직무성과계약, 인센티브 프로그램 등을 검토한다.

마지막으로, 평가(*evaluation*) 및 환류(*feedback*)이다. 공무원의 각자 수행한 업무에 대한 성과를 객관적으로 평가하고, 이에 대한 적절한 통제를 하는 단계이다. 객관적이고 공정한 평가와 통제가 잘 이루어질 수 있도록 제도적 장치를 정비하고 운용할 필요가 있다. 여기에서는 근무성적평정, 다면평가제도 등을 검토한다.

제 2 절 인사행정의 제도적 기반

1. 엽관주의(Spoils system)

1) 의 의

엽관주의(Spoils system)는 공직의 임용기준을 혈연·지연·학연·정당관계 등 귀속적인 것을 기준으로 삼는 인사제도를 말한다. 학자에 따라서는 미국에서 발달한 엽관주의(Spoils system)와 영국에서 발달한 정실주의(Patronage system)를 구분해 정의하는 학자들도 있다.[1)]

2) 배 경

(1) 역사적 계기

엽관주의(Spoils system)가 나타나게 된 계기는 영국에서는 1688년 명예혁명, 미국에서는 1829년 잭슨 대통령 취임이었다.

엽관주의(Spoils system)가 영국과 미국에서 나타나게 되는 이유는 다음과 같다.

첫째, 정당 정치가 매우 발전하였다.
둘째, 행정업무가 당시 매우 단순하여 전문적인 직업공무원이 필요하지 않았다.
셋째, 정당원의 행정참여가 크게 행정업무 수행에 차질을 주지 않았다는 점이다.

(2) 유용성 및 한계

엽관주의(Spoils system)가 인사행정제도에 있어 유용한 점은 다음과 같다.

첫째, 정당의 이념구현에 유리하다.
둘째, 행정에 대한 민주적 통제가 용이하다.
셋째, 관료가 특권화 되는 것을 방지할 수 있다.

---

1) 엽관주의는 미국에서 발전된 것으로 임용의 기준을 정치적 신념 또는 정당관계를 기준으로 하는 인사제도를 말하며, 정실주의는 영국에서 발전된 것으로 인사권자의 개인적인 신임이나 친분관계를 기준으로 하는 인사제도를 의미한다.

넷째, 정부관료제의 민주화에 기여할 수 있다. 이는 보다 많은 사람들이 정부의 일에 참여할 기회를 얻기 때문이다.

하지만 이러한 장점에도 불구하고 몇 가지 부정적인 측면이 있다.

첫째, 행정의 지속성과 전문성 확보가 곤란하다.
둘째, 공무원의 공평한 업무수행이 어렵다.
셋째, 정부관료제의 민주화가 오히려 역행될 소지가 있다.
넷째, 공직부패가 만연할 위험이 크다는 것 등이다.

2. 실적주의(Merit system)

1) 의 의

실적주의(Merit system)란 공직의 임용기준을 실적, 즉 개인의 능력 · 자질에 두는 인사제도를 의미한다. 엽관주의(Spoils system)가 가진 한계가 드러나고, 행정의 전문화가 진행됨에 따라 더 이상 엽관주의 제도로는 행정의 수행이 어려워지게 됨으로써 나타나게 되었다.

2) 배 경

미국의 실적주의는 1881년 가필드 대통령의 암살과 1883년 연방공무원법인 펜들턴법(Pendleton Act)의 제정을 계기로 실적주의 인사제도가 확립되었다.[2] 그 뒤 1939년 제정된 해치법(Hatch Act)도 실적주의(Merit system)의 확립에 크게 공헌했다.[3] 영국의 실적주의는 1853년 발표된 〈노스고트와 트레벨리언 보고서(Northcote and Trevelyan Reports)〉[4]와 이 보고서를 토대로 하여 제정된 1855년, 1870년 추밀원령에 의해 제도적 기초가 확보되었다.

---

2) 주요 내용은 첫째, 공개채용경쟁시험의 원칙 및 공무원 정치활동 금지, 둘째, 독립적 인사위원회 설치 등이었다.

3) 주요 내용은 공직에 대한 정당의 지배와 공무원의 정치활동 금지였다.

4) 주요 내용은 첫째, 공개채용시험에 의해 공무원을 채용할 것, 둘째, 시험을 관장할 독립적인 중앙인사위원회를 설치할 것 등이었다.

3) 유용성과 한계

실적주의(Merit system)가 가진 유용성은 다음과 같다.

첫째, 공정한 인사처리가 가능하다.
둘째, 행정의 능률성 제고가 가능하다.
셋째, 행정의 중립성을 유지할 수 있다는 것 등이다.

하지만, 실적주의에 지나치게 집착하게 되면 인사행정을 소극적·경직적으로 만들고, 강력한 신분 보장으로 인해 직업공무원들에 대한 정치적 지도자들의 통제력 확보를 어렵게 한다는 실적주의의 한계도 있다.

4) 실적주의(Merit system)의 정착 조건

실적주의(Merit system)가 제대로 운용되고 유용하게 정착되기 위해서는 다음과 같은 조건이 필요하다.

첫째, 독립적인 인사기관이 수립되어야 한다.
둘째, 직위분류제가 정착되어야 한다.
셋째, 실적에 입각한 공개경쟁시험이 확립되어야 한다.

5) 엽관주의(Spoils system)와 실적주의(Merit system)의 조화

엽관주의와 실적주의는 제도 운영상 장단점이 있으므로 중요한 것은 이 두 제도의 장점을 얼마나 잘 조화시켜 행정의 목표달성에 기여하도록 할 수 있을까 하는 것이다. 이것은 인사행정의 신축성(탄력성)과 공정성(안정성)의 조화문제이기도 한다. 양 제도를 조화롭게 운용하는 방안을 살펴보면 다음과 같다.

첫째, 정책의 큰 변동을 가져올 때에는 이에 이념적으로 동조하는 고급공무원이 많이 필요하게 되므로 평상시보다 훨씬 많은 엽관주의에 의한 임명이 요구된다. 이렇게 함으로써 인사관리의 신축성과 탄력성을 확보하여 필요한 인재를 적절한 곳에 배치할 수 있게 되어 정책의 효율성과 민주성을 담보할 수 있다.
둘째, 공무원의 계층구조상으로 살펴보면, 상위직의 경우는 집권자와 정치적 이념을 공유하는 것이 정책의 추진에 유리하기 때문에 엽관주의가 바람직하고, 단순근로직 등의 하위직이나 특별한 신임을 필요로 하는 직위 등은 그 업무의 성격상 공개경쟁이 어렵거나 불필요하여 엽관주의가 적합한 경우도 있다. 반면, 절대다수를 점하는 직업공무원들은 실적에 의해 임용하는 것이 행정의 공정성과 안정성, 능률성과 계속성 확보에 유리하다. 오늘날 대부분의 국가에서는 엽관주의(Spoils system)와 실적주의(Merit system)의 양 제도를 적절하게 혼합해 운용하고 있다(이종수 · 윤영진, 2002: 480)

3. 직업공무원제도(Career civil service system)

1) 의 의

직업공무원제(Career civil service system)는 젊고 유능한 인재가 공직에 들어와서 국민에 대한 봉사를 보람 있는(*worth while*) 생애라고 생각하며, 공직을 일생의 본업(*life work*)으로 하여 일할 수 있도록 계획한 인사제도를 말한다.

2) 실적주의(Merit system)와의 구별

직업공무원제도가 실적주의와 동일한 것은 아니다. 실적주의에 의한 임용이 이루어진다고 해서 직업공무원제도가 반드시 운용되고 있는 것은 아니며, 역으로, 직업공무원제도가 확립되었다고 해서 반드시 실적주의에 의한 임용이 이루어지고 있다고 말할 수는 없다. 두 제도가 언제나 함께 도입되고 운용되는 것은 아니며, 현재 우리나라에서는 실적주의가 직업공무원제도와 맞물려 운용되고 있다.

현재 유럽에서는 직업공무원제(계급제)를 약화시키고 점차 개방형(직위분류제)을 채택하는 경향이 있으며, 미국에서는 개방형(직위분류제)을 약화시키고 점차 폐쇄형의 직업공무원제(계급제) 성격을 가미하여 양자는 점차 상호 접근해가고 있다.

3) 유용성과 한계

직업공무원제는 다음과 같은 유용성을 가지고 있다.

첫째, 공직에 대한 자부심과 일체감을 강화함으로써 공무원들의 사기를 높일 수 있다.
둘째, 장기적인 근무에 따른 행정의 안정성과 일관성을 유지할 수 있다.

셋째, 공무원의 폭넓은 능력발전을 가능케 함으로써 고급 공무원의 양성에 유리하다는 것 등이다.

그러나 직업공무원제는 폐쇄적 임용제도를 채택하고 있으므로 공직분위기가 침체되고 공무원의 질적 수준의 저하를 초래할 위험이 있고, 공무원 집단의 보수주의화와 관료주의화를 조장하는 단점도 있다(이종수 · 윤영진, 2002: 476-477).

4) 직업공무원제의 수립요건

직업공무원제가 올바르게 정착하기 위해서는 다음과 같은 전제조건이 갖추어져야 한다(박동서, 1992: 87-88).

첫째, 공무원에 대한 높은 사회적 평가가 있어야 한다.
둘째, 젊고 능력 있는 인재들이 높은 상위직까지 일생을 근무하면서 승진하도록 해야 한다.
셋째, 훈련 · 승진 · 전직을 통한 다양한 능력발전의 기회가 지속적으로 제공되어야 한다.
넷째, 보수는 민간 부문의 보수와 비교할 때 적절한 균형이 이루어지도록 지급하여야 한다.
다섯째, 장기적인 시각에서 공무원에 대한 인력기획이 수립되어야 한다.

5) 우리나라에서의 문제점과 발전 방향

우리나라 공무원의 97% 이상이 국가공무원법의 직업공무원제 규정을 적용받는다는 점에서 우리나라는 직업공무원제가 상당히 정착되어 있다고 말할 수 있다. 더구나 2급(이사관)까지 공무원 신분을 보장하고 있고, 1급(관리관) 이상은 신분보장의 범위에서 벗어나 있긴 하지만 1급 보직의 상당수에 2급 공무원이 승진 임용되고 있다.

그러나 직업공무원제가 실제 운용되는 과정을 살펴보면 다음과 같은 문제점을 지적할 수 있다(유민봉, 2005: 461-462)

첫째, 공무원 인사의 공정성이 확보되지 않고 있다. 공무원 인사에 대한 만족도 조사에서 보통의 수준에 머물고 있는 것으로 조사되고 있다. 따라서 실적주의 원칙을 기초로 직업공무원제를 확립할 때 인사제도가 보다 합리적이고 공정하게 관리될 수 있을 것이다.

둘째, 공직에 대한 국민의 불신이 매우 크다는 것이다. 유능한 인재를 충원하기 위해서는 공무원에 대한 좋은 평가가 있어야 하는데, 부정부패의 온상으로 지목되고 있는 현실에서는 제대로 된 충원이 이루어지기 힘들다. 따라서 깨끗한 공직자의 이미지를 세우고 공직에 대한 국민의 신뢰를 회복하는 것이 중요하다.

셋째, 우수인재 확보를 위한 적극적인 노력이 부족하다. 민간 부문의 적극적이고 공격적인 임용방법을 벤치마킹하여 민간보다 우수하고 최소한 대등한 능력을 가진 인재를 유인할 수 있도록 해야 한다.

4. 공직의 분류제도

1) 의 의

공직의 분류는 인적 자원을 체계적이고 효율적으로 관리하기 위해 필요하다. 인사행정에서의 공직은 직무와 계급으로 구성되는데, 이 중 직무(*task*)를 중심으로 하는 것이 직위분류제라 하고, 계급(*rank*)을 중심으로 하는 것이 계급제라고 한다.

2) 계급제

(1) 의 의

계급제는 사람의 자격 · 능력을 기준으로 하여 계층을 만드는 인사원리를 말한다. 이 제도는 주로 농업사회로부터 오랜 관료제 전통을 지닌 한국 · 일본 · 영국 · 독일 등이 운용하고 있다. 사람을 중심으로 계급을 나누는 전통은 일찍이 조선시대 관료들을 관품으로 나눈 데에서부터 그 유래를 찾아볼 수 있다. 현행 우리나라의 군대에서 사용되는 계급도 전형적인 계급제의 한 형태이다.

(2) 특 징

계급제의 특징을 살펴보면 다음과 같다.

첫째, 일반 행정가의 원리(*generalist*)가 강조된다.
둘째, 계급간의 차별이 두드러진다.
셋째, 고급계급의 엘리트화가 나타난다.
넷째, 폐쇄형 충원(*closed career*)이 이루어진다.
다섯째, 강한 신분보장이 된다는 것 등이다.

(3) 유용성과 한계

계급제가 가진 제도적 유용성을 살펴보면 다음과 같다.

첫째, 여러 형태의 직무를 경험할 수 있어 일반행정가(*generalist*)의 양성에 유리하다.
둘째, 공무원의 시야가 넓어지며, 조정이 용이하다.
셋째, 인사행정의 융통성을 기할 수 있다.
넷째, 강한 신분보장이 되므로 공무원 신분보장에 있어서 안정성이 있다는 것 등이다.

그러나 다음과 같은 한계가 있다.

첫째, 다양한 업무를 담당하게 되므로 특정 분야의 전문가(specialist) 양성이 곤란하다.
둘째, 인사행정 기준의 설정이 객관적이지 못할 위험이 있다.
셋째, 인력수급 계획수립이 과학적이지 못하다.
넷째, 실적주의의 확립에 저해요인으로 작용할 수 있다는 것 등이다.

(4) 영국과 우리나라 실제 운용 현황 비교

(가) 영 국

전통적으로 계급제를 채택해 온 영국은 1996년부터 공무원을 고위공무원단(SCS: Senior Civil Service)[5]과 비고위공무원단으로 단순히 구분하고, 책임도(*responsibility level*)를 기준으로 기존의 공무원 계급과 유사한 8개의 등급 수준을 개별 공무원에 부여함으로써 계급제적 특성을 약화시키고 직위분류제적 요소를 강화했다.

(나) 한 국

한국은 해방 이후 계급제에 직위분류제 요소를 가미해서 공직체계를 분류하고 있다. 현재 일반직의 직급구분인 1급에서 9급까지를 각각 완전한 하나의 계급으로 볼 수는 없으나 9급과 8급, 7급과 6급, 5급과 4급 그리고 3급에서 1급까지의 구분이 4대 계급과 유사하게 적용되기 때문이다. 5급 이상은 고급공무원으로 간주하여 고급계급의 엘리트화를 추진하며, 보수나 교육면에서 특별한 관리를 하고 있다.

---

5) 현재 우리나라에서도 지난 2006년 7월부터 고위공무원단(SES: Senior Executive Service)이 출범하였다. 자세한 내용은 행정안전부 중앙인사포털(http://www.csc.go.kr/policy/Pol0101.asp?bbs_id=141&siid=167) 참고바람.

3) 직위분류제

(1) 의 의

직위분류제는 공직을 직책을 중심으로 각 직위를 직무의 난이도와 책임도에 따라 등급(*grade*)으로 분류하는 것이다. 산업화된 미국과 이의 문화적 영향을 받은 캐나다, 필리핀, 중남미 국가 등이 대표적으로 이 제도를 채택하고 발전시켰다. 우리나라는 계급제를 기본으로 하고, 채용, 승진 및 전직에서 직위분류제의 요소를 활용하고 있다(이종수・윤영진 외, 2002: 498).

(2) 주요 개념

직위분류제는 직위를 기본단위로 하여 이를 수직・수평으로 배열하여 구조화하는데, 이때 여러 가지 기술적인 용어가 등장한다. 현재 우리나라 국가공무원법에는 직위, 직급, 등급, 직렬, 직군, 직류의 용어를 사용하고 있다. 이 용어의 개념을 간략히 설명하면 다음과 같다.

가) 직위(*position*): 한 사람의 근무를 요하는 직무와 책임을 의미한다. 실장・국장・과장・계장 등이 그 예이다.

나) 직급(*class*): 직위가 내포하는 직무의 종류도 유사하고, 책임의 정도도 유사한 직위의 집단이다. 관리관・이사관・서기관・행정사무관 등이 그 예이다.

다) 등급(*grade*): 직위가 내포하는 직무의 종류는 다르지만, 책임의 정도가 유사한 직위의 횡적 군이다. 직급은 직무의 종류가 유사한 직위의 집단이라면, 등급은 직무의 종류가 다르지만 책임의 정도가 유사한 직위의 횡적 군이다. 1급 내지 9급이 등급에 해당한다. 우리는 이를 아직 계급이라고 부른다.

라) 직렬(*series*): 직무의 종류가 유사하나 곤란도와 책임도가 상이한 직급의 군이다. 행정・감사・전산 직렬이 있다.

마) 직군(*occupational group*): 직무의 종류가 광범위하게 유사한 직렬의 군이다. 행정과 감사 직렬을 묶어서 하나의 직군이 된다.

바) 직류(*sub-series*): 동일한 직렬 내에서의 담당분야가 동일한 직무의 군이다. 행정직렬 내의 일반행정・재경・교육 직류 등이 있다.

사) 직무기술서(*job description*): 각 직위의 직무와 책임의 내용을 명시한 것이다.

아) 직급명세서(*class specification*): 직무분석(job analysis)과 직무평가(job evaluation)에 따라 결정된 직급의 직무와 책임의 내용을 명시해 놓은 것이다. 이는 채용·승진·보수 등 인사행정의 기준으로 사용된다.

(3) 수립절차

직위분류제를 제도적으로 정착시켜 운용하기 위한 절차를 간략히 살펴보면 다음과 같다.

가) 계획과 절차의 결정: 직위분류제의 수립을 위한 계획과 절차의 결정이 있어야 한다.
나) 분류담당자의 결정: 직위분류에 필요한 직무분석, 직무평가를 누가 할 것인가를 결정한다.
다) 직무기술서(*job description*): 각 직위의 직무와 책임의 내용을 명시한 직무기술서를 작성한다.
라) 직무분석(*job analysis*): 직무를 그 종류에 따라 직렬·직군으로 결정하는 것을 직무분석이라 한다.
마) 직무평가(*job evaluation*): 직무분석이 직무를 종류별로 분류하는 것이라면, 직무를 비중 및 상대적 가치에 따라 횡적으로 분류하는 것을 직무평가라고 한다.
바) 직급명세서(*job specification*): 직무분석과 직무평가에 따라 결정된 직급의 직무와 책임의 내용을 명시한 직급명세서를 작성한다.
사) 정급: 직위분류표에 수많은 직위를 하나하나 직급 및 등급에 배치하는 단계이다.
아) 제도의 유지·관리: 일단 직위분류가 이루어진 뒤에도 조직체는 끊임없이 동태적으로 변하므로 직위분류의 내용도 그에 따라 수시로 수정 변경하면서 유지·관리해 나가야 한다.

(4) 유용성과 한계

직위분류제의 유용성을 살펴보면 다음과 같다(박동서, 1990: 143-144).

첫째, 채용, 승진, 전직 등의 인사배치에서 좀더 적합한 기준을 제공한다.
둘째, 교육훈련의 수요를 쉽게 파악할 수 있고, 직무급의 수립에 용이하다.
셋째, 근무성적평정의 기준 설정에 유익하다.
넷째, 조직관리의 합리성을 기할 수 있다. 이는 횡적으로 직책의 한계와 종적으로 지휘 감독

관계가 분명하여 권한과 책임의 한계를 명백하게 할 수 있기 때문이다.

그러나 다음과 같은 한계가 있다.

첫째, 특정 직무에 대한 전문적인 능력을 요구하므로 일반행정가의 양성은 곤란하다.
둘째, 한 직무에만 집중하게 되므로 인사행정의 경직화를 초래한다.
셋째, 신분보장면에서 계급제와 비교하여 안정성이 떨어진다.
넷째, 정치적인 교류와 상호조정·넓은 시야가 필요한 고위직에는 적용이 어렵다.

(5) 우리나라 분류체계의 문제점: 계급제의 문제점

우리나라의 현행 공직분류체계상 나타나는 문제점을 간략하게 정리하면 다음과 같다.

첫째, 일반행정가의 원리를 바탕으로 채용하기 때문에 전문성이 결여될 소지가 있다.
둘째, 외부인사에 대한 충원이 제한되어 공직의 활성화 및 대응성이 저하된다.
셋째, 동일 계급 내에서도 직무수행 곤란도·책임도가 상이함에도 불구하고 동일한 대우를 받음으로써 형평성 문제가 제기되고 있다.

(6) 개선방향

우리나라의 공직분류체계상 나타나는 문제점들을 개선시키기 위해서는 계급제를 기본원리로 하되, 직위분류제 도입을 위한 기초 작업과 적용의 범위를 점진적으로 확대하는 방향으로 나아가는 것이 바람직하다 할 것이다.

5. 대표관료제(representative bureaucracy)

1) 의 의

대표관료제는 사회를 구성하는 모든 주요 집단으로부터 인구비례에 따라 관료를 충원하고 배치함으로써, 정부관료제가 그 사회의 모든 계층과 집단에 공평하게 대응하도록 하는 제도로 정의될 수 있다. 대표관료제는 정부관료제가 그 사회의 인적 구성을 반영하도록 구성함으로써 관료제 내에 민주적 가치를 주입시키려는 의도에서 발달되었다.

D. Kingsley는 1944년 대표관료제라는 용어를 처음 사용했는데, 대표관료제의 구성

적 측면을 강조하여, "대표관료제를 사회 내의 지배적인 여러 세력을 그대로 반영하는(*mirror*) 관료제"라고 정의하고 있다(Kingsley, 1944: 282-283). 한편, H. Krantz는 대표관료제의 개념을 '비례대표성(*propotional representation*)'으로까지 확대하였다. 관료제 내의 출신 집단별 구성비율이 총인구 구성비율과 일치해야 할 뿐만 아니라, 나아가 관료제 내의 모든 직무와 계급의 구성비율까지도 총인구 비율에 상응하게끔 분포되어 있어야 한다고까지 주장한다. 즉, 상하직위에서 일정한 비율로 대표될 때 진정한 대표관료제라 할 수 있으며, 만일 하위직에만 집중되어 있다면, '명목상의 차별철폐(*tokenism*)'에 불과하다고 하였다.

대표관료제는 관료의 국민에 대한 대응성과 책임성을 향상시키고, 국가적인 차원에서 인적 자원을 효율적으로 관리하게 하며, 차별받는 사회적 소외계층을 사회에 통합한다는 취지에서 민주성과 형평성의 의미를 지닌다(H. Krantz, 1976: 108-115).

2) 배 경

대표관료제는 비대화되어가는 정부관료제의 기능과 규모에 대한 정치적 통제의 필요성과 정치체제를 통한 이익의 반영을 하지 못한 사회적 소외층들에 대한 대표성의 확보를 위해 나타나게 되었다. 구체적으로 등장배경을 살펴보면 다음과 같다

첫째, 실적주의 한계이다. 지식·기술 등을 배울 수 있는 기회가 사회집단간에 불평등하게 배분되어 있는 상황에서 실적주의는 결과적으로 소외집단에 대한 차별적인 효과를 가져오게 하는데, 대표관료제는 이러한 실저주의의 폐단을 시정하고 기회균등을 적극적으로 보장한다는 의의가 있다(오석홍, 1993: 325-326).

둘째, 직업공무원제의 한계이다. 오늘날 민주정치제도 아래서 정책형성 및 집행과정에 대한 관료들의 재량권이 확대되고 있는 반면, 직업공무원들의 대표성을 확보할 수 있는 제도적 장치가 효율적으로 작동하지 못하고 있다. 즉, 행정의 전문화로 인해 직업공무원들에 대한 정치적 상관들의 통제가 실질적으로 어려워짐에 따라 관료들의 주관적 책임을 통해 국민의 다양한 요구에 대한 정부의 대응성을 향상시키는 대안이 될 수 있다(이종수·윤영진 외, 2005: 434).

셋째, 사회적 약자의 보호이다. 현대 민주주의 체제는 그 규모로 인해 다원주의적 성격을 띨 수밖에 없으나, 다원주의 사회하에서 관료제는 전문화된 소수 고객만을 우대하며 조직화 능력이 부족하고 정치적·경제적 자원을 가지고 있지 못한 소수집단을 차별하게 마련이다(Olson, 1965; Frederickson, 1980: 7; Dahl, 1982: 26). M. Olson은 그의 저서, *The Logic of Collective Action*(1965)에서 다원주의 사회하에서 소수의재

정력 높고 응집력 있는 집단들이 정책형성과정에서 왜 유리할 수밖에 없는지에 대해 논리적으로 설명하고 있다. 따라서 사회적으로 '불우한 처지에 있는 사람(*the less advantaged*)'을 효과적으로 지원하는 '형평성 지향 관료제'가 필요하다(Hart, 1974: 4). 이러한 취지에 따르면, 자유경쟁원리에서 뒤로 밀려날 수밖에 없는 소수의 집단도 그들의 이익을 대변할 수 있는 실질적 기회를 확보할 수 있다.

3) 대표관료제의 기본전제

(1) 진보적 평등(progressive equity): 적극적 기회균등

개인들간의 자연적인 불평등을 정부가 보상해 주어야 한다는 사고를 바탕으로 한다.

(2) 소극적 대표성(passive representativeness): 인적구성의 비례

국가관료제 구성이 그 나라의 사회경제적 인구구성의 특징(계급, 신분, 인종, 성, 종교, 지역 등)을 그대로 관료제의 구성에 반영하는 관료제를 의미한다.

(3) 적극적 대표성(active representativeness): 책임성과 대응성

국가관료제 구성이 그 나라의 사회경제적 인구구성의 특징을 그대로 반영할 뿐만 아니라, 관료들이 자신들의 출신 집단이나 계층을 대변하고 정책을 결정하여 출신 집단에 책임을 지는 행위까지 하는 관료제를 의미한다.

4) 대표관료제의 유용성과 문제점

대표관료제가 가지는 유용성은 다음과 같다.

첫째, 관료제의 대표성 제고이다. 관료제의 인적 구성비율이 사회의 각 집단을 비례적으로 대표하도록 구성한다는 것 자체가 민주적인 가치에 부합되는 의미를 가진다.

둘째, 내부통제의 강화이다. 대표관료제는 국민의 의사를 전달하고 감시할 통제수단을 정부관료제에 내재화 시킬 수 있다. 대표관료제에 의해 선출된 공무원들은 자기 출신집단의 가치와 이익에 대한 책임을 지는 위치에 있기 때문에 서로 견제하여 내부통제를 강화시킬 수 있다.

셋째, 적극적・결과적 기회균등이 보장될 수 있다. 대표관료제는 모든 사회집단의 계층비율에 따라 임용되므로 결과적으로 집단의 이해를 관료제 내에서 표출할 수 있는 균등한 기회를 가지게 되는 것이다.

넷째, 실적주의의 폐단을 시정할 수 있다. 실적주의는 공식적으로는 공직취임의 기회균등을 추구하였으나, 실질적으로 여러 가지 차별이 나타나므로, 이를 시정할 수 있는 수단이 될 수 있다.

반면에 대표관료제의 논리는 다음과 같은 문제점이 있다.

첫째, 대표의 집단이기주의화이다. 정부관료제가 정책에 영향을 미치는 범위 내에서 공무원들이 출신집단별로 자기편만 드는 '집단이기주의'를 표출할 수 있다.

둘째, 피동적 대표성이 능동적 대표성을 보장한다는 전제의 허구성이다. 공무원의 출신배경만이 그의 가치관이나 직무행태 등 모든 것을 결정하는 것은 아니다. 대표관료제이론은 관료들이 그 출신집단의 가치와 이익을 정책과정에 반영시킬 것이라는 가정에 기반하고 있으나, 임용 전 출신집단에 의해 이루어진 사회화와 임용 후의 직무행태간의 직접적 연결성이 있는 것은 아니다(이종수 · 윤영진 외, 2005: 433-434).[6)]

셋째, 천부적 자유(*natural liberty*)의 개념과 상충하게 된다. 개인보다는 집단에 역점을 두는 대표관료제의 원리는 자유주의 원리와 배치되는 면이 있고, 이는 시장에서의 개인적 선택에 대한 인위적 간섭을 초래한다.

넷째, 행정의 전문성 · 생산성 저하를 가져올 수도 있다. 대표관료제는 능력과 자격을 2차적인 기준으로 삼기 때문이다.

다섯째, 할당제(*quota system*)와 역차별(*reverse discrimination*)로 인한 사회분열을 조장할 수 있다. 대표관료제가 주장하는 차별철폐의 추구가 역설적으로 또 다른 차별을 가져올 수도 있다. 대표관료제는 개념상 '할당'(*quota*)과 연결될 수밖에 없는데, 할당제는 할당의 기준의 모호성 등 여러 가지 문제점을 가지고 있다.

여섯째, 대표관료제 실현에 따르는 기술적 어려움이 있다. 공무원 수의 구성에 있어 인구비례의 정태적 균형을 유지하는 것은 기술적으로 매우 어렵다. 관료조직은 동태적이기 때문에 직원이 끊임없이 들어오고 나가며 내부이동을 하기 때문이다. 따라서 사회집단별 공무원 할당수를 통계학적으로 산정하는 데 오류가 나타날 가능성이 크다. 또한 어떤 사람이 어떤 사회집단의 소속원인가를 결정하는 것도 쉽지 않은 일이다.

---

6) F. C. Mosher(1982: 10-14)는 관료들이 출신집단의 이익을 위해 적극적으로 행동할 것을 기대하는 적극적 측면과, 대표관료제가 사회의 인구구성적 특징을 상징적으로 반영할 뿐이라는 소극적 측면으로 나누고, 대표의 적극적 개념에 대해서는 의문을 제기한다.

5) 한국에의 적용사례

(1) 의 의

대표관료제가 비록 적극적인 대표기능까지는 수행하지 못한다 하더라도, 특정 집단에 의하여 지배되는 정부관료제보다는 민주적인 정치 이념에 더 충실할 것이라는 것은 많은 연구에 의하여 입증되고 있다.

국가마다 시대마다 사회적 차별의 양태가 다르고, 그 결과로 나타나는 사회적 소수집단이 상이하기 때문에, 대표관료제의 적용대상집단은 가변적이라고 할 수 있다. 한국에서 대표관료제를 도입할 수 있는 대상집단으로는 정치·경제적 지역차별로 인한 소외지역 출신자, 농어촌 출신자, 여성, 장애인, 국가유공자 및 중고령자 등이다.

(2) 정책사례

(가) 여 성

여성의 사회적 차별은 한국만의 문제는 아니나 남존여비의 전통적 유교사상과 가부장제도 라는 문화적 바탕 위에, 빠른 근대화로 인한 남녀차별적인 구조적 모순까지 더해서, 그 정도가 더 심각하다. 특히 고용영역에서는 여성차별이 더욱 일반화되어 있다.

현재 여성분야에서 제도적인 도입을 살펴보면 1996년 "공무원 여성채용목표제"의 실시를 들 수 있는데, 최근에는 목표인원보다 더 많은 여성들이 공직에 임용되고 있어, 그 의미가 다소 옅어지고 있다.[7)]

(나) 장애인

경제적·사회적으로 열악한 위치에 놓여있는 장애인의 복지 증진을 위하여 국가에서 실시하는 것이 장애인 정책인데, 1989년 "장애인고용촉진 등에 관한 법률"이 제정된 이래 1999년 "장애인고용촉진 및 직업재활법"에서는 "국가 및 지방자치단체의 장은 장애인을 소속 공무원의 100분의 2 이상 고용하여야 한다"(동법 제 23조)라고 강제규정으로 만들었다.

(다) 소외 지역 출신자

한국의 특수한 정치적 상황 중 하나가 지역주의인데, 특히 영·호남간의 지역적 차별이 심각하였다. 영남지역이 대부분의 고위공직과 대통령 등 요직을 차지하게 되어 호남지역에 대한 발전정책이나 지원이 여러 모로 부족하였고, 김대중 정부에서 이를 바로 잡고자

---

7) 이 사례는 최무현(2001: 152-161)에 토대를 두고 정리되었음.

지역적 차별 없는 인사정책을 표방하였으나, 결과적으로 대통령 출신지역인 호남지역 인사가 고위직에 많이 진출하였음이 조사결과 밝혀졌다. 따라서 지역에 따라 고용 및 인사상의 차별현상이 엄존하는 것이 분명한 한국 사회에서 영향력이 큰 핵심고위직 관료를 중심으로 지역적 배분을 고려하는 대표관료제의 적용은 의미가 있다고 할 수 있다.

출신지역과 관련해서 대표관료제를 적용할 수 있는 또 다른 부분은 낙후된 농어촌 출신자이다. 낙후된 환경에서 성장한 농어촌 출신자에게 일정 비율을 관료임용에서 우선 대우해 주는 것을 고려해 볼 수 있을 것이다.

㈑ 국가유공자 및 중고령자

국가유공자의 경우 국가보훈처에서 "국가유공자등 예우 및 지원에 관한 법률"을 통해 국가기관 및 민간기업 취업상의 우선대우를 규정하고 있고, 6급 이하 국가 또는 지방공무원 채용시험시 각 과목별 득점에서 10% 가산규정을 두고 있다.

중고령자의 경우 1991년 "고령자고용 촉진법"을 제정하고, 국가 및 지방자치단체 등의 장은 그 기관의 적합 직종에 고령자와 준고령자를 우선적으로 채용하여야 하며, 채용현황을 매년 노동부 장관에게 제출하도록 하고 있다. 그러나 고령자의 의무채용을 명시적으로 규정하고 있지 않아 제재수단이 없어 효과성을 의심받고 있다.

6) 요약 및 결론

한국에서 실질적으로 적용된 사례들을 살펴보면, 대체적으로 F. C. Mosher(1982)가 구분한 두 가지 적극적 대표성과 소극적 대표성 중 소극적 대표성만이 나타나고 있음을 쉽게 알 수 있다. 또한, 하위직에 초점을 맞춘 경향도 쉽게 알 수 있다. 외형적으로 보여지는 숫자만을 맞추는 데 급급하여 상징적 의미는 있을지 모르겠으나, 대표관료제가 궁극적으로 추구하는 적극적 대표성의 구현은, F. C. Mosher(1982: 10-14)도 지적했듯이, 한국적 현실에서 적용이 어려워 보인다.

이러한 점들은 대표관료제가 가지고 있는 본질적 한계를 여실하게 보여주는 것이기도 하고, 우리나라가 본질적으로 대표관료제가 지니는 의미를 실천하려는 고민이 있었는지에 대해 의심스러운 부분이기도 하다. 하지만, 대표관료제가 가지는 본질적 의미인 현대 다원주의 사회의 구조적 한계와 관료제가 지니는 한계로서의 민주성 보완이라는 관점에서, 이상에서 제기된 문제점을 극복하기 위한 꾸준한 고민과 성찰이 필요하다고 하겠다.

제 3 절 인사행정 담당기관

1. 인사행정법령

법치국가의 행정은 자의성을 줄이고 예측성을 높이기 위해 가능한 한 법령에 따라 자유재량을 최소화하는 것이 바람직하다. 현재 우리나라는 1949년 제정되어 몇 차례의 개정을 거친 국가공무원법, 1963년 공무원훈련법, 직위분류법(1973년 폐지되었다가 1981년 국가공무원법 개정시 한 개의 조항으로 부활됨), 지방공무원법 등이 인사행정 법령으로 시행되고 있다.

2. 인사행정기관

인사기관에는 정부 전체의 인사행정을 통합적으로 주관하는 중앙 인사기관과 각 부처의 인사행정을 관장하는 부처 인사기관 및 지방정부의 인사사무를 관장하는 지방자치단체의 인사기관이 있다(박동서, 1992).

1) 중앙인사기관

(1) 성 격

㈎ 독립성

독립성이란 임원의 신분 보장, 자주적인 조직권, 독립적인 예산권을 유지하는 것을 의미한다.

㈏ 합의성

의사결정구조가 기관장의 단독적 의사결정방식을 택하는가, 집단적 의사결정방식을 택하는가 하는 문제이다. 인사기관이 독립성을 갖는 경우에는 일반적으로 합의제를 취하고 있다.

㈐ 집권성

인사기능이 중앙인사기관에 집중되어 있는 정도를 의미한다. 원래 인사행정은 참모적 기능으로서 각 부처에 분산되어 있었으나, 엽관주의의 폐해가 극심하고 인사권자의 자의에 의한 인사행정이 자행됨에 따라 인사기능을 중앙정부의 권한으로 집권화시키게 되었다.

(2) 조직형태

중앙인사기관의 조직형태는 여러 기준에 의해 다양하게 분류할 수 있을 것이나, 일반적으로는 독립성과 합의성을 기준으로 하여 〈표 7-1〉과 같이 분류할 수 있다.

(가) 독립합의형

위원회 형태(*commission-type*)로도 불리며, 엽관주의의 폐해를 방지하고 인사행정의 정치적 중립성을 보장하기 위해 고안된 조직형태이다. 일반적으로 일반 행정부처에서 분리되어 있으며, 행정수반으로부터도 독립된 지위를 가진 합의체로 구성된다. 엄격하게 임기의 보장을 받는 위원들은 정치적 중립을 보장하기 위해 정당의 추천을 받은 인사로 구성되거나, 지나친 당파적 갈등을 피하기 위해 초당적 인사들로 구성되기도 한다.

이러한 형태의 예로는 1978년 설립된 실적제도 보호위원회(Merit System Protection Board)와 일본의 인사원이 있다(강성철 외, 1996: 95).

(나) 비독립단독형

집행부형태(*executive-type*)로도 불리며, 행정수반에 의해 임명된 한 사람의 기관장에 의해 관리되는 기관이다. 우리나라의 과거 총무처와 같이 이러한 중앙인사기관은 일반적으로 행정부의 한 부처로 행정부에 속해 있다.

이러한 형태의 예로는 1978년 미국의 인사관리처(Office of Personnel Management)와 일본 총무청의 인사국 등이 여기에 속한다.

(다) 절충형

절충형 인사기관으로는 독립단독형과 비독립합의형을 들 수 있다. 우리나라의 중앙인사위원회와 소청심사위원회는 비독립합의제 인사기관에 속한다. 한편, 독립단독형의 조

〈표 7-1〉 중앙인사기관의 조직형태

기 준	합의성	단독성
독립성	독립합의형	독립단독형
비독립성	비독립합의형	비독립단독형

직형태는 흔하지 않다.

㈑ 우리나라의 조직형태

우리나라는 1999년 5월 대통령 직속의 합의제 인사기관인 중앙인사위원회가 설치됨에 따라, 기존의 비독립 단독형 인사기관인 행정자치부와 함께 복수형 중앙인사기관 체제를 유지한 바 있다. 2004년 3월 11일에 정부인사기능을 통합하는 내용을 담은 정부조직법과 국가공무원법이 개정·공포되면서 2004년 6월 12일부터 중앙인사기관은 중앙인사위원회로 일원화되었다가, 그 뒤 2008년 2월 29일부터 정부조직재편법에 따라 행정안전부로 다시 통합되었다.

(3) 기 능

인사기관이 하는 일은 인사에 관한 정책과 지침을 개발하고, 직무를 분석하고 평가하며, 공무원을 채용하고 배치하는 일에서부터 보수의 책정, 사기의 관리, 근무성적평정, 교육훈련, 고충처리, 근무규율에 이르기까지 그 범위가 매우 광범위하다(Stahl, 1976: 450-453).

우리나라의 중앙인사기관인 대통령 직속의 중앙인사위원회는 행정부의 인사행정에 대한 기본 정책 수립, 고위직 공무원의 임용심사, 공무원 처우개선 및 개방형 직위의 제도운영 및 인사·감사 업무를 담당한다. 중앙인사기관이 하는 기능을 살펴보면 다음과 같다(이종수·윤영진, 2005: 439-440).

㈎ 준입법 기능

법률의 범위 내에서 인사행정 전반에 관한 인사규칙을 제정한다. 우리나라의 경우 대통령 직속의 중앙인사위원회는 대통령령 또는 행정자치부령을 통해, 행정자치부는 직접 부령을 통해 준입법적 기능을 수행한다.

㈏ 집행기능

집행기능이란 실질적인 인사행정, 즉 분류·임용·훈련·승진·연금 등의 인사사무를 인사 법령에 따라 수행하는 구체적인 인사행정사무를 의미한다. 우리나라의 경우 인사 집행기능은 상당히 집권화되어 있기 때문에 각 부처 인사행정의 자율성이 상대적으로 낮은 실정인바, 정치체제의 분권화와 더불어 인사행정도 분권화를 지향하는 노력이 필요하다.

(다) 준사법 기능

준사법기능은 위법 또는 부당한 처분에 대한 공무원으로부터의 소청을 재결할 수 있는 권한을 인사기관에 부여하는 것을 의미한다(박동서, 1992: 113). 우리나라는 중앙인사위원회에 5인으로 구성된 독립적인 소청심사위원회가 있어 공무원의 징계처분 및 기타 그 의사에 반하는 불리한 처분에 대한 소청을 처리하고 있다. 여기서 내리는 결정은 합의제로 하며 결정의 결과는 처분행정청을 기속한다.

(라) 감사기능

감사기능은 감사라는 수단을 통해 각 부처 인사기관을 통제하는 기능이다. 우리나라의 경우 감사의 결과 위법 또는 부당한 사실이 발견되면 관계기관장에게 시정을 촉구하고, 관계 공무원을 징계처분할 수 있도록 하는 권한을 중앙인사기관에 부여하고 있다.

2) 부처 인사기관

부처인사기관은 정부 각 기관의 인사업무를 담당하는 부서이다. 우리나라의 각 부처에는 부처장과 직결되어 있는 총무과가 인사행정의 주축을 이루고 있으며, 각 부처마다 징계위원회와 공무원 교육훈련기관이 인사기능의 일부를 담당하고 있다.

3) 지방자치단체

우리나라 지방자치단체에서도 인사업무를 총무과에서 주로 담당하고 있다. 그리고 지방자치단체의 부단체장을 위원장으로 하는 인사위원회가 있으며, 지방공무원의 징계 기타 그 의사에 반하는 불이익처분에 대한 소청을 심사·결정하기 위해, 각 시·도에 지방공무원 소청심사위원회 및 교육소청심사위원회를 두고 있다.

제 4 절 인력계획 및 인력구조

1. 인력계획(manpower planning)

1) 의 의

인력계획이란 정부조직의 인적 자원에 대한 행정 수요를 직급별·직종별로 예측하고, 이에 맞는 인력공급과 관리계획을 수립하는 것을 말한다.

인력계획이 중요한 이유는 다음과 같다.

첫째, 개인에게는 자신의 능력과 잠재력을 최대한 활용할 수 있도록 예측기회를 제공한다.

둘째, 조직에는 조직의 성과를 효율적으로 달성하기 위해서 유능한 인력을 확보할 수 있는 토대를 제공한다. 인력계획이 결여된 충원정책은 인사권자의 재량에 의존하는 정도가 높고, 낭비의 소지가 있으며 정치적 영향력의 배제 또한 어렵게 한다.

2) 과 정

인력계획의 과정은 학자마다 다양하게 제시되고 있다. 오석홍(1990: 687)은 인력수요예측, 인력공급 계획, 시행, 평가 단계로, 민진(2005)은 행정인력관리의 첫 단계로 행정인력계획을 들면서 행정인력의 수요예측과 공급예측, 소요예측 및 수급조절을 다루고 있다. 이하에서는 Klingner(1980)가 제시하는 목표설정부터 평가까지의 8단계에 따라 살펴보기로 한다(Klingner, 1980; 이종수·윤영진, 2005: 442-444에서 재인용).

(1) 조직 목표설정

조직관리자들이 실현가능한 장래의 사업계획 목표를 설정하는 단계로서, 이는 첫번째 단계이다.

(2) 인력 총수요예측

정부의 목표에 따라 이를 달성하기 위한 인력 규모를 예측한다. 여기에는 예산변동에 기초하여 인력수요를 비례적으로 추산하는 점증주의 방법과 회귀분석 등의 계량적 기법을 활용한 예측기법들이 제시되고 있다.

(3) 인력 총공급예측

기준시점에서 현재 인력을 파악하고 유동 인력을 예측해야 한다. 유동인력은 퇴직예측, 채용예측 및 조정예측(승진, 전보 등)을 의미하며, 여기에는 추세분석법, 시계열분석법 등이 있다.

(4) 실제 인력수요 결정

총수요와 총공급을 비교해 실제로 인력수요를 결정하는 단계이다.

(5) 인력확보 방안 결정

실제 인력수요를 기초로 인력확보 방안을 결정하는 단계이다.

(6) 인력확보 방안 실행

인력확보 방안을 실행에 옮기는 단계로서 채용·교육훈련 및 인사이동 등이 해당된다.

(7) 통제자료 준비

인사관리자는 인사관리 정보체제와 관련해 통제자료(control data)를 준비해야 한다.

(8) 평가 및 환류

통제자료를 기초로 인력관리 기능의 정확성과 효과성을 평가하여, 다시 인력계획 과정 등에 환류해야 한다.

2. 인력구조(manpower structure)

1) 공직분류의 체계

공직분류란 정부에서 일하는 공무원을 채용과 대우 등의 기준에 의해 분류하는 것을 의미한다. 오늘날 행정 기능이 양적·질적으로 확대 심화됨에 따라, 정부의 규모도 커지고 공무원의 수도 많아지게 되어 공직 분류의 중요성은 더욱 커지고 있다.

(1) 경력직

경력직 공무원은 실적에 의해 임용되고, 그 신분이 보장되며 평생토록 공무원으로서 근무할 것이 예정되는 공무원(국가공무원법 제2조 제2항)을 말한다.

경력직 공무원은 다시 일반직, 특정직, 기능직 공무원의 세 부류로 나뉜다.

㈎ 일반직

일반직 공무원은 일반 행정, 기술, 연구를 담당하는 대다수의 공무원으로서 직렬과 직군으로 구분된다.

㈏ 특정직

특정직 공무원은 개별법의 적용을 받는 특수 분야의 업무를 담당하는 교육·소방·경찰·외무 공무원 및 법관과 검사, 군인과 군무원, 국가정보원 직원 등이다.

㈐ 기능직

기능직 공무원은 기능적인 업무를 담당하는 공무원으로서 1등급에서 10등급까지 등급화 되어 있다.

(2) 특수경력직

경력직 공무원을 제외한 나머지 공무원으로서 실적주의와 직업공무원제의 획일적 적용을 받지 않는 공무원을 말한다. 그러나 국가공무원법에 규정된 보수와 복무규율의 적용을 받으며, 정무직·별정직·계약직·고용직으로 구분된다.

㈎ 정무직

정무직은 선거의 의해 취임하는 공무원, 국회의 동의나 정치적으로 임명되는 장·차관 및 국가정보원의 원·차장 등이다.

㈏ 별정직

별정직은 관리관급 이하의 특정 업무 담당 공무원인 국회 전문위원, 감사원 사무차장, 국가정보원 기획조정실장 등이다.

㈐ 계약직

계약직은 국가나 지방자치단체의 채용계약에 의해 일정한 기간 동안 연구 또는 기술 업무에 종사하는 과학자·기술자 및 특수 분야의 전문가를 말한다.

(라) 고용직

고용직은 단순한 노무에 종사하는 공무원을 말한다.

2) 공직분류의 방법

(1) 계급제

계급제는 계급(*rank*)을 중심으로 공직의 계층적 구조를 형성하는 것을 말한다.

(2) 직위분류제

직위분류제는 직무(*task*)를 중심으로 공직을 구조화하는 것을 말한다.[8]

제 5 절 채용 및 선발

효과적인 인적자원 관리의 3대 요소는 고급인력의 채용 및 선발(공직충원), 적실성 높은 교육훈련, 높은 근무의욕의 고취 등이라고 할 수 있다.

공직충원의 방법에는 신규임용, 외부임용, 내부임용 등이 있는데, 최근에는 외부임용의 중요성이 커지면서 개방형 인사체제, 개방형 직위제도(직위공모제) 등의 방법이 많이 이루어지고 있다.

1. 신규임용제도

1) 모집(recruit)

모집은 공직을 희망하는 자에게 공직에 대한 정보를 제공하는 과정을 말한다. 우리나라 정부는 과거 지나치게 소극적인 모집 태도를 취해 왔기 때문에 실질적으로 고급인력의 확보에 어려움이 많았고, 따라서 민간 부문의 적극적 마케팅에 밀려 공직에 대한 관심과 홍

8) 자세한 설명은 제2절 인사행정의 제도적 기반에서 상세히 언급하였으므로 생략하기로 한다.

보가 많이 부족하였다. 우수하고 창의적인 고급인력의 확보를 위해서는 적극적인 자세로 모집하고 홍보활동을 해야 하며, 모집절차 또한 간소화 하는 것이 필요하다.

2) 시험(test)

시험은 신규임용에서 가장 결정적인 역할을 한다. 선발시험은 직무수행에 필요한 지식, 기술, 능력을 측정하는 표준화된(*standardized*) 도구이다. 시험에서 가장 중요한 것이 공정성의 확보이며, 이를 위해서는 신뢰성과 타당성 확보가 필수적이다.

(1) 신뢰성(reliability)

신뢰성은 시험결과로 나온 성적의 일관성(*consistency*)을 의미한다. 신뢰성을 검증하는 방법에는 재시험법, 동질이형법, 이분법 등이 있다.

- ◉ 재시험법(test-retest): 시험의 종적 일관성을 조사하는 것이다.[9] 시험을 본 수험생에게 일정한 시간이 지난 뒤에 다시 같은 문제로 시험을 보게 하여 두 점수간의 일관성을 검토하는 것이다.
- ◉ 동질이형법(equivalent forms): 시험의 횡적 일관성을 조사하는 것이다. 문제의 수준이 비슷한 동질의 두 개 시험유형(A, B)을 개발하여 동일 통제집단을 대상으로 시험을 보게 한 후 A와 B의 성적간 상관관계를 분석하는 방법이다.
- ◉ 이분법(split-half): 하나의 시험지 내에서 문항만을 두 집단으로 나누어 이들 문항집단간의 성적을 상호 비교하는 것이다. 이 방법의 가장 일반적인 형태는 문제의 문항을 무작위로 배열한 뒤 짝수 항 전체의 점수와 홀수 항 전체의 점수간에 상관관계를 조사하는 것이다.

(2) 타당성(validity)

타당성이란 시험이 측정하고자 하는 것을 실제로 얼마나 정확하게 측정했는가를 말한다. 타당성의 중요한 특성은 측정결과만으로는 측정도구의 타당성을 알 수가 없다는 것이다. '얼마나 정확하게 측정했는가'를 알려면 측정결과를 비교할 수 있는 기준이 있어야 한다.

---

9) 종적 일관성이란 서로 다른 시점에서의 측정결과가 안정된 값을 가지는 것을 의미한다. 횡적 일관성이란 동일 시점에서 동질적인 둘 이상의 집단을 대상으로 같은 측정도구를 사용하여 얻은 측정결과가 일관된 값을 가지는 것을 의미한다.

시험에서 가장 일반적으로 사용되는 타당성의 유형으로는 기준타당성과 내용타당성이 있고, 예외적으로 구성타당성을 검토하기도 한다.

⑺ **기준타당성**(criterion validity)

가장 먼저 개발되고 가장 일반화된 타당성의 개념으로 측정의 가장 궁극적인 목적달성과 관련되며, 이는 시험성적과 시험으로 예측하고자 했던 기준 사이에 얼마나 밀접한 상관관계가 있는가를 말한다. 자료수집의 시차에 따라 동시적 타당성 검증과 예측적 타당성 검증의 두 종류로 구분한다.

◉ 동시적 타당성 검증(concurrent validation)
동시적 타당성 검증은 시험성적과 근무실적에 대한 자료를 동시에 수집하여 상관관계를 검토하는 것이다. 시험성적과 근무실적을 동시에 얻는 방법은 현재 근무하고 있는 재직자에게 시험을 실시하는 것이다.

◉ 예측적 타당성 검증(predictive validity)
예측적 타당성 검증은 시험합격자를 대상으로 시험성적과 근무실적을 시차를 두고 수집하여 비교하는 것이다. 시험합격자를 대상으로 하기 때문에 근무실적은 일정 시간을 기다려야 한다.

⑷ **내용타당성**(content validity)

기준타당성은 기준치의 설정이 분명하게 가능한 경우에 검증해 볼 수 있으므로, 이러한 조건이 확보되지 못하는 경우, 직무수행에 필요한 지식·기술·태도 등을 측정해 보는 것이 내용타당성이다. 내용타당성은 직무에 숙련된 전문가 집단이 시험의 내용이 직무수행에 얼마나 적합한지를 판단하게 된다.

⑸ **구성타당성**(construct validity)

구성타당성은 내용타당성에서와는 달리 전문가의 판단에만 의존하지 않고, 행태과학적 조사를 통한 검증절차를 거치는 것을 의미한다. 구성타당성은 개념의 추상성이 아주 강해 단순한 판단만으로는 검증이 불가능한 인간의 특성을 측정하고자 할 때 사용되는 개념이다. 예컨대, '창의력'을 측정하고자 하는 경우 추상적으로 구성된 능력요소(*traits*)들, 즉, '민감성, 이해성, 도전성' 등을 제대로 측정해 주었는지의 정도를 의미한다.

이들을 종합적으로 정리하면, 기준타당도는 '능력과 실적'이라는 기준에 초점을 둔 개념이고, 내용타당도는 능력이나 실적과 연결된다고 전문가들이 제시한 '내용적 능력요소'(지식·기술·태도 등)에 초점을 두며, 구성타당도는 직무수행과 관련된다고 믿는 '개념 구성적(가설적) 구성요소'에 초점을 둔다.

(3) 신뢰성과 타당성의 관계

신뢰성은 시험 그 자체의 문제인 반면, 타당성은 시험과 기준과의 관계이다. 그러나 신뢰성이 있어야 타당성을 검증해 볼 수 있다는 점에서 신뢰성은 타당성의 전제조건이라 할 수 있다.

3) 임명(appointment)

시험에 의해 선발된 사람은 일정 기간 시보로 임명되어 시보기간 중의 근무성적을 참작하여 정규 공무원으로 임명되게 된다. 시보기간은 직급에 따라 차이를 두며, 시보 공무원은 신분보장이 되지 않아 임명권자가 일방적으로 해임하더라도 소청 등의 구제수단이 없다.

2. 내부임용제도

1) 승 진

승진이란 현재 공무원이 맡은 직위에서 한 단계 높은 직위로 직급이 올라가는 것을 말한다. 승진을 할 경우 책임이 무거워지고, 문제해결이나 예산에 대한 결정을 스스로 내려야 하는 권한이 많아지며, 감독해야 할 부하의 수가 늘어난다. 이러한 책임과 의무의 증가에 비례하여 여러 가지 유형적 · 무형적 보상이 수반된다.

2) 배치전환(전직 · 전보)

배치전환은 동일 계급이나 등급 내의 인사이동으로서 전직, 전보, 인사교류, 전출입, 파견근무 등을 포함한다. 전보란 직무의 내용이나 책임이 유사한 동일한 직렬과 직급 내에서 직위만 바꾸는 것으로 시험이 필요 없다. 반면, 전직은 등급은 동일하지만, 직무의 내용이 다른 직위로의 이동으로서 직렬을 달리 하므로, 전직 시험이 필요하다.

3. 외부임용제도

1) 개방형 인사제도(Open Career System)

(1) 의 의

개방형 인사제도는 공직의 모든 계급이나 직위를 불문하고 신규채용이 허용되는 인사체제이다. 공직의 개방에 따라 외부 전문가나 경력자에게 공직의 문호를 개방하여 새로운 지식과 기술, 참신한 아이디어를 받아들임으로써, 공직의 침체를 막고 공직의 새로운 기풍을 진작시켜 정부의 혁신성을 높여주는 의의를 갖는다.

(2) 유용성

(가) 전문성의 제고

폐쇄형 인사체제하에서 일어나는 획일적 채용과정을 통해서는 확보하기 어려운 외부 전문가들을 임용할 수 있으므로 조직의 전문성 제고가 가능하다.

(나) 전문성의 축적

외부 전문가들의 전문성이 관료제 내부에서 발휘되고, 이를 학습하는 과정에서 노하우가 전수되고 환류됨으로써, 외부의 전문성이 관료제 내부에 축적되는 효과를 기대할 수 있다.

(다) 자연스러운 인사교류

정부 타 부처의 전문가가 임용될 경우, 자연스럽게 부처간 인사교류가 이루어지게 되고, 이를 통해 상호 협력과 조정이 용이해지게 된다.

(3) 문제점

(가) 직업공무원제와의 충돌

개방형 인사제도는 직업공무원제에서는 인정되기 어려운 파격적인 공개모집을 하는바, 직업공무원제와의 충돌로 인한 개방형 인사제도의 문제점을 살펴보면 다음과 같다.

① 직업공무원의 사기 저하

직업공무원제하에서는 한정된 조직 내부의 인원을 승진시키는데, 개방형 인사제도에 의한 임용이 이루어질 경우 승진의 기회가 축소되어 사기의 저하를 가져올 수 있다.

② 젊은 인재 유치 저해

직업공무원제는 폐쇄형 인사체제하에서 젊고 유능한 인재가 평생 공무원을 할 것이라는 기대를 가지게 하는 것이 주요 내용인데, 개방형 인사제도는 여러 부분에서 예상치 못한 외부 전문가들이 임용되므로 젊고 유능한 인재가 공직에 흥미를 잃을 가능성이 크다.

③ 정치적 중립 저해

개방형 인사제도하에서는 직업공무원제에서와 같은 공개경쟁 시험 등을 통한 선발이 아니기 때문에, 개인적인 친분이나 정치적 신념 등이 개입된 주관적 기준에 의한 임용이 이루어질 가능성이 있다.

④ 행정의 일관성 문제

개방형 인사제도의 경우 직업공무원제하에서처럼 신분보장이 되지 않아 한시적 임명이 많아지게 되므로, 특정 정책이나 행정의 운용상 인사교체가 빈번히 일어남으로써, 안정성・일관성을 유지하기가 어렵다. 또한, 특정 정책이나 행정을 하는 도중에 담당자가 바뀌어 버리는 경우 이에 대한 책임을 누구에게 물어야 하는지 분명하지 않은바, 책임성 문제가 나타날 수 있다.

(나) 조직문화와의 충돌

개방형으로 임용된 외부인사는 자칫하면 기존 내부 관료들로부터 무시되거나 배척을 받아 능력을 제대로 발휘할 수 없는 경우가 발생할 우려가 있다. 특히 폐쇄적인 조직문화를 오래 유지해 왔던 우리나라의 현실상 조직문화와의 충돌 문제는 더욱 심각하게 나타날 수 있다.

(4) 요약 및 결론

개방형 인사제도는 공직 내부에서의 임용이 주로 이루어지는 계급제적 특성이 강한 우리나라의 직업공무원제도하에서 나타나는 부정적인 병폐, 즉 경쟁부재로 인한 무사안일, 전문성 저하 등을 없애기 위해 정부혁신의 관점에서 도입되었다.

1999년 11월 개방형 인사제도 도입당시 38개 기관, 129개 직위에 불과하던 개방형직위는 2007년 12월 기준으로 46개 기관 220개 직위(고위공무원단 178개, 과장급 42개)로 확대 운영되고 있고, 그 중 충원이 완료된 196개 직위에 민간인 및 타부처 공무원 등 외부 임용률이 56.1%에 이르고 있다.[10)]

공직에 개방형직위제도가 도입된 이후 공직사회에는 경쟁과 변화의 물결이 급속히 확산되고 있고, 각 부처에서도 성과중심의 운영체제 도입을 경쟁적으로 추진하고 있음을 볼 때, 개방형 인사제도는 우리나라의 행정 패러다임을 변화시키는 촉매제 역할에 기여하고

10) 행정안전부 중앙인사포털(http://www.csc.go.kr/policy/Pol0201.asp?bbs_id=81&siid=236).

있는 것으로 보인다.

이러한 관점에서 행정안전부가 2010년 8월 12일 발표한 '공무원 채용제도 선진화 방안'에 포함되어 있는 개방형 직위 확대 방향은 매우 바람직하다고 할 수 있다. 즉 현행 개방형 직위를 1) 실·국장에서 과장급까지 확대하고, 2) 2013년에 과장급 직위의 10%인 343개를 개방형 직위로 만들고, 3) 우수한 개방형 직위 임용자 경력직 특채를 확대하겠다는 내용을 확정·발표하였는바, 이는 우리나라 공무원 인사제도에 개방성과 경쟁성 요소를 대폭 확대하겠다는 취지로 이해될 수 있는 바람직한 개선방향이라고 하겠다.

그러나 아직도 일부 직위에 있어서는 민간 수준과의 보수격차, 임기만료 후의 신분불안 등으로 인해 민간 우수 인재의 응모율이 저조하다는 문제가 있는바, 향후 직무성과급제도의 도입, 성과가 우수한 자에 대한 특별채용 확대 등을 통해 장기적인 안목에서 극복해 나가야 할 것이다.

2) 직위공모제도(Job Posting)

(1) 개 념

직위공모제도는 정부 내 인력을 효율적으로 활용하기 위하여 결원 발생시 정부 내 공개모집을 통하여 적격자를 선발 임용하는 제도를 말한다.[11] 이는 내부인력 시장제도(Inner Human Resource Market)[12]의 한 예로서, 직원은 희망부서 지원권한을, 실·국장은 선발권한을 갖는 인력배치 방안을 의미한다.

(2) 도입경과

2000년 3월에 "부처 간 인사교류 활성화 추진계획"이 대통령에게 보고되고, 그 해 7월 직위공모제 운영방안을 각 부처 의견을 수렴하여, 11월에 '공무원직위공모에관한규정'(대통령훈령)이 제정되었다.

(3) 적용대상 직위

직위공모제도의 적용대상 직위는 1~3급에 상당하는 일반직·별정직(개방형 직위 제외)이며, 4급 이하에 대하여는 소속 장관이 준용가능하다.

---

11) 행정안전부 정부인사포털(http://www.csc.go.kr/policy/Pol0201.asp?bbs_id=165&siid= 237).

12) 내부인력 시장제도(Inner Human Resource Market)란 해당 직원이 희망근무부서를 지원하고, 부서의 장이 지원자 중 최적격자를 임용하는 제도로서 유능한 하위 실무 직원을 상위 요직 및 주요 핵심 보직으로 발탁할 수 있는 제도를 말한다.

(4) 유용성과 한계

직위공모제도의 도입은 인사권의 분권화를 통한 성과의 증진에 기여한다. 국장급 이상 고위공무원 인사에 있어 능력과 실적 중심의 공정하고 객관적인 인사가 가능해지고, 부처간, 중앙-지방간 인사교류를 확대하여 전문분야에 대한 인력 풀(*pool*)을 확대하므로 상호이해 · 정책협조의 강화가 용이해진다.

그러나 연공서열에 의한 승진 및 임용이 아직 잔재하고 있으므로, 재직공무원의 사기저하가 나타날 소지가 있고, 배타적 조직문화가 강한 우리나라에서는 조직문화와의 충돌가능성이 크다.

(5) 우리나라의 도입 사례

우리나라의 직위공모제도 현황을 살펴보면, 2003년 이후 급격히 증가하여 2004년 말에는 약 300개에 달하는 공모직위를 모집하였으나, 이후 점차 감소하여 2007년 12월 기준으로 46개 기관 220개 직위(고위공무원단 178개, 과장급 42개)로 운영되고 있다. 2006년 7월 고위공무원단제도가 시행되면서 직위공모제는 고위공무원단제도에서 고위직 직위를 공모하는 활용수단으로 이용되고 있다. 그동안 직위공모제도 자체의 활용 사례를 살펴보면, 여성부는 중앙 부처 중 처음으로 모든 직원의 희망보직을 조사하여 인사에 반영하였으며, 보건복지부에서는 희망보직을 조사하여 임용하였는데, 승진한 지 3년 된 서기관이 복지정책과장으로 승진한 사례가 있다.

직위공모제는 '공직의 벽 허물기'라는 차원에서 부처별 고위공무원 직위 중 50%만 부처 자율로 임명할 수 있으며, 나머지 50% 중 30%는 공직 내부의 공모로 20%는 민간과 경쟁하는 개방형으로 충원해야 한다. 2008년 말을 기준으로 공모직위의 타부처 공무원 임용비율은 66.3%에 이르고 있다. 최근에는 부처 성격상 이해관계가 대립될 수밖에 없는 건설교통부와 환경부 사이에서 교류를 실시함으로써(국토균형발전본부장 ⇔ 자연보전국장, 서울지방국토관리청장 ⇔ 한강유역환경청장), 양 부처간의 정책 공조를 강화할 수 있는 계기를 마련한 사례가 있었다. 이 사례는 국장은 물론 실무 과장, 사무관까지 함께 교류함으로써 교류의 실효성도 높였다는 평가를 받았다.

지방정부의 경우 충북 진천군이 투명한 행정을 구현키 위해 '직위공모제'를 도입, 2007년부터 본격 시행키로 했다. 진천군은 기획, 예산, 행정 등 주요 보직에 대한 인사를 단행할 경우 이 부서에서 근무하기를 원하는 직원들로부터 신청을 받은 뒤 지원자 명단 등을 전자결재 게시판에 공개해 모든 직원들이 알 수 있도록 하기로 하였다. 또한, 진천군은 인사요인이 있을 때마다 인사원칙과 방침, 일정 등을 공개하고, 인사를 단행한 뒤 승진자

〈표 7-2〉 고위공무원단 임용방식 변경내용

구 분	성 격	비 중	
		변경전	변경후
개방형직위	공직 내외의 경쟁을 통한 적임자 선발 (민간인도 응모 가능)	20%	20%
공모직위	부처 구분 없이 경쟁을 통한 적임자 선발 (타부처 공무원도 응모 가능)	30%	15%
자율직위	소속 장관이 재량권을 가지고 임용	50%	65%

* 자료: 행정안전부 정부인사포탈 http://www.csc.go.kr

의 다면평가 점수 등을 공개하는 '인사사전예고제'도 도입하기로 했다.

하지만 이러한 직위공모제의 운영에 대해서는 그 실효성에 대해 꾸준히 의혹이 제기되고 있다. 예컨대 A부처와 B부처가 공모직위를 맞바꾸는 '나눠먹기', 2명 이상이 응모해야 한다는 요건만 충족시키려는 '들러리 채우기' 등의 현상도 나타났으며, 공모절차가 진행되기 이전에 내정설이 나도는 등 문제점이 노정되기도 하였다.[13] 이에 따라 최근 행정안전부는 부처간 통합에 따라 부처간 정책통합성이 높아서 그 필요성이 낮아진 공모직위의 규모를 축소(30%에서 15%로)하고, 각 부처 장관이 재량권을 가지고 임용할 수 있는 자율직위의 비중을 증대(50%에서 65%로)시켰다.

(6) 요약 및 결론

우리나라는 그동안 폐쇄적인 인사제도를 운용해 왔고, 배타적 조직문화 또한 개방형 인사제도의 도입을 어렵게 해왔다. 직위공모제 또한 개방형 인사제도의 한 형태로서 비록 완전한 개방형은 아니지만, 내부적인 제한을 없애고 능력과 실적위주로 인재를 발굴하여 적재적소에 배치하고자 하는 시도로서, 행정의 전문성과 민주성을 제고할 수 있다.

직위공모제도는 자신이 원하는 일을 할 수 있도록 하여 직무 전념도를 높이고 근무 불만을 최소화하는 등 행정의 효율성을 높일 수 있으며, 다양한 구성원의 의견과 취향에 맞게 직무를 배치해 주는 제도로서 행정의 민주성 차원에서도 그 의의가 크다고 할 수 있다. 하지만, 우리나라의 조직문화에서는 연공시열에 의한 승진 및 임용이 아직 잔재하고 있어 조직문화와의 충돌가능성이 있는바, 향후 이러한 문제점은 고위공무원단제도의 효율적 운영과 관련해서도 심도 있게 고려해야 할 대목이다.

13) 헤럴드 경제, 2009. 1. 12에서 인용.

제6절 능력발전

1. 교육훈련을 통한 능력발전

1) 의 의

교육은 개인의 능력을 종합적으로 개발하는 것이며, 훈련은 개인이 맡은 직무수행에 부족한 능력을 보완하는 것을 말한다.

공무원 선발과정에서 체크할 수 있었던 것은 어디까지나 일을 성공적으로 수행할 수 있을 것이라는 가능성에 지나지 않으므로, 이제 선발된 사람을 대상으로 실제 직무를 수행하는데 필요한 구체적인 지식과 기술 그리고 태도를 배양하도록 해야 한다.

2) 교육훈련의 목적

교육훈련의 목적은 직무수행 능력을 향상시킴으로써 정책역량과 관리역량의 제고를 통해 행정의 효율성, 민주성, 성찰성을 강화시키는 것이다.

3) 교육훈련의 중요성

(1) 조직차원

㈎ 생산성 향상

교육훈련으로 인한 직무수행 능력 향상은 업무의 정확성 및 국민 만족도 등을 높임으로써 생산성과 민주성이 향상될 수 있다.

㈏ 조직 분위기 혁신

교육훈련을 통한 외부 조직이나 기관에 대해 탐방하는 등의 방법으로 새로운 문화를 배우고 접촉할 기회가 많아지므로, 개인의 자아실현과 함께 조직 문화나 분위기를 혁신하는데 긍정적 기여를 할 수 있다.

(2) 개인차원

(가) 직무만족도

직무수행에 대한 능력의 배양을 통해 자신감을 고취시켜 근무의욕을 높일 수 있다.

(나) 경력발전

현대적 의미에서 개인의 장기적인 목표 또는 경력목표 달성에 기여할 수 있으며, 교육훈련 중 위탁교육으로 학위 취득을 하는 경우 자아실현 및 경력발전에 있어 긍정적 효과를 기대할 수 있다.

4) 교육훈련의 수요

교육훈련의 수요는 직무가 요구하는 자격(지식 · 기술 · 태도)과 이들 요소에 대하여 공무원이 갖고 있는 상태의 차이로서 정의된다. 이러한 훈련수요는 크게 지식 기술과 태도(가치관)로 나눌 수 있다(박동서, 1978: 410).

교육훈련의 수요	= 직무가 요구하는 자격	− 공무원의 현재자격
(Training Objectives)	(Job Requirement)	(Present Job Skill)

5) 교육훈련의 종류

교육훈련 수요조사가 끝나면 교육훈련 프로그램을 개발하게 된다. 교육훈련 프로그램은 교육훈련 대상자의 지식, 기술, 태도, 가치관, 대인관계 등의 변화를 유도하기 위한 계획이다. 효과적인 교육훈련 프로그램을 개발하기 위해서는 프로그램의 목표를 명확히 설정하고, 프로그램의 내용을 결정하며, 교육훈련의 유형과 종류를 선정하여야 한다(유민봉, 2005: 482).

교육훈련의 유형과 종류를 정리하면 다음과 같다.

(1) OJT(On-the-Job Training): 평상시 근무하면서 일을 배우는 직장 내 훈련인 OJT로는 다음과 같은 프로그램들이 있다.

가) 인턴십(*internship*): 조직의 전반적인 구조 · 문화 · 과정에 대한 이해와 함께 간단

한 업무를 경험할 수 있는 기회를 부여한다. 인턴은 제한된 기간 동안 임시로 고용되는 것이다.

나) 직무순환(*job rotation*): 여러 분야의 직무를 직접 경험하도록 하기 위하여 계획된 순서에 따라 직무를 순환시키는 실무훈련이다.

다) 실무지도(*coaching*): 일상 근무 중에 상관이 부하에게 직무수행에 관련된 기술을 가르쳐 주거나 질문에 답해 주는 각종 지도역할을 말한다.

라) 임시배정(*transitory experience*): 특수직위나 위원회 등에 잠시 배정하여 경험을 쌓게 함으로써 앞으로 맡게 될 임무에 대비케 하는 방법이다. 승진이 예정된 사람에게 사전 교육시키는 법으로 사용될 수 있다.

(2) OFFJT(Off-the-Job Training): 교육훈련만을 목표로 특별한 장소와 시설(교육원)에서 훈련되는 OFFJT로는 다음과 같은 프로그램들이 있다.

가) 강의(*lecture*): 다수의 인원을 대상으로 똑같은 정보를 가장 효율적으로 전해줄 수 있는 대표적인 방법이다.

나) 시청각 교육(*case study*): 실제 조직생활에서 경험한 사례나 가상의 시나리오를 가지고 문제해결방식을 찾는 교육훈련이다.

다) 역할 연기(*role playing*): 실제 근무상황을 부여하고 특정 역할을 직접 연기하도록 하는 교육훈련이다.

라) 감수성 훈련(*sensitivity training, t-group training*): 지식기술의 변화가 아니라 태도와 가치관의 변화를 통해 대인관계 기술을 향상시키려는 것이 주된 목적이다. 서로 모르는 사람 10명 내외로 소집단을 만들어 1일 또는 2일 합숙을 하면서 서로 허심탄회하게 자신의 느낌을 말하고, 다른 사람이 자신을 어떻게 생각하는지를 귀담아 듣는다. 이 방법은 훈련을 진행시키기 위한 전문가의 역할이 상당히 중요하다. 인위적인 개입이 없이 자연스럽게 감정을 주고받을 수 있도록 분위기를 만들어 주어야 하기 때문이다. 이 훈련을 통해 타인에 대한 편견을 줄이고 개방적 태도를 취하는 교육효과를 가져 올 수 있다.

2. 인사이동을 통한 능력발전

인사이동은 현 직위에서 다른 직위로 옮겨가는 모든 유형의 직위 변동을 의미한다. 여기에는 승진, 배치전환(전직 · 전보), 고위직 인사교류 등이 포함된다. 인사이동은 전통적으로 통제의 가장 강력한 수단이었으나, 이제는 통제가 아닌 개인의 능력향상을 위한 발전적 개념으로 받아들일 필요가 있다(박동서, 1990: 286).

1) 승 진

승진은 직급상의 직위 상승이다. 이는 또한 공무원 능력발전의 강력한 수단이 된다. 정부차원에서 승진제도는 1) 공무원의 능력을 적절하게 평가해서 적재적소에 배치하고, 2) 개개 공무원의 기대충족을 통해 효율적인 인력 관리에 기여한다. 개인차원에서 승진제도는 1) 개인의 성공에 대한 기대감을 충족시키고, 2) 공무원 개인의 능력발전을 도모하는 유인을 제공한다.

2) 전직 · 전보

(1) 의 의

전직 · 전보는 직위의 책임도나 보수액에는 변동에 없는 직위의 수평적 이동을 의미하며, 직위의 책임도나 보수액이 상승하는 수직적 이동을 의미하는 승진과는 구별된다.

전보는 동일한 직급 · 직렬 내에서 직위만 변동되는 보직변경을 의미하며, 시험을 거칠 필요가 없다. 전직은 직급 수준은 동일하나 직렬을 달리하는 직위로 이동을 하는 것이므로, 전직시험을 거쳐야만 한다.

(2) 이용방법

(가) 소극적·징계적 용도

전직 · 전보는 공무원의 불법행위나 비도덕적 행위 등을 했을 때 징계수단으로도 사용되며, 부정 · 부패의 방지를 위해서 사용되기도 한다.

(나) 적극적·합리적 용도

전직 · 전보는 보직 부적응에 대한 해소와 인간관계 개선을 위해서 사용되며, 공무원의 종합적인 능력발전을 위해서도 유용하다.

(3) 종래의 문제점

(가) 행정의 전문성 저하

일반 행정가를 중요시하는 계급제적 관료제하에서 빈번한 전직·전보로 인해 직무에 대한 많은 노하우(*know-how*)를 축적할 시간적 여유가 부족하여 전문성이 저하될 수밖에 없었다.

(나) 비합리적 인사

인사권자가 개인적인 신임을 기준으로 독단적 인사를 행사하는 수단으로 사용되는 측면도 있었다.

(4) 합리적 운용 방안

종래의 잘못된 이용방법을 바로 잡고 행정의 효율성·민주성을 달성할 수 있도록 하는 방법으로 전직·전보를 활용해야 한다. 합리적 운용 방안을 몇 가지 제시하면 다음과 같다(박동서, 1978: 441).

(가) 능력발전 수단으로 활용

공무원의 능력향상을 위하여 한 기관에서만 장기 근무하는 것보다는 때로는 다른 기관과의 교류를 통하여 광범한 경험을 쌓는 것이 좋다.

(나) 행정조직상의 변혁

행정조직이 변혁되거나 또는 갑자기 어느 부문의 직무량이 급증하는 경우 이에 대처하기 위하여 전보를 이용한다.

(다) 인간관계의 개선

어떤 공무원이 유능은 하나 다른 동료들과 원만한 인화관계를 조성하지 못하는 경우 전보를 이용한다.

(라) 권태방지

하위직의 경우 똑같은 일을 몇 년이고 하면 다양성이 없어 권태감을 느끼게 되어 사기와 능률이 저하되는 경우가 있게 되는데, 이런 경우 전보수단을 이용한다.

(마) 우선순위에 따른 인력배치

정부의 정책상 우선순위가 높은 순으로 필요한 우수 인력을 분배하여 최선의 정책효과가 나올 수 있도록 하는 것이 필요한데, 이러한 방향으로 전보수단을 이용할 필요가 있다.

(5) 요약 및 결론

전직·전보는 긍정적인 측면이 있음에도 부정적으로 종래 주로 사용되어온 것이 사실이므로, 이 제도의 취지를 살려 인사행정상 올바르게 활용할 필요가 있다. 동일한 직무에 오래 있음으로 인해 발생할 수 있는 권태방지, 조직 부적응 문제, 일괄적 임명배치에서 오는 능력과 직무 불일치, 신축적 인력 운용 필요 등을 위해 전직·전보를 적극적·합리적 수단으로 활용해야 한다. 합리적 운용 방안으로는 첫째, 순환보직제도를 확립하고, 둘째, 수시로 전보하지 말고 일정 기간 정기적으로 하는 것이 필요하며, 마지막으로, 일단 보직을 주었으면 원칙적으로 2년 내지 3년 정도는 이동 없이 직무를 수행하도록 해줌으로써, 인력관리의 신축성·융통성과 함께 공직의 전문성과 안정성도 확보하도록 노력해야 한다.

3) 고위직 인사교류

정부는 부처간의 고위직 인사교류를 통해 부처이기주의와 특정 이익집단의 영향에서 벗어나 국가전체적인 관점에서 국정 과제를 추진할 수 있는 기반을 조성하고 우수 인력을 전정부적 차원에서 효율적이고 균형적으로 활용하는 방안을 추진하고 있는바, 이러한 고위직 인사교류제도는 매우 중요한 의미를 지닌다. 현대사회에 있어서의 정책실패는 부처간 할거주의 및 협소한 시각으로 발생하는 경우가 많으며, 공직사회의 고위직으로 올라갈수록 정책문제를 거시적·균형적 시각에서 해결할 필요가 많아졌으며, 이러한 의미에서 고위직 인사교류제도는 매우 중요한 의의를 지닌다.

고위직 공무원에 대한 인사교류 방안은 2003년 9월 중앙부처간, 중앙·지방간, 정부·민간간 인사교류 활성화 방안에 대한 국무회의 보고에서 고위공무원에 대한 인사교류 방안이 제시되면서 본격적으로 추진되었고, 2004년 1월 2일 대상 직위가 확정되어 2004년 1월 20일부터 국장급 교류가 시작되었으며, 2006년 7월 고위공무원단제도가 시행되면서 개방형 인사제도와 직위공모제도, 직무성과계약제 등을 통합 시행하고 있다.[14)]

14) 행정안전부 나라일터(http://www.csc.go.kr/exchange) 참조

3. 전보제한 및 경력개발제도를 통한 능력발전

1) 의 의

경력개발제도(CDP: Career Development Program)는 개인이 한 조직에 임용되어 퇴직하기까지의 경력(*career*) 또는 보직을 체계적 · 합리적으로 관리함으로써 공무원의 능력발전을 도모하고자 하는 인사관리제도이다.

2) 배 경

1990년 대 이후 공공부문에서 경력개발제도가 주목된 배경은 대체로 세 가지 측면에서 설명할 수 있다(이종수, 2002: 152-153).

(1) 환경적 측면

환경적 측면에서 조직과 개인의 결합이 중시되고 노동시장의 유연성이 확대되고 있으며, 전략적 인재양성이 강조되고 있다.

(2) 조직적 측면

조직적 측면에서 구성원의 직무 역량을 극대화하는 체계적인 인력관리 시스템을 구축할 필요성도 제기되었다(김판석, 2002). 조직구성원의 경력개발을 체계적이고 합리적으로 관리함으로써 궁극적으로 조직전체의 생산성을 향상시킬 수 있게 된다.

(3) 개인적 측면

개인적 측면에서 급변하는 사회환경의 변화에 따라 개인의 능력이 매우 중요시되고 자기개발 욕구가 점차 증가되는 시점에 있어 공무원도 예외일 수는 없다. 개인의 능력이 곧 사회적 · 경제적 자산과 긴밀한 비례관계를 가지고 있어 자기개발에 많은 노력을 기울이는 것이 시대적 추세이다.

3) 경력개발제도의 내용

경력개발제도를 구성하는 핵심적인 두 가지 구성요소는 공무원 개인이 설정하는 '경력목표'(*career goal*)와 조직이 설계하는 '경력경로'(*career path*)이다. 이 둘을 잘 결합시키고 운용하기 위한 수단으로 최소임기제와 교육훈련, 경력개발센터, 전문보직관리와 직위공모제 등이 있다.

(1) 경력목표

경력목표란 개인의 적성・관심・소질에 따라 개인이 설정한 직무상의 지표이다.

(2) 경력경로

경력경로란 목표 직위에 도달하기까지 옮겨 다녀야 할 직위의 순차적 배열이다.

(3) 최소임기제

조직 내에서 구성원의 수평적 보직순환과 수직적 성장의 적정성을 확보하기 위해 필요한 요소이다. 최소임기를 보장하는 것은 각 직위에 있어서 전문지식과 노하우(*know-how*)를 축적할 수 있는 최소한의 시간을 보장함으로써 잦은 보직순환에서 오는 전문성의 저하를 방지하고자 하는 것이다.

(4) 교육훈련

조직의 경력발전활동으로 가장 중요한 것은 구성원에게 적시에 타당한 능력발전 기회를 제공하는 것이다(강성철 외, 1996: 265).

(5) 경력개발센터

공무원들을 위해 우호적인 입장에서 능력개발과 경력발전을 위한 정보제공, 상담 등을 하고 필요한 경력개발 워크숍을 주도할 경력개발센터가 필요하다(Hays and Kearney, 1995: 519).

(6) 전문보직관리 · 직위공모제

전문성이 특히 요구되는 직위를 대상으로 전문가를 공모하여 임용하고, 선발된 공무원의 전보를 제한하여 전문성을 유지・확보하는 제도이다.

4) 경력개발제도의 원칙

(1) 자기주도(상향식)의 원칙

조직구성원 스스로가 적극적인 정보수집을 통해 경력목표와 경려개발 계획을 작성하고 능동적으로 학습을 실시할 수 있도록 하는 것을 원칙으로 한다.

(2) 인재육성 책임의 원칙

경력개발은 상사와 부하의 공동책임 사항이고, 상급감독자는 소속 직원에 대한 육성의 역할을 수행해야 하며, 인사부서는 경력개발 활동을 돕는 지원시스템을 구축해야 한다.

(3) 분야별 보직관리의 원칙

각 부처의 조직을 수 개의 전문분야와 공통분야로 구분하고, 공무원의 경력, 전공, 적성 등을 종합적으로 고려하여 전문분야를 지정한다. 보직관리는 원칙적으로 개인별 전문분야 내에서 이루어지도록 한다.

(4) 직무와 역량중심의 원칙

직급이 아닌 직무중심의 경력계획을 세우고, 직무에서 요구되는 역량과 개인보유 역량 간의 적합 여부 판단 및 필요역량 개발에 중점을 둔다.

(5) 개방성 및 공평성의 원칙

경력개발의 기회는 모든 직원에게 공평하게 제공되어야 하며, 보직이동의 기회도 역량을 갖춘 직원들에게 공정한 경쟁을 통해서 제공되어야 한다.

〈그림 7-2〉 경력개발제도의 원칙

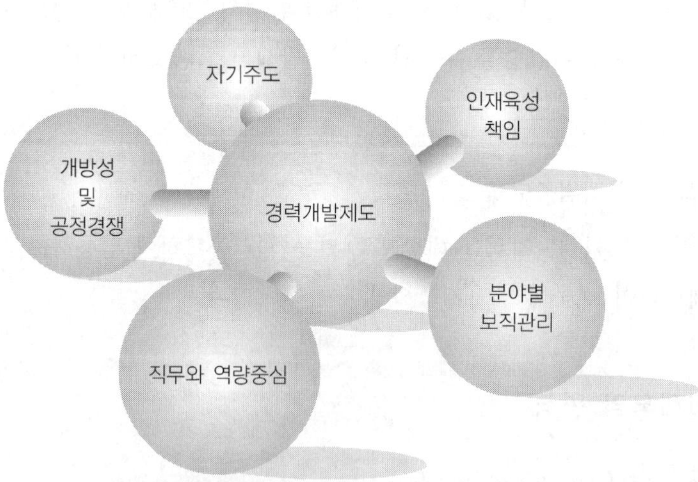

* 자료: 행정안전부 정부인사포털(http://www.csc.go.kr)

5) 경력개발제도의 한계 및 해결방안

경력개발제도는 최소임기제의 도입을 전제로, 개인의 능력발전을 체계적·합리적으로 관리함으로써 인력관리의 전문성을 강화하는 제도이다. 그러나 몇 가지 문제점이 있는데, 이를 간단히 살펴보고 해결방안을 제시해보기로 한다.

(1) 경력개발 프로그램에의 지나친 의존

경력개발은 인적자원 관리부서나 경력전문가의 책임이라는 그릇된 인식하에 경력개발을 전적으로 이들에게 맡겨 의존하려는 경향이 생길 수 있으며, 이들에 대한 불신은 물론 경력개발 프로그램에 대한 조직구성원의 불신문제로 악화될 수 있다.

이를 극복하기 위해서는 경력개발의 최종적 책임은 자신이며, 인사담당자나 상사는 각 구성원으로 하여금 가장 적합한 경력목표와 경력경로를 설정하도록 지원하는 역할을 수행하는 것임을 구성원들에게 명확하게 인식시키는 것이 필요하다.

(2) 순환보직의 문제

보직경로와 관련하여 순환보직을 적용하는 경우 특정 직위의 임기가 너무 적으면 담당업무의 전문성 부족으로 인한 효율성 저하가 야기될 수 있고, 인수인계 업무 과다와 같은 부수적인 부작용도 발생할 수 있다.

이를 극복하기 위해서는 조직의 안정성, 연속성, 전문성을 확보하면서도 개인의 경력개발을 유도할 수 있는 방안의 마련이 필요하며, 이를 위해서는 직급별 적정 전보제한기간 설정이 필요하다.

(3) 상사의 유능한 인재에 대한 욕심

경력개발시 개인의 적성이나 희망, 조직의 육성계획뿐만 아니라 상사의 의견도 매우 중요하게 작용하는 것이 현실인데, 상사들은 우수한 부하가 타 부서로 이동하는 것을 꺼리는 경우가 많다.

이를 극복하기 위해서는 경력개발제도에 대한 충분한 이해를 도모하고, 해당 제도 운영에 있어서의 상사의 역할과 관련된 지속적인 교육훈련을 통해 이들의 인식을 근본적으로 전환해야 하며, 상사 평가시 직원육성 성과를 평가지표에 포함시켜야 한다.

(4) 통합적 인사정보시스템의 구축

경력개발제도가 제대로 운영되기 위해서는 관련된 많은 정보들, 즉, 직무관련정보, 인사평가정보, 승진 및 직무이동 정보, 교육정보, 경력상담 정보 등이 체계적으로 수집・활용되는 등 통합적인 정보시스템의 구축이 필요하다. 또한, 이러한 시스템이 구성원들이 자신의 경력욕구를 표현하고 상담할 수 있게 하는 경력개발의 촉진제 역할을 담당하도록 활용되어야 한다.

(5) 인기직위 편중 현상

공직자들이 승진을 위한 경력개발을 목적으로 계획을 세우고 경력경로를 구성하게 될 경우, 특정 직위로의 편중 현상이 나타나게 되어 개인의 경력 희망을 모두 수용할 수도 없을 뿐만 아니라, 조직 내 구성원간의 갈등을 야기할 우려가 있다.

이러한 문제를 극복하기 위해서는 경력개발에서 가장 중요한 목적은 조직구성원의 경력 및 능력개발이며, 승진은 그 과정에서 고려되는 부차적인 요인임을 인식하도록 할 필요가 있다.

제 7 절 동기부여

1. 사기와 동기부여

1) 의 의

사기(*morale*)와 동기부여(*motivation*)는 상호의존적인 관계가 있다. 사기가 높을 경우 동기부여는 잘 될 수 있으나, 사기가 낮을 경우 반대의 현상이 나타난다. 역으로, 동기부여가 잘 될 경우 사기는 높으며, 동기부여가 잘 되지 않으면 사기는 낮다.

동기부여 이론은 인간의 욕구(*needs*)를 중심으로 설명된다. A. Maslow는 생리, 안전, 인정, 자기존중, 자아실현의 다섯 가지 욕구로 구분하며, F. Herzberg는 이를 위생요인과 동기요인이라는 개념을 사용하여 Maslow의 이론을 수정한다.[15)]

---

15) 위생요인은 보수와 인간관계를 포함한 작업환경에 관련된 것들이며, 위생요인이 충족되지 않으면 불만이 생기게 되고, 충족된다고 하더라도 동기부여로 바로 이어지지는 않는다. 반면, 동

2) 측정수단

사기는 유형적인 것이 아니므로 측정이 어렵다는 문제가 있지만, 측정수단을 살펴보면 다음과 같다.

(1) 실적(생산성)

개인의 실적(*achievement*)을 기준으로 사기를 측정하는 방법이 있다. 그러나 이 방법을 사용할 때 문제되는 것은 직무의 상당 부분이 실적을 측정하거나 평가하기 매우 어려운 추상적인 부분이 포함되어 있어 계량적으로 포착되기 어려운 점이 있다.

(2) 출퇴근과 이직률

개인의 출근 및 퇴근 상황을 관찰하거나 이직률을 조사하여 계량적 방법을 통해 통계를 냄으로써 사기를 측정해보는 방법이 있다. 우리나라는 대체로 이직률이 낮지만, 기준은 각국의 상황에 따라 다르게 설정해야 하며, 변동 폭이 측정기준으로 사용된다.[16)]

(3) 사기조사(morale survey)

직원들에게 사기와 관련된 질문을 하여 사기를 측정하는 방법이다. 면접이나 조사표를 통해 수행할 수 있으며, 감독자의 주관적인 판단을 통해서도 사기를 측정한다.

우리나라의 경우 각급 기관별로 본격적인 사기조사를 목적으로 하지는 않으나 복합적인 질문을 통해 이를 측정하는 예가 많으며, 간접적으로는 고객만족도를 통해 이를 측정하는 경우도 있다

3) 사기앙양 수단

(1) 고충처리(Grievance)

㈎ 의 의

고충이란 스스로 통제할 수 없는 근무조건 · 인사관리 · 신상문제에 대해 조직구성원이 표시하는 불만이며, 고충처리란 공무원이 제기하는 고충을 심사하고 정부가 그 해결책을 강구하는 제도를 말한다. 이는 공무원 직무수행의 불만 해결이라는 점에서 사기앙양의 수

기요인은 일의 성취나 자아실현 등 일에 직접 관련된 것들이며, 충족될 경우 동기부여로 이어진다. 자세한 내용에 대해서는 제2부 제10장 동기부여를 참조할 것.

16) 미국은 20%를 상회하는 경우가 많고, 우리나라는 5%선을 기준으로 본다.

단이 된다.

(나) 필요성

① 사기앙양의 수단

고충처리는 공무원이 직무를 수행함에 있어 불만요인을 제거함으로써, 직무만족도를 높이고 근무의욕을 높이게 된다.

② 하의상달의 촉진

고충처리를 위해서는 상급자 또는 상위 관리자층의 관심과 의사소통이 필요하게 되므로, 부하가 근무를 함에 있어 겪는 각종 어려움들을 상위층에 전달하는 하의상달의 수단이 된다.

(다) 해결방법

고충이란 언제나 있을 수 있는 것이라는 시각에서, 이것이 사기에 좋지 못한 영향을 주는 것을 방지하는 방법을 살펴보면 다음과 같다(박동서, 1978: 403-404).

첫째, 책임있는 지위에 있는 사람에게 쉽게 전달될 수 있는 길을 마련해 두는 것이다.
둘째, 고충이 표시되는 경우, 감독자는 그것을 부하가 공식적으로 제기하기 전에 조속히 기술적·비공식적으로 당사자간에 해결하도록 하는 것이 좋다.
셋째, 위와 같은 방법으로 해결되지 않는 경우, 공식적 방법을 채택하게 되는데 고충을 표현하는 공무원의 직속상관을 거쳐 계급을 따라 기관장에게 제기하게 되어 있다.
넷째, 이러한 경우를 위해 독립인사기관 같은 곳에 공정한 고충처리위원회를 설치하여 비밀을 유지하며 처리하게 하는 것이다.

(라) 제도의 성공 조건

고충처리제도가 성공적으로 운용되기 위해서는 다음 4가지 조건이 필요하다.

첫째, 제도운영에 일관성이 있어야 한다.
둘째, 처리절차는 신속하게, 심사는 신중하게 진행되어야 한다.
셋째, 고충심사를 청구하는 공무원이 보복의 위협을 받지 않도록 보호해야 한다.
넷째, 처리절차는 관계자들이 승복할 수 있는 공정성을 지녀야 한다.

(2) 제안제도

(가) 의 의

제안제도는 행정의 효율성 · 민주성 등의 제고에 기여할 수 있는 공무원의 창의적인 발상이나 의견을 내도록 장려하고, 이를 받아들여 행정과 정책에 반영하고 제안자에게 그에 상응하는 보상을 제공하는 제도이다. 이는 궁극적으로 개인의 근무의욕 고취 및 사기앙양에 도움을 준다.

(나) 근거법령

제안제도의 유명무실화를 바로잡기 위해, 2006년 6월 제안규정의 전면적 개정이 이루어졌는데 주요 내용을 간추리면 다음과 같다.

정 • 책 • 사 • 례

2006. 6. 15, 제안제도 관련규정 전면 개정(대통령령 제19527호)

- ❖ 제안심사 기간을 1개월 이내로 단축
- ❖ 채택제안의 관리기간은 3년, 불채택제안은 2년으로 정함
- ❖ 불채택제안에 대하여 재심사를 요청할 수 있는 절차 마련
- ❖ 특별승진 및 승급 부여가 곤란한 제안자에 대한 인사상 인센티브 부여 근거 마련
- ❖ 제안부상금을 최고 600만원에서 800만원으로, 상여금을 최고 1,000만원에서 3,000만원으로 상향조정
- ❖ 직무와 관련이 없는 발명·고안 등의 경우 개인의 지적재산권 보호

(다) 기대효과

제안제도를 실시함으로써 기대할 수 있는 효과는 직원의 참여를 적극적으로 유도하며, 조직 내 커뮤니케이션을 향상시키며, 생각하는 습관을 길러주고 문제해결능력을 향상시키며, 조직의 부가가치 창출 및 상사로부터 인정받는 기회를 제공하게 된다.[17]

① 직원의 참여 유도

제안제도의 가장 바람직한 형태는 직원들이 자발적으로 참여하는 형태이다. 이러한 제안제도는 전 직원의 참여를 유도하기 위한 가장 좋은 제도이다.

17) 행정안전부 홈페이지(www.mopas.go.kr) '공무원제안제도 운영규정'(훈령 제91호).

② 조직 내 커뮤니케이션 향상

제안을 통해서 얻을 수 있는 것이 상하 좌우간 커뮤니케이션이다. 제안이란 말 자체가 자신의 생각을 상대방에게 물어보는 것이다. 나의 생각을 물어보면 상대방은 반드시 답변을 하게 되어서 자동적으로 커뮤니케이션이 된다. 이러한 커뮤니케이션을 통해서 활발한 조직분위기를 만들고, 이러한 분위기는 곧 성과로 직결될 수가 있다.

③ 생각하는 습관

제안은 생각을 기본으로 하고 생각은 습관을 만든다. 평소의 생각을 제안서에 작성을 하면, 자신의 생각이 정리가 되고 그 표현을 통해서 바른 생각을 했는지 아닌지 점검이 가능하다. 이러한 점에서 제안제도는 직원들의 생각을 키울 수 있는 유용한 방법이다.

④ 문제해결 능력 향상

제안을 통해서 얻는 최상의 것이 문제해결 능력이다. 제안은 문제를 해결하는 데 필요한 수단이다. 이를 위해서는 제안의 대상을 찾아야 하는 게 우선이다. 그에 따라 대상을 파악하고 어떻게 풀어나갈 것인가를 생각하게 된다. 또 문제의 급소는 어디이며, 어떻게 하면 효율적으로 풀어나갈 수가 있을까 라고 연구하게 된다. 이러한 흐름에 따라 문제를 파악하고 분석하며 해결할 수 있는 총괄적인 능력을 키우게 된다.

⑤ 조직의 부가가치 창출

조직이 부가가치를 창출하기 위해서는 생산성 증대를 얻어야 한다. 제안내용으로 자주 나타나는 것이 원가 절감 및 품질 향상, 매출 증대, 생산성 향상 등이다. 그러므로 제안제도를 통해서 조직은 경쟁력을 얻게 되고 이를 통해서 부가가치를 얻게 되는 것이다.

㈑ 제안활성화 방안

① 제안활성화 의미

제안은 시스템적인 활동이다. 제안이 활성화되기 위해서는 활성화를 이루는 요소들이 유기적으로 연계되어야 한다. 제안활성화의 5대 요소는 참여, 활기, 양질, 효과, 일상화 등이다.

즉, 제안자가 자기 일처럼 적극적으로 참여해야 하고, 매일 매일 제안이 제출됨으로써 활기있는 제안이 되어야 하며, 개인이나 조직에 도움이 되어야 하며, 숙원 과제나 효과가 큰 실효적인 제안이 창출될 필요가 있다. 마지막으로 제안이 업무 속에서 일상화가 되어야 한다.

② 제안활성화 방법

제안이 활성화되기 위해서는 제안의 주인공들인 제안자 및 심사자들이 즐겁고 재미있게 참여를 하여 성과를 도출하도록 해야 한다. 이를 위해서는 제안활동을 효과적으로 추진하기 위한 제안운영시스템을 잘 구축하고 운영해야 한다.

2. 공무원의 행동과 권리

1) 공무원의 행동의 가치기준: 공익

공익에 대한 정의는 매우 다양하다. 그 개념이 모호하고 이상적이기 때문에 공무원에게 구체적인 행동의 기준을 제시하지 못한다는 과정설과, 공익은 분명히 인식이 가능한 행동결정의 유용한 안내자역할을 한다는 실체설이 대립하고 있다.

그러나 공익의 실체가 있건 없건 간에 이는 공무원의 행동에 있어 가장 중요하게 고려되어야 할 최고의 가치임에는 틀림이 없으며, 기준으로 사용되기 위해 논의를 종합하여 정의를 내린다면, 공익이란 '바람직한 사회를 위해 추구되어야 할 모든 구성원들을 위한 이익'이라고 할 수 있다.

2) 공무원 노동조합

(1) 의 의

공무원 노동조합은 공무원의 권리나 근무조건을 개선하기 위한 공무원들의 집단을 말한다.

(2) 노동 3권

㈎ 단결권

단결권이란 노동조합을 결성할 수 있는 권리를 말한다.

㈏ 단체교섭권

단체교섭권이란 사용자와 근로조건에 대해 합의를 도출하고 단체협약을 맺을 수 있는 권리를 말한다.

(다) 단체행동권

단체행동권이란 노조의 주장을 관철시키기 위해 실력행사를 할 수 있는 권리를 말한다.

(3) 도입현황

우리나라의 공무원 노동조합은 사실상 노무에 종사하는 공무원에 한하여 허용되어오다 1999년 교육공무원으로 확대되었고, 2005년 11월 "공무원노동조합설립및운영에관한법률"이 제정되었다. 이후 정부와 공무원노동조합간에 체결된 단체협약은 2006년 1월 28일 "공무원의 노동조합 설립 및 운영 등에 관한 법률" 시행 이후, 2007년 7월 5일 제1차 본교섭을 시작으로 2007년 12월 14일 현재까지 3차례에 걸쳐 이뤄졌다.

2007년 정부공동 첫 협상에서 타결된 단체협약은 조합 활동, 인사·보수, 후생복지, 교육행정 등에 관한 사항으로써 주요 내용을 살펴보면 다음과 같다. 공무원 정년제도와 관련하여 정부는 공무원 정년에 대해 6급 이하 공무원의 정년연장 등 합리적인 개선방안을 마련하고, 이 과정에서 노동조합의 의견을 적극 수렴하기로 하였으며, 공무원 연금제도와 관련하여 정부는 공무원 연금제도를 합리적으로 개선하되, 이해 당사자인 노동조합과 공직사회의 의견을 수렴하여 최대한 반영토록 노력하기로 하였다. 노동조합의 정부와의 첫 교섭은 긴밀한 부처협조와 협상을 통해 결렬 없이 타결되었으며, 공무원정년 등 쟁점이 되고 있는 의제는 정부의 바람직한 정책방향 위에서 합의 도출되었다는 데 의의가 있다. 또한, 기존의 노사문화를 "대립·갈등"에서 "상생·협력"관계로의 전환계기를 마련하였다는 점에서도 의의를 찾을 수 있다.[18)]

(4) 공무원 단체활동에 대한 찬반논쟁

(가) 긍정적 입장

공무원들의 행정과정 참여를 확대함으로써 합리적 정책결정을 할 수 있으며, 사회적 욕구 충족을 통한 공무원들의 사기진작과 행정능률의 향상을 도모할 수 있고, 올바른 직업윤리의 확립과 자질향상에 기여할 수 있다고 본다. 또한 자율적인 내적 통제효과를 기대할 수 있는 기제로도 작동할 수 있다고 본다(C. Friedrich).

(나) 부정적 입장

공무원들이 단체행동권을 행사할 경우 행정서비스의 중단이 우려되고, 공무원조직의 권익을 주장하여 행정목표의 달성을 등한시하는 문제가 발생할 소지가 있으며, 노조의 연공서열 주장으로 실적제와의 충돌이 발생할 수도 있다. 또, 협상과 타협문화가 아직 정착

---

18) 자료: http://mogaha.korea.kr/mogaha/jsp/mogaha1_branch.jsp?_action=news_view&_property=mo_sec_5&_id=155267793&currPage=&_category=

되지 않은 우리나라에서는 자치단체장이 공무원 노조에 포획될 가능성이 있다.

(5) 개선방향

공무원 노동조합이 가질 수 있는 문제점을 해결하고 바람직한 방향으로 나아가기 위한 방안으로는 다음과 같은 것들이 있다.

첫째, 공무원단체 허용범위의 재인식을 통해 합리적 기준을 설정하여, 어느 정도까지 노동 3권을 인정할 것인가를 정해야 한다.

둘째, 공무원 자신들의 인식 전환이 필요하다. 공무원으로서 마땅히 누려야 할 권리가 침해받았다면 이를 회복하기 위한 적극적인 자세를 가지고 노동조합을 통해 이를 주장하는 것은 바람직하다. 그러나 사익이나 노동조합의 이익을 위해 노동조합을 이용하는 등의 비윤리적 행태는 보이지 않도록 해야 할 것이다.

셋째, 정부와 공무원 단체간 상호 인정과 신뢰가 있어야 한다. 서로를 배타적으로 대하고 대화와 조정・협력이 없다면 올바른 행정과정이 진행될 수 없다. 행정에 있어서의 중요한 주체인 만큼 상호 인정하고 신뢰하며, 행정목표 달성을 위해 같이 노력하는 동반자로서 긴밀한 유대관계를 지속해 나가야 할 것이다.

넷째, 협의와 타협문화가 정착되어야 한다. 현대행정은 뉴거버넌스 패러다임을 요청하고 있다. 뉴거버넌스 패러다임하에서 행정의 각 주체들이 각자의 위치에서 최선을 다하고, 필요한 경우 정보공유, 지식교환 등을 통해 서로 협의・협력하고, 갈등이 생길 경우 타협과 배려로 해결함으로써 보다 신뢰받고 성숙한 사회를 만들기 위해 노력해야 할 것이다.

3. 보 상

1) 보 수

(1) 의 의

보수는 공무원이 근로한 대가로 정부로부터 받는 금전적 보상이다. 보수는 민간 부문에서 흔히 사용하는 임금과 유사한 개념이다(유민봉, 2001: 393).

(2) 보수의 특징

공무원 보수는 법령을 근거로 정부의 정책에 따라 결정되고, 노력과 능력에 따라 지급할 것을 원칙으로 한다(이종수・윤영진, 2005: 485).

우리나라 공무원 보수의 특징을 살펴보면 다음과 같다.

첫째, 공무원 보수의 전체 수준은 민간 부문의 일반의 보수수준에 비추어 낮다.

둘째, 보수의 책정면에서 근로의 대가로서의 보수는 동일노동·동일급여가 원칙이지만, 정부의 업무는 사기업에서는 볼 수 없는 직무가 많기 때문에 시장가격의 적용이 곤란한 부분이 많이 존재한다.

셋째, 공무원은 일반적으로 노동권의 제약을 받고 있기 때문에 보수수준 등 급여에 관하여 권리를 주장하는 등의 의사표현을 하지 못하므로 보수 결정에 있어 불리한 위치에 있다.

(3) 보수체계

현행 우리나라 공무원의 보수는 기본급인 봉급과 48여 종의 수당 등으로 구성되어 있다.[19)]

(4) 우리나라 공무원 보수의 문제점과 개선방안

(가) 보수수준의 적정화

만성적 박봉이 우리나라 공무원의 여타 권리에 대한 지나친 제한과 결합되면서 공무원의 사기저하는 물론이고 부패의 소지를 제공하는 부작용을 초래했다.

따라서 예산, 직업공무원제적 가치의 확립 정도, 다른 보상체계와의 연계성 등에 대한 면밀한 검토를 기초로, 공무원 처우를 개선하기 위한 종합적 계획을 수립하여 공무원 보수수준에 대한 단계적 개선작업을 지속적으로 추진해 나갈 필요가 있다.

(나) 보수체계의 합리화

우리나라의 경우 지나친 연공서열중심의 보상체계가 공직사회의 활력을 떨어뜨리고, 직무의 특성과 성과에 따른 공정한 보상 문화의 정착을 막아온 문제점이 있었다.

따라서 민간과 경쟁하여 우수인력을 공직으로 유치하고 공직사회의 성취동기를 강화하여 생산성을 높이기 위해서는 업무특성을 고려하면서 능력과 실적을 제대로 반영할 수 있는 생산적이고 합리적인 보수체계를 위한 노력이 필요하다.

(다) 보수체계의 투명화

우리나라 공무원 보수체계는 기본급보다 수당의 비중이 높았고, 수당의 종류가 너무 많고 복잡해 투명성이 떨어진다는 지적이 많았다. 따라서 공무원의 보수를 기본급 위주로

---

19) 공무원 급여포털(http://pay.csc.go.kr/salary/payStructure.jsp) 참조.

단순화·투명화 함으로써 복잡한 보수체계에서 비롯된 행정비용의 낭비를 막고 공무원 보수에 대한 국민적 이해를 높일 필요가 있다.

정부는 공무원 보수구조를 투명화, 단순화를 목표로 2007년부터 총액인건비제도를 시행하고 있다. 총액인건비제도는 각 부처의 업무특성에 적합하게 인건비 총액 범위 내에서 조직, 정원, 예산, 보수를 자율적으로 운영할 수 있는 제도인데, 인건비 중 자율항목인 시간외 근무수당과 연가보상비 등의 절감액이나 인력운영에 있어서 각종 비용의 절감을 통해 조성된 재원으로 성과상여금을 확대 지급하거나 부족한 인력을 늘리고, 직급을 상향시켜 주는 것 등을 골자로 하고 있다. 이는 공무원 보수구조를 투명화, 단순화 하는데 많은 기여를 할 것으로 생각된다. 또한 총액인건비 예산제도가 도입됨에 따라, 중앙정부차원에서 관리할 필요가 있는 항목만 수당규정에 남겨두고, 유사한 각종 수당을 통폐합하는 방법으로 수당체계도 단순화할 계획이다.[20]

2) 연　금

(1) 연금의 의의

연금은 장기간에 걸쳐 충실히 근무한 대가의 일부분을 거치시켰다가, 퇴직 후에 금전적으로 보상받는 공무원에 대한 사회보장제도의 하나이다. 즉, 연금은 현대 민주국가에서 근로의 대가로 받아야 할 보수의 일정 부분을 퇴직시까지 유예시켜 놓았다가, 국가의 보조와 합쳐 퇴직 후 생활의 안정을 위해 되돌려주는 '거치된 보수'(*deferred compensa-*

〈그림 7-3〉 우리나라 보수체계

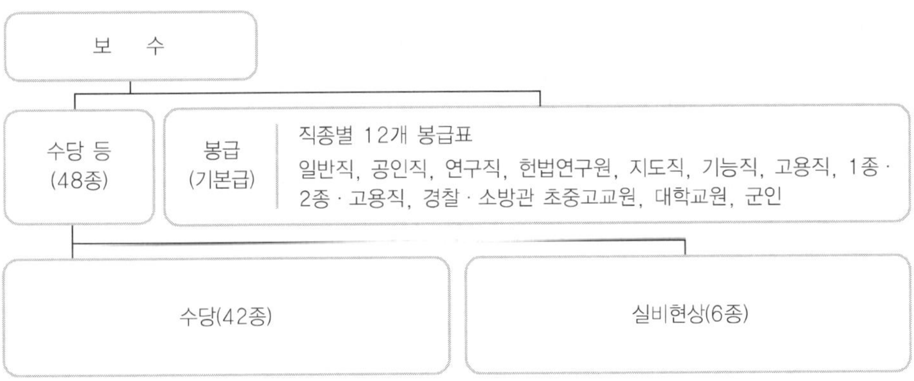

20) 자료: http://www.csc.go.kr/news/forumview01.asp?gu=&siid=122&bbs_id= 180&brd_id=139&page=1&qryt=&qryv=&thisPage=/news/New0203.asp

tion)이다.

(2) 연금의 기능

(가) 사회보장

공무원이 퇴직 이후 오는 생활의 불안정을 해소하기 위해 정부와 본인의 기여분을 합해 대비하게 하는 기능을 한다.

(나) 사기앙양

연금으로 인한 경제적인 뒷받침이 있게 되므로 심적 안정을 가질 수 있으며, 근무의욕과 사기앙양에 도움이 된다.

(다) 직업공무원제 확립

연금은 일정 기간의 장기 복무를 전제로 하기 때문에 평생 공직에 몸담아 봉사할 생각을 가진 인재들을 확보하고 근무하게 하는 직업공무원제와 잘 부합한다고 할 수 있다.

4. 인적자원의 활용과 생산성 향상의 수단

1) 직무성과계약(Job Performance Agreement)

(1) 의 의

(가) 개 념

장·차관 등 기관의 책임자와 실·국장, 과장간에 공식적인 성과계약을 체결하여 성과목표 및 지표 등에 관하여 합의하고, 당해 연도의 "직무성과계약"에 의해 개인의 근무성적을 평가하고, 평가결과를 성과급, 승진 등에 반영하는 인사관리시스템이다.

성과계약은 효율성에 기초한 산출·성과에 대한 계약이다. 성과계약의 궁극적인 목적은 계약을 관리의 주요 방식으로 활용하여 비용을 절감하고, 조직의 효율성과 대응성을 향상시키는데 있다.

성과계약에 바탕을 둔 관리는 투입이 아니라 산출·성과를 중점적인 대상으로 하고 있으므로, 투입에 대한 통제는 완화되고 성과의 측정이 강조되게 된다. 따라서 투입에 있어서 담당자는 보다 많은 재량권을 가지고 업무를 수행할 수 있고, 대신 성과에 대한 책임을 져야 한다.

(나) 배 경

직무성과계약제를 도입하게 된 배경은 다음 세 가지로 정리될 수 있다.

첫째, 종래의 성과평가시스템이 산출물(*output*)에 대한 평가에 치중한 측면이 있어 고객에게 미치는 최종결과(*outcome*)를 제대로 평가하기 어려웠다는 점을 들 수 있다.

둘째, 평가가 어려운 질적인 부분에도 성과평가를 위한 노력이 있어야 한다는 인식이 증대되었다는 점이다.

셋째, 기존 목표관리제(MBO)가 유명무실해짐에 따른 대체 제도의 필요성이 부각되었다는 점이다.

(2) 기존 제도와의 비교

(가) 목표관리제(MBO)

상・하급자간에 합의를 통해 목표를 설정한다는 점에서 목표관리제(MBO)와 유사하나, 직무성과계약은 구체적인 계약이 체결된다는 점과 성과계약이 하향식으로 체결된다는 점에서 차이가 난다.

(나) 균형성과지표(BSC)

직무성과계약은 개인의 성과평가제도라는 점에서 조직 전반의 성과관리 방법인 균형성과지표(BSC)와 구분된다.

(다) 정책평가

직무성과계약은 개인의 성과에 대한 평가를 주로 하는 것으로서 각 부처 전반의 정책에 대하여 성과를 평가하는 정책평가와는 구분된다.

(라) 성과감사

직무성과계약은 개인과 체결한 성과계약에 대하여 평가하고 결과에 따라 상벌을 하는 것으로서, 감사원에서 정책, 사업 또는 기관운영에 대해 실시하는 성과감사와는 다르다.

(3) 직무성과계약(Job Performance Agreement)의 성공요인

직무성과계약제의 성공요인들을 살펴보면 다음과 같다(Merchant, 1989; 최창수, 2003: 19-40).

첫째, 성과측정치는 조직의 목표와 일치해야 한다.
둘째, 성과측정치는 관리자가 통제가능해야 한다.
셋째, 성과측정치는 검증가능하고 객관적이어야 한다.
넷째, 성과표준은 사전에 설정되고 동기부여를 할 수 있도록 도전적이어야 한다.
다섯째, 보상은 조직이 감당할 수 있는 수준이면서, 동시에 계약당사자에게 의미가 있는 것이어야 한다.
여섯째, 보상의 내용은 계약당사자들이 이해하기 쉽도록 단순 명료해야 한다.

(4) 직무성과계약제의 구성요소

직무성과계약제를 구성하고 있는 단계는 전략기획 → 목표설정 → 중간점검 → 평가의 4가지로 구분할 수 있다.

㈎ 전략기획

전략기획 단계는 직무성과계약제가 거시적 차원에서 고객지향성을 추구하는 성과를 관리하도록 기관의 임무, 전략방향 및 전략목표를 설정하는 단계이다.[21)]

㈏ 목표설정

목표설정 단계는 전략목표별로 실·국장이 책임질 성과목표를 설정하여 성과계약을 체결하는 단계이다. 성과목표 내에서 과장이 수행할 목표를 다시 설정하며, 성과지표는 주로 산출지표 중심으로 구성하되, 정량적 지표도출이 곤란한 경우에는 정성적 지표(상위목표에의 기여도, 목표의 중요성·난이도) 등을 설정한다.

㈐ 중간점검

중간점검 단계는 업무의 진행과정에서 나타나는 문제점에 대해 모니터링하는 단계이다. 개선방안에 대해 논의하고 환경변화에 따른 성과목표의 변경도 이루어진다.

㈑ 평 가

평가 단계는 이미 작성된 성과지표에 따라 목표대비 달성도의 양적 평가를 하며, 상위목표에 대한 개인의 기여도, 적시성, 완성도 등 질적 평가도 함께 이루어진다.

---

21) 전략목표(strategic goals)는 기관전체의 성과를 핵심적으로 표현한 것이며, 전략목표를 실현하기 위해서는 역점과제(Key Task)가 필요하다. 역점과제(Key Task)는 성과목표이다.

〈그림 7-4〉 직무성과계약제 운영의 틀

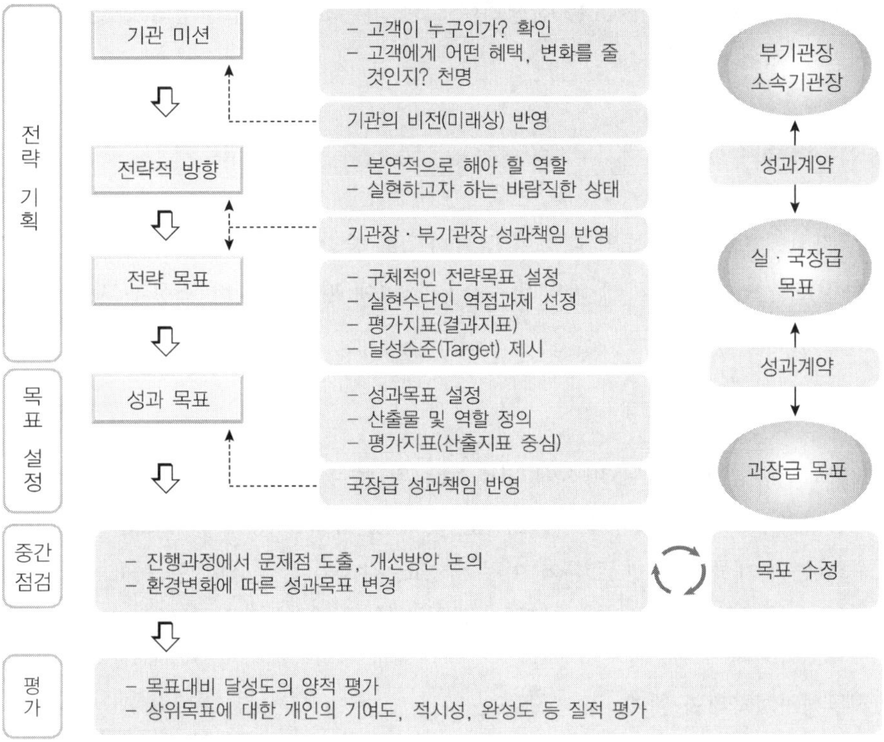

* 자료: 행정안전부(http://www.mopas.go.kr).

(5) 직무성과계약제의 유용성

직무성과계약을 통한 행정이 이루어질 경우 여러 가지 유용한 점들이 있는데 개인적 측면과 조직적 측면에서 간단히 살펴보기로 한다.

(가) 개인적 측면

① 업무의 방향성·책임성 제고

상하급자간에 직접 목표의 설정에서부터 대화와 조정이 가능하며, 하급자의 동의에 의해 목표가 정해지고 성과지표 등을 작성하게 되므로 업무의 방향이 분명해지며, 책임성을 강화할 수 있다.

② 성과와 보상의 연계 강화

목표관리제(MBO)에서 가장 제대로 확보되지 못한 것이 평가와 보상의 연계라 할 수 있다. 이는 조직문화의 영향을 많이 받기 때문이기도 하지만, 목표의 설정과 성과에 대한 보상을 분명하게 연결하지 않아서이기도 하다. 직무성과계약제도하에서는 계약시에 구체적인 목표를 설정하고 성과지표를 작성하여 그에 따른 보상까지 결정되므로, 성과와 보상의 연계가 강화될 수 있다.

(나) 조직적 측면

① 조직목표 달성도 파악

상하급자간에 합의한 목표의 내용이 명확하므로 중간 점검이나 최종 평가 등에서도 목표 달성 정도를 쉽고 정확하게 파악할 수 있고, 그에 따른 적절한 조정과 지시 및 감독을 하여 바르게 고칠 수 있다.

② 협력 및 신뢰 구축

정치적으로 결정된 목표나 비전에 따라 조직의 목적을 달성하기 위해서는 조직구성원 전체의 참여와 노력이 필요하고, 이를 위한 논의 및 합의 과정에서 목표달성 과정에서 나타날 수 있는 문제들에 대한 토론이 이루어지고, 각자가 달성해야 할 목표들이 정해진다는 점에서 조직구성원의 협력과 신뢰를 구축할 수 있다(박해육, 2004: 70-71).

(6) 직무성과계약제의 한계

직무성과계약제(Job Performance Agreement)는 여러 가지 유용한 점들을 가지고 있지만, 다음에서 보는 바와 같이 몇 가지 한계점도 지닌다.

(가) 개인적 측면

① 명확한 목표설정과 성과측정 곤란

직무성과계약은 목표의 설정과 목표달성이라는 성과여부를 명시하여야 한다. 그러나 공공부문이 가진 내재적 한계로서 평가에 있어 측정이 곤란한 부분이 분명히 존재하는 바, 이러한 분야에서는 어떻게 목표를 설정하고 성과지표를 작성하여 평가를 할 것인지가 여전히 문제점으로 남게 된다.

② 주인-대리인(principal-agent) 문제

상・하급자의 계약체결시 하급자의 능력에 대한 정확하고 완전한 정보를 상급자가 가지고 있지 못하다면, 하급자가 제시하는 목표에 따라 계약이 주로 체결되고 상급자는 이끌려가는 현상이 나타날 우려가 있다. 즉, 목표설정에 있어 정보 비대칭성(*information asymmetry*)으로 인해 목표의 설정이 적절하게 된 것인지를 판단하는 데 어려움이 따를 것이고, 목표의 달성에 필요한 예산에 있어서도 이러한 문제는 발생할 소지가 있다.

㈏ 조직적 측면

① 조직문화와의 충돌

기존의 목표관리제가 그러했던 것처럼, 직무성과계약에 있어서도 연공서열제적 문화로 인해 하급자가 직속상관보다 더 훌륭하거나 큰 성과를 낼 수 있는 계약내용을 체결하지 못하고, 강압적으로 조직목표를 대신 개인목표로 설정해 버리는 현상이 나타날 우려가 있다.

② 상위목표의 경시 가능성

목표를 설정할 때에 성과의 측정이 용이하고 분명하게 드러나는 목표만을 선호하는 경향이 나타날 우려가 있다. 성과가 가시적으로 잘 드러나야만 측정과 평가・보상 문제에 있어 걸림돌이 발생할 소지가 적기 때문이다. 따라서 개인의 목표설정이 대부분 가시적이고 잘 드러나는 목표에만 편중되어, 정책과 행정이 근본적으로 추구하는 공익, 인간의 존엄성 실현과 같은 상위 가치들의 실현을 위한 상위목표들을 설정하는 개인이 거의 없어지는 심각한 상황도 나타날 수 있다.

(7) 직무성과계약제 도입 사례

직무성과계약제는 2006년 현재 중앙인사위원회, 보건복지부, 특허청 등을 포함한 중앙정부 4급 이상 공무원에게 적용되어 운용되고 있다. 행정자치부는 2006년 7월 31일 성과주의 확대 차원에서 직무성과계약제를 지방으로 확대하는 방안을 추진하고 있으며, 부산시에서는 2007년부터 시장-부시장-실・국장-과장으로 연결되는 4급 이상 공무원에 대해 직무성과계약제를 도입한다고 발표하였다. 특허청은 효율적인 제도 운영을 위해 '직무성과관리시스템'을 구축하였으며, 직무성과관리시스템을 통해 직무성과계약 내용은 물론, 추진실적, 목표대비 달성률 등을 분기별, 월별 등으로 확인할 수 있다.

정・책・사・례

교육인적자원부의 직무성과계약제

1. 사례개요

교육인적자원부는 과장급 이상 직원을 대상으로 주요 업무 계획과제 추진성과에 따라 성과급을 지급하고, 이를 인사에 반영하는 직무성과계약제를 도입, 시행에 들어갔다. 교육부는 2006년 1월 직무성과계약제 도입을 계기로 직무성과계약 평가, 혁신활동 평가, 혁신역량

평가를 전략적으로 통합해, 성과급과 인사 등에 반영하는 '통합 성과관리체계'를 구축하였다. 이로 인해 연공서열을 파괴하고 일한 만큼 보상받는 조직문화를 창출하기 위해 직무성과계약제를 도입하게 됐다.

2. 쟁점 및 시사점

위 사례는 교육인적자원부에서 직무성과계약제를 도입함으로 기업들과 같이 일한 만큼 보상받고, 근무 실적에 따라 승진이 이루어지는, 연공서열의 종래 관념을 파괴하는 새로운 성과관리제도를 소개하고 있다. 직무성과계약제는 성과관리의 한 형태이다. 조직의 직무성과를 매년 말 측정하고, 그에 따른 연봉 계약제를 통해 일한 만큼 보수를 받게 된다면, 효율성도 늘고 시민에 대한 교육 서비스수준도 높아지게 될 것이다.

2) 고위공무원단(SES: Senior Executive Service)

(1) 의 의

고위공무원단(SES: Senior Executive Service)이란 정부의 실·국장급 공무원을 개방과 경쟁을 통해 역량을 강화하고 능력을 발전시켜, 범정부적 시야의 글로벌 스탠더드를 갖춘 국가 핵심인력으로 양성하고자 하는 인사관리제도이다. 이는 정부의 주요 정책결정 및 관리에 있어서 핵심적 역할을 담당하는 실·국장급 공무원을 범정부적 차원에서 적재적소 활용하고, 개방과 경쟁을 확대하며 성과관리를 강화함으로써, 정부의 정책관리능력을 획기적으로 업그레이드 하려는 취지에서 도입되었다(황인수 외, 2004: 11).

(2) 도입배경

정부는 실·국장급 공무원을 범정부적 차원에서 적재적소에 활용하고, 직무와 성과중심의 인사관리로 정부의 경쟁력을 제고하기 위해, 고위공무원단제도를 2006년 7월 정식으로 출범시켰다. 고위공무원단제도를 도입하게 된 배경은, 과거 공무원 인사체제의 문제점을 해소하고 변화하는 사회의 흐름에 능동적이고 적극적으로 대처하고, 인사행정 운용의 적실성을 높이기 위해서이다. 즉, 정부의 상위직 1-3급 공무원을 중·하위직 공무원과 구분하여 정부 전체적 차원에서 통합관리하고, 개방성·이동성·성과성 등의 인사 운영 원칙을 통하여 고급인력의 경쟁력과 생산성을 높이기 위함이다.

㈎ 고위공무원의 체계적 육성

고위공무원이 국정 운영의 핵심이고 매우 중요한 국가 정책적 결정에 관여함에도 불구하고 그동안 체계적으로 육성·관리되지 못했다.

㈏ 부처이기주의 폐해

과거 부처이기주의 조직문화가 팽배해 있어 폐쇄적인 고위직 임용으로 거시적인 안목이 필요한 고위공무원의 시야가 매우 협소하였다. 이는 각 부처간 협의가 잘 이루어지지 않게 만듦으로써 많은 거래비용과 행정낭비를 초래하였다.

㈐ 전문성 제고 기회 부족

계급제적 특성이 강한 우리나라 직업공무원제하에서는 잦은 순환보직이 이루어지므로 업무수행의 전문성을 제고할 기회가 매우 부족하였다.

이제까지의 인사개혁 추세가 개방형 직위제도, 직위공모제도 등을 통해 직위분류제적 요소를 강화시키는 방향이었던 점을 감안할 때, 고위공무원단제도를 통해 육성하고자 하는 고위공무원은 전문성과 일반관리자(통합성)의 성향을 겸비한 이른바 '전문화된 일반 행정가'(*specialized generalist*)라고 할 수 있다(남궁근·박천오 외, 2005: 197).

(3) 제도의 핵심요소

고위공무원단 제도의 핵심요소는 다음과 같다.

첫째, 개방형직위제도·직위공모제를 통한 고위직의 개방과 경쟁을 제고하는 것이다.
둘째, 역량평가제, 교육훈련, 최소보임기간 설정 등을 통한 고위공무원의 능력발전을 도모하는 것이다.
셋째, 직무성과계약을 통한 고위공무원의 성과제고 및 책임확보이다.
넷째, 고위직 인사교류를 통한 통합적인 시각을 가진 고위공무원의 양성이다.

〈그림 7-5〉 고위공무원단제도의 핵심요소

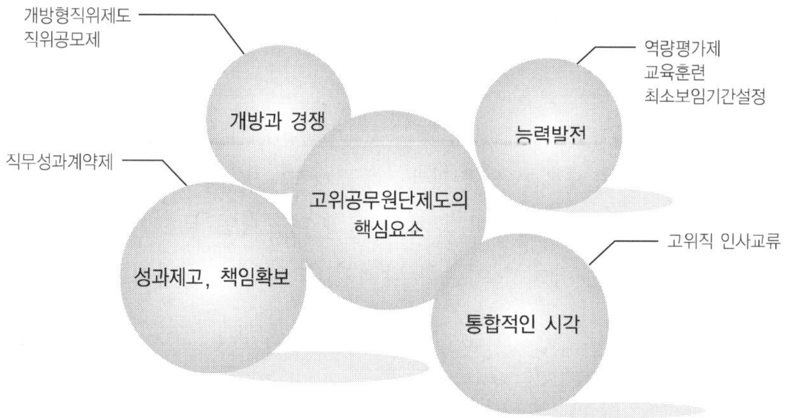

따라서 고위공무원단 제도는 기존에 개별적으로 운용되던 가) 직위공모제 나) 개방형 임용 다) 고위직 인사교류 라) 직무성과계약제 등 4가지의 제도들을 통합적 시각에서 운용함으로써, 고위공무원들의 개방과 경쟁, 능력발전, 성과제고, 통합적 시각을 향상시키기 위한 취지에서 도입된 것이다.

(4) 유용성 및 한계

(가) 유용성

① 고위공무원의 체계적 관리

고위공무원은 국가 운영 전반에 있어 매우 중요한 정책적 결정과 임무를 수행하므로, 고위공무원단으로 통합하여 집중적이고 체계적으로 관리하는 것이 바람직하다. 고위공무원단에 소속된 공무원은 각종 인사시스템에 의해 관리되며, 개별적·맞춤식 교육훈련을 통해 유능한 인재로 더욱 육성될 수 있고, 직무성과급 등의 다양한 인센티브를 통해 동기부여함으로써 능력발전을 제고하도록 할 수 있다.

② 고위공무원의 전문성 제고

고위공무원단 소속 공무원은 최소보임기간을 보장받게 되어, 특정 직무에 대한 전문적인 지식과 능력을 축적할 수 있는 시간이 주어지므로 전문성을 제고하는 데 도움이 된다. 과거에는 고위공무원의 경우 잦은 순환보직으로 인해 특정 정책을 시행하는 데 있어 많은 어려움이 있었다.

③ 정부 생산성 및 책임성 제고

고위공무원단의 운영으로 고위공무원들의 능력이 최대한 발휘될 수 있고, 효과적이고 생산적인 다양한 정책이 시행될 수 있으며, 엄격한 인사관리와 성과관리를 통해 공직의 책임성을 확보하는 데에도 유용할 것이다.

(나) 한 계

① 조직문화 및 제도와의 갈등

기존의 한국 행정문화나 폐쇄형 임용체계, 계급제적 공직체계와 조화되지 못하여 발생하는 갈등과 충돌이 우려된다. 계급의 폐지로 인한 연공서열 문화와의 갈등과 조직의 특수한 문화적 경향이 강한 부처에서 여전히 발생할 수 있는 부처이기주의도 무시할 수 없을 것이다.

② 직업공무원제 요소의 약화

고위공무원단은 개방형 임용을 기본적인 임용체계로 운용하게 되므로 직업공무원제에서의 신분보장과 서로 상충하게 된다. 따라서 유능한 인재의 충원에 있어 중요한 이점인 신분보장이 약화될 위험이 있고, 공무원의 사기를 저하시킬 우려도 있다. 또한 개방형 임용은 고위공무원과 부하공무원의 일체감을 저해하여 저항이 발생할 수도 있다.

③ 정실임용 가능성

고위공무원단은 부처 내 인사권의 자율성을 더욱 확대하기 때문에 장관에 의한 정치적 정실임용의 우려가 있다. 이러한 정실임용은 실적주의를 저해하는 요소이므로, 실적이 아닌 정실에 의한 엽관제적 임용이 나타날 경우 고위공무원단제도 도입의 취지가 퇴색될 위험이 있다.

(5) 해결 방안

고위공무원단제도가 위에서 살펴본 한계를 극복하고 제대로 정착하기 위해서 가장 중요한 것은 관련 주체들의 인식변화와 정착 노력일 것이다. 제도의 취지와 내용이 아무리 바람직하고 이상적이라 하더라도, 구성원들의 동의와 참여, 협력과 자발적 실행이 없다면 무용지물이나 마찬가지이다.

㈎ 점진적 제도 변화

공직문화는 오랜 기간 형성되어 온 것으로 쉽게 변할 수 있는 것이 아니다. 새로운 제도의 도입에 따른 변화에 대한 저항을 최소화하기 위해서는, 급진적이지 않고 점진적으로 구성원들에게 이해를 시키고 수용하도록 하는 노력이 필요하다.

㈏ 객관성·투명성 확보

직무평가의 객관성·투명성을 확보함으로써, 능력 있는 공무원이 보다 책임 있고 중요한 직위를 맡아 직무를 수행할 수 있도록 하여야 한다. 동기부여를 위한 제도의 도입이 오히려 정실임용과 주관적인 평가 등에 의해 사기저하로 이어지는 일은 없어야 한다.

㈐ 성과와 적절한 보상의 연계

미국, 영국 등의 고위공무원단제도가 기대했던 만큼의 성과를 내지 못한 대표적인 이유 중 하나는 성과와 적절한 보상이 연계되지 못해서였다. 성과를 강조하고, 이에 대한 적절한 보상이 이루어져야 제도의 취지에 맞게 운용될 수 있다.

3) 총액인건비제도

(1) 의 의

총액인건비제도는 각 부처별 인건비예산의 총액만을 관리하고, 총액인건비 내에서 조직・정원, 보수, 예산을 각 기관특성에 맞게 자율적으로 운영하되, 그 결과에 책임을 지는 제도이다. 각 기관은 총액인건비 내에서 조직・보수제도를 성과향상을 위한 인센티브로 활용할 수 있으며, 이를 통해 성과중심의 정부조직 운영이 가능하게 된다.[22]

(2) 도입 배경

지식정보화 사회의 도래로 중앙집권적인 행정이 국민의 요구와 사회적 변화에 신축적으로 대응하지 못함에 따라, 정부혁신의 한 과제로서 분권화가 추진되고 있으며 인사관리 측면에서도 예외는 아니다. 이러한 분권화 경향은 각 부처, 기관별로 최고관리자에게 최대한의 재량과 권한을 위임하여 자율적이고 융통성 있는 인사관리를 하게 하고, 대신 책임을 지우는 분권화가 최근 세계 각국의 인사개혁 주요 특징이다.

1990년대 이후 영미계 국가는 물론 북유럽 국가에서도 총액인건비제도를 채택하고 있으며, 핀란드와 스웨덴은 모든 정부의 부처와 집행기관에 대하여 총액인건비제도를 도입하였고, 덴마크의 경우 제한된 수의 중앙부처에 대해서만 도입하고 있다(김상묵・남궁근, 2005).

우리나라의 경우에는 참여정부에 들어서서 2005년 3월 관련 규정을 개정하고 2005년 7월부터 행정자치부, 기획예산처 등에서 시범 실시하였으며, 2007년부터 전 부처를 대상으로 본격 실시하고 있다. 즉, 각 부처의 업무특성에 적합하게 인건비 총액 범위 내에서 조직, 정원, 예산, 보수를 자율적으로 운영할 수 있는 총액인건비제도가 시범운영을 거쳐 전면시행되고 있다. 중앙인사위원회의 경우 시간외 근무수당 인정시간을 월 67시간에서 50시간으로 낮추고 연가보상비를 3일씩 절감하여, 절감된 인건비로 인력 6명을 증원하여 운영한 사례가 있다.

(3) 제도의 기본 방향

㈎ 조직관리 측면

자체 인력을 탄력적으로 운영할 수 있도록 총 정원 및 포괄적 정원관리 기준 범위 내에서 신축적인 인력조정이 가능하도록 자율성을 부여한다.

---

22) 자세한 내용은 행정안전부 정부조직관리정보시스템(http://org.mopas.go.kr/)을 참조할 것.

(나) 인사관리 측면

인사관리 측면에서는 부처 자율적 채용권 확대와 함께, 이에 따른 각종 협의사항을 축소·폐지한다.

(다) 보수관리 측면

보수관리 측면에서는 성과관리와 연계, 각 부처별 보수수준 및 보수체계의 차별화를 허용한다.

(라) 예산관리 측면

예산관리 측면에서는 총액인건비 범위 내에서 잉여인건비 사용에 대한 부처의 재량권을 확대한다.

(4) 제도의 세부 내용

(가) 총액인건비 제도의 범위

총액인건비는 현행 예산과목상 인건비뿐만 아니라, 인건비성 경상경비 등을 포함한다. 다만, 인건비성 경상경비는 시범실시 단계별로 적용범위를 확대한다.

(나) 총액인건비의 결정방식

행정안전부는 분야별·부처별로 중기 정부인력규모를 산정하여 '정부인력운영계획'(5년)을 수립하고, '국가재정운용계획'과 함께 국무회의 토론을 거쳐 다음 연도 인건비 규모를 결정한 후, 기획재정부는 이에 맞추어 부처별로 인건비 예산을 배정한다.

(다) 자율성의 구체적 범위

① 조직관리 측면

행정안전부는 국가공무원 총 정원 및 각 부처 정원 상한만 관리하고 정원규모 및 계급별·직급별 정원은 부처에서 자율적으로 결정한다. 다만, 상위직 남설을 방지하기 위한 최소한의 방안으로 각 부처의 3급 국장급 이상 직위를 직제에 규정하고, 과장급(4·5급) 정원의 적정성을 관리한다.

② 보수관리 측면

인건비를 기본항목, 성과향상 항목, 업무수행지원 항목, 복지항목 등 4가지 분류체계로 구분한다. 성과향상 항목의 지급대상, 지급요건 결정권한 및 업무수행지원 항목 중 월정

직책급과 각종 보수성 경비는 조직 자율성 강화(팀제 활성화) 취지에 부합하도록 각 부처별 자율성을 부여한다.

③ 인사관리 측면

모든 직급의 특별채용시험 실시권을 각 부처에 위임하되, 공개채용 및 공개채용 직렬로의 특별채용에 대하여는 행정안전부와 사전 협의해야 한다.

④ 예산관리 측면

총액인건비 범위 내에서 인건비 운영 중 발생한 잉여인건비 사용에 대한 부처 재량권을 확대하고, 부처 인건비 운영평가 결과 인센티브로 증액된 인건비 사용에 대해서도 부처 자율권을 부여한다. 다만, 사업비에서 인건비로의 이용·전용 및 예비비 사용을 엄격히 제한한다.

⑤ 부처 책임성 확보 방안

위와 같은 자율성이 각 부처에 부여되는 대신, 이에 대한 책임을 확보하기 위한 방안으로는 다음과 같은 것들이 있다.

첫째, 정부 전체의 조직, 인사 운영방침에 부합하는 방향으로 사전에 제도 운영에 필요한 최소한의 지침을 제시하고, 사후 운영실태의 적정성·타당성을 평가한다.

둘째, 제도운영의 성패를 가늠할 수 있는 평가체제를 구축하여 정기적인 평가를 하고, 이를 다음연도 인건비 예산에 반영한다. 이 경우 제도운영 우수기관에는 인센티브를 부여하고, 운영부진 기관에 대해서는 예산삭감을 한다.

셋째, 통합국정평가제도(IPSES)와 연계하여 각 부처 운영성과를 평가하고, 매년 지침 통해 평가지표 및 방법을 제시한다. 부처는 자체평가를 실시한 후, '인적자원관리협의체'[23]에서 상위 평가를 실시한다.

4) 전자인사관리시스템(PPSS: Personnel Policy Support System)

(1) 의 의

전자인사관리시스템(PPSS: Personnel Policy Support System)이란 전자정부 하위시스템의 하나로서, 인사관리 분야에 적용된 전자적 인사관리시스템이다. 정부의 인적자

23) 인적자원관리협의체는 행정안전부와 기획재정부의 실·국장으로 구성된다.

원관리 수준 향상을 위해 개발하여 전 중앙부처에 보급을 완료한 전자적 인사관리시스템이다.[24]

(2) 추진배경

전자인사관리시스템(PPSS)의 추진배경을 살펴보면 다음과 같다.

첫째, 인사정책을 개발하는 데에는 많은 현황자료나 통계자료가 필요하고, 최신 자료를 확보하는 것이 중요하다.

둘째, 범국가적인 고급인재정보의 효과적인 활용을 위해서는 다양한 방식으로 검색을 할 수 있어야 하며, 각종 자료집, 보고서 발간 등의 업무를 수행하기 위해서 최신 자료를 다양하게 산출할 수 있어야 한다.[25]

셋째, 대부분의 경우 시스템이 소수의 인사담당자들에게만 서비스를 제공함으로써, 네트워크상의 데이터베이스가 가질 수 있는 장점의 상당 부분을 충분히 활용하지 못하고 있다.[26]

전자인사관리시스템은 이러한 필요성에 의해 개발된 전자정부시스템이다. 이는 인적자원의 효율적 관리와 정부부문의 경쟁력 제고를 위한 사업으로서, 참여정부의 전자정부 로드맵 31대 과제의 하나로 추진되었다.

(3) 특성 및 내용

종전 인사관리시스템과는 달리 단순한 데이터베이스 관리 수준을 넘어 정부인사의 모든 과정을 업무재설계(BPR: Business Process Reengineering)를 통해 분석・재설계한 후, 서류 없이 전자적으로 처리하도록 자동화한 시스템이다.

전자인사관리시스템은 부처단위의 인사업무시스템과 정책결정지원시스템의 두 부분으로 나누어진다.

부처단위의 인사업무시스템은 일상의 업무처리를 전자화하는 업무처리시스템과 기관장이나 부서장에게 인사관련 주요 정보를 요약하여 제공해 주는 관리정보시스템(MIS: Management Information System)의 기능을 함께 수행한다.

---

24) 더 자세한 내용은 행정안전부 홈페이지(www.mopas.go.kr)의 인사실을 확인할 것

25) 정책홍보가 최근 매우 중요한 의미를 가지게 되었는데, 이를 인사정책상 제대로 활용하기 위해서는 자료의 수집, 홍보자료의 제작・배포에 있어 다양한 정보를 끌어올 수 있는 데이터베이스가 필요하다.

26) 기존의 시스템에서는 인사관리와 급여관리가 분리되어 있거나, 조직관리와 연계가 되어 있지 않은 경우도 많이 있었다.

정책결정시스템은 전체 정부 차원의 인사 관련 정보를 요약하여 제공하는 의사결정지원시스템(DSS: Decision Support System) 기능을 가지고 있다.

(4) 유용성

(가) 인사정책의 실효성 제고

인사정책 수립 과정에서 필요한 많은 자료를 체계적으로 수집하여 축적·관리함으로써, 최신 자료에 의한 대안을 구성할 수 있고 대안간의 비교분석도 정교하게 가능해진다.

(나) 인사관리의 투명성 제고

개인의 인사기록이 체계적으로 관리되어 개인의 경력·능력에 대한 정보가 빠르고 신속하게 업데이트됨으로써 승진·전보시 적격자 선정이 이루어지고, 인사관리에 있어서 투명성과 공정성을 확보할 수 있다.

(다) 인사운영의 효율성 제고

인사업무는 현재 문서에 의한 처리로 자료관리 및 검색에 많은 시간이 낭비되고 있는바, 전자인사관리시스템의 도입과 보급으로 필요한 정보를 데이터베이스에 접속해서 바로 얻을 수 있기 때문에 신속하고 정확한 정보를 바탕으로 효율적인 인사업무를 수행할 수 있다.

(라) 인사행정의 개방성 제고

인사기록카드는 현재 인사담당자 등 특정 소수에게만 접근이 허용되어 정보의 정확성에 대한 본인의 확인도 불가능한데, 전자인사관리시스템(PPSS: Personnel Policy Support System)이 도입되면서 일반 시민과 공무원 개인에게 일정 부분에 대해서는 접근이 허용되어 개방적인 인사행정서비스가 가능하다.

5) 품질관리서클(Quality Circles)

(1) 의 의

작업 과정에서 드러나는 문제점을 식별·분석·해결하기 위해 정기적으로 만나서 서로 관련된 유사한 작업을 수행하는 소규모 집단을 말한다.

(2) 구성 및 운용 방법

(가) 구 성

품질관리서클은 6명에서 12명의 직원으로 구성되고, 제1선 감독자에 의해 이루어지며, 작업부서 바깥의 전문가도 참여한다.

(나) 운 용

품질관리서클은 통상 일주일에 한 번씩 정기적으로 모임을 갖는다. 일반적으로 서클은 브레인스토밍에 의해 문제를 선정하며, 이때 평가나 비평없이 주제들을 모아 목록을 만들어 검토한 후, 하나의 문제를 선정하고 분석하여 해결책을 발전시킨다. 분석단계에서는 관련 자료와 정보를 수집한 뒤, 문제의 원인과 가능한 해결책을 식별한다.[27] 해결책이 정해지면 관리층에 정식으로 보고하고, 관리층은 해결책을 수용하여 서클 구성원들과 함께 시행한다(이종수・윤영진 외, 2005: 495-496).

(3) 학습조직과의 연계

품질관리서클은 학습조직 및 학습 동아리와 연계될 때 활성화될 수 있다. 정부에서는 최근 정책품질관리제도 활성화를 위해 학습조직 우수 시범부서를 선정하고, 이를 토대로 학습조직을 활성화시키고 있다. 교육인적자원부가 시범부서로 지정되었는데, 여기에서는 일선 직원들이 자체적으로 교육정책에 대한 품질관리와 학습조직을 구성하여 학습모임을 활성화시킨다. 직급여부를 떠나 직장별로 자기직장에 대한 애착과 자기직장에서 산출되는 정책에 대한 학습 및 이를 통한 장기적인 품질개선을 위한 노력은 매우 긍정적으로 평가되어야 할 것이다.

6) 직무개선(QWL: Quality of Work-Life)

(1) 이론적 배경

직무개선을 통한 인간문제를 해결하고자 노력한 행정학 이론의 출발점은 1930년대 인간관계이론에서 찾을 수 있다. E. Mayo 등 인간관계학자들은 Hawthorne 실험을 통해 직무환경이 직무성과에 미치는 영향에 대해서 제시하였으며, 그 뒤 조직인간주의를 제시한 학자들도 조직발전과 개인실현의 중요성을 주장하였다. 또한 F. Herzberg(1968)는 동기부여이론에서 위생요인과 동기요인으로 분리하고, 직무환경과 같은 위생요인이 충족

---

27) 각 해결책은 소망성과 실현가능성을 기준으로 하여 검토한다.

되지 않았을 때에는 직무성과 제고가 불가능함을 강조하였다.

(2) 직무품질 판단기준

직무품질을 판단하는 기준은 다음과 같다(Walton, 1975).

(가) 적절하고 공정한 보상

작업에 대한 보상은 관련 직무의 일반적 기준에 부합되어야 하며, 다른 직무의 보수와 적절한 균형을 유지해야 한다.

(나) 안전하고 건강한 작업조건

작업조건은 근로자의 건강을 해쳐서는 안 되며, 작업시간은 합리적이어야 한다.

(다) 인간 능력의 활용 및 발전 기회

직무수행에 있어 상당한 자율성과 자율규제가 허용되고, 광범한 능력의 활용이 허용되어야 하며, 직무는 근로자에게 의미 있는 것이 되어야 한다.

7) 인센티브 프로그램

(1) 의 의

인사행정의 효율적인 운영을 위해서는 적절하고 충분한 인센티브 제도가 뒷받침되어야 한다. 인센티브에는 기존의 경제적인 보상 외에도 다양한 보상이 포함된다. A. Maslow (1954)는 인간은 경제적 보상과 같은 하위욕구를 충족한 뒤에는, 명예, 인정, 실현 등 상위욕구를 추구한다는 욕구단계이론을 제시했는바, 따라서 보상에 있어서도 경제적 욕구 이외에 상위욕구의 충족을 줄 수 있는 다양한 인센티브를 제공할 필요가 있다.

(2) 종 류

(가) 경제적 인센티브 제도

오늘날 공공기관에서 다양한 형태의 인센티브 제도를 도입하고 있는데, 그 가운데 경제적인 것으로는 성과상여금, 작업량 보너스, 수익분배제도 등이 있다.

성과상여금은 뛰어난 성과를 보인 종업원에게 지급하는 금전적 보상을 말한다. 성과상여금 지급은 성과달성시 혹은 일정 시간이 지난 후일 수도 있다. 작업량 보너스는 작업량에 따라 금전적 보상을 제공하는 것을 말한다. 작업량이 목표치보다 더 많은 경우에 지급하는 보너스나 흔히 사용되는 '초과근무수당' 등이 이에 해당한다 하겠다. 수익분배제도는 특정 집단이 가져온 수익 또는 절약분을 그 구성원들에게 나누어 주는 제도를 말한다.

정 • 책 • 사 • 례

우리나라의 성과상여금제도

(1) 의 의

성과상여금제도는 공직 사회에 경쟁원리를 도입하여 직무에 전념하게 하고, 공무원의 능력발전 노력을 제고하여 조직의 생산성 향상을 위한 제도이다. 우리나라에서는 김대중 정부 이후 도입되었다.

(2) 적용 대상 및 현황

성과상여금제도는 보통 연봉제와 함께 도입되며, 현재 중앙행정기관을 중심으로 운영되고 있는데, 적용 대상은 모든 공무원 직종의 과장급 이하 공무원이 대상이며, 구체적인 대상을 살펴보면 다음과 같다.

〈표 7-3〉 성과상여금제도 적용 대상 공무원

직 종	적용 대상
일반직, 별정직 등	3급(상당) 과장급 이하
외무공무원	직무 등급 6등급 이하 직위 임용 공무원
경찰공무원	총경 이하
소방공무원	소방감 이하
군인	중령 이하
교육공무원	고등학교 이하 교원, 과장급 이하 교육전문직
기능직, 고용직	전체

* 자료: 이종수 · 윤영진 외, 2005: 498.

(나) 비경제적 인센티브 제도

비경제적 인센티브 제도의 예를 들면, 제안상 제도, 행태보상제도, 종업원인정제도 등이 있다.

제안상 제도는 조직의 효율성을 높이고 예산을 절약할 수 있는 제안을 한 구성원에게 인센티브를 주는 제도이다. 행태보상제도는 사고 및 결근의 감소 등 관리층이 권장하는 행동에 대해 인센티브를 제공하는 제도를 말한다. 종업원인정제도는 '이 달의 인물' 등과 같이 구성원들에게 특정인을 인식시키고 기억하게 함으로써 '인정 · 존경의 욕구'를 충족시켜주는 비물질적 인센티브 제도이다.

8) 연봉제

(1) 의 의

연봉제란 개인의 능력, 실적에 대한 평가를 통해 연단위로 임금을 결정하는 임금제도이다. 기존 연공서열중심의 임금체계에서는 매년 정기승급이 이루어지고, 성과에 관계없이 일정 부분 임금이 상승하였으나, 연봉제하에서는 능력과 실적에 따라 그 변동 폭이 클 수도 있다.

(2) 도입 배경

김대중 정부시 성과급제 도입을 100대 개혁과제로 선정하여 1998년 말 국장급 이상 공무원에게 연봉제를 도입했고, 2000년부터 호봉의 승급 대신 전년도의 성과를 평가하여 연봉을 조정하게 하였다.

외무공무원의 경우 계급제와 이에 기초한 연봉제를 폐지하고, 직무분석을 실시하여 각 직위별 직무값과 성과에 따라 연봉이 결정되는 직무성과급적 연봉제를 2002년부터 도입했으며, 적용 대상도 과장급까지로 확대하였다.

(3) 연봉제의 형태

현재 공직사회에는 세 가지 형태의 연봉제가 운영되고 있는데, 고정급적 연봉제, 성과급적 연봉제, 직무성과급적 연봉제가 있고 적용 대상 등은 〈표 7-4〉에서 보는 바와 같다(이종수·윤영진 외 2005: 497-498).

〈표 7-4〉 연봉제 종류별 적용대상

구 분	적용 대상	비 고
고정급적 연봉제	정무직	직위별로 고정액 지급
성과급적 연봉제	국장급 이상(일반·별정직), 계약직	경력 등에 따라 최초 연봉을 설정하고 성과에 따라 연봉 조정
직무성과급적 연봉제	과장급 이상 외무공무원	경력, 직무값, 성과 등에 따라 연봉 설정

제 8 절 평가 및 환류

1. 근무성적평정

1) 의 의

근무성적평정이란 개인이 근무하고 있는 조직체에서의 능력, 가치, 근무성적을 정기적으로 감독자가 평가하는 것을 의미한다. 조직의 효과적 운영에 있어서 중요한 문제는 조직구성원의 능력·가치·근무성적을 평가하는 문제이다. 이를 통해 동기를 부여하고 조직의 효율성을 향상시킬 수 있다(박동서, 1978: 422).

2) 용 도

(1) 상벌의 목적

근무성적의 여하가 공무원의 승진·징계에 영향을 준다. 자신이 맡은 바 직무를 얼마나 잘 수행해내는가를 평가하고, 성과가 좋은 공무원에게는 포상을 하고 좋지 않은 공무원에게는 징계를 하는 목적으로 사용된다.

(2) 시험의 타당성 측정

근무성적평정의 결과를 통해 시험으로 선발한 공무원의 경우, 그 시험이 얼마나 타당성이 있는가를 측정해 보는 용도로 사용될 수 있다.

(3) 공무원의 능력발전

공무원 자신의 능력을 평가하여 환류시켜 줌으로써, 직무수행상 자신이 부족한 부분과 잘하는 부분을 제대로 인지할 수 있게 한다. 따라서 단점으로 나타난 부분에는 교육훈련 등으로 제거하도록 하여, 개개인의 능력을 발전시킬 수 있도록 한다.

3) 방 법

근무성적평정방법에는 여러 가지가 있다(박동서, 1978: 425-427).

(1) 도표식(graphic rating scale)

도표식 방법이 가장 많이 이용되고 있으며, 대체로 어느 것이나 평정요소가 한쪽에 나열되어 있으며, 다른 쪽에 등급을 표시하는 척도가 있다.

도표식의 장점은, ① 작성이 간단하고, ② 평정하는데도 손쉽고, ③ 평정제도를 상벌의 목적에 이용하기 편리한데 있다. 그러나 이 제도가 내포하는 단점은, ① 등급 비교의 기준이 명백하지 않고, ② 무엇보다도 제일 중요한 단점은 연쇄적 효과(halo effect)가 나타나는 점이라고 할 수 있다.

(2) 강제배분법(forced distribution)

근무성적을 공정히 평정하는 경우 대체로 극소수의 사람이 최상·최하의 등급을 받게 되고 대부분의 사람이 중간에 집중하게 되므로, 이것을 도표로 표시하면, 종형(*bell-shaped*)인 정상분포곡선(*normal curve*)이 된다. 따라서 평정을 하는 데 있어 이러한 유형이 되게끔 강제로 분산시키면 어느 정도 사실에 가까운 평정이 될 것으로 간주하는 것이 강제배분법의 근본적인 생각이다.

강제배분법은 평정대상자가 많을 경우에 나타날 수 있는 관대화 경향을 방지하여 평정오차를 제거할 수 있다. 그러나 강제배분 때문에 사실상 탁월한 사람이 없는데도 불구하고 좋은 등급을 제공하는 경우도 발생할 수 있고, 어떤 과의 전 직원이 우수한데도 일정 인원은 가장 나쁜 등급의 평가를 받을 수밖에 없는 불합리한 결과가 발생할 수 있다는 것이 문제이다.

현재 우리나라는 근무성적 평정서상의 평정자와 확인자의 평정과정에는 강제배분법을 적용하지 않고, 근무성적평정위원회에서 기관의 전체 평정대상자를 대상으로 직급별 평정 등급 및 평정점을 정할 때 적용하고 있다. 그 배분비율은 평정 등급(수·우·양·가)별 2:4:3:1로 정하고 있다.

(3) 목표관리제 평정법(MBO appraisals)

목표관리제 평정법은 상급자와 하급자가 같이 협의하여 실적 기준으로 사용할 목표를 설정하고, 일정 기간 동안 목표의 달성 수준을 평가하여 근무성적평정으로 활용하는 방법이다.

(4) 다면평가법

과거에는 근무성적을 평가할 때 상위 감독자 혹은 관리자만이 평가를 했으나, 최근에는 동료, 부하 또는 민원인 등도 평가를 할 수 있도록 하여 평가의 공정성을 높이고, 보다 폭넓은 개인의 능력을 알아볼 수 있도록 실시되고 있는 방법이다.

4) 운영상의 주의점

(1) 작성상의 주의점

(가) 평정요소의 선택

평정요소의 선택시 어떠한 평정요소를 선택할 것인가 하는 문제는 평정제의 용도와 평정대상자의 직급에 따라 달리하여야 한다. 또한 요소간의 중첩이 없어야 하고, 평정요소가 구체적으로 관찰할 수 있는 사실로 표현되어야 한다.

(나) 평정요소의 수

평정요소의 수는 기관마다 상이하며, 평정요소의 수는 평정대상자의 직급·이용목적에 따라 달라진다. 대체로 말단근로직의 경우 8, 일반사무·서기직의 경우 9, 감독자·행정관의 경우는 12 등이 평균 수치로서 나타나고 있다(J. Tiffin, 1952: 332-333).

(다) 평정요소의 비중

평정기준으로 사용되는 평정요소간 그 중요도가 다르게 나타날 수 있는데, 이때 어떤 요소에 더 비중을 둘 것인가가 문제된다. 실제 평점에 나타나는 차이 또는 표준편차를 고려하여 정할 필요가 있다.

(라) 등급의 수

등급의 수는 보통 3 내지 5로 하고 있다. 미국은 3등급, 우리나라는 4등급으로 하고 있는데 미국에서는 절대 다수가 중간등급에 집중하여 별 차이를 나타내고 있지 못하다. 결국 등급수가 너무 많아도 등급간에 명백한 구분이 어려워지며, 너무 적어도 충분한 분별이 되지 않는 문제가 있다.

(2) 이용상의 주의점

(가) 표준화

근무성적평정은 여러 사람의 성적을 비교하는 것에 그 목적이 있으므로, 그 중 특정인의 성적이 언제나 타인에 비해 좋게 또는 나쁘게 나타나지 않는가를 조사하여 이들간의 표준화를 기하도록 해야 하는데, 이러한 방법에는 다음과 같은 방법이 있다.

첫째, 강제배분법을 사용하는 것이다.
둘째, 평균치를 사전에 정해 놓고 거기에 일치시키는 방법이 있다.
셋째, 기관별로 각 평정자·확인자가 평정한 것을 심사하는 합의제의 구성을 통해 조정하는 방법이 있다.

우리나라에서는 이 세 번째 방법, 즉 근무성적평정위원회의 합의제 구성을 통해 조정하는 방법을 사용하고 있다.

(나) 평정자의 수

평정자의 수를 얼마로 할 것인가에 관한 문제이다. 제1차 평정자에게 평정의 책임을 주고, 제2차 평정자는 제1차 평정의 결과를 확인하게 하는 방법이 있다.

(다) 대화를 통한 평정

평정자가 평정대상자와 의논하면서 평정하는 것을 의미하며, 특히 성적이 좋지 못한 사람에게는 이를 알려주는 예가 많다.

공개성을 지지하는 이유를 살펴보면 다음과 같다.

첫째, 평정의 목적이 상벌의 목적만이 아니라, 점차적으로 개인의 능력·인품상의 특징을 파악하고, 단점이 있으면 이를 본인에게 알려 주어 시정 및 근무능률의 향상을 기하는 데 있다.
둘째, 평정자의 평정을 공개함으로써 권한의 남용이나 편견 등을 배제하도록 유도할 수 있다.

그러나 공개를 할 경우 오히려 평정자와 평정대상자의 관계가 악화될 우려가 있고, 평정자는 이를 고려해서 더욱 관대하게 평정을 하게 된다는 문제점도 있다.

(라) 소청심사

근무성적평정은 편견과 정실이 개입되기 쉬우므로, 평정대상자가 평정결과에 대해 불만이 있을 경우, 이에 대해 공정한 재결을 요구할 수 있는 권리를 줌으로써 평정의 객관성을 기할 수 있도록 해야 한다.

5) 평정 오차

(1) 연쇄효과(halo effect)

특정 평정요소의 평정결과가 다른 평정요소의 평정에도 영향을 미치게 되는 현상을 말한다.

(2) 집중화(central tendency) · 관대화(leniency tendency)

집중화현상은 제일 무난한 중간 점수로 대부분의 평정이 이루어져 평정대상자의 점수 대부분이 중간에 집중되는 것을 말하고, 관대화현상은 평정자가 평정대상자와의 친분이나 인간적 관계를 고려하여 실제보다 후하게 평정을 하는 것을 말한다.

(3) 근접효과(recency effect)

근접효과는 평정기간 중에 평정시점에서 가까운 때에 나온 실적이나 사건이 평정에 크게 영향을 미치는 현상을 말한다.

(4) 선입견(personal bias or prejudice)

선입견은 평정대상자의 개인적 특성 혹은 평소의 감정이나 편견 등이 평정과정에 반영되어 평정을 하는 현상을 말한다.

6) 우리나라의 문제점 및 개선방안

(1) 현 황

현재 우리나라는 연 2회 근무성적평정이 이루어지고 있고 평정결과에 대해 소청할 수 있다. 평정대상자 범위는 5급 이하 공무원, 연구직 공무원 및 기능직 공무원을 대상으로, 근무실적, 직무수행능력 및 직무수행태도 등을 평가한다.

4급 이상 공무원에 대한 근무성적평정은, 2004년 10월 도입된 직무성과계약제에 의해 이루어지고 있으며, 2005년 12월 현재 전 중앙부처로 확대되어 적용되고 있다.

(2) 문제점

우리나라 근무성적평정은 객관성 · 공정성을 확보하지 못한다는 비판을 많이 받고 있는데, 그 이유를 간단히 살펴보면 다음과 같다.

첫째, 객관적 평가기준이 미비하다. 이에 더하여, 우리나라의 경우 학연·지연·혈연 등 온정주의적 문화가 강하여 더욱 객관적이고 공정한 평정이 어렵다.

둘째, 연공서열위주의 평정이다. 현재 근무성적평정시 평정자는 평정대상자의 실적이나 능력보다는 연공서열을 더 중요시하여, 그에 따라 평정점수를 부여하고 있다.

셋째, 평정결과의 비공개이다. 현재 근무성적평정의 결과는 비공개로 하고 있는바, 상급자와 하급자와의 갈등유발, 관대화 경향 등을 방지하기 위해서라고 하나, 평정자의 주관 개입이나 정실 평정 등 객관성의 확보가 어려워지는 단점이 있다.

(3) 개선방안

근무성적평정은 공무원의 능력에 대한 평가와 그에 따른 환류를 통한 능력개발(경력개발프로그램과의 연계 등)에 매우 중요한 척도가 되며, 공직사회 전체의 발전에도 큰 밑바탕을 형성하게 하는 제도이다. 따라서 현재 우리나라 근무성적평정제도의 문제점에 대한 개선방안을 살펴보면 다음과 같다.

첫째, 평정지표의 객관화가 시급하다. 평정요소의 타당성과 객관성을 확보하여 평정자에 의해 발생하는 주관적인 판단이나 오류 등을 줄일 수 있도록 하는 것이 중요하다.

둘째, 실적주의 정착과 직위분류제 요소의 강화가 필요하다. 평정자의 개인적 잘못과 더불어 연공서열을 중시하는 조직문화도 공정하고 객관적인 평정을 방해하는 중요한 요인이다. 그러므로 실적주의 문화의 정착을 위한 조직적인 차원의 노력이 필요하고, 직무중심의 직위분류제 요소를 강화함으로써 평정상 나타나는 주관적 판단의 개입 여지를 최소화할 필요가 있다.

셋째, 평정결과의 공개와 다양한 활용이 필요하다. 평정결과가 공개될 경우, 평정자가 객관적인 평정을 해야 할 책임을 느끼게 하여 자의적인 평정의 소지를 줄일 수 있으며, 평정결과를 과거처럼 징계수단이 아니라 능력발전을 위한 기준 혹은 경력개발제도와의 연계를 통해 보다 진취적인 제도로 활용할 필요가 있다.

넷째, 다면평가제도의 활용이다. 근무성적평정상 나타날 수 있는 평정자의 오류나 잘못을 바로잡고, 공정하고 객관적인 평정이 이루어지도록 보완하는 제도로서 다면평가제도가 있는데, 최근 중요성이 강조되고 있다. 다면평가제도의 적극적 활용을 통해 상위 감독자가 발견하지 못한 여러 가지 방면에서 평정대상자가 가진 능력을 알아보는 것이 근무성적평정제도가 가진 능력발전이라는 근본적 취지를 실현시키는 데 있어서 필요하다고 할 수 있다.

2. 다면평가제도

1) 의 의

조직구성원 평가시 여러 사람을 평정자로 참여시킴으로써, 평가에 참여하는 소수에 의한 주관과 편견을 줄이고 객관성과 공정성을 높이는 제도이다.

2) 내 용

(1) 인사의 공정성 확보

우리나라 인사상 문제점으로 자주 지적되는 혈연, 지연, 학연 등 정실인사를 방지하는 차원에서 필요하다.

(2) 다수의 평가자 참여

다면평가제도에서 평가자로 참여하는 사람은 평정대상자의 상사, 동료, 부하 및 고객 등으로서 다양한 관점에서 평가를 가능하게 한다.

3) 운용현황

소속기관의 장이 자율적으로 평가방법, 평가절차 및 평가결과의 반영 등을 결정할 수 있고, 4급 이하 중・하위직에 주로 활용한다. 참여정부 출범이래, 2003년 3월 1급 이하 전 공무원의 인사 운영에 활용하도록 하였다.

4) 유용성 및 한계

다면평가제도는 다음과 같은 유용한 점이 있다.

첫째, 평가가 객관적이고 공정하게 이루어진다.
둘째, 조직 내외의 모든 사람들과 원만한 인간관계를 증진시키려는 강한 동기부여가 된다.
셋째, 자신의 장・단점을 여러 사람에게서 환류받음으로써 자기역량 강화의 기회가 많아진다.
넷째, 팀워크가 강조되는 현대사회의 새로운 조직유형에 적합하다.

그러나 몇 가지 한계점을 가지고 있는데, 이를 정리하면 다음과 같다.

첫째, 능력보다는 인간관계를 주로 평가하여 인기투표로 전락할 가능성이 있다.
둘째, 부처별, 직급별 특성에 따른 다양하고 적합한 평가는 어렵다.
셋째, 상사와 부하간의 갈등 소지가 있다. 이는 부하들의 평가를 받는다는 권위주의적 사고가 작용할 가능성이 있기 때문이다.
마지막으로, 부처이기주의가 나타날 수 있다. 특히, 통합된 부처의 경우에는 능력보다 출신 부처에 따라 평가하여 감싸주기식 평가가 일어날 수도 있다.

제 9 절 요약 및 결론

동태적 행정과정의 전체 구조에 있어 인사행정은 행정목표를 성공적으로 달성하기 위해서 반드시 필요한 인력관리에 관한 부분이다. 행정의 3대 변수는 인간, 조직, 환경인데, 이 중 인간에 관하여 다루는 것이 인사행정이다. 행정조직과 환경이 이상적인 행정목표의 달성을 위하여 최적인 상태로 있다고 하더라도, 행정과정에서 주체적 역할을 하는 인간(행정인)이 소극적으로 행동하고 능력발전에 무관심하다면 행정목표의 성공적 달성은 이루어질 수 없는 일이다. "인사(人事)가 만사(萬事)"라는 말도 있듯이, 인재를 적재적소에 배치하고 능력을 개발하는 인사행정의 중요성은 아무리 강조해도 지나치지 않을 것이다.

제7장에서 검토한 인사행정 목차의 구성은 개념이해 → 제도적 기반 이해 → 인사행정 과정별 이해 순으로 구성되어 있다. 기초 개념을 검토하고, 제도적 기반(엽관주의, 실적주의, 직업공무원제, 계급제, 직위분류제 등)을 검토한 후, 인사행정의 동태적 과정(인력계획, 인력구조, 채용선발, 능력발전, 동기부여, 평가환류 등)에 대해서 검토하였다. 여기서 이를 다시 요약하면 다음과 같다.

첫째, 인력계획(*manpower planning*)의 단계는 정부 각 조직 내에 필요로 하는 인력의 수요를 파악하고 적절하게 배치하기 위해 예측하고 기획하는 단계이다.
둘째, 인력구조(*manpower structure*)의 형성 단계는 인력계획이 수립되고 난 후, 인사기관에서 정부수행 업무의 증감예측을 바탕으로 직무분석과 직무평가를 통해 인력구조를 형성하는 단계이다. 여기에서는 공직분류의 체계와 공직분류의 방법 등을 학습하였다.

셋째, 채용(*recruit*) 및 선발(*selection*) 단계는 우수한 인적 자원을 모집·충원하는 단계이다. 지식정보사회에 부응하는 정부혁신을 실현하기 위해 창의적이고 우수한 인재를 등용하여 정부 각 기관에 적재적소로 배치함으로써 정부혁신의 효과를 높이는 단계이다. 여기에서는 모집, 시험, 임용 등을 학습하였다.

넷째, 능력발전(*capacity development*) 단계이다. 정부업무의 효율적인 수행을 위해서는 우수 인재를 선발한 뒤에도, 사회변화의 빠른 변화 속도에 부응하는 지속적인 능력발전과 교육훈련이 필요하다. 공무원의 총체적 능력은 임용 당시의 능력과 능력발전(근무경험+교육훈련)의 총합이다(공무원의 능력=임용능력+능력발전). 여기에서는 교육훈련과 근무경험(순환보직·전직전보)으로부터 오는 능력발전을 학습하였다.

다섯째, 동기부여(*motivation*) 단계이다. 일의 성과는 능력(임용능력+능력발전)×근무의욕이다. 따라서 공무원 개개인이 얼마나 자신이 맡은 업무에 열정적으로 수행하는가 하는 근무의욕 고취는 매우 중요한 문제이다. 여기에서는 사기, 보상, 직무성과계약, 인센티브 프로그램 등을 학습하였다.

마지막으로, 평가(*evaluation*) 및 환류(*feedback*) 단계는 공무원의 각자 수행한 업무에 대한 성과를 객관적으로 평가하고, 이에 대한 적절한 통제를 하는 단계이다. 객관적이고 공정한 평가와 통제가 잘 이루어질 수 있도록 제도적 장치를 정비하고 운용할 필요가 있다. 여기에서는 근무성적평정, 다면평가제도 등을 학습하였다.

지식정보사회에서는 지속적 학습과 새로운 지식의 습득이 강조된다. 전통적 조직에서는 한번 습득한 기술이나 능력이 오랜 기간 조직의 경쟁력을 보장하였지만, 지식정보사회의 조직에서는 새로운 기술과 관리능력에 대한 지속적인 학습을 요구하고 있으며, 이에 따라 지식정보사회에서의 정부관료는 환경인지능력, 지식창조능력, 고객만족능력과 더불어 정책역량강화에 핵심지식을 갖춘 '지식관료'가 될 것을 요구하고 있다. 이러한 측면에서도 이 장에서 공부한 인적 자원의 충원과 관리, 그리고 인적 자원의 능력발전과 동기부여의 문제는 현대행정의 있어 매우 중요한 의미를 갖는다고 하겠다.

제 8 장

재무이론

현대행정은 동태적 행정과정을 거쳐 실현된다. 동태적 행정과정의 첫 시발점은 국가목표 및 정책결정이며, 이를 실현하기 위해 조직·인사·재무 등 조직화와, 인간관·동기부여·리더십 등 동작화, 그리고 행정책임·행정통제·행정개혁·정부혁신 등 환류 및 학습이 필요하다. 앞에서 우리는 미래의 바람직한 상태의 실현을 의미하는 국가목표 및 국가정책 이론에 대해 살펴보고, 조직화에서 필요한 조직이론과 인사이론에 대해 살펴보았으므로, 이 장에서는 조직에서 예산을 효율적으로 동원 활용하는 문제인 재무행정에 대해서 학습하고자 한다.

예산은 행정목표의 조직화 과정에서 자원(currency) 역할을 하므로 매우 중요하며, 예산의 효율적 집행(신축성)과 엄격한 통제(책임성)의 적절한 조화가 요구된다. 참여정부의 예산개혁 방안 중 하나인 '3+1 국가예산제도개혁' 역시 예산운영의 신축성과 책임성 확보에 그 초점이 있다.

재무행정이론의 목차 구성은 기초개념 이해 → 예산동원과 결정 이해 → 제도적 기반 이해 → 동태적 예산과정 이해 → 국가예산제도 개혁 이해로 구성되어 있다. 먼저, 재무행정의 기초개념에서는 예산의 의의와 성격, 원칙, 종류를 살펴보고, 예산의 동원과 합리모형·점증모형 등의 예산결정 이론에 대해서 살펴본다.

재무행정의 제도적 기반에서는 품목별예산, 성과주의예산, 계획예산제도 등 각종 예산제도를 살펴보고, 예산의 편성·심의·집행·결산으로 이루어지는 예산과정에 대해서 살펴본다.

예산집행상의 신축성 확보 방안에서는 예산집행의 경직성으로 인해 나타나는 문제점과 한계들을 살펴본 후, 이를 극복하기 위한 신축성 방안들을 살펴보기로 한다.

마지막으로, 예산제도의 전반적인 변화를 위한 일련의 노력으로서 국가예산제도의 개혁에 관한 여러 가지 방안들을 학습한다. 예산제도의 개혁에서는 산출예산제도, 연도말 이월제도, 다년도 예산제도, 복식부기·발생주의 회계방식을 학습한다.

제 1 절 예산의 기초개념

1. 예산의 의의

예산이란 일정한 회계연도 동안의 정부의 세입과 세출에 관한 계획이다.1) 예산결정과정은 관련 집단과의 상호작용이 있는 정치적이고 합리적인 과정이며, 예산집행과정은 효율성과 민주성, 신축성과 책임성의 조화를 토대로 집행되는 정치적·합리적 과정이다.

재정의 동원 및 배분은 행정에 있어 예산이라고 호칭되며, 정부의 예산은 국민이 가장 귀중히 생각하는 재원의 우선순위 분배와 관련된 중요한 문제이다. 따라서 정부의 예산은 경제의 안정, 성장, 소득의 분배 등 중요한 경제적 기능을 하고 있으며, 이는 정치적으로 큰 비중을 차지하게 되므로 책임정치의 핵심을 점하고 있다고 할 수 있다.

2. 예산의 특성

예산의 특성은 다음과 같다.

첫째, 예산은 희소한 공공재원의 배분에 대한 계획이다. 예산은 정부서비스를 제공하는 방법과 수단, 그리고 정부활동을 효율성과 형평성이라는 측면에서 평가하는 기준을 제시한다.

둘째, 예산이 이루어지는 활동무대는 다양한 주체들간의 상호작용이 발생한다. 예산은 다양한 이해관계의 조정을 통해 결정되고 예산결정과정은 하나의 정치적 과정이다.

셋째, 예산에는 다양한 형태의 정보들을 창출하는 도구가 된다. 정보를 제공하는 양식에 따라 예산제도는 품목별예산, 성과주의예산, 계획예산, 영기준예산, 자본예산, 산출예산 등으로 발전해 왔다.

넷째, 예산은 정부정책 중 가장 보수적인 영역에 속한다. 매년 일정한 과정을 거쳐 결정·집행되는 의례적 절차가 있으며, 전년 대비 일정 비율의 변화에 국한되는 점증주의모형의 특징이 강하다.

다섯째, 예산은 정부관료들의 책임성을 확보하기 위한 회계도구이다. 또한 예산과정을 통해

---

1) 회계연도는 나라마다 차이가 있다. 영국과 일본은 당해연도 4월 1일에서 차년도 3월 31일까지이고, 미국 연방정부는 10월 1일에서 9월 30일까지이다. 우리나라의 회계연도는 중앙정부와 지방정부 모두 1월 1일부터 12월 31일까지이다.

정부의 산출물을 평가하고 측정할 수 있다. 따라서 신공공관리론(NPM: New Public Management)의 정부 성과관리 혁신에서는 예산개혁 부문이 매우 비중 있게 다루어진다(이종수 · 윤영진, 2005: 520-521).

3. 예산의 원칙

1) 전통적 예산원칙

전통적인 예산원칙은 입법국가시대에 행정부에 대한 국회의 통제를 강조하던 때 제시된 원칙이다.

(1) 공개성의 원칙

모든 예산은 공개되어야 한다는 원칙을 말한다. 우리나라에서는 매년 「예산개요」를 발간하고, 이를 인터넷에 공개하여 원칙을 준수하고 있다. 다만, 국방비 · 국가정보원 예산 등 체제유지비의 경우 안보를 이유로 공개하지 않는다.

(2) 명확성의 원칙

예산구조나 과목은 국민들이 쉽게 이해하도록 명확해야 한다는 원칙을 말한다. 예외적인 경우로는 항목별로 예산을 구분하지 않는 총액배정예산도 있다.

(3) 사전성의 원칙

예산은 미리 결정되어 회계연도가 시작되면 바로 집행할 수 있도록 해야 한다는 원칙이다. 우리나라 국회는 다음 회계연도 개시 30일 전까지 예산안을 의결해야 한다. 예외적인 경우로 재정상의 긴급명령을 인정하고 있다.

(4) 정확성의 원칙

정부는 국민들에게 필요 이상의 돈을 거두어서는 안 되며, 계획대로 정확히 지출해야 한다는 원칙이다. 회계연도가 끝난 후 집행내역을 정리한 결산과 당초 계획했던 예산이 꼭 일치할 수는 없지만, 가능한 수치의 추계가 정확해야 하고, 수입의 유래와 용도가 분명해야 한다.

(5) 한계성의 원칙

예산은 주어진 목적, 규모 그리고 시간에 따라 집행되어야 한다는 원칙을 말한다. 목적 외 사용이 금지되며, 당초 계획한 금액 내에서 집행되어야 한다. 예외적인 경우로는 이용과 전용, 예비비, 추가경정예산 등이 있다. 또한 회계연도 독립의 원칙을 준수해야 한다. 예외적인 경우로는 이월비, 계속비 등이 있다.

(6) 통일성의 원칙

특정수입과 특정지출이 연계되어서는 안된다는 원칙을 말한다. 국가의 모든 수입은 일단 국고에 편입되고, 여기서부터 모든 지출이 이루어져야 한다. 예외적인 경우로는 특별회계가 있다.

(7) 단일성의 원칙

예산은 가능한 단일 회계 내에서 정리되어야 한다는 원칙을 말한다. 회계장부가 많으면 재정구조와 규모를 파악하기가 어려워지기 때문이다. 예외적인 경우로는 특별회계, 특별기금 등이 있다.

(8) 완전성의 원칙

모든 세입과 세출은 예산에 명시적으로 나열되어 있어야 한다는 완전성의 원칙이 있다.

2) **현대적 예산원칙**(H. D. Smith, 1945)

(1) 계획과 책임의 원칙

행정부 사업계획을 반영하고, 총액배정・자율편성을 허용한다는 원칙을 말한다.

(2) 다원과 신축의 원칙

예산집행에 대한 통제를 통한 책임성의 실현도 중요하지만, 환경변화에 대응하는 신축성을 부여하기 위해 다원적 절차와 시기신축성을 허용한다는 원칙이다.

(3) 성과 책임의 원칙

예산집행의 통제요소를 줄이고 자율성을 부여하는 대신, 결과에 대한 책임을 부여한다는 원칙이다.

(4) 상호 학습과 교류의 원칙

중앙예산기구와 부처예산기구의 상호 학습 및 협조교류를 활성화해야 한다는 원칙이다.

(5) 보고와 수단구비의 원칙

정부 각 기관의 업무보고를 중시하고, 재정통제 및 신축성 유지를 위한 수단을 준비해야 한다는 원칙이다.

4. 예산의 종류

1) 세입·세출의 성질에 따른 유형: 일반회계, 특별회계

일반회계란 일반적 국가 활동에 대한 세입·세출을 포괄하고 있는 것을 의미하고, 특별회계란 국가가 특정한 사업을 운영하거나, 특정한 자금을 보유하여 운영할 때, 또는 기타 특정한 세입으로 특정한 세출에 충당함으로써, 일반의 세입·세출과 구분하여 정리가 필요할 때 마련하는 예산이다.

2) 예산절차상 특징에 따른 유형: 본예산, 수정예산, 추가경정예산

본예산이란 정기적으로 매년 다음 해의 총 세입·세출을 예산으로 편성하여 정기예산 국회에 다음 회계연도가 시작되기 90일 전에 제출하는 것을 말하고, 수정예산이란 행정부에서 예산안을 국회에 제출하기는 했으나 아직 심의가 끝나기 전에 제출되는 것을 의미한다. 추가경정예산은 일단 통과되고 다음 해의 회계연도가 시작된 후에 제출하는 것을 의미한다.

3) 예산 불성립시 예산집행 장치: 준예산, 잠정예산, 가예산

준예산이란 예산이 회계연도 개시일까지 국회에서 통과되지 않은 경우에 일정 기간·일정금액을 한정해서 본예산이 통과될 때까지 지출하다가, 예산이 통과되면 효력을 상실하고, 본예산으로 흡수되는 예산방식이다. 잠정예산은 몇 개월의 잠정적인 예산을 편성하여 입법부의 승인을 받는 방식이고, 가예산은 잠정예산의 한 유형으로 기간이 1개월 이내인 예산방식이다.

4) 예산심의 절차에 따른 유형: 기금, 정부투자기관예산, 신임예산

기금이란 복잡한 행정환경에서 특수한 정책목적을 실현하기 위하여 탄력적으로 운용할 수 있도록 특정사업을 위해 보유·운용하는 특정자금이라고 할 수 있다. 정부투자기관예산이란 정부가 50% 이상을 투자 또는 출자한 법인체인 공기업에 조성되는 자금이다. 신임예산은 입법부가 예산총액만 결정하고 세부적인 내용은 행정부에 위임하는 예산제도를 말한다. 지출내용과 액수를 미리 추측하기 어려운 전시나 국가의 안전보장상 그 내용을 밝히기 곤란할 경우, 입법부가 총액만 결정하고 예산 각항의 실질적인 부분은 행정부가 결정 지출하는 제도이다.

5) 재정정책 지향적인 예산: 조세지출예산, 지출통제예산, 통합예산

조세지출예산은 조세감면의 정치·경제적 효과를 검토하기 위하여 조세감면을 정부의 지출로 파악하는 것을 말하며, 지출통제예산은 총액만을 승인하고 구체적인 항목별 구분 없이 각 부처의 재량으로 행해지는 총액배정예산을 말한다. 통합예산은 공공부문의 모든 기금과 수입, 지출을 망라하는 예산을 말한다.

제 2 절 예산결정이론

1. 예산동원의 유형

1) 조 세

정부의 예산확보를 위한 가장 보편적인 방법은 조세이다.

2) 신 용

정부가 공공기관으로서 갖고 있는 신용을 근거로 재정상 필요한 자금을 유치하거나, 공채발행을 통하여 민간부문으로부터 얻는 것을 의미한다.

3) 적자재정

정부수입이 지출보다 부족하여 그 예산이 적자인 상태를 말한다. 후진국에서는 경제력, 재정력의 취약성으로 많은 경우 적자재정을 운영하고 있으며, 선진국에서는 경제성장, 경기의 유지, 고용수준의 향상 등을 위해 의도적으로 적재재정을 운영하기도 한다.

2. 예산결정에 관한 이론

1) 점증주의: 정치적 과정에 의한 예산배분

(1) 점증주의의 개념

점증주의(*incrementalism*)란 전년도의 예산액을 기준으로 하여 다음 해의 예산을 배정하는 예산결정방법을 말한다. 점증주의 방식에서는 전년도 예산이 다음 해 예산의 규모와 내용을 결정짓는 가장 중요한 기준이 된다(Wildavsky, 1965: 13).

(2) 점증주의의 전제조건

㈎ 권력분산

점증주의는 권력이 분산되어 정치적 과정에 의해 예산의 증감이 작은 폭으로만 변동가능한 여건에서 적용가능성이 높아진다.

㈏ 가용재원

가용재원의 여유가 전년도에 비하여 크지 않을 때 점증주의 적용가능성이 높아진다.

㈐ 단기주기

예산 사이클(회계연도)이 길 때에는 많은 변동이 일어날 수 있으나, 짧을 때에는 변동의 폭이 좁아진다. 미국의 일부 주정부와 같이 예산 사이클이 2년인 경우에는 변동의 폭이 클 수 있으나, 1년인 경우에는 점증주의의 타당성이 높아진다.

(3) 점증주의의 장점과 한계

㈎ 장 점

점증주의는 다음과 같은 장점을 지닌다.

첫째, 전년도 결정에 의존하기 때문에 규모와 내용에 큰 변화가 없으므로, 다음 년도의 예산에 대한 전반적인 예측가능성이 높다.

둘째, 정책 이해 당사자간의 협상과 타협을 통한 예산결정이 이루어지게 되므로, 정책과정상 나타날 수 있는 갈등을 최소화할 수 있다.

셋째, 정책 이해 관련 당사자의 이해를 조정하여 합의를 도출하고 예산이 결정되므로, 예산결정의 안정성이 높다.

(나) 한 계

점증주의 모형은 현실 설명력이 높지만, 본질적인 문제해결 방식은 아니며 보수적이다. 또한 점증주의는 자원이 풍부한 경우에는 이해 당사자들의 요구를 대부분 충족시켜 줄 수 있으나, 자원이 부족한 경우 소수 기득권층의 이해를 먼저 반영하게 되어 사회적 불평등을 야기할 우려도 있다.

Wildavsky가 주장하는 바와 같이, 실제적으로 점증적인 경우(0~10%)가 많은 것은 사실이지만, 중간적인 경우(11~30%)와 비점증적인 경우(31% 이상)도 적지 않다. 점증주의자들은 점증주의의 실증을 제시할 때 분석단위로써 부처수준을 사용하지만, 같은 부처예산도 사업별로 분석해 보면, 사업에 따라 예산액에 상당한 기복(起伏)이 있으며 점증주의와는 거리가 멀다는 것을 발견할 수 있다.

2) 합리주의: 합리적 분석에 의한 예산배분

(1) 합리주의의 개념

합리주의(*rationality*)란 합리적 분석에 의한 예산결정 방법을 말한다. 예산배분의 문제를 해결하기 위해 이론이나 모형을 구성하고, 이에 기초한 계량모형을 통해 최적의 해결방안을 모색한다.

합리주의적 결정이론은 모든 대안에 대하여 완전한 정보를 얻을 수 있다는 것을 전제로 하고 있다. 순수한 합리주의적 예산결정은 다음과 같은 논리적 단계로 이루어진다(Lee, Jr. and Johnson, 1983: 16).

- 조직체의 목표를 우선순위별로 배열
- 목표별로 가능한 대안을 탐색
- 대안별로 비용과 편익을 비교
- 목표를 최대한 달성할 수 있거나 비용이 가장 적게 드는 대안 선택

(2) 결정 절차

합리주의에 의한 예산 배분 결정 절차는, 1) 바람직한 목표의 설정, 2) 대안의 모색, 3) 각 대안에 따른 비용과 편익의 예측, 4) 대안의 비교 및 선택의 과정을 거치게 된다. 이러한 과정을 거쳐 과학적 분석과 자원배분의 합리성을 기하여 예산을 편성하는 대표적인 예로는 계획예산(PPBS)와 영기준예산(ZBB) 등이 있다.

(3) 한계

합리적인 예산결정과정에서 나타날 수 있는 문제점을 몇 가지 살펴보면 아래와 같다.

첫째, 합리주의에서 가정하는 것처럼 모든 정보를 다 파악할 수 없다.

둘째, 과학적 분석과 계량화를 통해 예산을 결정하지만, 공공부문 특성상 공익과 가치가 계량화나 분석하기가 어려운 경우도 많다.

셋째, 경제적 합리성을 너무 많이 강조하게 될 경우 상충되는 이해관계의 조정이나 협상이 없어지게 되므로 정치적 합리성이 무시될 수도 있다.

3) 예산결정이론의 평가

정책결정자는 여러 대안 중에서 국가목표에 가장 적합한 대안을 찾아야 한다. 정부 행정서비스의 수요는 늘고 있지만, 재원부족으로 행정서비스를 줄여야 하는 감축관리시대에 예산결정이론을 재조명해 보는 것은 의미 있는 일이다. Barber(1975)의 실증적 연구에 의하면 점증주의와 합리주의는 동시에 병존하고 지적하는바, 따라서 점증주의와 합리주의의 문제는 점증주의과 합리주의의 비율적 적용에 관한 문제라고 할 수 있다(Barber, 1975: 138).

제 3 절 예산제도

1. 품목별 예산제도(Line Item Budget System)

1) 의 의

품목별 예산제도(*line item budget system*)는 예산의 편성·분류를 정부가 구입·지출하고자 하는 품목별로 하는 예산편성제도이다. 우리나라의 예를 들면, 예산과목인 장·관·항·세항·목이 있는데, 이 중 목이 품목에 해당하는 것으로서, 급여·연금·수당·여비 등 수십 목으로 나누어져 있다(박동서, 1978: 320).

2) 도입 배경

품목별 예산제도는 미국에서 1907년에 뉴욕시에서 행정의 절약과 능률을 증진시키기 위해 처음 도입하였다. 이는 입법부가 행정부를 극도로 불신하고 고도로 통제하여, 행정관료의 자유재량 여지를 최대한 억제하고자 하던 시대의 산물이다.

3) 유용성

(1) 예산집행상 부성 방지

품목별 예산제도는 지출대상을 보수·여비·시설비 등의 품목별로 세분하여 그 지출대상과 금액을 규정함으로써, 예산집행시 담당 관료들의 부정부패 소지를 크게 줄일 수 있다.

(2) 예산심의와 회계검사 용이

정부 전체의 보수·여비·시설비 등 품목별 지출총액을 밝혀줌으로써, 예산안 편성을 용이하게 할 뿐만 아니라, 예산심의와 회계검사를 용이하게 한다.

(3) 행정권의 남용 방지

품목별로 세세하게 지정된 금액으로 인해 예산집행 관료들의 재량 여지가 매우 축소되어, 행정권의 남용이 발생할 우려를 거의 원천적으로 봉쇄하는 효과를 가져 올 수 있다

(Schick, 1971: 22-23).

4) 한 계

(1) 조직의 목표 파악 곤란

품목별 예산제도는 조직에 필요한 각 항목에 의한 예산의 배분이 이루어지므로, 그 조직의 목표나 사업계획 등의 파악이 곤란하게 된다.

(2) 경직적 예산 운용 초래

품목별로 너무 세세하고 엄격하게 배분된 예산으로 인해, 예산 운용상 신축성이 거의 없으며 예산집행상 신축적이고 효율적으로 대처해야 할 상황에 직면하더라도, 이에 대한 적절한 대응을 할 수 없게 된다. 예산의 신축적 운용과 자율적 책임을 중요시하는 최근의 현대행정 환경변화하에서는 문제점이 있는 예산제도라고 할 수 있다.

2. 성과주의예산제도(Performance Budget System)

1) 의 의

성과주의예산제도(PBS)는 투입요소를 중심으로 단위원가(*unit cost*)×업무량=예산액으로 예산책정을 하는 예산제도이다. 즉, 성과주의예산제도는 각 사업에 대해 성과를 측정할 수 있는 단위, 단위당 원가, 그리고 달성하고자 하는 성과목표(업무량)를 정한 후, 성과목표(업무량)와 단위원가를 곱하여 사업당 예산액을 책정하는 예산제도이다.

Mosher(1954)는 성과주의 예산제도는 활동별(*activity*)로 양적으로 표시한 업무단위를 선정하여 단위원가를 기준으로 예산을 과학적·합리적으로 편성함으로써, 집행성과를 측정·분석·평가할 수 있게 하는 예산제도라고 정의한다(Mosher, 1954: 81-82). Smithies(1955)는 예산이 사용되는 목표를 제시하고 이를 이룩하는데 요청되는 업무단위와 이에 소요되는 단위원가를 제시하는 것이라고 하였다(Arthur Smithies, 1955: 83). Binford(1978)은 성과주의예산을 활동의 성과(*performance of some activity*) 또는 업무량의 달성(*accomplishment of a work load statistic*)과 관련시켜 예산 추계를 하는 제도라고 하였다(C. W. Binford, 1978: 113-119). 이러한 논의를 종합해볼 때,

성과주의예산은 품목별 예산제도 및 계획예산제도(PPBS)와는 구별된다는 것을 알 수 있다.

2) 도입 배경

성과주의예산제도(Performance Budget System)는 1912년 미국 Taft 위원회에서 처음 제시되었고, 1949년의 제1차 후버위원회가 성과주의 예산제도의 개념과 기법을 일반화시킨 뒤, 1955년 제2차 후버위원회가 예산이 프로그램으로 구체화되어야 한다고 주장함으로써, 성과주의예산제도는 새로운 예산제도로 발전되었다.

우리나라에서는 1961년 국방부에서 도입을 시도하고 농림부와 보사부가 그 뒤를 따랐으나, 성공적으로 제도화하지 못하고 실패하여 1964년부터 중단되었다.

3) 내용 및 특징

성과주의예산은 사업이 제공하는 서비스의 양은 업무측정단위를 기준으로 측정되며 업무측정단위당 원가가 계산되고 단위원가와 예상업무를 예산과 비교하여 사업의 성과를 측정할 수 있기 때문에 성과주의예산이라고 한다. 성과주의예산은 사업을 단위로 예산을 편성하고 성과를 측정하는데, 사업예산의 총액만이 승인되어 집행기관의 자유재량에 맡겨지고 구체적인 지출에 대한 간섭을 배제하고 집행기관은 목표달성의 책임을 지는 것이 성과주의예산의 기본정신이다. 이는 우리나라에서 도입한 총액배정 · 자율편성(Top-Down) 예산제도의 정신과도 통용되는 부분이다.

하지만 성과주의예산(PBS: Performance Budget System)은 산출(*output*)에 대한 예산편성에 있어서 산출의 총 가치를 측정하기 보다는 산출에 투입된 업무단위와 단위원가를 기준으로 예산편성을 하므로 엄밀한 의미의 산출중심 예산제도라고 할 수는 없는 한계가 있었다. 이에 따라 산출의 총 가치를 예상하여 정책의 우선순위를 정하고, 자산의 실시간 감가상각과 동태적 자산측정을 허용하는 산출예산제도(NPBS: New Performance Budget System)로 진화하는 추세이다.

우리나라에서도 재정경제부는 2006년 5월 26일 품목별 예산과목 기준으로 결산하던 방식에서 사업성과(산출물)중심으로 결산하는 방식으로 개정하는 국가재정운용체제의 변화에 관한 법률을 입법예고함으로써, 산출예산제도에 대한 도입기반을 마련하였다.

2006-2010 예산편성방향(예산결산특별위원회)에 대한 보고안건에 따르면, 현 예산체계는 프로그램 예산체계를 기초로 한다. 이는 정책과 예산의 연계 및 재정성과 제고를 위

해 국가의 최소정책단위인 프로그램 중심으로 설정한 예산체계로 이전 개별사업(세세항)과 비목(목-세목) 중심으로 편성 및 집행 관리되어 정책우선 순위에 입각한 전략적 재원배분과 효율적 성과관리의 한계를 극복하고자 하는 것이다. 이러한 관점에서 프로그램 예산체계는 정책과 성과중심으로 재정운용을 선진화하는 기초가 되고 있다(기획예산처, 2006: 9)[2].

더불어, 국가재정운용계획을 공개토론회를 거쳐 5년 단위로 편성하고 있다. 이는 2008년 이명박 정부의 예산안에도 잘 나타나는 데, 국가재정운용계획은 국가의 역할과 지원이 필요한 분야에 중점 지원한다는 것이며, 산출의 총 가치를 예상하여 정책의 우선순위를 정하고, 자산의 실시간 감가상각과 동태적 자산측정을 측정하는 데 도움이 된다(정부, 2007: 2)[3] 즉, 국가 총 중점사업을 선정함으로써 나타나게 될 영향력을 총체적으로 고려한 후 얻어진다는 측면에서 산출예산제도(New Performance Budget System)의 한 형태로 간주할 수 있다. 이것이 과거 국가발전계획과 다른 점은 과거에는 사업을 결정하는 데 특정 소수의 결정자들 중심으로 이루어졌던 반면, 국가재정운용계획은 관계자 대다수가 참여한 가운데 토의과정을 거쳐 형성된다는 점이다. 이러한 관점에서 새로운 국가재정운용계획제도는 미래의 다양한 가능성을 계획에 반영할 수 있는 미래지향적 제도라는 점에서 의의를 찾을 수 있다.

4) 장점 및 한계

성과주의예산제도가 가지는 장점과 한계를 살펴보면 다음과 같다.

(1) 장 점

성과주의예산제도가 가진 장점은 다음과 같다.

첫째, 의원 및 국민들이 정부가 무엇을 얼마만한 돈·세금으로 하고 있는지를 알 수 있어 이해와 지지를 얻는 데 도움이 된다는 것이다.

둘째, 정책별 예산·재원의 배분 및 집행을 합리화 시킬 수 있다.

셋째, 예산집행의 신축성을 높일 수 있다.[4]

---

2) 기획예산처, "2006-2010 국가재정운용계획 수립 추진상황 및 2007년 예산안 편성방향," 예산결산특별위원회 보고자료, 2006. 3.

3) 정부, "2008년 예산안 개요," 예결산정부시스템 심사정보자료, 2007. 9.

4) 이는 기존의 품목별 예산에 의한 경직적 운용에 비해, 성과를 낼 수 있는 단위 투입요소별로 묶어 예산이 배정되므로 상대적으로 신축적인 운용이 가능하다는 의미이다.

넷째, 사업별로 통제가 가능하며, 따라서 행정성과의 향상을 기할 수 있다.

(2) 한 계

성과주의예산제도가 가진 단점은 다음과 같다.

첫째, 사업별 업무 단위가 정해지고 동시에 단가가 계산가능하여야 하는데 실제로 매우 어려운 일이라는 점이다. 정부업무는 업무 단위의 선정이 곤란한 경우가 많으며, 단위원가의 산정의 경우 더욱 어려운 경우가 많다.

둘째, 품목별 예산의 장점이 여기서는 단점으로 지적되는데, 세출에 대한 통제가 품목별 예산보다 상대적으로 약화될 수밖에 없다는 점이다.

셋째, 계획예산에 비해 성과주의예산은 무엇을 할 것인가와 같은 정책결정주체의 문제를 초점으로 하는 것은 아니다(박동서, 1978: 324). 다시 말해, 구체적인 개별적 사업만 나타나 있어 전략적인 목표의식이 결여되어 있고 장기적인 계획과 예산의 연계보다는 단위사업만 중시하는 예산이었다는 것이다.

3. 계획예산제도(Planing Programming Budgeting System)

1) 의 의

계획예산제도(Planing Programming Budgeting System)는 장기적인 계획(planning)과 단기적인 예산(*budgeting*)을, 실시기획(*programming*)을 통해 유기적으로 연결시킴으로써, 예산 배분에 관한 정책결정을 합리적으로 일관성 있게 행하려는 예산제도를 말한다.[5] 계획예산제도는 기본계획을 수립하고 예산을 배정하기 전에, 먼저 부처별로 기본목표를 정하고 그에 따라 중장기 계획을 수립하도록 한다. 그 다음 사업계획을 달성할 수 있는 가능한 대안을 찾아내고 과학적 분석기법들을 동원하여 최적의 대안을 선택한 후 우선적으로 예산을 배정하는 방법이다.

---

5) 계획예산제도(Planing Programming Budgeting System)는 Plan → Program → Program-subcategory → Program-element라고 하는 여러 단계의 사업구조를 가지고 있다.

2) 도입배경

계획예산제도(Planing Programming Budgeting System)를 도입하게 된 원인을 살펴보면 다음과 같다(박동서, 1978: 326).

첫째, 경제분석의 중요성 증대이다.[6] 거시적 경제이론은 예산 또는 재정을 경제체제와 관련시켜 생각하게 했으며, 미시적 경제이론은 한계효용의 원리를 제공함으로써 경제성을 향상시키는 데 도움을 주었다.

둘째, 새로운 정보기술 및 전자정부의 발전이다. 이러한 변화들은 정책결정에서 객관적 분석의 적용을 확대할 수 있게 하였다. 이는 곧 OR 및 편익-비용분석(Benefit-Cost analysis)을 근간으로 하는 정책분석기술의 발전을 의미하며, 전자정부에 의한 정확한 정보수집·분석·처리기술의 향상이 수반되었다.

셋째, 기획과 예산간의 일치요구이다. 현대행정하에서는 행정기능에 있어 발전기획이 매우 중요한 요소로 등장하였고, 이러한 기획이 예산과 연계되어 강력하게 추진될 수 있도록 할 필요성이 요청되었다.

계획예산제도는 미국 케네디 대통령 당시에 국방예산에 처음 도입되었고, 이후 1965년 존슨 대통령에 의해 전 연방정부에 적용되었으나, 1971년 9월 닉슨 대통령 시절 미 관리예산처(OMB)의 지시에 의해 공식적으로 종결되었다.

우리나라에서는 1971년 군특명검열단에 PPB위원회가 설치되었고, 1974년 한국군 전반에 적용하기 위한 계획이 수립되고 국방부와 각 군에 추진기구가 설치되면서 본격적으로 시작되었으나, 1975년 미국 닉슨 행정부에서 PPB가 MBO로 대체된 것 등에 영향을 받아 중단되었다(박영희·김종희, 2006: 388-389).

3) 특 징

계획예산제도의 특징은 다음과 같다.

첫째, 계획예산제도는 목표의 구조화, 체계적인 분석, 재원배분을 위한 정보체제 등을 강조하는 예산제도이다. 국가목표를 구조화하기 위한 대안을 체계적으로 분석하여 각 대안의

6) 성과주의예산이 도입된 이후 능률성·효과성이 강조되었고, 성과나 생산물에 대한 가치를 평가할 수단이 필요하게 되었다. 이러한 이유로 경제적인 분석(계량분석 등)이 현대행정에 있어 요구되기 시작했다.

비용과 편익을 검토한 후 계획을 수립한다(*planning*). 그리고 계속해서 그 계획을 구체화하며(*programming*), 끝으로 구체화된 세부계획에 따라서 재원을 배분한다(*budgeting*)는 것이다.

둘째, 계획예산제도의 중요성을 강조하는 가장 큰 이유는 효과성에 있다. 정부가 정해진 목표를 달성하기 위하여 각종 정책이나 사업을 수행하는 데 절약과 능률을 기하는 것도 중요하지만, 그것보다 예산사업을 수행하여 소기의 목표를 달성하는 효과성이 무엇보다 중요한 것이다. 왜냐하면, 정부예산 운영에서 핵심적인 과제는 자원의 효율적 배분이기 때문이다(신무섭, 2001)

4) 장점 및 한계

계획예산제도의 장점과 한계를 살펴보면 다음과 같다.

(1) 장 점

계획예산제도(Planing Programming Budgeting System)가 지니는 장점은 다음과 같다.

첫째, 국가목표를 보다 정확하게 계속적으로 파악할 수 있게 해 준다.

둘째, 국가목표 중 가장 긴급한 것을 파악할 수 있게 된다.

셋째, 국가목표를 실현하는 가장 효율적인 수단의 분석을 가능케 한다. 이러한 장점들이 결국 기획과 예산간의 유기적인 연관성을 높이고, 궁극적으로 정책의 효율적 달성이 가능해진다.

(2) 한 계

성과주의예산은 행정성·관리성을 띤다면, 계획예산제도는 정책결정주체의 합리성에 초점이 있으므로 보다 근본적이며 정치성을 띤다. 계획예산제도의 한계를 살펴보면 다음과 같다(박동서, 1978: 329).

첫째, 목표설정은 가치판단적인 것이기 때문에 계량화하기가 어렵다는 한계가 있다.

둘째, 관계인의 태도·이해가 필요하며, 특히 예산당국 및 행정공무원의 분석적 능력이 요구된다.

셋째, 집권화에 대한 우려를 들 수 있다. 계획예산은 모든 정보를 최고책임자 주변의 참모들에게 집중하게 되므로, 집권화에 의해 행정권의 남용이 발생할 소지가 있다.

4. 영기준 예산제도(Zero-Base Budget)

1) 의 의

영기준 예산제도(Zero-Base Budget)란 이전 회계연도의 예산에 구속받지 않고 정부의 모든 사업에 대하여 전면적인 검토를 하고 이를 기초로 능률성과 효과성 등을 체계적으로 분석하여 우선순위를 결정하여 그에 따라 예산을 편성하는 제도를 말한다. 미국 관리예산처에서는 영기준 예산제도를 예산요구와 사업계획시에 모든 사업과 활동을 전면적으로 검토하는 관리과정이라고 정의하고 있다.

2) 도입배경

영기준 예산제도(Zero-Base Budget)는 미국에서 1972년 카터 주지사에 의해 조지아주에 우선 도입되었고, 대통령 당선 후 1977년 연방정부의 예산제도로 채택되었다. 우리나라는 1983년도 예산에 이 제도를 적용한 적이 있으나, 현재는 사실상 사용되지 않고 있다.

3) 특 징

영기준 예산제도는 전통적인 예산 운영방식이었던 기존 사업의 예산은 인정되고 새로운 사업에 대해서만 엄밀한 사정을 하는 기존의 예산결정 방식에서 탈피하여, 기존 사업과 새로운 사업을 구분하지 않고 모든 사업을 엄밀히 분석하고 사업의 정당성을 전면적으로 검토하는 예산제도이다.

영기준 예산편성은 단위사업의 단위(*decision unit*) 선정, 단위사업 분석표(*decision package*)의 작성, 단위사업 분석표의 우선순위 결정(*ranking*) 순으로 이루어진다. ZBB는 정보들을 정책결정 패키지별로 조직하는데, 핵심은 예산요구서를 작성할 때 '단위사업의 단위(*decision unit*)'를 작성하도록 요구하는 것이다. 모든 부서는 기본수준 패키지[7], 보통수준 서비스 패키지, 개선된 수준 서비스 패키지라는 세 가지 패키지를 준비해야 한다. 모든 정책결정 단위로부터의 패키지들은 수요에 따라 정책의 우선순위가 결정

7) 패키지(package)란 영기준 예산편성에서 사용하는 단위사업의 한 묶음(grouping)을 말하는 것으로서, 분석가는 사업의 성격에 따라 기본수준, 보통수준, 개선된 수준으로 유형화할 때 사용하는 단위를 의미한다.

(*ranking*)된다(이종수 · 윤영진, 2005: 560).

4) 장점 및 한계

영기준 예산제도의 장점 및 한계를 살펴보면 다음과 같다.

(1) 장 점

영기준 예산제도는 다음과 같은 장점을 지닌다.

첫째, 자원의 능률적 배분과 예산절감을 가져올 수 있다.
둘째, 정책결정과 계획기능의 개선에 이바지한다.
셋째, 신속한 예산조정 등 변동 대응성의 증진에 기여한다.

(2) 단 점

영기준 예산제도의 단점은 다음과 같다.

첫째, 예산의 빈번한 변경이 오히려 더 많은 비용을 초래할 수 있다.
둘째, 경직성 경비가 많을 경우 효용이 떨어지게 된다.

5. 자본예산제도(Capital Budget System)

1) 의 의

자본예산제도란 예산을 경상예산과 자본예산으로 각각 구분하고, 경상적 지출은 경상적 수입(조세)에 의해 충당하여 균형을 유지하고, 자본적 지출은 자본적 수입으로 충당하되 부족하면 공채발행으로 충당하여 운영하도록 하는 제도를 말한다.

2) 도입배경

자본예산제도는 본래 스웨덴에서 1937년 처음으로 도입되었고, 미국에서는 1930년대 공황을 배경으로 1940년대에 확립되었다. 현재의 우리나라 정부 예산에는 일부 자본예산적 요소가 포함되어 있다. 현행 일반회계는 경상예산적 성격이 강한 반면에, 특별회계는 자본예산적 성격이 있기 때문이다. 하지만, 자본예산제도가 정식으로 도입된 것은 아니다.

3) 특 징

자본예산제도는 전통적인 균형예산의 관념에서 벗어나 자본예산의 적절한 운용으로 불경기의 극복 또는 공공사업의 확충을 위하여 공채를 발행하고, 적자예산을 편성하여 경기가 회복된 후에는 흑자예산으로 상환케 하는 제도이다.

자본예산제도는 경제안정·경제성장보다는 도시기반 시설확충·지역개발 등에 더 큰 비중을 두기 때문에, 지방자치단체의 예산제도로 더 적절하다고 보는 견해도 있다(이규환, 2003: 9-10).

4) 장점 및 한계

(1) 장 점

자본예산제도를 활용하면 다음과 같은 장점이 있다.

첫째, 재정의 기본 구조를 이해할 수 있게 된다. 인건비와 같은 경상적 지출과 대규모 토목공사와 같은 자본적 지출을 같이 파악할 수 없기 때문이다.

둘째, 불경기의 극복과 일자리 창출이 용이해진다. 자본예산은 자본수입, 공채발행 수입 등과 같은 특정수입으로 자본지출에 충당하도록 편성되어 있다. 따라서 자본예산은 경제성이 있는 대규모 자본사업을 주된 대상으로 하기 때문에 유효수요를 유발하게 되며, 이로 인해 고용기회가 확대되고 소득원이 창출되는 효과를 가져온다.

셋째, 수익자 부담원칙에 충실하다. 국공채와 같은 자본예산은 투자의 효과가 장기간에 걸쳐 발생하는 사업인 경우 세대간 부담의 형평을 기하도록 하며, 특히 조세저항이 강할 경우 이를 회피하여 재정력을 확보할 수 있는 수단으로 유용하다

(2) 한 계

자본예산제도가 가진 한계는 주로 자본계정에 대한 잘못된 운용으로 인해 나타나게 되는데 구체적으로 다음과 같은 문제점이 있다.

(가) 무리한 지출의 정당화 논리

재정적자가 발생한 경우 이를 은폐하고 정당화하는 수단으로 악용될 소지가 있다. 자본계정 자체가 공채의 발행으로 적자재정의 발생을 허용하는바, 이를 부적절하게 사용할 우려가 있다.

(나) 인플레이션 유발

정치적 필요에 의한 자본계정의 불합리한 남발로 인해 인플레이션 유발이라는 부정적 결과를 초래할 수도 있다.

5) 한국에서의 적용

우리나라 정부 예산에는 언급한 바와 같이 자본예산적 요소가 포함되어 있다. 현행 일반회계는 경상예산적 성격이 강한 반면에 특별회계는 자본예산적 성격이 짙다. 특히 공기업 특별회계는 주로 자산의 형성과 운영을 다루고 있어 자본예산과 비슷하다. 또한 자본예산제도의 기본적 재원이 되는 공채를 인정하고 있는 점도 자본예산제도의 한국적 적실성을 어느 정도 인정할 수 있는 부분이다. 또한 2005년 이후 복식부기・발생주의 회계제도의 도입으로 자본예산제도의 기본 전제조건 중 하나를 충족하고 있다(이규환, 2003: 16-17).

따라서 현재 우리나라 예산구조상 자본예산제도의 전면적 도입은 어려우나 부분적으로 여러 가지 비슷한 점들이 많이 있는 바, 향후 자본예산제도의 점진적 도입을 신중히 검토해 볼 필요가 있다.

6. 목표관리제도(MBO: Management by Objectives)

1) 의 의

목표관리제도는 조직의 상하 구성원들이 참여의 과정을 통해 조직단위와 구성원의 목표를 명확하게 설정하고, 이에 기초하여 각 조직단위 및 구성원들의 업적을 측정・평가함으로써 성과관리의 효율화를 기하려는 조직관리제도이다. 목표관리제도는 종합적인 조직 운영기법으로 활용될 뿐만 아니라 근무성적평정 수단으로, 그리고 예산운영 및 재정관리의 수단으로 다양하게 활용되고 있다.

2) 도입배경

1970년대 초 미국 닉슨 행정부에서 새로운 범정부적 개혁으로서 주창되어 연방정부 전체에 MBO를 적용토록 하였다. 그 후 1974년 닉슨 행정부의 종료와 카터 행정부의 ZBB 도입으로, 미국 연방정부 전체에 대한 목표관리제의 적용은 종료되었으나, 연방정부 차원에서의 목표관리제 적용은 이 프로그램에 대한 관심을 확산시켜 미국의 지방정부에 신속히 보급되었다(김경한, 2004: 40).

우리나라는 1999년 김대중 정부에서 성과관리의 일환으로 목표관리제를 도입하였으나 사실상 목표관리제(MBO)가 유명무실해짐에 따라, 2004년 10월 노무현 정부에서 직무성과계약제로 대체되었다.

3) 특 징

MBO의 특징은 다음과 같다.

첫째, 조직의 최고관리자와 중간관리자가 공동으로 목표를 설정한다.
둘째, 기대되는 결과에 주안점을 두어 조직 내의 모든 개인의 책임분야를 결정한다.
셋째, 조직단위의 운영지침으로 삼는다.
넷째, 목표에 대한 각 구성원의 공헌도를 측정하는 척도로 삼으며, 예산과도 연계를 짓는 제도이다(유훈, 2003: 364).

4) 장점 및 한계

MBO의 장점과 한계를 살펴보면 다음과 같다.

(1) 장 점

MBO의 장점은 참여적 관리를 가능케 하고, 목표달성을 촉진하며, 신축성이 높은 관리도구이다. 또한, 목표에 의한 관리는 상향적, 참여적, 자기통제적 관리 체계를 수립할 수 있다.

(2) 한 계

Brad(1978: 198-213)는 MBO의 단점으로서, 목표의 정의 곤란, 이윤 측정의 어려움, 복잡한 예산과정, 빈번한 인사이동, 정치 상황의 동태성 등을 들고 있다. 즉, MBO의 단점으로는 단기간에 손쉽게 달성할 수 있는 목표에 치우치기 쉽다는 점과, 이윤을 추구하지 않은 조직이나 계층적 성격이 강한 조직에는 적용하기 힘든 점을 들 수 있다.

제 4 절 예산과정

1. 예산의 과정

1) 예산과정의 의의

예산과정은 편성·의결·집행·결산 및 회계검사의 네 과정으로 구분된다. 결산은 집행과정의 마감이고, 회계검사과정의 일부분으로 볼 수 있다.

예산안의 편성과 집행은 행정부가, 예산의 심의와 회계검사는 입법부가 맡는 것이 세계적인 추세이다. 국가에 따라서는 회계검사기관이 입법부에 속하지 않고, 행정부에 속하거나 독립적인 위치에 있는 경우도 있다.

예산의 과정은 예산기능의 변화에 의하여 영향을 받는다. 전통적 통제지향의 예산기능 밑에서는 회계책임을 분명하게 하기 위하여 품목을 세분하였으나, 계획지향 예산기능 밑에서는 중장기 국가계획의 수립이 예산편성의 핵심이 되는 것이다. 현대행정하에서는 계획과 예산의 유기적 연계가 불가분의 관계에 놓이게 되었다.

2) 예산과정의 순기

예산과정의 순기란 예산이 시작되고 종료되기까지 네 과정이 모두 완료되는 기간(3년)을 말한다. 즉 예산안의 편성과 심의에 1년, 집행에 1년, 결산과 회계검사에 1년이 걸린다. 예산의 편성·심의·집행·회계검사라는 4단계가 일정한 시차를 두고 매년 규칙적으로 반복되므로, 이것을 예산순환이라고도 한다.[8] 1년 중 어느 시점에서 보든지 예산의 네 과정 중 세 과정이 동시에 진행되는 셈이다. 즉, 중앙예산기관은 항상 3개 회계연도의

8) 예산은 지속적인 과정으로 연결되기 때문에 2006년을 기준으로 하면, 2005년도 예산은 결산과 회계검사 과정에, 2006년도 예산은 집행과정에, 2007년도 예산은 편성과정에 있게 된다.

예산에 관한 업무를 동시에 진행하고 있다.

3) 우리나라의 예산과정

우리나라의 예산과정은 행정부의 예산안 편성 및 국회 제출, 국회의 예산안 심의·확정, 정부 부처의 예산집행을 거쳐 국회의 결산 승인으로 종료되며, 이러한 일련의 연속적인 순환 과정은 매 회계연도마다 반복적으로 이루어진다.9) 따라서 특정 연도를 기준으로 보면 당년도의 예산집행과 함께 다음 연도의 예산편성, 전년도의 결산이 동시에 이루어지게 된다.

우리나라의 경우 예산편성권은 행정부에 있으며, 국회는 행정부로부터 제출된 예산안을 심의·확정하고, 정부 각 부처는 국회에서 확정된 예산에 따라 집행한다. 예산집행 결과인 결산은 국회의 결산 심의로 종결된다.

2. 예산의 편성

1) 예산편성의 의의

예산편성이란 다음 연도에 또는 장래 몇 년 동안 정부가 수행하고자 하는 계획과 사업을 구체화하는 과정이다. 예산의 편성 과정에서 정부는 사용될 재원을 추정·계산하고, 기존의 사업 가운데 계속할 사업과 새로 착수할 사업을 선정하고, 이에 소요되는 지출규모를 확정한다.

2) 우리나라의 예산편성

국가 정책은 궁극적으로 재정활동을 통해서 구현된다. 예산편성도 종전과 같이 사업별로 재원을 배분한다는 소극적인 자세를 벗어나서, 국정목표를 구현해 나가는 중요한 수단으로서의 역할이 강조되고 있다.

예산편성 과정은 적정 재정 소요와 이에 따른 재원조달 방안을 검토하는 사전 준비 단계를 거쳐, 정부 각 부처가 기획재정부에 제출한 요구 내용을 사업별, 분야별로 검토하는 과정이다.

---

9) 기획재정부 홈페이지(http://www.mosf.go.kr) 참조.

(1) 신규 사업 및 주요 계속사업 계획 제출

정부의 각 중앙관서의 장은 2월 말까지 다음연도 신규사업 및 기획재정부장관이 정하는 주요 계속사업에 대한 사업계획서를 기획재정부장관에게 제출하고(예산회계법 제25조 1항), 기획재정부는 이를 토대로 다음 연도의 개괄적인 재정지출 소요를 검토한다.

이 과정에서 전반적인 세입 여건과 재원조달 방안 등에 대한 점검을 통하여 적정 재정규모가 추산되고, 예산편성의 기본 방향이 모색될 뿐만 아니라, 기준 단가의 책정, 예산과목 정리, 사업별 추진 실태 및 성과 분석 등 예산편성을 위한 사전 준비와 재정지출의 생산성을 높이기 위한 각종 대안들이 마련된다.

(2) 예산안 편성지침 시달

예산안 편성지침은 다음 해의 국내외 경제 전망, 재정 운용 여건, 예산편성 중점 방향, 경비별 예산편성 및 요구 지침, 예산요구시 제출 서류 및 작성 양식 등이 포함되어 있다. 기획재정부는 예산안 편성지침을 마련하여 공무원과 민간 전문가로 구성된 예산자문회의의 의견을 수렴한 후, 국무회의 심의와 대통령 승인을 얻어 최종 확정하여 3월 31일까지 각 부처에 시달한다(예산회계법 제25조 제2항).

예산안 편성지침은 정부 각 중앙관서가 예산을 요구하는 준거가 되기도 하고, 재정당국으로서는 예산편성의 기본축이 되는 내용이기 때문에, 익년도 예산편성 작업에 있어 가장 중요한 과정이라고 할 수 있다.

(3) 예산요구 및 예산편성 준비

정부 각 중앙관서는 예산안 편성지침이 시달되면, 4~5월에 걸쳐 지방자치단체 등 재정지원을 받는 기관으로부터 예산요구를 받아 이를 내부적으로 조정한 후, 예산요구서를 작성하여 5월 31일까지 기획재정부에 제출하여야 한다(예산회계법 제25조 제3항).

이 기간 중 기획재정부에서는 예산편성을 위한 사전 준비가 지속적으로 이루어진다. 대형 투자사업 및 주요 재정사업 등에 대한 예산집행 실태를 점검하는 것은 물론, 예산제도 및 재정개혁을 위한 제도개선 과제의 검토 등이 이루어진다.

(4) 사업별 심의 및 예산안 편성

예산안 편성을 위한 사업별, 분야별 구체적인 실무작업은 각 부처가 5월 31일까지 예산요구서를 제출함으로써 본격화된다. 기획재정부는 예산요구서가 접수되면 요구 규모를 취합하여 가용재원과 비교·검토한 후, 국정 목표와 연계한 중점 지원 내용 등 분야별 예산편성을 위한 심의방향을 마련한다.

예산안 편성은 한정된 재원을 분야별로 배분하는 과정이므로 사업별 타당성과 함께 정치·사회적 측면도 동시에 고려되어야 한다. 정부에서 마련한 예산안은 통상 8월 말에서 9월 초에 개최되는 당정 협의(정당설명회)를 통하여 각계 각층의 폭넓은 의견을 수렴하게 된다. 당정 협의에서는 조세 부담 및 재정규모의 적정성, 분야별·사업별 투자규모, 지역간 균형발전, 지역주민 여론 등이 종합적으로 검토된다.

(5) 정부 예산안 확정 및 국회 제출

당정 협의를 거친 예산안은 국무회의의 심의를 거친 후 대통령의 승인을 얻어야 한다(국가재정법 제32조). 편성된 예산안은 회계연도 개시 90일 전까지 국회에 제출되어야 한다(헌법 제54조 제2항). 국회제출시에는 심의자료 부속 서류, 소관 예산 사항별 설명서 등 국회에서 예산심의를 하는 데 필요한 일체의 자료나 통계가 수록된 소정의 법정 서류가 첨부된다.

〈표 8-1〉 예산안 편성의 순기

기 간	사 항	비 고
2월 말일까지	▪신규 및 주요 계속사업계획서 제출 (각부처→기획재정부) ▪개괄적인 재정규모 추산 및 예산편성을 위한 사전준비(기획재정부)	▪총사업비 500억원 이상인 사업에 대하여는 별도의 타당성 심사
3월 31일까지	▪다음 연도 예산안편성지침 및 기준 시달 (기획재정부→각부처)	▪예산안 편성의 기본방향 및 주요비목의 단위·단가
4월-5월	▪예산집행실태 점검(기획재정부) ▪예산요구서 작성(각부처)	▪예산안 편성의 기본방향 및 주요비목의 단위·단가
5월 31일까지	▪예산요구서제출(각 부처→기획재정부)	
6월-9월	▪분야별 요구수준 분석 및 심의방향 마련 ▪사업별 검토 및 예산안 작성 ▪예산안 심의(예산심의회 운영)	▪소관 부처의 의견수렴 ▪장차관협의 ▪시·도지사 협의 ▪당정협의(정당설명회) ▪대통령보고 ▪예산자문회의
9월말	▪국무회의 심의 및 예산안 확정	
10월 2일까지		▪정당, 언론계, 학계 등과의 정책협의회를 통해 여론수렴

* 자료: 기획재정부 홈페이지(http://www.mosf.go.kr).

3. 성과감사(Performance Audit)

1) 의 의

성과감사란 '경제성 · 능률성 · 효과성에 대한 검토와 평가를 위주로 특정 사업이나 정책에 대하여 수행하는 감사'를 말한다(공공감사기준 제2조). 세계최고감사기구(INTOSAI)의 성과감사 실행지침에 따르면 성과감사란 '경제성, 능률성, 효과성과 관련이 있는 감사'라고 서술하여 정책, 사업, 조직, 기관 운영을 포함하고 있다. 미국감사원(GAO)의 정부감사기준에는 성과감사를 '특정 사업 · 정책의 성과와 기관운영에 대하여 독립적, 객관적, 체계적으로 검토 · 분석 · 평가하는 것'으로 정의하면서, 여기서는 경제성(*economy*) · 능률성(*efficiency*) · 효과성(*effectiveness*) 감사를 포함한다고 설명한다.

이러한 정의들을 종합하여 볼 때, 성과감사는 '정책, 사업, 기관 운영의 성과 · 산출물에 대해, 경제성 · 능률성 · 효과성 등을 독립적, 객관적, 체계적으로 검토 · 분석 · 평가하는 감사'로 정의할 수 있다.

2) 도입 배경

성과감사는 1960년대 말 미국, 캐나다, 영국, 스웨덴 등에서 최초로 도입되었다. 2차대전 이후 정부의 기능이 급격히 팽창하자, 기존에 관심이 집중되었던 세금집행의 위법성과 더불어, 정부지출의 효과성 여부에도 눈길을 돌리기 시작한 것이다.

성과감사는 이와 같이 '세금이 국가와 국민을 위해 진정으로 필요한 곳에 올바르게 쓰이고 있는지'를 점검하라는 국민의 요구에 부응하는 제도로서 등장하였다.

우리나라 감사원은 1970년대 계통감사, 1980년대 역점감사로 출발하여, 1985년 이후 성과감사와 개념적으로 유사한 정책개선감사를 도입, 운영하다가, 1993년 합법성감사의 한계를 극복하고 감사업무를 선진화하기 위해 성과감사를 도입하여 운영하고 있다.[10]

---

10) 감사원 홈페이지 http://www.bai.go.kr 성과감사 운영 매뉴얼 참조.

3) 성과감사의 기준(3E)

(1) 기준(3E)

㈎ 경제성(Economy: Spending Less): 비용절감

경제성은 '해당 업무수행을 위해 투입하는 인적 · 물적 자원의 비용을 최소화하는 것'을 말한다. 경제성은 투입단계에서 적게 지출하는 데 초점을 두는 것으로, '절약'의 의미를 갖는다. 만약 감사자가 경제성에 중점을 둔다면 지출을 정확히 정의하는 것이 매우 중요하다.

경제성에 중점을 둔 성과감사에서 관심을 갖는 질문의 예는 다음과 같다.

▣ 경제성 성과감사 주요 질문:
* 사업에 필요한 물품을 고가구매하지 않았는가?
* 사업을 추진하는 데 보다 적은 인력을 투입해야 하는 것은 아닌가?

그러나 경제성에 너무 신경을 쓰다보면 산출물의 질에 문제가 발생할 우려가 있다. 따라서 경제성은 산출물의 적정한 질의 유지가 전제된 상태에서 확보되어야 한다(김병철, 2006: 52).[11)]

㈏ 능률성(Efficiency: Spending Well): 자원활용

능률성은 '산출-투입의 비율을 최대화하는 것'을 말한다. 즉, 주어진 자원으로 최대의 산출을 내고자 하는 것, 또는 동일한 산출을 최소의 자원으로 생산하는 것을 의미한다.

능률성에 초점을 둔 성과감사에서 관심을 갖는 질문의 예는 다음과 같다.

▣ 능률성 성과감사 주요질문:
* 더 낮은 생산비용이 드는 다른 방법으로 사업을 추진할 수 있는가?
* 구입 후 활용하지 않고 있는 자원은 없는가?
* 부처간 공통 목적 달성을 위해 잘 협조하고 있는가?

---

11) INTOSAI(2003)도 경제성은 적절한 질을 유지하면서 활동에 사용된 자원의 비용을 최소화하는 것을 의미하며, 그 요점은 선택된 수단(means) 또는 설비(equipment) 등 투입요소가 경제적으로 구입되었는지, 인적 · 물적 자원들이 경제적으로 사용되는지, 그리고 건전한 행정원칙과 훌륭한 관리지침에 따라 관리가 되고 있는지 등을 제시한다.

㈐ 효과성(Effectiveness: Spending Wisely): 목표성취

효과성이란 '의도한 결과를 달성하는 것'을 말한다. 효과성은 현명하게 지출하는 것 또는 해야 할 일을 하는 것을 의미하기도 한다.

효과성을 중점을 둔 성과감사에서 관심을 갖는 질문의 예는 다음과 같다.

▣ **효과성 성과감사 주요 질문**

* 궁극적으로 달성하고자 하는 목적을 달성하고 있는가?
* 사업의 대상집단은 정확히 정의되었는가?
* 사람들은 제공된 사업내용이나 수단에 만족하는가?
* 선택된 수단들은 추구하는 목적 달성에 어느 정도로 기여하는가?

(2) 성과감사 기준 특성

성과감사의 기준들(경제성 · 능률성 · 효과성)이 가지고 있는 특성들을 구체적으로 살펴보면 다음과 같다(김병철, 2006: 54-55).

㈎ 경제성

경제성은 투입할 자원의 획득과 관련된 사항으로 관계자에 의한 부조리가 많이 발생할 우려가 높은 분야에 적용하기 쉬운 원칙이다. 정부는 대개 세부적인 집행절차와 기준을 법규나 지침으로 정하여 적용하고 있다. 이것은 관계자로 하여금 실수를 줄이고 차후 책임소재를 분명히 하기 위한 것이고, 따라서 합법성과 관련이 높다.

㈏ 능률성

능률성은 획득된 자원을 저렴한 비용으로 산출이나 영향으로 효율적 전환을 했는지에 관한 사항으로 성과관리시스템에 관심을 둔다. 능률성은 효과성과 관련도가 높을 수 있다. 주어진 비용과 대비한 성과를 측정하는 것이므로 능률성이 높아지면 효과성도 높아질 가능성이 있는 것이다. 따라서 효과성을 제고하기 위해서는 성과관리시스템의 능률적인 작동을 담보하는 감사가 필요하다.

㈐ 효과성

효과성의 측정은 다소 어려움이 있을 수 있다. 단기적 산출물의 경우에는 어느 정도 측정이 가능할 수 있으나, 대부분 정책의 영향은 장기적으로 나타나는 경우가 많으므로

측정에 시간이 많이 소요되며, 측정방법에 따라 결과가 달라지는 상황도 발생할 소지가 있다. 또한 효과성 감사는 사업 종료 후 실시하는 사후감사이므로, 그 사업에 영향을 미치는 실질적인 시정은 어렵게 될 가능성이 높아 감사의 성과확보에 어려움이 있을 수 있다.

(3) 기준간 상충 해소

성과감사시에 경제성・능률성・효과성 등 이념간 상충문제가 발생할 경우, 어떤 이념을 우선하여야 할 것인가가 문제될 수 있다. 공공감사기준 제15조에서는 이 경우에 법령 또는 제도의 취지, 수감기관의 임무, 감사대상 업무의 목적, 감사대상 업무의 수행 여건과 환경, 건전한 관행, 전문가의 의견 등을 고려하여 합리적인 이념을 융통성 있게 적용하도록 하고 있다.[12]

4) 성과감사의 종류

감사원이 행하는 성과감사의 종류를 대상과 시기에 따라 분류하면 다음과 같다.

(1) 성과감사 대상에 따른 분류

(가) 정책감사

정책(*policy*)은 '국민생활의 질을 향상시키기 위하여 사회시스템을 유지하거나 변경시키는데 대한 정부의 결정이나 행위'를 말한다. 그런데 정책 자체의 당・부당에 대하여 성과감사를 할 수 있는지에 대한 문제가 제기될 수 있다. 이는 법령에 명확한 근거가 없는 한 감사 대상에서 제외하는 것이 바람직할 것이다. 다만, 정책의 일관성, 정책의 연계성, 정책이 의도한 목표의 달성 정도, 정책결정 절차의 적정성과 정책결정에 사용된 기초자료의 적정성 등은 당연히 성과감사의 대상이 된다.

(나) 사업감사

사업(*program*)은 '주어진 정책을 수행하기 위해 서로 연관된 일련의 법률적・재정적 수단'이라 할 수 있다. 사업은 성과감사의 주된 대상이 된다.

(다) 기관감사

기관운영(*management*)은 '기관의 인적・물적・재정적 자원의 운용과 조정에 대한 의사결정 및 활동 또는 규칙'을 의미한다. 기관운영 감사는 내부통제시스템에 대한 평가를

---

12) 감사원 홈페이지 http://www.bai.go.kr '성과감사 운영 매뉴얼' 인용.

통해 접근가능하다.[13)]

(2) 성과감사 시기에 따른 분류

(가) 사전감사(Pre-Audit)

사전감사는 정책・사업결정 과정이나 정책・사업이 집행되기 전 단계에서 이루어지는 타당성 검사이다. 그러나 사업이나 정책의 타당성에 대한 감사는 입법부・행정부의 영역을 침범한다는 비난의 소지가 있고, 사전에 감사원이 개입함으로써 사업이나 정책에 대한 책임성 문제가 제기될 가능성이 있으므로, 감사원의 독립성 확보 차원에서는 바람직하지 않을 수도 있다.

(나) 과정감사(Process Audit)

사업이나 정책의 추진과정에서 성과감사를 실시하여, 감사결과를 사업이나 정책에 환류시킴으로써, 장래에 발생할 수 있는 문제를 미연에 방지하고, 동일한 문제의 재발 가능성을 제거하기 위해 실시된다. 계속사업의 경우 단계별로 사업이 종료된 때에 하는 감사도 여기에 해당한다.

(다) 사후감사(Post-Audit)

사업이나 정책이 '완전히' 종료된 후에 그 효과를 평가하는 성과감사이다.

5) 요약 및 결론: 성과감사(Performance Audit)와 품질관리(Quality Management)

성과감사는 2003년 8월부터 감사결과를 전면 공개하게 됨에 따라, 감사 결과의 객관성, 신뢰성, 타당성을 확보할 수 있도록 품질을 관리하는 것이 매우 중요하게 되었다. 이는 정부의 예산이 어떤 목적으로 어떻게 이용되고 있는가에 대해 알고 싶어하는 국민들의 요구에 대응하는 성과감사의 취지와 목적에 부합하는 매우 바람직한 것이라 할 수 있을 것이다.

예산의 부적절하고 비합리적인 사용에도 불구하고 성과감사가 형식적으로 행해진다면, 이는 감사원의 존재의의를 무색하게 하는 것이라 할 것이다. 따라서 성과감사 자체도 정

---

13) COSO(Committee of Sponsoring Organization of Treadway Commission)에서 제시한 내부통제시스템(Internal Control System) 모형에 따르면, 내부통제시스템의 구성요소에는 통제환경(Control Enviorment), 위험평가(Risk Assessment), 통제활동(Control Activity), 정보교환과 의사소통(Information & Communication), 모니터링(Monitoring)이 포함된다.

책품질관리처럼 질적인 관리를 함으로써, 그 의의가 퇴색하지 않도록 할 필요가 있다. 이는 정책의 실패를 미연에 방지하고 환류함으로써, 학습을 통해 보다 더 효율적이고 민주적인 정책이 다시 나올 수 있도록 하는 밑거름이 될 수 있다는 것을 의미한다.

제 5 절 예산집행의 신축성

1. 예산의 이용

예산의 이용(移用)은 예산구조상 정한 장 · 관 · 항 간에 각각 상호 융통하는 것을 말한다.[14] 이것은 사업계획이나 여건의 변화에 따라 예산집행을 신축적으로 운용함으로써 사업을 보다 효율적으로 추진하고, 예산의 적정한 사용을 도모하기 위한 제도로서, 목적 외 예산사용 금지의 예외적인 조치이다.

이용(移用)은 입법과목, 즉 의회의 의결과목인 장 · 관 · 항에 대한 조치이므로 원칙적으로 허용되지 않는다. 각 중앙관서의 장은 세출예산이 정한 목적 이외에 경비를 사용하거나 예산이 정한 각 기관 간, 각 장 · 관 · 항 간에 상호 이용할 수 없다. 다만 예산집행상 필요에 의하여 미리 예산으로서 국회의 의결을 얻고 기획재정부장관의 승인을 얻으면 가능하다(예산회계법 제36조 제1항). 이 경우에도 공무원의 기본급 및 수당, 기타직 공무원의 보수에 해당되는 비목은 이 비목 외에 다른 비목으로 이용할 수 없다.

2. 예산의 전용

예산의 전용은 행정과목, 즉 행정부의 결정과목인 세항 · 목간에 금액을 상호 융통하는 것을 말한다.[15] 전용은 행정재량에 맡겨져 있으므로 그 규모가 크고 다양한 편이다.

---

14) 세입예산의 관 · 항 · 목의 구분과 설정, 세출예산 및 계속비의 장 · 관 · 항 · 세항 · 목의 구분과 설정, 국고채무 부담행위의 사항구분은 기획예산처장관이 정한다(예산회계법 시행령 제9조).

15) 과거의 "재정법"에서는 현재의 이용과 전용을 합하여 유용이라고 하였다. 유용은 공금을 목적대로 사용하지 않고 개인용도 등에 사용한 사실을 의미하는데, 감사에서는 회계직 공무원들이 공금을 횡령하였다가 외부에 알려지기 전에 스스로 횡령한 금액을 보전한 경우를 말한다.

행정과목은 입법과목의 하위체계로서 세입예산은 목, 세출예산은 세항·세세항·목으로 분류되는데, 일정한 요건하에서 행정부의 재량에 의하여 사용되는 과목이다.

예산전용의 목적은 예산집행에서의 경직성 문제를 해결하고 집행부서에 신축성을 부여하려는 데 있다. 예산의 전용은 그 범위를 너무 축소하면 신축성의 감소로 효율적 사용에 문제가 있고, 그렇다고 너무 확산하면 당초부터 전용을 목적으로 예산을 과다계상하게 되고 예산통제와 예산책임의 확보에 문제가 된다.

3. 예산의 이체

예산의 이체는 정부조직 등에 관한 법령의 재정·개정 또는 폐지로 인하여 그 직무와 권한에 변동이 있을 때 관련되는 예산의 귀속을 변경시키는 것을 말한다. 기획재정부장관은 당해 중앙관서의 장의 요구에 의하여 그 예산을 상호 이체할 수 있다(예산회계법 제36조 제2항).

4. 예산의 이월

예산의 이월은 세출예산 중 연도 내 미 지출액을 당해 연도를 넘겨 다음 연도의 예산으로 사용하는 것을 말한다. 이월은 회계연도독립의 원칙에 대한 예외로서 한국이나 일본에서 채택하고 있다.

이월을 허용하는 이유는 특정사업에 대한 예산의 뒷받침이 정지되면 국정의 운영에 지장을 초래하기 쉽고, 또 연도 말에 배정된 예산을 무리하게 사용하는 것을 예방하기 위해서이다. 이월이 되면 당해 사업의 예산은 인정하므로 재차 이월은 불가능하다.

1) 명시이월

명시이월은 세출예산 중 경비의 성질상 연도 안에 지출을 미치지 못할 것이 예측되어 미리 국회의 의결을 얻은 경비로서, 다음 연도에 사용할 수 있도록 한 것을 말한다. 이월의 범위는 의결된 바에 한정되어야 하며, 단년도 예산주의(회계연도독립의 원칙)에 대한 예외로서 2년 한도로 지출할 수 있다.

2) 사고이월

사고이월은 연도 내에 지출원인행위를 하였으나 불가피한 사유로 인하여 연도 내에 지출을 하지 못한 경비와, 지출원인행위를 하지 않은 부대경비를 다음 연도에 이월하여 사용하는 것을 말한다. 사고이월이 되기 위해서는 구체적으로 지출의 원인이 되는 계약 또는 기타의 행위가 존재하고 있어야 한다.

5. 계속비

계속비는 완성에 수 년도를 요하는 공사·제조·연구 개발 사업에 관한 경비의 총액과 연부액을 정하여 미리 국회의 의결을 얻은 범위 안에서 수 년도에 걸쳐서 지출할 수 있는 경비를 말한다.

계속비의 사용기간은 5년 이내로 제한하고 있으나, 사업의 규모가 커지고 장기화되자 국회의 의결을 거쳐 다시 그 연한을 연장할 수 있도록 하였다(예산회계법 제22조). 계속비의 연도별 연부액 중 당해 연도에 지출하지 못한 금액은 당해 계속비사업의 완성연도까지 체차(遞差)로 이월하여 사용할 수 있다(예산회계법 제38조 제2항).

계속비 제도는 회계연도독립의 원칙에 대한 또 하나의 예외이다. 이것은 이미 착수된 사업이 중도에 중단되어 예산을 낭비하는 일이 없도록 하기 위한 것이다. 단년도 예산제도에서 발생되는 문제점을 해결하기 위한 것이다.

우리나라에서는 건설교통부·정보통신부·과학기술부 등에서 계속비를 많이 활용하고 있고, 주요한 공공사업이나 건설사업은 대부분 이러한 계속비에 의하여 추진되고 있다.

6. 예비비

예비비는 예측할 수 없는 예산 외의 지출 또는 예산초과지출에 충당하기 위하여 예산에 계상되는 것을 말한다(예산회계법 제21조). 예산 외의 지출은 예상편성 당시에는 예측할 수 없었던 사태가 발생하여 경비지출을 필요로 하는 경우를 말한다.

예산초과지출은 어떤 지출항목에 일정한 금액을 계상하였으나, 그 후에 사정의 변경으로 예산액에 부족이 생겨 추가로 경비를 지출하는 것을 말한다. 새로운 사태의 발생이나 사정변경의 정도가 작은 경우에 한하여 예비비로 충당하여야 하며 그 정도가 클 때는 추가경정예산을 편성하여야 한다.

예비비제도는 예기치 못한 긴급한 지출수요가 발생한 경우 예산집행의 신축성을 부여함으로서 예산 운용의 효율성을 높이고, 국회의 사후승인을 통하여 집행결과에 대하여 국회가 책임을 물을 수 있는 권한을 제도적으로 보장한 것이다.

예비비의 사용에 대해서는 제한규정이 없어 비교적 자유롭게 사용할 수 있으나, 원칙적으로 다음과 같은 제한이 있다.

첫째, 국회에서 부결한 용도를 위해서는 예비비를 사용하지 말아야 한다.

둘째, 예산의 성립 이전부터 존재하던 사태를 위해서는 예비비를 사용하지 말아야 한다. 이것은 '예측할 수 없는 것'이 아니기 때문이다.

셋째, 국회 개회 중에 많은 금액을 예비비에서 지출하는 것은 삼가야 한다. 개회 중이라도 경미한 예산의 부족은 예비비를 사용해도 되지만, 규모가 큰 경우는 추가경정예산을 제출한 후 의결을 얻어야 한다.

예비비는 기획재정부장관이 관리하는데, 그 사용절차는 "예산회계법"(제39조 및 제40조)에 규정되어 있다. 각 중앙관서의 장이 예비비를 사용하고자 할 때에는 이유·금액 및 관련 기초명세서를 기획재정부장관에게 제출하여야 하고, 기획재정부장관은 예비비 사용명세서를 작성하여 국무회의의 심의를 거쳐 대통령의 승인을 얻어야 한다.

7. 추가경정예산

추가경정예산은 예산 성립 후에 생긴 사유로 인하여 이미 성립된 예산을 변경하는 것을 말한다(예산회계법 제33조 제1항). 이것은 본예산의 사항과 금액을 추가하는 것이므로 추가경정예산이 성립되면 본예산과 통산하여 집행한다.

우리나라에서는 '예산 성립 후 생긴 사유'에 대해 추가경정예산을 편성할 수 있도록 하였으나, 구체적으로 무엇인지에 관한 규정이 없다. 본래 추가경정예산은 예상하지 못한 사태로 인하여 변경된 예산이 필요할 때 국회에 상정하는 것인데, 거의 매년 1~2회 사용하고 있고 때로는 본예산의 편성이나 심의과정에서 삭감된 부분을 부활시키기 위한 수단으로 이용되기도 하였다.

이상에서 논의한 예산집행의 신축성 확보방안을 정리하면 아래와 같다.

〈표 8-2〉 예산집행의 신축성 확보방안

항목 / 제도	개 념 (의의)	목 적 (필요성)	예산원칙 예외	예산회계 법적근거
이 용	장 · 관 · 항 간 상호 융통 (국회 및 기획재정부승인 필요)	여건 변화 (적정성)	목적 외 사용금지	제36조 제1항
전 용	세항 · 목 간 상호 융통 (행정부의 재량)	신축성 부여 (융통성)	목적 외 사용금지	제37조
이 체	조직직무 · 권한변동시 예산 귀속 변경	조직 변동 (적정성)	목적 외 사용금지	제36조 제2항
이 월	연도 내 미지출액 다음 연도 이월 사용 (명시이월, 사고이월)	원활한 국정운영 (융통성)	회계연도 독립원칙	제38조
계속비	장기간 계속 사업경비 · 연부액 미리 정하여 국회의결을 얻고 수 년도에 걸쳐 지출	효율적 사업집행 (효율성)	회계연도 독립원칙	제22조 제38조
예비비	예측하지 못한 예산 외 지출, 예산 초과 지출 충당	예측할 수 없는 사태 발생 (적정성)	한계성의 원칙	제39조, 제40조
추가경정예산	예산 성립 후 발생한 사유로 인한 지출	예산 성립 후에 생긴 사유 (융통성)	한계성의 원칙	제33조 제1항

〈그림 8-1〉 예산집행의 신축성 확보방안

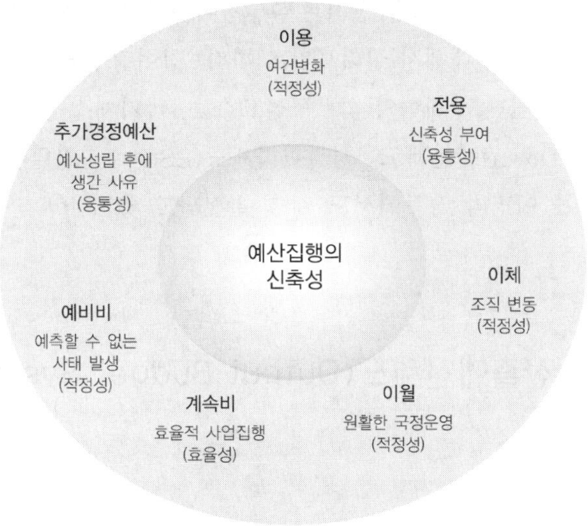

8. 예산집행 신축성 확보 문제점 및 개선방안

우리나라 예산집행은 신축성을 확보하기에는 근본적으로 예산 분류의 기준이 비현실성을 띠고 있고 통제 위주의 성향이 남아 있는 것이 문제점이며, 이는 예산을 집행 운영하는 행정인의 낮은 책임성과도 연결되어 있다. 현대행정 기능은 복잡화・다양화 되고 있어서 예산집행의 신축성(융통성)이 급속히 확대될 것을 요청하고 있으나, 이러한 신축성의 확대에 비례하여 행정인의 책임성의 향상, 예산행정에 대한 민주적 통제 등이 수반되어야 할 것이다.

아래에서는 이러한 관점에서 예산집행의 신축성(효율성)과 책임성(민주성) 확보라는 대전제를 실현하기 위한 국가예산제도 개혁을 학습하기로 한다.

제 6 절 예산제도 개혁

예산제도 개혁은 재무행정 부문에서 예산운영의 신축성을 제고하고 시장원리를 적용함으로써 예산의 융통성과 책임성을 확보하기 위한 제도 개혁을 말한다. 먼저, 여기에서는 산출예산제도, 연도말 이월제도을 포함한 예산의 신축성 유지방안, 다년도 예산제도, 복식부기 및 발생주의 예산제도 등을 살펴본 후, 참여정부 들어와 대대적으로 개혁되기 시작한 국가예산제도 개혁에 대해서 살펴보기로 한다. 참여정부에 들어와 흔히 "3+1 개혁"이라고 불리는 국가예산제도 개혁의 4대 구성요소는, 국가재정운용계획(MTEF), 총액배정·자율편성(Top-Down)예산제도, 성과관리제도(BSC), 디지털예산회계시스템(BAR) 등 4가지인데, 이는 이명박 정부에서도 계승 발전되고 있다.[16)]

1. 산출예산제도(Output Budget System)

1) 개　념

산출예산제도는 정부의 산출물별로 예산을 편성하고 운용하는 성과중심 예산제도의 한 방안으로서 최근에 나온 개념이다. 산출예산제도는 성과중심의 재무행정을 확립하기 위한 것이며, 실제 수입 및 지출의 정확한 파악을 위해 복식부기 및 발생주의 회계방식이 사용된다.

2) 성과주의예산제도와의 비교

성과주의예산제도(Performance Budget System)는 1912년 미국 Taft 위원회에서 처음 제시되었다. 우리나라에서는 1961년 국방부에서 도입을 시도하고, 농림부와 보사부가 그 뒤를 따랐으나, 성공적으로 제도화하지 못하고 실패하여 1964년부터 중단되었다.

성과주의예산제도(PBS)에서는 투입요소를 중심으로 단위원가(unit cost)×업무량=예산액으로 예산책정을 하였으므로, 품목별예산제도(Line Item System)보다는 진일보

---

16) 예산운영의 신축성 제고방안으로 같은 맥락에서 논의되고 있는 제도로는 총괄배정예산, 지출통제예산, 운영예산제도 등이 있다. 총괄배정예산제도는 중앙예산기관에서 총괄적인 규모로 재원을 배분한 후 각 부처로 하여금 재원범위 내에서 사업우선순위를 따라서 예산을 편성하도록 하고 이를 다시 중앙예산기관이 이를 최종 조정하는 제도로서 총액배정·자율편성이라고도 불린다. 지출통제예산제도는 총괄예산제도와 비슷한 것으로 각 부처가 부서 내의 모든 지출항목을 없애 버리고 부서의 책임자가 필요에 따라 물적 자원을 재량으로 전용할 수 있도록 하는 제도이다. 운영예산제도란 기존예산제도에서 행정경비에 해당하는 항목을 하나의 경비(운영경비)로 통합하여 예산을 크게 사업비와 운영비로 구분하여 운영하는 제도로써 운영경비의 상한선 내에서는 관리자가 이를 재량적으로 사용할 수 있어 재정운영의 탄력성을 도모할 수 있게 해 주는 제도이다.

하였으나, 역시 투입요소의 단위원가를 기준으로 예산배정을 하므로 예산제도의 신축성 확보에는 한계가 있었다.

산출예산제도는 성과주의예산제도에서처럼 사업성과와 예산을 연계시키지만 투입요소인 예산이 아니라 산출요소인 사업성과를 중심으로 예산을 운영하는 데 초점을 맞춘 것으로, 산출이 가져오는 근원적인 성과 즉 결과(*output*)를 강조하는 '새로운' 성과주의 예산제도를 말한다(New Performance Budget System). 또한, 산출예산제도에서는 복식부기 및 발생주의 회계원칙을 도입하고, 이를 통해 실제 수입 및 지출의 거래(*transaction*)마다 디지털예산회계시스템에 의해 자동으로 계상하게 함으로써 각 부처 예산집행의 투명성과 책임성을 확보할 수 있게 해준다.

우리나라에서 재정경제부는 2006년 5월 26일, 품목별 예산과목 기준으로 결산하던 방식에서 사업성과(산출물)중심으로 결산하는 방식으로 개정하는 국가재정운용체제의 변화에 관한 법률을 입법예고함으로써, 산출예산제도에 대한 도입기반을 마련하였다. 또한, 국가재정운용계획을 공개토론회를 거쳐 5년 단위로 편성하고 있다. 국가재정운용계획은 국가의 역할과 지원이 필요한 분야에 중점 지원한다는 원칙하에 산출의 총 가치를 예상하여 정책의 우선순위를 정하고, 자산의 실시간 감가상각과 동태적 자산측정을 측정하는 데 도움이 된다. 즉, 국가 총 중점사업을 선정함으로써 나타나게 될 영향력을 총체적으로 고려한 후 얻어진다는 측면에서 이는 산출예산제도(New Performance Budget System)의 한 형태로 간주할 수 있다.

3) 특 징

산출예산제도는 1990년대 초 뉴질랜드 정부에서 도입된 예산제도로서, 공공부문에서 생산되는 각각의 산출물에 대하여 직·간접적인 인건비, 운영비, 감가상각 등 모든 비용을 계산하여 산출물별로 예산을 편성하고 운용하는 제도이다. 여기에서 산출물이란 정부가 구매하는 재화와 용역을 의미한다.

산출예산제도의 특징을 살펴보면 다음과 같다.

첫째, 각 부문별·사업별로 산출물이 결정되고 결정된 산출물을 중심으로 예산이 배정되고 집행된다.

둘째, 비용을 산정함에 있어 직접비와 간접비를 구분하고 감가상각을 고려하여 모든 비용을 포함한다.

셋째, 예산이 배정된 산출물에 대해 회계연도 이전에 계약대로 생산되고 있는지 회계연도 내에

점검을 받고, 회계연도 종료 후에 최종적으로 실적을 평가받게 된다.

4) 장점과 한계

산출예산제도는 산출물을 구체화하는 과정에서 정책입안, 정책집행 등에 대한 구분이 명확해지므로 정부기능을 정책단위로 바꾸는 것이 용이해지고, 산출물중심으로 부서의 활동을 구체화하는 과정을 통해 정부기능의 재조정, 민영화 및 민간위탁의 활용이 용이해지는 장점이 있다(장병순, 1998: 111). 또한 산출물을 구체화함으로써 책임관계와 성과관리가 명확하게 이루어지는 장점이 있다. 그러나 이러한 장점에도 불구하고 산출물을 구체화 하는 작업이 어렵고, 민간 부문이 아닌 공공 부문에서 감가상각을 완벽하게 계산하는 것은 불가능하다는 한계가 있다.

2. 연도말 이월제를 포함한 예산의 신축성 확보방안

예산을 통제하는 데 중점을 두는 경우 급변하는 행정환경에 탄력적으로 적응하기 어렵고, 행정의 융통성, 적응성의 확보가 어려운바, 이에 따라 예산의 신축성은 중요한 개념이다. 예산의 신축성을 확보하기 위한 방안으로는 예산의 이용, 전용, 이체, 이월, 계속비, 예비비 등이 있다.

예산의 이용이란 세출예산이 정한 각 기관 간 또는 장·관·항(입법과목)에 예산액을 상호 융통하는 것이며, 예산의 전용이란 세항·목(행정과목) 간의 융통사용을 의미한다. 예산의 이체란 법령의 제정·계정 또는 폐지로 인하여 그 직무와 권한에 변동이 있을 경우 예산집행에 관한 책임소관을 변경시키는 것을 말하며, 예산의 이월이란 연도 내에 사용하지 못한 예산을 다음 연도의 예산으로 넘겨 사용하는 것을 의미한다. 이처럼 예산의 항목간의 융통이나 연도간의 융통을 허용하는 제도들은 예산의 신축성 확보에 매우 중요한 제도이다.

계속비란 완성에 수년을 요하는 사업의 경비와 총액, 그리고 연부액을 정하여 미리 국회의 의결을 얻은 범위 내에서 수년도에 걸쳐 지출할 수 있는 경비를 의미하며, 예비비란 예산편성 당시에 예측할 수 없었던 상황이 발생하거나 예산편성시 일정한 액수를 배정하였으나, 그 후 상황이 변경되어 처음에 배정된 액수보다 더 많은 예산이 필요하게 된 경우 이를 충당하는 경비로서, 이러한 계속비와 예비비 역시 예산의 신축성 확보에 있어 매우 중요한 제도이다.

3. 다년도 예산제도

1) 개 념

다년도 예산제도(Multi-year Budget)란 장기적인 안목에서 정책을 설계하여, 예산을 신축성 있게 운영하기 위해 예산을 단일연도가 아닌 다년도로 수립하는 것을 말한다. 지출과 수입에 대한 다년도 예산계획은 통상 5년 정도를 대상기간으로 한다. 이 제도는 장기적인 안목으로 예산을 운영하면 정책결정자들이 자원제약을 인식하여 정부지출의 팽창을 억제할 수 있다는 취지에서 도입되고 있다. 우리나라에서도 5년 단위의 다년도 예산계획제도를 도입하고 있다.

2) 의 의

기존의 1년 단위의 예산회계제도는 회계연도 종료와 개시를 전후로 1년마다 사업이 단절되어 사업의 효율성이 저하되고, 회계연도 내에 예산을 집행하여야 한다는 강박관념을 가지게 하여 불필요한 부문에 예산을 낭비하게 한다. 또한 회계연도 개시 1개월 동안 행정업무가 거의 정지되고, 국회의 예산심의 기간이 충분하지 못하여 예산심의의 부실화를 초래하는 단점이 있었다. 이러한 단점을 보완하기 위해 등장한 것이 다년도 예산제도이다. 결국 다년도 예산제도는 '계속비제도'의 취지를 모든 예산분야로 확대하여 제도화하는 것이며, 이를 통해 예산편성의 업무량을 줄이고, 예산편성업무와 사업집행의 효율성을 제고하며, 정부와 국회가 예산편성에 있어 더 많은 관심을 가지게 할 수 있다.

우리나라에서는 예산과 계획을 일치시키려는 목적에서 1982년부터 중기재정계획을 시행하고 있었으나, 그간 유명무실화되는 경향이 있었다. 그러나 2006년 5월 재정경제부의 국가재정운용계획 도입과 더불어 5년 단위의 다년도 예산계획제도를 본격 도입하고 있다.

3) 한 계

우리나라에서 시행하는 다년도 예산제도는, 단년도 예산제도에서 벗어나 예산의 단위기간을 일 년에서 다년도로 연장하는 것을 의미하지는 않는다. 정부가 매년 국회로부터 그 다음 회계연도의 지출에 대해 승인을 얻어야 하므로, 지출승인에 있어서는 단년도 예산제도이며 예산계획에 있어서만 다년도 예산계획제도이다. 따라서 우리나라에서 도입한

다년도 예산제도는 재원배분을 최종적으로 확정하여 지출재원을 배정하는 법적인 과정이라기보다는, 재정운영의 효율성과 건전성을 제고하기 위한 일종의 관리도구로서의 성격이 강하다고 볼 수 있다. 이는 다년도 예산제도를 채택한 대부분의 OECD 회원국에 있어서도 마찬가지인데, 이때 다년도 예산제도는 단년도 예산제도를 대체하는 개념이라기보다는, 지출승인 등 예산기능은 단년도 위주의 운영을 견지하되, 이 과정에서 장기전망의 다년도 시각을 반영하여 단년도 예산제도에 대한 보완적인 성격으로서, 재정운영의 일관성을 확보하자는 취지를 가진다(김종면, 2006: 7-9).

다년도 예산제도의 취지를 가장 본질적으로 살린 제도는 미국 지방정부에서 시행하고 있는 격년제 예산제도이다. 격년제 예산제도는 다년도 예산제도 중 가장 진화된 형태로서 1년 단위의 회계제도에 대한 대체성이 강한 제도이며, 예산의 편성 및 승인을 격년제로 시행하는 제도이다.

4. 복식부기 및 발생주의 회계제도

1) 의 의

1980년대 이후 세계 선진국들은 다양한 공공부문 개혁 프로그램을 수행하여 오고 있으며, 이들이 지향하는 목표는 공공 부문의 효율성, 투명성, 그리고 책임성(*accountability*)을 증진시키는데 있다. 이와 관련하여 영국, 미국, 뉴질랜드, 호주 등 주요 선진국들은 정부재정관리 개혁의 일환으로 정부예산과 회계에 발생주의 복식부기제도의 도입이 적극적으로 추진하고 있다.

복식부기는 단식부기에 대응되는 개념이며, 발생주의는 현금주의에 대응되는 개념이다. 현금주의(*cash basis*)는 현금이 유입되면 수입으로, 현금이 유출되면 지출로 인식하는 기준이다. 이에 따라 현금이 수반되지 않는 감가상각비, 미수금, 미지급금 등 비현금거래는 회계처리대상에서 제외된다. 한편, 발생주의(*accrual basis*)는 경제주체의 경제적 자원의 변동에 따라 거래가 발생한 시점(*transaction*)에 자산, 부채, 순자산, 수익, 비용을 인식하는 기준이다. 실제로 회계의 인식기준은 현금주의와 발생주의를 양극단으로 하여, 일련의 연속선상에서 다양한 형태를 발견할 수 있으며, 복식부기는 발생주의에 기초한다.

단식부기는 현금, 채권, 채무 등을 대상으로 발생된 거래의 한쪽 면만을 기록하는 방식으로 전통적으로 정부회계는 이 방식을 채택하여 왔다. 이에 비해 복식부기는 하나의 거래를 거래의 이중성과 대차평균의 원리에 따라, 왼쪽(차변: 자산)과 오른쪽(대변: 부채 및 순자본)에 이중으로 기록하는 회계기록 방식을 말한다.

복식부기 회계제도는 경제주체의 재정상태와 운영실적을 거래가 발생한 시점(발생주의)에서 거래의 인과관계를 대차의 평균원리(복식부기)에 의해 계리하는 회계처리방식이다. 여기서 재정상태란 회계연도 말에 자산과 부채 및 순자본에 의해 표시되며, 운영실적이란 회계연도 동안의 수익과 비용에 의해 표시된다.

2) 목　적

복식부기제도의 도입목적을 살펴보면 다음과 같다.

첫째, 재정의 효율성과 건전성을 확보하는 것이다. 복식부기제도는 발생주의 인식기준에 기초하여 예산뿐만 아니라, 예산에 반영되지 않은 경제적 자원변동의 가치를 포함하여, 정부거래를 자산 및 부채의 종합관리를 통해 재정상태와 운영실적을 파악할 수 있다는 점에서 재정의 효율성 및 건전성을 확보할 수 있다. 또한, 미래에 대한 재정예측에 의한 재정의 위기예방을 위한 주요한 수단으로 인식된다.

둘째, 재정의 회계책임성을 보장하는 것이다. 복식부기제도를 통해 목적에 따라 정부의 재정상태를 종합적으로 판단하고 행정활동의 운영성과에 관한 다양하고 유용한 재무정보를 산출하여 이를 지역주민, 공무원, 의원, 투자자 등 관련 정보이용자에게 제공함으로써, 공공회계책임을 실현하는 데 기여한다.

셋째, 정부 재정운영의 투명성을 확보하는 것이다. 복식부기제도의 도입을 통해 다양하고 유용한 회계정보를 제공하여, 재정정책의 합리적 결정과 재정운영의 투명성을 제고하는 것이다.

넷째, 국제경쟁력을 확보하는 것이다. IMF, OECD, UN 등 국제기구에서 제시하는 정부재정통계 및 국제회계기준을 준수함으로써, 선진국들의 재정통계의 신뢰확보와 이를 통한 국제경쟁력을 확보하는 데 기여할 수 있다. 그러나 복식부기를 도입하는 경우 현금의 흐름을 파악하기 어렵고, 감가상각이 지나치게 주관적이며 성과의 계량화가 곤란한 데서 오는 한계가 있다.

3) 내　용

우리나라 참여정부당시 재정경제부는, 1) 단식부기, 현금주의와 같은 현금회계에 민간회계 방식의 복식부기, 발생주의 방식을 추가하고, 2) 현행 개별 법령에 따라 보고서를

〈표 8-3〉 단식부기·현금주의와 복식부기·발생주의

구분	단식부기	복식부기	현금주의	발생주의
기록방식/기록시점	수입 · 지출사실 만을 기록(금전출납부식)	수입 · 지출을 자산부채와 연계하여 기록	현금출납시점	거래발생시점
비교	• 단순 • 선출정보가 부정확하거나 누락될 가능성(수입 · 지출내역이 자산 · 부채의 증감과 미연계)	• 복잡 • 선출정보의 신뢰성 및 다양성이 제고(수입 · 지출내역이 자산 · 부채의 증감과 연계)	• 단순 예산회계처리로서 실무자의 이해가 용이 • 형식적 자산 · 부채 표시 (예 1) 감가상각 인식 안함 (예 2) 회수가 불가능한 채권을 장부에 계속 반영 (예 3) 공사비 지출이 매년 발생해도 건물완공시점에 자산 인식	• 회계원리에 대한 이해 필요 • 실제 회수지급할 금액으로 자산 부채 표시 (예 1) 사용에 따른 자산의 가치 하락을 인식 (예 2) 채권의 회수가능 정보를 장부에 반영 (예 3) 공사비 지출과 비례하여 수시로 자산을 인식

* 자료: 재정경제부, "발생주의 회계제도 도입에 따른 국가재정운용체제의 변화," 2006. 6. 2.

작성하던 것을 자산 부채 성격별로 구분하여 통합 결산하는 방식으로 재정상태보고서를 작성하며, 3) 품목별 예산과목 기준으로 결산하던 방식에서 사업성과(산출물)중심으로 결산하게 함으로써 성과관리 재정운영의 기반을 마련한 바 있다. 재정경제부는 2006년 5월 26일 이러한 내용의 정책변경을 담은 국가재정운용체제의 변화에 관한 법률을 입법예고하였다. 또한, 투명한 정부회계제도 개혁을 위해 복식부기회계제도 도입을 국정과제로 선정해 몇몇 지자체에서 시범운영을 거쳐 2007년 1월 1일부터 전국 지방자치단체에서 실시되었고, 지방자치단체 내의 시 · 군은 이 제도에 따른 2006년 회계연도 통합재무보고서를 시범적으로 작성하였다[17].

2007년 10월 제정된 국가회계법은 새로운 회계제도의 시행을 위해 국가회계법과 국가재정법에 중복 · 분산되어 있는 결산관련 규정을 체계적으로 정비할 필요에 따라 2008년 12월 31일부로 관련 규정을 최종 정비하였다[18]. 이명박 정부는 이에 근거하여 2009년 1월 1일부터 발생주의 · 복식부기 회계제도를 시행하고 있다.

2006년 당시 재정경제부가 입법예고한 3가지 방향을 살펴보면 우리나라 국가재정운용제도 개혁의 큰 틀을 살펴볼 수 있다.

첫째, 현행 단식부기, 현금주의 회계에 기업회계와 유사한 복식부기, 발생주의 방식을 추가하였다. 정부의 복식부기, 발생주의 방식의 도입으로, 민간기업의 대차대조표와 같이 재정의 흐름(*flow*)을 파악할 수 있게 해주는 재무제표의 작성이 가능해지므로, 국가 결산의 투명성과 신뢰성이 높아지게 되었다.

---

17) http://www.kwnews.co.kr/view.asp?aid=207120200133&s=101. 강원일보

18) 발생주의 · 복식부기 회계제도 시행을 위한 국가회계법률 개정(기획재정부 보도자료; 2008.9.8)

둘째, 현행 세입세출, 기업특별회계, 기금, 계속비, 예비비, 국유재산, 물품, 채권, 채무 등 9종의 결산서로 나누어 있던 보고서가 통합재정보고서로 개편하였다. 통합재정보고서에는 재정상태 보고서와 재정운영보고서, 그리고 재정의 상태 및 운영성과 향후 재정전망 등을 담은 재정총평이 포함되며, 개별 법령에 따라 보고서를 작성하던 것을 자산 부채 성격별로 구분하여 통합 결산하는 방식으로 재정상태보고서를 작성하게 된다. 81개의 회계·기금이 한 표에 일목요연하게 정리되고, 이를 통해 순자산 및 순부채 규모가 산출되어 재정건전성 여부에 대한 국민의 관심을 증가시킬 수 있게 된다.

셋째, 새롭게 도입되는 국가재정운용제도에서는 품목별 예산과목 기준으로 결산하던 방식에서 사업성과(산출물)중심으로 결산하게 함으로써, 성과관리 재정운영의 기반을 마련하였다. 기존의 세입세출 결산은 단순히 품목별 예산과목 기준으로 결산하였기 때문에 국가사업의 원가를 파악하기 힘들었으나, 새롭게 도입되는 국가재정운용제도에서는 국가가 시행한 사업별로 원가가 집계되어 사업평가를 위한 기반의 구축이 가능해짐으로써, 산출예산제도의 기반을 마련한 것으로 평가된다.

〈표 8-4〉 기존의 보고서와 통합재정보고서

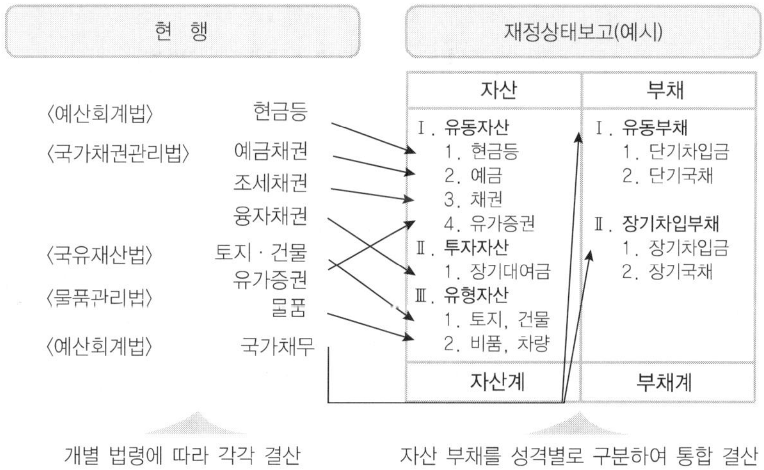

* 자료: 재정경제부, "발생주의 회계제도 도입에 따른 국가재정운용체제의 변화," 2006. 6. 2.

〈표 8-5〉 기존의 결산과 사업별 결산

현 행

예산과목	지출액
1600항 보건교육	×,039,×××
1700항 전염병 관리	115,×××
1800항 질병관리	×,709,×××
1900항 의정 및 약정	×,172,×××
6100항 보건연구	31,×××
	×,×××,×××

재정운용보고서(예시)

결산과목	비 용
건강증진 사업	×,142,×××
보건정책 사업	×,030,×××

← 차이금액은 자산 취득분 →

예산과목 기준으로 결산 (사업별 성과관리 곤란)

사업중심으로 비용 집계 (성과관리 기반마련)

* 자료: 재정경제부, "발생주의 회계제도 도입에 따른 국가재정운용체제의 변화," 2006. 6. 2.

5. 참여정부 국가예산제도 개혁

1) 의 의

우리나라는 2004년 참여정부에 들어 국가예산제도를 대대적으로 개혁하였다. 예산제도 개혁의 큰 방향은 선진국들이 이미 도입하여 사용하고 있는 지출관리예산제도(PEMS: Public Expenditure Management System)를 받아들이는 것이다.

선진국형 지출관리예산제도(PEMS)의 특징은, 첫째, 정책기획기능은 집권화하고, 둘째, 행정집행기능은 분권화하며, 셋째, 고객(국민)지향적인 예산제도를 갖추기 위해 성과주의를 도입하는 것이다.

정책기획기능을 집권화하기 위해 선진국에서는 중기재정계획(MTEF: Mid-Term Expenditure Framework)과 Top-Down(총액배정·자율편성) 예산제도를 사용하고 있으며, 행정집행기능을 분권화하기 위해 일선 사업부처에 권한을 위임하는 한편, 권한위임에 따른 책임성을 확보하기 위해 성과계약제 등을 도입하고 있다. Top-Down(총액배정·자율편성) 예산제도는 각 부처의 지출상한선을 정한다는 점에서 집권적이지만, 지출상한선 내에서는 부처의 자율권을 인정하는 제도이다. 한국은 참여정부 2004년부터 국가재정운용계획과 Top-Down(총액배정·자율편성) 예산제도를 도입하였다.

2) 주요 제도

국가예산제도 개혁은 흔히 "3+1 개혁"이라고 불린다. 국가예산제도 개혁의 4대 구성요소는, 국가재정운용계획(MTEF: Mid-Term Expenditure Framework), 총액배정・자율편성(Top-Down) 예산제도, 성과관리제도(BSC), 디지털예산회계시스템(BAR) 등 4가지라는 의미에서 따온 이름이다. 아래에서는 이러한 제도들을 살펴보기로 한다.[19]

(1) 국가재정운용계획(MTEF: Mid-Term Expenditure Framework)

(가) 의 의

재정운용의 기본 틀을 보면 기존의 예산편성은 단년도 위주로 이루어져 예산과 계획(정책)의 연계가 어려우며, 중장기적 시각에서 국가비전과 발전전략을 효과적으로 지원하고 재정건전성을 견지하기가 곤란하다. 또한, 일반회계 이외에 특별회계와 기금이 증설되어 재원배분의 효율이 떨어지고, 재정구조를 이해하기 어려워 투명성이 저하된다는 비판이 제기되었다.

정부는 예산과 기금을 포괄하는 통합재정기준으로 5년 단위의 국가재정운용계획을 수립하여, 중장기적 시계(*time horizon*)에서 정책에 기초하여 국가재원을 전략적으로 배분하고, 재정건전성을 유지하고 투명성을 제고해 나간다는 계획을 제시하였다. 참여정부는 2004년 중장기 재정지출의 효율성을 극대화하기 위해 종래의 중기재정계획과는 달리, 국가재정운용계획을 단년도 예산 및 기금운용계획의 기본 틀로 의무화하고 확정된 내용을 발표하며 매년 연동계획을 수립하는 방침을 도입하였다.

(나) 배경: 정책과 예산의 일치

우리나라는 1962년부터 경제개발 5개년 계획을 수립하여 국가발전의 비전과 목표를 제시함으로써, 눈부신 경제성장을 이룩한 바 있다. 또한 제5공화국 출범이후 1982년 부터 만성적 재정적자를 해소하고, 중기적 시각에서 재정을 관리하기 위해 중장기 재정운용계획제도를 도입하여 운영해 왔다. 그러나 중기재정계획은 매년 연동계획 수립을 전제하고 있지만, 우리나라는 새 정부의 출범 등 특정한 해에만 작성되는 경향이 있었다.

현재까지의 중기재정계획은 개략적인 투자방향을 제시하는데 그쳤으며, 단년도 예산편성 및 기금운용계획 수립과의 연계도 미흡했을 뿐만 아니라 대외적으로 공개되지 않고 내부 참고자료로만 활용됨에 따라 그 실효성도 높지 않았다.

참여정부에 들어와서야 종래 중기계획과는 달리, 재정수지・국가채무 등 총량목표와

---

19) 기획재정부 홈페이지(http://www.mosf.go.kr) 참조할 것.

구체적인 재원배분계획을 제시하고 단년도 예산 및 기금운용계획의 기본틀로 활용하고 있다. 또한, 계획의 포괄범위도 넓어져 종래 일반회계 등 예산중심에서 예산과 기금을 망라하는 통합재정 기준으로 작성된다. 이러한 차이를 도식화하여 보면 〈표 8-6〉과 같다.

〈표 8-6〉 국가재정운용계획의 특징

	종래의 중기재정계획	국가재정운용계획
목 적	재정운용 방향 제시	투자방향+총량목표+구체적인 자원배분계획
실효성	재정운용 기초자료로 활용	단년도 예산 및 기금 운용계획의 틀로 활용 (부처별 지출한도로 활용)
수립방식	재정당국 중심	관계부처, 지자체, 연구소 등 관계자의 폭넓은 참여
법적근거	임의규정	수립과 국회제출 의무화 추진

㈐ 국가재정운용계획: 사례 예시

국가재정운용계획은 재정규모와 구조를 정확하게 파악할 수 있고, 재원배분과 재정수지 관리 등 전략적인 재정운용 가능하도록 일반회계, 특별회계, 기금을 포괄하는 통합재정기준으로 작성된다. 구체적으로 2005-2009 국가재정운용계획에는, 사회복지・보건, 교육, 수송교통・수자원, 농림해양수산, 산업・중소기업, 환경보호, 문화・관광, 국방(일반회계), 공공질서・안전, 통일・외교, 일반 공공행정, R&D, 정보화, 지방 재정 확충 및 국가균형발전 등 14개 분야에 대한 향후 5년간 정책방향 및 재원투자 규모 등이 제시되어 있다. 이 중 정부 기획예산처에서 발표한 2005-2009년 국가재정운용계획에서 주요 분야별 재원배분(안)의 예시를 보면 〈표 8-7〉과 같다.

〈표 8-7〉 국가재정운용계획: 예시(조원, %)

구 분	05	06	07	08	09	연평균
사회복지 · 보건	49.6	54.7	59.6	64.1	70.5	9.2
교 육	27.6	29.1	31.1	33.8	36.3	7.1
수송교통 및 수자원	18.3	17.8	17.8	18.2	19.2	1.3
산업 · 중소기업	11.9	12.4	12.6	13.0	13.4	3.0
환경보호	3.6	3.8	4.0	4.4	4.9	7.7

공공질서 · 안전	9.4	10.2	10.6	11.1	11.7	5.7
R & D	7.8	9.0	9.6	10.3	11.1	9.2
지방재정 확충 및 국가균형발전 (균특회계)	5.5	5.9	6.7	7.1	7.8	9.1

* 2005년 추경예산(안) 기준
* 자료: 기획예산처, 「2005-2009 국가재정운용계획개요」, 2006.

(라) 국가재정운용계획의 기대효과

① 재정운용의 효율성

중장기적 시계의 국정비전과 정책우선순위를 고려한 전략적 재원배분이 이루어지게 되므로 재정운영의 효율성을 제고할 수 있다.

② 재정운용의 건전성

정책별 배분되는 자원의 양과 비중을 보면서 정책의 방향에 대한 예측이 가능하게 되고, 재정적인 규모·비율 등을 볼 수 있게 되므로 재정운용의 건전성이 확보된다.

③ 재정운용의 투명성

국가재정운용계획은 공개토론회, 국무위원 토론회, 국무회의 보고 등을 통해, 분야별 재원배분계획이 확정되므로 재원배분의 투명성이 제고될 수 있다.

(바) 재성운용의 연동성

국가재정운용계획상의 분야별 투자규모를 총액배분·자율편성(Top-down) 예산제도의 부처별 지출한도로 활용하여 단년도 예산 및 기금운용계획과 연계하고, 예산편성 과정에서 부처의 자율성과 전문성이 제고될 수 있도록 제도적으로 뒷받침하며, 5년 단위로 수립된 국가재정운용계획을 경제·사회 여건 변화 등을 반영하여 매년 연동·보완해 나갈 필요가 있다.

(2) 총액배분 · 자율편성(Top Down) 예산제도

(가) 의 의

국가재정운용계획(MTEF)에 의해 미리 정해진 기준지출금액을 기준으로 각 부처의 1년 예산상한선을 설정하고, 지출상한선 안에서 각 부처가 자율적으로 자신의 예산을 편성하도록 하는 제도이다. 따라서 국가재정운용계획(MTEF)이 없으면 총액배분·자율편성

(Top Down) 예산제도를 할 수가 없으며, 예산의 총액배분·자율편성(Top Down)이 되지 않으면 국가재정운용계획(MTEF)이 제대로 운용될 수 없다(배득종 외, 2006: 86).

우리나라의 기획재정부에서는 국가재정운용계획을 통해 사전에 제시된 정책우선순위와 분야별 지출한도 내에서 각 부처가 전문성을 살려 자율적으로 예산을 편성하는 제도라고 정의하고 있다.

(나) 특 징

① 국가의 전략적 정책기획 기능 강화

총액배분·자율편성(Top-Down) 예산제도는 종래의 부처별 예산요구를 받아 조정하는 Bottom-Up 방식이 아니라, 지출총액을 먼저 결정하고 분야별, 부처별 지출한도를 설정한 다음 사업별 계수에 착수하는 방식을 취한다. 따라서 지출총액 내에서 우선순위에 의해 부처 내에서 자율적으로 재원을 배분하여 전략적으로 사용할 수 있게 된다.

② 부처의 자율과 책임 강조

총액배분·자율편성(Top-Down) 예산제도는 부처에서 예산총액 한도 내에서 자율과 책임을 갖게 된다. 정부 각 부처는 지출총액 내에서 자율적으로 예산의 이용을 할 수 있으며, 이를 위해 전략적으로 계획을 세우고 집행하게 되며 그 성과에 대한 책임을 지게 된다.

③ 비교우위에 따른 역할 분담

중앙예산기구는 국가 전체의 재원배분 전략을 수립 및 집행하고 개별 사업부처는 세부적인 집행업무를 담당한다. 비교우위(*comparative advantage*)가 있는 집단이 분업을 하고 서로 교환을 할 때 전체적인 생산성이 훨씬 더 좋아진다.

④ 관계기관의 참여 강조

총액배분·자율편성(Top-Down) 예산제도를 전략적으로 활용하기 위해 국가재정운용계획을 만드는데, 이때 관계부처, 지방자치단체, 민간전문가의 광범위한 참여와 토론을 거치며 최종적으로 국무위원 토론회에서 결정되는 분권적 절차를 거친다.

(다) 기대효과

① 정책의 안정적 추진

정책 분야별 지출규모가 국무위원 재원배분회의를 통해 국가의 정책 우선순위에 따라

배분됨에 따라 주요 국정과제 사업의 안정적인 추진이 가능하다.

② 정책의 투명성 확보

정책 이해관계자의 의견을 반영하여 사전에 확정된 국가재정운용계획에 기초하여 예산을 편성하게 됨에 따라 국가정책의 투명성과 예측가능성이 제고된다.

③ 낭비적 예산 행태 감소

정부 총액한도 범위 내에서 각 부처가 자율적으로 예산을 편성하게 됨에 따라, 예산을 과도하게 요구할 유인이 사라져, 과다요구・대폭삭감이라는 예산결정상의 악순환이 개선될 수 있다.

④ 예산편성의 문제점 개선

총액배분・자율편성(Top-Down) 예산제도에서는 예산편성시에 일반회계・특별회계・기금까지 포함하여 총액으로 예산을 결정한다. 과거에는 동일 부서 동일 기능이 일반회계, 특별회계, 기금 등으로 분산되어 있으면서도 예산 운영은 일반회계 중심으로 이루어졌기 때문에, 부처가 예산 운용상의 적자를 은닉하거나 비가시적인 예산 팽창 수단으로 특별회계와 기금예산 등을 이용할 여지가 많았다.

㈑ 한 계

총액배분・자율편성(Top-Down) 예산제도는 2005년도 예산안을 편성할 때부터 적용되었는데, 다음과 같은 사항들이 지적되고 있다(이종수・윤영진 외, 2005: 566-567).

① 사회적 합의 도출 부재

정책 혹은 부처별 총액을 배정하는 기준에 대한 사회적 합의를 도출하지 못한 상태에서 현재 상황을 균형이라고 전제하고 총액이 배정된 경향이 있다. 거시적 재정구조에 대한 종합 접근이 요구된다고 하겠다.

② 성과관리 연계 미비

총액예산 속에 부처별로 자율예산 편성을 인정했지만 구체적인 성과를 관리・평가하고 결과에 책임성을 부여하는 성과관리가 병행・연계되지 못했다. 개별 제도들이 별개로 운영되면서 형식은 갖추어도 실제 기대효과를 창출하지는 못하게 된다.

㈒ 향후 과제

총액배분・자율편성(Top-Down) 예산제도의 올바른 정착과 운용을 위해서는 예산편성 과정에 예산주무부처, 지자체 등 이해당사자의 충분한 참여와 협의를 거쳐야 하며, 총액배분・자율편성(Top-Down) 예산제도에 대한 교육 및 홍보를 강화하여 인식제고 노력을 해야 한다. 또한, 각 부처의 예산편성・관리에 대한 혁신 노력을 지원하고 예산편성 기준 및 지침을 보완하고 발전시켜 나가야 하며, 재정사업의 성과평가를 강화함으로써 지출한도를 결정하고 예산편성 및 집행과의 연계도 강화해야 할 것이다.

(3) 성과관리제도(BSC: Balanced Score Card)

㈎ 의 의

성과관리제도는 재정사업으로 달성하고자 하는 목표와 이를 측정할 수 있는 지표를 사전에 설정하고, 재정집행 결과 지표의 목표치와 실적치를 비교・평가하여 그 결과를 재정운용에 환류 하는 제도를 말한다.

성과관리제도는 MBO, 직무성과계약제 등 여러 가지 방안이 있을 수 있지만, 이하에서는 재정부문 성과평가와 관련하여, 현재 우리나라가 도입하여 시행하고 있는 BSC(Balanced Score Card)에 대해서 살펴보기로 한다.

BSC(Balanced Score Card)란 "재무적 성과지표와 비재무적 성과지표를 통한 균형적인 성과관리 도구"라 정의할 수 있다. Robert Kaplan과 David Norton은 BSC를 혁신적인 관리철학이라 정의한다.

BSC는 1992년 하버드대학 Kaplan과 Norton이 개발한 성과측정시스템이다. 기존의 성과측정이 주로 재정적 관점에 치중하였음을 지적하고, 이를 보완하기 위한 관점으로 BSC는 고객, 내부 프로세스, 혁신 및 발전효과(학습 및 성장) 등 비재무적 관점을 균형(*balance*) 있게 반영하고 있다고 기술하고 있다. 1996년에의 연구에서는 BSC를 단순한 전술적 또는 성과측정시스템이 아니라, 장기적으로 전략을 수행하기 위한 전략적 관리시스템으로 정의하고 있다(Kaplan & Norton, 1992).

㈏ 도입 현황

BSC는 재무적 관점, 고객 관점, 내부 프로세스 관점, 혁신 및 발전효과(학습 및 성장) 등 비재무적 성과를 균형적으로 강조하는 성과관리시스템으로 그동안 민간 부문에서 강조되어 왔으나, 비재무적 성과를 강조하고 있다는 점에서 다른 성과관리시스템에 비해 공익을 본질적 목표로 추구하고 있는 정부조직에 대한 적용가능성이 상대적으로 높은 것으로 평가되고 있다(김철회 외, 2006: 70).

우리나라는 참여정부에서 정부혁신의 일환으로 공공부문의 성과관리제도를 적극적으로 추진하면서 BSC의 도입이 활성화되었다. 2004년 12월에 해양경찰청이 정부기관 최초로 BSC를 구축한 이래 산업자원부나 국세청, 특허청 등이 선도적으로 BSC를 도입하였다. 이후 BSC를 활용한 성과관리는 중앙부처는 물론 지방자치단체와 공사・공단을 비롯한 공공기관으로까지 확산되었다.

(다) 구성요소

Kaplan & Norton은 기업에 적용되는 BSC 성과지표가 재정, 고객, 내부 프로세스, 혁신 및 발전효과(학습 및 성장) 등 4개의 관점에서 균형을 맞추어 도출되어야 한다고 주장한다. 성과지표를 도출하는 데 있어 기준이 되는 것은 조직이 추구하는 목적(*goals*)이며, 상위개념인 미션(*mission*)과 비전(*vision*) 그리고 이를 뒷받침하는 하위개념이라 할 수 있는 전략(*strategy*) 및 목표(*objectives*) 등의 계층제적 구조로 형성된다(Kaplan & Norton, 1992).[20]

(라) 주요 특징

BSC는 재정적(재무적) 관점, 고객 관점, 내부 프로세스 관점, 혁신 및 발전효과(학습 및 성장)의 관점들을 통합하여 단일 보고서에서 제시함으로써, 각 부문의 상호관계를 파악하고 이해하는 데 도움을 준다. 또한 다양하고 풍부한 정보와 이들의 유기적 관련성을 쉽게 알 수 있게 하여, 정책을 결정하고 문제를 해결하는 능력을 향상시켜 기존 성과측정 시스템의 한계를 극복한다. 즉, 조직운영에 필요한 운영측정지표를 한꺼번에 제시하여, 어떤 영역의 개선이 혹시 다른 영역을 희생하며 달성된 것인지를 파악이 가능하여 부분최적화를 방지한다. 또 BSC는 뒤를 돌아보는 것이 아닌 앞을 내다보고 전진할 수 있게 하는 미래 성취형을 강조한다.

(마) 정부의 BSC 적용방법론

Kaplan(1999)은 Charlotte시의 적용사례를 통해 공공 부문에 대한 BSC의 적용을 시도하였는데, 공공기관에 있어 재무적 지표는 조직의 존재를 정당화하는 가장 적절한 지표라 할 수 없고, 조직의 유권자의 필요를 충족시켜 주었느냐의 여부를 효과적으로 측정할 필요가 있음을 강조하여, 공공기관의 성공여부에 대한 판단에 있어서는 고객 관점이

---

20) 미션이란 조직의 존재이유에 관한 요약된 언명으로 조직이 추구해야 할 핵심가치를 의미하며, 비전은 조직의 중기적 목표에 대한 외부 관점에서 요약된 언명이라 할 수 있다. 전략과 목표는 미션과 비전을 구체화하는 활동들을 포함하는 수단이다.

중요하다는 점을 지적하였다.

또한 스웨덴의 Olve 외(1999)는 공공기관은 공익성과 기업성을 동시에 추구하기 때문에, 관점의 명칭을 수정하거나 새로운 관점을 추가할 필요가 있음을 강조하였고, Kaplan & Norton(1992)의 BSC 관점을 재정적 관점은 성과초점으로, 고객관점은 관계초점으로, 내부프로세스 관점은 활동초점으로 명칭을 수정하였다. 이를 표로 간단히 정리하면 〈표 8-8〉과 같다(김철회 외, 2006: 73).

〈표 8-8〉 Olve 외(1999)의 BSC 관점 수정

Kaplan & Norton(1992)의 BSC 관점		Olve 외(1999) 공공부문 BSC 관점
재정적 관점	재정적 성과가 주주들에게 어떻게 보여지고 있는가?	성과초점 (performance focus)
고객 관점	비전 달성을 위하여 고객(이해관계자)에게는 어떻게 보여지고 있는가?	관계초점 (relationship focus)
내부 프로세스	주주와 고객 만족을 위하여 어떠한 부문과 과정에 탁월해야 하는가?	활동초점 (activity focus)
혁신 및 발전효과 (학습 및 성장)	비전을 달성하기 위해 변화하고 개선해야 하는 능력을 어떠한 방법으로 배양해야 하는가?	학습 및 성장 초점 (future focus)

(바) 정부의 BSC 적용 사례: 국세청

정부부처에서 활용되는 BSC 적용사례로서 국세청의 BSC 운영사례를 살펴보기로 한다. 국세청은 재무적 내부성과에 치우친 기존의 평가방식의 실효성을 제고하기 위해 계량적 성과 외에, 고객, 프로세스, 학습 및 성장관점을 반영하는 균형적 성과평가시스템을 도입하였다. 국세청의 사례에서 볼 수 있듯이, 공공 부문의 성과관리는 통합적으로 균형적으로 이뤄져야 할 필요성이 더욱 크다고 할 수 있다. 즉, 개별 정책이나 단위사업에 대해 보다 통합적인 성과측정과 평가가 요구된다. 공공 부문의 성과는 정책들간의 긴밀한 통합조정을 통해 달성될 수 있기 때문이다.

BSC에 의한 성과관리는 계량적 관점에 국한되어 있던 기존의 획일적인 프로세스에서 벗어나, 다차원의 관점에서 성과를 파악할 수 있도록 도우며, 균형적으로 조직 내부활동에 대한 평가를 내릴 수 있도록 해준다. 또한, 과거뿐 아니라 미래에 대한 예측도 가능하게 해주어 효과적인 전략수행을 가능하게 한다.

〈그림 8-2〉 국세청의 BSC

▣ 국세청 BSC 지표 구성(예시)

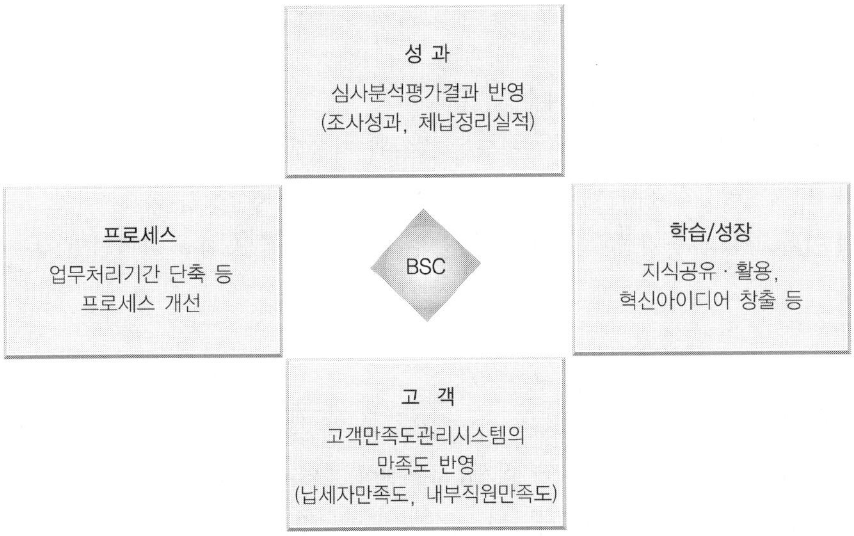

(4) 디지털예산회계시스템

(가) 의 의

디지털예산회계시스템(BAR: Budget & Accounting Reinvention System)이란 예산의 편성·집행·평가에 있어 성과와 책임을 중요시하는 성과중심형 예산시스템이다. 디지털예산회계시스템은 예산 사용내역을 투명·정확하게 기록하고 측정하여 보고하는 성과관리형이며, 중앙과 지방정부 등을 망라한 국가재정정보를 누구나 쉽게 이용하고 분석·가공할 수 있도록 하는 지능형 통합재정정보시스템이다.[21)]

(나) 특 징

① 재정범위 확대

현행 재정범위는 중앙정부의 일반회계, 특별회계, 기금만으로 한정되어 전체 재정규모의 파악 및 관리가 곤란하며, 국가재정의 최소 40% 이상이 누락되어 있다. 디지털예산회계시스템이 도입되면, 지방정부, 국민연금관리공단 등 산하기관, 한국전력 등 공기업을 포함한 공공부문 전체로 재정범위를 확대하게 된다.

② 성과중심 프로그램

현행 품목별 예산제도는 개별 사업의 성과와 결과보다는 투입과 통제를 중심으로 하는

21) 자세한 내용은 기획재정부 홈페이지(www.mosf.go.kr) 참고.

제도이다. 디지털예산회계시스템이 도입되면, '자율과 책임'의 원리하에 거시적 성과관리를 기본 가치로 하는 프로그램예산제도를 도입하여 성과중심의 예산회계시스템으로 전환시킬 수 있다.

③ 발생주의 · 복식부기 회계제도 도입

현행 현금주의 · 단식부기 회계제도는 수입과 지출의 사실에 국한된 장부기록 방식인데 비해, 디지털예산회계시스템에서 도입되는 발생주의 · 복식부기 회계제도는 수입과 지출 외에 이와 연결되는 자산과 부채의 변동, 원가정보까지를 포함한 과학적인 장부관리 방식이다.

④ 통합재정 정보분석시스템 구축

현행 재정시스템은 중앙정부 중심으로 예산과 결산과정에서의 단순 집계 · 처리기능 위주로 운영되고 있으나, 디지털예산회계시스템이 도입될 경우 모든 공공부문의 정보를 필요한 사람에게, 필요로 하는 시점에, 필요로 하는 내용을 신속하게 집계 · 분석 · 가공할 수 있는 통합재정 정보분석시스템이 구축된다.

㈐ 기대효과

① 적정한 재정정책

정확한 재정규모와 현황을 파악할 수 있게 되며 이를 토대로 적정한 재정정책을 시행할 수 있으며, 정책간 재정운용의 효율성 등을 동일한 기준으로 상호 비교할 수 있다.

② 성과중심 예산제도

예산의 기본구조가 정책기능-조직-프로그램 순으로 체계화 되어 정책이 어느 조직에서 어떤 프로그램으로 운용되고 있는지 파악하기가 쉬워지며, 현재 지나치게 세분화된 사업단위가 하나의 성과목표에 연계된 프로그램으로 통합되어 프로그램 내에서 자율성을 갖고 성과위주로 예산을 집행할 수 있다.

③ 재정위험 예측 가능

복식부기 · 발생주의 회계제도의 도입으로 재정위험에 대한 총제적인 예측 및 진단이 가능하고, 모든 회계 장부가 기록의 이중성 원칙에 따라 자체 검증되어 회계정보의 신뢰성을 확보할 수 있으며, 내부통제 기능까지 강화될 수 있다.

④ 정보의 신속 제공

디지털예산회계시스템이 도입으로 각종 재정 및 회계정보를 통합적으로 관리하게 되고, 필요한 사람은 누구나 쉽게 접근하여 이용할 수 있게 되므로, 다양한 정보를 데이터베이스에 접속하여 제공받을 수 있는 업데이트를 통해 최신의 정확한 정보를 구할 수 있으며, 전자적으로 인터넷을 통해 신속하게 볼 수 있게 된다.

이상에서 논의한 참여정부의 '3+1 국가예산제도 개혁'에 대해 표와 그림으로 정리하면 다음과 같다.

〈표 8-9〉 3+1 국가예산제도 개혁 비교

제도 / 항목	국가재정운용계획 (MTEF)	총액배분 · 자율편성 (Top-Down)	성과관리 (BSC)	디지털 예산회계 (BAR)
의 의	* 국가재원의 전략적 활용을 위한 중장기적 통합재정운용제도	* MTEF에 의해 정해진 총액배분 금액 내에서 각 부처가 자율적으로 예산편성하는 제도	* 사업목표와 성과표의 비교평가에 의한 결과를 재정운용에 환류하는 제도	* 예산 내역 투명성 제고 * 국가재정정보 사용의 용이성 제고 * 지능형 통합재정정보시스템
특 징	* 정책관계자의 폭넓은 참여 * 중기재정계획 수립과 국회제출 의무화	* 국가의 전략적 정책기획 기능 강화 * 부처의 자율과 책임 강조 * 비교우위에 따른 역할 분담	* 재무적 관점+ 비재무적 관점 통합 * 고객관점 * 내부 프로세스 관점 * 학습 및 성장 관점	* 성과중심 프로그램 * 발생주의 · 복식부기 자동 계상 * 통합재정 정보분석 시스템 구축
기대 효과	* 재정운용의 효율성 * 재정운용의 건전성 * 재정운용의 투명성	* 예산편성의 문제점 개선 * 낭비적 예산 행태 감소 * 정책의 안정적 추진	* 다차원적 관점에서 성과 파악 * 조직 내부활동에 대한 균형적 평가 * 미래예측 및 효과적 전략 실행	* 성과중심 예산제도 * 재정위험 예측가능 * 정보의 신속 제공
향후 과제	* 단년도 예산 및 기금운용 계획 연계 * 부처 자율성 · 전문성 제고를 위한 제도적 뒷받침 필요 * 경제 · 사회 여건 변화를 반영한 연동 · 보완	* 정책관계자의 충분한 참여와 협의 * 교육 및 홍보 강화 * 예산 편성과 집행 연계	* 성과지표 설정 타당성 확보 * 성과평가의 객관성 확보 * 성과중심조직 문화 확산	* 국제기준(global standard) 부합 노력 필요 * 공공부문 전체로 재정범위 확대

〈그림 8-3〉 3+1 국가예산제도 개혁 비교

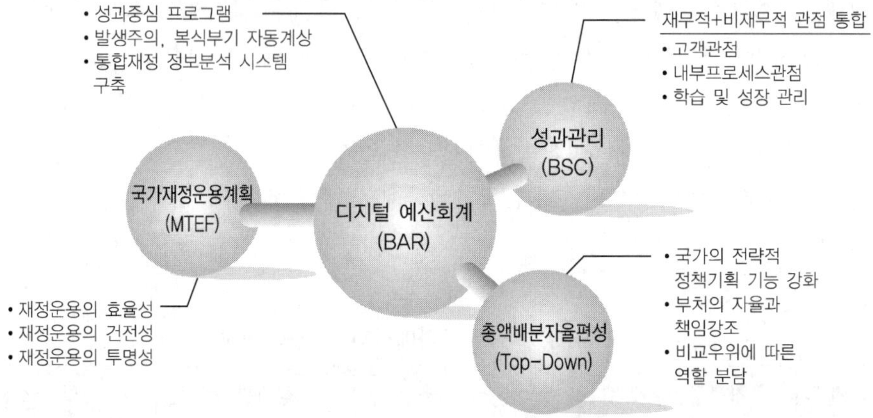

6. 요약 및 결론

국가예산제도 개혁은 재무행정 부문에서 예산운영의 신축성을 제고하고, 시장원리를 적용함으로써 성과를 중요시하고, 예산의 융통성과 책임성을 확보하기 위한 제도개혁을 말한다.

성과를 중요시하는 예산제도로는 산출예산제도가 있으며, 신축성을 위한 연도말 이월제도와 이용, 이체, 예비비, 계속비 등을 살펴보았다. 또한 단기의 예산집행이 가져오는 한계를 극복하고 중장기적인 예산 예측을 위해 다년도 예산제도를 살펴보았으며, 현금주의·단식부기의 단점을 제거하기 위한 방안으로 복식부기 및 발생주의 회계제도를 검토하였다.

참여정부에서는 2004년 이러한 여러 제도들을 통합적으로 운용하기 위한 국가예산제도 개혁이 이루어졌으며, 이는 흔히 "3+1 개혁"이라고 불린다. 국가예산제도 개혁의 4대 구성요소는 국가재정운용계획(MTEF), 총액배정·자율편성(Top-Down) 예산제도, 성과관리제도(BSC), 디지털예산회계시스템(BAR) 등으로 이루어져 있는데, 이는 이명박 정부에서도 지속적으로 계승 발전되고 있다.

국가예산제도개혁의 국가재정운용계획(MTEF), 총액배정·자율편성(Top-Down) 예산제도, 성과관리제도(BSC)는 많은 부분에서 정착되고 있으며, 디지털예산회계시스템(BAR)도 2004년부터 3년간의 준비를 거쳐 2007년부터 가동되고 있다. 디지털예산회계시스템이 구축되면, 나라살림이 보다 짜임새 있고 투명해지며 재정활동 주체별로 재정만족지수가 높아지게 된다22). 이와 동시에 중앙재정과 지방재정간의 평가기준 등 차이점을 최소화하고 예산과 회계간 연계를 강화하는 방향으로 복식부기・발생주의 회계제도 도입을 추진하고 있다. 지방재정의 경우에는 2007년부터 시행되었고, 중앙재정의 경우 2008년부터 시행되고 있다.

예산은 행정목표의 조직화 과정에서 자원 역할을 하므로 매우 중요하며, 예산의 효율적 집행(신축성)과 엄격한 통제(책임성)의 적절한 조화가 요구된다고 하겠다. 우리나라 정부의 핵심개혁 방안 중 하나인 '3+1 예산개혁' 역시 예산운영의 신축성과 책임성 확보에 그 초점이 있다. 국가예산제도 개혁들이 잘 실행되어 정착될 수 있도록 국가책임자의 강력한 의지와 리더십, 그리고 관련 정책주체들의 적극적인 참여와 합리적 개선 노력이 요구된다고 하겠다.

22) 디지털회계시스템은 공공부분 재정활동의 정확한 현황을 쉽게 파악할 수 있으며 재정낭비 요인을 제거하며 재정관련 정책의 합리적인 결정과 새로운 재정제도의 정착 기반을 제공한다. 또한 재정활동 주체들인 국민, 국회, 각 부처, 재정당국, 정책결정자 등의 만족을 높여준다. 보다 자세한 내용은 디지털예산회계시스템(http://www.digitalbrain.go.kr)을 참고하기 바란다.

제 9 장

정보체계

현대행정은 동태적 행정과정을 거쳐 실현된다. 동태적 행정과정의 첫 시발점은 국가목표 및 정책결정이며, 이를 실현하기 위해 조직·인사·재무 등 조직화와 인간관·동기부여·리더십 등 동작화, 그리고 행정책임·행정통제·행정개혁·정부혁신 등 환류 및 학습이 필요하다. 앞에서 우리는 미래의 바람직한 상태의 실현을 의미하는 국가목표 및 국가정책 이론에 대해 살펴보고, 조직화에서 필요한 조직, 인사, 재무이론에 대해 살펴보았으므로, 이 장에서는 조직화의 마지막 요소인 정보체계에 대해서 학습하고자 한다. 현대정보체계는 조직화에서 조직, 사람, 재원을 정보라는 매개체로 엮어서 정책결정과 문제해결 능력을 최적화시키는 조직화의 핵심 요소이다. 구체적으로 여기에서는 현대행정학에서 요구하는 정보체계와 전자정부에 대한 이론들에 대해 학습하기로 하며, 이를 지식정보사회에 대한 이해, 지식정보사회의 국가행정논리, 지식정보사회의 국가정책논리, 지식정보사회와 국가혁신논리, 현대정보체계의 과제 등에 대해서 학습한다.

지식정보사회에 대한 이해에서는 지식정보사회의 동인, 실체, 패러다임 등에 대해서 학습하고, 지식정보사회의 국가행정논리에서는 정보사회의 행정학, 행정학의 논의구조에 대해서 학습한다.

지식정보사회의 국가정책논리에서는 정보정책의 원칙, 정보정책의 논리, 정신적 가치와 시민의식의 함양에 대해서 학습하고, 마지막으로, 지식정보사회의 국가혁신논리에서는 지식기반사회의 3대 속성, 정보화 사회의 구조적 변화와 정보기술이 가져다주는 도전, 지식기반 사회에서의 정부운영, 현대정보체계론(PMIS: Public Management Information System)의 과제 등에 대해서 학습한다.

제 1 절 지식정보사회의 이해: 동인, 실체 그리고 패러다임[1)]

1. 지식정보사회의 도래

18세기 산업혁명의 에너지원을 증기기관의 발명에서 찾는다면, 19세기 말은 새로운 에너지원으로서 전기통신기술이 과학기술혁명을 선도하였다. 20세기 중반 이후에는 반도체 칩 기술, 마이크로프로세서 등 컴퓨터의 정보기술과 광섬유, 인공위성, 디지털 등 통신기술의 융합적 발전이 지식정보혁명을 주도하고 있다.

이러한 과학기술적 변화를 바탕으로 하여 지식정보사회에서는 개인, 지역, 국가, 세계가 네트워크되어 있으며, 언제 어디서나 손쉽게 의사소통할 수 있다. 정치적으로 전자민주주의 등 보다 직접적이고 참여적인 새로운 방식의 정치형태가 시도되고 있으며, 경제적으로는 서비스업과 컴퓨터, 유전공학 등의 지식산업군으로 산업의 중심이 이동하고 있다. 개성과 다양성에 대한 욕구를 충족시키기 위해 다품종 소량생산으로 생산체제가 바뀌어 가고 있으며, 사회적으로는 분권주의와 평등주의에 기초한 다양성과 창의성이라는 새로운 가치관이 대두되고 있다. 또한, 개인적으로는 자율성과 창의성이 존중 받는 가운데 자아실현을 할 수 있는 기회가 보다 확대되고 있다.

정보통신기술이 만들어가고 있는 인간생활 전반의 변화는 시간, 속도, 불확실성의 특성을 기반으로 일어나고 있으며, 이에 따라 행정의 영역에서도 다양성, 창의성을 토대로 신뢰와 성찰을 추구하는 이념이 새롭게 강조되고 있다. 개인의 관점에서는 디지털 불평등에 대한 해소를 토대로 개인의식의 실현을 추구하며, 정부와 국가의 관점에서는 전자정부의 구현을 통한 정부 생산성 향상과 전자민주주의의 열린 정부를 실현하며, 사회의 관점에서는 진정한 신뢰(*trust*)와 등권(*empowerment*)을 토대로 열린 의사소통의 담론 형성 및 활성화가 구현되는 진정한 신뢰사회와 성숙한 사회를 구현하는 것이 현대정보체계론의 핵심과제이다.

---

1) 이 장에서 제시된 정보체계이론은 저자의 졸저, 「전자정부론」(박영사, 2007)과 「정보체계론」(나남, 2003)을 토대로 요약 정리된 내용이다.

2. 지식정보사회의 동인

1) 기술적 동인: Seeds(Supply, Push)

산업사회의 근간이 기계기술이었다면, 정보사회는 컴퓨터와 통신기술 등 정보기술을 근간으로 하고 있다. 정보기술의 핵심은 디지털기술이다. 디지털기술은 모든 정보들을 오직 0과 1만을 사용하여 수로 변환, 입력, 저장할 수 있는데, 이는 정보를 나르고 사용하는 데 현격한 차이를 나타낸다. 정보통신기술에 또 다른 혁신적 진전은 광케이블과 위성통신의 개발이다. 여기에 디지털 압축기술이나 전송시설의 기술향상까지 더해 보다 빠른 속도로 많은 양의 정보를 처리할 수 있게 해 주었는데, 이러한 디지털 기술들은 새로운 정보네트워크 사회를 이루는 기술적 기반을 제공하였다.

2) 사회적 동인: Needs(Demand, Pull)

산업사회가 진전되고 물질적 충족이 어느 정도 갖추어지면서, 현대인들은 생리적 욕구 충족을 넘어서 더 고급욕구인 사회적 욕구와 자아실현의 욕구를 추구하는 사람들이 많아졌다(A. Maslow, 1954; A. Toffler, 1970; D. Bell, 1989). 이들은 대중매체에 의한 대량적, 획일적 정보를 거부하고 자기 취향에 맞는 개성화된 정보를 선택하려고 한다. 또한 대량생산되지 않은 자기만의 개성을 살린 다양화된 제품(*customized products*)을 선택하고자 한다. 이러한 정보통신 및 뉴미디어 등에 대한 새로운 욕구의 증대가 정보사회의 형성을 끌어당기는 사회적 요인이 된 것으로 볼 수 있다.

요컨대 컴퓨터와 디지털 그리고 전송기술 등 정보기술의 획기적인 발달은 정보사회의 기술적 동력을 제공하였으며, 여기에 사회구성원들의 통신 및 뉴미디어에 대한 욕구의 증대는 정보사회의 형성을 촉진시키는 사회적 요인이 되었다.

3. 지식정보사회의 실체: 산업사회와 정보사회의 관계

1) 전환론적 관점

Bell과 Toffler는 정보사회는 산업사회와는 분명히 구별되는 사회라고 주장한다. 그들은 정보사회가 인간의 사고·가치관·사회제도 등을 근본적으로 변혁시킬 수 있다고 본다

(Bell, 1973; Toffler, 1970).

2) 지속론적 관점

Simon과 Giddens는 정보사회는 표면적 변화이며, 그 기본적 성격은 산업사회와 다르지 않다고 주장한다. 정보기술의 발전은 단순히 사회기술 변동의 한 사례에 불과하며, 사회구조의 새로운 변혁을 기대할 수는 없다는 것이다(Simon, 1987; Giddens, 1989).

3) 구조론적 관점

현대의 고도 정보기술이 혁명적이고 전환적이지만, 그 파장이 사회전반의 구조적 변화를 초래할 정도가 되지는 않는다고 한다. 위 두 관점의 중립적 입장이다.

4) 요약 및 결론

정보사회는 다층구조의 복합산물이므로 위의 견해처럼 단순한 패러다임적 비교는 적절하지 못하다. 정보사회의 핵심은 정보기술을 통한 사회변동의 의미나 산업구조의 변화라는 의미 이상의 의의를 지닌다. 즉, 정보사회는 무엇보다도 사회적 연계망(*social networking*)과 관련된 정보의 역할증대이며, 정보가 미래의 정치, 경제, 사회, 교육, 문화 등 시민생활의 제 방면에 걸쳐서 새로운 사회관계(*social relationship*)를 규정하는 데 핵심적인 역할을 하는 사회라고 정의할 수 있다. 복합적으로 상호작용을 이루는 여러 이슈들이 존재하고, 이러한 이슈들끼리는 서로 상충적인 관계를 형성하고 있다. 이것이 정보사회의 실체이다.

복합적 다층구조로 이루어진 정보사회의 실체를 제대로 파악하는 것은 매우 중요한 일이다. 정보사회의 특성과 평가는 자아구조, 정체성 및 윤리적 맥락, 문화 및 사회구조적 맥락 그리고 국가경쟁력 및 기업효율성의 맥락 등의 이슈에 따라 달라질 수밖에 없기 때문이다. 교육, 의료, 환경 및 문화의 공간에서 뉴미디어 기술이 가져다줄 새로운 서비스 영역과 이러한 영역의 추가 도입이 가져올 커뮤니케이션의 확장, 그리고 이에 따른 사회적 효율성 확대라는 측면들은 정보사회의 매우 긍정적인 영역이지만, 우리는 정보화가 초래할 인간소외 등의 윤리적 병폐에 대해서도 간과할 수 없는 것이다. 따라서 우리는 사회과학과 정보체계를 공부하면서, 정보사회가 지니는 3Es(Efficiency, Equity, Ethics: 효율성, 형평성, 윤리성) 등 여러 차원들에 대한 분석의 시각을 가질 필요가 있다.

4. 지식정보사회의 패러다임

사회적 효율성, 형평성 그리고 윤리적 맥락과 관련하여, 정보사회는 특히 다음과 같이 산업사회와 구별되는 특성적 패러다임을 지닌다.

첫째, 정보사회는 시간적·공간적 소멸이 가능한 사회이다. 산업과 물류를 생산기반으로 하던 사회가 정보와 정보유통으로 그 중심축이 이동하면서, '시간과 공간의 극복'이 이루어지고 있다. 정보기술과 정보고속도로의 구축은 기업 내에서 시간, 공간의 제약을 극복하고, 기업, 정부, 국민간의 유기적 연결을 통해 국가사회의 전반적 거버넌스 시스템을 '지능화'시키고 있다.

둘째, 정보사회는 시간적, 공간적 거리의 소멸뿐만 아니라, 영역간 경계의 소멸이 일어날 가능성도 예측되는 사회이다. 전자문서교환(EDI: Electronic Data Interchange)이나 전자상거래(EC: Electronic Commerce) 등의 도입과 응용은 부문간, 조직간, 산업간 경계를 무너뜨리고 있다. 정보전달 매체간의 융합현상이 디지털 기술의 발달로 가능해지고 있으며, 이를 제도적으로 뒷받침하는 움직임이 빠르게 진행되고 있다.

셋째, 정보사회는 열린 사회인 동시에 경쟁사회이다. 정보사회의 근간이 되는 정보고속도로는 세계와 지역과 개인을 하나로 엮어, 이들간의 자유로운 의사소통을 빛의 속도로 가능하게 한다. 전시대적인 비밀과 폐쇄, 그리고 권위주의적인 닫힌 사회를 유지하기는 그만큼 어려울 것이다(서삼영, 1996: 25-26). 그러나 정보화는 사회구성원간 또는 국가간의 형평성을 높이는 역할보다는 상대적인 우위를 점하는 요소로서 작용하게 될 가능성이 더 크다. 지구적인 범위에서 부문과 영역이 소멸되는 형태의 무한경쟁이 치열하게 전개되면서 국가간의 격차는 더 벌어질 것이며, 이는 국제사회의 중요한 쟁점 중의 하나가 될 것이다.

마지막으로, 정보사회는 윤리적 문제가 더욱 심각하게 제기되는 사회이다. 또한 이러한 윤리적 파장은 산업사회와는 질적으로 다른 형태를 띠는 것이 많을 것이다. 특히 우리는 불건전한 정보의 홍수 속에서 자아와 인성의 실체(*human integrity*)를 지키기가 점점 더 어려운 시대에 살고 있다. 자아와 인성의 실체, 익명성과 인간 신뢰성의 문제, 인간의 컴퓨터화 — 이러한 문제들은 개인의 정체성을 위협하고 있으며, 정보사회에서의 생명과 인간의 의미 그리고 이와 관련된 윤리문제를 심각하게 제기하고 있다.

제 2 절 지식정보사회의 국가행정논리

1. 정보사회의 행정학

1) 사회구조의 변화

정보기술, 즉 컴퓨터기술, 통신기술, 뉴미디어의 급격한 발전에 따라 정보의 중요성이 더욱 부각되고 있다. 정보기술 발전이 몰고 온 사회적 맥락을 이해하기 위해 정보화의 사회구조적 변화를 살펴보면 다음과 같다.

첫째, 정보통신혁명은 인간의 육체적 노동의 대부분을 자동화함으로써 점차 정신노동이 사회를 움직이는 힘이 되게 한다. 이른바 지식기반사회(*knowledge-based society*)가 되는 것이다. 따라서 인간은 정보, 기술, 지식의 창출과 관련된 정신적 노동에 종사하게 되고, 일을 통한 자아실현욕구 충족을 더욱 경험하게 된다.

둘째, 사회조직 원리의 변화이다. 산업사회의 전형적인 조직원리가 관료주의적, 중앙집권적, 권위주의적, 획일성이라 한다면, 정보사회에서는 분권주의적이고 평등주의적이며 다양성의 원리가 지배한다. 정보사회에서는 인간의 자율성 신장을 기반으로 공동체적 삶의 진화가 중요해지고 있으며, 이에 따라 관료제적 원리는 점차 그 빛을 잃어가고 인간중심적 거버넌스 원리가 그 자리를 대신해 가고 있다.

셋째, 경제영역의 변화이다. 경제부문에서는 경제의 소프트화 현상이 가속될 것이다. 광통신, 광전자, 통신위성 등 정보통신기술의 비약적인 발전에 따라 산업구조는 제조업 중심에서 서비스산업 중심으로 개편되고 있으며, 다양한 인간욕구의 충족과 관련된 인간서비스업과 전문서비스업이 중심산업으로 자리를 잡고 있다.

정보통신기술의 발전에 따라 인간의 선택가능성은 증가되고, 이에 따라 인간의 자아실현 욕구를 충족시킬 수 있는 가능성은 커지고 있다.

하지만, 정보기술의 발달이 가져다주는 도전들(예컨대, 정보독점, 정보격차, 국제 정보종속, 실업문제, 인간소외문제, 프라이버시 보호문제 등)도 커다란 문제점으로 제기된다. 이러한 문제점들을 기존의 관료제적 조직원리로써 해결하는 데는 한계가 있으며, 그 대안적 요소로서 대화 참가자들 사이의 신뢰와 평등, 자유로운 토론이 보장되는 거버넌스적 원리의 활성화가 강조되고 있다. 그리고 이러한 요소들은 21세기 정보사회의 행정학 및 조직학의 중요한 특성으로 반영되어야 한다.

2) 국가행정의 역할과 위상

정보통신기술의 혁신적 발전은 국가간 관계를 크게 변화시키고 있다. 세계화의 진전은 국가간 협력체제를 변화시키고 있을 뿐 아니라, 국가운영체제와 제도간 경쟁도 초래하고 있다. 시민사회의 분화와 비영리사회조직의 가치에 대한 새로운 인식은, 국가-사회관계를 수직적 관계에서 수평적 관계로 전환시키고 있으며, 유일한 권력기관으로서 국가의 독점적 지위를 변화시키고 있다(Toffler, 1990).

정보사회에서 국가의 역할구조는 직접 개입자에서 간접 유도자로, 직권 해결자에서 중재자로 전환될 것이다. 따라서 산업사회에서 형성되었던 '정부-시장-시민사회' 간 역할분담 구도가 새롭게 정비되어야 한다. 즉, 사회에 대한 직접적 통제, 인위적 자원배분, 민간부분에 대한 독점권 행사, 불필요한 부분에서의 독점적 지위 유지, 중앙집권적 권한배분, 공식부문 위주의 행정처리 등은 바뀌어야 하며, 구체적으로 새로운 국가역할의 변화방향은, 1) 시민정신의 촉진자로서의 국가, 2) 거버넌스 관리자로서의 국가, 3) 정보화시대의 새로운 인프라구축 창도자로서의 국가, 그리고 4) 사회변동 관리자로서의 국가가 되어야 한다(김광웅, 1995).

정보사회에서 발생할 수 있는 문제 해결을 위해서는 거버넌스 원리하의 참여와 민주성 이념이 강조되고 있다. 즉, 정보사회에서의 정부는 민주와 형평의 이념이 행정체제에 뿌리를 내리면서, 정보사회가 부과하는 도전, 예컨대 정보독점, 정보격차, 정보종속, 인간소외, 정보공개, 개인정보보호의 문제들을 해결해야 한다.

2. 행정학의 논의구조

1) 거시행정학

전통적 행정학의 논의구조는 조직, 인사, 재무, 정책, 비교행정, 도시행정 등 미시적 차원의 행정현상에 대한 분석에 치중되어 있다. 하지만 정보화 시대(*information age*)라고 불리는 현대의 소용돌이 체제에서는 이러한 미시적 차원의 분석틀이 적용의 한계를 드러내고 있다.

한국행정의 특수성을 이해하기 위해서는 세계체제 및 사회권력 관계를 파악해야 행정의 구조적 맥락을 이해할 수 있다. 정보사회의 도래라는 급격한 행정환경의 변화라는 측면에서 국가의 역할과 새로운 행정 모형을 수립하기 위해서는 거시적 관점의 분석틀이 필요하다.

2) 개방체제 모형

현대행정학은 개방체제라는 시각에서 정부의 문제해결 능력을 높여야 한다. 사회는 점점 다변화되고 그 속도도 빨라지고 있으므로 지금까지의 경직된 조직구조와 사고로는 이러한 빠른 사회변화에 적절히 대응하기 어렵다.

지식정보사회의 다원화·세계화·지방화의 추세에 행정이 제대로 대처하기 위해서는 변화에 효과적으로 대응할 수 있는 유연한 조직모형에 관한 연구가 필요하다. 학습조직이나 비전구동형 조직, 팀 조직, 네트워크 조직, 프로세스 조직 등이 대표적인 예이다.[2)]

또한, 거버넌스 정부모형의 구현을 통해 다양한 참여의 확대가 이루어져야 한다. 미래사회는 개성이 존중되고 가치가 다원화되는 사회이다. 이러한 다양한 요구를 수용할 수 있기 위해서는 정책과정이나 행정과정에서 참여와 민주성 확보가 필수적이다.

3) 인간중심의 행정학

전통적 행정학은 관리·능률 중심의 경직된 계층제적인 조직구조와 통제·상의하달식의 대민 행정 등의 모습으로서, 급변하는 환경변화에 대응하는 데 한계가 있다. 지금까지 행정의 주된 '논의의 틀'이 웨버-윌슨(Weber-Wilson)식의 능률주의·기능주의적 패러다임이었다면, 앞으로 미래 정보사회가 요구하는 행정 패러다임은 인간주의·가치 지향적 패러다임이 되어야 한다. 하버마스(J. Habermas)는 실증주의를 현존의 산업세계를 긍정하는 이데올로기라고 하면서, 사실의 기술에만 그치고 언제나 현실을 받아들이며 변화에는 관심을 두지 않는다고 한다. 사회과학으로서의 행정학은 결국 생산수단으로서의 인간이 아니라, 생산의 주체로서 인간을 발견하여야 하는 당위론적인 요청에 직면해 있다.

4) 지식정보사회에서의 변혁적 리더십

20세기 후반의 변화는 개인들뿐만 아니라 인간조직에 있어서도 압도적으로 작용하고 있다. 정부조직은 자원의 빈곤, 정보기술의 발달, 시민들의 변화하는 역할, 세계체제의 변화

2) '학습조직'이란 조직이 변화에 적응하고 더 나아가 변화를 이끌어 가는 것을 의미한다. 학습조직은 최근 미국을 포함한 구미 기업들의 관심을 모으고 있는 일종의 경영혁신 방법이다. 「학습조직의 이론과 실제」(삼성경제연구소, 1996) 참조.

와 같은 문제에 직면함은 물론, 이른바 조직의 '미래의 충격'(*future shock*)이라고 불리는 상황에 직면하고 있다. 이러한 도전과 과제들은 미래의 지도자들에게 변혁적 리더십을 요청하고 있다.

변혁적 리더의 출발점은 국가정책과 행정목표를 집합적으로 달성하기 위해 조직구성원들의 잠재력을 고양시키는 문제로부터 시작된다(전종섭, 1987; 김광웅, 1983). 즉, 변혁적 리더십은 잠재력과 자발성이 핵심이다. 지도자는 헌신과 신념을 통해 조직의 무기력을 타파하고, 비전과 목표의 제시를 통해 조직구성원들이 스스로 잠재력을 고양시키며, 자발적으로 비전을 향해 함께 뛰는 역할 모델을 제시해야 한다. 조직 외적인 측면에서 보면 정부의 변혁적 리더들은 시민들의 자발성과 잠재력을 고양시킬 수 있어야 한다. 시민 혹은 지역사회와 함께 밀접하게 협력하여 일하는 거버넌스 접근방법을 통해 시민들의 태도변화를 자발적으로 이끌어내고, 시민들의 잠재력을 개발할 수 있는 리더가 필요하다. 이러한 시민의 참여와 태도변화 그리고 덕성 있는 시민의 성찰적 자아실현을 사회환류 메커니즘(*social feedback mechanism*)으로 인식하고 정부혁신의 지향점으로 삼아야 한다.

제 3 절 지식정보사회의 국가행정과제

1. 지식정보사회의 새로운 행정업무

1) 현대행정의 변화

세계화, 정보화, 지방화 등 행정환경변화는 행정을 변화시킨다. 정보화가 요구하는 행정의 변화는 단순히 정보화가 행정에 미치는 영향으로서의 변화가 아니라, 행정과 정보화의 상호 환류적인 성격을 띠고 있다. 전자정부는 업무처리의 자동화를 통해 절차의 간소화를 가져오고 이는 비용절감의 효과를 가져 올 수 있다. 또한 정보수집능력과 의사결정 지원능력의 향상을 통해 정책역량을 강화하고, 효율적이고 국민요구에 신속하게 대응하는 고객 지향적 행정을 수행할 수 있게 한다.

2) 전자적 행정서비스의 동향

지식정보사회와 전자정부가 진전되면서 행정서비스의 제공방법도 변하게 되는데, 전자적 행정서비스의 동향을 살펴보면 다음과 같다.

첫째, 행정서비스의 변화에서 가장 확실한 동향은 창구서비스의 종합화, 일원화가 이루어지고 있다는 점이다. 전자정부의 발달로 인해 One-stop, Non-stop, Any-stop 정부가 실현되고, 이에 따라 민원행정의 종합창구 실현이 가능해지고 있다(종합창구화).

둘째, 행정서비스를 주민들이 보다 가까운 주변에서 받을 수 있게 된다는 점이다(인접지 혜택). 단말장치의 설치와 이것을 조작할 수 있는 사람이면 누구나 그 자리에서 주민등록증, 각종 증명서의 발행이나 행정정보의 제공이 가능해지고 있다. 이와 함께, 프라이버시 보호문제와 직원 재배치, 그리고 재택근무 등 직장환경의 문제가 제기되고 있다.

셋째, 행정서비스의 동향 중에서 세 번째 동향은 인터넷을 이용한 정보제공 및 정보공개의 문제이다. 전자정부의 발달에 따라 투명한 행정정보의 공개가 점점 더 중요해지고 있으며, 온라인 형식의 정보제공이 필요해지고 있다.

3) 전자정부의 새로운 행정업무형태

지식정보사회의 진전과 전자정부의 발전에 따라 행정업무형태도 변하게 된다.

첫째, 가정민원제도가 가능해진다. 정보사회에서는 각종 민원사항의 신고, 열람, 서류발부 등이 행정관서와의 내왕 없이 가정에서 인터넷을 통해 이루어지고 있다.

둘째, 통합고지서의 발행이 가능해진다. 정보사회에서는 각종 세금 및 공과금납부에 관한 고지서를 일원화하여 컴퓨터로 처리하게 됨에 따라, 일선 행정관료들의 업무가 보다 간소화될 수 있다.

셋째, 전자우편제도가 확충된다. 정보사회가 도래하면 컴퓨터와 통신기술의 발달로 가정과 가정에 직접 연결되는 전자우편제도가 완성된다. 더욱이 전 세계를 연결하는 인터넷 통신망을 이용하여 전자사서함, 다중화상회의 등이 가능해진다.

넷째, 무인행정사무실이 출현할 가능성이 높다. 예를 들면 파출소의 기능이 파출소에 근무하는 경찰관에 의해서보다 로봇에 의하여 수행된다는 것이다. 사실상 방범, 치안유지, 소방, 구급 활동 등의 비상조치가 재래적인 인간중심의 사고방식에서, 정보의 수집과 처리 및 자동시설의 활용으로 대체될 가능성은 더욱더 많아진다. 이 같은 무인행정사무실의 등장으로 그 업무를 수행하던 경찰관, 소방관, 방범요원들의 수가 감소될 수밖에 없을 것이다.

다섯째, 새로운 행정서비스 업무가 개발될 것이다. 이는 전통적인 행정분야에서 소요경비의 과다지출 등의 이유로 포함되어 이루어지지 못한 업무들이 전자정부의 진전으로 새로 개발되거나 확장 보충될 것이라는 것을 의미한다. 예컨대, 지역사회활동을 위한 정보제공, 주민부재시의 행정업무 대행, 공공행정에 관한 질의응답 및 공공행정의 홍보 등을 들 수 있다.

2. 새로운 행정업무처리에서 오는 부작용

1) 정보화 과정상의 문제점

(1) 조직 내부의 저항

정보사회는 효율적인 정부를 요구하는데, 이러한 정부가 되기 위해서는 행정기능의 축소·이양·폐기가 수반된다. 전자정부의 발달에 따라 행정업무처리의 자동화를 통해 절차가 간소화되고 이는 비용절감의 효과를 가져올 수 있지만, 행정정보화를 통한 작고 효율적인 정부의 추구는 불가피하게도 인원을 삭감하는 방향으로 나아가게 될 것이므로 조직 내부의 저항에 직면하게 된다.

(2) 인간관계의 악화 우려

전자정부는 컴퓨터 시스템과 분석적 기법들의 활용 증대로 공무원의 과학적 사고방식을 강화할 수 있으나, 컴퓨터 네트워크를 통한 기계적 연결이 증대됨으로 인해 '얼굴 없는 관계형성' 등 전통적인 인간관계가 약화될 우려가 있다. 또한 옆의 직장동료보다는 자신의 개인컴퓨터와 더 친숙해지고 신뢰하게 되어, '컴퓨터＝제2의 자아(*the second self*)' 라는 등식이 현실화될 가능성도 높게 될 것이다.

(3) 인력관리의 불합리성

조직생산성의 향상을 위한 행정정보화의 중추를 담당하게 될 공무원의 채용상의 문제가 있다. 현재 우리나라의 공무원 채용에 있어 전산직 공무원은 하급직에 머무르고 있으며, 민간부문에 비해 보수 등 근무조건이 불리하여 전산관련 우수인력을 흡수하는 데 어려움을 겪고 있다.

2) 정보화 관리정책상의 문제

(1) 전자감독

전자감독은 구성원들의 업무결과와 업무실적에 관한 정확하고 객관적이며 일관성 있는 정보를 제공해 주는 동시에, 구성원 개개인에게 본인의 업무수행 결과에 대한 피드백 정보를 제공해 줌으로써, 조직관리에 긍정적인 측면이 있다. 그러나 컴퓨터에 입각한 '완벽한' 감독체제의 가동은 조직구성원들에게 심리적 부담을 주며, 사생활을 침해하거나 또는 직장생활의 질을 저하시킬 우려가 있다.

(2) 정보시스템의 불안정성

정보는 항상 변하고 유동적이다. 따라서 정보는 어떤 매체에 의해서 통제되어야 한다. 이것은 기계일 수도 있고 통신망의 연결일 수도 있다. 만약 통신네트워크의 고장으로 인해 중앙통제장치가 작동이 안 될 때 그것과 연결된 네트워크는 모두 장애현상이 오며, 이는 많은 사회적 파장과 혼란이 야기된다.

3. 지식정보사회의 새로운 행정문화

1) 행정문화의 의의

행성문화는 한 국가의 행정 관료들이 갖고 있는 공통된 의식구조, 사고방식, 대도, 신념 및 가치관을 포괄하는 복합적인 총합을 의미한다. 지식정보사회의 진전과 전자정부의 발달에 따라 도입되는 새로운 업무형태와 처리방식은 행정문화의 변화를 초래한다.

정보기술은 정부 관료제적 문서처리 및 문제해결 방식에 있어서 효율성을 증대시키면서 정책결정의 합리성을 제고시킨다. 긍정적 행정효과로는 행정업무의 비용절감, 정책지원효과, 전자적 행정서비스의 향상, 부정부패의 감소를 생각할 수 있으며, 반면 부정적 효과로서 개인정보 침해와 안전에 대한 위험, 정보격차 발생, 성보화로 인한 심리적 불안 등을 들 수 있다.

2) 행정문화의 변화

전자정부의 발달로 전자적 행정서비스에 대한 욕구가 늘고 동시에 양질의 서비스 공급이 가능해지면서, 행정은 보다 서비스 지향적이고 고객중심적이 될 것이 요구되고 있다. 고객중심의 행정이 되기 위해서는 무엇보다도 구태의연한 관료의식을 버려야 하며, 행정이 최대의 서비스 산업이라는 의식이 확산되어야 한다. 또한, 고객이 요구하는 서비스를 신속히 제공하기 위해서는 업무태도와 절차가 개선되어야 한다. 권위적 태도와 통제위주의 절차가 존속하는 한 고객중심의 서비스 제공은 불가능하다. 정보기술이 행정업무와 긴밀히 연계되어 유용하게 활용될 때, 그리고 공무원들의 정보화 능력이 배양될 때, 보다 봉사적이고 신속한 행정서비스가 가능해진다고 할 수 있을 것이다.

3) 행정문화의 변화 방향

(1) 고객중심의 행정

미래의 행정체제와 행정문화는 대국민적 태도에 있어서 기본적으로 인간의 기본권과 존엄성을 존중하고 개인의 잠재력이 발휘될 수 있는 형태로 민주화되어야 한다. 사회 전반적인 분위기와 더불어 행정 내부적으로도 민주화되지 않는다면, 오히려 정보사회의 여러 가지 뉴미디어는 권위주의적 통제와 억압의 기구로 전락할 가능성이 크다. 다른 분야에서도 마찬가지이겠지만, 행정에 있어서도 정보화가 인간에게 이로운 것이 되기 위해서는 무엇보다도 우선 그것을 이용하는 행정인의 의지라든지 태도가 권위적이지 않고 국민을 존중하며 국민을 위해 봉사하는 것이어야 한다.

(2) 열린행정: 개방적이고 접근이 용이한 행정

정보사회로 진행하면서 중요하게 대두되는 문제는 일반 국민들이 얼마만큼 정부에 쉽게 접근할 수 있느냐 하는 것이다. 정보사회에서 보편화될 다수의 뉴미디어들은 정부와 국민간의 상호 의사소통을 지금보다 훨씬 원활하게 해 줄 것이다. 따라서 정부에 대한 국민의 심리적인 벽을 낮추게끔 유도하고, 그와 더불어 정보의 활용과 접근이 용이하도록 정부의 문을 개방함으로써, 국민의 정치참여를 증대시키고 행정에 대한 비판과 통제를 가능하게 하도록 해 주어야 한다.

개방성의 문제는 행정 내부에서도 중요하게 부각된다. 미래의 행정조직이 효율적으로 기능하고 생존을 유지하기 위해서는 정부조직이 비계층적이고 개방적인 체제(*open system*)로 바뀌어야 한다. 행정은 내부적으로는 물론 외부적으로 국민을 비롯한 행정환경과 긴밀히 교류하면서 유지되어 나가야 하는 것이다.

(3) 참여를 보장하는 행정

정보사회에서는 과거의 관료중심적, 폐쇄적인 행정을 탈피하여, 적은 비용과 간편한 절차로써 국민들을 참여시키는 행정이 되어야 한다. 국민의 교육 및 생활수준의 향상으로 행정에 대한 참여욕구의 증대와 행정에 대한 차원 높은 서비스 기대욕구가 증대되고 있기 때문에 과거와 같은 발상과 접근으로는 곤란하다. 정보사회에서 사용되는 뉴미디어들은 기존의 미디어와는 달리 상호 작용성 또는 쌍방향성의 성격을 가진다. 앞으로의 행정은 이러한 커뮤니케이션 수단을 적절히 활용하여 국민들의 행정참여를 확대시키고 참여민주주의를 실현시킬 수 있어야 한다. 이러한 거버넌스적 접근은 정보사회에 있어서의 궁극적인 목표인 인간가치의 실현을 위해서 매우 중요한 전제조건이다.

(4) 자유로운 정보유통을 보장하는 행정

정보기술의 발전이 전체주의적 통제체제를 가져올지도 모른다는 부정적인 우려를 표명하는 학자들도 있다. 우선 기술적으로 정보의 정치적 악용이나 독점 및 조작의 가능성이 상존하며, 정보관리 계층에 의한 권력의 강화 내지 집중화가 통제사회를 출현시킬 수도 있는 것이다. 또한 정보획득의 차별로 인하여 과거보다 더욱 엄격한 계층구조가 형성될 가능성도 있다. 모든 정보는 공개적이고 정확해야 하며 누구나 손쉽게 접근이 가능해야 한다. 특정 집단이나 세력에 의한 정보의 독점은 방지되어야 하고, 이를 위해서 정부를 포함한 정보를 관리하는 기관은 개인정보나 기업기밀 또는 국가기밀을 침해하지 않는 한 보유하고 있는 정보를 공개해야 한다. 그래서 정보공개주의가 정착되면 일부 세력에 의한 정보독점이 방지될 수 있고 정보유통의 불균형도 시정될 수 있을 것이다. 미래의 행정은 이러한 부정적인 가능성들을 최소한으로 줄이고 정보의 유통을 자유롭게 함과 동시에, 행정 내부적으로나 외부적으로 정보유통의 형평성을 확보해야 한다.

(5) 탄력적 행정

현대행정은 적극적이면서도 환경에 탄력적으로 대응할 수 있는 행정이어야 한다. 과거의 행정의 성격은 변화를 두려워하고 복지부동하며 정태적이었다. 그러나 미래의 정보사회에서는 이러한 행정은 살아남을 수가 없다. 미래 사회는 급격히 변화하는 사회가 될 것이다. 이러한 행정환경의 변화 속에서 살아남기 위해 현대행정은 탄력적이고 유연하게 대처해야 하며, 또한 그러한 행정환경에 끌려가는 것이 아니라 그러한 사회를 주도하는 발전의 동인으로서 작용해야 한다.

4. 지식정보사회의 새로운 행정윤리

1) 행정윤리의 의의

행정윤리란 행정을 행함에 있어서 최우선의 가치를 두는 궁극적 목표와 그 목표를 달성하는데 있어서 행정이 어떠한 태도와 행태를 취할 것인가에 대한 규범적 기준을 의미한다. 현대사회의 발전과정을 거치면서 사회적 형평이나 인간다운 삶의 질에 대한 국민들의 욕구가 강하게 등장하게 되었고, 이에 따라 현대행정이념도 기존의 능률과 성장 우선주의로부터, 민주와 참여를 토대로 한 균형적 성장과 사회적 형평을 요구하고 있다.

2) 행정윤리의 방향

현대행정이 추구해야 할 궁극적인 목표는 '인간 존엄성(*human dignity*)의 실현'이라고 할 수 있으며, 이에 따라 현대행정은 민주 및 참여 가치의 확대, 국민의 삶의 질 향상과 사회적 형평성 실현을 최우선 가치로 삼아야 한다.

(1) 인간적인 행정

정보사회에서 가장 강조해야 할 문제의 하나로는 인간주의를 들 수 있다. 미래 사회에서 과학기술이 인간을 더욱 소외시키고 인간을 노예로 만들 가능성을 배제할 수 없다. 기술이 진정 인간을 위한 도구가 되려면 인간 위주의 가치에 바탕을 둔 행정이 실현되어야 한다. 미래 사회가 궁극적으로 실현하고자 하는 목표가 인간가치의 실현이라고 할 때, 인간 존엄성(*human dignity*)에 기초한 행정윤리에 대해서는 아무리 강조해도 지나치지 않을 것이다.

(2) 적극적인 행정

현대사회가 안고 있는 삶의 질 향상과 사회적 형평성이라는 과제에 있어, 현대행정은 적극적인 행정을 필요로 한다. 사회 각 구성원들이 제각기 능력에 따라 행정에 접근하여 자신의 몫을 확보하도록 한다면 진정한 사회적 형평은 이루어질 수 없다. 신행정학이 강조하는 바와 같이, 행정이 사회적 형평을 실현하는데 주체가 되어 적극적으로 나서야 하며, 이것이 사회발전의 원동력이 되어야 한다.

(3) 균형적인 행정

사회 각 부문의 다원성과 창의성을 인정하고 보장하면서도, 사회 어느 한 곳으로 치우치지 않는 균형감각 있는 행정이 되도록 해야 한다. '균형'이라는 문제는 형평과 삶의 질 확보에서 필수불가결한 요소이다. 균형에 기초한 행정윤리는 사회적인 평등을 획득하는 데에 무엇보다 중요하며, 나아가 미래사회의 정의를 이룩하는 데에도 빼놓을 수 없는 요소가 될 것이다.

5. 요약 및 결론: 새로운 행정문화와 행정윤리

지식정보사회 및 전자정부의 발달 그리고 이에 따른 새로운 업무형태의 도입에 따라 행정문화에 많은 변화가 초래될 것으로 예상된다. 따라서 우리는 새로운 업무형태와 서비스 등장에 부응하는 가치관과 윤리의식 함양의 중요성을 인식해야 할 것이다.

전자정부를 이용하는 진정한 정보마인드의 양성과 이의 저변확대가 이루어진다면, 우리의 사회는 균형과 조화를 통해 보다 더 세련되고 효율성이 커지게 되겠지만, 그렇지 않고는 정보화의 미래를 결코 희망적으로 낙관할 수 없을 것이다.

정부 공무원 스스로의 책임과 자율적인 통제를 위해서 윤리적 내용과 문화적 배경이 필요하게 되는데, 그 기준이 되는 것이 바로 행정윤리와 행정문화이다. 정보사회의 업무처리가 바람직한 방향의 행정윤리와 행정문화에 토대를 둘 때 비로소 행정의식과 행정문화의 선진화는 달성될 수 있을 것이다. 바람직한 행정의 지침으로서의 행정문화 및 행정윤리에 대한 탐구는 궁극적으로 이들 규범을 업무형태에 어떻게 걸맞게 변동시킬 수 있는가 하는 문제로 귀결된다. 행정이념은 국가와 시대, 정책과 기술의 변화에 따라 그 맥락성이 달리 나타나기 때문에, 결국 지식정보사회와 전자정부 기술의 발달에 따른 새로운 행정윤리와 행정문화는 민주성과 참여성, 신뢰성과 형평성이라는 현대행정이념을 토대로 재조명될 수 있을 때, 21세기 정보사회의 국정관리는 바로 설 수 있을 것이다.

제 4 절 지식정보사회의 국가정책논리

1. 정보정책의 원칙

정보정책의 원칙은 1) 민간투자의 장려, 2) 경쟁의 증진과 보호, 3) 소비자에 대한 공개적인 접근(*open access*), 4) 정보사회에서 가진 자와 못 가진 자 사이의 간격을 줄일 수 있는 보편적 서비스의 유지 및 향상, 그리고 5) 새로운 규제구조가 빠른 기술과 시장의 변화에 대응할 수 있도록 유연성을 확보한다는 것으로 요약된다.

정보화의 효율성을 저해하지 않으면서, 인간소외와 전통적 가치를 최대한 보존하는 일이 정보정책의 방향설정에서 중요하다. 정부생산성과 민간의 활력을 질식되지 않도록 하면서, 다른 한편으로 정보교육과 민주적 절차의 보장을 통해 대다수 국민들을 정보화 과정과 절차로부터 소외시키지 않는 일이 중요하다. 이를 위해서는 근본적으로 정보문화 및 정보윤리의 형성이 뒷받침되어야 한다.

2. 정보정책의 논리

1) 사회적 활력의 진작

정보기술이 우리 사회에 가장 큰 기여를 할 것으로 여겨지는 특장(特長)분야는 기업, 교육, 의료 및 환경영역이다. 시간과 공간 그리고 조직의 제약을 벗고 투자와 창의성이 효율을 발휘하는 일에 정보기술은 핵심적 역할을 하게 될 것으로 보인다. 새로운 디지털 기술은 기업과 기업간, 산업과 산업간의 경계를 제거하고, 부문별로 흩어져 존재하고 있는 자원들을 유기적으로 연결시켜 '국가사회 차원의 시너지(*synergy*) 효과'를 극대화시키는 역할을 할 것이다.

(1) 정보기술의 개발 및 투자

기업은 시민이 원하는, 그리고 기업이 필요로 하는 정보기술(IT : Information Technology)의 개발에 박차를 가하여 정보화로 사회적 효율성을 제고시켜야 한다. 이러한 투자는 정부와 기업이 상호 연대하여 원칙과 방향성을 설정하고, 정부가 이 원칙을 고수하며 기업이 이에 능동적으로 참여함으로써 활성화될 수 있을 것이다. 또한 정보화의 삶 속에서 하루 하루를 숨쉬며 살아가는 개인들은 정보기술 또는 기업의 정보화 활동의 '열린 구도' 속에 참여함으로써, 이러한 효율성은 더욱더 탄력이 붙을 것이다.

(2) 민간투자와 창의성의 제고

사회적 활력의 핵심은 민간투자와 창의성이 정부규제에 질식됨이 없이 제 가치를 발휘하는 일이다. 기업이 미래에 대한 확신이 서지 않고 투자의욕이 감퇴되면 고용이 안정될

리가 없다. 정부는 민간기업의 활력에 장애가 되는 정부규제를 최소화하고, 불확실성을 감소시켜 기업의 미래인식(*horizon*)에 대한 영역을 최대한 확보해 주어야 한다. 이를 위해서는 정부정책의 투명성과 공정성이 제고되어야 하며, 민간의 참여를 활성화하여야 한다(Fields, 1994).

(3) 정부생산성의 제고

정보기술 및 네트워크의 공급과 수요의 창출 등이 제대로 이루어지기 위해서는 정부의 역할이 매우 중요하다. 정부부문의 생산성은 효율적인 기업활동에 중요한 환경요소가 된다.

정부의 역할 수행방식의 변화를 질적으로 뒷받침하기 위해서는, 정부의 정책역량과 관리역량을 효율적인 체제로 재편되어야 한다. 경직된 계층제 조직과 정부운영체제로는 시장의 변화와 기술의 발달, 그리고 시민사회의 요구에 부응할 수 없으며, 이러한 환경에 적응에 나가기 위해서는, 무엇보다 과감하게 정부업무재설계(BPR: Business Process Reengineering) 등을 토대로 전자정부의 생산성을 제고해야 한다.

2) 인간적인 망의 건설과 공공가치의 보존

기업의 투자는 상업성과 영리성을 근간으로 하므로 근본적으로 공공성이나 비영리적인 공익과는 친하지 않다. 따라서 정부는 민간투자의 활력과 상업적 경쟁의 원칙이 사회의 공적인 가치(*public interest*)를 손상시키는 방향으로 진행되지 않도록 세심한 주의를 기울일 필요가 있다.

기술적인 문제들은 일단 진행되면 되돌리기 어려운 정명성이 있다. 따라서 정보정책 관계자들은 정보사회를 진전시키기에 앞서 반드시 다음과 같은 문제들에 대해 고심해야 한다.

> 우리는 왜 정보고속도로를 건설해야 하는가? 국가사회 내 어떤 기관과 조직체들을 연결하고 그것은 무엇을 위해 필요한 것인가? 또 어떤 내용을 전달할 것인가? 그리고 무엇보다도 우리는 어떤 무습의 정보사회를 만들 것인가?

3) 사회적 형평의 제고

인간중심의 정보사회는 단순히 기술적으로 뛰어나고 경제적으로 여유 있는 계층만이 아니라, 모든 시민을 위해 열려 있어야 한다. 잘 살건 못 살건, 도시에 살건 시골에 살건,

나이가 많건 적건, 모든 사람이 차별 없이 정보에 접근하게 하는 것이 우리의 이상이다. 일반 국민들이 공유하지 않는 정보고속도로는 아무런 쓸모가 없다.

시장에 맡겨서는 점점 더 문제가 될 것이 확실시되는 정보사회의 사회적 격차문제를 위해 논의되는 중심개념이 보편적 서비스와 공개접속의 확대이다. 정보사회에서 정보는 언제 어디에서라도 접근이 가능해야 하며, 정보접근이 용이하도록 접근하는 비용이 저렴해야 한다. 또한 정보사회에서의 참여기회는 평등하게 열려 있어야 하며, 빈부의 격차가 정보이용의 장애요인이 되지 않도록 하여야 한다.

(1) 보편적 서비스(universal service)의 실현

보편적 서비스는 누구에게나 무료 혹은 싼 가격으로 정보서비스를 받을 수 있는 최소한의 정책적 기회를 의미한다. 남녀노소 그리고 계층간 차별을 두지 않고 모든 사람이 이용가능한 요금으로 정보자원을 이용할 수 있도록 지원한다는 것이 보편적 서비스 개념이며, '정보가 곧 힘'이라는 등식하에서 정부가 정보자원에 대한 동등한 접속보장을 책무화하는 것이다.

(2) 정보수용성(information literacy)의 제고

정보수용성은 정보기술을 활용할 수 있는 능력을 의미한다. 국가적으로 가정이나 직장에서 뉴미디어가 가져오는 생활양식의 변화에 적응하지 못하는 경우 문화지체 현상이 우려된다. 그것은 국민 개개인이 정보활용 기술에 익숙하지 못함으로써 야기되는 비능률과 불편, 낭비 등의 형태로 나타난다.

(3) 공개적 접근(open access)의 보장

정보에 대한 공개적 접근은 정보사회의 핵심적 요소이다. 이는 정보사회에서 제기되는 여러 형태의 문제발생 근원지이기도 하다(Craig, 1979; Nimmo, 1985). 모든 정보서비스 제공업자들이 저렴한 비용으로 아무런 차별없이 전송설비 및 네트워크 시설에 접속할 수 있는 환경조성이 필수적이다. 정보기반 구조에 자유롭게 접속할 수 있게 됨으로써 정보서비스의 유용성을 배가시킬 수 있기 때문이다. 또한 공개성은 정보의 누적성과 결합하여 컴퓨터간의 연동을 통해 사회적 공익을 창출해낸다.

4) 가장 근본적인 문제들: 정신적 가치의 문제

사실 정보사회의 유토피아론과 디스토피아론의 핵심적 분기점은, 평등 및 보편적 서비스 문제와, 공개적 접근 및 참여의 문제로 귀결된다고 해도 과언이 아니다(Bates, 1989: 24). 문명화된 정보사회를 만들기 위한 우리의 노력은 인간적인 망의 건설과 공공가치의 보존, 그리고 사회적 형평성의 문제에 많은 중점을 두어야 할 것이다. 그러나 이러한 모든 정책적 원칙의 뒷받침이 되는 것이 정보교육과 정보윤리의 문제이다.

(1) 정보교육

보편적 서비스가 컴퓨터 커뮤니케이션을 통해 어떻게 시민들의 정치, 경제, 사회, 문화적 참여를 북돋우고, 참여에 요구되는 정보를 습득하고 교육받을 권리를 신장시키는가 하는 데에 중점을 둔다면, 정보의 선택과 활용의 문제는 더욱 실질적인 교육과 훈련의 문제로 귀결된다. 이는 사용자들 스스로가 정보추구에 대한 필요성을 얼마나 인식하고 있는가, 필요성을 충족시킬 능력과 방법을 알고 있는가 하는 문제와 관련되어 있다.

(2) 정보윤리 · 정보문화

정보윤리란 정보사회 시민들이 정보기기 활용과 관련하여 준수해야 할 규범적 기준을 의미하며, 정보문화란 정보사회 시민들이 가지는 신념 · 태도 · 가치관의 총체를 의미한다.

정보윤리는 다음의 세 가지 관점에서 제기되고 있다.

첫째, 정보사회에서의 절도나 파괴행위이다. 정보의 비가시성으로 인해 정보에 대한 절도행위를 하는 컴퓨터 해커들은, 기존의 가치관 속에 특별한 죄의식 없이 범죄를 저지르게 된다는 것이다. 이것은 곧 인간성의 파멸로서 정보사회의 근본적인 문제점이 되고 있다.

둘째, 음란정보 및 원하지 않는 정보의 무차별적인 전파로 인하여, 미성년자의 정서발전을 저해하고 일종의 정보공해로서 인간들의 정서를 메마르게 한다.

마지막으로, 내용보안의 문제와 지적소유권의 문제이다. 정보의 범람과 전산화로 인하여 정보의 복제(copy)나 도용이 쉬워지고, 망(net)을 통해 중요정보에 대한 침입이 가능하므로 내용보안과 지적소유권의 문제가 제기된다. 이러한 문제점들은 정보사회를 모방사회(mimic society)로 전락시킬 수도 있는 것들이다.

이상에서 논의된 주요 내용을 정리하면 〈표 9-1〉과 같다.

〈표 9-1〉 정보사회의 정책논리와 구조

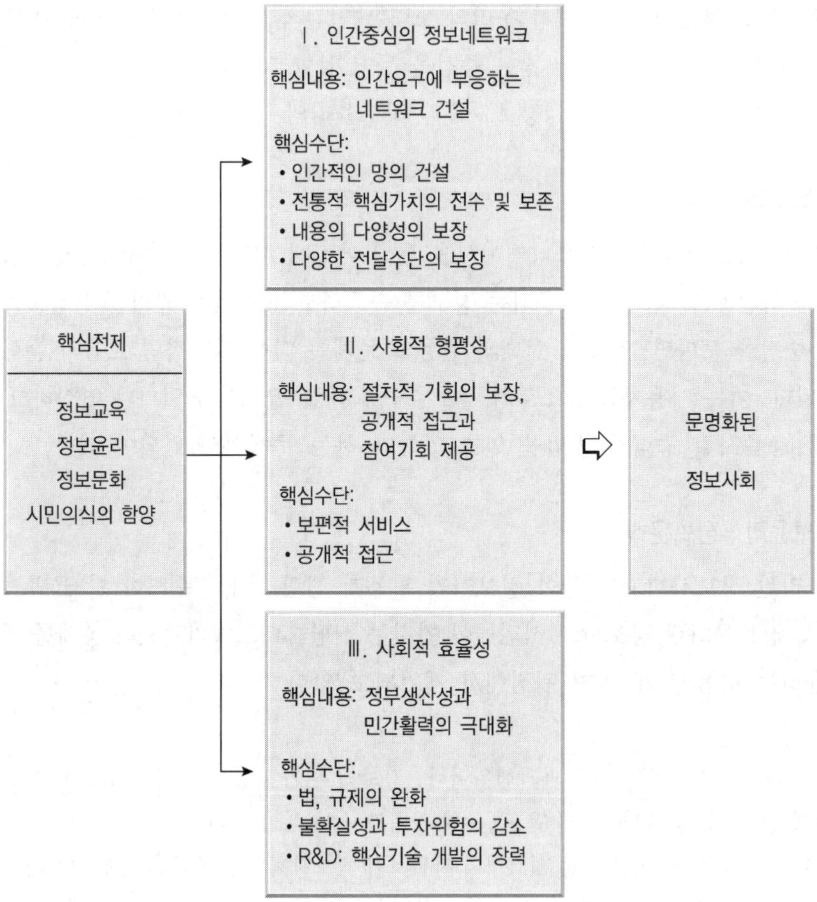

* 자료: 권기헌, 2003: 295에서 재인용

3. 요약 및 결론 : 정신적 가치와 시민의식의 함양

정보사회가 진정으로 문명화된 사회가 되기 위해서는, 기술 위주가 아닌 인간의 요구에 바탕을 둔 인간적인 망의 건설이 필요하며, 정보망 위에 담게 될 정보내용의 다양성이 보장되어야 한다. 일반 국민들이 공유하지 않는 정보고속도로는 아무런 쓸모가 없다. 인간중심의 정보사회는 단순히 기술적으로 뛰어나고 경제적으로 여유 있는 계층만이 아니라, 모든 시민을 위해 열려 있어야 한다.

그러나 이러한 모든 정보사회의 핵심원칙들이 제대로 잘 실행되기 위해서는, 정보윤리의 확립과 이에 바탕을 둔 시민의식의 함양이 근본적이다. 정보화로 파생되는 부정적인 현상을 방지하고 정보화의 순기능을 유지하기 위해 건전한 정보윤리의 확립과 실행은 필수적이며, 이를 위해서는 정보교육의 강화가 무엇보다도 중요하다. 우리는 평소 상업성에 묻혀서 잘 들리지 않는 목소리를 경청할 필요가 있으며, 이러한 소외된 사람들의 접근가능성을 확대해 주어야 한다. 학생들에게 건전한 정보의식을 함양시켜 주는 일, 시민들의 문화의식을 고양시키는 일, 시민공동체의 정보요구에 부응하는 일—정보정책은 이러한 일들에 더 세심한 주의를 기울여야 한다.

제 5 절 지식정보사회의 국가혁신논리

1. 디지털 혁명시대의 3대 속성

디지털은 시간, 속도, 불확실성을 내포하고 있다. 디지털 시대의 조직은 시간과 공간의 압축혁명 속에서 생각의 속도로 변화해야 살아남는다. 빌게이츠는 「생각의 속도」에서 1980년대가 질(*quality*)을 추구하고, 1990년대가 리엔지니어링(*reengineering*)의 시대였다면, 2000년대는 속도(*speed*)의 시대라고 하였다. 생각의 속도로 움직이는 시대에 진정한 정부혁신을 이루려면 정부의 일하는 시스템이 바뀌어야 한다.

2. 지식정보사회의 정책이념

발전행정이론은 지난 20-30년 동안 물적·인적 자원이 빈약한 상황에서 사회발전을 이끄는 동력으로서 가치를 드높였으며, 능률성과 효과성이 정책이념으로 작동되었다. 관은 민을 일방적 시혜의 대상으로 파악하고, 그것도 계층에 따라 불평등한 처우를 해왔으며, 금융, 세제 및 허가의 특혜는 상층부에 집중되어 엘리트주의의 전형적 혜택을 누렸고 하층부에서는 나누어 갖지 못했으며, 결과적으로 다수의 국민은 사회 중층구조의 하부에서 발전과정으로부터 소외되는 현상이 발생되었다.

효과성과 능률성이라는 이름하에 국민의 사회생활에 직접적 영향을 미치는 정책의 결정과정과 집행과정에서 국민의 참여를 구조적으로 배제함으로써, 정책대상집단의 만족과 유리된 정책성과까지도 발전과 성장으로 개념화하였다는 비판을 받았던 산업사회의 능률성과 효과성의 이념은, 지식정보사회의 도래에 따라 민주성과 참여성에 대한 강조로 재구성되고 있다. 새로운 패러다임 방향성의 핵심은 국민의 의사소통이 자율성을 토대로 활발히 전개될 수 있는 공공영역(*public space*)의 확대를 의미하며, 이를 통해 국민의 주체적 삶이 보장되어야 한다는 시대적인 요청으로 나타나고 있다.

정보사회에서의 정책이념은 매우 분명하다. 이제 국가정책은 폐쇄적 의미에서의 관료적 합의가 아닌 국민들과의 굴절되지 않은 의사소통을 통해 광범위한 합의에 기초한 정책문제해결이어야 한다는 것이다. 국가정책은 국민 개개인은 인간 존엄성 실현이라는 최선의 목표를 지향하면서, 인권 · 정의 · 형평이라는 이념 아래, 민주성과 참여성을 확대해 나가는 노력을 해야 한다.

3. 참여를 통한 민주성의 확보

정책이 국민들의 굴절되지 않은 의사소통을 통해 합의된 발전의 개념을 도출할 수 있으려면, 정책과정에 있어서 민주성, 특히 참여성, 숙의성, 합의성에 대한 중요성이 부각되어야 한다. 충분한 참여, 진정한 토의 그리고 거기에 따른 합의, 이러한 3가지 원칙이 아름답게 이루어지는 것이 민주주의다. 정책에 있어서도 마찬가지다. 새만금정책, 천성산 정책, 사패산 정책, 부안 핵방폐장 정책, 디지털 지상파 TV같은 대형 국가정책들이 난항을 겪는 이유는 바로 정책형성과정에서 정책이해관계자들의 의사가 충분히 반영되지 못했기 때문이다. 즉, 민주성의 원리를 토대로 한 참여성 · 숙의성 · 합의성의 원칙이 지켜지지 않고 여전히 능률성 위주의 정책집행 방식을 감행했기 때문이다.

천성산 사업의 경우만 해도, 정책형성과정에서 과학적인 환경영향평가가 이루어지고 주요 정책참여자간의 진정한 협의 노력이 전제되었던들 3조원의 예산낭비는 막을 수 있었을 것이다. 부안핵 방폐장 정책의 경우에도 김종규 당시 부안군수가 군민들의 다수 의사를 묻지 않는 독단적인 정책집행이 없었던들 그렇게 불행한 사태를 초래하지는 않았을 것이다. 디지털 지상파 TV 전송방식 정책사례 역시도 미국방식과 유럽방식에 대한 현장비교시험을 좀더 일찍 허용했더라면, 7년간의 국가정책집행 표류라는 터무니없는 결과는 막을 수 있었을 것이다.

21세기에 들어오면서 현대사회는 점차 다원화된 이익집단과 이해관계가 복잡하게 얽힌 지식정보사회로 진입하게 되었다. 관료주의 · 권위주의 · 집권주의의 사회운영원리가 탈관료주의 · 탈권위주의 · 분권주의 · 평등주의 원리로 변하게 된 새로운 시대에서의 정책방향은, 중앙과 지방, 정부와 국민의 이분법적 사고에 바탕을 둔 Top-down 방식의 단순한 능률성 집행구조에서 벗어나, 다양성과 창의성 그리고 이에 기초한 효율성으로 변모되어야 한다. 그리고 이를 위해서 정책이념도 참여성, 숙의성, 합의성에 기초한 민주성과 투명성이 강조되는 성찰하는 정부의 모습을 보여주어야 할 것이다.

4. 지식관료와 혁신관리

지식관료란 불확실한 환경을 정확하게 인지하고 필요한 지식을 창조하여 국민을 만족시키는 관료라고 할 수 있다. 환경의 불확실성이 극히 높아진 행정환경에서는 그러한 환경에 대해 정확히 인지할 수 있는 능력이 적절한 대응을 위한 전제조건이다. 미래사회에서는 주어진 문제에 대해 해결책을 찾는 것만이 능사가 아니라, 불확실성이 높은 환경을 정확하게 인지하여 무엇이 문제인가를 발견하는 것이 중요하다. 환경이 급변하는 상황에서는 따라야 할 모델이 만들어질 시간이 없기 때문에, 새로운 대응모델을 유연하게 구축해나가는 지식창조 능력이 중요한 것이다.

즉, 지식관료는 불확실한 환경 속에서 문제의 본질을 파악하고, 따라야 할 선행모델이 없는 상황에서 새로운 대응모델을 구축하며, 지식창출을 통해 국민에게 부가가치를 제공하는 관료를 의미한다. 이때, 혁신관리는 문제의 본질 파악, 모델의 구축, 대안분석 및 결과제시를 통해 새로운 지식창출을 하는 분석적 노력인 만큼, 혁신관리역량은 정보사회의 지식관료에게 요구되는 가장 핵심적인 필수능력으로 부각되고 있으며, 이에 따라 정부혁신 및 혁신관리의 중요성은 점점 더 커지고 있다.

5. 지식정보사회에서의 국가혁신논리

속도와 불확실성을 특징으로 하는 21세기 조직환경하에서 조직이 생존하고 성공을 거두기 위해서는 디지털 신경망 시스템(전자정부)의 도입을 통해 정부 내에 산재해 있는 정보와 지식을 공유하고 확산함으로써 학습이 지속적으로 일어나야 한다. 학습은 조직 외부환경에서부터 부단히 흘러 들어오는 신호에 명민하게 반응하게 함으로써 조직의 정책결정역량과 위기대응능력을 제고시킨다. 학습은 개인적인 차원과 조직적인 차원에서 모두 필요한 요소이다. 정보와 지식을 공유하려는 태도와 학습에 대한 열정이 조직의 성과 제고에 가장 중요한 요소이다.

지식공유에 대한 조직구성원의 태도나 학습에 대한 조직의 문화는 정보기술과 제도적 요소에 의해 영향을 받는다. 정보기술과 제도적 요소는 개인과 조직의 태도에 영향을 미치기 때문이다. 지식 창출과 공유에 따른 강력한 인센티브 제도의 도입은 조직구성원의 학습이나 정보공유에 대한 태도를 개방적이고 적극적으로 변화시킬 것이다. 또한 전자메일 사용을 의무화하고 문서중심의 업무처리 방식을 디지털로 의무화하는 것은 조직구성원의 태도와 나아가 조직문화를 바꾸게 될 것이다.

21세기 비선형적 환경하에서 조직의 문제해결 능력을 제고하기 위해서는 디지털 기술의 도입을 통해 정부 내에 산재해 있는 지식과 정보자원을 조직구성원들이 공유해야 하며, 이를 통해 조직학습이 지속적으로 일어나야 한다. 또한, 정보공유나 학습에 대한 개인과 조직의 개방적인 태도를 유도하기 위해서는 이들에 대한 인센티브의 변경이 필요하며, 이는 조직책임자의 강력한 리더십을 필요로 한다.

6. 요약 및 결론: 현대정보체계론(PMIS)의 과제

지식정보물결의 급속한 진전과 함께 국가경쟁력이라는 관점에서 국가혁신의 중요성이 대두되고 있다. 현대정보체계론은 국가와 정부를 인간의 신체와 같이 하나의 유기적 System으로 보며, 국가(정부)-시장(기업)-시민사회(NGO) 등을 하나의 수평적 네트워크로 접근하는 거버넌스적 입장을 취한다. 인체에서 혈액이 원활하게 순환되는 것과 같이, 정보체계의 과제는 정보시스템과 전자정부시스템을 통해 우리 사회에 필요한 정보와 지식을 적재적소에 배치함으로써 국가경영시스템이 원활히 작동될 수 있도록 하는데 있다.

이러한 관점에서 현대정보체계론의 핵심과제는 어떻게 하면 정보체계와 전자정부라는 수단을 토대로 정부의 일하는 시스템을 개선하고(생산성, 효율성), 시민(고객)에 좀더 반응성(민주성) 높은 정부를 구현하며, 더 나아가 담론기능과 공공영역(*public space*)을 활용하여 보다 신뢰받고 성숙한 사회로 만드는 신뢰성(성찰성) 높은 정부를 구현할 것인가 하는데 있다.

이상의 논의를 토대로 현대정보체계론의 접근방식과 정책과제를 정리하면 다음과 같다.

첫째, 현대정보체계론은 국가와 정부를 하나의 유기적 시스템으로 보며, 국가(정부)-시장(기업)-시민사회(NGO) 등을 하나의 수평적 네트워크로 접근하는 거버넌스적 입장을 취한다.

둘째, 현대정보체계는 정책문제에 포함된 복잡 과다한 정보들을 체계적으로 정리해 줌으로써, 정책역량을 제고하고 문제해결과 위기관리 역량을 향상시킨다.

셋째, 따라서, 현대정보체계의 핵심과제는 정보시스템과 전자정부시스템을 통해 우리 사회에 필요한 자원, 정보, 지식을 적재적소에 배치함으로써 국정운영시스템이 원활히 작동될 수 있도록 하는데 있다.

마지막으로, 이 과정에서 핵심적 역할을 하는 것이 전자정부이다. 전자정부는 관료제모형의 대안으로 제시된 현대적 의미의 정책결정 메커니즘이다. 전자정부는 지식의 공유와 학습을 강조함으로써 정부 내외의 혁신활동을 지원해 주는 역할을 하므로 효율성과 생산성을 추구한다. 또한 정부 외부의 다양한 이해관계자들이 참여할 수 있는 공공영역(*public space*) 및 공론의 장을 제공해 줌으로써, 민주성과 성찰성을 강조하는 뉴거버넌스 형태의 정부조직모형이다.

제10장

동기부여

현대행정은 동태적 행정과정을 거쳐 실현된다. 행정은 국가목표-정책결정-조직화-동작화-환류 및 학습이라는 동태적 과정을 거치면서, 행정인-행정구조-행정환경이라는 3대 행정변수가 상호 역동적으로 교호작용을 하면서 진행된다. 동태적 행정과정의 첫 시발점은 국가목표 및 정책결정이며, 이를 실현하기 위해 조직, 인사, 재무, 정보체계, 동기부여, 변혁적 리더십 등이 필요하다. 미래지향적 국가목표를 설정하고 이를 정책기획하고 정책결정하게 되면, 조직화 하는 단계에서 인사, 조직, 재무, 정보체계 등을 통해 인력, 조직, 자원, 기술 등을 동원하여 행정집행을 위한 조직화를 하게 되는데, 실제로 효과적인 행정집행이 이루어지게 하기 위해서는 동작화가 필요하다. 동작화(동기부여)란 "일이 작동하게 만드는 근본적 동기부여"에 관해서 연구하는 것을 의미한다. 조직구성원 개인과 집단의 미시적 행태와 상호작용을 파악하고, 이들을 효과적으로 조직목표를 향해 움직이게 하려면 조직구성원들이 인간임을 염두에 두고 조직 내 인간의 속성과 본질에 대해 이해하는 것이 필요하다.

제10장에서는 지식정보사회에 대한 이해를 바탕으로, 인간관, 동기부여, 의사소통, 리더십, 정책홍보 등 조직 내 구성원의 정책역량을 극대화하고, 정책의 수요자인 고객(시민)의 만족을 극대화하여 정책의 효과성을 높이기 위해 필요한 내용들을 학습한다.

이를 위해 먼저 인간관에서는 조직 내 인간 즉 조직구성원들을 어떤 존재로 인식할 것인가에 관한 여러 견해들을 학습하고, 동기부여에서는 제1절의 내용을 바탕으로 동기부여가 업무성과에 어떻게 영향을 미치는지에 대한 과정이론과 어떤 요인에 의해 동기부여가 되는지에 대한 내용이론에 대해 학습한다.

마지막으로, 리더십에서는 리더십이란 무엇이며 왜 필요한지, 그리고 자질이론에서부터 현대의 변혁적 리더십에 이르기까지 리더십이론의 발달과정을 살펴보고, 지식정보사회가 요구하는 변혁적 리더십은 무엇인지에 대해 살펴본다.

제1절 인 간 관

인류 역사를 통해 제시되었던 가장 근본적 질문 중의 하나는 "인간의 본성이 무엇인가?" 라고 하는 인간 본질에 대한 이해였다. 플라톤의 이성적 인간, 홉스의 이기적 인간, 순자의 성악설, 맹자의 성선설 등 동서양을 막론하고, 인간을 어떻게 바라볼 것인지는 인간관계를 비롯한 모든 사회관계의 핵심질문이 되어왔다. 이는 정부부문의 조직이라는 다소 한정된 범위에서도 마찬가지다. 조직의 목표달성에 기여할 수 있는 인간행동은 무엇인가의 문제는 결국 인간관의 문제로 귀착된다. 조직구성원들로 하여금 높은 업무성과를 달성하게 하여 조직전체의 생산성을 높이기 위해서는 조직 내에서 인간이 어떠한지, 그리고 인간은 어떻게 행동하려고 하며, 어떠한 동기에 의해 자극을 받는 것인지에 대해 파악해야 한다. 여기에서는 D. McGregor를 비롯한 여러 학자들에 의해 소개된 조직 내 인간을 바라보는 관점에 대해 학습하기로 한다.

1. Theory X, Y(D. McGregor)

D. McGregor(1960)는 인간관을 바라보는 시각으로서 X이론과 Y이론을 제시했다.

1) X이론에 의한 인간관(X 인간관)

X 인간관은 인간은 본래 일을 싫어하고 책임회피적 성향을 갖고 있으며 명령이나 지시받는 것을 선호하므로, 조직목표 달성을 위해서는 강한 통제와 처벌 등의 강제적 수단이 필요하다는 것이다. 이러한 X이론은 A. Maslow(1954)의 욕구 5단계 가운데 주로 하위단계의 욕구를 중요시한 것이며, 전통적 조직이론의 이론적 토대를 제공하기도 했다.

2) Y이론에 의한 인간관(Y 인간관)

Y 인간관은 X 인간관과는 반대로 인간은 적극적이고 책임감이 있으며 무엇인가 성취하려는 욕구가 있다는 것이다. 따라서 일을 위한 인간의 노력은 목표의 성취와 결부되어 자연스러운 것이며, 조직목표 달성을 위해서는 명령, 통제나 처벌보다는, 목표에 대한 강한

의욕과 책임을 갖고 스스로 노력할 수 있도록 해야 한다는 것이다.

2. Z이론에 의한 인간관(Z 인간관)

X, Y이론이 단순한 형태로 인간을 바라봤다면, 보다 현실에 적합한 이론으로 Z이론이 대두되었다. Z 인간관은 내용에 있어서는 학자마다 차이가 있으나, 체제론·상황론에 입각하여 인간은 복잡할 뿐만 아니라 고도의 가변성을 지닌 존재로 인식하며, 여러 종류의 관리전략에 대응할 수 있는 존재로 보았다. 대표적으로는 환경에 따른 D. Lawless(1973)의 상황적응형, 인간 자아의 객관적 성찰성을 강조하는 A. Ramos(1972)의 성찰형 인간, 후기산업사회에 있어 과학적인 태도를 갖고 진리를 추구하는 W. Bennis(1966)의 탐구형 인간 등이 이에 해당한다.

3. 시대적 변천에 따른 인간관(E. Schein)

X, Y, Z 인간관이 조직 내 인간을 본질적 측면에서 바라보고자 했던 것이라면, E. Schein(1985)은 시대적으로 변천해 온 인간관을 다음과 같이 분류했다.

1) 합리적·경제적 인간관(Rational Economic Man): 과학적 관리론 시대의 인간관

과학적 관리론이 지배하던 시대의 인간관으로 대표적인 학자로는 F. Taylor, L. Gulick, L. Urwick 등이 있다. 인간은 1차적으로 경제적 유인에 의해 움직이며, 인간의 감정은 본질적으로 불합리한 것이므로 경제적 유인을 통해 조직구성원을 조작하고 통제할 수 있다는 것이다.

2) 사회적·행태적 인간(Social Man): 인간관계론 시대의 인간관

인간관계론·행정행태론 시대의 인간관으로 대표적인 학자로는 E. Mayo, F. Roethlisberg, C. Barnard, H. Simon 등이 있다. 인간은 기본적으로 경제적 유인에 의해서보다는 사회적 욕구에 의하여 움직이며, 사람은 감독자가 부하의 사회적 욕구를 충족시켜 주는 정도에 따라 관리층에 순응하게 되는 존재로 보아 조직의 부속품이 아닌 독립적 개체로 인식했다. 관리전략으로는 비공식집단과 같은 자생적 인간관계를 중심으로 근무의욕의 고취와 만족감, 인정, 귀속감, 참여 등 사회심리학적 동기요인을 충족시킬 것을 강조했다. 동기부여이론이 발전하게 된 계기가 되었으며, 조직행태론의 발전에 지대한 영향을 미쳤다.

3) 자기완성인(Self-actualizing Man): 후기 인간관계론 시대의 인간관

후기 인간관계론의 등장과 더불어 C. Argyris, A. Maslow, D. McGregor 등의 학자들에 의해 조직 내 인간의 욕구가 분류되고 체계화 되었는데, 인간은 원래 자율성과 자제력이 있으며 단계적으로 욕구가 분리될 수 있다고 보았다. 또한 자기완성 의욕과 조직목표 달성 간에는 내재적 모순이나 갈등이 없다고 보았다.

4) 복잡한 인간(Complex Man): 체제론 · 상황론 시대의 인간관

체제론 · 상황론의 발전에 따라 대두된 인간관으로 대표적인 학자로는 D. Lawless, A. Ramos, W. Bennis 등이 있다. 인간은 복잡할 뿐만 아니라 고도의 가변성을 지닌 존재로 인식하며, 조직생활을 통해 새로운 동기를 습득할 수 있다고 보았다. 인간은 여러 종류의 관리전략에 대응할 수 있는 존재로 보았으며, 이러한 관점은 조직행태 중에서도 리더십과 조직문화의 발전에 많은 영향을 미쳤다.

4. 요약 및 결론

조직이란 인간이 모여 구성하는 사회적 유기체이므로 조직현상을 연구하는 사람들은 조직 속에서 활동하는 인간에 주의를 기울이고 그 본질을 파악하기 위하여 노력한다. 조직 속의 인간 속성을 이해하는 것은 조직현상을 설명하는 데 있어서 근본문제라 할 수 있으며, 인간관이란 조직의 관리자가 조직구성원을 다룸에 있어서 그들의 속성이 어떠하다고 생각하고 있는가에 관한 이론 또는 가정이라고 할 수 있다.

조직은 공동의 목표를 가지고 있으며, 이를 달성하기 위해 의도적으로 정립한 체계화된 구조에 따라 구성원이 상호작용하며, 경계를 가지고 외부환경에 적응하는 인간의 사회적 집단이다. 따라서 효과적인 조직관리를 위해서는 조직 내 인간의 본질을 이해해야 하며, 그들의 행위가 어떻게 이루어지는가를 파악해야 한다.

지식정보사회에서는 특히 조직관리에서 인간의 본질을 단순하게 획일화되고 보편적인 것으로 보아서는 안 되고, 인간의 욕구체계는 고도의 다양성과 변모성을 가진다는 것, 조직생활의 경험을 통해 새로운 욕구를 배울 수 있다는 것, 역할과 조직상황이 다르면 욕구도 달라질 수 있다는 것, 조직에 참여하는 이유가 되는 욕구는 사람에 따라 다를 수 있다는 것, 사람들은 그들의 욕구체계와 능력 및 담당업무가 다름에 따라 서로 다른 관리전략에 순응할 수 있다는 것 등 Z 인간관에 입각한 복잡한 인간이 강조되는바, 이러한 인간관과 동기부여에 기초한 조직 혁신관리 및 변화관리가 요청되고 있다.

이하에서는 이러한 관점에서 조직인의 동기부여에 대해서 살펴보기로 한다.

제 2 절 동기부여(Motivation)

1. 의 의

행정조직에 있어서 업무성과(job performance)는 개인능력과 동기부여의 함수이다. 개인능력은 임용당시의 능력과 임용 이후 능력발전으로 구성된다. 개인능력은 또한 지적능력(지식·기술·태도), 직무경험, 교육훈련으로 구성된다. 즉, 임용당시의 지적능력(지식·기술·태도)과 임용 이후의 직무경험 및 교육훈련으로 구성된다.

〈그림 10-1〉 동기부여-업무성과 작동과정

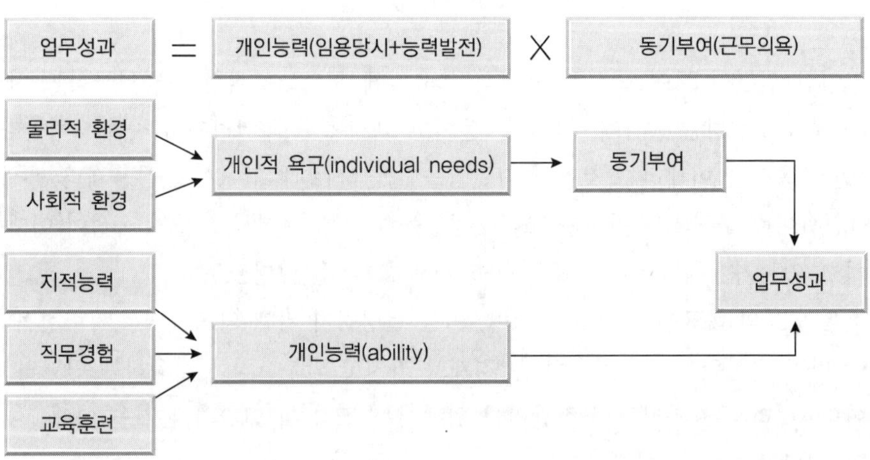

* 자료: 박동서, 1978: 374에서 수정 인용.

현대사회에서는 지적능력 못지않게 동기부여의 중요성이 강조된다. 동기부여는 근무의욕과 관련되는데, 다양한 인적자원의 근무의욕을 높이기 위해서는 근무의욕이 어떻게 작동하며 그 과정에서 핵심요소인 동기가 어떻게 작용하고 유발되는지를 이해해야 한다. 이와 관련된 이론을 동기부여이론이라고 한다. 전통적 행정이론에서는 조직관리에 있어서 통제만 잘하면 되는 것으로 생각하였으나, 동기부여이론이 발달할수록 업무성과에 미치는 비중이 능력보다 동기부여(근무의욕) 측면이 더 크다는 사실을 발견하게 되었다.

2. 동기부여의 과정이론

동기부여의 과정이론은 동기부여가 어떻게 이루어지는가에 관한 것이다. 이때 동기부여는 인간을 움직이게 하는 의욕·추진력을 의미하는데, "인간은 어떠한 경우에 열정적으로 조직목표 달성을 위해 움직여 주는가"에 대한 과정에 관한 것이다.

동기부여의 과정이론으로는 대표적으로 V. Vroom의 기대이론(*expectancy theory*)과 Porter-Lawler의 업적만족이론(*outcome satisfaction theory*)이 있다.

1) Vroom의 VIE 이론(Valence-Instrumentality-Expectancy)

V. Vroom(1964)은 VIE 이론(Valence-Instrumentality-Expectancy)을 제시했는데, 동기부여는 유인(Valence) × 도구(Instrumentality) × 기대(Expectancy)의 총합이라고 보았다. 그는 또한 첫 번째 단계의 성과와 두 번째 단계의 보상으로 구분하였는데, 노력이 성과로 이어지는 과정을 첫 번째 단계의 성과로 보고, 성과가 자신의 가치로 이어지는 과정을 두 번째 단계의 보상으로 보았다.

기대(Expectancy)는 자신의 특정한 노력이 그 노력에 걸 맞는 성과로 이어질 수 있는 가능성을 의미하는데, "노력 → 성과, 내가 할 수 있을까?" 하는 질문으로 나타난다. 도구(Instrumentality)는 성과와 보상(금전, 승진, 인정) 사이에 존재하는 상관관계를 의미하는데, "성과 → 보상, 내가 무엇을 얻는가?" 하는 질문으로 나타난다. 유인(Valence)은 개인들이 보상(금전, 승진, 인정)에 부여하는 주관적 가치의 강도를 의미하는데, "보상 → 가치, 그것이 나에게 얼마나 가치가 있는가?" 하는 질문으로 나타난다(정우일, 2005: 445-447).

요컨대, Vroom의 기대이론은, 개인은 "내가 할 수 있을까?" 라는 질문을 통해 기대가 생겼을 때 노력을 하게 되며, "성과를 달성했을 때 내가 무엇을 얻는가?"에 대한 도구 상관관계에 대한 확신의 정도 및 "나에게 주어질 보상이 나에게 얼마나 가치가 있는가?"에 대한 유인 강도가 얼마나 높은가에 따라 노력의 정도가 달라진다는 점을 제시하였다.

2) Porter-Lawler의 업적만족이론(outcome satisfaction theory)

Porter-Lawler(1968)의 업적만족이론(*outcome satisfaction theory*)은 Vroom의 기대이론을 더욱 발전시켜, 노력, 업적, 보상, 만족, 동기부여라는 변수를 설정하고, 이들 간의 인과관계를 구체화하였는데, 업적과 동기부여간에는 업적 → 보상 → 만족 → 동기부여 순서로 인과관계가 존재한다고 보았다. 즉, 개인은 자신의 업적에 의해 보상을 받을 수 있으며, 그 보상에 대한 만족감에 의해 동기부여가 된다는 것이다.

이상의 내용들을 종합해 볼 때, 근무의욕의 작동과정은 일의 성과에 따른 보상의 이용가능성(*availability*)과 보상에 대한 매력으로부터 형성되는 기대(*expectancy*), 그리고 기대로부터 형성되는 동기(*motivation*)의 수준에 의해 가동된다고 볼 수 있다. 이용가능성(*availability*) → 기대(*expectancy*) → 동기(*motivation*) → 목표지향적 행동으로 이어지는 것이다. 이러한 과정이론을 토대로 동기부여에 관한 내용이론을 살펴보면 다음과 같다.

3. 동기부여의 내용이론

동기부여의 내용이론은 동기부여를 위한 유인들이 다양한 직무관련 욕구에 어떻게 부응하여 열정적으로 조직의 목표달성을 위해 움직이도록 할 수 있는가에 관한 것, 즉, 동기부여의 내용(요소)에 관한 이론이다. 이러한 동기부여의 내용이론들은 Maslow, Alderfer, Herzberg, Argyris, McClelland 등의 학자들에 의해 다양하게 제시되어 왔다.

1) Maslow의 욕구 5단계이론

A. Maslow(1954)는 다양한 욕구에 대해 처음으로 이론화하였다. 그는 인간은 공통된 욕구를 갖고 있으며, 이 욕구들은 계층적으로 배열되어 있다고 보았는데, 계층상 높은 단계의 욕구는 낮은 단계의 욕구가 충족될 때까지 나타나지 않는다고 하였다. 욕구(Needs)는 한 개인이 달성하려고 하는 목적 상태를 의미하며, 불만족된 욕구에 의해 개인의 사고와 관심, 행태가 결정된다. 따라서 일단 욕구가 만족되면 더 이상 동기부여가 되지 않으며 행태를 결정하는 데 기여하지 못한다.

〈그림 10-2〉 Maslow의 욕구5단계 이론

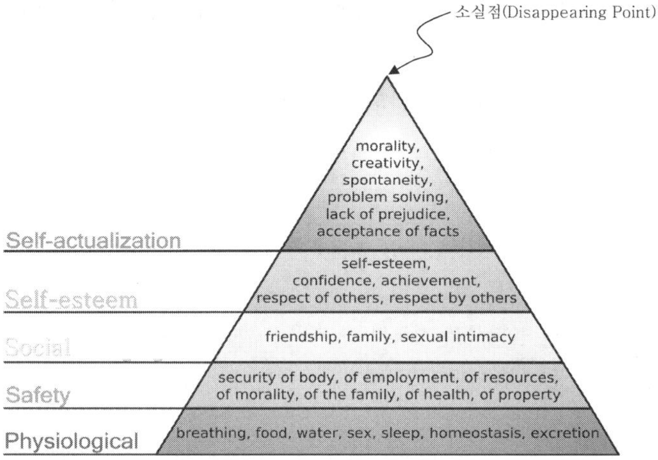

Maslow의 모델에서 다섯 가지 욕구수준은 1) 생리적 욕구(Physiological Needs), 2) 안전적 욕구(Security Needs), 3) 사회적 욕구(Social Needs), 4) 자기존중(Self-Esteem), 5) 자아실현(Self-Actualization)이다. 이를 도식화하면 〈그림 10-2〉와 같다.

Maslow는 가장 하위 욕구인 생리적 욕구에서 자아실현 욕구에 이르기까지 계층적인 순서로 만족되고 다음 욕구수준으로 이동한다고 주장하였다. 즉, 생리적 욕구와 안전적 욕구가 충족되면, 사회적 욕구와 자기존중 욕구 등을 추구한다고 보았으며, 자기존중 욕구가 충족되면 자아실현 욕구로 나아간다고 보았다. 또한, 자아실현이 완성된 극소수는 자아실현 욕구마저 사라지는 소실점(*disappearing point*) 단계에까지 이르게 된다고 보았다.

하지만, 그 뒤의 연구에 의하면 반드시 모든 사람들이 순차적으로 욕구단계를 충족시키는 것은 아니라는 사실이 밝혀졌으며, 하위 욕구가 충족되었다고 해서 반드시 다음 단계의 상위 욕구를 추구하는 것도 아니라는 사실도 밝혀졌다.

이러한 한계에도 불구하고, Maslow의 욕구 5단계이론은 인간 욕구의 단계를 최초로 이론화했다는 점과 인간 욕구의 단계에 대한 놀라운 통찰력을 제시해주었다는 점에서, 지금까지도 조직이론에 많은 영향을 주고 있다.

2) Alderfer의 ERG이론

조직에서의 인간의 욕구를 1) 생존(existence: E) 욕구, 2) 관계(relatedness: R) 욕구, 3) 성장(growth: G) 욕구의 3가지로 설명하는 이론이다. 생존 욕구는 Maslow의 생리적 욕구 혹은 안전에 대한 욕구와 비교되며, 관계 욕구는 Maslow의 사회적 욕구 또는 자기존중과 관련되고, 성장 욕구는 Maslow의 자기존중 혹은 자아실현 욕구와 유사하다.

Alderfer(1969)의 ERG이론은 각 욕구수준마다 덜 만족된 욕구일수록 욕구가 커지며, 낮은 수준의 욕구에 대한 만족의 정도가 클수록 상위 욕구를 충족하려는 욕구가 커지고, 높은 수준의 욕구가 덜 만족될수록 하위 욕구를 충족하려는 욕구가 커진다고 본다.

Alderfer의 ERG이론과 Maslow의 욕구 5단계이론은 다음과 같은 점에서 차이가 있다.

첫째, 꼭 한 가지 욕구에 대한 불만족이 동기부여로 작용하는 것은 아니고, 동시에 여러 욕구가 작용할 수 있다는 것이다.

둘째, 상위 욕구에 대한 불만족의 정도가 큰 경우, 그보다 하위의 욕구에 대한 중요성이 커지면서 이에 대한 동기부여가 더 강해질 수 있다는 것이다.

3) Herzberg의 위생요인-동기요인 이론

Herzberg(1968)는 조직의 두 가지 요인 즉, 위생요인(*hygiene factors*)과 동기요인(*motivation factors*)에 의해 동기부여가 영향 받는다는 것을 경험적으로 제시하였다.

위생요인(불만족요인)이란 적절히 충족되지 않는다면 조직구성원들의 불만을 초래하게 되는 요인들로써, 이들이 충족된다고 해서 업무에 대한 동기부여가 이루어지는 것은 아니나, 위생요인 충족으로 인한 불만의 해소가 없이는 높은 수준의 동기부여를 달성할 수 없다는 것을 말한다.

위생요인으로는 근무조건이나 작업환경(안전성, 위생성 등) 등 환경적인 것과, 보수나 지위 인간관계 등 조직 내적인 것을 예로 들 수 있다. 동기요인으로는 업적달성이나 성취감, 타인의 인정이나 업무를 수행하면서 얻게 되는 자기성장 등을 예로 들 수 있다. Herzberg는 특히 보수에 대해서는 위생요인이긴 하나, 성취에 대한 인정(동기요인)과 같은 포괄적 성격을 갖고 있다고 하였다.

4) Argyris의 성숙-미성숙이론

Argyris(1957)에 의하면, 조직갈등은 본질적으로 조직목표와 개인욕구 사이의 괴리가 클수록 발생한다. 조직의 공식화가 진전될수록 조직의 세분화된 분업으로 인해 개인들은 부품화되는 경향이 있다. 또한, 조직은 적극적이고 자율적이며 다양한 행위양식을 갖고 장기적인 성장 관점을 특징으로 하는 성숙인(*mature man*)보다는, 소극적이고 복종적이며 단순한 행위양식을 갖고 근시안적인 관점을 특징으로 하는 미성숙인(*immature man*)

을 선호하게 된다. 따라서 그러한 조직환경에서 성숙하고자 하는 노력은 개인으로 하여금 갈등과 좌절을 겪게 하기도 한다.

Argyris의 이론은, 현대정부조직은 급변하는 행정환경 속에서도 그 실용성으로 인해 어떤 형태로든 관료제를 유지하고 있으며, 이러한 관료제 조직환경 가운데 개인의 동기부여가 이루어지기 위해서는 개인이 가진 발전적 성향(성숙인)이 조직과, 어떻게 조화되어야 하는지에 대한 문제의식의 단초를 제공해준다는 점에서 의미를 찾을 수 있다.

5) McClelland의 인간유형이론

McClelland(2002)는 조직 내 인간이 갖는 대표적인 3가지 욕구, 즉, 1) 성취 욕구, 2) 관계 욕구, 3) 권력 욕구를 경험적으로 제시하고, 인간유형에 따라 동기부여가 달라진다고 주장한다. 즉, 성취 욕구가 강한 사람들은 성취감을 주는 상황을 선호하고, 자신의 능력과 노력의 정도에 따라 결과를 통제할 수 있는 과제를 주도적으로 수행하길 선호한다. 관계 욕구가 강한 사람들은 타인들로부터의 인정이나 우호적 관계 속에서 타인과의 상호작용을 추구하며 협력적인 업무를 선호한다. 권력 욕구가 강한 사람들은 경쟁자를 제거하거나 논쟁에서 자신의 의견을 관철시키는 등 타인의 정서나 행위에 영향력을 행사할 수 있는 권한이 많은 직위를 선호한다.

인도철학에서도 인간의 본성은 세 가지 기질(Guna)을 포함하고 있는 것으로 본다. 그것은 1) 샤트와(Satwa), 2) 라자스(Rajas), 3) 타마스(Tamas)라고 하는 기질인데, 샤트와(Satwa)는 진리를 추구하는 밝고 고요한 속성이고, 라자스(Rajas)는 부와 명예를 추구하는 강한 열정적인 속성이며, 타마스(Tamas)는 인간 욕망이 가진 어둡고 탁한 속성이다. 인간은 누구나 이러한 세 가지 속성을 가지고 있는데, 사람에 따라 그 비율만이 다를 뿐이라고 한다. 위에서 제기된 Alderfer(1969)의 ERG이론(생존, 관계, 성장 욕구)이나, McClelland(2002)의 인간유형이론(권력, 관계, 성취 욕구) 등은 이러한 인간의 속성들이 욕구의 형태로 나타난 것을 유형화한 것이라고 할 수 있다.

4. 요약 및 결론

조직목표 달성에 있어 조직구성원들의 근무의욕(동기부여)이 업무성과에 미치는 영향은 매우 중요하다. 이에 동기부여가 과정상 어떻게 업무성과에 연결되는지에 대한 과정이론을 살펴보고, 동기부여를 구성하는 개인차원에서의 욕구들이 어떻게 분류되고 어떤 내용을 가지고 있는지에 대한 내용이론들을 중심으로 검토하였다.

A. Maslow의 계층론이 시사하듯 인간의 욕구에는 분명 보다 상위의 욕구나 하위 욕구들이 존재한다. 그러나 Maslow가 말한 것처럼 꼭 단계적으로 충족되는 것은 아니며, 하위 욕구가 충족되었다고 해서 상위 욕구가 반드시 추구되는 것은 아니라는 점에서 Maslow의 계층론을 보완할 수 있는 다른 이론들이 의미를 지닌다.

F. Herzberg의 위생요인-동기요인이론이 제시하듯이, 조직에서 동기형성에 직접적인 영향을 미치는 동기요인의 충족도 중요하지만, 그렇지 못했을 경우 동기부여되지 않거나 그 정도가 약해지는 위생요인의 충족에도 유념해야 할 것이다.

지식정보사회에서는 조직에서의 직무만족도(*job satisfaction*)도 높이고 직무몰입도(*job involvement*)를 이끌어내는 것이 중요하다. C. Agyris가 주장하듯이, 현대행정조직의 관료제 속에서 성숙인(*mature man*)들이 어떻게 지식창출을 하고 자기완성을 하며, 조직과 개인의 상호발전을 추구해 나갈지에 대해서도 끊임없는 성찰과 탐구가 필요할 것이다.

제 3 절 커뮤니케이션: 조직 내 의사전달

1. 의 의

커뮤니케이션이란 전달자와 피전달자간에 사실과 의견을 전달하여 인간에게 영향을 미치고 행동의 변화를 일으키는 상호작용이라고 할 수 있다.

Peter Drucker는 21세기를 이끌어가는 지도자가 갖추어야 할 특성 중 하나로 커뮤니케이션(*communication*) 능력을 강조한다. 커뮤니케이션은 C. Barnard와 H. Simon에게 있어서도 핵심요소이다. 조직의 권위(*authority*)와 의사결정(*decision-making*)에 있어서 조직의 무차별권(*zone of indifference*)[1]과 수용권(*zone of acceptance*)을 형성하는 데 커뮤니케이션은 중요한 역할을 한다.

행정학이론 발달의 관점에서 의사전달의 중요성은 H. Simon을 중심으로 한 행정행태

1) C. Barnard가 제시한 무차별권(zone of indifference)이란 상급자의 명령이나 의사전달이 아무 이의 없이 받아들여지는 범위를 말하는 것으로 권위의 수용범위를 말한다. 이때 상급자의 권위가 효과적으로 수용되기 위해서는 명확한 의사전달이 중요하다는 점을 강조했다. H. Simon도 권위의 심리적 범위를 수용권(zone of acceptance)이라고 표현했다.

론(새 이원론)에서 기원한다. 가치명제와 사실명제의 구분을 전제로 행정의 과학화를 주창했던 행정행태주의자들은 비공식집단, 갈등, 권위, 의사전달, 의사결정 등에 있어서 인간의 행태에 대해 연구하면서, 조직 내 갈등과 비공식집단의 역기능을 순기능으로 전환하는 데 있어서 리더십과 의사전달 등의 중요성을 강조하였다.

J. Habermas(1991)가 강조한 공론의 장은 공적인 주제에 대한 견해를 공유하고, 담론을 형성하고 참여가 이루어지는 열린 세계를 말한다. 조직 내에서도 조직구성원을 주체로 이들간의 이성적이고 비판적인 토론과 대화가 이루어지는 곳이 바로 공론의 장이라고 볼 수 있는데, 이는 정보와 의사전달의 과정을 통해 형성된다. 즉, 거버넌스적 정부운영 원리의 토대가 되는 것이 바로 행정 커뮤니케이션인 것이다.

M. Schudson(1997: 300)은 대화에는 두 가지 종류가 있으며, 대화를 목적 그 자체의 즐거움으로 보는 사교적 대화(*sociable talk*)와 좋은 정부라는 목적을 이루기 위한 수단으로 보는 문제해결적 대화(*problem solving talk*)를 제시했다. 커뮤니케이션 또한 마찬가지다. 이하에서는 합리적 선택과 정책결정을 위한 수단이 되는 문제해결적 커뮤니케이션(*problem solving communication*)이 어떤 과정과 원칙을 토대로 그 기능을 극대화할 수 있는지를 살펴보고, 조직 커뮤니케이션 유형과 이를 효율화하는 방안에 대해 알아본다.

2. 커뮤니케이션의 과정과 원칙

1) 과 정

커뮤니케이션의 이해를 위한 전제는 다음과 같다.

첫째, 커뮤니케이션은 사람들의 준거의 틀(*frame of reference*)에 의존한다.
둘째, 커뮤니케이션이 항상 합리적·기술적인 것만은 아니다. 즉 감정이나 상징을 통해 다양한 의미로 해석될 수 있다.
셋째, 조직 내 권력관계에 의해 커뮤니케이션의 내용과 질이 달라진다.

이러한 전제를 바탕으로 정보의 흐름에 따른 의사전달 과정과 이에 따른 구성요소를 도식화해보면 다음과 같다.

(1) 의사전달 과정

정보자원을 토대로 전달자의 표현이 이루어지며, 이는 매체라는 수단을 통해 수신자에게 전달된다. 이때 수신자는 자신의 준거의 틀(*frame of reference*)을 토대로 전달받은 커뮤니케이션의 내용과 원칙에 대한 태도를 보이게 되는데, 이는 수령 혹은 거부의 반응으로 나타난다.

정보자원 ⇨ 전달자(표현) ⇨ 수단(매체) 및 내용(원칙) ⇨ 수신자(태도) ⇨ 반응(수령, 거부)

(2) 의사전달 구성요소

의사전달 과정에 있어서 의사전달 구성요소로는 발신자, 암호화, 송신, 수신자, 해독, 환류, 잡음 등을 들 수 있다.

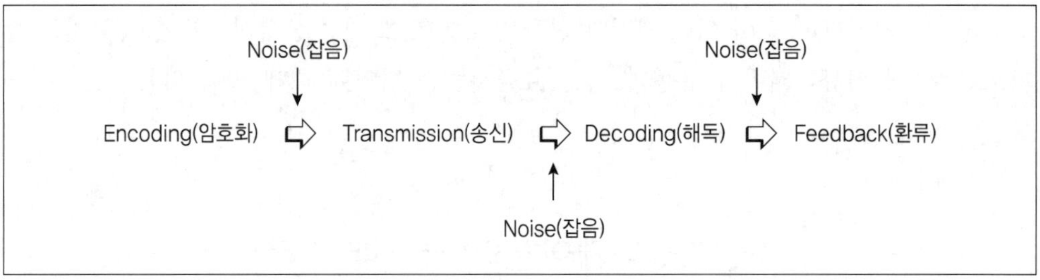

2) 원 칙

효과적인 커뮤니케이션을 위한 원칙들은 다음과 같다.

(1) 명료성(*clarity*): 커뮤니케이션에 사용되는 용어는 명료해야 한다.
(2) 일관성(*consistency*): 커뮤니케이션 내용의 전후에 모순이 없어야 하고 일관되어야 한다.
(3) 적정성(*adequacy*): 커뮤니케이션에서 제공되는 정보는 적정한 분량이어야 한다.
(4) 적시성(*timeliness*): 커뮤니케이션에서 전달되는 정보는 적시에 제공되어야 한다.

3. 기능 및 필요성

효과적인 커뮤니케이션은 조직 내 업무조정, 조직 내 정보의 흐름, 개인의 업무조정, 조직구성원의 동기부여 및 통제 등 조직행태의 모든 면에 영향을 미치게 되므로 중요하다.

효과적인 커뮤니케이션이 이루어질 때 조직구성원들의 능률과 효율이 향상될 수 있으며, 지도자는 그들의 부하에게 영향을 발휘할 수 있다. 또한 이직 등 부정적 조직이탈의 근본원인을 파악하여 이를 제거하는 데 핵심수단이자 해결책이 될 수 있다.

1) 업무조정을 위한 수단: 수평적 커뮤니케이션

커뮤니케이션은 조직목표 달성에 필요한 업무를 조정하는 역할을 한다. 조직구성원간 상호 보완적 측면이 강조되고, 상호의존성이 증가함에 따라 업무조정을 위한 커뮤니케이션의 필요성은 증가한다.

2) 합리적 정책결정을 위한 수단: 수직적 커뮤니케이션(하의상달)

합리적인 정책결정을 위해서는 정책결정에 필요한 정보가 하의상달을 통해 원활하게 공급되어야 한다. 정보는 "아래에서 위로, 밖에서 안으로" 흐른다. 경계조직(*boundary-spanning organization*)의 창구로부터 조직의 귀중한 정보들이 이음새 없이(*seamless*) 제공될 때 정책결정 역량은 제고된다.

3) 동기부여를 위한 수단: 수직적 커뮤니케이션(상의하달)

조직의 외부적 통제와 더불어 내적인 통제가 강조되는 시점에서 조직을 통제하는 수단으로서 커뮤니케이션의 역할은 중요하다. 또한 커뮤니케이션은 동기부여를 제시함에 있어 필수적인 수단이다. 효과적인 커뮤니케이션이 될 때 혁신의 비전이 공유될 수 있고, 변혁적인 리더십이 성공할 수 있다. 효과적인 커뮤니케이션이 되려면 조직구성원들에게 혁신이 어떠한 동기부여로 작용하는지에 대해 제대로 전달되어야 한다.

4. 유 형

커뮤니케이션의 형태와 기술은 조직의 활동범위와 조직구조, 조직구성원의 만족도·태도, 의사결정과 동기부여 등에도 영향을 주는 주요 요소이다.

1) 커뮤니케이션의 목적

공식적 커뮤니케이션(*formal communication*)과 비공식적 커뮤니케이션(*informal communication*)으로 구분된다.

공식적 커뮤니케이션은 조직의 목표와 정책을 공유하고 전달하는 수단으로서 공식적인 정보가 사용되는 것을 의미하며, 비공식적 커뮤니케이션은 사적인 대화나 감정의 표현 등을 목적으로 행해지는 커뮤니케이션을 의미한다.

2) 커뮤니케이션의 방향

수직적 커뮤니케이션(*vertical communication*)과 수평적 커뮤니케이션(*horizontal communicaiton*)으로 구분되며, 수직적 커뮤니케이션에는 상의하달(*top-down communication*)과 하의상달(*bottom-up communication*)이 있다.

3) 커뮤니케이션의 특정한 형태

(1) 고충처리

고충처리와 상담은 불만이나 고충(*grievance*) 등 업무성과에 부정적 영향을 미치는 문제가 될 요소들을 확대되기 전에 미리 제거하고, 더 효과적인 동기부여가 가능하도록 하기 위한 제도이다. 이는 Herzberg가 언급한 조직의 위생요인이다.

(2) 제안제도

제안제도는 정부생산성의 향상을 가져오기 위한 조직구성원의 참여제도로서, 정부의 각 부문과 영역에서 더 나은 행정이 되기 위해 아이디어를 수집하여, 이를 선별하고 실용화하려는 노력이다. 이것이 효과적인 제도가 되기 위해서는 제안제도에 따르는 효과적인 인센티브와 아이디어 창출에 적극적인 조직문화의 형성이 중요하다.

(3) 의견조사

제안제도와 혼동하기 쉬우나 제안제도가 장래의 변화를 위한 아이디어를 얻기 위한 것이라면, 의견조사는 기존의 시스템이나 제도 등 행정조직 내 전반적인 만족도 등을 측정하는 것이다. 이는 궁극적으로 조직의 사기를 높이고 분위기를 쇄신하기 위한 제도인데, 이것의 효과적인 운용을 위해서는 정보기술을 통해 타당성이 확보된 조사기법의 운용과

측정치에 대한 체계적인 분석이 필요하다.

5. 효율화 방안

커뮤니케이션의 효율화는 조직의 성과 향상에 직결되는바, 이에 저해요인과 향상방안을 살펴보기로 한다.

1) 저해요인

(1) 인적 저해요인

커뮤니케이션 기술이 부족하거나 목표가 결여된 경우, 또는 대인관계에 있어 감수성이 부족하거나, 관계형성에 있어 신뢰가 바탕이 되지 못한 경우에 커뮤니케이션은 제 기능을 발휘하기 어렵다. 또한, 준거기준(*frame of reference*)의 차이를 비롯하여 자기방어적 기재가 작동하는 경우나 권위주의적인 성격 등의 요인도 효과적인 커뮤니케이션의 저해요인이 된다.

(2) 구조적 저해요인

조직구조상의 할거주의(*sectionalism*), 전문화로 인한 무능(*trained incapacity*), 전자정부 시스템(PMIS)의 미비 등 조직구조적인 저해요인이 있다.

(3) 상황적 저해요인

커뮤니케이션을 위한 분위기가 제대로 형성되어 있지 못한 경우, 정보의 과중이나 시간적인 압박, 정보독점 및 지나친 간소화로 인한 누락, 이와는 반대로 정보 과부하 등은 커뮤니케이션이 이루어지는 상황 자체에 결함을 가져오게 된다.

2) 향상방안

(1) 인적 향상방안

의사전달에 있어 명료성, 일관성, 적정성, 적시성의 원칙을 준수하고, 개인의 커뮤니케이션 능력의 향상을 위한 교육이 충실화되어야 한다.

(2) 구조적 향상방안

조직 내 실질적인 커뮤니케이션 패턴(*pattern*)이라 할 수 있는 커뮤니케이션 네크워크(*communication networks*)가 형성되어야 한다. 정보사회의 커뮤니케이션은 다양한 커뮤니케이션 수단에 의한다. 정보 네트워크(인트라넷)에서 이루어지는 커뮤니케이션과, 대면하여 이루어지는 커뮤니케이션(*face to face communication*)을 적절히 조화하여 활용할 필요가 있다.

(3) 상황적 향상방안

조직 내에서 직원간의 회의와 토의, 그리고 하의상달이 쉽게 이루어질 수 있는 조직분위기가 조성되어야 한다. 지식정보사회에 들어 전자정부가 발달함에 따라 기술적 요인의 충족은 점점 더 이루어지고 있으나, 이에 따르는 조직문화나 분위기 형성은 쉽게 이루어지지 못하고 있는 실정이다. 자유롭게 의견을 개진하고 창의적인 의견전달은 학습조직의 전제조건인바, 앞으로는 자유로운 브레인스토밍, 학습동아리, 멘토-멘티 제도,[2] 비공식조직의 활용 등을 통해, 조직 내 하의상달과 수평적 의견교환이 원활하게 이루어질 수 있는 조직분위기를 형성하는 일이 중요하다고 하겠다.

제 4 절 정책홍보: 조직과 시민간 의사전달

앞에서 다룬 커뮤니케이션이 조직 내부의 의사전달을 다루는 주제였다면, 여기서 다루는 정책홍보는 조직과 시민간의 의사전달을 의미한다. 이하에서는 이러한 의의를 가진 정책홍보가 과거의 일방적 PR 관계를 넘어서 지식정보사회에서 정부와 시민간 쌍방향적 의사소통으로 어떻게 발전할 수 있는지에 대해, 정책마케팅, 정책품질관리, 정책고객관리 등의 개념적 도구들을 통해 알아본다.

---

2) 교육인적자원부의 학습동아리, 병무청의 멘토-멘티 제도는 조직학습과 조직문화를 혁신적으로 변혁시킨 성공사례로 꼽힌다. 이에 관한 자료는 http://www.innovation.go.kr를 참조할 것.

1. 정책홍보의 의의

1) 정책홍보의 개념

정책홍보란 정부가 수립하는 정책에 대해 국민들의 이해와 신뢰를 확보하고, 이를 토대로 협력을 증진시킴으로써 정책성공의 가능성을 올리는 정책관리활동이다.

정보사회는 홍보와 이미지의 사회이다. 정보사회에서의 상품의 가치는 실제적 기능보다는 상징적 이미지에 의해 결정되는 경우가 많다. 사람들이 외투를 살 때 얼마나 따뜻하고 방한효과가 있는가 하는 것도 관심사항이지만, 보기에 얼마나 멋있으며 유명 브랜드를 지니고 있는가 하는 것도 중요한 관심사항이 되고 있다. 시장에서 소비자들의 관심은 점점 더 물질적 가치로부터 상징적이고 이미지적인 가치로 옮겨가고 있으며, 이를 이용하여 제품회사들은 더욱더 패션에 민감한 광고이미지를 창출하는 데 주력하고 있다. 홍보란 결국 제품의 이미지화 과정이라고 할 수 있다.

정부활동도 마찬가지이다. 국민들은 이제 정책의 내용 못지않게 정책의 이미지를 중시한다. 자동차 번호판 정책이 초기에 타격을 입은 것도 그 정책내용이 가지는 취지(비용절감, 지역감정완화, 전국단일번호판 사용 등)는 좋으나, 일방적으로 제시된 구태의연한 디자인에 대한 반감으로 인한 것이었다. 이는 정책의 이미지가 국민들 인식과 정서에 어떻게 각인되는가 하는 문제가 매우 중요해졌다는 점을 의미한다. 따라서 과거에는 행정 PR이라고 하여 일방적인 대국민관계 공보활동만으로 충분했으나, 이제는 정부와 국민들간의 쌍방향적인 상호작용이 강조되는 정책홍보가 또 하나의 독립된 매우 중요한 개념으로 부각되었다. 정부에서도 이의 중요성을 인식하고 각 부처에 1급 상당의 정책홍보관리관제도를 신설, 운영하고 있다.

2) 정책품질관리와 정책홍보

정책품질관리는 정책구상-정책확정-정책발표 및 홍보-정책집행-평가 및 사후관리 등 일련의 정책 단계별로 거쳐야 할 절차와 기준을 제시함으로써, 정책불량품의 발생을 사전에 예방하고 국민의 기대와 수요에 적합한 정책을 수립하기 위한 정부의 총체적 노력을 의미한다. 이러한 정책품질관리의 단계에서도 정책홍보가 독립된 영역으로 제시되고 있듯이, 정책홍보와 정책고객관리(PCRM: Policy Customer Relationship Management)는 시민의 요구(*needs*)에 충족될 수 있도록 정책품질을 관리하는 데 있어서 전략적 커뮤니케이션 도구로서 강조되고 있다.

3) 정책마케팅과 정책홍보

기업은 고객의 수요(*needs*)를 파악하는 마케팅(marketing) 조사활동을 통해, 시장과 고객을 세분화(*segmentation*)하고, 시장을 선정(*targeting*)하여 진입(*positioning*)한다. 또한 지속적인 조사활동을 통해 가격(*pricing*)을 형성하고, 고객의 상품만족도 및 가격만족도 측정 등을 통해(*feedback*), 고객요구에 보다 민감하게 대처해나간다. 이러한 일련의 상품화 전략의 총체적 과정을 마케팅 전략이라고 한다. 이는 말 그대로 고객의 요구(*needs*)를 파악 내지는 형성하고, 제공될 상품에 대한 기대를 높여 고객의 마음 속에 이미지화(*imaging*)하며, 사전적 사후적으로 고객에 대한 데이터베이스(DB)에 근거한 고객관리(CRM: Customer Relationship Management)를 통해 궁극적으로는 고객만족이 고객 내부에서부터 일어나도록 하는 다분히 전략적인 접근을 의미한다.

정부활동도 과거의 산업화 시대에는 시혜적인 입장에서 정부가 국민을 위한 활동을 제시하고 일방적으로 집행하는 입장이었지만, 지식정보화 시대에서의 시민들은 수동적 정책고객으로 만족하지 않는다. 왜 이 정책이어야 하는지, 왜 지금 이 정책이 필요한지, 왜 이 정책이 더 나은지에 대해 자신들을 정확하게 설득시켜 줄 것을 요구하고 있다. 정책마케팅과 정책홍보가 그만큼 중요해졌다는 것을 말한다. 이러한 문제제기로부터 제시된 개념이 민간의 마케팅 개념을 차용한 정책마케팅이며, 정책홍보이다.

민간기업에서는 고객의 요구를 파악하는 단계에서부터 시장조사를 하고 고객을 세분화하고 접근전략을 달리하며, 상품에 대한 이미지를 브랜드 가치화하여 광고 이미지에 결합시킨다. 그리고 상품이 팔린 뒤에도 끊임없이 고객에 대한 사후관리를 통해 더 큰 가치창출을 위해 노력한다.

정부의 활동전략도 이처럼 되어야 한다. 즉, 정부정책도 국민의 민의를 파악하는 단계에서부터 정책구상을 하고 정책확정을 하고, 정책대상집단에 따라 설득전략을 달리하며, 정책에 대한 이미지를 브랜드 가치화하여 정책홍보에 결합시키고, 더 나아가 정책이 결정-집행-평가된 뒤에도, 정책고객에 대한 사후관리를 통해 더 큰 공익이라는 가치창출을 향해 나아가야 한다. 이러한 철학이 담긴 일련의 총체적인 개념이 정책마케팅(정책품질관리)이며, 이러한 과정에서 전략적으로 강조되는 개념이 정책홍보와 정책고객관리(PCRM)이다.

2. 정책홍보의 중요성

1) 민주주의의 요청

진정한 민주주의는 참여(*participation*), 숙의(*deliberation*) 그리고 합의(*consensus*)를 토대로 한다. 정책도 마찬가지이다. 최근 새만금 정책, 천성산 정책, 사패산 정책, 부안 핵방폐장 사태, 디지털 지상파 TV같은 대형 국가 정책들이 난항을 겪는 이유는 바로 정책형성과정에서 정책이해관계자들의 의사가 충분히 반영되지 못했거나, 환경영향평가 등 제대로 된 정책절차를 준수하지 못했기 때문이다. 즉, 참여, 숙의, 합의가 제대로 이루어지지 않고, 여전히 능률성 위주의 정책집행을 감행했기 때문이다.

현대사회는 점차 다원화된 이익집단과 이해관계가 복잡하게 얽힌 민주화 이후의 민주화 시대로 진입하게 되었다. 이런 때 일수록 행정학의 측면에서는 정책이해관계자들의 다양한 이해관계가 서로의 협의를 통해 상생의 결과를 얻을 수 있도록 하는 공익적 가치가 더욱더 중요해진다. 이에 따라, 행정운용 방식도 단순한 능률성 위주의 Top-down식이 아닌 다양성과 창의성에 기초한 실용성이 추구되어야 한다. 또한 정책이념도 참여성, 숙의성, 합의성에 기초한 민주성과 투명성을 토대로 효율성과 생산성이 강조되는 성찰하는 정부의 모습을 보여주어야 한다.

정책홍보와 PCRM은 이러한 민주주의의 요청에 부응하는 정책적 도구들이다. 정책수요에 민감하게 반응하고, 이를 정책의제로 형성하여 진정한 참여와 담론을 이끌어내는 수단이 된다.

2) 이미지와 홍보의 중요성

정보사회는 이미지(*image*)의 사회이다. 지식정보사회에서는 각종 뉴미디어를 통해 정보가 전달되고 여론이 형성된다. 방송매체와 인터넷 등을 통해 형성되는 여론은 그 특성상 많은 경우 이미지화되고 이미지의 형태로 반응하는 경향이 있다. 이때 정책홍보는 정책에 대한 이미지를 형성하는 역할을 하게 된다.

3) 거래비용의 절감

비판의 상당부분은 본질에 대한 이해의 부족으로부터 발생한다. 또한 변혁에 대한 저항은 필수적이다. 정책홍보를 통해 형성된 기대와 정책에 대한 이해는 집행과정에서 발생하는 문제에 대한 비판과 저항을 줄여줌으로써, 결국 조정 및 합의에 도달하기까지 소요되는 비용, 즉 마찰적 거래비용(*transaction cost*)을 절감시켜주는 효과를 가져온다.

4) 정책순응의 확보

정책홍보를 통해 형성된 정책에 대한 긍정적 이미지는 여론형성에 주도적인 역할을 한다. 여론이 형성되는 과정에서 부정적 측면보다는 긍정적 측면이 부각되었을 때, 정책대상의 수혜와 부담의 주체간 갈등과 긴장은 완화되며, 정책수용성은 증가하게 된다.

5) 정책 투명성 강화

정책의 홍보과정에서 자연스럽게 이루어지는 행정정보공개는 정부정책에 대한 투명성 확보에 기여한다. 또한 정책홍보를 통해 형성된 관심과 기대는 정책대상집단의 정보접근성을 강화시켜, 별도의 정보공개를 위한 노력이 없이도 투명성을 확보할 수 있도록 도와준다.

3. 정책홍보와 정책대상집단

정책홍보는 정책대상집단과의 커뮤니케이션이다. 정책대상집단을 정책의 수요자인 고객으로 인식할 때 전문가(Policy Community), NGO, 정책이해관계자(Policy Stakeholders) 등 여론주도층(Opinion Leaders)을 중심으로 한 고객의 태도에 변화를 일으켜 긍정적 합의를 도출할 수 있다. 이를 위해서 효과적인 정책홍보와 개별적이고도 전략적인 정책고객관리(PCRM)가 이루어져야 한다.

정책대상집단(Target Population)은 태도를 기준으로, 1) 우호적 집단, 2) 적대적 집단, 3) 중간적(상황 가변적) 집단의 3유형으로 분류할 수 있다. 따라서 정책고객관리(PCRM)을 구체화하는 경우, 우호적 집단에게는 Push전략을 통해 조직이 추구하는 바를 적극적으로 전달하여 협력공중으로 확보함은 물론 지속적인 동의를 이끌어내고, 적대적 집단에게는 문제를 더욱더 확대 또는 악화시킬 수 있는 집단이므로 Pass전략을 통해 최소한의 신뢰구축을 위해 노력하는 한편, 언론, 시민단체, 잠재공중(Latent Population) 등 쟁점에 따라 상황적으로 변할 수 있는 중간적 집단에게는 적극적 홍보활동을 통해 협력적인 공중으로 전환시키는 Pull전략을 구사해야 한다. 중간적 집단의 대부분은 약간의 충격으로도 우호적 혹은 적대적 집단으로 변화될 가능성이 높기 때문이다.

4. 정책홍보의 과정

정책홍보의 과정은, 1) 정보투입(공청과정), 2) 전환(정책결정과정), 3) 정보산출(홍보과정), 4) 정보환류의 4단계로 이루어진다.

정책홍보에서는 홍보의 주체 및 대상 파악, 홍보 핵심 메시지 검토, 홍보시기 및 대응논리 개발 등을 중점적으로 다룬다. 또한, 여론조사 및 상황분석, 홍보환경 분석의 결과를 토대로 왜(홍보목표 · 커뮤니케이션 목표설정), 누구를 대상으로(*audience targeting*), 무엇을 전달할 것인가(*creative development*)에 관한 전략을 바탕으로 한 홍보계획이 수립되고, 언론, 디지털 매체(인터넷, 모바일 등) 등 상황별 매체별로 홍보전략을 달리할 필요가 있다.

또한, 정책홍보에 있어서는 정책과정별 세부지침 수립시 애초부터 Target Population 세부 리스트 확보 및 분석, Target Population별 접근 우선순위 검토, Target Population 별 정책이해관계 분석, Target Population 이해관계 지도 작성이 함께 수행되어, 정책홍보가 추상적 · 피상적 · 형식적으로만 이루어지는 것이 아니라, 실질적으로 고객의 요구를 충족시켜줄 수 있어야 한다.

5. 정책홍보와 정책품질관리

정책은 의제설정, 정책결정, 정책집행, 정책평가 및 환류의 과정을 거치면서 합리적인 목표설정, 체계적인 대안탐색, 과학적인 정책결정 등을 필요로 한다.

정책품질관리도 동태적 정책과정과 유사하게 1) 정책구상, 2) 정책확정, 3) 정책발표 및 홍보, 4) 정책집행, 5) 평가 및 사후관리의 과정을 거쳐 이루어진다. 이러한 정책품질관리 제도가 효과적으로 작동하기 위해서는 정책유형별-정책단계별 성공요인과 실패요인에 대한 요인분석(*pattern finding*)과 디불이, 정책대상집단에 대한 정확한 분석을 도대로 객관적이고 과학적인 정책고객관리(PCRM)가 이루어지고, 목표대상집단별로 개별화된 전략에 따른 정책홍보가 이루어질 필요가 있다.

정책품질관리제도에서 고려되어야 할 정책홍보의 구체적인 체크리스트로는, 1) 관계부처간 사전 조정 · 협의를 하였는가? 2) 정책발표의 주체, 시기, 발언강도 등은 적절하였는가? 3) 정책발표 후 보도내용을 확인하고, 필요시 보도에 대해 제대로 대응하였는가?

등이 있다.

정책의 확정단계에서 정책이 본래 의도대로 실현되기 위해서는 정책내용을 국민에게 제대로 알려 동의와 지지를 얻는 것이 필요하다. 따라서 정책수립 단계에서부터 정책홍보에 관한 계획이 고려되어야 한다.

정책발표 및 홍보 단계에서는 정책이 일관성 있게 국민들에게 제대로 전달될 수 있도록 부처간 사전 협의를 실시하고, 발표창구 일원화를 통해 정책에 대한 혼선을 방지해야 한다. 또한 효과적인 정책발표를 위해서는 발표주체, 시기, 발언강도 등에 대한 고도의 홍보전략, 세련된 의사전달 매너, 민첩한 대응력 등을 골고루 갖추고 있어야 한다. 정책의 발표 후에도 발표 및 보도에 대한 모니터링을 통해 정책의 초기 수용성 여부를 판단하고 대응방안을 모색해야 한다.

6. 우리나라 정책홍보의 문제점, 저해요인 및 개선방안

1) 문제점 및 저해요인

정책홍보의 중요성에도 불구하고 정책홍보의 효과성을 확보하기까지는 아직 문제점이 많은 실정이다. 이는 정책홍보 업무처리에 관한 기준이 모호할 뿐더러, 정책홍보 매뉴얼의 내용이 사실상 제대로 이행되고 있지 않다는 것 외에도, 정책홍보를 실질적으로 관리할 역량을 갖춘 전문가 확보가 미흡하고, 적극적인 PCRM이 이루어지기 보단 형식적인 관리에 그치고 있기 때문이다. 또한 정책홍보의 효과를 제대로 갖추기 위한 정책 수요조사와 고객관리라기 보다는 스팸에 가까운 무분별한 전달 등 홍보에 대한 마인드가 제대로 형성되어 있지 못하며, 마인드가 있다 하더라도 이를 뒷받침할 전문적 역량이 부족한 점이 문제점으로 지적된다.

또한 미디어의 암시와 조작에 의하여 여론이 조작되거나 공중의 무기력화 현상, 국가기밀이나 직무상 비밀을 강조하면서 사실 및 실체에 대해 은폐하려는 성향 등은 실질적인 정보공개를 방해하며, 공개거부 내지는 오도하게 함으로써, 이후 이루어질 정책홍보의 영향력을 미리부터 반감시키는 결과를 야기한다.

2) 개선방안

(1) 정책대상집단에 대한 전략적 접근

정책홍보가 제대로 이루어지기 위해서는 사실상 정책구상 단계에서부터 정책대상집단에 대한 PCRM 및 전략적 접근이 이루어져야 한다. 이를 통해 집단의 성향에 따른 구체적인 전략의 수립이 가능해지기 때문이다. 또한 여론이 형성되기 전에 여론을 주도하여 형성하는 것은 정부생산성 향상에도 매우 중요하다.

(2) 기대형성과 유인제공 전략의 필요

정책의 확정 단계에서 동의와 지지를 얻기 위한 기대를 형성함에 있어서도 정책대상집단(Target Population)별로 다양한 접근이 필요하다. 쟁점에 대한 찬반여부나 의견의 표명에 적극성을 갖도록 특성을 분석하여, 이를 표출할 유인을 제공해야 하며, 이를 바탕으로 개별적이고 구체적인 전략이 수행되어야 한다.

(3) 종합적 정책홍보 방안 마련

정책대상집단에 대한 차별화된 이해에 따라 언론홍보 및 각종 매체를 통한 전술적 계획을 수립하고, 공청회 및 이벤트 실행계획을 세우며, 방송광고 및 홍보전략을 세우는 등 종합적 정책홍보 및 관리방안을 마련해야 한다.

(4) 성과평가와 인센티브설계

정책 실행부서뿐만 아니라 관련되는 모든 부서와 연계되어 정책홍보가 이루어져야 하며, 그 성과에 대한 향유도 공유되어야 한다. 이는 홍보에 대한 성과평가가 객관적으로 이루어져 인센티브설계가 합리적으로 이루어져야 함을 의미한다.

(5) 전문성을 갖춘 인적자원 확보

정책홍보의 중요성이 대두되면서 정부도 정책홍보관리관제도를 신설하여 운영하고 있지만, 보다 전문성을 갖춘 인적자원 확보가 절실하며 그 위상에 대한 정립이 필요하다.

(6) 학습 및 지식관리

정책평가 및 환류단계에서는 홍보결과에 대한 분석평가 및 환류도 함께 이루어져, 그 방법과 시기의 적절성 및 효과 등이 객관적으로 측정되어야 하며, 평가의 내용은 정책사례와 마찬가지로 DB화하여 학습 및 지식관리가 이루어져야 할 것이다.

제 5 절 리더십(Leadership)

1. 의 의

1) 개 념

리더십(*leadership*)은 행정학에서 가장 중요한 변수이다. 정부혁신에 있어서 가장 중요한 요소는 조직책임자의 강력한 리더십과 의지이다. 조직책임자가 어떠한 비전과 목표를 통해 조직의 비전과 목표를 설정하고, 거기에 가치를 부여하며 조직구성원들에게 동기부여할 것인가 하는 리더십의 문제는 정부혁신의 핵심 변수이다.

리더십이란 조직목표를 달성하는 데 있어 조직구성원의 자발적이고도 적극적인 노력을 유도하는 것을 의미한다. 정부혁신의 출발점은 혁신목표를 달성하기 위한 조직구성원들의 잠재력을 고양시키는 문제로부터 시작된다. 이를 위해서는 새로운 비전과 미션을 창출하고 기대를 초월하여 성과달성을 추구하는 리더십이 필요한데, 이러한 리더십을 변혁적 리더십(Transforming leadership)이라 한다.

변혁적 리더십의 핵심 키워드는 에너지(*energy*), 동원(*mobilization*), 자발성(*spontaneous support*)이다. 변혁적 리더십은 개인적 성향에 관심을 기울이고 새로운 시각을 제시하면서, 조직구성원의 변화와 변혁을 일으키는 리더십으로서, 안정보다는 변화에 능동적으로 적응하거나 변화를 유도하는 리더십을 의미한다. 변혁적 리더는 카리스마를 가지고, 영감을 이용하며, 조직구성원의 지적 발전을 위한 자극을 준다. 변혁적 리더는 조직구성원 개인적 성향에 관심을 가지며, 조직구성원들의 잠재력을 고양시킨다. 이는 단순한 직권성(*headship*)과는 다르다.

2) 직권성(headship)과의 구별

직권성은 1) 공식적 직위를 근거로 하여, 2) 일방적 · 강제성이 강한바, 3) 심리적인 것이 아니다. 반면 리더십은 1) 사람의 권위를 근거로, 2) 상호 자발적인 과정을 통해 발휘되며, 3) 추종자의 수락을 통해 발휘된다.

3) 중요성의 대두

C. I. Barnard(1938)는 상관이 자신의 의사를 수용케 하는 능력을 권위의 본질로 보고, 부하가 자발적으로 권위를 수용하는 범위를 권위의 무차별권(*zone of indifference*)이라고 개념화하면서, 권위의 수용을 확장시키는 노력으로서의 진정한 리더십의 중요성을 강조하였다. 이는 행정학 초기의 과학적 관리론으로 대표되는 X-인간관 및 하향적 권위주의와, 이를 비판하며 등장한 1930년대 인간관계론의 Y-인간관 및 상향적 권위주의와 맥을 함께 한다.

H. Simon 등 행정행태주의(새 이원론)에서는 권위에 대한 부하의 수용 강조, 갈등의 순기능적 해결, 비공식집단의 인정 및 활용, 의사결정에 있어서의 인간행태연구 등을 통해 리더십의 실질적 중요성을 강조하였다. H. Simon은 이를 권위의 수용권(*zone of acceptance*)라고 불렀다.

H. Simon(1945)은 권위를 상관의 의사결정을 따르게 하는 힘으로 보아, 권위수용의 근거로 신뢰성(*trust*), 동질성(*identity*), 정당성(*legitimacy*), 제재성(*coerciveness*)을 들고, 자아의식이 강화될수록 수용권이 좁아진다고 하였다. 또한, 리더의 역할은 부하의 조직에 대한 신뢰성과 동질성을 강화시킴으로써 권위의 수용권(*zone of acceptance*)을 넓이는 것이라고 보았다. 이는 리더십의 진정한 힘이 어디에 의존하며, 리더십의 근원이 어디로부터 출발해야 하는지(How to mobilize Energy from the deep heart?)를 보여주는 단적인 예라고 할 수 있으며, 권위의 수용근거로서 부하직원의 자발적인 수용이 전제된 후에라야 리더십의 효과성을 이야기 할 수 있다는 점을 시사한다.

21세기 지식정부사회는 전자정부, 거버넌스, 국가혁신 등 새로운 정부모델을 필요로 한다. 권한의 위임은 물론 잠재력과 창의성 개발이 중요하며, 시민참여와 민주통제가 활성화되어 조직 내적·외적으로 구성원들의 신뢰에 기초한 자발적인 협력을 유도(*partnership*)하는 변혁적 리더십(Transforming leadership)이 강조된다.

2. 리더십 이론의 변천

1) 자질론적 접근(Traits approach)

자질론적 접근은 리더십의 성공요소를 리더의 속성 혹은 자질이라 보아 그러한 자질들을 찾아내는 수단을 발전시키는 데 초점을 둔 접근방법으로, 대인관계와 같은 사회학적 고려가 행해지지 않은 한계가 있다. C. I. Barnard(1938)는 리더가 갖추어야 할 속성으로 활력과 인내, 결단성, 설득력, 책임성, 지적능력 등을, R. M. Stogdill(1948)은 신체적 특성, 사회적 배경, 지적능력, 성격, 과업특성, 사회적 특성 등을 들고 있다.

2) 행태론적 접근(Action-behavior approach)

행태론적 접근은 Hawthorne 연구(1924-1932)와 인간관계이론의 대두로 인한 행태론적 사고에 기초한 접근법이다. 행태론적 접근은 리더의 속성이 무엇인가 보다는 리더가 무엇을 하는가에 초점을 둔 접근방법으로, K. Lewin, R. Lippitt, R. K. White의 연구(1939)와 R. R. Blake and J. S. Mouton의 *The Managerial Grid*(1964)가 있다.

K. Lewin, R. Lippitt, R. K. White(1939)는 리더십 연구를 통해 민주적 리더십, 권위적 리더십, 자유방임적 리더십의 3유형 가운데, 민주적 리더십하의 조직구성원의 사기와 생산성이 가장 높게 나타난다고 하였다.

R. R. Blake와 J. S. Mouton은 *The Managerial Grid*(1964)에서 조직구성원에 대한 배려(사람)과 조직생산성 향상(생산성)을 두 축으로 각각 9점 척도로 나눈 뒤, 평면상 위치에 따라 5개의 리더십 유형을 도출하였는데, 조직구성원에 대한 배려와 조직생산성이 모두 높은 리더십을 팀 리더십으로 보고, 둘다 낮은 리더십을 무기력한 리더십이라고 하였다.

그러나 리더행태의 변화를 가져오는 상황변수를 고려하지 못한 점, 조직의 성질·목표·부하의 태도 등을 다각적으로 검토하여 여러 유형을 조화시킬 필요가 있다는 비판이 있다.

3) 상황론적 접근(Situational approach)

자질론적 접근이 유행하던 시절, R. M. Stogdill(1948)은 많은 속성연구를 통해 리더인지 아닌지 구별할 일정한 특성이나 속성은 없었으며, 상황에 따라 요구되는 리더에 대한 요구도 다르다는 것을 강조했다.

이 후 사회심리학자들의 연구들로 보편적으로 적절한 리더십 스타일은 존재하지 않으며, 상황적인 것으로 파악하게 되는데, 리더십 행사의 요건은 시간, 장소, 집단의 성격 등에 따라 달라진다는 입장을 취한다.

(1) 상황적합이론(F. E. Fiedler, 1964)

상황적합이론(1964)은 리더십의 상황을 결정하는 변수로, 권위(*position power*), 직무구조

(*task structure*), 부하와의 관계(*relationship*)를 들고, 이러한 변수들에 의해 결정된 상황이 아주 나쁘거나 아주 좋은 경우 인간적인 리더십이, 상황이 다소 불리한 경우 과업지향적인 리더십이 효과적이라고 하였다. 또한 리더의 스타일을 변화하는 것이 아니라, 리더들이 불리한 상황변수를 인식하고 상황변수를 변화시킴으로써, 효과성을 높이도록 하는 리더 훈련프로그램으로 발전시켰다.

(2) 경로-목표이론(M. G. Evans, 1970; R. J. House, 1971)

경로-목표 이론(1970, 1971)은 리더의 행동이 부하의 만족과 업무성과에 어떤 영향을 미치는지를 설명하는데, 이는 동기부여의 기대이론에 그 뿌리를 두고 있다. 리더는 그들의 노력이 업무성과의 향상을 초래할 수 있고, 이어 바람직한 보상이 주어질 것이라는 것을 조직구성원들에게 확신시켜 줌으로써 근로자의 동기부여를 증진해야 한다고 주장한다.

(3) 추종자 상황이론(P. Hersey and K. Blanchard, 1982)

추종자 상황이론(1982)은 리더십 스타일이 대상 집단의 성숙도에 적합해야 한다고 한다. 집단의 성숙도는 업무경험이나 업무관련 지식, 업무에 대한 이해 및 책임성, 조직에 대한 몰입도 그리고 성취동기와 같은 요소들과 관련되는데, 이들의 수준에 따라 1) Telling, 2) Selling, 3) Participating, 4) Delegating 으로 리더십 스타일을 구분한다. Telling은 업무달성도를 높이고 집단과의 관계를 향상하기 위한 과업중심적 리더십을 강조한다. Selling은 대상 집단의 성숙도가 일부 척도를 중심으로 향상된 반면, 전반적인 성숙도에서는 아직 낮은 수준인 경우로서, 과업중심 혹은 관계중심 리더십의 혼용이 필요하다. Participating은 과업중심보다는 관계중심을 강조하며, 가장 효과적인 리더십이다. Delegating은 성숙된 대상 집단을 대상으로 지시나 관계유지보다는 권한과 책임을 위임하는 것이 더 효과적인 리더십이다.

추종자 상황이론은 리더가 조직구성원의 특징이나 능력 등에 대한 개인적 속성을 잘 파악하고 있다는 전제하에 가능한 것이며, 업무의 성숙도를 제대로 평가하기 위해서는 직무분석이 명확히 이루어져야 한다. 하지만, 업무경험이나 업무관련 지식에 대한 자료를 객관화하여 척도로 만들기 어렵다는 것과 사회의 다변화로 인해 일정한 행태(*pattern*)를 파악해내기가 어렵다는 점이 한계로 지적된다.

4) 현대적 리더십 이론: 변혁적 리더십

현대적 리더십은 리더(Leader)와 조직구성원들(Followers) 사이에 상호작용을 강조한다.

리더(Leader)와 조직구성원들(Followers) 사이에 상호작용이 어떻게 이루어지며, 1) 상호작용을 촉진하는 것이 보상과 처벌 그리고 반응간의 함수인지 자발성인지, 2) 동기부여요인을 물질적·정신적 욕구충족으로 보는지 비전과 성과에 대한 이해에서 비롯된 영감(*inspiration*)과 보다 상승된 동기수준으로 보는지, 3) 리더십이 근본적인 변화 없는 진화와 적응의 결과인지, 권한을 위임받은 조직구성원들의 잠재력과 창의성의 발현에 의해 형성된 조직문화의 결과인지에 따라 거래적 리더십과 변혁적 리더십으로 구분된다.

변혁적 리더십 이론은 Burns(1978)가 거래적 리더십과 변혁적 리더십을 비교한 것으로부터 K. W. Kuhnert와 P. Lewis(1987), B. M. Bass(1989) 등 많은 학자들에 의해 연구되어 왔다(정우일, 2005: 595).

K. W. Kuhnert와 P. Lewis(1987)는 변혁적 리더십이란 리더에 대한 조직구성원들의 확고한 믿음을 유발시키고, 리더가 모델이 되며, 조직구성원들의 욕구에 대한 세심한 배려와 적절한 자극을 통해 조직 및 조직구성원들의 성과와 만족도를 제고할 수 있는 방향으로 이끌 수 있는 리더십이라고 하였다.

B. M. Bass(1990)는 리더십 설문지(MLQ) 개발 등 실증연구를 통해 변혁적 리더십의 네 가지 요인으로 1) 조직구성원에게 자긍심을 고취하며 존경과 신뢰를 얻기 위한 확고한 비전과 자기희생으로써 갖게 되는 카리스마, 2) 조직구성원들 각각에 대한 개별적 고려, 3) 지적 자극, 4) 영감적인 동기부여를 강조했다.

G. Yukl(1999)은 변혁적 리더십이 1) 보편성의 정도, 2) 리더십을 촉진하는 조건, 그리고 3) 사람들의 전형적인 반응에 있어서 카리스마 리더십과 차이가 있다고 한다. 변혁적 리더십은 조직구성원들에게 영감을 주고, 개발하며, 활력을 부여한다는 점에서 큰 의미를 지닌다.

3. 지식정보사회에 적합한 리더십

1) 지식정보사회와 정책역량

정보기술의 발달, 정보네트워크의 구축 등 산업사회에서 정보사회, 지식사회로의 변화와 더불어, 다국적기업의 등장, 네트워크를 통한 국제간 자본이동의 활성화 등 개방화·세계화로 인해 민간부문의 지원자로서 정부역할이 강조되고 있다. 정부의 효율성 제고를 위해 기존 정부의 업무가 대폭 민간으로 이관되고 있으며, 앞으로도 정부규모의 축소 및 기능 재조정은 계속 쟁점화될 것으로 예측된다. 또한 시장실패와 이를 시정하는 데 있어서의 정부실패로 시민사회가 대두되었고, 시민사회가 조직화되면서 시민사회의 영역도 점점 커져 이들의 진정한 참여를 이끌어내지 않고는 민주성을 제대로 확보하기 어렵게 되었다.

지식정보사회에서의 정부는 1) 지식창출을 통한 고객만족 서비스의 공급자, 2) 각종 정책과정에서 얻어지는 지식들의 체계적 지식관리자, 3) 국가 내의 지식의 흐름을 원활하게 하고 구성주체들의 생산성을 높이기 위한 제도 구축자, 4) 기술혁신 주체들이 연계하여 창조적 파괴의 혁신활동을 지속적으로 추진할 수 있도록 지원하는 혁신촉진자, 5) 지식의 활용성·실천성을 높이도록 방향을 제시하고, 다양한 이해관계를 합리적으로 조정하는 전략적 조정자로의 정책역량의 강화가 요구되고 있다.

정책역량의 강화를 위해서는 정부의 가장 중요한 구성요소인 공무원들이 먼저 지식으로 무장된 지식관료가 되어야 하며, 지식정보사회에 걸맞는 리더십을 발휘할 것이 요구되고 있다.

2) 지식정보사회와 지식관료

지식관료란 불확실한 환경 속에서 문제의 본질을 파악하고, 따라야 할 선행모형이 없는 상황에서 새로운 대응모형을 구축하며, 지식창출을 통해 국민에게 부가가치를 제공하는 관료를 의미한다.

지식관료는 1) 불확실성이 높은 환경을 정확하게 인지하여 무엇이 문제인가를 발견하는 환경인지능력, 2) 선행모형이 없는 상황에서 새로운 대응모형을 유연하게 구축해 나가는 지식창조능력, 3) 지식을 통해 국민에게 필요한 부가가치를 제공하는 고객만족능력이 요구된다.

또한 지식관료는 1) 여론수렴, 정부의 적정역할과 영역의 설정, 정책수단의 강구 및 효과편익 분석 등 문제를 정의하고 해결하기 위한 지식, 2) 지식창출을 위한 인센티브설계, 주체 상호작용 과정 등을 제도화와 시스템화할 수 있는 제도구축 및 운영에 대한 지식, 3) 리더십을 토대로 공유될 수 있는 비전을 설정하고 정부지식을 공유, 확산하며, 고객의 Needs를 파악하고 성과를 높이기 위한 전략적 방안을 설정할 수 있는 지식 등 핵심지식을 갖춤으로써, 지식정보사회에 부응하는 리더십 역량을 구축하여야 한다.

이렇듯 지식정보화는 "지식혁명"이라 불릴 만큼 인간 생활의 많은 것을 변화시킨다. 특히 문제해결 시스템의 핵심인 조직의 리더십에 대해 지대한 영향을 미치게 되며, 따라서 지식관료에게는 지식정보화에 부합하는 리더십이 강력하게 요구되는 것이다.

4. 요약 및 결론: 지식정보사회와 변혁적 리더십

지식정보사회에서는 조직의 생존과 경쟁력을 유지하기 위해서는 변화의 흐름을 인식하고, 이에 대한 지속적 학습과 새로운 지식의 습득이 요구된다. 전통적 조직에서는 한번 습득한 기술이나 능력이 오랜 기간 조직의 경쟁력을 보장하였지만, 지식정보사회로의 환경변화는 조직이 새로운 기술과 관리능력에 대해 지속적으로 습득할 것을 요구하고 있다.

과거 계층제적 정부 관료제에서는 전문가적 식견을 가진 관료들이 명확하게 부여된 기능을 수행하고, 명령체계를 따라 시민들에게 공공서비스를 제공하기만 하면 되었으므로, 권위적 리더십이나 과업 지향적 리더십이 효과성을 발휘할 수 있었다.

그러나 정보와 지식패턴의 다양화, 고차원의 기술과 불확실성의 증대, 시민요구의 다양화 및 증가 등 지식정보사회로의 변화는 정부 관료에게 환경인지능력, 지식창조능력, 고객만족능력과 더불어 정책역량강화에 핵심지식을 갖춘 '지식관료'가 되길 요구하고 있다.

따라서 이들에게 요구되는 리더십은 과거의 단순 과업 지향이나 관계 지향적인 리더십 혹은 환경변수의 특성에 따라 수동적으로 분류되는 리더십이 아니다. 부하들과 비전을 공유하고 잠재력을 일깨워 창의성을 발휘할 수 있는 조직문화를 유도하고, 학습을 통해 계속적인 지식의 자발적 창출이 가능하도록 지적 자극과 분위기를 조성하며, 부하들에 대한 개별적 배려를 통해 영감적으로 동기부여하는 새로운 형태의 리더십이 필요하다.

조직혁신의 성공적 달성을 위해서는 조직책임자의 강력한 의지가 있어야 달성될 수 있고, 혁신의 출발점은 혁신목표를 달성하기 위한 조직구성원들의 잠재력을 고양시키는 문제로부터 시작되어야 한다. 이를 위해서는 새로운 비전과 미션을 창출하고, 기대를 초월하여 성과달성을 추구하는 새로운 형태의 변혁적 리더십이 필요하다. 변혁적 리더십은 개인적 성향에 관심을 기울이고, 새로운 시각을 제시하면서 조직구성원의 변화와 변혁을 일으키는 리더십으로서, 안정보다는 변화에 능동적으로 적응하거나 변화를 유도하는 리더십을 의미한다. 변혁적 리더십은 카리스마를 가지고, 영감을 이용하며, 조직구성원의 지적 발전을 위한 자극을 준다. 또한, 변혁적 리더십은 조직구성원 개인적 성향에 관심을 가지며, 조직구성원들의 잠재력을 고양시키는 것에 중점을 둔다.

제11장
환류 및 학습

현대행정은 동태적 행정과정을 거쳐 실현된다. 동태적 행정과정의 첫 시발점은 국가목표 및 정책결정이며, 이를 실현하기 위해 조직·인사·재무 등 조직화와 인간관·동기부여·리더십 등 동작화, 그리고 행정책임·행정통제·행정개혁·정부혁신 등 환류 및 학습이 필요하다. 미래지향적 국가목표를 설정하고 이를 정책기획하고 정책결정하게 되면, 조직화하는 단계에서 인사, 조직, 재무, 정보체계 등을 통해 인력, 조직, 자원, 기술 등을 동원하여 행정집행을 위한 조직화를 하고, 실제로 효과적인 행정집행이 이루어지게 하기 위한 동작화를 하게 되는데, 행정발전이 제대로 이루어지기 위해서는 집행이 마무리된 후 올바른 평가와 학습, 그리고 이를 통한 환류 및 시정조치가 필요하다. 즉, 동태적 행정과정의 마지막 단계로서의 환류 및 학습은 매우 중요한 단계인 것이다. 여기에서는 이러한 의의를 지닌 행정통제, 행정책임, 행정개혁, 정부혁신에 대해서 학습한다.

행정통제에서는 행정통제의 의의, 중요성, 기준, 요건, 과정, 방법, 우리나라에서의 행정통제 등에 대해서 학습하고, 행정책임에서는 의의, 중요성, 기준, 유형, 행정통제와의 관계에 대해서 학습한다. 행정책임과 행정통제는 동전의 양면과도 같은 관계이다. 공무원이 자신의 역할에 대하여 충분히 인식하고 있고, 자율적이고 능동적으로 책임 있는 행정을 실현시켜 나갈 수 있다면 통제의 문제는 불필요할 것이다.

행정개혁이 가치가 실린(value laden) 개념이라면, 정부혁신은 좀더 광범위하며 가치중립적인(value neutral) 개념이다. 행정개혁이 조직개편 등 하드웨어적 개편에 초점을 둔 개념이라면, 정부혁신은 이러한 조직개편을 포함하여 조직변화의 아이디어, 절차, 방법, 기법 등의 도입을 통해 조직의 일하는 방식의 변화를 강조하는 개념이다. 여기에서는 이러한 행정개혁과 정부혁신의 차이를 포함하여, 21세기 미래 정부가 지향해야 할 바람직한 정부혁신의 방향에 대해서 학습한다.

제 1 절 행정통제

1. 행정통제의 의의

목표·정책·기획이 이상적으로 설정되었다고 하더라도 집행이 의도된 대로 움직여 지지 않는 것은 기계가 아닌 인간으로 구성된 조직체의 특색이다. 따라서 목표·정책·기획에서 의도한 대로 움직이게 하기 위해 환류와 학습의 과정이 필요하며, 이를 위해 행정통제가 중요해진다.

행정통제는 행정책임을 확보하는 수단으로서 행정이 당초 목표대로 수행되고 있는가를 확인하고, 올바르게 이루어지지 않는 경우 잘못된 점에 대한 학습을 통해 다음의 정책결정과정에 환류(*feedback*)하는 기능을 말한다. 아래 그림에서 보듯이 1) 통제기준의 설정, 2) 성과에 대한 관찰, 3) 성과와의 비교평가를 통해 환류 및 학습하는 과정으로 이루어진다.

2. 행정통제의 중요성

행정통제의 중요성을 살펴보면 다음과 같다.

첫째, 행정인의 전문성·기술성의 증대로 인해 외부인이 행정의 내용을 잘 모르기 때문에 행정인의 결정을 따르는 경우가 늘어났으며, 현대사회가 고도로 산업화 분업화되면서, 행정

〈그림 11-1〉 행정통제의 과정

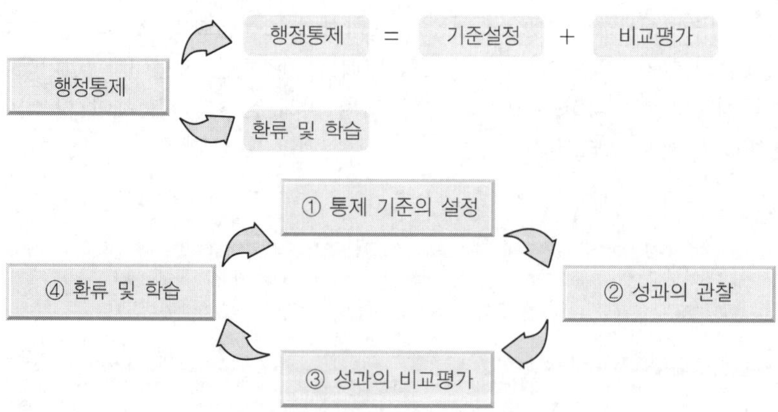

* 자료: 박동서, 1978: 489에서 수정.

기능 역시 세분화 되어 전문화의 경향이 심화되었다. 일반 국민의 경우 전문화된 행정업무에 대한 지식이 없을 뿐더러, 적극적 관심을 가질 시간도 없어 공무원이 내릴 결정에 따를 수밖에 없는 현상이 발생하게 되었다. 이는 행정의 국민에 대한 책임성을 약화시킬 위험성이 높아졌고, 이에 따라 행정책임을 확보하기 위한 행정통제의 필요성은 증대되었다.

둘째, 행정인의 재량권 확대로 인해 행정통제의 중요성은 증대되었다. 현대사회에서의 의회는 과거에는 정책과 행정목표에 대하여 명확하게 규정하였으나, 현대사회에서의 의회는 추상적인 기준을 규정하고, 세부적이고 구체적인 사항은 행정부에게 위임하는 경우가 증가하고 있다.

셋째, 행정인이 보유하는 막대한 예산권으로 인해 행정통제의 중요성은 증대되었다. 행정재량권의 확대 및 막대한 예산권으로 인해 국가 예산의 낭비와 오용의 가능성이 높아졌으므로 행정책임을 확보하기 위한 행정통제의 필요성이 증대되었다.

넷째, 행정권력의 우월성과 경제계의 예속화로 인해 행정통제의 중요성은 증대되었다. 현대행정국가가 등장하면서 행정부가 사회 모든 분야에 관련된 정책에 실질적으로 관여하면서 입법부·사법부보다 우월한 권력을 확보하게 되었으며, 행정권의 우월성은 경제계의 예속화를 초래하였다. 이러한 행정권력의 집중·강화 현상은 민주주의에 위배되는 행위를 할 위험성이 높아졌고, 따라서 이를 방지하기 위한 수단으로 행정통제의 중요성은 증대되었다(박동서, 1978: 489).

3. 행정통제의 기준

민주국가에서 행정평가의 기준이란 일반적으로 공익, 국민의 기대, 법령, 조직의 목표 등이라고 할 수 있으며, 흔히 이를 총칭하여 행정책임이란 말로 표현할 수 있다. 행정책임은 그 수준에 따라 첫째, 민주적·정치적·도의적 책임(*responsibility*), 둘째, 고객의 여망에 부응해야 하는 대응적 책임(*responsiveness*), 셋째, 법적 책임(*accoutablity*)으로 나눌 수 있다.

민주국가에서 행정책임이란 국민의, 국민을 위한, 국민에 의한 행정을 기초로 국민에게 신뢰를 주는 행정, 국민을 위한 민주적 행정, 국민에게 효율적인 서비스를 제공하는 행정, 적법하고 공정하게 추진하는 행정을 의미한다. 따라서 이러한 행정책임의 기준으로는 행정이념에서 살펴보았듯이, 민주성, 성찰성, 효율성, 합법성, 공익, 형평성 등 행정이념을 들 수 있다.

4. 행정통제의 요건

행정책임을 효과적으로 확보하기 위한 행정통제를 위해서는 바람직한 행정통제 요건을 고려해야 한다.

1) 통제의 적합성

통제의 적합성이란 통제의 목적에 알맞은 최선의 통제수단을 선택하는 것을 의미하며, 최선의 통제수단은 통제목적 실현에 크게 기여한다. 따라서 최선의 통제수단의 선택문제는 행정인, 행정체제, 행정환경의 특성을 종합적으로 고려하여 신중하게 결정해야 한다.

2) 통제의 신축성

통제는 시행과정에서 예기치 못한 상황이나 오류 등 통제 목적에 부적합한 요인이 발생할 수 있으므로 통제과정의 신축성(*flexibility*)이 필요하다. 이러한 신축성은 예상할 수 없거나 예상이 어려운 경우를 대비하여 각 상황에 맞는 대안을 마련함으로써 확보할 수 있다. 특히 현대행정통제의 기능은 소극적이고 제재적 기능이 아닌 적극적이고 예방적 기능을 중시하고 있다는 점에서 행정통제의 범위 및 수단 등은 신축성을 확보해야 할 것이다.

3) 효과성과 능률성

통제는 조직의 모든 구성원이 통제의 목적과 기준에 대한 충분한 인식과 이해가 있어야만 효과적이다(효과성). 또한 효율적인 행정통제는 행정통제의 소요시간과 투입비용(투입요소)이 최대한 절약적이어야 하며(경제성), 행정통제에 의한 효과나 실익이 행정통제의 소요시간과 투입비용보다 높은 것이어야 한다(능률성).

4) 행정의 자율성 및 적극성의 조화

통제는 사후적·소극적 통제(제재)보다는 사전적·적극적 통제(예방)가 더 효과적이다. 따라서 불가피한 경우를 제외하고는 결과에 대한 사후적·제재적 차원의 통제보다는 사전적·예방적 차원의 통제에 중점을 두어야 할 것이다. 강력한 행정통제는 민주주의 사회의 목적에 부합되지만 정도가 지나치면 행정의 자율성과 창의성을 저해할 가능성이 있다. 따라서 세부적 내용까지 통제하는 지나친 통제를 지양하고, 적정하게 통제가 이루어지는 조화와 균형이 필요하다.

5. 행정통제의 과정

1) 통제기준의 설정

통제기준(*control point*)의 설정은 행정통제 실시를 위한 첫 단계로서, 목표 이행에 대한 판단, 성과에 대한 판단, 측정 및 평가의 근거를 제공하므로, 행정통제 과정에서 매우 중요한 과정이다.

모든 행정활동에 대한 통제기준의 설정은 자원, 능력, 시간의 한계가 있으므로, 효율적 통제를 위해서 전체의 행정활동을 파악할 수 있는 기준이 될 수 있는 통제의 '전략지점'을 설정할 필요가 있다.

행정통제의 '전략지점' 선택시 고려해야 하는 요소는 다음과 같다.

첫째, 통제시기의 적시성(*timing*)이 고려되어야 한다. 즉, 중대한 과오와 차질을 적시에 발견할 수 있는 시점을 선택하여야 한다.

둘째, 통제내용의 효율성(*efficiency*)이 고려되어야 한다. 즉, 통제의 효과가 통제의 소요비용보다 더 큰 지점을 선택하여야 한다,

셋째, 통제범위의 포괄성(*comprehensiveness*)이 고려되어야 한다. 즉, 조직전체의 활동을 파악할 수 있는 포괄성을 지닌 지점을 선택하여야 한다.

넷째, 통제대상의 균형성(*balance*)이 고려되어야 한다. 즉, 통제대상의 한 측면에 편중되는 불균형이 초래되어서는 안 되며, 균형성을 지닌 지점을 선택하여야 한다.

2) 성과와의 비교 · 평가

통제의 두 번째 단계로서 성과와 관련된 자료와 정보를 수집 · 분석을 한 후 통제의 기준과 비교함으로써 기준과의 편차 유무를 확인 · 판단하는 단계이다.

행정통제의 기준과 비교되는 행정의 내용은 행정의 산출(*output*), 성과(*outcome*), 영향(*impact*)을 들 수 있다. 산출(*output*)은 가시적 · 계량적 단기 산출지표를 의미하며, 성

과(*outcome*)는 비가시적 · 비계량적 성과지표를 포함한다. 영향(*impact*)은 행정의 실시 결과 초래된 사회의 관련된 변화까지를 고려한 가장 장기적 지표를 의미한다.

행정통제의 본래의 목적을 달성하기 위해서는 객관적이고 공정한 측정과 평가가 중요하다. 이를 위해서는 다음과 같은 사항들이 전제되어야 한다.

(1) 수준 높은 정보: 행정성과에 대한 타당성 높은 정보의 확보가 필요하다. 자료와 정보의 타당성이 없다면 행정통제의 효과성은 확보될 수 없다.

(2) 조화와 균형: 행정통제를 통해 지나치게 가시적 · 계량적 목표만을 강조하는 경우, 공무원의 창의성과 적극적 활동은 저해되고 공무원이 외형이나 형식에 얽매이므로 적당한 범위에서의 조화와 균형이 필요하다.

(3) 상황과 환경 고려: 공무원이 성과달성을 위해 노력하더라도 상황적 · 환경적 요건이 구비되지 않은 경우 더 나은 성과를 기대하기 어렵다. 상황과 환경이 따르지 않음에도 공무원에게 최적의 실적만을 평가 기준으로 적용하는 경우에는 공무원의 의욕상실만을 초래하게 된다. 따라서 성과측정의 비교 · 평가시 공무원이 업무를 수행당시의 상황과 환경을 고려한 행정통제가 필요하다.

3) 환류 및 학습(feedback & learning)

통제과정의 마지막 단계로서 평가결과 나타난 기준과의 편차를 통제 기준에 적합하도록 시정 · 환류하는 단계이다. 행정활동에 대한 평가가 이루어졌다고 하더라도, 평가의 결과로 나타난 기준과의 편차를 시정하지 않거나 형식적인 시정조치만이 이루어진다면, 지속적인 행정발전은 이루어질 수 없다. 이때 학습의 중요성이 강조된다. 현대사회과학에서 학습(learning)이 지니는 의미는 매우 중요하다. 정책실패와 성공에 대한 정확한 기술과 설명 등을 담은 정책사례(cases)의 개발과 축적을 통해 지식관리의 양과 질을 풍부하게 하는 것은 다음 정책과정의 성공적 실현에 핵심 관건이 된다. 따라서 환류조치는 행정통제의 실효성을 높이고, 행정성과를 향상시키기 위해 매우 중요한 단계라고 할 것이다. 환류조치를 하는 경우, 통제의 목적에 적정한 시점(*timing*)과 적절한 수준(*degree*)을 유지해야 하며, 공정성(*equity*)을 지녀야 한다.

6. 행정통제의 방법

행정통제는 외부통제와 내부통제로 구분할 수 있다. 근대입법국가 시대에서는 외부통제를 통한 합법성 유지를 강조하였다. 현대행정에 있어서 행정통제는 그 강조점이 바뀌고 있는데, 이는 외부통제를 통한 민주성 확보와 내부통제를 통한 합목적성 증진으로 나타나고 있다.

첫째, 현대행정에서는 내부통제를 통한 합목적성 증진이 중요하다. 현대행정이 고도로 전문화・재량화되면서 외부통제는 점점 실효성이 상실되고 형식화할 가능성이 늘어났다. 이러한 외부통제의 근본적 한계로 인해, 현대행정에 있어서는 내부통제를 통한 경제성・효과성・능률성 등 정책성과의 합목적성 증진이 매우 중요해지고 있다.

둘째, 하지만, 현대행정에 있어서도 외부통제를 통한 민주성 확보는 여전히 중요한 개념이다. 인터넷의 발달, 시민사회의 성숙, 거버넌스 개념의 강조 등 1990년대 현대행정환경의 변화로 인해, NGO, 언론, 여론 등 시민에 의한 외부통제가 중요해지고 있다. 이는 행정통제의 민주성 차원이다. 관료제는 그냥두면 기관 및 예산확장, 재량권의 확대, 자기 신분의 강화, 과두제의 철칙 등 자기 스스로 민주주의에 반하는 속성들을 많이 지니고 있다. 이것이 관료제와 민주주의와의 관계에서 우려사항으로 지적되는 부분들이다. 따라서 시민에 의한 민주통제, 국회 및 언론에 의한 민주통제 등 외부통제를 통한 관료제의 민주성 확보는 매우 중요한 개념이다.

1) 내부통제

내부통제는 행정조직이나 행정조직의 구성원에 의해 이루어지는 행정통제를 의미한다. 이러한 내부통제는 행정조직의 활동을 체계적으로 조정, 심사, 분석함으로써 불필요한 낭비를 예방하고, 효과적 행정성과를 산출하기 위해 필요한 통제이다.

내부통제에는 대통령에 의한 통제, 국무총리에 의한 통제, 중앙부처, 기획예산처 및 중앙인사위원회에 의한 통제, 감사원에 의한 통제 등이 있다.

(1) 정책 및 기획에 대한 통제

우리나라는 대통령실, 국무총리실, 국무회의 등에서 종합적인 정책 및 기획을 조정하고 통제하고 있다.

(2) 인사 및 예산에 대한 통제

기획재정부는 예산정책, 예산의 편성 및 집행관리, 중장기 재정운용계획의 수립, 기금과 재정개혁을 실행함으로써, 행정안전부는 정부의 인사정책을 수립・집행・조정・심의함으로써 행정에 대해 영향을 미친다.

(3) 행정절차에 대한 통제(행정절차법)

행정을 수행하는 절차인 보고제도·품의제도 등을 통한 통제를 의미한다. 과거 우리의 경우 민원서류에 대한 처리절차가 없어 행정절차법의 제정이 요구되었으나, 1996년 행정절차법의 제정으로 행정절차에 대한 통제가 제도적으로 뒷받침되었다.

(4) 기획과 업적의 심사분석

업무의 진행상황과 결과에 대한 심사분석·진도분석과 평가를 통하여 환류 조치하는 것으로써, 가장 포괄적이고 전반적인 통제방법이라 할 수 있다. 행정관리통제라고도 하며, 국무조정실에서 수행하는 심사분석이 가장 대표적인 예이다.

(5) 직업적인 윤리

행정인 자신들에 의한 직업윤리의 확립과 확립된 직업윤리에 의한 자발적 통제는 외부에서의 강압적 통제나 상부의 명령적 조치보다도 훨씬 효과가 있는 것이다.

공무원 자신이 자율적으로 행동강령을 설정하고, 공복(公僕)으로서의 사명감 아래에서 스스로의 자기를 규제하게 하는 것은 현대행정에서 가장 이상적인 통제방식이라 할 수 있다. 그러나 이러한 직업윤리의 확립을 위해서는 보수의 현실화, 인센티브제도의 합리적 운용과 같이 공무원 스스로가 자율적으로 일할 수 있는 여건이 마련되어야 할 것이다.

(6) 감사원 회계검사, 직무감찰, 성과감사

감사원에 의한 통제는 회계검사, 직무감찰, 최근에 강조되는 성과감사 등이 있다. 회계검사는 국가예산집행을 대상으로 지출의 합법성에 중점을 두어 회계책임을 확보하기 위한 통제수단이고, 직무감찰은 공무원의 비위를 방지하고 행정운영의 개선에 기여하기 위한 통제수단이다. 최근에 강조되는 성과감사는 공공부문 자원의 획득과 사용에 대한 효율성 문제가 대두되어 전통적인 합법성을 중시하는 감사 이외에, 공공부문 관리의 경제성(*economy*)·능률성(*efficiency*)·효과성(*effectiveness*)을 평가하는 것을 의미하며, 감사의 범위도 정책·사업 등으로 확대되고 자원의 효율적 사용과 국가목표 달성 등이 추가되었다.

2) 외부통제

(1) 사법통제

사법통제는 법원에 의한 통제와 헌법재판소에 의한 통제로 구분할 수 있다.

법원통제는 크게 두 가지 내용을 내포한다. 첫째는 국민의 권익이 행정부에 의하여 위법하게 침해된 경우 이를 구제하는 것이고, 둘째는 행정명령・처분・규칙의 위법여부를 심사함으로써 통제하는 것이다.

헌법재판소에 의한 통제는 헌법재판소가 위헌법률에 대한 헌법재판, 헌법위반 행위자에 대한 탄핵결정, 위헌적 공권력 행사에 대한 헌법소원 등을 통해 행정부의 권한에 대한 합법성을 통제하고, 기관간 권한배분과 행사를 둘러싼 갈등을 조정하는 역할을 수행한다.

헌법재판소의 결정은 행정부를 실질적으로 구속하므로, 헌법재판소의 결정이 정부정책의 실질적인 심사 및 수정으로 이어지는 경우가 많다. 따라서 헌법재판소는 행정에 대한 법적 통제뿐만 아니라, 행정부의 정책형성과 집행에 상당한 역할을 하고 있다고 볼 수 있다.

그러나 사법통제는 다음과 같은 한계가 있다.

첫째, 행정이 이미 이루어진 후의 소극적 사후조치이다.
둘째, 비용과 시간이 많이 소요된다.
셋째, 행정이 전문화 되어 외부통제가 어렵다.
넷째, 사법통제는 합법성을 강조하므로, 위법행정보다 부당행정이 많은 현대행정하에서는 효율적인 통제가 어렵다.

(2) 민중통제

민중통제란 국민이 여러 가지 방법을 통하여 직접・간접으로 행정기관을 통제하는 것을 말한다. 민중통제의 방법에는 선거에 의한 통제, 이익집단에 의한 통제, 정당・언론・여론에 의한 통제, NGO에 의한 통제, 정책공동체에 의한 통제, 주민참여에 의한 통제가 있다

㈎ 선거에 의한 통제

조직화 되지 않은 일반국민이 행사하는 방법이며, 선거권이나 투표권의 행사를 통해 행정을 간접적으로 통제한다. 국민의 선거권과 투표권 등의 주권의 행사는 행정에 대한 유효한 통제수단이 될 수 있다.

㈏ 이익집단에 의한 통제

이익집단(*interest group*)이란 이해관계가 유사한 여러 개인들이 자발적으로 결사를 조직하고 활동하는 집단을 의미한다. 정치나 행정에 대하여 자신들의 이익실현을 위해 압력

을 행사하고자 하는 점에서 압력단체라고도 하지만, 이익집단이 특정 이익의 실현에 중점을 둔다면, 압력단체는 정치나 행정에 대한 압력을 행사하는 수단적 측면을 강조한다는 점에서 차이가 난다.

(다) 정당 · 언론 · 여론에 의한 통제

여론이란 어느 정도 일치된 사람의 의견 또는 태도라고 할 수 있다. 현대 민주국가 존재의 정당성은 국민에게서 나오는 것이므로, 정책에 대한 국민의 지지나 반대는 행정에 중대한 영향을 미친다. 여론은 사회의 일부분을 대변하기도 하고, 특정 쟁점과 관련하여 찬성과 반대로 구분되기도 한다. 또한 외부로 표현되지 않고 내부에 잠재되어 있기도 하며, 이성적 여론이 형성되기도 하지만 감성적인 여론이 형성되기도 한다. 따라서 여론은 정확하게 파악되기도 여론 그대로 행정에 반영되기도 어려운 특성을 지니고 있다. 이러한 민주사회의 여론을 행정에 반영시키는 창구로서 대표적인 것이 정당과 언론이다.

언론은 입법부 · 사법부 · 행정부와 더불어 제4의 권부라 일컬어질 정도로 현대사회에서 중요한 역할을 한다. 특히 언론은 행정부의 과오를 감시하고 비판하며 공개하는 역할을 수행함으로써 행정에 직접적 영향을 미치고, 국민의 판단을 도와주는 정보를 제공하여 여론형성에 기여함으로써 간접적으로 행정에 영향을 미친다.

정당은 정치적 신념을 같이하는 사람들이 자발적으로 모여 정치권력의 획득을 통해 그들의 정치적 견해를 실현시키고자 하는 정치단체이다. 정당의 목적은 정칙권력의 획득에 있고, 이 목표를 달성하기 위해서는 국민의 반응에 민감할 수밖에 없다. 따라서 정당은 국민을 대신하여 행정을 감시하고 비판하는 국민의 대리인 역할을 수행하고, 국민의 요구를 입법화시키거나 행정에 전달하는 매개체로서의 역할을 수행한다.

(라) NGO에 의한 통제

NGO(Non Governmental Organization)란 정부로부터 독립하여 공익추구를 목적으로 하며, 시민들의 자발적 참여에 의하여 결성되는 비영리 시민단체이다.

NGO의 활동은 정부 부패 감시와 이에 대한 공개가 주요한 목표가 되어왔으며, 시민사회의 성장으로 인한 시민의식의 성숙과 정부에 대한 국민의 신뢰성이 저하되면서 그 역할이 중요해지기 시작하였다. 이를 언론에 이어 제5의 세력이라 지칭되기도 한다. 코피 아난 UN사무총장은 “21세기는 NGO의 시대”라고 천명하기도 하였다. NGO에 의한 행정통제를 정책과정으로 나누어 살펴보면 다음과 같다.

첫째, 정책의제설정 단계에서 NGO는 다양한 시민들의 의견을 정책에 반영하고, 여론과 같은 정치적 지지를 확보하며, 문제해결을 위한 실현가능성 있는 정책대안을 제시하는 역할을 한다.

둘째, 정책결정 단계에서 NGO는 사회문제해결을 위한 아이디어의 개발 및 이슈에 관한 정보를 수집·제공하고, 실현가능성 있는 정책대안의 개발과 자문 등을 통해 정책결정에 영향을 미친다.

셋째, 정책집행 단계에서 NGO는 결정된 정책이 집행되는 과정에서 집행에 대한 감시자로서 그리고 비판자로서의 역할을 수행한다. 정책의 집행과정에서 공무원의 부패가 발생하였거나 의심이 있는 경우 감찰관의 역할을 하기도 한다.

넷째, 정책평가 단계에서 NGO는 정부의 요청에 의한 각종 평가위원회에 참여하는 공식적 방식과 세미나, 포럼 등의 비공식적 참여방식을 통하여 평가과정에서 자신들이 주장하는 의견이 투영될 수 있도록 영향력을 행사한다.

(마) 정책공동체에 의한 통제

정책결정에 필요한 전문지식은 전문가, 학자, 공무원들의 상호 접촉과 의견교환에 의해 획득된다. 각 정책 분야별로 이러한 사람들의 접촉은 공식적인 학회나 자문회의를 통하거나, 비공식적인 의견교환을 통해서 이루어지기도 한다. 이러한 공식·비공식 접촉과 의견교환이 이루어지는 장소가 바로 정책공동체(*policy community*)이다.

정책공동체는 정책문제, 정책대안, 정책의 결과 등에 대해서 관심을 가지고 있는 사람들로 구성되어 눈에 보이지는 않지만, 계속적인 활동을 통해 행정에 영향을 미치는 일종의 전문가 공동체(Think Tank)라고 할 수 있다.

(바) 주민참여에 의한 통제

현대행정기능이 확대되고 전문화·기술화되고, 행정부의 재량권이 확대됨에 따라 기존의 입법부·사법부의 통제 등의 행정통제만으로는 충분하지 못했고, 시민사회의 발달로 인해 시민참여 욕구가 확대되면서 등장한 것이 주민참여에 의한 통제이다.

주민참여에 의한 통제란 주민들이 일선행정기관의 행정에 참여함으로써 행정책임을 확보하는 데 초점을 두는 통제를 의미하는데, 주민의 부당한 권익침해를 방지하고 행정의 민주화와 자치의 활성화에 유익한 수단이라 할 수 있다.

주민참여에 의한 통제가 실효성을 거두기 위해서는 형식적 참여가 아닌 실질적 참여가 보장되어야 하고, 주민의 참여를 허용하는 행정환경이 조성되어야 한다. 우리나라의 경우 주민의 의견을 수렴하고 반영하는 제도로서, 공청회와 공개토론이 있고, 국가에 적극적 행위를 요청하는 청원제도와 행정기관에 특정 행위를 요구하는 민원처리제도 등도 시행되고 있다.

(3) 입법통제

입법부는 대통령과 함께 국민으로부터 공식적으로 위임받은 국민의 대표기관으로서, 행정이 민주주의 원칙에 합당하게 이루어지고 있는지에 대한 감시·통제 등의 권한을 가진다. 입법부가 행정부를 통제하는 수단으로서는 법률의 제정권 및 개정권, 예산심의권과 결산권 그리고 국정감사권 및 국정조사권, 국무위원 등 고위공무원에 대한 해임건의 및 탄핵소추권 등이 있다.

그러나 오늘날 행정기능이 확대되고 전문화·기술화되어 입법부의 전문성이 충분하지 못하고, 급속히 변하는 환경에의 기민한 대응성이 요구되면서 행정부의 재량권이 확대됨에 따라 효과적 통제를 하지 못하고 있다. 하지만, 역설적으로 행정부의 재량권이 확대됨에 따라 입법부를 통한 행정권의 민주통제는 더욱더 중요해진다고 할 수 있는바, 국회 사무처의 정책보좌 및 미래예측 기능의 전문화 및 지원확대, 국회의원들의 전문성 강화 등을 통해 효과적인 입법통제의 방안을 강구해야 할 것이다.

(4) 옴부즈만 제도

(가) 옴부즈만의 개념

옴부즈만(Ombudsman)이란 국가기관 이나 공무원의 직무상 행위나 부작위에 의하여 권리의 침해를 받았다고 생각하는 국민이 그 구제를 호소하는 경우, 독립적 지위를 가진 사람(의회 또는 행정부에서 임명)이 일정한 권한 범위 내에서 조사를 하여 잘못된 점이 있을 때, 시정을 촉구·건의하거나 공표를 함으로써 국민의 권리를 구제하고자 하는 제도이다.

옴부즈만(Ombudsman) 제도는 입법부나 사법부가 행정통제의 기능을 제대로 못하게 되자, 이를 보완함으로써 보다 쉽게 적극적으로 국민의 이익을 보호하려는 취지에서, 1809년에 스웨덴에서 처음으로 창설된 제도이다. 옴부즈만은 각 국의 상황에 따라 차이가 있으나, 옴부즈만 제도의 원형인 스웨덴과 핀란드의 일반적 특징을 살펴보면 다음과 같다.

첫째, 옴부즈만은 의회소속의 기관이다. 의회소속 기관이지만 의회의 지휘·감독은 받지 않는 의회로부터 정치적으로나 직무상으로 독립된 기관이며 불편부당의 기관이다.

둘째, 옴부즈만이 고발할 수 있는 행위는 매우 다양하여 합법성뿐만 아니라 합목적성에 문제가 있는 행정행위도 조사의 대상이 된다.

셋째, 옴부즈만은 정부의 결정을 무효 또는 취소할 수 있는 권한은 없고, 다만 시정조치를 담당기관에게 건의할 수 있다.

넷째, 법원과는 달리 옴부즈만의 사건처리는 직접적이고 신속하다. 조사상 필요한 경우 행정기관에게 문서의 제출을 요구할 수 있으며, 판단 결과를 청구한 시민에게 알려주어야 한다. 또한 법원에 의한 해결보다 비용이 저렴하다.

다섯째, 옴부즈만은 시민의 요구·신청 등에 의해서만 활동을 개시하는 것이 아니라, 신문이나 여론을 근거로 직권으로 조사활동을 할 수 있다.

옴부즈만 제도는 공무원과 국민 사이의 완충역할을 하고, 공무원에 대한 국민의 책임추궁의 창구역할을 하며 입법·사법통제의 한계를 보완하는 제도이다. 또한 조사의 신축성 및 공정성을 확보할 수 있는 장점이 있으나, 부족한 인력과 예산으로 인해 국민의 권익구제에 한계가 있다는 단점이 있다.

㈏ 우리나라의 옴부즈만 제도

우리나라의 옴부즈만 제도는 중앙정부의 국민고충처리위원회와 지방자치단체의 시민옴부즈만 제도 등이 있다.

중앙정부의 국민고충처리위원회는 국민의 민원사항에 대한 안내와 상담, 고충민원에 관한 조사·처리, 고충민원에 관한 조사에서 확인된 위법·부당한 처분 등에 대한 시정조치의 권고, 고충민원의 처리과정과 관련된 행정제도 및 운영의 개선이 필요하다고 판단되는 경우 이에 대한 감시와 의견 표명 등의 기능을 수행한다.

국민고충처리위원회는 다음과 같은 문제점을 가지고 있다.

첫째, 헌법상 기관이 아니고, 정부 내 대통령 소속으로 설치되어 있어서 정부로부터의 독립성 확보가 어렵다.

둘째, 행정작용을 취소하거나 무효화 할 수 있는 권한이 없어서 행정기관에 대한 구속력이 약하다.

셋째, 국민의 민원신청이 있는 경우에만 조사할 수 있고, 직권으로 조사할 수 있는 권한이 없다.

지방자치단체의 시민 옴부즈만 제도는 현재 서울시 등 10개 광역지방자치단체와 부천시 등 89개 기조자치단체에서 실시되고 있다. 서울시의 경우 외부 민간인으로 구성되고 감사권을 부여한 시민감사관제도를 실시하고 있으며, 부천시의 경우 부시장 직속의 옴부즈만실을 설치하고 직권 조사권을 부여하고 있다. 그러나 서울시와 부천시를 제외한 대부분의 시민 옴부즈만 제도는 유명무실화 되는 한계를 노정하였다.

옴부즈만 제도의 도입에서 가장 문제가 되는 것은 공무원의 기득권에 대한 집착과 변화에 대한 저항이라 할 수 있다. 따라서 이러한 저항을 극복하기 위해서는 최고 지도자의 옴부즈만 제도 실시에 대한 확고한 의지가 있어야 한다. 또한 NGO는 감시활동과 지역현안에 대한 올바른 시민의 여론을 전달함으로써, 정부-민간이 상호 신뢰와 협동의 정신을 바탕으로 주민자치의 발전을 도모해 나가야 할 것이다.

7. 우리나라 행정통제의 문제점과 개선방향

행정통제는 행정책임을 확보하는 수단이다. 행정이 당초 목표대로 수행되고 있는가를 확인하고, 올바르게 이루어지지 않는 경우 잘못된 점에 대한 학습을 통해 다음의 정책결정과정에 환류(*feedback*)하는 기능을 말한다. 이러한 행정통제의 실효성을 확보하기 위한 개선방안을 살펴보면 다음과 같다.

첫째, 주인-대리인 이론에 의하면, 행정부에 대한 국민의 통제가 어려운 이유는 정보의 비대칭성(*information asymmetry*)에서 발생한다. 따라서 행정부와 국민의 정보격차를 해소를 위해 투명한 정보공개제도, 행정절차법 등의 활성화를 통해, 행정부와 국민간에 존재하는 대리손실(*agency loss*)을 극소화 하여야 한다.

둘째, 시민의 참여기회가 제도적으로 확대되어야 하며, 지방자치에서 주민소환, 주민투표 등 주민의 직접적 통제를 통해 의회를 통한 행정통제의 부족한 부분이 보완되어야 한다. 또한 NGO와 정책공동체의 활용을 통해 다양한 이해관계자가 정책과정에 참여할 수 있도록 하여야 한다.

셋째, 준정부 조직, 권력기관 등 통제의 사각지대를 제거하여 행정통제의 대상을 확대해야 한다.

넷째, 무엇보다도 공무원 스스로의 내부통제가 중요한바, 공무원 스스로의 행정윤리의 확보와 자발적 준수가 필요하다 할 것이다.

제 2 절 행정책임

1. 행정책임의 의의

행정책임은 행정통제의 기준이 되며, 행정통제를 통해 행정책임은 실현된다. 행정평가는 공익, 국민의 기대, 법령, 조직의 목표를 기준으로 이루어지는데, 이때 행정책임은 행정공무원이 직무를 수행할 때 이러한 행정평가의 기준에 따라야 할 책임을 의미한다.

행정책임은 그 수준에 따라 첫째, 민주적·정치적·도의적 책임(*responsibility*), 둘째, 고객의 여망에 부응해야 하는 대응적 책임(*responsiveness*), 셋째, 법적 책임(*accountability*)으로 나눌 수 있다. 민주적·정치적·도의적 책임은 가장 광범위하고 포괄적인 책임으로 국민이나 국민의 대표기관인 국회에 대하여 지는 책임을 의미하며, 대응적 책임은 고객에 대한 책임을 의미하며, 마지막으로 법적 책임은 구체적 법령에 따라야 하는 책임을 의미한다.

2. 행정책임의 중요성

현대행정국가에서 행정권은 국민의 생활의 질의 향상을 위하여 입법부나 사법부보다도 우월한 권력을 행사한다. 그러나 민주주의 국가에서는 권한과 책임이 동시에 부여되므로, 행정권의 확대는 그 만큼의 책임이 부여된다고 할 수 있다.

행정기능의 질적 변화 및 고도의 전문화로 인해 의회가 통법기구화 되어 행정 재량권의 확대되었고, 이로 인해 행정권의 남용이 발생할 가능성이 높아졌다. 또한 행정부에게 막대한 예산편성권과 자원배분권이 부여되었고, 예산편성권과 자원배분권의 권리가 소수 관료에 의해 좌우되므로 행정통제의 필요성이 증대되었다. 특히 우리나라와 같이 관권우위사상이 존재하고 경제발전을 정부주도로 하고 있는 국가에서는 시민의 자유 및 권리보호를 위해 행정책임을 확보해야 할 필요성이 높아지고 있다. 요컨대 국가행정의 성찰성과 민주성 확보를 위해서 뿐만 아니라, 최소한의 투입으로 최대한의 산출을 얻는 효율성 확보 차원에서도 행정책임은 확보되어야 한다.

3. 행정책임의 기준

민주국가에서 행정책임이란 국민의, 국민을 위한, 국민에 의한 행정을 기초로 국민에게 신뢰를 주는 행정, 국민을 위한 민주적 행정, 국민에게 효율적인 서비스를 제공하는 행정, 적법하고 공정하게 추진하는 행정을 의미한다. 따라서 이러한 행정책임의 기준으로는 행정이념에서 살펴보았듯이, 민주성, 성찰성, 효율성, 합법성, 공익, 형평성 등 행정이념을 들 수 있다. 또한, W. Dunn과 같은 학자는 적합성, 적정성, 효과성, 능률성, 형평성, 대응성 등으로 분류하기도 하였다.

행정책임의 기준은 법령에 명문화된 규정이 있는 경우에는 우선적으로 명문의 규정을 준수해야 한다. 법령에 명문화된 규정이 있는 경우에는 기준이 명확하고 구속력이 있어 행정책임의 실효성이 확보될 수 있다. 그러나 법령에 명문화된 규정이 없는 경우에는 공익, 국민의 기대, 조직의 정책목표 등을 기준으로 적용해야 할 것이다.

4. 행정책임의 유형

행정책임의 유형은 다음과 같이 구분할 수 있다.

(1) 도의적, 대응적, 법적 책임

도의적(*responsible*) 책임은 공무원의 직무행위가 도덕적 규범에 위반했을 때 묻는 책임을 의미한다. 이는 국민의 수임자(受任者)로서 따르는 광범위한 책임을 묻는 것이다. 따라서 공무원의 그의 행동에 대하여 법적인 책임은 지지 않더라도 일정한 경우 광범위한 도의적 책임을 져야 한다(유종해, 1999: 162-163). 이는 정책의 국민에 대한 영향을 생각할 때 가장 높은 차원의 책임이며, 행정이념의 민주성, 공익, 성찰성 등에 부응하는 책임이다.

대응적(*responsive*) 책임은 국민이나 고객의 요구, 이념, 가치에 대한 대응성에 대한 책임이며, 행정이념의 대응성에 부응하는 책임이다.

법적(*accountable*) 책임은 의무를 이행하지 않았을 경우 법률상의 제제를 수반하게 되는 책임을 의미한다. 법적 책임은 공식적인 지위, 역할, 권한에 따르는 책임이며 행정책임 추궁의 1차적 대상이 된다. 이는 행정이념의 합법성에 부응하는 책임이다.

(2) 내적 책임과 외적 책임

내적 책임이란 행정조직 또는 공무원이 상급기관, 상관 등에 대하여 지는 책임이며, 외적 책임이란 행정조직 또는 공무원이 입법・사법・국민 등의 외부적 환경에 대해 지는 책임을 의미한다.

정 책 사 례

행정책임에 관한 H. Finer와 C. J. Friedrich 간의 논쟁

H. Finer는 "민주정부에 있어서의 행정책임"이라는 논문에서, 행정책임은 어떠한 조직·개인이든 간에 스스로의 행동에 대하여 심판관이 될 수 없다고 하여, 자율적 통제의 한계를 지적하면서, 사법·입법 등의 외부적 통제를 강조하는 외부적 접근방법의 입장을 취했다.

반면에 C. J. Friedrich는 "공공정책과 행정책임의 성질"이라는 논문에서, 진정으로 책임 있는 행위는 행정인 개인의 마음 속에 있는 책임감의 촉진을 통해서만 가능하다고 주장하여 내부적 접근방법을 강조하였다.

결국 H. Finer는 책임확보를 위해서는 공무원 개개인에 대한 외부 통제가 필요하다고 강조한 반면, C. J. Friedrich는 책임 있는 행위는 집행되기 보다는 유도되는 것이라는 자율적 내부 통제를 강조한 것이다.

19세기 근대 입법국가 시대는 외적 책임이 강조되었으나, 행정부의 재량권이 강조되는 20세기 현대행정국가가 진행되면서 외적 책임을 위한 통제도 중요하지만, 행정부의 전문성 심화로 인해 외적 책임은 한계가 있다는 지적이 늘어나고 있다. 즉, 현대행정에 있어서는 외적 책임을 위한 통제도 중요하지만, 결국 진정한 행정책임의 확보는 행정의 자율적 통제가 담보되어야 한다는 점에서 내적 책임의 중요성이 커지고 있다

* 자료: 김중규, 1999: 868-869.

5. 행정책임과 행정통제의 관계

공무원이 자신의 역할에 대하여 충분히 인식하고 있고, 자율적이고 능동적으로 책임 있는 행정을 실현시켜 나갈 수 있다면 통제의 문제는 불필요하다. 즉, 행정책임이 스스로 확보되면 행정통제는 불필요할 것이다. 그러나 현실에서는 공무원의 자율적이고 능동적인 책임의 이행에만 의존할 수 없게 만드는 다양한 요인들이 존재하며, 따라서 책임 있는 행정을 담보할 수 있는 통제가 필요하다. 즉, 행정책임과 행정통제는 동전의 양면과도 같은 상호 밀접한 관계에 있다고 할 수 있다.

이상에서 논의한 행정책임과 행정통제에 대해서 표와 그림으로 정리하면 다음과 같다.

〈표 11-1〉 행정책임과 행정통제

환류 항목	행 정 책 임	행 정 통 제
의 의	* 행정평가의 기준의 준수책임	* 행정책임 확보수단 * 목표수행 여부의 확인, 잘못 수행한 경우 학습을 통한 환류
중요성	* 행정의 고도화로 인해 행정재량권 확대 * 행정의 성찰성·민주성·효율성 확보	* 행정의 고도전문화 ⇒ 행정책임의 약화 ⇒ 행정통제 필요성 증대 * 행정재량권 확대(위임입법, 예산권 확대) ☞ 행정통제의 필요성 증대
기 준	* 행정이념: 민주성, 성찰성, 효율성, 합법성, 공익, 형평성 등 * Dunn: 적합성, 적정성, 효과성, 능률성, 형평성, 대응성 등	* 행정책임 – 도의적 책임 – 대응적 책임 – 법적 책임
유 형	* 도의적·대응적·법적 책임 – 도의적 책임: 공무원의 도덕적 규범 위반시 묻는 책임 – 대응적 책임: 국민의 요구·이념·가치에 대한 책임 – 법적 책임: 공무원의 위법시 묻는 책임	* 내부통제 – 정책 및 기획에 대한 통제 (대통령실, 국무총리실 등) – 인사 및 예산에 대한 통제 (행정안전부, 기획재정부) – 행정절차법을 통한 통제 – 기획과 업적의 심사분석 (국무조정실의 심사분석) – 직업적 윤리(자발적 통제): 가장 효과적 – 감사원의 회계감사·직무감찰·성과감사 * 외부통제 – 사법통제 (법원·헌법재판소에 의한 통제) – 입법통제 – 민중통제 (선거, 이익집단, 정당·언론·여론에 의한 통제) – NGO에 의한 통제 – 정책공동체의 의한 통제 – 주민참여에 의한 통제 – 옴부즈만 제도
양자관계	* 행정책임이 스스로 확보되는 경우 행정통제는 불필요하나, 현실에서는 이러한 책임에 의존할 수 없게 하는 요인이 존재 ☞ 책임 있는 행정을 담보할 수 있는 행정통제가 필요 (동전의 양면과 같은 상호 밀접한 관계)	

〈그림 11-2〉 행정책임과 행정통제

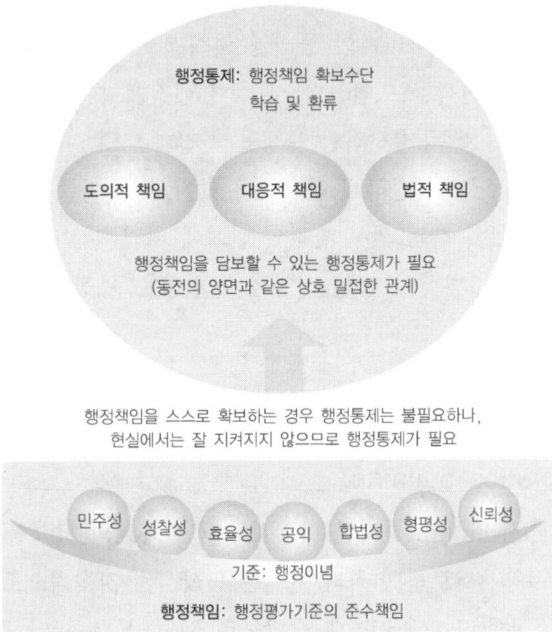

제 3 절 행정개혁

1. 행정개혁의 의의

1) 개 념

F. G. Mosher는 행정개혁이란 "행정부가 의식적으로 추구하는 계획된 변화"라고 했고, G. Caiden은 "저항에 대하여 인위적으로 강행되는 행정적 변형"이라고 하였다. 그리고 정정길 교수는 "행정을 의도적으로 개선하는 활동이나 과정"이라고 정의하고 있다(정정길, 2006: 355). 이처럼 행정개혁에 대한 정의는 매우 다양하지만 이들을 종합적으로 살펴보면, 행정개혁(*administrative reform*)이란 "행정을 현재보다 더 바람직한 상태로 변화시키기 위한 계획적이고 의도된 변화"를 의미한다.

2) 특 성

행정개혁은 달성하고자 하는 미래의 상태를 의식적으로 목표로 설정하고, 목표달성을 위해 계획적이고 의도된 변화를 도입한다. 따라서 행정개혁은 목표 지향적이고 미래지향적이며, 동태 지향적이고 행동 지향적인 특성을 가진다. 또한 행정개혁의 대상이 되는 요인들은 조직 내적·외적으로 복잡하게 연결되어 있어, 상호의존적인 포괄성을 지닌다. 또한 행정개혁은 행정 내부와 행정 외부 환경의 변화에 따라 지속적으로 일어나는 지속성을 지니며, 행정개혁시 항상 변화에 대한 저항을 수반하는 특징을 가진다.

3) 유사한 개념

(1) 기관형성(institution building)

기관형성(institution building)이란 바람직한 국가목표의 달성을 위해 새로운 기관이나 제도를 형성함으로써, 새로운 변화의 이념을 확산시켜 지속적으로 환경의 지지를 받을 수 있도록 하는 것을 말한다. 1960년대 중반부터 M.J. Esman 등 발전행정학자들에 의해서 사용된 용어로서, 새로운 변화를 유도하고, 환경으로부터 지속적인 지지를 받을 수 있도록 새로운 기관이나 조직을 형성하는 것을 의미한다.

(2) 조직개편(organization restructuring)

조직개편(organization restructuring)이란 행정환경에 능동적으로 대처하고 행정목표를 효과적으로 달성하기 위해 인위적인 조직의 신설·폐지·재편 등 조직개편에 초점을 둔 개념이다. 정부조직 개편은 행정개혁에 비하여 좀더 제한적이고 구체적인 의미로 사용된다(최창호, 1990: 303-304).

(3) 정부혁신(government innovation)

행정개혁(administrative reform)과 유사한 개념으로 정부혁신(government innovation)이라는 단어가 최근 유행하고 있다. 행정개혁이 가치가 실린(*value laden*) 개념이라면, 정부혁신은 좀더 광범위하며 가치중립적인(*value neutral*) 개념이다. 행정개혁이 조직개편 등 하드웨어적 개편에 중점을 둔 개념이라면, 정부혁신은 이러한 조직개편을 포함하여 조직변화의 아이디어, 절차, 방법, 기법 등의 도입을 통해 조직의 일하는 방식의 변화를 강조하는 개념이다.

정부혁신은 많은 학자들이 연구하고 있고, 또한 정부혁신을 다양한 관점에서 접근하고 있다. 반드벤(Van de Ven)은 혁신을 "시간의 흐름에 따라 제도적 환경에서 새로운 아이디어의 발굴 및 실행"이라고 정의하며, 베리(Berry)는 정부혁신을 "정부정책 및 행정관련 문제를 인지하고, 정보 또는 지식을 발굴, 생산하여, 새로운 행정 프로그램이나 정책의 채택에 관한 것"이라고 정의한다.

(4) 조직발전(OD: organization development)

조직발전(organization development)이란 조직의 효과성과 건전성을 높이기 위해 조직구성원의 가치관·신념·태도를 변화시킴으로써, 급변하는 행정환경에 대응하는 능력과 문제해결 능력을 향상시키려는 조직이론의 발전전략을 의미한다. 조직발전은 조직구성원의 가치관·신념·태도 변화에 중점을 둔 조직구성원의 행태변화를 위한 교육훈련 전략을 지칭한다.

2. 행정개혁의 동기

1) 효과성 및 능률성의 제고

정부활동을 수행하는 데 활용될 수 있는 행정정보화와 전자정부의 발전은 다시 행정의 효과성과 능률성을 달성할 수 있는 최적의 조직의 등장을 요구하게 되었고, 이로 인해 조직의 기구축소, 인원감소, 예산절약, 기술혁신 등의 개혁을 요구하게 되었다. 여기서 주의할 점은 행정개혁이 조직의 감축만을 의미하는 것이 아니라, 불필요한 기능의 중복을 제거하면서도 행정환경에 기민하게 대응하기 위한 가외적인 기능의 신설을 통해 변화하는 행정환경에 동태적으로 대응하는 것도 행정개혁이라는 점이다.

2) 정치이념: 민주성의 제고

행정에서의 지배적 이념이나 목적이 변화하는 경우 이에 대응하는 행정개혁이 필요하다. 정치이념이 행정에 있어 민주성을 강조하는 경우 국민의 참여를 보다 많이 허용하는 방향으로 개혁하게 된다(박동서, 1978: 525).

3) 권력투쟁의 산물

민주주의 국가에서의 행정개혁 목표는 표면적으로는 행정의 효과성·능률성·민주성 등을 내세우지만 실제에 있어서는 다른 이유도 개입하게 된다. 정치·행정에 참여하는 사람들은 서로가 우월한 위치를 선점하기 위해 치열한 권력투쟁을 하고, 권력투쟁의 산물로서 행정개혁을 하게 되는 경우도 있다.

4) 관료적 이익

행정관료들도 자신의 이익의 확대를 위해 기구의 확대, 분화, 관료 인원의 증가 등을 추구하게 된다. 이 밖에도 국민의 행정개혁에 대한 강한 요구가 있는 경우와 사회환경의 변화로 인해 정부기능의 확대·축소가 필요하게 된 경우에도 행정개혁이 발생한다.

3. 행정개혁의 접근법

1) 개혁관의 개념

개혁관이란 행정개혁의 성공에 영향을 미치는 핵심 행정변수에 대한 관점이다. M. Weiss(1967)는 이러한 개혁변수에 대해 1) 구조, 2) 기술, 3) 인간, 4) 의사결정, 5) 종합으로 나누고, T. L. Whisler(1970)는 1) 합리적·관료제적 방법, 2) 참여·인간관계적 방법, 3) 문화·변화 등으로 나누었으며, A. L. Schiff(1966)는 1) 구조, 2) 이념(가치관), 3) 환경으로 나누었다. 이들을 종합하면, 개혁관은 첫째, 전통적 방법인 합리적·관료제적 방법(구조·기술), 둘째, 참여·인간관계적 방법(인간·참여), 셋째, 통합적 방법인 체제적·종합적 방법(환경·체제)으로 발전해 왔음을 알 수 있다(박동서, 1978: 529).

2) 개혁관의 변천과 행정개혁의 접근법

(1) 합리적·관료제적 방법(구조·기술)

전통적 방법인 합리적·관료제적 방법은 행정의 인간적 요인을 거의 등한시 하고, 행정의 기구·직제·절차를 간소화 하는 등 구조·기술을 중심으로 하는 과학적 관리론 시대의 접근방법이다. 행정개혁을 구조·기술 중심으로 시도하게 되면, 행정인의 가치관·신념, 행정환경의 정치적 지지, 국민의 이해가 수반되지 않아 실패로 돌아가는 경우가 많다.

구조·기술적 접근방법은 공식적·합리적 조직에 중점을 두는 방법으로서, 조직의 건전한 원리(*healthy principles*)에 의거한 최적구조가 업무의 최적수행을 초래한다는 전통적 조직이론에 근거를 두고 있다. 따라서 기구의 간소화와 직제의 중복 제거, 행정절차의 개선 등을 통해 행정을 개혁하려는 접근방법이다. 따라서 구조적 접근방법은 행정의 기구·직제·절차 등을 대상으로 관리과학·OR·체제분석 등을 활용한다.

(2) 참여·인간관계적 방법(인간·참여)

참여·인간관계적 방법은 행정구조에 중심을 두는 것이 아니라, 행정의 행태면에 중점을 두는 것이다. 이는 행정개혁의 성공을 위해 구성원의 참여와 이들의 의견반영, 개혁의 목표와 개인의 목표의 일치, 그리고 조직의 중요 정책결정에 참여 등을 중요시 한다. 참여·인간관계적 접근방법은 행정인의 가치관·신념을 감수성 훈련 등을 통해 변화시켜 행정체제 전체의 개혁을 도모하려는 접근방법으로, OD(조직발전)나 TQM(총체적 품질관리)등이 이에 속하는 전략이다.

이러한 방법은 구조중심의 방법에 비해 보다 인간에 비중을 두고, 이들의 참여를 통한 적극적인 동기부여를 유도할 수 있다는 점에서, 전통적인 방법에 비해서는 성공할 가능성이 많으나, 조직외적인 환경과 체제에 관한 고려가 필요하다.

(3) 체제적·종합적 방법(환경·체제)

체제적·종합적 방법은 통합적 방법으로서 구조·인간·환경의 문제를 체제로서 파악하고, 이들간의 유기적 상호관련성을 고려하는 행정개혁 접근방법이다.

구조·기술적 접근방법, 참여·인간관계적 접근방법은 행정의 구조·기술 혹은 인간·참여 중 하나의 요소에만 중점을 두는 접근방법이어서 한계를 지닐 수밖에 없었고, 행정의 구조·기술, 인간·참여는 서로 배타적인 것이 아니라 상호보완적 관계에 있으므로, 체제적·종합적 접근방법의 필요성이 증대되었다. 이러한 필요성으로 인해 등장한 것이 체제적·종합적 접근방법인데, 이 접근 방법은 구조·기술, 인간·참여뿐만 아니라, 조직을 환경과 동태적으로 교류하는 하나의 유기적 체제로서 파악하고, 이들간의 상호관련성을 고려하여 종합적으로 접근하는 방법이다.

행정개혁의 목표가 행정성과의 향상을 위한 의도적·계획적 노력이라면, 행정개혁의 성공을 위해서는 행정에 영향을 미치는 구조·기술, 참여·인간, 환경·체제 등 주요 행정변수들을 모두 고려한 체제적·종합적 접근법이 요구된다고 하겠다.

4. 행정개혁의 과정

G. E. Caiden은 행정개혁의 과정을 1) 필요성의 인식, 2) 목표 및 전략의 형성, 3) 시행, 4) 평가 단계로 나누었는데(박동서, 1978: 534), 여기에서는 이를 개혁 필요성 인식단계→개혁안 작성단계→개혁 실행단계→개혁 평가 및 내재화 단계로 나누어서 설명하고자 한다.

1) 행정개혁의 필요성 인식단계

변화의 필요성을 인식하지 못하면 변화는 발생하지 않는다. 행정개혁 역시 행정개혁의 필요성 인식으로부터 출발한다. 행정조직은 본질적으로 보수적·현상 유지적 경향이 있고, 행정개혁에 저항하는 경향이 있기 때문에, 행정조직 내의 병리가 있어도 이를 인식하지 못하거나 추진하지 못한다.

따라서 최고 지도자나 개혁의 추진주체는 조직 내 병리를 인식하고, 엄밀히 분석하여 개혁의 필요성을 설득·확산시킬 수 있는 능력을 가지고 있어야 한다. 이러한 능력을 높이기 위해서는 개혁 성공사례의 학습활동의 강화, 기존의 관료와는 다른 마인드를 가지고 있는 외부인사의 영입, 그리고 강력한 인센티브제의 도입 등 제도적 장치의 마련이 필요하다.

2) 행정개혁안의 작성단계

개혁안의 작성단계는 개혁의 목표를 정립하고, 개혁실현을 위한 전략과 행동방안을 수립하는 단계이다.

개혁안 작성과 관련하여 조직의 외부자의 주도로 이루어질 것인지 아니면, 조직 내부자의 주도로 이루어질 것인지에 대한 문제가 제기된다. 조직의 외부자의 주도로 이루어지는 경우 개혁안의 객관성, 종합성을 확보할 수 있는 장점이 있고, 조직의 내부자의 주도로 이루어진 경우에는 개혁의 실행가능성과 조직 내부 구성원의 협력을 이끌어낼 수 있는 장점이 있다. 따라서 조직의 내부자나 조직의 외부자 중 한 쪽만의 주도로 이루어지기 보다는 양자의 의견을 수렴하여 작성하는 것이 바람직하다고 할 수 있다.

행정개혁의 전략은 개혁에 따른 시행과 개혁의 실효성 확보를 위해 중요한 것으로서, 개혁의 우선순위, 개혁의 범위와 대상, 개혁의 강도와 빈도 등에 대한 내용을 포함하고 있어야 한다. 행정개혁의 전략은 개혁안의 작성단계부터 개혁의 여건과 실현가능성을 고려하여 선택하는 것이 바람직하며, 참여와 활발한 상호 의사전달을 통하여 적실성 높은 전략 수립이 되도록 해야 한다.

3) 행정개혁의 실행단계

개혁 실행단계란 결정된 개혁안을 개혁추진 기구를 통하여 개혁을 실현시키는 단계이다. 개혁의 성공적 추진을 위해서는 집행단계의 상황이 고려되지 않은 개혁안 그대로 실행하는 것보다, 집행당시의 상황을 고려하여 개혁의 근본적 목적이 손상되지 않는 범위 내에서의 수정·보완된 개혁안을 실행하는 것이 좋다. 왜냐하면 개혁안의 작성단계에서는 미래에 대한 불확실성을 가지고 있어서 개혁의 실행단계에서 발생할 수 있는 모든 장애요소들을 예측하는 데 한계가 존재하기 때문이다.

4) 행정개혁의 평가 및 내재화 단계

개혁의 평가 및 내재화 단계는 행정개혁이 원래의 목표대로 달성되었는지에 대해 분석하고, 개혁목표의 달성에 영향을 미치는 개혁요인들을 평가함으로써 개혁이 지속적으로 이루어질 수 있도록 내재화 하는 단계이다.

행정개혁에 대한 평가에서는 평가의 시점 및 평가의 기준 설정이라는 난점에 봉착한다. 행정개혁이 실행되었다 하더라도 행정개혁을 통해 기대하였던 효과는 개혁이 완료된 즉시 나타나기 어려우므로, 어느 정도의 시간을 두고 효과를 측정하는 것이 적절한지 결정하기가 어렵다(평가의 시점문제).

또한 개혁의 평가를 위해서는 일정한 기준이 설정되어야 하지만, 평가의 기준이 다양하고 기준마다 평가의 결과가 달라질 수 있으므로 평가의 기준설정이 어렵다(평가의 기준설정 문제).

이와 같은 문제점을 극복하기 위해서는 정확하고 객관적인 기준의 설정이 필요하고, 신뢰할 수 있는 평가모델의 개발이 필요하다. 행정개혁은 그 효과가 국가조직 일부분에 국한된 것이 아니라 국가 전체에 영향을 미친다. 따라서 행정개혁의 평가에 있어서는 책임성과 공정성을 담보할 수 있도록, 평가과정에 조직의 구성원과 외부전문가 그리고 시민 등을 참여시키는 것이 바람직하다.

행정개혁(*administrative reform*)이란 행정(행정체제)을 현재보다 더 바람직한 상태로 변화시키기 위한 계획적이고 의도적인 변화를 의미한다. 급변하는 사회에 대응하기 위해 행정은 환경의 변화 정도에 부응하여 바람직한 상태로 진화되는 것이 필요하다. 따라서 행정개혁은 단발적으로 끝나는 것보다는 지속적으로 이루어져야 한다. 지속적 행정개혁을 통해 개혁요소들이 조직체제 내에 내재화(*built-in*)됨으로써, 학습효과가 발휘되는 것이 중요하다. 개혁의 내재화를 위해서는, 개혁의 우수사례(*best practices*)를 전 구성원에게 공유하게 하고, 개혁을 통해 실현된 효과에 대해 적절한 보상을 시행함으로써, 개혁의 자발적 추진동력(*driving force*)과 내부 에너지(*internal energy*)를 확보할 필요가 있다.

5. 행정개혁의 전략

행정개혁 전략의 기본문제는 개혁의 범위와 속도를 결정하고, 정치 · 사회의 환경에 따라 적절한 전략을 선택하는 것이다. 개혁의 범위와 속도에 따라 1) 급진적 · 전면적 전략, 2) 점진적 · 부분적 전략으로 나눌 수 있고, 개혁의 추진 방향과 특성에 따라 1) 명령적 · 하향적 전략, 2) 참여적 · 상향적 전략으로 나눌 수 있다.

1) 개혁의 범위와 속도에 따른 분류

개혁의 범위와 속도에 따라 행정개혁의 전략은 1) 급진적 · 전면적 전략, 2) 점진적 · 부분적 전략으로 나눌 수 있다.

(1) 급진적 · 전면적 전략

개혁의 속도와 폭을 급진적이고 전면적으로 실행하는 전략은 근본적인 변화를 일시에 달성하기 위해 사회 전반에 걸친 빠른 속도의 전략으로, 개발도상국에서 빠른 시일 안에 개혁의 효과를 빨리 달성하기 위하여 사용된다. 이 전략은 강력한 리더십을 지닌 최고 지도자가 있을 경우 신속한 변화 유도가 가능하다는 장점이 있으나, 저항세력의 반발을 유발하고 일관성 있는 개혁의 실행이 어려우며 조직과 사회의 안정성을 확보할 수 없는 단점이 있다.

(2) 점진적 · 부분적 전략

개혁의 속도와 폭을 점진적이고 부분적으로 실행하는 전략은 개혁이 사회에 미칠 영향과 이해관계자의 수용정도 그리고 개혁에 동원 가능한 인적 · 물적 자원 등을 고려하여 점진적이고 지속적으로 개혁을 추진하는 전략으로서, 주로 선진국에서 사용되는 전략이다. 이 전략은 저항의 감소와 조직의 안정성 확보 그리고 개혁의 일관성을 확보할 수 있다는 장점이 있으나, 신속한 변화의 유도가 불가능하고 개혁이 원래의 목표를 상실하고 표류할 가능성이 있으며, 적극적 개혁이 아닌 소극적 개혁이라는 단점이 있다.

2) 개혁의 추진 방향과 특성에 따른 분류

개혁의 추진 방향과 특성에 따라 행정개혁의 전략은 1) 명령적 · 하향적 전략, 2) 참여적 · 상향적 전략으로 나눌 수 있다.

(1) 명령적 · 하향적 전략

개혁의 추진방향을 명령적(*directive*)이고 하향적으로 하는 전략은 조직 내부나 조직 외부의 참여 없이 상층부에서 추진하는 개혁으로서, 신속하고 근본적인 개혁이 필요하거나 최고 지도자의 강력한 리더십이 있는 경우 유리하다. 그러나 저항 세력의 반발을 유발하고 개혁효과의 지속성을 담보할 수 없는 단점이 있다.

(2) 참여적 · 상향적 전략

개혁의 추진방향을 참여적(*participative*)이고 상향적으로 하는 전략은 조직 내부와 외부의 참여를 통해 의견을 수렴하고 개혁을 추진하는 전략으로, 구성원들의 사기를 높이고 책임성을 확보할 수 있다. 또한 조직구성원들이 개혁전략을 받아들이는 경우 지속적 효과가 담보되고 저항을 감소시킬 수 있는 장점이 있으나, 신속한 변화가 어렵다는 단점이 있다.

3) 요약 및 결론

정치 · 사회의 환경이 개혁에 유리하고 강력한 리더십을 가진 최고 지도자가 있는 경우에는 급진적 · 전면적 전략이 좋으나, 정치 · 사회의 환경은 유리하지만 강력한 리더십을 가진 최고 지도자가 없는 경우, 그리고 강력한 리더십을 지닌 최고 지도자는 있으나 정치 · 사회의 환경이 불리한 경우에는 점진적이고 부분적인 전략을 선택하는 것이 바람직하나. 또한, 전통적 집근 방식인 명령적 · 하향적 전략은 과거 산업회 시대에 행정환경이 비교적 단순한 상황에서 효과를 발휘할 수 있었으나, 지식정보사회에 접어들면서 사회가 다원화되고 분권화된 거버넌스 상황하에서는, 구성원들의 참여를 통해 의견을 수렴하고 합의를 토대로 개혁을 추진하는 참여적 · 상향적 전략이 바람직한 것으로 평가되고 있다.

행정개혁의 목표는 행정(행정체제)을 현재보다 더 나은 상태로 변화시키기 위한 계획적이고 의도적 변화를 의미하고, 행정개혁의 전략은 이러한 목표를 달성하기 위한 수단이다. 따라서 어느 한 전략만을 고집하는 것보다는 상황에 맞는 전략을 선택하여 행정개혁의 목표를 달성하는 것이 중요하다 할 것이다.

6. 행정개혁의 저항 극복

행정개혁의 방향이 올바르게 설정되고, 행정개혁안에서 개혁실현을 위한 적절한 전략과 활동이 이루어졌다고 하더라도, 개혁의 실행단계에서의 저항을 효과적으로 극복할 수 없다면 행정개혁은 실패하게 된다. 따라서 구체적 상황에 적합한 저항을 극복할 수 있는 관리방안 모색은 매우 중요한 의미를 지닌다.

행정개혁에 대한 저항은 항상 행정개혁에 부정적 영향을 미치는 것은 아니다. 개혁의 방향이 잘못된 경우 개혁에 대한 저항을 통해 잘못된 개혁을 바로잡는 학습의 계기를 제공함으로써 개혁에 순기능적으로 작용하기도 한다.

1) 저항의 원인

행정개혁에 있어서 저항의 원인을 살펴보면 다음과 같다.

(1) 변화에 대한 저항

행정개혁은 조직의 새로운 방식을 창조하거나 기존의 방식을 변경하므로 새로운 업무방식을 요구하게 된다. 따라서 기존의 방식에 얽매여 있고 새로운 업무수행 방식이나 전문지식 혹은 자신감이 부족한 경우 행정개혁에 저항하게 된다. 관료제는 본질적으로 보수적·현상 유지적 성향이 강하고, 관료제 내의 구성원은 자발적이기 보다 타성적으로 움직이는 경향이 강하다. 따라서 행정개혁을 통해 변화가 일어나는 경우 저항하게 된다.

(2) 기득권의 침해

행정개혁으로 인해 현재의 정책·조직·예산 등 행정공무원들의 기득권이 침해될 가능성이 있는 경우 행정개혁에 저항하게 된다. 또한, 행정개혁으로 인해 권한이 축소되거나 승진에 악영향을 미치는 경우 저항하게 된다. 행정개혁은 새로운 변화를 일으키는 것이고 이러한 변화를 위해서는 인적·물적 자원 등 많은 자원이 동원된다. 만약 이러한 자원들이 적시에 대량으로 지원되지 않는 경우에도 저항하게 된다.

(3) 획일적인 추진

행정개혁이 대상 기관의 특수성을 고려하지 않고 획일적으로 이루어지는 경우에는 저항을 유발할 수 있다. 또한 행정개혁이 강요적·집권적으로 이루어지는 경우에는 의사전달이 효과적으로 이루어지지 않아 저항을 유발한다.

(4) 임기응변식 개혁

행정개혁은 보다 나은 미래를 위해 실행하는 것이지만, 개혁의 시기와 타당성에 대해 국민과 관료들의 공감대가 형성되지 않는다면 저항을 유발할 수 있다. 우리나라의 행정개혁을 대부분이 근본적 변화를 추진하기 보다는 전시적이거나 당면 과제의 해결을 중심을 둔 임기응변식 행정개혁이 많았다. 따라서 국민이나 공무원은 행정개혁의 주체인 정부에 대한 믿음이 없었고, 개혁에 대한 공감대 부족으로 개혁에 저항하는 경우가 많았다. 개혁에 대한 홍보가 제대로 이루어지지 않아, 일반 국민들이나 공무원이 행정개혁의 내용에 대해 명확하게 이해하지 못하는 경우에도 저항하게 된다.

2) 저항의 극복 방안: A. Etzioni의 순응확보 전략

A. Etzioni의 순응확보 전략에는 규범적·사회적 전략, 기술적·공리적 전략, 강제적·제재적 전략이 있다.

(1) 규범적·사회적 전략

규범적·사회적 전략은 행정개혁에 대한 저항의 원인을 근본적으로 해소하는 방법이다. 규범적·사회적 전략은 행정개혁에 대한 이해와 적극적 협조를 구할 수 있도록 참여를 확대하고, 개혁에 관한 정보를 제공하는 접근법을 취한다. 또한, 행정개혁의 목표와 필요성 그리고 예상되는 성과를 이해시키고, 이해관계자의 의견을 알 수 있도록 의사소통을 원활하게 하고, 행정개혁안에 대한 토론, 가치관의 변동을 위한 교육훈련을 실시한다.

(2) 기술적·공리적 전략

기술적·공리적 전략은 저항을 줄이는 데 효과적 전략이며, 상호 호혜적 전략이다. 기술적·공리적 전략은 개혁을 기득권의 침해를 최소화 할 수 있는 것부터 실행하고, 구성원이 적응할 수 있도록 점진적으로 개혁하면서 사회적 환경이 유리한 시기를 선택하여 실행하는 전략이다. 또한 개혁안을 객관적이고 명확하게 제시하고, 개혁의 필요성(공공성)을 상징적으로 제시하며, 상황의 변화에 맞는 적절한 개혁의 방법 선택과 신분상의 불이익을 예방하는 적절한 인사조치, 그리고 조건부 지원과 보상(개혁에 순응하는 경우 받는 지원과 보상)을 전략으로 제시한다.

(3) 강제적 · 제재적 전략

강제적 · 제재적 전략은 의식적인 긴장감 조성과 물리적 제재나 불이익 같은 압력의 사용, 계급의 높고 낮음을 이용하여 저항을 억제하는 전략이다. 이러한 전략은 단기적으로 효과를 거둘 수 있으나, 장기적으로는 후유증이 발생하고 더 큰 저항을 유발하게 된다.

3) 요약 및 결론

행정개혁의 저항 극복을 위해서는 무엇보다도 참여 및 커뮤니케이션의 활성화를 통해 개혁과 관련된 이해관계자들의 동의와 공감대를 이끌어내려는 노력이 필요하다. 행정 관료들의 주체적 공감대가 형성되지 않은 개혁은 실패로 돌아가기 쉽다. 행정개혁은 미래의 바람직한 상태로의 변화를 유도하며, 이러한 변화는 조직 내에 정착되고 조직 구성원들의 의식 속에 내재화될 수 있을 때 성공할 수 있다. 따라서 개혁은 지속적 노력과 의식의 변화를 동반하는 것이어야 하는데, 행정개혁의 주체가 되어야 할 행정 관료들이 개혁의 피동체로만 남게 된다면, 그 개혁은 진정으로 성공할 수 없을 것이다.

행정개혁의 추진에 있어서 개혁에 대한 저항을 약화시키고, 구성원들의 지지와 적응 기회를 확보하면서 자발적 참여를 유도하기 위해서는 급진적 개혁 보다는 점진적 개혁이 유리할 것이다. 하지만 중요한 것은 행정개혁의 공감대 형성과 이를 위한 구성원들의 자발적 참여, 자율 · 합의에 기초한 개혁의 추진이 필요하다는 점이다. 이와 함께, 행정개혁에 대한 국민적 지지와 공감대를 형성 · 확산할 수 있도록 정부 · 언론 · 시민사회 · 전문가들이 신뢰와 협동에 기초한 거버넌스 정신을 토대로 바람직한 행정개혁을 추진할 수 있는 정책 네트워크를 형성할 필요가 있을 것이다.

7. 행정개혁의 성공요건

행정개혁의 성공요건을, 이상에서 논의한 내용들을 토대로, 정리하면 다음과 같다.

1) 강력한 리더십

행정개혁에 대한 뚜렷한 비전과 정책 청사진을 바탕으로 행정개혁의 주체와 핵심세력을 명확히 하고, 여기에 실질적 행정개혁 및 정책조정 권한과 능력을 부여함으로써 행정개혁에 대한 주체세력을 형성하는 것이 필요하다.

2) 의식과 행태의 변화

행정개혁의 진정한 성공은 행정관료들의 의식과 행태의 변화를 전제로 한다. 관료제의 고질적 병폐로 지적된 부처 할거주의나 권위주의적 행태, 변화에 대한 무조건적인 기피 등의 의식과 행태의 변화가 수반되지 않고는 행정개혁이 성공할 수 없다.

3) 전자정부와의 연계

우리 정부가 그동안 추진해 온 행정정보화 및 전자정부의 성과를 재점검하고, 이를 실질적인 행정개혁과 연계시키는 것이 필요하다. 행정개혁은 단순한 정부기구 개편과 같은 하드웨어적인 작업만으로 되는 것이 아니라, 소프트웨어적인 기능적 개혁이 수반되어야 한다. 이러한 관점에서 전자정부와 행정개혁을 연계시키는 방안, 예컨대, 1) 문서감축을 위해 구체적으로 노력하고, 정부 부처간 행정비용을 감축하는 방안, 2) 정보기술을 통한 리엔지니어링과 관료제를 간소화하는 방안, 3) 부처간 업무의 표준화를 바탕으로 업무처리의 흐름과 행정과정을 재설계하는 방안 등이 연계적으로 모색되어야 한다.

정 · 책 · 사 · 례

정부개혁의 방향: 전자민주주의와 전자정부

민주주의의 심화와 정부의 개혁은 상호 불가분의 관계에 있기 때문에 정보사회에 부합하는 새로운 정치질서를 창출하기 위해서는 전자민주주의와 전자정부가 동시에 균형적으로 추진되어야 한다. 그 이유는 민주주의의 발전이 뒷받침되지 않는 정부의 정보화나 정부의 발전이 뒷받침되지 않는 민주주의의 정보화는 결코 우리가 바라는 바람직한 정치사회를 만들 수 없기 때문이다. 또한, 전자정부 프로젝트가 민주성과 효율성을 균형적으로 발전시키지 못하고 어느 하나를 결여한다면, 전자민주주의를 위해 생산적인 정부가 희생되거나, 역으로 정부의 생산성을 위해 전자민주주의가 지체되는 현상이 나타날 수 있기 때문이다.

전자민주주의와 전자정부의 관계는 긴밀한 상호 보완적 관계를 갖는다. 다만 이러한 상호 보완적 효과가 실현되기 위해서는 전략적으로 고안되고 현실적으로 적합한 제도적 장치가 뒷받침되어야 할 것이다. 전자민주주의의 이상은 정보통신기술을 이용하여 국민들의 정치참여를 확대하는 것만으로 달성될 수 없고, 국민들이 정치적 의사소통과 결정과정의 중심에 위치하기 위해서는 이와 관련된 정치제도가 함께 변화되어야 한다.

토플러(1995)의 전자민주주의하에서 정치제도의 변화방향

첫째가 소수세력(minority power)의 원칙이다. 다수결의 원칙은 현실정치의 낮은 참여율과 의제(agenda)의 다양성을 고려할 때, 문제점이 크다고 할 수 있다. 따라서 다수결의 원칙이 지속되는 한 가상 공간에서 분출하는 다양한 정치적 요구가 정치영역에 반영될 수 없다. 이를 위해서는 소수집단의 의견이 투입될 수 있는 통로가 확보되어야 한다.

둘째로 준직접민주주의(semi-direct democracy)의 원칙이다. 정보통신기술이 국민들의 정치참여 비용을 획기적으로 줄인 만큼 이제는 결정의 기회와 권한이 국민들에게 주어져야 한다.

마지막으로 결정권 분산(decision division)의 원칙이다. 결정의 권한이 중앙에 집중되면 될수록 결정권자의 문제해결능력이 크게 약화될 뿐만 아니라, 국민들의 요구가 투입될 수 있는 통로도 축소된다. 따라서 가상공간을 통한 민주주의가 실현되기 위해서는 결정의 권한이 분산되어, 국민들에게 다양한 접근점을 제공해 줄 수 있어야 한다.

이와 같은 토플러의 정치제도 개혁방향을 한마디로 요약해 보면 정치권력을 '정부에서 국민으로' 이전시키려는 것으로 집약할 수 있다.

* 자료: 앨빈 토플러, 1995.

4) 행정개혁에 대한 전략적 접근

전 세계적으로 추진되는 행정개혁의 방향은 크게 다음의 네 가지, 즉 1) 국가유지기능, 2) 과학기술 및 정보통신기능, 3) 경제산업기능, 그리고 4) 사회복지기능으로 나누어서 살펴볼 수 있다. 국가유지기능은 현재와 크게 달라지지 않고 있으며, 과학기술 및 정보통신기능은 부분적으로 재조정할 필요가 있으나 기능이 강화되는 방향으로 진행되고 있다. 경제산업기능은 전반적으로 조직과 기능 축소되는 반면, 환경과 통상기능은 강화되는 경향이 있으며, 사회복지기능은 재정부담과 사회요구 등 각국의 사정에 따라 다소 다르게 나타나고 있다(Dertouzos, 1997; OECD, 1992, 1991, 1990).

정부조직은 성격상 한번 만들어진 조직은 행정서비스의 필요성과 관계없이 점점 더 비대해지는 경향이 있으며, 이는 정부효율성 제고에 심각한 장애요인으로 작용한다. 또한 행정개혁의 최대 난관은 관료들의 부처 이기주의현상이다. 여기에 효과적으로 대처하기 위해서는 장기적으로 국가전체적인 관점에서 추진할 정부기능 변화의 방향을 설정하고, 단기적으로 시급한 조치들을 파악하여 시행할 필요가 있다. 다만, 유념할 점은 조직개편만으로 정부가 제공하는 행정서비스가 달라지지는 않으며, 정부운영의 기본 틀이 바뀌어야 한다는 것이다. 즉, 행정개혁은 인사, 재무, 조직, 정책수립과 집행과정, 공무원의 의식 등의 변화와 병행되어야 하며, 보다 넓게는 국가사회 전반적 변화와 동시에 진행되어야 성공할 수 있다.

5) 단계적 사고

정부 부처별 담당 기능을 핵심기능과 여타 기능 등에 따라 우선순위를 판단할 필요가 있다. 정당화의 근거와 변화 가능성을 파악하기 위하여 각 정부기능을 다음의 네 가지 측면에서 분석해 볼 수 있다.

첫째, 해당 기능을 정부가 수행해야 하는가?
둘째, 정부 이외의 조직이 그 기능의 일부 혹은 전부를 수행할 수는 없는가, 혹은 다른 정부 부처가 수행할 수는 없는가?
셋째, 미래 사회에서도 그 기능이 정부기능으로 유지될 것인가?
넷째, 만일 변화가 필요하다면 거기에 따르는 저항과 부작용은 어느 정도일 것인가?

이러한 과정에서 정부기능의 민간위탁 및 외부발주, 민영화, 시민단체의 활용, 부처간 기능조정, 부처 통폐합 등의 대안이 제시될 수 있을 것이다. 특히 이 과정에서는 일정한 기준에 따라 해당 정부기능에 대한 예측과 개혁 방향을 분석하고 검토해 보는 "사고의 과정"이 필요하다. 이러한 과정에서 구체적인 기능의 조정, 조정 시점, 사전 준비 사항과 고려되어야 할 전제여건(법규 개정 작업) 등을 검토하고, 즉시 추진해야 되는 사안과 장기적 관점에서 변화가 도모되어야 할 부분을 나누어 접근해야 할 것이다.

8. 행정개혁을 위한 정책제언

마지막으로 행정개혁을 위한 변화방향 및 정책제언을 제시하면 다음과 같다.

1) 작은 정부

전통적 관료모형인 집권적이고 포괄적인 행정체계는 우리나라의 60-70년대의 개발정책의 수행에 있어서는 그 효용이 컸다고 할 수 있으나, 지금의 세계화와 지방화, 그리고 다양화의 시대에 있어서는 그 실효성이 역전될 수밖에 없다. 따라서 현재의 변화에 대응하기 위해서는 그 기능과 권력에 의존을 과감하게 떨쳐버리고, 작고 효율적인 정부를 지향해야 하며, 분권적 정부를 지향해야 한다.

정 • 책 • 사 • 례

작은 정부, 큰 경제

오늘날 세계 각국은 공공부문의 힘을 축소시키는 작은 정부, 규제완화, 그리고 민영화를 추진해나가고 있다. 그러나 이것이 말처럼 그렇게 쉽지 않다. 이 같은 조치들이 모두 기득권을 뺏는 조치이기 때문이다. 그래서 공공부문의 힘을 축소하려는 사람들과 특권을 계속해서 누리려는 사람들 사이의 갈등이 끊임없이 발생하고 있는 것이 현실이기도 하다.

앞으로 정부의 크기를 줄이는 데 실패한 국가는 어떻게 될까. 세계화라는 현란한 구호가 사람들에게 장밋빛 미래를 제공하고 있지만, 희소한 자원을 나누는 세상살이는 엄연히 승자와 패자가 생겨나게 마련이다. 모두 승자가 되면 좋겠지만 그렇지 못한 것이 사람이 사는 삶이다.

비대한 정부나 공공부문을 갖고 높은 부가가치를 만들어낼 수 있는 나라는 없다. 공공부문이 큰 나라는 우선 경제주체들의 경제적 자유가 침해되기 때문에 부가가치를 만들어내는 양이나 속도가 줄어들 것이다. 여기에다 만들어진 부가가치 가운데 막대한 부가 비효율적인 공공부문을 유지하는 데 낭비되어 버릴 것이다. 생산이 잘 안되고, 게다가 낭비가 심한 나라라면 장래가 어떻게 될지 너무나 명백한 일이 아닌가.

다음 세기를 제대로 준비하기 원하는 국가라면 공공부문의 크기를 줄이기 위해서 고심해야 한다. 이런 면에서 보면 우리도 예외가 아니다. 그러나 지금까지 작은 정부를 위한 우리의 노력은 초보적인 수준을 벗어나지 못하고 있다. 우리의 문제는 작은 정부에 대한 철학과 비전이 없고, 실행계획이 미흡하며, 이익집단들의 조직적인 저항이 심하고, 국민들의 지지가 취약하다는 점이다.

* 자료: http://wwwn.intizen.com/gong/book/book1/book_no2.html.

2) 효율적인 정부

작은 정부보다는 효율적인 정부가 더 중요한 개념이다. 규모보다는 기능이 더 중요한 개념이다. 비대화되어 효율성의 제고가 요청되는 불필요한 공공조직은 과감하게 민간에 이양하거나 민간위탁의 형태로 전환시키는 방법, 또는 민간과의 경쟁을 통해 보다 나은 서비스를 제공하는 방법 등을 모색하면서, 신공공관리가 가지는 문제점에 대해서도 지속적으로 보완해 나가는 정책적 지혜가 필요할 것이다.

3) 좋은 거버넌스(Good Governance)

Rhodes(1996)는 좋은 거버넌스(Good Governance)를 제시하고 있는데, 그는 정부의 신뢰성, 책임성, 투명성이 높을수록 좋은 거버넌스로 규정하였다. Rhodes(1996)는 이를 세 가지 차원으로 나누어서 접근하고 있다.

첫째, 체제적 차원으로 이는 정부보다 넓은 의미로서 세계체제 차원에서의 거버넌스이다.
둘째, 정치적 수준으로 국가가 정당성(신뢰성)과 민주성(책임성)을 부여받고 국민으로부터 인정받는 정부형태를 좋은 거버넌스로 본다.
셋째, 행정적 수준으로 정부가 효율적이고 투명하며, 대응성 높은 관리운영을 통해 효과적인 정책결정과 집행 및 평가가 이루어지는 정부행정 능력을 지니는 것을 의미한다.

4) 거버넌스 정신과의 연계

거버넌스는 무엇보다도 자기조직적 네트워크의 조정에 관한 것이라고, Rhodes(1996)는 주장한다. 즉, Rhodes의 관점에서 보면 거버넌스는 스스로 조직하는 조직간 네트워크에 관한 것이다. 네트워크는 조정메커니즘의 관점에서 시장과 정부 계층제의 대안으로서 이해된다. Rhodes에 따르면 네트워크는 스스로 조직한다는 것, 자율적이고 스스로 통치한다는 것이다. 만일 시장의 중요한 조정메커니즘이 가격경쟁이고, 계층제의 중요한 조정메커니즘이 관리질서라면, 네트워크를 접합하는 것은 신뢰와 협동이다(Thompson 외, 1991: 15). 정부에 있어서 중요한 문제는 이러한 네트워크에게 권한을 부여하는 것과, 협동의 새로운 형태를 찾는 것이다(Rhodes, 1996; 666). 행정개혁의 접근방식도 이러한 신뢰와 협동(Thompson 외, 1991), 참여와 네트워크(Rhodes, 1996) 등 거버넌스 정신을 토대로 추진될 때 성공가능성은 높아질 수 있을 것이다.

5) 전자정부와의 연계

전통적 관료제중심의 정부조직은 엄격한 계층제의 형태를 띠고 있고, 행정관료들의 권위주의와 엘리트의식 때문에, 기획에서부터 추진하고 피드백을 받는 과정까지 불필요한 인력과 시간을 낭비하였으며, 모든 점을 상부에서 결정하는 비민주적인 행태로 인하여 하위계층의 창의력을 살리지 못했다. 전자정부는 시간과 공간의 제약을 넘어 정부 정보에 대한 일반국민의 접근을 용이하게 하는 열린 정부를 의미한다. 따라서 미래의 행정개혁은 이러한 전자정부의 철학과 연계하여, 불필요한 문서감축, 행정계층 단계의 축소, 권위적 이었던 관료의식의 타파, 일선 공무원들에게 자율적인 결정능력 부여, 행정 대응성이 높은 전자정부체제 발전 등 실질적인 행정개혁 조치들이 추진되어야 할 것이다.

용 · 어 · 해 · 설

전자정부의 형태

전자정부는 온라인 서비스 정부, 능률 정부, 지식 정부, 깨끗한 정부의 네 가지 개념요소로 요약할 수 있다.

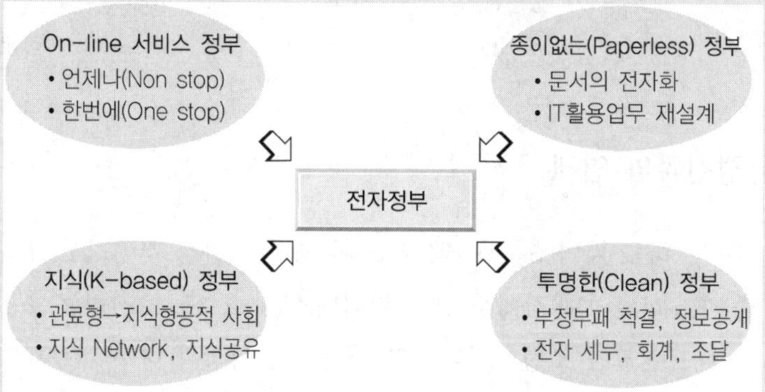

① 온라인 서비스(On-line Service) 정부

전자정부에서는 민원을 인터넷, PC 통신, 무인민원자동처리기(KIOSK) 등 정보통신기술을 이용하여 접수처리하는 것이 가능하므로, 국민들은 기관을 직접 방문하지 않고 언제 어디서나(Non-stop) 편리한 민원서비스를 받을 수 있다.

또한 기존 여러 부처가 관련된 민원처리나 민원처리에 필요한 서류를 구비하기 위해 여러 기관을 방문하였던 것도 기관 일회방문으로 한번(One-stop)에 처리가 가능하게 된다.

② 종이 없는(Paperless) 정부

정부 내의 사무처리 업무도 종이 없는(paperless) 행정처리가 가능하도록 재설계하고, 각종 문서도 전자화하면 신속 정확한 행정처리가 가능하여 행정의 효율성 및 생산성이 향상될 수 있다. 또한 정보 네트워크가 구축되어 국민과 공무원이 언제 어디서나 대화가 가능한 국민과 정부가 하나가 되는 시대가 구현된다.

③ 투명한(Transparent) 정부

업무처리의 전산·전자화과정을 통하여 정확하고 투명한 행정처리가 가능해지고, 공무원의 자의적인 처리나 처리기간 지연 등의 부정부패 발생 소지를 척결할 수 있어 국민과 기업들로부터 신뢰받을 수 있는 정부가 될 수 있다

④ 지식(Knowledge-based) 정부

디지털 신경망 시스템을 활용하여 모든 생산된 문서는 컴퓨터에 분류·저장하고, 공무원 개개인의 업무처리과정에서 습득한 지식은 공유가능 형태로 생성·보관하여 지식관리를 활성화함으로써 정책역량이 제고될 수 있다.

* 자료: 전자정부(http://www.reform.go.kr/html/hb.html)

9. 요약 및 결론

지식정보화의 추세는 국가행정의 역할과 구조에 많은 영향을 미치고 있으며, 이에 따라 조직모형도 전통적인 계층제적 조직뿐만 아니라 개방체제모형과 같은 새로운 형태들이 많이 논의되고 있다. 미래 행정개혁의 방향을 제시하면 다음과 같다.

첫째, 조직의 역할과 기능조정을 통해 다단계의 의사결정구조를 가급적 수평적 형태의 네트워크 조직구조로 개혁하여야 한다.

둘째, 정부조직 내부에 '인센티브 구조'를 명확히 하는 노력을 계속해야 하며, 정부독점을 완화하기 위한 여러 가지 방안이 강구되어야 한다.

셋째, 작고 효율적인 정부의 구현을 통해 행정과정에 있어서 정보의 흐름이 유기적으로 연계됨으로써 학습과 공유가 발생되어야 한다.

마지막으로, 무엇을 위한 행정개혁인가 하는 문제를 잘 생각해 보아야 한다. 21세기는 지식과 문화가 중요한 시민사회이며, 신뢰와 성찰이 중요한 행정이념으로 부상하고 있다. 과거와 같은 발상의 능률성 위주의 관료행정과 상의하달식 국가발전 전략이 더 이상 시민들에게 '주입'될 수 있을 것이라는 발상에서 벗어나, 정책의 투명성을 높이고 참여가 자유로운 열린 정부를 지향해야 한다.

효율적이고 일을 잘하는 정부는 강한 나라를 만들 뿐 아니라, 국민을 편안하게 해 주는 것이다. 그러나 정작 중요한 점은 과정에 있다. 조직이 변화에 대해 인식하고, 그 인식에 바탕을 둔 대안을 적용함에 있어 상하 전반에 걸쳐 폭넓은 지지를 담보할 수 있는 조직의 대내외적인 과정이 필수적이다. 국민적 의사를 수렴하고 조직화된 이해가 정책결정에 적절히 반영될 수 있어야 한다. 언제든지 변화할 수 있는 과정적 합리성을 조직 내에 내재화시키고, 의식 및 관행의 개선과 함께, 혁신적이고 유연한 제도를 개발하고 도입하려는 노

력이 중요한 것이다.

제 4 절 정부혁신

1. 정부혁신의 의의

1) 정부혁신과 행정개혁

최근들어 행정학에서는 행정개혁(*administrative reform*)이라는 단어대신에 정부혁신(*government innovation*)이라는 용어가 강조되고 있다. 행정개혁이 가치가 실린(*value laden*) 개념이라면, 정부혁신은 좀더 광범위하며 가치중립적인(*value neutral*) 개념이다. 행정개혁이 조직개편 등 하드웨어적 개편에 초점을 둔 개념이라면, 정부혁신은 이러한 조직개편을 포함하여 조직변화의 아이디어, 절차, 방법, 기법 등의 도입을 통해 조직의 일하는 시스템의 변화를 강조하는 개념이다. 행정개혁이 "상위-하향식"(Top-down) 접근방법에 치중된 개념이라면, 정부혁신은 "하위-상향식"(Bottom-up) 커뮤니케이션 활성화를 통해 학습이 자발적으로 축적될 수 있는 조직여건을 강조하는 개념이다. 행정개혁이 정부관료제를 하나의 폐쇄형(*closed system*)으로 보고 관료들에 대한 통제를 통해 개혁의 효과를 달성할 수 있다고 보았다면, 정부혁신은 정부관료제를 하나의 개방형(*open system*)으로 보며 관료들에 대한 통제보다는 합의에 기초한 접근방식을 강조하고 있다.

2) 정부혁신의 개념

Van de Ven은 혁신을 "시간의 흐름에 따라 제도적 환경에서 새로운 아이디어의 발굴 및 실행"이라고 정의하며, 베리(Berry)는 정부혁신을 "정부정책 및 행정관련 문제를 인지하고, 정보 또는 지식을 발굴, 생산하여 새로운 행정 프로그램이나 정책의 채택에 관한 것"이라고 정의한다.

Osborne & Plastrik는 정부혁신의 개념을 분명하게 하기 위해서 다른 부문의 혁신과의 차이점을 지적하고 있다.

첫째, 정부혁신은 선거 캠페인, 자금개혁, 의회개혁, 임기제한 등과 같은 정치체제상의 변화에 관한 것은 아니다.

둘째, 정부조직의 개편만을 의미하지 않는다.

셋째, 정부혁신은 행정상의 낭비, 남용 및 부정을 철폐하는 것만은 아니다.

넷째, 정부혁신이 정부의 다운사이징(Downsizing)은 아니다.

다섯째, 정부혁신은 민영화와는 다른 개념이다. 자산매각, 민간위탁 등의 민영화 도구들은 혁신의 도구 가운데 일부에 지나지 않는다.

여섯째, 정부혁신은 단순히 정부를 좀더 능률적으로 만들어주는 대용품은 아니다.

일곱째, 정부혁신은 총체적 품질관리(TQM) 혹은 리엔지니어링과 동의어는 아니다. 이러한 기법들은 전략적으로 사용될 경우, 정부혁신가가 성공할 수 있도록 도움을 줄 수 있는 도구 가운데 일부에 지나지 않는다(Osborne & Plastrik, 1998).

로저스는 "아이디어의 발굴과 실행은 이미 다른 곳에 존재하고 있더라도, 혁신에 관련된 활동이나 사항이 사람들에게 새로운 것으로 인지되면 혁신으로 간주된다"고 한다. 이것은 아무리 새로운 아이디어가 발견되더라도, 다른 사람들에게 인지되어 실행되거나 성공적으로 채택되지 못할 때는 혁신으로서 볼 수 없다는 의미이다(Swan & Newell, 1995). 따라서 정부혁신이란 "정부조직의 효과성, 능률성, 적응성, 개혁성을 극적으로 증대시키기 위해 정부조직을 근본적으로 변화시키는 것"을 의미하며(Osborne & Plastrik, 1998), 이러한 변화를 위해 새로운 아이디어, 절차, 방법, 기법 등을 도입하는 것을 말한다. 이러한 변화를 달성하기 위해서는 조직책임자의 확고한 의지 및 리더십, 기술적 요인(정보체계 및 지식관리), 제도적 요인(유인체제 및 조직구조), 태도적 요인(저항 극복), 문화적 요인(조직문화) 등 종합적·체제적 변화가 도입되어야만 한다.

2. 정부혁신의 배경

전통적 행정학은 내적 문제의 집행에 주안점을 두고 법의 집행절차와 능률의 문제에 관심을 두었으나, 현대행정학은 외부환경을 전략적으로 고려하였고 임무와 목표달성도를 강조한다. 이러한 전통적 행정학에서 현대행정학으로의 변화는 1990년대 정부혁신의 대두배경과 밀접한 관계가 있다.

정부혁신과 가장 유사한 단어의 등장은 1993년 미국 클린턴 정부의 NPR(국가성과위원회; National Performance Review)에서 주도한 정부재창조(Reinventing Government)이다. 미국 클린턴 정부는 1990년대에 들어 두드러지게 등장한 정보화와 세계화의 물결에 대응하여 정부경쟁력 강화를 위한 일련의 기업가적 정부혁신 프로그램들을 제시하였는데, 이것이 정부혁신이라는 단어가 유행하게 된 계기이다.

1990년대는 정보화와 세계화가 두드러진 물결로 등장한다. 정보화와 세계화의 물결로 인해 정보기술의 급속한 진보, 시장에서의 치열한 무한경쟁, 사회의 다원화로 인한 다양한 시민욕구의 분출 등이 파생적으로 진행되었으며, 이로 인해 정부의 재창조와 혁신을 중심으로 한 정부경쟁력의 개념이 부각되었다(Hughes, 1994: 15-16). OECD에서는 다음과 같이 지적하고 있다.

> 정부부문과 민간부문은 매우 밀접히 상호 연계되어 있다. 민간부문의 경쟁력은 정부서비스의 효율적인 제공과 밀접히 연계되어 있다. … 변화하는 세계 환경하에서 지속적인 경제성장을 하기 위해서 민간부문은 끊임없는 구조적 변혁을 모색해야 하며, 이 과정에서 정부부문의 경쟁력은 결정적인 역할을 한다(OECD, 1990: 1; OECD, 1990a: v).

정부의 생산성 제고를 위해 선진국들은 정보화의 진전, 탈규제 및 자율화, 정부개입의 축소, 경쟁의 촉진 등을 통해 '좋은 거버넌스'(Good Governance)를 지향하고 있는데, 이는 '기업가적 정부,' '성과중심 정부,' '고객중심 정부,' '뉴거버넌스 정부' 등으로 표현되고 있다.

3. 정부혁신의 논리

정부혁신을 정당화하는 논리 및 근거는 무엇일까? 정부서비스의 혁신은 비용절감과 서비스의 질 향상에 의해 설명된다. 정부행정의 혁신을 통해 첫째, 비용부담은 줄이면서도 둘째, 서비스의 질은 더 높아진다는 믿음이다. 정부혁신을 지지하는 연구자들은 이것을 거의 절대적인 것으로 받아들이고 있다. 무엇보다도 정부혁신의 중요성을 주장하는 사람들에 있어서 비용절감 및 성공적인 혁신 모델에 대한 기대가능성은 정부혁신의 첫 번째 관심이었다(Haunschild, 1993). 그러나 질 높은 정부행정 서비스 역시 이와 못지않게 중요한 것으로 평가되어 왔다(Collier & Messick, 1975). 대체로 양자 모두 정부혁신의 주요한 이유가 되고 있는 것이다(Haunschild, 1993).

이들을 종합해 볼 때, 연구자들에 따라 조금씩 차이가 나지만 정부혁신의 근거는 크게 세 가지로 정리해 볼 수 있다. 비용절감, 고객만족, 민간부문의 활용이 그것이다(Apperson & Wikstrom, 1997: 49-50; Silfvast & Quaglieri, 1994: 117-120; Vanagunas & Webb, 1994:

437-439; Osborne & Gaebler, 1992: 76-107, 166-194; 총무처 직무분석기획단, 1997: 3-8; 김병섭, 1996: 14-21).

1) 비용절감(cost savings)

정부혁신은 비용절감을 통한 수익추구와 서비스 질 확대에서 기인한다. 정부가 혁신을 도입하고 채택하는 것은 대부분 이러한 경우에 많은 편익을 기대해 볼 수 있기 때문이다(Grady, 1992: 157). 정부의 재정규모를 줄이는 것이 필요하다는 사실은 누구나 인정하고 있다. 그러나 정부 재정규모의 축소가 어려운 까닭은 정치, 관리적 요인과 더불어, 공공 부문의 수요가 새로이 발생하거나 계속적으로 늘어났기 때문이다. 재정적자와 공공부채를 줄이려는 목표 또한 정부혁신의 필요성을 증대시켰다.

2) 고객만족(customer satisfaction)

고객만족은 정부혁신과 정부 서비스 공급의 중심적 개념이 되어가고 있다. 정부행정에 있어서 고객 지향적 시각이란, 정부가 이제 공공서비스의 이용자들을 시민이 아니라 고객으로 인식하고, 이들의 요구에 적극적, 효율적으로 대응하면서 서비스를 제공하며, 행정서비스에 관한 평가와 선택의 기회를 고객에게 부여한다는 것이다(김병섭, 1996: 14).

정부혁신이 고객만족에 의한 것임을 보여주는 연구는 적지 않다. 예컨대, 어피어슨과 윅스트롬(Apperson & Wikstrom)은 버지니아 주 정부의 행정전문가의 임명에 관련된 경험적 자료에 대한 분석을 통해 정부혁신에 대한 증거를 검증하였다. 이들은 이러한 정부혁신이 고객요구의 대응과 행정서비스 질 향상에 의한 것이었다고 결론을 내리고 있다(Apperson & Wikstrom, 1997: 50). 고객의 만족이 기대되는 정부혁신의 분야는 크게 확대되고 있다. 정부서비스의 분권화, 의사소통의 개선, One-Stop Service 조직, 행정서비스헌장제도(서비스 스탠다드 제도), 행정정보공개제도 등이 여기에 해당된다.

3) 민간부문(private sector)의 적극 활용

정부혁신에 의한 정부행정 서비스의 효과를 가져 올 것이라는 기대는 민간부문의 전문성 활용을 통해 그 가능성은 확대된다(Silfvast & Quaglieri, 1994: 117). 공공부문의 효율성이 민간부문에 비하여 뒤떨어진다는 인식이 높아짐에 따라, 공공부문도 민간기업처럼 바

꿔어야 한다고 주장하는 목소리가 높아지고 있다. 또한, 정부 독점, 부적절한 인센티브 구조, 가격 없는 서비스 제공 등이 정부부문의 비효율성을 야기하는 주요한 원인으로 지적되고 있다(총무처직무분석기획단, 1997: 7).

정부혁신에 있어 비용절감, 고객만족이나 서비스 질의 향상은 추가적인 이익도 수반한다. 정부혁신의 편익은 비용절감이나 서비스 질의 향상 이외에도 정치적인 것도 있다. 혁신적인 공공서비스의 채택을 정부가 아닌 외부의 민간부문이 가지고 있는 지식, 기술, 노하우 등에 의존하는 것은 정부관료제의 독점적 권력을 억제하는 효과를 가져오기도 한다(Silfvast & Quaglieri, 1994: 118). 또 정부행정에 민간부문의 참여를 확대한다는 의미도 있다.

하지만, 정부혁신에 대한 지지 논의의 압도적 다수에도 불구하고, 부정적 결과에 대한 우려도 적지 않다. 비용절감이나 서비스의 질 향상이 정부혁신의 가장 중요한 이유로 언급되고 있으나, 정부혁신에 대한 지나친 강조는 정부 공무원의 창의성 결여, 조직의 안정성 저해 등의 부정적 결과들을 초래할 수도 있다는 점은 주의해야 할 것이다.

4. 정부혁신의 내용

정부혁신은 정부의 조직, 인사, 예산, 업무 프로세스를 혁신하는 동시에, 법과 제도는 물론 관행과 문화까지 새롭게 바꾸는 것으로 끊임없이 최적의 대안을 찾아내는 유연한 시스템을 구축하는 것을 포함하고 있다. 이러한 정부혁신의 기본 내용으로는 효율적인 정부를 만들기 위한 노력, 정부의 서비스의 질 향상과 민주적 참여성을 높이기 위한 노력으로 구분하여 설명할 수 있으며, 세부 사항으로는 성과중심의 행정시스템 구축, 행정서비스 전달체계 개선, 행정의 개방성 및 투명성 강화, 시민사회와의 협치(거버넌스) 강화 등을 들 수 있다.

1) 효율적인 정부

효율적 정부를 구축하기 위한 혁신의 문제는 정부의 일회적이고 단편적인 기능분석과 부처간 중복기능의 혼재, 형식적이고 경직적인 업무운영방식 등에 대한 것으로, 1) 성과주의 행정시스템 구축과 2) 정부기능과 조직의 재설계로 분류할 수 있다.

성과주의 행정시스템 구축을 위한 세부 내용으로는 평가 인프라 구축, 통합적인 성과관리체계 구축, BPR을 통한 일하는 방식 개선, 유연하고 탄력적인 조직문화 조성 등을 들 수 있다. 또한 정부기능과 조직의 재설계를 위한 세부 내용은 정부조직 재설계, 수평적 정책조정체계 강화, 분권형 조직설계 등을 들 수 있다.

2) 정부서비스의 질 향상

정부의 서비스 질 향상을 위한 혁신에 대한 문제는 공급자중심의 서비스 제공이라는 측면과 각급의 민원기관간의 연계차원에 관한 것으로, 1) 행정서비스 전달체계 개선, 2) 고객 지향적 민원제도 개선 측면으로 그 내용을 나누어 볼 수 있다.

행정서비스 전달체계 개선을 위한 세부 내용으로는 행정서비스헌장제도(서비스 스탠다드 제도) 추진, 사회적 약자에 대한 서비스 형평성 제고, 일선기관 서비스 공급역량 제고, 행정서비스 민간위탁 제도개선을 들 수 있다. 또한 고객 지향적 민원제도 개선을 위한 세부 내용으로는 One-Stop Service 조직, 행정정보공개제도를 들 수 있다.

3) 민주성 · 참여성 제고

근래에 들어 정부혁신은 작은 정부, 효율성을 강조하는 신공공관리론의 패러다임에서 한발 더 나아가 뉴거버넌스로 불리는 새로운 패러다임으로 발전하여, 정부와 기업, 시민사회의 신뢰를 기반으로 네트워크(연결 · 조정)를 통한 거버넌스를 강조하고 있다. 즉, 새로운 거버넌스(협치)를 통한 정부혁신의 민주성과 참여성을 강조하며, 더 나아가 우리 사회를 좀더 신뢰받고 성숙한 사회로 만들기 위한 시민의식의 강화 및 시민공동체 정신 등을 강조하는 신뢰성과 성찰성을 강조하는 방향으로 진행되고 있다.

이를 위한 정부혁신으로는, 1) 행정의 개방성 강화, 2) 행정행위의 투명성 제고, 3) 시민사회와의 협치 강화, 4) 공익활동 적극 지원 등을 들 수 있다. 행정의 개방성 강화를 위한 세부 내용으로는 정책실명제 및 주요 사안 기록의무화를 통한 국민의 알 권리 보장 등이 필요하며, 행정행위의 투명성 제고를 위한 세부 내용으로는 인터넷 민원서비스 확대, 행정절차의 투명성 강화, 재량행위의 투명화 등을 들 수 있다. 시민사회와의 협치 강화를 위한 세부 내용으로는 정부와 민간부문이 함께 정책공동체를 구성하고 이를 활성화 하는 것과 PCRM과 정책홍보 강화, 정책품질관리제도 활성화 등을 들 수 있다.

정부혁신의 민주성과 성찰성 차원을 실현하는 일은 결코 쉽지 않다. 이는 정부혁신의 궁극적 목적을 달성하는 것이기도 하다. 정부혁신을 통해 투명한 정부를 구축하고, 시민들의 참여를 통해 정책접근성이 강화되는 민주적인 정부를 구축하고, 더 나아가 우리 사회의 시민 개개인의 삶이 실현되고 고양되는 성숙한 시민사회를 만드는 것, 이것이야말로 정부혁신의 궁극적 지향점이기도 하다.

이러한 차원의 정부혁신은 정부혁신의 세부적 과제가 정해져 있다고 해서 쉽게 이루어지는 것이 아니다. 정부혁신의 성공적 정착을 위해서는 제도개혁과 함께 근본적으로 공무원 개개인이 혁신비전을 공유하고, 혁신 의지를 지녀야 하며, 조직문화와 행태개선이 이루어져야 한다. 이러한 혁신을 위한 생각과 행동이 바뀌기 위해서는 열린 조직문화를 수반하는 혁신관리가 필요하다. 혁신에 대한 비전을 제시하고 공감대를 형성하며 성공사례의 발굴과 과감한 보상이 이루어져야 한다. 혁신교육 전담요원의 선발과 교재 및 교육기법의 개발도 필요하다. 정부성과 측정이 쉽지 않지만 성과를 측정가능한 것으로 만들고, 행태와 문화의 혁신을 위해 자율과 책임, 경쟁풍토 조성, 정책품질에 대한 공정한 평가가 필요하며, 무엇보다도 정부혁신의 궁극적 지향점이 우리 사회를 보다 풍요롭고 성숙한 사회로 만드는 것이라는 목표의식과 비전을 공유하는 일이 중요하다.

5. 정부혁신의 단계

정부혁신의 단계는 현행 혁신상태에 대한 객관적 진단과 혁신점화, 혁신설계 및 실행, 혁신의 내재화 그리고 전 혁신과정에서 일어나는 저항을 관리하는 체계적인 저항관리로 구성된다.[1)]

1) 혁신진단 단계

혁신진단 단계는 해당 부처의 혁신상태에 대한 객관적 진단을 수행하는 단계이다. 이는 혁신상태 진단과 혁신 이해관계자 진단으로 구성된다.

(1) 혁신상태 진단

혁신상태 진단의 목적은 해당 부처 구성원들의 혁신에 대한 정서적 수용수준과 혁신실행 능력을 객관적으로 분석하여, 이를 기초로 혁신추진 방향을 설정하는 데 활용하기 위함이다. 분석대상은 처음 혁신을 시도한 부처의 경우, 혁신에 대한 준비상태, 혁신실행 의지, 혁신실행에 필요한 역량 보유 정도를 진단하고, 이미 혁신을 실행한 부처의 경우, 혁

1) 여기에서의 혁신관리 자료는 정부 사이트인 http://www.gov-innovation.go.kr을 토대로 정리한 것이다. 또한 이하에서 제시된 정부혁신의 단계, 성공요인, 정책제언 등은 졸저, 「정책학」(박영사, 2008: 415-425)의 내용을 토대로 정리한 것이다.

신 추진 단계가 어느 정도인지 파악하는 것이다.

(2) 혁신 이해관계자 진단

혁신 이해관계자 진단의 목적은 혁신을 추진하는데 있어, 이해관계자는 누구이고 이해관계자별 주요 이슈 사항을 파악하여, 이에 대한 수립과 실행을 통하여 혁신실행 방안 수립에 활용하기 위함이다. 분석대상은 이해관계자 규명, 이해관계자별 혁신에 따른 손실과 이익 요소 규명, 이해관계자별 혁신참여 수준 등을 파악하는 것이다.

2) 혁신점화 단계

혁신점화 단계는 현 상황에 대한 냉철한 상황인식과 기관장 주도에 의한 혁신점화, 혁신을 추진할 강력한 혁신 추진주체를 구성하는 단계이다.

(1) 냉철한 상황인식과 혁신점화

냉철한 상황인식의 목적, 혁신의 시작은 현실에 대한 냉철한 자성에서 출발해야 한다. 현상에 대한 막연한 낙관주의, 고객요구 사항에 대한 무감각, 현재 관행이 통할 것이라는 막연한 추측은 혁신시도를 어렵게 한다. 이의 방법으로는 부처의 존재 의의에 대하여 의문을 제기하는 고객(국민)의 목소리와 불만을 가감 없이 구성원에게 전달하거나, 공공부문도 망할 수 있다는 강력한 메시지를 전달하는 방법이 있다.

혁신점화의 방법으로 중요한 것은 기관장에 의한 혁신점화이다. 많은 혁신 연구자료에 따르면 기관장이 상황인식이 안일하거나, 위기의식이 부족하여 위기 전파자로서 역할을 수행하지 못할 경우, 혁신이 실패한다고 한다. 따라서 기관장이 솔선하여 위기 전달자 역할을 수행하는 것이 중요하다.

(2) 강력한 혁신 추진주체 형성

혁신을 성공적으로 수행하기 위해서는 기관장과 한 몸을 이루는 강력한 혁신 추진주체를 형성해야 한다. 혁신 추진조직은 기관장의 변화의지, 변화방향과 비전을 철저히 공유하는 사람들로 변화를 위한 전략개발과 방법론을 제공할 수 있어야 한다.

3) 혁신설계 단계

혁신설계 단계는 해당 부처가 지향해야 할 비전을 창조하고 이를 전 구성원에게 전파하며, 비전달성을 위한 혁신실행 과제를 도출하고 과제실행을 위한 종합적인 계획을 수립하는 단계이다. 여기에서는 비전 창조와 전파, 혁신과제 도출 및 실행계획 수립으로 구성되어 있다.

(1) 비전 창조와 전파

새로운 비전이 만들어졌으면 이를 전 구성원이 공감할 수 있도록 공유하는 것이 중요하다. 새로운 비전에 대하여 기관장을 포함한 일부 간부층과 비전을 전담하여 만들었던 변화추진 요원들만 알고 있다면, 이는 죽어 있는 비전이다. 따라서 비전의 힘을 발휘하기 위해서는 전 구성원이 비전을 인지하고, 자신의 것으로 수용하도록 하는 것이 중요하다.

(2) 혁신과제 도출 및 실행계획 수립

핵심과제의 유형은 크게 중점과제(전략과제)와 개선과제(세부과제)로 구분할 수 있다. 중점과제(전략과제)란 '올바른 일을 하는 것(*do right things*)'과 관련된 과제로서 미션 달성을 위하여 부처의 시스템적 문제를 변화시키는 과제이다. 흔히 상층부가 중심이 되어 하향식(*top-down*)으로 과제가 선정된다. 개선과제(세부과제)는 '일을 올바르게 하는 것(*do things right*)'과 관련된 과제로서 현재 수행하고 있는 일을 보다 잘 하기 위한 변화과제를 의미한다. 실무자 계층이 중심이 되어 상향식(*bottom-up*)으로 과제가 만들어진다.

4) 혁신실행 단계

혁신실행 단계는 도출된 혁신과제를 실행시키는 단계이다. 혁신의 성공적 추진을 위해서는 집행 단계의 상황이 고려되지 않은 혁신과제들을 그대로 실행하는 것보다, 집행당시의 상황을 고려하여 수정 보완할 필요가 있다.

혁신실행 단계에서는 혁신과제 성격에 따라 최적의 과제 해결팀을 구성하는 것이 중요하다. 중점과제(전략과제)와 개선과제(세부과제)에 따라 과제 해결팀의 구성을 달리한다. 중점과제(전략과제)는 부처의 대규모 시스템 변경과 관련이 많으므로, 부처가 독자적으로 혁신안 설계가 곤란하기 때문에, 외부 컨설팅기관의 도움을 받는 것도 과제해결의 좋은 방안이다.

5) 혁신 내재화 단계

혁신 내재화 단계는 우수 혁신사례를 부처 구성원간에 공유하고, 혁신 상태가 과거로 회귀하지 않도록 혁신결과를 제도화(평가제도 정비를 포함한 조직운영 제도 개선, 구성원의 역량 개방 등)하고 지속적으로 혁신이 일어날 수 있도록 하는 단계이다.

(1) 혁신 우수사례(BP) 공유

혁신 성공 사례 공유를 위하여 BP(Best Practice) 대회를 개최하는 것이 바람직하다. BP 대회는 부처에서 발굴된 우수 혁신 사례를 부처 전 구성원에게 공유할 수 있도록 하는 계기가 된다.

(2) 혁신추진 활동의 평가와 보상

혁신추진 활동과 추진 과제에 대한 개선효과를 기준으로 적절한 평가와 보상을 함으로써 지속적인 혁신추진 동력을 확보하는 것을 가리킨다. 이러한 평가와 보상은 부처 내 혁신활동과 새로운 혁신내용에 대하여 공식적으로 정당성을 부여하는 것이다. 혁신추진 활동에 대한 평가는 평가체계 및 지표 개발, 평가, 평가결과에 대한 보상의 3단계로 실시된다.

(3) 제도적 내재화

제도적 내재화란 새로운 혁신내용이 이전 상태로 회귀되지 않도록 제도적으로 뒷받침하는 것을 의미한다. 예를 들어 어떤 부처에서 만성적인 고객불만 요인으로 지적되어온 민원 대기시간 축소 노력으로 대기시간을 60분에서 5분으로 줄이는 새로운 프로세스를 구축했다고 가정할 경우, 만일 개선된 업무절차가 제도적으로 내재화되지 않았다면, 민원 담당자의 기분이나 관리자의 관리중점 사항의 변화로 자칫 과거 업무방식으로 회귀하기 쉽다. 따라서 고객민원 대기시간을 기록하여 이를 평가에 반영하거나, 지속적인 교육을 통하여 체질화하는 등 내재화하는 노력이 요구된다.

6) 체계적인 저항관리

(1) 혁신저항의 개념

"저항"이란 혁신에 대한 심리적 반응으로서 혁신을 회피, 거부, 무시하는 모든 심리적 상태와 행동이다. 혁신에 대한 저항은 자연스러운 것이며 혁신과정에서 필연적으로 나타나는 현상이다. 따라서 혁신의 성공은 자연스럽고 필연적으로 나타나는 혁신저항을 어떻게 하면 회피하지 않고 적극적으로 관리할 것인가에 달려 있다.

(2) 저항의 발생원인과 극복수단

저항의 발생원인으로는 1) 인식적 차원의 저항 원인, 2) 감성적 차원의 저항 원인, 3) 이해관계 차원의 저항 원인, 4) 혁신에 대한 심리적 저항 원인 등이 있는바, 혁신과정에서 발생하는 저항 극복을 위한 수단에는 교육과 커뮤니케이션, 참여와 몰입유도, 촉진과 지시, 협상과 합의, 강압 등의 방법이 있다.

6. 정부혁신의 성공요인

정부혁신의 단계를 수행함에 있어서 필요한 정부혁신의 성공요인을 논의하면 다음과 같다.

1) 조직책임자의 강력한 리더십 및 추진의지

정부혁신에 있어서 효과적 리더십의 발휘여부는 성공과 실패를 결정하는 중요한 변수로 작용한다. 혁신도입에서부터 조직 책임자의 확고한 의지와 관심이 혁신을 추진하기 위한 원동력이 되고, 혁신과정에서는 조직구성원들의 태도나 조직문화와 같은 혁신요인들을 관리할 수 있는 통제력으로 작용하게 된다. 따라서 조직의 리더는 조직의 목표, 사명, 핵심가치들을 명확히 하고, 조직구성원이 공유하는 미래에 대한 비전을 창조하며, 리더의 강력한 의지는 문제상황을 해결함에 있어서 기준과 같은 역할을 한다.

오늘날 거버넌스 모형에 있어서의 조직 책임자의 리더십은 미래에 대한 비전과 통찰력을 가지고 조직에 대한 열정과 헌신을 통한 국정관리역량을 요구하는 한편, 시민사회와의 신뢰와 협력에 기초한 상호작용과 거버넌스 관리능력을 필요로 하고 있다. 그리고 국민요구(*needs*)에 대응하기 위해서 공공서비스를 바르게 경영·관리할 책임을 가지고 있다. 오늘날의 국정관리는 조직책임자의 높은 수준의 역량을 요구하고 있으며, 이러한 국가경영 리더들의 자질과 역량에 따라서 정부혁신의 향방이 좌우된다고 할 수 있다.

2) 변화에 대한 저항극복

정부혁신이란 공공 조직의 효과성, 능률성, 적응성, 개혁성을 극적으로 증대시키기 위해 공공체제나 정부조직을 근본적으로 변형하는 것을 의미한다. 이러한 변화는 기존의 구성원의 기득권을 침해할 수 있으며, 정부혁신을 통한 새로운 업무수행 방식을 습득함에 있어 공무원의 능력이 부족하여 이에 대해 저항할 수 있다. 또한 관료제는 본질적으로 보수적・현상유지적 성격이 강하므로 정부혁신에 대하여 저항할 수 있다. 이를 극복하기 위해서는 조직이 살아남기 위해 혁신이 필요하다는 혁신의 필요성을 조직의 전 구성원에게 알리고 공감대를 형성하게 하여야 한다. 또한 정부혁신의 과정에서 발생이 예측되는 가능한 모든 장애요인에 대한 철저한 사전준비가 필요하다.

3) 권위적 관료의식의 타파

행정환경의 급격한 변화는 조직의 동태화를 요구하게 되었고, 기존의 관료제로서는 이러한 변화에 적응하기에는 한계가 존재한다. 특히 관료제 내의 권위주의적 의식은 조직이 급변하는 환경에 효율적으로 대응하는 데 있어 저해요인으로 작용한다. 따라서 효율적이고 체계적인 업무수행을 위해서 불필요한 계층단계를 축소하고, 대국민서비스에 있어서 보다 신속하고 편리하게 봉사하는 행정체계를 갖추는 것이 필요하다.

4) 학습조직으로의 변화

학습은 조직 외부환경에서부터 부단히 흘러 들어오는 신호에 명민하게 반응함으로써 조직의 정책결정 역량과 위기대응 능력을 제고시킨다. 학습은 개인적 차원과 조직적 차원에서 모두 필요한 요소이다. 정보와 지식을 공유하려는 태도와 학습에 대한 열정이 정부혁신의 중요한 성공요인이다.

5) 강력한 인센티브

정부혁신에서 가장 중요한 요인은 조직구성원의 참여이다. 조직구성원들의 참여를 위해서는 제도적인 시스템을 통해 자발적인 참여를 유도하는 것이 중요하다. 구성원의 성공적인 참여를 확보하기 위해서는 우수한 성과를 달성한 부서에 대한 표창을 실시하고, 특별휴가 및 해외연수 기회제공 등의 강력한 인센티브 제도를 도입해야 한다.

6) 핵심전략의 재조명

정부혁신은 지속적으로 이루어지는 것이므로 정부혁신의 과정에서 혁신의 목표가 변동될 수 있으며, 이러한 목표의 변동으로 전략이 변경될 수 있다. 따라서 목적의 명확성, 역할의 명료성, 방향의 일관성 등 핵심전략의 접근방법을 재조명하여, 조직이 수행해야 하는 업무를 체계적으로 정리할 수 있는 기틀을 만들어야 한다.

7. 정부혁신을 위한 정책제언

우리나라가 보다 미래지향적인 정부혁신을 실현하기 위한 정책제언들을, 위에서 논의한 내용을 토대로, 요약하면 다음과 같다.

1) 정부-시장-시민사회 거버넌스 구축

정부혁신을 효과적으로 달성하기 위해서는 조직 내외의 광범위한 참여가 필요하다. 참여를 통한 다양한 의견의 수용은 사회문제를 해결하는 데 중요한 역할을 한다. 조직 외부의 참여를 확보하기 위해서는 참여에 필요한 정보의 접근이 용이해야 하지만, 현실은 조직 내부의 정보에 대한 외부의 접근이 어려운 실정이다. 따라서 성공적인 정부혁신을 위해서는 시민들의 정책참여의 통로를 활성화하고, 문제해결에 적합한 정부-시장-시민사회의 거버넌스적 협력 네트워크를 구축해야 한다.

2) 학습시스템 구축

학습조직은 지식을 창출·축적·활용·확산하는 데 능숙한 조직이며, 새로운 지식과 통찰력을 반영하여 행동을 수정하는 데 능숙한 조직이며, 잘못된 지식을 폐기하는 데 능숙한 조직이다. 정부혁신이 본질적으로 성공하기 위해서는 정부관료들의 학습이 "늘 상시적으로" 일어날 수 있어야 한다. 이를 위해서는 정부관료들은 1) 평소 직무수행에 있어 어디에 가장 유용한 정보가 존재하는지에 대해서 알아두어야 하고, 2) 어떤 정보가 정말로 중요한 정보인지 분석하는 법을 익혀두어야 하고, 3) 조직목표를 달성하기 위해 이러한 정보들을 어떤 방식으로 이용하는지에 대해 알아두어야 한다.

3) 인센티브와의 연계

조직 내 학습 분위기가 조성될 수 있도록 하고 더욱 더 장려될 수 있도록 하기 위해서는 강력하고 효과적인 인센티브 체제가 구축되어야 한다. 조직의 최고 책임자들은 지속적으로 학습이 이루어질 수 있도록 1) 교육훈련을 강화하고, 2) 구조적 유연성을 유지하고, 3) 관료조직을 수평적 형태로 전환하고, 4) 의사결정의 분권화를 촉진하여야 한다.

4) 미래지향적 통찰 및 실수에 대한 허용

학습은 늘 위험과 불확실성을 내포하고 있는 지식에 대해 배우려는 자세를 말하는 것이기 때문에, 실패를 수반하게 마련이다. 현대행정조직은 엄격한 권위와 통제에 기초한 전통적 관료제에 비해, 특성상 훨씬 더 복잡하고 불안정하며, 따라서 그 구성원들인 공무원들에게 훨씬 더 많은 위험을 안겨준다. 위험에 대한 관용이 보장되어 있지 않으면 창의적이고 혁신적인 기업가 정신은 살아날 수 없다. 의도하지 않은 실수에 대해 관대할 수 있어야 하고, 심지어 경우에 따라서 장려하지 않는다면, 학습의 경험이 축적될 수 없다. 따라서 정부혁신이 진정으로 성공하려면 정부가 당장 수행하고 있는 정책을 효율적으로 관리하는 것도 필요하지만, 보다 궁극적으로 어떤 결과를 가져올 것인가에 대한 미래지향적 통찰이 필요하다.

5) 강력한 의지와 변혁적 리더십

정부혁신의 성공적 달성을 위해서는 최고지도자의 강력한 의지가 있어야 달성될 수 있고, 혁신의 출발점은 혁신목표를 달성하기 위한 조직구성원들의 잠재력을 고양시키는 문제로부터 시작되어야 한다. 이를 위해서는 새로운 비전과 미션을 창출하고, 기대를 초월하여 성과달성을 추구하는 리더십이 필요한데, 이러한 리더십을 변혁적 리더십(Transforming leadership)이라 한다. 변혁적 리더십은 개인적 성향에 관심을 기울이고 새로운 시각을 제시하면서 조직구성원의 변화와 변혁을 일으키는 리더십으로서, 안정보다는 변화에 능동적으로 적응하거나 변화를 유도하는 리더십을 의미하는데, 정부혁신의 성공적 실현을 위해 꼭 필요한 요소이다.

8. 요약 및 결론

미래 조직에서는 조직구성원의 학습능력, 참여와 창의성 발현을 통한 경쟁력의 향상이 조직에 있어 중요한 관건이 될 것으로 예상된다. 지식정보사회에서는 조직의 생존과 경쟁력을 유지하기 위해서는 변화의 흐름을 인식하고, 이에 대한 지속적 학습과 새로운 지식의 습득이 요구된다. 전통적 조직에서는 한번 습득한 기술이나 능력이 오랜 기간 조직의 경쟁력을 보장하였지만, 지식정보사회로의 환경변화는 조직이 새로운 기술과 관리능력에 대해 지속적으로 습득할 것을 요구하고 있기 때문이다.

21세기는 지식과 문화가 중요한 시민사회이다. 과거처럼 능률성 위주의 관료행정과 상의하향식 행정개혁은 더 이상 국가발전전략으로 유효성을 상실하고 있다. 또한 관료들을 개혁의 피동체로 치부하는 행정개혁전략은 더 이상 실효성을 상실하고 있다. 정책의 투명성을 높이고, 조직 내외적인 참여와 공감대 형성을 토대로 진정한 혁신을 지향하는 열린 정부가 필요한 시점이다.

행정개혁과 정부혁신은 현대행정학을 논의하는 최종 귀결점이라고 할 수 있는 정도로 중요성을 지닌다. 이 장을 마무리하기 전에 다시한번 지금까지 논의한 행정개혁과 정부혁신에 대해서 표와 그림으로 정리하면 다음과 같다.

〈표 11-2〉 행정개혁과 정부혁신

학습 / 항목	행정개혁	정부혁신
의 의	* 현재보다 바람직한 행정실현을 위한 계획적·의도적 변화	* 정부조직의 효과성, 능률성, 적응성, 개혁성 증대를 위해 새로운 아이디어, 절차, 방법, 기법들을 도입하는 것
배경 및 접근법의 변천	* 접근법의 변천 – 합리적·관료제적 방법(구조·기술) – 참여·인간관계적 방법(인간·참여) – 체제적·종합적 방법(환경·체제)	* 대두배경 – 전통적 행정학(법의 집행절차와 능률중시) – 현대적 행정학(임무와 목표달성도 중시) – 클린턴 정부의 NPR이 주도한 정부재창조 (Reinventing Government)
필요성	* 행정의 능률성·효과성·민주성 제고	* 비용절감(cost savings) * 고객만족(customer satisfaction) * 민간부문(private sector)의 적극 활용
단 계	* 개혁의 필요성 인식단계 ⇒ 행정개혁안 작성단계(개혁목표 정립, 전략·행동방안 수립) ⇒ 행정개혁의 실행단계 ⇒ 행정개혁의 평가 및 내재화 단계(개혁의 지속성 담보)	* 혁신진단단계 ⇒ 혁신점화단계 ⇒ 혁신설계단계 ⇒ 혁신실행단계 ⇒ 혁신내재화단계 * 혁신의 체계적 저항관리(모든 단계에 필요)
	* 작은 정부 – 작고 효율적 정부 – 분권적 정부 * 효율적 정부 – 민간기법 도입 및 민간과의 경쟁 – NPM의 문제점 극복	* 정부–시장–시민사회의 거버넌스 구축 – 시민들의 정책참여 통로 활성화 – 문제해결에 적합한 거버넌스 네트워크 * 학습시스템 구축 – 새로운 지식과 통찰력의 반영 – 정부 관료들의 학습체제 구축

정책제언	* 좋은 거버넌스 (Good Governance, Rhodes, 1996) – 신뢰성, 책임성, 투명성 – 체제적 차원, 정치적 차원, 행정적 차원 * 거버넌스 정신과의 연계 – 신뢰와 협동(Thompson 외, 1991) – 참여와 네트워크(Rhodes, 1996) * 전자정부와의 연계 – 열린 정부 구현 – 행정 대응성 높은 정부 실현	* 인센티브와의 연계 – 인센티브 체제 구축 – 교육훈련의 강화 * 미래지향적 통찰 – 창의적이고 혁신적 기업가 정신 – 학습경험의 축적 * 강력한 의지와 변혁적 리더십 – 새로운 비전과 미션 창출 – 조직구성원들의 잠재력 고양
양자관계 (차이점)	* 행정개혁: – 가치가 실린 개념(value laden) – 하드웨어적 개편 – 상위–하향식(Top–down) 접근 – 폐쇄형(Closed System)	* 정부혁신: – 가치중립적 개념(value neutral) – 일하는 시스템 변화 강조 – 하위–상향식(Bottom–up) 접근 – 개방형(Open system)

〈그림 11-3〉 행정개혁과 정부혁신

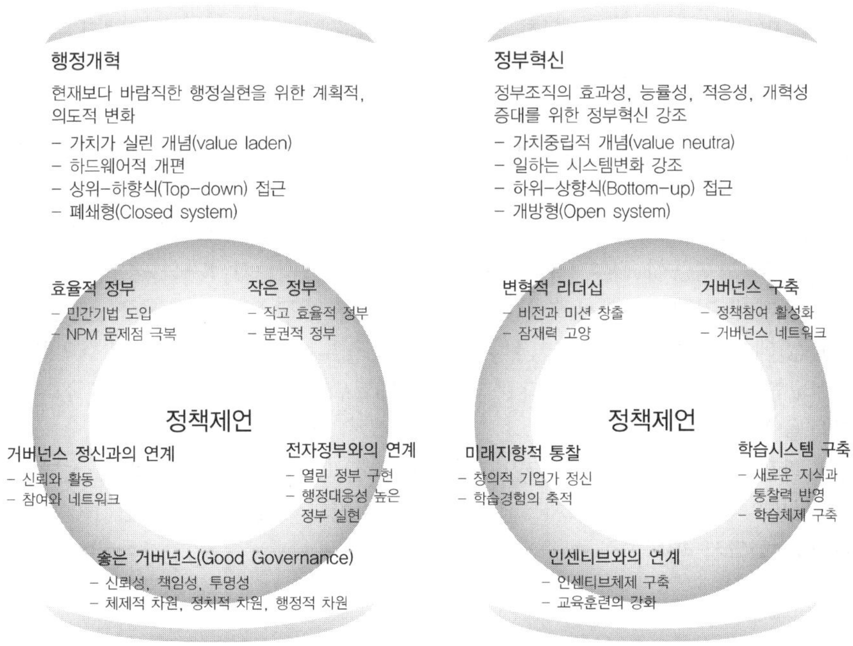

제12장

미래의 바람직한 정부상

현대행정은 동태적 행정과정을 거쳐 실현된다. 국가행정은 국가목표-정책결정-조직화-동작화-환류 및 학습의 동태적 행정과정을 거치면서 역동적으로 실행된다. 동태적 행정과정의 첫 시발점은 국가목표 및 정책결정이며, 이를 실현하기 위해 조직·인사·재무 등 조직화와 인간관·동기부여·리더십 등의 동작화, 그리고 행정책임·행정통제·행정개혁·정부혁신 등 환류 및 학습이 이루어지게 된다. 여기에서는 행정개혁 및 정부혁신을 좀더 구체적으로 다루어 보는 의미에서 미래의 바람직한 정부상을 총괄적으로 학습하기로 한다.

정부혁신의 방향은 시장원리의 응용, 성과중심, 고객중심, 정보화의 적극적인 활용, 개방성 지향, 투명성 지향, 참여성 지향 등이며, 정부혁신의 내용으로는 기업가적 조직원리의 응용, 성과중심의 행정시스템 구축, 고객중심의 행정서비스 전달체계 개선, 행정의 개방성 및 투명성 강화, 시민사회와의 협치 강화 (거버넌스) 등을 들 수 있다. 세부 정책과제로는 정부규제 개혁, 인사 및 조직관리 개혁, 예산제도 및 재무관리 개혁, 성과관리제도와 서비스 질 향상, 참여성 강화를 위한 시민사회와의 협치 강화 등이 있다.

정부혁신의 기본 방향을 담은 정부 조직으로 제시되는 정부 모형으로는 기업가적 정부, 성과중심 정부, 고객중심 정부, 뉴거버넌스 정부 등이 있다. 기업가적 정부, 성과중심 정부, 고객중심 정부가 거버넌스에서 제시하는 관리주의와 시장주의에 초점을 둔 신공공관리적 개혁(효율성)에서 비롯된 개념이라면, 뉴거버넌스 정부는 관리주의와 시장주의를 강조하는 신공공관리(협의의 거버넌스)를 토대로 참여와 네트워크를 강조하는 형태의 정부혁신 방향과 과제들을 의미한다.

이러한 관점에서 제12장에서는 기업가적 정부, 성과중심 정부, 고객중심 정부, 뉴거버넌스 정부혁신에 대해서 검토하고자 하며, 이러한 방향의 정부혁신을 실현하기 위한 제도들에 대해 학습하고자 한다.

제 1 절 개 관

미래정부의 조직에서는 조직구성원의 학습능력, 참여와 창의성 발현을 통한 경쟁력의 향상이 중요한 관건이 된다. 지식정보사회에서는 조직의 생존과 경쟁력을 유지하기 위해서 변화의 흐름을 인식하고, 이에 대한 지속적 학습과 새로운 지식의 습득이 요구된다. 정부혁신은 정부의 조직, 인사, 예산, 업무 프로세스를 혁신하는 동시에, 법과 제도는 물론 관행과 문화까지 새롭게 바꾸는 것으로, 끊임없이 최적의 대안을 찾아내는 유연한 시스템을 구축하는 것을 의미한다.

정부혁신의 방향은 시장원리의 응용, 성과중심, 고객중심, 정보화의 적극적인 활용, 개방성 지향, 투명성 지향, 참여성 지향 등이며, 정부혁신의 내용으로는 기업가적 조직원리의 응용, 성과중심의 행정시스템 구축, 고객중심의 행정서비스 전달체계 개선, 행정의 개방성 및 투명성 강화, 시민사회와의 협치(거버넌스) 강화 등을 들 수 있다. 세부 정책과제로는 정부규제 개혁, 인사 및 조직관리 개혁, 예산제도 및 재무관리 개혁, 성과관리제도, 시민헌장제도, 정보공개, 정책홍보, 정책실명제, 정책품질관리, 참여성 강화를 위한 시민사회와의 협치 강화 등이 있다.

정부혁신의 기본 방향을 담은 정부조직으로 제시되는 정부 모형으로는 기업가적 정부, 성과중심 정부, 고객중심 정부, 뉴거버넌스 정부 등이 있다. 기업가적 정부, 성과중심 정부, 고객중심 정부가 관리주의와 시장주의를 강조하여 신공공관리적 개혁(효율성)에 초점을 둔 개념이라면, 뉴거버넌스 정부란 관리주의와 시장주의를 강조하는 신공공관리(협의의 거버넌스)를 넘어 참여와 네트워크를 강조하는 정부혁신 방향과 과제들을 의미한다.

이러한 관점에서 이 장에서는 기업가적 정부, 성과중심 정부, 고객중심 정부, 뉴거버넌스 정부혁신에 대해서 검토하고, 이러한 방향의 정부혁신을 실현하기 위한 제도들에 대해 학습하고자 한다.

제 2 절 기업가적 정부

미국 클린턴 행정부는 1993년 NPR(국가성과위원회: National Performance Review)을

통해 정부재창조에 시동을 걸었는데, 이때 정부혁신의 주축이 된 개념구조는 Osborne과 Gabler의 기업가적 정부모형이었다.

Osborne과 Gaebler는 *Reinventing Government*(1992)에서 관료적 정부와 기업가적 정부를 대비하고, 관료는 시간을 낭비하고 권력만을 추구하는 행정가인 반면, 기업가는 생산성과 효과성을 극대화하여 새로운 방법으로 자원을 활용하는 관리자이며, 미래예측과 기회창출을 지향하는 사람이라고 주장하였다(Osborne & Gabler, 1992: xix-xxi). 또한, Osborne과 Plastrick은 *Banishing Bureaucracy*(1997)에서, 기업가적 정부를 어떻게 창조할 것인가 하는 문제의식을 토대로 실천전략을 제시하였다.

1. 기업가적 정부의 의의

기업가적 정부란, Osborne과 Gaebler가 말한 것처럼, 정부의 운영에 있어 기업의 관리방식을 도입하여, 행정관료제의 비능률성을 타파하고 가치창출형 기업가적 관료로 유도할 수 있는 정부를 말한다.

관료적 정부가 행정(*administration*)을 의미하는 것이었다면, 기업가적 정부는 관리(*management*)를 의미한다. 행정(*administration*)이 법적 안정성과 통제 및 질서를 강조한다면, 관리(*management*)는 미래 지향성과 지식 및 가치 창출을 의미한다. 또한, 행정(*administration*)이 능률성에 초점을 두었다면, 관리(*management*)는 미래예측과 성과달성을 통한 효과성을 강조한다.

2. 기업가적 정부의 특징

1) 기업가적 정부의 특징

기업가적 정부(Entrepreneurship Government)는 정부 부문에 시장원리인 '경쟁'(*competition*)을 도입하고, 관료적 형식주의에서 벗어나 사명감(*mission*)을 가지고 고객을 최우선시하는 기업가적 정신을 정부에 도입해야 함을 강조한다. 정부 운영에 시장원리가 도입되면서 경쟁(*competition*), 권한위임(*empowerment*), 책임(*accountability*) 및 성과(*performance*)가 확보될 수 있다는 점을 강조한다.

〈표 12-1〉 관료제 정부와 기업가적 정부의 비교

기 준	관료제 정부	기업가적 정부
정부역할	노젓기(rowing)역할	방향잡기(steering) 역할
정부활동	직접 해줌(service)	할 수 있도록 해줌(empowering)
서비스 공급	서비스의 독점적 공급	서비스 제공에 경쟁 도입
관리 방식	규칙 중심 관리	임무 중심 관리
예산제도	투입 중심 예산	성과 연계 예산
행정가치	관료 중심	고객 중심
	지출 지향	수익 창출
	사후치료	예측과 예방
행정주체	집권적 계층제	참여와 팀워크
행정방식	명령과 통제	협의와 네트워크 형성
주요운영기제	행정메커니즘	시장메커니즘

* 자료: Osborne and Gaebler(1992).

2) 기업가적 정부의 11가지 정부 운영 원리

Osborne과 Gaebler가 제시한 정부혁신의 방향은 '촉진적인 정부', '지역사회가 주도하는 정부', '경쟁 지향적 정부', '사명 지향적 정부', '결과 지향적 정부', '고객 지향적 정부', '기업가적 정부', '시장 지향적 정부', '참여와 팀워크를 중시하는 정부', '미래를 예측하는 정부' 등이다.

첫째, 기업가적 정부는 '노젓기'에서 '방향잡기'로 정부의 역할을 변화시킨다. 정부가 기존처럼 국민에게 서비스를 직접 제공하기 보다는, 정책의 관리·조정을 하는 조타수 역할을 하는 촉매제로서의 정부를 특징으로 한다.

둘째, '직접 해주는 서비스'에서 '권한부여'로 정부의 활동방식이 바뀐다. 중앙집권보다는 지방에 권한을 부여함으로써, 주민이 행정에 참여하는 지역공동사회 중심의 정부를 특징으로 한다.

셋째, '서비스의 독점적 공급'에서 '서비스 제고에 경쟁 도입'으로 서비스 공급방식이 전환된다. 서비스 제공에 있어서 경쟁체제를 도입함으로써 효율적인 행정체제를 확립하는 경쟁적 정부를 특징으로 한다.

넷째, '규칙중심 관리'에서 '사명중심 관리'로 관리방식을 전환한다. 규칙중심적 조직에서 사명중심적 조직으로 전환을 추구한다.

다섯째, '투입중심 예산'에서 '성과연계 예산'으로 예산제도를 전환한다. 투입이나 절차보다는 결과와 성과에 중심을 두는 결과지형적 정부를 특징으로 한다.

여섯째, 고객의 요구에 민감하게 대응하는 고객중심적 정부를 특징으로 한다. '관료중심'에서

'고객중심'으로 행정가치가 전환된다.

일곱째, '지출 지향'에서 '수익창출 지향'으로 전환된다. 정부수입을 중요하게 여겨 정부의 지출보다는 수익과 투자를 중요시한다.

여덟째, 문제가 발생하기 전에 미래의 예측을 통한 예방을 중시하는 예측적 정부를 특징으로 한다.

아홉째, '집권적 계층제'에서 '참여와 팀워크'로 행정주체의 조직방식이 전환된다.

열째, '명령과 통제'에서 '협의와 네트워크 형성'으로 행정방식이 전환된다.

열한번째, '행정메커니즘'에서 '시장메커니즘'으로 행정 운영메커니즘이 전환된다.

3. 기업가적 정부의 전략

Osborne과 Plastrick는 *Banishing Bureaucracy*(1997)에서 기업가적 정부의 5가지 실천전략을 제시하였는데, 이 전략은 정부의 유전자를 바꾸는 유전자 리엔지니어링을 핵심으로 한다(오석홍, 2002: 873).

1) 핵심전략(Core Strategy)

기업가적 정부의 핵심전략은 정부의 목표 및 정책 방향의 명료화를 추구하는 것이다. 이것은 정부의 핵심기능인 방향잡기 기능을 다루기 때문에 핵심전략이라고 한다. 즉, 정부가 수행해야 할 기능과 수행하지 말아야 할 기능을 지속적으로 체크하고 분리함으로써, 정부의 목표를 명확히 하는 것이다.

2) 성과전략(Performance Strategy)

성과전략은 업무유인의 향상을 위해 경쟁을 도입하고, 보상설계(*incentive design*)를 통해 정책의 성과관리를 추진하는 것이다.

3) 고객전략(Customer Strategy)

고객전략은 정부조직의 책임성 측면에서 고객에 대한 정부의 책임확보와 고객에 의한 선택의 확대를 추구하는 것이다. 이 전략은 국민이 주인이고 공무원은 공복(*public servant*)이므로, 시민수요에 대응하여 공공서비스의 질을 향상시키고, 지나친 규제를 개혁하여 시민의 만족을 극대화 하는 것이다.

4) 통제전략(Control Strategy)

통제전략은 권력의 분권화를 추구하는 것이다. 여기서 권력이란 정책결정의 권력을 말한다. 분권화를 추구한다는 것은 하급계층에 힘을 실어준다는 것(*empowerment*)이다.

5) 문화전략(Culture Strategy)

문화전략은 조직구성원들의 가치, 규범, 태도 그리고 기대를 바꾸려는 것이다. 이 전략은 기업가적 조직문화, 사명 지향적 조직문화를 조직에 정착하게 함으로써, 관습을 타파하고 공무원의 사고와 행태를 변화시키고자 하는 전략이다.

4. 기업가적 정부실현을 위한 방안

기업가적 정부를 진정으로 실현하기 위해서는 1) 기업가적 마인드 구축, 2) 구조와 형태의 재설계, 3) 업무과정의 재설계, 4) 조직의 학습화가 필요하다.

1) 기업가적 마인드 구축

전통적 공무원은 자원을 효율적으로 이용하기 보다는 지원된 자원을 이용하여 목표를 달성하는데 중점을 두었다. 이에 반해 기업가적 공무원은 기업가적 마인드를 가지고 자원의 효율적 이용을 중요시한다.

기업가적 마인드란 자원을 효율적으로 이용하여 불필요한 자원의 투입을 막고 목표를 달성하려고 하는 지식관료의 마음가짐을 말한다. 이러한 마인드를 가진 공무원들은 정부의 자원은 한정되어 있으므로 자원의 효율적 할용이 중요하며, 따리서 정책과 사업의 시행시 타당성 검증 등을 통해 불필요한 낭비를 최대한 막는 것을 말한다. 하지만, 이러한 기업가적 마인드가 그냥 형성되는 것은 아니다. 기업가적 마인드를 형성하고 이를 지속시키기 위해서는 앞서 언급한 기업가적 행태에 대한 동기부여와 유인설계를 강화해야 한다.

2) 구조와 형태의 재설계

미래의 바람직한 정부조직은 다양한 행정수요에 기민하게 대응할 수 있도록 각 부서의 업무성격에 따라 그에 알맞은 조직의 모습을 가져야 할 것이다. 이를 위해서는 조직을 업무특성에 적합하도록 간소화하고 다양한 형태의 조직유형의 활용이 필요하다.

구조와 형태의 재설계는 조직의 효과성과 능률성을 제고하기 위한 방안으로서 구조변혁을 의미하고, 규모의 축소, 기구의 통폐합, 계층의 조정, 새로운 조직모형의 도입 등을 말한다(이종범, 1995: 26). 기업가적 정부에서 추구하는 것은 1) 간소한 정부(*streamlining*), 2) 정부의 조직혁신, 3) 다양한 형태의 조직유형의 활용 등이다.

간소한 정부나 정부의 조직혁신은 기업가적 정부가 잘 운영될 수 있도록 정부의 불필요한 기능을 제거하고 행정수요에 기민하게 대응할 수 있도록 조직을 개편하는 것을 말한다. 또한, 현대행정의 환경은 동태적으로 급변하고 있고 기존의 조직으로는 급변하는 행정환경에 기민한 대응을 할 수 없으므로, 조직목적 실현을 위해서는 신축성 있는 다양한 형태의 조직을 활용해야 한다. 이를 위해서는 팀조직, 프로세스조직, 네트워크조직, 학습조직 등이 고려된다.

3) 업무과정의 재설계

업무과정의 재설계는 기존의 행정프로세스에 대한 조직진단을 통해 행정조직 내부의 권한을 재조정하고, 행정업무 처리과정에 있어서 유사업무, 중복업무, 과잉업무 등을 제거하고 불필요한 결재단계를 축소하는 것을 말하는데, 어느 단계에 어떤 정보기술을 활용하여 생산성을 높일 것인가에 대한 방법론을 의미한다. 업무과정의 재설계를 통해 문서의 낭비, 업무의 중복, 결재의 간소화를 기할 수 있으며, 이를 통해 대폭적 비용절감과 시간절약으로 생산성 높은 행정업무처리가 가능해진다(권기헌, 2003: 446-447).

4) 조직의 학습화

학습조직은 지식을 창출·축적·활용·확산하는 데 능숙한 조직이며, 새로운 지식과 통찰력을 반영하여 행동을 수정하는 데 능숙한 조직이며, 잘못된 지식을 폐기하는 데 능숙한 조직이다. 이를 위해서는 실수가 허용되고 새로운 아이디어의 적용이나 개발에 사명감과 보상제도가 뒤따라야 하며, 정책 실수나 오류에 대한 환류가 보장되어야 한다(권기헌, 2003: 577-578). 또한 최고지도자는 지속적 학습이 지속될 수 있는 조직 내 분위기를 조성해야 한다.

5. 기업가적 정부의 적용한계

기업가적 정부는 행정서비스 제공의 효율성을 중요시하므로 민주성과 상충될 수 있고, 공공성을 중요시 하는 정부 부문에 이윤성을 추구하는 민간기업의 기법을 도입하는 데 한계가 있다. 또한 성과중심적 운영에 있어서 성과평가의 측정상의 어려움이 존재한다.

1) 민주주의와 기업가적 정부

기업가적 정부를 고객만족과 시민이 원하는 서비스를 효율적으로 제공하는 것을 목적으로 하는 점에서 볼 때, 이는 민주주의를 보완하고 촉진하는 역할을 한다고 할 수 있다. 그러나 기업가적 정부는 관리효율성의 추구라는 패러다임을 초점으로 하며, 이에 따라 법적 지배의 측면이 상대적으로 약화되는 결과를 초래할 수도 있다(Moe, 1994: 112-113). 따라서 지나친 효율 위주의 정책추진이 아닌 민주주의와 조화될 수 있는 기업가적 정부가 필요하다(이종범, 1995: 37).

2) 정부운영과 기업가적 정부

정부는 불특정다수 국민을 대상으로 평등한 행정서비스의 제공과 빈곤층을 대상으로 한 무상의 서비스를 포함하는 등 공익을 추구한다. 그러나 기업의 경우는 대가를 지불하는 고객에게만 서비스를 제공하는 등 이윤을 추구하며, 최고의 고객에게는 최고의 서비스를 제공한다. 따라서 기업가적 정부 추진에 있어서는 이러한 정부 운영과 기업관리의 철학적 차이를 고려해야 한다.

3) 성과측정과 기업가적 정부

기업가적 정부가 기존의 법이나 규칙중심으로 운영되던 행정관행에서 성과와 결과중심으로 변해야 한다는 것은 정부 운영의 효율성 증진에 많은 도움이 된다. 하지만, 성과중심의 운영을 위해서는 행정성과에 대한 정확한 측정과 객관적 평가가 필요한데, 정부조직의 경우에는 조직목표의 무형성과 추상성으로 인해 성과중심적이고 결과중심적 평가가 어렵다는 한계가 있다.

4) 행정통제와 기업가적 정부

기업가적 정부는 민간에게 위탁할 수 없는 정부의 핵심기능은 정부가 수행하고, 그 이외의 부분은 정부 이외의 조직이 수행하게 함으로써 정부의 불필요한 재량권을 축소하는 정부이다. 따라서 기업가적 정부에서는 불필요한 규제 때문에 발생하던 정부의 비리와 부정을 방지할 수 있는 측면이 있지만, 또 한편으로는 민간위탁과 외부발주를 계약하고 관리함에 있어서 정부관료의 신축성과 재량권이 증가하는 측면도 존재한다. 기업가적 정부의 신축성과 재량권의 확대로 인한 부정과 비리를 방지할 수 있는 행정의 민주적 통제가 필요하다.

5) 참여와 거버넌스의 문제

기업가적 정부는 조직의 효율성을 추구한다. 하지만 대외적으로 시민사회의 참여와 거버넌스적 팀워크를 포함하고 있다. 사실 이 부분까지를 포함하면 효율성 위주의 신공공관리적 거버넌스 개념에 참여와 신뢰를 강조하는 민주성 포함의 뉴거버넌스 개념이 되는 것이다. Osborne과 Gaebler의 11가지 정부 운영의 원리에도 참여와 팀워크, 협의와 네트워크 형성은 포함되어 있다. 하지만, 기업가적 정부 제1의 주안점은 경쟁, 성과, 고객, 효율, 수익을 강조하는 기업가적 조직 운영원리에 초점이 맞춰져 있기에, 기업가적 정부를 협의의 거버넌스 개념으로 보는 것이 통례이다.

제 3 절 성과중심 정부

미국이나 영국 등 OECD 선진국은 급변하는 행정환경에 대응하고, 국가경쟁력을 높이기 위해 기존의 투입이나 과정에 중심을 둔 운영체제에서, 성과나 결과에 중심을 두는 운영체제로 변화하고 있다. 우리나라 역시 이러한 환경에 대응하기 위하여 기존의 투입이나 과정중심의 운영체제에서 성과나 결과에 중심을 두는 운영체제로의 변화를 추구하고 있다.

1. 성과중심 정부의 의의

성과중심 정부란 정부가 목표를 설정하고 이를 달성하기 위한 전략을 수립하는 등 결과에 중심을 둔 정부 운영체제를 강조하는 개념이다. 이러한 결과의 개념은 산출, 성과, 영향 등 3가지로 구분될 수 있다.

첫째, 산출(*output*)은 정책의 집행으로 나타나는 일차적인 결과이다. 즉 영세민복지 프로그램에 의하여 수혜를 받는 인원이나, 범죄예방 프로그램에 의하여 적발된 범법자의 수 등과 같은 단기적이고 구체적인 산물이다. 이는 계량적 측정이 비교적 용이하여 정책을 평가하기에 쉽다.

둘째, 성과(*outcome*)란 정책대상자들에게 일어난 변화이다. 성과는 산출보다 다소 계량화하기가 어려운 효과이며 장기적인 효과이다. 예를 들어 영세민복지 프로그램의 집행으로 영세민들의 영양상태가 좋아졌거나, 프로그램 대상자들의 자활의욕이 높아진 것은 영세민복지 프로그램의 성과라 할 수 있고, 범죄예방 프로그램으로 연간 각종 범죄발생건수가 감소한 것은 범죄예방 프로그램의 성과라 할 수 있다.

셋째, 영향(*impact*)은 정책의 집행으로 사회에 나타난 변화이다. 예를 들어, 영세민복지 프로그램으로 사회적 복지수준이 향상되거나 생활만족도가 높아졌다든지, 범죄예방 프로그램으로 질서의식이 회복되고 치안상태가 그 이전보다 좋아져 야간에도 마음 놓고 외출할 수 있게 된 것 등은 정책의 영향이라고 할 수 있다(노화준, 1995: 10) 정책영향은 성과보다 더 오랜 후에 나타나는 효과이다. 일반적으로 정책의 집행과 정책의 영향간에는 많은 시차가 있을 뿐만 아니라, 양자간의 인과관계의 규명에는 많은 어려움이 있으므로, 정책영향의 측정은 쉽지 않다(정정길 외, 2005: 56-69).

2. 성과중심 정부의 필요성

1) 행정의 효율성 제고

성과중심 정부는 정부가 추진하는 사업을 평가하여, 효율적이고 효과적인 계획을 수립하는데 필요하다. 또한 기존의 사업이나 서비스의 성과를 분석하여 기존 업무방식의 잘못된 점을 발견하고, 이를 시정하는데 필요하다.

2) 행정의 책임성 확보

성과중심 정부는 성과의 결과에 대한 정보를 공개함으로써, 기존의 정부에서 확보하지 못하였던 행정의 책임성을 확보할 수 있다.

3) 조직의 강렬한 동기부여

성과중심 정부는 성과를 달성하는 데 기여를 한 공무원에게 강력한 인센티브를 제공하므로, 공무원 조직에 동기부여를 할 수 있다는 면에서 필요하다.

3. 성과중심 정부의 주요 내용

1) 성과에 대한 강조

성과중심 정부는 조직이론에 있어서 투입보다는 산출을 강조한다. 정부가 단순히 공공서비스를 제공하기 위해 존재한다는 차원이 아니라, 정부가 무엇을 위해 존재하고 어떤 일을, 얼마나 잘 수행하고, 누가 결과에 대해서 책임을 지는지 명확히 할 수 있어야 한다. 성과중심 정부에서는 "목표에 대한 성취"를 특히 강조하는데, 이를 위해 다섯 단계의 전략적 절차를 제시한다.

첫째, 조직은 먼저 조직 전반적인 전략(*strategy*)을 설정한다. 전략이 없는 조직은 방향타를 잃은 배와 마찬가지이다.

둘째, 조직전체의 전략에서 제시된 목표(*objective*)를 수행하기 위한 프로그램을 개발한다. 프로그램이란 목표를 성취하기 위한 단계별 과정이라고 할 수 있다. 전통적 행정이론에서는 이러한 형태의 프로그램이 명시적으로 제시된 바가 없었다.

셋째, 조직의 구조와 예산은 가능한 한 프로그램 단위로 구성한다. 조직의 과업은 가급적 프로그램(*programmes*)과 세부 프로그램(*sub-programmes*) 그리고 활동(*activities*)으로 구성하며, 이러한 구성을 토대로 예산과 인력을 배분한다. 전통적 행정이론에서는 품목별(*line-item*)로 예산배분이 이루어 졌으므로, 프로그램별 성과예산이 구성되지 못했다.

넷째, 전략-목표-프로그램 단위의 조직구성은 성과측정을 가능하게 한다. 또한 직원 개개인에 대한 성과도 측정되며, 이에 따라서 상벌이 부여된다. 바로 이러한 점들이 전통적 행정이론과 다른 점들이다. 전통적 모형에서는 행정에 있어서 전반적인 성과측정은 그 특성상 매우 곤란한 것으로 주장되었으며, 아주 예외적으로 일선 사업부서에서나 가능한 것으로 간주되었다. 성과중심 정부에서는 성과측정을 원칙적인 과제로 보며, 이러한 측정자료는 최고 정책결정자의 조직운영에 있어 귀중한 정보로서 이용된다.

다섯째, 조직목표 달성에 대한 평가를 한다. 프로그램들을 평가하는 과정에서 조직 전반적인 목표가 효과적으로 달성되었는지, 조직전체 차원에서 자원의 분배와 이용은 효율적으로 이루어졌는지에 대해서 평가를 한다.

2) 인센티브 강조

성과에 대한 강조와 함께 인센티브를 강조한다. 성과중심 정부의 주요 강조점들을 보면, 조직에 있어서의 성과지표의 도입 및 이와 연계된 성과급과 연봉제의 도입, 관리자들에게 예산과 인력운용에 있어서 신축성과 함께, 책임 부과, 계약제 공무원 및 개방형 임용 방식의 확대 등을 들 수 있다. 이러한 정책변화들은 경제학적 이론이 뒷받침되어 있는데, 그것은 "조직이나 개인이 최대한의 능력을 발휘하기 위해서는 인센티브 체제가 잘 구축되어 있어야 한다"는 것이다.

3) 정부기능 재조정

성과중심 정부는 "정부가 기존에 해오던 활동을 모두 유지해야 하는가?" 하는 근본적인 질문을 제기하면서, 정부 활동범위가 너무 방대하게 늘어났다는 비판을 하고 있다. 이러한 관점에서 정부의 활동을 몇 가지 리트머스 시험지에 넣어 전면적인 기능 재조정을 해야 한다고 주장한다. 먼저, 정부의 활동을 과(課) 단위와 같은 기초단위에서 기능과 활동에 대해 정밀분석을 하고, 이러한 활동을 1) 시장에 맡길 때, 2) 지방자치단체로 권한이양을 했을 때, 혹은 3) 규제완화 및 규제철폐를 했을 때 어느 쪽이 더 비용 효과적인지를 판단해야 하며, 시장에 맡기는 경우에도 1) 민간위탁이나 외부발주가 좋은지, 2) 민영화가 좋은 지, 혹은 3) 책임운영기관화의 형태가 좋은지의 여부를 판단할 필요가 있다는 것이다. 성과중심 정부는 이러한 판단과 평가를 기초로 정부기능 재조정이 이루어져야 하며, 이를 토대로 다시 조직 재설계와 인력 조정이 이루어져야 한다고 주장한다.

4. 성과중심 정부의 실현방안

성과중심 정부의 실현방안을 조직, 인사, 예산의 측면에서 살펴보면 다음과 같다.

1) 조직관리

조직의 측면에서 성과주의 정부를 실현하기 위한 방안은 시장성 테스트(Market Testing)[1]를 통한 정부기능 재조정과 조직 재설계, 팀제의 운영 등 다양한 방안이 있다.

(1) 팀 제

(가) 의 의

팀제(*team-based organization*)는 조직 내의 수직적·타율적·기능적 경계를 허물고, 수평적·자율적·다기능적으로 운영되는 조직을 의미한다.

팀제는 자율성과 전문성을 필요로 하는 업무수행을 위해 만들어진 조직으로, 업무영역의 세분화보다는 특정임무 달성을 위한 조직형태이다. 또한 구조적으로 수평적이고 유기적 조직이고, 관리적으로 참여와 팀워크를 중시하는 조직이다.

(나) 필요성

팀제가 도입된 이유는 기존의 관료제로써는 급변하는 환경에 대응하기 어렵기 때문이다. 즉, 관료제의 병폐를 극복하기 위해서, 그리고 환경 변화와 고객의 요구에 기민하게 대응하기 위해 도입된 것이다.

팀제의 도입을 통해 조직의 유연성과 정책 품질의 향상을 통해 조직의 경쟁력을 높일 수 있고, 조직의 성과를 제고할 수 있어, 이는 성과중심 정부 실현에서 중요하게 거론되는 조직모형이다.

(다) 이론적 근거

팀제가 효과적이라는 근거는 다음의 두 가지 이론적 배경에 근거한다(김병섭·오시영, 2005: 414-415).

---

1) 시장성 테스트(Market Testing)란 정부업무에 대하여 (1) 반드시 필요한 업무인가? (2) 반드시 정부가 책임져야 하는 업무인가? (3) 정부가 직접 수행하여야 하는 업무인가? (4) 정부가 수행할 경우 효율성 증대 방안은 무엇인가? 등의 기준에 따라 재검토하여, 그 결과에 따라 민영화, 민간위탁, 책임운영기관 등 다양한 효율화 방안을 증대시키는 절차를 의미한다. 이는 위에서 검토한 정부기능 재조정을 의미한다.

첫째, 팀제에서는 팀원에게 부여된 자율성을 통해, 팀원들이 자기 목표설정과 같은 인지적이고 행동적인 기제로 자율적 행동을 촉진한다고 본다(Manz & Sims, 1987).

둘째, 팀제의 업무나 조직설계가 팀원들을 동기부여 시킨다는 것이다. 기술다양성, 업무 자율성, 업무 단일성, 업무 중요성이 높고, 피드백에 수준이 높은 업무는 팀원들의 내적 동기화를 유발시키고 이는 다시 높은 직무만족과 수행을 가져오게 한다는 것이다(Hackman & Oldham, 1975).

(라) 정부 팀제 도입의 주요 내용

2005년 4월부터 행정자치부는 정부기관 최초로 지난 수 십년간 유지해온 실-국-과 체제를 탈피하고, 본부제와 팀제를 전면 도입하는 조직개편을 단행하여, 총 5본부와 48팀제로 개편하였으며, 이어서 청소년위원회, 기획예산처, 조달청, 국정홍보처 등이 도입하였다. 이 같은 정부부처별 팀제의 도입목적과 지향은 각기 다르나, 조직의 성과향상과 급변하는 환경에 따른 탄력적 대응, 업무의 효율화와 자율적 책임행정의 구축을 지향한다는 공통점을 지니고 있다.

그러나 이명박 대통령 취임 이후 행정자치부는 조직의 개편이 확정되어 행정안전부로 편제를 변경하면서 기존의 소위 '대국대과' 체제로 회귀하였다. 이후 행정안전부는 2008년 5월초에 각 자치단체에 20~30명 이상의 과단위로 조직을 운영하라고 지침을 내려보내기도 하였다. 계급주의와 연공서열을 핵심으로 하고 있는 관료조직에서 팀제의 적용이 어렵다고 판단하여 실국제로 회귀한 것으로 해석할 수 있다. 그러나 팀제가 훌륭한 성과를 거두고 있는 경우도 있으며, 해당 조직의 업무성격에 따라서 보다 적합할 수도 있다는 점이 고려되어야 할 것이다.[2)]

(마) 주요 쟁점

정부조직에 팀제 도입 및 운용 성과에 대한 평가는 향후 이루어지겠으나, 몇 가지 쟁점을 살펴보면 다음과 같다.

첫째, 우리나라의 경우 직장에서의 신분이 곧 사회적 신분으로 평가되고 있기 때문에, 이 둘이

---

2) 강진군의 경우 시범적으로 '기업형 팀제'를 추진하고 있었는데, 행정안전부의 과 단위 조직 운영 지침을 받은 후 팀제의 효과를 평가한 후 그 결과에 따르겠다고 행정안전부를 설득하였다(강진신문, 2008년 5월 23일). 2009년 2월 12일 취임한 30대 원세훈 국정원장은 팀제의 도입에 따라 기존의 연공서열이 무너져 조직일각의 많은 반발이 있었다는 지적에도 불구하고, 팀제 활성화를 통해 신축성 있는 조직 운영과 경쟁시스템을 강화할 필요가 있다고 강조하고 있다(조선일보, 2009년 2월 13일).

연계되어 있는 이상 팀제의 도입으로 인해 직장에서의 직급의 폐지는 사회적 신분 상실감으로 확대될 가능성이 매우 높다. 이와 같은 맥락에서 보면, 결과적으로 팀제 때문에 자리가 박탈된 간부들이 권한 상실을 기득권 상실로 받아들여 사기의 저하가 일어날 수 있으며, 간부들의 권한 상실로 조직 내 위계질서나 기강의 해이가 일어날 우려도 전혀 배제할 수 없다(정삼철, 1998: 11).

둘째, 변화가 재대로 정착되지 않으면 조직관성에 의해 다시 이전으로 회귀하게 된다. 도입취지가 제대로 구현되도록 확실하게 제도를 정착시켜야 하며, 그동안 고착되어온 계층제적·계급제적 경직된 수직적 문화에서 빨리 탈피하도록 다양한 측면에서의 노력이 지속적으로 이루어져야 한다. 아울러 목표중심·성과중심의 진취적이고 합리적이며, 수평적인 조직문화 형성이 함께 이루어지도록 해야 할 것이다.

셋째, 장관을 비롯하여 본부장 및 팀장 등 관리자의 적극적인 리더십이 필요하다. 조직혁신의 성공여부는 관리자가 얼마나 제 기능을 수행하는가에 달려 있다. 관리자는 먼저 팀제 도입의 필요성을 충분히 공감하고, 정기적인 환류(*feedback*)를 통해 팀과 팀원의 업무수행을 점검하면서, 팀원의 태도와 행동이 조직의 목표와 가치로 수렴되도록 유도해야 한다. 또한, 조직 내 원활한 의사소통과 의사결정에의 참여 확대 등 보다 민주적이고 활기찬 조직분위기를 형성하는 데 주도적인 역할을 담당해야 한다(김상묵, 2005: 69).

(2) 책임운영기관(Executive Agency)

㈎ 의 의

책임운영기관이란 정부가 수행하는 사업 중 공공성을 유지하면서도 경쟁원리를 도입하여 운영하는 것이 바람직한 사업에 대해, 책임운영기관장에게 운영 및 예산의 자율성을 부여하고, 그 운영성과에 대해 책임을 묻는 제도를 말한다.

책임운영기관은 관료제의 계층제적 조직구조와 경직적 운영방식으로 발생하는 단점을 극복하고, 공공서비스를 탄력적이고 국민 중심적으로 제공되도록 변화시켜 효율적 자원관리를 달성하려는 데 목적이 있다.

㈏ 배 경

책임운영기관은 민간기업의 방식을 도입하고, 정책결정과 집행기능을 분리하는 조직이원화 전략을 사용하며, 운영 및 예산사용에 대하여는 재량권을 부여하고, 책임을 강조하는 신공공관리론(NPM)의 조직원리에 따라 등장하였으며, 이는 성과중심 정부 실현의 한 방안으로 해석된다.

"책임운영기관의 설치·운영에 관한 법률"에 근거하여 2000년부터 시범사업이 실시되었으며 2001년에 13개 기관을 추가하여 2005년까지 23개를 운영하다 2006년에는 45

개 기관으로 확대하였다. 최근에는 2008년 7월 기준으로 기업형 18개, 행정형 28개 등 총 46개 기관이 책임운영기관으로 운영되고 있다. 기업형은 의료기관(10개)과 시업형 사업기관(8개)로 구분되며 행정형은 통계기관(12개)과 연구기관(8개) 그리고 행정형 사업기관(8개)로 구분된다(책임운영기관제도종합평가보고서, 2001; 2005; 2006; 2008). 책임운영기관제도는 정부조직 운영에 있어 독립기관화를 통해 성과책임성을 확보하고자 하였다는 점에서 우리나라 정부조직제도의 발전에 있어 중요한 의미를 갖는다. 그러나 아직까지 책임운영기관들은 기관 운영의 자율성이 부족하며, 특히 고객중심의 성과책임성 확보가 아직까지는 미흡하다는 비판이 지속되고 있다(박희봉, 2007; 이남국, 2007).

(다) 특 징

책임운영기관은 다음과 같은 특징을 지닌다.

첫째, 책임운영기관은 공공성 측면에서 민영화가 어려운 기능을 정부가 직접 수행하기 위한 제도이다. 따라서 이는 공공성을 유지하면서 신축성을 보완하는 제도이다.

둘째, 책임운영기관은 조직의 이원화 전략을 취한다. 정책결정과 집행, 통제와 서비스를 구분한 뒤, 집행과 서비스 제공기능을 중앙기관에서 분리 담당하는 제도이다.

셋째, 책임운영기관은 기관장을 계약직으로 공개 채용하고, 소속직원들은 공무원 신분유지하는 제도이다.

넷째, 책임운영기관은 매년 성과계획서와 성과보고서를 작성・제출하게 되며, 이를 위해 행정안전부에 별도의 평가위원회가 구성된다.

(라) 평가와 한계

책임운영기관제도의 도입은 공공부문에 경쟁원리의 도입을 통해 기관운영의 효율성이 증진되고, 재정자립도가 향상되는 효과를 가져온다. 또한 성과관리방식의 채택을 통해 기관운영의 자율성이 확대되었고, 정책집행시 탄력성과 효율성이 증대되며, 고객에 대한 서비스의 품질이 향상되었다는 긍정적인 평가를 받는다.

그러나 정책결정과 집행기능의 이분화로 인해, 정책집행시 현장 정보의 환류가 차단되고 거래비용의 확대가 우려되는 단점이 있다. 또한 객관적인 성과평가제도가 확보되지 않는 경우 책임성 확보에도 문제가 발생할 수 있고, 지나친 민영화의 추진으로 인해 공무원의 사기저하가 문제될 수 있다. 마지막으로 시장원리에 대한 강조로 인해, 공공서비스의 형평성과 안정성이 저하될 가능성이 있다.

(마) 개선방안

바람직한 책임운영기관제도의 정착을 위한 방안을 검토하면 다음과 같다.

첫째, 책임운영기관 기관장 공개채용 활성화함으로써, "정실배제, 실적중시" 원칙이 지켜져야 한다.

둘째, 책임운영기관 기관장에 대한 책임기준을 명확히 하고, 일정한 성과를 달성하는 경우 인센티브를 보장해 주어야 한다.

셋째, 책임운영기관 조직 및 인사관리의 자율성이 확대되어야 한다. 책임운영기관에 대한 조직평가는 중앙행정기관에 설치된 운영심의회 및 행정자치부에 설치된 평가위원회가 이중으로 평가하는 등 성과평가체제가 이원화되어 있는 문제가 있다.

넷째, 책임운영기관 예산 및 회계 관리의 자율성이 확대되어야 한다. 현재는 이용 및 전용 범위를 매 회계연도마다 중앙행정기관의 장과 기획예산처 장관이 협의하여 결정하는 등 책임운영기관의 예산 및 회계 관리의 자율성이 부족하다는 문제가 있다.

다섯째, 고객에 대한 공공서비스의 향상정도를 지속적으로 체크하여야 하며, 고객만족 행정구현을 위한 기관 자체의 개편과 구성원의 인식제고 노력이 필요하다.

2) 인사제도

인사의 측면에서 성과중심 정부를 실현하기 위한 방안으로서, 총액인건비 제도, 전보제한 및 경력관리제도, 고위공무원단 제도에 대해 검토하도록 한다.

(가) 총액인건비 제도

총액인건비 제도는 각 부처가 정해진 인건비 한도 내에서 인력운영의 자율성을 극대화하기 위한 제도로서, 인력의 수와 직급, 기구의 설치 및 인건비의 배분까지 자율성을 보장하는 제도이다.[3] 이는 인사제도의 신축성과 융통성 확보를 통해 인사관리의 효율성을 증진하기 위한 제도이다. 우리나라의 경우 2005년도 하반기 시범실시 후, 단계적 준비를 거쳐 2007년 전면실시에 들어갔다.

우리나라의 경우 2005년 6월 행정자치부, 노동부, 농림부 등 8개 기관 및 23개 책임운영기관이 총액인건비제 시범운영 대상기관으로 선정되어 2005년 7월 시범 실시가 이루어졌으며 그 후, 단계적 준비를 거쳐 2007년 1월 전 중앙행정기관에 전면 시행되었다.

중앙인사위원회의 경우 시간외 근무수당 인정시간을 월 67시간에서 50시간으로 낮추고 연가보상비를 3일씩 절감하여, 절감된 인건비로 인력 6명을 증원하여 운영하고 있다. 또

3) 총액인건비 제도에 대한 상세한 내용은 제7장 인사이론을 참고하길 바람.

한 공무원 보수는 그동안 관련 규정에 따라 경직되게 운영하였으나, 2007년부터 전 부처의 공통 기준이 필요한 봉급, 정근수당 등 일부수당은 기본 항목으로 분류하여 종전대로 운영하되, 특수업무수당, 위험근무수당, 초과근무수당 등 38종의 수당 및 실비변상 항목과 성과상여금, 성과연봉은 자율항목으로 분류하여 각 부처가 지급범위, 지급액 등 지급기준에 관하여 자율적으로 조정할 수 있도록 하였다.

총액인건비 제도는 1990년대 이후 영·미계국가는 물론 북유럽 국가까지 채택하고 있는 제도로서, 일선 관리자에게 권한을 부여하고 인센티브를 제공하는 것이 관리자의 실질적 관리를 보장하고, 성과향상에 기여한다는 기본가정에서 시행된 제도이다.

총액인건비 제도는 자율성을 강조하고 있는데, 자율성은 인건비 총액 한도 내에서 인건비 배분의 수준과 결정을 자율적으로 하는 것과, 필요한 인력의 규모와 종류를 자율적으로 결정하는 것을 그 내용으로 한다.

㈏ 전보제한 및 경력개발제도

경력개발제도(CDP: Career Development Program)란 "조직체에서 요구하는 인적 자원과 조직구성원이 희망하는 경력 목표를 통합시켜 구성원의 경력경로를 체계적으로 계획, 조정하는 인사관리제도"를 말한다. 이는 인사제도의 전문성 강화를 통해 인사관리의 효율성을 증진하기 위한 제도이다. 우리나라의 경우 2005년 공무원의 전문성을 강화하기 위해서 전문분야별 보직관리제[4]를 운영하였고, 2006년부터 경력개발제도의 시행에 따른 운영메뉴얼을 발간하여 지속적인 보완·발전시켜 나가고 있다. 여기에는 전문분야별 보직관리 형태의 경력재발제도와 개인주도형태의 경력개발제도가 운영되고 있는데, 전문분야별 보직관리형대의 경력개발제도는 부처의 조직을 몇 개의 전문분야와 하나의 공동분야로 구분하고, 개인별로 전문분야를 지정한 후 지정된 전문분야 내에서 인사관리를 실시할 수 있도록 하는 것이다. 이에 반해 개인주도형태의 경력개발제도는 전문분야별 보직관리 형태의 경력개발제도와 달리 직원 개인이 경력목표와 희망보직경로를 설계한 후 이를 달성하기 위하여 꾸준한 자기개발을 진행함으로써 개인의 전문성을 함양시키는 것이다(행정자치부, 2007: 7).

우리나라의 인사제도는 계급제와 직업공무원제를 기본으로 하고 있어, 전문인력의 공직사회 유입과 충원이 어려워 공무원사회의 전문성을 확보하기 어려웠다. 또한 기존의 공무원 역시 전문성을 확보하기 위한 체계적 프로그램이나 인사관리제도가 미비하여, 기존

4) 전문분야별 보직관리제는 부처의 업무를 몇 가지 전문분야와 공통분야로 구분하여 개인의 전공, 특기 및 적성 등을 고려해서 분야별 보직경로를 설정하고 보직관리와 교육훈련을 연계하여 운영하여 특정분야의 전문가를 양성하는 제도이다.

공무원의 전문성 확보에도 어려움을 겪었다. 이러한 어려움을 타개하고 공직의 전문성을 확보하기 위한 제도로 등장한 것이 전보제한 및 경력개발제도이다. 즉, 경력개발제도는 독립적이고 새로운 제도라기 보다는 인력계획, 교육훈련, 성과관리 등과 연관되어 있으며, 이러한 요소들을 합리적으로 연결·통합하는 제도라고 볼 수 있다. 따라서 경력개발제도라고 하여 경력개발의 통합적 시스템을 일순간에 수립하려고 하기 보다는 조직문화와 자원시스템의 수준, 그리고 HRD(Human Resource Development) 성숙여건 등을 고려하여 속도와 범위를 정하고 운영해야 할 것이다.

경력개발제도는 공무원 개인의 자아실현의 욕구와 잠재력의 증진을 중요시하면서, 조직에 필요한 인재를 육성하고, 이를 통해 조직의 성과 및 효율을 높이려는 제도이다. 따라서 경력개발제도를 성공적으로 운영하기 위해서는 우선적으로 공무원 조직이 처해 있는 현재의 상황을 면밀히 분석하고, 조직의 최고책임자는 조직구성원들에게 비전을 제시하고 공감대를 형성하도록 노력하여야 한다. 또한 경력개발제도는 개인의 역량을 발전시키기 위한 제도이므로, 공무원 개인이 스스로 선택하고 책임질 수 있는 제도로 발전하여야 한다.

공무원의 전문성을 강화하기 위해서, 그리고 공무원 조직의 안정성을 보장하기 위해서는, 지나치게 빈번한 보직변경이 이루어져서는 안 되며, 이를 방지하기 위해서는 전보제한을 두는 것이 필요하다. 우리의 경우 2006년 경력개발 제도의 도입과 함께 공무원 임용령을 개정(2006. 7. 1)하여 전보의 제한 연수를 1년에서 2년으로 확대하여 현재까지 유지하고 있다. 이는 전보의 연수를 확대함으로써, 공직의 전문성을 강화하겠다는 취지를 살리는 것이다(정부, 2007b).

(다) 고위공무원단 제도

고위공무원단 제도란 정부의 상위직 1-3급 공무원을 중·하위직 공무원과 구분하여 정부 전체적 차원에서 통합관리하고, 개방성·이동성·성과성 등의 인사 운영원칙을 통하여 고급인력의 경쟁력과 정부 생산성을 높이고자 하는 제도이다.

우리나라의 고위공무원은 국정 운영에서 중요한 위치를 차지함에도 불구하고, 지금까지 체계적으로 관리되지 못하여 자기 부처 출신의 폐쇄적인 고위직 임용으로 인해 정부업무에 대한 전반적 이해가 부족하였고, 빈번한 보직의 변경으로 인하여 전문성을 확보하지 못하였다. 이러한 문제를 극복하고, 지식정보사회에서 요구하는 고위공무원 양성을 위해 정부는 2006년 7월 1일부터 고위공무원단 제도를 실시하였다.

고위공무원단 제도의 핵심요소는 첫째, 개방형직위제도·직위공모제를 통한 고위직의 개방과 경쟁을 제고하는 것이고, 둘째, 역량평가제, 교육훈련, 최소보임기간 설정 등을 통한 고위공무원의 능력발전을 도모하는 것이며, 셋째, 직무성과계약을 통한 고위공무원의 성과제고와 책임확보이며, 넷째, 고위직 인사교류를 통한 통합적인 시각을 가진 고위공무원의 양성이다.

따라서 고위공무원단 제도는 기존에 개별적으로 운용되던 1) 직위공모제, 2) 개방형 임용, 3) 고위직 인사교류, 4) 직무성과계약제 등 4가지의 제도들을 통합적 시각에서 운용함으로써, 고위공무원들의 개방과 경쟁, 능력발전, 성과제고, 통합적 시각을 향상시키기 위한 취지에서 도입된 제도라 할 수 있다.

① 직위공모제

직위공모제(Job Posting)는 정부 내 고급 인력을 효율적으로 활용하기 위해, 결원 발생시 정부 내 공개모집을 통하여 적격자를 선발하는 임용제도를 말한다.

직위공모제의 도입은 인사권의 분화를 통한 성과의 증진에 기여하고, 고위공무원의 인사에 있어 능력과 실적 중심의 공정하고 객관적인 인사가 가능해지고, 인사교류를 통하여 부처간 상호이해 및 정책조정을 강화하는 장점이 있다.

우리나라의 경우 2000년 11월 '공무원 직위공모에 관한 규정'이 제정되어 시행되었으나, 2006년 7월 고위공무원단제도가 시행되면서, 직위공모제는 고위공무원단제도에서 고위직 직위를 공모하는 활용수단으로 이용되고 있다.

직위공모제는 조직문화가 공무원 개인의 다양성을 인정하고, 서로간 능력을 경쟁하는 열린 조직문화 속에서 성공할 수 있는 제도이다. 그러나 우리나라는 아직도 연공서열에 의한 승진과 임용이 잔재하고 있어 직위공모제의 운영에 있어 깊은 주의를 요한다.

② 개방형 임용

개방형 임용(Open Career System)은 공직의 모든 계급이나 직위를 불문하고 신규채용이 허용되는 인사체제이다. 공직의 개방에 따라 외부전문가나 경력자에게 공직의 문호를 개방하여, 새로운 지식과 기술, 참신한 아이디어를 받아들임으로써, 공직의 침체를 막고 공직을 새로운 기풍으로 진작시켜 정부조직의 혁신을 도모하는 의의를 갖는다.

우리나라에서 개방형 임용은 1999년 11월 개방형 인사제도 도입당시 38개 기관, 129개 직위에 불과하였으나, 2007년 12월 현재 46개 기관 220개 직위로 확대 운영되고 있고[5] 그 중 충원 완료된 196개 직위의 민간인 및 타부처 공무원 등 외부임용률이 56.1%에 이르고 있다. 특히, 외부응모와 임용이 활성화 되어 경쟁 분위기가 확산되는 가운데, 외부임용률이 국민의 정부의 19.5%에 비하여 참여정부의 임용률은 44.9%로 변화를 보

5) 행정안전부 인사실 http://www.mopas.go.kr/gpms/view/korea/korea_index_vm.jsp?cat=bonbu/pers&menu=pers_07_02

여왔다.

개방형 임용은 공무원의 신분의 지나친 보장으로 인해 발생한 무사안일주의나 전문성 저하문제를 해결하기 위한 제도로 등장하였다. 개방형 임용은 폐쇄형 인사체제에서 발생하는 획일적 채용을 통해 확보할 수 없는 전문가를 임용할 수 있으므로, 조직의 전문성을 제고시킬 수 있고, 학습을 통해 조직 내 전문성을 축적할 수 있는 장점이 있다.

정부 개방형 임용의 확대는 공직사회에 경쟁과 변화를 일으키고 있으며, 이는 우리나라 정부 운영 패러다임을 변화시키는 촉매제 역할을 하고 있다. 그러나 아직도 일부 직위에 있어서는 민간수준과의 보수격차, 임기만료 후의 신분불안 등으로 우수인재의 확보가 미약하다는 문제가 있는바, 향후 성과가 우수한 자에 대한 특별채용 확대 등을 통해 장기적 안목에서 개방형 임용제도의 장점을 살려나가야 할 것이다.

우리나라와 같이 직업공무원제도를 사용하는 국가에서 개방형 임용을 시행하는 경우, 기존의 내부 공무원의 승진이 저해되어 사기를 저하시킬 수 있으며, 객관적이고 공정한 공개시험을 통해서 임용되는 것이 아니기 때문에, 개인적 친분이나 정치적 신념 등 주관적 기준에 의해 임용될 우려가 존재한다. 또한 공무원의 신분이 한시적으로 적용되므로, 공무원 사회의 안정성을 저해할 가능성도 있어 주의깊은 운영이 요구된다.

③ 고위직 인사교류

고위직의 인사교류(Senior Service Exchange)는 정부운영의 핵심적 구성부분인 고위공무원이 정부조직 전반에 대한 이해를 높이고, 넓은 시야를 갖게 하여 국민전체를 고려하는 범정부적 시각을 기초로 정책활동을 수행하기 위한 취지로 시행되는 제도이다.

지식정보사회에서 급변하는 사회환경은 다양하고 복잡한 문제를 양산하고 있으며, 이를 대응하기 위해서는 정부 한 조직이 아닌 전 조직이 상호 협력하에 통합주의적 사고로 문제를 해결해야 한다. 그러나 기존의 인사제도는 자기 부처 출신의 폐쇄적 임용으로, 정부업무의 전반적 이해가 부족하여 타조직과의 연계가 어려운 실정이었다. 따라서 정부의 전반적 업무의 이해와 범정부적 정책조정을 위해 넓은 시야가 요청되며, 이를 위해 부처 간 고위직의 교류가 필요하게 되었다.

우리나라 고위직 공무원에 대한 인사교류 방안은, 2003년 9월 중앙부처간, 중앙·지방간, 정부·민간 간 인사교류 활성화 방안에 대한 국무회의 보고에서, 고위공무원에 대한 인사교류 방안이 제시되면서 본격적으로 추진되었고, 2004년 1월 2일 대상 직위가 확정되어 2004년 1월 20일부터 국장급 교류가 시작되었으며, 2006년 7월 고위공무원단제도가 시행되면서 개방형인사제도와 직위공모제도 등을 통합 시행하고 있다.[6)]

고위직의 인사교류를 통해 얻을 수 있는 효과는, 공무원 개인의 차원, 관련 부처 차원,

정책차원, 정부전체 차원을 나누어서 설명할 수 있다.

첫째, 공무원 개인은 고위직의 인사교류를 통해, 자신이 가진 기존의 전문지식에 다양한 경험과 통찰력, 리더십 등 고위직에서 필요한 역량들을 학습하고 개발할 수 있는 기회를 가질 수 있다.

둘째, 관련 부처는 고위직의 인사교류를 통해 조직의 폐쇄성을 탈피하고, 조직간 인력의 균형성을 확보할 수 있으므로 탄력적인 조직운영과 관리를 가능하게 된다.

셋째, 정책은 어느 한 국민에 영향을 미치는 것이 아니라, 국민전체에 영향을 미치는 것이므로 정책의 효율성이 담보되어야 한다. 고위직의 인사교류는 정부 부문 전체에 전문인력을 균형적으로 배치하고, 정부전체적 활용이 가능해지므로 효율적 정책을 확보할 수 있게 한다.

마지막으로, 정부전체적 차원에서는 고위직의 인사 교류를 통해 다른 부처의 지식이나 정보를 획득할 수 있고, 이를 상호 공유, 확산, 활용함으로써 지식네트워크를 구축할 수 있고, 학습을 통한 정책역량 극대화가 가능해진다.

우리나라에서 고위직의 인사교류를 통한 효과를 얻기 위해서는 합리적 고위직의 인사교류가 필요하지만, 그보다 시급한 문제는 다른 부처의 직원의 임용을 꺼려하는 인사권자와 관련 공무원들의 배타적이고 할거주의적인 행태와 폐쇄적 인사 관행을 타파하는 것이다. 이를 위해서는 조직 인사권자와 공무원 개인의 개방적이고 협력적 마인드의 양성과 열린 조직문화가 조성되도록 노력하여야 할 것이다.

④ 직무성과계약제

직무성과계약제(Job Performance Contract)는 장・차관 등 기관의 책임자와 실・국장・과장간에 성과목표 등에 관하여 성과계약을 체결하고, 그 이행 정도를 측정・평가하여 그 결과를 성과급, 승진 등에 반영하는 인사관리체제이다.

직무성과계약제는 종래의 성과에 대한 평가가 목표와의 연계성보다는 개별적인 산출이나 절차에 대한 평가에 중점을 두어 성과에 대한 평가가 어려웠고, 기존의 MBO가 공무원과 정부조직간의 목표설정에 있어 대화 없이 설정됨으로써 유명무실화 되었던 배경에서 도입되었다.

직무성과계약제는 조직의 목표를 설정하고, 이를 바탕으로 개인의 목표가 설정되므로, 조직과 개인의 목표가 조직의 목표를 중심으로 긴밀하게 연결될 수 있고, 최고관리자들의

---

6) 중앙인사위원회 홈페이지(http://www.csc.go.kr/exchange/) 참조.

조직성과에 대한 관심과 책임의식을 갖도록 유도할 수 있는 동시에, 조직구성원의 동기부여와 지원활동을 강화하는 데 기여할 수 있다. 또한 성과에 대한 평가를 통해 성공요인과 실패요인을 조직 내 지속적으로 축적함으로써 정책학습을 높일 수 있다.

직무성과계약제가 성공하기 위해서는 조직의 목표를 설정하는 단계에서 조직 내외의 다양한 주체의 참여를 보장하고, 조직 내외의 다양한 주체와 합의한 성과계약이 마련되어야 한다. 또한 성과측정을 위한 성과지표가 마련되어야 하며, 성과에 대한 객관적 평가와 조직에의 기여도, 성과향상을 위한 노력 정도 등을 종합적으로 평가함으로써, 평가결과를 학습할 수 있는 조직 분위기를 조성하는 것이 필요하다.

3) 예산제도

예산 측면에서 성과주의 정부를 실현하기 위한 방안은 예산 운영의 신축성을 제고하고 시장원리를 적용하는 것으로써, 여기에서는 "3+1 개혁"이라고 불리는 국가예산제도 개혁의 내용에 대해 살펴보기로 한다. 즉, 국가재정운용계획(MTEF: Mid-Term Expenditure Framework), 총액배정·자율편성(Top-Down) 예산제도, 디지털예산회계시스템(BAR), 성과관리제도(BSC) 등에 대해서 살펴본다.

(1) 국가재정운용계획(MTEF: Mid-Term Expenditure Framework)

국가발전전략으로서 재정의 역할은 대내외 경제·사회여건 변화에 따라 그 중요성이 점차 증대됨에 따라 중기적 관점의 국가재정운용계획이 강조되고 있다.

우리나라는 1962년부터 경제개발 5개년 계획을 수립하여 국가발전의 비전과 목표를 제시함으로써, 눈부신 경제성장을 이룩한 바 있다. 또한 제 5 공화국 출범이후 1982년부터 만성 재정적자를 해소하고, 중기적 시각에서 재정을 관리하기 위해 중장기 재정운용계획제도를 도입하여 운영해 왔다. 그러나 중기재정계획은 매년 연동계획 수립을 전제하고 있음에도 새 정부의 출범 등 특정한 해에만 작성되는 경향이 있었다.

현재까지의 중기재정계획은 개략적인 투자방향을 제시하는데 그쳤으며, 단년도 예산편성 및 기금운용계획 수립과의 연계도 미흡했을 뿐만 아니라, 대외적으로 공개되지 않고 내부 참고자료로만 활용됨에 따라 그 실효성도 높지 않았다.

참여정부에 들어와서야 종래 중기계획과는 달리, 재정수지·국가채무 등 총량목표와 구체적인 재원배분계획을 제시하고, 단년도 예산 및 기금운용계획의 기본틀로 활용하기 시작하였고 계획의 포괄범위도 넓어져 종래 일반회계 등 예산중심에서 예산과 기금을 망라하는 통합재정 기준으로 작성하고 있다.

〈그림 12-1〉 총액배분·자율편성, 국가재정운용계획, 성과관리제도의 유기적 연계성

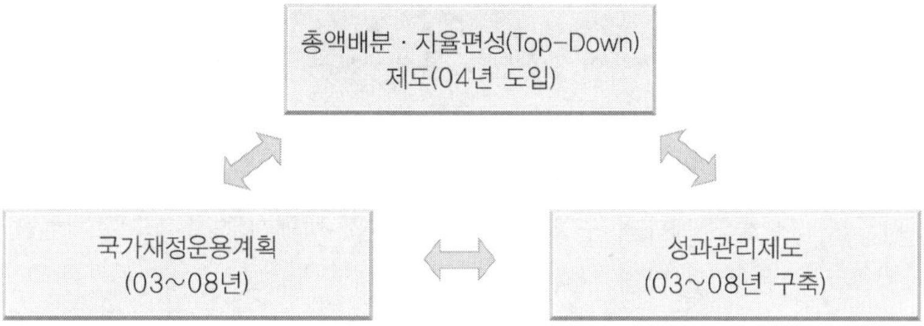

참여정부는 예산과 기금을 포괄하는 통합재정기준으로 5년 단위 국가재정운용계획을 의무화하여, 중장기적 시계(*time horizon*)에서 정책에 기초하여 국가재원을 전략적으로 배분하고, 재정건전성을 유지하고 투명성을 제고해 나간다는 계획을 제시하였다. 이는 2008년 예산안에도 잘 나타나는데, 국가재정운용계획은 국가의 역할과 지원이 필요한 분야에 중점 지원한다는 것이며, 산출의 총 가치를 예상하여 정책의 우선순위를 정하기 때문에 자산의 실시간 감가상각과 동태적 자산측정을 측정하는 데 도움을 줄 수 있다는 것이다(정부, 2007a: 2). 즉, 국가 총 중점사업을 선정함으로써 나타나게 될 영향력을 총체적으로 고려한 후 얻어진다는 측면에서 산출예산제도(New Performance Budget System)의 한 형태라 하겠다.

이러한 국가재정운용계획이 도입되면서 1) 재정운용의 효율성, 2) 재정운용의 건전성, 3) 재정운용의 투명성 등의 효과를 기대할 수 있는바, 향후 국가재정운용계획상의 분야별 투자규모를 총액배분・자율편성(Top-Down) 예산제도의 부처별 지출한도로 활용하여 단년도 예산 및 기금운용계획과 연계하고, 예산편성 과정에서 부처의 자율성과 전문성이 제고될 수 있도록 제도적으로 뒷받침하며, 5년 단위로 수립된 국가재정운용계획을 경제・사회 여건 변화 등을 반영하여 매년 연동・보완해 나갈 필요가 있을 것이다.

(2) 총액배분·자율편성(Top-Down) 예산제도

총액배분・자율편성(Top-Down) 예산제도는 국가재정운용계획(MTEF)에 의해 미리 정해진 기준지출금액을 기준으로 각 부처의 1년 예산 상한선을 설정하고, 지출상한선 안에서 각 부처가 자율적으로 자신의 예산을 편성하도록 하는 제도이다. 즉, 중기적 시각의 국가재정운용계획(MTEF)와 총액배분・자율편성(Top-Down) 예산제도는 유기적으로 연계되어 운영되는 것이 바람직하며, 이와 함께 고려되는 것이 성과관리제도이다.

총액배분 · 자율편성(Top-Down) 예산제도는 다음과 같은 특징을 지닌다.

첫째, 국가의 전략적 정책기획 기능이 강화된다. 총액배분 · 자율편성(Top-Down) 예산제도는 종래의 부처별 예산요구를 받아 조정하는 Bottom-Up 방식이 아니라, 지출총액을 먼저 결정하고 분야별, 부처별 지출한도를 설정한 다음 사업별 계수에 착수하는 방식을 취한다. 따라서 지출총액 내에서 우선순위에 의해 부처 내에서 자율적으로 재원을 배분하여 전략적으로 사용할 수 있게 된다.

둘째, 부처의 자율과 책임을 강조한다. 총액배분 · 자율편성(Top-Down) 예산제도는 부처에서 예산총액 한도 내에서 자율과 책임을 갖게 된다. 정부 각 부처는 지출총액 내에서 자율적으로 예산의 이용을 할 수 있으며, 이를 위해 전략적으로 계획을 세우고 집행하게 되며, 그 성과에 대한 책임을 지게 된다.

셋째, 비교우위에 따른 역할분담이 가능하다. 총액배분 · 자율편성(Top-Down) 예산제도에서 중앙예산기구는 국가전체의 재원배분 전략을 수립 및 집행하고, 개별사업부처는 세부적인 집행업무를 담당한다. 비교우위(*comparative advantage*)가 있는 집단이 분업을 하고, 서로 교환을 할 때 전체적인 생산성이 훨씬 더 좋아진다.

넷째, 관계기관의 참여를 강조한다. 총액배분 · 자율편성(Top-Down) 예산제도를 전략적으로 활용하기 위해 국가재정운용계획을 만드는데, 이때 관계 부처, 지방자치단체, 민간전문가의 광범위한 참여와 토론을 거치며, 최종적으로 국무위원 토론회에서 결정되는 분권적 절차를 거친다.

총액배분 · 자율편성(Top-Down) 예산제도를 도입하면 1) 정책의 안정적 추진, 2) 정책의 투명성 확보, 3) 낭비적 예산 행태 감소 등의 효과를 기대할 수 있는바, 향후 총액배분 · 자율편성(Top-Down) 예산제도의 올바른 정착과 운용을 위해서는 예산편성과정에 예산주무부처, 지자체 등 이해당사자의 충분한 참여와 협의를 거쳐야 하며, 총액배분 · 자율편성(Top-Down) 예산제도에 대한 교육 및 홍보를 강화하여 인식제고 노력을 해야 할 것이다.

(3) 디지털예산회계시스템

디지털예산회계시스템(BAR: Budget & Accounting Reinvention System)이란 예산의 편성 · 집행 · 평가에 있어 성과와 책임을 중요시하는 성과중심형 예산시스템이다. 디지털예산회계시스템은 예산 사용내역을 투명 · 정확하게 기록하고 측정하여 보고하는 성과관리형이며, 중앙과 지방정부 등을 망라한 국가재정정보를 누구나 쉽게 이용하고 분석 · 가공할 수 있도록 하는 지능형 통합재정정보시스템이다. 디지털예산회계시스템은

2007년 1월에 개설되었다.

디지털예산회계시스템(BAR)은 다음과 같은 특징을 지닌다.

첫째, 재정범위의 확대이다. 현행 재정범위는 중앙정부의 일반회계, 특별회계, 기금만으로 한정되어 전체 재정규모의 파악 및 관리가 곤란하지만, 디지털예산회계시스템이 도입되면, 지방정부, 국민연금관리공단 등 산하기관, 한국전력 등 공기업을 포함한 공공 부문 전체로 재정범위를 확대하게 된다.

둘째, 성과중심 프로그램이다. 현행 품목별 예산제도는 개별 사업의 성과와 결과보다는 투입과 통제를 중심으로 하는 제도이지만, 디지털예산회계시스템이 도입되면 성과중심의 예산회계시스템으로 전환시킬 수 있다.

셋째, 발생주의·복식부기 회계제도를 도입한다. 현행 현금주의·단식부기 회계제도는 수입과 지출의 사실에 국한된 장부기록 방식인데 비해, 디지털예산회계시스템에서 도입되는 발생주의·복식부기 회계제도는 수입과 지출 외에 이와 연결되는 자산과 부채의 변동, 원가정보까지를 포함한 과학적인 장부관리 방식이다.

넷째, 통합재정 정보분석시스템 구축이다. 현행 재정시스템은 중앙정부 중심으로 예산과 결산과정에서의 단순 집계·처리기능 위주로 운영되고 있으나, 디지털예산회계시스템에서는 모든 공공 부문의 정보를 필요한 사람에게 신속하게 자료를 분석 제공하는 통합재정 정보분석시스템이 구축된다.

따라서 디지털예산회계시스템(BAR)이 도입되면, 1) 적정한 재정정책의 시행, 2) 성과중심 예산제도의 집행, 3) 재정위험 예측가능, 4) 정보의 신속 제공 등의 효과를 기대할 수 있다.

(4) 성과증진을 위한 또 다른 노력, BSC

BSC(Balanced Score Card)란 "재무의 성과지표와 비재무적 성과지표를 통한 균형적인[7] 성과관리 도구"라 정의할 수 있다. Robert Kaplan과 David Norton은 BSC를 혁신적인 관리철학이라 정의한다. 전통적 관리기법이 재무적 지표들을 관리하는데 비하여, BSC는 재무적·비재무적 지표들을 모두 관리하는 것이고, 또한 BSC의 지표들간에 인과관계가 담겨져 있으며 기업의 전략적 목표들과 지표들이 직접적으로 연관성을 가지고 있

---

7) BSC에서 핵심이 되는 'Balanced'(균형잡힌)은 기술한 바와 같이 ① 재무적 지표와 비재무적 지표의 균형이라는 점에서 출발하였으나 이에 더하여 ② 조직 내부 요소(직원, 내부프로세스)와 외부요소(주주,고객)간의 균형, ③ 선행지표와 후행지표간의 균형(BSC 안에 양자가 골고루 포함되어야 함)이라는 측면에서도 중요하다.

기 때문에, BSC는 혁신적인 관리철학이라 할 수 있다.

BSC는 재무적 관점, 고객 관점, 내부 프로세스 관점, 혁신 및 발전효과(학습 및 성장)의 관점들을 결합하여 단일 보고서에서 제시하여 많은 상호관계를 이해하는 데 도움을 준다. 또한 의사를 결정하고 문제를 해결하는 능력을 향상시켜 기존 성과측정시스템의 한계를 극복한다. 즉, 경영에 필요한 운영측정지표를 한꺼번에 제시하여 어떤 영역의 개선이 혹시 다른 영역을 희생하며 달성된 것인지를 파악이 가능하여 부분 최적화를 방지한다. 또 BSC는 뒤를 돌아보는 것이 아닌 앞을 내다보고 전진할 수 있게 하는 미래지향성을 강조한다.

BSC는 재무적 관점, 고객 관점, 내부 프로세스 관점, 혁신 및 발전효과(학습 및 성장) 등 비재무적 성과를 균형적으로 강조하는 성과관리시스템으로 그동안 민간 부문에서 강조되어 왔으나, 비재무적 성과를 강조하고 있다는 점에서 공공조직에 대한 적용가능성도 높다.

〈그림 12-2〉에서 보는 바와 같이 공적 부문의 BSC모형은 사적 부문의 모형과 다음과 같은 차이점을 갖는다.

〈그림 12-2〉 사적 부문의 BSC 성과관리제도

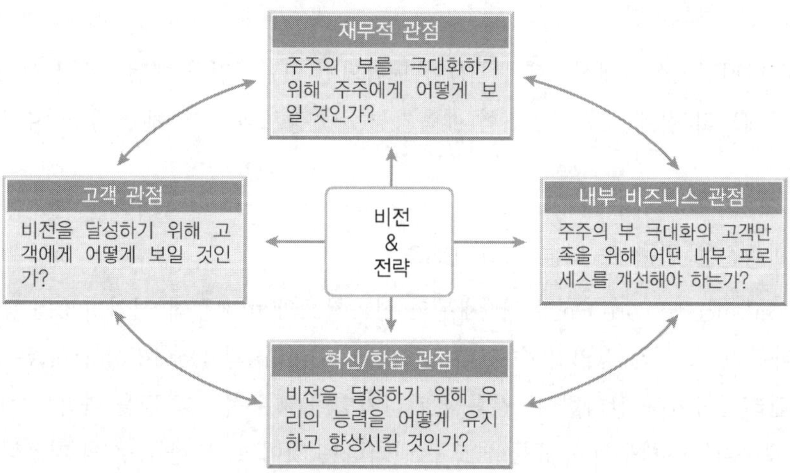

〈그림 12-3〉 공적 부문의 BSC 성과관리제도

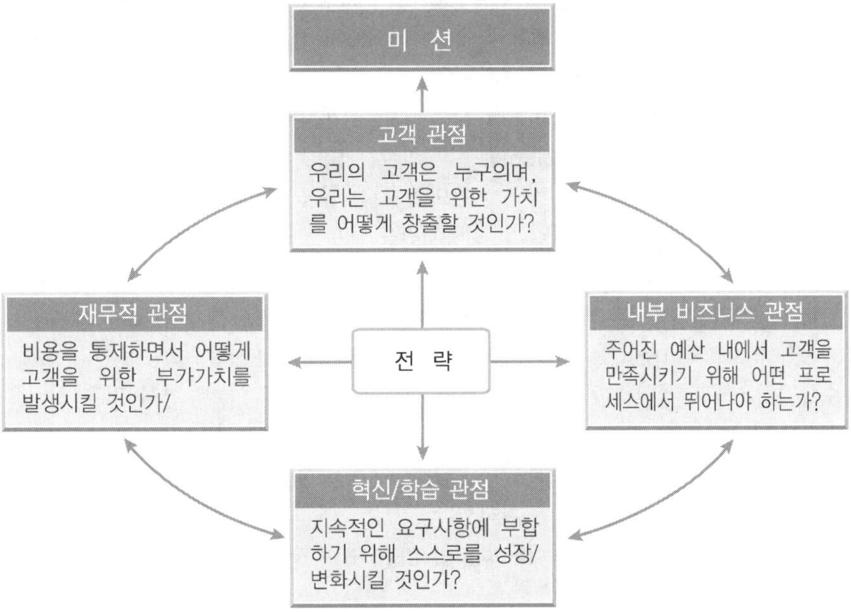

첫째, 조직의 미션이 BSC의 최상층부로 옮겨간다는 것이다(〈그림 12-3〉 참조). 사적 부문의 BSC는 모든 측정지표가 재무성과의 향상에 초점을 맞추게 되므로 미션과 전략이 주주의 이익에 중심을 두지만, 공적 부문의 BSC는 미션과 전략 설정이 BSC의 최상층부에서 이루어진다는 차이점을 갖는다.

둘째, 고객 관점에서 미션이 도출된다. 사적 부문에서 미션이 도출 되는 것은 재무적인 이해관계자들인 주주로부터 출발하지만, 공적 부문에서 미션이 도출되는 것은 주주가 아닌 조직의 고객들을 통해서이다. 즉, 공적 부문의 BSC는 미션의 달성을 수수에 대한 재무적인 책임과 동일시하지 않고 누구를 위해 봉사하고 어떻게 그들의 요구사항에 부합할 것인가로 판단하게 된다는 차이점을 갖는다. 이에 따라 〈그림 12-3〉에서 보듯이 공적 부문에서는 고객 관점이 상층부로 옮겨지게 된다.

정 책 사 례

행자부, '2007 BSC 명예의 전당' 2개 분야 수상

- 세계 공공분야 기관별 평가 및 공공 · 민간부문 지역별 평가에서 동시 석권 -

1. 사례개요

행정자치부 BSC 성과관리시스템이 세계 BSC 협회(BSCol)에서 수여하는 '2007 BSC 명예의 전당'(BSC Hall Of Fame)시상식에서 세계 공공분야(Global Public Sector)와 아태 지역분야(Asia-Pacific Sector) 2개 부문을 동시 수상하였다. 세계 공공분야와 지역분야에서 동시에 수상하는 것은 'BSC 명예의 전당'제정(2000년) 이후 행자부가 처음이며, 정부기관으로서의 수상은 아시아에서는 최초이다.

BSC 명예의 전당(BSC Hall Of Fame)은 BSC 창시자인 로버트 카플란 하버드대 교수와 데이비드 노턴 박사가 설립한 BSCol에서 수여하는 BSC에 관한 최고 권위의 상으로, 아시아 · 태평양, 유럽, 남미, 북미의 지역별 분야와 세계 공공분야 등 5개 분야에서 BSC 도입으로 탁월한 성과를 창출한 민간기업 및 공공기관을 매년 선정하여 수여하고 있다.

수상 기관을 직접 심사, 선정한 카플란 교수는 시상식에서 "정부기관임에도 세계 일류 민간기업을 능가하는 성과를 보여준 행자부 사례를 높이 평가하여 유례없이 세계 공공분야(Global Public Sector) 및 아시아 · 태평양 지역분야(Asia Pacific Sector)의 2개 부문에서 수상기관으로 선정하였다"고 밝히면서, "행정자치부의 사례를 보면서 깊은 인상을 받았다. 그 이유는 이전의 다른 정부에서는 보지 못했던 행자부의 혁신적인 측면 때문이다. 우리는 과거 1970년대 일본으로부터 배웠던 것처럼 이제는 한국으로부터 민간 및 공공의 효율성을 높이는 법을 배울 수 있다"고 극찬하였다.

* 자료: http://cafe.daum.net/loveapat/II3B/16 행자부, '2007 BSC 명예의 전당' 2개 분야 수상

2. 쟁점 및 시사점

정부조직은 조직구성원에게 새로운 혁신의 동기를 부여하고, 조직의 발전이 자신의 발전과도 연결된다는 점을 고취시키기 위해서 시스템적인 변화를 꾀하고 있다. BSC시스템은 성과를 다면적이고 균형적으로 평가하고, 부서 및 개인의 목표를 기관전략에 포함하는 전략적 성과관리시스템이다. BSC를 통해 건전한 경쟁문화를 활성화시키고, 이에 따라 조직의 큰 목표를 보다 효율적으로 달성하는 데 기여할 수 있을 것으로 기대되며, 이를 통해 조직은 성과중심의 조직문화를 정착시킬 수 있을 것이다.

행자부는 2005년 7월 BSC 기반의 성과관리를 도입한 이후 꾸준히 공공기관에 적합한 모델로 발전시켜 왔다. 이는 BSC 성과관리를 단순히 성과평가시스템에 머무르지 않고 조직의 비전과 전략을 구체화하고 이를 달성하기 위한 이행과제를 효과적으로 관리하는 통합적 전략관리시스템으로 한 단계 발전시킨 것이다.

그 결과 행자부는 국제적으로 공인받을 만큼 높은 수준의 가시적 성과를 낼 수 있게 되었는데, 2006년도에 정부혁신지수(GII)로 UN 특별공공행정상을 수상한 바 있으며, 2년 연속 UN 전자정부 수준평가 결과 5위('04~'05), 미 브라운대 전자정부평가 세계 1위('06~'07)를 차지한 바 있다.

이러한 쾌거는 공공부문에서의 BSC성과관리 도입의 대표적인 사례로서 정부의 대표적인 혁신기법인 성과관리가 국제적으로 인정을 받았다는 것을 의미한다. 앞으로 중앙행정기관은 물론 지방자치단체도 행자부의 경험과 노하우를 벤치마킹하여 공공기관의 성과관리가 올바르게 정착될 수 있도록 해야 할 것이다.

4) 규제개혁

규제의 측면에서 성과주의 정부를 실현하기 위한 방안은, 정부규제의 완화 및 철폐를 통해 정부의 성과를 제고하고, 생산성을 향상시킨다는 의의를 갖는다. 여기에서는 규제총량제도와 규제영향분석제도를 살펴보기로 한다.

(1) 규제총량제도

㈎ 의 의

규제총량제도란 정부가 규제 건수의 한도를 설정하고, 새로운 규제를 도입하면 비슷한 기존의 규제를 폐지하는 제도이다.

규제총량제도는 국민의 이익에 직접영향을 미치는 환경, 여성, 보건, 의료 등 사회적 약자의 보호를 위한 규제의 경우에는 지속적으로 보완·강화하는 반면, 민간기업의 활발한 활동을 저해하는 규제 등 과도하고 불합리한 기존규제를 집중 정리할 필요성에 의해서 도입되었다.

㈏ 규제총량제도의 과정

규제총량제도의 진행 과정은 1) 법안초안 작성(실·국), 2) 법안 초안확정 및 입법예고(실·국), 3) 자체규제심사(기획관리실), 4) 규제개혁위원회의 심사, 5) 법제처 등의 심사 순으로 이루어지고 있다. 법안초안 단계에서 규제총량제의 이행계획을 작성하고, 법안 초안확정 단계에서 규제총량제의 이행계획이 보고되며, 규제개혁위원회 단계에서 규제총량제의 이행계획이 확정된다. 법제처의 단계에서 최종 재확인 된다

㈐ 규제총량제도의 내용

규제총량제도의 기본방향은 규제를 신설하거나 강화하는 경우에는, 이에 양적·질적으로 상응하는 기존규제에 대한 합리적 조치가 반드시 병행되도록 운영하는 것이다. 합리화 조치에는 규제폐지·완화, 규제방식 개선, 규제의 명확화·구체화 등 정책품질향상을 위한 모든 조치가 포함된다.

또한 행정규제기본법에서는 규제를 신설 또는 강화하는 경우에, 존속의 이유가 명백하지 않은 규제에 대하여는 목적달성을 위한 최소기간 내에서 존속할 기간을 설정하여 명시하고, 원칙적으로 5년을 초과할 수 없다고 규정하고 있으며, 공청회, 입법예고 등의 방법으로 행정기관·민간단체·정책이해관계자·연구기관·전문가 등의 의견을 충분히 수렴하도록 하고 있다.[8)]

규제총량제도가 지속적으로 이루어지도록 하기 위해서는 사후관리를 필요하다. 사후관리에서는 규제총량제 이행실적의 주기적 평가를 통해, 운영상의 문제점 점검 및 개선방안을 마련하고, 우수한 부서 및 직원에 대하여 부서별·개인별 혁신평가 및 성과급 평가에 반영하는 등 포상 및 인센티브를 부여하고 있다.

(라) 규제총량제도의 한계

규제는 시장실패를 치유하기 위해 정부가 개입하는 수단이므로 적극적·능동적 성격을 가진다. 그러나 규제총량제도는 적극적·능동적 성격의 규제를 통제하는 것이므로, 시장실패 치유하려는 규제의 원래 취지를 저해할 수 있다는 비판이 있다. 특히 환경 분야의 경우 새집증후군, 환경호르몬 등 새로운 환경문제가 등장하여 국민의 생명과 안전을 보전해야 함에도 불구하고, 규제건수에 얽매여서 적극적·능동적으로 대처할 수 없다는 지적이 있다.

또한 규제총량제에 대한 규제개혁위원회의 심사가 엄격함에도 부처 내에 규제심사를 강화하는 데 따른 불만이 존재한다.

(마) 규제총량제도 한계 극복 방안

규제총량제도의 한계를 극복하기 위해서는 우선 규제총량제도가 단순히 규제건수의 증감만을 맞추는 것이 아니라, 불합리한 기존 규제를 정비하려는 데 그 목적이 있음을 구성원에게 이해시켜야 한다.

또한 규제의 총량을 부처 전체를 기준으로 산정하여 부처 내 실·국간의 규제총량을 거래할 수 있도록 하고, 신설규제에 대응하는 규제폐지가 없더라도 이에 상응하는 규제 합리화가 있는 경우 규제총량을 맞춘 것으로 인정해 주는 등, 규제총량제의 탄력적 운영이 필요하다.

하지만, 전체적으로 규제총량제는 규제 과다 남발을 방지하기 위한 매우 중요한 의의를 지니는바, 규제총량을 평가하여 그 실적이 미진한 부서에 대해 이행을 촉구하는 등 부처 기관장의 규제총량제도에 대한 강력한 의지와 지원이 필요하다고 할 것이다.

(2) 규제영향분석제도

(가) 규제영향분석제도의 의미

규제영향분석제도란 규제로 인하여 예상되는 영향을 과학적·실증적인 방법으로 분석하여 규제정책결정의 객관적 근거를 마련하기 위한 제도이다. 행정규제기본법에서는 규

---

8) 행정규제기본법 제8조~9조 참조할 것.

제영향분석에 대해, '규제영향분석'이라 함은 "규제로 인하여 국민의 일상생활과 사회·경제·행정 등에 미치는 제반 영향을, 객관적이고 과학적인 방법을 사용하여 미리 예측·분석함으로써, 규제의 타당성을 판단하는 기준을 제시하는 것"으로 정의하고 있다.[9)]

규제영향분석제도는 규제의 품질제고와 불합리한 규제남발을 억제하기 위해 도입한 것으로, 1997년 OECD 각료회의에서 회원국들에게 규제영향분석제도(RIA: Regulation Impact Analysis) 도입을 권고하였는데, 이러한 권고에 따라 OECD 회원국들은 규제영향분석제도를 도입하게 되었다.

(나) 규제영향분석제도의 역할

규제영향분석제도는 신규 규제에 대한 과학적·체계적 분석을 통하여 규제가 유발하는 비용과 편익에 대한 정확한 측정과 비교를 통해 최선의 규제정책을 결정하는 데 도움을 준다. 또한 불합리한 규제정책의 실행에 있어 수반되는 비용은 숨겨진 세금(*hidden tax*)이라 할 수 있는바, 규제영향분석은 이러한 숨겨진 세금의 발생을 막고, 이미 이루어진 경우에는 이를 방지하는 역할을 하게 된다.

(다) 규제영향분석제도에서의 검토 요소

① 규제의 신설 또는 강화의 필요성

규제의 신설 또는 강화의 필요성을 검토하는 것은 불합리한 규제의 신설·강화를 사전에 방지하기 위해서이다.

② 규제목적의 실현가능성

규제목적의 실현가능성을 평가하는 이유는 규제의 정책적 목적이 이상향이 아닌 실제로 달성이 가능한지를 검토하여 규제의 순응비용을 최소화 하고, 규제가 의도하는 목적을 효과적으로 달성할 수 있는지 평가하기 위함이다.

③ 기존 규제와의 중복여부

기존 규제와의 중복여부에 대한 평가의 목적은, 국민의 권리를 제한하고 의무를 부과하는 내용의 규제를 가능한 명령, 지시 등의 규제적 수단보다는 정보제공, 경제적 유인 등의 비규제적 수단을 통하여 국민생활의 자유를 증진시키기 위함이다. 또한 유사 중복규제의 생산을 규제 입안과정에서 차단하고 규제가 확대 재생산되지 않도록 규제설계의 품질을 제고하는데 있다.

---

9) 행정규제기본법 제1조 참조할 것.

④ 규제의 비용과 편익의 비교분석

규제의 비용과 편익의 비교분석은 규제영향분석의 핵심적 평가항목으로, 규제가 규제대상집단 및 경제전반에 미치는 효과를 계량적으로 하여 평가하는 규제의 경제적 합리성을 검토하는 단계이다.

규제의 비용과 편익의 비교분석의 목적은 규제안이 실행될 경우 그 결과에 대한 정확한 예측의 제공하기 위한 것이며, 규제안의 실행에 관한 정책적 결정에 과학적으로 기여하기 위한 것이다.

⑤ 규제내용의 객관성과 명료성

규제내용의 객관성과 명료성 평가항목은 규제영향분석서 작성시, 일반국민이 쉽게 이해할 수 있도록 규제의 내용, 기준, 방법 및 절차, 존속기한을 객관적이고 일관성 있게 작성하도록 하기 위함이다. 이를 통해 행정기관의 남용, 일반국민이나 하급기관의 빈번한 유권해석 의뢰발생을 방지하고, 효율적인 규제집행이 가능하게 된다.

㈑ 외국의 규제영향분석제도

① 미국의 규제영향분석(RIA) 지침

1993년 말 클린턴 대통령은 정부혁신(*reinventing government*) 운동의 일환으로 기존의 규제심사제도를 대치할 "규제기획 및 심사제도"(*regulatory planning and review*)를 도입하는 대통령령(12866호)을 발표한 바 있다.

미국정부는 "미국민에게 부담을 주고 피해를 미치는 규제체계가 아니라 미국민의 이익을 우선적으로 고려하는 규제체계를 가질 권리가 있다"는 규제철학하에, 정부는 1) 법률이 요구하는 경우에만, 2) 시장실패를 치유하고 예방하기 위하여 필요한 경우에만, 그리고 3) 가장 비용효과적인 방법으로 현명하고 신중하게 규제를 도입하고 집행해야 할 기본적 책임이 있음을 선언하였으며, 더 나아가 이러한 규제철학을 실천하기 위한 아래의 12가지 원칙을 규정하고 모든 행정기관이 이를 준수하도록 지시하였다.

(1) 행정기관은 시장실패(*market failures*)나 기존제도의 결함으로 인한 문제가 정말 심각하고, 규제를 통해서가 아니고서는 해결할 수 없는 경우에만 규제를 도입하여야 한다.

(2) 새로운 규제를 도입해 문제를 해결하고자 할 때에는 그 문제가 기존의 잘못된 규제나 법률 때문에 발생된 것이 아닌지를 반드시 검토해야 한다.

(3) 직접적으로 규제하려고 하기 보다는 국민들이 올바른 판단과 선택을 돕기 위해 필요하고 적절한 정보를 제공하는 등 경제적 유인(인센티브)을 제공함으로써 문제를 좀더 원천적으

로 해결할 수 없는가를 검토해야 한다.

(4) 행정기관은 국민의 안전을 위협하는 제반 위험의 본질과 심각성 정도를 면밀히 고려하여 규제의 우선순위를 설정해야 한다.

(5) 규제수단의 선택에 있어서는 기술혁신의 유인, 일관성, 예측가능성, 정부기관·피규제집단·국민이 부담해야 할 규제집행 및 순응비용의 크기, 규제준수방식의 융통성, 분배 측면의 효과 및 공평성 등을 고려하여 가장 비용효과적인(*cost-effective*) 규제방법을 선택해야 한다.

(6) 행정기관은 규제의 비용과 편익을 평가하여야 하며, 규제의 편익이 규제의 비용을 정당화(*justify*)할 만큼 큰 경우에만 정당하게 규제를 도입할 수 있다.

(7) 규제를 신설할 때에는 규제의 필요성과 규제를 통해 얻을 수 있는 결과에 대한 최선의 과학적·기술적·경제학적 정보에 입각하여 합리적으로 결정해야 한다.

(8) 피규제자로 하여금 특정 행동방식의 채택을 강요하는 이른바 전통적인 명령지시적 규제방법을 지양하고, 가능한 한 성과기준(*performance standards*)에 의한 규제방법을 사용함으로써 피규제자가 정해진 기준이나 목표를 가장 효율적이고 효과적으로 달성할 수 있는 방안을 선택할 수 있도록 최대한의 융통성을 허용하여야 한다.

(9) 주정부 및 지방정부에 규제의무를 부과하는 경우에는 사전에 지방공무원들의 의견을 구하고, 연방정부의 규제명령이 주 및 지방정부에 미치게 될 영향, 특히 지방의 재원조달 능력을 평가하여 그들의 부담이 최소화되도록 해야 한다.

(10) 다른 규제와 불일치, 상충, 또는 중복되는 규제의 도입을 피해야 한다.

(11) 중소기업 및 소규모 자치단체의 규제비용을 최소화할 수 있도록 충분히 배려해야 한다.

(12) 가능한 한 규제안을 단순하고 이해하기 쉽도록 작성함으로써 규제내용의 불확실성과 그로 인한 소송제기 가능성을 최소화해야 한다.

② 호주의 규제영향분석 지침

㉠ 규제의 목적 검토

(1) 제기된 문제가 무엇인가?

(2) 이 문제의 해결을 위해 정부행동(*government action*)이 요구되는 이유가 무엇인가?

(3) 그런 정부행동의 목적은 무엇인가?

(4) 현재 그 문제와 관련한 규제나 정책이 있는가? 누가 담당하고 있는가?

㉡ 규제수단 검토

(5) 그 문제를 풀기 위해 현재 어떤 대안들이 고려되고 있는가?

(6) 각 대안을 부적절하게 만들 수도 있는 제약요인을 찾으라.

㉢ 영향분석

(7) 그 문제로 영향을 받고 있는 자는 누구이고, 제안된 규제로 영향을 받을 자는 누구인가?
(8) 각각의 제안된 규제대안이 기존의 규제와 관련규제기관의 역할에 미칠 영향은 무엇인가?
(9) 제안된 규제대안으로 기대되는 모든 효과를 예상편익과 예상비용으로 나누어 제시하라.
(10) 어떤 집단이 이런 편익과 비용을 경험하게 될 것인지, 그 크기가 각각 얼마만 할지를 계산하라.
(11) 규제로 인한 분배효과(*distribution effects*)를 찾아내고 그것을 영향집단별로 나누어 보라.
(12) 제안된 규제대안을 그것의 비용과 편익 그리고 분배효과에 따라 우선순위를 정하라.
(13) 이런 추계에 사용된 자료의 소스(*data source*)와 주된 가정(*assumptions*)을 밝히라.
(14) 제안된 규제대안의 평가결과를 요약하고 왜 어떤 대안이 우월한지를 밝히라.

㉣ 규제의 집행과 심사

(15) 선택된 대안은 어떻게 집행할 것인가?
(16) 선택된 대안은 명확하고, 일관성 있으며, 사용자들이 이해하고 접근하기 쉽게 되어 있는가?
(17) 선택된 대안의 효과성은 어떻게 평가할 것인가? 얼마나 자주 평가할 것인가?
(18) 선택된 대안의 집행을 위해 입법이 필요하다면, 해당입법에 일정 기간이 지나면 그 법의 필요성을 재검토하거나 폐지할 것을 요구하는 규정이 담겨 있는가? (일몰법 제도를 말함)

㉤ 요 약

(19) 각 대안의 평가요지를 제시하라.
(20) 선택된 대안이 무엇이고 왜 그 대안을 선택하였는지를 밝혀라.
(21) 이런 결론이 기초하고 있는 가정(*assumptions*)을 간단히 소개하라.

③ OECD의 규제영향분석 지침

(1) 문제가 정확하게 정의되고 있는가?
(2) 해당 문제에 대한 정부행동(*government action*)이 정당화되어(*justified*) 있는가?
(3) 규제가 정부행동의 가장 적절한 형태인가?
(4) 규제의 법적 근거가 구비되어 있는가?
(5) 이런 행동을 취하기 가장 적절한 수준의 정부는 무엇인가?(중앙정부 vs. 지방정부)
(6) 규제비용을 정당화할 수 있을 만큼 규제의 편익이 큰가?
(7) 규제로 인한 분배효과가 투명한가?
(8) 규제가 명확하고, 일관성 있으며, 사용자들이 이해하고 접근하기 쉽게 되어 있는가?
(9) 모든 이해당사자(집단)가 자신의 견해를 밝힐 수 있는 기회를 가졌는가?

(10) 규제에 대한 순응(*compliance*)이 얼마나 잘 확보될 것인가?

(마) 요약 및 정리: 규제영향분석제도

한국과 선진 외국의 규제분석 내용들을, 지금까지 검토한 내용을 토대로 표로 정리하면 다음과 같다.

검토항목	규제분석 내용			
	한 국	미 국	호 주	OECD
규제의 신설 또는 강화 필요성 검토	– 문제정의와 내용 기술 – 사회적 피해규모 및 문제의 심각성 – 문제발생의 원인 – 이해관계자와 전문가 자문 및 정보 수집 – 시장실패요인 검토 – 개인 간의 타협 통한 문제해결 가능성 – 규제기관의 판단과 개입의 적절성 검토 – 정부개입의 목표 제시 – 목표수준의 구체화	– 규제의 도입은 기존제도의 결함이나 시장실패로 인 한 문제가 정말 심각하고 규제를 통해서만 가능한 경우에만 인정 – 규제신설시 기존 제도의 잘못에 의한 것인지 반드시 검토	– 제기된 문제는 무엇이 무엇인가? – 이 문제의 해결을 위해 정부 행동이 요구되는 이유는 무엇인가? – 그런 정부행동의 목적은 무엇인가?	– 문제가 정확하게 정의되고 있는가? – 해당 문제에 대한 정부행동이 정당화되어 있는가? – 모든 이해관계자가 자신의 견해를 밝힐 수 있는 기회를 가졌는가?
규제목적의 실현 가능성	– 규제 대상 이해관계자들의 의견 수렴 – 규제의 사회적 제약 요소 평가 – 행정완경의 실현 가능성	– 주정부 및 지방정부에 규제의무를 부과하는 경우 사전에 지방공무원들의 의견을 구하고 연방정부의 규제 명령이 주 및 지방정부에 미치게 될 영향, 특히 지방의 재원조달 능력을 평가하여 그들의 부담이 최소화되도록 해야 함	– 규제의 대안을 부적절하게 만들 수 있는 제약요인은 무엇인가?	– 규제에 대한 순응이 얼마나 잘 확보될 것인가?

규제 외 수단의 존재 및 기존규제와의 중복여부	- 기존규제로 대체가 가능한지 여부 - 규제 아닌 다른 방법으로 목적을 달성 수 있는지 여부 - 유사한 기존규제와 중복여부 - 규제의 확대 재생산 여부 검토	- 직접적 규제보다는 경제적 유인을 제공하여 해결할 수 없는가를 검토 - 전통적인 명령지시적 규제보다는 가능한 성과기준에 의한 규제방법을 사용함으로써 규제대항집단에게 최대한의 융통성을 허용 - 다른 규제와 불일치, 상충 또는 중복되는 규제의 도입을 피해야 함	- 현재 해당 문제와 관련한 규제나 정책이 있는가?	- 규제가 정부행동의 가장 적절한 수단인가? - 규제를 실행할 가장 적절한 수준의 정부는 무엇인가? (중앙정부 vs. 지방정부)
규제의 비용과 편익의 비교분석	- 규제안과 비규제안에 대한 사전적 검토 - 규제의 경제 · 사회적 비용분석 - 규제의 경제 · 사회적 편익분석 - 규제의 비용과 편익 최종검토	- 규제수단의 선택에 있어서는 기술 혁신의 유인 등 가장 비용효과적인 규제방법을 선택해야 함 - 행정기관의 규제 의 비용과 편익을 평가하여야 하며 규제의 편익이 규제의 비용을 정당화할 만큼 큰 경우에만 정당하게 규제를 도입할 수 있음	- 해당 문제로 영향을 받는 자와 제안된 규제로 영향을 받을 자는 누구인 가? - 제안된 규제대안으로 기대되는 모든 효과를 예상편익과 예상비용으로 나누어 검토함 - 제안된 규제대안을 그것의 비용과 편익 그리고 분배 효과에 따라 우선순위를 분석함 - 제안된 규제대안의 평가결과를 요약하고 왜 어떤 대안이 우월한지를 명백히 함	- 규제비용을 정당화할 수 있을 만큼 규제의 편익이 큰가?
규제내용의 객관성·명료성 검토	- 규제기준과 절차의 명확성, 일관성, 이해용이성 - 규제의 법적근거 및 존속기한의 타당성 여부	- 가능한 규제안을 단순하고 쉽게 작성함으로써 규제내용의 불확실성과 소송제기 가능성을 최소화해야 함	- 선택된 대안은 명확하고, 일관성이 있으며 사용자들이 이해하고 접근하기 쉽게 되어 있는가?	- 규제의 법적 근거 가 구비되어 있는가? - 규제가 명확하고 일관성이 있으며 사용자들이 이해하고 접근하기 쉽게 되어 있는가?

제 4 절 고객중심 정부

1980년대 이후 선진국은 경제적 위기상황으로 인해 복지국가 실현을 위한 정부의 적극적 개입에 회의가 제기되었고, 작은 정부를 통한 시장경제에 최소한의 개입과 공공 부문에서의 시장경쟁 원리의 도입이 강력하게 제기 되었다. 더불어 영국 대처 수상과 미국 레이건 대통령 등 보수주의 정권의 등장은 신공공관리(NPM)에 토대를 둔 작은 정부의 도입을 더욱 더 부채질 하였다. 이러한 작은 정부의 지향 정책은 각국의 상황에 따라 상이하지만, 공통적인 현상은 고객을 중심으로 하는 새로운 행정관리로 변화하고 있다는 점이다.

1. 고객중심 정부의 의의

고객중심 정부란 고객인 국민에게 정부가 최적의 방법으로 질높은 서비스를 제공함으로써, 국민을 최대한 만족시키는 정부를 의미한다. 하지만 이는 단순히 국민과의 접점에서의 서비스 제공에 국한된 개념이 아니라, 국민에게 영향을 미치는 정책의 수립단계부터 적용되는 개념이다. 즉 전략수립, 성과측정, 정보시스템, 지원프로세스 등의 모든 부분들에 있어서, 고객의 욕구와 기대를 잘 반영하고 고객의 가치창출에 초점을 맞추어야 한다는 것이다.

고객이란 개념은 아직은 공공부문에는 생소한 개념으로 인식되고 있다. 이러한 인식의 가장 큰 이유는, 민간기업은 경쟁적 환경하에서 고객에게 관심을 기울이고, 고객을 만족시키는 방안을 마련해야만 기업이 생존할 수 있음을 정확히 인식하고 있으나, 공공 부문은 고객이 누구인지 모르고, 국민을 고객보다는 정책의 수혜자라고 인식하는 태도가 일반적이기 때문이다.

선진국의 경우 이러한 인식을 전환하기 위하여 고객중심 정부를 강조하고 있다. Osborne & Gaebler(1992)는 국민이 그동안 공공기관에 가진 불신을 극복하고, 국민에게 새로운 신뢰를 주어야 한다고 주장하였고, 클린턴 정부는 고객중심 정부를 실현하기 위해 다음과 같은 8가지 원칙을 시달하고, 정부 운영에 시장경쟁원리를 도입하였으며, 공공서비스에 대한 최종결정권이 고객에게 있다고 강조하였다(박중훈 · 김판석, 1996: 18).

클린턴 정부의 고객중심 정부의 실현 원칙은 다음과 같다.

첫째, 각 행정기관은 자신들의 고객이 누구인지를 파악하라.

둘째, 고객을 상대로 고객만족조사를 실시하라.

셋째, 고객봉사기준을 공표하고 그 결과를 측정하라.

넷째, 민간의 최우수 기관의 고객서비스 성과를 벤치마킹하라.

다섯째, 행정을 민간 최우수 기관의 서비스처럼 만드는데 어떤 장애가 있는지에 대하여 일반직원들의 의견조사를 실시하라.

여섯째, 고객에게 선택의 폭을 넓혀 주라.

일곱째, 공공정보나 민원불평 제도에 보다 용이하게 접근할 수 있도록 하라.

여덟째, 고객 불평을 접수할 수 있는 공식적인 수단을 구축하라.

고객중심 정부의 원칙은 결국 고객의 존재를 강조하고 있음을 알 수 있다. 여기에서의 고객의 의미는 향상된 공공서비스의 공급을 받을 권리가 있는 고객이란 의미일 뿐만 아니라, 공공 부문의 서비스제공이 만족스럽지 못할 경우에는 민간 부문에서 제공하는 공공서비스의 공급을 선택할 수 있는 적극적인 의미의 고객을 의미한다.

2. 고객중심적 정부의 대두배경

지식정보사회는 정부주도가 아닌 민간주도의 사회이며, 정부는 이를 뒷받침하는 제도와 기반을 지원해야 한다. 지식정보사회에서는 단순하고 정형화된 문제는 줄어들고, 고객의 이해관계나 욕구가 복잡하고 다양해지고 있으므로, 정부도 이에 대한 준비가 이루어져야 한다. 이러한 시대적 변화에 따라 행정관리에 있어서도 패러다임의 변화가 요구되었다. 즉, 국가의 사회환경이 1) 과거의 공급자중심에서 수요자중심으로, 2) 대량생산중심에서 고객만족중심으로, 3) 양 중심에서 질 중심으로, 4) 보호·통제중심에서 무한 경쟁시대로 변화되면서, 이에 대응할 수 있는 이념과 실천 관리전략을 수립하는 것이 중요한 시대적 화두가 된 것이다.

전통적 행정의 목표는 투입-산출의 효율성(*efficiency*)의 증대에 있었으나, 현대의 행정은 총체적인 효과성(*effectiveness*)을 높일 수 있는 방향으로 가야 한다. 총체적인 효과성이란 정부의 존재목적인 국민의 욕구충족의 극대화를 의미한다. 이는 산업사회에서 지식정보사회로의 변화와 맥락을 같이하는 것으로서, 과거 산업사회 경제가 일정자본 투입에서 최대의 산출의 효율성을 추구하였다면, 지식정보사회는 생산적인 지식의 창출을 통해 고객의 만족을 창출해내는 것과 같다. 공공 부문에서도 정부 내의 생산적 지식창출을 통해, 고객(국민)만족 서비스의 공급자로서의 역할이 요구되는 것이다.

3. 고객중심적 정부의 실현방안

1) One-Stop Service 조직

높은 질의 행정서비스를 제공하고, 고객으로 하여금 만족감을 가지게 하기 위해서는 고객만족을 행정관리의 최고 이념으로 삼아 이를 지속적·중점적으로 추진하겠다는 최고 지도자의 의지가 중요하다. 또한 과거 조직의 설계원리는 업무를 세분화하고, 전문화된 기능을 수행하는 형태로 이루어져 있어서, 이용자인 국민이 쉽게 이해하기 어려운 명칭과 조직편제를 구성하고 있는 경우가 대부분이었다. 따라서 조직구조를 이용자인 국민편의 위주로 개편하여야 하는데, 이러한 조직개편의 방식 중의 하나가 One-stop service 조직이다.

One-stop service 조직은 과거 행정기능 위주로 분리되어 국민에게 서비스를 제공하던 조직들을 통합함으로써, 주민들이 일괄처리 서비스(One-stop service)를 제공받을 수 있도록 조직을 재편성함으로써, 민원업무를 한 번에 처리하여 이용자의 불편과 행정업무에 소요되는 시간을 최소화 하는 조직을 의미한다. 이러한 일괄처리 서비스(One-stop service)는 모바일 서비스(Mobile Service) 및 유비쿼터스 서비스(Ubiquitous service) 개념과 결부되어, 언제 어디서나 일괄처리 서비스를 제공받을 수 있는 고객중심 서비스 체제를 실현시키고 있다.

정 · 책 · 사 · 례

국세청의 전자세정 구현을 통한 최일류 고객 서비스 제공

1. 사례개요

기존의 국세청 서비스는 세무서 방문에 따른 납세자의 부담 및 불편이 가중되었고, 대면접촉을 통한 전근대적 문제해결 관행이 상존하였다. 이러한 문제해결을 위해 조직 내 회의적 반응을 극복하였으며, 기관장과 조직구성원의 상호 협력을 통하여 HTS확립과 납세 서비스 패러다임의 전환을 이끌어내었다. 이 과정을 통해 국세청의 전자적 행정서비스가 고객중심 서비스로 개편됨으로써 큰 성과를 거두게 되었다.

* 자료: http://www.innovation.pa.go.kr.

2. 성공요인

1) 고객중심의 혁신

고객을 세정의 핵심가치로 하여, 납세자의 편의를 도모하기 위해서 납세자 및 세무대리인 등에게 만족도 조사를 실시하였다. 또한 과거의 소극적인 '소품종 다량생산'의 정책에서, 개개의 납세자의 편의에 맞춘 '다품종 소량생산'의 적극적인 정책실현에 노력을 기울였다는 점이 핵심 성공요인이다.

2) 고객 및 이해 당사자에게 적극적 홍보

'e-세정' 추진내용 등 정책집행 상황에 대해 보도자료, 홈페이지 등을 통해 국민 및 이해 당사자에게 적극 홍보하였다.

3) 전자세정 추진과정에 끊임없는 피드백

국세청은 전자세정 최고의사결정자인 국세청장의 명확한 목표설정과 이를 달성하기 위한 일관성 있는 정책추진뿐만 아니라, 그 과정에서 발생하는 납세자들의 불편과 예상치 못한 문제를 극복하기 위해 끊임없이 홈페이지를 통해 국민들의 의견을 수렴하고, 일선 하위직 공무원들의 연구에 대한 성과보상을 활성화하여, 이를 정책수립·집행과정에 반영하는 노력을 계속해 왔다.

2) 고객만족도의 측정 제도화

제공되는 행정서비스에 대한 고객만족도를 정기적·정량적으로 측정하는 것도 고객중심 정부 구현을 위한 방안이다. 고객만족도의 정기적·정량적 측정 결과는 공공서비스의 직접적 수혜자인 국민이 공공서비스에 대하여 어떻게 느끼고 어느 정도 만족하는지를 나타내는 지표로서, 미진한 부분은 보완하고 잘된 부분은 학습과 공유를 통해 확산되도록 해야 한다. 현재 우리나라는 정부업무평가에서 고객만족도 조사를 시행하고 있으나 향후 좀더 과학적 방법을 통해 통계적으로 신뢰할 수 있는 측정설계를 지속적으로 보완해 나가야 할 것이다.

3) 행정서비스 헌장제도

행정서비스 헌장제도는 행정기관이 제공하는 서비스의 기준과 내용, 제공방법 및 절차, 잘못된 서비스에 대한 시정 및 보상조치 등을 국민과 협의를 통해 구체적으로 정하여 공표하고, 이의 실천을 국민에게 약속하는 제도를 의미한다.

영국 등 선진국[10]의 경우 시민의 만족도 조사 및 서비스 제공자의 경쟁촉진으로 시민의 선택권을 확대하고, 잘못된 서비스에 대한 불만 제기권 부여 및 시정 또는 보상조치를 마련하는 행정서비스 헌장제도를 도입하였다.

우리나라에서는 1998년 6월 "행정서비스 헌장제도"가 마련되었으며, 참여정부부터 행정서비스 헌장제도를 보완하는 서비스 스탠다드 제도가 시도되고 있다. 서비스 스탠다드 제도란 개별 기관 수준에서의 고객권리와 직원의 의무를 명확히 규정하는 것을 넘어서서, 성과목표치 및 성과측정 메커니즘이 포함되는 성과관리체제의 관리적 요소를 강화시킨 제도이다.

현재 우리나라에서 시행하고 있는 행정서비스 헌장의 원칙은 아래와 같다.

〈행정서비스 헌장 8대 원칙〉

1. 고객(국민)중심의 원칙
   서비스 제공자(행정기관)의 입장에서 정하지 말고 고객(국민)의 입장에서 의견수렴
2. 제공서비스의 구체성 원칙
   고객 누구나 알도록 구체적이고 계량화된 서비스 기준 마련
3. 최고의 서비스 제공원칙
   우수기관, 민간기업 등을 벤치마킹하여 최고수준의 서비스 제공
4. 비용과 고객편익의 원칙
   최소한의 비용을 투입하여 최대한의 행정서비스 생산 제공
5. 정보제공의 원칙
   처리부서, 관계법령, 정보절차 및 경로 등을 상세하게 공지
6. 시상 및 보상조치의 명확화 원칙
   잘못된 서비스에 대한 고객불만 제기 및 건의방법 등 제시
7. 고객참여의 원칙
   서비스기준 설정부터 만족도평가까지 고객 여론수렴 반영
8. 성과관리 연계성 원칙(추가된 원칙)
   헌장 이행도를 자체 평가하여 팀(과)별 성과관리에 반영

* 자료: 행정자치부(www.mogaha.go.kr)

---

10) 영국은 시민헌장 (Citizen's Charter, 1991; Service First programme, 1998년 명칭 변경), 미국은 고객서비스 기준(Customer Service Standards, 1993), 캐나다는 서비스 기준 정책(Service Standards Initiative,1994), 벨기에는 행정서비스 이용자헌장(Public Services User's Charter, 1992), 프랑스는 행정서비스 헌장(Public Service Charter, 1992), 덴마크는 서비스 공표(Service Declaration), 포르투갈은 행정서비스 질 향상을 위한 헌장(The Quality Charter in Public Services, 1993), 스페인은 행정서비스 질의 감시(The Quality Observatory, 1992) 호주는 행정서비스기준(Administrative Service Standards, 1992), 싱가폴은 탁월한 행정서비스(Excellence in Public Service, 1995), 홍콩은 시민서비스(Serving the Community, 1995) 등으로 시행하고 있다.

행정서비스 헌장제도의 시행으로 인해 고객서비스 수준의 지속적 향상을 가져왔고, 고객중심의 행정문화가 확산되었다. 또한 부처의 혁신과제에 서비스 스탠다드 개념을 적용한 성과평가를 실시하여 정부혁신 프로세스와 헌장제도의 연계를 가능하게 하였다.

행정서비스 헌장제도의 시행으로 많은 부분이 향상되었으나 아직도 미흡한 점이 많다. 무엇보다도 행정서비스 헌장을 민원업무에서 파생되는 지엽적·절차적 업무로 인식함으로써, 행정업무 전반의 가치창출을 위한 연계의지가 미흡하며, 기관장의 관심부족과 적극적 추진의지 역시 미흡하다는 점을 문제점으로 들 수 있다. 앞으로 행정서비스 헌장의 강력한 실천 및 추진동력 확보를 위해 기관장이 솔선수범하도록 하고, 이를 강력한 인센티브로 연계할 필요가 있다. 또한, 민간부문의 고객서비스 헌장을 벤치마킹하는 한편, 기관자체 우수헌장 선정 공표, 토론회, 워크숍 등의 개최를 통한 내부고객 홍보와 온라인 또는 오프라인 발행 뉴스 등을 통한 외부고객 홍보를 강화할 필요가 있다.

4) 행정정보공개제도

(1) 행정정보공개제도의 의의

행정정보공개제도란 정부기관이 보유하고 있는 정보 중 부득이한 사유로 공개가 불가능한 정보를 제외한 나머지 정보를 국민의 공개청구가 있는 경우에 열람·복사할 수 있도록 공개하는 제도를 의미한다. 이는 헌법상의 권리로서의 국민의 알권리를 실현하는 제도로서, 현대 민주주의를 실현하는 데 있어 매우 중요한 제도이다.

행정정보공개제도는 고객중심 정부의 중요 사항이라 할 수 있다. 정보공개를 통해 고객인 국민이 정부가 제공하는 서비스에 대한 정보를 정확히 알 수 있고, 행정서비스 제공에 대한 공론의 장에 참여를 유도하여 정부 제공 서비스의 질을 제고 할 수 있으며, 최종적으로는 이에 대한 책임을 확보할 수 있기 때문이다. 특히 정보통신기술의 발달로 인한 전자정보공개제도의 도입으로, 기존의 직접 방문 및 문서위주의 정보공개를 온라인상에서 해결함으로써, 민원인에게 편의를 제공하고 정보를 적절한 타이밍에 제공하여 기존의 문서위주 정보공개제도의 단점을 보완하여 고객중심 정부의 실현이 가능하게 되었다.

(2) 행정정보공개 제도의 필요성

정보공개는 국민의 '알 권리'의 충족을 위하여 필요하다. '알 권리'는 개인의 인격형성을 위한 전제이며, 개인의 자아실현을 가능케 하는 헌법적 권리로서 인간의 존엄성 추구의 중요한 내용이 된다.

정 ● 책 ● 사 ● 례

인터넷 정보공개 서비스 절차도

국민들의 알권리를 최대한 보장하고 편리하게 이용할 수 있도록 마련된 제도로서, 공공기관에 정보공개를 청구할 수 있음은 물론 '정보공개여부 결정통지'를 받아볼 수 있다.

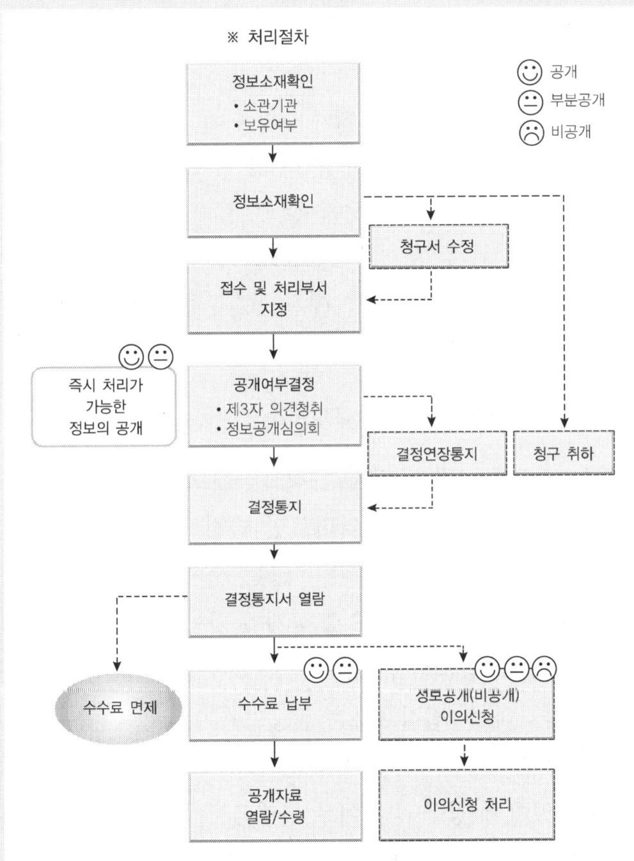

정보공개는 국민의 권리 및 이익을 보호하고 국민에게 봉사하는 행정을 실현하는 고객중심 정부의 실현을 위해서 필요하다. 현대사회의 국민은 여러 가지 복잡한 문제에 직면하고 있다. 기존의 정부는 문제해결 및 공공서비스의 제공에 있어 정부중심적이어서, 고객인 국민의 만족도나 수준높은 서비스 제공을 고려하지 않아, 국민에게 다가가는 정부를 실현하지 못하였다는 비판을 받아왔다. 정보공개제도는 고객인 국민의 정보접근을 용이하게 함으로써, 제공되는 서비스의 질 개선과 서비스의 만족도 향상을 통해 고객중심 정부의 실현을 가능하게 한다.

정보공개를 통한 고객중심 정부의 실현은 국정운영의 투명성을 확보하고, 민주적이고 공정한 국정 운영을 구현함으로써, 국정에 대한 국민의 신뢰성을 확보하게 하고 부정부패를 방지할 수 있다.

(3) 정보공개의 역기능

정보공개에 따른 역기능으로는 다음과 같은 우려가 있다.

첫째, 국가비밀이나 개인정보가 침해될 우려가 커지게 된다.
둘째, 경쟁상대가 되는 기업의 비밀을 탐지하기 위한 목적으로 악용될 소지가 있다.
셋째, 정보공개를 위한 문서목록 작성, 전담기구의 설치, 인력충원 등 행정부담이 증가된다.
넷째, 부실한 정보의 유통이나 조작된 정보가 공개될 우려가 있다.
다섯째, 정보접근능력이 있는 자만이 정보를 접함으로써, 정보접근능력이 있는 자는 결과적으로 정보접근능력이 없는 자보다 유리해져서 사회적 형평성을 저해할 우려가 있다.

(4) 우리나라 정보공개제도의 문제점과 개선방안

현재 시행되고 있는 정보공개법은 전자적 정보공개보다는 기존의 수작업을 중심으로 한 문서에 전자문서를 하나의 부가적인 의미로만 인정하고 있다. 이로 인해 정보통신기술을 활용한 정보의 청구나 공개가 허용되지 않는 문제점이 있다.

또한, 현 제도상으로는 사전적, 적극적으로 공개가 가능한 행정정보의 대부분이 청구-공개여부 판단의 절차를 거쳐서 공개되고 있다. 현행법상 공공기관의 사전적 자발적 정보공개는 단순 권고조항에 불과하여, 법적으로는 공공기관이 국민의 청구가 없을 경우에는 어떠한 행정정보도 공개할 법적 의무가 없기 때문이다. 하지만, 정부기관이 보유하고 있는 모든 정보가 그 공개에 있어서 청구-공개여부 판단의 절차를 필요로 하지 않는다. 상당부분의 정보는 그러한 청구가 없어도 정부가 자발적으로 공개할 수 있으며, 이것이 사회전체적으로도 커다란 편익의 증가로 이어진다는 사실을 인식할 필요가 있다(이근주, 2003).

법 · 률 · 사 · 례

공공기관의 정보공개에 관한 법률

① 정보공개제도의 법제화
② 국민이면 누구나 자기에게 이해관계가 있는지의 여부를 불문하고 공공기관 등이 지니는 정보의 공개를 법적으로 청구할 수 있는 권리를 갖게 됨
③ 공개 대상: 원칙적으로 행정기관이 보유하고 있는 모든 정보

☞ 정보공개의 예외가 되는 정보들
· 법령에 의해 공개가 금지된 정보
· 국가안전 · 국방 · 외교 등 국가이익의 침해우려가 있는 정보
· 국민의 생명 · 신체 · 재산 및 공공의 안전 · 이익의 침해우려가 있는 정보
· 의사결정 또는 내부검토중인 정보
· 개인 사생활의 침해 우려가 있는 정보
· 영업상 비밀에 관한 정보
· 특정인 또는 집단에게 부당한 이익을 주는 정보 등

④ 정보공개 요구에 대해 결정이 곤란한 경우: 정보공개심의위원회를 설치, 운영
· 자의적 판단을 방지 원활한 공개 절차를 이행
⑤ 정보공개제도운영의 윤리적 딜레마

* 시민단체 등에서 행정기관의 행태를 감시하려는 의도로 정보공개를 청구하는 경우
· 행정기관에게 불리하게 작용할지 모르는 정보를 스스로 공개해야 되기 때문에 비공개 결정을 내리기 쉬움
* 법률적 하자는 없으나 윤리적으로 민감한 사안인 경우
· 방어적인 자세로 대응하기 쉬움
* 자료: 정보문화센터, 「정보화 윤리」, 2002.

5) 요약 및 결론

우리는 지금까지 기업가적 정부, 성과중심 정부, 고객중심 정부에 대해서 살펴보았다. 정부혁신의 방향은 시장원리의 응용, 성과 지향, 고객 지향, 정보화의 적극적인 활용, 개방성 지향, 투명성 지향, 참여성 지향 등이며, 정부혁신의 내용으로는 기업가적 조직원리의 응용, 성과중심의 행정시스템 구축, 고객중심의 행정서비스 전달체계 개선, 행정의 개방성 및 투명성 강화, 시민사회와의 협치(뉴거버넌스) 강화 등을 들 수 있다. 또한 세부 정책과제로는 정부규제 개혁, 인사 및 조직관리 개혁, 예산 및 재무관리 개혁, 성과관리제

도, One-Stop Service 조직, 고객만족도의 측정 제도화, 행정서비스 헌장제도(서비스 스탠다드 제도), 정보공개제도, PCRM과 정책홍보제도, 정책실명제, 정책품질관리제도 등이 있다.

정부규제개혁, 인사 및 조직관리 개혁, 예산제도 및 재무관리 개혁, 성과관리제도, One-Stop Service 조직, 고객만족도의 측정 제도화, 행정서비스 헌장제도(서비스 스탠다드 제도), 정보공개제도가 기업가적 정부, 성과중심 정부, 고객중심 정부의 개혁제도라면, PCRM과 정책홍보제도, 정책실명제, 정책품질관리제도 등 행정의 개방성 및 투명성 강화, 시민사회와의 협치(뉴 거버넌스) 강화까지 포함한 부분이 뉴거버넌스 정부혁신에 해당된다. 또한 기업가적 정부, 성과중심 정부, 고객중심 정부가 관리주의와 시장주의를 강조하는 신공공관리적 개혁(효율성)의 개념이라면, 뉴거버넌스 정부혁신은 관리주의와 시장주의를 강조하는 신공공관리(협의의 거버넌스)를 배제하진 않지만 참여와 네트워크에 보다 초점을 두는 형태의 정부혁신이다.

아래에서는 이러한 관점에서 관리주의와 시장주의를 바탕으로 하되 참여와 네트워크에 초점을 두는 형태의 뉴거버넌스에 기초한 정부혁신 방향과 과제에 대해서 살펴보기로 한다.

제 5 절 뉴거버넌스 정부혁신

1. 거버넌스의 의의

1) 거버넌스의 개념

국가중심의 통치 능력은 약화되고 통치 요구는 높아지는 상황에서 새로운 개념으로서 나타난 것이 거버넌스이다(Kooiman, 1993). 사회가 복잡성을 띠면서 나타나는 정치・경제・사회 분야에 있어서 탈산업화, 탈근대화 현상은 조정(*coordination*)과 연결(*networking*)을 통한 새로운 국가 운영방식을 요구하게 되었다(Kooiman, 1993; Kooiman and Vliet, 1993). 이러한 배경에서 거버넌스 개념이 등장하였고, '정부에서 거버넌스로'(From Government To Governace)의 문제에 대해 중요한 공감대가 형성・확산되었다(March and Olsen, 1995; Peters, 1996; World Bank, 1994; Rhodes, 1996).[11)]

〈표 12-2〉 거버넌스 개념의 변화 과정

1970년대	1980년대	1990년대	2000년대
-정부(government)와 같은 의미로서 거버넌스를 이해 -국가적 수준의 관리능력에 대한 관심 -경제적, 사회적 발전 동력으로서의 공공서비스 공급체계에 대한 관심	-거버넌스에 대한 국제사회의 관심 증대 -국가차원의 사회 통합과 발전을 관리하는 능력에 초점 -지역경제의 활성 화를 위한 민관 파트너십 강조	-시민사회를 포함한 참여, 합의형성 등 거버넌스의 민주주의적 특성 강조 -NGO의 역할에 대한 인식 -새로운 제도와 기능 및 과정의 개발 필요성 강조	-새로운 문제 유형에 대한 대안적인 해결기제로 주목 -다양한 주체들의 참여와 협력을 통한 문제해결 강조 (환경거버넌스, 녹색거버넌스)

거버넌스는 공동체 운영의 새로운 체제, 제도, 메커니즘 및 운영방식을 다루는 것으로, 기존의 통치(*governing*)나 정부(*government*)를 대체하는 것으로 등장하고, 그 개념도 점차 확대되는 과정에 있다. 행정학적인 시각에서 거버넌스를 뉴거버넌스로 보고, 기존의 신공공관리(NPM) 등의 개념들과 다음과 같이 비교하고 있다(정정길, 2000: 435-547).

첫째, 협의의 거버넌스 개념은 인사나 예산 및 조직 관리에 있어서, 권한위임, 분권화, 재량권 확대, 민간기법의 도입 등을 통한 행정내부의 변화로 보고 있다.

둘째, 거버넌스의 일반적인 개념은 시장주의 또는 신제도주의 경제학의 경쟁원리와 고객주의를 공공 부문에 도입하여 민간에게 많은 서비스 공급을 맡기고, 정부는 신제도주의 경제학적 유인책을 이용하여 방향잡기에 주력하는 것을 거버넌스로 보는 입장이다.

셋째, 광의의 거버넌스는 협의와 일반적 개념에 시장주의와 참여주의를 합친 것으로, 그 주요 내용은 방향잡기, 경쟁 도입, Mission 강조, 성과연계 예산, 고객중심, 수익 창출, 예측과 예방, 참여와 팀워크, 협의와 네트워크 형성 및 시장 메커니즘 등이다.

거버넌스의 개념은 거버넌스의 주체들인 국가, 시장, 시민사회 가운데 어느 것을 중심으로 이해하느냐에 따라 거버넌스의 내용이 달라진다. 국가(정부)중심적인 접근이 많이 논의되어 왔지만, 거버넌스가 등장한 기본 원인은 정부실패나 정부의 통치능력 상실에 따른 새로운 대안으로 제기된 만큼, 국가(정부)중심적 접근 외에 거버넌스의 다른 주체들인 시민사회(NGO), 시장(기업) 그리고 사이버 공간과 네트워크의 역할이 새롭게 강조되고 있다. 그리고 이러한 배경에서, NGO 거버넌스(NGO governance), 시장중심 거버넌스

11) 이 장에서 주로 참조한 책들은 다음과 같다. 김석준 외, 「뉴거버넌스 연구」, 대영문화사, 2000; 정용덕, 「현대국가의 행정학」, 법문사, 2001; 권기헌, 「정책학」, 박영사, 2008.

(*market governance*), 사이버 거버넌스(*cyber governance: cybernance*) 등 다양한 개념적 정의를 포괄한다.

2. 거버넌스와 뉴거버넌스

1) 거버넌스 관계모형

(1) 국가중심 거버넌스

국가중심 거버넌스는 기본적으로 국가가 시장과 시민사회를 주도적으로 관리하는 입장을 지닌다. 대륙계 국가들이 영미계 국가들에 비해 시장과 시민사회에 깊이 개입하는 전통 위에 거버넌스가 이루어지는 것이 국가중심인 거버넌스인데, 전통적 국가중심 통치에 비해서는 국가가 시장이나 시민사회와 맺고 있는 관계가 더 민주적이고, 더 수평적인 성격을 지닌다. 즉, 전통적 관료제 중심의 통치방식이 과거에는 수직적이었는데 반해, 국가중심 거버넌스는 수평적인 네트워크나 파트너십을 더 많이 강조하는 차이점이 있다.

국가중심 거버넌스는 관료주의와 관리주의를 운영의 기본 원리로 한다. 관료주의는 합리주의와 법치주의를 중심 가치로 삼고, 관리주의는 효과성과 능률성을 주된 가치로 지향하고 있다. 이렇게 볼 때, 국가는 스스로 효과성, 능률성, 합리성, 합법성 등을 정부 운영의 내부적인 가치로 삼는다.

이러한 국가중심 거버넌스 이론의 유형으로는 학자들에 따라 신공공관리론, 기업가적 정부, 좋은 거버넌스, 신축적 정부모형, 탈규제적 정부모형 등을 거론한다.

(2) 시장중심 거버넌스

세계화가 진전된 상황에서 시장중심의 거버넌스는 신자유주의의 물결과 더불어 더욱 강화되고 있다. 시장중심 거버넌스는 경쟁의 원리와 고객만족을 근간으로 하는 시장의 원리를 기본 원리로 한다. 시장중심 거버넌스의 유형에는 다음과 같은 모형이 있다.

첫째, 시장적 정부모형이 있다. 이는 정부관료제의 비효율성과 시장의 효율성에 대한 신뢰를 전제로 한다. 시장은 경쟁체제를 통한 자원배분의 효율성을 달성하고, 시장실패 또한 시장의 기제를 통해 해결하는 것이 바람직하다는 것이다. 시장적 정부모형은 정부 관료제가 가격시스템과 경쟁의 부재로 시장의 신호에 둔감하며, 계층제적 구조에 의한 통제로 행정의 비효율성을 초래한다고 하면서, 조직의 분권화, 민영화, 민간위탁, 권한위임 등을 강조한다.

둘째, 최소국가모형이다. 이는 사적 영역이 보다 높은 질의 공공서비스를 제공할 수 있다는 믿음을 가지고, 국가의 공공개입의 범위를 최소화하고, 공공서비스 공급에서 축소된 정부의 부분을 시장과 준시장의 활용으로 보완하고자 하는 거버넌스 이론이다. 최소국가모형은 국가의 성격을 4가지 중요한 원칙에 따라 재정의하는데, 이는 1) 작은 정부, 2) 국제적인 비전과 융통성을 가진 정부, 3) 책임지는 정부, 그리고 4) 공정한 정부이다.

(3) 시민사회중심 거버넌스

시민사회중심 거버넌스는 다원화된 시민사회와 시민을 대변할 수 있는 정부를 구현하고, 시민사회의 역할을 증대시켜, 국민들에 의한 거버넌스를 지칭하는 것으로, 대표적으로 NGO를 통해 국민들이 직접적인 참여가 증대하는 NGO 거버넌스를 말하기도 한다.

시민사회중심 거버넌스의 기본원리는 참여주의와 공동체주의이다.

첫째, 참여주의는 내부 참여로서의 분권화와 외부 참여로서의 시민참여로 구성된다. 내부 참여로서의 분권화는 대내적으로 의사결정과정에서 부하들의 참여 및 권한 위임을 강조한다. 외부 참여로서의 시민참여는 정책결정이나 집행과정에 정책대상집단이나 일반시민들의 참여를 강조한다.

둘째, 공동체주의는 사회공동체를 다시 구축하고, 공동문제를 구성원들이 직접 참여하여 해결해야 한다는 것이다. 공동체주의는 신우파의 자원봉사주의(*voluntarism*)와 신좌파의 시민주의(*civicism*)로 나뉘는데, 전자는 자원봉사자들의 활동을 기초로 공동체를 활용하여 국가기능을 분담시키고 작은 정부를 실현해야 한다고 주장한다. 이에 대해 신좌파는 시민들이 자원봉사자는 아니므로, 공동체의 공동문제 해결에 자발적으로 직접 참여하지 않는 다는 문제를 제기하고, 적극적인 참여를 위해 정부가 주도하여 시민의 덕성을 양성시켜야 한다는 것이다. 곧 덕성 있는 시민을 양성하면 공동체가 다시 부활하고, 시민에 의한 공동문제 해결이 가능하다는 입장이다.

시민사회중심 거버넌스 이론의 유형에는, 참여적 정부모형과 영미형 국가식의 시민중심 거버넌스, 자기 조직적 네트워크이론이 있다.

(4) 국가·시장·시민사회 거버넌스의 관계모형

국가중심 거버넌스 이론은 국가, 시민사회, 시장 및 국제체제와의 관계 속에서, 국가가 기본적으로 자신의 운영 논리인 관료주의와 관리주의를 어떻게 시장원리나 시민사회의 원리에 맞추어 조정하느냐의 문제에 관심을 두고 있다. 정부의 관료주의나 관리주의가 시장 자본주의에 영향을 주고, 이것이 시민사회의 민주주의에 영향을 주면서 삼자간의 결합체를 형성하게 된다.

2) 뉴거버넌스로의 통합

국가중심적 거버넌스는 기존의 국가중심의 통치 모형(관료주의)에 기업가적 정부나 신공공관리를 도입하여, 관리주의와 시장주의를 조화시키는 것이 중요한 과제이다. 영미계 국가들의 경우에는 이미 자본주의 시장주의와 민주주의 원리가 정착되어 있어, 정부에 기업가 정신이나 민간 기법을 적용하는 것은 큰 문제가 아니나, 대륙계 국가들의 경우, 정부의 기능을 부분적으로 대신할 수 있는 기업, 시장, NGO, 시민사회 등이 제 기능을 할 수 있을 정도로 자체적인 역량을 향상시킴으로써, 정부와 더불어 거버넌스의 체제와 네트워크를 구축하는 일이 매우 중요하다.

단순화 시켜보면, 국가중심적 거버넌스의 관리주의와 시장중심적 거버넌스의 시장주의가 조화롭게 이루어지는 것이 신공공관리론(효율성)이라 할 수 있고, 그에 시민사회중심적 거버넌스의 참여 및 네트워크를 부가한다면 뉴거버넌스(효율성+민주성)가 실현된다고 볼 수 있다. 즉 뉴거버넌스는 관리주의, 시장주의, 시민사회주의를 통합한다는 관점에서 살펴볼 수 있는데, 이를 도식화하여 보면 〈그림 12-4〉와 같다.

〈그림 12-4〉 뉴거버넌스로의 통합

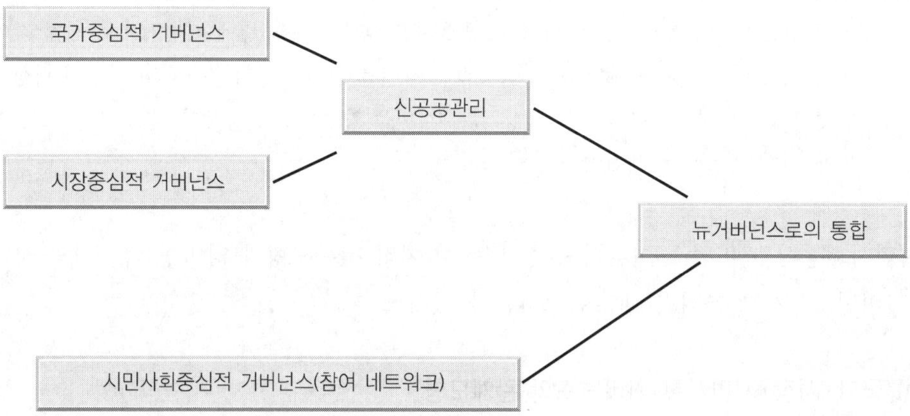

3. 뉴거버넌스와 국가혁신

1) 국가혁신의 의의

국가혁신은 국가재창조의 기본 틀에 관한 것으로 근본적으로 국가를 무엇으로 어떻게 바꿀 것인가의 문제와 관련된다. 이는 새로운 국가의 비전으로서 국가의 상을 설정하고, 국가가 기업과 시민사회 등과의 관계를 새롭게 정립하고, 나아가 세계 자본주의 경제나 국제정치 등 세계체제와의 관계를 새롭게 정립하는 것을 내용으로 한다.

뉴거버넌스에 따른 국가혁신의 과제들은 다음과 같다(김석준 외, 2000).

첫째, 국가의 상은 세계화·정보화라는 국내외의 역사적인 변화 속에서 정보화 국가 또는 문화국가 등으로 제시되고 있는바(Nye, 1990; Hukuyama, 1998), 전통적인 산업무역국가와 정보문화국가의 조화 문제가 중요한 과제로 대두하고 있다.

둘째, 국가(관료주의), 시민사회(민주주의), 시장(자본주의)의 관계를 뉴거버넌스의 균형 네트워크 모형에 따라 재정립한다. 영미형의 경우에는 역사적으로 자본주의가 먼저 발달한 뒤 그 필요에 따라 민주주의가 정립되고, 그 수요를 맞추기 위해 관료주의가 정착하게 된 모형이다. 대륙형의 경우에는 국가의 관료주의가 먼저 발전하고, 국가의 선택에 의해 자본주의를 선택 발전시키고, 그 뒤 민주주의를 도입하게 된 모형이다.

셋째, 국가기관간의 관계 조정문제도 뉴거버넌스에 따른 국가혁신의 주된 내용이다. 국가기관(행정, 입법, 사법)들이 어떻게 권력과 기능을 배분하고, 나아가 중앙과 지방이 어떤 방식으로 분권화하고, 정부와 기업, NGO 그리고 제3섹터가 어떻게 수평적으로 협력할 것인지에 대한 신택이 있어야 한다.

2) 사회적 자본(social capital)으로서의 신뢰와 뉴거버넌스

(1) 사회적 자본으로서의 신뢰

신뢰는 그동안 이론적으로 문화적인 측면에서 접근하였지만, 지금은 그 자체를 정치경제적 실체인 사회적 자본(*social capital*)로 간주하고 있다. 신뢰는 정치행정학 연구의 오랜 주제였으나 최근 관심을 다시 받고 있다. 정치학의 많은 연구들은 참여적인 시민문화(*civic culture*)가 민주주의 제도를 뿌리내리게 하고, 반대로 민주주의 제도가 시민문화를 확산시키게 되는 연결고리를 발견함으로써 신뢰의 중요성을 확인하였다(Almond and Verba, 1963).

그 뒤 미국의 위기와 관련하여 강대국의 흥망에 대한 Kennedy와 Nye의 논쟁이 제기되면서, 신뢰를 포함한 문화의 실체적 존재가 다시금 부각되었다. P. Kennedy(1987)는 제조업중심의 경제력과 군사력 등의 경성 권력(*hard power*)을 중심으로 볼 때 미국이 세계패권 국가에서 퇴조한다고 분석한 반면, J. Nye(1990)는 경성 권력 외에 문화력(신뢰)과 기술력 등의 연성 권력(*soft power*)이 21세기에는 더 중요하게 되어 미국이 계속 세계 강대국으로 남게 될 것으로 분석함으로써, 국가자산으로서의 신뢰의 개념을 부각시켰다.

(2) 신뢰의 확립과 뉴거버넌스

Fukuyama(1998)는 신뢰가 이데올로기 종언 이후의 가장 중요한 요소가 될 것으로 주장하면서, 한국과 일본의 향후 발전이 신뢰의 차이로 인해 다르게 나타날 것으로 예측하였으며, 미국 하버드대학의 Jane Fountain 교수는 각국의 첨단산업단지의 성공모형을 연구하면서 지역의 대학, 기업, 정부간 신뢰 및 네트워크 형성이 가장 중요한 독립변수라는 점을 강조하여 신뢰의 개념을 부각시켰다.

따라서 신뢰의 확립은 뉴거버넌스와 국가혁신의 중요한 주제로 대두된다. 국가혁신을 위해서는 정부, 기업, 시민단체, NGO, 제3섹터 등에 대한 종합적인 신뢰가 확보되도록 해야 하며, 이를 위해서는 이들에 대한 민주적 통제가 활발하고, 정보공개를 통해 투명성이 확보되며, 부패 척결을 통해 깨끗한 국가와 기업 및 사회가 이루어져야 한다.

4. 뉴거버넌스와 정부혁신

정부혁신은 정부의 새로운 역할과 기능을 선택하고, 거기에 따라 정부조직의 장단기적인 개편방향, 정부조직의 기본 성격 등을 재정립하는 것이다. 정부혁신에서 지향하는 정부조직은 기업가적 정부, 고객중심 정부, 성과중심 정부, 뉴거버넌스 정부 등을 검토해야 하며, 정부혁신의 정책과제의 경우에는 정부규제 개혁, 인사 및 조직관리, 예산제도 및 재무관리, 성과관리 등을 다루게 된다.

정부혁신은 정부조직의 개편과 정부기능의 혁신을 모두 요구한다. 이를 위해 여기서는 국가 재창조를 위한 정부 역할의 변화, 정부조직 개편의 방향, 정부혁신을 위한 정책과제로 나누어 살펴본다.

1) 국가 재창조를 위한 정부 역할의 변화

정부를 고객중심, 성과중심, 시장원리에 따른 조직으로 개편하고, 이에 따라 '국가경영'

을 추진하면서 민주성과 신뢰성을 강화해야 한다. 이때 강화할 기능과 역할은 정보의 수집 및 분석관리 기능, 정책조정 기능, 인력개발 기능, 과학기술개발 기능, 사회간접자본 확충 기능, 경쟁질서 유지 기능, 통상외교 및 국제협력 기능, 환경보전 및 지속가능한 개발간의 조화유지 기능, 복지확충 기능 등이다.

또한, 정부 역할은 기존의 '통제위주 기능'에서 '조정위주 기능'으로, 그리고 '개발위주 기능'에서 '분배 지향 기능'으로 근본적인 기능이 전환되어야 한다. 정부의 역할이 종전의 직접개입에서 시민활동(사회활동) 촉진자로서의 변화가 요청되면서, 정부-민간 부문간 역할분담의 재설계, 정부의 역할 수행방식의 전환, 정부의 전략적 기획기능(정보수집능력, 정책분석능력) 중시 등으로 기능전환이 요청되고 있다.

2) 정부조직의 기본 성격 재정립

정부조직의 기본 성격과 기능의 변화방향은 기업가적 정부, 성과중심 정부, 고객중심 정부, 뉴거버넌스 정부이다. 기업가적 정부, 성과중심 정부, 고객중심 정부가 관리주의와 시장주의를 강조하는 신공공관리적 개혁(효율성)을 강조하는 개념이라면, 뉴거버넌스 정부는 관리주의와 시장주의를 강조하는 신공공관리(협의의 거버넌스)에다가 참여와 네트워크를 강조하는 시민사회주의를 추가한 형태의 정부 운영모형이다.

첫째, 기업가적 정부조직은 고객 우선주의, 유인 제공, 경쟁 강조, 성과 강조 등을 통해 정부운영에 기업과 시장 메커니즘을 도입하는 조직이다. 또한, 기업의 이윤동기를 정부조직에 적용하여 정부의 수입을 늘리는 여러 가지 방법을 사용하는 조직이다(Self, 1993).

둘째, 성과중심 정부조직은 투입보다 성과에 의해 정부조직의 업무성과를 측정하는데, 그 핵심은 정부 공공 분야에 경쟁의 개념을 도입한다. 조직 운영에 연공서열이 아닌 성과에 따른 보상과 승진기회의 제공을 통해, 복지부동의 통제 및 질서 위주의 행정 공무원을 뛰면서 일하는 지식 및 가치 창출의 지식관료로 변화시키는 조직이다(Light, 1997; Schachter, 1995). 성과중심 정부조직이 성공하려면, 성과측정, 성과관리, 성과급에 따른 공정한 보상, 성과중심의 신축적 예산제도 도입 등이 필요하다.

셋째, 고객중심 정부조직은 시민을 고객으로 규정하여 선택의 권한을 부여하고, 국민들의 만족도를 극대화 시켜주는 조직이다. 고객중심 정부조직은 통제위주의 행정 메커니즘보다 가격과 경쟁과 유인위주의 시장 메커니즘이 우월하다는 전제에 입각한다(Schmidt, 1995).

넷째, 뉴거버넌스 정부조직은 관리주의와 시장주의를 강조하는 신공공관리(협의의 거버넌스)를 토대로 참여와 네트워크를 강조하는 형태의 정부운영모형이다. 예를 들어, 전자정부와 지식정부는 정책결정, 정책집행, 주민참여, 의견수렴 등이 정보통신기술을 이용해 이루어짐으로써, 민원인의 편의가 극대화되는 정부, 종이 없는 사무실, 투명한 정부 그리고 지식관리가 실현되는 디지털신경망 정부의 구축이 이루어지는 정부를 추구하는바, 정부 내부의 비능률 타파를 통해 효율성(생산성)을 제고하며, 민주적 참여와 투명성 강화를 통해 민주성과 성찰성을 지향하는 정부로서 뉴거버넌스 정부조직의 한 형태가 될 수 있다. 즉, 전자정부와 지식정부는 신공공관리적 기법의 도입과 정부문서의 디지털화(종이없는 사무실)를 통해 행정 효율성을 제고하고, 시민들의 의견수렴 및 정책과정에의 참여 확대를 통해 민주성, 투명성, 성찰성을 증진시키는 뉴거버넌스 형태의 정부로 이해할 수 있는바, 단순히 기업, 성과, 고객 등 NPM적 사고를 넘어서 신뢰와 협동, 참여와 성찰을 강조하는 뉴거버넌스 정부조직 형태로 발전해 나가야 할 것이다.12)

3) 정부혁신 정책방향 및 정책과제

정부혁신의 방향은 시장원리의 응용, 성과 지향, 고객 지향, 정보화의 적극적인 활용, 개방성 지향, 투명성 지향, 참여성 지향 등이며, 정부혁신의 내용으로는 기업가적 조직원리의 응용, 성과중심의 행정시스템 구축, 고객중심의 행정서비스 전달체계 개선, 행정의 개방성 및 투명성 강화, 시민사회와의 협치(거버넌스) 강화 등을 들 수 있다. 또한 세부 정책과제로는 정부규제 개혁, 조직 및 인사관리 개혁, 예산 및 재무관리 개혁, 성과관리제도, One-Stop Service 조직, 고객만족도의 측정 제도화, 행정서비스 헌장제도(서비스 스탠다드 제도), PCRM과 정책홍보제도, 정보공개제도, 정책실명제, 정책품질관리, 참여성 강화를 위한 시민사회와의 협치 제고 등이 있다.

OECD 국가들은 조직개편이라는 하드웨어보다는 조직 내부의 경영혁신이라는 소프트웨어에 초점을 두고 있어서 정책적으로 시사하는 바가 많다. 주요 내용으로는 인적자원관리 혁신(예: 권한 위임, 계약제 임용, 성과급, 팀제, 책임운영기관 운영), 예산 및 재무관리 혁신(예: 다년도 예산, 복식부기 및 발생주의 회계 등), 규제제도 개혁(예: 규제총량제도, 규제영향분석제도 등), 서비스 질 향상과 성과관리 혁신(예: 전략기획, BSC, 행정서비스 헌장제도(서비스 스탠다드 제도 등))이 있다.

이러한 내용들을 종합적으로 볼 때, 정부혁신을 위한 정책과제들은 다음과 같다.

첫째, 정부규제 개혁은 기존의 정부규제에 대해 전면적으로 규제철폐와 정부규제 완화가 이루어져야 하는데, 이를 위해서는 규제총량제도, 규제영향분석제도 등이 요구된다.

---

12) 전자정부와 지식정부의 구체적 내용에 대해서는 제3부 제17장을 참조바람.

둘째, 조직 및 인사관리 개혁은 팀제, 책임운영기관, 성과관리제도(BSC), 부처단위의 인사권 강화와 정원통제권 위임(총액인건비 제도), 공무원들의 전문성 강화(전보제한 및 경력개발제도), 고위공무원단제도(직위공모제, 개방형 임용, 고위직 인사교류, 직무성과계약제)의 합리적 운영 등이 요구된다.

셋째, 예산 및 재무관리 개혁방안은 '산출 예산제도' 도입, '연도 말 이월제도'를 통한 자율성과 신축성 확대로의 예산제도 개편, 중기 계획중심의 '다년도 예산제도'로의 개편이 필요하다.

넷째, 고객중심의 행정서비스 질 향상 방안은 One-Stop Service 조직, 고객만족도의 정기적·정량적 측정 제도화, 행정서비스 헌장제도(서비스 스탠다드 제도), 정보공개제도 등을 도입할 필요가 있다.

다섯째, 시민사회와의 협치(뉴거버넌스) 강화를 위해서는 행정 및 정책의 신뢰성을 제고하고, 행정 및 정책의 투명성 강화를 위한 PCRM과 정책홍보제도, 정책실명제, 정책품질관리제도 등이 필요하다.

4) 참여성 강화를 위한 시민사회와의 협치 제고 방안

뉴거버넌스 정부혁신을 위해서는 기업가적 정부, 성과중심 정부, 고객중심 정부에서 논의되는 기업가적 조직원리의 응용, 성과중심의 행정시스템 구축, 고객중심의 행정서비스 전달체계 개선 등이 필요하며, 이에 더하여 행정의 개방성 및 투명성 강화, 시민사회와의 협치(거버넌스) 강화가 필요하다. 여기에서는 행정의 개방성·투명성 강화를 위한 시민사회와의 협치 제고 방안에 대해서 PCRM과 정책홍보제도, 정책실명제, 정책품질관리제도 등을 중심으로 살펴보기로 한다.

(1) PCRM과 정책홍보제도

(가) 의 의

CRM(Customer Relationship Management; 고객관리)은 시민의 요구(*needs*)에 충족될 수 있도록 정책품질을 관리하는 데 있어서 정책대상집단과의 전략적 커뮤니케이션을 강조하는 개념이다. 정부의 정책을 강조하여 정책의 경우에는 정책고객관리(PCRM: Policy Customer Relationship Management)라고 부른다. 이는 정책마케팅을 통한 고객맞춤형 서비스를 제공하기 위하여, 고객(정책대상집단)의 수요에서부터 의견청취, 요구사항의 파악, 지속적인 피드백 등 원활한 의사소통을 통해 고객을 지속적으로 관리하고 참여를 유도하는 관리기법이다.

정책홍보제도는 홍보와 이미지의 중요성, 상징적인 가치가 강조되는 지식정보사회에 있어 정부가 수립하는 정책에 대해 국민들의 이해와 신뢰를 확보하고, 이를 토대로 정책성공의 가능성을 향상시키기 위한 정책품질관리활동의 일환이다.

과거의 정부는 시혜적 입장에서 정부가 국민을 위한 활동을 제시하고 이를 집행하였지만, 지식정보사회에서의 국민은 정책의 필요성, 정책집행 이후의 비전 등 정책 전반에 대해 이해를 시켜줄 것을 요구하고 있다. 이러한 뉴거버넌스적 시대 요구는 PCRM과 정책홍보의 중요성을 부각시키고 있다.

(나) 역할과 중요성

진정한 의미의 민주주의는 참여와 숙의 그리고 합의에 기초하여야 하며, 인간의 존엄성 실현을 목표로 하는 정부정책도 참여와 숙의 그리고 합의에 기초하여야 한다. 최근 부안 핵방폐장, 새만금 정책 등 대형 정책의 실패는 정책의 실행 과정에서의 참여, 숙의, 합의가 이루어지지 않아 실패한 대표적 사례라 할 것이다.

현대사회는 다양한 이해관계자들이 복잡하게 연결되어 있는 사회이다. 이런 사회일수록 첨예하게 대립되는 이해관계자들 간의 갈등해결이 사회적으로 아주 중요하다. 따라서 갈등해결을 위한 참여, 숙의, 합의가 중요하며, 이를 실현하기 위한 방법으로서의 PCRM과 정책홍보제도는 진정한 참여와 담론을 이끌어내는 중요한 수단이라 할 것이다.

민간기업의 홍보제도와 CRM은 사전적·사후적 고객관리를 통한 이윤의 창출을 위한 제도이다. 그러나 정부 부문에서의 정책홍보제도와 PCRM은 이윤창출이 아닌 정책에 대한 이해당사자의 이해를 높이고, 이해당사자가 원하는 것이 무엇인지를 정확하게 파악하여 정책집행의 수용을 높이는 역할을 한다.

또한 행정정보공개제도에 의한 정보의 공개와 자연스럽게 연결되어 정부정책에 대한 투명성을 확보하는 역할을 한다. PCRM과 정책홍보를 통해 형성된 기대와 여론은 정책이해관계자가 정보의 접근을 강화하여, 정부정책에 대한 투명성을 더욱 강화시키고, 진정한 참여를 이끌어내어 시민사회와의 협치를 강화시키는 역할을 한다.

(다) 문제점과 개선방향

① 문제점

현대사회에서의 PCRM과 정책홍보의 중요성이 증가함에도 정책홍보의 효과성을 확보하려는 노력은 많이 부족한 실정이다. 정책홍보의 매뉴얼이 제대로 이해되고 있지 않으며, 정책홍보를 실질적으로 관리할 수 있는 역량을 지닌 전문가의 확보 역시 미진하다. 또한 PCRM이 실질적으로 운영되기 보다는 형식적으로 운영되어 진정한 의미의 정책고객관리는 많이 부족하다.

② 개선방향

효과적인 PCRM이 이루어지기 위해서는, 정책과 실질적인 관계가 있는 정책공동체 관계자들의 정보를 DB화하고, 이를 통한 분석을 통해 차별화된 PCRM이 이루어져야 할 것이다.

지식정보사회에 부응하는 정책홍보와 PCRM을 위해서는 보다 전문성을 갖춘 인적자원의 확보가 필요하다. 또한 정책평가 및 환류의 단계에서도 정책홍보와 PCRM에 대한 분석평가 및 환류가 이루어지도록 해야 하고, 평가결과를 DB화하여 학습 및 지식관리가 이루어지도록 해야 할 것이다.

(2) 정책실명제

정책실명제란 정책결정 과정에 참여한 사람들의 실명을 남겨 책임소재를 명확히 함으로써 정책의 부실화를 막고, 투명성을 높이기 위한 제도를 의미한다. 우리나라에서는 행정부의 재량권 남용을 막고, 공무원의 부패 방지를 위해 1998년에 도입되었다.

정책실명제는 일정 부문 행정의 투명성과 책임성의 확보에 기여하였지만, 대형 정책실패에도 불구하고 책임을 물을 수 있는 사람이 없는 등 정책실명제가 효율적으로 이루어지지는 않은 것으로 나타났다. 또한 국회에 제출한 2005년도 재정경제부 자료를 살펴보면 정책의 기안자와 결재자의 이름만 기록되고, 나머지는 서명만 한 것으로 나타났다.[13] 따라서 현재 운영되고 있는 정책실명제가 효과적으로 운영될 수 있는 방안이 필요하다고 하겠다.

정책실명제의 실효성을 확보하기 위해 정부에서는 2005년도에 주요 정책의 결정・결정과정에서 관련되는 사항을 종합적으로 기록, 보존하도록 하고, 문서속성카드의 도입[14] 등 문서제도를 개선하여 중간 검토의견을 활성화 하고, 정부업무 관리시스템과 정책품질관리제도와의 연계를 통하여 정책에 대한 경로관리를 하도록 하고 있다.[15]

(3) 정책품질관리제도

국가 정책의 목표는 국민이 잘 살 수 있도록 하는데 있다. 그러나 최근 새만금 건설, 부

13) 시민의 신문, 2005년 3월 7일자 신문 참조.

14) 문서의 생성 및 검토과정에 제기된 의견 등을 포괄하는 포괄적인 정보를 기록, 관리(내용속성, 절차속성, 관리속성)하는 것으로서, 결재문서가 완성되기까지의 경로가 일목요연하게 정리되어, 누구의 아이디어로 관련내용이 제안되었는지와 결재 전까지 관련 부서와의 협의여부를 알 수 있다.

15) www.innovation.pa.go.kr 참고

안 핵방폐장, 시화호 등 대형 국가정책의 실패는 막대한 예산의 낭비를 초래하였고, 더욱이 국민의 신뢰를 무너지게 만들었다. 정책실패의 원인은 정책이해관계자들의 의견 수렴의 미비, 합리적 정책분석의 부재 등 정책 전반을 부실하게 관리하였기 때문인바, 이러한 정책실패를 예방하고자 등장한 것이 정책품질관리제도이다.

㈎ 정책품질관리제도의 의의

정책품질관리제도란 정부정책의 품질을 체계적으로 관리하고 개선함으로써 정책실패 및 정책불량품을 방지하고, 정책우량품을 생산하기 위한 총제적인 정부의 노력 및 활동이다.[16] 정책품질관리제도를 통해 정부정책에 대한 투명성을 더욱 강화시키고, 진정한 참여를 이끌어내어 시민사회와의 협치를 강화시킬 필요가 있다.

정책은 궁극적으로 인간의 존엄성 실현을 그 목적으로 한다. 따라서 정책은 시대적 흐름이 반영되어야 하고, 정책문제를 정확하게 분석하여 목표의 타당성과 정부규제의 정당성을 확보하여야 한다. 정책품질관리제도는 정책의 이러한 근본적 목적 실현을 위해, 정책내용의 품질향상과 정책과정의 품질향상을 도모하는 제도이다.

㈏ 정책품질관리제도와 정책학습

지식정보사회에서 가장 중요한 요소는 학습이며, 정책학은 정책실패를 반복하지 않도록 하기 위한 학문이다. 따라서 정책품질관리제도의 핵심은 정책실패의 학습이라 할 수 있다. 이러한 학습이 일어나기 위해서는, 우선적으로 실패한 정책사례에 대한 DB화가 이루어져야 하고, 학습교육기법의 개발을 체계적으로 추진 관리함으로써, 국가지식창고의 구축 및 범정부적 차원의 지식관리가 이루어지도록 해야 한다.

㈐ 정책품질관리제도의 단계별 요소

정책품질관리는 정부가 정책실패 및 부실정책을 방지하기 위하여 정책의 품질을 체계적으로 관리 개선하기 위한 노력의 일환으로써 정책실패를 방지하기 위한 제도이다. 정책은 전 과정을 체계적으로 검토하고 관리하는 것이 필요한데, 이에 정책품질관리제도는 정책구상 단계, 정책홍보 단계, 정책집행 단계, 정책평가 및 환류 단계로 나누어서 검토해야 할 체크리스트에 대해 제시하고 있다.

---

16) 행정안전부는 정책품질관리제도를 "정부정책의 품질을 체계적으로 관리·개선함으로써, 정책실패 및 정책불량품을 방지하는 총제적인 정부의 노력 및 활동"으로 규정하고 있다(행정안전부 정책품질관리 매뉴얼 참고).

㈑ 요약 및 결론: 정책품질관리와 뉴거버넌스

전통적 행정학 이론은 시대의 물결에 따라 많은 발전을 거듭해 왔다. W. Wilson의 정치・행정 이원론에서부터 정치・행정 일원론, 행태주의, 비교행정론, 발전행정론, 후기행태주의, 신공공관리(NPM) 그리고 뉴거버넌스에 이르기까지, 시대적 상황과 필요에 따라 서로 다른 모습으로 행정학은 많은 발전을 거듭해 왔다.

지식정보사회를 살고 있는 현 시대의 흐름은 뉴거버넌스에 대한 강조로 나타나고 있다. 즉, 신공공관리에서 뉴거버넌스로의 변화를 강조하는 단계에 있다. 뉴거버넌스에서는 참여와 숙의를 강조하며, 신뢰와 협동을 강조한다. 또한 국민을 객체적 고객이 아니라 주체적 주인으로 간주하는 것이다. 국민을 주체적 주인으로 간주하는 뉴거버넌스론은 국민을 정부의 의제와 정책을 결정하는 능동적인 존재로 인정하는 것이고, 이에 따라 국민의 참여, 숙의, 합의 등의 민주성과 성찰성을 강조하는 개념이다.

정책과정의 합리성에 있어서 국민을 의제와 정책을 결정하는 참여적인 존재로 인정하고, 이에 대한 경로를 확보하는 것은 정책품질관리에서도 중요한 부분이다. 정책품질관리의 지향 이념이 단순한 형태의 효율성과 생산성을 넘어서서, 민주성과 투명성 그리고 더 나아가 신뢰성과 성찰성을 지향해야 하는 이유도 여기에 있다.

5. 요약 및 결론

한국은 새로운 미래를 지향하는 국가혁신과 거버넌스 체제를 구축해야 하며, 이는 국가, 시장, 시민사회간의 신뢰와 협동에 토대를 둔 뉴거버넌스 개념에 기초해야 한다. 이를 위해 제12장에서는 뉴거버넌스 정신과 국가혁신 그리고 정부혁신 과제들을 살펴보았다.

국가실패, 시장실패 및 시민사회 실패를 극복할 수 있는 21세기형 뉴거버넌스(국정관리의 새로운 틀)를 구축하는 일은 쉬운 일이 아니다. 그러나 국가, 시장 및 시민단체가 서로 자율성을 지니며, 신뢰와 등권을 전제로 한 상호 긴밀한 네트워크를 구축하는 일은 매우 중요하고 시급한 일이다(신뢰, 등권, 공영의 정신).

뉴거버넌스의 내용과 대상은 정부혁신의 정부조직 차원에서 구체적으로 기업가적 정부, 고객중심 정부, 성과중심 정부, 뉴거버넌스 정부 등을 주된 내용으로 하며, 정부혁신의 정책과제는 효율성・투명성・민주성・신뢰성 등 행정의 가치와 분권화 제고, 조직・인사・재무・성과관리제도 등 조직구조・의식과 행태・과정과 제도・관리기술 개혁・인원 감축 및 재조정을 핵심내용으로 한다.

국가, 시민사회, 시장 및 자본의 관계가 어느 한 쪽으로 기우는 영미형이나 대륙형 대신에, 이들 사이에 균형과 경쟁을 이루는 우리 자체의 거버넌스 모형을 실천하기 위해서는 국민적인 선택이 있어야 한다. 국가, 시장 및 시민사회의 기본 관계 틀을 다시 형성하고, 거기에 적합한 국가의 개혁이 이루어질 때, 한국은 국가실패, 시장실패 및 시민사회실패를 극복하면서, 21세기의 진정 신뢰받고 성숙한 국가혁신을 실현할 수 있을 것이다.

마지막으로, 이상에서 논의된 기업가적 정부, 성과중심 정부, 고객중심 정부, 뉴거버넌스 정부의 개념, 특징, 내용, 제도 등에 대해서 종합적으로 정리하면 다음의 표 및 그림과 같다.[17]

〈표 12-3〉 미래의 바람직한 정부상: 기업가적 정부, 성과중심 정부, 고객중심 정부, 뉴거버넌스 정부

정부상 분류	기업가적 정부	성과중심 정부	고객중심 정부	뉴거버넌스 정부
개 념	* 민간기업 관리 기법 정부도입	* 성과중심의 정부 운영	* 최상의 서비스 제공을 통한 국민(고객)의 만족	* 국가-기업-시민사회의 관계 재정립
특 징	* 경쟁의 도입 * 분석과 예측 강조	* 성과중시 * 강력한 인센티브	* 고객의 욕구반영 * 고객의 가치창출	* 관리주의+시장주의+시민사회 * 참여와 네트워크 강조
내 용	* Osborne & Gaebler 11가지 정부운영원리	* 성과와 인센티브 연계 * 성과관리 강조	* 고객중심으로의 개념 전환 * 고객의 만족 극대화	* 민주적 참여와 투명성 강화 * 시민의 의견수렴 및 정책과정에의 참여 확대
실현방안	* 기업가적 마인드 구축 * 구조와 형태, 업무과정 재설계 * 조직의 학습화	* 조직: 팀제, 책임운영기관 * 인사: 총액인건비제도, 전보제한 및 경력개발제도, 고위공무원단제도 * 재무: 국가재정운용계획(MTEF), 총액배정·자율편성(Top-Down)예산, 성과관리제도(BSC), 디지털예산회계시스템(BAR)	* One-Stop Service 조직 * 행정서비스헌장제도(서비스 스탠다드) * 행정정보공개제도	* PCRM-정책홍보(정책마케팅) * 정책실명제도 * 정책품질관리

17) 여기 제12장 미래의 바람직한 정부상에서는 신공공관리적 모형과 뉴거버넌스적 모형을 대비하여 논의하는데 초점을 맞추기로 하고, 제14장 현대행정학의 이론적 패러다임에 가서는 본격적으로 미래지향적 국정관리모형을 효율적 국정관리, 민주적 국정관리, 성찰적 국정관리로 나누는 한편 국가혁신이론, 미래예측이론, 거버넌스이론, 갈등관리이론과 함께 전자정부이론과 지식정부이론을 토대로 좀더 공식적 논의(formal discussion)을 하기로 한다.

〈그림 12-5〉 미래의 바람직한 정부상: 기업가적 정부, 성과중심 정부, 고객중심 정부, 뉴거버넌스 정부

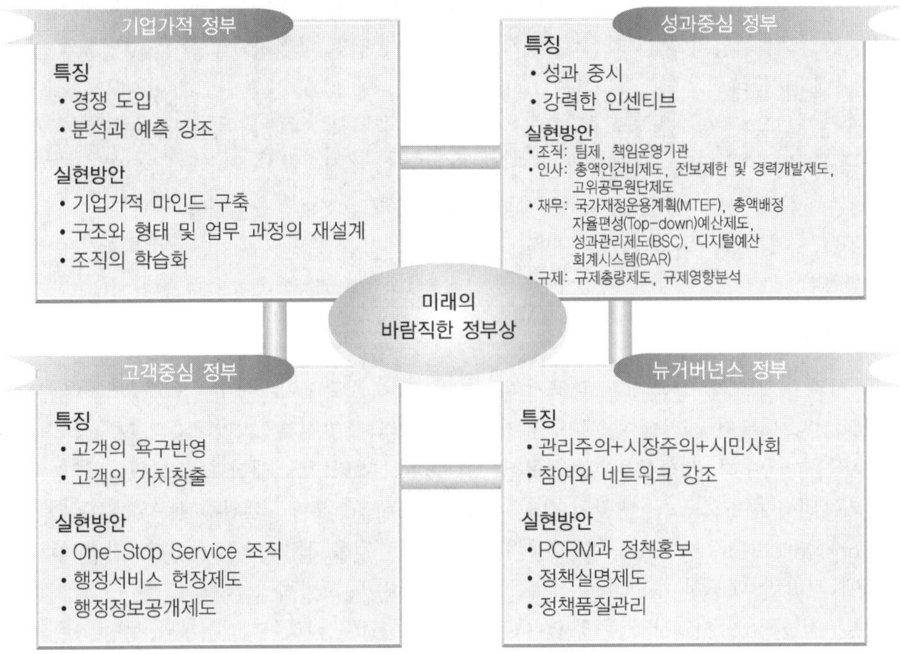

정 • 책 • 사 • 례

뉴거버넌스 정책성공 사례

- 대포천 수질개선과 성공적 거버넌스 사례 -

1. 사례개요

김해시 상동면에 위치한 대포천은 부산시민의 상수원인 낙동강 물금취수장에서 약 300m 상류에 위치하고 있으며, 1970년대까지는 맑은 수질을 유지하였으나, 급격한 지역개발로 인한 공장폐수, 축산폐수 방류 등으로 오염되기 시작하여 1997년에는 4-5급수로 전락하였다.

4대강 수계특별법의 입법예고 후, 초기에는 상수원보호구역으로 지정이 불가피해진 김해시 상동, 생림, 한림, 진례면 전역과 진영 일부의 5개 읍·면 번영회를 주축으로 구성된 상수원특별법반대추진위원회는 본격적인 반대투쟁을 전개하였다. 대포천 일대가 상수원보호구역으로 지정되면 지역주민의 생활에 많은 규제가 따를 뿐만 아니라, 토지가격의 저하 등 지역주민의 재산권에도 적지 않은 부정적인 영향을 주기 때문이다. 그러나 대안 없는 반대운동이 대다수의 주민들로부터 호응을 얻지 못하면서, 우선 대포천을 살리고 행정당국에 상수원보호구역 지정을 유예해 주도록 요구하자는 의견이 새로이 대두되었다(환경부, 2002. 4.3).

다양한 오염원을 가진 대포천 유역의 수질개선을 위해서 주민들은 "상동면수질개선대책위

원회"를 구성하여, 대대적인 수질정화운동에 나서 자발적으로 오염을 줄여나가기 시작했다. 수질개선기금의 모금, 수계별 감시단의 조직화, 합성세제 덜 쓰기 운동, 수질자정능력 제고 활동, 가정 및 식당의 오·폐수 저감장치의 설치, 범 면민 하천정화활동 등 주민들의 자율적이고 자발적인 노력으로, 대포천은 1998년 2월 이후 BOD 기준 1급수 하천으로 개선되었다. 수질개선으로 상수원보호구역으로 지정하려던 계획은 수정되어, 정부-주민간 "자발적 협약"을 체결하게 되었다. 협약체결 이후에도 1급수 수질유지 노력은 지속되었고, 그 결과 2003년 2월에 자연생태복원 우수사례로 지정되었고, 2004년 3월에는 "수질개선지역"으로 지정되어 수계법상 최초로 주민의 자율적 노력에 근거한 주민지원사업비 수혜조건을 취득하게 되었다.

2. 쟁점 및 시사점

위 사례는 김해시에 소재한 대포천이 4-5급수로 전락하여, 상수원보호구역 지정문제가 제기된 1997년부터 시작하여, 주민의 자발적 노력과 중앙정부, 지방정부의 지원과 협력 속에 수질을 1급수로 개선하는 데 성공한 사례로서, 거버넌스 패러다임의 핵심적인 문제해결 기제인, 수평적으로 연결된 네트워크의 구성을 통해 행위주체들이 공동의 문제(collective action problem)를 해결해나가고 있는 것을 잘 보여주고 있다. 자발성과 네트워크에 기반한 대포천 주민의 수질개선 사례는 주민의 자발적인 노력이 거둔 성과만큼, 중앙정부, 지방정부, 지역사회 등에 많은 관심과 이목을 끈 사례이다. 정부와 주민간 문제해결 방식은 자발성, 네트워크, 협력에 기초하였고, 주체간 여러 형태의 협력구조를 형성하였다. 이러한 거버넌스적 문제해결구조는 적은 비용을 통해서 대포천을 1급수 수준으로 개선시켰을 뿐만 아니라, 이를 지속적으로 유지하도록 하였으며, 더 나아가 파괴되었던 대포천의 생태계도 복원되는 성과를 가져왔다.

이 사례에서 네트워크의 구성원은 환경부-김해시-수질개선대책위원회이고, 낙동강 상류의 물금취수장으로 유입되는 대포천의 수질개선이 이들이 성취하려고 하는 공동의 문제였다. 사회적 자본의 구체적 형태로 신뢰, 네트워크, 사람들을 한 데로 묶어주는 규범이 흔히 제시되는데, 대책위원회 활동의 초점은 바로 이러한 사회적 자본을 배양함으로써, 집단행동의 딜레마(collective action dilemma)를 극복할 수 있었던 것으로 해석된다. 또한, 구체적으로, 지역사회의 다양한 집단을 촘촘히 연결된 네트워크로 이어주고, 이렇게 구성된 네트워크는 정보와 의사소통 통로로서의 역할과 이탈행위를 억제하는 견제장치로서 작용하였던 바, 신뢰와 협동에 바탕을 둔 뉴거버넌스적 문제해결의 모범적인 정책성공을 보여주는 사례이다.

* 자료: 유재원·홍성만, 2004.

제 6 절 요약 및 결론

21세기에 진행되고 있는 엄청난 속도의 변화는 개인들뿐만 아니라 국가에게도 압도적으로 작용하고 있다. 모든 수준의 공공조직은 자원의 빈곤, 세계화의 압박, 정보화의 급진전, 시민들의 증대된 욕구, 국가재정 적자와 같은 문제에 직면함은 물론, 이른바 조직의 '미래의 충격'(*future shock*)이라고 불리는 상황에 직면하고 있다. 미래의 정부조직은 이러한 조직들의 변화에 대처하고, 문제를 해결하기 위한 더 나은 방법들을 개발해야 한다.

미래의 바람직한 정부상의 첫 출발점은 먼저 정부역량(*governance capacity*)의 강화이다. 정부역량은 정책역량(*policy capacity*), 관리역량(*management capacity*), 인프라역량(*infra capacity*)을 제고하는 것을 의미한다.

첫째, 정책역량은 분석(*analysis*)과 예측(*foresight*)을 중심개념으로 한다. 미래정부에서는 통상정책과 협상관리, 환경정책과 갈등관리, 정보정책과 과학기술 분야의 중요성이 증대될 것으로 예측되는데, 이러한 정책영역에서 특히 문제의 분석과 예측 능력이 매우 중요하다.

둘째, 관리역량은 혁신(*innovation*)과 관리(*management*)를 중심개념으로 한다. 미래정부에서는 정부 내부의 관리역량 증대를 위해 혁신관리, 지식관리, 성과관리의 중요성이 커진다. 또한 비용편익분석, 회귀분석, 시뮬레이션, BSC 등의 관리기법들을 토대로 조직관리의 과학화를 제고시켜야 한다.

셋째, 인프라역량은 기술(*technology*)과 신뢰(*trust*)를 중심개념으로 한다. 미래정부에서는 정보기술을 토대로 한 전자정부 및 지식정부의 중요성이 증대되고, 신뢰를 토대로 한 사회적 자산(*social capital*)과 시민사회 역량(*citizen capacity*)을 강화시켜야 한다.

미래정부는 이러한 정부역량 강화를 통해 행정의 효율성을 제고하고, 더 나아가 민주성과 성찰성을 향상시켜야 한다. 정부 내부의 효과성(*effectiveness*)과 능률성(*efficiency*) 제고 등 효율성 증대를 토대로 정부 내부와 외부간 인터페이스 관점에서 정책의 참여성(*participation*)과 대응성(*responsiveness*) 제고 등 민주성을 강화하고, 더 나아가 정부와 시장 그리고 시민사회를 아우르는 사회공동체 전체의 신뢰(*trust*)와 협동(*cooperation*)을 토대로 사회적 자본을 강화하는 등 성찰성을 강화해야 한다.

정부혁신을 위해 중요한 것은 개혁과 관련하여 바람직한 미래의 정부상을 구축하고, 이에 대해 국민들의 신뢰를 획득하는 일이다. 신뢰는 그 자체를 21세기 국가혁신의 요체로 삼을 정도로 중요한 일이다(Nye et al, 1998). 따라서 한국사회의 미래지향적 국정관리는 먼저 강한 국가, 강한 시장 및 강한 시민사회를 형성하고, 이들간에 신뢰와 균형된 파트너십을 바탕으로 강한 네트워크를 형성함으로써, 세계화와 정보화 시대에 적합한 사회공동체를 형성해야 할 것이다. 이를 바탕으로 구체적으로 정부, 기업, NGO, 제3섹터 등의 각 분야가 자율적이고 책임성 있는 성숙한 조직으로 발전하고, 이들 사이에 강한 네트워크를 구축해야 하며, 정부혁신 부문에서도 효율성·민주성·성찰성 등 본질적 행정이념을 확립하고, 이를 위해 조직·인사·재무·성과관리제도 등 조직구조·의식과 행태·과정과 제도·관리기술 개혁을 총체적으로 실천해 나가야 할 것이다.

제13장

정부혁신 성공사례

현대행정은 동태적 행정과정을 거쳐 실현된다. 국가행정은 국가목표-정책결정-조직화-동작화-환류 및 학습의 동태적 행정과정을 거치면서 역동적으로 실행된다. 동태적 행정과정의 첫 시발점은 국가목표 및 정책결정이며, 이를 실현하기 위해 조직·인사·재무 등 조직화와, 인간관·동기부여·리더십 등 동작화, 그리고 행정책임·행정통제·행정개혁·정부혁신 등 학습 및 환류가 이루어지게 된다. 앞에서 우리는 행정개혁 및 정부혁신의 각론으로서 미래의 바람직한 정부상을 공부하면서, 기업가적 정부·성과중심 정부·고객중심 정부·뉴거버넌스 정부의 중요성에 대해 학습하였다. 이러한 거시적 구조의 정부혁신의 틀이 성공하려면, 미시적 수준에서도 정부혁신의 사례들이 성공적으로 실현되어 주어야 한다. 제13장에서는 정부혁신의 완결을 위해 미래의 바람직한 정부상을 보완하는 의미에서 정부혁신 성공사례들에 대해 중점적으로 학습하기로 한다. 또한, 정부혁신 성공사례의 성공요인과 학습방안에 대해서 공부하기로 한다.

정보통신부(GPLCS 시스템의 도입과 활용), 건설교통부(민원관리 대외갈등 관리의 혁신), 문화관광부(인시시스템의 개선을 통한 조직혁신), 병무청(멘토링시스템의 개발과 운영), 관세청(초일류세관을 위한 조직혁신 노력), 교육인적자원부(학습조직의 활성화) 등의 구체적 혁신사례에 대한 성공요인들을 분석하고, 이를 타 조직 적용시 학습방안에 대해서 검토하면서 요약 정리토록 한다. 또한 정부혁신 성공요인 분석을 토대로 정부혁신 핵심변수들을 추출하고, 핵심변수들간의 인과관계에 대해서 학습하기로 한다.

제1절 정보통신부 혁신사례: GPLCS 시스템의 도입과 활용

1. 사례개요

1) 혁신의 계기

초고속 인터넷 가입률 세계 1위, 인터넷 이용률 세계 3위, PC 보급률 세계 4위 등 급격한 IT 산업의 발달에 있어서 정보통신부는 그 중심적인 역할을 수행해 왔다. 무어의 법칙[1]에 따른 정보통신기술의 급속한 발전과 정보통신부에 대한 국민들의 기대는 공무원들에게 위기의식과 함께, 새로운 변화의 필요성에 대한 공감대를 형성하게 하는 계기가 되었다. 이와 맞물려 참여정부의 출범과 함께, 혁신적 마인드를 가진 민간기업 출신의 진대제 장관이 신임 정보통신부 장관으로 취임하면서 기존의 전반적인 업무관행에 민간기업의 경영기법을 도입하여 개선시키려는 노력이 시작되었다(자료: http://www.innovation.pa.go.kr).

2) 혁신의 목표설정

(1) 체계적 정책관리

신임 장관의 취임시 정보통신부는 조직원들간에 정책으로 인정하고 분류하는 합의된 기준이 없었으며, 여러 외부기관에서 시달된 지침에 따라 일부 정책과제만을 수동적으로 관리해 오고 있었다. 따라서 현재 추진되고 있는 최상위 정책목표에서부터 다양한 단위의 정책과제 추진 상황을 실시간으로 파악하고 관리할 수 있는 체계적 시스템의 필요성이 제기되었다.

(2) 표준 프로세스의 활용

그동안 대부분의 정책은 담당자의 경험과 능력에 의존하는 사람 중심의 행정이 이루어졌다. 따라서 사람의 능력에 따라 정책성과의 편차가 커 결국 전체적인 정책의 품질이 낮아졌으며, 정책수행 결과에 대한 예측이 부족하거나 주요 쟁점사항을 간과하는 등의 정책

---

1) 무어의 법칙(Moore's Law): 마이크로칩에 저장할 수 있는 데이터의 양이 18개월마다 2배씩 증가한다는 법칙이다. '인터넷은 적은 노력으로도 커다란 결과를 얻을 수 있다'는 메트칼프의 법칙, '조직은 계속적으로 거래비용이 적게 드는 쪽으로 변화한다'는 가치사슬 지배의 법칙과 함께 인터넷 경제3원칙으로 불린다.

실패를 유발하였다. 이러한 문제점을 극복하기 위해서 기존의 사람중심 행정에서 정보 시스템 중심 행정으로, 즉 정책과정을 정형화한 정책 프로세스의 확립 및 활용 방안이 요구되었다.

(3) 정책정보의 축적과 활용

담당자의 인사이동이 있을 경우 경험에 의해 체득한 정책정보와 지식, 즉 업무수행에 있어서 꼭 필요한 암묵적 지식은 사라져 버리고, 공식적인 결재서류만 남아 있는 상황을 시정할 필요성이 제기되었다. 따라서 정책추진과정에서 발생하는 정보나 활동의 산출물이 체계적으로 정리・관리되도록 하고, 그 정보가 담당자들 사이에 공유되어 재활용되고, 언제 어디에서나 필요한 정보에 대한 용이한 접근이 가능한 시스템이 요구되었다.

(4) 단순 문서작업의 축소 및 실시간 상황관리

정책담당자들이 가장 많이 작성하는 1-2장짜리 여러 보고서로는 정책과제의 전말을 이해하기 힘들 뿐만 아니라, 문서작성자에 의한 의도적 혹은 비의도적 왜곡가능성도 존재한다. 이를 위해 정책과제와 관련된 지식과 정보를 체계적으로 표현할 수 있는 표준서식을 만들고, 내용을 충실히 입력・축적하고, 이에 실시간으로 접근할 수 있는 시스템이 구현된다면, 반복적 문서작업의 절감으로 정책관리의 효율화를 기할 수 있다고 보았다.

(5) 정책과제 관리의 시스템화 추진

신임 장관의 문제제기와 이를 정보통신부의 정책현실에 맞게 수용하고자 노력한 업무혁신팀의 상호작용은 "GPLC"(Government Policy Life Cycle) 혁신활동의 큰 틀 하에서 이루어졌다.

3) 혁신추진의 과정

(1) 정책과제별 엑셀 템플릿 활용

장관의 정책과제별 템플릿2)을 작성하라는 지시에 따라, 템플릿을 어떤 양식으로 가져갈 것인지 등을 실무적으로 점검하여, 18개 주요 정책과제에 대해 템플릿을 최초로 작성하였다. 이후 템플릿 작성과제 수를 점진적으로 확대하여 장(차)관 주재 주・월간 간부회

2) 템플릿(template): 어떤 도식이나 서식에서 자주 사용되는 기본 골격. 스프레드시트에서 각종 데이터 처리를 위해 표의 일정한 구조를 만들어 놓고, 사용자가 데이터를 입력만 하면 되도록 해 놓은 것이 한 예이다.

의시 노트북에 엑셀 템플릿을 저장하여 회의의 자료로 이용하였다. 이는 청와대까지 확대되어 대통령 지시에 따라 국무회의에서 정보통신부의 엑셀 템플릿을 활용한 회의업무 개선사례를 시연하게 되었으며, 10여 개 중앙 부처에서 시스템관련 자료를 요청하였다.

(2) 정책과제 분류표 작성

엑셀 템플릿의 활용과 함께, 체계적인 정책관리를 위해 정보통신부는 전체 차원에서 정책과제 즉, 미션에서부터 세부과제에 이르기까지를 어떻게 분류할 것인가에 대해 연구를 실시하였다. 수많은 연구결과 끝에 '미션-핵심기능-단위과제' 체계로 단순화하고, 관리대상을 '단위과제'로 정하고, 외부기관 보고나 평가수요에 대비하여 필요시 종합과제를 등록・관리하도록 하였다.

(3) 정책과제 관리시스템의 구축

저장용량의 제한이라는 엑셀 템플릿의 기능상 한계를 극복하고, 정보시스템 중심의 정책 프로세스 확립을 위해 관리시스템 구축에 착수하였다. 시스템 구축에 착수하면서 실패 가능성을 최소화하기 위해 여러 사항들을 고려대상에 포함시켰으며, 시범운영을 함으로 해서 시스템에 대한 문제제기와 개발이 계속적인 피드백과정을 거치게 되었다.

프로토타입 시스템의 구축은 결과적으로 장・차관 이하 실・국장들의 요구사항과 담당자들의 요구사항을 메인시스템 분석 및 설계 단계에서 이끌어낼 수 있었다는 점에서 성공적인 시도였다는 평가를 받고 있다. 이제 GPLCS 시스템이 장・차관 주재 간부회의 뿐만

〈그림 13-1〉 정보통신부 혁신사례: GPLCS 추진모형

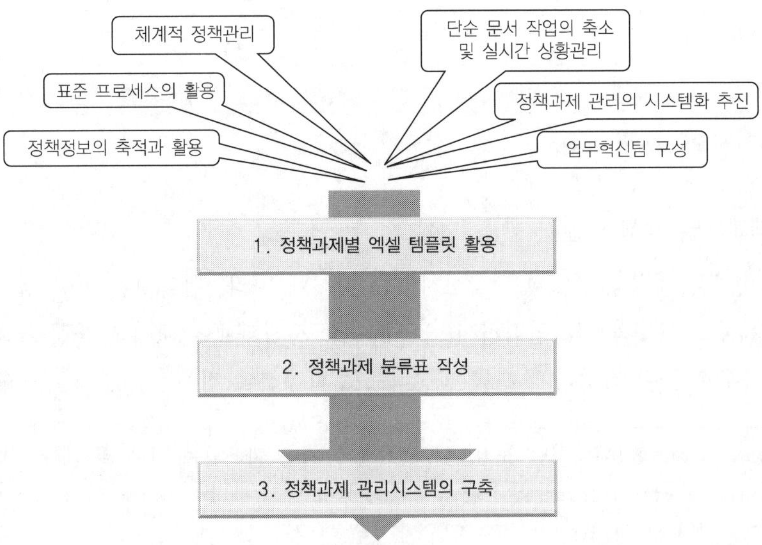

아니라, 실·국별 전체 담당자 회의 등 다양한 회의를 지원하는 유용한 수단으로 변모하여, 정보통신부 각 회의실에서 실·국장, 과장, 담당 등 많은 사람이 참석한 가운데, GPLCS 시스템을 빔프로젝터에 연결하여 스크린에 표출시키면서 회의를 진행하는 광경이 낯설지 않게 되었다.

2. 성공요인

1) 최종결정권자의 강력한 추진의지

정책과제별 템플릿을 만들라는 신임 장관의 지시사항에서 시작한 정책관리시스템은 장관의 지속적인 관심 속에서 성공적으로 정착하였다. GPLCS 활성화를 위해 진대제 장관은 프로토 타입을 간부회의에 적극 활용하였고, 이는 정책 담당자들이 GPLCS를 중심으로 일하도록 하는 강력한 유인이 되었다.

2) 정부 부문에 맞는 시스템 도입

정책관리시스템이 민간기업에서 활용되던 비즈니스 프로세스 관리시스템(BPM)에 기반 하였지만, BPM을 도입하면 체계적 정책관리가 가능하겠다는 아이디어를 얻는 수준에 그치고, 정책과정 및 템플릿 설계 등은 상품이 아닌 정책에 맞게 독자적 방식으로 이루어졌다. 정부 부문에서는 처음으로 정책관리시스템을 구축하는 것이었기 때문에, 프로토 타입을 구축하고 시범 운영하여 그 결과를 시스템 설계에 반영함으로써, 시스템의 타당성과 적용가능성을 제고시킬 수 있었다.

3) 사용자에게 친숙한 시스템 구축

엑셀 템플릿과 프로토 타입을 운영하는 과정에서 발생한 여론 및 요구사항을 최대한 수렴하여 시스템에 반영하였다. 또한 웹 인터페이스, 항목별 출력기능, 정보공유의 확대 등을 통해 사용자에게 친숙한 시스템 개발을 위해 노력하였다.

4) 다양한 인센티브 부여

분기마다 실・국별, 개인별 시스템 활용도 평가를 하여, GPLCS 우수 부서에 대한 표창을 실시하고, 우수 활용자에게는 특별휴가 및 해외연수 기회 제공 등의 다양한 인센티브를 부여하였다.

5) 핵심전략의 재조명

장관은 취임하면서 여러 외부기관에서 시달된 지침에 따라 일부 정책과제만을 수동적으로 관리해 오고 있었던 기존의 정보통신부에게, 지금 정통부가 추진하고 있는 정책과제가 무엇이냐는 물음을 던졌다. 즉, 제일 근본적이고 핵심적인 부분부터 언급한 것이다. 장관은 목적의 명확성, 역할의 명료성, 방향의 일관성 등 세 가지의 핵심전략의 접근방법을 사용하여, 정보통신부가 수행해야 하는 업무를 체계적으로 정리할 수 있는 기틀을 만든 것이다(이종엽 외, 2004: 368).

3. 학습방안: 타 조직 적용시 유의사항

1) 각 조직의 내부환경 고려

정보통신부는 민간기업에서 활용되던 BPM을 도입하면서 상품이 아닌 정책에 맞게, 그리고 정보통신부라는 특수 조직에 맞는 시스템을 여러 의견의 수렴 및 시범운영을 통하여 GPLCS를 만들어내었다. 다른 조직들도 일방적인 도입을 지양하고, 특수한 자신의 조직 상황에 적합하게 내부직원들의 여론과 요구를 적극 수용하는 과정 등을 거쳐 도입해야 한다.

2) 권위적 관료의식의 타파

지금까지 공공 부문 조직은 엄격한 계층제의 형태를 띠고 있고, 행정관료들의 권위주의와 엘리트의식 때문에, 기획에서부터 추진까지, 또 피드백을 받는 과정에서 불필요한 인력 낭비와 시간소비를 하여 왔으며, 모든 점을 상부에서 결정하는 비민주적인 행태로 인하여 하위계층의 창의력을 살리지 못했다. 정보통신부의 사례에서 보듯이, 효율적이고 체계적인 업무수행을 위해서는 정책과제의 분류 시 불필요한 계층단계를 축소하여, 대민서비스에 있어서 보다 신속하고 편리하게 봉사할 수 있는 행정체제를 갖추는 것이 필요하다.

3) 학습조직으로의 변화

학습조직은 지식을 창출·획득·확산하는 데 능숙한 조직, 새로운 지식과 통찰력을 반영하여 행동을 수정하는 데 능숙한 조직, 그리고 잘못된 지식을 폐기하는 데 능숙한 조직을 말한다. 이러한 학습조직의 등장배경은 현대사회가 정보사회로 변화되고 있음을 근원으로 삼는다. 즉 급격한 환경변화와 기술변화에 따른 조직의 적응이 중요해진 것이다. 타 조직들도 정보시스템과 함께 정보통신부가 시스템을 만들게 된 계기, 즉 학습조직으로의 변화까지도 고려해야 한다(권기헌, 2004: 60-61).

4) 상위-하향식(top-down) 접근방법의 타파

지금까지의 행정개혁이 초래한 하나의 중대한 오류는 바로 상위-하향식의 접근방법이다. 정보통신부 혁신의 성공요인은 최종결정권자의 강력한 의지는 부하직원들의 수용이 있었기 때문이었다. 즉 강력한 의지와 함께 부하직원의 협력을 이끌어낼 수 있는 리더십을 갖추었다는 것인데, 그것이 바로 하의-상향식(bottom-up) 커뮤니케이션 구조이며, 이를 통해 혁신이 자발적으로 축적될 수 있는 여건을 마련해야 한다(권기헌, 2003: 402-403).

4. 요약 및 정리

정 · 책 · 사 · 례

정보통신부 혁신사례 : GPLCS 시스템의 도입과 활용

1. 사례개요

정보통신기술의 급속한 발전과 정보통신부에 대한 국민들의 기대는 공무원들에게 위기의식과 함께, 새로운 변화의 필요성에 대한 공감대를 형성하게 하는 계기가 되었다. 이에 따라 신임 진대제 장관은 업무혁신팀을 조직하여, 체계적 정책관리, 표준 프로세스의 활용, 정책정보의 축적과 활용, 단순 문서작업의 축소 및 실시간 상황관리, 정책과제 관리의 시스템화 추진 등 다섯 가지를 목표로 삼았다. 그리고 정책과제별 엑셀 템플릿 활용, 정책과제 분류표 작성, 정책과제 관리시스템의 구축을 통하여 혁신을 성공으로 이끌었다.

* 자료: http://www.innovation. pa.go.kr.

2. 사례분석: 성공요인

정보통신부 혁신의 성공요인으로는 다음의 다섯 가지를 들 수 있다. 즉, 1) 최종결정권자의 강력한 추진의지, 2) 정부부문에 맞는 시스템 도입을 위한 노력, 3) 사용자에게 친숙한 시스템 구축, 4) 다양한 인센티브 부여, 5) 핵심전략의 재조명 등을 성공요인으로 꼽을 수 있다.

3. 학습방안: 타 조직 적용시 유의사항

타 조직 적용시 유의사항으로는 다음의 네 가지로 정리할 수 있다. 1) 각 조직의 내부환경 고려, 2) 권위적이었던 관료의식의 타파, 3) 학습조직으로의 변화, 4) 상위-하향식(top-down) 접근 방법의 타파 등이다.

제 2 절 건교부 혁신사례: 민원관련 대외 갈등 관리의 혁신

1. 사례개요

1) 혁신의 배경

(1) 대규모 갈등분출 사례들

2002년도의 서울 외곽순환 고속도로 사패산 터널구간 민원, 2003년 5월 화물연대 불법 집단행동, 시화간석지 개발 계획, 자동차 번호판 교체 관련 혼란 등 우리 사회에서 대규모의 갈등분출 사례는 모두 건설교통부가 주관했던 것으로, 정책결정부터 집행까지 대부분 정책관련자들의 충분한 합의와 숙의 없이 행해지거나, 현안 발생시 현안의 진단이나 예상, 정확한 해결시스템 없이 응급조치 식으로 해결해 왔다.

(2) 민원의 폭발적인 증가

과거에 만들어진 규정이 상황변화로 인해 현실성이 결여되어 있음에도 불구하고, 정책 집행의 기준으로 활용해 옴으로 인해서 최근 5년간 건교부에 접수되는 민원 건수가 80% 이상 증가되어 오고 있는데, 이는 건교부의 자율적 민원해소 노력이 미흡하고 변화에 대한 대응이 늦음을 말해주고 있었다.

(3) 무엇이 문제인가?

(가) 정책시행 환경의 변화에 대한 안이한 대응

정부의 정책추진 환경이 복잡 다양하게 변화하고 있음에도 일단 내부결정이 이루어지면, 관련 사업에 대한 토론 없이 무조건적인 추진을 전제로 하고, 사업 시행에 따른 예상 시나리오에 대한 사전검토(시뮬레이션 혹은 모니터링) 없이 과거에 만들어진 규정과 방침을 고수하면서 시민편의가 무시되고 있었다.

(나) 갈등이 표면화되더라도 초기에는 소극적 대응

갈등이 표면화되기 이전에 보고해봐야 골치만 아프게 된다는 식의 의식으로 일단 덮어두고 있다가, 갈등이 분출되어 사회적 공론화가 되었을 때 본격적으로 대응하는 것이 일반적인 관행이었으나, 그 때의 대응매뉴얼도 개발되어 있지 않은 실정이었다.

(다) 갈등관리 원칙의 부재

체계적 갈등관리를 위한 원칙이 마련되어 있지 않아, 사안이 발생할 때마다 임시 봉합하고, 그동안의 갈등해결 과정에서 얻은 교훈을 기록하지 않거나, 감사를 대비하여 담당 공무원에게 유리한 방향으로 기록하는 등의 관료적 행태를 보여 왔다(자료: http://www.innovation.pa.go.kr).

2) 가해지는 채찍들: 반성 그리고 혁신 시동

(1) 대통령과 장관의 문제제기와 격려

대통령의 민원제도 개선 노력에 대한 계속되는 요구와 격려는 건교부의 제도개선 필요성에 대한 더욱 확고한 신념을 가져다 주었으며, 건교부장관 역시 2004년 초 간부회의 때부터 갈등분출 사안이 생길 때마다 교훈삼아 적절한 시기에 대응할 수 있도록 하고, 민원의 경우는 적극적이고 합리적으로 해결하도록 하며, 환경의 변화에 공무원도 함께 변화할 수 있어야 한다고 꾸준히 질책하고 격려하였다.

(2) 변화의 조짐, 혁신의 시동

여러 차례에 걸친 대형 갈등 분출을 겪으면서, 건교부 직원들은 무기력해지기도 했지만, 반드시 겪어야 할 시대적 요청이라는 공감분위기가 확산되기 시작하였다. 뭔가 성공을 예측할 수 있는 신호탄과도 같은 선도 프로젝트를 수행하기로 결정하였고, 그것이 '민원해소대책회의'이다. 그러나 이는 장관의 지시에 의한 내부적 결정사항으로, 다른 조직원들은 또 다른 업무가 신설되어 업무 부담만 늘어나는 게 아닌가하는 우려를 하기도 하였다.

3) 갈등관리 혁신 제1탄: '민원해소대책회의'의 설치운영

(1) 제도의 개요

'민원해소대책회의'란 국민의 소리를 직접 듣고 해결하는 시스템을 구축하고, 토론을 통하여 현장에서 신속하게 처리방향을 결정하는 현장민원 해결기구로서, 장관주재로 매월 1회 회의를 개최하여, 담당 국·과장과 민원인 간의 토론방식으로 진행하여, 현장에서 민원을 해소하거나 해소방향 및 방안을 결정하는 시스템이다.

(2) '민원해소대책회의'의 절차

㈎ 안건 발굴

건교부 접수민원, 경제5단체 및 지자체 건의사항, 국무조정실 '기업애로센터' 및 국민고충처리위원회 등에 접수된 민원·제안 중에서 안건 발굴을 한다.

㈏ 예비 토론

관련 실·국에서 민원 및 건의요지, 추진경위 및 현황 등 사실을 확인하고, 실무회의를 통하여 사실관계, 법령 등 관련 사항을 사전에 검토한다.

㈐ 대책 회의

장관참석 자리에서 필요 국·과장(필요시 관련부처 참석)과 민원인의 직접토론을 통해 즉시 의사결정(시정, 조치, 법령 개정 등)을 할 수 있도록 한다.

㈑ 사후 모니터링 및 재조사

도출된 개선내용은 추진상황을 지속적으로 모니터링하고, 민원인의 고충이 충분히 해결되었는지 재조사를 함으로써, 피드백을 충분히 한다.

(3) 운영실적 및 내·외부 반응

2004년 6월부터 9월까지 총 4 차례의 '민원해소대책회의'를 개최하여, 수년간 표류하였던 17건의 민원의 발굴하여 심의를 시행하였고, 그 중 12건을 발굴·개선하는 성과를 올렸다. 또한 제도개선 추진시 실무자에서 과장, 장관에 이르는 복잡한 단계를 뛰어넘어, 단 시간에 제도개선을 이룰 수 있는 장점이 있는 것으로 나타났다.

〈그림 13-2〉 건교부 혁신사례: '민원해소대책회의' 절차도

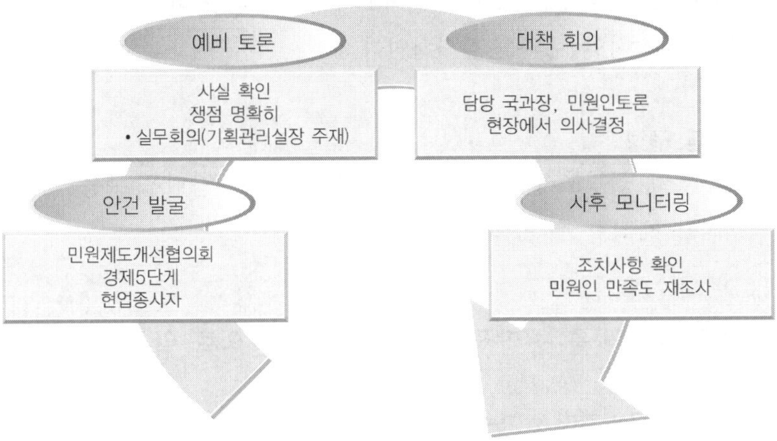

4) 내 · 외부 장애와 장애 극복

(1) 내부의 우려

아무리 혁신이라지만 장관까지 직접 민원해결에 나서는 점에 대한 지적과, 이 때문에 민원인과 실무자에 대한 신뢰도 하락, 정부정책의 일관성을 저해할 수 있다는 우려가 있었다. 또한 새로운 제도로 인한 새로운 업무의 창출로 직원들의 불만이 나타나기 시작했으며, 장관이 바뀌면 다시 제도가 바뀌지는 않을까하는 회피론도 나타나고 있었다.

(2) 외부의 불신

어차피 해결해 줄 문제를 시일을 끌며 생색낸다고 생각하며, 짜고 치는 고스톱이 아니냐는 식의 비아냥거림도 나타났다.

(3) 장애 극복 과정

(가) 다양한 채널을 통한 안건 발굴 및 데이터베이스화

다양한 채널과 현업 종사자로 구성된 '민원모니터 단', 지자체공무원으로 구성된 '제도개선과제 발굴 모니터 단'을 통해 안건을 발굴하고, 이를 데이터베이스화 하였다.

(나) 적극적 홍보

민원해소 의지를 적극 홍보하고, 홈페이지에 '제도운영 현황'과 '개선 우수사례'를 게재

하여 전 국민에게 알리고, 정책고객(PCRM)에게 메일 서비스를 실시하였다. 또한 노력이 뛰어난 담당자에게는 적극적인 포상과, 인사고과에 반영하는 혜택을 주고, 모니터링, 교육 및 비전을 통한 지속적인 보완을 실시하였다.

(다) 처리전담팀 구성

향후 안건을 발굴, 현장조사 직접 처리할 수 있는 처리전담팀을 구성하고, 지방을 순회하며, 대책회의를 개최할 수 있게 하였다.

5) '민원해소대책회의'를 종합적인 갈등관리 혁신으로 확산

(1) 민원처리에도 유비쿼터스 개념을 도입

민원서류를 공사현장에서 바로 접수하여 해결가능한 것은 바로 해결하고, 세부 검토가 필요한 것은 소속기관으로 송부하여 처리하는 시스템을 가동하였다.

(2) 정책의 사전 의견조율을 통한 갈등요인 제거: NGO 정책자문단

건교부의 주요 정책 · 계획 · 사업 등에 대해 사전자문을 하는 시민단체중심의 정책자문단을 구성 · 운영하였으며, 자문위원은 주택 · 도시, 교통 · 물류, 국토 · 토지, 건설 · 산업, SOC 등 건설교통 관련 5개 분야에 걸쳐, 총 31개 시민단체에서 50명을 선정하여 인력풀(*pool*)로 운영하였다.

(3) 갈등요인의 사전탐지 및 대응시스템 구축: 갈등관리 기획단

갈등관리 기획단은 잠재적인 갈등발생가능성이 있는 과제에 대해 정기 및 비정기적으로 추진상황을 점검하고, 부동산, 노사, 재해안전에 대해 매주 점검회의를 개최하여 갈등요인 분석 및 사전 해결방안을 검토하였다. "갈등 Library"를 구축하여, 갈등관리에 필요한 제반자료를 수집 · 보존하고, 이를 통해 시행착오를 줄이는 방향으로 추진하였다.

(4) PCRM을 활용한 적극적인 정책홍보

범국민적 홍보대상별 맞춤형 홍보에 쌍방향 홍보를 통해 광범위한 홍보 및 환류효과를 달성하는 방향으로 추진하였다.

2. 성공요인

1) 리더의 강력한 의지와 변혁적 리더십

전체 조직의 혁신 마인드 함량 및 능력 배양을 위해서는 리더의 혁신에 대한 의지와 솔선수범이 우선되어야 한다. '민원해소대책회의' 혁신사례는 리더의 혁신 의지와 제도 정착을 위한 지속적 관심 등이 중요한 성공요인이다. 변화하는 환경에 대응하기 위해서는 조직의 대응방식이 달라져야 한다는 지도자의 상황인식, 관철의지 및 솔선수범이 필요한데, 건교부는 조직원들의 무기력함과 패배의식 속에서도 장관이 직접 나서서 현 문제점을 인식하고, 해결을 위해 적극적으로 개입함으로써 조직원들에게는 점진적인 공감대 형성과 '이제는 할 수 있다'는 자신감과 혁신마인드를 낳았다.

2) 지속적 관심과 적극적인 홍보

조직원들에게 포상금 지급, 인사반영 등으로 직원들이 노력할 수 있는 발판을 만들어 주었고, 외부적으로는 전 국민을 홍보대상별로 다양하게 접근하여, 그에 알맞은 홍보와 환류를 받아내어 지속적인 관심을 이끌어냈다는 점이 성공요인으로 분석된다. 홈페이지에 개선 사례와 제도 운영현황 등을 게시하고, NGO자문단, PCRM 등을 통하여 '민원해소대책회의'의 의도, 목적을 적극적으로 홍보하여, 국민적인 지지를 확보했다는 점이 성공요인이다.

3) 쌍방향의 혁신모델

'민원해소대책회의'란 국민의 소리를 직접 듣고 해결하는 시스템을 구축하고, 토론을 통하여 현장에서 신속하게 처리방향을 결정하는 현장민원 해결기구로서, 상정안건에 대하여 관련 실·국에서 필요시에는 현장조사결과를 첨부하는 등 현장에서 직접 민원인들의 고충을 들을 수 있게 했다는 점을 성공요인으로 들 수 있다. 민원처리에도 유비쿼터스 개념을 도입하여, 현장 주변의 민원인들이 편하게 현장에서 민원을 접수하고 해결할 수 있도록 편의를 봐준 것이다.

뿐만 아니라 그 결과를 인터넷에 공개하고, 민원인에게 세부결과를 통보한 후 향후 추진상황을 지속 검토하여 제도 개선이 완료될 때까지 모니터링하고, 해당 민원인의 고충이 충분히 해결되었는지도 재조사하는 등 지속적인 보완을 펼친 것이 '민원해소대책회의'이

성공적인 혁신사례로 인정받고 제도화하는 데 큰 성공요인으로 작용했다고 볼 수 있다.

3. 학습방안: 타 조직 적용시 유의사항

1) 갈등관리기구의 상설화

지금까지 발생했던 대규모 갈등 분출 사례의 원인은 정책수립 이전에, 정책 이해관련자들이 모여 합리적으로 토론하고 숙의하는 과정이 없었을 뿐만 아니라, 집행 단계에서도 정부기관이 일방적으로 정책을 추진하는 등의 문제가 있었다. 또한 갈등이 예상되더라도 미리 해결하지 않는 해이한 모습을 보여 왔고, 갈등을 기록하고 해결시스템 등을 기록해 두지 않아 비용과 시간이 낭비되었다. 그러나 이는 비단 건교부만의 문제점은 아닐 것이다. 타 부처에서도 갈등문제를 다룸에 있어 임기응변식 해결이 아니라, 갈등관리기구의 상설화 등을 통해 혁신 및 갈등관리의 제도화를 이루는 노력을 기울여야 할 것이다.

2) 갈등 해결에 있어서 기관장의 역할

건교부의 '민원해소대책회의'는 장관이 직접 민원인의 애로사항을 들어주고 개입할 수 있는 시스템을 도입하여, 의사결정 시간이 단축되고 단기간에 많은 양의 현안을 동시에 해결할 수 있었다. 이러한 조직 책임자의 의지와 노력을 통해 실무자들은 다양한 현안을 개발하고, 창의적인 갈등 해결 방안을 강구하였고, 갈등의 해결을 원하는 민원인이나 국민들은 자신의 요구사항을 장관부터 나서서 직접 들어주고 빨리 해결해 주는 국가기관에 대해 믿음을 갖게 하였다

3) 시민단체와의 파트너십 형성

건교부가 '민원해소대책회의'를 성공적으로 이끌어낼 수 있었던 요인 중에 하나는, 정책결정 이전단계부터 시민단체와의 파트너십을 형성함으로써, 정부정책의 원활한 추진을 도모하는 지원세력화를 만들어 내는 노력이 있었다는 점이다. 정부와 시각이 다른 시민단체에 대해서도, 자문위원단을 만들어 충분한 의견교류를 통한다면, 보다 넓은 시각에서 정책을 결정할 수 있게 된다.

4. 요약 및 정리

혁 · 신 · 사 · 례

건설교통부 갈등관리 혁신

1. 사례개요

건설교통부는 그동안 사회적으로 분출된 여러 대형 갈등사례와 늘어만 가는 민원사례 때문에, 조직원들의 무기력감, 회의적 반응, 국민의 불신으로 고민하던 중, 사회적 필요성과 조직원들에게 혁신은 반드시 성공한다는 확신과 자신감을 심어주기 위하여 '민원해소대책회의'를 만들게 되었다. 이는 장관이 직접 나서서 민원인들과 합리적인 토론을 하고, 바로 의사결정을 내릴 수 있는 제도로, 단기간에 많은 양의 민원을 처리할 수 있게 되었고, 이를 통해 대규모의 갈등사례 분출도가 낮아졌으며, 갈등관리기구의 상설화를 통해 갈등관리를 제도적으로 대처한 정부혁신 성공사례로 꼽히고 있다.

* 자료: http://www.innovation.pa.go.kr.

2. 사례분석: 성공요인 분석

건교부가 혁신할 수 있었던 요인은 크게 세 가지로 볼 수 있다. 첫째, 리더의 의지와 솔선수범이다. 장관이 직접 나서서 민원처리를 함으로써 조직원들에게는 자신감과 혁신 마인드를 심어줄 수 있었고, 민원인들에게는 믿음과 감동을 주었다. 둘째, 지속적 관심과 적극적인 홍보이다. 초기에 내·외부적으로 부정적인 반응을 보였던 '민원해소대책회의'는 홍보대상의 분류, 홈페이지의 적극이용, NGO자문단, PCRM을 이용하여 적극적인 홍보활동을 펼쳐 효과를 극대화했다. 마지막으로 쌍방향의 혁신모델 달성과 지속적인 보완을 들 수 있는데, 민원인과의 직접적인 토론을 통한 즉각적인 의사결정으로 쌍방향의 혁신모델을 달성하였다.

3. 학습방안: 타 조직 적용시 유의사항

타 조직 적용시 유의사항은 네 가지로 나눌 수 있다. 첫째, 갈등관리기구의 상설화이다. 현재 갈등관리를 제대로 하지 못하고 있는 우리나라의 경우, 초기, 후기의 갈등을 나눠 성격에 맞는 갈등관리를 할 제도적 대책을 마련해야 한다. 둘째, 갈등 해결에 있어서 기관장의 역할이다. 건교부의 '민원해소대책회의'는 장관이 직접 민원인의 애로사항을 들어주고, 개입할 수 있는 시스템을 도입하여, 의사결정 시간이 단축되고 단기간에 많은 양의 현안을 동시에 해결할 수 있었다. 이러한 조직 책임자의 의지와 리더십은 혁신 제도화를 위해 매우 중요한 요인이다. 셋째, 시민단체와의 파트너십 형성이다. 건교부가 '민원해소대책회의'를 성공적으로 이끌어낼 수 있었던 요인 중에 하나는, 정책결정 이전단계부터 시민단체와의 파트너십을 형성함으로써, 정부정책의 원활한 추진을 도모하는 지원세력화를 만들어내는 노력이 있었다는 점이다. 정부와 시각이 다른 시민단체에 대해서도 자문위원단을 만들어 충분한 의견교류를 통한다면, 보다 넓은 시각에서 정책을 결정할 수 있게 될 것이다.

제 3 절 문화관광부 혁신사례: 인사시스템 개선을 통한 조직혁신

1. 사례개요

1) 혁신의 배경

문화관광부는 승진 적체로 인하여 부 창설 이래 직원들의 사기가 최악으로 떨어졌고, 조직에 대한 직원들의 불만이 폭발 직전의 상황에 이르렀다. 4-7급 등 중하위직의 경우 직급별 승진 소요연수가 6급 → 5급의 경우 14년, 5급 → 4급의 경우 13년으로서, 정부 전 부처에서 승진 소요기간이 가장 길었다.

특히 지난 2년간(2001년, 2002년) 승진심사가 없음으로 인해, 직원의 조직에 대한 기대감이나 근무의욕이 완전히 상실되면서, 조직분위기가 극도로 침체되게 되었다. 또한 최근 젊은 우수인력의 문화관광부 전출희망자가 급증함(7급 : ('01) 3명 → ('02) 3명 → ('03) 10명)에 따라 이러한 추세를 감안하면 1990년 이후 7급 공채자는 5급으로 승진에 약 20년 소요되어 정년에 도달할 경우 4급 승진이 불가능하고, 2000년 이후 7급 신규 채용자는 5급 승진이 불가능한 상황이 전개되었다. 이러한 조직분위기로 인해 기회가 주어지면 모두가 조직을 떠날 태세였고, 이런 상태에서는 혁신을 위한 공감대 형성 및 내부 동력 유발 논의 자체가 불가능한 상태가 되었다(자료: http://www.innovation.pa.go.kr).

2) 혁신 과정

(1) 인사혁신의 첫 시도와 그 결과

신임 이창동 장관은 2003년 5월 전 직원에 대한 이메일을 통해, 다음과 같은 인사목표를 제시하였다.

> 1) 참여정부의 인사혁신 원칙과 비전에 따라 능력 있는 공무원이 소신을 갖고 일할 수 있는 직장 분위기 조성
> 2) 혁신적이고 획기적인 인사를 통한 조직 활성화

또한 이와 같은 인사목표를 달성하기 위해 다음과 같은 인사방식을 채택할 것을 천명하였다.

1) 국·과장 보직을 제로베이스에서 재검토하여, 보직의 특성, 본인의 희망, 상·하 직원 및 동료 추천, 다면평가와 보직심사를 통하여 보직을 부여함
2) 무보직 서기관 이하 직원에 대하여 본인의 희망, 상·하급자의 추천 및 보직심사를 통해 보직을 부여함
3) 상·하향식 추천과 다면평가를 통해 능력 있는 공무원의 발탁인사 및 부적격자에 대한 대기발령

2003년 6월 국장급, 과장급, 서기관 이하 전 직원을 대상으로 적임·비적임자를 추천받아 다면평가를 실시하고, 희망 보직원을 제출받아 국·과장급 발탁승진 인사, 국장급 4명 및 과장급 9명, 4급 7명 및 5급 5명 등 총 25명 대기발령 등 개혁적 인사를 실시, 6급 이하 직원 희망보직원에 따른 전보인사를 단행하였다. 그러나 전례가 없던 새로운 제도를 충분한 준비기간 없이 실시한 결과, 전 직원들의 공감대를 얻지 못하고 오히려 직원들의 반발을 초래하는 결과를 낳게 되었다.

(2) 본격적인 인사혁신 단행

중앙부처 가운데 선두로 인사행정 전담부서를 설치하고, 인사경험소유자(인사·조직업무 경력 10년 이상)를 행정인사담당관으로 임명하여 본격적인 인사혁신의 기초를 세웠다. 인사행정 전담부서를 설치함과 동시에, 문화관광부 내의 인적 자원을 효율적으로 활용하는 방안을 강구하기 위해, 직원이 중심이 되는 '인력자원관리개선 T/F'를 구성하였다.

(가) 직원들의 참여를 유도

직원의 공감을 얻지 못하는 제도는 의미가 없으므로, 인력자원관리개선 T/F 팀장이 주도가 되어 직원들을 토론의 장으로 끌어들였는데, 토론회 개최 이전에 제도개선 초안을 전 직원에게 이메일로 보내고, 토론 후에는 상세한 토론결과를 문화행정혁신위원회 토론게시판에 게재하여 전 직원과 정보를 공유하였다. 총 6차례 인력자원관리개선 T/F 회의, 총 5차례의 직원 토론회 및 세미나 등을 통해 많은 직원들의 의견을 수렴하였다.

(나) 혁신에 대한 직원들의 저항

혁신에 과정에서 이를 불신하는 냉소적인 분위기가 팽배하였다. "인사시스템 혁신?, 빛좋은 개살구다," "조금 추진하다가 다시 원상태로 돌아갈 터인데 혁신은 무슨 혁신?," "장관도 처음 취임했으니, 의욕적으로 혁신을 부르짖지만, 조금만 있어보면 다시 옛날로 돌아갈 것이 뻔하다"와 같이 심각한 인사적체로 직원들의 근무의욕 상실 등으로 혁신에 대한 논의자체에 무관심하였고, 인사시스템 혁신작업 자체에 회의적인 직원들이 많았다.

또한 경직된 조직문화로 토론문화에 익숙하지 않아 인사제도 개선에 관심이 많은 데도 불구하고, 참여하기를 주저하는 직원들이 많았으며, 인사시스템 혁신으로 인사의 숨통을 열어보고 싶은 중참 경력자들과 혁신이 반갑지 않은 고참 경력자들간에 치열한 물밑 신경전이 펼쳐지는 등 혁신 반대그룹과 개혁그룹간에 보이지 않는 갈등이 발생하였다.

(다) 문제점 보완

T/F 운영을 통해 설계된 제도를 안정적 시스템으로 정착시키기 위해, 1차적으로 '승진제도·다면평가제도' 개선안을 시범 실시하여, 문제점을 도출하였다. 1차 '4·5급 승진제도·다면평가제도' 적용과정에서 표출된 문제점을 보완하기 위해, T/F 회의 및 직원토론회를 개최(2003.11~12)하여, 승진에 있어 다면평가비율 상향 조정 및 다면평가 결과의 의무적 반영, 그리고 여성공무원에 대한 승진 인사시 예외조항 신설여부 등을 논의하였다. 직원 능력개발을 위해 온라인 다면평가를 실시(2003.11)한 후, 인력자원관리개선 T/F에서 자체적으로 '승진제도 및 다면평가제도 개선안'을 마련하였다(2003.12).

(3) 인사시스템 공고화

인력자원개선관리 T/F 검토안(2003.12)에 대해 혁신인사담당관 주도로 최종 제도개선방안을 마련, 실·국 의견수렴 후 최종적(2004.1)으로 확정하였다. 그리고 혁신을 위한 학습분위기 조성을 위하여 전 직원 대상 설문조사와, 인력자원관리개선 T/F 개선안을 토대로 '2004년도 교육훈련제도 개선안'을 확정하였다(2004. 3.22). 이후, 시스템화된 절차에 의한 승진심사가 이루어지게 되었다.

문화관광부 인사시스템 개혁 사례는 객관적 평가를 통해, 인사적체 해소 및 활력을 잃고

〈그림 13-3〉 문화관광부 혁신사례: 승진제도 추진모형

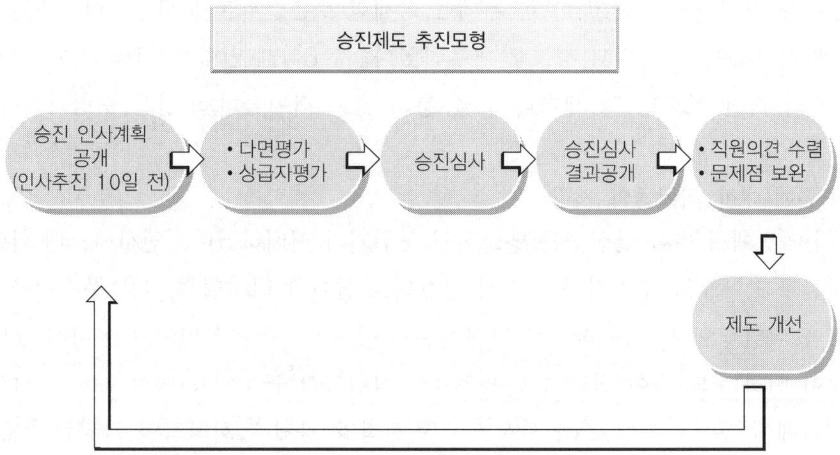

있는 직원들의 사기를 불어넣고, 동기를 부여하는 기회가 되었다. 최근 실시되었던 5급 승진 심사결과(55명 중 20명 선정)는 연공서열을 탈피한 능력중심의 인사시스템 구축 노력이 얼마나 가시화되고 있는가를 보여주는 단적인 사례이다. 승진이 결정된 직원의 연공서열 분포가 다양하며, 최대 6년의 격차를 보이고 있다('90년도-'96년도). 연공서열대로 승진되었을 경우 탈락할 수 있었던 1994년도 이후 직원이 승진대상 인원의 50%(10명)을 차지하고 있는 것을 보면 알 수 있다. 이처럼 연공서열에 의한 인사를 지양하고, 능력과 실적 중심의 인사를 단행하여 일하는 분위기 조성을 위한 과제중심의 인사에 역점을 둔 결과, 효과적인 인사시스템 개혁이 성공하게 된 것이다.

2. 성공요인

1) 직원 공감대 형성

절망적인 조직침체 속에서 '변화하고 혁신하지 않으면 모두 죽는다'는 위기감이 팽배하면서, 혁신을 해야 한다는 당위성이 부각되었다.

2) 장관의 일관된 언행: 직원들의 마음의 문을 열게 함

장관의 혁신에 대한 높은 관심과 기대는 직원들에게 혁신을 위한 공감대를 형성시켰고, 그에 따른 적극적인 언행은 직원들이 혁신에 대한 신뢰를 얻게 되는 계기가 되었다. 가령 인력자원관리개선 T/F 팀장과 수시로 독대하면서, 다양한 직원여론이 장관에게 직접 보고되었던 점이나, 취임 후 직원들과 격의 없는 토론의 장을 마련하고 이메일을 통해 직원과 직접 소통했던 노력이 그것이다.

3) 개혁의 대상에서 개혁의 주체로: 직원이 주체가 된 인사시스템 혁신 작업

문화관광부 인사개혁의 경우, 직원이 중심이 된 '인력자원개선 관리 T/F'를 구성하여 혁신 작업을 주도함으로써, 문화관광부 현실에 맞고 직원의 희망과 일치하는 제도를 설계할 수 있었다. 이는 T/F라는 자율적 조직을 통하여 조직구성원의 능력과 기술을 적극적으로 활용했기 때문이다. 특히, 인사 정보공개를 통한 정보공유는 조직구성원간의 광범위한 의사소통을 낳았고, 이는 근무의욕 및 일에 대한 열정 회복 등의 '적극적 참여'라는 전 직원의 마인드 변화로 이어졌다.

4) 협력적 네트워크: 혁신 주도그룹(공식라인, 비공식라인)의 조화

비공식라인인 '인력자원개선관리 T/F'의 자유분방하고 창의적 아이디어와, 공식라인인 행정인사담당관이 주도가 된 인사부서의 치밀하고 조직적인 사고는, 인사혁신 과정의 실패요인을 최소화 하였다. 가령, '인력자원개선관리 T/F'는 인사부서와 문화관광부 내의 다른 부처들을 연결하는 다리 역할을 했고, 인사부서는 부내 인력사정·여론 등을 감안하여 변화속도를 적절히 조절, 혁신효과를 최대화했다. 이렇듯 인사혁신 주도그룹의 인기에 영합하지 않는 모습은, 투명하고 합리적인 인사시스템 운영으로 이어지게 하였다.

5) 직원 워크숍을 통해 인사혁신 활동 가속화

문화관광부의 인사혁신은 혁신 T/F 워크숍, 본부 및 소속 기관별로 워크숍 및 연찬회를 수시 개최하여, 구성원의 혁신추진에 대하여 공감대를 확산하게 된다. 특히, 인사혁신 작업뿐만 아니라, 조직문화 개선작업을 동시에 진행하면서, 인사혁신 시너지 효과를 창출하게 되고, 이로 인하여 '정책현장체험학습' 및 '업무전담제'의 실시 등 성공적 조직변화 및 혁신사례를 창출하게 된다.

3. 학습방안: 타 조직 적용시 유의사항

1) 문제의 진단

문화관광부의 인사개혁은 내부의 인사적체로 인한 개혁의 필요성에 의하여 시작되었다. 그러나 다른 조직의 경우 각각이 처한 환경이나 원인, 문제 등이 다르기 때문에, 그에 따른 실정을 파악하고 문제를 진단하는 것이 선행되어야 한다.

2) 리더의 강력한 리더십

조직의 리더는 조직의 목표, 사명, 핵심가치들을 설정하고, 조직구성원이 공유하는 미래에 대한 비전을 창조한다. 따라서 리더의 강력한 의지는 문제상황을 해결함에 있어서 기준과 같은 역할을 하게 된다. 문화관광부의 인사개혁의 사례에서도 볼 수 있듯이, 리더는 실패와 저항 속에서도 초심을 잃지 않고, 꾸준히 이어나가는 의지와 행동력이 요구된다.

3) 구성원의 권한 강화(empowered employees)

문화관광부의 인사개혁 사례에서 가장 눈에 띄는 것은 '구성원들의 주도적인 참여'이다. 이들의 경우 직원 스스로가 주체가 된 변화·혁신 작업을 통해 혁신에 대한 의식·사고가 변하게 된다. 그 결과 혁신에 대한 긍정적·적극적 마인드를 형성하고, 전 직원을 '혁신주도그룹화' 하게 된다. 이처럼 조직문제의 해결을 위해 전 직원이 참여함으로써, 내적 동기부여를 제공할 수 있고, 이러한 결과 조직의 성과를 가져올 수 있게 된다.

4) 협력적 네트워크

조직의 전략은 중앙집권적으로만 수립되는 것이 아니라, 여러 방향에서 등장한다. 따라서 조직 내부뿐만 아니라, 조직 외부의 협력적 네트워크가 중요하다. 문화관광부의 혁신사례에서는 조직 내부의 공식조직, 비공식조직간의 협력 그리고 타 부처인 해양수산부와의 협력 등 공동체정신이 반영되었다.

5) 정보의 공유

문화관광부의 인사개혁의 과정에서는, 인터넷 게시판을 통한 인사과정을 공개 및 토론회, 워크숍 등을 통하여 직원들이 늘 정보에 접근가능하도록 하였는데, 이처럼 조직의 문제를 인지하고 해결하기 위해서는 구성원 사이의 정보공유가 필수적이다. 이는 현대행정에서도 강조되는 것으로, 정보의 공개를 통하여 투명성과 참여성을 확보할 수 있기 때문이다.

4. 요약 및 정리

혁 · 신 · 사 · 례

문화관광부 인사시스템 혁신

1. 사례개요

문화관광부는 심각한 승진 적체로 조직에 대한 직원들의 불만이 최악의 사태까지 이르렀다. 이에 2003년 5월 이창동 장관은 참여정부의 인사원칙에 따른 인사혁신을 선포하고, 문화관광부는 본격적인 인사혁신을 추진한다. 초기의 실패가 있었지만, 전 직원의 적극적인 참여와 승진제도·다면평가제도의 도입 등을 통하여 2004년 8월에는 인사시스템을 제도화하게 된다.

* 자료: http://www.innovation.pa.go.kr.

2. 사례분석: 성공요인 분석

문화관광부의 인사혁신의 성공요인은 다음의 다섯 가지로 분류된다. 즉, 1) 조직의 위기에 대한 전 직원 공감대 형성, 2) 장관의 일관된 언행: 직원들의 마음의 문을 열게 함, 3) 개혁의 대상에서 개혁의 주체로: 직원이 주체가 된 인사시스템 혁신 작업, 4) 협력적 네트워크: 혁신 주도그룹(공식라인, 비공식라인)의 조화, 5) 직원 워크숍을 통해 인사혁신 활동 가속화가 그것이다.

3. 학습방안: 타 조직 적용 시 유의사항

타 조직 적용시 유의사항은 다음의 여섯 가지로 정리해 볼 수 있다. 즉, 1) 각 조직의 문제를 파악, 2) 리더의 강력한 리더십, 3) 구성원의 권한 강화(empowered employees), 4) 협력적 네트워크, 5) 정보의 공유, 6) 수평적 조직구조의 강화학습이다.

제 4 절 병무청 혁신사례: 병무청 멘토링시스템의 개발 및 운영

1. 사례개요

1) 병무청이 처한 상황

각종 선거 및 현역병 복무 배치 등과 관련한 불신과 의혹은 "병무청=비리청"이라는 인식을 갖게 하였고, 1999년 정부조직 축소 방침이 결정됨에 따라 2002년까지 전국 시·군·구, 읍·면·동에 배치된 병무담당 직원의 약 75%에 해당하는 인력이 감축되었다. 일선 창구의 기능 약화는 민원접수·안내 등에 따른 불편과 같은 대국민 서비스의 질적 저하를 가져왔고, 주민등록을 기초로 하는 거주지 단위의 병역자원 관리에 위기를 초래하였다. 또한 내부적으로 병무청 직원들은 국민들의 비난과 의혹에 따라 병무인으로써의 정체성이 상실되었고, 상호불신, 업무량 과중, 사기저하는 직원들을 타 부처로 전출시키는 결과를 초래하였다. 이 과정에서 병무청이 안게 된 문제점을 해결하고, 이를 혁신하기 위한 다양한 시도와 노력이 있었다(자료: http://www.innovation.pa.go.kr).

2) 혁신 시동의 계기

(1) 신규 인원과 기존 직원간의 갈등

병무 담당의 폐지와 전출에 따라 위임 사무를 지방병무청이 수행하게 되었고, 신규 직원을 채용은 조직의 효율적 운영을 위한 교육을 필요로 하게 되었다. 이에 따라 전입 직원과 기존 직원간의 내부갈등을 해소하기 위해, 조직의 비전, 가치관 공유 및 조직문화의 활성화를 유지하기 위한 방안의 마련이 시급해졌다.

(2) 민원처리 과정의 경직성과 탄력성

병역처분 관련 규정의 탄력적 운용이 비리를 발생시키는 요인으로 작용했던 선례는, 민원 사안별 특수성(사정) 등에 대한 고려보다는 병역의무 부과의 형평성・공정성, 적법성을 더 중시하는 등 규정중심의 행정처리 문화를 강조하게 만들었다. 그러나 이에 따른 대민업무 처리의 경직성은 민원의 불만을 가져왔고, 유연한 조직문화를 창출할 필요성을 증가시켰다.

3) 혁신 아이디어

(1) 전국 주니어보드

직원의 개혁 역량을 확대하여 개혁 주체로서 참여할 수 있는 기회를 제공하고, 참신한 아이디어를 병무행정의 개혁 추진에 적극 반영하는 한편, 직원 상・하간의 원활한 의사소통으로 다양한 의견을 수렴하여 조직 및 기관의 발전을 도모하기 위하여 2003년 9월 27일 '주니어보드'를 구성하였다. 2004년 1월 17일 주니어보드 회의에서는 '대화 잘하는, 토론 잘하는 활기찬 조직문화 형성'을 추진 과제로 삼고, 원활한 의사소통을 위해 '멘토링 시스템', '토요 토론회 정기 개최', '3분 자유발언대 운영', '칭찬메시지 릴레이 운동'을 세부과제로 삼았다.

(2) 멘토링 시스템

멘토링 시스템의 목적은 다음과 같다. 1) 건전한 토론문화를 형성함으로써 조직문화에 조기 적응과 2) 소속감의 강화, 3) 구성원들의 효율적인 업무처리 습득과 업무능력 향상으로 대외경쟁력을 배양, 4) 대화와 토론 잘하는 조직문화 형성으로 요약할 수 있다. 이러한 멘토링 시스템은 2004년 병무청장의 멘토링 시스템을 추진을 위한 지원과 격려에 의해 운영계획은 탄력을 받게 되었다. 멘토링 시스템의 취지와 목적, 커뮤니케이션 기법에 대한 교육과, 멘티・멘토[3] 결연식 행사를 통해, 멘티와 멘토의 1:1 의사소통 채널을

〈그림 13-4〉 병무청 혁신사례: 멘토링 시스템 추진과정

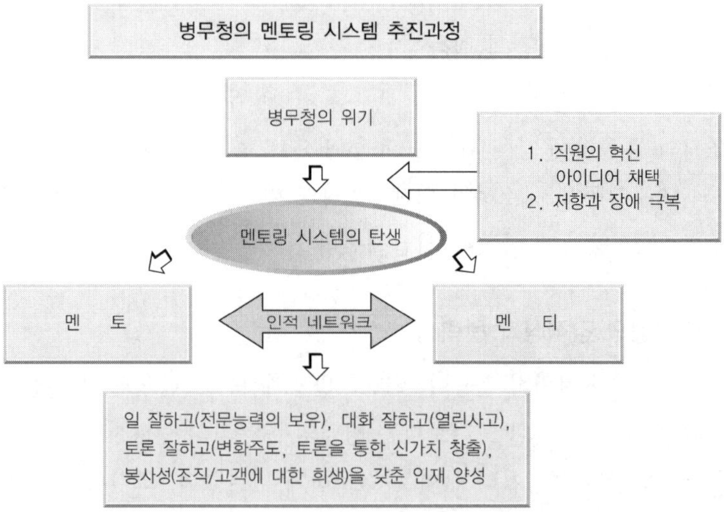

형성할 수 있는 계기를 마련하였는데, 기존의 권위를 깬 행사는 타 직원들의 관심(부러움)을 유도하였고, 이는 멘토링 시스템의 성공적인 추진을 위한 밑거름이 되었다.

2. 성공요인

병무청의 멘토링 시스템 개발 및 운영이 성공하게 된 때에는 여러 가지 요인이 있었다. 먼저, 멘토링 시스템을 집행하기 앞서 철저한 사전준비 및 충분한 홍보가 있었다. 또한 멘토링 시스템은 목표에 맞게 합리적으로 운영되었으며, 집행 이후에 적절한 평가 및 보상 시스템을 마련함으로써 정책의 실효성을 높였다고 볼 수 있다.

1) 철저한 사전 준비

먼저, 멘토링 시스템의 목적과 취지, 기대 효과, 커뮤니케이션 방법 등에 대한 철저한 사전 준비를 성공요인으로 꼽을 수 있다. 병무청은 멘토링 시스템을 개발하고, 이를 도입하기 위하여 많은 사례[4]를 수집하여 분석하였고, AT&T사의 신입사원 멘토링 프로그램,

3) 멘토는 헌신적이고 정직하며 모범적인 직원을 공개로 모집하고, 희망자를 우선적으로 모집하되, 멘티의 의사 또는 의견을 우선적으로 반영한다. 멘티는 7급 이하 직원으로 신규 직원, 타부서 전입자 등을 대상으로 하고, 채널 유지 기간은 6개월로 하며, 5급 이상의 직원 중 1인 이상을 참여시켜 간부급 직원의 관심을 불러일으킨다.

4) Motorola, AT&T, Silicon Valley의 벤처기업, GE 등의 사례와 여성부, 삼양사, POS데이타,

컨설턴트 멘토링 프로그램, 대인간 멘토링 프로그램 등의 모델을 벤치마킹하였다.

2) 신중한 멘토 선정

병무청의 방침이나 가치에 대해 충분히 이해하고, 담당 분야에 대한 전문적 지식과 노하를 겸비하고, 인재 육성에 대한 강한 의지를 갖고 있는 사람[5)]을 멘토로 선정하였다. 또한 멘토의 시간과 비용을 절감할 수 있도록 이메일(e-mail)과 메신저를 적절하게 활용하는 사이버 멘토링을 실시하고, 이를 활성화시키는 방안을 강구하였으며, 멘토링 운영기간을 6개월로 정하고 그 이후에는 자율적인 의사에 따라 관계의 지속여부를 결정하게 함으로써, 지나치게 경쟁심을 유발하게 하는 문제점을 해결하려는 노력을 하였다. 한편 미 참여자에게도 멘토로 지원할 수 있는 기회를 부여함으로써 위화감과 알력 등을 해소하였다.

3) 파트너십 형성

멘티들간에 인적 네트워크를 형성함으로써 폭넓은 대인관계를 형성할 수 있으며, 선배(멘토)는 신규 및 신입 직원(멘티)이 병무행정 문화에 성공적으로 조기에 정착하는 것을 도와줌으로써, 선후배간 파트너십을 유지할 뿐 아니라, 일 잘하고(전문능력의 보유), 대화 잘하고(열린사고), 변화 주도(토론을 통한 신 가치 창출), 봉사성(조직 및 고객에 대한 봉사)을 갖고 일할 수 있도록 해 주었다.

4) 정기적 평가

멘토나 멘티의 멘토링에 대한 적극적인 참여를 유도하고, 의도한 목표를 달성하기 위해 멘토링 과정이나 결과에 대해 분기별로 평가하였다. 평가의 결과 조직의 비전 및 가치관을 공유하고, 조직문화를 강화, 유지하며, 신입 직원의 조직 및 업무에 대한 신속한 적응을 돕게 하였다. 또한, 멘토로부터 전문지식 및 노하우를 습득하여, 조직생활에서 자신감을 형성하며, 닮고 싶은 모델을 형성하여 바람직한 공무원상 정립에 효과를 나타내었다.

5) 포　상

멘토링 시스템의 성과에 대해 연말에 평가를 실시한 후, 그 결과를 토대로 실적이 우수

동양기전, 삼성테크윈 등

5) 학습촉진 능력, 커뮤니케이션 능력, 진실한 마음과 열정, 코칭 기술이 필요하다.

한 팀에게 포상을 실시[6]하며, 성공적인 멘토링 사례에 대해서는 직원들에게 널리 전파하였다.

3. 학습방안: 타 조직 적용시 유의사항

병무청의 멘토링 시스템에 대한 학습방안을 정리하면 다음과 같다.

첫째, 멘토링 시스템에 대한 분명한 이해와 목표를 가져야만 한다. 추상적인 목표가 아닌 구체적이면서도 명확한 목표가 설정되고 추진되어야 한다는 것이다.

둘째, 조직 리더의 강력한 의지와 실행이 성공의 열쇠가 될 수 있다. 경영진이 스스로에게 '나에게 부족한 점이 무엇인가?' 또는 '사원들에게서 어떤 점을 배워야 하는가?' 라는 생각을 통해 리버스(*reverse*) 멘토링의 필요성을 인식해야 한다. 또한 리더는 멘토링 시스템의 운영에 필요한 인적, 물적 자원의 시의 적절한 제공을 해야 한다. 조직에서는 지속적인 후속조치를 통해서 이 시스템이 잘 정착될 수 있도록 지원을 아끼지 말아야 함을 뜻한다. 참여자들은 역할을 수행함에 있어 업무 과중 혹은 구체적 방법을 몰라 실행하지 못하는 경우가 많은데, 조직은 그 문제의 매듭을 풀어줄 수 있는 역할을 해야 하는 것으로 조직(리더)의 적극적인 지원이 필요하다 하겠다.[7]

셋째, 현재처럼 자율조직으로 관리되기보다는 인사관리 분야에서 적극 후원을 하고, 체계화된 평가시스템을 제도화하여 평가 후 우수자에 대하여 포상과 인센티브를 부여하여, 멘토링이 더욱 활성화 될 수 있도록 하여야 한다. 실제 멘토링 활동이 실패로 끝나는 원인 중 하나가 성과에 대한 가시적 보상이 미약하기 때문이다. 따라서 성공적 멘토링 사례에 대해서는 구성원들에게 널리 전파하여 축하와 인정을 받게 하는 방법, 승진이나 금전적 측면에서의 보상을 제공해야 한다.[8] 멘토링 활동을 선발, 평가, 보상, 배치 등 제반 인사관리 제도와 연계시켜 활용해야 하는데, 인적 자원의 관리라는 전체적인 관점에서 활용해야만 멘토링에 대한 구성원들의 몰입도를 높일 수 있다.

넷째, 멘토링 시스템에서는 멘토와 멘티의 공감대 형성[9]이 무엇보다도 중요하므로, 멘토와 멘

---

6) 대전지방병무청의 경우 분기 1회 평가를 통하여, 5월과 7월 제일 우수하다고 판단된 멘토-멘티에게 현금 50,000원을 지급하여 보상하였고, 멘토와 멘티가 시간을 함께 할 수 있도록 1시간 먼저 퇴근하도록 하는 인센티브를 제공하였다.

7) 미국 주류 생산업체인 브라운포맨 (Brown-Forman)은 분기별로 멘토링 프로그램에 대한 브리핑을 실시하며, 이를 통해 신입 사원에게 멘토링에 대한 정보의 제공 및 참여의 기회를 주고 있다.

8) 미국의 금융서비스 회사인 킴벌리 클라크(Kimberly Clark)에서는 멘토링 성공 수행시 성과를 연봉에 반영한다.

9) 멘토와 멘티간의 약속이 잘 지켜지도록 상호간에 신뢰와 존경심이 전제되어야 한다.

티 연결시 둘 모두를 철저하게 파악하여 가장 적합한 사람들로 맺어지도록 해야 한다. 많은 경우 시작은 하였으나 호흡이 맞지를 않아 지속되지 못하기 때문에, 이러한 문제 해결의 방안으로 멘토와 멘티가 함께 할 수 있는 다양한 프로그램(등산대회, 여행 등)을 마련하고, 취미활동 등을 공유할 수 있도록 경제적 지원을 하는 등 멘토링의 효과를 높일 수 있는 분위기를 형성할 수 있어야 한다.

다섯째, 멘토링 활동기간은 멘토링의 목적이나 조직 여건 및 구성원들의 요구를 적절히 고려하여 결정해야 한다. 멘토링 기간이 길 경우 활동 방향을 잃거나, 시시각각 변하는 환경이나 구성원들의 요구를 적시에 반영하기 힘들 수 있으며, 짧을 경우 멘티에 대한 깊이 있는 교육이 어렵고, 시간만 채우는 피상적 제도로 전락할 수 있기 때문이다.

4. 요약 및 정리

혁 • 신 • 사 • 례

병무청 멘토링 시스템의 개발 및 운영

1. 사례개요

각종 선거와 현역병 복무 배치 등과 관련한 불신과 의혹으로 정부조직 축소 방침이 결정됨에 따라, 병무담당 직원의 약 75%에 해당하는 인력이 감축되었다. 내부적으로 병무청 직원들의 사기저하와 타 부처로의 전출을 낳았고, 이는 대국민 서비스의 질적 저하를 초래하였다. 이 과정에서 병무청이 안게 된 문제점을 해결하고, 조직 및 기관의 발전을 도모하기 위하여 '주니어보드'가 구성되었고, 세부 과제로서 멘토링 시스템이 도입되었다.

* 자료: http://www.innovation.pa.go.kr.

2. 사례분석: 성공요인 분석

병무청의 혁신을 위해 도입한 멘토링 시스템의 성공요인은 다음과 같다. 1) 멘토링 시스템에 대한 철저한 사전 준비, 2) 전문지식과 역량을 지닌 멘토 선정, 3) 인간관계에서 선후배간 파트너십 유지와, 4) 멘토링 시스템의 과정이나 결과에 대해 분기별 평가, 5) 결과를 토대로 실적이 우수한 팀에게 인센티브 포상 제공 등을 성공 요인으로 볼 수 있다.

3. 학습방안: 타 조직 적용시 유의사항

타 조직 적용시 유의사항으로는, 1) 멘토링 시스템에 대한 분명한 이해와 목표 설정, 2) 조직 리더의 강력한 의지와 멘토링 시스템의 운영에 필요한 인적, 물적 자원의 시의 적절한 제공, 3) 멘토링 활동을 선발, 평가, 보상, 배치 등 제반 인사관리 제도와 연계시켜 활용, 4) 멘토와 멘티 연결시 개성 및 특성 파악을 통해 적절히 연결, 5) 멘토링 활동기간 결정시 멘토링의 목적이나 조직 여건 고려 등이 있다.

제 5 절 관세청 혁신사례: 초일류세관을 위한 조직혁신 노력

1. 사례개요

1) 조직이 처한 상황

(1) 혁신 전 상황

대외 신용도, 만족도 평가에서 하위 순위를 차지하였으며, 홈페이지 등에서도 외부고객의 불만 목소리가 팽배하였고, 내부직원의 변명과 부조리까지 이어졌다. 또한 동북아 경제물류중심 전략에 제동을 거는 대내외적 환경이 급변하고 있었다.

(2) 혁신의 시동

2003년 김용덕 관세청장의 취임으로 세관의 개혁이 추진되기 시작하였다. 2003년 5월 초일류세관추진위원회(혁신 서포터즈)가 결성되었다. 이는 변화와 혁신의 노력이 고객감동으로 제대로 이어지기 위해서는, 과제선정 단계에서부터 공무원의 입장이 아닌 고객의 입장에서 판단하기 위함이었다. 산업계, 학계, 시민단체, 언론, 관세청, 유관기관 대표 등 27명으로 구성하고, 안충영 대외경제정책연구원장과 김용덕 관세청장이 공동위원장을 담당하게 되었다. 그리고 민간인 관련자들의 다양한 혁신과제 제시가 추진되었다(자료: http://www.innovation.pa.go.kr).

2) 혁신 추진을 위한 초석 다지기

(1) 혁신 아이디어 발굴 및 채택

㈎ 아이디어 제안

관세청의 거듭나기를 촉구하면서, 이의 구체적인 일환으로 민간인으로 구성된 '초일류세관추진위원회'를 구성하고, 이 위원회에서 새로운 혁신과제들을 제안하였다. 그리고 '일류세관추진위원회'를 1년에 수차에 걸쳐 개최하여 의견 및 아이디어를 내고, 이에 대해 내부 추진기획단에서 보완, 구체화하여, 다시 위원들의 의견을 들어가며 아이디어를 정리하였다.

(나) 발굴과정에서의 어려움 극복

내부 직원들이 과도한 업무부담 및 새로운 변화에 대한 두려움 때문에 냉소적인 반응을 보이게 되었다. 이렇게 아이디어 공유과정에서 나타난 직원들의 냉소적인 반응에 대해, '믿지 못한다면 행동으로 보여주자'라는 기치하에, 초일류세관행정에 대한 구체적인 그림 그리기에 돌입하였다.

(2) 혁신추진방향 설정

현재의 관세청이 처한 상황을 객관적으로 진단하고, 민간위원들이 제안한 다양한 혁신과제들을 검토한 후, 동북아 경제중심지가 되기 위한 각국의 노력들을 벤치마킹함으로써, 추진위원회와 내부 담당 인력들이 함께 토론하여 방향을 설정하였다.

(3) 혁신추진시스템의 구성

(가) 혁신의 발걸음 떼기

산업계, 학계, 시민단체, 언론, 관세청, 유관기관을 대표하는 27명으로 구성된 초일류세관 추진위원회를 구성하여, 회의를 개최하여 혁신과제를 발굴하고 제안하였다. 이와 함께 관세청 내부 실무추진팀으로 '초일류세관추진기획단'설치하였다. 또한 본부 세관별로는 업무혁신을 위한 제도개선책을 발굴하기 위한 T/F팀을 구성하였고, 초일류세관추진을 관세청 조직의 힘으로 시작하자는 기치하에 관세청 조직개편을 단행하였다.

(나) 세상에 선보인 혁신과제

추진시스템을 구성하여 혁신의 받을 뗀 후, 처음 혁신과제로 초일류세관추진을 심의 확정하게 되었다.

(다) 시스템 가동시 어려움

본격적으로 혁신의 목표와 방향을 설정하고, 추진시스템을 가동시키는 가운데, 내외부의 저항에 부딪치게 되었다.

3) 혁신 아이디어 본격 가동

(1) 혁신 아이디어의 내용과 방법

(가) 주요 혁신 아이디어

고객의 이익을 극대화하는 제도를 도입하였다. 통관시간 단축, 24시간 상시 통관체제 구축, 여행자 휴대품 통관절차 간소화, 월별 납부제도 도입, 자율심사제도 도입이 그 예이다.

(나) 혁신 아이디어 가동 방법

혁신 아이디어, 혁신활동, 혁신활동결과, 혁신자료 수집 등 종합적이고 입체적인 평가를 실시하였다. 그리고 조직재설계, 인사제도에 있어서의 참신한 제도 도입 등 다각도의 노력을 경주하게 되었다. 혁신 마일리지를 시행하였고, 본청, 본부세관, 일선세관 기능의 합리적 재설계로 업무 효율성을 제고 하였으며, 전문요원제도 활성화를 통해 적재적소에 인력을 배치하였고, 인사조직담당관 신설로 인력수요에 능동적으로 대처하였으며, 신규 공무원을 위한 후견인제도를 도입하였다.

(다) 해외 우수사례 벤치마킹

네덜란드 암스테르담의 스키폴공항, 싱가폴의 창이공항, 홍콩의 책랍콕공항, 중국의 상해항 및 푸등공항 현지 방문 등 선진공항을 벤치마킹하고, 이때 관세청 직원과 연구원, 한국무역협회 등 관련 기관 참여를 유도하였다.

(2) 기관장의 역할

혁신 아이디어 제안시 비전을 제시하고, 이후 수시로 직원들의 적극적인 참여를 유도하기 위해, 지속적으로 관심을 가지고 독려하였다. 또한 대외적으로는 우리의 관세행정혁신에 관한 비전 및 경험을 상대 교역국과 교류하고, 동반자적 입장에서 관세행정을 선진화 함으로써, 대외 교역증진을 위한 협조 노력을 경주하였다.

(3) 비공식집단의 활용 및 자발적 참여 유도

'혁신을 잘하면 보상을 받는다' 는 인식을 심어주기 위해, 이 달의 관세인 시상으로 관세청 최고직원 명예를 부여하고, 인사우대, 포상금 지급, 해외연수기회 확대로 참여 동기를 부여하였다. 직원들간의 토론을 통한 혁신 동력을 확보하고자 하였다.

4) 저항과 장애 그리고 극복

(1) 저항과 장애

관세청 조직의 존재 의의를 상실할 만큼 커다란 위기상황에 직면하지 않는 상태에서, '변화와 혁신'에 대한 거부감 발생하게 되었으며, 관세사회, 한국선주협회 등 관세청 외부에서도 불만이 표출되었다.

(2) 저항과 장애의 극복

(가) 혁신추진에 대한 대내외 공감대 확산에 주력

초일류세관추진에 대한 공감대가 무역업체, 유관기관까지 형성될 수 있도록, 단순히 연찬회, 설명회뿐만 아니라, on-line 토론방 개설, 우수사례 발표대회와 같은 다양한 형태의 방안을 강구하였다.

(나) 극복효과의 가시화

일선 직원들도 혁신의 성과를 체감함으로써 혁신의 중요성을 파악하기 시작했고, 무엇보다도 통관업무의 특성상, 다수의 관련 기관이 상호 연계되어 있음으로써, 혁신의 절차 및 과정이 복잡한 관세행정의 혁신과정에서 업체의 이해를 얻어내는 등의 효과가 발생하게 되었다.

5) 혁신유지 관리시스템 구축

(1) 유지·관리 방법

(가) 조직 혁신을 위한 팀 활동 활성화

현재 민·관 합동의 T/F팀을 구성하여, 관세청의 업무프로세스 재설계(BRP)를 통한 고객위주의 조직·인력관리체제 구축작업을 추진하였다.

(나) 민원인과의 상호관계 제도화

민원·제도개선협의회, 민원·제도개선과제 발굴 모니터단 등을 활성화하였다. 또한, 상설친절교육팀(Customs Satisfaction Team)을 구성·운영하였으며, '불만민원인 관리자 직접 상담제'를 실시하였다. 또한 '고객만족도 측정카드'를 제작하고, '고객만족도 측정카드제'를 활용함으로써 지속적인 혁신 노력을 유지하였다.

(다) 고객의 반응에 대한 모니터링 강화

관세행정서비스 청장 모니터링을 실시하였고, 인터넷 상담민원에 대한 실시간 평가시스템을 구축하였으며, Happy-Call 제도를 운영하였고, 청장과의 대화방을 운영하였다.

〈그림 13-5〉 관세청 혁신사례: 혁신 흐름도

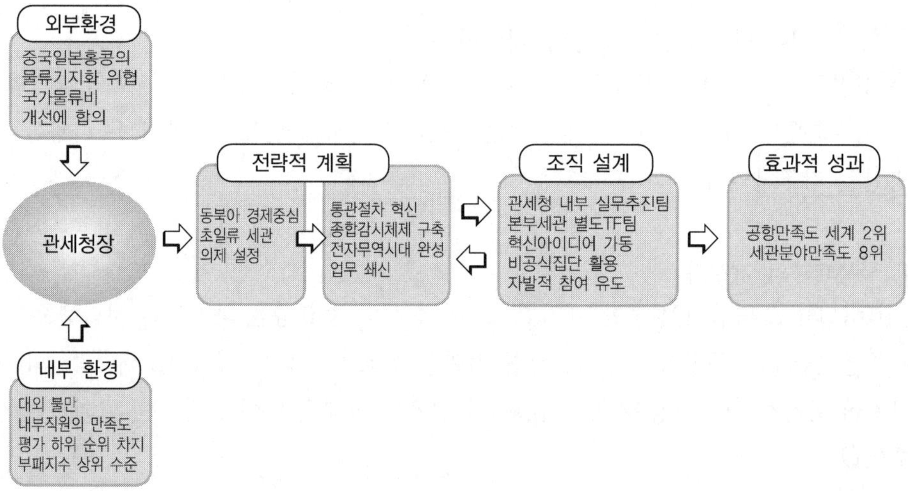

2. 성공요인

1) 고객중심 혁신

우선 과제선정 단계에서부터 공무원의 입장이 아닌 고객의 입장에서 판단하기 위해, 산업계, 학계, 시민단체, 언론, 관세청, 유관기관 대표 등 여러 집단의 고객이 참여할 수 있도록, '초인류세관추진위원회'를 설치하여 고객중심의 혁신을 추진했다는 것을 관세청 혁신 성공의 가장 큰 요인으로 들 수 있다. 이 위원회의 위원들은 고객의 다양한 관점에서 혁신과제를 제시하였고, 이들의 제안은 관세청 개혁의 주된 목표가 되었으며, 실제로 혁신을 추진함에 있어 구체적인 청사진을 제공할 수 있었다.

또한 내부적으로는 '초일류세관추진기획단'을 설치하여, 현재 관세청이 처한 상황을 객관적으로 진단하게 하고, 민간위원들이 제안한 다양한 혁신 과제들을 검토, 세계화에 발맞추어 국제적인 시각으로 동북아 경제 중심지로 거듭나기 위한 다양한 혁신과제들을 검토하였으며, 많은 선진 국가들의 노력을 벤치마킹하는 등 추진위원회와 내부담당 인력들이 함께 혁신의 방향을 정하고 대안을 탐색, 추진한 것이 성공요인이다.

2) 추진력 있는 리더십

다음으로는 새로운 청장의 혁신의지와 지속적인 설득과 노력을 들 수 있다. 새 청장은 정부차원적인 혁신의 중요성을 지속적으로 부각시키고, 혁신은 다른 사람이 해야 할 일이 아닌 우리가 해야 할 일이라는 인식을 확신시키려 노력하였다. 또한 혁신 과정에서 나타난 내부직원들의 변화에 대한 두려움과 과도한 업무부담으로 인한 반발에 대해서는 직원들에게 목표와 방법을 뚜렷하게 제시하고, 인사우대, 포상금 지급, 해외연수기회 확대 등 참여 동기를 유발하게 하는 많은 내부적 제도를 도입함으로써, 직원들이 혁신을 자신의 목표로 삼고, 임무에 매진할 수 있도록 하였다. 또한 직원들의 혁신의지가 해이해지지 않도록 주기적으로 혁신 점검회의를 통해, 혁신방향 및 활동 점검하였다.

3) 적극적인 외부와의 마찰 해결

마지막으로, 관련 외부기관과의 마찰에 있어 적극적으로 해결점을 찾으려했던 자세이다. 관세청 업무의 특성상 다양한 이해집단이 관여하고 있었는데, 당시 하역이라든지 창고보관문제 등 민간기업과 얽혀 있는 분야가 많아, 이는 물류의 흐름을 막고 있었다. 따라서 이들의 협조 없이는 혁신은 불가능한 상황이었으나, 관세청이 혁신을 추진하려하자 지금까지의 제도에 익숙해져 있던 관련 기관과 고객기관들은 반대의지를 표하기에 이르렀다. 이에 관세청은 혁신과제에 대한 혜택을 보는 수요자를 주 타깃으로 하여, 초일류세관 추진에 대한 공감대가 무역업체, 유관기관까지 형성될 수 있도록 연찬회, 설명회뿐만 아니라, On-Line 토론방 개설, 우수사례 발표대회와 같은 다양한 형태의 방안을 강구하여 적극적인 홍보를 실시하였다. 또한, 우호적인 집단의 범위를 점진적으로 확대해 나가고자 하였으며, 관계 기관과 지역별, 인설세관별로 관세청의 의지를 알리고 도움을 요청하였다.

3. 학습방안: 타 조직 적용시 유의사항

본 사례는 관세청이라는 특수한 조직에서 이루어졌다는 점과 앞에서 살펴보았던 성공요인에서 알 수 있듯이, 적극적인 외부주도형의 정책형성과정이 있었고, 기관장과 내부직원간의 단결이 있었으며, 관계자 협조를 위한 적극적 홍보의 과정과 절저한 사후 모니터링 과정을 통한 정책품질 제고 노력이 있었다는 점에 유의하여야 한다. 이를 타 조직에 적용 시에는 이와 같은 성공요인이 기본적인 유의사항이 될 것이다.

1) 적극적인 정책문제의 진단 노력

정책의제의 설정과정에서 관세청은 기존의 형식적인 내부 정책결정자들만의 의견으로 공공의제를 정책의제화 한 것이 아닌 적극적인 의견수렴이 있었다는 것이다. 형식적인 민원접수와 그에 대한 경각심을 일깨우는 것에서 그치는 것이 아니라, 무엇이 문제인지에 대해 외부의견을 적극적으로 수렴하고, 이를 초일류세관추진위원회(외부), 초일류세관추진기획단(내부)을 설립하여 적극 모니터링하였다는 점이 성공요인이었다. 여기서 중요한 점은 정책문제에 있어서의 적극적인 문제점의 진단이다.

2) 내·외부 공감대 형성 및 적극적 리더십

조직의 혁신을 위해서 내·외부의 공감대 형성과 이를 위한 리더의 적극적 역할이 있었다는 점에서 타 기관과 차이점을 들 수 있겠다. 끊임없는 내부직원에 대한 독려(보상시스템)와 하의상달 및 상의하달(Bottom-up, Top-down)의 상호 의견 교류를 통해 조직의 혁신효과를 극대화 할 수 있었다. 중요한건 혁신을 이루겠다는 동기부여와 실제행동이다.

3) 정책 이해관계자의 설득과 홍보

관세청은 관련된 민간기업과의 업무가 연계되는 특성을 가진 공공기관으로써, 사기업의 협조 없이는 위와 같은 혁신을 이루기 힘들었을 것이다. 과거의 군림과 감독형태의 정부조직의 틀을 깨고, 적극적인 홍보와 설득의 과정이 있었다. 공공기관의 특성이 혼자서 정보를 독점하려는 경향이 강한데, 적극적인 홍보를 통해 관료제의 틀을 깬 것이다. 여기서 중요한 것은 적극적인 행정서비스의 제공이라고 하겠다.

4) 고객의 접근성 강화 및 지속적인 모니터링

완료된 혁신활동이 지속적으로 처음의 품질을 인정받기 위해서, 고객의 의견접수가 쉽도록 창을 개설하고, 이에 대한 결과와 환류기능을 강화하여, 이를 위해서 팀제의 활성화 및 제도화, 지속적인 모니터링을 통한 적극적이고 지속적인 노력이 있었다. 여기서 중요한 건 지속적인 모니터링이다.

4. 요약 및 정리

혁 • 신 • 사 • 례

관세청이 쏘아올린 작은 공, 초일류세관 성화의 불씨로 타오르다

1. 사례개요

관세청은 대내외 신용도 및 만족도가 점차 낮아지고, 급속한 환경변화가 일어남에 따라 조직혁신의 필요성을 느끼게 되었다. 이에 따라 현재 관세청의 상황을 객관적으로 판단하여 혁신과제를 제대로 수행할 수 있도록, 혁신 아이디어를 개발하고 혁신 유지·관리시스템을 구축하여 관세청의 고객만족도를 높이는 성과를 이룩하였다

* 자료: http://www.innovation.pa.go.kr.

2. 사례분석: 성공요인 분석

관세청의 혁신이 성공할 수 있었던 요인은 세 가지로 요약할 수 있다. 우선 고객중심의 혁신을 추진했다는 것을 관세청 혁신 성공의 가장 큰 요인으로 들 수 있다. 그 다음으로 새 청장의 지속적인 혁신의지 노력과 추진력 있는 리더십이 있었기에 가능했다고 볼 수 있다. 그리고 마지막으로 관련 외부기관과의 마찰에 적극적으로 대처하고 해결점을 찾으려했던 자세이다. 이러한 요인으로 인하여 관세청은 성공적인 조직혁신을 이룰 수 있었다.

3. 학습방안: 타 조직 적용시 유의사항

타 조직 적용시 유의사항은 다음과 같이 정리할 수 있다. 관세청의 조직혁신이 타 조직에서 효과를 거두기 위해서는, 먼저, 정책의제의 형성에 있어서 공중의제가 정책의제화 되는 과정에서 위원회와 기획단 등을 신설, 외부로부터의 정책문제 도입에 적극적일 필요가 있다. 두 번째로, 내외부의 공감과 대화를 위한 리더의 적극적 역할과 그에 부응하는 조직원들의 동기부여와 행동이 필요하다. 세 번째로, 적극적인 행정서비스 제공을 위한 이해관계자에 대한 홍보와 설득의 과정이 필요하다. 마지막으로, 고객이 접근하기 용이한 창구의 개설과 이의 처리에 대한 적극적인 노력, 그리고 그 결과의 지속적인 환류가 전제되어야 할 것이다.

제 6 절 교육인적자원부 혁신사례: 학습조직의 활성화

1. 사례개요

1) 혁신의 필요성 : 학습조직으로의 변화 Push 요인

지식기반사회로의 도래는 정보통신기술과 과학기술이 빠른 발전과 함께, 국가로 하여금 총체적인 학습국가로서의 혁신을 단행케 하는 원동력이 되고 있다. 더불어 급속한 세계화와 신 경제 지식기반사회에서 대응할 수 있는 글로벌 재능을 가진 인적 자원 양성이 경제성장과, 국가 경쟁력의 주요한 핵심요소로 부각되고 있는 상황은 인적 자원 양성에 정책의 일차적 우선순위를 부여하도록 만들었다.

하지만, 종래의 교육부는 국가의 전체의 인적 자원을 총괄하는 교육인적자원부로 개편되었음에도 불구하고, 여전히 총체적 인적자원관리의 효율성이라는 측면에서 볼 때 정책의 비전, 범위, 정책의제 설정과 집행과정은 기존 수준에서 벗어나지 못하고 있었다.

또한 조직 내부적으로는 주요 교육정책 현안에 대한 체계적 연구나 미래 정책수요에 대한 깊은 연구와 준비가 필요하나, 과도한 업무부담이나 수많은 회의로 인하여 정책을 입안함에 있어서 시간과 자원의 절대적 부족을 겪고 있었으며, 이러한 현실적으로 부족한 시간과 자원문제에 효과적으로 대응하기 위한 방책으로 학습조직의 형성이 절실히 요구되었다(자료: http://www.innovation.pa.go.kr).

2) 학습조직 추진 방향

이에 따라 부내 최근 몇몇 뜻있는 교육인적자원부 내 서기관이나 사무관 등 중간계층을 중심으로, 교육정책과 교육과정에 대한 효과성을 제고하기 위한 다양한 형태의 학습동아리를 활용하고 비공식 포럼을 개최해, 정책과 업무의 학습능력을 제고시키는 데 노력을 모으게 되었다. 2003년 11월 학습조직화 추진 기본계획이 수립되고, 2004년 1월부터 세부 추진계획이 수립 시행되고 있다.

(1) 전후임자 인계인수 모듈

인수인계 모듈시스템의 경우 전임자들이 상시적 협력체계를 구축하도록 하고, 업무의 신속한 파악과 정책의 질 제고수단으로 활용하도록 하였다. 이전에 인수인계과정에서 발생했던 전환비용을 최소화하기 위해 후임자가 맡게 될 업무의 진행상황에 대한 자세한 정보와 업무수행에 유용한 유관단체나 개인의 관리전략을 제공하게 한 것이다.

(2) 멘토링 시스템

멘토링 시스템의 경우 의사결정의 신속성과 적절성, 전문성 향상뿐 아니라, 상호 네트워크 형성, 그리고 정보교류와 학습분위기 형성을 통하여 학습조직화와 의사소통의 효율성도 높이는 부수적인 편익을 기대할 수 있다. 부내 실국과에 신입 혹은 전입해 오는 직원의 조직적응을 위해 학습멘토링 제도를 해당과의 과장이나 필요시 국장이 중심이 되어 기존의 유능한 멘토를 지정하여 운영하였다. 멘토의 주요 직무로 문서작성, 부내외 업무협조, 감사, 국회관련 업무처리방법, 근무평정에 대해 종합적인 지도와 조언을 하도록 하였다.

(3) 학습동아리

학습동아리 운영내용으로는 학습동아리 책임자가 기간과 소주제를 설정하여 회원의 자료게시 및 의견개진이 가능하도록 하는 소주제 학습을 추진하고 있다. 그리고 제시된 자료와 의견에 대해서는 자동적으로 학습마일리지를 부여하고 있으며, 내용의 질에 대해서는 회원이나 내부구성원들이 평가를 하도록 하였다.

학습동아리의 경우 현장실무와 학술분야의 이론이나 최근 동향을 서로 결합하여 시의적절한 정책을 구상하고 준비하는 데 중점을 두고, 특히 서로 다른 업무를 수행하고 있는 구성원들간의 노하우 공유와 고민거리에 대한 토론의 기회를 제공하고, 나아가 관련 전문가 초청을 통하여 최근 교육정책의 쟁점이 되고 있는 국내외 사례들에 대한 지식축적과 정책시각을 확대하는 방향으로 운영하였다. 자연스럽게 학습동아리가 만들어질 수 있는 분위기를 만들어 갔으며, 현재 교육정책이나 업무분야별 포럼이나 학습동아리가 여러 개 운영되고 있다.

3) 학습조직 운용 성과

현재 진행되고 있는 학습조직화로 교육인적자원부를 둘러싼 정책난제에 대한 완벽한 해결책을 얻은 것은 아니지만 정책과정, 조직 운용과정에서 미세한 개선효과를 거두고 있고, 또한 교육인적자원부의 주된 문제점으로 부각된 관료적 경직성을 탈피하여 유연하고 학습하는 조직으로 전환되면서, 조직혁신과 정책문제 해결에 도움을 줄 수 있는 조직문화가 형성되고 있다는 점은 매우 긍정적으로 평가할 수 있다.

〈그림 13-6〉 교육인적자원부 혁신사례: 학습조직화 모형

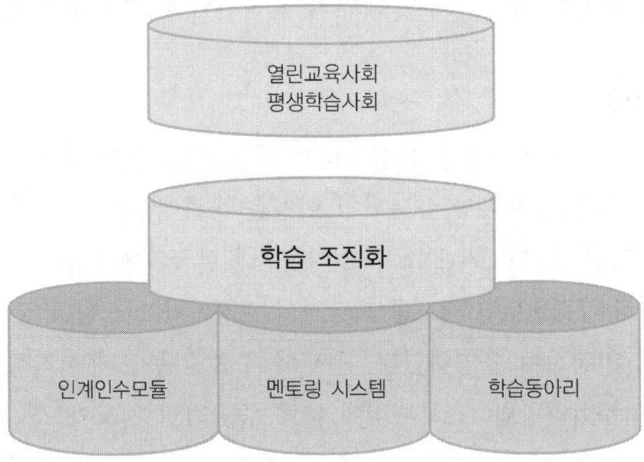

(1) 학습동아리 활성화

무엇보다도 학습동아리는 부내 다양한 구성원의 참여를 통한 폭넓은 토론 기회를 제공하고, 다양한 시각과 다양한 관심으로 신선한 주제를 가지고 논의를 하기 때문에, 변화하는 시대에 필요한 새로운 지식을 습득할 수 있게 된다. 이와 함께, 정책수립에 필요한 신선한 아이디어를 제공해 주었고, 다양한 의견과 정보는 고등정책의 의제설정 속도와 방향에 상당한 도움을 주고 있다. 즉 지식을 체계적으로 관리할 수 있도록 지식관리시스템(KMS)을 구축하고, 업무편람(매뉴얼) 작성, 업무인계·인수 모듈 적용, 교육현장 학습, 학습동아리의 활성화 등으로 교육인적자원부 조직 내에 존재하던 관리과정의 비효율성을 제거할 수 있었고, 조직역량은 한층 강화되었다.

(2) 멘토링(Mentoring)제도

기존에는 부서간 업무의 장벽이 높았지만, 이제는 행정업무의 연관성이 높아지면서 유관업무에 관하여 충분히 숙지하고 있어야, 담당업무를 효과적으로 수행할 수 있다. 멘토링시스템의 가장 큰 효과로, 유관업무에 대한 지식과 노하우의 전수와 공유를 통한 의사결정의 신속성과 전문성에 제고가 꼽히고 있다. 특히 담당직무 이외에도 세세한 업무기법이나 업무윤리 전반에 관한 경험이나 노하우를 멘토링 시스템을 통하여 전수받음으로써, 업무의 효율성을 높인 것으로 나타났다.

(3) 전·후임자 협력망 구축

업무변경 대상의 전 직원은 사무인계·인수서를 반드시 작성, 사무인계·인수서 모듈 개발·보급을 통한 업무인계인수로 업무의 책임성을 확보하도록 하고, 업무 인수인계모

듈은 전임자들의 근무기간과 인적사항, 업무흐름, 관련 업무의 예산집행상황, 유관기관의 개인인적사항 등 업무와 관련된 지식과 노하우를 담고 있기 때문에, 후임자의 업무적응력을 높여 교체에 따른 조직비용을 줄이는데 크게 기여하였다.

2. 성공요인

1) 성공적인 학습조직 사례에 대한 벤치마킹

부내 학습조직에 대한 관심이 높아짐에 따라, 혁신담당관실을 중심으로 기존에 성공적인 학습조직 사례에 대한 벤치마킹 작업을 진행시켰다. 교육인적자원부에서는 미국 GE와 3M 기업 등 종업원의 실수를 비판하지 않으며, 좋은 방향으로 실수를 배움의 기반으로 활용함으로써, 직원의 왕성한 아이디어 개발과 자발적 참여를 촉진시킬 수 있었다.

2) 장관의 격려와 지원

성공적인 학습조직이 되기 위해서는 조직 내 최고의사결정자의 의지와 지원이 매우 중요하다. 교육인적자원부 장관은 구성원들이 자율성과 창의성을 마음껏 발휘할 수 있도록 개방적이고 유연적인 조직문화의 필요성을 절실히 인식하고, 학습의 중요성을 널리 알리면서, 장관 본인도 창의적 학습과 유기적 지식 흐름을 방해하는 관료주의를 근절하고, 코치나 학습 촉진자로서의 역할을 하겠다는 강한 의지를 피력해 왔다.

3) 학습조직 활성화 방안마련

최근 참여정부 출범이후 혁신활동은 많이 있으나, 성과가 미흡하여 이에 대한 대안으로 학습조직화가 대안으로 부각되었고, 이에 따라 2003년 11월 학습조직화 추진 종합계획이 마련되있다. 이 당시 세안된 학습조직화 활성방안으로는 학습동아리 양성화, 교육현장 학습, 주간 학습의 날 운영, 업무인수인계 모듈개발, 정책토론회 및 설명회 활성화 방안이 제시되었고, 또한 구체적인 학습조직화 제도화 방안으로 지식몰 구축, 전후임자 협력망 구축, 신・전입직원 멘토링제도, 업무편람 제작 및 보급 등을 실행함으로써, 학습조직에 대한 안정적인 변화를 수행해 나갔다.

4) 학습조직화에 대한 인식확대

새로운 지식습득과 학습기회가 잘 부여될 경우, 그리고 구성원들이 업무수행에 필요한 기술과 지식이 충분히 확보되어 있을 경우, 정책설계상의 오류를 줄일 수 있는 것으로 판단됨에 따라, 혁신담당관실은 학습조직의 활성화에 박차를 가했으며, 학습조직화에 대한 인식을 확대시킨 점 또한 성공요인으로 꼽을 수 있다.

3. 학습 방안: 타 조직 적용시 유의사항

1) 자발적인 참여를 유도

교육인적자원부의 경우, 먼저 전 직원을 대상으로 하는 학습조직의 교육과 홍보를 전개시켰고, 이를 통해 학습조직의 필요성에 대한 직원들의 이해와 공감을 이끌어냈으며, 지속적인 교육과, 구체적인 방안제시로 구성원들의 자발적이고도 적극적인 참여를 확보한 것이 성공요인이었다. 따라서 앞으로도 성공적인 요인 확산을 위해서는 지속적인 학습시스템의 필요성을 각인시키고, 아래로부터 자연스러운 공감대를 형성하게 만들고, 조직 전체적으로 학습문화를 지지하게 만드는 자발적인 참여 유도 노력이 필요할 것이다.

2) 최상위 직급 및 중간직급간의 상호 교류 확대

조직의 상위에서 학습동아리나 포럼 등에 활발하게 참여함으로써, 학습활동이 상하간 함께 어울려 진행될 필요가 있다. 그들이 학습시스템에 적극적으로 참여하고, 활발한 토론과 학습을 지지한다면, 구성원들에 의한 공감대는 자연히 형성될 것이고, 상하의 교류가 활발히 이루어져 조직전체가 적극적으로 함께 하는 학습이 이루어질 수 있을 것이다.

3) 학습조직 요소간의 통합적 운용과 인센티브 확대

기존의 인센티브만으로는 학습조직을 활성화하는데 미흡하므로, 학습조직화 추진의 촉진제로서 각종 다양한 행정적 재정적 인센티브 제도의 강화가 따라야 한다. 먼저 기존의 학습동아리에 대한 소규모의 재정적 지원뿐만 아니라, 학습동아리, 멘토링, 인수인계과정에 소요되는 시간을 별도로 근무시간으로 할당하는 등 학습시스템을 활성화시키기 위한 다양한 방안을 검토해야 한다.

4. 요약 및 결론

혁 • 신 • 사 • 례

교육인적자원부의 학습조직화

1. 사례개요

교육인적자원부는 세계화와 정보화, 지식사회로의 진입으로 대두된 총체적인 인적자원관리의 과제를 효과적으로 수행하고, 조직의 관료적 경직성과 정책난제를 해결하기 위하여 학습조직으로의 변화를 모색하였다. 학습조직 구축을 위한 구체적인 노력으로, 전후임자 연결망과 멘토링제도, 학습동아리의 활성화를 전개시켰으며, 조직 전반적으로 학습조직에 대한 지지적인 문화를 형성함으로써, 조직혁신을 도모할 수 있었다. 이로써 교육인적자원부는 유연한 사고를 바탕으로 하는 정책활동의 발판을 마련하였고, 조직운영과정에 상존하는 비효율과 거래비용을 감소시킴으로써 조직역량을 강화시켰다.

* 자료: http://www.innovation.pa.go.kr.

2. 사례분석: 성공요인 분석

교육인적자원부 학습조직 성공요인은 다음의 세 가지로 정리해 볼 수 있다.

첫째, 지식경영 성공사례와 학습조직으로 인해 비약적인 성과를 보인 국내외의 민간사례를 찾아 이를 적절하게 벤치마킹하여, 학습조직의 발판을 마련하였다는 점을 들 수 있다.

둘째, 장관의 학습조직에 대한 긍정적인 지원과 격려 아래, 학습 활성화를 위한 지속적인 교육과 홍보를 진개함으로써, 구성원들의 자발적이고, 적극적인 공감과 참여를 이끌어내는 데 성공했다.

셋째, 관리자에 의한 구체적이고도 체계적인 학습조직 방안은 조직전체를 일관성 있게 변화시켰으며, 학습조직에 대한 안정된 믿음을 구축했다.

3. 학습방안: 타 조직 적용시 유의사항

타 조직 적용시 유의사항은 다음의 세 가지로 정리해 볼 수 있다.

첫째, 지속적인 필요성의 제고와 명확한 방향 제시로 구성원으로 하여금 스스로 학습조직의 필요성을 각인시키고, 자발적인 참여를 유도할 필요가 있다.

둘째, 상위층의 적극적인 참여와 지지, 조직전체적인 교류의 활성화는 학습조직으로의 변화를 꾀하는 데 있어 매우 중요한 요소이다.

셋째, 학습조직을 구현함에 있어 부족한 현 조직체계의 인센티브구조를 개선하는 것이 필요하다. 학습조직은 상당히 많은 시간을 토론과, 학습, 정보의 교환을 위해 투자하기 때문에, 과도한 업무가 혼재하여 있는 조직에는 부담으로 작용할 소지가 있으므로, 학습조직화에 걸 맞는 업무의 양, 업무시간 등의 조정과 재정적 지원을 병행하여 학습조직으로의 유인구조를 확립해야 할 것이다.

제 7 절 정부혁신 성공요인

1. 정부혁신 사례요약

정부혁신 성공요인을 정리하기에 앞서, 지금까지 논의한 정부혁신 성공사례들을 종합적으로 정리해 보면 다음의 표 및 그림과 같다.

〈표 13-1〉 정부혁신 성공사례: 요약 및 정리

구분 \ 부처	정보통신부 (GPLCS)	건설교통부 (민원갈등관리)	문화관광부 (인사시스템 혁신)	병무청 (멘토링시스템)	관세청 (초일류세관 조직혁신)	교육인적 자원부 (학습조직)
혁신 유형	정보기술	고객지향	인사혁신	조직문화	조직혁신	학습조직
혁신 배경	* 정보통신기술 발달 * 정통부에 대한 국민의 요구 * 혁신적 리더의 취임	* 갈등사례 증가 * 폭발적 민원 증가 * 갈등관리대책 부재	* 심한 승진적체 * 직원 사기저하 * 침체된 조직 분위기	* 병무청에 대한 국민적 불신 * 대국민서비스 질적 저하 * 조직 분위기 침체	* 대외신용도 국민만족도 하위 평가 * 대내외적 환경 변화에 대응	* 총체적 인적 자원관리 필요 * 업무 인수인계 부재 * 지식 관리체계 미흡
혁신 내용	* 체계적 정책 관리 * 표준 프로세스 활용 * 정책정보 축적 활용	* 신속한 민원 해결 * 갈등관리 시스템 마련 * 민원해소대책 회의	* 조직활성화 * 소신있게 일할 수 있는 분위기 조성 * 승진적체 해소	* 대화 잘하는, 토론 잘하는 활기찬 조직 문화 형성 * 전국주니어보드	* 초일류세관 추진위원회 * 동북아 경제 중심지 초일류 세관 * 고객이익 극대화	* 전·후임자 인수인계 모듈 * 멘토링 시스템 * 학습동아리
저항 극복 방법	* 단순 문서 작업 축소 및 실시간 상황관리 * 장관의 지속적 관심 * 구성원의 의견 요구사항 수렴	* 다양한 채널을 통한 안건 발굴 데이터베이스화 * 적극적 홍보 * 처리전담팀 구성	* 멘토링 시스템 * T/F팀 설치 * 직원 의견수렴 * 공정한 평가 시스템 구축	* 리더의 관심 * 직원 의견 반영 * 희망자부터 실시 * 교육 및 홍보	* 공감대 형성 * 혁신성과 가시화	* 교육 및 홍보 강화 * 장관의 의지와 지원

성공 요인	* 장관의 추진 의지 * 벤치마킹 후 정부부문 적용 노력 * 사용자에게 친숙한 시스템 * 다양한 인센티브 * 핵심전략 재조명	* 변혁적 리더십 * 인센티브 강화 * 적극적인 홍보	* 장관의 일관된 언행 * 직원 공감대 형성 * 직원이 주체인 혁신 작업 * 협력적 네트워크 * 직원워크숍	* 리더의 관심 및 지원 * 철저한 사전 준비 * 신중한 멘토 선정 * 파트너십 형성 * 인센티브	* 리더의 추진력 * 고객 중심 * 적극적인 갈등 해결	* 리더의 격려 및 지원 * 민간사례 벤치마킹 * 구체적 방안 제시
학습 방안	* 조직 내부환경 고려 * 관료의식 타파 * 학습조직으로 변화	* 갈등관리기구 상설화 * 갈등해결에서 기관장 역할 강화 * 시민단체와의 파트너십 형성 * 정책의 사전 조율 갈등 제거	* 조직 문제 진단 * 변혁적 리더십 * 구성원 권한 강화 * 정보의 공유 * 협력적 네트워크	* 시스템에 대한 분명한 이해와 목표설정 * 제반 인사관리 제도와 연계 * 멘토와 멘티의 적절한 연결 * 보상연계	* 조직성격 파악 * 적극적 문제 진단 * 공감대 형성 * 적극적 리더십 * 지속적모니터링	* 자발적 참여 유도 * 직급간 상호 교류 * 통합적 운용과 인센티브 확대 * 리더의 관심과 지지

〈그림 13-7〉 정부혁신 성공사례: 요약 및 정리

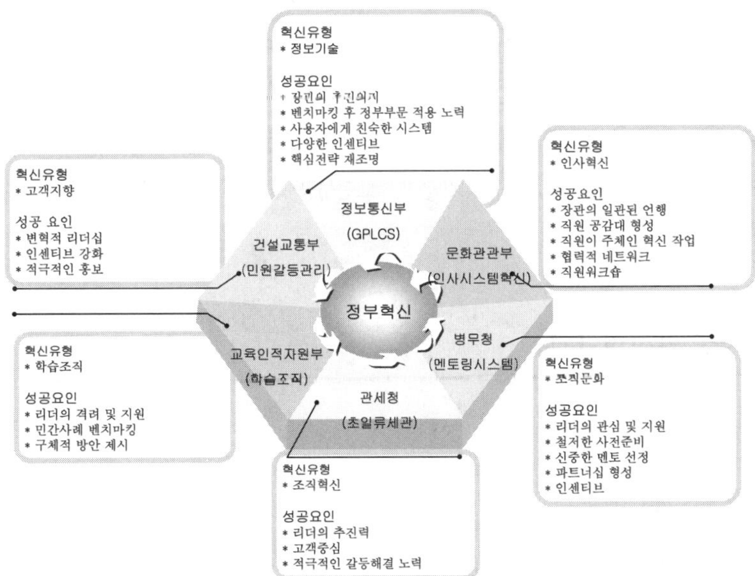

아래에서는 이상에서 정리한 정부혁신의 성공사례들을 토대로 공통적인 성공요인들을 살펴보고, 이들 중 핵심변수들을 추출한 후, 이들간에 존재하는 인과관계에 대해서 학습하고자 한다.

2. 정부혁신의 성공요인

정부혁신의 단계를 수행함에 있어서 필요한 정부혁신의 성공요인을 검토하면 다음과 같다.

1) 조직책임자의 강력한 리더십 및 추진의지

정부혁신에 있어서 효과적 리더십의 발휘여부는 성공과 실패를 결정하는 중요한 변수로 작용한다. 조직의 리더는 조직의 목표, 사명, 핵심가치들에 대해 명확하게 제시하고 조직구성원이 공유하는 미래에 대한 비전을 창조하며, 리더의 강력한 의지는 문제상황을 해결함에 있어서 기준과 같은 역할을 한다.

2) 변화에 대한 저항극복

정부 관료제는 본질적으로 보수적・현상유지적 성격이 강하므로, 정부혁신에 대하여 저항할 수 있다. 이를 극복하는 방안으로는, 조직이 살아남기 위해서는 혁신이 필요하다는 혁신의 필요성을 조직의 전 구성원에게 알리고, 공감대를 형성하게 하여야 한다. 또한 정부혁신의 과정에서 발생이 예측되는 가능한 모든 장애요인에 대한 철저한 사전준비가 필요하다.

3) 권위적 관료의식의 타파

행정환경의 급격한 변화는 조직의 동태화를 요구하게 되었고, 기존의 관료제로서는 이러한 변화에 적응하기에는 한계가 존재한다. 특히 관료제 내의 관료의 권위주의적 의식은 조직이 급변하는 환경에 효율적으로 대응하는 데 있어 저해요인으로 작용한다. 따라서 효율적이고 체계적인 업무수행을 위해서 불필요한 계층단계를 축소하고, 대민서비스에 있어서 보다 신속하고 편리하게 봉사하는 행정체계를 갖추는 것이 필요하다.

4) 학습조직으로의 변화

학습은 조직 외부환경에서부터 부단히 흘러 들어오는 신호에 명민하게 반응함으로써 조직의 정책결정 역량과 위기대응 능력을 제고시킨다. 학습은 개인적 차원과 조직적 차원에서 모두 필요한 요소이다. 정보와 지식을 공유하려는 태도와 학습에 대한 열정이 정부혁신의 중요한 성공 요인이다.

5) 강력한 인센티브

혁신에서 가장 중요한 요인은 조직구성원의 참여이다. 조직구성원들의 참여를 위해서는 제도적인 시스템을 통해 자발적인 참여를 유도하는 것이 중요하다. 구성원의 성공적인 참여를 확보하기 위해서는 우수한 성과를 달성한 부서에 대한 표창을 실시하고, 특별휴가 및 해외연수 기회제공 등의 강력한 인센티브 제도를 도입해야 한다.

6) 핵심전략의 재조명

정부혁신은 지속적으로 이루어지는 것이므로 정부혁신의 과정에서 혁신의 목표가 변동될 수 있으며, 이러한 목표의 변동으로 전략이 변경될 수 있다. 따라서 목적의 명확성, 역할의 명료성, 방향의 일관성 등 핵심전략의 접근방법을 재조명하여, 조직이 수행하는 업무를 체계적으로 정리할 수 있는 기틀을 만들어야 한다.

3. 정부혁신의 핵심변수

정부혁신의 성공사례 및 성공요인들을 종합해 볼 때, 정부혁신의 핵심변수로는 조직책임자의 리더십, 기술적 요인, 제도적 요인, 태도적 요인, 문화적 요인 등을 도출할 수 있다. 이러한 핵심변수의 방향과 총합에 의해 정부혁신의 성공여부가 좌우된다고 볼 수 있다.

1) 조직책임자의 강력한 리더십 및 의지

리더십은 오늘날 경영 자체와 동일시 할 만큼 조직행동에 있어 매우 중요한 위치를 차지하고 있다. 한 조직의 혁신의 성패는 효과적인 리더십의 발휘여부와 관련되어 있다고 해도 과언이 아니다.

현대행정의 거버넌스 패러다임에 있어서 조직책임자의 리더십은 미래에 대한 비전과 통찰력을 가지고 조직에 대한 열정과 헌신을 통한 국정관리역량을 요구하는 한편, 시민사회와의 신뢰와 협력에 기초한 상호작용과 네트워크 관리능력을 필요로 하고 있다. 오늘날의 국정관리는 조직책임자의 높은 수준의 역량을 요구하고 있으며, 이러한 국가경영의 리더들의 자질과 역량에 따라서 정부혁신의 향방이 좌우된다고 할 수 있다.

2) 기술적 요인

현대사회의 국정관리는 효과성과 능률성을 강조하던 과거 정부관료제 패러다임에서, 효과성, 능률성과 함께 참여성, 숙의성, 합의성과 같은 민주성과 투명성이 강조되는 거버넌스의 패러다임으로의 전환되고 있다. 이러한 패러다임의 전환을 가능케 한 요인 중의 하나가 바로 정보기술의 발달로 인한 기술적 요인이다.

현대행정의 거버넌스 패러다임에서 강조되고 있는 민주성과 투명성은 다양한 개인 또는 집단의 정책과정에의 참여기회를 보장하고, 정책과정을 공개함으로써 확보할 수 있는데, 최근 두드러지게 발달된 정보기술의 도입은 정책 참여자간의 커뮤니케이션의 기회를 확대하고 전자민주주의(e-Democracy)를 가능하게 해 준다.

3) 제도적 요인

정부혁신의 효과성은 리더와 구성원들이 얼마나 조직목표와 비전에 대해서 공감대를 형성하며, 조직구성원들의 자발적인 참여와 열정을 이끌어낼 수 있는가에 달려 있다. 조직 구성원들의 자발적 참여는 조직구성원들의 태도나 조직문화에서 비롯되는데, 이러한 자발적 참여를 위한 태도변화를 유도하고 조직문화를 형성하기 위해서는 반드시 제도적 장치가 마련되어 있어야 한다.

개방형 인사제도, 성과급체계와 같은 인센티브제도는 조직구성원들의 혁신에 대한 태도 변화를 야기시킨다. 조직구성원들에게 인센티브를 부여하게 되면 업무역량을 최대한 발휘하게 되고, 경쟁원리가 도입되어 조직의 생산성 향상에 기여하게 되며, 그 결과 각 구성원의 태도는 보다 경쟁적이고 성취 지향적으로 바뀌게 된다. 이러한 조직구성원의 태도의 변화는 곧 조직의 문화변화로 이어진다. 이것은 혁신의 성공여부와 직결된다.

4) 태도적 요인

조직구성원들의 적극적 태도와 사고의 유연성은 학습과 교육을 통해 이루어진다. 학습과 교육을 통한 인식의 변화와 역량의 변화는 곧 조직문화의 변화로까지 연결되어, 성공적인 혁신관리에 직접적인 영향을 미치게 된다.

학습에 있어서 가장 중요한 점은 어떠한 특정 부분에 대한 전문적인 시스템화보다는 조직 내에서 공유, 축적, 활용, 학습의 절차를 거쳐 궁극적으로 경쟁력을 강화시키는 것이다. 부처간의 정보 공유, 정보 활용 등을 통하여, 서로의 업무를 이해하고 학습함으로써 부처이기주의 해소뿐만 아니라, 정부 전반적인 문제해결 능력 제고를 성취할 수 있다.

5) 문화적 요인

혁신이 제도적으로 정착되려면 문화 유전인자가 바뀌어야 한다. 문화를 바꾸지 않으면 혁신은 결코 성공할 수 없다. 그런데 문화를 바꾼다는 것은 참으로 어려운 일이다. 조직의 문화 유전인자가 바뀌려면 리더의 솔선수범, 열정, 헌신, 혁신에의 참여, 신념 등이 절대적으로 필요하다. 리더(*leader*)가 혁신에 있어서 주도적인 역할을 하면서 솔선수범하고 열정과 신념을 보일 때, 그 조직의 구성원(*follower*)들도 변화에 대한 저항을 이겨낼 수 있으며, 자발적이고 적극적인 태도로 혁신의 도도한 물결에 마침내 동참하는 것이다.

새로운 문화의 구축은 새로운 패러다임에 기초하지 않으면 안 된다. 새로운 작동원리에 의한 정책과 관리는 새로운 인센티브 제도 등의 도입을 통해 이루어질 수 있다. 새로운 문화의 구축은 오랜 시간이 소요되므로, 정부는 강력한 의지 표명 및 강력한 인센티브 도입, 그리고 조직혁신을 성공으로 이끌기 위한 전략마련이 필요하다.

4. 정부혁신 핵심변수 인과관계

우리는 위에서 정부혁신의 핵심변수들에 대해서 알아보았다. 여기에서는 이러한 변수들 사이에 존재하는 인과관계에 대해 검토함으로써 정부혁신이 발생하는 주요 경로에 대해서 학습하고자 한다.

속도와 불확실성을 특징으로 하는 21세기 조직환경하에서 조직이 생존하고 성공을 거두기 위해서는 디지털 신경망 시스템의 도입을 통해 정부 내에 산재해 있는 정보와 지식을 공유하고 확산함으로써 학습이 지속적으로 일어나야 한다.

지식 공유에 대한 조직구성원의 태도나 학습에 대한 조직의 문화는 인센티브의 도입과 같은 제도적 요인에 많은 영향을 받는다. 정보기술적 요인과 제도적 기반 요인은 개인과 조직의 태도에 영향을 미치기 때문이다. 지식 창출과 공유에 따른 강력한 인센티브 제도의 도입은 조직구성원의 학습이나 정보 공유에 대한 태도를 개방적이고 적극적으로 변화시키게 된다(제도적 요인). 또한 전자메일 사용을 의무화하고 문서중심의 업무처리 방식을 디지털로 의무화하는 것은 조직구성원의 태도와 나아가 조직문화를 바꾸게 될 것이다(기술적 요인).

기술적 요인과 제도적 요인은 외생적 변수에 해당하며, 조직에 이러한 요소를 성공적으로 도입하기 위해서는 조직책임자의 강력한 리더십과 의지를 필요로 한다. 디지털 기술은 정보 네트워킹이라는 수단을 통해 정보공유와 공동작업을 가능케 함으로써, 조직의 비정형적 업무나 창의적인 가치창출을 도와준다. 하지만 이러한 디지털 기술이나 네트워크의 도입이 진정으로 기획부서의 업무와 조화를 이루고, 조직혁신으로 이어지는가의 문제는 다분히 조직책임자의 리더십과 역량에 많이 좌우된다(빌 게이츠, 1999). 조직 내 업무처리 방식을 문서위주에서 디지털 방식으로 바꾸고, 인트라넷이나 익스트라넷과 같은 디지털 기술의 도입을 통해 조직업무 프로세스를 간소화시키는 문제는, 조직책임자의 결정이나 강력한 의지 없이는 어려운 문제이다.

제도적 요인은 조직구조적 차원과 관리적 차원을 포함한다. 조직구조적 차원에서는 수평적이고 유연한 조직일수록 지식의 창출 확산이 용이하다. 관리적 차원에서는 인센티브 제도가 제대로 정립되어 있어야 지속적인 지식의 창출 확산에 따르는 동기부여가 이루어진다.

이상의 논의를 요약하면, 21세기 동태적 환경하에서 조직의 문제해결능력을 제고하기 위해서는 디지털 기술의 도입을 통해 정부 내에 산재해 있는 지식과 정보자원을 조직구성원들이 공유해야 하며, 이를 통해 조직학습이 지속적으로 일어나야 한다. 정보공유나 학습에 대한 개인의 적극적 태도와 조직의 개방적인 문화를 유도하기 위해서는, 이들에 대한 인센티브의 변경이 필요하며 이는 조직책임자의 강력한 리더십을 필요로 한다.

조직혁신이 일어나기 위해서는, 우선 조직 리더의 강력한 리더십과 의지가 있어야 하고, 이러한 리더십은 조직의 기술적 요인과 제도적 요인에 영향을 미친다. 기술적 요인은 태도적 요인에 영향을 미치고, 제도적 요인은 문화적 요인에 영향을 미친다. 또한 제도적 요인은 태도적 요인에 영향을 미치며, 기술적 요인은 문화적 요인에 영향을 미친다. 이 결과 혁신이 이루어지는 것이다.

이상의 변수 사이의 인과관계를 정리하면 〈그림 13-8〉과 같다.

〈그림 13-8〉 정부혁신의 인과경로

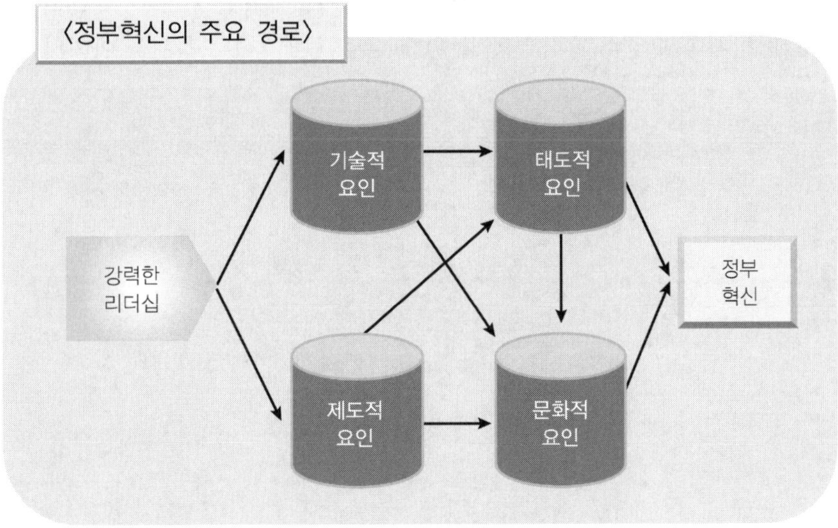

제 8 절 요약 및 결론

21세기는 지식과 문화가 중요한 시민사회이다. 과거처럼 능률성 위주의 관료행정과 상의하향식 행정개혁은 더 이상 국가발전전략으로 실효성이 없다. 정책의 투명성을 높이고, 조직 내외적인 참여와 공감대 형성을 토대로 진정한 혁신을 지향하는 미래지향적 정부가 필요하다.

정부혁신을 효과적으로 달성하기 위해서는 조직 내외의 광범위한 참여가 필요하다. 참여를 통한 다양한 의견의 수용은 사회문제를 해결하는 데 중요한 역할을 한다. 조직 외부의 참여를 확보하기 위해서는 참여에 필요한 정보의 접근이 용이해야 하지만, 현실은 조직 내부의 정보에 대한 외부의 접근이 어려운 실정이다. 따라서 성공적인 정부혁신을 위해서는 시민들의 정책참여의 통로를 활성화하고, 문제해결에 적합한 정부-시장-시민사회의 거버넌스적 협력 네트워크를 구축해야 한다.

또한 정부혁신의 성공적 달성을 위해서는 최고지도자의 강력한 의지가 있어야 달성될 수 있다. 혁신의 출발점은 혁신목표를 달성하기 위한 조직구성원들의 잠재력을 고양시키는 문제로부터 시작되기 때문이다. 이를 위해서는 새로운 비전과 미션을 창출하고 기대를 초월하여 성과달성을 추구하는 변혁적 리더십이 필요하다. 변혁적 리더는 개인적 성향에 관심을 기울이고, 새로운 시각을 제시한다. 또한, 카리스마를 가지고 영감을 이용하며, 조직구성원의 잠재력 고양과 지적 발전을 위해 끊임없는 격려와 지원을 아끼지 않기 때문이다.

제 3 부

현대적 행정이론 (Modern Theory)

학습 목표

현대 국정관리의 화두는 신뢰와 성찰이다. 과거 발전행정 시대의 전통적 행정학이 엄격한 계층제의 원리를 토대로 상의-하향(Top-Down) 형태의 국가능률지상주의를 추구하였다면, 거버넌스 시대의 현대행정학은 신뢰와 네트워크의 정신을 토대로 거버넌스 형태의 참여와 민주주의를 지향한다. 현대행정학은 효율성 못지않게 참여성(participation), 숙의성(deliberation), 합의성(consensus)을 근간으로 하는 민주성을 지향하며, 거버넌스적 해결구조와 참여 민주주의 및 숙의 민주주의에 철학적 기초를 둔 성찰성을 지향한다.

제3부에서는 현대적 행정이론(Theory)에 대해 학습한다. 현대행정학의 문제의식, 개념 및 목표, 이론요소, 분석의 틀에 대해서 검토한 후, 현대행정이론의 핵심요소들인 국가혁신이론, 미래예측이론, 거버넌스이론, 갈등관리이론, 전자정부이론, 지식정부이론에 대해서 검토한다. 현대적 행정이론을 논의하는 과정에서 바람직한 미래의 정부상에 대해서 논의하며, 이를 토대로 미래지향적 국정관리모형을 도출하기로 한다. 미래지향적 국정관리는 세 가지 차원으로 나누어서 논의할 수 있는데, 1) 국가혁신이론(혁신관리, 지식관리, 성과관리), 미래예측이론에 기반을 둔 효율적 국정관리(effective governance), 2) 거버넌스이론, 갈등관리이론, 정책품질관리이론에 기반을 둔 민주적 국정관리(democratic governance), 3) 전자정부이론, 지식정부이론에 기반을 둔 성찰적 국정관리(reflexive governance)이다.

제14장

현대행정학의 이론적 패러다임

제14장에서는 현대행정학의 이론적 패러다임에 대해 학습한다. 현대행정학의 문제의식, 과정 및 목표, 지향 및 과제, 논의의 틀에 대해서 검토한다.

현대행정은 정치적 갈등의 요소와 합리적 관리의 요소가 상호 역동적이고 동태적인 과정을 거치면서 만들어진다. 행정과정은 가치 있는 자원의 배분을 놓고 이해관계자들이 경쟁하고 타협하는 과정으로서, 본질적으로 가치, 갈등, 권력 등의 요소들이 내재되어 있다. 행정학이 존재하는 본질적 이유는 이러한 특성적 한계를 배경으로, 어떻게 하면 행정과정에 있어서 권력적 요소를 배제하고 전문성을 제고하며, 과학적이고 합리적인 방법을 통해 미래지향적인 공익을 창출할 수 있을 것인가 고민하고 탐색하는데 있다.

현대사회는 대단히 빠른 속도로 변화하고 있으며, 그러한 과정에서 미래에 대한 단절(discontinuity)과 불확정성(indeterminancy)은 더욱 더 가속화되고 있다. 이에 따라 국가혁신이론(national innovation theory), 미래예측이론(future foresight theory), 거버넌스이론(new governance theory), 갈등관리이론(conflict management theory), 전자정부이론(electronic governance theory), 지식정부이론(knowledge management theory) 등이 매우 중요하게 대두되고 있다.

이 장에서는 현대적 행정이론을 논의하는 과정에서 미래지향적 국정관리를 논구하기로 한다. 미래지향적 국정관리에 대해서는 세 가지 차원으로 나누어서 논의할 수 있는데, 이 세 가지는 1) 효율적 국정관리(effective governance), 2) 민주적 국정관리(democratic governance), 3) 성찰적 국정관리(reflexive governance)이다. 또한 이 장에서는 이러한 미래지향적 국정관리를 논의함에 있어 기본 전제가 되는 현대행정이론의 문제의식과 함께 바람직한 미래의 정부상을 논의하기로 하며, 현대행정이론의 목표 및 과제, 이론요소 및 논의의 틀에 대해서 검토하기로 한다.

제 1 절　문제의식: 행정이론의 두 축, 민주성과 효율성

행정학은 정부에 관한 학문이다. 전통적 행정학은 행정이론을 토대로 정부의 인사, 조직, 재무, 정보체계 등 정부 내부 운영원리의 효율성 실현에 초점을 두고 연구한 학문이라면, 현대행정학은 정부 운영시스템에 대해 연구하는 정부학이며, 동시에 지식정보사회에서의 국가혁신에 대해 고민하는 국정관리학이다. 따라서 현대행정학은 관료제이론, 인사행정론, 조직행정론, 재무행정론 등 기존의 행정이론을 토대로, 최근에 제시된 국가혁신이론, 미래예측이론, 거버넌스이론, 갈등관리이론, 전자정부이론, 지식정부이론 등을 토대로 정부운영의 효율성, 합법성뿐만 아니라, 민주성, 신뢰성, 성찰성을 지향하는 학문이다.

현대행정이론의 발전은 정치와 행정의 관계, 과학과 기술의 관계에 따라 변증법적으로 진화해 왔는데, 그 변증법의 한 축은 효율성이고 다른 한 축은 민주성이라고 할 수 있다. 행정이론의 효율성이 보다 더 강조되었을 때에는 행정의 경영적(효율성) 측면이, 민주성이 보다 더 강조되었을 때에는 행정의 정치적(민주성) 측면이 강조되어 왔다. 정치행정이원론 시대에는 행정의 정치로부터의 독립성이 강조되어 행정의 능률성이 부각되었으나, 정치행정 일원론 시대에는 행정과 정치의 연계성이 강조되어 행정의 민주성이 부각되었다. 1980년대 신공공관리론(NPM) 시대에는 민간위탁 · 민영화 · 외부발주 등 민간 관리개념 및 시장주의 기법이 강조되어 효율성의 개념이 부각되었으나, 1990년대 이후 뉴거버넌스 시대에는 참여 · 신뢰 · 네트워크 등 수평적 관리와 민주주의 정신이 강조되어 민주성의 개념이 부각되고 있다.

1990년대 이후 인터넷 기술의 급속한 발전(정보화), 시민사회의 성장(민주화), WTO 체제의 출범과 같은 신자유주의 물결의 확산(세계화) 등의 급진전으로 현대행정의 특성도 달라지고 있다. 전통적 행정학의 조직모형인 관료제에 대한 Post-관료제 모형으로 전자정부가 등장하고, 국가(정부)에 의한 일방적 통치가 아닌 국가(정부)-시장(기업)-시민사회(NGO)들간의 신뢰와 협동을 강조하는 거버넌스가 강조되고 있다. 이와 함께 국가혁신과 미래예측을 강조하는 미래지향적 국정관리의 개념도 급속도로 확산되고 있다.

현대행정은 행정을 일방적 통치(Governing)가 아닌 국정관리(Governance)로 파악하며, 정부관료제의 비능률을 타파하기 위한 민간경영 관리기법(management) 도입과 가격 · 경쟁 · 유인 등을 강조하는 시장메커니즘에 의한 국가혁신을 강조한다. 하지만 현대행정이 전적으로 신공공관리(NPM)만을 추구하는 것은 아니다. 행정에 민간경영 관리기법을 도입하는 NPM적 요소 만큼이나 참여 및 민주적 가치를 중시하는 뉴거버넌스적 요소를 강조한다. 이는 현대행정이 국가혁신과 국정관리를 추구하면서 효율성 못지않게 민주성과 성찰성을 중시한다는 점에서 매우 중요한 의미를 지닌다.

제 2 절 전통적 행정이론과 현대적 행정제도

전통적인 행정이론과 최근 등장하고 있는 혁신관리, 지식관리, 성과관리, 갈등관리, 정책품질관리, 거버넌스, 전자정부, 지식정부, 미래예측 등의 개념 및 제도들은 어떻게 연계되어 있는가? 전통적 이론과 현대적 제도를 유기적으로 연결시킴으로써 좀더 발전된 현대행정이론의 개념적 토대를 구축할 수는 없을까? 만약 전통적 이론과 현대적 제도를 연계시키는 이론적 작업을 해 나간다면, 이 둘 사이를 메우는 개념적 전제 조건들은 어떤 것들이 존재하는가?

이 책은, 이러한 문제인식을 토대로, 전통적인 행정학 이론의 외연적 확장을 통해, 본래의 이론이나 가치를 손상시키지 않으면서도, 현대적인 제도로 대두되고 있는 혁신관리, 지식관리, 성과관리, 갈등관리, 정책품질관리, 거버넌스, 전자정부, 지식정부, 미래예측 등의 개념 및 제도들을 변증법적으로 통합하려는 시도로 집필되었다. 특히, 이 장에서는 미래지향적 국정관리를 논의함에 있어서 1) 국가혁신이론(혁신관리, 지식관리, 성과관리), 미래예측이론에 기반을 둔 효율적 국정관리(*effective governance*), 2) 거버넌스이론, 갈등관리이론, 정책품질관리이론에 기반을 둔 민주적 국정관리(*democratic governance*), 3) 전자정부이론, 지식정부이론에 기반을 둔 성찰적 국정관리(*reflexive governance*)를 미래지향적 국정관리의 핵심 축으로 삼고서, 분석적 국정관리(*analytical governance*) 역량과 민주적 국정관리(*democratic governance*) 역량을 접목시키고자 하였다.

과거 발전행정 시대의 전통적 행정학이 엄격한 계층제의 원리를 토대로 상의하향(top-down) 형태의 국가능률지상주의를 추구하였다면, 거버넌스 시대의 현대행정학은 신뢰와 네트워크의 정신을 토대로 거버넌스 형태의 참여와 민주주의를 지향한다. 즉 현대행정학은 효율성 못지않게 참여와 숙의, 신뢰와 성숙을 근간으로 하는 민주성과 성찰성을 지향하는 것이다(권기헌, 2007a; 2007b).

현대행정학은 민주성을 효율성과 양립되는 개념으로 이해하는 것이 아니라, 거버넌스

〈표 14-1〉 현대행정학 패러다임의 변화내용

영 역	전통적 행정학	현대적 행정학
· 지향점	* 내부지향	* 외부지향
· 운영원칙	* 관료주의, 합리주의	* 지식창출, 인간주의(민주주의)
· 정책수단	* 규제와 권한에 기초	* 지식과 가치에 기초
· 정책목표	* 능률성, 합법성	* 효율성, 민주성, 성찰성
· 주요지식	* 자원과 투입에 관한 지식	* 과정과 산출물에 관한 지식
· 조직구조	* 엄격한 계층제 구조, 관료모형	* 유연한 플랫(flat)구조, 네트워크, 거버넌스
· 정책결정	* Top-Down 방식	* Bottom-Up(Middle-Up & Down) 방식

적 해결구조와 숙의 민주주의에 철학적 기초를 둔 문제해결방식이 행정집행의 순응 확보를 통해 더 큰 효율성을 가져온다는 믿음을 전제로 한다. 국가 사회적으로 이미 많이 분권화된 디지털 시대정신이나 시대가치가 더 이상 중앙집권이나 일사분란한 형태의 효율성 위주의 상의하향(*top-down*) 방식의 문제해결 구조나 접근방식을 용인하지 않기 때문이다. 즉 새로운 형태의 국정관리와 접근방식을 요구하고 있는 것이다.

제 3 절 현대행정학의 과정 및 목표

현대행정학은 동태적 과정으로 이루어진다. 국가목표-정책결정-조직화-동작화-환류 및 학습이라는 동태적 과정을 거치면서, 동시에 행정인-행정구조-행정환경이라는 3대 변수가 끊임없이 상호작용하면서 전개된다. 여기서 행정환경이란 법, 제도, 정책뿐만 아니라, 정치, 경제, 문화적 흐름과 이슈를 모두 포괄하는 개념이다. 행정의 동태성은 환경변화가 행정의 구조와 행태에 영향을 미치고 상호작용하는 것이다. 혁신이란 행정의 동태성을 의도적으로 도입하는 것이다. 환경변화는 법과 제도를 매개로 조직 · 인사 · 재무 등의 구조변동을 유발하고, 문화에 충격을 가함으로써 행정인의 인식과 태도를 변화시킨다.

현대행정학은 궁극적으로 우리 사회 내에 존재하는 국민 개개인의 인간 존엄성 실현을 지향한다. 이 과정에서 행정학은 국가경쟁력과 삶의 질을 향상시키려는 수단적 목표를 지니며, 이를 위해 국가의 정책 및 관리역량을 학습하는 학문이다.

현대행정학은 정부 내부 운영원리의 효과성과 능률성 제고를 통해 정부경쟁력(정부)을 강화하고, 이를 통해 국민(시장 및 시민사회)들에게 최고의 정부서비스를 제공하여 국가경쟁력과 삶의 질의 향상을 목표로 하지만, 동시에 국가경쟁력과 삶의 질 제고라는 수단적 가치를 통해, 그 사회에 존재하는 구성원들 개개인의 인간 존엄성 실현을 궁극적 목표로 한다(성찰성). 즉, 현대행정학은 정부 내부운영의 효율성(효과성, 능률성)을 토대로, 시민의 정책참여와 민주통제를 통해 민주성(참여성, 숙의성, 합의성)을 강화하며, 더 나아가 우리 사회 공동체 구성원들의 신뢰성과 성숙성을 지향하는 성찰성 구현을 목표로 한다. 정부 운영의 효율성 극대화, 민주적 가치의 증대, 그리고 이를 통해 보다 신뢰받고 성숙한 국가공동체의 구현, 이것이 현대행정학의 목표이다.

이렇게 볼 때, 현대행정학이 추구하는 행정학의 본질적 질문들은 자명해진다.

* 정부 내부 운영의 비능률을 타파하고, 정부 운영의 효율성을 극대화 시킬 수 있는 조직원리 및 운영방안은 무엇인가?
* 이를 위해 가장 적합한 조직형태(관료제 vs. 전자정부)는 무엇이며, 관리방안(인사, 조직, 재무, 정보체계)은 무엇인가? 그리고 이러한 방안들은 미래사회에 부응하기 위해 어떠한 방향으로 진화되어야 하는가?
* 정부관료제를 민주적으로 통제할 수 있는 방안은 무엇인가? 조직 내부적으로 민주성과 투명성을 제고하는 방안은 무엇인가? 그리고 조직 외부적으로 시민들의 정책참여를 강화함으로써 신뢰성과 성찰성을 제고하는 방안은 무엇인가?
* 정부는 어떤 정책 및 행정서비스를 통해 우리 사회를 보다 신뢰받고 성숙한 공동체(신뢰성과 성찰성)로 만들 수 있을 것인가?

제 4 절 현대행정학의 지향 및 과제: 미래의 바람직한 정부상

미래의 바람직한 정부상의 첫 출발점은 정부역량(*governance capacity*)의 강화이다. 정부역량은 정책역량(*policy capacity*), 관리역량(*management capacity*), 인프라역량(*infra capacity*)을 내포한다.

첫째, 정책역량은 분석(*analysis*)과 예측(*foresight*)을 중심개념으로 한다. 미래정부에서는 통상정책과 협상관리, 환경정책과 갈등관리, 정보정책과 과학기술 분야의 중요성이 증대될 것으로 판단되는데, 특히 이러한 정책영역에서 문제의 분석과 예측 능력은 더욱 중요하다.

둘째, 관리역량은 혁신(*innovation*)과 관리(*management*)를 중심개념으로 한다. 미래정부에서는 정부 내부의 관리역량 증대를 위해 혁신관리, 지식관리, 성과관리의 중요성이 커진다. 또한 비용편익분석, 회귀분석, 시뮬레이션, BSC 등의 관리기법들을 토대로 조직관리의 과학화를 실현해야 한다.

셋째, 인프라역량은 기술(*technology*)과 신뢰(*trust*)를 중심개념으로 한다. 미래정부에서는 정보기술을 토대로 한 전자정부와 지식정부의 중요성이 증대되고, 신뢰를 토대로 한 사회적 자본(*social capital*)과 시민사회 역량(*citizen capacity*)을 강화시켜야 한다.

미래정부는 정부역량 강화를 통해 행정의 생산성(효율성), 민주성(참여성), 신뢰성(성찰성)을 제고해야 한다. 정부 내부의 효율성 증진을 토대로 정부 내부와 외부간 인터페이스 관점에서 정책의 참여성(*participation*)과 대응성(*responsiveness*) 제고 등 민주성을 강화하고, 더 나아가 정부와 시장 그리고 시민사회를 아우르는 사회공동체 전체의 신뢰(*trust*)와 협동(*cooperation*)을 토대로 사회적 자본을 강화하는 등 성찰성을 강화해야 한다.[1)]

국가혁신을 위해 중요한 것은 개혁과 관련하여 바람직한 미래의 정부상을 구축하고, 이에 대해 국민들의 신뢰를 획득하는 일이다. 신뢰는 그 자체를 21세기 국가혁신의 요체로 삼을 정도로 중요한 요소이다(Nye et al, 1998). 따라서 한국사회의 미래지향적 국정관리는 먼저 강한 국가, 강한 시장 및 강한 시민사회를 형성하고, 이들간의 신뢰와 파트너십을 바탕으로 강한 네트워크를 구축함으로써, 세계화와 정보화 시대에 적합한 사회공동체를 형성하는데 중점을 두어야 할 것이다.

---

1) 효율성, 민주성, 성찰성 그리고 이에 토대를 둔 효율적 국정관리, 민주적 국정관리, 성찰적 국정관리에 대한 논거는 사회과학이념 혹은 현대행정이념이 3차원적으로 구성되어 있다는 저자의 관점에 기초하고 있다. 여기에서는 상세히 논구하지 않았으나, 사회과학이념의 3차원적 구성에 대한 논거로는 Lasswell이 제시한 정책학의 목적구조(Lasswell, 1951, 1971, 1970: 8-15; Y. Dror, 1970)와 A. Maslow(1954)의 욕구단계이론을 들 수 있다. 이러한 논의에 대해서는 저자의 졸저, 「정책학의 논리」(박영사, 2007: 7-13)를 참조바람. 또한, H. Arendt의 공화주의, J. Habermas의 담론이론, Thorson(1998) 등의 논거를 토대로 저자는 전자정부의 이념도 세 차원으로 구성되어 있다는 논의를 제시한 바 있는데, 이 논의에 대해서는 저자의 졸저, 「전자정부론」(박영사, 2007: 26-37)을 참조바람.

제 5 절 현대행정학의 논의의 틀: 미래지향적 국정관리모형

현대행정이론은 새로운 시대 이념과 변화에 부응할 수 있는 새로운 패러다임을 제공해 줄 수 있어야 한다. 그래야만 전통적 행정이론과 현대적 행정요구 사이에 생기는 이론적 간극(*gap*)을 메울 수 있다.

현대는 대단히 빠른 속도로 변화하고 있으며, 미래의 단절(*discontinuity*)과 불확정성(*indeterminancy*)은 더욱더 증가하고 있다. 이에 따라 현대행정의 조직관리에 있어서는 생각의 속도로 움직이는 전자정부(e-Governance)와 미래예측(Future Foresight)의 중요성이 증대되고 있으며, 국정관리의 차원에서도 국가혁신(National Innovation)과 거버넌스(New Governance)의 개념이 매우 중요해지고 있다.

현대사회의 이러한 시대적인 흐름에 정부가 제대로 대응하려면, 현대행정이론이 시대의 새로운 흐름에 부응할 수 있도록 차별화된 패러다임을 제공해 줄 수 있어야 한다. 본서에서는 위에서 논의한 내용을 토대로, 미래지향적 국정관리모형을 효율적 국정관리, 민주적 국정관리, 성찰적 국정관리 등 세 차원의 국정관리로 나누고, 이에 따른 핵심이념, 핵

〈표 14-2〉 미래지향적 국정관리모형: 유형 및 이념·역량·제도

이념·역량·과제·이론·제도 / 국정관리유형	핵심 이념	핵심 역량	핵심 과제	핵심 이론	핵심 제도	미래 정부상
효율적 국정관리	효과성, 능률성	관리역량2) (혁신, 관리)	*행정관리의 효과성 제고 *행정관리의 능률성 향상	국가혁신이론 (혁신관리, 지식관리, 성과관리)+ 미래예측이론의 관리적 역량	총액인건비제도 전보제한 및 경력개발제도 총액배정자율편성(Top-down) 예산제도 성과관리제도(BSC) 디지털예산회계시스템(BAR)	기업가적 정부 성과중심 정부
민주적 국정관리	민주성, 대응성	관리역량 (혁신, 관리) 정책역량 (분석, 예측)	*정책관리의 민주성 확보 *정책관리의 대응성 고양	거버넌스이론3)+갈등관리이론+ 정책품질관리이론의 정책적 역량	행정정보공개제도 행정서비스헌장제도 정책갈등관리제도 정책품질관리제도	고객중심 정부
성찰적 국정관리	성찰성, 신뢰성	관리역량 (혁신,관리) 정책역량 (분석, 예측) 인프라역량 (기술, 신뢰)	*정부-시장-시민사회 간의 신뢰, 협동 *정부-시장-시민사회 내부의 사회적 자본 강화 *정부-시장-시민사회 간의 성찰성 강화	전자정부이론4)+ 지식정부이론의 성찰적 역량	PCRM과 정책홍보제도 정책실명제(정책커뮤니티 형성) 공공영역의 장(온라인 담론형성) 지식커뮤니티 형성	뉴거버넌스 정부5)

심역량, 핵심과제, 핵심이론 및 핵심제도를 다음과 같이 제시하고자 한다(<표 14-2> 참조).

첫째, 효율적 국정관리는 효과성과 능률성을 핵심이념으로 하며, 이를 위해서는 관리역량(혁신, 관리)의 강화를 필요로 한다. 핵심과제로는 정부 내부 조직관리의 효과성 및 능률성

---

2) 핵심역량을 나타내는 이 부문에 대한 설명은 주의를 요한다. 효율적 국정관리도 관리역량뿐만 아니라 정책역량과 인프라역량을 필요로 하며, 민주적 국정관리도 관리역량·정책역량뿐만 아니라 인프라역량을 필요로 하기 때문이다. 다만, 여기에서 효율적 국정관리는 1차적으로 정부 내부의 효율성을 의미하는 것으로 정의하였기에 관리역량을 우선적으로 필요로 하며, 민주적 국정관리는 정부 내부-정부 외부의 인터페이스 확대의 관점에서 관리역량 이외에도 정책적 참여성과 투명성을 요구하고 있기에 정책역량을 추가적으로 표시한 것이다. 여기에 더하여 성찰적 국정관리는 기술과 신뢰를 토대로 하는 사회적 자본을 더 요구하고 있기에 관리역량·정책역량 이외에도 인프라역량을 추가적으로 더 표시한 것이다. 따라서 여기에서의 분류는 1차적인 상징을 위주로 표시한 것으로 이해해야 된다는 점을 전제로 밝혀두고자 한다.

3) 거버넌스는 신뢰(trust)와 책임성(accountability)을 강조한다는 측면에서 단순히 민주성 넘어 성찰성의 의미도 함께 가지고 있다. 다만, 거버넌스의 경우 수직적 통치를 벗어나 수평적 협치를 강조하고, 국정 행위자들의 참여, 숙의, 합의를 통해 네트워크적 문제해결을 강조한다는 의미에서 민주성으로 분류하였다. 즉, 여기에서 논의하는 이론 및 제도들은 딱히 어느 한 가지 행정이념에 국한되기 보다는 서로 유기적으로 연결되어 있다는 전제하에 우선적인 강조점 위주로 분류된 것임을 밝혀둔다.

4) 전자정부 역시, 이 책에서도 논의하듯이, 1) 효율성, 2) 민주성, 3) 성찰성 차원의 개념을 지니고 있어 성찰성 차원과 함께, 민주성과 효율성 차원도 함께 지니고 있다. 즉, 전자정부는 One-Stop, Non-Stop, Any-Stop Government(국민의 편의가 극대화되는 정부), Paperless Government(문서감축이 일어나는 종이없는 사무실), Clean & Transparent Government(부정부패가 없는 깨끗하고 투명한 정부), Digital Nervous Government(지식관리가 활성화되는 디지털 신경망 정부) 등의 정부 내부의 효율성 차원의 개념과 정책참여 및 e-Democracy가 이루어지는 민주성 차원의 개념, 그리고 더 나아가 사회공동체의 커뮤니케이션 활성화 및 담론 형성을 통해 신뢰받고 성숙한 공동체를 구현하는 성찰성 차원의 개념을 모두 아우르고 있어 어느 한 유형에 담기에는 어려움이 있으나, 여기에서 전자정부의 성찰성 차원을 가장 강조하는 의미에서 성찰성에 포함시킨 것이다. 또한, 전자정부는 전통적 행정학의 관료모형에 대체하는 새로운 형태의 정책결정 메커니즘(Post-Bureaucratic Model)을 의미하는데, 여기에서는 특히 전자정부의 담론기능 및 공공영역의 장이라는 관점에서 성찰성을 강조한 것이다. 하지만, 거버넌스에서도 주석을 달았듯이 여기에서의 이론 및 제도들은 딱히 한 가지 행정이념에만 국한된다고 볼 수는 없다는 전제하에서 통합적으로 이해되어야 할 것이다.

5) 뉴거버넌스 정부는 위 각주 3)에서도 언급한 것처럼, 제도로서의 민주성과 규범으로서의 성찰성을 동시에 지니고 있다. 거버넌스이론을 네트워크 관리 혹은 수평적 참여의 특성이 강한 제도로 보아 민주적 국정관리의 중요 이론으로 유형화 하였으나, 신뢰 혹은 사회적 자본을 형성시키는 중요 제도라는 측면에서 보면 뉴거버넌스 정부는 민주성과 동시에 성찰성의 핵심요소도 동시에 지니고 있다고 하겠다.

제고가 필요한데[6], 이를 실현시키기 위한 이론 및 제도적 요소로는 혁신관리, 지식관리, 성과관리 등 국가혁신이론과 미래예측이론을 중심으로 하는 분석적 국정관리(*analytical governance*)의 강화를 들 수 있다. 효율적 국정관리를 위해서는 국가혁신이론에서 제시하는 관리적 요소들을 토대로 하면서 미래예측이론에서 제시하는 과학적 토대의 관리적 역량을 필요로 한다.

둘째, 민주적 국정관리는 민주성과 대응성을 핵심이념으로 하며, 이를 위해서는 관리역량(혁신, 관리)과 함께 정책역량(분석, 예측)의 강화를 필요로 한다. 핵심과제로는 정부 외부와의 인터페이스 관점에서 정책관리의 참여성 및 대응성 제고가 필요한데, 이를 실현시키기 위한 이론 및 제도적 요소로는 거버넌스이론, 갈등관리이론을 중심으로 하는 민주적 국정관리(*democratic governance*)의 강화를 들 수 있다. 민주적 국정관리를 위해서는 거버넌스이론에서 제시하는 민주적 요소들을 토대로 하면서, 갈등관리이론과 정책품질관리이론에서 제시하는 정책적 역량을 필요로 한다.

셋째, 성찰적 국정관리는 성찰성과 신뢰성을 핵심이념으로 하며, 이를 위해서는 관리역량(혁신, 관리), 정책역량(분석, 예측)과 함께 인프라역량(기술, 신뢰)의 강화를 필요로 한다. 핵심과제로는 정부 내부(정부)-정부 외부(시장, 시민사회) 전체를 아우르는 사회공동체라는 관점에서[7] 신뢰와 협동이 필요한데, 이를 실현시키기 위한 이론 및 제도적 요

---

6) 효율적 국정관리는 정부 내부의 비능률 타파를 일차적 목표로 한다. 한국행정학의 정부 내부의 비능률성으로는 ① 서면주의(red-tape), ② 수단(means)과 목표(end)의 도치현상(replacement), ③ 무사안일주의(idleness), ④ 귀속주의(ascription), ⑤ 할거주의(sectionalism), ⑥ 상관의 권위(authority)에만 의존하는 행태, ⑦ 전문화로 인한 무능(trained incapacity), ⑧ 변화에 대한 저항(resistance to change) 등을 들 수 있겠다. 즉, 효율적 국정관리는 이러한 정부관료제 내부의 문제점과 비능률을 타파함으로써 정부내부 관리의 효과성과 능률성 제고를 목표로 한다고 할 수 있다.

7) 비유하자면, 효율적 국정관리가 1인칭, 민주적 국정관리가 2인칭이라면, 성찰적 국정관리는 3인칭의 문제라고 할 수 있겠다. 1인칭은 정부내부(나)의 효율성 문제를 지칭하고, 2인칭은 정부내부(나)-정부 외부(너)간의 대화(dialogue)와 소통(communication)을 지칭하는 것이라면, 3인칭은 정부 내부(나)-정부 외부(너)를 아우르는 공동체(우리) 전체의 차원에서의 신뢰(trust)와 성찰(reflexivity)을 지칭하는 것이라고 할 수 있다. 즉 나와 너의 단순한 이분법을 넘어서는 다자간 공동체(community)의 문제로 확대되는 개념이다. 이는 마치 또 비유를 하자면 불교철학의 중도사상과도 맥이 통하는 개념이다. 불교의 중도사상은 좌와 우의 단순한 이분법적 산술평균의 중간을 의미하는 것이 아니다. 좌와 우의 양변을 여위고 이를 초월하는 입체적인 개념으로서의 중도사상이다. 이는 보수와 진보의 이분법적인 양변을 초월하여(양변에 집착하여 묶이지 말고), 변증법적으로 인간의 존엄성(Human Dignity) 혹은 진정한 휴머니즘(Humanism)을 실현하라는 외침으로 이해할 수 있다. 이러한 성찰이라는 용어는 일반적으로 인간-자연, 인간-사회, 인간-기술에 대한 의식(consciousness)과 성찰(reflexivity)의 수준이 올라가는 것을 의미하며, 공동체의 존재양식에 대한 성찰적 의식(reflexive consciousness)과 자각수준(awareness level)이 올라가는 것을 의미한다. 하지만 여기에서는 이러한 개념적 배경을 전제로 하되 국정관리의 관점에서 우리 사회의 진정한 커뮤니케이션과 담론 기능의 활성화를 통해 우리 사회공동체를 좀더 신뢰

소로는 전자정부이론, 지식정부이론을 중심기제로 하는 성찰적 국정관리의 강화를 들 수 있다. 성찰적 국정관리를 위해서는 전자정부이론에서 제시하는 성찰적 요소(전자공간의 공공영역의 장과 담론이론)을 토대로 하면서, 지식정부이론에서 제시하는 신뢰 및 시민사회 역량 강화를 필요로 한다.[8)]

현대행정의 이론 및 제도들인 국가혁신이론, 미래예측이론, 거버넌스이론, 갈등관리이론, 전자정부이론, 지식정부이론을 좀더 심층적으로 분석해보면, 혁신관리, 지식관리, 성과관리를 요체로 하는 국가혁신이론과 미래예측이론은 현대행정학의 효율성 측면을 뒷받침해주는 역할을 하며, 거버넌스이론과 갈등관리이론은 현대행정학의 민주성 측면을 강화시켜주는 역할을 하며, 전자정부이론과 지식정부이론은 현대행정학의 효율성과 민주성을 연결시키는 현대정책결정 메커니즘의 로커스(*locus*)로서 기능하며 더 나아가 우리 사회공동체의 성찰성을 향상시켜주는 정책기제로서 작용한다.[9)]

현대정부의 효율적 문제해결을 위한 행정학의 과학화 및 미래예측의 노력(현대행정이론의 효율성)과, 민주적이고 참여적인 기제를 통해 문제를 해결하기 위한 갈등관리 및 거버넌스이론(현대행정이론의 민주성)은 현대행정이론의 중요한 두 축이다. 더 나아가 효율적인 전자정부 및 정책결정시스템 구축을 통해 조직 내부의 효율성을 제고하고, 전자민주주의 및 참여 지향적 정책과정을 통해 민주적인 문제해결 방식을 추구하며, 전자정부의 담론형성 및 커뮤니케이션 강화기능을 통해 우리 사회의 신뢰성과 성찰성을 강화하려는 노

사회와 성숙사회로 만들어나가려는 총체적 노력을 의미하며, 이러한 과정에서 개인과 개인, 개인과 단체, 개인과 국가간의 진정한 신뢰(trust)와 등권(empowerment)을 전제로 개인의 자아실현(self actualization)과 자아완성(self fulfilment)의 가능성이 열려 있는 사회를 만들어가는 총체적 국가혁신의 과정을 의미하는 것으로 개념화 하고자 한다.

8) 효율적 국정관리, 민주적 국정관리, 성찰적 국정관리의 이념형(ideal type)에 대한 연역적 논의는 향후 경험적 연구(empirical study)를 통해 보완할 필요가 있을 것이다. 예컨대, 세 유형의 국정관리에 대한 하위요소들을 지표화한 뒤, 미국, 유럽, 동아시아의 국정관리(총론 및 분야)가 세 유형 중 어떤 형태로 나타나는지, 그리고 이러한 현실유형들이 향후 우리나라의 미래지향적 국정관리를 모색함에 있어 어떠한 이론적·정책적 함의를 제공하는지를 검토해 볼 필요가 있을 것이다. 현실유형에 있어서는 효율, 민주, 성찰의 세 지표가 모두 높게 나타나는 유형이 있는 반면, 세 지표가 혼조세를 보이는 혼합형태의 유형들이 나타날 가능성도 많을 것으로 예측된다.

9) 물론 이러한 새로운 제도들이 엄격하게 단순한 효율성-민주성-성찰성으로 획일적으로 구별할 수 있는 것은 아니다. 혁신관리와 지식관리의 국가혁신이론은 민주성을 위해 필요불가결한 조직관리의 토대가 되며, 거버넌스는 새로운 효율성을 추구하기 위한 접근이기도 하다. 미래예측 역시 분석과 예측을 통해 미래정부의 효율성을 강화시켜주는 도구이지만, 미래예측의 과정에서 강조되는 다양한 전문가와 이해관계자들의 참여 및 토의에 바탕을 둔 참여형 접근과 전략적 기획은 미래정부의 민주성과 성찰성을 강화시켜주기도 한다.

력의 산물인 전자정부이론은 현대행정이론이 구체적으로 실행되는 정책메커니즘으로서 기능한다(현대행정이론의 성찰성).

따라서 이 책에서는 현대행정이론과 미래지향적 국정관리모형을 논구함에 있어서 세 가지 핵심 축을 논의하기로 한다. 즉, 1) 국가혁신이론(혁신관리, 지식관리, 성과관리), 미래예측이론에 기반을 둔 효율적 국정관리(*effective governance*), 2) 거버넌스이론, 갈등관리이론, 정책품질관리이론에 기반을 둔 민주적 국정관리(*democratic governance*), 3) 전자정부이론, 지식정부이론에 기반을 둔 성찰적 국정관리(*reflexive governance*)를 미래지향적 국정관리의 핵심 축으로 삼고서, 이에 따른 제도적 기반요소들을 논의하고자 한다.

이하에서 논의되는 현대행정이론의 장들에서는 효율적 국정관리,[10] 민주적 국정관리, 성찰적 국정관리로 나누어서 효율적 국정관리에서는 국가혁신이론과 미래예측이론, 민주적 국정관리에서는 거버넌스이론과 갈등관리이론, 성찰적 국정관리에서는 전자정부이론과 지식정부이론을 살펴보고자 한다.

---

10) 효율적 국정관리(effective governance)는 분석적 국정관리(analytical governance), 과학적 국정관리(scientific governance)를 통칭하는 개념으로 사용한다.

제15장

효율적 국정관리의 이론 및 제도: 국가혁신이론, 미래예측이론

제15장에서는 현대행정이론의 한 축으로서 효율적 국정관리의 이론 및 제도를 살펴본다. 효율적 국정관리는 효과성과 능률성을 핵심이념으로 하며, 이를 위해서는 관리역량(혁신, 관리)의 강화를 필요로 한다. 효율적 국정관리를 위해서는 정부내부 조직관리의 효과성 및 능률성 제고가 필요한데, 이를 위한 이론 및 제도적 요소로는 국가혁신이론과 미래예측이론을 들 수 있다. 효율적 국정관리를 위해서는 혁신관리, 지식관리, 성과관리 등 국가혁신이론에서 제시하는 관리적 요소들을 토대로 하면서 미래예측이론에서 제시하는 분석과 예측 역량의 강화가 필요하기 때문이다.

제1절 국가혁신이론에 대해서는 국가혁신론의 개념 및 요소들을 간략히 살펴본 후, 국가혁신론의 구성요소들인 혁신관리, 지식관리, 성과관리에 대해서 학습한다. 국가혁신의 핵심은 정부와 시장과 시민사회가 신뢰와 네트워크 정신 속에서 자율성과 창의성을 마음껏 발휘할 수 있는 효율적인 국정 운영시스템을 어떻게 만들 수 있느냐에 달려 있다.

제2절 미래예측이론에 대해서는 미래예측의 개념과 구성요소들을 간략히 살펴본 후, 미래예측의 핵심명제 및 개념유형, 그리고 미래예측의 방법론에 대해서 검토한다. 미래는 불확실성(uncertainty)과 불확정성(indeterminancy)을 특성으로 한다. 불확실하고 불확정적인 미래의 특성으로 인해 오히려 미래에 대한 무한한 가능성이 열려 있으며, 미래예측을 통한 인간의 창조적 행위가 가능해진다. 미래예측은 전략기획(Strategic Planning), 네트워크 형성(Governance Networking) 및 미래연구(Future Studies)의 중심부에 위치하는 개념이다. 미래연구가 미래에 대한 바람직한 구상(wishful thinking)에 그치지 않기 위해서는 국가의 장기적 미래예측, 정책적 우선순위 도출, 미래지향적 정책설계, 정책집행 체제가 일사분란하게 연계될 수 있는 국정 운영시스템을 갖추는 것이 매우 중요할 것이다. 이 장에서는 미래예측 방법론들을 개괄적으로 검토한 후, 미래예측이 지니는 행정학적 의의에 대해서 학습하기로 한다.

제 1 절 국가혁신이론

국가혁신의 핵심은 정부와 시장과 시민사회가 신뢰와 네트워크 정신 속에서 자율성과 창의성을 마음껏 발휘할 수 있는 효율적 국정운영시스템을 어떻게 만들 수 있느냐에 달려 있다. 국가혁신이론은 정책학이론 및 행정학이론과 유기적인 연계관계를 맺고 있는데, 하위요소로는 혁신관리, 지식관리, 성과관리, 갈등관리, 정책품질관리 등을 두고 있다. 즉, 혁신관리, 지식관리, 성과관리를 통해 정부혁신체제를 실현함으로써 궁극적으로 효율적인 국정관리모형의 완성을 지향하고 있다.

이하에서는 국가혁신이론의 구성요소들인 혁신관리, 지식관리, 성과관리 등에 대해서 간략히 검토하고, 이들이 지니는 행정학적 쟁점을 고찰하도록 한다.[1]

1. 혁신관리

1) 혁신관리의 개념

혁신관리란 현재의 조직시스템이 새로운 조직시스템으로 변혁시키기 위한 관리를 의미하며, 이를 위해서 조직시스템을 구성하고 있는 비전 및 전략 요소, 업무프로세스 요소, 조직구조 요소, 인사제도 요소, 가치관 및 조직문화 요소를 새롭게 형성하는 것을 포함한다. 이때, 혁신관리 전략에 따라 단기간에 조직시스템을 구성하고 있는 모든 요소가 일시에 혁신될 수도 있고, 특정 구성요소만 혁신될 수도 있고, 특정 요소를 중심으로 한 두 가지 요소가 연계되어 혁신될 수도 있다. 혁신관리의 핵심요소로는 혁신의 동기부여, 비전창출, 정치적 지원, 이행관리, 혁신의 추진력 유지가 있다.

---

1) 현대행정학의 이론적 주춧돌이 되는 혁신관리, 지식관리, 성과관리, 갈등관리, 정책품질관리 등 국가혁신이론과 거버넌스, 제도주의, 전자정부에 관련된 내용들은 저자의 졸저, 「정책학」(박영사, 2007)에서 제시했던 내용들을 빌려와 행정학의 시각에 맞게 수정 보완한 것임을 밝힌다. 내용이 다소 중복될 수 있기에 여기서는 1) 의의, 2) 내용, 3) 쟁점 등으로 축약하여 소개하였으며, 대신 쟁점에 해당되는 부분은 1) 행정학적 쟁점, 2) 정책학적 쟁점으로 나누어서 추가·보완한 것임을 밝혀둔다. 또한, 행정학이론의 관점에서 전자정부를 새롭게 조명하였으며, 조직의 생산성 관점에서 전자정부보다 진화한 형태인 지식정부를 추가적으로 논의하였다. 여기에서는 미래지향적 정부로서의 지식정부가 정부혁신에 던지는 행정학적 함의를 조명하였다.

2) 혁신관리의 단계

혁신관리의 단계는 여러 관점에서 접근할 수 있는데, 여기에서는 Kotter & Cohen(2002)가 제시한 조직의 변화관리 모형에서의 혁신관리의 단계를 살펴보면 다음과 같다. Kotter & Cohen(2002)은 혁신관리의 단계로서 1) 위기감 조성, 2) 변화 추진팀의 구축, 3) 비전개발, 4) 비전전달, 5) 임파워먼트, 6) 단기 성과달성, 7) 지속적 도전, 8) 변화의 제도화를 제시하고 있다(유민봉, 2005: 440-444에서 재인용).

1) 위기감의 조성: 현실에 만족하는 경우 변화는 불가능하므로 현 상황의 실태를 분석하여 위기에 대한 인식을 설득력 있게 설명하여야 한다.
2) 변화 추진팀의 구축: 변화의 추진은 무관심과 저항의 힘을 이길 수 있는 강력한 힘이 필요하며, 이를 위해서는 다양한 계층이 참여한 팀의 구성이 필요하다. 변화 추진팀은 비전의 개발과 전달에서부터 변화의 구체적 계획을 세우고 집행하는 책임을 진다.
3) 비전의 개발: 비전을 개발시에는 구성원과 이해관계인의 의견을 반영해야 한다. 비전은 도달해야 하는 최종목표이므로, 비전을 효과적으로 달성하기 위한 전략, 계획 등의 작업이 병행되어야 한다.
4) 비전의 전달: 변화 속에 담긴 비전을 통해 변화가 궁극적으로 조직과 구성원 모두에게 유익한 것임을 이해시키고 지지를 확보하는 단계이다.
5) 임파워먼트(*empowerment*): 구성원들의 변화의 비전과 전략을 직접 행동으로 옮길 수 있도록 힘을 실어주고 실행에 옮기는 단계이다.
6) 단기 성과달성: 변화는 장기간에 걸쳐 나타나지만, 구성원들의 지속적 관심과 노력을 유지하기 위해서는 단기간의 가시적인 성과를 보여주는 것이 중요하다. 단기간의 가시적인 성과달성을 보여주는 것은 방관자를 지지자로, 소극적 지지자를 적극적 지지자로 변화시킬 수 있고, 반대론자의 입지를 약화시킬 수 있다.
7) 지속적 도전: 단기성과에 대한 만족으로 변화의 추진력이 약화될 수 있다. 따라서 변화의 지속적 추진을 위해서는 지속적인 긴장감 조성과 변화에 기여한 구성원에 대한 보상을 해야 한다.
8) 변화의 제도화: 변화를 성공적으로 이루었으면 변화의 성과를 분석하고, 성공사례를 구성원에게 학습하도록 함으로써, 새로운 조직의 업무수행 방식이나 구성원의 행동방식이 조직문화로 정착할 수 있도록 제도화하여야 한다.

3) 혁신관리의 행정학적 쟁점

(1) 이론적 함의

㈎ 신공공관리와 혁신관리

정부조직의 비대함, 정부개입의 비효율성과 폐해에 대한 반성을 통해 정부의 규모를 줄이고 기업경영의 효율성을 도입하고자 한 것이 신공공관리론이다. 기업가적 정부형태를 추진함으로써 효과성과 효율성의 기업 운영방식인 경쟁주의, 성과주의, 업적주의의 개념을 정부조직 내부에 적용함으로써 저비용으로 개선된 공공서비스를 마련하는 것이다(윤은기, 2003: 616). 혁신은 비용절감과 민간 부문의 활용을 통해 정부의 효율성을 향상시키고자 한다는 점에서 신공공관리론과 밀접한 이론적 유사성을 가지고 있다. 뿐만 아니라 혁신을 진행시키고 관리하는 과정 전반에서 발생할 수 있는 정부의 낭비를 줄이는 것도 이와 유사하다.

하지만 혁신을 정부가 기업과 같이 단순히 효율성을 증대시키는 것과 동일 의미로 이해해서는 안 된다. 정부혁신의 궁극적인 목적이 보다 나은 대국민서비스의 제공이라는 점을 고려할 때, 모든 과정에 있어서 속도의 단축과 비용의 절감 등과 같은 단순한 수치상의 혁신은 지양해야 한다. 핵심은 공공서비스의 수요자가 만족할 만한 정책을 생산할 수 있느냐이며, 정책이나 서비스의 성과를 높이기 위해 공급자 위주의 서비스 제공관행에서 탈피하여 수요자의 고객의 요구와 만족을 중시하는 것이다(하혜수・정정화, 2001: 163). 수치상의 효율이 서비스 수요자의 만족을 담보한다고 보장할 수 없고, 경우에 따라서 국민은 양적인 만족보다 질적인 만족, 예컨대 민주성이나 성찰성을 더 중요하게 생각할 수 있기 때문이다.

혁신관리의 전반적인 과정에 있어서도 위와 같은 논의는 유효하다. 혁신에 지대한 영향을 끼치는 리더가 신공공관리적 관점을 혁신관리에 분별력 있게 적용하는 것은 매우 중요하다. 단기적 성과에 급급하여 전시적 행정을 시행할 경우, 조직전체가 성과에만 집중하는 실수를 범하기 쉽다. 리더는 혁신을 위한 비전을 세우고 조직이 비전을 공유하게 하며, 거시적 관점에서 '일을 올바르게 하기'(Do things right) 전에 '올바른 일을 하도록'(Do right thing) 해야 한다. 올바른 비전과 목표, 그리고 올바른 일을 성취하기 위한 수단의 하나로서 신공공관리적 접근이 필요한 것이지, 기업과 유사한 수익과 효율성 자체가 혁신비전이 되어서는 곤란하다.

다만, 신공공관리가 혁신관리에 줄 수 있는 긍정적인 영향 또한 간과해서는 안 된다. 혁신의 한 방법으로 정부의 불필요한 낭비를 줄이고 보다 빠른 서비스 제공을 하는 것도 분명 의미가 있다. 뿐만 아니라 하층부에서 '올바른 일을 하는 것'을 달성하기 위해 '일을 올바르게 하는 것'이 필요하다면, 일을 올바르게 하는 방법에 있어서 NPM적인 시각을 도입하거나, 보다 나은 성과를 위한 인센티브 제공과 같은 성과관리는 큰 의미에서 신공공관리라고 볼 수 있다.

위의 논의를 종합하면, 혁신관리에서 신공공관리를 무조건적으로 수용하거나, 단점을 의식하여 제한하는 것은 양자 모두 바람직하지 않음을 알 수 있다. 시대적 상황에 맞게 어떤 관점을 도입하는 것이 궁극적인 혁신 비전에 부합하는 것인지 성찰하되, 효율성이 필요한 시점에서는 혁신의 한 처방으로서 NPM적 혁신을 시도하는 것이 긴요하다고 하겠다.

(나) 뉴거버넌스와 혁신관리

정부주도의 국정운영에서 정부와 시민사회와 시장이 수평적이고 대등한 관계를 가지고 정부의 파트너가 된 거버넌스의 시대가 시작되었다. 혁신 또한 이러한 뉴거버넌스라고 하는 시대적 배경을 반영할 필요가 있다. 최근 많은 나라들이 정부혁신을 경쟁적으로 추진하고 있는 배경에는 정부의 역할 변화에도 그 이유를 찾을 수 있다. 정부가 전통적인 통치자의 자세에서 벗어나 협력자, 관리자와 같은 역할로 바뀌고 있는 반면, 시민의 역할은 점차 강화되는 방향으로 변화하고 있다(김판석, 2006). 다시 말해, 혁신이 정부조직 내의 리더와 공무원들의 전유물이 아니라 최종 목표가 수요자인 국민의 만족에 있다고 보았을 때, 국민의 의사와 요구, 참여를 외면할 수 없게 된 것이다. 뉴거버넌스는 혁신에 있어서 매우 큰 의미를 지니고 있는데, 효율성-민주성-성찰성이라는 정책의 세 가지 이념적 축에서 효율성은 신공공관리를 도입함으로써 성취될 수 있겠지만(하혜수·정정화, 2001: 178), 또 한 가지 중요한 축인 민주성을 충족시키지 못한다는 점에서 그렇다. 이때 뉴거버넌스는 시민과 시장의 참여를 통해 정책과정에서의 정당성을 보장하게 되는데, 마찬가지로 혁신관리에 있어서도 '무엇을 위한, 누구를 위한 혁신인가'라는 질문을 던져 보았을 때, 역시 국민을 위한 혁신이 되어야 한다는 점에서 민주성은 매우 중요한 개념이며, 이는 뉴거버넌스라는 시각을 도입할 때 성취될 수 있다.

뉴거버넌스는 정부와 시민사회, 시장이 유기적으로 연결되어 국정을 운영하는 패러다임으로 이해하는 경우가 많고, 이 경우의 뉴거버넌스는 정부와 정부 외부가 네트워크 관계를 맺는 거버넌스라고 볼 수 있지만, 혁신을 위해서는 조직 내부의 거버넌스도 요구된다. 예컨대, 조직의 최고책임자인 리더와 최고관리자 계층, 중간관리자 계층, 하부 일선업무 담당 계층이 역할은 분담하되 수직적 구조가 아니라 유기적 구조를 갖는 관계로 발전해야 한다. 혁신 비전이 결정되고 공유되는 과정에서 신속함을 담보하기 위해서는 수직적 구조가 필요하지만, 대다수의 조직원이 목표를 공유하고 공감하기 위해서는 수평적 의사소통 및 네트워크 구조를 통해 혁신비전을 공유하는 것이 무엇보다 중요하다.

또한 뉴거버넌스를 정부와 정부 외부의 관계로 보는 경우에도 혁신이 단지 상부의 지시를 통해 어쩔 수 없이 하는 것이 되어서는 안 되며, 혁신을 하는 이유나 목적이 분명해야 하며, 수요자의 요구나 필요를 고려하는 자발적인 혁신이 필요하다. 보다 의미 있는 혁신, 즉 국민이 공감하고 지지하는 혁신이 되기 위해서는 혁신관리 과정 전반에 있어 정책의 직・간접 이해관계가가 참여하는 적실성 높은 맥락지향적 혁신이 요구된다. 이는 시민사회와 시장의 참여 및 민주적 절차를 필요로 하는데, 이는 혁신관리와 뉴거버넌스적 접근의 유기적 연계성이 중요하다는 점을 시사해 준다.

(2) 행정적 함의

Pierre & Peters(2000)는 정부혁신을 고객중심의 행정서비스 제공 및 성과지향적 공공서비스의 창출을 위해 실행하는 일련의 창조적 활동이라고 규정한다. 즉 정부혁신은 미래 환경변화에 능동적으로 적응하는 과정인데, 이때 미래지향적 창조적 사고가 매우 중요하며, 이러한 역량은 학습을 통해 비축되는 것이다(김한창・황성원・권용수, 2007: 1004). 이러한 관점에서 혁신관리의 행정적 함의는 효율성 및 생산성의 향상, 정부운영의 과학화 그리고 참여와 민주성 향상으로 정리할 수 있다.

(가) 생산성 및 효율성의 향상

21세기에 들어서면서 우리는 매우 빠른 사회 환경의 변화를 맞이하고 있다. 특히 현재의 인터넷 혁명은 불과 10여 년만에 우리 사회의 획기적인 변화를 초래하였고, 각 조직과 계층에 대하여 사회 전반에 걸친 내재적인 변화를 요구하고 있다. 민간부문은 정부 부문에 비하여 재화나 서비스의 성격, 대상자의 범위가 다르기 때문에 상대적으로 급진적이고 혁신적인 변화를 더 잘 수용할 수 있는데, 일 예로 한국철도공사는 정부기관 최초로 6시그마 경영을 도입하였다. 6시그마 품질수준이란, '100만개 중 평균 3.4개 정도의 불량'이 발생한다는 것을 의미하는데, 한국철도공사는 이러한 경영성과위주의 경영으로 재정성과 1,850억원 절약이라는 큰 성과를 올린 것으로 평가되고 있다(황상주, 2006: 25-26).

(나) 정부운영의 과학화

정부경쟁력이 낮은 국가가 선진국으로 발돋움한 사례는 없기 때문에 정부운영의 과학화는 우리에게 매우 절실한 과제로 대두되고 있다. 예컨대, 정부가 도입하여 운영하고 있는 "디지털예산회계시스템"은 기존의 현금주의, 단식부기 회계제도로 인한 문제점을 보완하고 발생주의, 복식부기 회계제도를 통한 수입・지출뿐만 아니라, 이와 연결되는 자산・

부채의 변동, 원가정보까지 포함한 과학적인 정부관리 방식을 추구한다. 이를 통해 주요 경제요인의 변화가 재정에 미치는 영향을 분석하고, 각종 재정정보에 대해 실시간 추적관리가 가능해지며 예산절감을 위한 정책결정의 기초 정보로 활동되는 등 가치 있는 정보를 신속・정확・다양하게 제공해 준다(www.digitalbrain.go.kr).

또한 '전자정부'의 도입을 통해 업무의 처리속도가 빨라지고, 정보의 활용과 학습을 통해 정부운영의 과학화를 도모하는 것도 매우 중요한 혁신관리의 일환으로 볼 수 있다(이광숙, 2004: 16-17).

㈐ 참여와 민주성의 향상

과거에는 국정을 운영하는 주체는 정부라고 생각했으나, 세계화, 정보화, 민주화가 급속도로 진전됨에 따라 이제는 정부뿐만 아니라 기업, 시민사회, 정치권, 지방정부까지 국정 운영에 직접 참여하여 모두가 국정에 함께 협력하여 공동으로 관리해 나가는 '거버넌스(Governance)'가 전 지구적인 현상으로 받아들여지고 있다. 그 결과 국정에의 참여와 민주성에 대한 욕구는 점차 증대되고 있다.

최근 정부혁신의 핵심으로 논의되고 있는 '전자정부'는 정보통신기술을 정부활동이나 행정에 접목・활용함으로써 정부기능의 효율성을 극대화하는 한편 쌍방향 의사소통의 활성화를 통해 행정에 대한 이해와 신뢰를 확보하고 투명하고 열린 행정을 실현시켜주는 민주적인 국정모형이라고 할 수 있다. 전자정부시스템에 의하여 인터넷을 통해 공개될 수 있는 모든 정보는 국민들과 24시간 열린 공간을 통해 만나게 해 주며, 인터넷상에서의 민원처리 공개 작업은 국민의 요구에 더 민감하게 반응하게 해 주는 투명하고 민주적인 정부를 되게 해 준다(이광숙, 2004: 17-18).

2. 지식관리

1) 지식관리의 개념

지식관리의 개념은 형식지뿐만 아니라 암묵지를 포함하는 개념으로 정의된다. Nonaka & Takeuchi(1995)는 공식화된 문서, 자료 등 형식지뿐만 아니라, 개인적인 신뢰를 정당화하는 역동적인 인적과정으로서, 개인의 아이디어, 가치관 등 암묵지를 포함하는 것으로 정의했다. 이러한 포괄적 접근은 OECD(1996) 정의에서도 이어진다. OECD(1996)는 지식관리를 '위기 상황에서 신속히 대응할 수 있는 직원의 사고 능력' 등과 같은 무형자산을 조직이 획득·공유·사용하는 방법인 동시에, 조직 내 생산적 지식을 획득·공유·사용하여 학습을 강화하고 성과를 향상시키기 위한 활동이라 보았고, 기존의 지식을 학습하여 정보를 공유하고 노하우의 생산·획득·확산 및 조직 내외의 지식공유 촉진과 관련된 광범위한 활동을 포괄하는 개념으로 정의하였다.

2) 지식관리의 단계

지식관리는 지식의 창출, 축적, 확산, 공유, 활용의 단계적 활동을 통해 이루어진다.

첫째, 지식의 창출 단계에서는 조직의 구성원이 새로운 기술이나 노하우를 획득하고, 새로운 지식을 조직에 유입시킨다. 이는 정부, 민간기업, 시민단체, 전문가 그룹, 외국 등과의 창조적 학습을 통해 이뤄질 수 있다.

둘째, 지식의 축적 단계에서는 새로 유입된 지식의 적합성과 가치를 확인하고, 정제된 지식을 조직화 한다.

셋째, 지식의 확산 단계에서는 유용한 지식과 불필요한 지식을 구분하여 관리하고, 각 부처·조직별 연계강화를 모색한다. 이 단계가 순조로울 경우 암묵지가 형식지화 될 수 있다. 이렇게 개인이나 조직은 상호 접촉을 통하여 지식을 공유하게 된다.

넷째, 지식의 공유 단계에서는 지식을 교환하는 활동이 이루어진다. 공유활동을 통하여 지식의 가치향상 및 확대 재생산의 효과를 기대할 수 있으며, 조직의 지식화에 있어서 조직 내·외부에 바람직한 변화의 실현을 가져올 원동력이 된다.

다섯째, 지식의 활용 단계는 개인이나 조직이 지식을 사용하는 단계로서, 유입된 지식은 문제해결력과 환경적응력을 지니며 새로운 부가가치를 창출하게 된다. 새로운 지식은 조직 내 학습 및 업무수행과정을 통해 새로운 가치를 지닌 지식으로 재탄생되는 것이다.

3) 지식관리의 행정학적 쟁점

(1) 이론적 함의

(가) 신공공관리론과 지식관리

신공공관리론(NPM)은 전통적 관료제 패러다임의 한계를 극복하고 작은 정부를 구현하기 위해 개발된 정부 운영 및 개발에 관한 이론이다. 신공공관리론에서는 신자유주의 이념에 기초하여 가격 매커니즘과 경쟁 원리를 활용한 공공서비스 제공, 그리고 고객 지향적인 공공서비스 제공을 중시한다(정정길, 2000: 435-439). 또한 신공공관리론에서는 고객지향적 결과의 산출, 행정서비스의 질 관리, 고객에 대한 서비스 선택권 부여 등을 강조하며, 민간기업의 경영 원리와 관리기법들을 행정에 도입하여 정부의 성과향상과 관리의 효율성을 제고를 중시한다. 즉, 신공공관리론에서는 형식주의 타파, 고객만족 중시, 경쟁원리 및 시장기구의 활용, 결과 및 성과 중시, 끊임없는 혁신의 추구 등의 기업경영 원리를 행정에 도입함으로써 정부의 효율성을 높여나갈 수 있다는 점을 강조하고 있다(이종수 외, 2005 : 174).

지식관리 역시 작은 정부의 구현을 통해 고객중심의 서비스를 효율적으로 제공하기 위한 방안이라는 점에서 신공공관리론에서 중시하는 조직관리 기법이라고 할 수 있다. 즉, 기존의 관료행정에서 탈피하여 혁신적 변화를 통해 정책의 투명성과 선택가능성을 높이고 고객에게 봉사하는 정부 운영을 도모하는 것이다. 이처럼 지식관리를 통한 지식정부의 목적이 고객만족을 중시하며 정책결정의 질을 향상시키려 한다는 점에서 지식관리와 신공공관리론간의 밀접한 이론적 연관성을 발견할 수 있다.

(나) 뉴거버넌스와 지식관리

뉴거버넌스론은 공공문제 해결에 있어서 정부라는 제도적 장치에 전적으로 의존하기보다는 정부와 민간 부문 및 비영리 부문간의 협력적 네트워크를 적극 활용할 것을 주문한다. 이 과정에서 정부와 시장 및 시민사회간의 관계와 정부의 역할이 새로 정립되고, 정부와 민간 부문 및 비영리 부문간의 협력체제가 등장하게 되며, 이들 부문간의 조정 기제로서 신뢰와 협력에 기초한 네트워크를 활용하게 된다는 이론이다(이종수 외, 2005: 179).

지식정부는 단순히 내부의 지식만을 다루지 않는다. 지식관리를 통하여 지식의 체계적 축적과 공유를 활성화하여 다양한 정책집단의 요구를 수렴하고 조정하여 정책결정의 질을 향상시키고자 하며, 정보기술의 활용을 바탕으로 조직 내부와 외부 구성원들의 참여 및 네트워크를 강조하여 공유 및 학습을 통해 집합적인 문제를 해결하려고 한다. 즉, 지식정부의 구성원들은 조직 내·외부의 정보를 습득하고 참여·숙의·합의를 통해 민주성과 투명성을 확보하려 한다. 이를 바탕으로 개방적이고 참여적인 정부를 운영하고 이를 통해 투명성 및 신뢰성을 확보하여 정책의 품과 질을 높이고자 한다. 이러한 측면에서 지식관리와 뉴거버넌스론은 매우 밀접한 이론적 연계성을 발견할 수 있다.

(다) 지식정부와 지식관리

지식사회(*knowledge society*) 또는 지식기반사회(*knowledge-based society*)로 표현되는 새로운 사회에서는 지식이 전통적인 생산요소인 노동, 자본, 토지와 같은 수준의 또 다른 자원이 아니라 유일한 의미 있는 자원이라고 본다. 그것은 바로 지식은 조직구성원간에 공유되며 조직의 역사와 경험과 연계되기 때문이며, 따라서 곧 다른 자원들을 궁극적으로 대체하게 될 것이기 때문이다(Toffler, 1990). 즉, 미래 조직은 조직구성원의 학습능력, 참여와 창의성 발현을 통한 경쟁력의 향상이 중요한 관건이 될 것이다.

피터 드러커의 패러다임 쉬프트(Paradigm Shift)에 따르면, 다가오는 21세기는 지금까지의 산업화 시대와는 성격이 완전히 다른 경영환경의 급격한 변화, 끊임없는 신기술의 등장, 심화되는 경쟁 환경 등으로 특징지어지는 초경쟁 환경이라 정의할 수 있다.

기존의 기업, 정부조직은 경직된 문화의 계층제적이고 권위주의적인 행태 속에서 우월적 지위를 보장받아 왔다. 특히 정부조직의 경우, 전문가적 식견을 가진 관료들이 명확하게 부여된 기능을 수행하고, 상부에서 제시된 명령체계에 따라 시민들에게 공공서비스를 제공하면 되었다. 이는 국민들의 정부의 전문성과 효율성에 대한 신뢰와 지지를 바탕으로 가능하였다. 하지만 이러한 행태는 더 이상 방어될 수 없는 시점에 이르렀다. 정보와 지식의 패턴이 다양해지고 기술과 불확실성의 수준이 고차원적이며, 국민들의 기대수준도 한 차원 높아졌기 때문이다.

지식정부는 단절적이고 파편적으로 이뤄지던 조직의 학습, 성과관리, 정보기술 등의 부분을 모두 포괄하면서 발전한다. 전자정부의 구현을 통해 지식의 흐름을 자동화하고, 지식의 축적・공동 활용을 촉진하게 될 것이다. 사실상 지식의 창출과 활용은 지식의 흐름과 축적이 기반이 되어야 한다는 점에서 전자정부의 구현은 곧 지식정부의 실현으로 발전할 수 있을 것이다. 다만 지식의 창출을 위해서는 이를 위한 내부 유인체계와 조직 학습체계가 필수적이데, 지식정부는 이러한 점에서 기업가적 정부와 함께 학습 정부를 함께 강조한다. 지식정부의 핵심활동은 지식관리로 나타나는데, 지식관리는 조직의 객관적인 정보뿐만 아니라 비가시적이고 주관적인 조직구성원의 통찰력과 사고력이 관여하는 통합적 활동을 필요로 한다. 따라서 지식정부의 성공적 구현을 위해서는 협의의 지식관리시스템 이외에도 지식활동에 친화적인 의식과 태도, 조직문화의 형성, 평가와 보상의 개발 등에 대한 논의와 준비를 함께 진행시킬 필요가 있을 것이다.

(2) 행정적 함의

지식관리는 하나의 조직이 만들어내는 모든 유무형의 지식(자료)들을 정보매체를 이용하여 조직관리를 효율적으로 증진시키기 위한 전반적인 활동을 말한다. 이러한 지식관리가 행정의 실천적 관점에서 지니는 함의는 업무처리의 효율성, 행정수요에 대한 반응성, 문제해결 및 정책역량의 향상 등의 관점에서 정리해 볼 수 있다.

㈎ 업무처리의 효율성

지식관리는 업무처리의 효율화로 조직의 생산성 증대를 가져 올 수 있다. 지식관리시스템은 조직 내에 존재하는 각종 자원을 관리하고, 체계적인 분류시스템 하에서 다량의 지식을 재구성하여 지식베이스를 형성한다. 이러한 과정을 통해 지식획득 기간을 단축할 수 있으며, 이는 업무처리의 신속성과 정확성을 향상시켜 줄 수 있다.

㈏ 행정수요의 반응성

지식관리는 행정서비스의 질적 고도화를 통해 행정수요의 반응성을 제고할 수 있으며, 이는 고객에 대한 만족도를 제고시킬 수 있다. 지적 자원을 바탕으로한 사회문제에 대한 신속한 대응은 시민의 요구에 부합되는 행정서비스 창출에 기여할 수 있는 것이다(이홍재, 2004: 47).

㈐ 문제해결 및 정책역량의 향상

지식관리는 내부의 정책결정역량을 높이고 정책결정과정 및 정책결정의 전달과정에서의 투명성과 민주성을 제고할 수 있다. 지식관리와 정책결정의 상호관계에 관한 주요 이슈는 '정책결정 모형에 있어서의 지식관리가 정책투입으로서의 정책정보 또는 정책지식의 양과 질을 제고하여 정책결정능력을 강화할 수 있을까' 하는 문제와 '정책산출이 제공되는 정책결정의 전달 및 집행과정에서 지식관리가 투명성과 민주성을 어떻게 하면 제고할 수 있을까' 하는 문제로 귀결된다.

21세기는 지식과 문화가 중요하게 작용하는 시민사회로의 진입을 예고하고 있다. 과거와 같은 능률성 위주의 관료행정과 상의하향식 국가 발전전략은 시대착오적 발상인 만큼, 이제는 지식의 공유와 학습을 바탕으로 국가 내에 흩어져 있는 정보와 지식자원을 유기적으로 엮어내어야 한다. 조직의 효율성 제고를 위한 조직제도적 기반을 마련하고, 발전적인 정보기술을 바탕으로 개개인의 혁신적 태도와 조직문화의 혁신이 필요하다. 혁신적 변화를 통하여 정책의 투명성과 선택가능성을 높이고 고객에게 봉사하는 열린 정부가 되어야 하며, 이러한 시대정신과 정책의 이념에 부응할 수 있도록 효과적 지식관리를 통한 정부운영이 요구되는 것이다(권기헌, 2007a; 2007b).

3. 성과관리

1) 성과관리의 개념

성과관리(*performance management*)는 조직의 운영 및 관리를 효과적으로 도모하기 위한 조직의 관리적 도구이다. 성과를 '일을 통해 얻어진 효과'로 정의할 때, 그 효과는 구체적으로 무엇을 의미하는지 시간적 측면에서 볼 때 다양하게 정의될 수 있다. 즉, 일에 기초한 외형적인 결과에 초점을 둘 경우, 이는 곧 활동을 통해 생산된 산출물(*output*)을 반영하며, 일의 목적이 실현된 효과 측면에 초점을 둘 경우 이는 결과(*outcome*)를 반영하는 것이며, 더 나아가 일의 목적이 실현될 장기적 효과 측면에 초점을 둘 경우 이는 영향(*impact*)을 반영하는 것이다(Levy, 1974: 1-8).

2) 성과관리의 단계

성과관리는 크게 4가지 과정을 거친다(GAO, 1997; 기획예산처, 2003).

첫째, 성과목표를 설정하는 것이다. 성과관리를 위해서는 먼저 기관의 임무(*mission*)와 장기적인 목표(*goal*)를 설정한 후, 매년 이를 구체적으로 실천할 연간 성과목적(*objective*)를 설정한다.

둘째, 성과목표에 기초하여 이를 측정하고 검증할 수 있는 성과지표 개발하는 것이다.

셋째, 기관에서 실제로 달성한 내용과 각 기관이 매년 달성하고자 설정하였던 성과목표를 비교 평가하는 것이다.

넷째, 성과평가 결과를 환류하는 것이다. 평가결과는 계획수립 및 자원배분 과정에 환류함으로써, 계획수립의 타당성과 예산배분의 합리성을 높이는 데 기여한다.

3) 성과관리의 행정학적 쟁점

(1) 이론적 함의

(가) 신공공관리와 성과관리

신공공관리의 영향으로 목표관리제, 개방형 임용제, 지식관리, 혁신관리 등이 행정 부문에 도입되었으며, 성과관리 역시 신공공관리에서 강조하는 전략 중의 하나이다. 성과관리는 공공 부문 혁신의 핵심수단으로서 조직의 비전이나 전략을 효과적·효율적으로 달성하기 위해 조직의 성과와 개인의 성과를 일련의 지표를 통해 체계적으로 집계·관리·환류하는 일련의 과정으로 정의되고 있다(이윤식, 2007: 4). 다시 말해 성과관리는 조직구성원들의 업무성과를 측정하고 관리하는 조직개혁의 전략적 방법으로써 성과에 대하여 체계적 접근을 하는 것을 의미한다. 따라서 성과관리는 효율성을 바탕으로 한 조직혁신을 목표로 하며, 이는 신공공관리와 깊은 이론적 연관성이 있음을 알 수 있다.

1980년대부터 시작된 경제침체, 정부재정 수입의 감소, 정부서비스에 대한 국민들의 불신증가, 국가경쟁력 제고 분위기 등 일련의 시대적 변화는 공공 부문의 능률과 효과를 증진시키기 위한 정부개혁을 초래하게 되었는데, 이러한 혁신요구에 따라 정부는 신공공관리에 입각한 성과관리가 도입되게 되었다(나태준·이남국, 2005: 76). 거대하고 방만한 운영에서 벗어나 작고 효율적인 정부를 추구하기 위하여 도입된 성과관리는 신공공주의를 표방하며 조직의 효율성 향상을 목적으로 추진되고 있다.

따라서 작은 정부를 지향하며 효율성 증대를 목표로 삼고 있는 신공공주의와 성과의 진작을 도모하는 성과관리는 행정학의 관점에서 그 연관성이 크다고 할 수 있겠다. 또한 단순한 연관성의 논의에서 벗어나 신공공주의와 성과관리가 상호작용을 통하여 효과적이고 과학적인 작동기제로서 행정 부문에 많은 기여를 할 수 있도록 다양한 방안이 강구되어야 할 것이다.

㈏ 체계적인 성과관리

성과관리는 정부혁신의 성공을 위한 전략적 수단이다. 민간기업과 달리 "조직 존폐"의 위기감을 조성하기 어려운 정부기관의 경우에는 혁신에 참여하는 구성원과 그렇지 못한 구성원간에 차별화된 성과보상을 통해 자발적인 혁신 참여를 유도할 필요가 있다. 특히, 사람이 아닌 '시스템에 의한 성과관리'가 필요하다. 그동안에는 객관적이고 투명한 기준이 없이 관리자들의 주관적 판단에 의한 성과관리를 해 왔다. 그러나 사람에 의한 성과관리는 구성원의 동의나 공감대를 확보하기 어렵고 실제 능력과 업무실적에 따라 인사우대 등 성과보상을 하는 경우에도 정실 또는 연고에 의한 것이라는 비판을 받기 쉬웠다. 또한 조직의 리더 또는 구성원이 바뀌는 경우에는 성과관리 수단과 방법이 달라지는 등 일관성, 객관성, 투명성이 크게 미흡하였다. 따라서 혁신의 방향과 목표를 일관성 있게 뒷받침하고 혁신 프로세스가 지속적으로 투명하게 가동될 수 있도록 하기 위해서는 '시스템에 의한 성과관리'가 필요하다.

㈐ 지식관리와 성과관리

조직의 인센티브의 도입과 같은 성과관리는 지식공유에 대한 조직구성원의 태도나 학습에 대한 많은 영향을 준다. 지식창출과 공유에 따른 강력한 인센티브 제도의 도입은 조직구성원의 학습이나 정보 공유에 대한 태도를 개방적이고 적극적으로 변화시킨다. 기술적 요인과 제도적 요인은 개인의 태도와 조직의 문화에 많은 영향을 미치는 것이다.

21세기 비선형적 환경하에서 조직의 문제해결 능력을 제고하기 위해서는 정부 내에 산재해 있는 지식과 정보 자원을 조직구성원들이 공유해야 하며, 이를 통해 조직학습이 지속적으로 일어나야 한다. 정보공유나 학습에 대한 개인과 조직의 개방적인 태도를 유도하기 위해서는 이들에 대한 강력한 인센티브 제공이 필요하며, 이는 공정하고 효과적인 성과관리의 운영을 필요로 한다.

(2) 행정적 함의

현대행정의 실천적 관점에서 성과관리는 행정 부문의 효율성 향상을 위하여 많은 영향을 미칠 수 있다. 성과관리가 실제 정부 운영에 미치는 영향은 조직관리, 인사관리, 재무관리로 나누어서 살펴볼 수 있다.

(가) 과학적 정부 운영

성과관리는 단순히 성과목표와 사업결과 사이의 관계를 파악하는 데에만 그치는 것이 아니라, 정책과정의 합리성, 정책내용의 소망성, 정책품질관리, 지식관리에 영향을 받고 영향을 주는 피드백 작용을 하고 있다. 즉, 성과관리와 행정이론이 상호작용하는 것이다. 이처럼 성과관리를 통한 조직 내부의 생산성 제고와 조직관리의 과학성 제고는 매우 밀접히 연계되어 있는바, 행정이론과 성과관리는 따로 놓고 생각해야 하는 것이 아니라 언제나 같이 종합적으로 생각하고 판단해야 하고 상호작용을 통해 서로가 변증법적으로 발전해 나가는 것이다. 특히 현대행정이론은 현대의 성과관리 기법들에 대한 이론적 통합을 통해 정부 운영의 과학화를 제고하는 데 많은 노력을 기울여야 할 것이다.

(나) 조직관리와 성과관리

성과관리는 조직환경에 적응하기 위한 조직체계에 영향을 미침으로써 조직의 효과성과 능률성 향상에 크게 기여할 수 있다. 우선 성과관리는 성과중심의 조직체계 확립에 크게 기여하게 된다. 효과적인 성과관리와 공평한 성과측정은 성과를 중시하는 조직분위기를 창출하여 조직의 성과 제고에 도움을 주게 된다.

또한 성과관리는 기존에 업무처리 과정만을 중시하는 시각에서 벗어남으로써 성과목표의 달성을 중시하는 성과중심의 조직체제로의 전환을 용이하게 한다. 즉, 성과관리는 행정조직이 경직화된 수직적인 계층제 구조에서 벗어나 수평적인 조직으로 거듭날 수 있는 밑

바탕을 마련하게 된다. 이러한 수평조직(Horizontal Organization)은 행정조직의 구조를 부서간 기능이 아니라 업무흐름 또는 업무과정을 중심으로 설계하며, 수직적 계층을 줄인 좀더 유연하고 수평적 형태의 행정조직을 말하며, 이는 성과측정(*performance measurement*)과 자율경영(*self-management*)의 바탕이 된다(http://terms.naver.com).

또한 성과관리는 정부부문에 경쟁원리를 도입함으로써 조직의 성과증대에 영향을 미칠 수 있다. 조직은 아웃소싱(*outsourcing*)이라고 일컬어지는 민간위탁 혹은 민영화 등의 방법을 통하여 성과의 제고를 도모하기도 하는데, 이는 성과관리가 몰고 온 구체적인 조직관리 형태의 변화 모습이라고 하겠다.

㈐ 인사관리와 성과관리

성과관리는 인사관리에 있어서도 많은 변화를 일으킨다. 예컨대, 신축적인 조직을 구성하기위해 조직의 하부계층 구성원들에게도 권력을 부여하는 전략을 권한위임(*empowerment*)이라고 하는데, 이는 성과관리가 인사관리에 몰고 온 변화된 모습 중의 하나이다(임창희, 2005: 336).

또한 개방형 임용제도의 도입은 전문인력을 외부로부터 채용하기 때문에 새로운 인력개발비용이 절감되는 인력관리 방식인데, 이 역시 성과관리의 일환으로 도입된 인력관리의 한 방식이다.

마지막으로, 통합적 성과관리모형인 BSC(균형성과표; Balanced Scorecard)는 재무관점, 고객관점, 프로세스관점, 학습과 성장관점 등 4가지 관점으로 나누어서 조직성과를 종합적으로 측정, 평가하는 방식이다. 이는 재무적 목표와 비재무적 목표, 내부적 변화와 외부적 변화, 현재와 미래의 성과 등을 모두 연계시킴으로써 각기 다른 위치에 있는 모든 구성원들이 보다 일관되고 집중된 전략을 도출하는 데 도움을 주는 등 인사관리에 많은 영향을 미치고 있다.

㈑ 재무관리와 성과관리

성과주의 예산제도(Performance Based Budgeting)는 성과중심의 행정체제에서 강조되는 예산제도로 중앙정부의 일방적인 통제와 관리에서 벗어나 예산운용에 자율권을 부여함으로써 효율적인 임무수행을 도와준다. 또한 각 기관의 주요 사업을 몇 개의 사업으로 분류하고, 각각의 사업을 다시 몇 개의 세부 사업으로 나누어 이 세부 사업별로 예산을 편성하는 것으로써, 성과목표와 전략을 제시한 뒤 사후에 목표달성여부를 공개하여 공무원들의 목표의식을 명확히 하고, 핵심업무에 역량을 집중할 수 있으며, 재정지출의 효율성을 높일 수 있다는 장점이 있다. 이러한 변화는 기존의 정태적인 행정부문의 이미지를 벗고 동태적이고 적극적인 모습으로의 변화 계기를 제공하여 산출과 결과중심의 정부 운영을 가능하게 한다.

분산조달제도 역시 성과관리의 한 방안으로서 행정부문 예산체계의 성과추구를 도모한다. 정부에서 일괄적으로 조달하는 방식에서 탈피하여 각 부처가 필요에 의해 조정, 관리하여 분산조달체계를 이루는 한편, 비슷한 분야의 경우는 양 부처의 합의하에 일괄조달방식을 적용함으로써 예산체계의 효율성과 신축성 향상을 실현하게 되는 것이다(이상호, 1998: 247).

제 2 절 미래예측이론

1. 미래예측의 의의

1) 미래예측의 개념

미래예측은 현대정부의 핵심역량이다.[2] 현대정부의 정책역량으로 관리(*management*), 분석(*analysis*), 예측(*foresight*)을 꼽는다면, 예측은 정책역량의 꽃(*prime*)으로 기능한다. 이처럼 분석과 예측기능은 미래지향적 국정관리의 핵심요소이며, 그 중에서도 특히 효율적이고 과학적 국정관리를 가능게 하는 효율적 국정관리의 이론 및 제도로서 기능한다.

미래는 불연속적인 변환이나 불확정적 단절로 특징지워지지만, 이러한 미래의 불확정성(*indeterminancy*)으로 인해 오히려 미래는 무한한 가능성과 함께 무한한 인간의 창조적 행위가 열려 있는 세계이다.

미래예측은 미래학에서 보는 개념과 정책학에서 바라보는 입장이 서로 다르다. 정책학의 입장에서 미래예측은 정책분석론에서 주로 다루어졌는데, 이때 미래예측의 의미는 정책대안 결과의 미래예측으로 국한되어 사용되었다. W. N Dunn에 의하면 미래예측이란 정책문제의 성격에 관한 정보를 토대로 하여 사회의 미래상태에 대한 사실적인 정보를 이끌어내는 방법이라고 보았다(Dunn, 1981). 또한 E. S Quade는 미래의 상태나 조건을

---

2) 이 장에서 논의하는 미래예측은 저자의 졸저, 「미래예측학」(법문사, 2008), 「정책학」(박영사, 2008)을 토대로 정리한 것이며, 여기에서는 행정학적 관점에서의 의미를 추가하였음을 밝힌다.

예상하거나 예측하는 행위이며, 주로 합리적인 연구나 분석에 의존한다고 보았다(Quade, 1982). 하지만, 미래예측의 개념을 최근 동향까지 포함하여 고찰할 때, 미래예측은 기술, 시장, 조직, 정책 등의 분야에서 미래의 상황을 과학적으로 예측하고 일련의 전략을 제시하는 가치창조적 행위이다.

이상의 논의들을 종합하여 볼 때 미래예측(Foresight)의 개념은 기술, 시장, 조직, 정책 등의 분야에서 미래의 상황을 과학적으로 예측하고 일련의 전략을 제시하는 가치창조적 행위이며, 단순한 예견(*foresee*)이나 예측(*forecasting*)을 넘어 미래가 어떻게 전개될지에 대한 다양한 시나리오를 토대로 바람직한 미래(*desirable future*)를 지향하기 위한 전략적 사고를 강조하는 과학적 예측이라고 할 수 있다.

2) 미래예측의 특성

미래예측은 전략기획(Strategic Planning), 네트워크 형성(Governance Networking) 및 미래연구(Future Studies)의 중심부에 위치한다. 이러한 특성적 요소들을 고찰하면 다음과 같다.

첫째, 전략기획(Strategic Planning)이란 정책설계(*policy design*)와 합리적 기획(*rational planning*)에 대한 믿음을 기초로 국가 사회의 변화 및 역동성을 촉발시키는 전략적 개념이다.

둘째, 네트워크 형성(Governance Networking)은 정책연구가 과거 엘리트 주도형과 상의하달(*top-down*)방식에서 좀더 넓은 참여형 접근방식으로 변화하고 있다는 믿음을 기초로 정책과정에 있어 민주성 및 투명성 증대에 대한 압력을 반영하여 보다 많은 정책행위자들의 참여를 기초로 미래 및 참여 지향적 정책설계를 할 것을 주문한다.

셋째, 미래연구(Future Studies) 역시 조직의 상층부에서 미래의 비전과 목표를 일방적으로 제시하는 것보다는 정책형성과 연구프로세스에 있어서 조직 내에서 조직구성원들이 상시로 미래예측하려는 노력이 더욱 더 중요하다는 믿음을 기초로 미래지향적 사고와 비전지향이 조직 내 상시적으로 체제화(*embedded*)될 것을 주문한다. 이러한 전략기획, 네트워크 형성, 미래연구의 방법론 핵심에 미래예측이 존재한다. 미래예측은 미래연구, 전략기획, 네트워크 형성을 대체하는 것은 아니며, 각각의 행위는 자신의 고유 영역과 역할을 가지고 상호 보완적으로 진행되는 가운데 미래예측은 이러한 개념의 공유점에 위치하며, 이들에게 중요한 핵심적인 방법론을 제공한다는 데 의의가 있다.

이상을 종합해 볼 때 미래예측이란 미래를 단순히 예측한다는 의미를 넘어서서 보다 적극적으로 미래의 창조적 대안들을 기획하고 창출하는 것을 의미하여, 미래기획과 정책설

〈그림 15-1〉 미래예측의 정의: 전체 개요

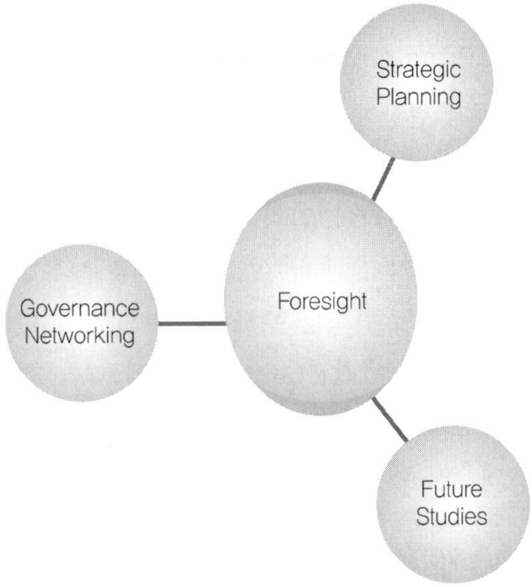

계를 통해 미래지향적 사고를 지향할 것을 주문한다. 또한 미래예측은 미래지향적 비전을 창출하기 위해 조직행위자들간의 Bottom & Middle-up 방식의 참여 지향적 정책프로세스를 강조한다.

2. 미래예측의 명제

미래예측, 미래연구, 미래학은 혼용되어 쓰이는 용어들이다. 이 중 미래학이 가장 광범위한 범위의 통칭이라면, 미래예측은 미래학과 미래연구의 핵심방법론으로서 기능한다. 따라서 미래학이라고 할 때 미래예측이라는 핵심을 빼놓고 거론하기는 어렵다. 미래학파의 전통은 고대 그리스 신전의 델파이(Delphi)의 어원인 "미래를 예견하는 자"로까지 올라가기도 하지만, 현대사회과학에 있어서 미래학파의 흐름은 하와이 대학의 미래학파인 마노아학파에서 시작된 것으로 많이 거론된다. 여기에서는 먼저 미래예측의 기본원리를 검토한 후, 마노아학파에서 거론하는 미래예측의 핵심명제들을 살펴보기로 한다.

1) 미래예측의 기본원리[3)]

(1) 연속성의 원리(The Principle of Continuity)

미래예측의 대상은 구체적 현상이 아니라, 미래의 어떤 시점에 대한 관념 또는 추정적 상태이다. 그러므로 과거, 현재, 미래를 하나의 시간 축 위에 연속되어 나타나는 현상이라고 보는 원리이다. 연속성의 원리에 입각하여 미래를 예측하는 방법을 외삽적 예측(*extrapolative forecasting*)이라고 한다. 이것은 과거로부터 현재에 이르기까지의 시계열 분석 자료에 입각하여 미래의 변화를 투사하는 것으로서, 미래예측의 가장 기본적인 방법이다. 외삽적 예측은 과거에 관찰된 유형이 미래에도 계속될 것이라는 지속성, 규칙성, 자료의 신뢰성과 타당성 등을 가정하는 것이다. 뒤에서 우리가 시계열 분석에 기초한 통계적 분석은 외삽적 예측에 해당된다.

(2) 인과성의 원리(The Principle of Causality)

모든 현상에는 발생의 인과적 연관성과 순서가 있으며, 제반 현상간의 인과관계 및 발생 순서를 관찰하면 미래에 일어날 현상을 예측할 수 있다고 보는 것이다. 이처럼 유추의 원리를 이용하여 미래를 예측하는 방법이 바로 이론적 예측이다. 외삽적 예측이 귀납적 추론에 따라 미래를 예측하는 것이라면, 이론적 예측은 일반적 원리나 법칙에 의하여 미래를 추론하는 연역적 절차를 취하는 것이다.

(3) 창의성의 원리(The Principle of Creativity)

외삽적, 이론적 예측방법이 경험적 자료나 이론에 의존하는 반면, 창의적 예측은 전문가의 주관적 판단에 따라 미래를 추측하는 방법이다. 이것은 귀납법이나 연역법에 의한 추론이 아니라, 연구자의 통찰력에 의존하는 것으로서, 인간에게는 직관과 창의와 같은 창조적 예측력이 있음을 전제로 하는 것이다(배규한, 2005: 10-22).

2) 미래예측의 핵심명제[4)]

(1) 미래는 단순히 예견하는 것이 아니다.

"미래는 단순히 예견(*foresee*)하는 것이 아니다"라는 명제는 앞에서도 여러 번 언급된

---

3) 미래예측의 기본원리는 배규한, 「미래사회학」(나남출판: 2005; 10-22)을 토대로 수정하였음.
4) 미래예측의 핵심명제는 박영숙, 제롬 글렌, 테드 고든, 「전략적 사고를 위한 미래예측」(교보문고: 2007; 29-42)을 토대로 수정하였음.

바 있다. 즉 미래예측의 연구초점은 단순히 과거의 데이터에 기반하여(그리고 과거의 직선적인 연장선상에서) 미래를 단순히 예견(*foresee*)하거나 예상(*forecast*)하는 것이 아니라, 다양한 가능성을 지닌 미래의 복선적 가능성을 예측(*foresight*)하고 창안(*creative*)하고 형성(*form*)해나가는 노력에 둔다.

계량경제학(Econometrics)의 시계열분석(*time-series analysis*)에서는 과거의 충분한 데이터를 토대로 적절한 분석만 이루어진다면 미래의 경제행태를 예상(*forecasting*)할 수 있다고 생각하나(실제로 소비행태나 주가변동이 비교적 정확하게 예상되기도 한다), 미래연구에서 생각하는 미래는 경제영역에서 이루어지는 일부 소비행태들보다 훨씬 더 복잡하고 다양하며, 불확실하며 불연속적인 패턴으로 다가온다는 것이다. 과거의 연장선상에서는 전혀 예측할 수 없는 새로운 행동양식들이 불연속적인 변환이나 불확정적 단절을 통해 빈번히 나타나고 있다. 미래연구가 미래변화에 대해 효과적인 단서를 제공함으로써 미래를 주도할 수 있는 기반을 제공할 수 있음에도 불구하고 계량경제에서 이야기하는 단순한 예상(*forecasting*)과 같이 과거자료에 의존하여 미래를 추정하는 연습정도로 과소평가해서는 안될 것이다(음수연, 2006: 2).

(2) 미래란 하나의 단선적 세계가 아닌 다양한 가능성을 내포하는 복수의 영역으로 구성되어 있다.

미래연구의 핵심 명제 중의 하나는 미래가 과거로부터 현재에까지 이르는 거대한 관성에 의해 지배받는 미리 결정된 운명(운명결정론)이나 계량적인 방법을 통해 기계적으로 예측할 수 있는 단순한 성격의 영역이 아니라는 점이다. 미래가 과거로부터의 일직선적인 연장선상에 위치해야 할 필연적인 이유는 없다고 보는 것이며, 이러한 의미에서 미래예측(*foresight*)은 단선적 차원의 예측(*forecasting*)과는 다른 것이다.

미래는 단선적인 세계가 아니라 다양한 가능성을 내포하는 복수의 영역으로 구성되어 있기에 미래예측은 유연한 전략을 수립하기 위한 과정이라고 할 수 있다. 다양하고 포괄적인 개연성을 모두 고려할 때 미래의 전략은 유연해지는 것이다. 미래를 예측한다는 것은 우리가 사는 사회의 여러 영역이 얽혀 있는 복잡성을 염두에 두어야 한다. 모든 것이 복잡하게 얽혀 있는 미래사회의 모습을 볼 때 그 모습들간의 인과관계와 연결관계를 찾아내고, 이를 토대로 미래에 벌어질 가능성을 예측하는 연구가 필요할 것이다(최항섭 외, 2006: 15-16).

(3) 미래예측은 '미래의 이미지'(Images of Future) 혹은 '미래의 생각'(Future Thinking)에 관한 연구를 중시한다.

미래예측은 '미래의 이미지'(*images of future*) 혹은 '미래의 생각'(*future thinking*)에 관한 연구를 중시한다(박영숙, 제롬 글렌, 테드 고든, 2007: 30-31). 미래는 개연적 미래(*plausible future*), 규범적 미래(*normative future*), 잠재적 미래(*potential future*) 등 세 가지 형태가 존재한다. 과거와 현재의 연장선상에서 그냥 두면 나타날 가능성이 가장 높은 개연적 미래, 정책의 개입을 통해 미래를 바람직한 상태로 창조하는 형태인 규범적 미래 그리고 그 둘 사이에 다양한 형태로 존재하는 잠재적 미래 등 적어도 세 가지 형태의 미래가 존재한다. 미래예측에서 관심을 두는 영역은 과거와 현재의 연장선상에서 그냥 나타날 것으로 믿어지는(즉, 과거로부터의 거대한 관성에서 자유로울 수 없는 어떤 운명결정론적인) 미래에 대한 예상(*predict* 혹은 *forecast*)이 아니라, 개인이나 집단의 양태, 변화하는 사건과 인식 그리고 과학기술의 진보에 따라 다양한 형태로 변환될 수 있는 미래에 대한 이미지와 미래의 생각에 관한 가능성을 열어두는 미래연구이다. 따라서 미래연구는 가능성의 영역이고 탐구의 영역이다.

(4) 미래예측의 핵심은 새로운 미래(Another Future 혹은 Desirable Future)를 탐색하고 창조해나가는 것이다.

미래란 하나의 정해진 단선적 세계(*linear future*)가 아닌 다양한 가능성을 지닌 다원적 세계(*multiple futures*)로 구성되어 있다. 미래의 세 가지 형태 중에서도 미래연구가 지향하는 바는 새로운 미래(*another future*)로서, 바람직한 미래를 찾아내고 원하는 방향으로 설계하고 지속적으로 수정해나가는 노력을 중시한다. 또한 미래연구는 이 과정에서 개인이나 조직이 일상 업무에서 미래지향적 구상과 상시적으로 연결될 수 있도록 미래지향적 사고를 형성해나갈 수 있도록 도와주는 교육훈련을 강조하며, 개인이나 조직이 그들이 원하는 미래를 구상하고 창조적 노력을 실행할 수 있도록 전략적 계획을 형성해나갈 수 있는 전략적 기반의 조성을 강조한다.

(5) 미래예측은 미래에 대한 전략적 구상을 바탕으로 국정운영시스템과의 유기적 연계 및 추진체계를 중시한다.

미래연구는 바람직한 미래사회의 비전이나 목표, 미래변화에 대한 탐구와 대안을 제시하는 것이다. 이를 위해 미래예측은 미래에 대한 전략적 구상을 바탕으로 정책결정자들에게 보다 바람직한 미래의 원대한 이상을 그리게 도와주며, 그러한 미래구상을 실행할 수

〈그림 15-2〉 미래예측의 핵심명제

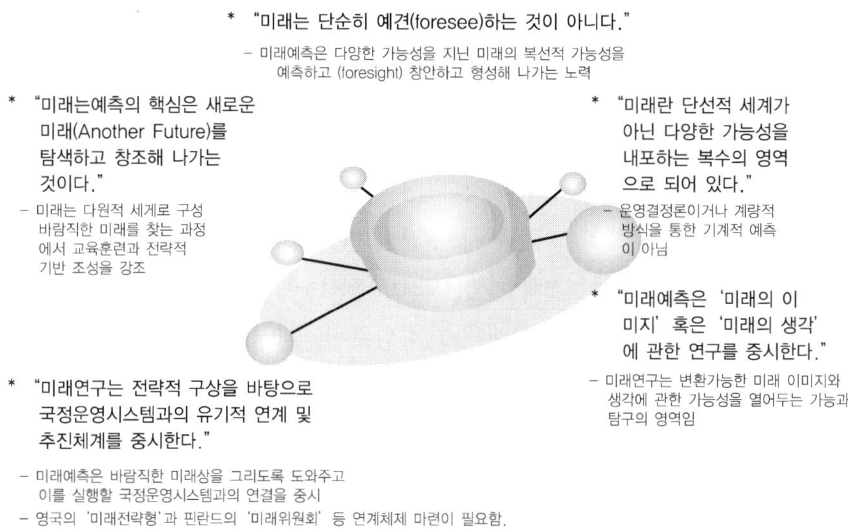

있는 국정운영시스템과의 유기적 연결을 중시한다. 이는 기업의 미래예측(*corporate foresight*)에서도 마찬가지인데, 기업에서도 조직 내에서 미래비전과 미래구상을 실행시킬 수 있는 조직운영시스템을 설계할 것을 주문한다. 영국이나 핀란드와 같은 작은 국가가 몇 차례의 국가적 위기 상황에도 불구하고 오늘날 국정운영체계가 잘 실행되고 있는 것으로 평가받는 이유도 미래지향적 국정운영체계가 그들의 국정시스템 내에 체제화(*embedded*)되어 있기 때문인 것으로 분석되고 있다. 영국의 수상실 내 미래전략청(Prime Minister Office's Strategy Unit)은 '국정두뇌'(In-House Think Tank)를 구성하여 운영하고 있는데, 이 곳에서는 현안문제는 다루지 않으며 국가의 중대사에 대한 장기적인 예측(Long-term Perspective)을 시행하는 것으로 정평이 나있다. 이들의 미래예측은 단순히 학술적인 예측과정으로 그치는 것이 아니라, 미래예측 주제별로 국가의 중요한 정책결정자(장관급)들이 참여하여 토의과정을 거치게 함으로써 예측과 실행의 유기적인 연계체계(Cross-cutting System)를 갖추도록 해 두었다. 요약하면 미래예측에 국가의 중대한 정책우선순위를 도출하는 기능을 부여하고, 미래예측이 정책-기획-예산의 추진체계와 유기적으로 연계될 수 있도록 국가권력의 정치적 지지를 받을 수 있는 강력한 정책추진체계를 갖추어둔 것이다. 미래학이 미래에 대한 바람직한 구상(*wishful thinking*)으로 그치지 않게 하기 위해서는 국가의 장기적 미래예측, 정책적 우선순위 도출, 미래지향적 정책설계, 정책집행체제가 일사분란하게 연계될 수 있는 국정운영시스템을 갖추는 것이 매우 중요하다.

3. 미래예측의 연구방법

미래를 예측할 때는 먼저 1) 어떠한 이슈가 존재하는지 확인하는 이슈의 확인(환경스캐닝, 이슈서베이, SWOT 분석 등)과, 2) 그러한 이슈가 어떻게 진행될지에 대해서 추정해보기 위해서 통계적 분석(회귀분석, 시뮬레이션, AHP 기법, Baysian모형, 형태분석기법)과 창의적 접근(브레인스토밍, 전문가패널, 시나리오, 정책델파이, 교차영향분석, 실현성 예측)을 사용하게 되며, 3) 마지막으로, 이상에서 추정한 미래의 상황을 우선순위에 따라 분류하는 우선순위 접근(핵심기술 우선순위 기법, 로드맵 우선순위 기법)이 종합적으로 필요하다.

Miles와 Keenan(2003) 역시 미래예측 기법의 유형분류는 실제 미래예측의 과정에 따라 소개하고 있다. 다만, 이들이 제시한 용어나 분류는 다소 혼란스러운 점도 없지 않아 이를 다시 일정한 기준에 근거하여 재분류하였다. 〈표 15-1〉은 Miles와 Keenan이 제시한 미래예측의 기법들을 기초로 이들을 다시 정리해 놓은 것이다. 이하에서는 이러한 유형분류를 토대로 미래예측의 연구방법에 대해서 공부해 보기로 한다.

1) 이슈의 확인(Identifying issues for foresight)

(1) 환경스캐닝(Environmental Scanning)

환경스캐닝이란 조사된 자료에 대해 전체적인(*systematic*) 분석을 시도하는 것으로, 수동적 스캐닝, 적극적 스캐닝, 초점화 스캐닝의 세 가지 유형으로 나누어 볼 수 있다.

〈표 15-1〉 미래예측 기법의 유형분류

Group	Method
이슈의 확인 (Identifying Issues)	환경스캐닝(Environmental Scanning), 이슈서베이(Issue Surveys), SWOT 분석
통계적 분석 (Quantitative Analysis)	회귀분석(횡단면분석: Cross-sectional Analysis, 시계열분석: Time-series Analysis), 시뮬레이션(Simulation Modelling), AHP 기법(Analytical hierarchy process), Bayesian 모형(The Bayesian model), 형태분석기법(Morphological analysis)
전문가 판단 (Expert Judgement)	브레인스토밍(Brainstorming), 전문가 패널(Expert Panels), 시나리오 기법(Scenarios), 정책델파이(Policy Delphi), 교차영향분석(Cross-Impact Analysis), 통찰적 예측(Genius Forecasting), 실현성 예측(Feasibility forecasting)
우선순위 선정 (Priority Setting)	핵심기술 우선순위 기법(Critical and Key Technologies), 우선순위 로드맵 기법(Technology Roadmapping)

* 자료: Miles and Keenan(2003)을 토대로 수정 보완함.

먼저, 수동적 스캐닝은 신문과 매거진 등을 읽는 것을 통해 이슈를 확인하는 것이고, 두번째로 적극적 스캐닝은 신문과 매거진뿐만 아니라 관련된 저널이나 분석지 등을 정기적으로 구독 및 습득하여 분석하는 것을 말하며, 마지막으로 초점화 스캐닝은 특정한 주제에 초점을 맞춰 집중적인 자료탐색과 분석을 통해 이슈를 확인하는 것이다.

(2) 이슈서베이(Issue Surveys)

이슈서베이란 관련 전문가들의 의견수렴을 통해 미래예측의 핵심이 되는 이슈를 확인하는 방법이다. 특정한 이슈를 확인하는 가장 확실한 방법은 관련 전문가들의 정보나 지식을 습득하는 것이다. 즉, 정책델파이나 시나리오 워크숍(Scenario workshop) 등은 미래예측의 배경이 되는 정보를(background information) 얻기에는 가장 유용한 것이다.

이슈를 확인할 때 고려해야 하는 사항들은 다음과 같다.

① 미래예측의 관심이슈(*issue of interest*)를 주도적으로 형성하는 핵심 기제들은 무엇인가?
② 핵심 기제들은 어떤 종류의 문제와 욕구들을 발생시키는가?
③ 문제와 욕구들을 해결하기 위해서는 어떤 종류의 대안과 혁신들이 존재하는가?
④ 대안과 혁신들을 도출하기 위해서는 어떤 종류의 연구와 분석, 지식과 기술들이 요구되는가?

(3) SWOT(Strengths, Weaknesses, Opportunities, and Threats) 분석

SWOT 분석이란 조직의 환경분석을 통해 강점(*strength*)과 약점(*weakness*), 기회(*opportunity*)와 위협(*threat*) 요인을 규정하고, 이를 토대로 미래에 대한 전략을 수립하는 기법이다.

이는 어떤 조직의 내부환경을 분석하여 강점과 약점을 발견하고, 외부환경을 분석하여 기회와 위협을 찾아내어, 이를 토대로 강점은 최대화하고 약점은 최소화하고, 기회는 최대한 활용하고 위협은 최대한 제거하여 바람직한 미래를 수립하는 데 도움을 줄 수 있다.

(가) 내부요인과 외부요인(Internal & External factors)

① **내부요인**(Internal factors)

내부요인이란 조직의 내부에 존재하는 강점과 약점을 의미한다. 조직의 강점과 약점을 파악하기 위해서는 조직의 자원(*resource*)과 역량(*capability*)에 대한 분석이 수반되어야 한다.

② **외부요인**(External factors)

외부요인이란 조직의 외부에서 제시되는 기회와 위협을 의미한다. 기회와 위협을 파악하기 위해서는 조직의 환경적 요소에 대한 체계적인 분석이 요구된다.

(나) SWOT **분석의 특징**

이상에서 제시된 바와 같이 SWOT는 내부적 요소 2개(강점과 약점)과 외부적 요소 2개(기회와 위협)로 이루어지기 때문에, 2×2 매트릭스로서 표현된다. SWOT분석은 통계적 방법은 아니지만, 조직 내부에 대한 학습(강점과 약점)과 더불어 조직과 외부환경과의 역동적인 상호작용(기회와 위협)을 분석할 수 있는 방법이다.

2) 통계적 분석(Quantitative Analysis)

통계적 분석으로 많이 사용되는 기법들은 회귀분석, 시뮬레이션이 있으며, 회귀분석은 다시 횡단면분석과 시계열분석이 있다.

(1) 회귀분석(Regression analysis)

회귀분석은 변수들간의 선형관계를 추정하는 데 유용한 기법으로 독립변수와 종속변수간의 관계의 형태와 크기를 정확히 추정하는 통계방법이라 할 수 있다.

회귀분석은 독립변수와 종속변수들간의 관계의 형태에 대하여 요약된 측정치를 제공하기 때문에 모형의 설계 및 활용에 유용하다. 정책분석가는 회귀분석을 통해 변수간의 인과관계를 확인할 수 있으며, 회귀분석은 어떤 독립변수가 종속변수의 원인인가를 정확하게 밝히게 한다는 점, 즉 원인변수와 결과변수를 구체화하게 한다는 점에서 큰 장점을 가지고 있다.

회귀분석은 횡단면분석과 시계열분석으로 나눌 수 있으며, 횡단면분석은 선형 분석과 비선형 분석으로, 시계열분석은 추세연장적 접근과 경향추정으로 각각 구분된다.

(가) **횡단면분석**(Cross-sectional analysis)

분석단위가 시간이 아닌 분석을 횡단면분석(*cross-sectional analysis*)이라고 한다. 횡단면분석도 종속변수의 형태가 선형으로 나타나는 형태에 대한 분석(OLS, GLS)과 비선형으로 나타나는 형태에 대한 분석(Poission Model, Logit, Probit, LPM 모형 등)이 있다.

㈏ 시계열분석(Time series analysis)

분석단위가 시간의 형태로 표현되는 분석을 시계열분석(*time-series analysis*)이라고 한다. 시계열분석은 과거로부터 현재에 이르는 변화를 분석함으로써 미래를 예측하는 방법인데, 시간을 독립변수로 둔다.

시계열분석으로서 미래예측에 많이 사용되는 기법은 추세연장적 접근(*extrapolative approaches*)과 경향추정(Trend extrapolation)을 들 수 있다.

① 추세연장적 접근(Extrapolative approaches)

추세연장적 접근(*extrapolative approaches*)은 기존의 자료나 추정을 전제로 미래에 발생할 상황을 예측해보고자 하는 것이다. 미래예측방법의 기본형으로서 가장 많이 활용되고 있는 추세연장적 접근은 현재와 과거의 자료에 근거하여 미래사회의 변화될 모습을 추세연장적으로 투사(*projection*)하는 방법이다. 추세연장적 접근은 과거에 발생한 일들은 특별한 사건에 의해서 방해받지 않는 한 미래에 재연될 것이라는 전제하에 접근하는 방식으로 시계열자료에 의존한다. 즉, 추세연장적 접근은 과거에 관찰된 데이터의 패턴이 미래에도 일어날 것이라는 지속성, 규칙성 그리고 자료의 타당성과 신뢰성의 세 가지 가설에 기초하고 있다(노동조, 2005: 109-110).

② 경향추정(Trend extrapolation)

경향(*trend*)이란 어떤 이슈가 어느 시점에 도달하여 사회에 정착된 하나의 기본 흐름으로 자리잡은 것을 의미한다. 추세연장적 접근과 기본적으로 다르지 않으나, 추세가 하나의 경향으로 자리잡은 경우를 분석한다는 점에서 어느 정도 차별화 된다. 따라서 경향추정은 현재의 중요한 문제를 포착하고, 그 문제의 역사적 경로(*trajectory*)를 통해 미래의 상황을 추정하고, 그 상황에 대한 의미를 해석하는 것이다. 경향추정은 기존 자료를 기반으로 S곡선에 투영해 미래를 추정해보는 것으로서 가장 광범위하게 사용되는 미래예측기법 중 하나이다.

(2) 시뮬레이션(Simulation)

시뮬레이션(*simulation*)은 정책대안의 미래예측에 있어 두 가지 의미를 갖는다.

첫째, 정책대안의 실현으로 인해 어떠한 변화가 일어나는지를 실제로 그 정책대안을 실행하지 않고도 알아내는 방법으로, 실제체제를 모방한 고안물을 활용하는 방법(*role play*)이다. 우주비행을 위해 우주에서와 같은 중력과 공간을 구성하고 미리 연습하도록 하는 것도 시뮬레이션 개념에 속한다.

둘째, 보다 분석적인 차원에서 민감도 분석(*sensitivity analysis*)과 같은 의미로서, 미래예측에 포함된 불확실성의 근거가 되는 가정에 대해 조금씩 변수 값을 미세하게 변화시킴으로써, 그로 인해 나타나는 결과들을 토대로 분석하는 기법이다. 시뮬레이션은 미래예측시스템의 역동성을 고려해야 할 때, 그리고 사건, 상태, 간여(*interventions*)에 관한 다양한 정책 대안들을 모색할 때, 그리고 전제가 되는 가정이 변화할 수 있다는 점을 고려해야 할 때 유용한 통계기법이다. 시뮬레이션은 많은 변수를 다루는 것이 가능하다. 또한, 시뮬레이션은 그 결과를 그래프, 차트 등의 세부적인 그래픽 형식을 통해 제공할 수 있다.

(3) AHP 기법(Analytical hierarchy process)

AHP는 복잡하고 조직화되어 있지 않은 문제상황을 그 구성요소로 세분화해나가는 방법이다. 정책분석에서는 쌍대비교(*pairwise comparison*)를 통해 정책수단들간의 우선순위를 확정짓는 기법으로 사용된다.

먼저 문제를 구성하는 요소나 변수를 계층적 순서로 배열한다. 그리고 각 변수의 상대적 중요도에 대한 주관적 판단을 행하고, 수치를 부여한다. 마지막으로 수치를 종합하여 어떤 변수가 가장 높은 우선순위를 갖는가를 결정한다.

AHP 기법은 일반적으로 계층구성의 원리, 우선순위 설정의 원리, 논리적 일관성의 원리에 의해 설계되고 적용되므로 시나리오를 서술하는 데 사용될 수도 있다.

(4) Bayesian 모형(Bayesian model)

Bayesian 통계이론은 불확실한 상황하에서 수집된 정보의 부분적인 신뢰를 기반으로 발생할 상황을 추론하는 것을 의미한다. 즉, 모든 가정(Hypothesis)에 대한 사전확률(Prior probability)이 주어지고, 현재의 관찰치가 주어졌을 때 사후확률을 계산해냄으로써 새로운 가정을 추론해내는 기법이다. 따라서 Bayesian 모형은 결정된 시나리오에서 예상되는 경향을 파악하는 데 강력한 도구가 될 수 있다. 이러한 Bayesian 모형의 분석절차는 다음과 같이 6단계로 이루어진다(www.visiongc.com).

첫째, 미래예측의 가능한 시나리오를 설정한다.

둘째, 실행시점에서 이용가능한 정보와 관련지어 각각의 시나리오의 최초의 확률 또는 사전적(*priori*) 확률을 할당한다.

셋째, 발생하기 시작하는 사건들을 기록한다.

넷째, 관찰된 경험적 자료에 기반하여 각 시나리오 발생확률을 조정한다.

다섯째, 각 시나리오의 발생확률 경향을 보여주기 위하여 획득된 결과들을 그래프화한다.

여섯째, Bayesian 통계 계산절차와 그래픽 기법에 해당되는 소프트웨어의 도움을 받는다.

(5) 형태분석기법(Morphological analysis)

형태분석이란 화학분야에서 사용되던 용어로 시료 속에 들어 있는 성분 물질들이 어떤 화합물 형태로 이루어져 있는가를 알아내는 분석을 의미한다. 즉, 형태분석기법은 특정한 형상물을 구성하는 성분이나 요소로 해체하여 그들 각각을 변화시키거나 발전시켜 총체적인 형상물의 형태를 분석하는 기법이다.

자동차 설계를 위해 구성인자를 예로 들자면, 만일 이 자동차의 경우에 선택할 수 있는 휠이 2개, 브레이크 시스템 3개, 변속기 4개, 배터리 4개, 다른 자동차 구성요소가 5개라면 자동차라는 형태를 구성하는 방식은 1,440(2×3×4×5=1,440)의 형태로 구성될 수 있는 것이다. 형태분석법의 절차는 다음과 같이 5단계로 이루어진다.

첫째, 문제를 정확하게 구체적으로 기술한다.

둘째, 가능한 한 많은 독립변수를 추출한다.

셋째, 2차원, 혹은 그 이상으로 형태분석표를 그린다.

넷째, 독립변수별 속성간의 결합(차트의 각각의 셀)을 통해 시나리오를 확정한다.

다섯째, 정책우선순위를 분석한다.

(6) 전문가 판단(Creative methods)

미래예측은 사회적이고 창조적인 과정이다. 미래예측은 조직의 성공에 핵심이 되는 새롭고 흥미로운 지식의 융합(*knowledge fusion*)을 키우는 상호작용의 과정이라고 할 수 있는데, 이러한 관점에서 전문가 판단은 미래의 전략을 설정하는 창의적 기법이라고 할 수 있다. 전문가 판단을 이용한 미래예측기법으로는 브레인스토밍, 정책델파이, 전문가패널, 시나리오기법, 교차영향분석, 통찰적 예측 등이 있다.

(가) 브레인스토밍(Brainstorming)

브레인스토밍이란 특정한 미래의 상황에 대해 연관되는 모든 이들이 참여하여 자율적으로 의사를 표현하고, 그 의사를 통해 미래를 예측하는 방식이다. 이 기법은 다듬어지지 않은 창의적 아이디어를 생성할 수 있는 장점을 지닌다. 다음은 브레인스토밍의 절차이다.

첫째, 자유로운 생각들이 지속적으로 나타나는 동안 그 아이디어들을 화이트보드나 컴퓨터에 적어놓는다. 여기서 가장 중요한 규칙은 다른 사람을 비방하거나 비판적 아이디어는 통제된다.

둘째, 초기 아이디어 생성단계 이후 보다 진지한 토의를 진행한다.

셋째, 토의에서 제시된 아이디어들을 군집화(*clustering*) 하고, 중요도로 우선순위 분류를 한다. 역시 중요한 것은 이러한 아이디어들이 비방이나 비판적인 것이 아닌 친근한 감정을 유지하는 것들이어야 한다. 즉, 최적화된 분위기 조성으로 아이디어 창출에 도움을 줄 수 있어야 한다.

그러나 브레인스토밍은 단지 아이디어를 얻는 차원이지, 그 결과만으로 미래예측 보고서를 작성하기는 어렵다는 측면에서 미래예측에 있어 하나의 출발점이라고 할 수 있다.

(나) 전문가패널(Expert panel)

전문가패널은 분석하고자 하는 분야의 전문가들을 섭외하여 그들의 토론 중에 얻은 생각이나 지식을 통해서 미래를 예측하는 것이다. 이때 전문가는 보통 12-15인으로 구성되고, 패널들 각자는 자신이 연구한 보고서를 제시한다.

(다) 시나리오 기법(Scenarios)

시나리오는 현재에서 미래시점까지의 경로를 서술하는 이야기(*narration*), 이미지(*image*) 또는 지도(*map*)를 의미하는 것이다. 시나리오는 단순한 '예견'(*predictions*)이 아니며, 미래의 '불확실성'을 적극적으로 해소하여 원하는 미래상(*future vision*)을 명확히 하고 체계적인 계획수립에 결정적인 도움을 주기 때문에 미래예측(Future Foresight) 과정에서 가장 많이 사용되는 기법이다. 이 기법은 다양한 환경하에 발생하는 경로의 확인 혹은 소망스러운 규범적 미래가 어떻게 달성되는가에 대한 희망적인 질문에 응답하는 것에 초점이 맞춰지는 탐색적(*exploratory*) 방법이다.

시나리오 기법은 무엇이 미래의 영향요인인가? 무엇이 불확실한가? 무엇이 피할 수 없는 상황인가? 등의 질문들을 다음의 각 단계에 적용함으로써 이루어지게 된다.

첫째, 먼저 미래의 초점이 되는 이슈를 확인한다.

둘째, 미래의 환경하에서 핵심적인 요인이나 트렌드를 확인한다.

셋째, 그 요인이나 트렌드를 설정한다.

넷째, 시나리오 논리를 선택한다.

다섯째, 시나리오 유형을 추출한다.

여섯째, 목표들의 검토를 통해서 방향이나 지침을 선정한다.

일곱째, 정책적 함의를 도출한다.

시나리오를 생산하는 가장 일반적인 방식은 전문가 패널을 통해서 하는 것이다. 시나리오는 셀 수 없는 미래의 상황에서 평가가능한 한 관점을 제공해 주며, 그렇게 함으로써 이 기법은 참여자들이 미래에 대해 좀더 익숙하게 생각해 볼 수 있도록 하는 데 도움을 준다. 시나리오 기법을 통해 전문가들은 요구되는 대안적 미래를 보다 깊이 이해하고, 이를 통해 비정형화된 전략과 정책도구들을 더 잘 개발할 수 있다.

(라) 정책델파이(Policy Delphi)

정책델파이 기법은 전문가들의 주관적 견해를 최대한 살리기 위해 전문가들끼리 반복적으로 상호간의 의견을 수렴하는 것을 의미한다.

미래예측 델파이는 1950년대 미국 랜드연구소에 의해서 처음 개발되었다. 전문가들 의견조사는 적어도 두 번 이상 반복 순환되며, 전문가들이 자신들의 의견을 수정할 수 있는 가능성을 열어둔다. 이때 특정 전문가들의 판단에 대한 의견들이 형성된 이유를 지속적으로 조사하는 것이다. 이후 추가적으로 반복된 전문가 의견조사 과정에서 전문가들의 의견이 한 곳으로 모아진다면, 이때 모아진 의견은 전문가들의 공통된 견해나 전망 내지는 예측이라 할 수 있다.

(마) 교차영향분석 기법(Cross-impact analysis)

정책델파이처럼, 교차영향분석은 전문가 견해에 기반한 방식으로 계량적 결과를 생산하게 된다. 이것은 전문가들에게 발생가능한 사건들을 물어보고 한 사건이 일어날 때와 일어나지 않을 때에 다른 사건들의 발생률 등을 물어보는 접근법이다.

(바) 통찰적 예측(Genius forecasting)

통찰적 예측이란 개인의 통찰을 통해 미래의 비전을 묘사하거나 설명하는 것을 말하는 것이다. 예들 들어, 앨빈 토플러의 「미래 쇼크」, 「제3의 물결」, 「권력이동」, 「부의 미래」, 존 네이스비츠의 「메가트랜드」 등이 있다. 통찰적 예측의 결과물들은 종교적 예지자(Guru)들의 초자연적 예언들과 비교되며, 매우 비판적이고 심도 있는 사고를 통해 논리적 근거를 제시하는 노력을 보인 연구결과물들이다.

(사) 실현성 예측(Feasibility forecasting)

통찰적 예측이 미래에 대해 정보를 잘 갖춘 개인들의 통찰적 예지에 의존하는 방법이라면, 실현성 예측은 정책분야의 미래예측을 위해 보다 신중하게 미래 정책수단의 실현가능성을 예측하는 방법이다. 실현성 예측은 정책관련자들의 미래행태를 예측하기 위하여 특별히 설계된 것으로, 정책분석가가 여러 정책대안들의 채택이나 집행을 지지하거나 반대함에 있어 정책관련자들의 예상되는 영향에 관하여 예측하는 것을 도와준다. 이는 정치적 갈등이 존재하고 권력이나 기타 자원들의 배분이 동등하지 않은 조건에서 정책대안의 예상되는 결과를 예측해 보는데 적합하다. 또한, 정책관련자의 행태를 예견 또는 투사할 수 있게 하는 관련 이론이나 가용한 경험적 자료가 없는 상태에서 정책관련자들의 미래행태를 예측하는데 유용하게 이용될 수 있다. 실현성 예측에서 고려되는 중요한 요소는 1) 이슈에 대한 입장, 2) 가용한 자원, 3) 자원의 상대적 서열 등이다(Dunn, 1981: 240-241).

(4) 우선순위 선정을 위한 기법들(Priority-setting)

(가) 핵심기술 우선순위 선정(Critical or key technologies)

핵심기술 우선순위 선정은 가장 우선시되는 기술을 선정함으로써 핵심기술로 나타나게 될 미래의 상황에 적합하게 대응하고자 하는 것이다.

① 핵심기술의 우선순위 선정

핵심기술의 우선순위 선정은 특히 다양한 기술들을(*technologies*) 평가하는 데 있어 유용하다. 이때 고려해야 할 중요한 질문들은 다음과 같다.

첫째, R&D의 핵심 분야는 무엇인가?
둘째, 정부 혹은 공공 자금을 지원받아야 하는 핵심적인 기술들은 무엇인가?
셋째, 핵심기술을 선택하는 데 어떤 기준이 적용되어야 하는가?
넷째, 결과들을 집행하는 데 있어 논의되어야 하는 것 중 가장 중요한 고려사항은 무엇인가?

② 핵심기술의 정의

핵심기술을 정의하는 데 있어 고려되어야 할 질문들은 다음과 같다.

첫째, 핵심기술들의 정책적 적합성은 얼마나 되는가?
둘째, 핵심기술들과 비핵심기술들은 상호 구별가능한 정도인가?
셋째, 핵심기술들의 도출 과정과 결과는 신뢰할 수 있으며 재생산 가능한가?

③ 핵심기술 우선순위 선정 절차

핵심기술을 선정하기 위해서는 다음과 같은 절차를 밟는다.

첫째, 전문가집단(*cohort of experts for consultation*)들을 선정한다.
둘째, 기술들의 목록표를 만든다.
셋째, 목록화된 기술들을 유형화하고 우선순위를 가린다.
넷째, 핵심기술의 우선순위를 관련 정책결정자에게 제안한다.

(나) **우선순위 로드맵 기법**(Technology Roadmapping)

로드맵 우선순위 기법이란 시장의 요구를 충족시킬 수 있는 기술적 대안을 발굴, 선정하고 그들간의 관계를 시간상의 좌표에 따라 표시하는 과정이다. 이 로드맵 기법을 기반으로 관련 프로젝트의 세부 계획을 수립하는 기술기획(*technology planning*)이 추진된다. 로드맵 우선순위 기법은 성능 목표(*performance target*)에 도달할 수 있는 핵심기술 또는 기술 격차(*technology gap*)를 확인할 수 있으며, 관련 구성원들간 연구활동을 조정함으로써 연구개발(R&D) 투자관련 의사결정을 조율할 수 있는 미래지도(*future map*)를 제공한다.

따라서 로드맵 우선순위 기법은 정책기획과 기술전략을 지원하기 위한 첨단산업에서 광범위하게 이용되며, 다차원적 시간에 기반한 그래픽 차트로 구성된다. 이 차트에는 기술개발과 시장수요의 관련성이 표현되어야 한다.

4. 미래예측의 행정학적 함의

미래예측(*future foresight*)은 인간의 창조적 이성과 지식을 토대로 미래를 창조적으로 형성해가는 적극적인 의미를 지닌다. 미래는 '가치'가 담긴 내일의 모습이다. 정책연구는 미래예측과 함께 갈 때 바람직한 모습을 띠게 된다. 정책형성과 정책분석은 미래에 대한 열정과 의지로서 만들어가는 가치 지향적 탐구이기도 하다. 미래예측은 과거 데이터의 연장선상에서 이루어지는 단순한 Forecasting을 넘어 미래의 창조적 의지와 실천적 열정이 담긴 Foresight라는 의미를 지닌다. 미래연구는 'Human & Governance'(인간과 거버넌스)에 대한 창조적 연구이다. 인간에 대한 정책연구는 인간과 사회, 정신과 문명에 대한 미래지향적 탐구로 나타나며, 거버넌스에 대한 정책연구는 미래(Future), 분석(Analysis), 관리(Management)를 키워드로 하는 정책역량에 대한 미래지향적 분석으로 나타난다.

마지막으로, 미래예측(*future foresight*)이 던지는 행정학적 함의 및 쟁점을 정리하면 다음과 같다.

1) 조직역량의 강화

미래예측(*future foresight*)은 미래의 문제를 탐구하는 학문으로서, 미래의 대안에 대한 과학적 방법론을 체계적으로 모색하는 학문이다. 따라서 미래예측에 접근하는 기본적 사고의 패러다임은 시스템적인 사고와 탐색이라고 할 수 있다. 시스템이라는 용어는 조직을 구성하고 있는 상호 연관된 부분들이 조직전체의 목적활동을 하기 위해 '하나의 유기체처럼 연합된 상태'를 의미한다. 기존의 사고방식이 기계론적 인과론에 중점을 두었다면, 시스템적인 사고방식은 조직의 각 부문들을 이해하기 위해 전체를 조망하면서 이들이 어떻게 유기적으로 연결되어 있는지를 살핀다.

미래예측의 패러다임인 시스템적인 사고는 다양한 측면에서 정부 내부의 행정관리 및 조직역량을 강화하는 데 도움을 주는데, 이를 살펴보면 다음과 같다.

첫째, 조직의 리더로 하여금 드러난 문제의 핵심을 파악할 수 있도록 도와주며, 발견된 문제의 핵심을 구성원들에 효과적으로 설득할 수 있게 해 준다.
둘째, 문제의 대안들에 대한 과학적 분석을 토대로 최적 대안을 도출하는 데 도움을 준다.
셋째, 조직 내의 인력 및 자원들을 가장 효율적으로 배치하고 관리할 수 있는 지혜를 제공해 준다.
넷째, 조직의 강점과 약점, 위기와 기회에 대한 분석을 통해 조직의 미래를 예측할 수 있도록 해 준다.

2) 과학적 정부시스템 구현

미래예측(*future foresight*)은 미래의 대안을 체계적으로 모색하고, 미래의 정책을 과학적으로 기획하는 학문이다. 이러한 연구는 정책학적으로 과학적 대안탐색을 가능하게 하며, 또한 행정학적으로 과학적 정부운영시스템을 가능하게 하는데 기여한다.

현대의 미래예측은 과거의 단순한 기술예측과는 달리 정치 · 경제 · 사회 · 문화 분야까지 영역이 확대되어 정부의 정책과 제도형성의 기반을 제공하므로 이는 과학적 정부운영시스템의 기반이 될 수 있다. 특히 국정운영시스템으로서 기능하는 미래예측은 국가적 관점에서 장기적인 정책아젠다를 개발하고 국가의 중장기적 발전전략을 마련하는 것이기 때문이다. 또한 미래예측은 한번의 그럴듯한 정책기획을 마련하는데 그치는 것이 아니라, 정부 운영의 미래지향적 사고와 접근이 조직에 체화(*embedded*)되기를 주문하고 있다. 미래예측이라는 사고의 패러다임이 조직에 정착되어 조직 운영이 상시적으로 미래지향적이고 체계적으로 관리될 수 있다면 과학적 정부시스템 구현은 좀더 쉽게 앞당겨질 수 있을 것이다.

3) 거버넌스 정신과의 연계

미래예측(*future foresight*)은 가치지향과 수행방법에 있어 공공성에 근거하여 활발한 참여 및 토론, 그리고 의견의 교환이 이루어지며, 지적 네트워크가 형성되는 등 거버넌스적 접근을 강조하고 있다. 이는 미래예측이 단순한 예측(*forecasting*)과 통제(*control*)에 그치는 것이 아니라 참여와 네트워크를 강조하는 뉴거버넌스와 지향점이 같다는 것을 의미한다.

4) 미래지향적 국정운영시스템 실현

미래예측(*future foresight*)의 목적은 단순히 보다 나은 보고서를 생산하고 정책결과를 도출하려는 단편적인 목적에 있는 것이 아니다. 미래예측의 목적 가운데 하나는 국가혁신체제의 활성화하기 위한 목적을 가지고 정부, 기업, 시민사회의 다양한 행위자들이 모여 보다 향상된 사회적 네트워크를 확립하는 것이다. 이는 새로운 '미래예측 문화'의 확립을 지향하는 것이며, 지적 자원과 거버넌스 네트워크 형성을 통해 미래지향적 국정운영시스템을 확립하는 것을 의미한다. 이는 미래예측의 사고와 과정을 정부의 정책과정 내부에 체화(*embedded*)한다는 것이 행정학적인 관점에서도 얼마나 중요한가를 말해 주는 것이다. 현대행정이론이야말로 미래지향적 국정운영시스템에 관해 연구하는 학문이기 때문이다.

제 3 절 요약 및 결론

효율적 국정관리는 정부관리의 가장 기본적인 축으로서의 효과성과 능률성을 추구하는 관리도구이다. 효율적 국정관리는 효과성과 능률성을 핵심이념으로 하며, 이를 위해서는 관리역량(혁신, 관리)의 강화를 필요로 한다. 효율적 국정관리를 위해서는 정부 내부 조직관리의 효과성 및 능률성 제고가 필요한데, 이를 위한 이론 및 제도적 요소로서 국가혁신이론과 함께 미래예측이론에 대해서 살펴보았다. 효율적 국정관리를 위해서는 혁신관리, 지식관리, 성과관리 등 국가혁신이론에서 제시하는 관리적 요소들을 토대로 하면서, 미래예측이론에서 제시하는 분석과 예측 역량의 강화가 필요하기 때문이다.

분석과 예측은 관리의 토대가 되면서 이들은 상호 유기적인 작용으로 정부의 효율성을 강화시켜주는 테마들이다. 미래지향적 국정관리에서 아무리 거버넌스적 요소가 강조된다고 하더라도, 먼저 민주지향적 국정관리의 기본 전제가 되는 과학성과 효율성이 결여된다면 그 정부는 자칫 '공동화된 정부'(Hollow Government)가 될 수도 있다는 점을 생각할 때 미래지향적 정부를 논의하는 기본 출발선으로서 효율적 국정관리에서 추구하는 '과학적인 정부', '분석하는 정부', '예측하는 정부'의 중요성은 아무리 강조해도 지나치지 않다고 할 것이다.

제16장

민주적 국정관리의 이론 및 제도: 거버넌스이론, 갈등관리이론, 정책품질관리이론

제16장에서는 현대행정이론의 다른 한 축으로서 민주적 국정관리의 이론 및 제도를 살펴본다. 민주적 국정관리는 민주성과 대응성을 핵심이념으로 하며, 이를 위해서는 관리역량(혁신, 관리)과 함께 정책역량(분석, 예측)의 강화를 필요로 한다. 민주적 국정관리를 위해서는 정부 외부와의 인터페이스 관점에서 정책관리의 참여성 및 대응성 제고가 필요한데, 이를 위한 이론 및 제도적 요소로는 거버넌스이론, 갈등관리이론, 정책품질관리이론을 들 수 있다. 민주적 국정관리를 위해서는 거버넌스이론에서 제시하는 민주적 요소들을 토대로 갈등관리이론 및 정책품질관리에서 제시하는 정책적 역량을 필요로 하기 때문이다.

제1절에서는 거버넌스이론에 대해서 살펴본다. 거버넌스는 라스웰(Lasswell)이 인간의 존엄성을 강조한 민주주의 정책학을 주창한 이래 행정학이 계층제적 관료제의 도구로 전락된 것에 대한 반성과 성찰의 결과이다. 여기에서는 거버넌스이론에 대해서 거버넌스 개념의 행정학적 접근, 거버넌스이론의 유형, 뉴거버넌스이론, 뉴거버넌스의 행정학적 쟁점에 대해서 학습한다. 전통적 행정학은 다양한 의견 투입이 원활하게 이루어지지 못하고 행정의 효율성만을 추구한 결과 행정불응과 같은 또 다른 비효율성을 양산하고 있었다. 이에 대한 반성으로 대두된 거버넌스는 다양한 이해관계자들의 참여를 제도적으로 보장함으로써 행정의 민주성을 추구한다.

제2절에서는 갈등관리이론에 대해서 살펴본다. 여기에서는 갈등관리의 개념, 이해, 전략, 쟁점에 대해서 살펴보기로 한다. 정책갈등관리의 기본전략으로는 정책갈등의 조기포착과 사전관리가 중요하며, 또한 정책집행에 따른 다양한 정책참여자들의 분석능력을 제고하고, 이해관계자의 참여 및 갈등조정을 통한 거버넌스적 문제해결로 정책과정의 참여성, 숙의성, 합의성 등 민주성을 제고하는 등 민주적 국정관리의 관점에서 접근되어야 한다.

제3절에서는 정책품질관리이론에 대해서 살펴본다. 여기에서는 정책품질관리의 개념, 내용, 쟁점에 대해서 살펴보기로 한다. 정책품질관리 역시 민주적 국정관리의 관점에서 접근되어야 한다. 정책품질관리란 정부가 정책실패 및 부실정책을 방지하기 위하여 정책의 품질을 체계적으로 관리·개선하려고 행하는 총체적인 노력과 활동이다. 다양한 이해관계자

의 요구 증대와 시민사회의 발전 등으로 정책환경이 복잡하고 다양하게 변화하고 있으나, 정부의 정책관리시스템은 체계화되지 못해 “정책불량품”이 발생하고, “정책실패”가 반복되고 있다. 따라서 정책품질관리제도는 정책형성과 집행과정에 있어 민주적 절차라는 측면을 강조함으로써 정책의 ‘품’과 ‘질’을 제고하려는 종합적 노력이라고 할 수 있으며, 이 역시 민주적 측면이 강조되는 국정관리의 도구라고 이해할 수 있을 것이다.

따라서 이 장에서는 국정관리의 민주성을 담보할 수 있는 이론 및 제도로서 거버넌스이론, 갈등관리이론, 정책품질관리이론에 대해서 학습하기로 한다.

제1절 거버넌스이론

1. 거버넌스 패러다임의 의의

거버넌스(*governance*)이론은 20세기에서 21세기로 넘어 오면서, 세계화와 정보화가 급속하게 진행되는 과정에 등장하게 된 새로운 사회과학 분야의 이론이다. '더 작은 정부, 더 많은 거버넌스'(Cleveland, 1972), '정부 없는 거버넌스'(Rosenau, 1992; Peters, 1998), 'Government에서 Governance로'의 구호는 정부와 거버넌스의 관계를 보여주는 것이다.[1)]

거버넌스 개념의 핵심은 "사회체계의 대등한 관계에서의 조정"을 전제로 하고 있다(Pierre, 2000: 3). 거버넌스는 공동체 운영의 새로운 체제, 제도, 메커니즘 및 운영방식을 다루는 것으로, 기존의 통치(*governing*)나 정부(*government*)를 대체하는 개념으로 인식되면서, 그 개념도 점차 확대되는 과정에 있다(권기헌, 2007a; 2007b).[2)]

그러나 이는 단순히 정부의 내부문제를 주로 다루는 전통적 행정을 대체하는 개념으로만 설명할 수 있는 것은 아니다. 세계화와 정보화라는 새로운 질서의 도래는 기존 국민국가와 산업화에 익숙한 통치방식과 시스템을 전면적으로 바꿀 것을 요구하고 있으며, 이에 부응하여 각 나라에서 공동체 운영의 기본 질서를 바꾸는 과정에서 등장한 것이 거버넌스이다.

거버넌스는 라스웰(Lasswell)이 인간의 존엄성을 강조한 민주주의 정책학을 주창한 이래 행정학이 계층제적 관료제의 도구로 전락된 것에 대한 반성과 성찰의 결과이다. 여기에서는 거버넌스이론에 대해서 거버넌스 개념의 행정학적 접근, 거버넌스이론의 유형, 뉴거버넌스이론, 뉴거버넌스의 행정학적 쟁점에 대해서 학습한다. 전통적 행정학은 다양한 의견의 투입이 원활하게 이루어지지 못하고 행정의 효율성만을 추구한 결과 행정불응과 같은 또 다른 비효율성을 양산하고 있었다. 이에 대한 반성으로 대두된 거버넌스는 다양

---

1) 이 장에서 주로 참조한 책들은 다음과 같다. G. Peters, *The Future of Governing*(1995); Peters & Pierre, *Governing Complex Societies*(2005); J. Newman, *Modernising Governance: New Labour, Policy and Society*(2001); Kooiman, *Governing as Governance*(2003); 김석준 외, 「뉴거버넌스 연구」, 대영문화사, 2000; 정용덕, 「현대국가의 행정학」, 법문사, 2001; 오석홍, 「행정학」, 나남출판, 2002; 졸저, 「정책학」, 박영사, 2008.

2) 이 장에서 제시되는 거버넌스이론, 갈등관리이론, 정책품질관리이론 등은 저자의 졸저, 「정책학」(박영사, 2008)에서 소개한 이론적 블록들을 상당부분 빌려와 행정학적 관점에서 재조명한 것임을 밝힌다. 여기에서는 중복되는 내용들은 축약하고 행정학적 쟁점을 추가하고자 하였다.

한 이해관계자들의 참여를 제도적으로 보장함으로써 행정의 민주성을 추구한다.

2. 거버넌스 개념의 행정학적 접근

행정학적인 시각에서 정정길(2000: 435-547)은 거버넌스를 신국정관리로 보고, 기존의 신공공관리(NPM) 등의 개념들과 비교하여 다음과 같이 정리하고 있다.

첫째, 협의의 거버넌스 개념은 인사나 예산 및 조직관리에 있어서, 권한위임, 분권화, 재량권 확대, 민간기법의 도입 등을 통한 행정 내부의 변화로 보고 있다. 즉, 인사나 예산 및 행정관리 등의 측면에서 분권화와 권한 위임 등을 통해, 행정의 내부통제를 대폭 완화하여 일선관리자들에게 재량권을 주고, 그들이 책임을 지고 성과를 향상시키며 고객을 만족시키도록 행정을 관리하는 것을 의미한다. 이는 정부의 내부적인 인사, 예산, 조직, 관리, 운영 등의 관리혁신을 주로 대상으로 한다.

둘째, 일반적인 거버넌스 개념은 시장주의 또는 신제도주의 경제학의 경쟁원리와 고객주의를 공공 부문에 도입하여, 민간에게 많은 서비스 공급을 맡기고, 정부는 신제도주의 경제학적 유인책을 이용하여 방향잡기에 주력하는 것을 의미한다.

셋째, 광의의 거버넌스는 협의와 일반적 개념에 시장주의와 참여주의를 합친 것으로, 그 주요 내용은 방향잡기, 경쟁 도입, 미션 강조, 성과연계 예산, 고객중심, 수익창출, 예측과 예방, 참여와 팀워크, 협의와 네트워크 형성 및 시장 메커니즘 등이다. 이때 정부는 내부운영체제가 새롭게 변모되고, 시장 및 시민사회와의 연계방식이 달라짐을 의미한다.

3. 거버넌스의 개념의 다양성

거버넌스와 관련한 개념은 개별 학문 분야의 특성과 관심영역에 따라 다양하게 해석된다. 행정학 분야에서는 거버넌스를 새로운 국가통치행위 및 방식을 의미하는 국정관리로 정의한다(정정길, 2000: 433-546; 한국행정학회, 2000). 정치학에서는 다원적 주체들간의 협력적 통치방식을 의미하는 네트워크 통치로 해석하며(조명래, 1999: 39), 사회학에서는 자기 조직적 네트워크(Rhodes, 1996: 660)로 정의하고 있다(김석준 외, 2000).

거버넌스의 개념은 또한 거버넌스의 주체들인 국가, 시장, 시민사회 가운데 어느 것을 중심으로 이해하느냐에 따라 거버넌스의 내용이 달라진다. 이질적인 주체들이 공동체의 공공이익이라는 공동 목적을 어떻게 잘 조화시킬 것이냐의 문제는 거버넌스 체제가 제도화하고 작동하기 위한 중요한 과제인데, UNDP에서는 다음과 같은 거버넌스 정책과제를 제시하고 있다.

첫째, 능동적인 시민들이 성찰적인 개인이 되어 성숙한 시민이 되고,
둘째, 서로의 의사소통을 통한 경험과 이해관계를 공유하면서 의견을 공유하고,
셋째, 공동의 이슈화와 공론화를 통해 여론을 형성하고,
넷째, 자발적 참여와 협력, 합의도출과정에 대한 비공식적 제도화를 통해 여론형성 양식을 만들고,
다섯째, 반응성, 책임성, 투명성의 원칙을 근본으로 공식적인 제도화를 통해 정책형성 양식을 정착시키며,
여섯째, 제도설계, 제도간 연계 및 조정을 통해 제도적인 질서와 균형을 유지하여 거버넌스 체제 기능을 작동하게 하고,
일곱째, 공적 부문과 사적 부문, 정부와 시민사회 등의 주체간 이분법을 극복할 수 있는 인식론적인 기반을 공유함으로써, 거버넌스가 체제, 제도 및 행위 양식으로서 동질성을 지니도록 해야한다(UNDP, 1997b).

이는 국가를 중심으로 접근하지 않고, 능동적 시민(성찰적 개인)을 출발점으로 하여 투명성과 신뢰성, 책임성과 성찰성을 강조한다는 점에서 매우 중요한 의미를 지닌다.

4. 거버넌스 이론의 유형

1) G. Peters(1995)의 네 가지 모형

Guy Peters(1995)는 「미래의 국정관리」(*The Future of Governing: Four Emerging Models*)에서 네 가지의 정부모형을 제시하고, 이들간의 특징을 구분하여 설명하고 있다. 네 가지 정부모형은 시장모형, 참여모형, 신축모형, 탈규제모형인데, 이들은 모두 전통적 관료모형에 대한 대안으로 제시된 미래의 국정관리모형이다.

(1) 시장모형(Market Model)

시장모형은 전통적 관료모형의 비효율성을 극복하기 위해서 조직 내부에 인센티브를 부여해 시장원리에 의한 효율성을 제고하는 데 초점을 둔 정부모형이다. 즉, 시장모형의 핵심은 새로운 거버넌스를 통한 정부 효율성의 제고라고 할 수 있다. G. Peters는 전통

적 관료모형의 비효율성은 정부관료제의 독점적 지위로 인해 내부경쟁이 발생하지 않는 것에서 기인하는 것으로 파악하였다. 이러한 시장모형에 기초한 거버넌스의 예로서는 행정조직의 분권화, 지방정부에의 권한 위임, 성과급 등 민간 부문의 관리기법 도입 등이 있다.

(2) 참여모형(Participatory Model)

G. Peters는 전통적 관료모형의 비효율성이 나타나는 또 다른 문제는 바로 계층제적 권위로 인한 참여부족으로 인식한다. 따라서 참여모형은 정치적이고 민주적인 방식으로 정부 효율성을 향상시키고자 하는 것이다. 참여모형에서의 조직구조는 수평적 형태의 조직구조를 추구하며, 관리는 TQM과 팀제의 속성을 지니게 되며, 정책결정은 협의나 협상을 통해 이루어지는 등 참여와 협의를 강조한다.

(3) 신축모형(Flexibility Model)

전통적 관료모형의 중요한 특징 중 하나는 조직의 영속성이다. 즉, 장기적이고 지속적인 관료제에 기초한 통치모형이다. 그러나 신축모형은 정부의 인력 및 조직의 영속성이 정부 비효율성 발생의 근본 원인이라 생각한다.

신축모형에서는 영속적 조직에서 나타날 수 있는 타성과 변화에의 거부 등을 예방하는 데 주안점을 둔다. 이를 위해서 신축모형은 기존 조직의 지속적인 폐지와 신설을 통한 신축적 운영이 필수적이라고 주장한다.

(4) 탈규제모형(Deregulation Model)

탈규제모형은 정부 내부의 규제를 철폐함으로써 공공 부문에 내재하고 있는 잠재력과 독창성을 분출시키는 데 초점을 둔다. 즉, 번문욕례 등의 내부제약요인을 제거함으로써 구성원들이 새롭고 창의적인 활동을 할 수 있도록 하여 효과적인 행정을 달성하고자 하는 것이다. 탈규제모형은 정부 내부의 규제를 철폐함으로써 관리자들의 관리능력을 향상시킬 수 있고, 구성원들의 창의성을 제고할 수 있다고 본다.

이들을 요약하면 〈표 16-1〉과 같다.

〈표 16-1〉 G. Peters의 네 가지 정부모형

구 분	시장모형	참여모형	신축모형	탈규제모형
진단 기준	독점	계층제	영속성	내부규제
구 조	분권화	수평조직	가상조직	특정제안 없음
관 리	성과급 민간관리기법	TQM, 팀제	임시적 관리	관리재량권 확대
정책결정	내부시장 시장유인	협의, 협상	예비실험 (임시성)	기업가적 정부
공 익	저비용	참여, 협의	저비용, 신축성	자율성, 창의성

* 자료: G. Peters,1995: 54-206.

2) G. Peters & J. Pierre(2005)의 다섯 가지 모형

G. Peters와 J. Pierre(2005: 11-12)는 그들의 최근 저서, 「복잡한 사회를 향한 거버넌스」(*Governing Complex Societies*)에서 정부와 시민과의 관계를 중심으로 다음과 같은 다섯 가지 거버넌스 분석모형을 제시하고 있다.

(1) 국가통제모형(Étatiste Model)

국가통제모형은 정부의 통치과정에서 사회적 행위자들의 참여가 배제되어 있는 모형이며, "정부 없는 거버넌스"(*governance without government*)를 반대하는 전형적 국가주의모형이다. 이 모형의 주요 전제는 정부(*government*)가 모든 거버넌스 측면에서 가장 중요한 행위자이고, 사회적 행위자들에 대한 지배권을 가지게 된다는 점이다. 가장 강력한 형태의 국가중심성과 강한 정부역할을 상정하는 통치모형이다.

(2) 자유민주주의 모형(Liberal-democratic Model)

국가통제모형이 유럽형 국가주의 모형이라면, 자유민주주의 모형(*liberal-democratic model*)은 미국형 국정운영모형에 해당된다. 이는 정부의 강한 역할을 인정하는 것으로 전통적 다원주의 모형을 수정한 신다원주의 모형(Neo-pluralism)에 가까운 것으로 이해할 수 있다. 여기에서는 사회행위자들이 국가(*state*)에 영향을 미치기 위해 다양한 형태로 경쟁하게 되지만, 이들 중에서 최종 선택할 수 있는 정책적 권리는 국가가 가지게 된다. 그러나 국가는 사회의 영향으로부터 완전히 자유로울 수 없다는 점에서 위에서 제시된 국가통제모형보다는 국가중심성이 느슨한 형태의 거버넌스 모형이다.

(3) 국가중심 조합주의 모형(State-centric Corporatism Model)

국가중심 조합주의 모형은 국가통제모형에서 설정하는 강력한 형태의 국가중심성이 사회쪽으로 약간 이동한 상태이며, 국가조합주의(*state-centric corporatism*)와 정형화된 국가-사회관계(*formalized state-society relationships*)의 다양한 형태들이 이 모형에 해당된다고 볼 수 있다. 국가가 정치과정의 중심에 있지만, 사회적 행위자들과 관련되어 제도화된다. 국가는 사회행위자 파트너들과의 관계에서 실질적인 권력(*substantial powers*)을 가지지만, 국가-사회 상호작용이 많이 강조되는 모형이다. 국가중심 조합주의(*state-centric corporatism*) 모형은 이러한 국정운영패턴의 원형으로 여겨진다.

(4) 사회중심 조합주의 모형(Societal-centric Dutch Governance Model)

사회중심 조합주의 모형은 국가중심 조합주의 모형보다 국정운영의 중심이 보다 사회쪽으로 이동한 상태이며, 네덜란드 학자들(Dutch scholars)이 거버넌스에 접근하는 방식을 지칭한다(Kickert, 1996; Kooiman, 1993). 또한, 이것은 네덜란드 정치 속에 실재하는 사회중심 조합주의(*societal-centric corporatism*) 모형이다.

이 모형은 국정운영(*governing*)에 있어 사회적 네트워크의 역할에 크게 의존하며, 국가운영과정에 있어 다수의 행위자들이 수반되는 형태의 거버넌스이다. 이 접근방식에서 사회(*society*)는 더 강력한 행위자가 되는데, 사회적 네트워크는 국가의 권력을 면할 수 있는 자기조직화 능력이 주어지며, 그러한 자기조직화를 통해 스스로를 자율규제(*self-regulation*)한다.

(5) 자기조정 네트워크 모형(Governance without Government Model)

마지막으로, 국가가 국정운영의 능력을 잃었으며, 따라서 개별 행위자들이 자신의 이익을 위한 자기조정(*self-steering*) 거버넌스를 창조하는 형태가 최선이라고 생각하는 학자들이 고안한 모형이다. 사회적 행위자들의 자기조정 네트워크를 강조하며, 이상에서 논의한 모형 중에서 국정운영의 중심이 사회쪽으로 가장 많이 이동해 있는 순수 사회중심형 거버넌스 모형이다.

3) J. Newman(2001)의 거버넌스 유형

Janet Newman(2001)은 그의 저서, 「현대적 거버넌스」(*Modernising Governance: New Labour, Policy and Society*)에서 거버넌스를 '집권화-분권화 정도'와 '혁신과 변화-지속성과 질서' 등의 두 가지 기준에 따라, 1) 계층제 유형(*hierarchical*), 2) 합리적 목표

(*rational goal*), 3) 개방체제(*open system*), 4) 자치거버넌스(*self-governance*) 등의 4가지로 나누어 설명하고 있다.

(1) 계층제 유형(hierarchical)

전통적 정부통치 방식인 관료제적 계층제를 통하여 정책의 결정 및 집행과정을 통제하는 올드 거버넌스 유형이다. 따라서 법률과 규정이 엄격하며, 집권화와 수직적 통합이 강조되며, 지속성과 질서가 강조된다. 변화에 대해서는 강한 저항이 있지만, 책임성에 대해서는 강점을 지니게 된다.

(2) 합리적 목표 유형(rational goal)

집권화와 수직적 통합을 지니지만 혁신과 변화를 추구하는 거버넌스 유형이다. 단기적 산출의 극대화를 이룰 수 있으며, 인센티브를 통한 보상 및 처벌이 이루어진다. 책임의 확보는 계약을 통해 이루어지며, 권력은 세부단위의 각 기관이나 조직에 부여된다.

(3) 개방체제 유형(open system)

분권화와 차별화의 네트워크 형태 속에서 혁신과 변화를 추구하는 거버넌스 유형이다. 네트워크 형태의 상호작용 및 반복작용이 발생하게 되는 유형으로 권력은 철저히 분산되고 분권화되며, 네트워크 거버넌스 형태의 속성을 가지게 된다.

이때 네트워크 관계는 역동적이고 새로운 과제와 수요에 따라 재형성되므로, 책임소재가 불분명해지는 단점을 지닌다.

(4) 자치거버넌스 유형(self-governance)

분권화와 차별화의 네트워크 형태 속에서 지속성과 질서가 강조되는 거버넌스 유형이다. 자치거버넌스 유형은 장기적인 시각에서 관계의 지속적 구축을 지향하며, 시민사회의 역할 강조에 비중을 둔다. 따라서 민관 파트너십이 중시되며, 정책결정 및 집행과정에의 참여에 있어 호혜적 책임성을 근간으로 하게 된다. 자치거버넌스 유형은 참여적 민주주의에 철학적 토대를 두고 있다.

이상에서 논의한 Newman의 거버넌스 유형을 도식화하면 〈그림 16-1〉과 같다.

〈그림 16-1〉 Newman의 거버넌스 유형

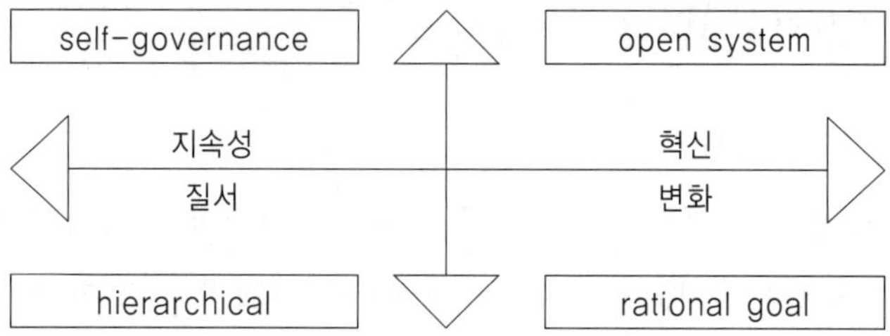

* 자료: J. Newman, 2001: 34.

4) J. Kooiman(2003)의 거버넌스 유형

Jan Kooiman(2003)은 「거버넌스로서의 통치」(*Governing as Governance*)에서 거버넌스의 유형을 국가-사회의 중심성을 기준으로, 1) 자치거버넌스(Self-governance), 2) 협력거버넌스Co-governance, 3) 계층제거버넌스(Hierarchical-governance)로 크게 세 가지로 구분하였다. 자치거버넌스는 순수하게 사회적 행위자들간의 자기조직적 네트워크 능력을 강조하는 개념이고, 계층제거버넌스가 국가관료제 중심의 계층제를 토대로 한 거버넌스적 국정운영을 강조하는 개념이라면, 협력거버넌스는 민관 협력(Public-Private Cooperation)과 파트너십(Public-Private Partnership)을 토대로 한 커뮤니케이션과 네트워크 조정을 강조하는 개념이라고 볼 수 있다.

(1) 자치거버넌스(Self-governance)

자치거버넌스는 진화생물학에서 말하는 생명 그 스스로의 학습과 그것을 통한 발전이라는 개념을 조직의 탄력적 변화에 차용한 거버넌스이다. Ilya Prigogine(1984)이 말하는 생명의 자기조직화 능력(*self-organizing capacity*)을 사회과학에서 자기조정능력(*self-governing capacity*)이라는 개념으로 차용한 개념이라고 볼 수 있다.

자치거버넌스는 사회 행위자들간의 상호작용의 결과로서 사회의 자기조직적 네트워크가 생성된다고 파악하며, 국정운영의 관점에서도 사회적 행위자들간의 상호작용과 자기조정능력을 중시한다. 자치거버넌스 모형에서는 개별 행위자가 스스로의 학습과 성장을 통해 보다 더 큰 사회조직을 이루어나간다고 보며, 여기에서 중요한 것은 개별 행위자들 각각의 능력보다는 사회전체적으로 이들 사이에 존재하는 관계네트워크 능력이라고 본다.

(2) 협력거버넌스(Co-governance)

협력거버넌스는 정부와 민간의 협력을 토대로 양자간의 긴밀한 의사소통과 네트워크 능력을 강조하는 개념이다. 협력거버넌스는 현대사회의 복잡성, 다양성 및 역동성에 주목한다(*societal diversity, dynamics, and complexity*). 이러한 사회에서는 사회 행위자들이 복잡하고 다양하게 변화하고 있기 때문에 국정관리방식에 있어서도 정부와 민간의 다양한 형태의 협업(*collaboration*)과 네트워크 능력(*networking capacity*)이 필요하다는 점을 강조한다. 따라서 협력거버넌스는 정부와 민간의 상호 존중의 원리(*principles of reciprocity*)에 기초한 협력관리(*co-management*)와 의사소통 거버넌스(*communicative governance*)를 중시하는 거버넌스 개념이라고 할 수 있다.

(3) 계층제거버넌스(Hierarchical-governance)

계층제거버넌스는 국가관료제 중심의 계층제를 토대로 한 거버넌스적 국정운영을 강조하는 개념이며, 거버넌스적 국정운영의 수단에는 시장 메커니즘과 시민사회와의 협력이 포함된다. 정부는 사회의 거버넌스 능력을 강화하기 위해 전통적 Marx-Weber식 관료제의 통제(*control*)보다는 사회운영에 있어 조정(*steering*)이라는 개념을 강조한다.

5) 요약 및 결론

거버넌스 유형은, 이상에서 보듯이 여러 학자들에 따라 다양하게 접근되고 있지만, 이들은 공통적으로 국가중심성 vs. 사회중심성을 기준으로 국가통제모형과 자기조정 네트워크모형의 연장선상에서 파악하고 있다는 것을 알 수 있다. 또한, Kooiman이 분류한 3개의 유형과 Newman이 분류한 4개의 유형에서는 양자간의 유사성을 발견할 수 있는데, 이들은 공통적으로 계층제 거버넌스와 자치거버넌스를 지적하고 있다. Kooiman과 Newman이 언급하는 계층제 거버넌스는 Peters & Pierre가 말하는 국가중심모형에 해당하며, 자치거버넌스는 자기조정 네트워크모형에 가깝다고 할 수 있겠다.

이러한 학자들이 언급하는 거버넌스의 공통점은, G. Stoker(1998: 17-28)가 말하는 거버넌스 5대 명제에서도 확인할 수 있는데, 우리는 이러한 명제들을 통해서 거버넌스 개념이 지니는 공통요인들을 발견할 수 있다.

첫째, 거버넌스는 정부 혹은 정부를 넘어서는 제도 및 행위자들과의 복합적인 상호작용의 집합물을 의미한다.

둘째, 거버넌스는 국가가 직면하는 사회문제를 해결하는 데 있어서 정부와 사회 행위자들간의 경계가 무너져가는 일련의 패턴을 지칭한다.

셋째, 거버넌스는 국가가 해결하고자 하는 집합행동(*collective action*)을 해결하는 데 있어서 정부와 사회 행위자들간의 연계된 권력관계를 포함한다.

넷째, 거버넌스는 정부를 넘어선 사회 행위자들간의 독립적이고 자치네트워크를 포함한다.

다섯째, 거버넌스는 수직적 정부권력에만 의존하지는 않는 또 다른 형태의 사회문제 해결방식을 지칭한다.

5. 뉴거버넌스이론

1) 뉴거버넌스의 개념

세계적인 정부혁신 논의와 노력들이 진행되면서, 전통적인 국가(정부), 시장(기업), 시민사회(NGO)라는 3분법의 경계가 점차 희석화되고 있고, 각 부문의 독자적인 기능과 역할이 강조되기 보다는, 상호간의 협력과 경쟁을 강조하면서 새로운 대안들을 모색하는 경향이 나타나고 있다. 이런 대안적인 논의 중의 하나가 뉴거버넌스(*new governance*) 개념인데, 이는 전통적인 행정모형뿐 아니라, 신공공관리와도 엄밀히 구분되는 새로운 패러다임으로 제기되고 있다(Salamon, 2002: 9-19).

2) 뉴거버넌스의 이론모형

뉴거버넌스의 개념은 논자에 따라 달리 접근될 수 있는 다양한 어의를 총칭하고 있다. 논의를 가장 단순화 시켜보면 국가중심적 거버넌스는 계층제 중심의 거버넌스이고, 신공공관리론은 계층제중심의 운영에 관리주의적 기법(민간경영기법과 민간위탁관리)과 시장주의적 요소(가격, 경쟁, 유인)들을 도입한 것이라면, 뉴거버넌스는 계층제중심의 수직적 모형보다는 네트워크 중심의 수평적 모형을 강조한다. 또한, 뉴거버넌스는 시장 및 시민사회와의 신뢰와 협동에 기초한 보다 많은 참여와 조정, 연결 및 네트워크를 강조하는 개념이다. 이러한 뉴거버넌스이론모형은, G. Peters와 J. Pierre 그리고 Rhodes의 표현을 바로 빌리자면, 시장과 시민사회와의 보다 많은 협력과 조정("concert and coordination," 타협과 연결("bargaining and networking")을 강조한다(G. Peters and J. Pierre, 2006: 5; G. Peters, 1995; G. Peters & J. Pierre, 2005; Rhodes, 1990, 1996).

J. Kooiman(2003) 역시 뉴거버넌스의 의미를, 계층제를 강조하는 계층제 거버넌스 및 공사협력(민관협력)을 강조하는 협력 거버넌스와 대비하여(이들을 배제하는 것은 아니지만), 다양한 행위자들간의 신뢰와 협동을 바탕으로 참여와 네트워크에 기초한 문제해결방식을 강조하는 자치거버넌스 혹은 네트워크 거버넌스의 의미로 접근하고 있다. 이때 뉴거

<표 16-2> 거버넌스 유형에 대한 최근 논의

<table>
<tr><th colspan="2">기존분류</th><th colspan="2">최근분류</th><th rowspan="3">특 징</th></tr>
<tr><th colspan="2">운영주체
(Key Actors)</th><th colspan="2">운영양식
(Modes of Governance)</th></tr>
<tr><th colspan="2">기존연구</th><th>Guy Peters & Jon Pierre(2006)</th><th>Jan Kooiman(2003)</th></tr>
<tr><td>국가</td><td>국가 중심</td><td>국가통제 모형
(Étatiste Model)</td><td>계층제거버넌스
(Hierarchical-Governance)</td><td>올드거버넌스
(Old Governance)</td></tr>
<tr><td>사회</td><td>시장 및 시민 사회 중심</td><td>자유민주주의 모형
(Liberal-democratic Model)
국가중심 조합주의 모형
(State-centric Corporatism Model)
사회중심 조합주의 모형
(Societal-centric Dutch Governance Model)</td><td>협력거버넌스
(Co-Governance)</td><td>NPM적 거버넌스[3]
(NPM Governance)
* 공-사, 민-관 협력 강조
* 협업 강조</td></tr>
<tr><td colspan="2">네트워크</td><td>자기조정 네트워크 모형
(Governance without Government Model)</td><td>자치거버넌스
(Self-Governance)</td><td>뉴거버넌스
(New Governance)
* 자율적 네트워크
(참여, 연결, 조정)
* 다양한 행위자
(신뢰, 협동)</td></tr>
</table>

버넌스는 계층제중심의 명령이나 통제에 기초한 '소수의 관료 지배'에 의한 조정 방식도 아니고, 시장중심의 가격이나 경쟁에 기초한 '보이지 않는 손'에 의한 조정 방식도 아닌, 신뢰와 협동에 기초한 참여와 네트워크에 의한 조정과 문제해결 방식을 강조하는 개념이다. 최근에 이러한 뉴거버넌스 개념은 자치거버넌스(Self-Governace, Kooiman, 2003; J. Newman, 2001), 자기조직적 네트워크(자기생명적, 자기형성적, 자기진화적 네트워크, Rhode, 1996; Ilya Prigogine, 1984), 자기조정 네트워크(G. Peters & J. Pierre, 2005) 등 다양한 형태의 네트워크 거버넌스로 지칭되고 있다. 이상의 논의를 간략히 표로 도식화하여 보면 <표 16-2>와 같다.

3) 뉴거버넌스의 핵심은 신뢰와 협동, 참여와 네트워크, 조정과 연결을 강조하는 개념이다. 하지만, 이를 이 표에서 구획짓고 있듯이, NPM적 거버넌스와 명확하게 구분짓기에는 다소 무리가 따르는 것이 사실이다. NPM적 거버넌스 역시 협업과 네트워크 관리를 포함하고 있기에 NPM 역시 네트워크의 조정 능력을 포함하고 있다. 따라서 이 둘은 서로 명확히 대칭되는 개념이라기보다는 NPM의 발전선상에서 뉴거버넌스의 조정과 연결, 신뢰와 협동, 참여와 네트워크가 강조

6. 뉴거버넌스의 행정학적 쟁점

1) 이론적 함의

(1) 뉴거버넌스와 전통적 행정

뉴거버넌스는 전통적인 행정과 구분되는 특징을 가지고 있다

첫째, 전통적 행정조직의 관료적 계층제에 의한 정책추진모형에서 외부 이해당사자들의 조직적 네트워크에 의한 정책추진모형이다.

둘째, 공-사 구분이 엄격했던 정부주도적인 관계에서 공-사 구분이 모호해지면서 양 부문 사이의 공조에 의한 정책집행과 공공서비스 전달로 변화하였고, 정부의 지시와 통제에 의존하기보다, 정책네트워크에 참여하는 이해관계자들의 협상과 설득이 주요 정책결정 스타일로 부각되는 정책추진모형이다.

셋째, 관료제의 내적 관리기술보다는 외부 네트워크 관계자들의 참여와 책임을 공유하는 정책추진모형이다.

(2) 뉴거버넌스와 NPM

NPM과 뉴거버넌스간의 개념적 구분에 대해서는 많은 논란이 있다. 이는 뉴거버넌스의 개념에 대한 일관된 합의가 도출되지 않았고 이론적인 논의가 여전히 진행되고 있기 때문이다. 간혹 양자는 동일하거나 혹은 유사한 개념으로 이해되는 경우가 있다. 좋은 예로 거버넌스의 유형을 분류하면서 Rhodes(1993)는 NPM을 6가지 유형 중 하나로 분류하고 있으며, Peters(1995)도 시장적 정부라는 유사한 용어를 빌려 NPM을 포함시키고 있다.

〈표 16-3〉 전통적 행정과 뉴거버넌스

전통적 행정	New Governance
기관과 프로그램	도 구
계서제	네트워크
공-사 구분	공-사 공조
지시와 통제	협상과 설득
관리기술	역량화기술

* 자료: Salamon, 2002: 9.

된 것으로 이해하여야 할 것이다.

그러나 양자는 여러 가지 면에서 차이를 보이고 있는데, 이를 보다 구체적으로 살펴보면 다음과 같다.

첫째, NPM은 경쟁의 원리를 중시하지만, 뉴거버넌스는 시장주의에 입각한 경쟁보다는 신뢰를 기반으로 조정과 협조가 이루어진다는 점을 들 수 있다.

둘째, NPM은 행정기능의 상당부분이 국가의 역할보다는 민영화, 민간위탁 등을 통해서 민간에게 이양하였다. 그러나 뉴거버넌스에서는 국가의 역할을 부정하기 보다는 민간의 힘을 동원하고, 공동체 구성원들의 적극적 참여에 의한 공적문제 해결을 중시한다.

셋째, NPM은 국민을 공리주의에 입각하여 국정의 대상인 '고객'으로 보지만, 뉴거버넌스는 시민주의에 바탕을 두고 덕성을 지닌 '시민'으로 본다.

넷째, NPM은 시장논리에 따라 행정의 생산성이나 효율성을 중시하지만 뉴거버넌스는 구성원간의 참여와 합의를 중시하므로 행정의 민주성 등에 초점을 두게 된다. 또한 NPM은 행정의 경영화에 의한 정치행정 이원론의 성격이 강하지만 뉴거버넌스는 담론이론 등을 바탕으로 한 다양한 구성원의 참여를 중시하므로 행정의 정치성(일원론)을 중시한다고 볼 수 있다. 즉 이러한 차이의 원인은 앞에서도 살펴본 바와 같이 절차적 민주성의 확보를 중시하는 시민중심적 거버넌스의 참여・네트워크라고 할 수 있다(권기헌, 2007a; 2007b).

결국 NPM이 내부규제 완화와 경쟁원리 도입 등 조직 내부의 관리 개혁을 강조하는 반면, 뉴거버넌스는 조직 외부와의 관계 변화를 통해 행정개혁을 강조한다는 점에서 양자는 구별된다고 볼 수 있다(최성욱, 2004: 253).

한편 NPM이 뉴거버넌스는 정부의 권한과 영역의 축소, 방향잡기(*steering*)의 강조, 민관협력의 중요성 인정이라는 점에서 비교해 보았을 때는 그 유사성 또한 지적할 수 있다. NPM에 입각한 정책적 기조나 하위 정책들이 결과적으로 민관의 네트워크를 강화하고 서비스 연계망을 급격하게 확대시켰다는 점에 주목하면 NPM이 뉴거버넌스의 착근에 중요하게 기여했다고 할 수 있다.

2) 행정적 함의

다원화・복잡화 되어 가는 현대사회의 정책과정에서 이해집단의 목소리는 점점 커져가고 있다. 정책집행에 있어서는 과거 고전 정책학에서 추구하던 효과성, 능률성뿐만이 아니라, 민주성, 대응성, 국민의 만족도까지 고려해야 한다. 또한 정책결정이 정부 단독의 의사뿐 아니라, 정책대상집단의 의사를 포함시키는 절차적 민주성이 충족되어야 하는 당위성도 높아지고 있다.

거버넌스 이론의 성립 이전, 정책실패의 원인은 정부 내부의 문제로 인식되었고 상의하향(Top-down) 방식의 정책결정이 주류를 이루었다. 그러나 거버넌스이론의 등장은 정책과정이 국가정부의 범위를 넘어서 사회 전 범위에 광범위하게 퍼질 수 있는 기초를 마련하였으며, 신공공관리(NPM)의 국가중심, 시장중심 거버넌스를 넘어 시민사회 거버넌스의 개념을 포함한 뉴거버넌스는 그 이론적 의의를 가지고 있는 것이다.

그러나 뉴거버넌스 개념을 우리나라에 그대로 적용하기에는 아직 한계가 있다. 우리나라의 역사적 맥락을 살펴볼 때, 뉴거버넌스의 이념이 정착하기에는 국가적 인식과 제도 및 분위기가 완전치 못하다고 할 수 있다. 한국의 정부는 신공공관리(NPM)의 대두로 그 외형을 축소하고, 정부 부문의 기능을 이양하는 데에는 많은 시간과 비용을 투자했지만, 민주성을 확보하고, 국민의 의사를 적극적으로 반영하는 데에는 상대적으로 소홀해 왔다고 할 수 있다. 이러한 점을 보완하기 위해서는 시민사회의 활성화를 위한 비정부조직(NGO)의 강화나 시장기능의 자율적인 작동을 촉진시켜야 한다. 같은 맥락에서 정부와 시민사회간에 신뢰(*trust*)가 구축되어야 한다. 사회구성원들 사이에 높은 신뢰적 관계가 구축되면 정부의 감시비용을 크게 줄이는 동시에, 자발적 순응을 확보할 수 있는 것이다. 즉, 시민단체와 국회, 정부, 정당, 기업, 언론 등이 서로 등권과 공영의 정신을 토대로, 경쟁과 협력 그리고 창조적 긴장관계를 적절하게 유지함으로써, 국가경영 자산으로서의 신뢰를 강화시켜 나가야 할 것이다.

제 2 절 갈등관리이론

1. 갈등의 개념

Elton Mayo에 의하면, 갈등이란 조직 내에서 자연적으로 일어나고 있는 현상이며, 조직은 그 성격상 어쩔 수 없이 내재적인 갈등을 안고 있다고 본다. 이는 고전적인 조직이론가들(Weber, Taylor, Gulick & Urwick, Fayol)이 본 것처럼 갈등은 나쁜 것이고 조직의 효과에 언제나 부정적인 영향을 미친다고 가정한 것과는 다른 시각이었다. 더 나아가 현대조직이론의 통합된 시각은 갈등은 그 자체로서 중립적인 것이고 갈등의 결과는 부정적일 수도 있고 긍정적일 수도 있다고 본다. 즉 어떻게 갈등을 관리하느냐에 따라서 갈등의 효과가 긍정적일 수도 있고 부정적일 수도 있는 것이다.

갈등관리는 민주적 국정관리의 핵심제도로 이해할 수 있다. 정책갈등관리의 기본전략으로는 정책갈등의 조기포착과 사전관리가 중요하며, 또한 정책집행에 따른 다양한 정책참여자들의 분석능력 제고 및 이해관계자의 참여와 갈등조정을 통한 거버넌스적 문제해결이 중요한바, 이러한 조기포착과 사전관리, 분석능력과 참여관리, 이해관계와 갈등조정 등은 민주적 국정관리의 핵심적 제도요소들이기 때문이다.

2. 갈등관리의 이해

국가와 시장 그리고 시민사회간에는 다양한 상호작용이 이루어진다. 기본적으로 국가는 시장에 대해 규제를 부과하게 되고, 시장은 시민사회에 대해 효율성을, 그리고 시민사회는 국가에 대해 민주화를 요구한다. 한편 국가는 시민사회에 대해 공공선의 확립에 관한 책임을 지고 있으며, 시민사회는 시장에 대해 나눔의 원칙을 고수해야 할 책임이 있다. 시장은 국가에 대해 자유화에 기초한 시장원리의 작동에 관한 책임을 보유한다.

이렇듯 상호간에 복합적으로 연결되어 있는 세 영역은 다시 공공과 민간, 영리 및 비영리, 공식 및 비공식부문으로 세분되며, 각 영역의 교차점에서 사회의 신뢰구조가 형성된다. 이 신뢰구조를 중심으로 공공선(*public good*)의 이해관계가 형성된다. 요컨대 세 가지 영역 군에서의 상호작용이 균형점을 가지고 있을 때, 갈등은 유기적으로 조정이 가능하며, 주요 행위자의 본래 기능과 사회적 책임이 제대로 작동하는 것을 필요로 하게 된다. 이때 공적 이익과 사적 이익간의 명확한 구분과 공통분모의 형성과정이 관건이 된다.

〈그림 16-2〉 갈등이해의 기본 틀

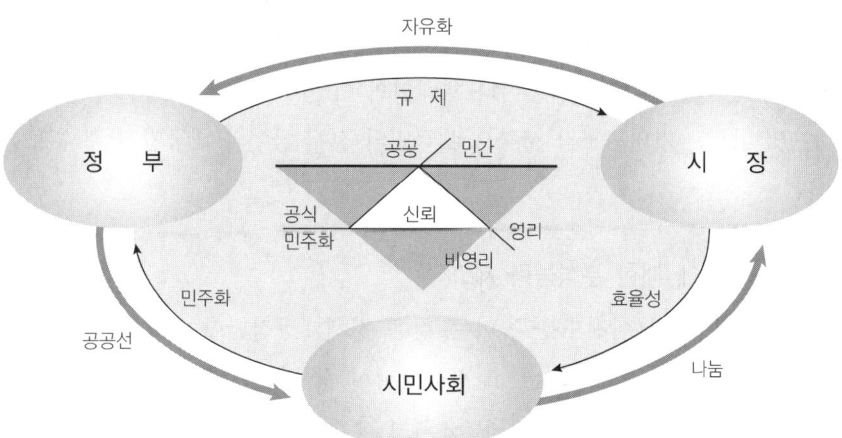

* 자료: 지속발전가능위원회, 2004.

갈등현상에 관한 고전적 정의는 이해관계의 제공자와 수혜자로 상정하였다. 양자간의 거래관계는 갈등관계를 조정하고자 하는 제3자에 의해 삼각형 모형을 이루게 된다.

3. 정책갈등의 관리전략

1) 정책갈등의 개념

정책갈등이란 정책결정 환경의 각 수준 간 또는 각 수준 내에서, 집행, 평가, 환류 과정에서 발생하는 갈등이다. 또한 정책갈등은 정부가 각종 정책이나 사업 또는 프로그램이나 프로젝트를 수행하는 과정에서 발생하는 갈등이다. 정책갈등은 정책결정 환경의 수준들과 각 수준의 하부수준들 차원에서 발생하며, 이는 다양한 원인들에 의해 발생한다.

2) 정책갈등관리의 기본전략

정책갈등관리의 기본전략으로는 정책갈등의 조기포착과 사전관리가 중요하며, 또한 정책집행에 따른 다양한 정책참여자들의 분석능력을 제고하고, 이해관계자의 참여 및 갈등조정을 통한 거버넌스적 문제해결을 통해 정책과정의 참여성, 숙의성, 합의성 등 민주성이 제고되어야 한다.

(1) 조기포착과 사전관리

갈등관리에 있어서 조기포착과 사전관리는 갈등예방에 관련된 개념으로, 조기포착에 의해 발견된 발생가능한 잠재적 갈등의 요소들을 해결하는 것이 핵심적 사항이다. 조기포착과 사전관리는 정책에 대한 여론이나 개개인의 의견에 대한 적극적인 수렴의 형태로 이루어질 수 있다. 즉, 거버넌스적 시각으로 국민의 정책 참여와 대국민 정책 홍보를 강조하는 것이다.

(2) 정책대상집단에 대한 분석능력 제고

정책대상집단에 대한 이해도를 높이는 것은 정책대상집단이 요구하는 점을 정확하게 파악하여, 그에 따라 정책을 조율하고 갈등발생시 각 집단들의 특성에 맞게 재빠른 갈등조정에 나설 수 있기 때문에 중요하다. 정책의 조율을 통하여 사전에 갈등을 예방・조정하거나, 갈등발생시에 대상집단들의 성향을 알고 있어서 발빠른 대응을 할 수 있다면 갈등관리에 있어서의 효율성을 제고할 수 있을 것이다.

(3) 민주적 절차성 제고

정책과정에 있어서 다양한 이해관계자들이 참여한다는 것은 정책의 거부점(*veto point*)이 그만큼 많아진다는 것이고, 이는 정책의 잠재적 갈등과 함께 잠재적 실패의 가능성도 그만큼 높아진다는 것이다. 이러한 정책환경의 변화는 갈등관리의 중요성을 더욱 부각시켰다. 갈등관리는 정책 참여자들간의 이해관계를 조율하고 갈등을 예방하는 것이고, 이 과정에서 강조되는 것이 민주적 절차성이기 때문이다. 요컨대, 정책과정에서 거버넌스적 문제해결을 위한 참여성, 숙의성, 합의성 등 민주적 절차성 제고는 정책집행의 성공을 위해서나 효과적인 갈등관리를 위해서 매우 중요한 가치로 등장하고 있다.

(4) 지식관리 역량 제고

지식관리는 갈등관리에 지대한 영향을 미친다. 갈등 조정・해결 방안에 대한 정부 내에 있는 산재되어 있는 지식들을 저장하고 가공하며, 공유를 통한 학습으로 지식관리역량의 제고를 통해 갈등관리를 해야 하는 것이다. 이를 위해서는 갈등관리의 새로운 메커니즘의 개발과 함께, 갈등조정기구의 상설화가 필요하며, 이를 통해 지금까지 정부 갈등관리 사례・안건에 대한 데이터베이스를 구축해야 한다.

4. 갈등관리의 행정학적 쟁점

1) 이론적 함의

(1) 조직행태론과 갈등관리

조직행태론은 현대의 복잡한 조직을 효과적으로 관리하기 위해서 조직 내 개인 및 집단 차원의 본질과 행태를 이해하기 위한 이론이다. 조직행태론의 조직관리의 연구에 있어서 갈능에 대한 관점은 꾸준히 변화되어 왔다. 1940년대 중반까지는 갈등을 부정적으로만 보고 이를 제거하는 것이 조직과 집단의 성과를 개선하는 길이라고 여겼지만, 그 이후 갈등은 필연적이며 때로는 조직의 성과를 향상시킨다는 관점으로 변화했다. 1970년대 중반 이후 상호 작용적 관점은 갈등이 오히려 조직 내에서 하나의 추진력으로 작용할 수도 있다는 것을 강조하며, 갈등의 형태에 따른 관리를 주장했다(이종수 외, 2005: 402-403).

이러한 관점의 변화에 따라 조직행태론에서는 조직 내에서 발생하는 갈등을 여러 기준에 따라 유형별로 분류해 각각에 대해 관리방안을 제시하고 있다.

조직행태론은 조직에 대한 연구를 통해 조직의 갈등은 갈등관리를 통해 오히려 조직의 긍정적인 효과를 극대화시킬 수 있다는 점에서 갈등관리론과 맥이 닿아있다. 더욱이 현대 사회가 정보화 사회로 이행함에 따라 전통적 피라미드 조직체계에서 수평적, 네트워크 조직으로 변화되는 과정에서 발생하는 여러 갈등을 효과적으로 관리하는 것은 궁극적으로 국가혁신을 이루는데 매우 중요하다고 할 것이다.

(2) 뉴거버넌스론과 갈등관리

갈등은 정부와 정부간 뿐만 아니라 정부와 민간, 민간과 민간 사이에서도 상당수 발생한다. 정부의 정책집행 및 업무수행과정에서 정책의 영향을 받는 지역 주민, 시민단체와 정부간 갈등 또 정책수혜자간 갈등도 있으며 노-사 갈등도 빈번한 사회문제가 되고 있다.

이러한 다양한 갈등은 다원주의 사회에서 당연한 일이지만 효과적인 정책집행을 저해시키고 사회적 비용을 발생시키는 등의 부정적 영향을 미친다. 따라서 이러한 갈등을 효과적으로 해소하고 긍정적인 방향으로 이끌어내기 위해 행정학 이론인 뉴거버넌스적 접근이 필요하다고 할 수 있다.

뉴거버넌스는 국가(정부), 시장(기업), 시민사회(NGO)가 각자 독자적인 기능과 역할이 강조되기보다는 상호간의 협력과 경쟁을 통해 국정운영의 새로운 대안을 모색하는 경향을 말한다(권기헌, 2008: 492). 뉴거버넌스이론은 갈등관리적 측면에서 정부와 민간, 그리고 시장이 서로를 협력자로 인정함에 따라 발생가능한 갈등을 미연에 방지하는 효과를 지니며, 갈등을 관리하는 과정에 있어서도 정부가 조정자적 입장에서 갈등 해소 노력을 기울이는 것이 필요하다. 정부와 민간의 갈등에 있어서는 NGO가 이러한 갈등을 중재, 조정하는 역할을 하며, 주민을 설득하고 정책에 정당성을 부여하거나, 혹은 주민의 의사가 정책에 반영되도록 노력한다.

이와 같이 뉴거버넌스적 접근은 갈등관리에 있어서 정부의 역할만이 부각되는 것이 아니라 시민사회나 시장 등과 같이 서로 협력해 갈등을 상호 조정, 중재하는 관계가 형성됨을 뜻하며, 이는 갈등관리의 효율성과 민주성 제고라는 의미에서 상당한 함의를 지닌다.

(3) 대표관료제와 갈등관리

대표관료제(*representative bureaucracy*)란 행정에 각계 각층의 사람들이 인구비례로 참여하는 관료제를 말한다(백완기, 1992: 73). 즉 정부관료제에 한 사회의 인적구성을 반영하여 관료제 내에 민주적 가치를 주입시키려는 의도에서 발달된 제도이다(이종수 외,

2005: 433).

이러한 대표관료제는 국정운영 과정에서 관료들의 재량권과 정책의 영향력이 강화되고 있는 상황에서 특정 집단이나 계층이 과다대표되거나 과소대표되는 것을 막고 집단간 갈등을 방지 및 효과적으로 관리할 수 있다는 측면에서 갈등관리와의 연관성을 찾을 수 있다. 미국의 흑백 갈등, 한국의 영호남 지역갈등, 성별 갈등은 그 규모가 너무 방대하고 갈등당사자가 뚜렷하지 않아 갈등관리의 어려움이 있는데 대표관료제는 이러한 점에서 현실적으로 불가피하게 제기되는 갈등의 부정적 요소를 해소하려는 노력이라고 할 수 있다. 또한 이러한 노력은 현대 사회구성원과 구성조직들의 분화가 다양하게 이루어짐에 따라 더욱 다양한 갈등관리 노력이 이루어져야 한다는 점을 시사한다.

2) 행정적 함의

갈등관리는 행정의 실천적 측면에서도 국정운영 과정과 성과에 많은 영향을 미치고 있는데, 여기에서는 이를 창의적 행정의 구현, 민주적 행정의 구현, 조직의 거래비용 감소로 나누어서 살펴보기로 한다.

(1) 창의적 행정의 구현

전통적인 시각에서는 갈등을 제거의 대상으로 바라보며 이를 통제하려 했지만 현대에는 중립적인 시각에서 갈등의 부정적인 측면은 억제하고 긍정적 측면은 관리를 통해 이끌어 내야 하는 관리의 대상으로 바라본다.

현대사회의 다양한 이해당사자간의 갈등의 발생은 기존의 행정과 정책결정 방식에 대한 제동 혹은 이의제기로 이해할 수 있으며, 정부는 이를 능동적으로 관리함으로써 창의적 행정을 구현할 필요가 있다. 정부는 갈등관리의 일환으로 행정과 정책의 이해당사자들에 대한 대응성을 높이고 행정과 정책결정 방식의 변화를 모색하는 적극적 노력을 기울일 필요가 있는데, 이러한 갈등관리의 과정은 기존 행정의 비융통성, 소극성, 경직성을 타파하고 창의적인 행정구현을 가능하게 한다.

(2) 민주적 행정의 구현

행정학적 측면에서 민주성(*democracy*)은 정부와 국민과의 관계, 정부조직 내부의 관계의 두 측면을 모두 포함한다. 정부와 국민과의 관계에서 민주성이란 행정이 국민의사를 존중하여 국민의 요구를 수렴하고, 이를 행정에 반영시킴으로써 대응성(*responsiveness*) 높은 행정과 책임성(*accountability*) 높은 행정을 구현하는 것을 말한다(이종수 외, 2005: 196).

갈등은 희소자원을 획득하기 위한 다양한 경쟁적 집단 사이의 투쟁이라는 점에서 갈등관리는 국민의 다양한 의사표시를 국정에 반영하여 행정의 대응성을 제고시키고, 집단 사이의 투쟁 대신 협력을 조성해 국정에 각각의 집단의 의견이 반영될 수 있도록 독려해야 한다. 또한 갈등을 조정하기 위해 특수 계층만의 행정이 아닌 각계각층을 위한 행정으로 행정의 민주성을 제고시켜야 한다. 정부조직 내부의 관계 측면에서도 조직간 갈등의 발생 원인인 행정 권력의 비대칭, 상의하달적 의사전달, 이해관계의 대립 등을 완화 또는 해소시키는 방향으로 갈등관리를 함으로써 조직의 대내 민주성을 증대시킬 수 있다.

이처럼 갈등관리와 행정의 민주성은 상호의존적 관계로 효과적인 갈등관리를 통해 행정의 민주성은 향상될 수 있으며, 민주성이 담보되었을 때 현대사회의 다양한 갈등은 보다 더 효과적으로 관리될 수 있게 된다.

(3) 조직의 거래비용 감소

현대사회의 행정과 정책은 다양한 이해당사자의 등장과 이들의 갈등으로 인해 원활한 집행에 어려움을 겪고 있다. 갈등은 기존의 행정, 정책결정에 제동을 걸게 되고 결정을 지체시키는데 이러한 기존 방식에 대한 제동, 즉 갈등은 이해당사자간 조정을 요청하게 되어 궁극적으로 조직의 거래비용(*transaction cost*)을 증가시킨다(안성민, 2000: 147). 또한 이러한 행정과 정책에 제동이 걸림으로써 일관성의 저해와 사회의 불확실성이 심화되고, 이에 따라 사회제도 유지비용, 경제적 거래비용, 마찰비용 등이 추가로 소모되어 행정의 효율성 및 국정운영의 혁신을 저해하게 된다.

갈등관리는 이러한 갈등의 악의적, 부정적 요소를 해소하여 국정운영에 있어서 정책과 행정의 일관성을 증대시키고 불확실성을 줄이는 한편, 행정과 정책집행이 원활하게 이루어짐으로써 의사결정비용 및 갈등조정비용을 줄이는 등 조직의 거래비용을 감소시키는 효과를 가져온다.

제 3 절 정책품질관리

1. 정책품질관리의 개념

정책품질관리제도란 정책품질을 성공적으로 관리하기 위해 필요한 요소들로 구성된 정책품질관리의 체제를 의미한다. 정책의 품(品)은 정책의 품격으로써 시대의 흐름을 반영해야 하고, 국민의 자유권리 보장 정도를 적절히 나타내야 하며, 정책목표와 실제목표간의 일치성이 있어야 하고, 정책실패에 대한 예측가능성 정도와 사회문제 해결을 위한 부담의 책임성이 내포되어야 한다. 또한 정책의 질(質)은 정책문제를 정확히 포착해야 하고, 정책목표의 타당성과 정부규제의 정당성 여부를 나타내야 하며, 정책실패나 오차의 수정 방안 구비 등을 기준으로 삼아야 한다. 이러한 논의 속에는 정책내용에 대한 품질향상과 정책과정에 대한 품질향상 모두를 포함하고 있으며, 이들이 모두 향상될 때 정책품질은 향상될 수 있을 것이다. 그리고 그 품질은 정부의 의도와 국민의 만족도를 증진하는 것이어야 한다.

정책품질관리란 정부가 정책실패 및 부실정책을 방지하기 위하여 정책의 품질을 체계적으로 관리・개선하려고 행하는 총제적인 노력과 활동인바, 이러한 정책품질관리는 정책의 민주성을 향상시키는 민주적 국정관리의 핵심제도로 이해될 수 있다. 정책품질관리제도는 다양한 이해관계자의 요구 증대와 시민사회의 발전 등으로 정책환경이 복잡하고 다양하게 변화하고 있으나, 정부의 정책관리시스템은 체계화되지 못해 "정책불량품"이 발생하고, "정책실패"가 반복되고 있는 상황에서 창안된 제도이다. 따라서 이는 정책 이해관계자들간의 충분한 참여와 숙의 그리고 정책대상집단에 대한 정책홍보강화를 통해 정책형성과 집행과정의 민주적 절차를 강화시키려는 종합적 노력이라고 할 수 있으므로, 민주적 국정관리의 핵심제도라고 할 수 있는 것이다.

2. 정책품질관리제도의 내용

정책품질관리는 정부가 정책실패 및 부실정책을 방지하기 위하여 정책의 품질을 체계적으로 관리 개선하려고 행하는 총체적인 노력과 활동으로, 정책의 전 과정에 걸쳐 체계적인 품질관리 방안을 수립・시행함으로써, 정책실패를 방지하고 정책효과를 제고할 수 있는 제도적 기반을 마련하는 것이다. 따라서 정책품질관리를 위해 정책 각 과정에 대해 체계적으로 검토・관리하는 것이 필요하다. 〈그림 16-3〉에서는 정책과정을 정책구상, 정책홍보, 정책집행, 정책평가 및 환류의 4단계로 나누어 각 과정에서 검토・관리해야 할 것에 대하여 세부적으로 언급하고 있다.

〈그림 16-3〉 정책과정상의 체크리스트

* 자료: 국무조정실, 2005.

1) 정책구상단계

정책구상단계에서는 정책수립의 필요성과 정책수립의 타당성, 두 가지 측면에서 품질을 관리한다. 정책수립의 필요성에서는 정책의 배경이라고 할 수 있는 현황 · 실태, 문제의 본질파악, 추진경위, 선행사례 및 유사 정책사례 검토 등을 중점 관리하며, 정책의 수립에서는 정책목표의 설정, 계획 수립, 사전 타당성, 관계기관 협의, 갈등관리와 영향평가 등을 중점 관리한다. 다음의 각 질문에 대한 긍정 또는 부정의 응답, 그리고 그에 따른 합리적인 근거가 제시되어야 할 것이다.

(1) 정책수립의 필요성

① 문제의 현황 및 실태는 어떠한가?
② 문제의 원인은 무엇이며, 어느 정도로 시급한가?
③ 지금까지 정부는 어떻게 대응해 왔는가?
④ 국내 · 외 유사사례 및 참고자료에는 무엇이 있는가?

(2) 정책수립의 타당성

① 정책목표는 무엇인가?
② 계획추진을 위한 세부내용 및 필요자원은 무엇인가?
③ 계획의 사전 타당성을 어떻게 확보할 것인가?
④ 협의가 필요한 관계부처(기관)는 어디이며, 어떤 절차를 거쳐야 하는가?
⑤ 갈등관리 방안 및 정책영향평가 등의 결과에 따른 대응책은 무엇인가?

2) 정책홍보단계

정책홍보단계에서는 홍보의 주체 및 대상 파악, 홍보 핵심 메시지 검토, 홍보시기 및 대응논리 개발 등을 중점 관리한다. 다음의 각 질문에 대한 긍정 또는 부정의 응답, 그리고 그에 따른 합리적인 근거가 제시되어야 할 것이다.

① 홍보주체 및 대상은 누구인가?
② 홍보하고자 하는 핵심 메시지는 무엇인가?
③ 어떤 언론매체를 통해 언제부터 어떻게 홍보할 것인가?
④ 예상되는 비판논리 및 이에 대한 대응논리는 무엇인가?
⑤ 여론의 반응에 따른 대응논리는 무엇인가?

3) 정책집행단계

정책집행단계에서는 일관성 유지, 집행 권한 및 자원의 적절한 배분과 관리, 정책에 대한 반응 확인과 대안, 중간점검과 평가 실시 등이 중점 관리사항이다. 다음의 각 질문에 대한 긍정 또는 부정의 응답, 그리고 그에 따른 합리적인 근거가 제시되어야 할 것이다.

① 정책이 계획대로 집행되고 있는지 점검(모니터링)하고 있는가?
② 집행과정에 제기된 문제점 및 대응방안은 무엇인가?

4) 정책평가 및 환류단계

정책평가 및 환류단계에서는 정책의 목표달성 정도와 성과 확인, 정책성과에 따른 평가와 보상, 정책사례에 대한 사후 학습 및 활용방안 마련 등이 중점 관리사항이다. 다음의 각 질문에 대한 긍정 또는 부정의 응답, 그리고 그에 따른 합리적인 근거가 제시되어야 할 것이다.

① 누가, 무엇을, 언제, 어떻게 평가할 것인가?
② 평가결과 및 평가결과의 시사점은 무엇인가?
③ 평가결과를 어떻게 활용할 것인가?

3. 정책품질관리의 행정학적 쟁점

1) 이론적 함의

(1) 신공공관리론과 정책품질관리제도

(가) TQM과 신공공관리론

신공공관리론은 먼저 TQM(Total Quality Management; 총체적 품질관리)과 밀접히 연계되어 있다. TQM은 제품 또는 서비스의 품질을 향상시켜 고객의 요구에 부응하는 것을 주된 목적으로 하는 민간경영기법인데, 이는 정책결정과정을 비롯한 행정의 전반적인 부분의 품질을 향상시키는 것을 목적으로 하는 신공공관리론과 긴밀하게 연결되어 있다(박경표, 2002: 4; 박연호, 2003: 429).

(나) 신공공관리론과 정책품질관리제도

정책품질관리제도는 정책결정과정에 있어서 시장경제 내에서의 민간기업의 경영기법을 도입함으로써 생길 수 있는 비효율적 요인을 최소화 하고 정책의 성공률을 높이기 위한 노력이라 할 수 있다. 과거 관료주의적 병폐를 해결하기 위한 노력이라는 측면에서 각 조직의 성과와 실적의 중요성이 부각되고 그에 따라 관리자의 책임이 더욱 중요시되면서 각 개별 조직의 효율성이 증대되는 결과를 가져오게 된다. 결국 신공공관리론은 효율적인 조직관리를 통해 정책결정과정의 비효율적인 요소를 줄이고, 그에 따라 정책의 품질을 제고함으로써 정책의 성공가능성을 높인다는 측면에서 정책품질관리제도에 큰 영향을 끼쳤다고 할 수 있다.

(2) 국가혁신이론과 정책품질관리제도

국가혁신이론이란 국가운영에 관한 지식과 정보의 효과적인 관리를 통해 국가전체의 문제해결능력과 위기관리능력을 향상시킴으로써, 궁극적으로 국가운영의 전반적인 효율성(생산성)-민주성(참여성)-성찰성(신뢰성)을 높이려는 체계적인 노력이라 할 수 있다(권기헌, 2008: 411). 그리고 성과관리, 갈등관리, 지식관리, 정책품질관리 등이 그 요소이다. 여기서 정책품질관리제도와 다른 국가혁신이론들간의 상관관계를 찾아볼 수 있다.

(가) 성과관리와 정책품질관리제도

정책품질관리에 있어 성과관리는 매우 중요한 개념이다. 성과관리(*performance management*)란 정부혁신의 핵심 수단으로서 조직의 장기 비전 또는 전략을 효과적·능률적으로 달성하기 위하여 조직의 성과와 개인의 성과를 일련의 성과지표를 통하여 체계적으로 집계・관리・환류하는 과정이라고 할 수 있다(이세구, 1999: 19). 성과지표를 통한 성과측정은 공공책임성과 정책결정력을 높이는 데 크게 기여함으로써 실효성이 제고되는 등의 효과를 기대할 수 있다. 이는 정부가 정책실패 및 부실정책을 방지하기 위하여 정책의 품질을 체계적으로 관리・개선하고자 하는 정책품질관리제도와 상당히 합치되는 의미를 지닌 것이라고 볼 수 있다.

(나) 갈등관리와 정책품질관리제도

우리 사회를 조직하고 있는 구성원들은 다양한 가치, 배경, 지식, 문화를 가지고 상호작용하고 있기에 갈등은 필연적이라고 할 수 있는데, 이러한 갈등은 현대에 이르러 더욱 더 복잡한 양태를 보이고 있다. 따라서 정책결정과정과 정책품질관리를 위해서는 이러한 다양한 갈등에 대한 관리시스템이 중요하게 대두된다고 할 수 있다. 특히 정책품질관리를 위한 단계별 체크리스트의 정책을 수립하는 부분에서 관계 부처의 협의, 관계 기관 및 이해관계 당사자들과의 갈등조정 방안은 갈등관리 및 정책결과에 매우 중요하게 영향을 끼친다고 할 수 있다.

(다) 지식관리와 정책품질관리제도

지식관리란 조직 내에서의 지식을 어떻게 관리하고, 지식을 조직의 성과를 위해 어떻게 활용할 것인지를 말하는 데, 지식을 효과적으로 창출, 축적, 공유, 활용하는 과정은 정책의 품질을 향상시키는 데 매우 중요한 작용을 하게 된다. 이러한 지식관리는 정부의 경쟁력 제고에 결정적인 역할을 하며, 하나의 정책뿐만 아니라 미래의 정책품질 및 성공에도 매우 중요한 영향을 준다.

2) 뉴거버넌스와 정책품질관리제도

거버넌스이론은 신공공관리이론에서 민주주의적인 개념이 추가된 이론이라 할 수 있는데, 하나로 정해진 이론이라기 보다는 정치적 경제적 환경에 따라 다르게 정의되면서 지속적으로 진화해 가는 이론이다. 거버넌스 개념의 핵심은 "사회체계의 대등한 관계에서의 조정"을 전제로 하고 있다(Pierre, 2000: 3). 거버넌스는 공동체 운영의 새로운 체제, 제도, 메커니즘 및 운영방식을 다루는 것으로, 기존의 통치(*governing*)나 정부(*government*)를 대체하는 것으로 등장하고, 그 개념도 점차 확대되는 과정에 있다.

뉴거버넌스이론은 거버넌스이론의 연장선상에 있다고 할 수 있다. 그러나 거버넌스 이론과는 달리 신공공관리론과는 구별되는 특성을 지닌다. 전통적 행정모형이 관료적 계층제(명령, 통제)에 의존하고, 신공공관리가 시장기제(경쟁, 유인)를 강조한다면, 뉴거버넌스는 참여와 네트워크에 의한 문제해결 방식인 것이다(권기헌, 2008: 492). 즉, 기존 거버넌스이론에서 신공공관리이론의 시장경쟁원리보다는 구성원들간의 신뢰, 협동이 더 강조되는 개념이라고 할 수 있으며, 특히 국민을 고객으로 삼았던 신공공관리의 인식을 넘어 정책의 참여자 및 주체로 인식하게 된다. 이러한 맥락은 정책품질관리제도가 정책과정의 전반적인 단계에 있어서 각 주체들의 참여 및 네트워크를 더욱 더 중요시하고, 정책구상 및 정책홍보에 있어서도 정책 행위자들과의 긴밀한 협조를 강조한다는 점에서 정책품질관리제도와 뉴거버넌스이론 사이에는 매우 밀접한 이론적 연계성이 있음을 알 수 있다.

3) 행정적 함의

정책품질관리제도는 행정의 실천적 함의에도 많은 영향을 미치게 되는데, 여기서는 이를 행정의 효율성, 행정의 책임성, 행정의 민주성이라는 관점에서 살펴보기로 한다.

(1) 행정의 효율성

정책품질관리의 도입은 행정조직의 효과성과 능률성을 극대화할 수 있다. 정책품질관리는 정책의 전 과정에서 필요한 점검사항들을 매뉴얼화하고, 관리기법을 적용하여 문제를 해결하며, 정책과정별 관리카드의 작성 및 정보화 기반 구축으로 실시간으로 정책동향을 파악할 수 있도록 한다.

이러한 정책관리를 바탕으로 한 지속적이고 주기적인 업무과정 기록을 통해 정부는 정책과정상에서 발생할 수 있는 정책 실패 및 정책오류의 발생지점을 효과적으로 탐색할 수 있게 되기 때문에 효율적인 업무 프로세스를 재설계할 수 있다. 또한 정보화된 정책과정은 정부정책의 담당자가 바뀌게 될 경우 인수인계에 따른 부작용을 감소시킬 수 있기 때문에 업무의 연속성을 보장할 수 있게 함으로써 행정의 효율성을 제고시킨다.

(2) 행정의 책임성

정책품질관리를 통해 행정의 책임성과 투명성, 신뢰성을 확보할 수 있다. 정책품질관리는 컴퓨터상에 정책품질 관리카드를 운영하게 되고, 이 카드에는 정책 담당자 및 담당부서, 점검사항 관련 주요 계획활동 내용을 기록하게 된다. 즉, 정책단계별로 누가 어떤 절차를 어떤 계획에 의하여 어떠한 방법으로 언제 수행하였는지 기록하는 것이다. 이러한 정책품질관리의 운영 특징으로 행정업무의 책임성 확보와 업무에 대한 권한을 명확히 할 수 있다. 또한 정책이 집행되어 가는 과정을 지속적으로 기록하고, 이러한 정보를 국민에게 공개하는 과정을 통해 업무내용에 대한 투명성과 신뢰성 역시 확보할 수 있게 된다.

(3) 행정의 민주성

정책품질관리는 국민을 주체로 생각하는 추진원리를 통해 민주성을 향상시킬 수 있다. 정책품질관리의 목표는 지속적인 정책의 관리를 통해 국민의 행정서비스 만족수준을 극대화하고, 국민의 부담을 최소화시키려는 것을 목표로 한다(김병국・김필두, 2006: 58). 이를 위해 정책품질관리가 추구하는 정부혁신의 방향은 고객지향성, 민주지향성의 혁신방식을 추구하기 때문에 국민이 중심이 되는 정책이 결정되고 집행될 수 있도록 도와준다.

제 4 절 요약 및 결론

민주적 국정관리는 미래지향적 국정관리에서 최근에 가장 강조되는 개념이라고 할 수 있을 정도로 중요성을 지니고 있다. 정부–시장–시민사회의 거버넌스의 핵심은 민주적 국정관리이며, 이를 통한 효율성과 실용성 확보라고 할 수 있기 때문이다.

민주적 국정관리는 민주성과 참여성을 핵심이념으로 하며, 이를 위해서는 관리역량(혁신, 관리)과 함께 정책역량(분석, 예측)의 강화를 필요로 한다. 민주적 국정관리를 위해서는 정부 외부와의 인터페이스 관점에서 정책관리의 참여성 및 대응성 제고가 필요한데, 이를 위한 이론 및 제도적 요소로서 이 장에서는 거버넌스이론, 갈등관리이론, 정책품질관리를 살펴보았다. 민주적 국정관리를 위해서는 거버넌스이론에서 제시하는 민주적 요소들을 토대로 하면서 갈등관리이론 및 정책품질관리에서 제시하는 정책적 역량을 필요하기 때문이다.

거버넌스는 라스웰(Lasswell)이 인간의 존엄성을 강조한 민주주의 정책학을 주창한 이래 행정학이 계층제적 관료제의 도구로 전락된 것에 대한 반성과 성찰의 결과이다. 전통적 행정학은 다양한 의견 투입이 원활하게 이루어지지 못하고 행정의 효율성만을 추구한 결과 행정불응과 같은 또 다른 비효율성을 양산하고 있었다. 이에 대한 반성으로 대두된 거버넌스는 다양한 이해관계자들의 참여를 제도적으로 보장함으로써 행정의 효율성과 동시에 민주성을 추구한다. 이와 마찬가지로, 현대의 정책갈등과 정책품질을 관리하기 위해서는 절차적 민주성에 대한 중요성이 매우 중요하게 대두되고 있다. 정책과정에서의 다양한 정책참여자들의 이해관계를 분석하고, 이해관계자의 참여 및 갈등조정을 통한 거버넌스적 문제해결을 통한 민주적 국정관리의 관점이 매우 중요한 의미를 지니고 있기에 갈등관리는 민주적 국정관리의 중요한 제도이며, 정책의 다양한 이해관계자들의 참여와 숙의를 제도적으로 보장함으로써 정책의 품과 질을 향상시키려는 정책품질관리 역시 민주적 국정관리의 총체적 노력의 일환이라고 할 수 있다.

제17장

성찰적 국정관리의 이론 및 제도: 전자정부이론, 지식정부이론

제17장에서는 현대행정이론의 또 다른 한 축으로서 성찰적 국정관리의 이론 및 제도를 살펴본다. 성찰적 국정관리는 성찰성과 신뢰성을 핵심이념으로 하며, 이를 위해서는 관리역량(혁신, 관리), 정책역량(분석, 예측)과 함께 인프라역량(전자정부, 사회자본)의 강화를 필요로 한다. 성찰적 국정관리를 위해서는 정부 내부-정부 외부(시장, 시민사회) 전체를 아우르는 사회공동체라는 관점에서 신뢰와 협동이 필요한데, 이를 위한 이론 및 제도적 요소로는 전자정부이론, 지식정부이론을 들 수 있다. 성찰적 국정관리를 위해서는 전자정부이론에서 제시하는 성찰적 요소(전자공간의 공공영역의 장과 담론을 활용)들을 토대로 하면서 지식정부이론에서 제시하는 신뢰 및 시민사회의 역량 강화를 필요로 하기 때문이다.

제1절에서는 행정학과 전자정부이론에 대해서 학습한다. 행정학을 국정관리에 관한 학문이라고 규정할 때 인간주의를 실현하기 위한 이념적 틀로서 국가행정모형에 관한 논의는 매우 필수적인 일이다. 정보기술의 발달을 행정의 주요한 구조적 변수로서 파악할 때, 급변하는 사회환경에서 행정학은 어떻게 국가행정을 체계화하고 분석해 나가야 하는가? 정부는 앞으로 어떻게 변화해야 하는가? 그리고 이것을 국가경영의 원리로서 어떻게 패러다임화 할 수 있는가? 이 절에서는 먼저 정보사회의 행정학 및 행정학과 전자정부의 관계를 검토한 후 이를 토대로 전자정부의 행정학적 쟁점을 논의하기로 한다.

제2절에서는 행정학과 지식정부이론에 대해서 학습한다. 지식정부는 전자정부의 정보기술을 토대로 하여, 기업가적 정부에서 추구하는 정부운영의 인센티브가 잘 제공되고, 학습정부에서 추구하는 지식의 공유와 학습이 제대로 이루어지는 정부로 이해할 수 있다. 먼저 행정학과 지식정부 및 지식정부와 정부혁신의 관계를 검토한 후 이를 토대로 지식정부의 행정학적 쟁점을 논의하기로 한다.

21세기 국가혁신의 화두는 공유와 학습이다. 국가 사회에 흩어져 있는 지식과 자원들을 유기적으로 엮어내고, 국가 사회의 전반적인 지능(intelligence)을 한 단계 더 업그레이드 시키는데 정부는 중요한 역할을 해야 한다. 과거에는 국가행정을 통치(governing)이라고 하였지만, 이제는 거버넌스(governance) 혹은 국정관리라는 용어를 쓰고 있다. 정부, 시장, 시민사회의 세 주체가 서로 지식을 공유하고 협의하는 가운데 이루어지는 투명한 정책이야말로 시장의 신뢰회복을 통한 국가경쟁력 향상의 중요한 요건이 되고 있다. 이 장에서는 이러한 관점에서 신뢰와 성찰의 문제를 요체로 하는 성찰적 국정관리를 다루고자 하며, 이를 위한 이론 및 제도로서 전자정부와 지식정부에 대해서 학습하기로 한다.

제 1 절 전자정부이론

성찰적 국정관리는 미래지향적 국정관리가 꽃핀 개념이라고 할수 있다. 성찰이라는 개념은 단순한 효율-민주의 이분법을 넘어서서 우리 사회공동체의 모든 구성원들인 시민들이 서로 신뢰하고 등권이 이루어진 가운데, 개인의 자율과 창의를 토대로 자아실현과 자아완성의 가능성이 열려 있는 그야말로 국가혁신의 지향점이라고 할 수 있다. 여기에서는 성찰적 국정관리를 가능케하는 정책기제로서 전자정부이론을 검토한다. 정보사회의 행정학 및 행정학과 전자정부의 관계를 조명하고, 이어서 전자정부의 행정학적 쟁점을 고찰하기로 한다.

1. 정보사회의 행정학

1) 행정학 발전의 역사적 패턴

행정은 인간이 사회공동체를 형성한 이래 다양한 형태로 존재해 왔다. 국가의 운명이 점점 더 복잡해짐에 따라 행정의 중요성은 더욱 심각하게 인식되기 시작했고, 행정은 '자기 인식적'이 되었으며 규모면에서는 인간의 역사상 새로운 측면을 보여주었다(D.Waldo, 1980). 1887년 W. Wilson의 논문 "행정의 연구"(The Study of Administration)는 자기 인식적인 행정에 가장 중요한 근원으로 간주되었다.

윌슨이 행정의 독자성을 규정한 이후 정치와 행정 그리고 행정과 경영간의 갈등과 접근은 전통적이고 원리적인 행정이론의 정설을 구체화하였을 뿐만 아니라, 끊임없는 자극과 도전의 원인이 되기도 하였다. 이러한 시점으로부터 정설, 대립, 재구성이라는 테마로 행정학의 역사를 구성해 보면 다음과 같다(제갈돈, 1994)

첫째, 행정학의 정설이다. W. Wilson은 정치적인 문제로부터 행정을 분리시키는 기준을 명확히 하지는 못했지만, F.Goodnow는 정치와 행정 사이의 기술적인 분리를 시도하면서, 정치는 정책 혹은 국가의 의지를 표현하는 것이고, 행정은 이 정책을 집행하는 것이라고 주장했다. 이러한 시기의 주된 주장은 모두 정부의 능률적 수행을 전제한 정치·행정 이원론에 관심을 두었다. 이 모두는 공통적으로 업무의 단순화에 바탕을 둔 구조적 측면에 관심을 두었다. 특히 L.Gulick과 L.Urwick은 행정의 일곱 가지 원칙을

POSDCoRB[1])라는 약자로 표현하였는데, 관리접근법에서 이와 같은 과학적 원리의 선택은 행정학의 정설을 형성하는 고전적, 전통적 행정연구의 가장 대표적인 업적으로 간주되고 있다.

둘째, 정설에 대한 도전이다. 인간의 행태적 측면 대신에 공식적·기술적 수준에서의 구조적 측면을 강조하면서 '원리'의 과학을 추구했던 행정학의 정설에 대한 도전은 1940년대 두 가지 측면에서 가시화되었다. 한 가지 도전은 정치와 행정은 어떠한 의미에서든 분리될 수 없다는 주장이고, 다른 한 가지 주장은, 행정원리는 관리의 합리성에 대한 하나의 표현에 지나지 않는다는 주장이었다.

뉴딜의 경험은 정부활동의 적정규모에 대한 회의를 가져와 굉장한 힘을 가진 정부조직을 탄생시켰고, 정부는 더욱 큰 책임과 기능을 가질 것, 정책기구를 창설할 것, 권력을 재분배할 것, 전문직업화할 것 그리고 조직을 개편할 것 등의 시대적 요청을 불러일으켰다. 따라서 이 당시에는 정치와 행정은 분리될 수 없는 것이며, 행정의 정치적 본질은 행정구조의 과학적 분석보다 훨씬 중요한 것으로 받아들여졌다. 제2차 세계대전 이후 H. A. Simon의 논문 "행정의 격언"(The Proverbs of Administration, 1946)은 전통적 행정이론에 대한 최초의 공격이었다. 그 이후 행태주의적 접근법은 H. Simon의 「행정행태론」(1947)에 의하여 체계화되었는데, 이 책에서 사이먼은 행정조직의 가장 중요한 부분이면서도 대다수가 소홀히 하고 있는 점은 행정조직의 행정행태이고 의사결정과정이라는 사실을 강조하고 있다. 사이먼의 업적은 논리실증주의적 접근을 행정에 도입함으로써, 새로운 과학의 지침으로서 가치-사실의 분리를 시도했으며, 이를 통해 행정이론의 과학화를 강화했다는 것이다.

셋째, 행정과학의 수립이다. J. March와 H. A. Simon의 「조직론」 이후에 쏟아져 나온 조직론에 관한 책들은 조직의 내부질서와 구조에 관심을 둔 전통적 접근법, 조직구성원인 인간의 행태에 관심을 가진 행태적 접근법, 그리고 조직 외부의 활동에 초점을 두는 환경적 접근법을 포함하고 있으며, 이들은 새로운 행정과학 접근법으로의 전환점이 되었다.

사이먼과 같은 행태과학자들은 의사결정, 기획, 의사소통 및 정보와 같은 조직 내의 행

1) POSDCoRB는 모든 조직에서 공통적으로 찾아볼 수 있는 관리기능을 설명하기 위하여 만들어낸 조어로서, Planning(기획: 효율적, 합리적, 목표달성과 정책집행을 위한 계획수립의 과정), Organizing(조직화: 인적, 물적 정보를 편제하는 과정), Staffing(인사: 조직 내 구성원을 배치하는 과정), Directing(지휘: 목표달성을 위한 지휘, 지시를 내리는 과정), Coordinating(조정: 행정통일을 이룩하도록 집단적 노력을 통제, 조정하는 과정), Reporting(보고: 보고하고 받는 과정), Budgeting(예산: 제반 예산적 조치를 취하는 과정)의 머릿글자이다.

태적인 현상들에 관심을 가지면서 조직에 대한 연구에 중점을 두었다. 이들은 조직을 시스템으로 파악하면서, 이제까지 부분적으로 독립하여 강조되어 왔던 구조와 행태요소를 상호관련된 조직시스템의 하위 구성요소로 보았다.

하지만, 이러한 행정과학 접근법은 구조론적 접근법, 행태론적 접근법, 환경론적 접근법의 완전한 재구성으로서의 의미는 성취하지 못하였으며, 오히려 과학적 관리이론과 마찬가지로 '외부적 요소'와 '환경 혹은 정치적 요소'를 간과하고 있다는 비판을 받았다.

마지막으로, 행정과학에의 도전이다. 최근의 행정은 활동과 이론적 개념 사이의 혼합과 다양성으로 특징지을 수 있다. 이러한 행정연구와 행정실제의 범위와 내용은 정치학에서의 인간주의적 움직임과 공공정책의 기술적 분석에 의해 결정되고 있다. 전자는 관료적 구조와 권위의 변혁을 분석하는 과정에서 나타나고 있으며, 후자는 비능률적인 정책을 분석·평가·향상하려는 시도로 나타나고 있다. 이와 같은 인간주의적 행정의 움직임은 1960년대 말엽과 1970년대 초 사회적 혼란과 더불어 발전된 이른바 신행정(New Public Administration)과 밀접히 관련되어 있다.

신행정학은 광범한 아이디어, 즉 윤리, 사회적 형평, 가치, 정부혁신, 고객중심, 참여, 반실증주의, 분권화, 개인의 성장 및 소용돌이 환경을 소개한 규범적·행동적 이론이었다. 신행정학은 현상학적 접근법으로 특징되며, 신행정학의 관심은 경험적 이론의 개발과 행정의 과학적 연구를 인도하기 위한 더 명백하게 생성된 규범이나 가치들 중의 하나라고 이해할 수 있다(Wamsley, 1976). 하지만 신행정학은 행정연구의 새로운 대안을 제시하지 못하였고, 오히려 이것은 행정이론과 실제의 현 상황에 대한 비판을 모은 것에 불과하다는 지적을 받고 있다.

인간주의적 행정의 움직임은 참여적·민주적 관리의 개념으로 시작되었고, 후에 조직발전과 조직학습이론들과 결합하게 되었다. 이러한 행정의 현상학적 접근법은 실증주의와 행태주의 학파의 인식론과 방법론적 가정에 대한 반발에서 나오고 있다. 현상학 지향적인 이론가들은 과학적 방법의 엄격함은 현실적절성을 추구하는 행정의 이해에는 적합하지 않다고 지적하면서, 사회현실의 연구를 위하여 질적·해석적(*interpretive*) 방법을 강조하고 있다. 따라서 이 접근법은 행정환경 내에서의 가치, 의미 및 행동에 중점을 두고 행정의 인간적인 측면을 강조한다. 이러한 정설과 도전 그리고 재구성의 과정 속에서 행정학의 역사적 발전의 패턴이 이루어져 왔다.

그러면 미래 행정학의 재구성은 어떻게 이루어질 것인가? 지금까지 행정학에 대한 도전과 재구성의 과정은 제2차 세계대전이라든지 사회적 침체현상과 같은 환경변수가 촉매제 역할을 하고 있다(권기헌, 2007a; 2007b).[2] 그렇다면 정보기술의 혁명적 변화라는 새로운 환경변수가 어떻게 국정관리에 영향을 미칠 것인가, 그리고 이러한 변화하는 환경으로부터 미래 행정학은 어떻게 재구성되어야 할 것인가 하는 문제는 우리의 중요한 관심사가 아닐 수 없다.

2) 분석의 틀로서의 거시행정학

전통적 행정학의 논의구조는 인사, 재무, 조직, 정책, 비교행정, 도시·지방행정 등 미시적 차원의 행정현상에 대한 분석에 치중되어 있다. 하지만 정보화 시대(*information age*)라고 불리는 현대의 소용돌이 체제에서는 이러한 미시적 차원의 분석틀이 적용의 한계를 드러내고 있다. 이러한 반성은 하나의 열려진 체제로 거시적 분석의 필요성을 제기하고 있다(김정수, 1994). 김석준(1988)은 다음과 같이 주장하고 있다

> 복합적인 한국 행정현상과 그 맥락이 지니는 특수성들은 통일된 이론의 관점에서 거시적·포괄적·체계적·동태적으로 설명, 처방할 수 있어야 한다. … 미시적인 방법의 적용은 한국행정의 특수성 설명에는 바람직하지 않다. 또 그동안 비록 서로 다른 이론적 관점에서나마 한국행정의 개별적인 특수성에 대해서는 부분적·단편적으로 연구가 되어 왔다는 점에서 새로운 패러다임은 이들을 상호 연관시켜 설명할 수 있는 포괄성이 요구된다. … 특히 새로운 패러다임은 한국 행정환경의 급변과 이에 따른 정권과 행정조직·구조·제도의 변동을 한국행정이 세계체제 및 국내조직과 맺고 있는 관계와 연관하여 거시적·포괄적·체계적·동태적으로 설명할 수 있어야 한다(김석준, 1988: 441).

한국행정의 특수성을 이해하기 위해서는 세계체제 및 사회권력 관계를 파악해야 행정의 구조적 맥락을 이해할 수 있다는 것이다. 정보사회의 도래라는 급격한 행정환경의 변화라는 측면에서도 상황은 마찬가지이다. 급격하게 발전하고 있는 정보기술과 변동하는 세계체제에서 국가의 역할과 새로운 행정모형을 수립하기 위해서는 이러한 거시적 관점의 연구가 불가피하기 때문이다. 특히 정보사회는 그 정보통신기술의 혁신으로 말미암아 국제체제간의 상호관계가 더욱더 밀접해지고, 새로운 국제질서 속에서 자본의 세계적인 흐름은 행정으로 하여금 더욱더 이러한 거시적 관점의 분석틀을 요구하고 있는 것이다.

---

2) 이 장에서 논의하는 전자정부는 저자의 졸저, 「정보체계론」(나남, 2004), 「전자정부론」(박영사, 2007), 「정책학」(박영사, 2008)을 토대로 정리한 것이며, 여기에서는 행정학적 관점에서의 의미를 추가하였음을 밝힌다.

3) 인간중심의 행정학

전통적 행정은 관리 · 능률중심의 경직된 계층제적인 조직구조와 통제 · 상의하달식의 대민 행정 등의 모습으로서, 급변하는 환경변화에 대응하는 데 한계가 있다. 지금까지 행정의 주된 '논의의 틀'이 Weber-Wilson식의 능률주의 · 기능주의적 패러다임이었다면, 앞으로 미래 정보사회가 요구하는 행정패러다임은 어떤 것일까? 적어도 다음 두 가지 관점이 고려되어야 할 것으로 본다.

(1) 인간주의의 실현

사회과학으로서의 행정학은 결국 생산수단으로서의 인간이 아니라, 생산의 주체로서 인간을 발견하여야 하는 당위론적인 요청에 직면해 있다. 21세기에 들어서면서 많은 정보사회론자들은 예전보다 더 나은 삶과 더 나은 생활이 펼쳐지리라고 주창했다. 하지만, 아무리 고도정보사회가 우리에게 환상적인 편리함을 제공한다 할지라도, 21세기 사회가 '인간'이 아닌 '조직' 중심적으로 변모하거나 펼쳐진다면 그것은 주객이 전도된 것이라고 하겠다. 따라서 국가경영의 기본이념도 먼저 인간을 중심으로 고려하는 패러다임으로 바뀌어야 한다.

(2) 개방체제 모형

미래의 행정학은 개방체제라는 시각에서 문제해결 능력을 높여야 한다. 사회는 점점 다변화되고 그 속도도 빨라지고 있다. 지금까지의 경직된 조직구조와 사고로는 이러한 빠른 사회변화에 적절히 대응하기 어렵다. 기존의 과업이나 조직을 중요시하는 행정체제는 일관된 목표수립과 집행은 용이하게 할 수 있으나, 변화과정의 사회체제에서 다양한 시민의 요구는 충족시키지 못하고, 특정 집단의 특정 요구만을 충족시키는 불균형을 조장할 가능성이 있다. 미래 고도정보사회의 다원화 · 세계화 · 지방화의 추세에 행정이 제대로 대처하기 위해서는, 그러한 변화에 효과적으로 대응할 수 있는 유연한 조직모형에 관한 연구가 필요하다.[3] 또한, 커뮤니케이션 네트워크를 통해 다양한 참여의 확대가 이루어져야 한다. 미래사회는 개성이 존중되고 가치가 나원화되는 사회이다. 이러한 다양한 요구를 수용할 수 있기 위해서는, 정책결정과정이나 여러 행정과정에서 참여가 가능한 방법에 대한 모색이 있어야 한다.

---

3) 예컨대, 고객중심의 Client-Server 행정모형과 같은 것이 필요하다. Client-Server 행정모형에 관해서는, 데이빗 오스본 · 테드 게블러(David Osborne and Ted Gaebler, 1994); 한국전산원(1993) 참조.

인간주의를 표방하는 행정이론가들은 현대사회에서 대규모 관료제도는 조직구성원의 성장과 학습과정을 억제하고, 복잡한 인간문제를 해결하는 데 비효율적이라고 비판하며, 현대조직의 효과성은 산출물에 대한 평가보다는 개인과 조직간의 통합정도에 의존한다고 주장하고 있다. 이들이 '조직 인간주의'를 위해 제안하고 있는 다음과 같은 몇 가지 가정과 원칙들은 인간주의의 실현과 미래 조직관리를 위해 주목할 필요가 있다.[4)]

첫째, 인간은 완전성을 향한 꾸준한 경향이 있다.
둘째, 평등한 기초 위에서 인간의 존엄성이 보호되고, 인성이 개발되어야 한다.
셋째, 조직구성원들은 정책을 결정하고 통제하는 데 합의의 근원이 되어야 한다.
넷째, 조직의 변화는 대안에 대한 충분한 인식과 참여자에 의한 합의의 결과로 이루어져야 한다.
다섯째, 조직의 이익은 근본적으로 조직구성원들의 이익이므로, 이는 가급적 공평하게 배분되어야 한다.

4) 새로운 변혁적 리더십

21세기들어 더욱 가속적으로 진행되고 있는 전 지구적 규모의 변화는 개인들뿐만 아니라 국정관리에 있어서도 많은 압박으로 작용하고 있다. 모든 수준의 공공조직은 자원의 빈곤, 근로자와 시민들의 변화하는 역할, 국가재정 적자와 같은 문제에 직면함은 물론, 이른바 조직의 '미래의 충격'(*future shock*)이라고 불리는 상황에 직면하고 있다. 미래의 지도자들은 이러한 조직들의 변화에 대처하고, 해결책을 구상하고 집행하기 위한 더 나은 방법들을 개발해야 한다. 특히 행정지도자들은 고전적·관료제적인 문제해결 방법으로부터 많은 사람들과의 협력을 포함하는 민주적인 과정으로 전환하기 위한 '변화의 담당자'(*change agent*)가 되어야 한다. 그리고 그 변화의 출발점은, 공공정책과 행정목표를 집합적으로 달성하기 위해 조직구성원들의 잠재력을 고양시키는 문제로부터 시작되어야 한다(전종섭, 1987; 김광웅, 1983).

미래사회에 효과적이기 위해서 조직의 변혁적 리더들은, 그들의 조직과 그들과 함께 일

---

4) 이러한 이념들은 행정학의 이론발달사에서 큰 줄기를 이루는 '인간중심주의'의 철학과 많은 관련이 있다. 인간주의를 근간으로 하는 조직원리는, 멀리는 E. Mayo 등의 호손(Hawthorn)실험에 기초한 인간관계이론, C. I. Barnard의 비공식집단 연구, H. A. Simon의 조직사회학, 그리고 '인간' 그 자체를 중시한 신행정이론 등에 기초하고 있다. 또한, 개인과 조직의 통합, 관리자와 피고용인과의 공동협동, 권력의 공유, 동의에 의한 권위, 그리고 민주적 의사결정 등을 강조한 Mary P. Follet의 조직철학과도 많이 관련되어 있다.

하는 사람들에 대한 사고형태와 가정들을 변화시켜야 한다. 이러한 의미에서 위에서 언급한 '조직 인간주의'의 원칙들은 재삼 고려할 가치가 있다고 본다. 좀더 넓은 의미에서 보면, 행정지도자들은 정보사회에서의 새로운 시민운동을, 태도의 변화와 사회의 요구를 표출하는 사회환류 메커니즘(*social feedback mechanism*)으로 인식할 수 있어야 하며, 시민들과 밀접히 협력하여 일하는 방법을 찾는 것을 정부혁신의 시발점으로 삼아야 할 것이다.

2. 전자정부의 개념: 3차원의 개념구조

전자정부는 관료제 모형의 대안으로 제시된 현대적 의미의 정책결정 메커니즘이다. 전자정부는 정부 내에 산재해 있는 지능(*intelligence*)을 한 단계 향상(*upgrade*)시킴으로써, 정부 내부의 문제해결능력과 정책결정역량을 제고시킨다. 또한 전자정부는 정보와 지식의 공유와 학습을 강조함으로써, 정부 내외의 혁신활동을 지원해 주는 역할을 하므로 효율성과 생산성을 추구한다. 또한 정부 외부와는 다양한 이해관계자들이 참여할 수 있는 공론의 장을 제공해 줌으로써, 민주성, 신뢰성, 성찰성을 강조하는 거버넌스 형태의 정부조직 모형이다.

따라서, 전자정부의 개념은 총체적으로 접근할 때, 1) 효율성 차원, 2) 민주성 차원, 3) 성찰성 차원 등 세 가지 차원으로 정리할 수 있다.

1) 효율성 차원

전자정부 개념의 첫 번째 차원은 정부 내부의 효율성(생산성) 제고라는 관점에서 고찰할 수 있다. 이는 정부개혁, 정부혁신, 정부생산성이라는 용어로도 불리는 차원으로서, 다시 다음의 네 가지 하위차원의 생산성 요소로 정리할 수 있다.

첫째, 국민의 편의를 극대화하는 정부로서의 전자정부이다. 이는 One-Stop, Non-Stop, Any-Stop의 정부라는 용어로서 대변되는데, 국민들에게 각종 행정절차의 처리, 행정정보 획득 등을 단일창구에서 가능케 하는 종합행정서비스시스템을 구축하고, 관계 기관간 정보공동 활용을 통해 민원의 일괄처리를 가능케 하는 등 민원인의 편의를 극대화하는 정부로서의 전자정부 개념이다.

둘째, 종이 없는 사무실로서의 전자정부이다. 이는 Paperless & Buildingless 정부로서, 정보기술을 이용하여 문서를 감축하며, 전자결재, 정책 DB의 구축, 행정업무재설계(BPR) 등을 통해 행정 및 정책의 효율화를 극대화하고, 비용을 절감하는 정부로서의 전자정부 개념이다.

셋째, 깨끗하고 투명한 정부로서의 전자정부이다. 이는 Clean & Transparent 정부로서, 전자입찰과 전자조달, 전자감사, 정보공개 등을 통해 부패를 근원적으로 차단하고 투명한 정책 공개를 구현하는 정부로서의 전자정부 개념이다.

넷째, 지식관리시스템에 의해 과학적이고 체계적인 정책결정 능력을 뒷받침하는 전자정부이다. 이는 Digital 신경망 정부로서, 정책정보의 공동이용, 학습이 일어나는 정부, 정책의사 결정흐름의 자동화 등을 통해, 지식의 창출과 축적, 공유와 학습, 활용과 확산 등 지식의 순환 주기를 가속화하고, 나아가 정책결정 역량을 강화하는 정부로서의 전자정부 개념이다.

이상의 네 가지 하위요소(민원인의 편의가 극대화되는 정부, 종이 없는 사무실, 깨끗하고 투명한 정부, 디지털 신경망 지식관리시스템에 의해 정책결정역량이 강화되는 정부)들은 정부 내부의 생산성을 극대화하는 정부로서의 전자정부의 개념을 구성하고 있다. 즉 효율성(생산성) 차원은 첫 번째 차원의 전자정부 개념이다.

하지만, 전자정부의 개념은 단순한 의미에서 정부생산성을 증진시킨다는 차원에서 끝나지 않는다. 전자정부 개념의 두 번째 차원은 민주성과 연계되어 있으며, 세 번째 차원은 성찰성과 연계되어 있다.

2) 민주성 차원

전자정부 개념의 두 번째 차원은 정부 외부와의 인터페이스 관점에서, 정부-국민간의 정부권력의 전통적 관계를 민주적으로 복원시키는 의미에서 전자민주주의를 실현하는 정부로 규정지을 수 있다(민주성). 전자민주주의란 시민들이 정보통신기반을 이용하여 온라인 토론, 선거, 투표 등을 통해 직접 정부의 의사결정에 참여하고, 적극적인 정치활동을 가능케 하는 보다 직접적이고 참여적인 정보사회의 민주주의를 의미한다(김성태, 2003: 77). 따라서 전자 민주주의를 실현하는 전자정부는 민주성을 증진시킨다고 할 수 있으며, 더 나아가 전자정부는 정책과정의 투명성과 참여성을 제고함으로써 정책의 민주성을 증진시킨다. 또한 전자공간을 통한 의견수렴 및 정보공개 등은 정책의 민주성을 증진시킨다.

3) 성찰성 차원

전자정부 개념의 세 번째 차원은 민주성과 밀접한 연관성이 있으면서도 보다 철학적인 지향점을 의미하는 성찰성의 개념과 관련지어 규정할 수 있다. 성찰성이란 민주성이 꽃핀 상태이다. 정치의 민주주의와 정책의 민주주의를 통해 우리 사회 개개인들의 인권과 존엄, 정의와 형평이 실현되고, 자유와 창의, 자아실현과 자아완성의 가능성이 열린사회를 추구하는 개념이 성찰성이다. 이러한 고차원적 의미의 전자정부는 우리 사회에서 수직적, 수평적 의미의 열려 있는 의사소통을 활성화시킬 수 있는 정보공간의 정책수단 및 담론형성 기능을 통해 진정한 의미의 신뢰 사회와 성숙한 사회를 실현하는 사회공동체 구현 수단으로서의 정부라는 의미를 지닌다(성찰성).

3. 전자정부의 핵심요소: 3차원의 고려요소

전자정부가 지니는 이러한 세 차원의 개념 구조를 토대로, 전자정부 추진시 고려할 핵심요소를 정리하면 다음과 같다.

1) 효율성: 정부 내부의 효율성 극대화

정부 내의 정보기술의 도입으로 정부 내부의 운영방식은 크게 변화할 것으로 보인다. 그러나 이러한 내부 효율성의 극대화는 정보기술의 도입만으로 되는 것은 아니며, 정보기반 기술이 행정업무 재설계 등 소프트웨어적인 행정개혁과 연계되어야 한다. 정부 내부의 효율성 제고를 위해서는 CALS나 EDI 등의 정보기술을 이용한 정보기반(*information infrastructure*)구축도 필요하지만, 리엔지니어링을 통한 관료제의 간소화, 업무 표준화를 통한 정보의 공유 및 공동 활용, 그리고 정보의 공개적 접근과 같은 고객 감응성을 높이는 차원에서의 정부혁신(*government innovation*)이 필수적이다. 즉, 정부 내부의 효율성을 극대화하고 생신성을 증대시기는 전자정부 구현을 위해서는 정보기술 도입이 정부혁신과 함께 이루어져야 한다. 이를 위해 고려되어야 할 요소들에 대해서 간략히 제시하면 다음과 같다.

(1) 전자정부의 추진주체와 강력한 리더십의 문제

전자정부에 대한 뚜렷한 정책 청사진을 바탕으로 전자정부 추진의 주체와 핵심세력을 명확히 하고, 여기에 실질적인 정책조정 권한과 능력을 부여하는 것이 필요하다. 법률적으로는 국무총리가 위원장인 정보화추진위원회가 최종 의사결정 주체이지만, 위원회의 속성과 우리나라 국무총리제도의 한계로 인해 핵심 주체로서의 기능을 하지 못하고 있다.

(2) 전자정부와 정부혁신의 연계

우리 정부가 그동안 추진해 온 행정정보화사업 및 전자정부사업의 성과를 재점검하고 이를 실질적인 정부혁신과 연계시키는 작업이 필요하다. 정보기술과 행정개혁을 연계시키는 방안, 예컨대, 1) 문서감축을 위해 구체적으로 노력하고, 정부 부처간 행정비용을 감축하는 방안, 2) 정보기술을 통한 리엔지니어링과 관료제를 간소화하는 방안, 3) 부처간 업무의 표준화를 바탕으로 업무처리의 흐름과 행정과정을 재설계하는 방안 등이 모색되어야 한다.

(3) 업무 재설계

많은 학자들은 정부 내에 정보기술을 도입함에 있어서 전반적인 직무분석과 직무재설계를 할 것을 강조하고 있다. 이러한 직무분석이 뒷받침되지 않는 정보기술의 도입은 결국 기존의 조직에 정보 부문이라는 새로운 조직을 추가하는 꼴밖에 되지 않으며, 이는 새로운 비효율을 낳는 요소이다. 이러한 프로세스 조직[5]의 도입을 위해서는 BPR (*Business Process Reengineering*)의 도입이 절실히 요구되며, 새로운 프로세스[6]를 조직하되, 과거의 조직의 장점을 잃지 않는 설계가 되어야 한다.

(4) 정보공유의 마인드

전자정부란 시간과 공간적 제약을 넘어 정부 정보에 대한 일반국민의 접근을 용이하게 하는 열린 정부를 의미한다. 따라서 전자정부의 구현이란 단순히 행정의 업무처리 과정과 방식을 기술적으로 전자화 한다고 해서 되는 것이 아니고, 오히려 부처간의 업무조정이나 공무원의 의식과 관행의 변화가 수반되어야 한다(송희준, 1996). 그동안 관료제의 고질적

---

5) 프로세스 조직이란 리엔지니어링에 의하여 기존 경영조직을 근본적으로 다시 생각하고 재설계하여 획기적인 경영성과를 도모할 수 있도록 프로세스(*process*)를 기본단위로 설계된 조직을 말한다. 프로세스 조직은 다음과 같은 특징에서 관료제·계층제 조직과 구별된다. 프로세스 팀은 하나의 전체 프로세스를 수행하기 위하여 함께 작업하는 사람들의 집합을 말한다. 이러한 단위작업을 수행하기 위한 조직 최소단위의 프로세스 팀은, 종래의 기능별·부처별로 독립된 업무를 수행하였던 과거조직에 비해 서로 다른 업무를 종합적으로 수행하는 조직원들로 구성된다.

6) 여기서 프로세스란 일정한 투입물(*input*)을 측정가능한 산출물(*output*)로 전환하는 부가가치가 있는 일련의 활동을 말한다.

병폐로 지적된 부처 할거주의나 권위주의적 행정 행태로는 행정정보의 공개나 공동 활용, 더 나아가 대응성이 높고 고객 지향성을 띤 열린 정부의 구축은 요원할 뿐이므로, 이러한 의식의 변화를 전략적으로 유도하는 방안에 대해서도 함께 고려되어야 한다.

(5) 학습과의 연계

학습조직은 학습을 새로운 형태의 노동이며 생산적인 활동의 핵심으로 보며, 지식을 창출・획득・확산하는 데 능숙한 조직, 새로운 지식과 통찰력을 반영하여 행동을 수정하는 데 능숙한 조직, 그리고 잘못된 지식을 폐기하는 데 능숙한 조직을 말한다.

전자정부의 구축 이후의 활용의 문제에 있어서 학습조직은 의의가 있다. 전자정부 구축의 협의적인 해석은 우선 각종 네트워크와 데이터베이스(DB)의 구축을 뜻하는 것으로 볼 수 있으며, 이를 통해 기존의 조직 내의 지식이 유통(*flow*)되고, 확산, 활용, 축적(*stock*)되는 것이다. 이러한 유통・축적되는 지식은 조직의 생산성 향상을 위한 새로운 지식의 창출의 근원이 된다. 따라서 전자정부의 지속적인 효율성 향상을 위해서는 지식을 어떻게 관리하고, 창출하는가가 중요한 요인이 되며, 전자정부는 기술만을 적용하는 차원에서 벗어나, 지식의 관리・창출을 위해서 학습과 연계되어야 한다. 그러므로 전자정부가 추구해야 할 조직모형 중의 하나는 정보기술에 기반한 지식의 학습이 가능한 조직이라고 볼 수 있다.

2) 민주성: 정부 외부와의 인터페이스

전자정부는 기본적으로 네트워크를 전제로 하며, 전자적인 망은 특성상 시공의 개념을 초월하여, 정부 내의 연결과 함께, 정부와 정부의 고객인 국민과의 연결을 지향한다. 전자정부 구축을 통하여 정부와 국민과의 인터페이스(접점)가 확대되며, 정부는 국민의 요구에 민감히 반응하는 대응성이 높은 정부를 지향해야 한다. 이는 민주적 정부를 지향해야 한다는 것이며, 이와 함께 국민이 정부의 의사결정에 참여할 수 있는 계기도 증가되어야 함을 말한다.

(1) 고객중심 정부

고객중심 정부라는 의미는 국민의 요구에 적절하게 반응한다는 뜻이 포함된다. 국민의 요구에 적절하게 반응한다는 것은 고객이 원하는 것을 제공해야 한다는 원칙으로, 과거처럼 국민들 사이에 아무런 상호의견 교환도 없이 정부가 국민의 선호를 결정하는 것이 아니라, 국민의 선호가 반영되는 행정을 도모한다는 뜻이다. 미래의 행정은 정부가 지도적이고 선도적인 위치에서 국민의 요구를 알아서 해결하는 행정이라기 보다는, 국민이나 고객이 자율적으로 문제를 해결할 수 있도록 조건을 형성하여 주고, 이를 지원하는 행정으로 탈바꿈해야 한다(이종범, 1996: 23).

(2) 전자민주주의

정보사회에서 시민의 역할은 중요하다. 시민은 Government(정부)의 민주주의 형태보다는 Governance(국정운영)의 민주주의 형태를 구현하는 데 매우 중요한 역할을 하게 된다.

(가) 공공영역의 장(Public Space)에 대한 개념

① H. Arendt의 공화주의(Republicanism)

H. Arendt는 공공 영역의 장(Public Space)의 원형을 고대 그리스 도시국가에서 찾고 공공 영역의 장을 "도덕적, 정치적 아이디어를 다른 사람들에게 표시하고, 서로 교환하는 것"으로 파악하고 있다. Arendt는 정치적 영역에 대한 좁은 해석과 시장개념의 확대(이로 인해 경제적 이슈가 공공 영역의 장에 점차적으로 침투)가 진행되면서, 공공영역은 축소되어 왔다고 주장하면서, 정보기술이 공공영역의 장의 회복에 많은 기여를 할 것으로 보았다.

② J. Harbermas의 숙의민주주의 모형

J. Harbermas는 숙의 및 참여를 오로지 정치적인 영역에만 국한해서는 안 되며, 사회, 문화적인 영역으로까지 확대되어야 한다고 주장한다. 그래야만 보다 다양화, 복잡화되고 있는 사회의 모든 국면에 적용될 수 있기 때문이다. 또한 민주사회에서 합법성을 확보하는 유일한 방법은 중립성에 대한 제약하에서가 아니라, 실제적인 측면에서 공개적 토론(*public dialogue*)을 통해 이루어져야 한다고 주장한다.

(나) 전자민주주의 모형으로서의 숙의민주주의

Thorson(1998)은 Harbermas의 모형이 정보사회에서 가장 적절하다고 보고 있다. J. Harbermas는 민주사회에서 민주화가 참여자들 간의 자발적인 공공영역의 장(Public Space)에 대한 형성과 발전을 통해 이루어진다고 보고 있으며, 이는 복잡성을 띤 정보사회에도 적용될 수 있다는 것이다. 정보사회의 일반원리로서 Harbermas가 주장하는 '보편적 도덕성'(*universal morality*)과 '이타주의적 상호주의'(*egalitarian reciprocity*)의 존중을 채택할 필요가 있다. 또한 정보통신기반의 평등한 접근에 대한 보장이 중요한 원리이다. 정보의 개방성과 투명성 확보, 정보내용 및 정보전송에 대한 윤리성의 확립도 중요한 원리이다. 이를 통해 산업사회의 소극적 정부-시민관계를 극복하고, 정보사회에 적절한 정부-시민관계로 발전할 수 있는 것이다.

3) 성찰성: 성찰하는 전자정부

근대이후 많은 계몽주의 철학자(Enlightenment Thinker)들은 자유, 평등, 박애가 이루어지는 "사회적 이상과 비전"(Social Vision & Dream)의 실현을 꿈꾸어 왔다. Habermas는 이러한 미완성의 "근대성 프로젝트"가 현대사회에서도 지속적으로 추구되어야 함을 강조하면서, 그 근본가능성을 사회적 커뮤니케이션과 공공영역의 확대에서 찾고 있다.

저자는 이러한 철학적 논의가 정보기술과 접목되면서 전자민주주의의 이상 실현으로 연결되어야 한다고 주장한다. "사회 속의 구성원들간의 진정한 신뢰와 인권을 전제로 개인의 자유와 주체성, 그리고 자아실현의 가능성이 살아 있는 열린 사회"야말로 전자정부가 지향하는 궁극적인 이상이 되어야 한다고 생각하기 때문이다. 이러한 사회의 실현을 위해서 전자정부는 "성찰하는 정부"가 되어야 할 것으로 보며,[7] 열린 사회의 실현을 위해 전자정부의 구상은 국가사회를 유기적으로 엮어내는 하나의 청사진이 되어야 할 것으로 생각한다.

전자정부는 정보기술의 이용을 통해 시민과 조직구성원들의 참여를 보장하고, 이를 통해 사회개혁의 가능성이 열려 있는 사회를 지향해야 한다. 이러한 과정과 노력을 통해 "열린 정부"와 "효율적인 조직모형"을 실현해야 하며, 이는 궁극적으로 개인들의 "창의성"과 "자아실현"을 지향해야 하며, 이러한 노력은 정부의 진정한 고민과 성찰을 전제로 한다.

---

7) 이러한 관점에서 전자정부의 구상은 다음과 같은 정책적 접근을 필요로 한다. 첫째, 정보화를 기술이나 네트워크 중심으로 접근할 것이 아니라 사회문화적 차원에서 접근할 필요가 있다는 점이다. 전화방이나 왜곡된 PC통신문화에서 보듯 개인의 '주체성' 확립을 위한 정보문화와 의식의 확립은 매우 중요한 정책과제이다. 정보사회 구성원인 각 주체의 '개인성'과 '독립성'을 부양시키기 위한 정보문화적 차원의 노력을 강화해야 하며, 시민단체의 독립성 강화를 위한 정책이 필요하다. 둘째, 개인과 시민들의 정보주권을 전제로 사회적 의사소통의 가능성이 확대되어야 한다. 개인과 개인간, 단체와 단체간, 개인과 단체간 할 것 없이 각 주체의 독립성과 상호 신뢰를 바탕으로 굴절되지 않은 커뮤니케이션의 강화가 필요하다. 마지막으로, 이러한 커뮤니케이션의 확대를 통해 인간과 자연에 대한 성찰성(*reflexivity*)이 높아져야 하며, 공존과 공영을 추구하는 방향으로 조직과 사회개혁의 가능성이 열려 있어야 한다. 여기에서 성찰성이란 "한 사회가 사회 내부 및 외부에서 발생하는 사회관계, 그리고 그 사회가 존재하는 자연환경에 대해 끊임없이 관찰하고 분석하면서 그에 대응하는 경향"을 말하며, 이를 통해 조직과 사회는 사회에 대한 적응력을 높일 수 있다(윤영민, 1997: 4).

자본주의·신자유주의 하에서 정부와 시장의 모습은 끊임없는 무한경쟁으로서의 시장과 이를 뒷받침하는 개별 국가간의 모습이다. 이러한 무한경쟁과 시장개방의 역기능은 국가간 빈부격차와 분쟁, 경제전쟁의 모습으로 나타나고 있다. 이러한 경쟁에서 개인은 자본주의의 체제의 일부분으로 시스템의 효율성을 위한 요소에 지나지 않으며, 이러한 소모적 상황은 개인과 세계에 대한 진지한 고민과 성찰의 부재에서 기인하는 것으로 볼 수 있다.

전자정부의 구현은 국가와 개인간의 역할을 재정의하는 모습으로 다가오고 있다. 정부에의 정보기술의 도입과 국민과 인터페이스의 확대, 그리고 전자민주주의 구현은 지금까지의 개인과 사회, 개인과 정부의 관계가 분명 달라질 것을 예고하고 있다. 문제는 이러한 관계의 변화에 대해 "주의 깊은 변화관리"가 필요하다는 점이다. 전자정부의 변화관리는 끊임없는 성찰과 반성을 전제로 하는 것이며, 그러한 성찰과 진지한 반성만이 무사고적·기계적 산업자본주의하에서 겪었으며, 겪고 있는 병리현상들을 다시 새로운 변화의 와중에서 극복할 수 있게 해주는 항생제(*anti-biotics*) 역할을 해 줄 수 있을 것이다.

4) 요약 및 결론

전자정부의 논의는 '전자'라는 단어의 함의와 같이 단순히 기술적인 속성만을 지니고 있는 것은 아니다. 정보사회의 도래가 정보기술의 도입으로 인간의 생활양식을 바꾸어 나가고 있듯이, 정보기술의 도입에 의한 전자정부의 구축은 정부의 기능과 개념을 하나씩 바꾸어 나갈 것으로 예측되고 있다. 그러한 예로서 고객중심 정부와 뉴거버넌스 정부, 전자민주주의 등을 들 수 있는데, 정보네트워크의 발달에 따라 정부와 고객인 국민간의 접점이 대폭 확대될 것으로 보이며, 쌍방향 인터페이스의 완성은 민주주의의 새로운 참여의 수단으로 인정받게 될 것이다.

그러나 농경사회에서 산업사회로 진입하면서 겪었던 수많은 병리현상을 정보사회·전자정부의 환경에서 겪지 않을 수 있을 지는 장담할 수 없는 일이다. 개인은 끊임없는 무한경쟁의 자본주의 세계에서 거대시스템 효율성을 위한 한 요소로 전락할 수 있기 때문이다. 전자정부에 대해 인권이나 민주주의를 증진시킬 것이라는 기대와 찬사가 많지만, 전자정부의 구현에서 나타나는 '변화'에 대해 끊임없는 성찰과 반성이 이루어지지 않는다면, 인간소외 현상과 같은 또 다른 문제가 발생할 것이다(권기헌, 2007a; 2007b). 따라서 전자정부라는 새로운 시대로의 진입을 위해서는, 전자정부와 시장, 시민사회에 대한 진지한 성찰을 끊임없이 해 나가는 가운데 미래지향적 국정관리에 대한 창조적 모색을 지속적으로 해 나가야 할 것이다.

4. 전자정부의 행정학적 쟁점

1) 이론적 함의

전자정부는 행정학에 대한 이론적 도전이라고 할 수 있다. 전자정부에 의한 전자민주주의의 실현은 행정학에서 중요시하는 효율성과 민주성의 딜레마나 적정성과 적시성 등의 한계를 극복하게 해주었다. Post-관료제 모형으로서의 전자정부는 국가(정부)-시장(기업)-시민사회(NGO) 사이의 유기적인 협력과 조정을 강조하는 문제해결방식으로서의 거버넌스적 패러다임과 이론적 맥을 같이 하며, 이러한 점에서 정책결정메커니즘으로서의 전자정부가 현대행정이론에서 가지는 의미는 매우 크다고 할 수 있다.

전자정부는 관료제모형의 대안으로 제시된 현대적 의미의 정책결정메커니즘이다. 전자정부는 정부 내에 산재해 있는 지능(*intelligence*)을 한 단계 업그레이드시킴으로써 정부 내부의 문제해결능력과 정책결정역량을 제고시킨다. 또한 전자정부는 정보와 지식의 공유와 학습을 강조함으로써 정부 내외의 혁신활동을 지원해 주는 역할을 하므로 효율성과 생산성을 추구한다. 또한 정부 외부와는 다양한 이해관계자들이 참여할 수 있는 공론의 장을 제공해 줌으로써, 참여성, 숙의성, 합의성 등 민주성을 강조하는 거버넌스 형태의 정부조직모형이다(권기헌, 2008: 542)

전자정부 개념은 대상범위, 행정이념, 시민들의 참여정도, 시민사회의 성숙정도 및 정보기술의 발달정도 등에 따라 관료모형 전자정부(Bureaucracy Model e-Government), 정보관리모형 전자정부(Information Management Model e-Government), 시민참여모형 전자정부(Citizen Participation Model e-Governance), 거버넌스모형 전자정부(Governance Model e-Governance)로 분류할 수 있다(김성태, 2003: 18에서 수정).

(1) 행정관료모형 전자정부

정부의 개별적 관료조직 내부와 공무원이 주된 대상으로 한 행정정보화에 중점을 두며 주된 행정이념은 조직 내부의 효율성에 주된 관심이 있다. 시민사회의 성숙도와 정보기술의 발달정도가 매우 약한 환경에서 주로 나타나므로, 사회구성원의 정부의사결정에 대한 참여가 매우 낮은 수준이다.

(2) 정보관리모형 전자정부

정부로부터 일반시민에 대한 전자적 행정서비스 제공형태로 연계되며 행정조직과 시민사회가 연계된 효율성이 강조된다. 시민사회의 성숙도와 정보기술이 발달정도가 약한 환

〈그림 17-1〉 전자민주주의유형과 전자정부 유형과의 관계

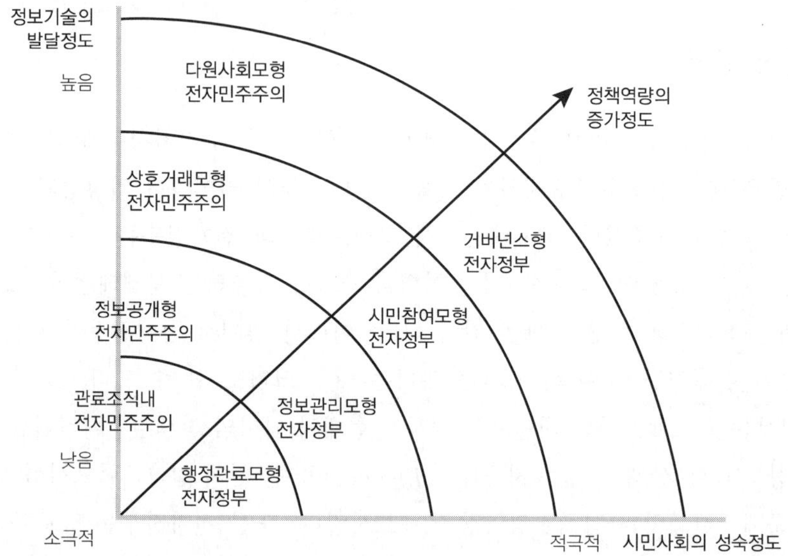

* 자료: 김성태, 2003: 88에서 수정.

경에서 주로 나타나므로, 사회구성원의 정부의사결정에 대한 참여가 낮은 수준이다.

(3) 시민참여모형 전자정부

입법, 사법, 행정을 포함한 범정부 대상 일반시민들의 정부의사결정에 대한 적극적인 참여를 통한 쌍방향적 교류가 보장되며 약한 민주성과 투명성이 강조된다. 시민사회의 성숙도와 정보기술의 발달정도가 높은 환경에서 주로 나타나므로, 사회구성원의 참여정도가 강한 수준이다.

(4) 거버넌스모형 전자정부

입법·사법·행정에 이르는 범정부적 차원에서 일반시민들의 다양한 참여가 활발하게 일어나게 된다. 특히 참여중심의 행정구현과 시민들의 정치참여 기회의 보장 등 시민의 기본권이 강조됨으로써 강한 민주성과 투명성이 확보된다. 다양한 사회주체간의 상호 네트워크적 교류가 활성화되고 시민사회의 성숙도와 정보기술의 발달정도가 아주 높은 환경에서 주로 나타나므로 사회구성원의 참여정도도 아주 높은 수준이다.

전자정부의 진화추이는 조직의 능률성을 중시하는 고전이론(과학적 관리론)과 신고전이론(인간관계론)에 밀접한 행정관료모형 전자정부와 정보관리모형 전자정부로 시작하여 신행정학, 뉴거버넌스 이론과 밀접하게 연관되어 있는 시민참여모형 전자정부, 거버넌스모

형 전자정부로 진화하게 된다는 점에서 행정이론의 발전과정과 이론적 맥을 같이 한다고 볼 수 있다(김성태, 2003: 19).

2) 행정적 함의

전자정부는 행정의 실천적 함의의 관점에서도 많은 영향을 미치는데, 여기서는 이를 1) 행정의 효율성 제고, 2) 행정의 민주성 제고, 3) 행정의 성찰성 제고로 나누어서 살펴보기로 한다.

(1) 행정의 효율성 제고

전자정부는 언제 어디서나 한번에 민원을 해결하는 정부이다. 정보기술을 통하여 민원처리의 효율성을 제고하고 정부조직 내의 업무효율성 강화를 통해 기업의 인·허가, 세무 등의 정부업무처리의 신속성을 도모한다. 또한 정부 내부의 네트워크의 개선과 정부네트워크와 개인 인터넷의 연결을 통해 정부와 민간 부문의 생산성 및 효율성 증대를 기대할 수 있다(황성돈·정충식, 2002: 80). 이러한 형태의 전자정부 개념으로는 국민의 편의 극대화(One Stop, Non Stop, Any Stop Government), 종이없는 사무실(Paperless & Buildingless Government), 투명한 정부(Transparent Government), 지식정부(Digital Nervous Government) 등을 들 수 있다.

(2) 행정의 민주성 제고

전자정부는 온라인의 쌍방향 기능을 통해 시민의 정책참여 및 전자민주주의를 용이하게 해 준다. 전자투표, 전자게시판 등 사이버 공간에서의 공공영역의 장을 통해 담론기능을 활성화시킬 수 있으며, 이는 궁극적으로 직접민주주의의 실현을 가능하게 해 준다. 또한 정부에의 정보기술의 도입은 조직 내부의 참여성과 민주성도 제고시키는 등 전반적으로 행정의 민주성을 강화시켜 줄 것으로 기대된다.

(3) 행정의 성찰성 제고

전자정부는 정보기술의 이용을 통해 시민과 조직구성원들의 참여를 보장하고, 이를 통해 사회개혁의 가능성이 열려 있는 사회를 지향할 수 있게 해 준다. 이러한 과정과 노력을 통해 전자정부는 "열린 정부"와 "효율적인 조직모형"을 실현해야 하며, 이는 궁극적으로 사회 구성원들의 "창의성"과 "자아실현"을 지향해야 하는데, 이러한 노력은 정부의 진정한 고민과 성찰을 전제로 한다.

제 2 절 지식정부이론

성찰적 국정관리의 또 다른 정책기제로서 지식정부가 있다. 지식정부는 전자정부가 진화한 단계인데, 전자정부의 정보기술을 토대로 하여, 기업가적 정부에서 추구하는 정부운영의 인센티브가 잘 제공되고, 학습정부에서 추구하는 지식의 공유와 학습이 제대로 이루어지는 정부이다. 지식정부를 지식관리와 같은 매우 관리적 개념으로 접근하는 경우도 있으나, 여기에서는 지식정부를 민주사회의 신뢰와 성찰이라는 관점에서 지식정부와 국가혁신의 문제를 고찰하였다. 행정학과 지식정부 및 지식정부와 정부혁신의 관계를 조명하며, 이어서 지식정부의 행정학적 쟁점을 고찰하기로 한다.

1. 행정학과 지식정부

1) 정보사회의 행정이념

국정관리의 합리성을 관료제의 틀에서 정당화했던 산업사회의 행정이념은 많은 비판에 직면해 있다. 이는 기술지향적인 도구적 합리주의로 무장한 관료적 방식에 내재된 한계와 정보사회로 특징지어지는 미래환경에 대응하는 국가정책의 분석역량에 대한 대응부재로 요약된다. 기술적 전문성과 조직력을 바탕으로 경제사회 발전을 주도해 온 관료들의 노력은 경제성장이라는 측면에서 정당성을 얻을 수 있었으나, 분배의 문제, 사회의 비인간화 문제 그리고 관과 민의 권위주의적 관계라는 측면에서는 비판을 면할 수 없었다.

새로운 패러다임 방향성의 핵심은 국민의 의사소통이 자율성을 토대로 활발히 전개될 수 있는 공공영역의 확장이 되어야 하며, 이를 통해 국민의 주체적 삶이 보장되어야 한다는 시대적인 요청으로 나타나고 있다.

정보사회에서의 행정이념은 매우 분명하다. 이제 국가정책은 폐쇄적 의미에서의 관료적 합의가 아닌 국민들과의 굴절되지 않은 의사소통을 통해 광범위한 합의에 기초한 정책문제해결이어야 한다는 것이다. 국가정책은 국민 개개인의 인간존엄성 실현이라는 최선의 목표를 지향하면서 인권·정의·형평이라는 이념 아래, 민주성과 참여성을 확대해 나가는 노력이어야 한다(권기헌, 2007a; 2007b).[8]

8) 이 장에서 논의하는 지식정부는 저자의 졸저, 「정보체계론」(나남, 2004), 「전자정부론」(박

2) 참여를 통한 민주성의 확보

정책이 국민들의 굴절되지 않은 의사소통을 통해 합의된 발전의 개념을 도출할 수 있으려면, 정책과정에 있어서 민주성, 특히 참여성, 숙의성, 합의성에 대한 중요성이 부각되어야 한다.

민주주의는 참여(*participation*)를 핵심요소로 갖고 있다. 민주주의는 문자 그대로 민이 주인이 되는 주의이므로 국민의 참여가 없는 민주주의는 형식적이고 가식적인 민주주에 불과할 뿐이다. 참여는 정부기관의 계획 및 정책에 대한 정당성과 합법성을 부여할 뿐 아니라 국민에게 학습기회를 제공하고 책임의식을 향상시킨다.

참여성과 함께 숙의성(*deliberation*)이 있어야 한다. 숙의성이란 다수결주의가 다수의 독재로 변화되는 것을 막고, 공중의 이성능력을 발현하기 위해 토론과 다양한 의견교환을 통해 오류를 수정하는 과정을 말한다. 이는 개인의 경험을 반성적 사고를 통해 재구성하고 토론을 통해 다른 사람과 상호작용을 하면서, 어떤 사안을 심의하고 소통하는 것이기도 하다. 따라서 참여과정의 숙의성은 이러한 반성적 사고와 토론, 대화의 절차가 포함되는 정책참여과정을 의미한다.

충분한 숙의 후에는 이를 바탕으로 합의를 해야 한다. 합의성은 다수의 합의를 통해 의사를 결정하는 것으로 독단적 결정과는 상치되는 개념이다. 다수결의 원칙은 그 과정에 있어서 소수를 배제하거나 억압하는 것을 의미하지는 않는다. 진정한 합의를 이루려는 절차적 타당성을 보장하고, 충분한 토론을 통해 합의에 이르는 과정과 노력 그리고 절차가 중요하다.

충분한 참여, 진정한 토의 그리고 거기에 따른 합의, 이러한 3가지 원칙이 아름답게 이루어지는 것이 민주주의다. 정책에 있어서도 마찬가지다. 최근 이슈가 되고 있는 새만금정책, 천성산 정책, 사패산 정책, 부안 핵방폐장 사태, 디지털 지상파 TV같은 대형 국가정책들이 난항을 겪고 있거나 겪었던 이유는, 정책형성과정에서 정책 이해관계자들의 의사가 충분히 반영되지 못했다는 데 많은 이유가 있다. 즉, 민주성(참여성·숙의성·합의성)의 원칙이 지켜지지 않고, 여전히 능률성 위주의 정책집행 방식을 감행했기 때문이다.

21세기에 들어오면서 현대사회는 점차 다원화된 이익집단과 이해관계가 복잡하게 얽힌 지식정보사회로 진입하게 되었다. 관료주의·권위주의·집권주의의 사회 운영원리가 탈관료주의·탈권위주의·분권주의 원리로 변하게 된 새로운 시대의 정책방향은 중앙과

영사, 2007)을 토대로 정리한 것이며, 여기에서는 행정학적 관점에서의 의미를 추가하였음을 밝힌다.

지방, 정부와 국민의 이분법적 사고에 바탕을 둔 상의하향(*top-down*) 방식의 단순한 능률성 위주의 집행구조에서 벗어나, 다양성과 창의성, 그리고 이에 기초한 효율성으로 변모되어야 한다. 그리고 이를 위해서 정책이념도 참여성, 숙의성, 합의성에 기초한 민주성과 투명성을 토대로 효율성과 생산성이 강조되는 성찰하는 정부의 모습을 보여주어야 할 것이다.

2. 지식정부와 정부혁신

1) 지식정부의 의의

우리나라 정부는 국민의 정부에서부터 정부기능의 민간이양과 팀제의 도입, 인사 및 조직 운영에서 경쟁체제의 도입 등 신공공관리(NPM)적 정부혁신 프로그램을 추진하였다. 각종 정부산하단체에 대한 구조조정과 함께 성과 중심적인 운영시스템의 정립을 위해 기관장 공개채용 및 계약제 임용, 인사권과 예산권에 대한 포괄적 재량권, 성과에 따른 연봉제 도입 등 기업식 경영혁신전략 도입을 시도하였다. "시장원리의 마인드"와 "기업경영절차"를 공공행정 부문에 도입하려는 기업식 경영혁신전략은 행정학자들에게 "행정과 경영"이라는 고전적 쟁점을 다시 한번 부각시켜주고 있다. 기업식 경영전략이 공공 부문에서 갖는 생래적 한계와 부작용에 대한 우려가 있는가 하면, 행정학의 입지와 정체성에 대한 자기 비판적 성찰의 목소리도 많이 제기되고 있다.

행정의 개념이 외부인들에게 구태의연하게 보였다면 그 이유는 무엇일까? 21세기 지식정보사회에서 요구되는 행정인의 모습과 자세는 무엇이며, 이념적 지향점은 어떠해야 하는가? 그리고 행정은 대내외적으로 부딪치는 여러 가지 심각한 도전과 난관을 극복하기 위해서 어떠한 전략적 변신을 도모해야 하는가?

현재 진행중인 지식정보화의 추세는 국정관리의 역할과 구조에도 커다란 영향을 미치고 있으며, 이에 따라 조직모형도 전통적인 계층제 조직에 많은 변화를 가져오고 있다. 지식사회에서의 행정조직은 국가사회시스템의 생산성을 극대화시키고, 고객을 만족시키는 공공서비스를 보다 효율적으로 제공할 수 있는 행정운영시스템을 갖출 것이 요구되고 있다. 이러한 관점에서 지식을 창출·획득·확산하는 데 능숙한 조직, 새로운 지식과 통찰력을 반영하여 행동을 수정하는 데 능숙한 조직, 그리고 잘못된 지식을 폐기하는 데 능숙한 학습조직을 근간으로 하는 창조적 지식정부모형은 최근 행정조직이론에서 중요한 연구대상이 되고 있다.

2) 관료제적 패러다임의 위기

조직은 생존과 성장을 위해 학습을 하여야 한다. 학습을 위해서 조직은 복잡하면서 급변하는 외부환경에 적응할 수 있어야 한다. 조직이 처해 있는 외부환경이 복잡하고 불확실성이 높을수록 조직학습의 문제는 중요하고도 어렵다. 정부조직이 처해 있는 상황이 그러한데, 정부관료제에서 학습이 왜 잘 일어나고 있지 않은지, 왜 그러한 환경이 조성되지 않고 있는지의 근본원인은 다음 네 가지 사실로서 설명될 수 있다(D. Kettle, 1994).

첫째, 한 사회 내에서 관료제가 차지하던 독점적 위치가 잠식되고 있으며, 따라서 정부가 정보에 대해 누리던 독점적 지위가 더 이상 성립되지 않는다.

둘째, 사회가 복잡해지고 급속히 변화해 감에 따라, 정부가 외부전문가에게 의존하는 비율이 증가하고 있다.

셋째, 과학과 지식에 대한 시민들의 신뢰가 떨어지고 있으며, 따라서 이들에 대한 신뢰구축 작업은 그만큼 더 어려워지고 있다.

넷째, 과학적 지식과 정보에 대한 출처가 점점 더 분권화되고 있다.

(1) 계층제의 종말

㈎ 관료제적 패러다임의 위기

먼저, 지난 수십년 동안 행정기능을 분업화하고 전문화하는 데 가장 탁월한 조직형태였다는 평가를 받았던 관료제적 패러다임이 흔들리고 있다.

관료제적 패러다임은 규칙과 권위에 의한 기술적 합리성(technical rationality)에 그 존립기반을 두고 있는데, 고전적 행정학자들은 관료제의 이러한 기술적 전문성이야말로 효율성을 담보하는 것이라고 믿었다. 정부는 적어도 "전문성"에 관해 독점적 지위를 누리고 있었으며, 직업관료들의 이러한 전문성은 정부권력이 민간영역으로 누수되는 것을 막을 수 있었다. 모든 관료조직은 자신들만이 전문적으로 보유하고 있는 전문성과 그들이 지니고 있는 정보의 비밀성으로 인해 그들의 우월적 지위를 확장시키는 데 큰 어려움이 없었다. 관료조직은 공공서비스 제공의 독점적 공급자였으며, 관료들은 사실상 그들의 예산권을 가지고 있는 정치인들의 눈치만 살피면 되었다. 따라서, 이 당시에는 국민들이 아니라 정치인들이 실질적으로 독점적 수요자 역할을 한 것이다.

그런데 이제 이러한 쌍무독점(*bilateral monopoly*)의 시대가 지나가고 있다. 정부는 공공기관이 아닌 민간으로부터 재화와 서비스를 공급받는 경우도 빈번해졌으며, 민간 부문과의 계약을 통한 외주(*outsourcing*)나 민간위탁·민영화의 형태를 통한 공공서비스 제공이 급증하고 있다. 또한, 공공기능을 수행하는 정부와 유사한 형태의 "대리정부"들이 많아지면서, 행정부는 더 이상 공공재를 공급하는 시장의 독점자적 위치를 누릴 수 없게 되었다.

㈏ 과학기술의 발달

이와 함께, 제2차 세계대전이라는 외생적 행정환경은 정부의 역할과 기능을 변화시켰다. 레이더에서 핵무기, 우주항공에서 해양자원에 이르기까지 다양한 형태의 과학기술이 개발되면서, 그동안 민간 부문에서 개발된 기술을 수용하는 데 안주해 온 정부는 이제 적극적 모습으로 변화해야만 한다. 예컨대, 새로운 프로그램과 기술을 개발하는 창조적인 기능을 수행하기 위해 민간영역과 적극적인 협력관계를 구축할 필요성이 제기되었다.

㈐ 복잡계 조직이론과 조직학습

전통적 행정조직인 계층제적 패러다임에 대한 재고는 현대조직이론의 관점에서도 제기되고 있다. 이는 조직에 관한 두 가지 중요한 관찰에서 기인한다.

첫째, 조직체계는 상호 긴밀히 연계되어 있다는 점이다. 더 복잡한 문제일수록 상호 결합된(*coupled*) 형태의 조직들이 문제해결에 나서야 한다.

둘째, 조직체계는 현대사회의 이러한 상호 연결된 복잡성에 대응하여 개발되어야 한다는 점이다. 조직체계 한 하위체계의 실수가 즉시 전후방 및 상하 관련된 체계들에게 파급효과를 가져오게 된다. 체르노빌 사건이나 Three Mile Island 핵발전소 사건에서 보듯이, 한 개의 조그마한 실수가 예기치 못한 다차원적 연쇄반응으로 이어지면서 심각한 결과를 초래하기 때문에, 현대조직은 가외성(*redundancy*)의 형태를 고려한 새로운 형태로 조직되어야 하며, 학습(*learning*)이 일어날 수 있는 시스템을 조직 내부에 장착시키지 않으면 안 된다. 이런 관점에서 볼 때에도 학습이라는 요소를 고려하지 않은 엄격한 계층제 형태의 관료제는 제고될 필요가 있었던 것이다.

(2) 외부전문성에 대한 정부의존의 증대

"대리정부"의 형태가 증가하면서, 공공서비스에 대한 정부의 독점시대는 지나가고 있다. 정보기술의 발달 등 사회환경의 급격한 변화에 따라, 정부가 외부전문가나 민간영역에게 의존하는 경우가 점점 더 많아지고 있다.

(3) 과학과 이론에 대한 신뢰상실

20세기 초반만 하더라도 국민들은 강력한 정부가 공공문제를 앞서서 해결해 줄 수 있을 것이라는 믿음을 가지고 "강한 정부의 신화"를 지지했으며, 이는 강력하고 전문성을 갖춘 웨버식의 관료제로 대변되었다. 그러나 20세기 후반 들어 핵발전소 폭발과 같은 대형사고들을 목격하면서, 그리고 급변하는 과학기술의 불확실성 앞에 정부가 얼마나 무력한가를 실제로 경험하면서, 과학과 지식에 대한 일반국민들의 신뢰가 떨어지고 있다. 정부에 대한 일반국민들의 믿음이 상실되면서 불확실성 대응능력에 대한 정부권위는 실추되고 있는데, 그 근본적 이유는 다음 세 가지로 요약될 수 있다.

첫째, 시민들은 사회문제를 규정하는 데 있어 점점 더 전문가들에게 의존하고 있다. AIDS 문제로부터 환경문제에 이르기까지 전문가들은 그들 분야의 전문용어와 개념을 이용해서 문제를 규정하고 있으며, 이에 따라 정부의 대응능력과 운신의 폭은 더욱 더 좁아지고 있다.

둘째, 정부 각 부처(심지어 한 부처 내에서도) 공무원들은 각자 자기분야의 전문가들을 상대로 업무를 수행하게 되면서, 정부의 할거주의는 점점 더 심화되고, 부처와 부처간 정보의 공유는 점점 더 어려워지고 있다.

셋째, 위의 두 문제점으로 인해, 정부의 공공문제 해결능력은 급격히 감소되고 있으며, 시민들은 이를 인지하고 있다는 사실이다. 따라서 위험문제라든지 불확실성에 대한 정부의 대처능력은 시민들의 기대수준 이하를 맴돌고 있다.

(4) 지식의 분권화

불확실성의 증대와 함께 지식에 대한 접근 경로도 분권화되었으며, 정부가 정보에 대해서 독점하던 시대는 지났다. 1960년대만 해도 정부는 경제전망에 대해 가장 권위 있는 독보석 존재로 군림할 수 있었으나, 1980년대에 접어들면서, 예컨대, 월스트리트저널과 같은 신문들은 권위 있는 경제전문가들의 고정 칼럼을 실어 보내고 있다. 환경문제, 주택문제, 사회복지문제들도 마찬가지로, 정부가 홀로 "가장 전문적인 우월성"을 지니고 있다고 주장할 수가 없게 되었다.

정보와 지식에 대한 접근경로가 다양화되면서 정치권력도 분권화되고 있으며, 정부관료제의 전통적인 계층제 구조도 흔들리고 있다. 내부의 계층제 구조도 그렇지만, 정부가 사회의 최상부에 존재한다는 관념에도 변화가 오고 있다. 한때는 정부가 혼자 독주하던 시기가 있었다. 이제는 정부보다 뛰어난, 컴퓨터와 정보기술로 무장된, "무서운" 행위자들이 많아진 시대가 된 것이다.

시대상황이 이렇게 바뀌다보니, 정부의 역할에 대한 근본적 질문이 제기될 수밖에 없게 되었다. 정부는 이러한 시대변화에 어떻게 대처해야 할 것인가? 정부는 이러한 시대환경에서 어떻게 "통치행위"(*governing*)를 수행할 수 있는가? 이러한 시대변화는 정부관료들에게 어떤 변화를 요구하고 있는가? 그리고 정부-시민의 바람직한 관계정립은 무엇이며, 효과적이고 책임 있는 정부로 다시 태어나기 위해서 정부는 어떤 노력을 해야 하는가?

과거에는 계층제적 정부관료제가 이 모든 문제에 대한 분명한 해답이었다. 전문가적인 식견을 가진 관료들이 명확하게 부여된 기능을 수행하고, 상부에서 제시된 명령체계를 따라 시민들에게 공공서비스를 제공하기만 하면 되었다. 시민들도 정부의 권위를 믿고 따랐으며, 정부의 전문성과 효율성에 대해 열정적인 신뢰와 지지를 보내주었다.

그러나 이제 이러한 기본적인 도식으로는 사회 운영이 어렵게 되었다. 정보와 지식의 패턴도 다양하게 되었으며, 기술과 불확실성의 수준도 고차원이 되었으며, 시민들의 기대수준도 달라지게 되었다. 정부관료들도 "배우지 않고서는" 통치 자체가 불가능한 세상이 된 것이다.

3) 지식정부의 핵심명제

지식정부에서의 정부혁신 핵심명제를, 이상의 분석을 바탕으로, 정리하면 다음과 같다(D. Kettle, 1994; O. E. Hughes, 1994).

(1) 학습은 필수적이다

정부관료제에 있어서도 학습은 필수적이다. 우주선 챌린져 호의 폭발은 수 십억달러의 장비와 인명 피해를 가져왔지만, 더욱 심각한 비용은 미국 정부와 전문가적 관료집단에 대한 국민들의 신뢰가 무너졌다는 점이다. Three Mile Island의 핵 누출사건, 체르노빌 사건도 마찬가지로 신뢰가 붕괴되는 결과를 초래했다. 이러한 사건들이 주는 공통적 교훈은 정부관료제에 학습시스템이 제대로 구축되지 못한다면, 한 가지 작은 실수가 얼마나 커다란 재앙을 초래하는가를 웅변적으로 보여주고 있다는 점이다.

(2) 정보가 핵심이다

관료조직에 학습이 일어나려면, 관료조직은 그 조직을 둘러싸고 있는 환경에서 어떠한 변화가 일어나고 있는지를 먼저 알 수 있어야 하고, 그런 다음, 이러한 인지가 얼마나 타당한 것인지를 판단할 수 있어야 하고, 마지막으로, 거기에 대한 대응책을 강구할 수 있어야 한다.

지식정부에 학습이 정착되기 위해서는 조직과 인력, 양 측면이 모두 고려되어야 한다.

첫째, 조직 측면에서 지식정부는 개방체제가 되어야 한다. 지식정부는 그 경계조직(*boundary organizations*)이 늘 외부환경의 변화를 민감하게 인지하고 수용할 수 있는 형태의 개방체제(*open system*)가 되어야 한다.

둘째, 조직 내에서 실제로 일하는 공무원들은 시시각각으로 외부환경이 쏟아내는 엄청난 양의 신호(*external signals*)들을 읽고, 걸러내고, 판단할 수 있도록 훈련되어야 한다.

(3) 정보는 아래에서 위로 그리고 밖에서 안으로 흐른다

전통적 행정개혁이 초래한 하나의 중대한 오류가 있다면, 그것은 "상의-하향식"(*top-down*)의 접근방법이다. 이러한 오류는 다음과 같은 잘못된 믿음에서 출발한다.

첫째, 상의-하향식 접근방법은 최고관리자의 권력은 부하직원들의 수용을 전제로 생겨난다는 점을 간과하였다는 점이다. 일찍이 Barnard(1968)도 지적한 바와 같이, 상급자의 권위는 소속직원들이 얼마나 자발적으로 조직이 제시한 방향에 따라 주는가 하는데 달려 있다. 즉, 효과적인 조직이 되려면, 1) 부하직원의 협력을 이끌어낼 수 있는 상관의 리더십, 2) 조직의 공동목표에 대한 자발적인 수용성, 3) 그리고 이러한 목표를 향해서 직원들을 상하 좌우로 한데 엮을 수 있는 의사소통체계가 갖추어져 있어야 한다. 조직의 목표를 효과적으로 달성할 수 있으려면, 조직 내에 효율적인 의사소통체제가 정비되어 있어야 하며, 이러한 체제 내에는 항상 정보가 원활하게 소통되어야 한다. 조직의 명령에 포함된 정보는 위에서 아래로 흐르는 것이 상례이지만, 그 명령에 포함된 정보는 "아래에서 위로 올라오는 것"이다. "상의-하향식"(*top-down*) 개혁이 초래한 오류는 바로 이러한 정보채널을 파악하지 못했다는 점과, 학습조직의 중요성을 파악하지 못했다는 점이며, 또한 "하의-상향식"(*bottom-up*) 커뮤니케이션 구조를 통해 학습이 자발적으로 축적될 수 있는 여건을 마련하지 못했다는 점이다.

둘째, 전통적 행정개혁가들은 관료들에 대한 통제를 통해 정부혁신이 달성될 수 있을 것으로 믿었다는 점이다. 정부관료제의 성과 역시도 사업 프로젝트를 관리하듯이 엄격한 방법을 적용하고, 또한 그 과정에서 생겨나는 장애요인을 제거한다면 달성될 수 있을 것으로 보았다. 이처럼 정부관료제를 폐쇄형(*cloesed system*)으로 보는 접근방법은 많은 문제점을 지니고 있다. 즉, 정부가 효과적이려면, 정부조직이 "더 잘" 배울 수 있어야 한다. 정부관료제가 효과적으로 학습하려면, 정보를 수집하고 소화해낼 수 있는 방법이 개발되어야 한다. 정보를 잘 수집하고 분석할 수 있으려면, 정보가 흐르는 의사소통체계를 잘 파악해 둘 필요가 있는데, 그것이 바로 "아래에서 위로, 밖에서 안으로" 라는 것이다. 조직의 하부체계야 말로 관료적 전문성이 기초하는 곳이고, Barnard(1968)가 강조했듯이, 조직효과성의 시발점인 것이다. 그리고 조직의 "밖"이야말로 급변하는 기술과 환경의 변화의 내용이 담긴 정보의 출처인 것이다. 이러한 "하부"와 "밖"을 잘 엮어서 원활한 조직 커뮤니케이션 체계를 구축하는 것이야말로, 정부관료제 전체를 하나의 학습조직으로 만드는 전제조건이 된다.

(4) 지식은 힘이다

관료제의 공식적 계층구조와 관계없이, 조직에서 실질적인 권력은 정보의 흐름을 따르고 있다. 정보가 "아래에서 위로" 그리고 "밖에서 안으로" 흐르듯이, 관료들의 권력도 이러한 패턴을 따르고 있으며, 이는 다음 두 가지 시사점을 주고 있다.

첫째, 관료제 내부에서 상급자는 "권위"(*authority*)에 기초한 통제방식에서 "합의"(*consensus*)에 기초한 관리방식으로 전환해야 한다. 즉, "건의는 위로, 명령은 아래로"와 같은 전통적 방식에서 탈피하여, 직원전체가 하나의 퍼레이드(*parade*)를 펼치듯이, 공동목표를 향해 동일한 방향으로 매진할 수 있어야 한다. 이를 위해서 계층구조의 분권화(*decentralization*)와 부하직원들에게 "힘 실어주기"(*empowering*)는 필수적이다. 정보의 흐름은 바로 조직의 아래에서부터 출발하기 때문이다.

둘째, 정보가 발생하는 또 하나의 중요한 출발지가 "밖"이라는 사실은 정부권력을 "바깥" 사회와 공유할 수밖에 없다는 점을 의미한다. 예컨대, 환경정책을 연구해 보면 공해감소정책을 수립하는데 있어, 정부가 얼마나 업계의 목소리에 의존할 수밖에 없었는지를 금방 알 수 있다. 정부관료들은 그들의 전문성 제고 차원에서도 그들의 정책이 기초하고 있는 "바깥의" 정보에 의존할 수밖에 없기 때문에, 사회와의 권력 공유는 불가피해진다. 따라서, 이제는 엄격한 권위와 위계질서에 기초한 조직구조가 필요한 것이 아니라, 사회의 각 주요 부문들과 잘 연계될 수 있는 네트워크의 구축이 필수적이다.

3. 지식정부의 행정학적 쟁점

1) 이론적 함의: 미래지향적 지식정부

지식정부를 미래지향적이고 거버넌스적 관점에서 조명하면 다음과 같은 이론적 함의를 지닌다.

(1) 정부-시장-시민사회 거버넌스 구축

정부혁신을 효과적으로 달성하기 위해서는 조직 내외의 광범위한 참여가 필요하다. 참여를 통한 다양한 의견의 수용은 사회문제를 해결하는 데 중요한 역할을 한다. 조직 외부의 참여를 확보하기 위해서는 참여에 필요한 정보의 접근이 용이해야 하지만, 현실은 조직내부의 정보에 대한 외부의 접근이 어려운 실정이다. 따라서 성공적인 정부혁신을 위해서는 시민들의 정책참여의 통로를 활성화하고, 문제해결에 적합한 정부-시장-시민사회의 거버넌스적 협력 네트워크를 구축해야 한다.

(2) 거버넌스 정신과의 연계

거버넌스는 무엇보다도 자기 조직적 네트워크의 조정에 관한 것이라고, Rhodes (1996)는 주장한다. 즉, Rhodes의 관점에서 보면 거버넌스는 스스로 조직하는 조직간 네트워크에 관한 것이다. 네트워크는 조정메커니즘의 관점에서 시장과 정부 계층제의 대안으로서 이해된다. Rhodes에 따르면 네트워크는 스스로 조직한다는 것, 자율적이고 스스로 통치한다는 것이다. 만일 시장의 중요한 조정메커니즘이 가격경쟁이고, 계층제의 중요한 조정메커니즘이 관리질서라면, 네트워크를 접합하는 것은 신뢰와 협동이다 (Thompson 외, 1991: 15). 정부에 있어서 중요한 문제는 이러한 네트워크에게 권한을 부여하는 것과, 협동의 새로운 형태를 찾는 것이다(Rhodes, 1996: 666). 정부혁신의 접근방식도 이러한 신뢰와 협동(Thompson 외, 1991), 참여와 네트워크(Rhodes, 1996) 등 거버넌스 정신을 토대로 추진될 때 성공가능성은 높아질 수 있을 것이다.

(3) 학습시스템 구축

학습조직은 지식을 창출·축적·활용·확산하는 데 능숙한 조직이며, 새로운 지식과 통찰력을 반영하여 행동을 수정하는 데 능숙한 조직이며, 잘못된 지식을 폐기하는 데 능숙한 조직이다. 정부혁신이 본질적으로 성공하기 위해서는 정부관료들의 학습이 "늘 상시적으로" 일어날 수 있어야 한다. 이를 위해서는 정부관료들은 1) 평소 직무수행에 있어 어디에 가장 유용한 정보가 존재하는지에 대해서 알아두어야 하고, 2) 어떤 정보가 정말로 중요한 정보인지 분석하는 법을 익혀두어야 하고, 3) 조직목표를 달성하기 위해 이러한 정보들을 어떤 방식으로 이용하는지에 대해 알아두어야 한다.

(4) 인센티브 체제 강화

조직 내 학습 분위기가 조성될 수 있도록 하고 더욱 더 장려될 수 있도록 하기 위해서는 강력하고 효과적인 인센티브 체제가 구축되어야 한다. 조직의 최고책임자들은 지속적으로 학습이 이루어질 수 있도록 1) 교육훈련을 강화하고, 2) 구조적 유연성을 유지하고, 3) 관료조직을 수평적 형태로 전환하고, 4) 의사결정의 분권화를 촉진하여야 한다.

(5) 미래지향적 통찰

학습은 늘 위험과 불확실성을 내포하고 있는 지식에 대해 배우려는 자세를 말하는 것이기 때문에, 실패를 수반하게 마련이다. 현대행정조직은 엄격한 권위와 통제에 기초한 전통적 관료제에 비해, 특성상 훨씬 더 복잡하고 불안정하며, 따라서 그 구성원들인 공무원들에게 훨씬 더 많은 위험을 안겨준다. 위험에 대한 관용이 보장되어 있지 않으면 창의적이고 혁신적인 기업가 정신은 살아날 수 없다. 실패에 대해 관대할 수 있어야 하고, 심지어 경우에 따라서 장려하지 않는다면, 학습의 경험이 축적될 수 없다. 따라서 정부혁신이 진정으로 성공하려면 정부가 당장 수행하고 있는 정책을 효율적으로 관리하는 것도 필요하지만, 보다 궁극적으로 어떤 결과를 가져올 것인가에 대한 미래지향적이고 장기적인 통찰이 필요하다. 이러한 관점에서도 현대행정이론에서 미래예측이 차지하는 중요성은 매우 크다고 할 수 있다.

(6) 강력한 의지와 변혁적 리더십

정부혁신의 성공적 달성을 위해서는 최고지도자의 강력한 의지가 있어야 달성될 수 있고, 혁신의 출발점은 혁신목표를 달성하기 위한 조직구성원들의 잠재력을 고양시키는 문제로부터 시작되어야 한다. 이를 위해서는 새로운 비전과 미션을 창출하고, 기대를 초월하여 성과달성을 추구하는 리더십이 필요한데, 이러한 리더십을 변혁적 리더십(Transforming leadership)이라 한다. 변혁적 리더십은 개인적 성향에 관심을 기울이고 새로운 시각을 제시하면서 조직구성원의 변화와 변혁을 일으키는 리더십으로서, 안정보다는 변화에 능동적으로 적응하거나 변화를 유도하는 리더십을 의미하는데, 정부혁신의 성공적 실현을 위해 꼭 필요한 요소이다.

2) 행정적 함의: 지식정부의 성찰

미래조직에서는 조직구성원의 학습능력, 참여와 창의성 발현을 통한 경쟁력의 향상이 조직에 있어 중요한 관건이 될 것이다. 전통적 조직에서는 한번 습득한 기술이나 능력이 오랜 기간 조직의 경쟁력을 보장하였지만, 지식정보사회에서의 환경변화는 조직이 새로운 기술과 관리능력에 대해 지속적으로 습득할 것을 요구하고 있기 때문이다.

우리가 새로운 지식정부 패러다임에 관심을 갖는 이유는 기존의 행정패러다임에 대한 성찰과 반성에서 기인한다. 정부만이 국가발전을 주도할 수 있는 존재이며, 공익을 위해서는 민간의 활동을 간섭하고 규제하는 것을 당연시하던 정부의 무사 안일한 태도와 권위주의적 행태가 더 이상 방어될 수 없는 시점에 이르게 되었다. 그동안 관료조직은 자신들만이 보유하고 있는 전문성과 공공정보의 기밀성을 바탕으로 사회체제 내에서 그들의 우월적 지위를 확보하는 데 큰 어려움이 없었지만, 이제 정부독점의 시대는 막을 내리고 있다.

정보와 지식의 패턴도 다양화되면서 정부권력도 분권화되고 있다. 이제 이러한 시대상황에서 정부의 역할에 대한 근본적 질문이 제기되고 있다. 정부가 할 수 있는 일은 무엇이고, 할 수 없는 일은 무엇인가? 정부가 잘 할 수 있는 기능은 무엇이고, 해서 안 되는 기능은 무엇인가? 정부관료들은 어떻게 변해야 하고, 시민사회와의 관계정립은 어떻게 해야 할 것인가?

과거에는 계층제적 정부관료제가 이 모든 문제에 대한 분명한 해답이었다. 전문가적인 식견을 가진 관료들이 명확하게 부여된 기능을 수행하고, 상부에서 제시된 명령체계를 따라 시민들에게 공공서비스를 제공하기만 하면 되었다. 시민들도 정부의 권위를 믿고 따랐으며, 정부의 전문성과 효율성에 대한 신뢰와 지지를 가지고 있었다. 이제 이러한 기본적인 도식으로는 사회운영이 어렵게 되었다. 정보와 지식의 패턴도 다양하게 되었으며, 기술과 불확실성의 수준도 고차원이 되었으며, 시민들의 기대수준도 달라지게 되었다.

지식정부란 국가사회시스템의 생산성을 극대화시키고 고객을 만족시키는 공공서비스를 보다 효율적으로 제공하는 한편 민주적이고 성찰적인 공동체를 구현하기 위한 고민과 성찰을 담고 있는 국정운영시스템을 의미한다. Donald F. Kettle(1994)가 제시한 학습조직의 개념은 전통적인 관료제를 어떤 방식으로 개혁해야 하는지에 대한 모형과 명제를 제공해 주고 있으며, 더 나아가 미래지향적 국정관리가 극복해야 할 학습조직의 문제와 과제에 대한 전략과 제언을 제시하고 있다는 점에서, 우리나라의 행정학사나 정책학사들에게 많은 것을 시사해 주고 있다(오석홍 편저, 2005: 740-746).

제 3 절 요약 및 결론

성찰적 국정관리는 미래지향적 국정관리가 꽃핀 개념이라고 할 수 있다. 성찰이라는 개념은 단순한 효율-민주의 이분법을 넘어서서 우리 사회공동체의 모든 구성원들인 시민들이 서로 신뢰하고 등권이 이루어진 가운데 개인의 자율과 창의를 토대로 자아실현과 자아완성의 가능성이 열려 있는 그야말로 국가혁신의 지향점이라고 할 수 있다. 이는 또한 정부 내부의 관리역량을 강화하고, 정부 내부와 외부간의 민주주의를 강화하고, 더 나아가 정부 내부와 외부를 함께 아우르는 사회공동체라는 개념으로 발전시켜 우리 사회공동체의 신뢰와 성숙을 지향한다는 점에서 미래 국정관리가 지향해야 할 이념적 정점이라고 할 수 있다.

성찰적 국정관리는 성찰성과 신뢰성을 핵심이념으로 하며, 이를 위해서는 관리역량(혁신, 관리), 정책역량(분석, 예측)과 함께 인프라역량(전자정부, 사회자본)의 강화를 필요로 한다. 성찰적 국정관리를 위해서는 정부 내부–정부 외부(시장, 시민사회) 전체를 아우르는 사회공동체라는 관점에서 신뢰와 협동이 필요한데, 이를 위한 이론 및 제도적 요소로서 전자정부이론, 지식정부이론을 살펴보았다. 성찰적 국정관리를 위해서는 전자정부이론에서 제시하는 성찰적 요소(전자공간의 공공영역의 장과 담론을 활용)들을 토대로 하면서, 지식정부이론에서 제시하는 신뢰 및 시민사회 역량 강화를 필요로 한다는 전제하에서 진행된 논의이다.

행정학을 국정관리에 관한 학문이라고 규정할 때 인간주의를 실현하기 위한 이념적 틀로서 국가행정모형에 관한 논의는 매우 필수적인 일이다. 이러한 관점에서 정보사회의 행정학, 인간주의 행정학, 거시행정학의 열린 구조, 전자정부모형의 3차원적 논의 등이 이루어졌다.

지식정부는 전자정부의 정보기술을 토대로 하여, 기업가적 정부에서 추구하는 정부 운영의 인센티브가 잘 제공되고, 학습정부에서 추구하는 지식의 공유와 학습이 제대로 이루어지는 정부이다. 지식정부를 지식관리와 같은 매우 관리적 개념으로 접근하는 경우도 있으나, 여기에서는 지식정부를 민주사회의 신뢰와 성찰이라는 관점에서 지식정부와 국가혁신의 문제를 고찰하였다.

미래 국정관리의 중요한 화두는 신뢰와 성찰이다. 과거에는 국가행정을 통치(*governing*)이라고 하였지만, 이제는 거버넌스(*governance*) 혹은 국정관리라는 용어를 쓰고 있다. 정부, 시장, 시민사회의 세 주체가 서로 지식을 공유하고 협의하는 가운데 이루어지는 투명한 정책이야말로 시장의 신뢰회복을 통한 성숙한 공동체 구현의 필수 요건이 되고 있다.

미래 정부는 정부역량 강화를 통해 행정의 생산성(효율성), 민주성(대응성), 신뢰성(성찰성)을 제고해야 한다. 정부 내부의 효과성(*effectiveness*)과 능률성(*efficiency*) 제고 등 효율성 증대를 토대로 정책의 참여성(participation)과 대응성(*responsiveness*) 제고 등 민주성을 강화하고, 더 나아가 정부와 시민간의 신뢰(*trust*)와 협동(*cooperation*)을 토대로 사회적 자본 및 성찰성을 강화해야 한다.

21세기는 지식과 문화가 중요한 시민사회로의 진입을 예고하고 있다. 과거와 같은 발상의 능률성 위주의 관료행정과 상의하향식 국가발전전략이 더 이상 시민들에게 '주입'될 수 있을 것이라는 발상은 시대착오적이며, 정부는 정책의 투명성과 선택가능성을 높이고 시민에게 매우 책임 있게 다가가는 성찰하는 정부가 되어야 한다(권기헌, 2007a; 2007b). 이러한 시대정신과 정책이념이야말로 지식정보사회에 부응하는 국가혁신의 지향점이다.

요약 및 결론

- 논점 및 함의 -

요약 및 결론:
-논점 및 함의-

21세기 인류사회가 당면한 문제는
어떻게 하면 개인의 가치가 존중되는 사회를 실현할 수
있을까 하는 국가경영의 지혜로 귀결된다.
Peter Drucker

본서에서 제시된 주장과 논점, 분석과 함의에 대해서 요약하면 다음과 같다.

1. 주장과 논점

1) 현대행정이론: 문제의식

현대는 대단히 빠른 속도로 변화하고 있으며, 미래의 불확실성(*uncertainty*)과 불확정성(*indeterminancy*)은 더욱 더 증가하고 있다. 이에 따라 현대행정의 조직관리에 있어서도 국가혁신이론(*national innovation theory*), 미래예측이론(*future foresight theory*), 거버넌스이론(*new governance theory*), 갈등관리이론(*conflict management theory*), 전자정부이론(*electronic governance theory*), 지식정부이론(*knowledge management theory*) 등이 매우 중요하게 대두되고 있다.

전통적인 행정이론과 최근 등장하고 있는 국가혁신, 미래예측, 거버넌스, 갈등관리, 전자정부, 지식정부 등의 개념 및 제도들은 어떻게 연계되어 있는가? 전통적 이론과 현대적 제도를 유기적으로 연결시킴으로써 좀더 발전된 현대행정이론의 개념적 토대를 구축할 수는 없을까?

본서는 이러한 문제인식을 토대로, 전통적인 행정학 이론의 외연적 확장을 통해, 본래의 이론이나 가치를 손상시키지 않으면서도, 현대적인 제도로 대두되고 있는 국가혁신(혁신관리, 지식관리, 성과관리), 미래예측, 거버넌스, 갈등관리, 전자정부, 지식정부 등의 개념 및 제도들을 변증법적으로 통합하려는 시도로 집필되었다.

현대행정학은 정부 운영시스템에 대해 연구하는 정부학이며, 동시에 지식정보사회에서의 국가혁신에 대해 고민하는 국정관리학이다. 현대행정학은 동태적 과정으로 이루어진다. 국가목표-정책결정-조직화-동작화-환류 및 학습이라는 동태적 과정을 거치면서, 현대행정학은 궁극적으로 우리 사회 내에 존재하는 국민 개개인의 인간존엄성 실현을 목표로 한다. 즉, 현대행정학은 정부 내부 운영의 효율성(효과성, 능률성)을 토대로, 시민의 정책참여와 민주통제를 통해 민주성(참여성, 숙의성, 합의성)을 강화하며, 더 나아가 우리 사회 공동체 구성원들의 신뢰성과 성숙성을 지향하는 성찰성 구현을 목표로 한다.

이러한 관점에서, 본서에서 염두에 둔 현대행정학의 문제의식은 다음과 같다.

* 정부 내부 운영의 비능률을 타파하고, 정부 운영의 효율성을 극대화 시킬 수 있는 조직원리 및 운영방안은 무엇인가?
* 이를 위해 가장 적합한 조직형태(관료제 vs. 전자정부)와 관리방안(인사, 조직, 재무, 정보체계)은 무엇이며, 이러한 방안들은 지식정보사회에 부응하기 위해 어떠한 방향으로 진화되어야 하는가?
* 정부관료제를 민주적으로 통제할 수 있는 방안은 무엇인가? 조직 내부적으로 민주성과 투명성을 제고하는 방안은 무엇이며, 조직 외부적으로 시민들의 정책참여를 강화함으로써 민주성 및 투명성을 제고하는 방안은 무엇인가?
* 정부는 어떤 정책 및 행정서비스를 통해 우리 사회의 신뢰성과 성찰성을 제고할 수 있는가?

2) 현대행정이론: 미래의 바람직한 정부상

미래의 바람직한 정부상의 첫 출발점은 정부역량(*governance capacity*)의 강화이다. 정부역량은 정책역량(*policy capacity*), 관리역량(*management capacity*), 인프라역량(*infra capacity*)을 제고하는 것을 의미한다.

첫째, 정책역량은 분석(*analysis*)과 예측(*foresight*)을 중심개념으로 한다. 미래정부에서는 통상정책과 협상관리, 환경정책과 갈등관리, 정보정책과 과학기술 분야의 중요성이 증대될 것으로 예측되는데, 이러한 정책영역에서 특히 문제의 분석과 예측능력이 매우 중요하다.

둘째, 관리역량은 혁신(*innovation*)과 관리(*management*)를 중심개념으로 한다. 미래정부에서는 정부 내부의 관리역량 증대를 위해 혁신관리, 성과관리, 지식관리의 중요성이 커진다. 또한 비용편익분석, 회귀분석, 시뮬레이션, BSC 등의 관리기법들을 토대로 조직관리의 과학화를 실현해야 한다.

셋째, 인프라역량은 기술(*technology*)과 신뢰(*trust*)를 중심개념으로 한다. 미래정부에서는 정보기술을 토대로 한 전자정부 및 지식정부의 중요성이 증대되고, 신뢰를 토대로 한 사회적 자본(*social capital*)과 시민사회 역량을 강화시켜야 한다.

3) 현대행정이론: 미래지향적 국정관리모형

현대는 대단히 빠른 속도로 변화하고 있으며, 미래의 단절(discontinuity)과 불확정성(*indeterminancy*)은 더욱 더 증가하고 있다. 이에 따라 현대행정의 조직관리에 있어서도 생각의 속도로 움직이는 전자정부(e-Governance)와 미래예측(Future Foresight)이 중요해지고 있으며, 국정관리의 차원에서도 국가혁신(National Innovation)과 거버넌스(New Governance)가 매우 중요해지고 있다.

현대사회의 이러한 시대적인 흐름에 미래정부가 제대로 대응하려면, 현대행정이론은 시대의 새로운 흐름에 부응할 수 있는 새로운 제도와 개념, 이념과 가치, 즉 패러다임을 제공해 줄 수 있어야 하는데, 본서에서는 이러한 미래지향적 국정관리의 과제를 위에서 논의한 내용을 토대로 세 차원의 국정관리 모형에 따른 핵심이념, 핵심역량, 핵심과제, 그리고 이론 및 제도로 정리하였다(〈표 1〉 참조).

첫째, 효율적 국정관리는 효율성과 생산성을 핵심이념으로 하며, 이를 위해서는 관리역량(혁신, 관리)의 강화를 필요로 한다. 핵심과제로는 정부 내부 조직관리의 효과성 및 능률성 제고가 필요한데, 이를 실현시키기 위한 이론 및 제도적 요소로는 혁신관리, 지식관리, 성과관리 등 국가혁신이론과 미래예측이론을 중심으로 하는 분석적 국정관리의 강화를 들 수 있다. 효율적 국정관리를 위해서는 국가혁신이론에서 제시하는 관리적 요소들을 토대로 하면서 미래예측이론에서 제시하는 과학적 토대의 관리적 역량을 필요로 한다.

둘째, 민주적 국정관리는 민주성과 참여성을 핵심이념으로 하며, 이를 위해서는 관리역량(혁신, 관리)과 함께 정책역량(분석, 예측)의 강화를 필요로 한다. 핵심과제로는 정부 외부와의 인터페이스 관점에서 정책관리의 참여성 및 대응성 제고가 필요한데, 이를 실현시

〈표 1〉 미래지향적 국정관리모형: 유형 및 이념·역량·제도

이념·역량·과제·이론·제도 / 국정관리유형	핵심 이념	핵심 역량	핵심 과제	핵심 이론	핵심 제도	미래 정부상
효율적 국정관리	효과성, 능률성	관리역량 (혁신, 관리)	*행정관리의 효과성 제고 *행정관리의 능률성 향상	국가혁신이론 (혁신관리, 지식관리, 성과관리) + 미래예측이론의 관리적 역량	총액인건비제도 전보제한 및 경력개발제도 총액배정자율편성 (Top-down) 예산제도 성과관리제도(BSC) 디지털예산회계시스템 (BAR)	기업가적 정부 성과중심 정부
민주적 국정관리	민주성, 대응성	관리역량 (혁신, 관리) 정책역량 (분석, 예측)	*정책관리의 민주성 확보 *정책관리의 대응성 고양	거버넌스이론 + 갈등관리이론 + 정책관리이론의 정책적 역량	행정정보공개제도 행정서비스헌장제도 정책갈등관리제도 정책품질관리제도	고객중심 정부
성찰적 국정관리	성찰성, 신뢰성	관리역량 (혁신, 관리) 정책역량 (분석, 예측) 인프라역량 (기술, 신뢰)	*정부-시장-시민사회 간의 신뢰, 협동 *정부-시장-시민사회 내부의 사회적 자본 강화 *정부-시장-시민사회 간의 성찰성 강화	전자정부이론 + 지식정부이론의 성찰적 역량	PCRM과 정책홍보제도 정책실명제(정책커뮤니티 형성) 공공영역의 장(온라인 담론형성) 지식커뮤니티 형성	뉴거버넌스 정부

키기 위한 이론 및 제도적 요소로는 거버넌스이론, 갈등관리이론을 중심으로 하는 민주적 국정관리의 강화를 들 수 있다. 민주적 국정관리를 위해서는 거버넌스이론에서 제시하는 민주적 요소들을 토대로 하면서, 갈등관리이론과 정책품질관리이론에서 제시하는 정책적 역량을 필요로 한다.

셋째, 성찰적 국정관리는 성찰성과 신뢰성을 핵심이념으로 하며, 이를 위해서는 관리역량(혁신, 관리), 정책역량(분석, 예측)과 함께 인프라역량(기술, 신뢰)의 강화를 필요로 한다. 핵심과제로는 정부 내부-정부 외부(시장, 시민사회) 전체를 아우르는 사회공동체라는 관점에서 신뢰와 협동이 필요한데, 이를 실현시키기 위한 이론 및 제도적 요소로는 전자정부이론, 지식정부이론을 중심기제로 하는 성찰적 국정관리의 강화를 들 수 있다. 성찰적 국정관리를 위해서는 전자정부이론에서 제시하는 성찰적 요소(전자공간의 공공영역의 장과 담론을 활용)들을 토대로 하면서, 지식정부이론에서 제시하는 신뢰 및 시민사회역량 강화를 필요로 한다.

현대행정의 이론 및 제도들인 국가혁신이론, 미래예측이론, 거버넌스이론, 갈등관리이론, 전자정부이론, 지식정부이론을 좀더 심층적으로 분석해보면, 혁신관리, 지식관리, 성과관리를 요체로 하는 국가혁신이론과 미래예측이론은 현대행정학의 효율성 측면을 뒷받침해주는 역할을 하며, 거버넌스이론과 갈등관리이론은 현대행정학의 민주성 측면을 강화시켜주는 역할을 하며, 전자정부는 효율성과 민주성을 연결시키는 현대정책결정 메커니즘의 로커스(*locus*)로서의 성찰성을 담보시켜주는 기능을 한다.

종합적으로 정리하면, 본서에서는 현대행정이론과 미래지향적 국정관리모형을 논구함에 있어서 세 가지 핵심 축을 중심으로 논의하였다. 즉, 1) 국가혁신이론(혁신관리, 지식관리, 성과관리), 미래예측이론에 기반을 둔 효율적 국정관리(*effective governance*), 2) 거버넌스이론, 갈등관리이론, 정책품질관리이론에 기반을 둔 민주적 국정관리(*democratic governance*), 3) 전자정부이론, 지식정부이론에 기반을 둔 성찰적 국정관리(*reflexive governance*)를 미래 지향적 국정관리의 핵심 축으로 삼고서, 이에 따른 이론 및 제도적 기반 요소들을 논의하였다.

미래정부는 정부역량 강화를 통해 행정의 생산성(효율성), 민주성(참여성), 신뢰성(성찰성)을 제고해야 한다. 정부 내부의 생산성 증대를 토대로 정책의 참여성(*participation*)과 대응성(*responsiveness*) 제고 등 민주성을 강화하고, 더 나아가 정부와 시민간의 신뢰(*trust*)와 등권(*empowerment*)을 토대로 사회적 자본(*social capital*)을 강화해야 한다.

21세기 국정관리의 화두는 신뢰와 성찰이다. 국가혁신을 위해 중요한 것은 개혁과 관련하여 미래의 바람직한 국정관리의 틀을 구축하고, 이에 대해 국민들의 신뢰를 획득하는 일이다. 신뢰는 그 자체를 21세기 정부혁신의 요체로 삼을 정도로 중요한 일이다. 따라서 미래의 국정관리는 강한 국가, 강한 시장 및 강한 시민사회를 형성하고, 이들간에 신뢰와 균형된 파트너십을 바탕으로 강한 네트워크를 형성함으로써, 세계화와 정보화 시대에 적합한 국가공동체를 형성해야 할 것이다.

2. 에필로그

현대행정이론의 궁극적 목적은 인간의 존엄성을 실현하는데 있다. 변화와 단절, 속도와 불확정성으로 대변되는 미래사회의 위기와 불확실성에 직면하여 어떻게 하면 인간의 존엄(*dignity*)을 실현하고 인간의 가치(*value*)를 고양시킬 수 있을지에 대해 고민하고 성찰하는 학문이 현대 국정관리학이다.

정보화와 과학기술이 급속도로 진행되고 있는 현 시점에서, 오늘날 인류는 전례를 찾아보기 힘들 정도의 변화와 단절, 그리고 대변혁의 과정을 겪고 있다. 생활양식의 급격한 변화를 초래시키고 있는 정보기술, 환경오염, 자원궁핍 그리고 이들로 인한 가치관의 혼란, 안전한 삶을 위협하는 온갖 두려움과 공포의 증대 등 우리가 지금껏 경험해 보지 못한 전대미문의 가능성을 현실로 경험하고 있다. 사회변동의 정도는 혁명적이라 할 만큼 급격한 것이라서, 기존 사회질서에 거대한 도전을 초래하고 있으며, 국가운영에 있어서도 지금까지 존속되어 왔던 학문체계로는 대처할 수 없을 정도로 커다란 변화를 몰고 오고 있다. 국정관리는 이렇게 변화하는 사회를 총괄하고 조정할 책무가 있다. 즉 국가행정의 역할과 임무도 변화하는 사회만큼이나 변화해야 하고, '새로운 문명과 새로운 개혁'을 이끌어낼 수 있어야 한다.

현대사회의 이러한 시대적인 흐름에 현대행정학이 제대로 대처하여, 행정학 본래의 문제지향성과 실용지향성을 살려 나가려면, 행정이론은 지식정보시대의 이러한 변화에 부응할 수 있는 새로운 패러다임을 제공해 줄 수 있어야 한다.

현대행정학, 즉 국정관리학의 새로운 패러다임의 정립은 바로 토마스 쿤(T. Kuhn)의 말대로 '지평의 전이'(*paradigm shift*)라고 할 수 있다. 국가혁신과 정부혁신을 통해 차세대의 국정 청사진을 제시할 수 있어야 하며, 이들이 국민의 가치 및 행동 체계 속에 뿌리내릴 수 있도록 정책과 행정에 대한 구체적인 개혁방안이 실현되어야 한다. 새로운 국정관리의 과제는 급속도로 발달하고 있는 전자정부 및 지식정부를 활용하여 국민의 자율적인 의사소통을 증진시키는 성찰적 거버넌스 체제를 구축하고, 그에 걸맞는 정책운영방식 및 행정관리형태를 갖추는 방향으로 전개되어야 한다. 이러한 정책지향성에 과학적 토대를 제공해 주는 것이 국가혁신이론과 미래예측이론이다. 이것이 이 책에서 논의를 전개한 기본적인 인식구조이다.

우리는 잠시 이 곳에 머무를 뿐 영원한 지구의 주인은 아니다. 존속가능한 지구, 문명화된 지식사회의 실현 그리고 인간화된 국정관리를 위한 논리와 정책의 모색은 21세기를 당면한 우리의 끊임없는 테마가 될 것이다. 미래의 정부는 21세기 사회의 소용돌이적 변화에 명민하게 대응하면서, 뉴 프런티어(New Frontier) 정신으로 공적인 부문을 조정 관리해야 한다. '지평의 전이'(*paradigm shift*)라는 문구처럼, 기존의 사고와 전제여건들을 혁파하고, 새로운 사고와 새로운 논리로 성찰하면서 창조적 탐색을 계속해 나가야 할 것이다.

참고문헌

1. 단행본

강근복(2000, 2002). 「정책분석론」. 서울: 대영문화사.

강근복 외(1999). 「지식정보사회와 전자정부」. 서울: 나남출판.

강내희(1998). 「전자적 기록과 원형감옥」. 서울: 문학과학.

강신택(1976). 「정책학개론」. 서울: 법문사.

강영기(1987). 「행정학의 이론과 역사」. 서울: 대왕사.

강제명(2001). 「정보체계론」. 서울: 문성.

______(2003). 「정보체계론」. 서울: 문성.

______(2006). 「행정학(한국행정현실과 과제)」. 서울: 도서출판 해인.

거버넌스 연구회(2002). 「거버넌스의 정치학」. 서울: 법문사.

고재학(2002). 「정보사회와 행정」. 서울: 이한출판사.

곽동훈·김시무 역(1996). 「현대사상가 50」. 존 레흐트 저. 서울: 현실문화연구.

곽수일(1994). 「국가사회 정보화 촉진방안에 관한 연구」. 서울: 서울대학교.

곽효문(1998). 「정책학원론」. 서울: 학문사.

권기헌(1997). 「정보사회의 논리」. 서울: 나남출판.

______(2003). 「정보체계론: 정보사회와 국가혁신」. 서울: 나남.

______(2003). 「전자정부와 정부혁신」. 커뮤니케이션북스.

______(2004). 「정보화 시대의 네트워크 정부모형」. 경희대학교 출판국.

______(2004). 「전자정부의 이론과 실제」. 경희대학교 출판국.

______(2007a). 「정책학의 논리: Lasswell 정책학의 현대적 재조명」. 서울: 박영사

______(2007b). 「전자정부론: 전자정부와 국정관리」. 서울: 박영사.

______(2008a). 「정책학: 현대정책이론의 창조적 탐색」. 서울: 박영사.

______(2008b). 「미래예측학: 미래예측과 정책연구에 관한 방법론 서설」. 서울: 법문사.
권기헌·최병선(2004). 「공공정책의 품질 향상 방안에 관한 연구」. 행정자치부.
권기헌·박승관·윤영민(1998). 「정보의 신화, 개혁의 논리」. 서울: 나남출판.
권상탑(2000). 「최신정보화용어사전」. 서울: 홍익재.
권해수 외(2002). 「전자정부를 통한 부패통제-이론과 사례」. 서울: 한울아카데미.
김광웅(1983). 「행정과학서설」. 서울: 박영사.
______(1996). 「행정과 나라만들기」. 서울: 박영사.
김 구(2005). 「지식정부 구축을 위한 지식행정의 이해와 활용」. 서울: 조명문화사.
김규정(1996). 「행정학연구」. 서울: 법문사.
김만기 편(1998). 「2000년대에 대비한 정부조직의 혁신」. 서울: 대영문화사.
김병섭·박광국·조경호(2000). 「조직의 이해와 관리」. 서울: 대영문화사.
김석준 외(2000). 「뉴 거버넌스 연구」. 서울: 대영문화사.
_________(2001). 「뉴거버넌스와 사이버 거버넌스 연구」. 서울: 대영문화사.
김성태(1999). 「행정정보체계론」. 서울: 법문사.
______(2003). 「전자정부론」. 서울: 법문사.
______(2003). 「전자정부론 이론과 전략」. 서울: 법문사.
김수행(1988). 「정치경제학 원론」. 서울: 한길사.
김승진(1995). 「정책학개론」. 서울: 박영사.
김신복(1991). 「발전기획론」. 서울: 박영사.
김영민 역(1987). 「자본 1-1」. 칼 맑스 저. 서울: 이론과 실천.
김영석(1997). 「멀티미디어와 정보사회」. 서울: 나남출판.
김영순·이영우(1988). 「국가이론」. 서울: 한길사.
김용정 역(1994). 「엔트로피 II」. 제레미 리프킨 저. 서울: 안산미디어.
김용정·김동광 역(1998). 「생명의 그물」. 프리쵸프 카프라 저. 서울: 범양사 출판부.
김인수(1991). 「거시조직이론」. 서울: 무역경영사.
김중규(1999).「뉴밀레니엄 행정학」. 서울: 성지각.
김창민(1996). 「정보화와 새로운 문화의 도래」. 서울: 정보문화.
김해창(2003). 「환경수도, 프라이부르크에서 배운다」. 서울: 이후 출판사
노나카 이쿠지로(1994). 「지식창조의 경영」. 서울: 21세기 북스.
노시평·박희서·박영미(1999). 「정책학」. 서울: 학현사.
노정현·박우서·안용식(1995). 「행정개혁론 이론과 실제」. 서울: 나남출판.
노화준(1989, 2003). 「정책분석론」. 서울: 박영사.
______(1995). 「정책학원론」. 서울: 박영사.

______(2001, 2003).「정책평가론」. 서울: 법문사.
민 진(2004).「조직관리론」. 서울: 대영문화사.
______(2005).「행정학의 이해」. 서울: 대명출판사.
박광국 외(2007).「참여정부의 정부혁신-이론적 접근」. 서울: 대통령자문 정부혁신지방분권 위원회.
박내회(1989).「조직행동론」. 서울: 박영사.
박대견(1995).「앨 고어 정보초고속도로: 21세기를 여는 비밀 열쇠」. 서울: 길벗.
박동서(1978, 1981, 1993).「한국행정론」. 서울: 법문사.
______(1990).「인사행정론」. 서울: 법문사.
박성복·이종렬(1998).「정책학원론」. 서울: 대영문화사
박세정(1995).「세계화시대의 일류행정」. 서울: 가람.
박수영 외(1995).「지방의 도약」. 서울: 홍문사.
박승관(1997).「드러난 얼굴과 보이지 않는 손: 한국사회의 커뮤니케이션 구조」. 서울: 전예원.
박연호(2003).「행정학신론」. 서울: 박영사.
박영숙 (2007).「전략적 사고를 위한 미래예측」. 서울: 교보문고.
박영희·김종희(2006).「신재무행정론」. 서울: 다산출판사.
박재호(1994).「고객감동으로 가는길」. 서울: 현대미디어.
박재희 역(1988).「독일이데올로기」. 칼 맑스·프리드리히 엥겔스 저. 서울: 청년사.
박지연 역(2001).「IT용어사전」. Daiwa Soken 저. 서울: 영진.com.
박홍수·김영석(1995).「뉴미디어와 정보사회」. 서울: 나남출판.
배득종 외(2006).「행정학 헤드스타트」. 서울: 박영사.
백승기(2001).「정책학원론」. 서울: 대영문화사.
백완기(1995).「한국의 행정문화」. 서울: 고려대학교 출판부.
삼성경제연구소 편(1996).「학습조직의 이론과 실제」. 서울: 삼성경제연구소.
송상호 외(1995).「어떻게 조직변화에 성공할 것인가」. 서울: 명진.
양영유·조상희 역(1994).「멀티미디어 조직혁명」. 쓰보타 도모미 저. 서울: 가람기획.
안문석(1992).「정보체계론」. 서울: 학현사.
안해균(1995).「정책학원론」. 서울: 다산출판사.
유 훈(1995).「정책학원론」. 서울: 법문사.
임창희(2005).「조직행동」. 서울: 학현사.
박용남(2002).「꿈의 도시 꾸리찌바」. 서울: 이후출판사.
배동인(1992).「한국의 국가와 시민사회」. 서울: 한울.
백기복(1996).「조직행동연구」. 서울: 법문사.
삼성경제연구소(1999).「지식경영과 한국의 미래」. 서울: 삼성경제연구소.

삼성경제연구소 역(1994). 「정부혁신의 길」. 데이빗 오스본·테드 게블러 저. 서울: 삼성경제연구소.

삼성경제연구소(1995). 「국내 정보통신산업 현황분석과 발전전략」.

서순복(2002). 「지식정보사회와 전자행정」. 서울: 대왕사.

성하운 역(1985). 「과학의 역사: 사회경제와 과학의 발전사」. 버날 저. 서울: 한울.

쓰보타 도모미(1994). 「멀티미디어 조직혁명」. 서울: 가람기획.

신무섭(2001). 「재무행정학」. 서울: 대영문화사.

앨빈 토플러, 이규행 역(1995). 「권력이동」. 서울: 한국경제신문사.

양영유·조상희 역(1994). 「멀티미디어 조직혁명」. 쓰보타 도모미 저. 서울: 가람기획.

오석홍(1990, 1993). 「조직이론」. 서울: 박영사.

______(1995). 「행정개혁론」. 서울: 박영사.

______(2002, 2006, 2007). 「행정학」. 서울: 나남출판.

______(2005). 「행정학의 주요이론」. 서울: 법문사.

오철호(2002). 「정보통신기술과 행정」. 서울: 대영문화사.

유민봉(1997). 「인사행정론」. 서울: 문영사.

______(2001). 「한국인사행정론」. 서울: 문영사.

______(2005, 2006). 「한국행정학」. 서울: 박영사.

유지성 외(1996). 「정책학원론」. 서울: 대왕사.

유 훈(2003). 「재무행정론」. 서울: 법문사.

유 훈 외(1983). 「정책학」. 서울: 법문사.

윤순봉 외(1999). 「지식경영과 한국의 미래」. 서울: 삼성경제연구소.

윤영민(1996). 「전자정보공간론: 컴퓨터 네트워크의 사회학적 탐색」. 서울: 전예원.

윤영진 외(2004). 「새 행정학」. 서울: 대영문화사

이경옥(1995). 「정책평가개론」. 서울: 도서출판 한울

이광희 외(2006). 「정책평가와 성과관리」. 서울: 대영문화사.

이규행 역(1996). 「미래로 가는 길」. 빌 게이츠 저. 서울: 도서출판 삼성.

________(1980). 「제 3 의 물결」. 앨빈 토플러 저. 서울: 한국경제신문사.

________(1989). 「미래쇼크」. 앨빈 토플러 저. 서울: 한국경제신문사.

________(1990). 「권력이동」. 앨빈 토플러 저. 서울: 한국경제신문사.

이무영·우영제(1994). 「정보사회와 인간관계론」. 서울: 백산.

이문영·윤성식(2003). 「재무행정론」. 서울: 법문사.

이순철(1999). 「지식경영의 이해」. 서울: 삼성경제연구소.

이언오·김선빈 역(1996). 「선진행정의 길」. 마틴 A 레빈·메리 B. 생어 저. 서울: 삼성경제연구소.

이영호 역(1996). 「노동의 종말」. 제레미 리프킨 저. 서울: 민음사.

이윤식(2006). 「정부성과관리와 평가제도 : 주요 선진국 사례를 중심으로」. 서울: 대영문화사.

이윤직(2003). 「행정정보체체론」. 서울: 법영사.

이윤희·이현희 역(1991). 「포스트 모더니티」. 안토니 기든스 저. 서울: 민영사.

이재형 역(1993). 「지구는 우리의 조국」. 에드가 모랭 저. 서울: 문예출판사.

이정배 역(1996). 「생명권 정치학」. 제레미 리프킨 저. 서울: 대화출판사.

이종수(2000). 「행정학사전」. 서울: 대영문화사.

______(1997). 「새행정학」. 서울: 대영문화사.

이종수·윤영진 외(2001). 「(새)행정학」. 서울: 대영문화사.

________________(2005, 2007). 「새 행정학」. 서울: 대영문화사.

이종엽 외(2004). 「신 행정학 개론」. 서울: 이화출판사.

이진우 역(1996). 「현대성의 철학적 담론」. 위르겐 하버마스 저. 서울: 문예출판사.

임도빈(1997). 「지방조직론」. 서울: 법문사.

임창희·가재산(1996). 「한국형 팀제」. 서울: 삼성경제연구소.

전종섭(1987). 「행정학」. 서울: 박영사.

정보문화센터(2002). 「정보화 윤리」.

___________(2000). 「정보화 역기능 실태조사 보고서」.

정용덕(2006). 「현대국가의 행정학」. 서울: 법문사.

정용덕 외(1999). 「신제도주의 연구」. 서울: 대영문화사.

_________(1999). 「합리적 선택과 신제도주의」. 서울: 대영문화사.

정우일(2005). 「공공조직론」. 서울: 박영사.

정정길(1997, 2000, 2003, 2004). 「정책학원론(개정판)」. 서울: 대명출판사.

______(1988). 「정책결정론」. 서울: 대명출판사.

______(2006). 「행정학의 새로운 이해」. 서울: 대명출판사.

정정길 외(2005). 「정책학원론」. 서울: 대명출판사.

정충식(1997). 「전자정부론」. 서울: 녹두.

조선일(1995). 「정책학개론」. 서울: 학문사.

조석준(1986). 「한국의 행정문화」. 서울: 박영사.

조의설 편(1971). 「문명의 탄생」. 서울: 현암사.

주성수(2004). 「공공정책 가버넌스」. 서울: 한양대학교 출판부.

차의환(2002). 「정책평가의 이론과 실제 : 기관평가제 접근모형과 전략」. 서울: 한울아카데미.

채경석(2005). 「정책학원론」. 서울: 대왕사.

천대윤(2005). 「갈등관리와 협상전략론」. 서울: 선학사.

최봉기(2004). 「정책학」. 서울: 박영사.
최종태(1988). 「현대경영참가론」. 서울: 경문사.
최창호·정세욱(1990). 「행정학(개정판)」. 서울: 법문사.
최충식(1998). 「정보사회와 정보화정책」. 서울: 나남출판.
최홍석·주재복·홍성만·주경일(2004). 「공유재와 갈등관리」. 서울: 박영사.
하미승(1996). 「행정정보체계론」. 서울: 법문사.
한국정책학회(1996). 「21세기 한국의 미래와 정보화정책」.
한상진 역(1996). 「현대성의 새로운 지평」. 위르겐 하버마스 저. 서울: 나남출판사.
허 범(1984). 「정책학의 정책문제 지향성」. 성균관대 사회과학 연구소(편).
______(1984). 「한국 공공정책론」. 성균관대 사회과학 연구소(편).
______(1995). 「창조적 정책개방의 실천적 접근」. 충남대학교 행정대학원 최고관리자과정교재.
황성동·정충식 공저(2002). 「전자정부의 이해」. 서울: 다산출판사.

2. 논 문

강구영(1998). "지식정부와 CKO". 「행정과 전산」.
권기헌(1999). "창조적 지식정부". 「창조적 지식국가론」. 서울: 산업연구원.
______(2000). "지식정부의 이론적 모형과 평가틀". 「정보와 사회」. 1: 28-47.
______(2002). "IMF 경제위기가 비영리조직의 재원조달에 미친 영향: 문화예술단체를 중심으로". 「한국행정학보」. 36(2): 249-268.
______(2002). "비영리조직의 자율성과 자원의존성에 관한 실증연구". 「한국정책학회보」. 12(1): 127-149.
______(2004). "한·카나다 통상분쟁 정책사례연구". 「한국정책학회보」. 13(5): 217-229.
______(2005a). "외국인 과학기술 고급인력 국내 유치,활용을 위한 정책대안의 분석 및 평가: 주거,자녀교육,의료지원 분야를 중심으로". 「한국정책학회보」. 14(2): 79-108.
______(2005b). "디지털 지상파 방송정책: 정책결정과 정책갈등, 쟁점 및 함의". 「한국정책학회보」. 14(4): 331-360.
______(2006a). "과학기술 경쟁력 제고를 위한 대형연구시설 투자우선순위 분석". 「한국정책과학학회보」. 14(2): 101-125.
______(2006b). "지식공유의 영향요인에 관한 실증연구: 평가, 보상, 지식품질, 지식공유의 인과관계 모형검증". 「한국행정연구」. 15(2): 127-156.
______(2007a). "정책학의 정향과 과제: 정책이론, 신제도주의, 그리고 거버넌스". 「국정관리연구」. 2(1).
______(2007b). "정부개혁의 방향과 과제: 정부혁신, 행정개혁, 그리고 거버넌스". 「국정관리

연구」. 2(2).

권석균(1996). “조직학습의 이론과 논쟁”. 「학습조직의 이론과 실제」. pp.27-70. 서울: 삼성경제연구소.

권태준(1997). “과학적 실천이란 무엇인가”. 「현대사회와 과학문명」. 서울: 나남출판.

김경한(2004). “목표관리제의 운영실태 및 효과성 평가연구”. 「한국정책학회보」. 13(1): 39-62.

김광웅(1995). “정보화 정부론: 21세기 정보화사회의 행정을 이해하기 위한 기본구도”. 행정논총. 33(1): 1197-1218.

_____(1998a). “김대중정부 초기정부조직개편에 관한 비판적 성찰”. 「한국행정학보」. 32(2): 97-111.

_____(1998b). “전자민주주의와 미래의 정부”. (재)한국의회발전연구회 동계학술대회 발표논문집.

김국현(1996). “제28차 ICA정기총회 참석결과 보고”. 「행정과 전산」.

김길수(2004). “부안핵 방폐장 정책사례”. 「한국정책학회보」. 13(5): 159-184.

김내헌·방인홍(2003). “협업 환경에서 CAX운용 전략 개발”. 「대한설비관리학회지」. 8(2): 125-142.

김동욱(1995a). “공공기관간 정보이용 제고방안 연구”. 「행정논총」. 33(2): 2183-2210.

_____(1995b). “정책정보 공동이용을 위한 공공부문의 정보화”. 「정보화정책」. 2(4).

_____(1996). “정보공동활용의 효율적인 추진방안”. 「정보화정책」. 3(2).

김병섭(1996). “기업가적 정부혁신의 길”. 「한국정책학회보」. 5(2): 11-30.

_____(1999). “정보화와 정부기능의 재설계”. 「공공정책연구」. 5: 135-163.

김병섭·오시영(2005) “정부조직의 팀제: 신화와 현실”. 「행정논총」. 43(4): 411-436.

김상묵(2005). “행정자치부 팀제 전면도입에 대한 짧은 생각”. 「Kapa@포럼」. 111: 67-69.

김상묵·박희봉·강제상(2001). “지적자본 형성 및 효과: 조직내 사회자본과의 관계를 중심으로”. 한국행정학회 학술세미나 발표논문집.

김상욱(1999). “전자정부 구현을 위한 발전전략”. 자치정보화재단 창립 1주년 기념 제2회 자치정보화 세미나 논문집

김상현(1996). “인터넷 영어 독점을 깨라”. New+. 5월.

김석주(2000). “전자지방정부 추진방향”. 「지방자치정보」. 113.

김석준(1988). “전환기 한국행정의 새로운 패러다임 모색”. 「한국행정학보」. 22(2): 431-459.

김선경(2003). “U-Government의 등장과 서비스 방향”. 「디지털 행정」. 특집 유비쿼터스와 전자정부. 행정자치부 정부전산정보관리소.

김선호·이석조(2003). “협업 비즈니스프로세스의 연구동향”. 「한국전자거래학회지」. 8(1): 15-33.

김성태(1998). “전자정부 조기 구현을 위한 행정정보 공동활용 저해요인 분석: Fish-bone

Analysis의 적용". 「정책분석평가학회보」. 8(1) : 199-221.

_____(2003). "전자정부의 새로운 개념 모형과 전자민주주의 전자거버넌스 구현". 「디지털 행정」 25(4) : 19-37.

김영래(1999). "비정부조직(NGO)과 국가와의 상호작용 연구: 협력과 갈등". 「국제정치 논총」. 39(3) : 79-98.

김영평(1994). "행정의 경쟁력, 맥락 그리고 새로운 패러다임". 「세계화와 국가경쟁력」. 서울: 나남출판.

김영희(1996). "우리나라 유전자 치료의 가능성". 「포럼 21」. 한백연구재단.

김윤권(1991). "우리나라 정책변동요인에 관한 연구". 서울대학교 행정대학원 석사학위논문.

김응천(1994). "미국의 통신산업 구조변동과 통신사업자의 전략분석". 정보통신부.

김 일(1993). "한국공무원 윤리관의 정립방안에 관한 연구". 「학술논총」. 16(1) : 85-104.

김정수(1994). "거시행정학의 체계정립을 위한 시론: '개방시스템' 관점에서 그려본 습작". 「한국행정학보」. 28(1) : 3-20.

김종면(2006). "다년도 예산제도 고찰". 「재정포럼」. 115: 6-21.

김주연(2000). "3M의 학습조직". 아스팩국제경영교육컨설팅.

김철회 · 조만형 · 김용훈(2006). "정부부처에 대한 BSC 적용사례와 시사점". 「한국사회와 행정연구」. 16(4) : 66-88.

김판석(2002). "한국 인사행정의 발전방향: 전환기의 담론". 「한국행정연구」. 11(1) : 54-89.

김한창 · 황성원 · 권용수(2007). "정부혁신에 의한 조직문화변화의 실증 분석: 문화이론을 중심으로". 「한국행정논집」. 19(4) : 987-1008.

김현구(2006). "「정부업무평가 기본법」의 논리와 과제: 평가성공의 제도적 요인 분석". 한국행정학회 추계학술대회발표논문집.

김형렬(1993). "국제화에 대응한 정치, 행정의 역할". 한국정책학회 '93 정책토론회 자료집.

김흥국(2000). "경력개발제도의 설계". 「서울대노사관계연구」. 11: 139-169.

나태준 · 이남국(2005). "성과관리제도 도입의 명암: 교육인적자원부 성과목표체계 개발사례를 중심으로". 한국행정학회 2005년도 춘계학술대회 발표논문집.

남궁근 · 서원석(2005). "팀제와 참여정부 인사개혁의 정합성 검토: 팀제, 고위공무원단, 총액인건비, 전보제한 및 경력개발프로그램을 중심으로". 「행정논총」. 43(4) : 437-458.

남궁근 · 황성돈(2001). "김대중 정부 행정개혁 3년 평가". 한국행정학회 춘계학술대회발표논문집.

노화준(1996). "정보사회에 있어서 행정의 세계역량확충". 「행정과 전산」.

목진휴 · 최영훈 · 명승환(1998). "정보기술이 정책결정과정에 미치는 영향: 주요 광역자치단체를 중심으로". 「한국행정학보」. 32(3) : 35-54.

박영기(1992). "정보사회와 행정". 「행정과 전산」. 14(2).

류지창(1996). "인터넷, 앞으로 어떻게 될까?". 「포럼 21」. 한백연구재단.

문상호 · 권기헌(2009). “한국정책학의 이상과 도전”. 「한국정책학회보」. 18(1).

문태현(2005). “지역혁신을 위한 문화정책거버넌스의 성공요인분석: 안동국제탈춤페스티벌 집행위원회를 중심으로”. 「한국행정논집」. 17(2): 337-359.

박동서(1992). “한국행정의 개혁을 위한 접근”. 「한국행정연구」. 1(1): 1023-1032.

박경문 · 이용탁(1999). “경력개발을 통한 인적자원개발에 관한 연구”. 「경성대논문집」. 20(2): 147-165.

박문수 · 문형구(2001). “지식공유의 영향요인: 연구동향과 과제”. 「지식경영연구」. 2(1): 1-23.

박상찬(1997). “해외 정보화 기술 동향”. 「지역정보화」. 1: 94-101.

박 성(2001). “행정조직의 지식관리전략”. 「한국행정논집」. 13(4): 765-783.

박성진 · 문교봉(1998). “분산객체 컴퓨팅과 ERP서버”. 「정보학회지」. 16(11): 29-37.

박정택(1993). “새로운 국제행정 개념의 탐색”. 「한국행정학보」. 27(1): 255-270.

박해육(2004). “신공공관리 시대의 성과 계약관리”. 「지방행정연구」. 18(3): 55-77.

박희서 · 임병춘(2001). “지방공무원들의 효율적 지식관리를 위한 인과모형 검증”. 「한국정책학회보」. 10(2): 111-133.

배순훈(2000). “지식기반사회로 발전”. 「한국행정연구」. 9(1): 225-234.

백완기(1987). “한국적 행정이론의 성립가능성”. 「한국정치학회보」. 21(2): 153-174.

______(1992). “행정의 갈등관리능력 제고방안”. 「지방행정」. 41: 467-471.

______(1994). “행정문화의 현주소와 방향”. 「국책연구」. 33: 40-49.

변성완(2005). “행정자치부 팀제 도입 이후의 성과와 변화상”. 「지방행정」. 54(625): 29-40.

사재명(2002). “지방공무원의 지식관리에 관한 인식분석”. 「한국지역정보학회지」. 5(2): 81-106.

서범석(1995). “한국의 광고 시민운동 사례 연구”. 경희대학교 정치학과 박사학위논문.

서삼영(1996). “고도정보사회구축을 위한 정보통신정책의 방향 모색”. 「정보화와 정부 · 언론의 역할」. 한국언론학회 · 한국행정학회 공동심포지엄.

서진완(1997a). “후기 산업사회 생산방식과 사회정의”. 「현대사회와 과학문명」. 서울: 나남출판.

______(1997b). “19세기 이상과 21세기 기술의 접합은 환상인가?”. 「국가사회정보화포럼」. 서울: 크리스찬아카데미.

서홍석(2001). “무선인터넷 활성화정책”. 「디지털 행정」. 85: 66-74.

성경륭(1999). “정부혁신의 주요실천과제”. 「정부혁신 어떻게 할 것인가」. 서울: 제2의건국범국민추진위원회.

손태완(1998). “기업식 정부에 대한 기대”. 「한국행정연구」. 7(2): 66-88.

손호중(2001). “전자정부 구축전략의 우선순위 결정에 관한 연구”. 영남대학교 석사학위논문.

송충근(2000). “지역정보화와 전자정부 전망과 과제”. 「지방자치정보」. 113.

송희준(1996). “한·미·일의 전자정부 구축사례에 대한 국제비교”. 「정보화정책」. 3(3).

신승호·오재인·김영춘(2007). “공공부문 BSC 운용이 조직성과에 미치는 영향 연구”. 한국경영정보학회 춘계학술대회발표논문집.

신홍현(2005). “민원행정서비스에 대한 시민만족도 제고방안: 공주시를 중심으로”. 공주대 경영행정대학원 석사학위논문.

심상용(2005). “과거 성장전략의 경로의존성과 혁신주도 동반성장의 과제에 대한 연구”. 「한국정책학회보」. 14(4): 223-399.

심영진(1996). “초고속 정보통신망에서의 서비스 및 응용기술”. 「네트워크 타임스」. 2월호.

______(1996). “초고속 정보통신망으로의 진화방안”. 「네트워크 타임스」. 3월호.

안국찬(2003). “지방자치단체간 갈등의 해소방안에 관한 연구: 전라북도의 행정감사업무를 중심으로”. 한국행정학회 추계학술대회발표논문집.

안문석(1996). “차세대 행정정보화 사업의 추진방향”. 「행정과 전산」.

______(1997). “정보화 추진체계 및 과정에 대한 평가”. 국가정보화추진과 시민사회의 참여 연구포럼 발표논문.

______(1998). “정부개혁의 이슈”. 「한국행정연구」. 7(2): 5-19.

안병영(1979). “한국의 행정현상과 행정학 연구의 주체성”. 「한국정치학회보」. 13: 49-66.

안성민(1999). “갈등관리의 제도화”. 한국행정학회 동계학술대회 발표논문집.

염재호(1994). “국가정책과 신제도주의”. 「사회비평」. 11호.

______(2007). “정부혁신을 통한 국가경쟁력 강화방안”. 한국정책학회.

오석홍(1988). “행정정보관리체제에 관한 연구”. 「행정논총」. 26(2): 294-339.

______(1993). “미국의 대표관료제: 정부관료제의 대표성 제고를 위한 노력”. 「한국행정학보」. 27(2): 323-342.

______(1994). 미국의 행정개혁. 「한국행정연구」. 3(1): 5-26.

______(2002). “위원회 조직에 더 많은 관심을”. 「행정포커스」. May/June: 6-9.

오을임 외(2001). “지식관리의 중요성과 CKO의 역할”. 「사회과학연구」. 22(1): 49-65.

오택섭(1997). “인터넷 연구의 영역과 현황 및 과제”. 「사이버커뮤니케이션학보」. 1: 6-28.

원숙연(2005). “일-가정양립지원정책을 둘러싼 수사(修辭)와 현실: 출산휴가 및 육아휴직을 중심으로 한 탐색적 사례연구”. 「한국정책학회보」. 14(2): 157-189.

유영달·정명수(1999). “공공부문 정보자원조사의 행정개혁적 함의”. 「한국행정연구」. 8(1): 89-113.

유재원(2004). “정책과정에서 비정부기구(NGO)의 역할변화”. 「행정논총」. 42(4): 77-105.

유재원·홍성만(2004). “정부의 시대에서 꽃핀 Multi-Level Governance: 대포천 수질개선 사례를 중심으로”. 「한국정치학회보」. 39(2): 171-195.

유평준(1996). “전자정부에서의 행정서비스”. 「국가기간전산망저널」. 3(3).

윤영민(1996). “전자정부의 구상과 실천에 관한 비판적 접근”. 「정보화저널」.

윤영훈(1996). "PC통신과 통신망". 「행정과 전산」.

윤은기(2003). "캐나다 정부 혁신과 특별운영기관의 분석을 통한 신공공관리론의 적실성에 대한 연구". 한국행정학회 2003년도 추계학술대회 발표논문집.

음수연(2006). "미래를 주도하기 위한 전략적 사고: 대안적 시나리오를 이용한 미래예측 방법". 「정보통신정책」. 18(18): 1-29.

이경호(1996). "전산망 보안대책 시급하다". 동아일보 1996. 4. 30.

이계식·문형표(1995). "선진국의 전략과 교훈". 「한국개발연구원」.

이광숙(2004). "정부혁신을 위한 전자정부 구축방안". 대진대 법무행정대학원 석사학위논문.

이규환(2003). "지방정부의 자본예산제도 도입 방안". 「국가정책연구」. 17(1): 1-20.

이근주(2003). "정부투명성과 정보공개 활성화 방안". 한국행정학회 2003년도 세미나 발표논문집.

이두한(1999). "공기업 민영화 정책의 과제와 방향". 「한독사회과학논총」. 9: 133-150.

이명석(2002). "거버넌스의 개념화: 사회적 조정으로서의 거버넌스". 「한국행정학보」. 36(4): 321-339.

이미숙(2002). "행정정보 공동활용에 영향을 미치는 요인과 활성화 전략에 관한 연구". 숙명여자대학교 석사학위논문.

이병길(1992). "정책변동의 요인과 과정에 관한 연구". 서울대학교 박사학위논문.

이상호(1998). "예산효율성의 제고를 위한 시설공사 조달방식의 전환". 「한국행정학보」. 32(3): 233-248.

이서행(1994). "한국의 행정문화와 공직윤리". 「배달문화」. 12: 127-141.

이윤식(2007). "우리나라에 있어서 성과관리를 위한 평가의 개선방안에 관한 연구". 「정책분석평가학회보」. 17(3): 1-30.

이윤식·김판석·오철호(1997). "21세기 우리나라 정보통신정책의 방향과 과제". 한국정책학회·한국행정학회 공동주최 1997 정보통신정책세미나 PROCEEDINGS.

이윤희(1996). "정보사회에서의 통제양식의 변화". 한국사회학회 심포지움 논문집.

이종범(1995). "기업형 정부의 구현방안". 「한국행정연구」. 4(1): 20-45.

이종수(2002). "공무원의 전문성 향상방안으로서 경력개발제도(CDP)에 관한 연구: CDP의 시각에서 분석한 한국 인사행정체계의 문제점과 개선방안". 「한국행정연구」. 11(4): 149-175.

이종수·유평준·최흥석(1997). "21세기 우리나라 정보통신 관련 정부조직의 개편방안 연구". 한국행정학회 1997년도 정보통신정책세미나 PROCEEDINGS.

이혜훈(1998). "기업식 정부의 개념·목표·전략". 「한국행정연구」. 7(2): 20-40.

장세영(1996). "미래정보사회에서의 공공행정모델 구축을 위한 습작". 경희대학교 행정정책연구회. 12월.

장하준(1996). "제도경제학의 최근 동향". 「경제학연구」. 44(1): 1191-1221.

전대성(2000). “지식행정을 통한 지방정부의 경쟁력 제고방안”. 「논문집-경북전문대학」. 18(1) : 67-91.

정병걸 · 염재호(2007). “정부혁신 · 정부경쟁력 · 국가경쟁력”. 한국행정학회·한국정책학회 2007년도 하계공동학술대회 발표논문집.

정삼철(1998). “행정조직상 팀제 도입의 문제점과 해소전략”. 「정책연구」. 98(8) : 1-41.

전석호 외(1995). “정보정책 체계정립 및 대응과제 도출에 관한 연구”. 한국전자통신연구소.

전정환(1991). “지역개발을 위한 전산정보체계의 방향”. 「한국사회와 행정연구」. 2: 88-101.

제갈돈(1994). “행정학의 패러다임과 비판적 행정이론: 새로운 패러다임 구성을 위한 시도”. 「대구경북행정학회보」. 6: 149-168.

최길수(2007). “지방정부 정책품질관리 평가체제 구축에 관한 연구: 주요 국가 품질대상(National Quality Award)의시사점”. 「지방행정연구」. 21(1) : 153-182.

최무현(2001). “대표관료제 이론과 그 적용에 관한 연구”. 「연세사회과학연구」. 7(1) : 143-166.

최봉수(2000). “전자정부 구축과 운영실태”. 「지방자치」. 142: 12-16.

최선규(1992). “국제전화 경쟁도입 후 1년”. 「정보통신정책ISSUE」. 4(1) : 1-35.

클리포드 스톨(1996). “인터넷은 만병통치약인가”. 「녹색평론」. 28: 28-56.

하미승(1992). “정보사회가 행정체제에 미친 영향”. 「한국행정연구」. 1(3).

황보열(2003). “전자정부의 의의와 추진실적 및 향후 과제”. 「기록관리학회지」. 3(1) : 141-158.

황상주(2006). “공공기관 혁신수준향상 방안에 관한 연구 : 한국철도공사사례”. 부경대 산업대학원 석사학위논문.

황지욱(2004). “델파이기법을 활용한 남북한 지방자치단체의 교류 · 협력 전망과 접경지역의 기능변화”. 「국토계획」. 39(1) : 155-167.

황혜성 · 권기헌 · 문상호(2008). “광역자치단체의 평생학습정책 효율성 분석: DEA와 Post-DEA의 연계적 활용”. 「한국행정학보」. 42(4) : 211-235.

하혜수 · 정정화(2001). “신공공관리론적 지방행정개혁의 성과평가”. 한국정부학회 2001년 추계학술대회 발표논문집.

한세억(1998). “정보정책의 현상과 실제에 관한 연구”. 「정보사회와 정보화정책」. 최성모 편. 서울: 나남출판.

______(1999). “지식행정에 대한 탐색적 연구”. 「한국행정학보」. 33(3) : 1-19.

______(2000). “지식사회의 행정조직관리패러다임: 지식관리의 이해와 실천”. 「한국행정연구」. 9(3) : 125-127.

______(2001). “행정지식관리시스템의 이해와 접근: 행정정보시스템의 진화가능성 모색”. 「한국행정연구」. 10(2) : 228-259.

한창섭(2007). “책임운영기관의 성과관리체제에 대한 제도주의적 분석”. 한국정책학회

2007년도 하계공동학술대회 발표논문집.
허　범(1982). "가치인식과 정책학". 성균관대학교 사회과학연구소(편). 「현대사회과학의 이해」. pp. 275-291. 서울: 대왕사.
______(1985). "정책학 개론 교과 내용에 대한 토론". 「한국정책학회보」. 19-2: 83-89.
______(1988). "공공정책의 형성과 집행". 성균관대학교 사회과학연구소(편). 「행정학개론」. pp. 74-101. 서울: 대영문화사.
______(1992). "정책윤리분석의 구조와 기준". . 중앙공무원교육원 연구논집. 12:165-187.
______(1997). "대통령 선거정책공약의 설계를 위한 개념적 틀과 지도지침". 「한국정책학회보」. 6(2): 11-41.
______(1999a). "개혁정책의 탐색과 설계", 성균관대학교 행정대학원(편). 21세기 강좌교재. 1-23.
______(1999b). "정책학의 패러다임에 관한 연구: 개념전제에 입각한 해석을 중심으로". 한국정책학회 1999년도 동계학술대회 발표논문집.
______(2002). "정책학의 이상과 도전". 「한국정책학회보」. 11(1): 293-311.
______(2006). "공직자의 삶과 윤리". 정책학이론세미나 강의자료.

3. 연구보고서

강인재 · 이원희 · 임도빈(1998). 「새로운 제도와 한국관료문화와의 적합성에 관한 연구」. 서울: 한국행정연구원.
김병국 · 김필두(2006). 「지방자치단체 정책품질관리제도 도입 및 정착방안」. 서울: 한국지방행정연구원.
김은주(1991). 「OECD의 ICCP 위원회 활동 및 한국의 대응방안」. 서울: 통신개발연구원.
김재윤(2000). 「인터넷: 경제이상이 실현되는가?」. 서울: 삼성경제연구소.
김준모(1999). 「일하는 방식에 대한 실태조사」. 기획예산처 용역과제. 서울: 한국행정연구원.
남궁근 · 박천오 외(2005). 「고위공무원단 도입에 따른 문제점 분석과 개선방안 연구: 주요국가 사례연구」. 서울: 한국행정연구원.
노화준 외(1996). 「초고속 정보통신기반 구축사업 활성화 및 평가방안에 관한 연구」. 서울: 정보통신부.
문신용(1996). 「전자정부 구현을 위한 행정서비스 발전방안」. 서울: 한국행정연구원.
문신용(1997). 「제2차 행정전산망사업의 효과분석에 관한 연구」. 서울: 한국행정연구원.
박재희(1996). 「중앙부처의 정책결정역량 제고방안」. 서울: 한국행정연구원.
이선 · 장석인 · 권기헌 · 강구영 · 양병무(1999). 「창조적 지식국가론」. 서울: 산업연구원.

이용화(1996). 「2005년의 기술과 유망사업 예측」. 서울: 삼성경제연구소.
서진완(1997). 「정보기술을 활용한 행정업무과정의 혁신지침」. 서울: 한국행정연구원.
이종수(2003). 「정부위원회의 효율적 운영방안」. 서울: 한국행정연구원.
이헌수(1998). 「행정에 관한 공무원의 인식과 태도」. 서울: 한국행정연구원.
서삼영(1995). 「초고속정보통신기반구축과 비용절감 효과분석」. 서울: 한국전산원.
최창수(2003). 「성과계약관점에서 본 목표관리제의 재평가와 개선방안 모색」. 서울: 한국행정연구원.
하상묵(1996). 「공무원 성과급(특별상여수당)제도의 합리적 운영방안」. 서울: 한국행정연구원.
황성원(2006). 「정부혁신이 행정문화와 공무원 행태에 미친 영향」. 서울: 한국행정연구원.
황인수·배응환 외(2004). 「고위공무원단 핵심역량 강화를 위한 교육훈련 프로그램 개발」. 서울: 한국행정연구원.

4. 정부간행물 및 기타

과학기술정책관리연구소(1995). 「소프트웨어산업의 장기발전을 위한 기술혁신전략」.
국가경쟁력강화민간위원회(1995). 「국가사회정보화 민간종합계획」.
국무조정실(2005). 「정책품질관리매뉴얼」.
국정홍보처(2004). 「정책품질관리매뉴얼」.
기획예산위원회(1998a). 「국민과 함께 하는 국가경영혁신」. 대통령 업무보고. 1998.4.13.
______(1998b). “정부부문 정보자원조사”.
디지털 타임스. 2002년 4월 15일.
___________. 2002년 5월 3일.
___________. 2002년 6월 3일.
전자정부특별위원회(2003). 「전자정부백서」.
정보통신부(2002). 「정보통신분야 정책성과」.
정부(2007a). 「2008년 예산안 개요」. 예결산정부시스템 심사정보자료.
____(2007b). 「공무원 인사개혁백서」. 참여정부 백서.
지속발전가능위원회(2004). 「갈등관리시스템 구축방안 연구보고서」.
초고속정보통신기반연구반(1994). 「21세기의 한국과 초고속정보통신」.
총무처 직무분석기획단(1997). 「신정부혁신론」. 서울: 동명사.
한국과학기술기획평가원(2005). 「미래사회 전망과 한국의 과학기술 : 과학기술예측조사(2005~2030) 제1권 미래사회 전망과 우리사회 니즈」. 과천: 과학기술부; 서울: 한국과학기술평가원.

한국산업훈련연구소 편집부(1995). 「BPR에 의한 업무혁신」.

한국전산원(1993). 「차세대 전산망서비스 개발에 관한 연구」.

_________(1995). 「1995 국가정보화백서」. 서울: 한국전산원.

_________(1996a). 「인터넷 현황 및 정책방향(안)」.

_________(1996b). 「초고속 정보통신기반구축과 비용절감 효과분석」.

_________(1998). 「국가정보화백서」.

_________(2002). 「국가정보화백서 2002」.

한국전산원(1996a). 「미래 정보사회의 공공행정모델」. 용인: 한국전산원.

_________(1996b). 「전자정부」. 용인: 한국전산원.

_________(1996c). 「정보기술을 이용한 정부서비스: 미국 GITS 작업반 성과보고서」. 용인: 한국전산원.

_________(1997). 「전자정부의 문서유통」. 용인: 한국전산원.

_________(2002). 「무선/모바일 전자정부 서비스 촉진」. 서울: 한국전산원.

한국정보문화센터(1996). 「초고속 정보통신」.

한국정보보호센터(2000). 「정보화 역기능 사례집」.

함께하는 시민행동(2001). 「전자정부구현을 위한 방안과 과제」. 제3회.

행정자치부(1998a). 「전자정부 구현을 위한 전자문서유통 활성화」. 1998. 8.

_________(1998b). 「전자정부의 비전과 전략」.

_________(2001). 「전자정부법의 이해와 해설」. 2001. 7.

_________(2004, 2005). 「정책품질관리매뉴얼」.

_________(2007). 「경력개발제도 매뉴얼」.

5. 국외문헌

Alderfer, C. P. (1969). "An Empirical Test of a New Theory of Human Need." *Psychological Review*.

Allee, V. (1997). *The Knowledge Evolution: Expanding Organizational Intelligence*. Boston: Butterworth Geinemann.

Almond & Verba (1963). *The Civic Culture: Political attitudes and democracy in five nations*. Prinston Univ. Press.

Amitai Etzion (1964). *Modern Organization Englewood Cliffs*. N. J.: Prentice-Hall.

Anderson, Charles W. (1990). *Pragmatic Liberalism*. Chicago: University of Chicago Press.

_______________ (1993). "Recommending A Scheme of Reason: Political Theory, Policy Science, and Democracy." *Policy Science*, 26(3): 215-227.

Apperson, B., & Wikstrom, N. (1997). "The Professionalization of Virginia County Government: An Application of Diffusion Theory." *Public Administration Quarterly,* 28-53.

Argyris, C. (1957). *Personality and Organization.* New York: Harper and Row.

__________ (1977). "Double Loop Learning in Organizations." *Harvard Business Review,* September-October.

Ascher, W. (1986). "The Evolution of Policy Sciences: Understanding the Rise and Avoiding the Fall." *Journal of Policy Analysis and Management,* 5: 365-373.

Atkinson, Michael M. and William D. Coleman(1992) "Policy Networks, Policy Communities and the Problems of Governance." *Governance: An International Journal of Policy, Administration and Institutions,* 5(2): 154-180.

Barber, Benjamin(1984). *Strong Democracy: participatory politics for a new age.* Berkeley: University of California Press.

Barber, James D. (1975). "Complexity, Synopticism, Incrementalism and Real Questions." Reprinted in Robert Golembiewski and Jack Rabin (eds.), *Public Budgeting and Finance.* Itasca: Peacock.

Barnard, C. I. (1968). *The Functions of the Executive.* London: Cambridge Univ. Pr.

Bass, B. M. (1985). "Leadership: Good, Better, Best." *Organizational Dynamics,* 13(Winter).

_____________ (1985). *Leadership and Performance beyond Expectation.* New York: Free Press

_____________ (1990). "From Transformational to Transactional Leadership: Learning to Share the Vision." *Organizational Dynamics*, 18(Winter).

Bellah, Robert N. (1983). "Social Science as Practical Reason." In Callahan, Daniel & Bruce Jennings (eds.), *Ethics, The Social Science, And Policy Analysis.* New York: Plenum Press, 37-68.

Bell, D. (1973). *The Coming of the Post-industrial Society.* New York: Basic Books.

______ (1989). "Communication Technology: For Better or for Worse?" In J. L. Salvagio (ed.), *The Information Society: Economic, Social, & Structual Issues.* Hillsdale, NJ: Lawrence Erlbaum Associates, Publishers.

Bennis, Warren G. (1966). *Changing Organizations.* New York: McGraw-Hill

Beer, M. (1980). *Organization Change and Development: A Systems View.* Santa Monica, CA: Goodyear

Beer, M. & Walton, E. (1990). "Developing the Competitive Organization: Interventions and Strategies." *American Psychologist*, 45(22).

Behn, R. D. (1997). *Innovation in American Government.* The Brookings institution.

Belinda, P. (1996). "Gender Relations in Post-industrial Society." *Royal Melbourne Institute of Technology*. Paper delivered in the Symposium on Empowering Women in the Information Era.

Bell, D. (1973). *The Coming of the Post-industrial Society*. New York: Basic Books.

Bennis, W. (1993). *The Condition of a New Leader*. NY: The Free Press.

Berry, F. S. (1994). "Innovation in Public Management: The Adoption of Strategic Planning." *Public Administration Review*, 54(4): 322-329.

Berry, F. S., & Berry, W. D. (1990). "State Lottery Adoptions as Policy Innovations: An Event History Analysis." *American Political Science Review*, 84(2): 395-415.

Bhatt, G. D. (2000). "Organizing Knowldege in the Knowledge Development Cycle." *Journal of Knowledge Management*, 4(1).

Blake, R. and Mouton, J. S. (1964). *The Managerial Grid*. Houston: Gulf.

Blau, P. M. (1955). *The Dynamics of Bureaucracy: A Study of Interpersonal Relations in Two Government Agencies*. Chicago: University of Chicago Press.

Brewer, G. & deLeon, P. (1983). *The Foundation of Policy Analysis*. Homewood, Ⅲ. The Dorsey Press.

Brunner, R. D. (1991). "The Policy Movement as Policy Problem." *Policy Sciences*, 24: 65-98.

__________ (1996). "A Milestone in the Policy Science." *Policy Sciences*, 29(1): 45-68.

Roberts, Nancy C. (1999). "Innovation by Legislative, Judicial and Management Design: Three Arenas of Public Entrepreneurship." Frederickson, H. G. and J. M. Johnston (eds.), *Public Management Reform and Innovation*. The University of Alabama Press.

Burke, W. W. and Litwin, G. H. (1992). "A causal model of organizational performance and change." *Journal of Management*.

Bunge (1973). "*The basic building block of organizing world structure*." 제2부 제6장

Burnham, D. (1984). *The Rise of the Computer State: A Chilling Account of the Computer's Threat to Society*. New York: Vintage.

Burns, J. M. (1978). *Leadership*. New York: Harper & Raw.

__________ (1985). *Leadership and Performance Beyond Expectation*. New York: Free Press.

Busuttil, S. et al.(eds.), (1990). *Our Responsibilities to Future Generations*. Malta: Foundation for International Studies.

Carothers, T. (2000). "Civil Society." *Foreign Policy*, Winter: 18-29.

Castells, Manuel (1996). *The Rise of Network Society*. Oxford: Blackwell.

Cater, D. (1981). "Human Value in Information Society." In C. C. Rochell (ed.), *An*

Information Agenda for the 1980s. Chicago: American Library Association.

Churchman, C. West (1968). *Challenge to Reason.* New York: McGraw-Hill

Cleveland, H. (1993). *The Birth of a New World.* San Francisco: Jossey-Bass.

Coleman, William D. and Grace Skogstad (1990). "Policy Communities and Policy Networks: A Structural Approach." In William D. Coleman, and Grace Skogstad (eds.), *Policy Communities And Public Policy in Canada.* Toronto: Copp Clack Pitman.

Collier, D., & Messick, R. E. (1975). "Prerequisites Versus Diffusion: Testing Alternative Explanations of Social Security Adoption". *The American Political Science Review,* 69: 1299-1315.

Craig, A. (1979). "Information and Politics: Towards Greater Government Intervention?" *International Journal,* 34(2).

Crandall, R. W. (1991). "Liberalization without Deregulation: U. S. Telecommunication Policy during the 1980s." *Contemporary Policy Issues.*

Crane, B. (1967). *A History of Civilization.* New Jersey: Prentice-Hall.

Dahl, Robert (1982). *Pluralist Democracy: Autonomy versus Control. New Haven*: Yale University Press; 신윤환 역. (1992). 「다원민주주의의 딜레마」. 서울: 도서출판 푸른산.

Danziger, M. (1995). "Policy Analysis Postmodernized: Some Political and Pedagogical Ramifications". *Policy Studies Journal*, 23(3): 435-450.

Davis, R. H. (1982). "The Impact of Organizational and Innovator Variables on Instructional Innovation in Higher Education." *The Journal of Higher Education*, 53.

DeLeon, P. (1981). "Policy Sciences: The Discipline and the Profession." *Policy Sciences*, 1(13): 1-7.

__________ (1988). "Advice and Consent: The Development of the Policy Sciences." New York, N. Y; *Russell Sage Foundation.* 23(3): 435-450.

__________ (1990). "Participatory Policy Analysis: Prescriptions and Precautions." *Asian Journal of Public Administration*, 12: 29-54.

__________ (1994). "Reinventing the Policy Sciences: three steps back to the Future." *Policy Sciences*, 27: 77-95.

__________ (1994). "A Theory of Policy Termination." In J. U. May & A. B. Wildavsky (eds.), *The Policy Cycle.* Beverly Hills: Sage Publication.

__________ (1997). *Democracy and The Policy Sciences.* Albany, NY: State University of New York Press.

__________ (1998). "Models of Policy Discourse: Insights vs. Predition." *Policy Studies Journal,* 26(1, Spring).

__________ (1999). "The Stages Approach to the Policy Process: What Has It Done? What

Is It Going?" In Sabatier, Paul A. (ed.), *Theories of the Policy Process.* Boulder, Colorado: Westview Press.

DeLeon, P. and Martell, C. R. (2006). "The Policy Sciences: Past, Present, and Future." In G. Peters & J. Pierre(eds.), *Handbook of Pubic Policy.* SAGE Publicactions: London.

Denhardt, Robert B. Denhardt Janet Vinzant. and Aristigueta, Maria P. (2002). *Managing Human Behavior in Public & Nonprofit Organizations.* Sage Publications, Inc.

Denis, Loveridge (2005). *Technology Foresight Methods.* Working Paper. PREST, Manchester, UK.

Dertouzos, M. L. (1997). *What Will be.* San Francisco: HarperEdge.

DiMaggio, Paul J. and Powell, Walter W. (eds.). (1991). *The New Institutionalism in Organizational Analysis.* Chicago: The University of Chicago Press.

Dobuzinskis, L. (1992). "Modernist and Postmodernist Metaphors of the Policy Process: Control and Stability vs. Chaos and Reflective Understanding." *Policy Sciences*, 25(4): 355-380.

Doren, Gideon. (1992). "Policy Sciences: The State of Discipline." *Policy Studies Review,* 11: 303-309.

Dror, Y. (1970). "Prolegomena to Policy Sciences." *Policy Sciences,* 1: 135-150.

Drucker, P. F. (1993). *Post-Capitalist Society.* New York: Harper Collins Inc.

__________ (1999). *Management Challenges for The 21st Century.* New York: Harper Collins Inc. 이재규 옮김(2002). 「21세기 지식경영」. 서울: 한국경제신문사.

Dunn, William N. (1981). *An Introduction to Public Policy Analysis.* NJ: Prentice Hall.

Durning, Dan(1993). "Participatory Policy Analysis in a Social Service Agency: A Case Study." *Journal of Policy Analysis and Management,* 12: 231-257.

Dutton, W. H. & J. G. Blumer(1989). "A Comparative Perspective on Information Societies." In J. L. Salvaggio (ed.), *The Information Society: Economic, Social & Structural Issues.* Hillsdale. NJ: Lawrence Erlbaum Associates, Publishers.

Dryzek, J. S. (1982). "Policy Analysis as a Hermeneutic Activity." *Policy Sciences,* 14(4): 309-329.

__________ (1989). "Policy Sciences of Democracy." *Polity,* XXII-1, 99-118.

__________ (1990). *Discursive Democracy: Politics, Policy, and Political Sciences.* NY; Cambridge Univ Press.

__________ (1992). "The Democratization of the Policy Sciences." *Public Administration Review,* 52(2): 125-129.

__________ (1993). "Policy Analysis and Planning: From Science to Argument." In F.

Fischer and J. Forester (eds.), *The Argumentative Turn in Policy Analysis and Planning.* Durham, NC: Duke University Press.

Dye, Thomas (1981). *Understanding Public Policy.* Englewood Cliffs, NJ: Prentice Hall Press.

Elinor, Ostrom. (1986). "An Agenda for the Study of Institutions." *Public Choice,* 48: 3-25.

__________ (1990). *Governing the Commoms: The Evolution of Institutions for Collective Action.* New York: Cambridge University Press.

__________ (1992). *Crafting Institutions for Self-Governing Irrigation Systems.* San Francisco: ICS Press.

Emery, F. E. & Trist, E. L. (1965). "The Casual Texture of Organizational Enviorments." *Human Relations,* 18.

Evans, J. (1983). "The Worker and the Workplace." In G. Friedrichs & A. Schaff (eds), *Microelectronics and Society: A Report to the Club of Rome.* New York: Mentor.

Eztioni, Amitai (1961). *A Comparative Analysis of Complex Organizations.* New York: Free Press.

Ferré, F. (1988). *Philosophy of Technology.* New Jersey: Prentice Hall.

Fiedler, F. E. and Garacia, J. E. (1987). *New Approach to Leadership: Cognitive Resources and Organizational Performance.* New York: John Wiley.

Fiedler, F. E. and Martin M. Chemers(1974). *Leadership and Effective Management.* Glenview, IL: Scott, Foresman.

Fields, C. I. (1994). "Information Infrastructure and Economic Vitality". In U.S. Dept. of Commerce. *20/20 Vision: The Development of a National Information Infrastructure. National Telecommunications and Information Administration(NTIA).*

Firestone, C. M. & K. Kopp(1994). "Sustainable Democracy." In U. S. Dept. of Commerce. *20/20 Vision: The Development of a National Information Infrastructure. National Telecommunications and Information Administration.*

Fisher, F. D. (1994). "Open Sesame! How to Get to the Treasure of Electronic Information." In U. S. Dept. of Commerce. *20/20 Vision: The Development of a National Information Infrastructure. National Telecommunications and Information Administration.*

Fischer, F. (1980). *Politics, Values, and Public Policy: the Problem of Methodology.* Boulder, Colorado: Westview Press.

________ (1993). "Policy Discourse and the Politics of Washington Think Tanks." In F. Fischer and J. Forester (eds.), *The Argumentative Turn in Policy Analysis and Planning.* Durham, NC: Duke University Press.

________ (1995). *Evaluating Public Policy.* Chicago: Nelson-Itall.

________ (1998). "Beyond Empiricism: Policy Inquiry in Postpositivist Perspective." *Policy*

Studies Journal, 26(1): 129-146.

Fischer, F. & J. Forester (eds.). (1993). *The Argumentative Turn in Policy Analysis and Planning*. Durham, NC: Duke University Press.

FOREN (2001). *Practical Guide to Regional Foresight*. Brussels: European Press.

Forester, J. (1993). *Critical theory, Public Policy and Planning Practice: Toward a Critical Pragmatism*. Albany, N.Y: SUNY Press

Frank, J. and Trumbo, A. (1976). *Psychology of Work Behavior*. Homewood, Ⅲ.: Dorsey Press.

Frederickson, H. George (1980). *New Public Administration. Alabama*. The University of Alabama Press.

French. W., Bell. C. H., Zawacki. R. A. (1999). *Organization Development and Transformation: Managing Effective Change*. McGraw-Hill.

Friedman, Milton (1962). *Captalism and Freedom*. University of Chicago Press.

Fukuyama, F. (1997). *The end of history and the last man*. Harpercollins.

____________ (1999). *Trust*. New York: The Free Press.

Gates, B. (1996). *The Road Ahead*. Penguin Books USA Inc.

________ (1999). *The Speed of Thought*. Warner Books: A Time Warner Company.

Gerstein, D. R. (1984). *Towards the Prevention of Alcohol Problems: Government, Business, and Communist Action*. Washington, D.C: National Academy Press.

Giddens, A. (1989). *Sociology*. Cambridge: Polity Press.

___________ (1990). *The Consequences of Modernity*. Cambridge: Polity Press.

___________ (1991). *Modernity and Self-identity: Self and Society in the Late Modern Age*. Stanford: Stanford University Press.

___________ (1994). *Beyond Left and Right: The Future of Radical Politics*. Oxford: Blackwell Publishers.

Gore, Al. (1993). "From Red Tape to Results: Creating Government that Works Better and Cost Less". *Report of the National Performance Review*.

Gourevitch, P. (1978). "Second Image Reversed." *International Organization*, 32(Autumn).

Pierre, J. (2000). "Introduction: Understanding Governance," In J. Pierre(ed.), *Debating Governance*. Oxford: Oxford University Press.

Green, Richard T. Lawrence F. Keller and Gary L. Wamsley(1993). "Reconstituting a Profession for American Public Administration." *Public Administration Review*, Nov/Dec.

Habermas, J. (1971). *Knowledge and Human Interests*. Translated by J. Shapiro, Boston MA: Beacon Press.

____________ (1979). *Communication and the Evolution of Society*. Translated by J.

Shapiro, Boston MA: Beacon Press.

__________ (1984). *The Theory of Communicative Action: Reason and the Rationalization of Society*. Boston: Beacon Press.

__________ (1987). *The Philosophical Discourse of Modernity*. Translated by F. Lawrence, Cambridge: MIT Press.

__________ (1989). *The structural transformation of the public sphere: An inquiry into a category of bourgeois society*. Cambridge: MIT Press.

__________ (1991). "The public sphere". In C. Mukerji & M. Schudson (eds.), *Rethinking popular culture: Contemporary perspectives in cultural studies*. Berkeley: University of California Press.

Haggard, S. (1988). "The Institutional Foundations of Hegemony: Explaining the Reciprocal Trade Agreements Act of 1934." In G. John Ikenberry, David A. Lake, and Michael Mastanduno (eds.), *The State and American Foreign Economic Policy*. Ithaca: Cornell University Press.

Hajer, Maarten A., and Hendrik Wagenarr (eds.) (2003). *Deliberative Policy Analysis: Understanding Governance in the Network Society*. Cambridge, NY: Cambridge University Press.

Hall, P. A. (1986). *Governing the Ecoinomy: The Politics of State Intervention in Britain and France*. New York: Oxford University Press.

Hart, David K. (1974). "Social Equity, Justice, and the Equitable Administrator." *Public Administration Review*, 34(1).

Haunschild, Pamela R. (1993). "Interorganizational Imitation: The Impact of Interlocks on Corporate Acquisition Activity." *Administrative Science Quarterly*, 38.

Hays, Steven W. and Richard C. Kearney (1995). "*Promotion of personnel: Career advancement.*" Jack Rabin (eds.). *Handbook of public personnel administration*. New York: Marcel Dekker, Inc.

Helco, Hugh(1978). "Issue Networks and the Executive Establishment." In *The American Political System*, Anthony King (eds.), Washington: American Enterprise Institute.

Herschel, R. & Nemati, H. (2000). "Chief Knowledge Officer: Critical Success Factors for Knowledge Management." Information Strategy. *The Executive's Journal Summer*. 37~45.

Hersey, P. and Blanchard, K. (1982). *Management of Organizational Behavior* (4th ed.). Englewood Cliffs, N. J.: Prentice-Hall.

Herzberg, Frederick (1968). "One More Time: How Do You Motivate Employees?" *Harvard Business Review*, 46.

Hogwood B. and L. Gunn(1984). *Policy Analysis for the Real World*. N.Y: Oxford

University Press.

Hughes, O. E. (1994). *Public Management and Administration.* New York: St. Martin's Press.

Ikenberry, G. J. (1988). "Conclusion: An Institutional Approach to American Foreign Economic Policy." In G. John Ikenberry, David A. Lake, and Michael Mastanduno (eds.), *The State and American Foreign Economic Policy.* Ithaca: Cornell University Press.

Ikenberry, G. J., D. A. Lake, ;and M. Mastanduno (1988). "Introduction: Approaches to Explaining American Foreign Economic Policy." In G. John Ikenberry, David A,. Lake, and Michael Mastanduno (eds.), *The State and American Foreign Economic Policy.* Ithaca: cornell University Press.

Immergut, E. M. (1998). "The Theoretical Core of the New Institutionalism." *Politics & Society,* 26(1): 5-34.

Jantsch, Erich (1970). "From Forecasting and Planning to Policy Sciences." *Policy Sciences,* 1(1): 31-47.

Jenkins-Smith, Hank C., and Paul A. Sabatier (1993). "The Study of Policy Process." In Paul A. Sabatier and Hank C. Jenkins-Smith (eds.), *Policy Change and Learning.* Boulder, CO: Westview Press. Chap. 1.

Jones, M. G. (1994). "The Promise of the NII: Universal Service is the Key." In U. S. Dept. of Commerce, *20/20 Vision:The Development of a National Information Infrastructure. National Telecommunications and Information Administration.*

Joseph, Tiffin (1952). "*Industrial Psychology*". New York, Prentice-Hall.

Jessop, B. (1998). "The Rise of Governance and the Risks of Failure: The Case of Economic Development." *International Social Science Journal,* 155. UNESCO.

Judis, J. (1993). *The Jobless Recovery.* The New Republic.

Kahin, B. (1993). *Building Information Infrastructure.* McGraw-Hill.

Kaplan, A. (1963). *American Ethics and Public Policy.* New York: Oxford University Press.

Kaplan, R. S. & David P. Norton (1992). "The Balanced Scorecard: Measures That Drive Performance." *Harvard Business Review,* 1(January).

Kaplan, R. S. (1999). "The Balanced Scorecard for Public-Sector Organization." *Balanced Scorecard Report.*

Kapor, M. (1994). "Building Open Platforms: Public Policy for the Information Age." In U. S. Dept. of Commerce, *20/20 Vision: The Development of a National Information Infrastructure. National Telecommunication and Information Administration.*

Kay, A. (1995). "Global Village or Global Civilization?" In K. Schwab (ed.), *Overcoming*

Indifference. New York: New York University Press.

Kelley, H. H. (1973). "The Process of Casual Attribution." *American Psychologist,* 28.

Kelley, H. H. and Michela, J. L. (1980). "Attribution Theory and Research." *Annual Review of Psychology.*

Kelly, Rita Mae (1986). "Trends in the Logic of Policy Inquiry: A Comparison of Approaches and A Commentary." *Policy Studies Review,* 5(3): 520-529

Kellner, D. (1990). *Television and the Crisis of Democracy.* Boulder: Westview Press.

Kennedy, Paul (1987). *The Rise and Fall of the Great Power.* New York: Random House.

Kennedy, P. (1993). "Preparing for the Twenty-first Century." Seoul: *The Korea Economic Daily(Korean edition).*

Ken Tobioka (1997). *SENKEN-RYOKU WO TSUKERU.* Nihon Keizai Shimbun, Inc.

Kettl, Donald F. (1994). "Managing on the Frontiers of Knowledge: The Learning Organization." In P. W. Ingraham and B. S. Romzek (eds.), *New Paradigms for Government: Issues for the Changing Public Service.* San Francisco: Jossey-Bass Publisher.

Key, Jr. V. O. (1940). "The Lack of a Budgetary Theory." *American Political Science Review,* 34(6): 1137-1144.

King, G. Keohane. R. O. & Verba, S. (1993). *Designing Social Inquiry.* Princeton: Princeton University Press.

Kingsley, J. Donald (1944). *Representative Bureaucracy: An Interpretation of the British Civil Service.* Yellow Springs: The Antioch Press.

Kiser, L. and E. Ostrom (1982). "The Three World of Action: A Metatheoretical Synthesis of Institutional Approaches." in Elinor Ostrom (ed.), *Strategies of Political Inquiry.* London: Sage Publication, pp. 179-222.

Kooiman, Jan. (1993). "Social-Political Governance: Introduction." in J. Kooiman, *Modern Governance: New Government-Society Interactions.* London: Sage Publications.

____________ (2003). "Modes of Governance." in J. Kooiman, *Governing as Governance.* London: Sage.

Kornhauser, W. (1959). *The Politics of Mass Society.* New York: The Free Press.

Kotter, John P. & Cohen, Dan. S. (2002). *The Heart of Change: real-life stories of how people change their organization.* Boston, MA: Harvard Business School Press, pp. 15-36.

Krantz, Harry (1976). *The Participatory Bureaucracy : Woman and Minority in A More Representative Public Service.* Lexington. MA: Lexington Books.

Krasner, Stephen D. (1983). "Regimes and the Limits of Realism: Regimes as Autonomous

Variables." In Krasner (ed.), *International Regimes.* Ithaca: Cornell University.

__________________ (1984). "Approaches to the State Alternative Conceptions and Historical Dynamics." *Comparative Politics.* January: 223-246.

Krugman, P. & R. Lawrence(1994). *Trade, Jobs and Wages.* Scientific American.

Kuhnert, K. W. and Lewis, P. (1987). "Transactional and transformational leadership: A constructive/destructive transformational Leadership: A constructive/destructive analysis." *Academy of Management Review,* 12(4).

Küng, H. (1995). "A Global Ethic as the Alternative to the Clash of Civilizations." In Klaus Schwab (ed.), *Overcoming Indifference.* New York: New York University Press.

Lawless, David J. (1973). "Effective Management: Social Psychological Approach." *Journal of Business,* 46.

_______________ (2003). "Modes of Governance." In J. Kooiman., *Governing as Governance.* London: Sage.

Lasswell, H. D. (1971). *A Pre-View of Policy Sciences.* New York. N.Y.: Elsevier.

_______________ (1970). "The Emerging Conception of the Policy Sciences." *Policy Sciences,* 1: 3-14.

_______________ (1951). "The Policy Orientation." In. H. D. Lasswell and D. Lerner (eds.), *Policy Sciences.* Stanford, California: Standard Univ. Press. 3-15.

_______________ (1949). *Power and Personality.* New York: Norton.

_______________ (1948). "Attention Structure and Social Structure." In Lyman Bryson (ed.), *The Communication of Ideas.* New York: Harper.

_______________ (1943b). "Proposal: The Institute of Policy Sciences(October 1)." Archieved at Steering Library. Yale University, *New Haven. CT: New Haven Press.*

_______________ (1943a). "Memorandom: Personal Policy Objectives(October 1)." Archieved at Steering *Library. Yale University, New Haven. CT: New Haven Press.*

Lasswell, H. D. and Myres S. McDougal. (1992). *Jurisprudence for a Free Society: Studies in Law, Science and Policy(Vol. 2).* New Haven. CT: New Haven Press.

Lawlor, Edward F. (1996). "Book Review." *Journal of Policy Analysis and Management,* 15(1, winter).

Lee, Robert D, Jr. and Ronald W. Johnson (1983). *Public Budgeting System.* Gaithersbury, M.D.: Aspen Publishers, Inc.

Lerner, Daniel (1975). "From Social Science to Policy Science: An Introductory Note." In Stuart S. Nagel (ed.), *Policy Studies.* Lexington, Mass: Lexington Books. 1-7.

Levitt, B. & March, J. G. (1988). "Organizational Learning." *American Review of Sociology,* 14.

Likert, R. (1961). *New Pattern of Management.* New York: McGraw-Hill.

_____ (1967). *The Human Organization: Its Management and Value.* New York: McGraw-Hill.

Loader, Brian D. (1998). "How Democratic Can Informatics be in Reality?: A Strategy for Political Inclusion?" Paper presented for 1998 *Korea Association for Public administration(KAPA)* International Symposium on Electronic Government. Hotel Shilla (Oct. 17, 1998).

Longino, H. E. (1993). "Economics for whom?" In M. Ferber & J. Nelson (eds.), *Beyond Economic Man.* Chicago, IL & London: University of Chicago Press, 158-168.

Lovelock, J. E. (1987). *GAIA: A New Look at Life on Earth.* Oxford: Oxford University Press.

Lynn, Laurence E., Jr. (1999). "A Place at the Table: Policy Analysis, Its Postpositive Critics, and the Future of Practice." *Journal of Policy Analysis and Management,* 16(3).

Madec, A. (1982). *Les Flux Transfrontieres de donnees.* Paris: La Documentation Francais.

Marcuse, H. (1964). *One Dimentional Man.* Boston: Boston Press.

__________ (1968). "Industrialization and Capitalism in the Works of Max Weber." In *Negotiations: Essays in Critical Theory.* trans. J. J. Shapiro: Boston.

Marsh, D. and Smith, M. (2000). "Understanding Policy Network: Towards a Dialectical Approach." *Political Studies,* 44: 4-21.

Marshall, J. and Peters, M. (1985). "Evaluation and Education: the Ideal Learning Community." *Policy Sciences,* 18: 263-288.

Marquardt, M. J. & Reynolds, A. (1994). *The Global Learning Organization.* Irwin. Inc. 송경근 옮김(1995). 「글로벌 학습조직」. 서울: 한국언론자료간행회.

Martin-Lof, J. (1984). "Some Policy Issues in the International Debate." In L. Bannon. U. Barry & O. Holst (eds.), *Information Technology: Impact on the way of Life.* Dublin: Tycooly International Publishing.

Maslow, A. (1954). *Motivation and Personality.* N.Y.: Harper & Row.

Masuda, Y. (1981). *The Information Society as Post-industrial Society.* Bethesda. MD: WorldFuture Society.

__________ (1982). "Vision of the Global Information Society." In L. Bannon. U. Barry & O. Holst (eds.), *Information Technology: Impact on the way of life.* Dublin: Tycooly International Publishing.

McClelland, D. C. (1967). "Business Drive and National Achievement." In G. D. Bell (ed.), *Organization and Human Behavior.* Englewood Cliffs, N. J.: Prentice Hall, Inc.

McGregor, Douglas (1960). *The Human Side of Enterprise.* N.Y.: McGraw-Hill.

Mehrotra, R. (1995). "Religion and Modern Value Systems." In K. Schwab (ed.), *Overcoming Indifference.* New York: New York University Press.

Menichelli, K. & A. Blau (1994). "Philanthropy and the Agenda for Action." In U.S. Dept. of Commerce. *20/20 Vision: The Development of a National Information Infrastructure.* National Telecommunications and Information Administration.

Messerlin, P. A. & K. P. Sauvant (1990). *The Uruguay Round: Services in the World Economy.* The World Bank Washington D.C.

Meyer, J. W. and B. Rowan (1977). "Institutionalized Organizations: Formal Structure as Myth and Ceremony." *American Journal of Sociology,* 83: 340-363.

________________ (1978/1983). "The Structure of Educational Organizations." In John W. Meyer and W. Richard Scott (eds.), *Organizational Environments: Ritual and Rationality.* Beverly Hills, Cali.: Sage. 71-97.

Michael, D. (1972). "Enriched or Impoverished? Master or Servant?" In *Information Technology: Some Critical Implication for Decision Makers.* New York: The Conference Board.

Michael, Keenan (2004). *Technology Foresight: An Introduction.* PREST, University of Manchester.

________ (2004). *Using Experts and Stakeholder Panels in Technology Foresight: Principle and Practice.* PREST, University of Manchester.

Milbrath, L. (1989). *Envisioning a Sustainable Society.* New York: SUNY Press.

Miles, R. I., H. Turner & Bessant (1988). *Information Horizons: The Long Term Social Implication of New Information Technologies.* England: Elga.

Miles and Keenan (2003). *Handbook of Knowledge Society Foresight.* PREST, Manchester, UK.

Miller, A. G. (1971). *The Social Psychology of Psychological Research.* New York: Free Press.

Minus, P. M. (1995). "Toward an Ethic for the Twenty-First Century." In K. Schwab (ed.), *Overcoming Indifference.* New York: New York University Press.

Moe, Ronald C. (1994). "The Reinventing Government Exercize: Misinterpreting the Problem, Misjudging the Consequences." *Public Administration Review,* 54(2):111-22.

Moltmann, J. (1965). *Mensh.* Stuttgart: Krewz.

Morin, E. & K. A. Brigitte (1993). *Terre-Patrie.* Seoul: Moonye Publishing Co. (Korean edition).

Mosco, V. (1982). *Pushbutton Fantacies.* Norwood: Ables Press.

Mosher, F. C. (1982). *Democracy and the Public Service (2nd ed.).* New York: Oxford University Press.

Mumby, Dennis K. (1988). *Communication and Power in Organizations: Discourse, Ideology, and Domination.* Norwood, New Jersy: Ablex Publishing Corporation.

Myers, P. (1996). *Knowledge Management and Organizational Design.* Butterworth-Heinemann.

Naisbitt, J. (1988). *Megatrends.* NY: Random House.

Needleman, J. (1995). "There Is No Such Thing as a Purely Material Crisis." In K. Schwab(ed.), *Overcoming Indifference.* New York: New York University Press.

Newman, Janet (2001). *Modernising Governance: New Labour, Policy and Society.* London: Sage.

Nonaka, I. & H. Takeuchi (1995). *The Knowledge-Creating Company: How Japanese Companies Create the Dynamics of Innovation.* New York: Oxford University Press.

North, Douglass C. (1998). "Economic Performance Through Time." In Mary C. Brinton and Victor Nee (ed.), *The New Institurionalism in Sociology.* 247-257. New York: Russel Sage Foundation.

NPR (1995). "The Vision Takes Hold." *National Performance Review,* September.

Nye, Joseph Jr. (1990). *Bound to Lead: The Changing Nature of American Power.* New York: Paris Books.

OECD. (1990). *Survey of Public Management Development.* Paris: OECD.

______ (1990a). *Financing Public Expenditures through User Charges.* Paris: OECD.

______ (1991). *Survey of Public Management Developments.* Paris: OECD.

______ (1996). *Knowledge Based Economy.* Paris: OECD.

______ (1997a). *National Innovation System.* Paris: OECD.

______ (1997b). "Regulatory Management and Reform: Current Concerns in OECD Countries." *Public Management Occasional Papers.* Regulatory Management and Reform Series No. 1 (Paris: OECD).

Oldham, G. R & A. Cummings (1996). "Employee Creativity: Personal and Contextual Fators at work." *Academy of Management Journal,* 39(3).

Olve, N. G, Roy & M. Wetter (1998). *Performance Drivers.* John Wiley & Sons Ltd.

Ostrom, E. (1990). *Governing the Commons: The Evolution of Institution for Collective Action.* Cambridge: Cambridge University Press.

Osborne, D. & Gaebler, T. (1992). *Reinventing Government: How the Entrepreneurial Spirit Is Transforming the Public Sector.* Reading. MA: Addison-Wesley

Osborne, David & P. Plastrik (1997, 1998). *Banishing Bureaucracy: The Five Strategies for Reinventing Government.* Reading. MA: Addison-Wesley Publishing Co.

Painter, M. and Pierre, J. (ed.). (2005). *Challenges to State Policy Capacity.* NY:

Palgrave Macmillan.

Paisley, W. (1983). "Computerizing Information: Lessons of a Videotex Trial." *Journal of Communication.*

Paris, David C. and James F. Reynolds (1983). *The Logic of Policy Inquiry.* New York: Longman.

Penrose, R. (1989). *The Emperor's New Mind: Concerning Computers, Minds, and the Laws of Physics.* Oxford: Oxford University Press.

Peters, G. (1995). *The Future of Governing.* University Press of Kansas.

Peters, G. & Pierre, J. (2005). "Toward a Theory of Governance." In Peters G. & Pierre J. *Governing Complex Societies Governance: New Government-Society Interactions.* Palgrave: Macmillan.

________ (2006). "Introduction." In Peters G. & Pierre J. (ed.), *Handbook of Public Policy.* SAGE Publications: London.

Prigogine, I. & Stengers, I. (1984). *Order out of Chaos: Man's New Dialogue with Nature.* New York: Bantam Books.

Putnam, R. (1992). *Making Democracy Work.* Princeton: Princeton University Press.

__________ (1993). "The Prosperous Community: Social Capital and Public Life." *The American Prospect,* 13(spring).

Quinn, J. B., P. Anderson, & S. Finkelstein (1996). "Professional Intelligence to Create Value". *Harvard Business Review,* March-April.

Rada, J. F. (1980). "Microelectronics and Information Technology: A Challenge for Research in the Social Sciences." *Social Science Information,* 19(2).

Ramos, Alberto Guerreiro(1972). "Models of Man and Administrative Theory." *Public Administration Review,* 32.

Rheingold, H. (1993). "*The Virtual Community: Homesteading on the Electronic Frontier*". Reading. Mass. :Addison-Wesley Publishing Co.

Rhim, K. J. (1995). "The Revolution of Value System." *The 6th Handbook International Conference.*

Rhodes, R. A. W. (1990). "Policy Networks: A British Perspective." *Journal of Theoretical Politics,* 2.

________________ (1996). "The New Governance: Governing Without Government." *Political Studies,* 44(4): 652-667.

Riesman, D. (1966). *The Lonely Crowd.* New York: The Free Press.

Rifkin, J. (1994). *Entropy II.* Washington: Jeremy P. Tarcher. Inc.

________ (1996). *The End of Work.* Washington: Jeremy P. Tarcher, Inc.

Roberts, Nancy C. (1999). "Innovation by Legislative, Judicial and Management Design: Three Arenas of Public Entrepreneurship." In Frederickson, H. G. and J. M. Johnston (ed.), *Public Management Reform and Innovation.* The University of Alabama Press.

Ronald, Coase (1998). "The New Institutional Economics". *American Economic Review,* 88(2): 72-74.

Rochefort, David A. & Roger W. Cobb. (1994). *The Politics of Problem Definition: Shaping the Policy Agenda.* Lawrence, Kansas: University Press of Kansas.

Rosnay, J. (1995). "The Digital Revolution." In Klaus Schwab(ed.), *Overcoming Indifference.* New York: New York University Press.

Ruete, E. (1995). "The Need for Standards of Conduct in Government and Business". In Klaus Schwab(ed.), *Overcoming Indifference.* New York: New York University Press.

Ruggles, R. (1998). "Knowledge Management and Intellectual Capital". *Human Systems Management,* 19: 39-48.

Ruggles, R. & Holtshouse, D. (1999). *The Knowledge Advantage.* 97-136. Capstone Publishing Ltd.

Sabatier, Paul A. (ed.). (1999). "*Theories of the Policy Process.*" Boulder, Colorado: Westview Press.

Sabatier, Paul A. (1993). "Policy Change over a Decade or More." In Paul A. Sabatier and Hank C. Jenkins-Smith(ed.), Policy Change and Learning. Boulder, CO: Westview Press.

Salamon (2002). *The Tools of Government: A Guide to the New Governance.* London: Sage Publications.

Salvaggio, J. L. (ed.) (1989). *The Information Society: Economic, Social, & Structural Issues.* Hillsdale. NJ: Lawrence Erlbaum Associates. Publishers.

Scharpf, Fritz (1990). "Games Real Actors Could Play: The Problem of Connectedness." *Kln: Max-Planck-Institute for Gesellschaftsforschung,* Paper 90/8.

Schechter, M. (1999). *The Revival of Civil Society: Global and Comparative Perspectives.* New York: St. Martin′s Press.

Schein, Edgar H. (1985). *Organization Culture and Leadership.* San Francisco, CA: Jossey-Bass.

Schement, J. R. (1989). "The Origins of the Information Society in the United States: Competing Visions." In J. L. Salvaggio(ed.), *The Information Society: Economic, Social & Structural Issues.* Hillsdale. NJ: Lawrence Erlbaum Associates. Publishers.

Schick, Allen. (1971). *Budget Innovation in the States.* Washington, D. C.: The Brookings Institution.

Schiller, H . I. (1989). "Information for What Kind of Society?" In Salvaggio. L. Jerry(ed.),

The Information Society: Economic, Social, & Structural Issues. Hillsdale. NJ: Lawrence Erlbaum Associates. Publishers.

Schindler, C. & G. Lapid (1989). *The Great Turning: Personal Peace and Global Victory.* Santa Fe. New Mexico: Bear.

Schudson, Michael (1997). "Why conversation is not the soul of democracy." *Critical Studies in Mass Communication,* 14.

Schwab, K. (1995). "Conclusion." In K. Schwab(ed.), *Overcoming Indifference.* New York: New York University Press.

Scott, W. R. & Mitchell, T. (1976). *Organization Theory: A Structural and Behavioral Analysis.* Homewood: Irwin.

Scott, W. R. (1992). *Organization: Rational Natural and Open System* 3rd(ed.). Englewood Cliff. N. J: Prentice Hall.

Selznick, P. (1957). *Leadership in Administration: A Sociological Interpretation.* Harper & Row.

Silfvast, R. O. & Quaglieri, P. L. (1994). "Management Skills Transferability and the Public and Private Sector Manager". *Public Personnel Management,* 23: 117-126.

Simon, H. A. (1945). *Administrative Behavior.* New York, Macmillan.

__________ (1987). "The Steam Engine and Computer: What Makes Technology Revolutionary." *Computer and Society.*

Skocpol, T. (1984a). "Emerging Agendas and Recurrent Strategies in Historical Sociology." In Theda Skocpol (ed.), *Vision and Method in Historical Sociology.* Cambridge University Press.

__________ (1984b). "Sociology′s Historical Imagination." In Theda Skocpol(ed.), *Vision and Method in Historical Sociology.* Cambridge University Press.

__________ (1985). "Bringing the State Back In: Strategies of Analysis in Current Research," In P. Evans, D. Dietrich and T. Skocpol(ed.), *Bringing the State Back In.* Cambridge: Cambrige Univ. Press. 3-43.

Skok, James E. (1995). "Policy Issue Networks and the Public Policy Cycle." *Public Administration Review,* 55(4): 325-332.

Smythe, D. (1985). *A Historical Perspective on Equity: National Policy on Public and Private Sector in the U.S.A.* Paper Presented to the Thirteenth Annual Telecommunications Policy Research Conference. VA:Airlie House.

Stahl, O. G. (1976). *Public Personnel Administration* (7th ed.). N. Y.: Harper & Row, Publisher.

Stephen, Krasner (1984). "Approaches to the State: Alternative conceptions and Historical Dynamics." *Comparative Politics,* 16(2): 223~246.

Stogdill, R. M. (1948). "Personal factors associated with leadership: Survey of literature." *The Journal of psychology*, 25.

____________ (1974). *Handbook of Leadership: A Survey of the Literature*. New York: Free Press.

Stoker, G. (1998). "Governance as Theory: Five Propositions". *International Social Society Journal*, 50(1).

Stone, Deborah (1997). *Policy Paradox: The Art of Political Decision Making*. New York: W. W. Norton & Co.

Swan, J. A., & Newell, S. (1995). "The Role of Professional Associations in Technology Diffusion." *Organization Studies*, 16(5): 847-875.

Tannenbaum, R. and Schmidt, W. H. (1958). "How to choose a leadership pattern." *Harvard Business Review*, 36.

Taylor, Paul W. (1961). *Normative Discourse*. Englewood Cliffs. N.J.: Prentice-Hall.

Theobald, R. (1981). *Beyond Despair: A Policy Guide to the Communications Era*. Cabin John, MD: Seven Locks Press.

Throgmorton, J. A. (1996). "The Rhetorics of Policy Analysis." *Policy Sciences*, 24(2): 153-179.

Toffler, A. (1970). *Future Schock*. New York: Random Hause.

Torgerson, D. (1985). "Contextual Orientation in Policy Analysis: The Contribution of Harold D. Lasswell". *Policy Sciences*, 18: 241-261

____________ (1992). "Priest and Jester in Policy Sciences: Developing the Focus of Inquiry". *Policy Sciences*, 25: 225-235

____________ (2003). "Democracy through Policy Discourse." In Maarten A. Hajer and Hendrik Wagenaar (eds.), *Deliberative Policy Analysis: Understanding Governance in the Network Society*. Cambridge: University Press.

Toulmin, Stephen (1958). *The Uses of Argument*. Cambridge: Cambridge University Press.

Toulmin, Stephen & R. Rieke, and A. Janik (1979). *An Introduction to Reasoning*. New York: Macmillan.

Turkle, S. (1984). *The Second Self: Computers and the Human Spirit*. New York: Simon & Schuster.

Ughes, Owen E. (1994). *Public Management and Administration*. M: St. Martin's Press.

U. S. Dept. of Commerce (1994). *20/20 Vision: The Development of a National Information Infrastructure*. National Telecommunications and Information Administration.

Vanagunas, S. & Webb, J. (1994). "Administrative Innovation and the Training of Public Managers." *Public Personnel Management*, 23(3): 437-446.

Van de Ven. (1986). "Central Problems in the Management of Innovation." *Management Science,* 32(5): 590-607.

Westin, A. (1982). "Home Information System: The Privacy Debate." *Datamation,* 28(1).

Williamson, O. (1985). *The Economic Institution of Capitalism.* New York, The Free Press.

Winter, Soren (1986). "How Policy-Making Affects Implementation: The Decentralization of the Danish Disablement Pension Administration." *Scandinavian Political Studies,* 9(4).

World Bank (1998). *Knowledge For Development.* Washington D.C: World Bank.

Yukl, G. (1999). "An Evaluation of Conceptual Weakness in Transformational and Charismatic Leadership Theories." *The Leadership Quarterly,* 10.

사항색인

ㅇ

ㅈ

인 명 색 인

저자약력

한국외국어대 행정학과 졸업(행정학 학사)
서울대 행정대학원 졸업(행정학 석사)
미국 하버드대 졸업(정책학 석사, 박사)
제26회 행정고시 합격
상공부 미주통상과 근무
세계 NGO 서울대회 기획위원
미국 시라큐스 맥스웰 대학원 초빙교수
중앙공무원교육원 정책학교수
행정자치부 정책평가위원
행정고시 및 외무고시 출제위원 역임
한국정책학회 편집위원장 역임
현재 성균관대학교 행정학과 교수 및 국정관리대학원장

수상
국무총리상 수상(제26회 행정고시 연수원 수석)
미국정책학회(APPAM) 박사학위 최우수논문 선정
한국행정학회 학술상 수상
미국 국무성 풀브라이트 학자(Fulbright Scholarship) 선정
대한민국 학술원 우수학술도서 선정(정보체계론, 나남)
대한민국 학술원 우수학술도서 선정(정책학의 논리, 박영사)
문화체육관광부 우수학술도서 선정(정책학, 박영사)

주요 저서
《정책학》 《행정학》 《정책학의 논리》
《미래예측학: 미래예측과 정책연구》 《전자정부론: 전자정부와 국정관리》
《정보체계론: 정보사회와 국가혁신》 《정보사회의 논리》
《전자정부와 행정개혁》 《과학기술과 정책분석》 《정보정책론》
《창조적 지식국가론》 《시민이 열어가는 지식정보사회》
《정보의 신화, 개혁의 논리》 《디지털 관료 키우기》 등

국가미래예측정책연구원 연구총서 ③
행정학—미래지향적 국정관리의 창조적 탐색

2009년 6월 25일 초판발행
2011년 2월 10일 중판발행

저 자 권 기 헌
발행인 안 종 만
발행처 (株) 博 英 社
서울특별시 종로구 평동 13-31번지
전화 (733)6771 FAX (736)4818
등록 1959. 3. 11. 제300-1959-1호(倫)

www.pakyoungsa.co.kr e-mail: pys@pakyoungsa.co.kr

정 가 36,000원 ISBN 978-89-7189-972-4